谨以此书献给

为陕西高速公路发展事业作出贡献的决策者、建设者、管理者

Record of Expressway Construction in
Shaanxi

图1 榆林至靖边高速公路

图2 榆林至绥德高速公路史家湾枢纽立交

陕西
高速公路建设实录

图3　延安至靖边高速公路

图4　黄陵至延安高速公路洛河特大桥

图5 西安至禹门口高速公路芝川大桥

图6 西安至铜川高速公路

陕西
高速公路建设实录

图7　秦岭终南山公路隧道"天下第一隧"景观广场

图8-图10　西安至汉中高速公路穿越秦岭

图11-图13　西安至汉中高速公路

图14 西安至宝鸡高速公路改扩建工程

图15 渭南至潼关高速公路

图16 安康至西乡高速公路

图17 吴堡至子洲高速公路绥德立交

Record of Expressway Construction in
Shaanxi

图18-图20　商州至陕豫界高速公路

图21-图22　勉县至宁强高速公路

图23　黄陵至延安高速公路洛河大桥

图24　铜川至黄陵高速公路（二通道）

图25　陇县至宝鸡高速公路

图26 延安至靖边高速公路

图27 西安至商州高速公路

图28 吴堡至子洲高速公路

陕西
高速公路建设实录

图29 榆林至佳县高速公路

图30 神木至府谷高速公路

图31-图32 靖边至安塞高速公路

图33 黄陵至延安高速公路扩能工程

"十三五"国家重点图书出版规划项目

中 国 高 速 公 路 建 设 实 录

Record of Expressway Construction in
Shaanxi

陕西
高速公路
建设实录

陕西省交通运输厅

人民交通出版社股份有限公司
China Communications Press Co.,Ltd.

内 容 提 要

本书是"中国高速公路建设实录系列丛书"之陕西卷,内容包括陕西经济社会与交通运输发展、高速公路建设发展成就、高速公路规划设计、高速公路建设管理、高速公路科技创新、高速公路运营服务、高速公路文化建设、高速公路建设实践经验、高速公路建设项目、陕西高速公路建设大事记。

本书全面系统总结了陕西高速公路建设发展成就,详细记述了高速公路建设过程中的管理经验、科技创新、文化传承以及项目建设实情,具有很强的史料价值。本书可供交通运输建设行业相关人员阅读、学习与查询参考。

图书在版编目(CIP)数据

陕西高速公路建设实录/陕西省交通运输厅组织编写. —北京:人民交通出版社股份有限公司,2018.1
ISBN 978-7-114-14174-4

Ⅰ.①陕… Ⅱ.①陕… Ⅲ.①高速公路—道路建设—陕西 Ⅳ.①U412.36

中国版本图书馆 CIP 数据核字(2017)第 240468 号

"十三五"国家重点图书出版规划项目
中国高速公路建设实录

书　　名:	陕西高速公路建设实录
著 作 者:	陕西省交通运输厅
责任编辑:	吴有铭　刘永超　周　宇　石　遥
责任校对:	孙国靖　宿秀英
责任印制:	张　凯
出版发行:	人民交通出版社股份有限公司
地　　址:	(100011)北京市朝阳区安定门外外馆斜街 3 号
网　　址:	http://www.ccpress.com.cn
销售电话:	(010)59757973
总 经 销:	人民交通出版社股份有限公司发行部
经　　销:	各地新华书店
印　　刷:	北京雅昌艺术印刷有限公司
开　　本:	787×1092　1/16
印　　张:	58
字　　数:	1100 千
版　　次:	2018 年 1 月　第 1 版
印　　次:	2018 年 1 月　第 1 次印刷
书　　号:	ISBN 978-7-114-14174-4
定　　价:	380.00 元

(有印刷、装订质量问题的图书,由本公司负责调换)

《陕西高速公路建设实录》
编审委员会

主　　任：冯西宁
副 主 任：杨育生　薛生高　党延兵
委　　员：(按姓氏笔画排序)
　　　　丁胜仁　万振江　孔庆学　王　毅　王天林　石飞荣
　　　　伍石生　刘　睿　杨文奇　杨　健　张力峰　侯　波
　　　　栾自胜　黄会奇　梁志琳　程兴新

编纂委员会

主　　任：薛生高
副 主 任：党延兵
成　　员：(按姓氏笔画排序)
　　　　丁胜仁　万振江　万义元　孔庆学　马子梅　马小伟
　　　　王登科　王　毅　白宗孝　石飞荣　伍石生　刘向东
　　　　刘　睿　李连峰　李　涛　余茂华　杨文奇　芦　军
　　　　张力峰　陈　波　高振鑫　黄会奇　梁志琳　焦方群
　　　　鲁会劳

编 撰 人 员

主　　编：栾自胜
副 主 编：范国仓　王之安　侯军亭
编写人员：(按姓氏笔画排序)

　　　　　　王之安　王永平　王仲卉　王圆圆　白宗孝　向　晖
　　　　　　刘　振　李　克　杨　红　宋　飞　张　路　张　臻
　　　　　　张力峰　陈艳茹　周迎春　侯军亭　侯　凌　姜志理
　　　　　　贺　华　袁素凤　高云生　郭少言　董邦耀　周　励
　　　　　　吕　玮

编 撰 单 位

主编单位：陕西省交通规划设计研究院
编审单位：陕西省交通运输厅

强力推进陕西交通大发展

盛世修史,义莫大焉。《陕西高速公路建设实录》一书,经编写人员辛勤编纂,终于成书并逢盛世付梓,这是陕西物质文明建设和精神文明建设的又一重要成果,为读者了解陕西高速公路的历史和现状,提供了全面翔实的资料。

陕西是中国古代交通的重要发祥地之一。秦统一后修筑秦驰道、秦直道,实现"书同文,车同轨"。西汉初年,开通或整修穿越秦岭的褒斜道、陈仓道、傥骆道,张骞出使西域开拓了一条东方与西方交流的"丝绸之路"。这些辉煌的古代交通文明奠定了陕西交通重要的历史地位。

陕西居于连接中国东中部地区和西北、西南部地区的重要位置,是丝绸之路经济带和新亚欧大陆桥上重要的过境通道。独特的区位优势激发着陕西的公路交通基础设施建设不断步入发展的快车道。作为中国最早建设高速公路的省份之一,1986年12月25日中国西部第一条高速公路——西安至临潼高速公路开工建设。2003年11月18日,随着勉县至宁强高速公路建成通车,陕西高速公路通车里程突破1000公里,成为中国西北第一个、西部第二个高速公路通车里程突破1000公里的省份。随后,一路高歌猛进,先后实现了2000公里、3000公里、4000公里通车目标。截至2015年年底,全省高速公路总里程突破5000公里,连通了全省97个县(市、区),省际高速公路出口达到21个,构建起了通江达海的高速公路网,交通发展成果更加广泛地惠及民生。

党的十八大以来,习近平总书记十分关心综合交通运输发展并作出了一系列重要指示,为我省交通运输发展提供了根本遵循和行动指南,全省各级党委、政府和交通运输等各相关部门单位广大干部职工认真学习领会、贯彻落实。这五年,是陕西积极适应经济发展新常态、实现交通运输事业大发展的五年;是陕西全力培育国际经济合作竞争新优势、建设区域联通实现对外开放新动力的五年;是陕西经济社会实现快速增长、人民生活水平不断提高的五年。

"要想富、先修路"早已成为广泛的社会共识。在全面建成小康社会，实现"两个一百年"奋斗目标和中华民族伟大复兴中国梦的重要发展阶段，交通先行，仍很迫切。不断满足全省人民追求美好生活的需求，构建现代综合交通体系非常重要。担当这份大责，需要交通工作的大手笔谋篇。围绕陕西交通"科学发展区域交通，推进区域经济腾飞"的发展定位，"十三五"期间，陕西交通运输行业将实施"追赶超越"和"转型升级"两大战略，重点实施"586"行动，即投入资金5000亿元，重点实施综合交通创建、公路发展强化、水运发展突破、运输服务提升等8大工程，实现县县通高速公路、重点镇通二级公路、村村通沥青(水泥)路等6通目标，构建起"大交通、大枢纽、大物流、大服务"的陕西综合交通运输发展格局，形成安全便捷、运行高效、绿色智能的现代综合交通运输体系，全面适应全省经济社会发展需要。

在三秦大地上，陕西交通人心怀"大爱在心、为民开路"的豪情壮志，发扬"特别能吃苦、特别能战斗、特别能奉献"的担当精神，义无反顾地扛起了陕西交通追赶超越的大旗，从关中平原到秦岭腹地，从革命老区到秦巴山区，奋发图强，克难攻坚，用勤劳、智慧和汗水，推动着陕西高速公路建设的跨越式发展。

是为序，愿对读者进一步了解陕西高速公路发展有所裨益。

陕西省委常委、宣传部长　庄长兴

2017年9月30日

目录
Contents

绪论　把大爱镌刻在路上	1
第一章　陕西经济社会与交通运输发展	5
第一节　陕西概况	5
第二节　经济社会发展	11
第三节　交通运输发展	17
第二章　高速公路建设发展成就	37
第一节　发展历程	37
第二节　建设成就	89
第三节　典型工程	127
第三章　高速公路规划设计	137
第一节　发展规划	137
第二节　勘察设计	154
第四章　高速公路建设管理	175
第一节　管理体制	175
第二节　行业管理	183
第三节　项目管理	189
第四节　法规制度	199
第五章　高速公路科技创新	216
第一节　科技创新	216
第二节　重大课题	221
第三节　科技成果	262
第六章　高速公路运营服务	301
第一节　运营机制	301
第二节　养护管理	306

第三节　通行费征收与服务 ·· 315
　　第四节　路政与安全 ·· 326
　　第五节　应急救援 ·· 332
第七章　高速公路文化建设 ·· 342
　　第一节　文明创建与成果 ··· 342
　　第二节　先进集体和个人 ··· 357
　　第三节　文化建设与传承 ··· 374
第八章　高速公路建设实践经验 ··· 395
　　第一节　解放思想　跨越发展 ··· 395
　　第二节　储备项目　加快发展 ··· 401
　　第三节　资金筹措　保障发展 ··· 402
　　第四节　"三办"交通科学发展 ·· 407
第九章　高速公路建设项目 ·· 414
　　第一节　G5 北京至昆明高速公路(陕西境) ································ 414
　　第二节　G1812 沧州至榆林高速公路(陕西境) ··························· 456
　　第三节　G20 青岛至银川高速公路(陕西境) ······························ 468
　　第四节　G22 青岛至兰州高速公路(陕西境) ······························ 487
　　第五节　G2211 长治至延安高速公路(陕西境) ··························· 495
　　第六节　G30 连云港至霍尔果斯高速公路(陕西境) ······················ 502
　　第七节　G3001 西安绕城高速公路 ··· 540
　　第八节　G30N 临潼至兴平高速公路(西咸北环线) ······················· 555
　　第九节　G3511 菏泽至宝鸡高速公路(陕西境) ··························· 563
　　第十节　G40 上海至陕西高速公路(陕西境) ······························ 568
　　第十一节　G4213 麻城至安康高速公路(陕西境) ························ 582
　　第十二节　G65 包头至茂名高速公路(陕西境) ··························· 587
　　第十三节　G65E 榆林至蓝田高速公路 ····································· 711
　　第十四节　G69 银川至百色高速公路(陕西境) ··························· 729
　　第十五节　G70 福州至银川高速公路(陕西境) ··························· 737
　　第十六节　G7011 十堰至天水高速公路(陕西境) ························ 779
　　第十七节　G85 银川至昆明高速公路(陕西境) ··························· 806
　　第十八节　S1 西安咸阳国际机场专用高速公路 ··························· 817
　　第十九节　S11 神木至米脂高速公路 ······································· 823
　　第二十节　S12 榆林至佳县高速公路 ······································· 829

第二十一节　S13黄龙至商州高速公路（洛南至岔口铺段）……………………835
第二十二节　S16延安经志丹至吴起高速公路……………………………………840
第二十三节　S17兴平至户县高速公路………………………………………………847
第二十四节　S21绛帐至法门寺高速公路……………………………………………847

陕西高速公路建设大事记……………………………………………………………851
后记……………………………………………………………………………………896

绪 论
把大爱镌刻在路上

陕西省交通运输厅党组书记、厅长 冯西宁
2017 年 10 月

《陕西高速公路建设实录》编纂成书,是陕西交通运输行业一件值得庆贺的事。该书记载陕西高速公路建设历史,彰显高速公路发展轨迹,传承高速公路建设文化,展现改革开放以来陕西高速公路建设取得的巨大成就,是一本交通工作者非常需要的好书,我衷心地推荐给广大读者。

每位陕西交通人的心目中,都藏着一份关于行业发展历程的记忆。陕西省是中国最早建设高速公路的省份之一,中国西部第一条高等级公路是 1986 年开工建设的西(安)三(原)线,随后升等为高速公路,西部第一条完整意义上的高速公路就是 1986 年开工建设的西安至临潼高速公路。早在改革开放之初,陕西就提出建设高速公路的理念。从 1986 年 12 月 25 日西临高速公路实际开工建设至今,陕西的高速公路建设已经走过了 30 年的发展历程,但从理念的提出和前期的调研论证算起,则是走过近四十年的历程。四十年的艰辛奋斗,四十年的砥砺前行,四十年的辉煌成就,如陕西的历史一样又厚又重,拥着她,我们才感觉到更温暖。

四十年,在历史的长河中,仅是弹指一挥间;在陕西交通运输行业的成长中,却是峥嵘岁月。四十年交通发展之路,艰苦创业,一路风雨跋涉,催人奋进;四十年交通发展之路,薪火相传,一路风光无限,流光溢彩;四十年交通发展之路,栉风沐雨,一路艰辛求索,春华秋实。陕西交通行业的发展史,从宏观角度看,见证着国家交通运输事业的发展与强盛,伴随着整个国家改革与发展的历程。在微观的层面上,历经着几代人的辛勤耕耘,承载着数以万计的交通职工成长的印记。

回眸过往,陕西高速公路经历了从无到有、从线到网的巨大变化,实现了由量到质、由快到好的科学发展。我们在摸索中起步,自 1986 年西临高速公路起步建设以来,历经 17 年艰苦创业,于 2003 年突破了 1000 公里;我们在高歌中猛进,仅用短短 4 年、3 年、2 年,于 2007 年、2010 年、2012 年连续跨越了 2000、3000、4000 公里;我们在砥砺中奋起,当遇到前所未有的发展难题和外部约束,我们紧盯目标不动摇,精准发力求突破,打响了"闯难关、抢进度、建精品"的攻坚战,又用3年多时间,使全省高速公路通车总里程顺利突破5000公里,再次创造了高速公路建设的陕西速度。一个内联外通、安全便捷的高速公路网基本形成,交通瓶颈变成了竞争新优势,为陕西经济社会平稳较快发展作出了积极贡献。

党的十八大以来,习近平同志为核心的党中央不忘初心,砥砺奋进,带领全国人民书写着中国特色社会主义事业的新华章。五年来,陕西交通运输行业深入学习贯彻习近平总书记系列重要讲话精神,统筹推进"五位一体"总体布局,协调推进"四个全面"战略布局,不断推动党的理论和路线方针政策在三秦大地贯彻落实。十八大以来这五年间,全省累计完成交通运输投资约4051亿元,公路总里程达到17.2万公里,新增高速公路通车里程1381公里,总里程突破5181公里,连通全省97个县(市、区)。五年新改建干线公路约4140公里,实现县县通二级公路。五年新改建农村公路约4.7万公里,行政村通达率达到100%,通畅率达到93%。

聚焦"先行官"战略定位,注重突出交通运输对陕西经济社会发展的先行引领作用,按照真正融合、集思广益、打造精品的要求,科学编制并经省政府研究同意印发了《陕西省"十三五"综合交通运输发展规划》,成为陕西编制的第一个囊括了公路、水路、铁路、民航、邮政等多种运输方式的综合交通运输发展规划。

《规划》提出,"十三五"期全省交通运输将着重围绕"打造交通升级版,当好发展先行官"的战略目标,坚持"12345"发展路径,实施"586"发展战略。即利用五年时间投资超过5000亿元,实施"综合交通创建、公路发展强化、铁路发展提速、民航发展升级、水路发展突破、运输服务提升、智慧绿色引领、行业管理增效"八大工程,力争实现市市通高速铁路、县县通高速公路、重点镇通二级公路,确保实现村村通沥青(水泥)路、村村通客车、村村通邮的六通目标,加快构建起"大交通、大枢纽、大物流、大服务"的陕西综合交通运输发展格局,全面夯实陕西经济社会发展基础,使交通真正成为发展的先行官。

陕西高速公路的发展历程,是追赶超越的有力诠释。我们坚决贯彻落实省委、省政府"稳增长、促投资"决策部署,把高速公路作为交通建设的主战场,主动作为,勇挑重担。"十二五"5年建成高速公路1800公里,交通投资对全省经济增长直接贡献率超过6%,切实发挥了先行官作用,有力支撑了全面小康社会和"富裕陕西、和谐陕西、美丽陕西"建设。

陕西高速公路的发展历程,是攻坚克难的生动实践。面对前所未有的资金筹措、手续办理、环境保障三大难题,我们提出了"科学办交通、合力办交通、勤俭办交通"的发展理念。完善"多元化、广渠道"的筹融资机制,保障了公路建设资金需求;与省级有关部门通力协作,高速公路建设前期手续基本完善;深化省市共建机制,有效破解征地拆迁和环境保护难题,在极其困难的情况下保持了高速公路建设的良好势头。

绪 论
把大爱镌刻在路上

陕西高速公路的发展历程，是铸就精品的不懈追求。我们把质量当作工程建设的"生命线"，全面落实"人本化、专业化、标准化、信息化、精细化"的"五化"管理要求，总结出了具有陕西特色的一整套工艺标准和制度体系，2012年全国高速公路施工标准化活动现场会在我省召开，陕西经验向全国推广；切实加强招投标管理，出台了一整套公开、公正、透明的招投标管理办法，遏制了围标串标、人为干扰招标等违法违规行为，有效维护了公路建设市场秩序；扎实推动科技创新，开展了建筑垃圾循环利用等一系列科技攻关，真正把陕西高速公路建成了生态路、精品路、典范路。

陕西高速公路的发展历程，是惠及民生的真情演绎。让人民群众"走得了、走得好"是交通人的永恒追求。我们坚持建养并重，整治危桥险路，改善路域环境，狠抓公路治超，强化安全保畅，提高应急能力，打造"微笑服务""舒心旅途"等服务品牌，努力为广大驾乘人员营造"畅洁绿美安"的出行环境，群众对交通工作满意度不断提高。

陕西高速公路的发展历程，是交通精神的全面彰显。广大交通职工胸怀"大爱在心、为民开路"的豪情壮志，在艰苦的环境中磨砺意志，在繁重的工作中增长才干，以甩开膀子的干劲、逢山开路的闯劲、抓铁有痕的韧劲，攀高山、涉险滩、战酷暑、斗严寒、攻难关，展示了吃大苦、耐大劳、干大事、创大业的交通人本色，无愧于"特别能吃苦、特别能战斗、特别能奉献"的褒扬评价。

喜看今朝，密如蛛网、通江达海的高速公路遍布三秦大地，绵延四面八方。从关中平原到秦岭腹地，从革命老区到秦巴山区，陕西交通人用坚实的足迹丈量大地，用勤劳的双手勾勒蓝图，用大爱、智慧和汗水，绘就了一幅幅高速公路大发展、大跨越的锦绣画卷，谱写了一篇篇波澜壮阔、荡气回肠的史诗华章。万里通途，记载着技术和管理的不断创新，记载着困难和挑战的不断攻克，记载着速度和品质的不断超越；万里通途，是助推陕西迈入中等发达省份的腾飞之路，是三秦儿女奔向全面小康生活的康庄大道；万里通途，有力表明了省委、省政府决策部署的英明正确，兑现了我们对三秦父老的庄严承诺，也胜利宣告了陕西交通"十二五"发展目标的圆满收官。

在陕西高速公路建设开拓奋进的征程中，我们不能忘记省委、省政府的正确决策和坚强领导。省委、省政府主要领导多次听汇报鼓干劲，指方向解难题，协调沟通国家部委寻机遇，深入建设一线抓调研决策，为陕西交通发展给予最大支持。我们不能忘记交通运输部的殷切关怀和大力帮助。部领导和各业务司局始终心系陕西，给予了前所未有的政策倾斜和投资补助，帮助我们度过了一个个难关。我们还不能忘记各级地方政府、省级部门、金融机构和沿线群众的热切关注和鼎力支持。省级部门通过积极简化审批流程、提前预拨资金、优先落实用地指标、扩大信贷规模等措施，为高速公路跨越发展提供坚实的帮助。市县政府在土地征迁、环境保护等方面提供有效保障。这些兄弟般的援助之手，为我们加快建设创造了良好条件。我们更不能忘记广大交通职工的无私付出和大爱情怀，他们从塞上明珠榆林到商山丹水秦巴山区,在三秦大地转战南北、挥洒汗水、砥砺奋进,奏响了高速公路建设大跨越的时代壮歌。正是大家同心协力、携手并进,才描绘出今天陕西交通的恢宏篇章。

回忆过去,感念往者创业的艰辛与奋斗的激情,更召唤来者继往开来的信心和决心。我们感恩历史,在一代代交通人的精神感染中,在无数荣誉沉淀的光影里,坚定着我们勇于进取的信念,激励着每一个陕西交通人明天更加坚实的脚步。

成绩记载过去,使命承载未来,我们交通人还在路上。"十三五"是我国全面建成小康社会、实现第一个百年目标的决胜期,也是我省加快推进"三个陕西"迈向更高水平的关键期。陕西交通人将肩负新使命,以"四个全面"战略布局和五大发展理念为统领,按照"追赶超越"和"五个扎实"的要求,继续加快交通基础设施建设,构建"大交通、大枢纽、大物流、大服务"的综合交通运输发展格局,当好"追赶超越"先行官,为全面建成小康社会、建设"三个陕西"提供坚实的交通保障。

我们将坚定不移推进项目建设。以"完善骨架、畅通通道、加密连通"为重点,以改革创新的思路破解资金、土地、环境保障难题,持续加快公路建设,不断提升路网保障能力。

我们将坚定不移提升工程品质。围绕"五化"要求,以推行现代工程管理为抓手,丰富标准化内涵,加强精细化管理,强化科技支撑,严格质量问责,建全国示范工程。

我们将坚定不移优化服务能力。牢固树立服务为本的理念,把群众满意作为一切工作的标尺,落实惠民政策,提供一流路况,保障道路安全,不断提升出行服务品质。

我们将坚定不移打造一流团队。继续弘扬"大爱在心、为民开路"交通精神,选用贤德人才,发扬优良作风,以一流的团队铸就新的辉煌。

今天的成绩是对过去的总结,更是我们励志的宣言以及催征的战鼓,展望未来,我们信心十足、干劲百倍。我们将再次吹响加快建设的号角,继续苦干、大干、实干5年时间,誓把"十三五"发展蓝图变成美好现实。届时放眼三秦大地,3条高速公路大通道连接陕北,6条高速公路横贯东西,5条高速通道穿越秦岭,14条高速大通道通江达海,25个省际接口便捷连通。让陕西交通为三秦百姓迈入小康社会做好交通保障!

改革开放近四十年。四十年,如诗的激情;四十年,如歌的年华。一本反映我省高速公路建设情况的实录,难以承载沧桑四十年的历史画卷。几段文字,不足以描绘陕西交通行业奋斗的足迹。但是,这些文字和图片,却可以激励我们以更加昂扬的姿态,走向崭新的未来。

作为陕西高速公路发展的亲历者,我怀着深深的感情对这本实录再三阅读,谨略述所感。

第一章
陕西经济社会与交通运输发展

南部——险峻的秦岭和大巴山；

北部——万壑纵横的黄土高原；

中部——田畴棋布的关中沃野。

这便是在华夏版图上位居中心的陕西，他是中华大地上地形最为多样、邻接省份最多的区域。交通对于陕西，承载的不仅仅是经济运行、社会发展之中的"货畅其流，人便其行"，还是致力于西部强省建设中带动整个区域经济发展的"先行者"。

改革开放近四十年发展历程中，陕西的经济社会与综合运输取得巨大变化，经济实力的增强和人民生活的改善，呼唤着"要想富、先修路"。伴随着强力推进的陕西综合运输体系的建设与运行，古老的丝绸之路，正加速化身为一条现代化的发展之路、复兴之路，融入国民经济发展的现代化体系，推动新经济形态下"一带一路"的建设，促使陕西经济早日腾飞，重现丝绸之路的盛世荣光。

在引领中华民族实现伟大中国梦的征程中，以习近平同志为核心的党中央，十分关注经济社会与综合运输发展，高速公路建设在新的历史时期阔步前行，承载着区域经济发展的历史足迹，演绎着陕西交通大发展和经济腾飞的豪迈壮歌。

第一节 陕西概况

1. 区位特点

陕西地处中国西部，居黄河中上游，属内陆腹地，中国经纬度基准点和北京时间国家授时中心所在地。东与山西、河南毗连，西与宁夏、甘肃相接，南与四川、重庆、湖北相连，北与内蒙古相邻。具有连接中国东、中部地区和西北、西南地区的区位优势，又具有新亚欧大陆桥和"一带一路"东通西连的纽带作用。

全省国土面积20.56万 km^2，占全国国土面积的2.14%。地域南北长约870km，东西宽约200~500km。以东西绵延的北山和中国南北气候分界线——秦岭为界，全省分为陕北黄土高原、关中平原、陕南秦巴山区三大自然区域，横跨黄河、长江两大流域。黄河流域面积约占全省国土总面积的63.30%,长江流域面积约占全省国土总面积的36.70%。

陕北黄土高原位于陕西北部。区内有延安、榆林两市,辖25个县(市、区)。平均海拔900~1500m。总面积8.3万km²,约占全省国土面积的40%。地势西北高,东南低。基本地貌以黄土塬梁丘陵沟壑为主,分为长城沿线风沙滩区、陕北黄土丘陵沟壑区和渭北黄土台塬沟壑区。陕北黄土高原蕴藏着丰富的煤炭、石油和天然气资源,是中国一个重要的能源化工基地,也是西煤东运、西电东送、西气东输的一个重要枢纽。黄土高原地貌形成的黄土风情,悠久历史文化,中国共产党在陕北指挥抗战和领导全国解放战争的伟大革命斗争等,酿就丰富的人文景观,使陕北成为国内外游客旅游观光的一个热点地区。受自然环境和历史上长期发展缓慢制约,陕北贫困面大,属国家扶贫开发工作的重点县11个(2012年),占陕北全部县(区)的44%。随着陕北加快开发和跨越式发展战略的实施,区内能源化工工业、农副产品加工业和种植业、畜牧业、果业、旅游业等发展迅速,这使陕北成为全省经济社会快速发展的地区,也是交通运输需求增长最快的地区。

延安

关中平原位于陕西中部,居陕北黄土高原与秦岭山脉之间,北至北山山脉以南,南至秦岭山脉北坡,西起宝鸡峡,东至潼关,素称"八百里秦川",史上就有"天府"之誉。区内有西安、宝鸡、咸阳、铜川、渭南、韩城六市和杨凌农业高新技术产业示范区,辖以上六市中除凤县、太白两县以外的全部县(市、区)。区内平均海拔300~800m;总面积5万km²,占全省国土总面积的24%。关中平原地形西狭东阔,南北宽窄不一。地貌以滩地、川地、黄土塬和山前洪积扇等为主。关中平原是关中—天水经济区重要组成部分,是陕西经济、社会、科技、教育、文化最发达的地区。区内城镇遍布,村落密集,人口众多。省会西安市为全省政治、经济、文化中心,亚欧经济论坛永久会址地。全省高新技术、装备制造、现代服务业和以粮、果、菜、畜牧为主的现代农业,大多集中在关中地区。

作为中华文明最早的发祥地之一,关中平原历史悠久,人文积淀深厚,自然与人文景观星罗棋布,为驰名中外的旅游胜地。随着关中重点发展、率先发展战略的实施,该地区成为全省经济社会发展最具活力的区域,发挥着引领全省经济社会发展的龙头作用。

陕南秦巴山区位于陕西南部。区内有汉中、安康、商洛三市,辖三市全部县区和宝鸡市的凤县、太白两县,共28个县(市、区)。海拔最低220m,最高3000m;总面积7.3万km²,约占全省国土总面积的36%。北部为秦岭南坡,南部为大巴山、米仓山北坡,中部为汉江谷地,高山多平地少,大小河流密布,为中国南水北调中线主要水源地。全区按地型可分为秦巴山区、汉中盆地和安康盆地。秦巴山区是林特产宝库,动植物区系丰富,种类繁多。区内水力、矿藏、林草、生物、动物等自然资源极为丰富,是中国重要的有色金属、贵重金属矿藏区。全区钢铁工业、机械制造、矿产开发、有色金属冶炼、电力能源等产业发展具有相对优势。随着陕南加快发展、突破性发展战略的实施,以现代中药、绿色食品、水力发电、生态旅游四大产业为主,绿色产业基地发展快速。区内黄河与长江两大流域文化交汇,人文与自然景观丰富多样,使该区域成为陕西新兴的旅游热点地区。

2. 地貌气候

陕西全省地域狭长,地势南北高、中间低,地貌类型可分为风沙过渡区、黄土高原区、关中平原区、秦岭山地区、汉江盆地区和大巴山地区等,地理多样,地形复杂。

陕西地处内陆中纬度地带,从北到南跨温带、暖温带和北亚热带三个气候带,气候差异较大,四季分明。陕南盆地为北亚热带湿润气候,山地大部为暖温带湿润气候。关中及陕北大部属暖温带半湿润气候。陕北北部长城沿线属中温带干旱半干旱气候。气候基本特点:春暖干燥,降水较少,气温回升快而不稳,多风沙天气;夏季炎热多雨,多雷阵雨和暴雨,间有伏旱;秋季凉爽湿润,气温下降快,关中、陕南多阴雨;冬季寒冷干燥,气温低,雨雪稀少。全省年平均气温9~16℃,极端最低气温-32.70℃,极端最高气温42.80℃。气温自南向北、自东向西递减。全省年均无霜期160~250天。陕南为湿润区,关中为半湿润区,陕北为半干旱区。全省年平均降水量702.10mm,呈南多北少的特点,其中60%~70%集中在7~10月份,往往洪涝成灾,而春夏季节则多旱。

3. 自然资源

陕西流域面积100km²以上河流共583条,其中流域面积1000km²以上河流共61条。河流多属雨源型。秦岭以北黄河水系主要河流,自北向南有黄河、窟野河、无定河、延河、洛河、泾河、渭河等。秦岭以南长江水系主要河流,自西向东主要有嘉陵江、汉江、丹江等。全省水资源总量333.43亿m³,人均水资源量相当全国人均水资源量的一半多,属缺水省份。地域分布上,秦岭以北水资源量占全省水资源总量的29%,秦岭以南水资源量占全省水资源总量的71%。

全省土地类型主要有山地、丘陵、原地、川地、沙地、沼泽六大类。土地资源主要特点为山地多而川原少。全省海拔800m以下河川、台原、山前洪积扇等仅占土地总面积的

10%。全省农业用地(耕地、林地、园地、牧草地)共1889.50万公顷,其中耕地399.20万公顷。陕南山多、河密而耕地少,素有"八山一水一分田"之说。

陕西地质成矿条件优越,矿产种类繁多,资源分布广泛。陕北和渭北以优质煤、石油、天然气、水泥灰岩、黏土类及盐类矿产为主;关中以金、钼、建材矿产和地下热水、矿泉水为主;陕南秦巴山区以黑色金属、有色金属、贵金属及各类非金属矿产为主。全省已发现各类矿产138种(含亚矿种),其中已查明有资源储量的矿产94种,已列入资源储量表的矿种87个、矿区710处。全国45种主要矿产中,陕西已查明资源储量的有37种。全省列入矿产资源储量表的矿产保有资源储量潜在总值为42.60万亿元,约占全国矿产资源潜在总值的三分之一。在占国民经济重要价值的15种重要矿产中,全省除银矿保有储量排全国第23位外,盐矿保有储量排全国第一位,石油、天然气保有储量均排全国第三位,其他矿种排第4~18位。

陕西生态条件多样,植物资源丰富。全省森林面积887万公顷,森林覆盖率43.06%。天然林主要分布在秦巴山区、关山、黄龙山和桥山。秦岭、巴山素有"生物基因库"之称,有野生种子植物3300余种,约占全国的10%。其中,珍稀植物30种,药用植物近800种。

全省林地保有量1120.30万公顷。天然林主要分布在秦岭、巴山、关山、黄龙山和桥山。秦岭、巴山有野生植物3300余种,约占全国的10%,其中珍稀植物30种,药用植物近800种。草原主要分布在陕北,类型复杂。陕西野生陆生脊椎珍贵动物众多,现有野生动物600余种,鸟类380种,哺乳类147种,均占全国的三分之一。全省野生动物中,珍稀动物69种,其中大熊猫、金丝猴、羚牛、朱鹮等16种被列为国家一级保护动物。全省共设立森林公园86个,湿地公园26个,自然保护区48个。

秦岭四宝(大熊猫、朱鹮、金丝猴、羚牛)国家一级保护动物

4. 行政区划

新中国成立以后,全省行政区划多次调整。到1982年,全省设7个地区、3个地级市,地区辖3个县级市,90个县,地级市辖12个区、13个县,县以下设区和乡镇。之后,部分地区、地级市改设为省辖市,增设县级市,市设市辖区。到1990年,全省设6个地区、4个省辖市、85个县、8个县级市和14个市辖区。20世纪90年代后加速撤地改市。1995年到2001年11月,渭南、汉中、榆林、安康、商洛地区相继改设为地级市,原各地区所辖县级市相继改设为市辖区。1997年7月设立由省直辖的杨凌农业高新技术产业示范区。"十五"中期以后,全省市级行政区划基本稳定,部分县改设为市辖区,部分乡撤并后改设为镇,部分镇改设为街道办事处。2012年5月,韩城市升格为省内计划单列市。至2016年年底,全省设10个省辖市和杨凌农业高新技术产业示范区,24个市辖区,3个县级市,80个县,1216个乡镇,204个街道办事处,28692个建制村。

5. 人文资源

全省人口规模受生育、经济水平、社会环境、自然灾害、卫生条件、迁徙流动等多因素影响。人口自然增长率在经历1949到1972年年均20‰以上的高峰期后,转向逐步递减。1995年起降至10‰以下,2000年后降至5‰以下。随着人口增长率逐步下降,全省人口总数则逐步增加,结构相应变化,农业人口趋向减少,城镇人口明显增多。地区间人口分布:关中地区增加较多,陕北略有增加,而陕南则略有下降。2015年年末,全省常住人口3792.87万人,自然增长率为3.82‰。2016年,由于放开二胎生育,全省人口出生率为10.64‰,自然增长率为4.41‰。全省常住人口较上年增加19.75万人。其中,城镇人口与乡村人口数量占常住人口比重分别为55.34%、44.66%,城镇人口比重较上年提高1.42个百分点。1980—2016年全省人口变化情况见表1-1。

1980—2016年陕西省人口变化表(单位:万人)　　　　表1-1

年　份	人　口　数	自然增长率(‰)	按性别分男/女	按城乡分城镇/乡村
1980	2831	8.20	1468/1363	522/2309
1985	3002	10.10	1566/1436	1167/1834
1990	3316	16.96	1727/1589	1501/1815
1995	3513	9.36	1836/1677	1738/1775
2000	3644	—	1896/1748	1176/2468
2005	3690	4.01	1899/1791	1374/2316
2010	3735	3.72	1930/1805	1707/2028
2015	3793	3.82	1958/1835	2045/1748
2016	3812	4.41	1969/1843	2110/1702

注:表中数字选自陕西省统计局编《陕西统计年鉴》《人口志》。

陕西近现代教育奠基于20世纪初,现代教育则发展于新中国成立之后。改革开放推动全省教育事业进入全面加快发展时期。以提高全民素质,多出人才,出好人才为根本,加强基础教育,全面推进义务教育,恢复发展和提高高等教育,积极发展民办教育,大力发展职业教育。在"八五"末初步形成完整的社会主义教育体系的基础上,大力推进教育奠基、优先发展、深化教育改革,巩固和加强陕西作为全国高等教育基地之一地位。2005年实现基本普及义务教育,高等教育特别是民办高等教育快速发展。"十一五"至"十二五"时期,坚持教育强省、教育富民,不断发展和完善教育公共服务体系,促进教育内涵式发展。"十三五"时期,以全覆盖为重点发展学前教育,以推进13年免费教育为重点发展义务教育和高中教育,以提升创新能力、实现争先进位为重点发展高等教育,以优化整合资源、增强整体实力为重点发展职业教育和民办教育。2016年,全省共有高等学校96所,在校学生107.63万人;成人高等教育在校学生16.06万人;中等职业学校265所,在校学生27.78万人。

陕西科技源远流长,科技发现与发明在历史上写下许多光辉篇章。新中国成立后,经过50年代国家布局的重点骨干项目建设和60年代的"三线"建设,一大批工厂与科研单位内迁,使全省科技实力明显增强,科学技术取得前所未有的成就。改革开放以来,坚持"科技兴陕"方针,实施创新驱动发展战略,科技事业得到全面快速发展,逐步形成门类比较齐全,专业基本配套,具有较强研究和开发能力的科学技术研究体系。"十五"与"十一五"时期,大力推进技术创新,加快科技产业化,以高新技术改造传统产业,进一步加强基础研究、应用研究和高技术研究,推动科技创新体系建设和创新型省份建设。"十二五"以来,深入实施创新驱动发展战略,推进科技统筹创新工程,启动实施科技惠民计划,加快完善技术创新体系。2016年,全省拥有中央和省、市、县(市、区)属科研机构1127家,专业技术人才总量突破173万人。全省有国家级重点实验室25个,国家级重点工程技术研究中心14个,省级重点实验室102家,工程(技术)研究中心278家。全省有国家级经济技术开发区7个、高新技术园区7个,省级经济技术开发区16个、高新技术园区7个。全省地方登记的科技成果连续两年均超过3200项。全省专利授权总计48455件。国家自然科学奖、技术发明奖获奖数量分别居全国第二和第三位。

陕西是中华民族主要发祥地之一。西安历史上曾有西周、秦、西汉、新朝、东汉、西晋、前赵、前秦、后秦、西魏、北周、隋、唐13个王朝在此建都,居中国政治、经济、文化中心长达千年。古长安曾为古"丝绸之路"起点,驰名中外的中西商贸集散地。近现代史上,陕西是响应辛亥革命宣布独立的首批省份之一。1935—1948年,中共中央在陕北领导抗日战争和解放战争,奠定了建立新中国的基石。悠久的发展历史,深厚的文化积淀,致境内文物景观荟萃,被誉为"天然的历史博物馆",并创造了古朴、独特的民俗、民风和民间艺术。全省现有各类文物点3.58万处,其中古遗址10378处,古墓葬4011处(其中有72座古代帝王陵墓),石窟寺544处,古建筑2577处,古石刻14551处,近现代史迹1089处,其他文物点2600处。全省有博物馆151座,馆藏各类文物90万件(组)。国家级重点文物保护单位37处,居全国第1位;省级重点文物保护单位283处,县级重点文物保护单位1740处。特殊的地理环境酿造独特的自然景观,以西岳华山、太白山、终南山、翠华山、黄土高原和黄河壶口瀑布等为代表的自然景观,享誉天下。全省有西安、延安、韩城、榆林、咸阳、汉中等6个国家历史文化名城,有11个省级历史文化名城。旅游景点中,A级旅游景区257家,其中国家5A级旅游景区6家。这使陕西成为世界最佳旅游地之一。2016年,全省接待境内外游客4.49亿人次,比上年增长16.5%,其中接待入境游客338.20万人次,比上年增长15.4%。

黄河壶口瀑布

秦始皇兵马俑

第二节 经济社会发展

新中国成立前,陕西经济基础十分薄弱,交通闭塞,农业生产水平低下,工业只有装备陈旧的小型工厂和手工业作坊。新中国成立后,在国家大力支持和中共陕西省委、省政府的领导下,全省人民发扬延安精神,奋发图强,艰苦创业,大规模进行工业、农业、交通、商业、科教及城市公用事业等建设,国民经济取得历史性进步。经过改革开放初期努力发展,20世纪90年代,全省改革开放和现代化建设进入上台阶发展的新时期。1999年起实施西部大开发战略,建设西部经济强省,推动经济跨越式发展和社会全面进步。2000年基本实现全省现代化建设"三步走"战略的第二步目标,初步建立社会主义市场经济体制,人民生活总体接近小康水平。"十一五"时期,以实施关中—天水经济区发展规划为契机,推进关中率先发展,陕北跨越发展,陕南突破发展,实现三大区域互动协调发展,建设西部强省,向全面小康社会迈进。"十二五"时期,以"富裕陕西、和谐陕西、美丽陕西"的"三个陕西"建设为目标,贯彻中央"一带一路"发展战略,确立加快建设丝绸之路经济带新起点定位,积极应对经济持续下行压力,主动适应新常态,推进全省经济进入工业化加速上升和工业化、信息化、城镇化、农业现代化同步加快发展的新阶段,实现由经济欠发达省份向中等发达省份的历史性跨越。在此基础上,"十三五"时期坚持以创新、协调、绿色、开放、共享发展理念引领,大力实施创新驱动、绿色惠民、协同共享、开放融合战略,在提高质量与效益基础上,保持经济增长高于全国平均水平,人民生活水平和质量进一步提高,将全面建成小康社会。

2017年8月28日,陕西省委书记娄勤俭(前排中)在省委常委、延安市委书记徐新荣,省委常委、省委秘书长钱引安,省交通运输厅厅长冯西宁、省公路局局长万振江、省交通运输厅总工程师党延兵等陪同下调研交通发展情况

1. 全省生产总值

新中国成立后,陕西经过医治战争创伤,使国民经济得到迅速恢复。随着大规模经济建设逐步展开,国家"156"工程和三线建设一大批重点骨干项目在陕西布局,形成全省经济发展高潮期。1952—1978年,按可比价格计算,全省生产总值年均递增9.02%。改革开放推进陕西经济发展步入快车道。经历20世纪90年代初缓慢增长,1995年起进入年均两位数增长期。西部大开发推进陕西经济发展全面提速。在2005年人均地区生产总值突破万元后,全省生产总值相继跨越3000亿元至6000亿元几个大关。1998—2008年,按不变价格计算,全省生产总值年均增长13.09%,高于同期全国增速2.95个百分点。2010年经济总量跃上万亿元台阶,居全国第16位、西部第3位,人均生产总值超过4000美元。"十二五"时期,深化改革开放,加快转变经济发展方式,全省生产总值年均增长11.10%,增速高于全国平均3个百分点,年均增加1600多亿元,经济总量达到1.82万亿元,列全国第15位。人均生产总值2011年突破5000美元后,相继突破6000美元、7000美元、8000美元,达到中等收入国家水平。2016年,实施"十三五"规划,克服经济下行压力加大和资源环境约束等影响,推进经济由高速增长转入中高速增长,全年全省实现生产总值19165.39亿元,增长7.6%,高于全国0.9个百分点,人均生产总值自2012年以来稳

居全国第 14 位。1980—2016 年陕西省生产总值增长情况见表 1-2。

1980—2016 年陕西省生产总值增长表 表 1-2

年　份	全省生产总值(亿元)	人均生产总值(元)
1980	94.91	334
1985	180.87	604
1990	404.30	1241
1995	1036.85	2965
2000	1804	4968
2005	3675.66	9899
2010	10123.48	27133
2015	18171.86	48023
2016	19165.39	50395

注：表中数字选自陕西省统计局编《陕西统计年鉴》《2016 年陕西省国民经济和社会发展统计公报》。

陕西省省长胡和平(右三)、时任副省长庄长兴(右四)在陕南调研交通运输发展情况

2. 产业结构

改革开放前，全省产业结构很不合理，第一产业比重高，第三产业比重过低。1978 年全省产业比重为 30.40∶52.10∶17.50。改革开放以来，加快经济发展，加强经济结构调整，在坚持优先发展农业，不断加强农业基础地位的前提下，大力发展第二产业，推进工业转型升级，加快提升第三产业。西部大开发以来，实施工业强省战略，大力发展能源化工、装备制造、食品、电子和通信设备制造、医药制造、有色金属冶炼、纺织服装等支柱产业，加快发展交通、旅游、金融、电信、商贸、文化等现代服务业。全省第三产业加速崛起，比重大幅提高，第二产业稳步提升，第一产业比重逐步下降。到 2010 年年底，全省产业结构由"二一三"变为"二三一"。"十二五"时期，深入推进能源化工产业高端化，加速打造化工、汽车、电子信息、航空航天、新材料、医药等新兴支柱产业，旅游文化产业，以现代物流业、金

融为主的现代服务业,以高新技术产业、国防科技工业等为主的科技创新产业,加快产业结构调整和转型升级。2015年年底,全省产业结构比例为8.80∶51.50∶39.70,形成以第二产业为主体,多点支撑、多元带动的产业格局,经济加快向中高端水平迈进,标志全省由农业社会步入工业化社会,工业发展水平从工业化中期进入工业化后期。进入"十三五"时期,实施"中国制造2025"陕西行动计划,培育壮大新兴战略性产业,推进服务业提质增效,大力发展现代农业,拓展信息经济发展新空间,加速产业融合,业态创新,着力构建可持续的发展结构。2016年年底,全省产业结构比重与上年比较,第一产业无变化,第二产业下降2.50个百分点,第三产业提高2.50个百分点。1980—2016年陕西省产业结构变化情况见表1-3。

1980—2016年陕西省产业结构变化表　　　　表1-3

年份	第一产业(亿元)	第二产业(亿元)	第三产业(亿元)	产　业　比
1980	28.47	47.74	18.70	32∶47.80∶20.20
1985	53.39	81.96	45.52	29.40∶44.80∶25.80
1990	105.56	166.95	131.79	27.10∶44.60∶28.30
1995	217.27	441.67	377.91	20.95∶42.60∶36.45
2000	258.22	782.58	763.20	14.30∶43.40∶42.30
2005	435.77	1951.36	1546.59	11.10∶49.60∶39.30
2010	988.45	5446.10	3688.93	9.80∶53.80∶36.40
2015	1597.63	9360.30	7213.93	8.90∶50.40∶40.70
2016	1693.84	9390.88	8080.67	8.80∶49∶42.20

注:表中数字选自陕西省统计局编《陕西统计年鉴》《2016年陕西省国民经济和社会发展统计公报》。

3. 财政收入

受经济欠发达影响,改革开放前以至改革开放初期,陕西财政收入少,支出大,长期处于财政紧张状况。1978—1991年,全省财政收入年均递增6.55%。随着改革开放深入和经济快速发展,通过实行分级包干、财政转移支付、税制与专项资金管理、预算管理体制改革等,全省财政收入逐步增加,经济实力得以壮大。1997年全省财政总收入越过100亿元后,年度财政总收入时有起落,但总体保持增长,财政状况逐步好转,并且支出规模扩大,支出结构趋于优化。1998—2008年,全省财政收入由156.92亿元增至1104.21亿元,年均增长21.50%,实现由"吃饭型"财政向"建设型"财政的转变,有力支持了全省经济社会发展。"十二五"时期,地方财政收入继续保持两位数增长,并把新增财力和财政总支出"两个80%"用于民生。2015年,全省财政总收入达到3300亿元,年均增长12%;地方财政收入达到2059.87亿元,增长12.10%,较2010年翻一番;100元生产总值地方财政收入提高到11.32元。是年全省财政支出4376亿元,为全省稳增长、调结构、促改革、惠民生、防风险做出了积极贡献。实施"十三五"规划,全省继续落实积极财政政策,深化财税体制改革,支持供给侧结构性改革,努力做大做强财政蛋糕。2016年,克服经济下行压力增大的困难,全省完成地方财政收入1833.93亿元,同比增长6.01%;财政支出4390.57亿元,增长6.51%,其中用于民生的支出占比达81.89%。

4. 固定资产投资

20世纪50~60年代,陕西作为国家重点建设的地区,也是固定资产投资安排倾斜的地区。"一五"和"二五"时期,国家在陕西投资57.70亿元,一大批重点和骨干项目投资建设,显著增强了陕西经济发展实力。60年代中期至70年代末,以国家三线建设为中心,持续增加固定资产投资。1966—1978年,全省基本建设投资165.50亿元,年均投资12.70亿元。实行改革开放后,内引外联,扩大投资,促进投资来源多元化。1986—1990年,全省共完成投资313亿元,年均完成投资60多亿元。90年代,深化投资体制改革,扩大招商引资,加强重点行业和薄弱环节投资建设,努力提高投资效益。西部大开发以来,坚持实施项目带动战略,逐步完善投资增长内在机制,大规模推进基础设施、基础产业、支柱产业和社会事业等建设,固定资产投资快速扩张,投资规模不断加大。1998—2008年,累计完成投资19302.58亿元,年均增长24.39%。2008年,应对全球金融危机影响,贯彻"保增长、扩内需"方针,加大固定资产投资,积极发挥民间投资作用,全社会固定资产投资累计完成4835.15亿元,增长32%。"十一五"全社会固定资产投资累计完成2.62万亿元,年均增长34%,投资对经济增长的贡献率由"十五"末的53.70%提高到70%。"十二五"时期,积极应对经济下行压力,发挥投资拉动增长的关键作用,以基础设施保障、能源化工产业发展、科技创新与战略性新兴产业培育、生态环境保护等为重点领域,创新招商引资机制,建立投资管理负面清单制度,进一步激发民间和外商投资活力,保持投资快速增长。2015年,全年全社会固定资产投资20177.98亿元,比上年增长7.80%。"十三五"时期,强化全省重大基础设施建设,进一步提高投资的有效性和精准性。2016年,全省全社会固定资产投资累计完成20825.25亿元,比上年增长12.10%。其中,基础设施投资6022.24亿元,增长31.90%。

5. 人民生活

新中国成立初期,陕西经济薄弱,人民生活水平低下。经过此后20多年发展,城乡人民物质文化生活水平有了较大提高,但贫困面仍比较大。1978年,全省城镇居民人均收入290元,农民人均纯收入133.50元,全省绝对贫困发生率50.70%,未解决温饱的绝对贫困人口1200万人。在以改革开放推动全省经济社会持续发展的过程中,把提高人民生活水平放在重要位置,千方百计扩大就业,大力实施扶贫脱困,努力增加群众收入,改善群众生活质量。2000年,"五七"扶贫攻坚任务基本完成,全省人民生活接近小康水平。"十五"以来,坚持以人为本,构建和谐社会,经济社会发展更加注重民生改善。2005年,城镇居民人均可支配收入达到8272元,农民人均纯收入达到2052元,分别比"九五"末增加3148元和582元;解决了193万贫困人口温饱问题,293万人口实现脱贫。城乡居民居住、出行、通信等条件明显改善,消费结构逐步升级。

陕西省委常委、宣传部长庄长兴(右四)调研综合交通运输工作

2008年,农村居民人均纯收入3136元,年均增长8.4%;城镇居民人均可支配收入12858元,年均增长11.82%,增速均高出全国平均水平。随着居民收入水平提高,汽车、住房和通信器材等新型消费热点逐步形成。"十二五"时期,全面推进富民强省工程,实施城乡居民收入倍增计划,推进精准扶贫和秦巴山区、白于山区与黄河沿岸土石山区整体搬迁工程。2015年,全省城镇居民人均可支配收入26420元,居全国第17位;农村居民人均可支配收入8689元,居全国第26位;城镇居民人均生活消费支出18464元,农村居民人均生活消费支出7901元。"十三五"规划以增进人民福祉,促进人的全面发展为中心,规划城乡居民收入赶超全国平均水平,现行标准下农村贫困人口全部脱贫,基本公共服务实现均等化,人民生活水平和质量进一步提高,同步全面建成小康社会。2016年,全省城镇居民可支配收入28440元,农村居民人均可支配收入9396元,分别增长7.60%和8.10%,分别居全国第26位和19位;居民消费支出增长减缓,城镇、农村居民人均生活消费支出分别为19369元、8568元,同比分别增长4.90%、8.40%,增速分别回落0.30、0.50个百分点。

6. 城镇化

陕西城镇化发展,自20世纪50年代初起步,经历50年代末至60年代中期起落,60年代中期至70年代后期徘徊、停滞的过程。至1978年,全省农业人口占83.70%,城镇化率仅16.30%。80年代改革开放推进城镇化建设加速。"十五"以来,全面加快城镇建设,着力构建以大城市为骨干、中心城市为主体、小城市为基础的城镇体系,农业人口大量向二、三产业转移,2005年全省城镇化率达到37.20%。"十一五"时期,以关中城市群建设为重点,带动城镇化。到2010年,全省城镇化率增至40.60%,形成以西安都市圈为中心,以关中城市群为主体,带动陕南、陕北大中城市与小城镇协调发展的城镇格局。"十二五"期间,统筹推进区域、城乡协调发展,按照"建设大西安、做美城市、做强县城、做大集镇、做好社区"的思路,打造关中城市群和南北交通干线、陕北长城沿线、陕南汉江沿岸城镇带,创建中国特色新型城镇化新范例,实施避灾扶贫移民搬迁工程、重点示范镇和文化旅游名镇建设,推动农村人口进城就业落户,全省城镇化率稳步提高。2012 年,全省城镇常住人口首次超过农村,占比达到 50.02%。2015 年,全省城镇人口占到全省人口总数的 53.92%,成为陕西由农业社会步入工业化社会的重要指标之一。在此基础上,"十三五"时期坚持以人为核心,以优化城镇化格局为重点,进一步加强新型城镇化建设。2016 年,全省城镇人口增至 2109.90 万人,城镇化水平达到 55.34%。

第三节　交通运输发展

一、交通运输发展成绩

陕西公路、铁路、民航、城市公交和邮政等事业,起步于 20 世纪初至二三十年代,发展极其缓慢。1949 年,全省公路里程 1908km,其中运营里程仅 884km,民用汽车 977 辆,车况破旧,站点稀少,运行无常,客、货运量微不足道。铁路有陇海和咸铜运煤支线两条线路,营业里程 447km,标准低,质量差,运量小,时通时断,年运送旅客不足 400 万人次,发送货物不到 100 万 t。民航先后运营 18 条航线,客、货运输量很小。水运兴发历史悠久,但运力差,运量小。城市公交主要在西安市。全省邮电局、所 583 处,邮路长度 7341 公里,90% 的邮路靠人背畜驮。

时任陕西省省长赵正永(右)在交通厅厅长冯西宁(左)的陪同下,
参加延安至延川高速公路项目开工典礼

新中国成立后,为适应全省经济恢复、建设,社会发展和加强战备、巩固国防的需要,陕西按照"为工农业生产、城乡物资交流和为国家社会主义工业化服务"的方针,大力发展交通运输。公路交通以普及为主,主要依靠地方和群众兴办。铁路作为交通运输骨干,由国家投资为主建设。先后建成宝(鸡)成(都)、西(安)户(县)、西(安)侯(马)线西(安)韩(城)段、阳(平关)安(康)、襄(樊)渝(重庆)、西(安)延(安)、梅(家坪)前(河)等铁路。

民航在扩大西安西关机场的同时,建设延安、榆林、安康民航站,增开省内外航线。西安市城市公交扩展线路,增加运力;加快宝鸡、咸阳、汉中、榆林、商州、延安、韩城等中小城市公交发展。水运受水资源环境变化和其他运输方式竞争影响,经历发展高峰后趋向逐步萎缩。邮政重点发展长途干线网和乡村邮电网,发展汽车、铁道和航空邮路,增加运载能力,加快运递速度。

这一时期,受"大跃进"和"文化大革命"等干扰,交通基础设施建设和运力发展时有起落,但受需求推动和重点建设带动,仍使线路增加,运力增长,运能提高。到20世纪70年代末,初步建立起由公路、铁路、民航、水运、城市公交和邮政等为主,连接城乡、辐射周边地区的交通运输骨架系统,对支持国民经济与社会发展和人民生活改善,发挥了重要保障作用。但受对交通发展定位不够合理、体制不顺、投资不足等影响,全省交通运输发展明显滞后于经济社会发展,总体运输线路里程少,密度低。全省每百平方公里拥有公路、铁路分别为16.39km和0.83km,运输线路未形成网络,技术装备水平较低,运能小,管理与服务方式落后,交通运输供给紧张,运货难、出行难,成为经济社会发展的薄弱环节和突出矛盾。

1978年党的十一届三中全会后,为适应全党工作重心转到社会主义现代化建设轨道,推进改革开放,搞活经济的要求,贯彻调整、改革、整顿和提高的方针,妥善安排国民经济各部门间关系,交通运输发展得到重视。贯彻国家重视和优先发展交通的方针,陕西把交通运输发展放在突出位置,作为经济结构调整和基础设施建设的重点之一,推进全省交通运输步入发展快车道,努力缓解交通供给严重不足。公路交通放宽搞活,积极改善,提高以西安为中心,连接重点城镇、省际重要通道、旅游热点、矿区的公路干线。以工代赈修建秦巴山区公路。利用贷款修路、收费还贷政策,引进外资,修建西(安)三(原)一级公路;建设西(安)临(潼)高速公路。在搞活国有运输企业的同时,放手发展个体、私营汽车运输。铁路重点建设下峪口至桑树坪、包(头)神(木)、陇海线至南同蒲联络线等线路,同时加强铁路电气化改造。民航扩展通航线路,成立西北民航局、中国西北航空公司、西安航务管理中心等机构,引进新机型,增加运力和客货发运量,西安机场成为西北和国内重要航空枢纽和航空基地。水运受内河闸坝碍航及公路交通发展等影响,持续萎缩。西安等大中城市公交继续发展,部分县城公交、出租客运起步。邮政按照多渠道运邮的要求,扩大自办汽车邮路,增开铁路、航空邮路,加强邮件转运场地建设,先后建成西安、宝鸡邮件转运楼和西安邮件集装箱场地。管道运输建设起步,在富县建成长85km输气管道。

进入20世纪90年代,为适应全省经济社会发展上新台阶的要求,将加强交通、邮电、城市基础设施建设等作为调整投资结构,增强经济发展后劲的任务之一,紧抓应对亚洲金融危机,实行积极财政政策的机遇,集中力量抓关系全局的重点交通基础设施建设项目,发展畅通快捷的运输体系。公路以实施西安为中心的国道主干线高等级公路建设为重点,加强现有公路改造提高和县乡公路建设,以实施村村通路工程带动乡村公路发展。先后建成西安过境和临潼—潼关高速公路,贯通潼关到宝鸡公路主干线;建成铜(川)黄(陵)、蓝(田)小(商塬)、法(门寺)汤(峪)等高等级公路和西安—商州、黄陵—延安—榆林二级公路。以增加干线铁路,贯通南北铁路大干线和煤炭外运大通道为主要目标,建成西(安)安(康)铁路、神(木北)延(安北)铁路,西延铁路铺轨到延安,南北铁路大动脉全线贯通;同时建成秦家川至七里铺运煤专线,开工建设宝(鸡)中(卫)铁路,加快建设神(木)朔(州)铁路,完成阳安铁路、襄渝铁路扩能改造;开通宝鸡货运口岸。铁路初步形成"两纵三横三个枢纽"路网构架,铁路网初具规模。民航完成西安咸阳机场一期工程建设,更名为西安咸阳国际机场,并投入运营;相继改建安康机场,扩建榆林机场,改造延安机场;创办长安航空公司,发展支线航空运输。水运方面重点实施汉江安康至白河航道整治、黄河石坪至禹门口段航道整治工程。城市公交随着城市骨架拉大,西安等城市采用多家经营的方式,吸引民间投资,延伸公交线路,增加公交车辆与站点。城乡道路运输中私人汽车得到发展。邮政基础设施建设得到进一步完善,邮政业务总量增长,特快专递增长尤其迅速。管道运输起步晚而发展快,靖边至西安、咸阳至宝鸡、西安到渭南天然气管道相继建成并运营。这一时期各种交通运输加快发展,全省交通运输供给紧张状况得到一定程度缓解。

1999年起实施西部大开发战略,为陕西交通运输发展创造新契机。把加快公路等基础设施建设作为实施西部大开发战略的重中之重和突破口之一,陕西多方式、多渠道加大投资,加快现代化综合交通运输体系建设步伐,以根本缓解全省经济发展的"瓶颈"制约。公路交通集中力量建设"米"字形国道主干线和西部大通道高速公路、一纵三横两环次骨架公路,实施贫困县出口公路、县际公路、通县公路、农村公路通达工程。坚持两轮驱动,进一步扩大道路运输市场开放,加强道路运输结构调整。铁路交通以改造、提高干线通道,建设和完善枢纽为主要任务,推进"十大工程"建设,着力构建"两纵五横四个枢纽"。先后完成西(安)合(肥)铁路、陇海铁路宝(鸡)兰(州)复线,阳安铁路扩能改造、西(安)宝(鸡)铁路提速改造以及西安铁路枢纽扩能工程。民航交通重点建设"一主四辅"航空运输格局,增辟新的国际航线;实施西安咸阳国际机场二期扩建工程,完成延安机场改造,榆林、汉中机场迁建扩建。水运交通转向以汉江开发为重点,实施汉江旋涡至安康段航运建设工程。适应城市拓展和通勤需求持续快速增长,贯彻"公交优先"的方针,西安推进大公交战略实施,整合公交资源,扩大服务范围,着力提高服务质量;中小城市公交加快发展,城乡出租客运加速普及。城乡私人汽车持续快速发展。实行邮电分开,成立陕西省邮政局;按照"强邮储、抓邮递、推物流、促代办"的业务策略,完善邮政基础设施,提高邮政网络技术含量,搭建电子邮政技术平台,大力发展邮购(代销)业务、速递业务和一体化物流。管道运输以输气、输油管线建设为主,配合"西气东输"工程建设,扩展省内管道输气网,先后建成咸阳至宝鸡,西安至渭南,靖边至西安二线、三线等输气管道。全省交通基础设施建设取得重大进展,运输能力和服务质量得到明显提高,对经济社会发展的服务保障能力明显增强。

"十一五"时期,以建设多种运输方式协调发展、衔接顺畅、布局合理、高效快捷安全的综合交通运输体系为目标,以消除交通体系不完善的瓶颈制约为主要任务,以铁路、公路建设为重点,以扩大路网规模、完善路网结构、提高运输能力和服务水平为中心,紧抓应对国际金融危机,加强基础设施建设及"5·12"汶川地震灾后重建等重大机遇,加快交通基础设施建设步伐,促进综合运输能力和运输设施水平明显增强。

时任陕西省副省长洪峰(中)在改扩建施工现场听取建设情况汇报

这一时期,公路实施"一个龙头,带动两个重点",全面持续加快规划的"2367"高速公路网建设,带动干线公路改善和农村公路发展;农村公路通达、通畅工程结合实施,推进县公路改造提高、乡乡通油路、村村通油(水泥)路。到2010年,全省高速公路通车里程突破3000km,99.94%的乡镇通公路并通油(水泥)路,所有具备条件的建制村通公路,其中83.70%的通油(水泥)路;全省民用汽车较2004年翻了近两番。铁路完成西延扩能改造、郑(州)西(安)客运专线、包(头)西(安)复线,开通太原至中卫铁路(陕西段),新建铁路2600km,"两纵五横四枢纽"铁路网基本形成;西安铁路集装箱中心站成为全国18个具有国际先进技术设备和物流功能的集装箱中心站之一。民航完成西安咸阳国际机场二期扩建主体工程框架;通用航空进一步发展。水运方面重点实施汉江喜河库区航运建设工程,加速汉江安康至丹江口国家高等级航道建设。整合城乡道路运输资源,实现城乡客运统一管理。进一步推进"公交优先"战略实施,从加强公交设施建设、增加车辆投放、优化线路布局、发展智能公交等方面,全面提升公交服务品质;全省90%以上县城开办公交,城市公交车辆超过1万辆。实施西安市城市快速轨道交通建设规划,2011年9月西安地铁2号线(铁路北客站—韦曲)开通运营,实现陕西城市轨道交通"零"突破,西安成为全国第10个、西北地区首个拥有地铁运营线路的城市。全省私人汽车拥有量超过120万辆,家用小轿车在城乡加速普及。推进邮政政企分开,快递服务持续发展,西安等城市建立同城速递物流邮件互换中心;在全省100个建制村启动"村邮站"试点建设,并完成202个空白乡镇邮政网点补建。相继建成宝鸡至汉中等天然气管道,吴起至延炼原油管道、延安至西安成品油管道,基本实现石油产品从陕北至关中的管网化输送。全省交通运输从又快又好转向又好又快发展,实现了瓶颈制约的基本缓解。

"十二五"时期,以打造全国重要交通枢纽为目标,坚持适度超前,加快发展,统筹铁路、公路、航空、城市公交、轨道和管道建设,推进各运输方式统筹集约建设,加快构建"三纵五横四辐射"("三纵":以包西和西康铁路、包茂高速公路、国道210和靖西输气输油管道构成的纵向主通道;以定汉高速公路、宝中和宝成铁路、宝汉输气管道构成的纵向西通道;以榆商高速公路、渭清公路和延川—商洛输气管道构成的纵向东通道;"五横":以榆神府高速公路、神朔和神盘铁路构成的北部一通道,以青银高速公路、国道307和太中银铁路构成的北部二通道,以青兰高速公路、国道309和黄韩候铁路构成的北部三通道,以陇海铁路、连霍高速公路构成的关中横向通道,以襄渝和阳安铁路、十天高速公路、国道316构成的陕南横向通道;"四辐射":以西安向外连接周边郑州、武汉、重庆、成都、兰州、银川、包头和太原8条辐射线构成的快速铁路体系,以"米"字形骨架构成的高速公路体系,以关中城际铁路和西安地铁构成的轨道交通体系,以西安咸阳国际机场向外辐射构成的航空网络体系)综合运输体系,力争市市有快速铁路,县县基本通高速公路,重点区位加快建机场,提升西安枢纽功能地位,打造快速交通圈。

这一时期,公路交通重点加快省境内国家高速公路建设,积极推进省级高速公路建设。以重要路段改建、通县二级公路建设为重点,突出加快国省干线公路、县城过境公路改造。集中力量实施沿黄公路、县城过境公路、危桥病隧险路整治、通村公路完善、农村公路桥涵配套、安置点对外道路等民生工程。高速公路通车里程2012年突破4000km,2015年突破5000km,基本实现县县通高速。推进甩挂运输、农村物流、城市配送等试点项目建设。

全省铁路迈入快速发展阶段,加快推进构建"两纵五横八辐射一城际"铁路网,以快速铁路、增建复线、强化枢纽、路网加密和地方铁路发展为重点,建成通江达海的客运专线、增密成网的铁路干线和扩容增量的能源通道。太(原)中(卫)银(川)铁路2011年1

月通车运营。西(安)延(安)动车组开行,"长安号"国际货运班列开通并实现每周一班常态运行。西康铁路二线、西(安)平(凉)铁路、黄(陵)韩(城)侯(马)铁路、西宝客专、西合复线、大(同)西(安)客运专线及西安北客站建成使用。铁路西安车站改扩建实施,强化西安枢纽功能。完成宝鸡、安康、汉中、绥德等枢纽扩能。民航向完善"一主多辅"航空运输网迈进,西安咸阳国际机场二期扩建工程完成并投入运营,成中国西北地区最大的空中交通枢纽,旅客吞吐量相继突破2000万人次、3300万人次,居全国民用机场第8位,2014年4月5日起对51个国家公民实施72小时过境免签。榆林机场按照国内干线、中型机场进行二期改扩建。汉中机场迁建城固机场军民合用改造工程完成并正式通航。延安机场迁建工程完成。安康机场迁建汉滨区五里镇工程开工。加快全省内河水运发展,重点实施安康至白河164km高等级航运建设工程。实施西安"公交都市"五年行动方案,西安作为全国第二批低碳交通运输体系试点城市,入选国家"公交都市"建设首批示范工程。以公交试点示范为载体,加快推进县域内20km范围内农村客运线路公交化运营,推进城乡道路客运一体化。西安地铁1号线建成投入运营,形成主城区"十"字形轨道交通骨架网。私人汽车持续快速增长,小轿车成为普通百姓代步工具。邮政业以转型升级为核心,重点强化基础网络,健全保障机制,做强国有邮政,做大快递企业,构建覆盖城乡的邮政普遍服务体系及便捷高效的快递服务体系,做到乡乡设所、村村通邮。结合"气化陕西"工程建设,管道发展提速,新建西安至安康、关中环线等天然气长输管道,榆林至西安及关中一线输气管网完善。新建原油和成品油管道460km,实现油田内部管网集输,原油和成品油干线管输率达到95%。

经过持续加快发展,至"十二五"时期末,全省形成包括铁路、公路、水路、航空、管道五种运输方式的综合交通运输基础设施网络主骨架,基本形成以西安为中心,覆盖全省、辐射全国、直通国际的区域综合运输网络系统。各种交通运输方式的技术装备、运输服务的总量和水平逐步提升。省级大部门交通运输管理体制初步建立,综合交通运输协调机制、规划统筹、综合枢纽建设等取得显著成果。全省交通运输实现了基础设施由"点线建设"向"联网连片"的跨越,运输方式由"各自发展"向"融合发展"的转型,发展阶段由"总体缓解"向"基本适应"的跃升。交通运输对全省经济直接贡献率超过5%。

2016年起,实施"十三五"综合交通运输发展规划。为适应经济社会发展的新常态,把握西部大开发、"一带一路"建设、"三个陕西"建设等战略带来的发展机遇,继续坚持"科学办交通、合力办交通、勤俭办交通"的理念,着力完善基础设施体系,调整交通运输结构,提升运输服务品质,提高行业管理水平,理顺大部门交通运输管理体制机制,建设现代化的综合交通运输体系,为全面建成小康社会、建设"三个陕西"当好先行官。实施综合交通创建工程、公路发展强化工程、铁路建设提速工程、民航发展升级工程、水运发展突破工程、运输服务提升工程、智慧绿色引领工程和行业管理增效工程,综合交通运输体系基本形成,力争实现市市通高速铁路、县县通高速公路、重点镇通二级公路,确保实现村村通沥青或水泥路、村村通班车、村村通邮的六通目标。形成以大西安为核心的城市群1小时通勤,2~3小时到达周边省会城市,4~6小时到达京津冀、长三角、珠三角的交通圈。2016年,建成黄陵至延安高速公路,全省高速公路通车里程达到5181km;建成黄河生态观光旅游公路,新建改建国道、县道过境公路、红色旅游公路等2500km以上;开工宝鸡至坪坎、平利至镇坪等8条高速公路。

陕西省交通运输厅厅长冯西宁(中)在现场调研交通建设情况

加快西安至延安、西安至银川、西安至成都、西安至兰州等高速铁路及蒙西至华中煤运通道等普速铁路建设。实施延安、安康等机场扩建迁建项目,加快西安咸阳机场三期扩建前期工作。开通西安至莫斯科、华沙和汉堡3条中欧班列和西安至阿姆斯特丹货运航线,西安国际民用航线达到45条。"大西安"地铁规划线路扩充至23条,全长39.20km的地铁3号线建成通车。

二、交通运输发展现状

1. 公路交通

(1)路网水平

经过多年持续建设,全省形成以高速公路为主骨架,干线公路为次骨架,农村公路为支脉,连接广大城乡和周边省区,通江达海的公路网络。2016年年底,全省公路总里程17.25万km,平均每百平方公里有公路83.89km,居全国第18位,西部第3位;平均每万人拥有公路45.69km,居全国第10位。全省公路总里程中,农村公路共15.36万km,占89.04%。全省乡镇和建制村公路通达率、乡镇通畅率均实现100%;建制村通达率100%,通畅率96.07%。全省三大经济区公路里程占全省公路总里程的比重分别为:关中39.95%,陕北27.11%,陕南32.94%。

时任陕西省交通运输厅副厅长胡保存（中）在陕南调研工程建设

（2）等级结构

2016年年底，全省等级公路里程15.68万km，占全省公路总里程的90.94%，居全国第16位，西部第4位。等级公路中，高速公路通车里程5181.45km，居全国第11位，西部第3位。其中国家级高速公路4434.19km，省级高速公路747.26km。高速公路通达全省97个县（市、区），与周边1000km范围中心城市实现"一日交通"。全省所有县（区）通二级公路。全省公路路面铺装率达到76.38%，公路晴雨通车率达88.11%。全省公路有桥梁2.54万座，长度241.80万m，其中特大桥274座，长度48.03万m；大桥5050座，长度136.50万m。全省公路隧道1322座，长度112.75万m，其中特长隧道69座，长度35万m；长隧道271座，长度45.29万m。全省公路桥梁中特大桥数、隧道数均居全国第4位，特长隧道数居全国第5位。近年来陕西省公路里程及等级、公路桥梁、公路隧道统计情况见表1-4～表1-6。

1980—2016年陕西省公路里程及等级统计表（单位：km） 表1-4

类别	1980年	1985年	1990年	1995年	2000年	2005年	2010年	2015年	2016年
总里程	36482	37088.60	37986	39621	44225	54492.30	147461.31	170069	172470.60
1.按技术等级分									
（1）等级公路	22394	26855	29754	32201	37458.64	49273.56	134497.71	153845	156843.73
高速公路	—	—	16	16	348.60	1225.59	3402.64	5093.55	5181.45
一级公路	—	—	35	227	175.36	359.08	787.13	1259.54	1580.16
二级公路	86	462	836	1549	3238.74	5857.76	7235.18	8522.52	8989.77
三级公路	5157	7000	9171	10947	12701.90	14658.06	14790.73	15189.99	15340.34
四级公路	17151	19363	19696	19461	20812.47	27173.07	108281.93	123779.30	125752.01
（2）等外公路	14088	10233	8232	7420	6547.36	5218.73	12963.60	16224.05	15626.87
2.按行政等级分									

续上表

类别	1980年	1985年	1990年	1995年	2000年	2005年	2010年	2015年	2016年
国道	7881.77	7849.90	3864.82	4153.12	4005.82	4785.29	7085.17	7859.01	13384.62
省道			4731.60	4800.90	5360.88	5599.07	5596.28	6516.80	3351.51
县道	25287.93	25960.90	14677.04	15395.36	15946.87	16763.82	17240.65	17589.74	16027.82
乡道	1406.89	1409.9	12844.03	13373.25	16827.63	25425.50	23960.56	23972.99	23722.83
专用公路	1905.38	1870.8	1867.21	1897.95	1864.80	1918.61	1806.09	2302.03	2165.93
村道	—	—	—	—	—	—	91772.56	111828.39	113817.89
3.按路面类型分									
有铺装路面	7672.77	13223.56	15150.31	17788.78	22861.61	7520.16	76295.65	107365.88	113803.56
简易铺装路面	45.72	844.68	11283.49	11170.83	12413.46	20175.46	22618.52	20080.33	17922.98
未铺装路面	18664.59	15420.40	11550.90	10660.47	8730.93	26796.68	48547.14	42622.75	40744.06

注：1.表中数字选自陕西省统计局编《陕西统计年鉴》，陕西省交通运输厅编《陕西交通统计》。
2.1980年乡道数为通人民公社公路数。
3.2000年以前统计的高级、次高级和中级路面归为有铺装路面，低级路面归为简易铺装路面。
4.2010年后公路总里程数中增加了村道里程。

1980—2016年陕西省公路桥梁统计表（单位：座/m）　　表1-5

年份	桥梁总计	桥梁按跨径分			
		特大桥	大桥	中桥	小桥
1980	3079/99784	—	—	—	—
1985	3903/129610	—	—	—	—
1990	4896/165024	16/12943	254/37310	867/44816	3759/69955
1995	5950/200324	24/22102	320/44508	1024/53628	4582/80086
2000	6729/254009	47/38478	411/60320	1325/68679	4946/86532
2005	8991/397677	23/41984	735/147940	1880/98866	6353/10887
2010	19117/1232107	93/148874	2620/643020	4154/234949	12250/205265
2015	24747/2331329	268/470189	4853/1307305	5576/328301	14050/225534
2016	25429/2418009	274/480280	5050/1364992	5826/343768	14279/228969

注：表中数字选自陕西省统计局编《陕西统计年鉴》，陕西省交通运输厅编《陕西交通统计》。

全省公路隧道统计表（1985—2016）（单位：座/m）　　表1-6

年份	总计	特长隧道	长隧道	中隧道	短隧道
1985	25/2381	—	—	—	—
1990	30/3253	—	—	—	—
1995	38/7139	—	—	—	—
2000	52/17463	—	3/4447	11/9040	38/3976
2005	123/43815	—	12/17564	14/8838	97/17413
2010	714/492630	29/158959	104/158577	95/94795	486/110299
2015	1194/1010957	67/342987	231/381112	167/114576	729/172283
2016	1322/1127482	69/349983	271/452920	195/134955	787/189623

注：表中数字选自陕西省统计局编《陕西统计年鉴》，陕西省交通运输厅编《陕西交通统计》。

(3)运输装备

2016年年底,全省民用汽车拥有量501.48万辆。民用汽车中,有载客汽车435.70万辆,载货汽车51.87万辆,分别占86.88%和10.34%。民用汽车中,有私人汽车448.28万辆,占民用汽车总数的89.39%;营业性道路运输汽车43.33万辆,占民用汽车总数的8.64%。营业性道路运输汽车中,客运汽车2.89万辆,货运汽车40.45万辆,分别占6.66%和93.34%。营业性客运汽车中,班线客车1.67万辆,计44.87客位;旅游客车2497辆,计9.56万客位。营运载货汽车中,普通载货汽车32.37万辆,计145.78吨位;专用载货汽车1.06万辆,计15.14万吨位。班线客运汽车档次提高,其中高、中级客车共1.28万辆,占班线客运汽车总数的76.75%。营业性载货汽车结构不断优化,大、中型载货汽车共9.80万辆,占载货汽车总数的24.22%。1980—2016年陕西省道路运输汽车统计情况见表1-7。

1980—2016年陕西省道路运输汽车统计表(单位:辆)　　表1-7

年份	全省民用汽车总计	民用汽车中载客汽车	其中		民用汽车中载货汽车	其中	
			班线客车	旅游客车		营运普通载货汽车	营运专用载货汽车
1980	56356	11046	—	—	40382	—	—
1985	86962	21815	—	—	58275	—	—
1990	140380	39299	—	—	87654	—	—
1995	245205	90158	—	—	138996	—	—
2000	364673	194215	16584	560	140168	86191	2719
2005	692886	428379	18959	1424	188200	120422	4932
2010	2310407	1510407	18359	1891	363184	246937	10595
2015	4520799	3830307	17714	2258	514201	329159	10476
2016	5014827	4356970	16645	2497	518688	323660	10612

注:表中数字选自陕西省统计局编《陕西统计年鉴》,陕西省交通运输厅编《陕西交通统计》。

(4)运输能力

2016年年底,全省共拥有道路客、货运站1.15万个和37个。客运站中有等级站1023个,简易(招呼站)1.04万个。等级客运站中有一级站33个,二级站85个。建成了西安咸阳国际机场综合客运枢纽、西安纺织城客运站等一批综合客运枢纽站。全省通客运班车的乡镇实现100%,通客运班车的建制村91.96%。全省道路客运线路5441条,平均日发班次4.89万个,其中高速公路客运线路761条,平均日发2616个班次。全省道路货运站均为等级站,其中一、二级站共15个。公铁联运、小件快运、冷链物流等多种新型货运组织方式发展。2016年,全省完成道路客、货运量分别达6.11亿人次和11.34亿t,占全省全社会客、货运量的86.30%和76.11%;旅客周转量、货物周转量分别完成290.80亿人公里、1925.83亿吨公里,占全省全社会客、货运周转量的32.79%和55.89%。道路运输加速由数量向质量、速度向规模、传统向现代的转型发展。1980—2016年陕西省公路完成客货运输情况见表1-8。

陕西省交通运输厅副厅长杨育生(前排右一)在现场调研工地建设情况

1980—2016年陕西省公路完成客货运输量统计表　　表1-8

年份	客运量(亿人次)	占全省全社会客运量比重(%)	旅客周转量(亿人公里)	占全省全社会旅客周转量比重(%)	货运量(亿t)	占全省全社会货运量比重(%)	货物周转量(亿吨公里)	占全省全社会货物周转量比重(%)
1980	0.46	56.90	16.23	20.50	0.38	40.80	10.54	5.50
1985	1.01	77.10	37.60	26.10	0.46	60.30	19.94	6.60
1990	1.66	87.31	66.01	35.66	1.81	85.27	72.06	17.61
1995	2.13	87.57	97.76	35.79	2.56	87.43	104.23	20.61
2000	2.56	89.22	151.04	40.06	2.52	84.08	143.64	24.21
2005	3.48	88.92	206.54	36.13	3.35	84.08	207.85	24.22
2010	8.75	92.92	383.99	42.28	7.71	73.23	1195.91	47.32
2015	6.14	86.77	293.23	32.27	10.77	76.45	1826.80	55.96
2016	6.11	86.30	290.80	32.79	11.34	76.11	1925.83	55.89

注：表中数字选自陕西省统计局编《陕西统计年鉴》，陕西省交通运输厅编《陕西交通统计》。

2．铁路交通

（1）路网骨架

经过几十年的持续发展，全省铁路线网逐步完善，铁路主骨架能力显著增强，向东有陇海、郑西线；向西有西宝、宝中、宝兰线；向北有包西、侯西、梅七、咸铜、太中线；向南有西康、西成、宝成、宁西、襄渝、阳安线，基本形成以西安为中心、陇海、包西两线为东西、南北主轴的"两纵五横三枢纽"骨架网，以郑西、西宝、大西客专构成的向外辐射的高速铁路网，省内形成铁路三小时经济圈。2015年年底，全省铁路正线延展里程9938km，其中省境内4772km；铁路正线延展里程中，营业里程4676km，其中省境内4549km；营业里程中复线里程 2905km。至 2016 年年底,全省铁路营业里程增至 4900km,平均每百平方公里有铁路 2.40km。

(2) 铁路枢纽

全省铁路主要有西安、宝鸡、安康、绥德四个运输枢纽。西安铁路枢纽地处"陆桥通道"与"包柳通道"以及"徐兰客专、大西客专、西成客专"的交汇处,含有郑西客专、陇海、宝成、宝中、宁西、西康、包西、太中、襄渝等重要干线,为全国路网性枢纽之一,是全国 8 大铁路客货枢纽和 18 个集装箱中心站之一。其中主要客运站有西安火车站和西安北客站。西安北客站是全国最早建成的动车轨道数量最多的铁路客运站,也是亚洲最大的高铁站。2016 年 5 月 15 日零时起实行新的列车运行图后,西安铁路局管内开行客车总数 259 对。2016 年年底,西安至 17 个省会城市通直达高铁。新丰镇为路网性编组站,主要承担枢纽衔接各线经本站的货车列车改编和通过作业。新筑站为全国 18 个集装箱中心站之一。相继开通的西安至阿拉木图的中亚国际货运班列、西安至华沙、西安至莫斯科的中欧国际货运班列,打通了陕西向西开放,连接中亚、中欧的物流大通道,成为丝路经济带的"黄金干线"。宝鸡铁路枢纽是通往中国西北、西南铁路交通的主要咽喉通道,为区域性铁路枢纽,衔接陇海、宝成、宝中铁路和西宝客运专线,为欧亚大陆桥重要运输节点之一。宝鸡站为陇海线较大的客运站,宝鸡南站为西宝客专客运站,宝鸡东站为全国区域性编组站。安康铁路枢纽为地区性铁路枢纽,处襄渝、阳安、西康三大铁路干线的交汇点,为连接西北、中南与西南的交通枢纽,也是铁路与汉江水运连接转运点。主要编组站为安康东站,主要客运站为安康站。绥德铁路枢纽处包西铁路与太中银铁路交汇点,为陕北地区最大的火车站,也是全国少有的客货两用站。

西安北客站

(3) 运输能力

2016 年,全省铁路完成客运量、旅客周转量分别为 0.83 亿人次、464.17 亿人公里,客运量较上年增长 5.50%,旅客周转量略有下降;完成货运量、货物周转量分别为 3.55 亿 t、

1518.27亿吨公里,比上年分别增长7.60%、5.70%。铁路客、货运量占全省全社会客、货运量的比重分别为11.72%、23.83%;旅客周转量、货物周转量占全省全社会旅客周转量、货物周转量的比重是分别为52.34%、44.06%。1980—2016年陕西省铁路完成客货运输情况见表1-9。

1980—2016年陕西省铁路完成客货运输量统计表　　　　表1-9

年份	客运量（亿人次）	占全省全社会客运量比重(%)	旅客周转量（亿人公里）	占全省全社会旅客周转量比重(%)	货运量（亿t）	占全省全社会货运量比重(%)	货物周转量（亿吨公里）	占全省全社会货物周转量比重(%)
1980	0.35	43.00	62.88	79.50	0.55	59.10	179.57	94.40
1985	0.30	22.70	106.70	73.90	0.30	39.50	281.80	93.30
1990	0.23	12.03	104.57	56.50	0.31	14.62	336.78	82.28
1995	0.28	11.43	145.02	53.08	0.36	12.41	505.82	79.21
2000	0.27	9.27	178.89	47.45	0.47	15.67	448.15	75.54
2005	0.36	9.20	279.08	48.83	1.21	26.51	905.76	81.10
2010	0.56	5.80	419.28	46.17	2.05	20.94	1329.14	52.59
2015	0.79	11.11	464.44	51.12	3.30	23.39	1435.91	43.98
2016	0.83	11.72	464.17	52.34	3.55	23.83	1518.27	44.06

注:表中数字选自陕西省统计局编《陕西统计年鉴》,陕西省交通运输厅编《陕西交通统计》。

3.民用航空

（1）民用机场

全省形成以西安咸阳国际机场为中心,以汉中城固机场、安康机场(停航)、延安二十里堡机场、榆林榆阳机场为支撑的"一主四辅"民用机场体系。

西安咸阳国际机场是国内重要的干线航空港和国际定期航班机场。机场经过三期扩建,不仅成为通往中国西部的重要门户,更是连接西北地区与全国其他区域的中心枢纽,为全国八大区域性枢纽机场之一,西部第三大机场。飞行区等级4F级。拥有3000m×45m、3800m×60m的两条跑道,可满足世界上载客量最大的A380客机起降,停机位127个,登机桥44个;拥有3座航站楼,总面积35万m^2;8万m^2的综合交通枢纽,2.50万m^2的货运区,1.20万m^2的集中商业区。与14家国内航空公司、6家国际和地区航空公司建立业务关系。基地公司有中国东方航空集团西北公司、海南航空集团长安公司、南方航空集团西安分公司、天津航空西安分公司、幸福航空有限责任公司、深圳航空西安分公司6家。2016年,西安咸阳国际机场运输飞行29.02万架次,高峰小时起降54架次,居全国机场第五;航班准点率位列亚太第18位、全国第3位。

榆林榆阳机场为陕西省第二大航空港。飞行区等级为4C,跑道长2800m、宽45m。航站楼建筑面积10641万 m^2,拥有5个登机口、3个廊桥,设计年旅客吞吐量为35万人次,年货邮运量为900t。随着"西榆快线"正式开通,成为西北第一、全国第四高密度的省地间航空快线。先后引进国航、华夏航两家航空公司,实现国内4大航空公司在榆同时运营,成为西北首个拥有两架过夜运力的支线机场。2016年完成旅客吞吐量突破150万人次。

西安咸阳国际机场夜景

延安机场原属军民合用机场,跑道长2800m、宽45m,机坪2.66万 m^2,机位5个,其中B类2个,C类3个,无廊桥。机场飞行区等级为4C。2013年8月起实施迁建工程,按军用二级、民航4C级标准设计建设,计划修建一条长2800m、宽45m的跑道,一条平行滑行道,满足B737、A320系列飞机全载使用要求。拥有中国东方航空公司、海南航空公司、中国联合航空公司3家运营的航空公司。

汉中城固机场为军民合用机场,2012年8月开工建设,2013年10月建成,2014年8月13日首航。机场飞行区等级为4C。跑道长2500m、宽45m,有一条长303m、宽18m民航专用联络道和5个民航专用停机坪。机场民用部分占地1315.5亩❶,航站楼面积5500m^2。引进东航、南航、吉祥航空、首都航空4家航空公司运营。

安康机场原主要经营民用航空客、货运输和飞播造林等通用航空业务,因航空客源不足而停航。2013年1月实施机场迁建工程,2015年12月正式动工。飞行区按4C标准设计,新建一条长2600m、宽45m的跑道,航站楼5500m^2,站坪机位6个等。航站区按满足2020年旅客吞吐量30万人次、货邮吞吐量750t的目标设计。计划2018年建成通航。

(2)民用航线

2015年年底,全省民航通航线路869条,通航里程9337.55万km,其中不重复里程8662.21万km;航线里程中有国际航线755.83万km,港澳航线199.92万km,形成以西安空港为中心,连通国内、通达国际的航线网络。2016年全省民航得到新的发展,其中西

---

❶ 1亩=666.67m^2。

安咸阳国际机场航线发展到284条,通航城市达166个,其中国际(地区)航线45条,通航点城市35个。榆林机场开通航线17条,通航点21个,运营航空公司11家,与国内15个旅客吞吐超千万级的大型机场实现对接。延安机场开通至北京、西安、上海、重庆、广州5个城市的国内航线。汉中机场开通至西安、北京、深圳、上海、海口航线,通航城市5个。

(3)运输能力

2016年,全省民航机场飞机起降30.98万架次,较上年增长8.30%。根据《2016年陕西省国民经济和社会发展统计公报》公布的全省运输量计算,全省民航完成旅客吞吐量982万人次,旅客周转量131.04亿人公里,货邮吞吐量23.80万t,货物周转量0.98亿吨公里;完成的客、货运量分别占全省全社会客、货运量的1.38%、0.02%;完成的客、货周转量分别占全省全社会客、货运周转量的14.79%、0.03%。1980—2016年陕西省民航完成客货运输情况见表1-10。

1980—2016年陕西省民航完成客货运输量统计表　　　　　表1-10

年份	客运量(万人)	占全省全社会客运量比重(%)	旅客周转量(亿人公里)	占全省全社会旅客周转量比重(%)	货运量(万t)	占全省全社会货运量比重(%)	货物周转量(亿吨公里)	占全省全社会货物周转量比重(%)
1980	14	0.07	1.17	—	0.20	—	0.03	—
1985	32	0.11	5.37	—	0.70	—	0.14	—
1990	54	0.28	14.38	7.77	1	0.01	0.27	0.07
1995	123	0.50	30.21	11.06	2	0.01	0.66	0.13
2000	198	0.69	46.66	12.38	3	0.01	1.19	0.20
2005	390	1.00	85.40	14.94	4	0.01	1.41	0.13
2010	783	0.83	104.43	11.5	9	0.01	1.39	0.06
2015	1125	1.59	150.29	16.54	8	0.01	1.13	0.03
2016	982	1.38	131.04	14.79	23.80	0.02	0.98	0.03

注:表中数字选自陕西省统计局编《陕西统计年鉴》,陕西省交通运输厅编《陕西交通统计》。

4.水路交通

(1)内河航道

经多年开发建设,到2016年年底,全省内河通航河流有汉江、黄河、嘉陵江、丹江等16条,航道里程1217.58km。其中,等级航道557.72km,等外航道659.86km,分别占航道里程总数的45.81%和54.19%。等级航道里程中,汉江安康至白河164km国家高等级航道建设取得重大进展。其中,紫阳至安康火石岩80km航道,成为全省乃至西北地区技术等级最高、通行能力最大、设施最为完备的文明航道。

内河水上客货运输

(2)运输能力

全省内河水运由衰转兴,趋向平稳发展。2016年年底,全省内河拥有各类民用船舶1359艘。其中,机动船舶1160艘,净载重量3.19万吨位、2.02万客位。全省内河完成客运量425万人次,货运量224万t;完成旅客周转量0.70万人公里,货物周转量0.83万吨公里。内河水运完成的客、货运输量分别占全省全社会完成客、货运输量的0.60%、0.15%;完成的旅客、货物周转量分别占全省全社会旅客周转量、货物周转量的0.08%和0.02%。1980—2016年陕西省水路完成客货运输情况见表1-11。

1980—2016年陕西省水路完成客货运输量统计表　　　　表1-11

年份	客运量（万人）	占全省全社会客运量比重(%)	旅客周转量（万人公里）	占全省全社会旅客周转量比重(%)	货运量（万t）	占全省全社会货运量比重(%)	货物周转量（万吨公里）	占全省全社会货物周转量比重(%)
1980	7	0.03	68	—	14	0.10	1211	0.10
1985	28	0.09	404	—	12	0.20	1711	0.10
1990	75	0.37	1200	0.06	24	0.11	1800	0.04
1995	119	0.49	2000	0.07	43	0.15	2500	0.05
2000	234	0.82	3957	0.10	73	0.24	2632	0.04
2005	344	0.88	5800	0.10	114	0.25	2900	0.03
2010	303	0.32	4300	0.05	170	0.17	7900	0.03
2015	378	0.53	6370	0.01	218	0.01	8030	0.03
2016	425	0.60	6989	0.08	224	0.15	8274	0.02

注:表中数字选自陕西省统计局编《陕西统计年鉴》,陕西省交通运输厅编《陕西交通统计》。

5.城市交通

(1)城市公交

2016年年底,全省城市公交运营线路962条,总长度1.68万km,有城市公共汽、电车

1.43万辆,标准运营车数1.64万标台。其中,天然气、双燃料、纯电动和混合动力车共计1.30万辆,占90.51%。公共汽、电车运营里程9.32亿km,客运量25.29亿人次。西安市"大公交"战略和"公交都市"建设示范工程进展顺利。2015年年底,全市公交运营线路长度达到6209km,公交运营车辆7772辆,运营里程4.79亿km,完成客运量16.16亿人次。

西安城市公共交通

(2)出租客运

2015年年底,全省共有出租汽车3.60万辆,运营里程47.06亿km,载客里程32.35亿km,年完成客运量12.17亿人次。其中,西安市出租汽车14459辆,运营里程20.63亿km,载客里程13.87亿km,完成客运量4.53亿人次,客运周转量29.08亿人公里。2016年年底,全省出租汽车增至1.32万辆,其中双燃料、纯电动出租汽车占91.82%;共完成客运量12.08亿人次。

(3)轨道交通

继2011年9月西安地铁2号线开通后,西安城市轨道交通加速建设。至2016年年底,共有轨道交通线路3条,总长90km,日均客流量达到120万人次。此外,开工建设的有4、5、6号线和临潼市域轨道交通线。1980—2016年陕西省城市公共交通发展情况见表1-12。

1980—2016年陕西省城市公共交通发展情况统计表　　　　表1-12

年份	公交车辆（辆）	营运线路总长度（km）	年客运量（万人次）	出租汽车（辆）	年客运量（万人次）
1980	—	—	—	—	—
1985	1034	1951	54497	353	—
1990	1373	3363	52000	3879	—
1995	2305	3594	51242	13310	—
2000	4305	4187	67694	16377	—

续上表

年　份	公交车辆 （辆）	营运线路总长度 （km）	年客运量 （万人次）	出租汽车 （辆）	年客运量 （万人次）
2005	5889	6379	127800	22475	—
2010	10974	11638	215176	31740	105999
2015	13715	15471	257533	36030	121697
2016	14341	16815.20	252910	36232	120838.10

注：1.表中数字选自陕西省统计局编《陕西统计年鉴》，陕西省交通运输厅编《陕西交通统计》，陕西省建设厅编《陕西省志·建设志》。

　　2.1990年以前城市公交车辆数、出租汽车数，为全省11个设市城市的数量。

（4）邮政业

2015年年底，全省拥有邮电局、所共3.29万个，其中邮政自办局、代办所共1781所。全省邮路长度6.06万km，农村投递线路总长度12.49万km。平均每一营业网点服务面积115.55km^2，平均每一营业网点服务人口2.20万人。全省邮政快递服务营业网点5485处（含邮政速递物流营业网点）。全省邮政业务总量完成61.48亿元，邮政完成业务总量中，完成快递2.04亿件。2016年年底，全省邮政业完成业务总量92.03亿元，其中快递业务量3.69亿件，分别比上年增长49.70%和81.30%。

（5）管道运输

2016年年底，全省建成和在建油气管道共109条，运营长度8166.39km。其中，石油原油管道2468.96km，成品油管道622.10km，天然气管道5075.33km。

三、交通运输进一步发展应解决的主要问题

陕西交通运输的巨大发展，根本改善了原有交通运输长期落后于经济社会发展的薄弱状况，进入了加速向全面现代化迈进的新征程。立足当前，面向未来，全省交通运输仍面临艰巨的发展任务。经济全球化、文化多样化、社会信息化及新一轮科技革命和产业变革的新趋势，改革、开放持续深入，新型工业化、信息化、城镇化、农业现代化深入发展和结构深度调整的新常态，建设西部强省和人民生活质量普遍提高的新需求，生态环境质量总体改善，生产与生活方式绿色、低碳的新要求，以及发展过程中诸多矛盾叠加、风险隐患增多的新挑战等等，都要求交通运输秉持创新、协调、绿色、开放、共享的发展理念，沿着网络化布局、智能化管理、一体化服务、绿色化发展的轨道，大力推进综合交通、智慧交通、绿色交通、平安交通建设，加快建立安全便捷、畅通高效、绿色智能的现代综合交通运输体系，为建设"三个陕西"提供更加强大的交通运输保障。

全省交通运输进一步发展应着力解决好以下主要问题：

一是完善广覆盖的基础设施网络。目前，全省交通基础设施网络还不够完善，路网密

度有限,线网布局不均衡,覆盖广度和通达深度有待进一步提高。公路线网需继续完善,全省每百平方公里公路密度排全国第18位,比公路密度最高的山东省低一半多。全省高速公路还存在断头路、瓶颈段,还有部分县不通高速公路。与国、省道连接的支线公路、过境公路不够通畅。全省有1116个建制村未通油(水泥)路。全省铁路网络通达水平不高,"米"字形高铁客运网建成量不足1/5,省内及周边省际中心城市间快速客运网络需完善。南北向缺少快速铁路运输大通道,东出、南下的煤炭运输大通道还没有真正打通,陕北、渭北煤炭与煤化工产品外输不畅。城际铁路建设处起步阶段,未形成运输能力。全省地方铁路所占比重明显偏低,特别是承担煤炭外运的支专线铁路建设严重滞后。民航机场保障能力不足,支线机场数量偏少,延安、榆林等支线机场能力还需提升。民航国际航线明显不足,民航货运仍是短板。内河水运基础设施水平低,汉江水运主通道尚未全面形成,水运优势未得到充分发挥。邮政服务网络、城市公交网络和管道运输网络等,都需进一步完善。

二是着力优化交通运输结构。全省交通运输区域、城乡结构不合理。陕南、陕北和关中地区发展差距明显,尤其是陕甘宁革命老区和秦巴山区等贫困地区路网建设滞后。陕北能源化工基地公路交通支撑能力不足。城乡客运一体化发展不均衡。全省公路网二级以上比例仅占9.13%,低于全国平均水平近4个百分点。农村公路标准普遍偏低,缺少排水和安保设施。既有铁路技术装备比较陈旧,高等级线路较少。各种运输方式发展不协调,铁路运能不足,在运输大宗货物运输方面的优势尚未得到充分发挥,煤炭等大宗散货运输仍大量依赖公路运输。内河航道以六级及以下航道为主,船舶运力与水运发展需求不相适应。同时,还需协调好公共交通发展与私人交通发展的关系,进一步提升公共交通的通达性和便利性,提高公共交通分担率。

三是大力推进综合交通运输发展。全省综合交通运输发展以管理体制综合为突破口逐步推进,管理体制上部分行业条条垂直管理与地方综合交通发展的关系尚需调整理顺,不同交通运输方式有效合作的协调机制尚待建立健全。综合交通运输点、线配套落后,综合运输通道资源配置欠优,综合利用能力不强,存在一定的重复建设。立体化的综合交通枢纽处建设初期,配套建设进程总体缓慢。综合运输组织方式需要优化。道路、水路运输离实现规模化、专业化、标准化经营还有一定差距,集约化程度低。铁路货运市场化改革滞后,运营方式落后,集约化程度低。铁路货运市场化改革滞后,运营方式落后。多式联运基础设施功能不足,标准规范不统一,公铁联运的发展动力不足,整体发展滞后。各种运输方式彼此间还不能有效衔接,信息网络无法互联互通,信息共享不足,一定程度影响了旅客的顺畅通行和货物的快速集散,也影响各种运输方式比较优势和综合交通运输整体效能的充分发挥。

四是提升低碳智能安全发展水平。全省交通运输依赖资源消耗扩大规模的发展模式尚未根本转变,进一步发展面临的资源、土地、环境等刚性约束明显加剧。交通运输作为能源消耗的重点行业,管理与运营方式粗放的问题尚未完全解决,着力推进节能减排,发展绿色交通任务繁重。交通运输项目建设成本和劳动力成本提高,基础设施建设存量债务偿还与增量再融资的矛盾逐步加深,资金不足成为制约交通更大发展的突出制约因素,需要通过改革和完善交通运输投融资机制,保障交通运输资金供给,促进投资效益提高。交通运输智能化处于实际开发和应用初期阶段,应大力实施"互联网＋交通运输"工程,充分利用物联网、云计算、大数据、车联网等新一代信息技术,综合运用交通科学、系统方法、人工智能等理论与工具,推广应用先进信息技术和智能技术装备,加强实时动态信息服务系统、联程联运系统、智能管理系统、公共信息系统建设,提高交通运输服务质量和效益。同时,交通运输重大安全事故多发,直接影响人民生命财产安全和社会稳定,还要进一步强化安全交通运输建设。通过制度规范与责任落实,强化监测预警系统,加强应急处置和救援能力建设等,建立健全责任全覆盖、管理全方位、监管全过程的交通运输安全生产综合治理体系和安全生产长效机制,打造平安交通。

第二章
高速公路建设发展成就

昔日,秦直古道铸就通衢佳话;

今朝,高速公路书写交通华章。

公元前212年,秦王朝为配合长城的防御,开始修建秦直道,从陕西咸阳甘泉宫,直抵内蒙古九原地区,长达一千八百里,一旦战事爆发,秦帝国骑兵三天就可以从咸阳抵达九原前线。"堑山湮谷,直通之。"比西方的罗马大道早200多年的秦直道,被史学家誉为世界上最早的"高速公路"。

三秦大地,华章新现。从中国西部第一条现代化高速公路开始,陕西交通正以追日赶月的速度飞速发展。1986年开始修建、1989年建成的西三一级公路,标志着陕西公路向高等级公路迈进;1986年开工、1990年建成通车的西安至临潼高速公路,使陕西在中国西部地区率先实现高速公路"零的突破"。条条高速公路跨越黄河、汉江,穿越秦巴山区、关中平原、黄土沟壑、塞外大漠。5000多公里逶迤坦荡、天堑通途、密如蛛网、通江达海、绵延四面方的高速公路,已经成为陕西公路交通现代化的重要标志。今日陕西,国家高速公路网陕西境内路段基本建成,高速公路已连接全省陕南、陕北、关中三大区域所有地级市,通达全省97个县(市、区),构成南北纵穿、东西横贯与交叉辐射相结合的网络骨架,实现了与周边中心城市的"一日交通圈"。特别是党的十八大以来,陕西高速公路建设感念创业,继往开来,当好"追赶超越"先行官,确保"十三五"时期高速公路建设规模达到1500km以上,交通从昔日的"短板瓶颈"变成了新常态下"陕西发展的新优势",为建设西部经济强省实现中国梦做出应有的贡献。

第一节 发 展 历 程

高速公路是交通现代化的重要标志,陕西的高速公路是伴随着改革开放的坚强脚步和现代化建设的伟大进程而发展壮大起来的。从1986年西安至临潼高速公路开工建设起步,陕西把高速公路作为公路发展的中心任务,逐步推进建设。1990年建成西安至临潼高速公路,实现了陕西高速公路"零的突破"。1991—1998年,先后建成三铜、西宝、临渭3条高速公路,西三一级公路封闭工程完工达到高速公路标准,实现关中地区的西安、咸阳、宝鸡、渭南、铜川5地市间高速公路全部贯通。1999—2003年，在西部大开发政策实施下，按照"抓住机遇、超常建设、提高等级、增加密度、形成网络"的要求，以深化"米"字形公路主骨架和西部大通道高速公路建设为主，先后建成渭潼、西蓝、西安绕城北段、铜黄、西阎、西户、榆蒙（半幅）、榆靖、延塞、西安至咸阳国际机场、西安绕城南段、靖王西段、勉宁13条（段）高速公路，西安周边形成7个高速公路出口，陕南、陕北建成首批高速公路。2003年陕西高速公路通车总里程实现1000km，成为中国西北第一个、西部第二个高速公路通车里程实现1000km的省份。

时任陕西省省长程安东（右一）在现场调研交通情况

2004—2007年，围绕陕西高速公路发展"三步走"战略目标（表2-1），按照"关中加密、南北成网、周边连通"的要求，实施陕西"345"高速公路网规划，掀起陕西高速公路第一轮加快建设热潮。先后建成汉中至勉县、靖王东段、阎良至禹门口、靖边至安塞、黄延、榆蒙、西汉高速公路洋县至汉中段、秦岭终南山隧道、西柞、西汉高速公路户县至洋县段、子靖、吴子、咸永13个项目。2007年陕西高速公路通车总里程在西部率先达到2000km，完成陕西高速公路发展"三步走"战略第一步目标。总里程由2004年的全国第17位上升到第9位，在西部地区排位由第4位上升到第1位。

陕西省高速公路发展"三步走"战略和新"三步走"战略　　表2-1

战略	"三步走"战略		新"三步走"战略	
提出时间	2005年		2008年	
目标任务	第一步	2007年突破2000km	第一步	2010年突破3000km
	第二步	2009年突破3000km	第二步	第一阶段：2012年突破4000km
				第二阶段：2015年突破5000km
	第三步	2012年突破3800km	第三步	"十三五"时期，最终建成"2367"高速公路网，总里程突破6500km

实现了国道主干线陕西境路段全线贯通，全省8市1区、62个县（市、区）通达高速公

路。2008—2015年,按照"完善骨架路网,增加迂回线路,畅通省际通道"的思路,实施"2367"高速公路网规划,围绕陕西高速公路发展新"三步走"战略目标,以"增路""扩能"为重点,掀起陕西高速公路第二轮加快建设热潮。2008年建成凤永、商丹、蓝商、丹商、柞小、宁棋6个项目,全省除安康外,其他9市1区、71个县(市、区)通达高速公路,实现了由长期缓慢发展向持续快速发展的历史性跨越。2009年建成小康、机场专用、宝牛、商漫、榆神5个公路项目,提前两年实现市市通高速公路目标,全省74个县(市、区)通达高速公路,陕西第一条双向八车道高速公路建成通车。2010年建成陇县至千阳、渭蒲、青兰、安康至汉中、安毛、毛坝至陕川界、临潼至潼关改扩建、榆神8个公路项目,陕西高速公路通车总里程跨越3000km,实现新"三步走"战略第一步目标。总里程跃居到全国第8位。通达81个县(市、区),相邻8省(区、市)的出省快速干道全部打通。2011年建成千阳至宝鸡、西铜二通道、西宝改扩建兴平至蔡家坡、白河至安康、汉中至略阳、洛岔、神府7个公路项目,通车总里程达到3800km,继续保持西部第一、全国领先,通达全省84个县(市、区)。2012年建成西商二通道、榆绥、西宝改扩建新建兴平至西安东段、陕鄂界至白河4个公路项目,陕西高速公路通车总里程突破4000km,实现新"三步走"战略第二步第一阶段目标。国家规划的连霍、京昆、青银、福银、青兰、包茂、十天、沪陕8条快速通道陕西境段基本建成,继续领跑西部、位居全国前列。高速公路通达全省88个县(市、区),与周边省区中心城市实现当日到达,创造了陕西高速公路史上两年跨越千公里的奇迹。2013年建成延吴、略阳至陕甘界、铜黄二通道南段、榆佳、三星快速干道5个公路项目,继续保持全国前列,通达全省91个县区。2014年建成绛法、咸旬2个公路项目,继续保持全国前列,通达全省93个县、区。2015年建成汉川、延延、铜黄二通道北段、西临改扩建、神佳、安平、渭玉、西宝改扩建宝鸡过境段虢镇至潘家湾、黄延扩能工程南段、西咸北环线10个公路项目,陕西高速公路通车总里程突破5000km,实现新"三步走"战略第二步目标。总里程全国排第9位。高速公路连通全省97个县、区,原规划国家高速公路网陕西境路段基本建成。省际高速公路出口增至21个,构筑了与周边中心城市的"一日交通圈",西安成为全国第二大高速网节点城市。一个内联外通、安全便捷的高速公路网基本建成,交通已经从瓶颈问题转变为竞争新优势。

2016—2020年,继续坚持"科学办交通、合力办交通、勤俭办交通"发展理念,以"打造交通运输升级版,当好陕西发展先行官"为主线,按照"追赶超越""转型升级"和完善综合交通运输体系的要求,着力实施"586"发展战略,持续加快高速公路建设。2016年,建成铜旬、黄延扩能工程北段2个项目。建成陕西第一条绿色公路,西安至延安高速公路第二通道实现全线贯通,陕西再添一条连接关中陕北的纵向高速大通道。按照《陕西省国民经济和社会发展第十三个五年规划纲要》《陕西省综合交通运输"十三五"发展规划》和《关于"十三五"持续加快全省公路建设推进交通脱贫攻坚的意见》,"十三五"期间,陕西将着力提升在全国的交通枢纽地位和辐射作用。继续实施国建"71118"和陕西省"2367"高速公路网规划,推进具有通道功能和通县功能的省级高速公路建设,着力解决剩余县通高速公路问题。计划安排26个高速公路项目,建设规模约1500km。到2020年年底,全省高速公路通车总里程将突破6000km,基本建成国家高速公路网陕西剩余路段,实现县县通高速公路目标。

一、西部第一路

被誉为"人类历史上最早的高速公路"——中国秦直道,全长900km,修建于2000多年前,其用途是秦始皇为了巩固边疆军事防御、运送粮草快速出兵抗击匈奴入侵。然而,陕西第一条现代化高速公路的诞生,却源于改革开放后旅游事业迅速发展的迫切需要。

西安是千年古都和历史文化名城,也是我国中西部地区经济、文化中心和交通枢纽。西安的东大门临潼,距市中心30km,自周秦到汉唐,一直为京畿之地。周幽王为博褒姒一笑"烽火戏诸侯"故事的发生地临潼骊山,挺拔俊秀,风光旖旎。坐落在骊山脚下的唐华清池更是遐迩闻名,白居易《长恨歌》中"春寒赐浴华清池,温泉水滑洗凝脂"的名句,曾倾倒无数文人墨客。还有仰韶文化时期母系氏族部落先民生存繁衍地姜寨遗址,"项庄舞剑,意在沛公"的发生地鸿门宴遗址,历时39年修建的气势庞大的秦始皇陵,西安事变中张学良、杨虎城将军对蒋介石实行兵谏之地兵谏亭,使临潼成为名副其实的历史名城、旅游胜地。然而,20世纪70年代一项更为伟大的发现,让临潼更加成为世人关注的焦点,同时也催生了陕西在中国西部地区率先实现了高速公路"零的突破",西安至临潼高速公路被称为"西部第一路"。

西安至临潼高速公路

1974年3月,干旱袭击了陕西省临潼县骊山镇西杨村,村民在秦始皇陵东侧打井时,发现了几个破碎的用泥土烧制的与真人一样大小的陶俑。1974年7月,考古工作者开始对秦代兵马俑坑进行发掘,使秦兵马俑重见天日。1975年8月,国务院决定在秦兵马俑坑遗址上建立博物馆。1979年10月1日,秦兵马俑博物馆建成,向国内外公开开放。兵马俑是古代雕塑艺术的宝库,为中华民族灿烂的古老文化增添了光彩,也给世界艺术史补充了光辉的一页。秦始皇陵兵马俑是世界最大的地下军事博物馆,被联合国教科文组织批准列入《世界遗产名录》,誉为"世界第八大奇迹"、20世纪考古史上的伟大发现,成为中国古代辉煌文明的一张金字名片,也是全人类的一份珍贵文化财富。秦始皇兵马俑和稀世珍宝铜车马的发掘出土轰动了世界,在全球形成了一股秦兵马俑热,中外游人蜂拥云集,争相目睹。法国前总统希拉克参观后说:"不看秦俑,不能算来过中国。"百余个国家元首和政府首脑把参观兵马俑列为访问中国的重要议程。兵马俑旅游的火爆和外宾接待工作的频繁,使西安至临潼公路经受着考验。

西临公路是西安至潼关公路的一段。西安至潼关公路为陕西省第一条公路,原为车马大道。1920年省财政厅令长安、临潼、渭南、华县、华阴等县为修建西潼公路筹款。1921年冬季开始修筑,工程无明确的技术标准,在原车马大道的基础上,对路基进行加宽,土路面整平,降低陡坡,顺直急弯,对原有桥涵予以整修或加固,历时5个月,于1922年2月粗略完成通车,全长170km。1935年,西京市筹委会将临潼骊山和华清池划为风景区,西京市政工程处对西安至临潼间的27km公路进行改建,铺筑了泥结碎石路面,晴雨通车。1954年对西安至临潼间15.97km铺筑了砾石级配路面。1963年10月至1964年4月,又进行了沥青双层表面处治。1972年年底,西潼公路全线铺筑为沥青路面。1974年,周恩来总理陪同越南总理范文同到临潼参观时,对在场的临潼县负责人说,临潼的公路太窄,要修成高速公路。事后,临潼县随即发动群众修路,当年12月,将西潼公路临潼县城至西安市交界处8.77km路基拓宽为12m,铺筑油路面,成为陕西第一段二级公路。1978年11月,西潼公路西安至渭南段62km全部改建成二级公路。但是随着兵马俑博物馆的开放,原来的二级公路各种车辆、拖拉机、行人混合行驶,车流量已经大幅度超负荷,行车拥挤,车速缓慢,经常堵塞,成为旅游参观的头等难题。为改变这种局面,促进旅游事业发展,修建西安至临潼高速公路遂被提到重要议事日程。

然而,什么是高速公路呢?高速公路又该怎么修呢?财力、技术和国家的政策允许修建高速公路吗?

人类的生存离不开路,历史的前进也离不开路,路的发展史,就是人类文明的进步史。公路作为一个国家的命脉,新中国诞生初年,在百废待兴、百业待举的艰难困苦中,国家确立了"先求其通,再求其好"的八字公路建设指导方针。1978年12月,党的十一届三中全会提出,将工作重心转移到经济建设上来,实行改革开放,实现四个现代化。要发展经济,公路作为主要的交通基础设施必不可少,但是此时的中国却没有一条高速公路。

"渴望着插上风的翅膀

飞驰过家乡、祖国的热土……

高速度,

高速度;

渴望了十年、二十年,

但是直到1978年,

中国还没有高速公路!
……
我的
难以割舍的
亲爱的同志们:
听,中国的汽车
呼唤着
高速公路!"

交通,公路,成为国人的心病,时时作痛。

著名诗人邵燕祥发表在《人民文学》1979年第1期上的诗歌《中国的汽车呼唤着高速公路》,替国人发出了"打破瓶颈、发展交通"的深切呼唤,在社会上引起强烈反响,一时间,有关高速公路的话题成为社会谈论的焦点。

经济发展的需求和社会生活的需要,使发展高速公路成为一项刻不容缓的任务。因为没有快速的交通,就不会有快速的经济发展。改革开放的中国需要高速公路!即将起飞的经济离不开高速公路!临潼旅游事业的发展和西安外事接待工作的需要,更使陕西迫切地盼望着有一条高速公路!

随着改革开放的推进,国民经济迅速增长,交通需求急剧增加,由于交通基础设施建设严重滞后,交通运输全面紧张,运输能力严重不足,对国民经济发展的"瓶颈"制约进一步加剧。1984年4月中旬,国务院开会研究天津港体制改革问题,明确提出了加快修建京津塘高速公路。从此,在我国修建高速公路的问题才算正式得到认可。1984年8月6日和12月25日,党中央国务院先后两次召开会议听取交通部党组工作汇报,要求努力探索一条具有中国特色社会主义交通运输的发展道路,并提出,集资、贷款修建的高速公路和交通建筑物允许收取过路费、过桥费。为切实改变交通严重滞后局面,加快公路建设步伐,当年,国务院出台了征收车辆购置附加费、提高养路费收费费率、实行贷款修路收费还贷三项政策,将交通置于优先发展的位置。1985年1月16日,交通部召开部务会议传达国务院常务会议精神,要求各级交通部门积极响应国务院提出的以经济发达地区为重点,加快全国公路建设步伐的号召,下决心把公路交通事业搞好。3月17日,交通部根据国务院常务会议精神下发《关于加快公路交通发展若干问题的意见》,提出加速公路交通发展要有长远的战略目标和规划,"七五"期间修建几条高速公路和一级公路,对日交通量达到5000车次以上的改造为一级公路。3月25日,国家交通部部长钱永昌在全国交通工作会议上也提出:在今后一段时间内,对公路建设必须实行普及与提高相结合,以提高为主的方针……根据需要和可能建设一些高速公路。

政策已经明确,机遇已经来临,思路也已厘清,陕西是时候修建第一条高速公路了。

第二章
高速公路建设发展成就

按照省委、省政府的部署和要求,1985年5月30日,省交通厅力排众议,抢抓机遇,与省计委一同向国家计委及交通部上报了临潼至西安至兴平高速公路项目建议书。6月28日,省公路勘察设计院完成西临高速公路可行性研究报告。7月8日,交通部部长钱永昌在西安听取了省交通厅关于拟建西安至临潼、西安至兴平高速公路的汇报。23日,省委书记白纪年、交通厅厅长李文光和顾问张修仁,专程到交通部汇报陕西"七五"期间的公路建设工作,并提出修建西临高速公路的计划,交通部当即表示支持并同意补助。同年9月18日,新加坡总理李光耀参观兵马俑后对陪同的代省长张斌说:这真是世界的奇迹,民族的骄傲,可西安到临潼的公路太不适应了。10月,中央领导听取国家旅游局负责人汇报谈到旅游公路建设重点时指出,首先要把临潼到西安的公路修好。11月23日,副省长张斌、张勃兴在听取交通厅工作汇报时说,在交通上要舍得花钱,交通搞好了,四化就有了后劲,当前要抓好西三一级公路、西临高速公路建设相关工作。12月26日,交通部在西安召开重点公路项目片区工作会议,确定将西临高速公路列为"七五"计划建设项目。

高速公路怎么修?西安至三原一级公路作为陕西最早开工建设和第一条建成通车的高等级公路,成为陕西高等级公路建设的"试金石",为陕西后来的高速公路建设打下了坚实基础。

西(安)三(原)公路由西安北出,经草滩过渭河至三原,原称西原公路。1930年年初修,曾在渭河搭浮桥短期过车。1932年曾再次整修,后因标准太低,通行困难,咸宋公路通车后,车辆多绕咸阳行驶,因而此路以后有名无实,从公路路线图上消失。"七五"计划期间,这段公路被交通部列为全国修建的27条重要公路之一;也被陕西省列为发展能源交通的重点建设项目之一。除草滩渭河大桥于1984年10月上旬开工,1987年9月上旬建成外,其余线路桥涵工程于1986年12月26日正式开工,1989年11月底基本建成,12月30日举行通车典礼,1990年1月1日正式交付使用。西三一级公路建成通车,结束了陕西没有高等级公路的历史,标志着陕西公路已经跨入高标准、高质量的发展阶段,是陕西公路史的转折点和里程碑。1990年交通部在评选公路工程"三优"项目中,西三公路项目获优良工程一等奖。1991年10月,国家质量奖评审委员会授予西三公路项目"国优工程银质奖"。西三一级公路后经封闭完善达到高速公路标准,成为国家高速包头至茂名线陕西境内的重要路段,列入高速公路网进行运营管理。

西安至三原一级公路(以下简称"西三公路")作为陕西最早开工建设和第一条建成通车的高等级公路,是陕西高等级公路建设的"试金石",首次实行国际招标施工监理制度,并率先在我国西部地区乃至全国高等级公路建设中,引入"菲迪克"条款。"菲迪克"是FIDIC的音译,该条款通过业主和承包人签订的承包合同作为基础,以独立、公正的第三方为核心,从而形成业主、监理、承包人三者之间互相联系、互相制约、互相监督的合同管理模式。西三公路采用国际顾问工程师联合会制定的合同条件(菲迪克条款)进行施工监理,探索总结出了一套按照国际标准、结合中国实际的监理工作经验。为陕西后来的工程建设积累了实践经验,培养、锻炼了一批具有较高理论水平与实践经验的项目管理人才和监理人员,也为陕西后来的高速公路建设管理、施工监理打下了坚实基础。西三公路外国监理咨询专家、丹麦国家高等级公路局总工程师雅逊先生在给世界银行的报告中,明确肯定西三公路监理人员是可以胜任的。世界银行中国公路项目负责人肯尼迪先生对监理工作也表示满意。1987年5月24日,中央人民广播电台在"新闻和报纸摘要"节目中,就西三公路实行监理工程师制度报道说:"我国在西安至三原的一级公路建设中,改革传统的监理工程办法,第一次执行监理工程师制度,为解决'重点工程、重点浪费'的问题提供了经验。"

  1986年1月14日,省计委批准西临高速公路计划任务书。但在交通部下达的"1986年公路基本建设项目"中,西临路却被列为一级公路建设项目。2月26日,全国交通工作会议结束时,省交通厅厅长李文光向交通部部长钱永昌汇报:根据省委领导同志的意见,陕西按高速公路修建。钱永昌表示:你们按高速公路修建,我们按高速公路补助。3月,交通部发文把西临高速公路列入"1986年交通基本建设计划",并拨款2600万元。5月13日、28~31日,省交通厅两次邀请日本株式会社专家考察有关西临高速公路建设的技术经济合作问题,并就一些事项达成协议。7月16日,副省长张斌、张勃兴,省政府顾问王真,西安市副市长张富春等省、市领导,听取省交通厅关于西临高速公路有关问题的汇报。26日,副省长张斌和省政府顾问王真召集省计委、省交通厅和西安市政府等有关方面的负责人研究建设方案,指出:这条公路在我省重要旅游区,是未来西安到连云港高速公路的组成部分,意义很大,是有关部门领导亲定的项目,一定要把工作做好。会议研究决定:投资1.79亿元,由省交通厅包干;征地拆迁由西安市政府统一负责办理。所需钢材、水泥、木材以及高速公路中央控制室所需的监控设备、信息采集处理设备、通信设施的购置等,也明确了渠道和资金来源。11月10日,省政府办公厅下发《有关西安至临潼高速公路建设问题的会议纪要》。当日,交通部部长钱永昌和部计划局、内河局、长江航管局有关负责同志来陕考察石泉、安康水电站闸坝碍航问题时说,交通部给西临高速公路的资金已经落实。19日,省政府办公厅发出通知,决定成立西安至临潼高速公路建设领导小组,负责协调处理建设过程中遇到的重大问题。小组由17人组成,副省长张勃兴任组长,省计委副主任白毅、省交通厅副厅长熊秋水、西安市副市长张富春任副组长,王真任顾问。成员有省交通厅、建设厅、水利水保厅、文物局、土地管理局、建设银行、物资局、旅游局、邮电管理局、西北电业管理局,以及临潼县、灞桥区政府的负责同志。1986年12月25日,西临高速公路控制性工程灞河大桥开工建设,当日在大桥工地举行了西临高速公路奠基暨灞河大桥开工典礼。省委副书记牟玲生,副省长张斌、曾慎达,省政府顾问王真,西安市市长袁正中等有关方面1000余人参加,省交通厅副厅长、西临项目总监理工程师熊秋水发布开工令。至此,西临高速公路成为中国❶最早开建的四条高速公路(表2-2)之一。

我国最早的四条高速公路　　　　　　　　　　　表2-2

名　称	开工时间	通车时间	里程(km)	备　注
沪嘉高速公路	1984年12月	1988年10月	15.9	中国第一条建成通车的高速公路
沈大高速公路	1984年6月	1990年8月	375	中国开工最早的高速公路
广佛高速公路	1986年12月	1989年8月	15.7	中外合资兴建的第一条高速公路
西临高速公路	1986年10月	1990年12月	23.9	中国西部地区最早开工建成的高速公路

大桥施工

西安至临潼高速公路起于西安市浐河东官厅村,沿西潼二级公路南侧在新灞河桥上游550m处跨过灞河,经豁口南、高桥沟,到姜沟过西潼公路和陇海铁路,于临潼县城西苗家村再与西潼公路连接,全长23.88km。其中官厅至姜沟16.31km为双幅,路基宽26m,设计速度120km/h,道路中央有绿化隔离带,桥梁中央护栏装有防眩板,每侧路面各设有行车道、超车道及反光标志,路面涂有反光标线,竖有大型反光标志。路基两侧设有隔离栅实行全封闭,防止行人、牲畜进入。姜沟至苗家村7.57km为半幅式,路基宽13m。西临高速公路总投资1.79亿元,其中向招商银行贷款5000万元,其余由交通部补助和陕西筹集。全路共占地1705.1市亩,设大中桥21座,长1480.89m,互通式立交桥2座,铁路立交4处,分离式立交12处,通道40处,涵洞37道。

1987年3月4日,交通厅通知组建西临高速公路监理工程师办公室。总监理工程师熊秋水委托高级工程师裴念祖为监理工程师全权代表,负责组建监理工程师办公室,对合同执行和工程质量实行严格的监理制度。

西安至临潼高速公路设计工作由省公路勘察设计院承担,1985年9月25日完成初步设计文件,10月16~18日省交通厅主持邀请省内一些大专院校和科研单位的70余名

---

❶此处不含香港、澳门、台湾,余同。

专家进行审议。为提高设计质量,省公路勘察设计院聘请西安公路学院、交通部第一公路勘察设计院、西安公路研究所等单位的35名专家、教授为测设技术顾问,分为路线、桥梁、路基路面和交通工程四个专业组进行咨询。

1986年3月底完成施工图设计文件。5月2日,省计委主持召开协调会,研究西临高速公路通过临潼县城区和姜寨古遗址问题,14日批复全路线初步设计审议意见。7月4日,交通厅向省计委汇报了修改方案。8月1~2日,由省计委主持召开初步设计审查会。10月3日下达《关于西安至临潼高速公路初步设计审查会议纪要》。1987年3月15日至月底完成路基放线工作。施工采取招标办法进行竞争,16.31km的高速公路(双幅)段分为A标和B标。A标为西安市境内路段,长10.27km;B标为临潼县境内路段,长6.04km。1987年8月12日下午举行开标仪式后,8月22日由西临高速公路建设领导小组会议审核批准,A标由西安市第一市政工程公司以3451.7万元中标,B标由交通部第二公路工程局以2235万元中标。灞河大桥作为独立的控制性工程,由中铁二十局承建。10月25日,交通厅副厅长兼西临高速公路总监理工程师熊秋水下达第2号开工令,命令承担西临高速公路A标、B标任务的西安市政一公司、交通部第二公路工程局正式开工。至此,西临高速公路建设全面进入实质性施工阶段。1988年6月2日,确定把C标的K16+311~K23+888长7.57km(单幅)各类工程由省路桥公司承包并签订了合同。另有为高速公路配套的支线和通道线19.86km,其中华清支线是高速公路的主要集散路段,西起西安市万寿路北口,经十里铺街、浐河滩与新建浐河桥相接,全长1.77km,宽22m,设计速度60km/h,由西安市干道拓宽改建工程指挥部负责经办,西安市政工程设计研究所设计,第二市政工程公司施工。

西临高速公路开工以来,由于一些项目变更设计、设施拆迁、机械不足,特别是阻拦干扰施工等因素影响,工程进度十分缓慢。为解决资金问题,1988年1月21日向招商银行贷款5000万元,并在西安举行修建西安至临潼高速公路合同签字仪式。技术方面,1988年1月5~7日,在西安召开西临高速公路收费系统方案技术评审会议,通过由西安公路研究所、西安公路学院和省公路勘察设计院共同提出的技术方案。1989年4月,交通厅召集有关单位,安排在西临高速公路K13+160~K16+160铺筑3km试验路面,以进行国家"七五"重点科技攻关项目24-1-1(高等级公路半刚性基层沥青路面结构设计与抗滑表层研究)、24-2-1(重交通道路沥青在高等级公路工程中的实用技术)的实际使用研究。为解决施工环境问题,1987年5月21日至6月1日,省高速公路建设指挥部分别和灞桥区、临潼县政府签订了西临高速公路征地拆迁合同。1988年11月3日,省政府特邀顾问张斌召集西安市政府、省计委、交通厅等18个单位负责人专门开会,研究加快工程进度的问题,并确定了进度总目标,要求土地规划部门优先办理西临高速公路的征迁手续,加快审批速度,为高速公路施工提供方便。11月29日,省高速公路建设指挥部办公室召集西临高速公路各承包单位及上级主管部门负责人会议,就工程进度、征地拆迁、设计变更、索赔以及原材料价格等问题进行座谈。

1990年3月18日结束的全省交通计划工作会议提出,西临高速公路年底必须贯通。省高速公路建设指挥部随即召开动员大会,提出"奋斗10个月,力争年底基本竣工"的目标。1990年4月25日,省政府特邀顾问张斌、西安市长袁正中、副市长张富春等到省高速公路建设指挥部现场办公,解决遇到的问题。动员大会以后,工程进度逐月加快。9月份,省政府决定调整省高等级公路指挥部领导小组成员,成立专线公路建设指挥部。领导小组由张斌任组长,萨音、白毅任副组长,省、市有关19个单位的负责人为成员。下设办公室,张维光任办公室主任。西临高速公路指挥部由张富春任指挥,胡希捷任副指挥,加强对施工现场的领导。9月9日,指挥部召开大干100天动员大会,要求9月10日~12月19日在全线开展大干活动。11月12日,省长白清才到工地视察时指出,要在确保工程质量的同时,保证年底完成。要自始至终处理好与当地群众的关系,建设部门也好,地方政府也好,都要做好沿线群众的思想工作。特别是地方政府,无论是建设初期还是公路封闭和使用期,都应给予支持。12月7日,省政府专门发出《关于加强西临高速公路管理的通告》,通告共10条。其中规定:自通车之日起,一切行人、非机动车、拖拉机和时速低于50km/h的机动车辆,严禁进入;凡在西临高速公路上通行的机动车辆,严禁在行车道上停车、掉头、倒车和逆向行驶;不得在高速公路上设置障碍、拦截车辆和设立检查站卡;超长、超高、超宽、超重等超限运输车辆,不得通行;凡在西临高速公路上通行的机动车辆,必须按规定自觉交纳车辆通行费;任何单位或个人不得擅自拆除、迁移、损毁、盗窃各种标志、界碑、护栏、隔离栅和通信、收费设施及树木、花草;在隔离栅外20m范围内不得修建永久性建筑物和设施,不得取土、挖塘或堆放杂物;违犯通告的单位或个人严肃查处,直至追究刑事责任。车辆通行费标准分为四类:2.5t以下每次2元;2.5t~7t(不含)每次5元;7t~10t(不含)每次10元;10t及以上每次15元。

经过西安第一市政工程公司、交通部第二公路工程局、陕西省路桥公司和铁道部第二十工程局等单位3000多名职工、1000多个日日夜夜的辛勤努力,西临高速公路终于顺利建成通车,揭开了陕西公路发展史上新的一页。1990年12月27日,西临高速公路举行通车典礼。省委副书记安启元,省人大副主任余明,副省长徐山林、刘春茂,特邀顾问张斌,省政协副主席周雅光,省军区政委赵焕炽,西安市代市长崔林涛、副市长张富春等出席典礼。交通部、省委、省政府发来贺电、贺信。陕西省政府特邀顾问、省高等级公路建设领导小组组长张斌在通车典礼讲话时指出:西临高速公路建成通车,实现了我省高速公路零的突破,在西北公路发展史上树立了第一块丰碑,这是全省人民政治、经济、文化生活中的一件大喜事,也是改革开放带来的丰硕成果。它标志着我省公路交通已经进入了一个新的历史发展时期,对促进我省经济和旅游事业的发展具有十分重要的意义,是献给三秦父老的一份厚礼。当日,陕西日报刊登《铺在大地上的丰碑——献给西临高速公路建设者们》的长篇文章,对建设过程作了概要介绍。这条双向四车道、全立交、全封闭、安全快速、舒适壮观的现代化高速公路,不仅使西安通往华清池、鸿门宴遗迹和秦始皇兵马俑的旅游线路缩短,行车时间减少,避免了过境车辆对临潼旅游区的干扰和环境污染,而且其建设、设施方面的创新,为陕西乃至全国高速公路的发展提供了借鉴。

西安至临潼高速公路是陕西也是我国西部地区第一条高速公路,更是陕西人民见证高速公路发展的重要里程碑。为了铭记发展历程,以示永久纪念,位于灞桥收费站的西安至临潼高速公路灞桥石台景观于2008年11月动工建造,2009年12月3日举行揭幕仪式。景观台占地400m²,纪念碑净高4.6m,基座采用正方形五层阶梯式结构,顶层置景观石、中间两层蓄水、下两层栽木,景观石选用产于秦岭北麓的花岗岩原石,宽5m、高3m,重量达32t。正面刻着红色魏碑体"陕西第一条高速公路纪念"11个大字,背面书西安至临潼高速公路有关介绍,景观造型表达了通达四方、建造和谐的美好愿望,抒发了开创历史、奠基未来的宏大理想,蕴含了公路人质朴、顽强硬朗的作风,并与西安至临潼高速公路历史地位和重要通道作用相得益彰。该景观纪念碑是继西长高速公路乾县服务区的"陕西高速公路突破2000公里纪念碑"、勉宁高速公路勉县服务区的"陕西高速公路突破1000公里纪念碑"之后的第三个纪念陕西高速公路历史发展的纪念碑。

随着社会经济的发展,西安至临潼高速公路的车流量日益增多,双向四车道标准已经无法满足人们的出行需求,每逢节假日经常出现大面积、长时间的拥堵。2013年7月30日,西安至临潼高速公路改扩建工程开工,采取在原有公路两侧直接拼接加宽至双向八车道方式建设。经过两年多的建设,2015年11月15日改扩建工程完工,16日上午西安至临潼高速公路成功实现双向八车道通行模式。

西安至临潼高速公路是政治路、经济路、旅游路,在建设、管理、筹融资上,为陕西高速公路大发展开了好头。1996年5月22日,西安至临潼高速公路收费经营权转让协议在1996年香港陕西省投资贸易洽谈会上签订,省交通厅代表胡希捷、香港越秀企业(集团)有限公司代表过沛南分别代表甲乙双方在协议书上签字,省长程安东等出席签字仪式。协议规定,由乙方委托其控股子公司与甲方指定的下属单位和中陕国际公司在西安注册中外合作公司金秀发展有限公司,由乙方全额出资3亿元人民币,向甲方购买西安至临潼公路20.1km(含封闭路段16.31km以及7.57km单幅路加宽的公路段的一半)的经营权20年,由乙方经营管理西安至临潼高速公路,并担任金秀公司董事长、总经理和财务经理。西安至临潼高速公路1987年年底开工建设,1990年年底建成通车,总投资2.4亿元,建成后由省高管局负责经营。陕西省"九五"交通建设约需资金120亿元,缺口约40亿元,西安至临潼高速公路经营权的转让,为我省筹集公路建设资金开辟了一条新的途径。省交通厅积极总结这方面的经验,提出扩大转让的规模,筹集更多的资金。同时,省交通厅还在筹划成立了投资公司,以运作好这笔转让资金。8月17日,省政府批准认可了双方签订的合同文本和《西临路经营权转让交接大纲》《西临高速公路路政和交通安全管理协议》。9月16日,省交通厅在省高管局召开西安至临潼高速公路经营权转让移交工作动员大会,会议指出,西北地区第一条高速公路,西安至临潼高速公路经营权转让工作基本就绪,即将开始移交。届时,西安至临潼高速公路将由香港越秀企业(集团)有限公司的陕西金秀交通有限公司正式经营。陕西金秀交通有限公司经注册登记,开始接交工作。西安至临潼路经营权转让是我省经济生活中一件大事,是实施省委、省政府"以产权换资金、以存量换增量"的范例,有着极其重大的意义。这次转让一次性收回的人民币3亿元,可在两三年内再建超过20多公里的高速公路,这不仅可以加快我省高等级公路建设速度,而且可以增加通行费收入,为"九五"公路建设扩大资金积累,实现资产增值,为我省加快发展高等级公路开辟了一条新路。会议指出,西安至临潼路经营权转让,改变了陕西对外影响。香港越秀企业(集团)有限责任公司很有实力,在香港排在前10名,对内地情况比较了解,谈判很顺利。西安至临潼高速公路经营权转让,更能借鉴、学习先进的经营、管理经验,提高我们的管理水平。9月28日,西安至临潼高速公路收费经营权转让移交签字仪式在西安举行,确定从1996年9月30日22时起,西安至临潼高速公路由香港越秀企业(集团)有限公司所属的陕西金秀交通有限公司正式经营。省长程安东、副省长潘连生等出席签字仪式。9月29日,省高管局为派赴陕西金秀交通公司工作的一批职工召开了欢送会,省交通厅副厅长许瑞林、乌小健等参加并讲话;陕西金秀交通有限公司召开欢迎会,一批新员工愉快地与金秀公司签订了合同书。9月30日21时50分,西安至临潼高速公路灞桥收费站正式举行换岗交接仪式。

2016年9月27日,省交通运输厅与香港越秀集团在西安召开西临高速公路经营权移交工作座谈会,签订西安至临潼高速公路移交协议,从2016年9月30日22时起,西临高速公路经营权正式移交回省高速集团管理。省交通运输厅副厅长魏培斌、香港越秀集团副总经理刘永杰、省高速集团董事长靳宏利出席并讲话。魏培斌在讲话中回顾了西安至临潼高速公路的发展历程和陕西交通的发展变化。他希望相关单位落实好移交协议,确保工作平稳过渡,画上圆满句号。同时要精心管护好这条大通道,提升运营服务水平,全面展示陕西交通发展新形象。魏培斌还介绍了陕西发展优势和陕西交通"十三五"发展规划情况,欢迎越秀集团抓住"一带一路"机遇,继续在陕西投资创业。刘永杰介绍了越秀集团基本情况,他指出,西安至临潼高速公路经营权转让开创了陕西先河,20年来,在陕西省交通厅、省高速集团的支持配合下,西安至临潼高速公路保持了高效、有序运营,越秀人难忘与陕西交通的情谊。他表示,作为负责任的企业,越秀集团将妥善解决好移交遗留工作,也期待在"十三五"发展中,继续加强与陕西交通的深入合作,续写新的篇章。靳宏利表示,省高速集团将落实好移交协议,加强衔接,确保交接期间各项工作平稳过渡。

推进员工队伍融合,以创建"魅力石榴花"服务品牌为引领,推进服务提质、管理升级,打造文明服务样板路,让这条"西部第一路"更好地服务全面小康。

二、实现1000km

交通运输是社会经济发展的基础。改革开放以来,陕西经济建设持续推进,公路交通在社会经济生活中的重要作用越来越受到关注,"公路通,百业兴"逐渐成为人们的共识和渴望,于是,加快交通发展便成为各级政府推动区域经济建设的重要任务,也成为交通部门和广大交通人的重要责任。省政府在1984年10月10日批转的省交通厅《关于加快我省公路和航运建设的报告》中提出:到20世纪末,建成以西安为中心,陕北为重点,国道、省道为骨架,县道、乡道为脉络的四通八达的公路网。根据省政府批转的这个报告精神,1985年5月27日,省交通厅在全省交通工作会上提出:公路建设实行普及与提高相结合、以提高为主的方针,以西安为中心向全省辐射,关中地区以干线公路升等改造为重点,逐步建成横贯八百里秦川和西安通往神府煤田的公路干线。1986年3月18日,全省交通工作会议明确了"七五"计划交通发展要点,提出重点抓好几条路,即西安至临潼高速公路,西安经三原至铜川一级公路和宝鸡至牛背等公路。12月16日,西安至三原一级公路举行开工典礼;12月25日,西安至临潼高速公路举行开工典礼。1987年8月6日,张斌、曾慎达副省长听取交通厅工作汇报后指出:同意利用贷款修建西安至兴平高速公路。

"要想富,先修路"这是现实生活中常听到的一句话。随着改革开放的不断深入,公路已成为人们心目中区域经济效率的放大器。"小路小富,大路大富,无路不富,要快富,修高速公路"。改革开放和经济建设对公路发展提出了更高的要求,同时也为公路的发展提供了观念、政策、体制机制、技术和资金支持。陕西的经济要起飞,必须先修高标准公路。1988年7月9日,省长侯宗宾在本届政府第一次会议上提出:在任职期间狠抓交通基础设施建设,加快以西安为中心,陕北神府煤田和陕西秦巴山为重点的公路建设,完成西临高速公路、西安至三原至铜川一级公路;开工建设西安至兴平高速公路,渭南至潼关、西安至宝鸡高等级公路,连成省内东西公路运输大通道。1989年3月21~24日,全省交通工作会议在西安召开,提出"建设以高速公路、一级公路和汽车专用公路为骨架,以西安为中心,'米'字形向八方辐射,连接全省10(地)市、60个县和毗邻省区全长2800km的公路建设长远发展目标",即"米"字形干线公路系统。这是陕西首次针对高等级公路及高速公路发展提出的战略构想,也是后来陕西高速公路网规划的雏形。

所谓"米"字形干线公路主骨架,是指以西安为轴心,以南北、东西、东北、西南、西北方向贯穿全省的国道210、310、108、312线组成的干线公路网,全长2700余公里,它连接全省10个地市和三分之二的县城,主要的工业中心、旅游景点和农业基地,是全省公路网的骨架。

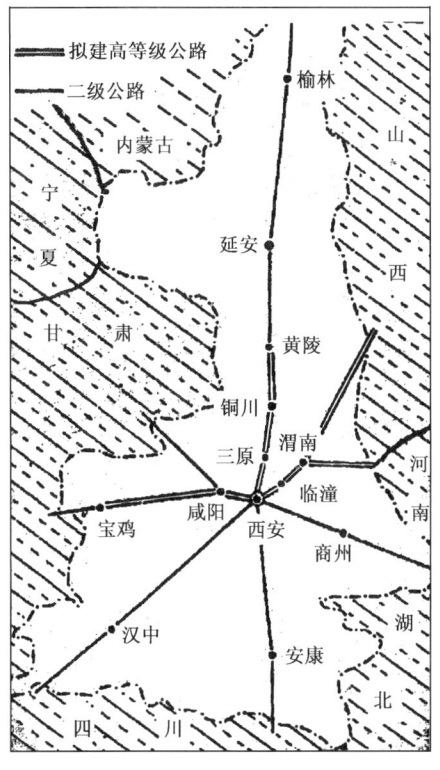

陕西省"米"字形公路主骨架示意图

1989年7月29日,侯宗宾省长在交通厅召开第32次省长办公会议,研究加快高等级公路建设问题。要求把"政治动员、行政干预、经济补偿、各方支援"作为今后公路建设的主导思想,决定对公路建设采取七项政策性措施。9月7~8日,省政府在西安召开高等级公路建设座谈会,研究加快高等级公路建设速度问题。10月2日,《陕西日报》发表副省长刘春茂关于陕西高等级公路建设的谈话指出:征地拆迁费用太高,群众阻挡施工较多,陕西和其他省相比,是较为严重的。西临线征迁费用大致占工程总投资的22%,西三线占总投资14%左右。《陕西日报》同期还发表交通厅厅长萨音的文章《加速高等级公路建设步伐》,文章指出:在关中经济发达区域,重点建设高等级公路已属刻不容缓,势在必行。根据全省经济发展的需求,要建成以西安为中心辐射全省,以高等级公路和二级公路为主,连接全省主要城镇、工业中心、能源基地、省际重要通道、国际旅游热点的"米"字形干线公路系统。1989年12月27日,西三一级公路全线竣工,经初验委员会对全部工程进行检验和分项评定,初评为优良工程,从1990年1月1日起交付使用。至此,陕西有了第一条高等级公路。

1990年2月15~18日,交通厅召开全省交通计划年报会议,传达全国、全省计划会议精神。确定公路建设要抓好西临、三铜、包神府、机场汽车专用、宝鸡至牛背及西三一级公路收尾配套等重点工程项目,同时确定从当年起建立计划指标考核责任制度,工程建设指标包括投资额和工程量。2月5~7日,世界银行公路项目筛选团来陕,对我国推荐给世界银行的"八五"公路建设银行贷款项目西安至宝鸡公路进行实地考察。4月15日,三原至铜川一级公路开工。5月29日,西安至三原一级公路通过交通部竣工验收,验收委员会认为:西三一级公路工程线形平顺,路基稳定,路面平整密实,抗滑性能良好,结构物及交通设施齐全,工程造价较低,资料图表完整,总评为优良工程,并正式移交省高等级公路管理局接养、管理。12月27日,西临高速公路建成通车,陕西有了第一条高速公路。

1991年3月,省交通厅编就"八五"交通发展计划纲要和"九五"规划目标,提出"八五"期间主要建设西安至铜川、西安至宝鸡高等级公路,争取建设临潼至渭南高等级公路,建设渭南至清涧国防公路和神府、彬长、黄陵等矿区道路,提高铜川至延安、西安至商州公路等级,改善提高以西安为中心,连接全省重点城镇、省际重要通道和旅游热点的干线公路。4月1日,世界银行以波特为团长的执行董事代表团一行8人来陕,考察利用世界银行贷款修建的西三一级公路和在建的三铜公路。7月,中共陕西省委书记、省人大常委会主任张勃兴考察三铜公路建设项目。10月29日,省长白清才检查三铜公路建设项目,提出要建设陕西南北高等级公路通道,形成交通运输"脊梁骨"。10月30日,西宝一级公路控制性工程咸阳渭河大桥开工建设。11月11日,省政府成立西宝一级公路建设指挥部,副省长刘春茂、省政府特邀顾问张斌任总指挥,指挥部办公室设在省高等级公路管理局。

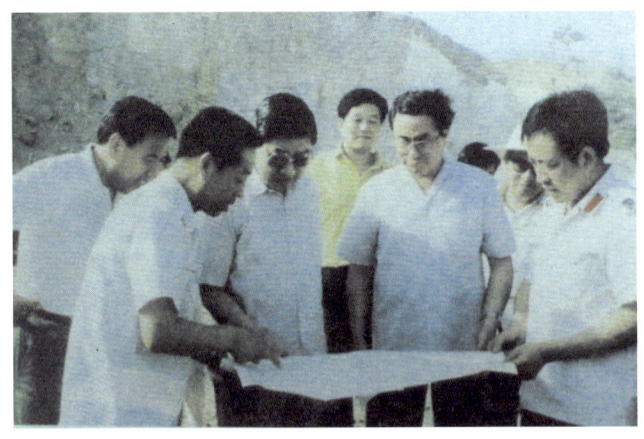

1991年7月,中共陕西省委书记、省人大常委会主任张勃兴(左三)
考察三(原)铜(川)公路项目建设

1992年,交通部根据社会主义现代化建设"三步走"战略目标和经济发展战略部署,正式出台《国道主干线系统规划》,这个规划是我国公路发展史上第一个经缜密研究、科学论证的全国骨架公路网长远发展规划,是根据我国社会经济和公路交通运输发展需要描绘的全国干线公路长远发展蓝图。国道主干线规划了2.5万km的高速公路和1万km的汽车专用一、二级公路。规划提出:从"八五"开始,到2020年,用30年左右的时间,建成12条总长3.5万km的"五纵七横"国道主干线。按照交通部的这个规划,GZ40二连浩特至西安至河口、GZ45连云港至西安至霍尔果斯、GZ35青岛至银川3条国道主干线途经我省,在陕里程共1348km,占规划总里程的3.85%,其中前两条线路与我省提出的"米"字形公路主骨架布线一致,尤其是青岛至银川线,达到锦上添花的效果,使我省公路主骨架构想由"米"字形变成了"来"字形。

1991年10月29日,中共陕西省委副书记、省长白清才(左三),调研三(原)铜(川)公路项目建设

1992年4月1日,省政府在西安市后围寨举行西宝一级公路建设开工典礼。首期工程西安至兴平段33.5km于当日破土动工。横贯陕西关中西部精华腹地,连接西安、咸阳、宝鸡三市,全长145.73km的西(安)宝(鸡)一级汽车专用公路是经国务院批准的"八五"计划重点工程项目,也是陕西省及西北地区当时里程最长的一条高等级公路。该项目是陕西当时投资最大的重点工程,为修好这条公路,省政府把此工程列为陕西"八五"交通建设的"重中之重",并集中财力、物力和人力以及相应的倾斜政策,全力支持工程建设。该项目建成后,路线比原西宝南线缩短12km,比北线缩短30km,从西安到宝鸡汽车行驶由原来的4h缩短到2h左右。1992年4月18日,省长白清才在省委工作会议上要求,要加快以西安为中心的"米"字形公路干线系统建设,尽快形成连接东西、纵贯南北的交通干道。5月27日,省交通厅厅长办公会议研究全省交通发展上台阶方案,确定用15年或更短一点时间完成"米"字形公路主干线系统建设。7月7日,西宝一级公路宝鸡段开工兴建。7月12日,省委、省政府印发《关于进一步扩大对外开放的意见》,要求加强基础设施建设,改善对外开放环境,要努力改善交通条件,抓好以西安为中心的"米"字形公路干线系统建设,逐步形成连接东西、纵贯南北的交通干道。8月15~23日,国务院副总理朱镕基考察榆林、延安、铜川、宝鸡等地(市),途经包神府、榆神、西包等公路,对沿途公

路修建和养护标准低、施工组织管理不力、行车困难等问题提出严肃批评。9月23日,省长白清才在铜川宾馆听取萨音关于公路规划汇报时指出:"米"字形公路网符合陕西实际情况,要逐步用高等级公路贯通。9月23日,省长白清才在铜川宾馆听取萨音关于公路规划汇报时指出:"米"字形公路网符合陕西实际情况,要逐步用高等级公路贯通。10月1日,省政府决定全省货运车辆征收货运附加费,征收标准为每月每吨30元,作为交通基础设施建设专项事业费,全额用于重点公路建设。1992年12月21日,三原至铜川汽车专用公路提前4个月建成通车。路线全长66.35km,其中一级汽车专用公路30.69km。其余为二级汽车专用公路和山岭重丘区二级公路。整条公路实行全封闭、全立交,全部控制出入。建成后的三铜公路与西三一级公路连接,形成了我省关中地区南北总长110km的高等级公路主干道,使西安至铜川的公路里程缩短23km,行车时间由原来的3.5h缩短为1.5h。

1993年2月22~24日,全省交通工作会议在西安召开,确定投资5.47亿元加快建设"米"字形公路干线系统。要求继续深化完善"米"字形主干线系统的规划论证工作,进一步确定控制点和路线线位方案,重点对穿越秦岭通往陕南的三条主干线进行踏勘调查,对长大隧道、特大桥梁、城镇过境等控制工程和特殊地质地段先期开展方案调查工作。1993年4月,省交通厅召集数十名专家及工程技术人员,会同设计、建设等单位对临潼至渭南高速公路初步设计进行了实地察看和审议。4月8日,西宝一级公路西安至兴平段路面工程招标工作完成。1993年6月16日,西宝高等级公路利用科威特政府贷款协定在西安签约。这项贷款总额为3000万美元,贷期18年,其中宽限期4年,贷款年利率为3.5%,由国家经贸部借贷转我省组织实施。6月17日,省长白清才视察西宝一级公路工程进展情况时说,已建成的几条高等级公路对全省经济的发展起到了重要作用。现在全省上下对修建高等级公路有了一致认识,建设速度一定能够加快。作为基础设施的公路,是发展经济的关键,我省要在国家的支持下,动员一切力量加快建设"米"字形公路骨架。

1993年6月20日,全国公路建设工作会议在山东济南召开。这次会议是继1989年7月在辽宁举行的高等级公路建设经验交流会以来,在我国公路建设取得新成绩、新发展的形势下召开的。辽宁会议的主要功绩在于对建设高等级公路的重要性、必要性和紧迫性的认识,对高等级公路建设起到了巨大的推动作用。四年内我国公路建设的面貌发生了深刻的变化,一个加快高等级公路建设的新局面正在全国范围形成,特别是沿海经济发达地区对建设高等级公路热情高、决心大、行动快、成绩斐然,建成的项目和通车里程成倍增长,凡是高等级公路通达之地,市场活跃,经济繁荣。会议要求在2000年前,基本建成同江至三亚、北京至珠海两纵和连云港至霍尔果斯、上海至成都两横的国道主干线,"两纵两横"在陕境内即连霍线潼关至西安至宝鸡段。按照这一要求,陕西提出重点加快西宝、临渭、渭潼等公路建设。

第二章
高速公路建设发展成就

1993年7月15日,西宝一级公路咸阳渭河大桥全线贯通。7月下旬,省交通厅厅长胡希捷在西宝公路工地了解工程进展情况时说:陕西是一个内陆省,交通事业还相当落后,按省委省政府的要求和咱们陕西经济发展的总体战略规划,主要在三个层次上发展陕西的交通事业:在公路方面,干线公路主要是抓好2720km的"米"字形公路主骨架,我们的想法是使西安到10个地市就是最远的榆林,一天也能到达;其次,要在关中经济带搞好高等级公路建设,使主要城市之间用高等级公路连接起来。310国道省内段全部高等级公路化,并和全国高等级公路网接轨,使我们从宝鸡能一直通到连云港。9月21~25日,省政府召开全省公路建设工作会议。副省长刘春茂主持会议并在讲话中说,公路交通现状远远满足不了陕西经济建设和社会发展的需要,广大群众和驾驶员盼望加快公路建设,尽快提高公路等级,因此要重点建设以高等级公路为主的"米"字形主骨架。10月15日,西宝一级汽车专用公路利用科威特政府贷款签字仪式在西安举行。科威特政府为西宝公路项目提供910万科威特第纳尔(约合3000万美元,折合人民币2.7亿元)的长期低息贷款。12月30日,省长白清才视察了正在建设中的西宝一级汽车专用公路,要求充分调动群众修路的积极性,加快我省公路建设,到2000年使全省公路达到全国上游水平。

1993年对于陕西交通来说,是不平凡的一年。9月份省政府召开全省公路建设工作会议,贯彻落实全国公路建设工作会议精神,分析我省公路建设形势,共商动员全社会力量,加快我省公路交通发展大计,并确定了我省公路建设2000年、2010年、2020年的奋斗目标和措施。会后,省和各地市相继出台了一些加快发展公路事业的倾斜政策。省委、省政府和各地市负责同志亲自过问,解决"米"字形公路主骨架建设资金问题,关心重点工程,现场办公,解决难题。公路职工,顾全大局,克服困难,顽强拼搏,无私奉献,发扬"铺路石"精神,表现出特别能吃苦、特别能战斗的英雄气概。各地市围绕"米"字形公路主骨架,制定完善本地市公路建设规划。全省交通基础设施建设迈出了新的步伐。全年新增公路252km,建成高速公路34.1km,西宝一级公路西安至兴平段建成。截至1993年年底,高等级公路150km,居全国第13位,列西北首位。

1994年1月8日,西宝一级公路西安至兴平段建成通车。通车仪式打破常规,不发纪念品,不搭主席台,领导不讲话,由建设、设计、施工、监理单位和村民代表剪彩,简朴隆重,受到各方好评。省委、省政府对西宝高速公路建设高度重视,制定了打破常规、特事特办、全线动员、全民动手、各行各业做贡献的10条政策措施。1月28~30日,全省公路工作会议指出,我省经济社会发展与发达省区比较存在差距,相当程度上是由于交通因素制约形成的。大力加快公路建设步伐,既是公路交通人的责任,也是公路交通人的义务,当前要集中力量建设"米"字形主骨架公路网。要依据规划要求,排出项目,并按轻重缓急组织力量做好前期工作。2月22~24日,全省交通工作会议召开。副省长刘春茂在讲话中说,加快公路建设已形成共识,全省上下呼声很大,当前的主要问题是没有钱,资金的来源应从政策、深化改革和对外开放三方面去解决。高等级公路建设主要靠贷款,这个办法还要坚持。3月14日,省交通厅召开全省重点工程质量座谈会,确定当年为工程质量年。5月,临潼至渭南高速公路招标工作开始,同时,省政府成立以副省长刘春茂任总指挥的临(潼)渭(南)高速公路建设指挥部,指挥部办公室设在省高等级公路管理局。8月13日,省西宝公路建设指挥部办公室在宝鸡县招待所召开100天社会主义劳动竞赛动员会。8月,为加快临(潼)渭(南)高速公路工程建设,省政府就征地拆迁等有关问题发出通知,做出8条规定。1994年9月,省委书记张勃兴在视察榆林地区灾情途中,听取了关于我省"米"字形公路主骨架建设的资金缺口问题的汇报,张勃兴批示:搞好"米"字形公路建设,是陕西经济建设的基础,是一项带战略性的措施,而资金短缺就是一大制约因素,汇报提纲所提建议请省体改委和计委研究,可予以支持。10月,交通部批准铜黄一级公路可行性研究报告。10月23～30日,以项目经理哈蒂姆·哈吉先生为团长的世界银行公路代表团一行5人,对陕西公路项目Ⅱ进行了考察鉴别,与省交通厅达成初步贷款意向。11月10日,临潼至渭南高速公路开工典礼在渭南举行。12月15日,全长24.63km的312国道小商塬至商州二级汽车专用公共路和长1383m的麻街岭隧道正式通车。12月30日,省政府在宝鸡市南坡村隆重举行西宝高速公路蔡家坡至宝鸡段通车典礼。蔡宝段建成通车,标志着西宝高速公路建设又迈出了一大步。

陕西省是我国内陆省份之一,是连接西北、西南的天然纽带。1994年,全省交通各项工作都取得了新进展。1995年是"八五"计划最后一年,也是为"九五"计划打基础的关键一年。1995年1月1日,为解决我省"米"字形公路建设的资金困难,加速我省公路建设发展步伐,经省政府批准,即日起调整我省汽车公路养路费征收标准,提高公路养路费征收标准增加的收入金额全用于重点公路建设。2月16～18日,全省交通工作会议在西安召开。省长程安东要求"大办交通,充分发挥兴陕的基础和先行作用"。要建设以高等级公路为主的"米"字形公路主骨架,积极改善大中城市出入口和城镇过境公路,逐步形成以西安为中心,地市为枢纽的干支结合、等级配套、设施齐全的全省公路网体系,要使公路交通不适应国民经济发展的矛盾得到明显缓解。

1995年3月25日,省政府发出《陕西省人民政府关于做好西(安)宝(鸡)一级公路工程建设环境保障工作的通知》。3月28日,省政府在杨陵召开西宝高速公路建设动员大会。4月19日,省长程安东主持召开1995年第十次省政府常务会议,研究确定改革公路建设体制,调动地、县建设公路积极性,做好重点公路建设项目征地拆迁,提高及调整公路养路费征收标准等10条公路建设政策。5月底,省交通厅、省高管局和西铜管理处分别同西安市、咸阳市交通局签订西三封闭工程辅道建设、跨线设施征地拆迁和环境保障协议书。11月13日,中共陕西省委书记安启元考察西宝高速公路项目建设。11月21日,副省长潘连生在省交通厅检查工作时说,"八五"期间我省交通工作很出色,特别是"米"字形公路建设成绩很显著,经济要发展,交通必须先行,"九五"期间我省交通的发展计划,特别是近期要修建的路,项目要尽快定下来,盘子可做得大一些,前期工作一定要跟上,以项目争取投资。12月5日,西安至宝鸡高等级公路全线建成通车,这是当时陕西公路建设项目一次性投资最多、里程最长的高速公路。

1995年11月13日,中共陕西省委书记安启元(右一),
考察西(安)宝(鸡)高速公路项目建设

"八五"期间,我省公路建设突飞猛进,高等级公路建设势头迅猛。截至1995年年底,全省公路总里程达到39621km,比"七五"末净增1515km。

特别是继"七五"建成西安至三原一级公路、西安至临潼高速公路后,"八五"内又建成了三原至铜川一级公路和西安至宝鸡高速公路,为我省经济插上了腾飞的翅膀,成为我省公路建设成就的重要标志。高等级公路由"七五"末的58km增加到314km,其中高速公路达到171km。"八五"期间,我省共建成高等级公路247km,相当于"七五"末高等级公路实有数的4.6倍,平均每年新建高等级公路约50km。全省高等级公路占总里程的比重由"七五"末的0.15%上升到0.77%,在全国各省(自治区、直辖市)中排第14位。

1996年1月18日,西宝高速公路通车典礼在三桥收费广场举行。国务院副总理邹家华为通车典礼剪彩。交通部、陕西省委省政府分别发贺信,省政府颁发嘉奖令。2月12~15日,全省交通工作会议在西安召开。会议提出了我省交通发展的"九五"计划和2010年远景目标。3月2~4日,全省公路工作会议在西安召开,提出重点抓两头,一头是"米"字形公路主骨架建设,另一头是农村公路建设。3月7日,省高管局召开西三公路封闭工程动员大会。3月28日,省政府召集近20个厅局和有关部门,在临潼召开临渭高速公路建设动员大会,提出把工程按原计划提前180天,年内建成通车。1996年4月初,为维护国家重点工程建设秩序,临潼县公安局组织各派出所与临渭公路临潼县境内沿线各村组签订治安承包责任书,收到良好社会效果。4月17日,世界银行陕西公路贷款项目Ⅱ签字仪式在美国华盛顿举行,中国授权代表、中国驻美大使李道豫,世界银行授权代表、东亚与太平洋地区副行长拉塞尔·奇塔姆,共同签订《贷款协定》和《项目协定》。协定贷款总额2.1亿美元(折合人民币14.74亿元),用于建设陕西公路二期工程,包括渭潼高速公路等7个高等级公路项目及陕南、陕北部分贫困地区道路改善。1996年5月,交通部复函陕西省同意铜川至黄陵一级公路建设初步设计方案。6月10~12日,西安过境公路可行性研究专题报告研讨会在西安举行,西安过境公路是我国东西向连云港至霍尔果斯国道干线通过陕西境的重要组成路段。1996年8月5日,省交通厅、省临渭高速公路建设指挥部办公室在临潼县召开临渭高速公路建设百日大干动员会,决定8月1日至11月10日大干100天,保证年底建成临渭高速公路。1996年10月,省政府批准成立世界银行贷款公路项目建设指挥部,10月29日,省政府发出《陕西省人民政府关于我省第二批公路项目建设有关问题的通知》,确定利用世界银行贷款建设陕西公路项目Ⅱ七条优惠政策。12月31日,临潼至渭南高速公路建成通车,我省关中5市全部由高等级公路连接。

1996年是"九五"计划的头一年,我省交通工作保持了快速发展的好势头。交通基础设施建设取得好成绩。全省新增公路578.11km,使全省公路总里程达到40198.69km,其中高等级公路达到354.77km。但是,横向相比,差距还很大。1996年,全国新增公路2.5万km,平均每省(区、市)增加800多公里,而我省只增加578km。我省高等级公路起步比较早,高等级公路里程曾名列全国第6位,1995年已滑落到第14位。

西安至铜川高速公路

1997年1月19日,省世行贷款公路项目建设指挥部在省政府黄楼举行成立以来的第一次工作会议。会议指出,世界银行贷款陕西公路项目Ⅱ建设是我省全方位开放、实现21世纪经济跨越的希望工程、富民工程,对完善我省"米"字形公路主骨架,推动我省资源、科技、旅游的全面发展,促进区域经济协调发展,加快陕北、延安、商洛等地区脱贫致富,都具有极其重要的促进作用。各有关部门要严格分工,分级负责,按照包质量、包工期、包投资的思路,做好相关工作,推进项目建设。3月6日,继铜川、宝鸡先后成立铜川至黄陵一级公路和绛法汤二级汽车专用公路建设指挥部之后,渭南市根据省政府的要求,成立渭潼高速公路建设指挥部。同时要求项目沿线各县市区成立相应的建设指挥部,配合项目建设,为项目建设提供一个良好的建设环境。3月27日,全省重大建设项目前期工作会议召开,副省长潘连生代表省政府与省交通厅签订西安过境高速公路等5个重大建设项目1997年工作目标责任书。6月10日,省交通厅与中国工商银行陕西省分行签订公路建设贷款协议,贷款15亿元人民币,用于"九五"陕西重点公路建设,省交通厅副厅长许瑞林、工商银行陕西省分行副行长昝晓峰,分别代表双方在协议上签字,副省长巩德顺出席签字仪式。

1997年8月4~7日,国道310线宝鸡至牛背公路项目初步设计通过交通部评审。9月11~13日,由交通部、省交通厅和部分省市有关专家组成的验收委员会,对西安至宝鸡一级公路进行了竣工验收,被评为优良工程。9月16日,省政府召开西三公路封闭工程工作会议,副省长巩德顺出席会议,并在讲话中阐述了西三封闭工程的重要意义,指出西三封闭工程不单纯是一个经济问题,而且是一个政治问题。9月22日,世界银行贷款陕西公路项目Ⅱ铜川至黄陵一级公路第7~第12合同段签字仪式在西安举行,该工程计划于10月份开工建设。铜黄一级公路全长93.84km,是世界银行贷款陕西公路项目Ⅱ最大的子项目,总投资19.34亿元,其中利用世界银行贷款8400万美元。10月11日,西安至三原一级公路全线封闭工程竣工,省政府在三原立交桥举行了隆重的竣工典礼。西三公路是我省首批利用世界银行贷款并用国际招标形式修建的第一条高等级公路,1989年年底建成通车以来,对加快我省改革开放、改善投资环境、促进社会经济和旅游事业的发展,发挥了重要的促进作用。但因未进行封闭,人车混行,交通事故频繁,行车速度下降,使其不能充分发挥应有的效益。1994年,省政府决定对西三公路实施全线封闭,并积极争取到世界银行贷款。封闭工程于1995年开工,主要包括增设人行桥、农耕桥、立交桥和通道等跨线设施30座,新修辅道43km,路界用刺铁丝封闭,中央分隔带和部分高填方、村镇、桥梁及危险路段的路侧设置波型钢板护栏,公路用地及跨线桥边坡全部实行绿化。从封闭起点到机场路出口中央分隔带设置了防眩板,路面设置了反光道钉,更换和新增了交通标志和标线,总投资约1.2亿元人民币,封闭工程完成后,将极大改善西三公路的交通环境。11月,为加强铜川至黄陵一级公路项目管理,省高管局决定采取10条措施,努力创建精品工程。12月,省计委批准西安至蓝田高速公路项目,这将是西安市自己修建的第一条高速公路。1997年12月19日,关中连接陕北的第一条高等级公路铜川至黄陵高速公路开工建设,开工仪式在耀县高架桥旁举行。1997年12月,交通部以交计发〔1997〕350号文批准西安过境高速公路方案。西安在全国公路网中是108、210、211、310、312共5条国道的交汇点,有6条省道辐射全省各地市,交通地位十分重要。

1998年是我国经济面临着国内外环境极其复杂的一年,对于陕西交通说是极不平凡的一年,但对于陕西高速公路发展来说却是重要的一年。陕西抓住国家扩大内需的机遇,加快基础设施重点项目建设,陕西公路建设投资也由年初的25亿元追加到43亿元。全省重点公路建设项目全面推进,咸乾一级公路等建成通车。绛法汤、蓝小二级汽车专用公路基本达到预定的目标,西安至沣峪口一级公路、宝鸡至牛背公路超额完成加快后的计划任务。渭潼、铜黄两个高速公路建设项目进度加快。西安绕城高速公路、西安至蓝田高速公路、西康公路等4项"九五"储备项目提前启动或开工。

1998年3月,经省九届人大一次会议审议,省计委公布了陕西省1998年基本建设重点建设项目名单,包含法门寺至绛帐至西汤峪二级汽车专用公路、商州小商塬至蓝田二级汽车专用公路、渭南至潼关高速公路、铜川至黄陵高速公路、西安至阎良一级公路、西安绕城公路北段、西安至安康二级公路等共10项交通项目。3月,省委书记李建国、省长程安东分别对我省重大建设项目前期工作作出重要批示。李建国要求,要有跨世纪的战略考虑,把在建项目抓好,把正在争取的项目拿到手,同时再列出一些重大项目单子,做好前期工作,以项目争取资金,以项目吸引外资。要看到国家扩大基建的有利时机,进一步加强项目前期工作。今年能够建成一批,批准一批,上报一批,调研论证一批。3月,省计委批复同意建设西安至蓝田高速公路。1998年4月23~24日,为贯彻党中央国务院重大决策,省交通厅召集各地市交通局、公路总段和厅直各单位领导,在西安召开全省加快公路基础设施建设座谈会,贯彻中共中央、国务院关于加快公路基础设施建设的重大决策以及省委省政府和交通部的部署,落实进一步扩大内需重大决定的精神,共商加快我省公路基础设施建设大计,确定抓住机遇,调整公路建设计划,提前开工一批关系全省经济社会发展全局的重大公路项目。省长程安东出席会议并讲话,他说,要花大力气,把着力点放在省区内的公路建设上来,这是解决我省交通运输制约的根本途径。加快公路基础设施建设,要敢于负债,要敢于超前。不能在堵车时才想到要修路。要先修路,超前修路。公路是政府行为,是公益事业,亏本也要修路,为老百姓创造良好的道路条件,这是政府的责任。

1998年5月,铜川市政府再出台优惠政策,印发通知决定对铜黄高速公路因征地拆迁重建需缴纳的有关费用予以减免,以实际行动为铜黄高速公路创造良好环境。为全力以赴支持铜黄高速公路建设,妥善做好拆迁户的安置工作,铜川市政府收回闲置国有土地,安置铜黄路拆迁户。5月16日,省公路勘察设计院完成西安绕城高速公路(北段)初步设计工作。6月5~6日,西宝高速公路通信工程通过竣工验收,评为优良工程。6月11日,省公路局举行310国道宝鸡至牛背工程项目合同签字仪式。宝鸡至牛背公路全长58km,其中一级公路11.1km,二级汽车专用公路6.67km,二级专用公路40.13km。

1998年6月20~23日,全国加快公路建设工作会议在福州召开,这次会议是继当年

3月份全国加快公路建设座谈会后又一次极为重要的会议。国务院副总理吴邦国在会上强调,加快公路等基础设施建设,是党中央国务院作出的重大决策,我们要为全国分忧、为中央分忧,要从国民经济发展的全局来认识加快公路建设的重要性。增加公路投资,加快公路建设是应对东南亚金融危机对我国负面影响的重要举措,同时加快公路建设,其意义不仅在于解决交通运输瓶颈问题,更重要的是为扩大内需,促进并带动整个国民经济的发展。为了贯彻落实大会精神,省交通厅作了部署,向省政府汇报,对大会精神迅速进行了学习、讨论,并向处以上干部进行传达,提出了贯彻措施。要求抓住重点,加快在建项目建设进度。"九五"后三年,重点加快"米"字形主干线建设,提高公路网的等级和质量。

1998年6月28日,西安至蓝田高速公路提前开工。6月26日,310国道宝鸡至天水高等级公路陕西段在宝鸡市马营隆重举行开工奠基仪式。7月24日,省交通厅召开公路建设前期工作座谈会,对列入当年前期工作计划的10余项公路建设重点项目的前期工作逐一展开检查。1998年8月,由省公路勘察设计院承担的榆林至靖边高等级公路预可研、工可研的外业调查工作结束。8月18~20日,全省公路工作座谈会在西安召开。这是我省公路系统贯彻党中央国务院关于加快公路等基础设施建设,拉动国民经济发展决策的再动员、再部署大会。要求进一步加快公路建设,并将当年全省交通投资由23亿元调整到36亿元,又增加到43亿元。8月15日,由省公路勘察设计院承担勘察设计的西安绕城高速公路北段初步设计在北京通过交通部评审。8月25日,省长程安东、副省长贾治邦视察了建设中的渭潼高速公路,并要求,为确保加快建设,所有单位与个人都要顾全大局,任何单位和个人有问题都找各级指挥部解决,未经指挥部的,一律不能找施工单位。

1998年9月13日,省委、省政府出台《关于加快基础设施重点项目建设的决定》(以下简称《决定》)指出,面对新的国内外经济环境,党中央、国务院果断做出扩大国内需求、开拓国内外市场和保持人民币汇率稳定等重大决策。采取更积极的财政政策,集中用于基础设施建设,这是新中国成立以来增加投资最多的一次。《决定》要求全省基础设施建设要集中抓好一批重点项目,主要是交通等6个方面。9月17日,省政府发出《陕西省人民政府关于西安绕城高速公路工程建设有关问题的通知》,对西安绕城高速公路工程建设提出了9条优惠政策。10月10日,西安绕城高速公路(北段)开工建设。10月18日,咸阳至乾县一级公路建成通车。咸乾一级公路是国道312线的重要组成部分,也是我省重要的经济干线和旅游干线,它的建成通车,对于加快完善全省"米"字形公路主骨架,加速我省西线旅游资源的开发利用,促进区域及省域经济持续、稳定、快速发展,具有重要的意义。9月22日,省交通厅党组在西安召开厅机关全体干部和厅属公路部门副处以上干部,落实省委省政府关于加快基础设施重点项目建设决定动员大会,省交通厅党组召开落实省委省政府决定,加快公路建设动员大会。会议传达了《中共陕西省委、陕西省人民政府关于加快基础设施重点项目建设的决定》。会议指出,我省在加快公路建设上还存在3

个主要问题:和全国平均水平相比,总体滞后;和一般公路项目相比,重点滞后;新开项目,前期工作滞后。如何贯彻落实省委省政府决定,要进一步提高认识,深刻领会加快公路基础设施建设的重大意义。要抓住新机遇,迎接新挑战,争上新水平。进一步加快在建项目步伐,切实改善外部环境保障工作。确保完成43亿元的年度投资任务。进一步加大前期工作力度,围绕"米"字形公路主骨架和国家确定的主干线加快前期工作。进一步加大筹资力度,加强项目管理,提高工程质量。要树立为一线服务思想,信息、宣传和组织等部门都要围绕加快搞好工作,项目管理、招投标制都要和改革结合起来,不断解决新问题,总结新经验。

西安绕城高速公路夜景

1998年11月19日,省长程安东在省公路局主持召开现场办公会议,听取省交通厅就西安至安康公路项目特大隧道、西安绕城高速公路、西安至柞水三级公路、陕西省文体科技中心地下通道等项目的设计、建设方案实施进展情况汇报。他希望省交通厅在公路建设项目的设计方案上,要树立长远思想,多为子孙后代考虑。同时对几项设计方案提出了具体思路和要求,将西安至安康公路建设中的特大隧道正式命名为"终南山隧道"。要求在为老百姓办事上要大胆办,要有新办法,要有新高度,要有新技术,做出新成绩。1998年12月28~30日,西安绕城高速公路(南段)预可行性研究报告通过专家预评审。1998年12月31日,西安绕城高速公路北段招标领导小组公布了中标的7个施工单位,并签订了施工协议书。1998年12月31日,咸阳机场二号专用公路预可行性研究通过专家评审。

为了贯彻党中央国务院关于加快基础设施建设重大决策和全国、全省加快公路建设座谈会精神,加快我省交通重点工程项目的建设速度,提高工程质量,降低工程成本,省厅对省交通重点项目中的在建公路项目的月进度在《陕西交通报》上进行定期公布,以表彰先进,促进工作;同时作为对建设管理单位年终考核的依据。对施工单位的工程质量,工程进度进入资信档案,作为今后选择施工单位的依据。省高管局结合重点工程建设实际,提出了加快公路发展的10条措施。为进一步加快公路建设前期工作,确保今年开工的重点工程项目的勘察设计任务按时完成,并为今后几年我省公路建设做好项目储备。省公路勘察设计院认真学习贯彻省委省政府《关于加快基础设施重点项目建设的决定》精神,全员动员,1998年9~12月在生产单位实行"七天六晚"工作制,全力以赴加快公路勘察设计工作。省路桥总公司全力以赴加快重点公路工程建设。省路桥总公司积极贯彻落实全国加快公路建设会议精神,狠抓施工黄金季节,掀起生产大干高潮。在福州会议和电视电话会议以及省厅召开加快重点在建项目会议以后,厅世行项目办提出7条措施,加快在建项目建设,确保蓝小、绛法汤、兵马俑3条二级汽车专用公路按期建成通车,确保渭潼高速公路圆满完成年度建设投资任务。

20世纪80年代是中国高速公路发展的起步阶段,这一时期,社会各界对高速公路问题非常关注,但是对"中国要不要修建高速公路"的问题认识并不统一,分歧较大。80年代初期,争论比较激烈。20世纪80年代中期,即"六五"末"七五"初,在国家有关领导和相关部委的推动下,全国相继开工了几个高速公路项目,争论暂时趋于缓和。这期间,陕西也抓住机遇开工了西临项目,并着手研究发展计划和建设目标。然而到80年代后几年,正当全国逐渐掀起开工修建高速公路热潮的时候,反对修建高速公路的风又刮起来了。直到1989年7月,国务院副总理邹家华在沈阳召开的高等级公路建设现场会上指出:"高速公路不是要不要发展的问题,而是必须发展。"这样的结论是明确的,这已经不是理论问题,使认识得到了统一,为我国高速公路的快速发展奠定了基础,也拉开了中国高速公路大发展的序幕。到1998年年底,全国高速公路通车总里程达到6258km。然而,陕西位于内陆,地处西北,虽然起步较早,但由于受思想解放程度、经济发展水平、资金投入力度、相关配套政策等多种因素影响,致使高速公路建设规模不大、推进步伐不快、发展速度缓慢。"七五"期、"八五"期和"九五"期前3年,陕西开工了西临、三铜、西宝、临渭、渭潼、铜黄、西蓝、西安绕城北段共8个高速公路项目,建成西临、三铜、西宝、临渭4个项目,加上西三一级公路经过封闭完善基本达到高速公路标准,12年间,陕西只建成高速公路276.21km。

截至1998年年底,全国公路总里程达到127.84万km,其中高速公路8733km,一级公路15277km。陕西省公路总里程42202km,其中高速公路212km,一级公路120km。我省公路总里程在全国31个省(自治区、直辖市)中排第15位,高等级公路里程排第21位,高等级公路占总里程的比重为0.79%,排第21位,低于全国平均水平1.09%。综合分析和对全国公路主要统计指标的排名分析来看,我省公路发展综合水平在全国仍处于中游偏下。1998年是我省在中央加快公路基础设施建设的大好形势下建设力度最大的一年,全省共完成公路建设投资53亿元,也仅为全国完成额的2.3%,远未达到平均70多亿元的水平。

高速公路作为公路运输现代化的重要标志,在各种运输方式中发挥着主导作用,是一个国家或地区经济发达程度的重要标志,也已成为推动社会发展的"加速器",陕西省发展高速公路在全国来说比较早,但由于地处西部,发展水平明显低于东部地区,而且这个差距还在不断加大。

西安绕城高速公路

1999年6月17日,中共中央总书记江泽民在西安主持召开西北5省区国有企业改革和发展座谈会,就加快中西部地区发展发表了重要讲话,阐述了实施西部大开发的大思路、大战略,指明了西部大开发的重大意义、指导原则、开发重点、实施步骤和宏伟目标,向全党全国人民发出了西部大开发的动员令。10月下旬,国务院总理朱镕基在甘肃、青海、宁夏考察时强调,要不失时机地实施西部大开发战略,进一步加快基础设施建设。他指出,要以公路建设为重点,建设综合运输网,要打通东西南北,建设西部通江达海大通道,要有战略眼光,适当超前。11月5日结束的中央经济工作会议将西部大开发列为明年的经济工作重点之一。为贯彻落实西部大开发的战略部署,11月22日、23日,交通部在北京召开西部开发座谈会,明确提出西部是明年及今后交通基础设施投资的重点,要加大扶持力度,并新规划了"四纵四横"的西部大通道支持西部大开发。其中涉及陕西的包北线、银汉线、西合线共1828km,加上国道主干线二河线、青银线、连霍线,陕西境内,进行交通规划重点的共3183km。按此规划,陕西10地市均进入国家公路主干线规划,陕西将成为全国公路运输网的重要枢纽,成为国道主干线最密集的省区之一。陕西省委书记李建国指出,陕西应该成为西部大开发的重点、"桥头堡"。陕西省委、省政府成立了陕西省迎接西部大开发研究小组。12月1~2日,省委、省政府召开的全省经济工作会议强调,要只争朝夕,抢抓机遇,立即行动,加快基础设施和重点项目建设。

作为西部大开发"先行官"的公路交通,应该首先作为,率先发展。1999年7月15日,距西部大开发动员令发出不到一个月,省交通厅就按照省委省政府的统一部署和安排,组织召开厅属单位和机关干部大会,厅长乌小健在讲话中要求,抓住机遇,鼓足干劲,扎实工作,积极参加西部大开发。随后,省交通运输厅从全省公路交通现状出发,按照西部大开发战略的总体部署,进一步理清发展思路,改进路网规划布局,周密安排实施方案,制订积极有效的政策措施,实现新的发展目标,以适应全省经济、社会发展的需要。

西安至禹门口高速公路芝川大桥

　　1999年1月4日,西阎高速公路耿镇渭河特大桥工程举行开工仪式。西阎高速公路是二连浩特至河口的国家主干线GZ40陕西境内西禹高速公路的一部分。1月12日,省交通厅厅长乌小健在省公路勘察设计院讨论西康公路秦岭终南山隧道方案时,乌小健就设计提出5点要求,强调要采用世界最先进的技术,把该隧道建设成为我国公路隧道的标志工程。1月24日,省长程安东在省第九届人民代表大会第二次会议上作的政府工作报告中,提出了1999年和本届政府交通基础设施建设任务,指出要集中力量建设一批对跨世纪发展有长远影响的大项目。重点抓好渭潼高速公路、西安绕城高速公路北段等99个投产收尾和续建项目,以及16个新争取开工项目,加快108国道高等级公路等30个重大项目的前期工作。本届政府将采取切实措施,加快改变陕南陕北基础设施落后的状况,抓好西安至安康公路、宁强至棋盘关二级公路、榆林至靖边高等级沙漠公路等重点工程建设,加大西安至汉中公路等项目的前期工作力度。1月25日,为加快西安绕城高速公路建设进度,协调解决工程建设中的重大问题,省政府成立以省委副书记、常务副省长贾治邦为组长的西安绕城高速公路建设领导小组。为全面提高我省公路工程建设质量,2月5日,省交通厅召开全省公路工程质量工作会议,提出了9条保证公路建设质量措施,要求以对国家、对人民、对子孙后代高度负责的精神和一丝不苟的工作态度,把公路工程建设质量提高到一个新水平。决定在全省开展公路建设质量年活动,并于2月13日印发了《1999年公路建设质量年活动实施方案》。3月16日,常务副省长贾治邦视察西安绕城高速公路建设进展及质量状况,要求在保证质量的前提下,加快进度。2月28日至3月4日,亚洲开发银行技术援助考察团对我省拟建的亚行贷款项目——西安阎良至韩城禹门口高速公路项目进行现场考察。3月24~26日,省计委主持召开榆林至靖边一级公路工可研评审会。4月28日,绛法汤二级专用公路建成通车。5月12日,省政府召开西安绕城高速公路领导小组会议,专题研究解决具体问题,要求搞好征地拆迁和环境保障工作。5月18~19日,省政府召开的全省公路建设现场会在铜川举行。省长程安东要求创出我省公路建设新水平,实现国道高速化。6月26日,312国道蓝田至小商塬二级汽车专用公路建成通车。这是我省第一条山岭重丘区高等级公路,也是我省"米"字形公路主骨架的重要组成部分。7月初,榆林至靖边一级(高速)公路初步勘测任务完成。7月15日,省交通厅召开厅属单位领导和机关干部大会,要求认真贯彻江泽民总书记关于西部大开发的讲话精神,振奋精神,放眼长远,狠抓当前,积极迎接西部大开发热潮的到来。8月9日,省高管局召开加快铜黄公路建设动员会。

1999年9月27日,省交通厅厅长乌小健在发表的署名文章《陕西交通50年·辉煌的成就 光明的前景》中提出:全省交通系统将紧紧抓住西部大开发的历史机遇,进一步加快交通发展的步伐。"米"字形公路主骨架仍然是我省公路网建设的重点,在2015年前将全长3000km的主骨架基本建成高速公路。实现全省10个地市都用高速公路连接的目标,并优先建设对我省发展、西部开发具有重大意义的西安至北京、西安至武汉、西安至重庆的高速公路大通道,从而使陕西与华北、中原、东南、西南、西北等主要城市通过高等级公路连接起来。1999年10月1日,渭南至潼关高速公路建成通车,路线全长78.52km。10月11日,渭南至潼关高速公路建成通车,使东起潼关西至宝鸡,横贯秦川大地的310国道陕西段实现了高速化。省政府发布嘉奖令。10月20日,省交通厅召开专题会议,要求掀起全省公路建设大干新高潮。11月2日,省交通厅在西安召开全省公路建设座谈会,要求大干60天,确保完成年度公路建设任务。11月22日,交通部在京召开加快西部地区建设与发展座谈会,会议指出,交通基础设施薄弱是制约西部地区发展的主要因素,加快交通建设是实施西部大开发战略的基础。要求抓住机遇,以加快公路建设为重点,尽快打通西部地区与中部和东部地区、通江达海、连接周边的运输通道。11月26日,西安绕城高速公路灞河特大桥合龙。11月29日,省公路勘察设计院召开中层干部会议,要求为迎接西部大开发,加快交通基础设施建设,全力做好前期准备工作。12月1日,西安至蓝田高速公路建成试通车。这是西安市第一条自筹资金、自行建设的高速公路,结束了312国道陕西境内无高速公路的历史。路线全长24km,总投资3.34亿元,由西安市交通局和西安华安公司采取合资方式,共同组建西安华通高速公路发展有限责任公司,负责建设和管理。12月15日,我国第一条沙漠高速公路榆林至靖边高速公路开工建设。12月15日,西安至沣峪口一级公路建成通车。12月24日,省交通厅机关召开全体公务员大会,会议指出,陕西是连通我国南北、连接东西的重要交通枢纽,陕西公路"米"字形主骨架已全部进入国家主干线,要用战略的眼光和适度超前的思想,抓住西部大开发的机遇,乘势而上,加大公路建设力度。1999年12月27～29日,经国家计委安排,中交公路规划设计院组织公路、隧道、经济等方面的专家,对秦岭终南山特长公路隧道项目进行了现场调研评估。评估组认为,秦岭终南山特长公路隧道位于国家西部大开发的包头至西安至重庆至北海的通道上,位于陕西公路长远规划的"米"字形的南北骨架上,特长隧道的建设对于实施中央西部大开发战略,发展陕南、川北、鄂西等区域经济,具有重要意义。评估组认为,终南山公路隧道是世界级特长公路隧道,技术十分复杂,鉴于项目所在区域地形条件及资金状况限制,建设规模宜控制在10～18km。希望进一步完善立项报告,尽快开展相关设计方案的研究,力争早日开工建设。

1999年是交通基础设施加快建设的第二年。全省交通基础设施建设投资完成62亿元,占年度计划的112.7%,同比增长15.7%。全年新增等级公路1009km,其中,高速公路102km,一级公路34km。全省公路总里程达到43212km,居全国第15位。其中高速公路(315km)、一级公路474km,占总里程的1.1%,居全国第18位。

榆林至靖边高速公路

为配合西部大开发,交通运输部在原国道网和"五纵七横"国道主干线规划的基础上,又规划了"四纵四横"8条西部大通道,国家已确定国道主干线3条经过陕西境内的1348km,西部大通道在陕西境内1663km,共计3011km。省委、省政府站在现代化建设全局和长远发展的高度,以实施西部大开发战略为主线,提出适当超前搞好以公路建设为重点的基础设施建,按照国家西部大通道公路建设规划,在"米"字形公路主骨架的基础上,提高等级,增加密度,形成以西安为中心、9条国道主干线为主体的放射状高等级公路网络。

2000年1月7日,省委该年度第一次常委会议上听取关于加快全省公路发展意见汇报,省委书记、省人大常委会主任李建国在会上要求,"抓住机遇、超常发展、提高等级、增加密度、形成网络",确保10年、力争8年完成规划目标。1月19～21日,在西安召开的全省交通工作会议提出了实施西部大开发加快我省公路发展战略和2000年目标任务。省长程安东出席会议并强调,要解放思想,敢于超前,加快陕西公路发展,建设通江达海的公路网。1999年下半年以来,根据中央实施西部大开发战略的新形势,我们结合全省交通发展"十五"计划和2015年远景目标规划的编制,通过对我省在全国交通体系中的战略地位、作用及现状的调研论证,提出了实现西部大开发战略,加快我省交通发展的战略思路、战略目标、建设重点和工作措施。即用10年左右的时间,全面完成我省境内国道主干线和西部大通道的建设任务,实现与周边各省区高速公路联网。形成西安至太原、北京、郑州、武汉、重庆、成都、兰州、银川、包头等中心城市间的"一日交通圈"。全省地市所在地、重要的工农业基地和旅游区全部实现高速公路连接。80%的县区以二级以上公路相连接。公路总里程将达到5.2万km,其中,高速公路达到3074km,一级公路达到92km。根据战略目标的要求,重点建设我省纳入国家规划的6条主干线和大通道(即原规划的"米"字形主骨架加上307国道),总里程约3000km,主要以西安为中心八方辐射,构成"一日交通圈",这对我省经济和社会发展以及西部大开发具有重大的战略意义,必须超常建设。

2000年1月22日,程安东省长在省九届人大三次会议上的政府工作报告中,提出进一步加快以公路建设为重点的基础设施建设,要求按照国家西部大通道公路建设规划,在米字形公路主骨架的基础上,提高等级,增加密度,形成以西安为中心,以9条国道主干线为主体的放射状高等级公路网络。1月21日,交通部批复国道主干线西安绕城高速公路南段可行性研究报告。2月16～20日,西安至汉中高速公路西户段、勉宁段工可研通过交通部专家组评审。2月23～25日,全省公路工作会议召开,副省长巩德顺在讲话中指出,要充分认识公路建设在西部大开发和陕西经济发展中的战略地位和作用,加快陕西公路超常规发展。2月23日,省高等级公路工作会议召开,提出把我省高速公路事业提到更高层次。3月1日,西安绕城高速公路南段初步设计通过省计委预审。4月5～9日,省交通厅携30多个交通重点招商引资项目参加在西安举办的2000年中国东西部合作与投资贸易洽谈会,拓展融资渠道,推进我省交通基础设施建设快速发展。30多个招商引资项目绝大多数都是高速公路项目,包括:西安绕城高速公路北段、铜黄高速公路等4个在建项目,西安绕城高速公路南段、勉县至宁强高速公路、西安至户县高速公路等6个拟新建项目,榆靖高速公路、秦岭隧道、延安至安塞高速公路等20多个规划项目。

2000年4月14日,省政府批转省交通厅《适应西部大开发 加快公路发展的规划及实施意见》指出,要以全省公路主骨架的6条国道主干线公路建设为重点,带动次骨架系统建设,尽早形成全省完善的干线公路网络,把我省公路建设提高到新的水平。《实施意见》指出,经过积极争取,交通部新制定的西部公路发展规划中,提出"四纵四横"8条西部公路大通道(约1.5万km)。其中有3条经过我省,即包头—西安—重庆—北海、银川—

西安—武汉、西安—合肥,在陕里程约 1663km,占 8 条大通道总里程的 11.1%。加上 1992 年规划的全国"五纵七横"国道主干线中途经我省的 3 条公路(在陕里程的 1348km,占国道主干线总里程 3.62 万 km 的 37%),陕西共有 6 条公路列入国家公路主干线系统。规划里程总长约 3010km,涵盖了我省原来规划的"米"字形公路主骨架。6 条主干线是陕西公路网的第一层主骨架,其中有 5 条以西安为交汇点,1 条横贯陕北能源重化工基地,形成以西安为中心辐射八方,连接周边太原、银川、兰州、成都、重庆、武汉、合肥、郑州、包头共 9 个中心城市的公路枢纽。按照"抓住机遇,超常发展,提高等级,增加密度,形成网络"的指导思想,我省新增加了第二个层次的干线系统,即"一纵三横两环"的次干线系统。具体实施方案是:首先全面完成省境内国道主干线和西部大通道建设任务,主骨架公路建设平均每年完成投资 130 亿元、建成高速公路 250km。到 2005 年,全省高速公路 1223km(部分路段为半幅),一级公路 120km。到 2010 年,全省高速公路 3074km,一级公路 120km。西安与其他 9 个地市所在地以高速公路连接起来,我省与周边各省市高速公路联网。

2000 年 4 月 24 日,省交通厅印发《陕西省交通厅公路项目招商引资工作若干规定(试行)》《陕西省交通厅关于进一步加强交通建设资金监管的通知》。4 月 26 日,省交通厅召开加快公路建设座谈会,紧急号召全系统迅速行动起来,全力以赴确保完成全年公路建设任务。为实施西部大开发战略,加快陕西公路交通大发展,省交通厅采取 10 项措施筹集公路建设资金。6 月 13 日,省委书记李建国检查了西安绕城高速北段和铜黄高速公路建设情况。要求按照"抓住机遇、超前建设、提高等级、增加密度、形成网络"的要求,把我省的公路特别是高等级公路建设好。6 月 21~22 日,省计委组织相关单位公路桥梁专家,召开榆林至陕蒙界公路工程初步设计评审会,初步设计原则通过。7 月 2 日下午,吴堡至定边高速公路设计招标合同签订仪式在西安举行,标志着该段高速公路进入设计阶段。7 月 20 日,榆靖高速公路开工。7 月,交通部批复勉县至宁强高速公路可行性研究报告。8 月 18~19 日,全省交通系统领导干部会议在西安召开,要求坚定信心,鼓足干劲,确保全年交通发展再上新台阶。9 月 27 日,210 国道榆林至陕蒙界高速公路(半幅)在榆林榆阳区召开动员大会,并正式奠基开工建设。210 国道榆林至陕蒙界段穿越毛乌素沙漠,长期以来无等级,无路面,中间有一段俗称"柴草路",行车极为困难。10 月 19 日,西安至汉中高速公路勉县至宁强段举行奠基仪式,勉宁高速公路开工,打响了陕南高速公路建设第一炮,标志着我省高速公路建设由关中平原向秦巴山区进军的攻坚战已经打响。

2000 年 10 月 28 日,西安绕城高速公路北段胜利通车,南段正式开始兴建。省委书记李建国发布了西安绕城高速公路南段开工令,程安东、安启元、贾治邦等省领导为通车仪式剪彩和开工仪式奠基,交通部发来贺电,省政府颁发嘉奖令。11 月 14 日,延安至安塞高速公路开工建设,这条路将结束延安境内无高速公路的历史。11月16日,西安至蓝田高速公路正式通车。路线全长24.05km。投资3.94亿元。11月28日,310国道宝牛汽车专用公路建成通车,路线全长58.09km(其中汽车专用一级、二级公路17.67km),投资6.92亿元。陕西关中东西向全线实现由高等级公路贯通。交通部发来贺电,省政府颁发嘉奖令。11月9日,中国银行陕西省分行与省交通厅签订协议,计划6年内将出资100亿元支持陕西交通建设。11月27~12月4日,亚洲开发银行贷款项目实地考察团对我省拟建公路项目阎良到禹门口公路进行了实地考察,并签署贷款备忘录,这是我省第一次利用亚行贷款建设高速公路。12月8日,我省首条采用BOT方式建设的高等级公路省道301府谷至店塔一级公路奠基开工。12月22日,西安至户县高速公路、西安环山旅游公路工程正式开工。

勉县至宁强高速公路

2001年1月3日,省交通厅与江苏悦达集团有限公司在西安签署西铜公路和西安咸阳国际机场二级汽车专用公路收费权转让协议。省交通厅厅长乌小健,江苏悦达集团有限公司董事长胡友林,代表双方在转让协议上签字(3月26日,省长程安东主持召开2001年第四次省长会议,批准转让协议)。2001年1月8日,秦岭终南山公路隧道开工,省长程安东发布开工令。2001年2月9~11日,省政府在西安召开全省交通工作会议。厅长乌小健做《开拓创新 乘势奋进 努力实现交通发展新目标》工作报告,省长程安东、副省长巩德顺出席会议并分别讲话。程安东要求实施超常规发展战略,加快公路基础设施建设;坚持体制创新,建立城乡一体化交通运输网络;坚持建管并重原则,提高公路管理及公路运输现代化水平。2001年3月1日,省政府颁布《关于加快全省公路建设的决定》提出,为了确保完成全省交通"十五"计划及2010年规划确定的目标,省政府决定,全省公路建设实施超常规发展战略,力争"十五"期间年均投资100亿元以上,用10年左右的时间实现全省国道主干线、西部大通道高速化,形成快捷、方便、完善的公路交通运输网络,

第二章
高速公路建设发展成就

为新世纪全省经济社会更快、更好地发展奠定坚实的基础。2001年3月8日,勉宁高速公路开工。4月29日,铜黄高速公路建成通车。5月22日,省交通厅在西安召开全省公路建设座谈会,厅长乌小健讲话提出实现全省公路建设突破性进展的指导思想、主要目标和主要建设任务。9月2日,西安咸阳国际机场高速公路开工。9月29日,禹阎高速公路开工。全省交通固定资产及公路建设完成投资100.25亿元。年投资首次突破100亿元。

2002年1月11日,省长程安东主持召开专题会议,研究加快关中环线建设。2002年1月22~23日,全省交通工作会议在西安召开。厅长乌小健做《坚定实施跨越式发展战略 推动2002年交通工作再创佳绩》工作报告。副省长巩德顺出席会议并讲话。2002年2月4日,省委书记李建国检查榆靖高速公路建设工程,要求高标准、严要求,把榆靖高速公路建成名副其实的全国第一条沙漠高速公路。2002年2月,省交通厅编就交通发展"十五"计划纲要及2010年规划目标。2002年3月21日,省政府召开全省加快公路建设电视电话会议,副省长巩德顺讲话,要求迅速掀起公路建设热潮,加快重点公路工程和通县公路项目建设。2002年3月24日,省长程安东听取省交通厅关于秦岭终南山公路隧道建设情况汇报后指出,要利用西康铁路已贯通隧道建设终南山公路隧道,运用科技创新,建设世界级公路特长隧道。2002年4月20日,榆靖高速公路利用科威特政府贷款1080万科威特第纳尔(约合3500万美元,折合人民币2.91亿元)贷款协议在西安签订。省交通厅副厅长李子青,科威特阿拉伯经济发展基金会哈德,分别代表中国陕西省政府和科威特政府在贷款协议上签字,省政府副秘书长司南出席签字仪式。4月28日,西汉高速公路开工,2007年9月30日建成通车。路线全长254.77km,投资147.62亿元。此为陕西穿越秦岭山区首条高速公路。2002年6月10日,中国授权代表、中国驻菲律宾大使王春贵,亚洲开发银行行长千野忠男,代表中国政府和亚行双方正式签署禹阎高速公路利用亚洲开发银行贷款建设贷款协定和项目协定。按照协定,禹阎高速利用亚洲开发银行贷款2.50亿美元(折合人民币21.25亿元),其中600万美元用于农村公路改造。至2005年11月,该批项目建设完成。2002年7月12日,陕西省委副书记、代省长贾治邦检查西安绕城高速公路南段和西户高速公路项目建设情况,要求把公路建设作为强省的最关键工作来抓,真正为陕西发展奠定基础。2002年10月10日,铜黄高速公路蒿庄梁隧道获中国建筑业协会颁发的中国建筑工程鲁班奖。2002年12月5日,西安绕城高速公路生态林带建设工程开工。

2002年9月25日,榆蒙高速公路(半幅)建成通车,路线全长76.486km。榆蒙公路是210国道即西包公路的一段,地处毛乌素沙漠腹地,长期以来大部分路段为土路和沙路,风沙季节需铺垫柴草才能通车,故这段路也俗称"柴草路"。这条全国少见的柴草路,怕风怕火,一场大火眨眼间可以将路化为灰烬,特大风沙常常一夜之间就把贯通的路面无情吞没。20世纪60年代,有一天国务院收到急电:"陕西通往内蒙古的国道210公路发生了火灾!"公路发生火灾,还是前所未闻的事情。这在交通部引起了很大的反响,经过调查才知道,原来陕西榆林通往内蒙古的这条国道要塞是柴草铺垫,稍不留意的火苗都有可能酿成火灾,因而才会出现熊熊大火燃烧国道的情景。2000年,随着西部大开发的深入,加快基础设施建设放在了重要的日程上来。作为陕西省重点工程的国道210陕蒙界高速公路经省计委正式批准立项,2000年10月3日开工。这条沙漠高速公路是国家规划的"两纵两横"公路干线在陕西境内的一段,也是陕西"米"字形公路网主骨架的主要组成部分。

2003年2月20~21日,省政府在西安召开全省交通工作会议,省长贾治邦、副省长洪峰出席会议并讲话。贾治邦指出,我省目前存在的公路等级低、路网密度低、通达深度低和路线布局不均匀等"三低一不均"问题,远远不能适应加快建设西部经济强省的需要。他说,要掀起公路建设新高潮,今年要确保完成投资120亿元,高速公路里程达到1000km。要高起点规划、高标准建设,项目要预先储备一批,开工建设一批,收尾竣工一批,远期目标要实现通市公路高速化。洪峰在讲话中说,实现我省交通跨越式发展和可持续发展,加快重大项目建设是关键,实施项目带动战略是有效手段。2003年是陕西提出全面建设小康社会"三步走"的起步之年,交通厅乌小健厅长在题为《全面加快交通发展 服务小康社会建设》的工作报告中,提出了全面建设小康社会加快交通发展的奋斗目标:第一步,2005年实现全省交通明显改善,其中高速公路1300km以上;第二步,2010年实现全省交通基本适应,其中高速公路3000km;第三步,2020年实现全省交通初步现代化,其中高速公路3800km(即后来陕西高速公路发展"三步走"或"三阶段"目标的初始构想)。

3月15日,靖安高速公路开工。3月20日,靖王高速公路西段80km开工;6月27日,东段52.29km开工,2003年11月10日建成通车,实现当年开工当年通车,创造了陕西高速公路建设史上的"靖王速度",并且在以后的运营中达到了10年不大修的样本。2003年5月7日,省委书记李建国在西安咸阳国际机场高速公路建设项目调研时强调,一手全力以赴抓"非典"防治,一手毫不松懈抓工程建设。2003年5月30日,省交通厅召开实施项目带动战略,促进全省经济发展电视电话会议,动员全省交通系统加快在建项目建设,并抓紧开工一批新项目。2003年6月10日,省政府决定清理、取缔西安咸阳国际机场高速公路建筑控制区违法广告牌。2003年7月14日,省长贾治邦主持召开省政府2003年第十三次常务会议,听取省交通厅关于适应小康社会建设,加快公路发展规划报告,研究加快全省公路发展。会议要求紧紧抓住新机遇,实施公路发展新目标,加快全省公路现代化进程。2003年9月14日,交通部部长张春贤来陕考察西安绕城、西安咸阳国际机场高速项目建设情况,与省委书记李建国、省长贾治邦等就陕西公路发展进行座谈。2003年11月15日,西柞高速项目举行无标底投标开标会,全省高速公路建设项目开始全面推行无标底招标。2003年12月19日,省交通厅下发紧急通知,要求严格按照陕西省委办公厅、省政府办公厅紧急通知精神,开展清理、解决公路建设项目拖欠民工工资专项治理活动。2003年11月18日,勉县至宁强高速公路建成通车。

靖边至王圈梁高速公路

世纪交替之际,从1999年实施西部大开发动员令发布,尤其是2000年正式启动以来,到2003年年底,5年间陕西新开工高速公路项目18个,建成通车12个共649.2km,加上建成的榆蒙高速公路半幅76.48km,5年新增高速公路里程725.68km,是自1986年陕西首条高速公路开工以来,开工项目最多、新增里程最多的5年,仅2003年,全省就建成高速公路345.63km。尤其是随着勉县至宁强高速公路的建成,使陕南实现高速公路零的突破,也使全省高速公路通车总里程实现1000km,成为我国西北第一、西部第二个实现高速公路通车里程实现1000km的省份。

三、达到2000km

"醒得早,走得慢。"曾经有人这样评价陕西高速公路发展的历程。事实也是如此,从1986年陕西率先在西部开建第一条高速公路西临高速公路算起,经过"七五""八五""九五""十五"近4个五年计划的发展,用了整整17年时间,才使高速公路通车总里程在2003年实现1000km,基本建成"七五"期间就确定的"米"字形公路主骨架。然而,陕西"米"字形高速公路主骨架的不断强健,只是适应西部大开发、使陕西尽快融入世界经济的一个良好开端。面对省委在2002年提出的"建设西部经济强省"的现实需要,交通面临的挑战更为突出,发展的任务更加艰巨。之后5~7年,将是陕西交通实现由"明显缓解"到"基本适应"的关键时期。按照规划,到2010年,将形成以西安为中心、以国道主干线和西部大通道为骨架、省内连接10个市、省外通江达海的"米"字形高速公路网。实现这样宏伟的目标,不可能一蹴而就,陕西人还要付出更多的努力。

2004年2月6日,陕西省政府就2003年全省公路总里程突破50000km,高速公路建成通车里程实现1000km发出通报,表彰省交通厅等单位。2004年2月10~11日,全省交通工作会议在西安召开,乌小健做题为《树立科学发展观 进一步推进全省交通事业高质量发展》的工作报告,省委常委、常务副省长陈德铭出席会议并讲话。2004年3月1日,西柞高速公路开工。2004年3月15日,靖安高速公路开工。2004年6月23日,子靖高速公路开工。2004年12月1日,吴子高速公路开工。

2005年1月12日,国家开发银行陕西省分行向省交通厅提供113.90亿元高速公路建设贷款合同签字仪式在西安举行。省交通厅厅长乌小健,国家开发银行陕西省分行行长尚韬,分别代表双方在贷款合同上签字,副省长洪峰出席签字仪式。2005年1月18~19日,全省交通工作会议在西安召开。乌小健做《全面贯彻落实科学发展观 努力提高交通运输服务保障水平》的工作报告。省政协副主席陆栋出席会议并讲话。2005年3月19日,西安绕城高速北段工程,获中国土木工程詹天佑奖。该奖项由中国土木工程学会、詹天佑土木工程科技发展基金会联合评选审定。2005年10月1日,凤永高速公路开工。

2005年8月,省委、省政府调整加强了省交通厅领导班子,确定了加快高速公路建设的决策。新班子上任后,号召陕西交通人"甩开膀子迈大步,奋笔疾书绘大业"。陕西交通自此迈上强力推进之路。2005年8月27日,省委书记李建国在听取交通工作汇报时对我省交通工作提出了5点重要指示,他讲到:"客观地说,没有人能否认近几年交通大发展,没有人否认交通取得的成绩。"同时中肯地指出:"实事求是地讲,我们是慢了""德铭、董雷、洪峰等一批同志去河南,议论的中心就是我们建设的速度慢,路况差。"李建国书记特别强调:"不承认慢,就不会有加快的局面。""陕西'十一五'重点抓公路、水利、能源,公路重点是高速公路,一年完成200亿元以上我看并不困难。"他还说:"你们不可单纯地讲,每年投资完成增长了多少,增长了百分之几,要和周边省区比""我们不敢比"。"陕西高速公路包括地方公路,质量问题没有从根本上解决,前面修后面挖,整年都可以看到挖路工程,社会影响很不好,大家对这一点反映强烈,意见很大。""交通要有一个综合发展问题,现在社会资金这么充足,要抓开放,首先考虑开放措施。""设计、建设、融资、养管四个市场,要坚决不动摇地开放。""廉政建设你们没有出大事,但基层出了事,要警惕。没有出事不是说你们没有事,这些情况我知道。""今年的投资计划不能欠缺,没有什么理由可以讲。"

2005年8月31日,省交通厅党组书记、厅长曹森主持召开厅党组扩大会议,就认真贯彻省委书记李建国对交通工作的重要指示,进一步加快我省高速公路建设、加快交通发展等有关问题进行研究,曹森就落实省委书记李建国对交通工作重要指示,对加快交通发展讲了5点意见。会议明确:成立厅加快建设协调领导小组,焦方群任组长,胡保存、魏培斌、姜志理任副组长,厅有关处室负责同志为成员,具体负责加快建设协调和指挥。同时,成立厅目标责任考核领导小组,曹森任组长,王世英、魏培斌任副组长,厅有关处室负责同志任成员。会议提出:要加大前期工作力度,研究拿出全省高速公路规划和发展意见,要对建设项目进行排队,逐年排队到"十一五"末。会议决定:迅速召开专题会议安排动员大干100天,迅速召开全省加快高速公路建设会议。9月30日,省政府常务会通过了高速公路招商引资实施办法。

时任陕西省政协主席马中平(前排右三)与在陕的全国政协委员
在交通运输厅厅长曹森(右二)的陪同下调研交通工作

2005年10月10日,省交通厅在西安召开全省交通系统领导干部大会,厅党组书记、厅长曹森做题为《认真贯彻省委省政府领导重要指示 解放思想 加快发展 开创陕西交通新辉煌》的讲话。这次会议被称为厅党组谋划陕西高速公路实施加快发展、实现跨越发展的动员令。曹森在讲话中说:把陕西交通和相邻的8个省区比一比,我们还有一定的差距。放眼周边8个省区,没有哪个比我们慢。我们在相邻省区的交通竞争中,实际上已经落伍了,人家现在做到的"市市通高速""3小时高速通达""1小时上高速"等交通便利,类似的目标我们原计划5年后才有望实现。我省处于全国交通的枢纽地位,国家高速公路网中,有8条从我省通过,总里程超过3500km,任务还很重。会议提出:一切以加快为出发点,调整思路,安排工作。对"十一五"发展计划,高速公路发展规划进行调整。基本思路是:狠抓龙头,拉动两个重点,即以高速公路建设为龙头,拉动省干线公路全面改造提升,拉动农村公路建设上台阶。具体目标是:到2007年我省高速公路突破2000km,到2009年我省高速公路达到3000km,到2012年达到3800km,提前完成我省高速公路新的规划目标。要"两手抓",即:一手抓以高速公路为龙头的公路建设,一手抓大运输、大物流,使交通工作整体实现大推进、大跨越。要放开胆子,举债铺摊子,抓紧上项目,加快搞建设,能开工的项目及早开工,原定的开工时间要全部提前安排,建设工期要重新研究,四年的缩为三年,三年的缩为两年。要千方百计挖掘潜力,放开手脚大干快上。

2005年11月15日,省政府在西安召开全省加快高速公路建设工作会议。省长陈德铭作重要讲话,副省长洪峰主持会议,省交通厅厅长曹森做题为《解放思想 抢抓机遇

加快建设 努力开创高速公路发展新局面》的工作报告。这是陕西省政府召开的第一个专题研究加快高速公路建设的全省会议,吹响了高速公路建设全面提速的号角。陈德铭在讲话中用"瓶颈、落伍、洼地"三个词概括陕西高速公路建设的现状。他说,陕西省高速公路近年来从无到有,迅速发展,取得了令人瞩目的成就。但在新形势下,陕西省高速公路建设仍然是经济社会持续快速发展的瓶颈制约,明显表现在"三个不适应":一是与经济社会快速发展的需求态势不适应;二是与陕西在全国交通的枢纽地位不适应;三是与周边省区和全国加快发展的形势不适应。陈德铭指出,这"三个不适应"是陕西省公路交通虽然一直较快发展但瓶颈制约仍未消除的重要体现,其根源就在于思想观念不够解放,改革开放的步子不快,体制机制运转不活,市场作用发挥不够,行业监管手段不力。作为支撑全省经济社会发展的主动脉和大通道,如果没有高速公路的加快、率先和超前发展,实现全省"十一五"规划确定的国民经济和社会发展目标就会受很大的影响。所以,必须努力加快建设,实现新突破,使高速公路有一个大跨越和大发展,才能适应全面小康社会建设、西部大开发、西部强省建设、构建和谐陕西的需要,才能真正服务经济社会快速发展的大局。会议提出了全省高速公路加快发展的阶段目标:2007年,高速公路通车里程达到2000km。省境内3条国道主干线建设任务完成,西部大通道建设任务过半。实现西安、延安、榆林高速公路贯通,西安到汉中高速公路建成,两条高速公路穿越秦岭,西安到宁夏、内蒙古、四川省会当日到达,全省58%的县(市、区)以高速公路连通。2010年,高速公路通车里程跨越3000km。省境内3条西部大通道建设任务完成。实现西安与商洛市、安康市以高速公路通达,全省71%的县(市、区)以高速公路连通,我省与周边省区基本实现高速公路对接,通江达海的高速公路大通道提前建成,省会西安与周边省会城市实现一日到达。2011年年底,高速公路通车里程突破3800km。国家高速公路网规划的省境内高速公路建设任务全部完成。全省80%的县(市、区)实现高速公路连通,我省承东启西、纵贯南北、快速通达的高速公路网基本形成。

全省加快高速公路建设工作会议结束后,全省迅速掀起第一轮加快高速公路建设热潮。2005年10月14日咸永高速公路开工,10月31日柞小高速公路开工,11月26日商界高速公路开工,(此为陕西第一条六车道山区高速公路)。2005年12月24日蓝商高速公路开工,12月30日小康高速公路开工。2005年全省共开工高速公路项目8个,为历年来开工项目最多的一年,商洛至陕豫界、商洛至漫川关、安康至陕川界高速公路等项目开工,标志着陕南基础设施建设进入快速发展新阶段。

陕西公路建设一直在"加快"与"突破"中前进,公路建设投资"八五"期间年均完成6亿元,"九五"则猛增至45亿元。"十五"是我省交通工作取得重大进展的重要历史阶段。2001年作为"十五"的开局之年,公路建设投资首次突破100亿元,2005年完成175.2亿元,开始了跳跃式的发展。"十五"累计完成交通固定资产投资675亿元。相继建成铜川至黄陵、西安至禹门口、延安至安塞、绕城高速、西安咸阳机场、汉中至宁强等一大批重点公路,榆林至靖边高速公路项目荣获中国建筑工程鲁班奖。五年新增公路 10000km,全省公路总里程达到 54492km。其中,高速公路总里程达到 1300km,新增 871km,实现关中六市(区)和 42% 的县(市、区)以高速公路连接。

陕北革命老区人民庆祝陕西高速公路突破 3000km

2006 年 2 月 28 日,省长陈德铭主持召开省政府第四次常务会议,审议并原则通过《陕西省高速公路网规划》,即"三纵四横五辐射"网规划,这是陕西第一个系统的高速公路网规划,取代了以前的"米"字形高速公路网构想(规划)。提出未来 15 年我省高速公路建设将以"三纵四横五辐射"网规划为蓝图。到 2010 年,通车里程突破 3100km,其中,2007 年贯通 3 条国道主干线,2009 年建成 3 条西部大通道,"米"字形高速公路主骨架形成。到 2015 年,高速公路通车里程达到 4100km,其中,2012 年省境内国家高速公路基本建成。2015 年以后,继续建设省级高速公路,最终全省将形成"三纵四横五辐射"的高速公路网,总里程达到 5000km,形成安全、高效、便捷的运输网络。

为确保加快局面,强力推进建设,不让任何一个项目拖加快发展的后腿,2006 年,按照省委省政府的要求,省交通厅先后对建设进度严重滞后的黄延、蓝商两个高速公路建设项目进行了整顿。4 月 30 日,省交通厅采取果断措施,对项目管理混乱、工期严重滞后并存在大量质量隐患的黄延高速公路有限责任公司问责,撤销公司董事会和监事会,公司党委和行政及项目主要负责人就地免职,新组建黄延高速项目管理班子,组织加快项目建设。省高速集团及新组建的黄延公司认真落实,黄延高速公路建设质量、进度取得进展。7 月 13~14 日,代省长袁纯清视察黄延高速项目建设,勉励筑路职工加快进度,保证质量,全力确保 10 月 1 日前建成通车。9 月 30 日,黄延项目顺利按期建成通车,路线全长 143.21km,总投资 70.50 亿元。

2006年4月30日,小康高速公路开工。6月6日,中共陕西省委副书记、代省长袁纯清检查指导西汉高速公路项目建设。在听取曹森厅长有关高速公路建设情况汇报后指出,各级党委、政府要充分认识加快公路建设的重要作用,持续掀起公路建设高潮。8月9日,商漫高速公路开工。2006年9月30日,黄延高速公路、榆蒙高速公路两个项目建成通车。榆蒙高速公路建设项目是我省第一个工期由"三年变两年"的高速公路项目,比交通部批准的3年建设工期提前1年完成。10月28日,宁棋高速公路开工。11月2日,西安绕城高速公路南段、312国道咸阳过境路暨西安咸阳国际机场高速公路六村堡立交,分别获2006年度国家优质工程银质奖。11月4日,西安咸阳国际机场专用高速公路开工,时为西部地区第一条8车道高速公路。11月30日至12月3日,部分在陕全国政协委员和省政协委员,检查西汉高速项目建设,汉中、宝鸡通村公路建设与车辆超限超载治理工作。11月,省交通厅委托交通部科学研究院编就《陕西省高速公路网规划环境影响报告书》。2006年,全省交通固定资产及公路建设完成投资249.52亿元。

2007年1月20日,"亚洲第一隧"秦岭终南山公路隧道贯通,西柞高速公路建成通车,柞水迎来了旅游"井喷"。2007年2月1日,省交通厅、省公安厅联合印发《关于加强秦岭终南山公路隧道安全管理的通告》。2007年3月9日,宝牛高速公路开工,2009年9月28日建成通车,路线全长40.21km,投资28.40亿元,连霍线陕西境高速公路至此全线贯通。3月19日,省委书记李建国考察小康高速公路项目建设,强调要又好又快,好字当头,争取早日贯通西康高速公路。3月28日,四川省交通厅厅长吴果行,陕西省交通厅厅长曹森,在西安就国家高速公路网陕川界通道接线方案举行会谈,并签署协议。4月7日,榆林市政府与中铁二局集团有限公司签订《陕西省榆林至神木高速公路建设—经营—转让(BOT)项目投资协议书》。10月29日,双方签订项目特许经营合同。4月20日,国际隧道协会主席哈维·帕克一行考察秦岭终南山公路隧道。5月28日,世界银行贷款陕西省安康公路发展项目协议在美国华盛顿签署,中国授权代表财政部国际司副司长杨少林,世界银行中蒙局局长杜大伟,分别代表中国政府和世界银行共同签订贷款协定,陕西省省长袁纯清与杜大伟共同签订项目协定。协定利用世界银行贷款3亿美元,用于新建安毛高速公路和改善项目影响区内106条农村公路。

2007年6月4日,省委书记赵乐际调研西汉高速公路项目建设情况。6月24日,省交通厅在西安召开重点公路建设项目加快工作会议,部署高速公路加快建设工作。7月17日,安康西高速公路开工,2010年12月26日建成通车。路线全长92.41km,投资64.81亿元。8月15日,陕西省武警交通指挥部五支队60名武警战士进驻秦岭终南山公路隧道,担负安全保通任务。2009年8月1日奉命撤出。8月29日,省交通运输厅与延安市政府举行"交通跨越发展 建设富裕延安"省市共建协议签订仪式。2007年9月30日,西汉高速公路建成通车,国家高速(北)京昆(明)线陕西境全线贯通,通车仪式在洋县汉江停车区举行。省委书记赵乐际发布贯通令,省长袁纯清讲话,副省长洪峰主持贯通仪式,交通部致信祝贺。此为陕西穿越秦岭山区首条高速公路。

2008年1月9日,省政府召开全省高速公路通车里程实现2000km表彰大会。中共陕西省委、交通部分别发来贺信,省长袁纯清出席会议并讲话,副省长洪峰宣读省政府表彰通报。省交通厅等27个市(县、区)政府、部门、单位受到表彰。

2008年5月26日,陕西省省长袁纯清(右二)、副省长洪峰(右一)在现场调研

四、跨越3000km

2008年9月8日,省政府第二十五次常务会议听取省交通厅加快公路建设专题汇报,研究进一步加快公路建设问题。会议原则通过省交通厅《关于进一步加快我省高速公路建设的请示》。9月25日,省政府与交通运输部在北京举行座谈会,共商陕西交通运输发展。交通运输部部长李盛霖,中共陕西省委书记赵乐际、省长袁纯清等参加座谈。9月28日,国家高速公路网福(州)银(川)线永寿至长武(陕甘界)段建成通车。10月21日,宜富高速公路全线开工。10月26日,国家高速公路网上海至西安高速公路陕西境建成通车,这是陕西省第一条六车道山区高速公路,标志着上海至西安高速公路陕西段全线贯通。省委书记赵乐际宣布沪陕高速公路陕西段全线贯通,省长袁纯清致辞。11月11日,曹森厅长主持召开省交通厅党组扩大会议,传达贯彻中央应对世界金融危机10条措施和中共陕西省委常委扩大会议精神,部署加快交通建设工作。11月13日,省发展和改革委员会、省交通运输厅联合办公,共同审查确定全省新开一批高速公路建设项目,其中年底前新开工9个高速公路项目。11月18~21日,省交通厅就全省高速公路网规划调整方案先后向省政府、省委主要领导汇报。根据省委、省政府主要领导意见,经对规划方案进一步完善后,形成《陕西省高速公路网规划》。新规划路网总规模8056km。其中国

家高速公路约 3800km,省级高速公路约 4200km。11 月 24 日,陕西宝汉高速公路建设管理有限公司成立。

2008 年 11 月 25 日,省交通厅在西安召开全省交通系统领导干部大会,公布调整完善后的全省高速公路网规划即"2367"网规划,部署、动员全省交通系统迅速掀起第二轮加快公路建设高潮。该规划是为了适应发展需要进行修改和调整的,在原有规划基础上,按照"完善骨架路网、增加迂回线路、畅通省级通道"的思路,以"加密、连通、对接、扩容"为重点,采用纵横网格与辐射线、环线相结合的布局方案,形成由 2 条环形线、3 条南北纵向线、6 条以西安为中心的辐射线、7 条东西横向线和 18 条联络线组成的高速公路网,简称"两环三纵六辐射七横"或"2367"网,路网总规模达到 8056km。其中国家高速公路 3871km,省级高速公路 4185km。2010 年高速公路通车里程将突破 3000km,高速公路覆盖全省 80 个县(市、区);2012 年高速公路通车里程将突破 4000km,覆盖全省 90 个县(市、区);2015 年高速公路通车里程将突破 5000km,覆盖全省 100 个县(市、区)。

2008 年 11 月 26 日,西铜高速公路二通道、潼临高速公路四车道改八车道改扩建工程开工。11 月 28 日,十天高速公路汉中东段开工。2008 年 12 月 1 日,省交通厅与国家开发银行陕西省分行等 5 家银行签订战略合作协议。省交通厅获 5 家银行 5 年内 1700 亿元贷款,用于潼临高速公路改扩建等 12 个高速公路项目建设。曹森厅长代表省交通厅分别与五家银行负责人在协议书上签字。12 月 7 日由延安市政府组织建设的延吴高速公路开工、12 月 16 日西宝高速公路改扩建工程开工、12 月 24 日西商高速公路二通道开工、12 月 28 日由咸阳市政府组织建设的咸旬高速公路开工、12 月 30 日神府高速公路开工。2009 版《陕西社会发展报告》蓝皮书中,民意调查情况显示,在获得"满意"评价的领域中,列第一位的是"交通道路建设",达到 55.3%。2008 年,全省交通固定资产投资及公路建设完成投资 322.22 亿元。

2009 年 1 月 4 日,全省交通工作会议在西安召开。交通厅厅长曹森做题为《抢抓机遇 科学发展 掀起交通运输新一轮发展高潮》的工作报告,副省长洪峰出席会议并讲话。2 月 3 日,省长袁纯清、副省长洪峰,检查西铜高速公路二通道项目建设及未央收费站北迁工程。袁纯清省长强调交通建设任务艰巨、责任重大,要坚定信心,保持建设和发展良好势头。2 月 19 日,陕西省委常委、省政协主席马中平率部分驻陕全国政协委员考察交通工作。3 月 10 日,根据《陕西省政府机构改革方案》规定,设陕西省交通运输厅,原省交通厅不再保留。陕西省交通运输厅挂牌。3 月 12 日,省委书记赵乐际、省长袁纯清在北京参加"两会"期间,与交通运输部部长李盛霖、副部长翁孟勇、冯正霖等举行座谈,共商加快陕西交通发展。3 月 20 日安康东高速公路开工、4 月 1 日定汉高速公路陇县至宝鸡段开工、7 月 23 日汉中西高速公路开工、11 月 19 日定汉高速公路汉川段开工、12 月 10 日西铜高速公路渭河特大桥开工。全省交通固定资产及公路建设完成投资额 482.24

亿元,省交通运输厅连续13年被评为最佳厅局。

2010年1月5日,全省交通运输工作会议在西安召开。省交通运输厅厅长冯西宁做题为《解放思想　科学发展　全面超额完成"十一五"目标任务》工作报告。省交通运输厅党组书记曹森讲话提出,一手抓交通大发展,一手抓职工大民生。1月7日,省委书记赵乐际听取曹森、冯西宁关于交通运输工作汇报,要求继续保持加快交通发展势头,坚持举债搞建设。1月,省交通运输厅编制交通"十二五"发展规划纲要(草案),通过门户网站公开向社会征询意见。3月3日,榆绥高速公路开工(2012年9月29日建成通车。路线全长118.90km,投资概算93.71亿元)。3月4日,省政府与交通运输部在北京举行座谈会,商讨陕西交通发展。陕西省省长袁纯清、副省长洪峰,交通运输部部长李盛霖、副部长高宏峰等出席座谈。4月5日洛岔高速公路开工,2011年12月14日建成通车。路线全长12.63km,投资8.97亿元。5月,全长102.20km的铜黄高速公路二通道工程开工,投资概算118.90亿元。7月21日,省政府和交通运输部在西安就加快推进关中——天水经济区交通运输发展签署会议纪要。交通运输部将在"十二五"时期全力支持"关天经济区"区域交通发展,对陕西规划的8080km高速公路及干线和农村公路建设给予倾斜。省委书记赵乐际会见交通运输部部长李盛霖并出席座谈。陕西省委副书记、代省长赵正永与李盛霖共同签署会谈纪要。9月27日,省政府2010年第十六次常务会议听取曹森、冯西宁关于全省交通运输"十二五"发展规划思路汇报,会议原则通过这一规划。代省长赵正永充分肯定"十一五"交通发展成绩,强调"十二五"要继续加快交通发展。11月10日,青兰高速公路陕西境项目通车典礼在厢寺川服务区举行,国家高速公路青(岛)至兰(州)线陕西境项目宣告建成通车,标志着全省高速公路突破3000km,达到3458km,对接周边8个省区、连通全省81个县区。11月25日,省政府召开专题会议,听取省交通运输厅2010年工作完成情况和2011年工作思路汇报。代省长赵正永、副省长洪峰及有关部门负责人出席,曹森、冯西宁参加汇报。12月3日,省交通运输厅在北京召开陕西省交通运输发展战略研讨会。冯西宁汇报陕西交通运输发展情况。交通运输部原副部长胡希捷等有关领导、专家出席,并就陕西交通"十二五"发展建言献策。12月23日,省交通运输厅召开厅务会议,传达学习中共陕西省委十一届七次会议精神。冯西宁讲话强调,"十二五"要以构建大交通、完善大路网、强化大枢纽、发展大物流为方向,推进全省交通运输在西部率先发展、率先突破、率先跨越。是年,全省交通固定资产及公路建设完成投资548.83亿元。全省公路总里程达到14.75万km(含村道公路),其中高速公路通车里程3403km。2010年,我省"十二五"交通运输发展规划编制完成、确定陕西"十二五"交通运输发展目标是:到2015年,全省建立起能力充分、服务优质、运行高效、安全环保、管理先进、保障有效的交通运输体系。2010年,秉承"发展现代交通、奉献一流服务"的发展理念,弘扬"大爱在心,为民开路"的陕西交通精神,省交通运输厅被交通运输部授予"全国交通运输系统文明行业"荣誉称号,被省委、省政府授予"省级文明单位"荣誉称号。

时任陕西省交通运输厅厅长曹森(左一)现场调研高速公路建设方案

进入新世纪以来,陕西全省上下紧紧抓住西部大开发的历史机遇,全面加快公路建设步伐,取得的成绩是有口皆碑、有目共睹。特别是"十一五"期间,全省公路建设累计投资1878亿元,将近"十五"投资的三倍,投资规模先后上了四个大台阶,从200亿元到300亿元到400亿元到500亿元。2010年底全省公路通车的总里程达到了14.75万km,路网的密度达到了70.4km/100km^2,高速公路通车总里程突破3000km,达到3403km,居全国前列、西部第一,基本建成国家高速公路主骨架,新改建干线公路1500km;新改建农村公路11万km,成为陕西公路建设历史上规模最大、速度最快、发展最好的时期,交通瓶颈制约的现状得到了明显的缓解,实现了周边省份当日达到,陕西的"一日交通圈"已经基本形成了,为全省经济社会发展做出了重要贡献。

五、跃上4000km

2011年1月14日,国家科学技术奖励大会隆重召开,党和国家领导人出席会议并颁奖。秦岭终南山隧道建设与运营管理关键技术获国家科技进步一等奖。该奖是陕西交通运输行业获得的国家科技领域最高奖项,也是我国公路隧道领域首个国家科学技术进步大奖。2月16日,省高速集团组织召开西宝改扩建项目2011年建设动员会暨"大干150天"动员大会。2月25日经国家发改委研究审查,国家高速公路连霍线西安至宝鸡公路改扩建工程获国家批准。3月2日~3日,省交通集团先后召开神府、榆绥建设项目大干动员会,安排部署2011年神府、榆绥项目建设任务。3月18日,省委常委、副省长江泽林视察西汉高速公路秦岭服务区,要求服务区要不断探索运营管理新路子,不断提高服务水平和质量。3月29日,我省第二条BOT高速公路建设项目——榆林至佳县高速公路开工典礼在榆林市榆阳区举行。4月6日,由省交通运输厅推出的延安至延川、宝鸡至平坎、平利至镇坪、吴起至定边、安康至岚皋5个高速公路项目亮相西洽会,此次推出的高速公路项目建设总里程达438.32km,估算总投资452.38亿元,拟采用BOT等方式进行建设。4月19日,交通运输部领导分别对西宝改扩建项目、安毛川高速公路等进行了考察调研。5月23日,四川广元至陕西高速公路建成通车,彻底解决由陕入川车辆在棋盘关"卡脖子"问题。12月8日,西安至铜川(新区)高速公路建成通车。该公路是国家高速公路网包茂线陕西境的重要路段,也是陕西省"2367"路网的重要组成部分,全长62.8km。8月16日,国家级能源重化工基地榆林神府煤田煤炭东运的唯一高速通道——神木至府谷高速公路建成通车。12月25日,十天高速公路汉中至略阳段建成通车。省委常委、副省长江泽林参加了在汉中北服务区举行的通车仪式并发布通车令,省交通运输厅厅长冯西宁和汉中市市长胡润泽分别讲话,通车仪式由省交通运输厅副厅长冯明怀主持,省高速集团总经理王登科介绍工程建设情况。12月27日,十天高速公路白河至安康段通车仪式在安康东服务区举行,该项目的建成通车标志着十天高速公路白河至略阳段全线建成通车。经过全省交通运输行业不懈努力,截至2011年年底,全省交通固定资产投资预计将超过500亿元,圆满完成省委、省政府下达的各项目标任务。是年,全年续建榆林至绥德等15个项目,建设里程1444km。新开工安康至平利、榆林至佳县(BOT)、延安至延水关3个项目。确保建成千阳至宝鸡、西安至铜川、西宝改扩建兴平至宝鸡段、白河至安康等项目,建成高速公路500km,新增里程400km,通车总里程达到3800km以上,通达全省84个县(市、区)。

  2012年1月6日,由省政府举办的陕西交通融资工作座谈会在陕西宾馆召开,省委常委、副省长江泽林出席会议并讲话。1月6日,省交通集团与中国工商银行陕西分行、国家开发银行陕西分行在西安举行融资合作协议签字仪式。1月13日,省厅与铜川市主要领导就交通运输发展进行座谈。1月30日,省委常委、副省长江泽林听取交通运输重点工作汇报。2月6日,省高速集团在铜川新区召开铜黄高速公路建设动员大会,安排部署今年各项建设任务,要求迅速掀起建设热潮。2月7日,榆商线韦罗段高速公路开工仪式在大荔县城关镇举行。2月23日,省交通运输厅与宝鸡市政府就加快宝鸡境内高速公路项目建设签署框架协议。3月1日,省交通集团召开榆绥高速公路大干动员会。3月15日,省交通集团组织召开延志吴项目2012年建设动员大会。3月22~23日,省交通运输厅副厅长魏培斌、总会计师李峥嵘带领厅财务处、省高速集团和省交通集团相关负责人,分别拜会了开行陕西省分行、中行陕西省分行、建行陕西省分行、交通银行陕西省分行和民生银行西安分行,并与各银行主要负责人进行会谈,以期取得银行信贷支持,确保当年我省高速公路等建设进度,妥善解决项目建设资金问题。3月27日,国家高速公路网连霍线(G30)陕西境宝鸡过境段工程开工仪式在宝鸡市高新区磻溪镇举行。4月18日,省厅召开重点项目前期工作会议,就进一步加快铜黄、黄延、西临、西咸北环线、宝汉、延延、合凤、渭玉等项目前期工作进行专题研究,并对近期工作进行安排部署。5月14日,经国家发改委主任办公会研究审查,国家高速公路包茂线黄陵至铜川公路工程可行性研究报告获国家批准。6月28日,三星电子快速干道等48个省重点项目,在西安市高新区举办集中开工典礼。8月14日,国家高速沪陕线西安至商州高速公路通车仪式在蓝田东服务区举行。9月29日,陕西高速公路突破4000km暨榆林至绥德高速公路通车仪式在榆林举行。12月25日,国家高速连霍线西安至宝鸡高速公路改扩建工程西安至兴平段新建八车道建成通车。12月21日,宝汉高速公路坪坎至汉中段开工仪式在汉中市留坝县玉皇镇关房子村举行。

4000km纪念碑

六、突破5000km

2013年1月5日,全省交通运输工作会议在西安召开。会议要求坚持"科学办交通、合力办交通、勤俭办交通"发展理念,强力推进交通基础设施建设。2月26日,省高速集团召开三星电子快速干道项目2013年建设动员大会。4月11日,宝鸡市政府与陕西宝汉公司在凤县召开坪坎至汉中高速公路宝鸡段征迁工作启动会。7月30日上午,西咸北环线高速公路和西安至临潼高速公路改扩建工程开工仪式在西临高速临潼收费站举行。9月8日,位于咸旬高速公路具有亚洲第一高墩之称的三水河特大桥14号主墩实现顺利封顶,比原计划提前了28天。9月17日上午,国家高速公路网榆林至蓝田高速公路渭南至玉山段开工仪式在连霍高速公路渭南赤水立交举行。10月29日,我省第二条BOT高速公路项目榆林到佳县高速公路建成通车。11月5日,三星电子快速干道建成通车。11月20日,青兰高速公路陕西段至甘肃段全线贯通。12月19日,全长109.8km的延安安塞经志丹至吴起高速公路建成通车。12月19日上午,省厅在延安召开黄延高速公路扩能工程全线开工动员会。12月23日上午,省交通运输厅召开新闻发布会通报十天高速公路陕西境西段和西安至延安第二通道铜黄高速公路南段建成通车,标志着2013年全省5个高速公路建设任务顺利完成,通车里程增加280km,陕西高速公路建设再创佳绩。

  2014年2月20日,国家高速公路包茂线延安至黄陵公路扩容工程可行性研究报告获国家发改委批复。2月25日,省委、省政府与交通运输部在京举行会谈,共商陕西片区扶贫攻坚和交通运输发展大计。3月21日,省委书记赵正永到正在建设中的延(安)延(川)高速公路建设工地检查调研。4月15日,为加快推进神佳米高速公路神佳段等9个重点交通项目建设,确保全面完成年度目标任务,榆林市政府组织召开重点交通建设项目推进会议。5月27日,宝鸡市政府组织召开连霍高速公路宝鸡过境线潘家湾至苟家岭段设计通报会。8月16日,最大墩高183m、具有"亚洲第一高墩"之称的咸旬高速公路三水河特大桥实现首次合龙。9月5日,最大墩高183m、桥高195m、全桥用钢量比肩全球第一高楼迪拜塔的"亚洲第一高墩"三水河特大桥提前实现顺利合龙。9月16日,省委书记赵正永到安平高速公路施工现场调研项目进展情况。9月28日,省交通运输厅召开新闻发布会,宣布省级高速公路法门寺联络线绛帐至法门寺公路改扩建工程完工通车。12月3日下午,省交通运输厅召开新闻发布会,宣布国家高速公路银(川)百(色)线(G69)陕西境内咸阳至旬邑段建成通车,咸阳市实现"县县通高速"。陕西高速公路2014年全年在建规模超过1000km,通车总里程达到4473km,通达全省93个县(市、区)。全面加快建设铜川至黄陵(北段)、延安至延川、西咸北环线、安康至平利等续建项目,为2015年全省高速公路通车里程突破5000km奠定坚实基础。其中咸阳至旬邑项目的建成,对于完善国家高速公路网、推进新一轮西部大开发和"新丝绸之路经济带"建设,加速周边各县(区)融入西咸一小时经济圈、促进沿线旅游产业发展和矿产资源开发以及方便150万群众出行、解决农产品外运难、带动山区脱贫致富、促进县域产业结构转型升级和经济社会发展均具有极其深远的政治影响和重大的战略意义。

  2015年2月11日,省委书记赵正永在赴旬邑县慰问困难群众途中,调研咸阳至旬邑高速公路。3月6日,省交通集团召开安平高速公路建设项目2015年大干动员会。6月26日下午,省长娄勤俭主持召开交通项目建设推进会,他强调,要以更大的力度、更实的措施加快交通项目建设步伐。常务副省长姚引良、副省长庄长兴出席会议,省政府秘书长陈国强等参加会议。7月2日,省交通运输厅召开加快全省公路建设会议。8月6日,陕西省稳增长促发展、建功立业劳动竞赛暨高速公路通车里程突破5000km劳动竞赛启动仪式在建设中的西咸北环线西吴立交区举行。9月2日,汉中至陕川界高速公路(石门至喜神坝段)建成通车。10月14日,国家高速公路长(治)延(安)线陕西境延安至延川高速公路建成通车。10月17日,由省高速集团组织建设的铜川北至黄陵高速公路建成通车。10月23日,丹(凤)宁(陕)线山阳至柞水高速公路建设动员会暨柞水县重点项目开工仪式在柞水县下梁镇夜珠坪立交举行。11月24日,神佳米高速公路神木至佳县段建成通车。11月25日,安康至平利高速公路建成通车。12月2日,渭南至玉山高速公路建成通车。12月5日、7日,西宝改扩建高速公路宝鸡过境线虢镇东至潘家湾段和黄陵至延安高速公路扩容工程任家台至崖头庄段相继建成通车。

2015年,随着国家高速西咸北环线的建成通车,陕西高速公路通车总里程突破5000km,达到5093km,排名全国第9。12月8日,陕西高速公路突破5000km暨国家高速公路西咸北环线通车仪式在西咸北环线沣京服务区举行,省委书记赵正永发布通车令,省长娄勤俭讲话。陕西高速公路从无到有、从线到网的巨大嬗变,实现了由量到质、又好又快的科学发展。自1986年西临高速公路起步建设,至2003年实现了1000km,2007年、2010年、2012年连续跨越了2000km、3000km、4000km,随后又用3年时间,使全省高速公路通车总里程顺利突破5000km。仅2015年就建成延安至延川、安康至平利、神木至佳县、渭南至玉山等11个项目,新增里程627km,再一次创造了高速公路建设的陕西速度。一个内联外通、安全便捷的高速公路网基本形成,交通瓶颈变成了竞争新优势,为陕西经济社会平稳较快发展做出了积极贡献。

交通职工庆祝高速公路突破5000km

七、致力6500km

"十三五"是全面建成小康社会的决战阶段。省政府印发的《陕西省国民经济和社会发展第十三个五年规划纲要》提出,将以新调增国家高速公路和断头路、联络线为重点,继续推进高速公路建设,建设规模1500km,通车总里程突破6000km,基本建成国家高速网剩余路段,形成"两环三纵七横六辐射"高速公路网,出省通道达到25条。按照"十三五"规划和省委省政府的要求,到2020年,我省将实现"县县通高速"的目标。目前全省97个县(市、区)已经通达高速公路,还有10个县(市、区)尚未通达高速公路。为此,省交通运输厅提出,"十三五"期间我省安排28个高速公路建设项目,建设总里程约1896km,

至2020年年底高速公路通车总里程力争达到6500km。

2016年6月15日,副省长庄长兴主持召开会议,专题研究加快高速公路建设工作。他要求,各级、各部门要增强责任感和紧迫感,明确目标任务,突出重点难点,共同破解公路建设中的难题,全面加快项目进展,形成加快公路建设的良好局面。要优质高效完成今年的建设任务,尤其要抓续建保进度、抓前期保开工、抓质量保安全。要积极创新融资方式,多渠道筹措建设资金,多方式鼓励和吸引社会资本参与公路建设。对于高速公路项目,省级各有关部门要增强大局意识和改革意识,创造性履职尽责,开设绿色通道,全面加快项目各项前期工作。各市县政府要牢固树立"合力办交通"的理念,切实做好资金配套、项目用地和环境保障工作,按时间节点完成相关任务,如期实现今年和"十三五"公路建设目标任务。省交通运输厅厅长冯西宁从"十三五"全省高速公路建设任务及进展、当前存在的主要问题、下一步加快建设的措施、建议省政府协调解决的事项4个方面做了汇报。他说,"十三五"期间共安排了28个高速公路建设项目,建设总里程1896km。其中,已开工项目9个,建设里程482km;未开工项目19个,建设规模约1414km。到2020年底通车27个项目,高速公路通车总里程突破6500km,实现县县通高速公路的目标。为适应"稳增长"要求,确保"十三五"高速公路建设目标任务完成,"十三五"头两年我省将新开工建设宝鸡至坪坎等16个高速公路项目,建设规模约1231km,投资规模约1385.5亿元。将2016年原计划新开工4个项目调增为8个,将2016年的交通投资计划由年初的350亿元调增至500亿元以上,增幅为43%。其余8个项目将在2017年开工建设。

各时期陕西高速公路发展目标见表2-3。

各时期陕西高速公路发展目标一览表 表2-3

提出时间	发展目标	备注
1984年	到20世纪末,建成以西安为中心,陕北为重点,国道、省道为骨架,县道、乡道为脉络的四通八达的公路网	1984年10月省政府批转省交通厅《关于加快我省公路和航运建设的报告》提出
1989年	建设以高速公路、一级公路和汽车专用公路为骨架,以西安为中心,"米"字形向八方辐射,连接全省10(地)市、60个县和毗邻省区全长2800km的公路建设长远发展目标,即"米"字形干线公路系统。这是陕西首次针对高等级公路及高速公路发展提出的战略构想。"米"字形干线公路主骨架是指以西安为轴心,以南北、东西、东北、西南、西北方向贯穿全省的国道210、310、108、312线组成的干线公路网,全长超过2700km,它连接全省10个地市和2/3的县城,主要的工业中心、旅游景点和农业基地,是全省公路网的骨架。计划在2010年以前,使这个骨架的公路基本上达到二级以上技术标准,公路的服务水平将有很大的提高,改变对经济发展的制约为基本适应	1989年3月召开的全省交通工作会议提出

续上表

提出时间	发展目标	备注
1993 年	到 2000 年,公路交通不适应国民经济发展的矛盾明显缓解,实现关中 5 地市由高等级公路贯通;西安到商洛、西安到榆林全部由二级和二级以上公路连接;西安到汉中、西安到安康,除特殊困难路段外均改造成二级和二级以上公路。 到 2010 年,公路交通基本适应国民经济发展需要,"米"字形公路主干线系统基本达到二级以上标准。 到 2020 年,公路交通适应国民经济的发展要求,全省公路达到 24.3km²,其中高等级公路增加 67%,一般二级公路增加 67%	1993 年 9 月省政府召开全省公路建设工作会议提出
2000 年	到 2005 年,全省高速公路 1223km(部分路段为半幅),一级公路 120km。 到 2010 年,全省高速公路 3074km,一级公路 120km。西安与其他 9 个地市所在地以高速公路连接起来;我省与周边各省区、市高速公路联网	2000 年 4 月省政府批转省交通厅《适应西部大开发加快公路发展的规划及实施意见》提出
2001 年	到 2005 年,全省公路总里程为 48000km,其中高速公路 1280km,一级公路 176km。公路建设达到全国平均水平。 到 2010 年,全省公路总里程为 52000km,其中高速公路 3074km,一级公路 200km。高速公路主骨架全部建成,形成关中、陕北、陕南三大经济区快速大通道相连接,实现西安至邻近省份中心城市"一日交通圈"。公路发展迈入全国先进行列	2001 年 3 月省政府颁布《关于加快全省公路建设的决定》提出
2003 年	到 2005 年,实现全省交通明显改善,高速公路达到 1300km 以上。 到 2010 年,实现全省交通基本适应,高速公路达到 3000km,一级公路 800km,基本建成高速公路主骨架系统和国省道次骨架系统。全省 10 个地级市和 76 个县市区通高速。 到 2020 年,实现全省交通初步现代化,高速公路达到 3800km,一级公路 1500km,高速公路主骨架全面建成,国省公路次骨架更加优化。全省 80% 以上县通高速,其余 20% 县可在 2 小时内进入高速公路网	2003 年 2 月全省交通工作会议提出全面建设小康社会,加快交通发展奋斗目标
2005 年	到 2007 年,高速公路通车里程突破 2000km。省境内 3 条国道主干线建设任务完成,西部大通道建设任务过半。实现西安、延安、榆林高速公路贯通,西安到汉中高速公路建成,两条高速公路穿越秦岭,西安到宁夏、内蒙古、四川省会当日到达,全省 58% 的县(市、区)以高速公路连通。 到 2009 年,高速公路通车里程突破 3000km。省境内 3 条西部大通道建设任务完成。实现西安与商洛市、安康市以高速公路通达,全省 71% 的县(市、区)以高速公路连通,我省与周边省区市基本实现高速公路对接,通江达海的高速公路大通道提前建成,省会西安与周边省会城市实现一日到达。 到 2012 年,高速公路通车里程突破 3800km。国家高速公路网规划的省境内高速公路建设任务全部完成。全省 80% 的县(市、区)实现高速公路连通,承东启西、纵贯南北、快速通达的高速公路网基本形成	2005 年 11 月全省加快高速公路建设工作会议提出

续上表

提出时间	发展目标	备注
2008年	到2010年,高速公路通车里程突破3000km,西安至各地市全部以高速公路贯通,高速公路覆盖全省74%的县(市、区)。 到2012年,高速公路通车里程突破4000km;高速公路覆盖全省81%的县(市、区)。 到2015年,高速公路通车里程突破5000km,出省通道口增加到20个,高速公路覆盖全省89%的县(市、区)。 到规划期末(暂定为2025年),高速公路总里程达到8000km,规划的"2637"高速公路网形成	2008年11月省政府调整2006年2月审议通过的《陕西省高速公路网规划》将"345"网规划调整为"2637"网规划
2016年	到2020年,实现"县县通高速",高速公路通车里程突破6000km,国家高速公路网陕西境基本建成,力争省际出口达到25个	2016年1月全省交通运输工作会议提出

第二节 建 设 成 就

截至2016年年底,陕西高速公路通车总里程达到5181.446km,继续位居全国前列,构建起了通江达海的高速公路网。无论是通车里程,还是建设质量,或者在科技运用等方面,都取得了巨大成就,交通发展成果更加广泛地惠及民生,为陕西经济社会发展起到了巨大的促进作用。

秋水共长天一色
——高速公路建设与国计民生发展

交通"瓶颈"变成竞争新优势

陕西地处西部,连接中部,曾是中国历史上长达千年的交通中心。改革开放以来,国家将陕西定位于西部交通枢纽。陕西高速公路发展无论是在西北、西部,乃至全国来说,都算是"醒得早"、起步早,但一段时期以来,受地处我国西北、经济欠发达、思想不够解放等条件制约,交通发展速度变缓,尤其是"费钱"又"费地"的高速公路建设,与东部发达地区差距渐渐拉大,也逐渐落在了相邻兄弟省区后面,致使交通成为制约陕西经济发展的"瓶颈"。时任交通部部长张春贤来陕调研时,曾心情沉重地说:"陕西是慢了!"时任陕西省委书记李建国也坦诚地说:"我们是慢了!"时任陕西省省长陈德铭曾批评道:"我们的高速公路建设,同周围各省比是个凹地!"

交通先行,时不我待。陕西启动建设西部经济强省战略,确定把加快交通特别是高速公路建设作为发展重点。陕西交通人更是知不足而后进,勇挑重担,主动作为,坚决贯彻落实省委、省政府的决策部署,按照"西部大开发,交通要先行""稳增长、促投资""科学办交通、合力办交通、勤俭办交通"等理念和要求,把高速公路作为交通建设的主战场,打响了"闯难关、抢进度、建精品"的攻坚战。从关中平原到秦巴山区,从黄土高原到塞上大漠,陕西交通人用坚实的脚步丈量大地,用勤劳的双手勾勒蓝图。2007年上半年,陕西公路建设完成投资在全国首次跃居第二位,并连续3个月在西部12个省(区、市)位居第一;2009年,在陕西省社科院发布的《陕西社会舆情调查分析报告》中,交通道路建设公众满意度,排在了全省第一位;2010年年底,陕西高速公路通车总里程排名由"十五"时期的全国第17位跃居第8位,在西部领先……

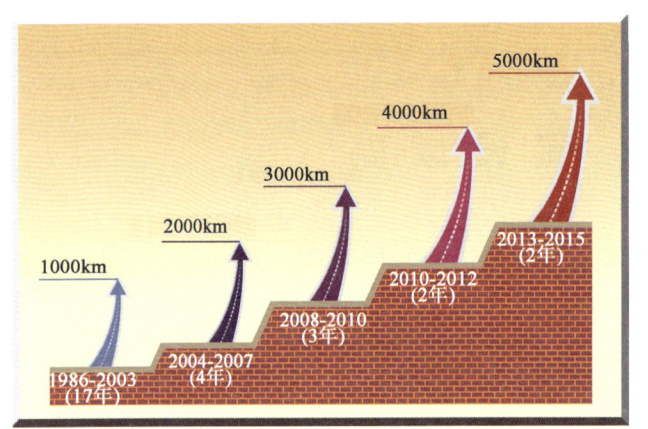
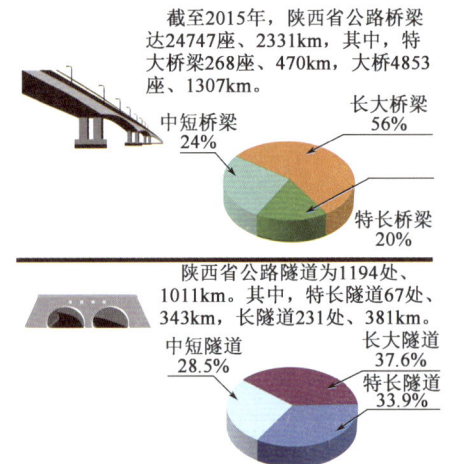

陕西高速公路建设图

砥砺奋起,高歌猛进。自1986年西临高速公路开工建设以来,陕西高速公路发展在摸索中起步,经过17年艰苦创业,到2003年,全省高速公路通车总里程实现了1000km。随后,用4年,达到了2000km;用3年,跨越了3000km;用2年,跃上了4000km;用3年,突破了5000km。陕西交通发展从走出"洼地",到解决"瓶颈"实现缓解,再到如今已转变成为发展新优势。2015年12月8日,省长娄勤俭在陕西高速公路突破5000km国家高速公路西咸北环线通车仪式上指出,"十二五"以来,陕西省交通运输事业始终保持良好发展态势,基本确立了全国性的公路、铁路和航空枢纽地位,交通从昔日的短板瓶颈变成了新常态下陕西发展的新优势。

5000km! 一个令人振奋的数字。5000km,美国人花费了20年,平均每年建成250km;法国人用了29年,年均建成182km;日本人用了39年,年均建成130km;德国人用了39年,平均每年建成约123km;意大利人用了49年,年均建成104km;英国人用了38年,年均建成84km;中国人只用了短短的9年时间,平均每年建成555km。陕西只是中国内陆西部地区一个经济欠发达省份,建成5000km高速公路却仅仅用了28年时间,年均建成180多km。尤其是在跨越发展期间,12年共完成4000mm多公路高速公路建设任务,年均建成300多公里,仅2015年就建成650多公里,为历年建成通车里程之最,创造了陕西高速公路建设速度"新高地"。

陕西高速公路发展在一次又一次跨越中,不仅扭转了落后的局面跨入了全国先进行列,也赢得了社会各界的一致赞许和广泛认同,外宾来陕谈及感慨,认为陕西近几年变化最大的就是交通发展。截至2016年年底,陕西高速公路通车总里程已达到5181.446km,一个内联外通、安全便捷的高速公路网基本形成,交通瓶颈制约正转变为发展竞争新优势,为陕西经济增速位列全国第一方阵、经济总量跻身中等发达省份、人民生活水平持续提高提供了坚实的交通保障。

有力促进了陕北能源开发

陕北因位于陕西北部而得名,是相对于陕南、关中而言的泛称,特指榆林和延安地区。在以前,人们对陕北的印象,除了延安是革命老区以外,就是大漠、荒凉、贫瘠、寒冷和黄土飞扬。陕北是中国石油工业的发祥地,中国陆上第一口油井于1907年在陕北延长诞生,结束了我国不产石油的历史。陕北地区石油工业的发展有力地推动了陕北老区的经济发展。然而,20世纪80年代初"陕北有煤海"的消息更加震惊了世界,也让陕北迎来历史性发展机遇。

1985年,"神府煤田开发"被列入国家第七个五年计划重点项目;1998年,国务院批准榆林为中国唯一的国家级能源化工基地。2003年,陕西省委、省政府提出在陕北能源化工基地实施煤向电力转化、煤电向载能工业品转化、煤气油盐向化工产品转化的"三个转化"战略。2008年,省委专题研究榆林的发展问题,作出了举全省之力支持榆林跨越发展的重大战略决策,研究出台了《关于进一步促进榆林跨越发展的若干意见》。逐渐,陕北形成了榆林有煤、气,延安有石油的能源开发格局。这片曾经荒凉闭塞的土地,顿时变得红火起来,承担起国家西煤东运、西气东输、西电东送重要源头的历史使命,也使加快陕北交通发展迫在眉睫。

陕北是我国罕见、世界少有的能源资源富集区,榆林更是被誉为中国的"科威特"。在陕北能源开发中,以高速公路为主的交通基础设施发展起到了巨大保障作用。2003年建成通车的榆林至靖边高速公路,工期比原计划提前2个月,为榆林第一条高速公路,也是国内在沙漠地区最早建成的高速公路。采用四带(中央分隔带、平整带、防护带、保护带)一体生物防风固沙模式和"远绿近美、远高近低、远疏近密"绿化原则,取得综合绿化效果。榆靖高速建成通车,显著改善了陕西北部交通条件,极大便利陕北资源开发,促进了能源化工基地快速发展。同时,为国内沙漠地区高速公路建设提供成功范例和成套经验。项目先后获"全国水土保持生态环境建设示范工程""陕西省建设工程长安杯奖""中国建筑工程鲁班奖"等奖项。

为保证陕北地区持续快速发展,交通必须先行一步,必须构建起适应国家能源化工基地建设需要的大交通。从陕西第一条高等级公路西安至三原一级公路的修建,到三原至铜川、铜川至黄陵、榆林至靖边、延安至安塞等高速公路的建设,再到靖边至王圈梁、靖边至安塞、黄陵至延安、榆林至陕蒙界、子州至靖边、吴堡至子州等一大批高速公路项目的"加快",无一不是在解决陕北煤、油外运瓶颈,在加强陕北能源开发交通保障。仅2004—2007年4年建成的1000km高速公路中,陕北境内就占到了一半以上的里程,达到近600km。随着改革开放的不断深入和西部大开发持续推进,陕北能源外运任务越来越重,对运输通道的要求越来越高。按照省委、省政府关于支持陕北能源化工基地建设的要求,省交通运输厅和延安、榆林两市政府加大"合力办交通"力度,榆林至神木、青兰高速公路陕西段、神木至府谷、榆林至绥德、榆林至佳县、延安至延川、黄延扩能工程等一批高速公路建设项目得以提前实施。

吴堡至子州高速公路

榆林作为国家新型能源接续地和西煤东运的源头,榆神、神府、榆绥等高速公路的提前建成通车,为榆林煤炭外运提供了新的重要通道。榆林至神木高速穿越陕北国家能源化工基地榆神矿区腹地,是榆林市的重要能源接续线,是打通陕、晋、蒙的一条重要通道,已成为保障榆林经济高速发展的重要交通支撑。陕北第一条六车道高速公路——神木至府谷高速公路,是国家级能源基地神府煤田煤炭东运的最便捷的高速通道,建成后极大地促进了陕北煤炭资源开发和国家能源化工基地建设,进一步推动了陕北区域交通和区域经济发展。榆林至绥德高速公路把国家高速公路主干线包茂高速、青银高速连通,在榆林国家能源重化工基地形成一个高速公路环线,对缓解区域发展公路瓶颈制约,推动区域城镇化建设进程,加快以榆(林)米(脂)绥(德)盐化工业区为代表的能源重化工基地的建设,也为国家级能源重化工基地榆林又增加了一条能源输出大通道。缩短了榆林、内蒙古优质煤炭经青银高速公路吴堡黄河大桥出陕供应华北、华东地区的距离,进一步畅通了我国西煤东运和北煤南运通道。

"十一五"末,榆林全市地区生产总值达到1710亿元,经济总量由"十五"末的全省第

5位跃居到第二位,人均生产总值跃居全省第一。财政总收入达到400亿元,占全省财政收入1800亿元的22.22%。"十二五"期间,榆林地区生产总值年均增长9.8%,总量连续五年位居全省第二;人均生产总值突破1万美元,位居全省第一;地方财政收入实现翻番,年均增长18.7%。全市工业经济规模由1882亿元增加到3121亿元。"十二五"期间,延安全市生产总值年均增长7.1%,经济总量突破千亿元,达到1199亿元,人均生产总值高于全国平均水平,居全省第三位;地方财政收入年均增长8.9%,达到161亿元,总量居全省第三位,人均财力7251元,居全省第三位。能源开发不仅使榆林、延安实现了跨越式发展,并为陕西省迈入"万亿GDP俱乐部"做出了重大贡献。2011年,陕西跻身全国"万亿GDP俱乐部"行列,经济总量达到12391.3亿元,以榆林为重点的陕北经济所占比重达到27.1%。其中,对经济增长贡献率最大的就是以煤炭开发与转化为主的能源化工业。

神佳米高速公路开光川特大桥

交通运输是国民经济和社会发展的基础性和先导性产业,更是能源开发的重要基础设施,陕北经济的跨越式发展,与以高速公路为主的交通跨越式发展密不可分。截至2016年年底,陕北地区的榆林、延安共有高速公路1808.475km,占全省高速公路总里程的35%,其中榆林境内有1006.168km,位居全省第一,是省内唯一一个高速公路总里程突破1000km的地市。延安共有高速公路802.307km,位列全省第二。

助推了关中城市群的形成和发展

关中即渭河一带的盆地,号称"八百里秦川",为陕西人口密集区域,工农业发达之地。自新中国成立,关中一直是全国生产力布局的重点区域,在全国区域经济战略格局中定位为陕西乃至西北地区的重要生产科研基地,形成了高等院校、科研院所、国有大中型企业相对密集且能够辐射西北经济发展的产业密集区。改革开放以来,随着交通基础设施的不断完善,尤其是西安至三原、西安至临潼、三原至铜川、西安至宝鸡、临潼至渭南、渭南至潼关、西安至蓝田、西安至阎良、西安至户县、西安咸阳机场、西安绕城、阎良至富平、咸阳至永寿、渭南至富平等高速公路的建成通车,让地处关中的大中城市被高速公路紧密地串联起来,逐渐形成城镇群发展格局,"关中城市群"这个概念便逐渐形成。

咸阳至永寿高速公路

关中城市群是指以大西安(含咸阳)为中心、宝鸡为副中心,包括渭南、铜川、商洛(北部商州、洛南、柞水等区县)及杨凌示范区的城市群,即以陇海铁路和连霍高速公路为"一线两带"的关中经济区,共5个市辖区、38个县区和一个示范区。关中城市群将集中陕西62%的城市和近一半的小城镇,是西部地区目前第二大城市群,经济活力位于西部第二,仅次于成渝城市群。2002年,陕西第一次"一线两带"建设市长联席会议曾明确提出:"以西安为中心,以陇海铁路陕西段和宝潼高速公路为轴线,以国家级关中高新技术产业开发带和国家级关中星火产业带为依托,以线串点、以点带面形成的以高新技术和先进技术为特点的产业经济体系,涵盖整个关中地区。"2004年,"构建大关中城市群"座谈会在西安召开;2008年,省政府通过《关中城市群建设规划》;2009年,国务院批复通过"关中—天水经济区"规划,更加明确地提出了城市群的蓝图,使关中城市群建设再上一个台阶。

关中城市群的形成和发展,与陇海铁路并行的连霍高速公路陕西段功不可没。连霍高速公路陕西段由西潼高速、西宝高速和西安绕城高速公路组成,东起潼关秦东镇,经华阴、华县、渭南、临潼、西安、咸阳、兴平、武功、杨陵、扶风、眉县、蔡家坡、陈仓区,至宝鸡牛背梁,全长332.468km。西潼高速公路分西安至临潼、临潼至渭南、渭南至潼关三段开工建设,分别于1990年12月、1996年12月、1999年10月建成通车。西宝高速公路西安至兴平段于1993年12月建成通车,宝鸡至蔡家坡段于1994年12月建成通车,兴平至蔡家坡段于1995年年底建成通车。1995年12月25日,西宝全线建成。西安绕城高速公路全长88km,是陕西省"米"字形公路主骨架的枢纽路段,也是陕西省乃至西部地区当时设计标准最高、设施最齐全、通行能力最大的第一条六车道高速公路。北段于1998年10月开工,2000年10月建成通车;南段于2000年10月开工,2003年建成通车。使陕西境内的5条国道、3条西部大通道和2条国道主干线在西安实现联网,提高了西安市作为交通枢纽和特大城市的地域中心地位,对全省乃至我国中西部区域经济发展起到了重要作用。

随着区域经济的快速发展、沿线城镇规模的不断拓展以及关中"一线两带"发展战略的实施,连霍高速公路陕西段交通量增长十分迅速。为缓解通行压力,改善交通状况,"十一五"期间,临潼至潼关、西安至宝鸡高速公路分别进行了改扩建,八车道的连霍高速公路陕西段东西横贯关中"八百里秦川",串起渭南、西安、咸阳、宝鸡4个国家级高新技术产业开发区,杨凌国家级农业高新技术产业示范区和阎良国家级航空高技术产业基地,"通道经济"的辐射带动作用进一步增强。同时,为了增强西安的带动和辐射作用,支持西咸新区建设,加快关中地区中小城市及小城镇发展,西安至铜川、西安至商州、陇县至千阳、千阳至宝鸡、三星快速干道、咸阳至旬邑、渭南至玉山、西咸北环线、铜川至旬邑等高速公路陆续开工并相继建成通车。2012年,韩国三星电子投资70亿美元的存储芯片项目落户西安高新区,三星电子快速干道项目仅用14个月便如期建成通车,创出了我省公路建设的"三星速度、陕西效率"。美光半导体、霍尼韦尔、韩国信泰电子、日本NEC、华为、中兴等1000余家电子信息企业先后入驻西安高新区,陕西区域性电子信息产业集群加速成长。2015年,渭南至玉山高速公路建成通车,在京昆、连霍、沪陕3条国家高速公路陕西境内之间形成了一条新的联络线,大大增强关中东部局域路网的便捷性和公路运输的应急保障能力,进一步扩大了西安经济辐射带动的范围。2015年12月8日,横跨福银、京昆、连霍、包茂等10条高速公路的西咸北环线高速公路建成通车,标志着我省高速公路通车里程突破5000km,不仅有效缓解了西安绕城高速公路的交通压力,并把高陵装备工业、阎良航空工业和临潼现代工业三个组团连成一线。

高速公路的发展促进了关中城市群的形成和壮大,关中城市群建设对交通的需求也促进了高速公路的加快发展。"十一五""十二五"期间,随着高速公路的延伸加密和联通覆盖,关中城市群也经历了一个快速发展期,并形成一定规模。2015年,关中城市群列入国家"十三五"规划区域发展空间布局。以大西安为核心,建立关中城市群,已成为推动陕西经济腾飞,实现陕西乃至西北地区整体追赶超越发展目标。陕西交通行业也正在按照省委、省政府的要求,加快建设交通基础设施,确保为城镇群发展提供有力保障。

为陕南地区突破发展提供了交通保障

"蜀道难,难于上青天。"由于秦岭的阻隔,地处陕南的汉中、安康、商洛地区,经济社会发展和人行货运长期饱受交通不便的制约。直到2001年,勉县至宁强高速公路和秦岭终南山公路隧道相继开工,陕南人才看到了改善出行条件的希望。勉宁高速公路是陕西开工最早的山区高速公路项目,也是陕南第一条建成的高速公路,全长59km,不仅使汉中至棋盘关的行车里程比108国道减少很多,同时省去了翻越易堵、危险的五丁关路段。然而,真正改变陕南交通瓶颈制约的还是西安至汉中、西安至安康、蓝田至商洛、西安至商洛等穿越秦岭的几条高速公路相继建成通车。

2006年,省委、省政府出台的《关于陕南突破发展的若干意见》指出,陕南的突破发展不仅关系到陕南850万人民的福祉,而且关系到全省经济社会协调发展和全面建设小康社会的大局。意见明确提出,要加快陕南交通设施建设,尽快建成西汉高速公路、宁棋高速公路、西康高速公路、西合和银武高速公路商洛段,加快建设十堰至安康至汉中至天水高速公路,增强连通性和通达深度,基本实现"出境公路高速化",形成结构合理、快速便捷的路网格局。为提升陕南的区位优势,促进陕南突破发展,陕南也随即成为高速公路加快建设的主战场之一。

2007年9月,西安至汉中高速公路全线贯通。西汉高速公路是穿越秦岭、关中通往陕南的第一条高速公路,也是当时一次性开工里程最长、投资最大、施工难度较大的高速公路建设项目。尤其是秦岭隧道群的建成,大大缩短了西安至汉中的行车距离。其中,秦岭一号隧道全长6144m,秦岭二号隧道全长6125m,秦岭三号隧道全长4930m。秦岭服务区雕塑群"华夏龙脉",运用了18个历史典故,展现了秦岭的5条古栈道及现代的西汉高速公路。在2008年"5·12"汶川地震救灾中,刚刚建成通车的西汉高速公路发挥了重要作用,被誉为抗震救灾"生命线"。

2008年10月,蓝田至商州至陕豫界高速公路建成通车,使国家高速公路沪陕线陕西境实现全线贯通。不仅完善了全国和陕西高速公路网络,形成了一条西北通往华东、中南地区最便捷的运输大通道,而且对促进陕南突破发展,推动区域共同发展,加强陕西与中东部地区经济文化交流具有十分重要的意义。这段高速公路的贯通,缩短了商洛与上海、西安、合肥等大中城市的距离,促进了商洛融入西安一小时经济圈,融入关中城市群,有利于更好地接受周边城市的辐射和带动,加快了人流、物流和信息流,吸引更多的外界人士走进商洛、投资商洛、开发商洛,促进商洛生态资源优势向经济优势的转变。

2009年5月,西安至安康高速公路全线贯通,全长18.02km的秦岭终南山隧道和全长11.2km的包家山隧道极大缩短两地行车里程,也成为一大景观。西安至安康高速公路的贯通,标志着安康不通高速公路的历史宣告结束,陕西也提前两年实现全省市市通高速的奋斗目标。西康高速公路使安康市真正融入西安两小时经济圈,对进一步促进安康与关中及发达城市的经济文化交流和联系,加快旅游和经济发展,实现安康突破发展,建设西部强省,打造西安、成都、重庆"西三角经济圈"都具有十分重大的意义。

陕南绿色循环发展是省委、省政府推动区域协调发展、特色发展、全面发展的重大战略部署。2011年,省政府出台《关于加快推进陕南循环发展的若干意见》,要求继续强化基础设施建设,围绕建立贯通省内外的大通道、大枢纽,加快建设一批高速公路、铁路、机场和航运项目,构建适度超前、功能配套、安全高效的现代化交通体系。继续把陕南作为全省公路建设的重点区域,加快推进汉中至陕甘界、鄂陕界至安康、宝鸡至汉中、安康至平利、安康至岚皋、西乡至镇巴、洛南至岔口铺、西安至商州等高速公路建设,强化路网衔接,打通省际"断头路",实现陕南区域内交通更便捷,与关中、陕北交通更顺畅,与毗邻省份交通更开放。按照这一要求,位于陕南的高速公路建设项目进一步加快。

时任陕西省交通运输厅副厅长魏培斌(前排中)现场调研

2012年8月建成通车的西安至商州高速公路,极大地缓解了西安至蓝田、蓝田至商州高速公路的保畅压力,对西安城市总体规划的实施及蓝田县域经济发展起到积极的促进作用。对进一步密切陕南、关中区域的时空联系,加快区域旅游资源开发,实现"关中跨越式发展""陕南突破式发展"产生了重要的影响。同时建成通车的岔口铺至洛南段高速公路,使商洛市在全省第一个实现县县通高速目标,也成为我国贫困地区和革命老区中较早实现县县通高速的地级市。然而在6年前,商洛还是个高速公路"盲区"。

截至2016年年底,陕南共有高速公路1437.639km,其中,安康522.489km,汉中504.779km,商洛410.371km。随着商洛至漫川关、商洛至界牌、十天线陕西段、安康至陕川界、安康至平利、汉中至陕川界等一批高速公路项目建成,京昆、包茂、沪陕、福银、十天陕南段等高速公路项目全线通车,连通了3市80%以上的县(区),陕南高速公路骨架网基本形成。基础设施的不断完善增强了陕南经济社会发展的保障能力,高速公路的快速发展为陕南突破发展和绿色循环发展提供了重要的交通条件。

"十二五"期间,陕南成为全省经济增长最快的板块,地区生产总值年均增速达13.1%,高于全省平均增速2%。2015年,陕南三市地区生产总值达到2459.12亿元,是2010年的2.19倍,占全省比重由"十一五"末的11.1%提升到13.7%,提高2.6%;地方财政收入达107.3亿元,是2010年的2.4倍;基本实现了"富裕陕南"的发展目标。大力实施陕南循环发展战略,实施循环产业项目1007个,有色、钢铁、装备、能源、生物制药、非金属新材料、油气化工、绿色食品、蚕桑丝绸、旅游十大循环经济产业链基本形成。陕南三市循环产业核心区和县域工业园区基础设施、公共服务设施日趋完善,创建省级现代农业园区

78个、省级重点县域工业集中区54个,县域工业园区实现了全覆盖。2015年,农业增加值达795.73亿元,工业增加值达到897.71亿元,分别是"十一五"末的3.2倍和3倍。产业结构不断优化,绿色食品、现代中药、生态旅游等产业快速壮大,航空装备制造、现代材料、生物医药和太阳能光伏等战略性新兴产业发展迅猛,现代循环产业体系初步形成。

有力促进了旅游业发展

陕西高速公路建设的发端源于旅游。20世纪70年代,被誉为"世界第八大奇迹"、20世纪考古史上伟大发现的临潼秦兵马俑,成为中国古代辉煌文明的一张金字名片,也成为陕西旅游的一张"王牌"。为满足外事接待和旅游发展需要,西安至临潼高速公路率先开工建设,并实现了陕西乃至我国西北地区高速公路零的突破。

陕西是中华民族及华夏文化的重要发祥地之一,周、秦、汉、唐等10多个政权或朝代在陕西建都,时间长达1100多年。黄帝陵、兵马俑、大雁塔、太白山、延安宝塔、壶口瀑布、司马迁祠、秦岭、华山、乾陵、法门寺等,有着浓厚的历史气息和众多的人文景观,旅游资源极为丰富,是名副其实的旅游大省。毋庸置疑,交通环境的改善对旅游业的发展都有巨大促进作用。无论哪一条高速公路,都会串联或者连通一些旅游景点,都会对游客观光游览提供快速便捷的出行通道。

2007年1月20日,随着秦岭终南山公路隧道建成通车,柞水这个原本安静闭塞的陕南小县城,迅速迎来了历史上从未有过的车流和人流的"井喷"。每天大量游客涌进柞水县城,车水马龙、人潮如涌、景点爆满、土特产脱销……秦岭终南山公路隧道是我国第一公路特长隧道,是贯通长江经济圈和黄河经济圈的黄金通道,在我国公路交通史上创造了新的纪录。2010年12月,被誉为"天下第一隧"的秦岭终南山公路隧道建设与运营管理关键技术研究获国家科学技术进步奖一等奖。和柞水一样,西康高速公路全线贯通后,安康也遭遇了旅游"井喷",甚至有游客说,长达18km的终南山隧道和11km的包家山隧道两大特长隧道就是最好的风景。小康高速对安康旅游起着至关重要的作用,就像打开了一扇闸门。2008年全年国内游客在安康旅游人数312万人次,旅游总收入11.33亿元,占全市生产总值的比重为4.85%。2009年小康通车后,全年国内游客在安康旅游人数就猛增到599.69万人次,增长92.2%。全年旅游总收入21.99亿元,占全市生产总值的比重达8.0%。到2013年,安康全年接待国内外游客2166万人次,旅游总收入95.3亿元,占全市生产总值的比重为15.7%。

随着全员旅游和全域旅游的兴起,乡村游、民俗游、休闲游日渐火爆,高速公路发挥促进区域旅游发展的功能日益凸显。每到节假日,各大旅游景点都是人满为患,高速公路上也经常发生拥堵。"十二五"期间,全省共接待境内外旅游者14.14亿人次,旅游总收入1.07万亿元,分别比"十一五"期间增长了180%和226%,年均分别增长21%和25%。观

第二章
高速公路建设发展成就

西柞高速公路带动柞水县交通旅游

光与休闲度假产品比例由"十一五"的5∶1增加到5∶3.5。红色旅游接待人数突破1亿人次,收入达到740亿元。

"要想富,先修路!"是人们认识到交通瓶颈严重制约经济社会发展后的强烈觉醒。1990年12月,陕西第一条高速公路——西安至临潼高速公路建成通车,酝酿着以高速公路串联关中城市圈的宏图;2007年9月,西安至汉中高速公路建成通车,秦岭腹地的美景终于走出深闺来到世间;2003年8月,榆林至靖边高速公路建成通车,陕北能源从此开启了运往全国各地的序幕。陕西高速公路建设砥砺前行的30多年里,总里程达5181km,位于全国第11位,让国人注目。畅行三秦大地的高速公路网,带来的绝不仅仅是时空距离的缩短。城市联系的密切、能源运输的高效、旅游资源的开发、经济实力的增强、人民生活的改善等,作为带动全省经济发展的先行者,高速公路,功不可没。

当高速公路逶迤延伸的恢宏"秋水"与国计民生蓬勃发展的"长天"融为一色的时候,展现在世人面前的,是美好的致力于实现"中国梦"的情景。

决战大秦岭
——陕西省加快秦岭区域高速公路建设回眸

《史记》曰:"秦岭,天下之大阻也。"

秦岭是我国南北地理分界线,横亘于祖国中心地带,主体在陕西,东西长约1500km,南北宽约150km,巍峨峻峭,气势磅礴,有"九州之险"之称。从古至今,人们饱尝了穿越大秦岭的辛酸,发出了"蜀道难,难于上青天""云横秦岭家何在,雪拥蓝关马不前"的千古感叹。打通秦岭,天下无阻。

高速公路跨越大秦岭的历史壮举,终由这一代陕西交通人勇敢面对,挥洒书写!

——题记

2010年临近岁末,陕西省交通运输厅党组书记曹森和厅长冯西宁轻车简从,穿越秦岭,再次到新建成的十天高速公路汉中至安康段检查工作。

5年来,他们曾数百次进秦岭,每次都是直接扎进了工地,连路边景色都没有好好看过。这次显然很放松,走走停停,时而轻声交谈,时而驻足远眺。秦岭北坡已经天寒地冻,而南麓依然温暖如春。层峦叠嶂,满目青翠,融入山水间的高速公路在阳光下泛着金光。桥隧相连,气势如虹,车水马龙为万古大山带来了无限生机。

秦岭是6条国家高速公路的必经之地,其中4条要跨越主脉。"十一五"前,陕西在秦岭区域里仅建成了超过90km高速公路,并且都在汉中盆地平原上,距离国家规划要求十分遥远。

然而仅仅过了5年,秦岭区域高速公路已经基本成网,总里程超过1300km,跨越秦岭主脉的4条全部建成通车,实现了历史性的突破,彻底打通了秦岭屏障。

今天,这一代陕西交通人可以自豪地说:"不辱使命!"

对话大秦岭　勇担大使命

"说实话,高速公路跨越秦岭难度极大,当时许多专家担心陕西拿不下来。"一位参与国家高速公路网设计的专家回忆说。

2005年上半年,对陕西交通的担心上下都有。

陕西地处西部,连接中部,曾是中国历史上长达千年的交通中心。改革开放以来,国家将陕西定位于西部交通枢纽,国家高速公路网中有8条经过陕西境内,总里程超过3500km。

陕西修高速公路"醒得早","西临高速公路"是全国最早的高速公路之一,后来步伐明显变慢,落在了兄弟省的后面,打通秦岭屏障更是步履蹒跚。

时任交通部部长的张春贤来到陕西调研,面对秦岭,心情沉重地说:"陕西是慢了!"时任陕西省委书记的李建国曾对加快陕西公路建设作出5条指示,坦诚地说"我们是慢了!"时任陕西省省长的陈德铭曾批评道:"我们的高速公路建设,同周围各省比是个凹地!"

2005年,陕西启动建设西部经济强省战略,确定把加快交通特别是高速公路建设作为发展重点。同年,《国家高速公路网规划》正式出台,高速公路网建设加快。很显然,如果陕西交通再加快不了,势必要拖国家的后腿。

2005年下半年,曹森同志出任陕西省交通厅党组书记兼厅长,成为陕西交通的新任掌舵人。这个由秦岭养育长大的关中汉子,勇于担当,决不服输。新班子痛定思痛,知耻后勇,在开阔眼界、提升理念、统一认识、凝聚人心、争取省上支持的基础上,连续推出并坚决实施了一系列改革与发展的大手笔、大动作:

——确立宏大目标,决不"哪黑哪歇",自我加压加责。

新班子一上任,就把沿用20年的"米"字形公路规划,放在"交通强、陕西强、西部强"的视野下重新考量,理清思路,自我加压,确立了"五年走到西部前列、十年挺进全国十强"的宏大目标,制定了5000km"三纵四横五辐射"高速公路新规划,把秦岭和陕北作为发展重点,并为之而努力拼搏。

这几年,陕西高速公路一年上一个台阶:

2005年完成投资175亿元,新建240km,在建规模900km;

2006年完成投资260亿元,新建341km,在建规模2000km;

2007年完成投资300亿元,新建420km,在建规模1250km;

2008年完成投资352亿元,新建403km,在建规模2000km;

2009年完成投资483亿元,新建304km,在建规模2300km;

2010年完成投资549亿元,新建688km,在建规模2204km。

有一分耕耘,就有一份收获。

陕西高速公路突破1000km,用了17年;

突破2000km,用了4年;

突破3000km,用了3年;

突破4000km,突破5000km……

陕西高速公路的跨越式发展不仅扭转了落后的局面,而且跨入了全国先进行列,到2010年年底,陕西高速公路通车里程达到3458km。高速公路排名由"十五"时期的全国第17位跃居第8位,在西部领先。

——勇闯改革坚冰,力破体制障碍,打造两大集团。

高速公路这一现代化的基础设施,从建设到管理必须要有符合其特点的、符合其客观规律的管理体制。管理体制好就能发展快,反之就制约其发展。可以说,成也体制,败也体制。"人事分割、责权不一"的高速公路管理体制,曾是陕西交通的心中之痛。针对这个问题,新班子据理力争,直面谏言,在省委、省政府的支持下,于2006年年初收回了游离于行业之外的陕西省高速公路集团,对其实行实际管理。收回后,进行全面整改。同期,又对其他承担高速公路建设的单位和企业进行资源整合,组建了陕西省交通建设集团,形成了高速公路建设和管理的"两大铁拳"。

5年来,两大集团为陕西高速公路发展立下了汗马功劳,企业实力也日益雄厚,目前都拥有万名员工、千亿元资产和大量工程技术人才。实践是检验真理的唯一标准。实践证明,陕西的高速公路管理体制是符合高速公路特点的,是符合其客观规律的,是符合国情、省情的。建立统一、协调、高效的管理体制,能充分发挥高速公路企业的公共服务功能。

——立足公共需求,改变"尽铁打镰",大胆科学举债。

陕西是一个欠发达省份,财政上拿不出钱来投资修高速公路,其他经济组织考虑到利益回报,投资修路的积极性也不高。没有资金,高速公路还要修。严峻的资金难题摆在了省交通厅的面前。新班子知难勇进,在充分调查研究的基础上,改变"尽铁打镰"的传统思路,提出"举债搞建设"的理念。想方设法多方筹措建设资金,争取各类金融机构的贷款支持,与各大银行建立了长期信贷协作机制,5年累计贷款1800多亿元,确保了加快交通建设特别是秦岭和陕北高速公路建设的需要,确保了干线公路正常养护和农村公路建设。

陕西的"举债搞建设",是建立在科学的勇举上,用曹森的话说,就是"一是敢举债,二是举得起债,三是还得起债,四是银行愿意放贷。"有了钱,修高速公路的速度加快了。高速公路的畅通快速,吸引了大量的车辆上高速路通行,途经陕西的过境车辆迅速增加,陕西车辆通行费以每年30%的速度增长,2010年收取通行费130多亿元,"十一五"共收取通行费405亿元,是"十五"的6倍。通行费收入与贷款利息的倍数超过1.2,年偿还利息能力不断增长。不但把债务规模始终控制在安全线以内,保持了资金运行良性循环,而且还为未来留有2000亿元的安全贷款空间,为"十二五"发展奠定了基础。2009年,国家审计署对17个省区收费公路效益进行了专项审计,结论是:陕西最好。

"举债搞建设"需要胆识和魄力,需要能力和智慧。陕西高速公路取得今天的辉煌,证明"举债搞建设"是非常正确的。时任陕西省委书记赵乐际在省委十一届七次全委会上称赞说:"陕西举债搞建设是非常成功的经验,尤其是我省高速公路建设加快,在促进全省经济持续快速增长中功不可没。"

——狠抓队伍,敢于问责,确保又好又快。

事靠人干,路靠人修,能否把高速公路建设变为现实,建立一支能干事、能打硬仗的队伍成为关键。新班子于2006年启动了以"治庸治懒"为重点的行风整顿。精简管理机构,充实加强基层,打破铁交椅,实绩论英雄,建立起了目标责任考核机制,对于不干事、干不好事的人员坚决进行"铁面问责"。当年3月,西汉和黄延两个重点高速公路项目因管理混乱导致工期滞后和质量隐患被问责,20多个责任人受到撤职或免职处理。走马换将后,两个分公司工程管理和工程质量直线上升,建设速度加快,黄延高速公路当年9月就建成通车。

合资项目一旦违规,对其清理整顿也毫不手软。蓝田至商洛高速公路项目,是穿越秦岭连接祖国东南的重要通道,曾由一国内相当大的企业建设管理。由于管理混乱,违规操作,虚列工程,造成质量问题突出,进度严重滞后,开工近一年仅完成投资概算的11.5%。2006年9月,在省委、省政府领导的支持下,陕西省交通厅依法收回这条路的建设管理权,改变了工程滞后局面,为国家挽回了7.6亿元的巨额经济损失。

——践行"三个服务",抢抓机遇,持续加快不动摇。

由于公路建设欠账多,一个时期里"追赶"是陕西交通发展的基调。2007年,陕西实现高速公路西部领先目标。2009年,又步入全国先进行列。赶上来以后,"可以松口气"的疲倦症和"小富即安"的苗头开始显现。陕西省交通运输厅党组坚持加快"不动摇、不懈怠、不折腾"。2008年,把"三个服务"具体化,响亮地提出了"建设现代交通、奉献一流服务"总体目标。在当时国家宏观紧缩下逆势而上,启动了陕西省高速公路建设的"第二轮加快"。抢抓陕西建设西部强省、西安建设国际化现代大都市的机遇,加密迂回线、扩容老线路、强化枢纽功能、增加省际出口。

在学习实践科学发展观当中,为应对国际金融危机、拉动内需,陕西省交通运输厅又提出了新的发展目标,把5000km高速公路规划提升到8080km,即"二环三纵六辐射七横"高速公路网。当年与5家银行签订了合作协议,一次性争取到1700亿元信贷支持。"金融危机"爆发后,由于之前抢先下手,赢得了先机,50天内就有序抢开了17个高速公路重大项目,总规模1238km,总投资727亿元。2009年,又编制了实施西部大开发、关中—天水经济区专项规划。2010年,在确保"十一五"目标超额完成的同时,抢先启动大西安综合交通规划、陕西全国公路枢纽总体规划,省政府与交通运输部签署了交通发展战略协议。

2005年以来,陕西交通实现了从落后到奋起、从追赶到领跑的连续跨越,不但把人们的担心扭转为信心,而且被誉为全国交通建设上的"一匹黑马"。2005年10月10日,曹森曾代表交通厅新班子做的"就职演说",被认为是陕西交通发展的"转折点"。他的许多经典语句至今被陕西交通人记忆在心:

"我们必须坚定地肩负起新的历史使命,奋起直追,激流勇进,拼搏拼搏再拼搏,加快加快再加快!"

"我们必须勇敢地挺立潮头,大胆主动地跨越各种障碍,拿出大气魄,敢做大动作,挥洒大手笔,谱写大文章!"

"我要告诉大家、告诉这份事业的是,既然组织上把我放在这个风口浪尖,我就要像'老黄牛'一样,有一股'牛'劲,把自己的全部气力,献给陕西交通大加快这个目标,百折不挠,忠勇无二。我要和大家同甘共苦,以新的理念,新的模式,新的路径,新的风貌,以敢为人先的气魄,书写陕西交通新的辉煌,绝不辜负省委、省政府、全省人民、广大交通职工对我的期盼与重托!"

勇担使命,敢于有为,是这一届陕西省交通运输厅领导班子向祖国的承诺,向人民的承诺,也是向大秦岭的承诺。

决战大秦岭　敢干大事业

数千年来,我们的先辈为打通秦岭屏障付出了无法计算的劳动和生命。陕西汉中陈仓道的"石门"和保留的栈道遗迹,就是古代先辈们改善交通的智慧和结晶。

1958年宝成铁路建成通车,2001年西康铁路建成通车,最近又在进行高铁穿越秦岭。不远的将来,国家将有3条铁路穿越秦岭。"铁路是条线,公路是个面。"仅靠秦岭铁路,远远不能满足经济社会发展和人们出行的巨大需求。彻底打通秦岭屏障,建设一大批现代化的高速公路,形成人和车畅行无阻的公路交通大通道,成为时代的必然选择。

绕不过的是大秦岭,难不倒的是交通人。

2005年下半年,交通厅发出加快高速公路建设的动员令;当年10月,陕西就一举新开工了4条穿越秦岭的高速公路。至此,拉开了决战大秦岭、打通秦岭屏障的大决战。

这场大决战以穿越秦岭主脉为主,辐射到秦岭以南和以西,包括了整个秦岭区域。地域宽广,项目众多,规模宏大。连续几年,近千公里高速公路同时建设,数千座隧道和桥梁同时施工,直接参战的设计、监理、施工、征地拆迁、后勤保障和技术咨询的人员达20余万人。

决战大秦岭

施工现场

这场大决战难度更是世所罕见。秦岭地势极为险峻,地质极为复杂,穿越又以建设大批桥梁和隧道为主要工程措施,桥隧比例很高,跨越秦岭主脉的超过300km高速公路,几乎全部由桥梁和隧道构成。

——打通秦岭屏障,集中体现了"陕西速度"。

陕西省交通运输厅党组对在秦岭区域修建高速公路的难度早有思想准备。经过总结加快经验,结合秦岭山区气候特点,在高速公路建设中提出了"冬闲变冬忙,冬慢变冬抢"和"四年工程三年完,三年工程两年完"的口号和要求,突出一个"抢"字,推行一个"干"字。同时还强调合理增加施工力量和施工设备,科学调度各种资源,追求最高效率,确保最好质量,"好要好出好水平,快要快出高速度"!

高速公路比铁路宽了许多,弯道半径大了许多,长大隧道安全标准高了许多,因而对建设者带来的挑战可以说前所未有。在决战大秦岭中,有"五大战役"值得称颂。

一大战役是秦岭终南山公路隧道的最后攻坚。秦岭终南山公路隧道是国家高速公路主骨架包茂线陕西境内的"咽喉",单洞长18.02km,双洞长36.04km,是一个世界级工程。这项工程先由陕西省政府安排的陕西省投资集团公司管理建设,2004年8月移交由陕西省交通厅建设、运营和管理。省交通厅接手之后,多次开会研究隧道的建设和运营安全管理问题,由陕西省交通建设集团董事长冯西宁挂帅亲自抓。面对从未干过的世界级工程,他激动又清醒,深知肩上这副担子有多重,更明白不能急于求成、轻率冒进。于是,交通建设集团首先组织著名专家和施工单位、科研院所,全力进行科技攻关,力求研究成果达到一流水平。攻关队伍阵容齐整,可以说"集中了全国智慧";攻关方向高度集中,涵盖了所有的关键技术和施工工艺。胸有成竹后,他才果断决定加快工程节奏。科技开路,创新突破,精心管理,精心施工,经过一年多日夜奋战,克服各种困难,完成了隧道后续工程及3个通风竖井的建设任务,尤其是2号竖井深度达661m,是世界上最深的大口径通风竖井。秦岭终南山公路隧道竖井的建成,使中国攀登上了世界隧道竖井技术的高峰。2007年1月20日,秦岭终南山公路隧道建成通车,第一次实现了高速公路在秦岭主脉的大跨越。这是历史的壮举,是人类交通建设史上的奇迹,是科技加实干、智慧与创新的结晶,是陕西交通的辉煌和自豪,更是我国高速公路建设的骄傲。

二大战役是西汉高速公路建设。这是国家高速公路主骨架京昆线中的重要一段,也是几条古蜀道中走向的重要一条。修通穿越秦岭主脉工程量巨大,施工条件极差,在秦岭最高处要修建3座总长度为17km的隧道群,最短的5km。为修西汉高速公路,施工便道就修了超过100km,投资10多亿元,最初的施工设备、生活用品全靠人背马驮,光驮设备的马就累死了40多匹。为了提前建成西汉高速公路,承担建设的陕西省高速建设集团,多次组织大会战,开展劳动竞赛,大大加快了工程进度。

在解决"咽喉"工程郭家山隧道的会战中,更是创造了奇迹。郭家山公路隧道长4km,论长度在全线排不上前4位,但时间太紧。由于与"引汉济渭"工程冲突,经过改线重新设计,隧道工程晚开工2年,离全线建成通车时间也只有2年。他们采取强有力的措施,加强对一线施工领导,增加施工力量,作业面由2个增加到4个,作业队伍由"两班倒"改为"三班轮换",隧道内安装了地面卫星接收系统,甚至,陕西交通医院两支医疗队也进驻工地,集团机关人员也上了一线搞后勤保障。一遇塌方、暴雨等紧急情况,预案立即启动,绝不浪费一点时间。经过700多天团结拼搏,终于提前完成隧道建设。对郭家山隧道的会战,一位隧道专家感叹道,"真把潜力挖掘到了极致!"西汉高速2007年9月30日通车,保证了国庆"黄金周"人们出游汉中、四川成都的需求。这是高速公路第二次跨越了秦岭主脉。

三大战役是修建西安到商洛山区的高速公路。这是穿越秦岭主脉的第三条高速公路,目前为国家高速公路网沪陕高速公路和福银高速公路的共用段。在依法回收蓝田至商州高速公路建设管理权后,陕西省交通厅抽调精兵强将组成新的建设管理机构,大刀阔斧地推倒了一批"豆腐渣"工程,清退了一批不称职的施工单位,建章立制,责任到人,组织大干。2个月后,全线恢复生机,一年后赶上工程进度,把耽误的时间抢了回来,使其如期于2008年10月建成通车。

连接蓝商高速公路的商州至陕豫界段的压力一点也不比蓝田至商洛州段小。该段全长122km,刚刚开工,省上就从更长远的交通增长考虑,决定将原设计的四车道改为六车道。"四改六",重新设计需要时间,工程增加需要时间,但是加快目标依然不变。陕西省交通建设集团迎难而上,随变而变,迅速调整计划,修改方案,调配力量,终于如期与蓝商高速公路一起实现通车目标,漂漂亮亮地建成了陕西第一条山区六车道高速公路。同期建设的还有商漫高速公路,它是国家福银高速公路陕西境内的重要组成部分,与湖北省相接。为了尽早打通出省通道,陕西竭尽全力组织建设,于2009年10月建成通车。

四大战役是"硬啃"位于包茂线上秦岭腹地的包家山隧道。隧道长11.2km,在国内公路隧道中排名第三。由于秦岭南坡河流切割强烈,地质灾害频发,包家山隧道要穿越地质断层37条,可以说"创了隧道穿越断层之最"。专家称其难度堪比西藏墨脱公路隧道。建设中遭遇涌水涌泥146次,其中特大涌水8次;出现大、小塌方168次。在特大涌水发生时,要乘坐气垫船才能进出。大涌水一发生,就得停工,8次特大涌水8次造成被迫停工。一遇大涌水,负责建设的交通建设集团和小康高速公路管理处就制订"抢救方案"。正是凭着永不退缩的坚强意志,建设者提前一年,于2009年5月28日建成通车。包家山公路隧道的建成创造了国内同类型地质条件的掘进新纪录,也为隧道治水提供了宝贵经验。有位隧道专家感慨地说:"人治住了水,了不得;水治住了人,不得了!"

五大战役是建设国家十天高速公路安康至汉中段。这条高速公路在陕西基本上是东西走向,沿汉江穿越秦岭南坡山区和巴山,全长188km,是陕西省一次性建设的最长的山岭重丘区高速公路,最大的困难是打通5km长的明垭子隧道。这条隧道穿越5层断层破碎带,施工难度可想而知。面对一天只能掘进3m的严峻形势,陕西省高速建设集团和项目管理处采取果断措施,增打了两口竖井,组建了10支队伍,创造了10个作业面同时有序施工的奇观。面对罕见又层出不穷的工程塌方、地质变形和大量涌水,建设者众志成城,不屈不挠,科学应对,终于如期打通了隧道,保证了全线加快目标的如期实现。2010年12月26日,陕西省在十天高速公路安康至汉中段举行了隆重的通车剪彩仪式,该路又为大秦岭增添了一道靓丽的通道。

陕西在加快建设向南跨越大秦岭高速公路的同时,也加快了国家高速大通道连霍高速公路陕西段宝鸡与甘肃省交界的高速公路建设。宝牛高速公路穿越秦岭西部,由省交通厅与宝鸡市政府联手、以宝鸡市为主进行建设。在建设过程中,克服重重困难,战胜各类地质灾害,做到了绿色环保,于2009年9月建成通车,与甘肃省同时建成的天水至宝鸡高速公路相连接,为国家确立的宝天经济区提供了交通保障。

第二章
高速公路建设发展成就

隧道施工

决战大秦岭造就了"陕西速度",体现了陕西交通人"加快加快再加快"的干劲,永不服输的心劲,敢于作为的拼劲,为"大爱在心,为民开路"的陕西交通精神充实了内容,丰富了内涵。

——打通秦岭屏障,充分做到绿色环保。

秦岭生态良好,资源丰富,有"中国人的国家中央公园"之称。在大秦岭修建高速公路,首先面对的就是保护环境。打通秦岭屏障,首先面对的是保护环境。陕西省交通厅党组明确提出,一定要"无愧祖先、造福后人",逢山打隧、逢河架桥,对青山尽量不扰动,对动物千万不惊动,选线设计要"亲近自然",道路隧道要"融入秦岭"。为此,他们把开发应用现代隧道桥梁技术作为首选,投入大量人力物力,组织数百位高级专家开展科技攻关,以创新推动大隧道建设。同时,加强工程设计和施工管理,特别是选线设计一定要从绿色起步。

为做到"亲近"和"融入",勘探设计人员跑遍了秦岭的山山水水,有些地方不知道用脚量了多少遍,设计方案一改再改。有的人一进深山就是三四个月,风餐露宿,无人交流,回来连说话都打起了结巴。

秦岭终南山公路隧道为什么要建18.02km?修建这么长的高速公路隧道国内没有、亚洲没有,建设规模世界没有,要承担很大的风险,责任重大。时任陕西省省长程安东,在广泛调研的基础上,积极主张修建长大公路隧道。当时省政府考虑的一个重要因素,就是高速公路要建在雪线以下,降低海拔,减少对山体的开挖,减少对秦岭原始生态的破坏。

西汉高速跨越秦岭终南山西段顶峰,这里也是原始森林区,常年烟云变幻。为了保护生态,采用桥隧相连,有的地方还建成了隧道群。现在建成的西汉高速公路,与自然和谐,一气呵成,极险又极美,构成了一道难得的好风景。秦岭区域里高速公路桥隧比例占到60%多,有的区段甚至高达75%,桥隧近2000座。

与自然环境融为一体的"绿色公路",是秦岭高速公路的主色调、大看点。陕西交通人为此花费的心思、付出的汗水和增加的投入更是可圈可点。建设中,常常为了保护一株大树、治理一处边坡而紧急停工,五六次更改设计,数十万追加投资。环保工程把恢复环境和群众利益放在一起统筹规划,环保投资普遍比原计划增加两倍多,有的达到三四倍。据不完全统计,陕西在秦岭中修建高速公路花在环境保护和进行绿化上的投资达10多亿元。同时,还给农民造地7000多亩。留住青山给后人,再造土地惠百姓。

走在秦岭高速公路上,建设者在环保细节上所下的苦功夫,随处可见:施工废渣做到先做防护、再定点弃置;隧道建设坚持零进洞、无洞门;边坡治理采用生态防护;道路排水采用可植草绿化的碟形边沟……在秦岭深处,还有熊猫、金丝猴、羚牛、朱鹮等珍稀动物自由生活。高速公路不但对这些"动物贵族"礼让三先,还为它们安全迁徙留了"动物通道",路旁设立了明显的标示牌。

打通大秦岭 追求大发展

打通秦岭屏障,是陕西交通人"十一五"时期的奋力一搏;"五大战役""四跨秦岭",使"天下大阻"成了永远的历史!

打通秦岭屏障,是对国家高速公路网建设的一个巨大贡献。打通秦岭天堑,一举盘活了祖国的半壁河山!

时任交通运输部部长李盛霖曾在中央电视台访谈节目上,列举了"十一五"交通运输发展成就,特别提到:秦岭屏障终于打通!

时任陕西省委书记赵乐际在省委全委会上,回顾了全省"十一五"发展成就,把"路好了"放在首位。

秦岭屏障的打通,使秦岭的"角色位置"发生了根本性的转变,数千年的"天下大阻",变成了沟通祖国南北的最重要、最便捷的"交通大通道"。陕西境内国家高速公路加快联网,周边省份高速公路与陕西迅速对接,西安到周边省会城市通行时间普遍缩短了一半,总体上形成了一个八方辐射的8小时交通圈。

秦岭区域交通地理的这一重大改变,必将会对陕西省乃至更广阔的区域带来一系列重要变化和深远影响!

从陕西看,至少已经发生了"三大变化":

一是极大地方便了人们出行和货物流通。

过去由于秦岭所阻,与西安一山之隔的汉中、安康和商洛,两地可以说"咫尺天涯"。二三百公里路,汽车往往要走一天,如遇雨雪时间更长。现在走秦岭高速公路,西安到安康、汉中最多两三个小时,去商洛只用一个多小时。

过去陕西人开车旅游很少出省,现在一遇节假日,驱车前往四川、河南和重庆等相邻省市,甚至北京、上海和杭州等地休闲旅游的人屡见不鲜。相邻省份驱车来陕西的人同样火爆,特别是秦岭山脉里的汉中、安康和商洛三市,经常游人如织,山货土特产供不应求,"农家乐"如雨后春笋发展起来。打开网页搜索"秦岭"二字,数千条信息是秦岭旅游,大有超越西安旅游的势头。更为可喜的是,近两年秦岭高速客运迅速发展,公共交通逐渐成为人们穿越秦岭的主要方式。

隧道鏖战

秦岭高速公路成为货物进出陕西的最为便捷的大通道,人们永远不会忘记它在地震救援中发挥的巨大作用。2008年5月12日,四川汶川发生特大地震。建成通车仅半年的京昆高速公路西安至汉中段,成为通往灾区最近的高速公路。在陕西交通人全力保障下,一个多月时间里,先后有26个省市的250万辆次救灾车辆从这条路上顺利通过,为全国大救援赢得了极其宝贵的时间,被上至中央领导下到老百姓一致称为"生命线"。

二是为陕西省赋予了"隧道大省"的新名片。

过去一说到陕西,人们就能想到兵马俑、华清池、黄帝陵等。现在,秦岭终南山公路隧道已名扬天下。"隧道大省"成为继"古迹大省""文物大省"后,又一张令陕西人无比骄傲的名片。

"隧道大省"这张名片,是对陕西现代交通理念和成功实践的高度肯定。秦岭公路隧道350多座,占了陕西省九成多,均在"十一五"建成。终南山公路隧道是秦岭隧道的代表作,标志着我国长大公路隧道整体修建技术达到世界领先水平,所获科研成果达11大类40余项,其中8大技术领域的创新填补了多项国内外空白,极大地推动了行业技术进步,最近荣获国家科技进步一等奖。至今,隧道安全畅通运营近4年,通行车辆500多万车次。国际隧道协会主席哈唯·帕克赞誉说,终南山公路隧道"是隧道人智慧的结晶,是世界隧道界的骄傲"。

秦岭公路隧道是现代文明的重要成果,也是留给后人的巨大财富。"隧道大省"的效应日益显现。近两年"走秦岭、看隧道"成为一大旅游热点。仅终南山隧道就先后迎来

525批、1.61万人次的国内外同行参观学习。

在高速公路建设过程中,陕西还重视"路文化"的内涵建设,致力于"人文交通"的传承。在西汉高速公路秦岭服务区建设260m长的花岗岩雕塑"华夏龙脉",展现了千年蜀道历史,凡参观者无不赞叹。陕西交通人还在高速公路沿线公路服务区通过各种形式展示当地文化特色,增加文化元素,增添人文韵味,做到路与自然和谐,路与人和谐,路与文化相融。

三是有力推动了区域经济的发展。

在决战大秦岭的同时,陕西省交通厅高屋建瓴,统筹兼顾,以加快高速公路建设为龙头,带动干线公路和农村公路同步加快建设。"十一五"期间,秦岭区域建成高速公路1200km,打通高速公路省界进出口5个,改造干线公路400km,升级120km,建成农村沥青路水泥路4.2万km,极大地改变了秦岭区域交通的面貌,为陕南突破发展,创建国家级循环经济示范区,构建西安、成都、重庆"西三角"经济圈,提供了重要的交通支撑。

报纸上曾登载过这样一个生动事例:2009年5月10日,安康市青山村53岁的村支书徐炎生,代表全村老少"三谢交通人":一谢高速公路建设新理念,11.2km高速公路从青山村过境,竟然没有占用一分耕地;二谢高速公路建设者为村上新造土地220亩,不但使50户远山村民有了移民脱贫的宅基地,还解了村里未来60年的宅基地之忧;三谢"群众打底子,政府铺面子"的村路建设好政策,青山村修通了盼望已久的沥青公路。

区域交通的发展更为区域经济注入了无限活力。高速公路"四跨秦岭",将汉中、安康和商洛纳入了以西安为中心的"两小时交通圈",走上了发展快车道。三地经济发展从通高速公路起一年一个样,主要指标成倍增长,增幅远超过去。特别是深山里的土特产,能够迅速出省,走向全国,不但能卖出去,而且能卖上好价,农民兄弟得到了实惠。

"十一五"期间,陕西交通在省政府投资的权重翻了一番,跃升到23%;对全省生产总值增长的年平均直接贡献率,由5年前的3%增长到8%。公路建设促进了运输业,运输业年均实现社会增加值120亿元,对全省生产总值的拉动值2.4%,有力地推动了陕西省经济社会的发展。

驱车行走于如诗如画的大秦岭之中,宽畅快捷的高速公路,平顺绿美的干线公路,四通八达的农村公路,仰望巍峨的秦岭、青山、绿水、蓝天、白云,无不使人感慨万千。陕西这一代交通人了不起,靠自己的顽强拼搏,聪明才智,打通秦岭,成就伟业,泽润后人。

说到陕西交通的快速发展,有人说是遇到了好时代,也有人说是碰到了好机遇。同样一个天,同样一个地,同样一个机遇,为什么有的人抓住了,取得了成就,有的人没抓住,与机遇擦肩而过?抓住机遇,贵在有为。有为是一种责任和使命,有为是一种胆识和智慧,有为是一种执政能力和水平。陕西公路交通近几年能实现跨越式发展,创造了"陕西速度",打造了"大爱在心,为民开路"的陕西交通精神,关键是因人而精彩,有一个强有力的领导班子,有一个敢做、敢为、能干成事的掌舵人。时任省委书记李建国曾感慨地说:"用对了一个人,搞火了一个行业"——这是最好的诠释。曹森在就职时说:"历史使我们选择了交通,我们在历史上无愧于交通!"他兑现了自己的诺言,在陕西交通历史上写下了浓墨重彩。大秦岭为证!

数千年来,大秦岭养育了无数代的陕西人,今后还将养育其子孙。为追求更美好的生活,陕西还将不断地改善其交通条件。"十二五"期间,将在秦岭区域修建6条450km的高速公路,实现"加密、连通、对接、扩容",有的还要继续跨越秦岭南北。同时还要改造升级超过600km的干线公路,新建一批农村公路。面对大秦岭,陕西交通人任重而道远!

陕西第一条高速公路建设记
——访陕西省高等级公路管理局原局长张仲良

从1990年12月27日陕西第一条高速公路——全长23.888km的西临(西安至临潼)高速公路建成运行,到2007年全省高速公路路通车里程突破2000km,17年来,陕西公路交通发生了翻天覆地的变化,取得了巨大成就,对发展陕西国民经济、改善人民生活、促进西部大开发等方面发挥了重要作用。

回首陕西高速公路"创业史",西临高速公路也是中国西部的第一条高速公路。这条具有里程碑意义的高速路,在20世纪80年代陕西经济、技术、资金、观念等各方面条件都很落后的情况下,是如何历经重重困难成功建成运行的呢?

对此,本刊记者专访了原陕西省高等级公路管理局局长、原陕西省政协委员、陕西省决策咨询委员会委员张仲良。这位从事公路建设近40年的高级工程师、陕西省有突出贡献专家,曾主持编写了陕西省"六五""七五""八五"公路交通发展规划,并亲历了陕西第一条高等级公路、第一条高速公路的整个前期工作和建设过程。

西三一级公路,为陕西高速公路建设打头阵

据张仲良介绍,回顾陕西高速公路的起步发展,须先要提到陕西第一条高等级公路——西三(西安至三原)一级公路,是它创造了陕西高等级公路建设史的几个首次,即:国家首批利用世界银行贷款的道路工程;首次实行施工监理制度;首次实行工程建设国际性公开招标;首次采用了国际通用的项目管理办法。

西三一级公路的建设,实际上拉开了陕西高速公路建设的序幕,为随后建设的陕西第一条高速公路打下头阵,积极探索出了一条陕西高速公路发展的路子。

西三一级公路原称西原公路,由西安北出,经草滩过渭河至三原。1930年始修,曾在渭河搭建浮桥,有过短期过车。1931年曾再次整修,后因标准太低,建设很困难,不得不

中途停止。后来随着咸宋公路的通车,车辆也多绕咸阳行使,因而此路有名无实,慢慢便从公路线图上消失了。

1978年党的十一届三中全会后,陕西国民经济迅速发展,但交通道路却得不到相应发展,由西安北去的汽车还要分别东绕道灞桥、耿镇,西要绕道咸阳,使西安市东西出口本来就十分拥堵的交通局面更加严重,道路阻塞现象时常发生,事故迭出。作为长期从事公路勘察设计及交通规划的科技人员和领导干部,张仲良对此有着深刻的认识和体会。早在1979年,他就和几位同事积极倡导修建西三一级公路,并负责执笔完成了《西三公路规划报告》《西三公路可行性研究报告》及《西三公路评估文件》,这在全国都是比较早的探索。

经济要发展,交通是关键。随着全国经济改革开放的不断深化,陕西公路严重落后的局面必须解决,打开西安北出通道已经势在必行。正是基于此,西三一级公路后来被国家列为"七五"全国修建的27条重要公路之一,陕西省也将其列为发展能源交通的重点建设项目之一。

我国首批利用世界银行贷款的公路

张仲良告诉记者,在内陆省份陕西建设高等级公路,对于陕西未来的经济发展意义重大,在规划设计时就必须考虑到它的综合价值,必须考虑其长远的经济效益和社会效益。

要建设西三一级公路,资金首先应该充足到位,而陕西恰恰是穷省,资金匮乏。于是,政府决定向世界银行贷款,因为其具有利息低、使用时间长、针对发展中国家的特点。

张仲良自豪地对记者说:"扎实的前期工作和具有创新的设计方案,正是该工程获得世界银行贷款的重要原因。"据了解,当时派驻西三一级公路的世界银行专家,在向世界银行的报告中提到:"这是一个良好的设计。世界上任何一个优秀的工程师,也只能做出这样的设计。"

为此,陕西省交通厅按照世界银行关于贷款项目实行国际招标的要求,从1984年开始集中力量编写招标文件,并聘请外国专家进行咨询。作为工程设计者——陕西省公路勘察设计院,在当时我国还没有现成资料可供参考,也没有成熟经验可供借鉴的情况下,承担了西三一级公路的勘察设计任务。他们抽调精兵强将,组织了近百人的专业队伍,成立了以李克院长、副院长、总工程师为正副组长,有路桥专家参加的西三一级公路领导小组。公路勘察设计人员不辞劳苦,徒步往返于公路设计沿线的每条崎岖山道、河流,实地勘察,掌握了大量的第一手资料,在此基础上,完成了该项目的初步设计、施工图设计和国际招标文件。

最终,西三一级公路获得了世界银行654万美元的建设贷款,解决了当时资金不足的难题。

首次实行国际性公开招标的工程

按照世界银行的要求,西三一级公路各项质量标准应该依照西方发达国家修建高等级公路的标准进行。为确保工程质量和进度,陕西省交通厅决定在全国首次开创一个新的招标方案——向全世界公开招标。

于是,紧锣密鼓的工程建设国际招标工作开始了。1985年3月15日,《人民日报》《中国日报(英文版)》《世界经济发展论坛》同时刊登西三一级公路工程资格预审招标通告;4月15日,包括中国、美国、日本、英国、法国、西德、荷兰、意大利、瑞典、丹麦等11个国家的38个公司购置了资格预审文件,其中有7家对工程进行了现场考察。

同年8月27日,中国国际招标公司向审查合格的16家公司发出招标邀请书;9月16日下午,在北京进出口总公司举行了招标仪式,近百人参加了投标会。

1986年4月16日,专家们经过几轮的认真评标,最后世界银行宣布中国路桥工程公司中标。当时的西德、法国、英国等几家公司皆因报价都在一亿多而败北,为此,他们对中国路桥工程公司5900多万元的报价发出质疑,认为如此低的价位不可能依照质量标准完成施工。而中国路桥工程公司对此做出了完满的解释,因为该公司委托陕西分公司承建,本土公司在本土建设自然会节约许多方面的成本,而其他国外公司却没有这样的优势。

1986年12月15日,西三一级公路在渭河大桥工地举行了奠基典礼。1987年2月16日,全线施工正式展开。

全国首次实行国际招标施工监理制

西三一级公路在施工过程中,采用了国际顾问工程师联合会制定的合同条件(菲迪克条款)进行施工监理,在全国也是第一次。由"西三公路监理工程师办公室"全面负责监理工作。

张仲良说,这种严格的执行监理工程师制度,为保证工程质量、进度、控制投资,为今后的工程建设积累了实践经验;为陕西培养、锻炼了一批具有较高理论水平和实践经验的项目管理人才和监理人员;探索总结出了一套按照国际标准结合我国实际的监理工作经验,是对我国传统项目管理体制的重大改革,为陕西以后高等级公路建设的发展打下了坚实基础。

1989年12月27日,西三一级公路全面竣工,总长度34.46km。12月30日,在西安张家堡举行了通车典礼。这条被誉为是"开启了西安的北大门"的公路,从此结束了陕西没有高等级公路的历史,标志着陕西公路已经跨入高标准、高质量的发展阶段。

1990年,交通部在评选公路工程"三优"项目中,西三一级公路获得优良工程一等奖。1991年10月,国家质量奖评审委员会授予"国优工程银质奖"。

李光耀建议加快建设西临高速公路

张仲良介绍,陕西省在西三一级公路进入规划建设的两年后,西临高速公路的建设也提到了议事日程。因为西安是我国中西部地区经济、文化中心和交通枢纽;是中国十三朝古都,世界级的名胜古迹众多,尤其是临潼兵马俑,备受中外游客瞩目,几乎所有国家元首和首脑都把参观兵马俑列为访问中国的重要议程。其未来旅游事业潜力不可估量。

但在20世纪80年代,通往临潼的公路却是各种汽车和非机动车混合行驶,车流量大幅度超负荷,道路非常拥挤,车速缓慢,道路堵塞,成为旅游参观的头等问题。

为改变这种道路现状,促进旅游事业的发展,1985年7月,陕西省委书记白纪年、省交通厅厅长李文光专程前往国家交通部,汇报了在"七五"期间加快修建西临高速公路的规划。

在此期间,有一件事情的发生,也有力地促进了西临高速公路的建设进程。1985年9月18日,新加坡总理李光耀在代省长张斌的陪同下,前往临潼参观兵马俑,途中他们也同样遭遇了长时间的堵车。回到北京后,李光耀对当时的国家主要领导人说:"这真是世界的奇迹,民族的骄傲。可西安到临潼的公路实在是太不适应了。"他建议加快修建高速公路。

国家领导人对此十分关注,并向有关部门询问了西临公路情况。于是,该路很快被国家批准成高速公路建设项目,成为我国当时开工建设的四条高速公路之一。

西临高速公路也是国家"七五"的重点建设项目,在交通部的支持下,获得了招商银行5000万元人民币的贷款。

西临高速公路的设计任务同样由陕西省公路勘察设计院承担,1985年9月完成了初步方案,10月陕西省交通厅特邀省内一些大专院校和科研单位的70多名专家进行审议。为了提高设计质量,还聘请了西安公路学院、交通部第一勘察设计院、西安公路研究所等单位的35名专家教授为技术顾问,并将其分成路线、桥梁、路基路面和交通工程4个专业组进行研究咨询。1986年3月底完成了施工图设计。

1986年11月,陕西省政府成立了西临高速公路建设领导小组,专门负责协调处理建设过程中遇到的重大问题,张勃兴为组长,副组长白毅、熊秋水、张富春,顾问王真。

1987年8月,陕西省交通厅采用西三一级公路施工建设的经验,在国内公开招标,最后确定由西安市政第一工程公司、交通部第二公路工程局和陕西省路桥公司共同承建,与此同时,成立了"监理办"负责全线工程监理任务。从此,西临高速公路开始进入了实际的建设阶段。

西临高速公路,实现陕西高速公路零的突破

据张仲良介绍,在西临高速公路建设初期,社会各界对"中国要不要修建高速公路"

的认识依然不统一,因此在当年曾经引起全国各界的争议,持反对意见的人认为:高速公路标准高、占地多、费用高;有的人甚至认为这是贪大求洋,是脱离中国国情。

直至1989年7月,在沈阳召开的高等级公路建设现场会上,国务院副总理的邹家华指出:"高速公路不是要不要发展的问题,而是必须发展。""这样的结论是明确的,这已经不是理论问题。"

由此,结束了几年的全国大争论,更增强了陕西省政府加快建设西临高速公路的决心,并把该路建设列为本届政府任期内要完成的重点项目之一,他们先后几次召开常务会议和省长办公会议,研究建设中出现的问题。

由于西临高速公路是陕西乃至西部修建高速公路的创始,开工初期,遭遇了一些项目变更设计、设施拆迁、机械不足等问题,以致工程进度比较缓慢。为此,陕西省政府特邀顾问张斌召集西安市政府、省计委、省交通厅等18个单位负责人专门开会,研究加快工程进度的问题,他经常深入工地了解情况,多次在现场召集会议,解决了不少实际问题。

1989年9月,为了进一步加快西临高速公路建设进度,促进陕西未来高速公路的发展,陕西省政府决定在省高速公路建设指挥部办公室的基础上,组建陕西省高等级公路管理局,专门负责全省高等级公路的建管工作。这在全国也是比较早的举措。

1990年3月,指挥部提出"奋战十个月,力争年底基本竣工"的目标。为使施工有条不紊地进行,省交通厅组建了会战领导小组,副厅长胡希捷为组长、省高管局局长张维光为副组长,加强现场组织协调工作。参加设计、施工、监理的十多个单位领导和工程师们各司其职,层层落实施工任务,他们长期蹲在施工第一线,身先士卒、以身作则,大大鼓舞了广大职工。工程全线掀起了劳动竞赛,战炎阳、抢雨天,不断刷新施工纪录,为建设西临高速公路做出了贡献。

1990年12月27日,西临高速公路经过3000多名职工、1000多个日日夜夜的艰辛努力,终于建成通车。

这条全立交、全封闭、安全快速、舒适壮观的现代化高速公路,不仅使西安通往华清池、鸿门宴遗迹和秦始皇兵马俑的旅游线缩短,避免了过境车辆对临潼旅游区的干扰和环境污染,而且其建设和设施方面的创新,为全国高速公路的发展提供了借鉴。它实现了陕西省高速公路零的突破,在西部公路发展史上树立了一块丰碑,从此揭开了陕西公路发展史的新篇章。

为民开路　大爱无垠
——"十一五"陕西交通跨越式发展探源

"实现交通强、陕西强的宏图大业,就是要靠一股拼劲、一股闯劲、一股义无反顾、决胜千里的气概。"

2010年新年伊始,开年第7天,陕西省委书记赵乐际同志,在听取了陕西省交通运输厅领导工作汇报后,深有感触地说:"我每次听交通工作汇报,都很受鼓舞,感到很振奋!""曹森同志在交通发展最快、最好时期,主动提出书记、厅长分设,是高风亮节,难能可贵的,这对陕西交通事业发展十分有利。"省委书记的深情坦言,是对一个行业的充分肯定。作为一名亲历及见证交通发展的普通一兵,说说心里话,以励行业,以传来者……

先让文字的记忆回到5年前。

2005年10月10日,陕西省交通厅在陕西宾馆召开的全省交通系统领导干部大会,曹森同志代表省交通厅新一届党组,发表了题为《认真贯彻省委、省政府领导重要指示,解放思想、加快发展,开创陕西交通新辉煌》的重要讲话。这篇5个章节、16369字的谈心式讲话,明确了陕西交通行业全面贯彻落实科学发展观的5条工作主线、5个奋进目标,堪称新一届厅党组的"施政讲话"。

讲话流露出新一届厅党组真心钟爱交通、立志成就交通的博大胸襟,有力地激发了全行业干部职工知不足而奋起的创业豪情,掀起了陕西交通五年来前所未有的发展大加快。讲话掷地有声、激情澎湃、富有新意,给人以深刻思考和醒悟,在全行业内外产生了强烈共鸣、热烈反响。

讲话之所以能够温暖整个行业、走进全省万千交通职工的心窝子,就在于那股一个全省经济口大行业、老行业,本该强势拥有但却长期缺失的豪迈气概。人活着要讲气节,一个行业同样要讲大节不可失。讲话那股长风破浪、一往无前的不服输斗志和奋争一流的胆略,骨子里戳痛了疲疲塌塌的行业暮气,振作了自强自立的行业节气。也正因为讲到了大家的心里,大家听了有真情实感,这个讲话至今一直在广大交通职工耳畔回响。

商界高速公路

他说:"实现交通强、陕西强的宏图大业,就是要靠一股拼劲、一股闯劲、一股义无反顾、决胜千里的气概。""我们要以新的理念、新的模式、新的路径、新的风貌,以敢为人先的气魄,书写陕西交通新的历史辉煌。""我们必须坚定地肩负起新的历史使命,奋起直追,激流勇进,拼搏拼搏再拼搏,加快加快再加快!"

作为陕西交通工作的领军者,他坦诚地宣告了自己的决心:"我要告诉大家、告诉这份事业的是,既然组织上把我放在了这个风口浪尖上,我就要像老黄牛一样,有一股'牛'劲,把自己的全部气力,献给陕西交通大加快这个目标,百折不挠,忠勇不二。"

他还说:"我们的蓝图是宏伟的,我们的责任是重大的,我们的任务是艰巨的,我们正在谋划和干着前无古人的大事。当我们以自己顽强的拼搏,用智慧、用汗水在三秦大地上织就了高速公路网的时候,当高速公路承载着陕西经济腾飞的时候,当陕西人民以发达的交通为载体奔小康的时候,我们对自己写下的浓笔重彩会感到骄傲,我们会自豪地说:历史使我们选择了交通,我们在历史上无愧于交通!"

这个讲话向全省交通系统发出了"思想大解放、建设大加快"的动员令,以前瞻性、战略性、全局性的眼光,重新系统地审视陕西交通发展,制定了"以高速公路建设为龙头,干线公路和农村公路建设两个重点""大运输、大物流""三纵四横五辐射"5000km 的高速公路新规划,"四年工程三年完、三年工程两年完""大打质量翻身仗""大打优化交通发展环境集体仗""大刀阔斧改革行业管理软肋""举全行业之力,加强党风廉政建设"等一系列战略部署,规划了交通发展"三阶段目标"的新蓝图。

在学习实践科学发展观当中,为应对国际金融危机、拉动内需,陕西交通又提出了新的发展目标——"二环三纵六横七辐射"8000km 的高速公路发展蓝图。新蓝图在全省交通系统演变为一个个行动,一组组数据,一幅幅奋力拼搏、加快发展的动人画卷,陕西交通建设实现了历史性的跨越发展。

在陕西省社科院发布的"陕西社会舆情调查分析报告"中,交通道路建设公众满意度,排在了全省第一位。

从2005年到全球金融危机前的几年里,陕西高速公路建设迎难而上、以干克难,高速公路在建规模和建成里程连年快速增长。国际金融危机发生之后,更是快速出击,抢开项目,大干快上,先后建成了黄延高速公路、秦岭终南山公路隧道、西汉高速公路、吴靖高速公路、延靖高速公路、陕蒙界高速公路、西商高速公路、西康高速公路、八车道机场专用高速公路等一大批在国际、国内具有重大影响力的重点工程项目。到2009年年底,实现通车里程超过2770km,平均每年新建成高速公路超过350km,提前2年实现了全省市市通高速的目标。陕西目前在建的高速公路项目有24个,在建里程超过2300km,居全国前列;今年通车里程将会更多,高速公路通车里程将突破3000km,达到3300km。

加大干线公路养护管理力度,全面实施干线公路改造和大中修工程,大力推行"三化"建设,建成养管示范路超过4500km,有力提升了路网通行能力和服务水平,实现了干线公路养护"一年打基础,两年变面貌,三年树形象"的目标。

农村公路建设高歌猛进。通过实施"农民打底子,交通部门铺面子"等一系列惠农政策,每年修筑农村公路 1.5 万 km 以上,通村水泥路、沥青路超过 7 万 km。大力发展通村公路客运,道路运输做到了路通车通,全省拿出 2 亿~3 亿元支持购买通村客运车辆,全省 99% 的乡镇、83% 的建制村通了班车,极大地方便了广大农民出行,有力支持了社会主义新农村建设。

2008 年冰雪灾害和四川汶川大地震发生后,这届领导班子见事早、行动快,深入一线,敢于负责,果断决策,科学调度,有效减少了冰雪灾害对交通的影响,迅速抢通了陕西省境内通往地震灾区的公路。陕西省率先开通救灾"绿色通道",免费放行救灾车辆,免费向救灾部队官兵提供就餐和给车辆加油,派遣陕西公路救援队、运输队,奔赴四川救灾;陕西通往四川的公路,尤其是西汉高速公路,成为全国运输抗震救灾物资和人员的"生命线",有力支援了抗震救灾和灾后重建工作,受到了四位中央领导的高度肯定。

5 年来,在这届厅党组的坚强领导和强力推进下,陕西交通建设好事连连,捷报频传,实现了加快加快再加快,使全省交通从相对落后一跃而成为西部领先、全国前列,交通建设成就得到了全社会的认可。在陕西省社科院发布的"陕西社会舆情调查分析报告"中,交通道路建设公众满意度,排在了全省第一位。

仅仅 5 年,陕西交通发展走出了"洼地",解决了"瓶颈",实现了"缓解",这无不渗透着这届厅党组的勤政和智慧。

高速公路大桥建设

在省委、省政府的支持下,省交通厅理顺了高速公路管理体制,收回了省高速集团,对其实行实际管理,整合其他高速公路建设单位,新建省交通建设集团,这两大集团成为陕西高速公路建设的主力军。理顺后的高速公路管理体制,一举改变了陕西在高速公路建设、管理上各自为政、相互掣肘的情况,使高速公路建设管理拧成一股劲。依法收回蓝商高速公路项目,为国家挽回了 7.6 亿元经济损失,同时也使相关企业避免陷入了更深的错误泥潭,让蓝商高速公路走上了依法建设管理的轨道,重新安排队伍大干,把耽误了近一年的时间夺了回来,实现了按时通车。

陕西现在的高速公路管理体制,是符合高速公路这一基础设施公共服务产品属性的,是符合国情、省情的,有着很大的优越性。全省高速公路建设之所以不断创造新的业绩,无不得益于这一高速公路管理体制,陕西高速公路管理体制受到交通运输部的肯定和提倡。为建立这一体系,厅党组书记曹森付出了艰辛的努力,为理顺高速公路管理体制,光找省级领导汇报即达47人次。

陕西的干线公路管理体制,多少年来一直争论不休,是收还是不收,是议论的焦点,也是工作的难点,公说公有理,婆说婆有理,对干线公路的建养管带来很大的影响,人员带来膨胀。这届厅党组在充分调查研究的基础上,在干线公路管理体制上一锤定音,确定了省交通厅—省公路局—市交通局—市公路局的管理体制,并全力推行和落实,加大干线公路养护管理力度,全面实施干线公路大中修工程。

随着农村公路的大力修建,按照国家有关要求,也明确了农村公路的建养管体制,把主体责任落实到县级人民政府,交通主管部门加强了行业指导和监管。陕西农村公路建养管成效显著,这些做法和经验,得到了交通运输部的高度评价。2009年4月,全国农村公路现场会在陕西召开,受到全国同行的好评。

把"职工民生"工程列入了厅党组履行职责的头等大事之一,让大家喜悦地分享到陕西交通大发展的成果和光荣。

思想指导行动,理论推动实践。5年来,陕西在发展交通的过程中不断进行创新,从理念和方向上进一步明确。作为党组书记的曹森,几乎每年都要对全系统的领导干部作大干动员报告和学习辅导。其一系列重要讲话,不断从理论和认识上统一大家的思想,积极贯彻落实科学发展观,践行交通运输部党组提出的"三个服务"理念,提出了全省"发展现代交通,奉献一流服务"的理念与奋斗目标。为加快交通建设不断加油鼓劲、校正航向,扭住加快不放松!

全省交通工作的思想活力和工作活力全面活跃,研究大局、研究工作、研究问题的氛围显著浓厚,在指导实际工作、破解发展难题上形成了突破性实效。打破各种条条框框的束缚和制约,提出"举债搞建设"的思想,多方筹措建设资金,争取各类金融机构的贷款支持。2009年年初,光跟开行、中行、建行、工行、农行五家银行签订贷款协议即达1700亿元。在干线公路的建养上改变了过去"尽铁打镰"的做法,树立起"按需投入"的理念,极大地增大了干线公路的投入,使干线公路扭转了过去投入不足、历史欠账多的局面,也使干线公路面貌大变样。在大力抓公路建设的同时,克服管理偏软,强力推进公路治超,克服重重困难和阻力,用铁的手腕保卫公路建设成果。陕西的公路治超工作取得了成效,治超经验被介绍到全国并得到推广。

宏大的事业需要优秀的团队。5年来,这届厅党组始终把交通系统干部队伍建设,作为行业的生命线工程来抓。曹森同志时常用"知恩、知足、知责"来教育干部职工,在干部职工队伍中大力倡导讲原则而不稀泥抹光墙的工作关系、真情互助而不庸俗的朋友关系,带动了整个干部队伍的精神风貌整体焕然一新。对待干部,坚持手心手背都是肉,用公心大胆推进干部凭实绩论英雄,果断对省高速集团、黄延公司、西汉公司等问题成堆的单位领导班子,进行了改制性重组;坚持五湖四海用干部,全面推进干部大视野交流轮岗,大胆公开选拔任用各个年龄段有真本事的干部,真正做实了干部交流选用这篇大文章,激活了广大干部谋事而不谋人、干事而不作秀、成事而不敷衍的实干进取意识;在全行业严格全面地建立起了目标责任考核机制,特别是建立起了实打实的刚性问责制度,铁板钉钉、说到做到、奖优罚劣、重奖重罚,坚决对不干事、干不好事的干部进行了公开铁面问责,切实整肃了干部队伍的工作作风,使社会各界对交通队伍有了全新的认识,交通行业被各方面称道为"干实事的行业"。

对干部职工的后顾之忧,这届厅党组用真心体谅大家、关爱职工,把"职工民生"工程列为厅党组履行职责的头等大事之一。基层交通职工的收入几年来真正实现了大幅度增长,大家喜悦地分享到陕西交通大发展的成果和光荣,行业归属感和自豪感空前高涨;交通职工的住房问题得到从未有过的高度重视,交通职工"安居工程"实实在在地变成了一个个实体工程,建筑面积近100万 m^2,数千户交通职工将更加深切地感受到交通大家庭的温暖,享受到交通发展带来的成果。无论是交通发展的理念、行业工作作风、交通发展成就,还是精神文明建设,都呈现出一派欣欣向荣、蓬勃向上的喜人景象。

这届厅党组在努力创造物质文明的同时,致力于精神文明建设,打造行业软实力。省交通运输厅连续多年荣获全省最佳厅局称号。在2007年度和2008年度全省目标责任考核中,被评为优秀,2009年的交通工作继续排列在前。2008年还被交通运输部评为"全国交通系统文明单位",代表全国交通运输行业在全国"迎奥运、讲文明、树新风"中央电视台知识竞赛上获得铜奖,受到交通运输部领导的称赞。

2009年,按照省里的安排,省交通职工合唱团代表陕西省参加中央电视台《放歌中华》"爱国歌曲大家唱"直播晚会,代表队以惊艳的亮相、高昂的气质、精彩的表演,赢得了现场观众一次次热烈的掌声,受到了全国观众的一致好评。为庆祝新中国成立60周年,交通职工参加省里举办的百万职工大合唱、健身排舞大赛,都获得一等奖。在省里举办的各类体育比赛中,也屡有斩获。出版了全国交通运输系统第一张交通歌曲专辑《我们一直在路上》,其中有两首歌曲被交通运输部向全国交通行业推广。

这几年,交通宣传工作坚持唱响主旋律,精彩纷呈、高潮迭起,在中央电视台、陕西电视台、《陕西日报》《中国交通报》等主流媒体的上稿率不断上升,还制作了多部有深度、有深远影响的电视专题片,编辑出版了多部反映交通建设过程和成就的报告文学集和画册、

第二章
高速公路建设发展成就

邮册。对于宣传工作,只有干得好了才能说得好,实际上说得还没有干得好。事实上确实如此,陕西交通这几年的建设成就,全行业崭新的奋斗精神,为宣传工作创造了机会和平台。

这些成绩,体现了一个行业的精、气、神,展示了一个行业的精神风貌和团队精神。这些记载陕西交通人战斗历程的文字、图片和声像,是一个真实的记录,通过这些记载,把今天的交通建设者的风采和辉煌留给了历史。无论是交通发展的理念、行业工作作风、交通发展成就,还是精神文明建设,陕西交通运输系统都呈现出一派欣欣向荣、蓬勃向上的喜人景象。由于成绩突出,2009年,陕西省交通运输厅被全国总工会评为"全国五一劳动奖状"先进集体,这是全国各省级交通厅局中唯一获此荣誉的厅,也是陕西省政府组成部门中唯一获此荣誉的厅局。

2009年9月,交通运输部向全国公布了"新中国成立以来60位感动交通人物",曹森同志当选为感动交通人物,是全国唯一获此殊荣的交通运输厅厅长。这份镌刻在全国交通发展史册、与祖国60华诞交相辉映的历史性荣誉,彰显了全国交通战线对曹森同志励精图治、全身心投入交通事业、取得优异成绩的一致认可,反映了社会各界对陕西交通工作刮目相看的中肯评价,体现了交通运输部对陕西交通发展旧貌换新颜的充分肯定。

这份不平凡的荣誉,更像一面镜子,见证了曹森同志坦诚实践着当年的讲话,带领陕西交通人以大无畏的奋斗精神,拼搏三秦大地,实现了陕西交通改天换地,也让交通精神感天动地。体现了对交通事业的责任心和使命感,充满着对一个行业的大爱。这份不平凡的荣誉,是他本人的光荣,也是陕西交通人的自豪和光荣!

陕西交通人用一腔热情、一股奋斗,书写了交通的辉煌,把一个本不特别的日子,赋予了特别的意义和印记。

5年来,陕西交通运输事业发展得这么快、路修得这么好,创造了一个又一个奇迹,取得了一个又一个的荣誉,各种光环接踵而至,这使人们深深地感受到:陕西交通是因人而精彩! 这是这届厅党组带领交通职工拼搏拼搏再拼搏的结果,是加快加快再加快的结果,是创新创新再创新的结果,是挥就大手笔、写出的大文章! 辉煌奇迹的造就,每一步跨越都蕴藏着风险和挑战,每一个脚印都充满了奋斗和艰辛,每一个成就都彰显着智慧和勇气。

事实胜于雄辩,成就彰显辉煌。一位中央新闻单位驻陕资深记者说,她在一次和原省委主要领导的交谈中,当谈到交通工作时,原省委主要领导讲:"用对了一个人,搞活了一个行业。"现在的省委、省政府主要领导也称赞说:"交通部门是一个敢打硬仗、能打硬仗的队伍。"我们身置交通,无不有所感受。实事求是地说:没有哪个时候,陕西的交通建设能够如此波澜壮阔、高潮迭起;没有哪个时候,全省的交通工作能够如此受到社会的关注、人们的关爱;没有哪个时候,全省的交通部门能够如此强势,说到做到,大气磅礴;没有哪个时候,全省的交通系统能够如此上下一统、政令畅通、无私无畏;没有哪个时候,全省的交通部门能够如此大搞"安居工程",广大职工将得到实惠! 这几年是陕西交通事业之大幸,是陕西交通职工之大幸! 现在,陕西省交通运输厅又加强了领导力量,年富力强的冯西宁同志担任厅长,他誓言:做事不取巧,做人不投机,修好陕西路,走好人生路。

大爱无垠,岁月留痕。2005年10月10日以来,陕西交通人用一腔热情、一股奋斗,书写了交通的辉煌,把一个本不特别的日子,赋予了特别的意义和印记。我们为这个日子而豪迈,因为它里程碑式地定格了陕西交通一个全新发展阶段的起始坐标。珍视这个日子,就是珍视全行业干部职工热爱交通、奉献交通的赤子情怀。

万里高速惠三秦
——陕西"十二五"高速公路建设成就巡礼

"十二五"期间,从关中平原到秦岭腹地,从革命老区到秦巴山区,陕西交通人用坚实的脚步丈量大地,用勤劳的双手勾勒蓝图,苦干实干,以"科学办交通、合力办交通、勤俭办交通"的理念加快发展,在三秦百姓的心坎上筑建出了三条路:

一条是加快陕南循环发展的致富路;

一条是促进陕北持续发展的振兴路;

一条是推动关中创新发展的转型路。

三条路,如同三条舞动的彩练,将陕北革命老区、陕南秦巴山区与关中城市集群更加紧密地联系起来,区域经济发展的协调性进一步增强,为陕西经济增速位列全国第一方阵、经济总量跻身中等发达省份、人民生活水平持续提高提供了坚实的交通保障。

西安至汉中高速公路

5年来,陕西交通累计完成投资2548亿元,公路总里程达到17万km。先后建成延安至吴起、咸阳至旬邑、延安至延川、安康至平利、渭南至玉山、三星电子快速干道、西咸北环线等28个高速公路项目,新增通车里程近1700km,通车总里程突破5000km,继续位居西部前列。条条高速坦途,连通了全省97个县(市、区),省级高速公路出口达到21个,构建起了通江达海的高速公路网,交通发展成果更加广泛地惠及民生。

这一组组数字背后,承载着陕西高速公路建设沉甸甸的收获。既体现了陕西交通辉煌的发展成就,也饱含着陕西交通人艰难的探索和执着的追求。回顾陕西交通"十二五"发展历程,陕西省交通运输厅党组书记、厅长冯西宁由衷地感慨:"近几年是陕西交通困难最大、干劲最足、措施最实、效果最好的时期。"

此言不虚。

陕南:因路而富

在陕西的版图上,陕西南部地区从西往东依次是汉中、安康、商洛3个地市,其地理环境北靠秦岭、南倚巴山。山势峻险、千脉交叠的复杂地理环境,让在这里修路变得困难重重。

十(堰)天(水)高速公路安康至白河段全长129km,是我省一次性开工投资最大、施工任务最为艰巨的公路建设项目。面对地质情况复杂、施工难度大、技术要求高、工期要求紧等困难,陕西交通人以甩开膀子的干劲、逢山开路的闯劲、抓铁有痕的韧劲,日夜奋战,抢进度、抓质量、保安全,在秦岭巴山之间谱写了一曲激越昂扬的时代壮歌。2011年12月,项目建成通车后,安康东南西北四个方向的高速通道基本形成,安康作为陕南交通枢纽的战略地位进一步巩固加强。

从建设通道,到打造枢纽;从过境效应,到集聚发散。"十二五"以来,安康交通发生了深刻的变化。截至2015年年底,安康公路总里程突破2.5万km,二级以上公路1514km,路网密度108.9km/100km^2,全市8个县区通上了高速公路。"秦巴交通枢纽"已成为安康对外宣传的重要名片。

秦巴山间,寸土寸金。西安至商州高速公路全长121km,需征用土地1.35万亩,拆迁房屋1114户,拆迁厂矿31家,学校2所,迁改各类电力、通信线路、管道400余处。面对如此浩大的征迁工作和惜土如金的复杂征迁环境,陕西省交通运输厅深化省市共建机制,有效破解了征迁和环境保障难题,沿线1114户群众告别山大沟深的居住环境,搬迁至62处宽敞明亮的移民安置点。2012年12月,项目建成通车后,商洛在我省率先实现县县通高速,进一步密切了与关中地区的交通联系,对加快当地矿产、旅游等资源的开发起到了重要的作用。

"秦岭最美是商洛"这一旅游品牌,随着四通八达的公路交通网络逐渐被人们所知晓。包茂高速公路沿线的柞水溶洞、牛背梁、塔云山,沪陕高速公路沿线的牧护关、大云寺、金丝峡等一大批旅游景点串珠成线,实现高速公路直达,周末自驾去商洛成为一种时尚。2015年1~9月，商洛旅游综合收入突破140亿元，较2010年增长了近3倍。

汉中是南水北调中线工程的水源涵养区、我省引汉济渭工程的水源地。汉中至陕川界高速公路开工伊始，陕西省交通运输厅就提出要打造一条资源节约型和环境友好型高速公路，施工过程中坚持"不破坏是最大的保护"理念，将水保、环保监理与工程建设同步推进。2015年9月，汉川高速公路建成通车，我省又添一条出省入川的大通道。隧道LED照明、水源热泵、燃气锅炉等节能环保设备的大规模使用，受到各界好评，陕西交通人交出了一份靓丽的环保成绩单。

作为经济发展和民生改善的命脉，交通建设率先突破发展，成为"十二五"陕南基础设施建设最耀眼的风景线。2011—2014年，陕南年均经济增长13.7%，成为陕西经济增速位居全国第一方阵的重要引擎。

陕北：因路而兴

曾几何时，作为国家级能源化工基地的榆林，随着煤炭、石油、天然气等资源的加速开发利用，交通拥堵问题日益严重。

榆林至绥德高速公路

要保证陕北地区持续快速发展，交通必须先行一步。

站在"十二五"的起点上，陕西省交通运输厅和榆林市委、市政府大手笔绘就了一幅交通发展蓝图，5年计划投资770亿元，着力构建大交通，以适应榆林飞速发展的国家能源化工基地建设需要。

海量的资金投入，考验着交通部门和当地政府为民服务的决心，也检验着其执政能力。

2011年初，陕西省交通运输厅出台《陕西省高速公路BOT项目实施管理办法》，完善"多元化、广渠道"的筹融资机制，遴选出16个高速公路项目向全社会公开招商引资。

2011年3月，榆林至佳县高速公路开工。

2011年9月，榆林店塔至红碱淖一级公路开工。

2013年11月，神木至佳县高速公路开工。

3个项目共引进建设资金超过150亿元,优先缓解了榆林公路建设的资金压力。

2012年9月,榆林至绥德高速公路建成通车,与包茂高速公路、青银高速公路相接,在榆林国家能源重化工基地形成了一个高速公路环线,缩短了榆林、内蒙古优质煤炭经青银高速公路吴堡黄河大桥出陕供应华北、华东地区的距离,破解了区域发展的交通瓶颈,加快了以榆林、米脂、绥德盐化工业区为代表的能源重化工基地的建设。

延志吴高速公路线路所经区域沟壑纵横、山峦重叠、滑坡多发,地质条件复杂,小于100m的短路基达160多处,施工难度极大。陕西省交通运输厅在建设管理上,大力推广新技术、新材料、新工艺、新设备的应用,全面提升项目建设品质。2013年12月,延志吴高速公路建成通车,不仅为延安开辟了一条红色旅游大通途,也对完善陕西高速公路网、优化延安市路网结构、促进区域经济发展、推进白于山区的扶贫开发起到了十分重要的作用。

对外畅通、对内便捷的高速公路网强有力地支撑起了陕北绿色、多元、低碳化的持续快速发展,生机勃勃的国家新型能源中心正在陕北大地上形成。

关中:因路而新

围绕关中创新发展的战略部署,"十二五"期间,陕西交通运输行业把公路交通互联互通作为优先领域,集中建成了一批科技路、示范路。

2012年3月,韩国三星电子投资70亿美元的存储芯片项目落户西安高新区。2个月后,三星电子快速干道项目开工,次年11月建成通车,创出了陕西公路建设的"陕西速度、交通效率",架起了陕西外向型经济腾飞发展的新干线。截至目前,西安高新区已经吸引美光半导体、霍尼韦尔、韩国信泰电子、日本NEC、华为、中兴等1000余家电子信息企业入驻,陕西区域性电子信息产业集群加速成长。

2013年9月,渭南至玉山高速公路开工。陕西省交通运输厅严格落实"五化"要求,大力推行精细化管理、标准化施工,引进新设备、新工法和信息化管理手段,有效解决了原地面处理、"三背"控制、高边坡防护等质量通病难题,确保了工程结构安全、质量耐久。渭玉高速公路建成通车后,在京昆、连霍、沪陕3条国家高速公路陕西境内之间形成了一条新的联络线,大大增强关中东部局域路网的便捷性和公路运输的应急保障能力,对西安、渭南经济社会发展和对外交流将产生直接的促进作用,也将进一步扩大西安经济辐射带动的范围。

2015年11月,西安至临潼高速公路改扩建工程通车。至此,8车道的连霍高速公路(陕西境)横贯关中,串起渭南、西安、咸阳、宝鸡4个国家级高新技术产业开发区,杨凌国家级农业高新技术产业示范区和阎良国家级航空高技术产业基地,"通道经济"的辐射带动作用进一步增强。

2015年12月8日,西咸北环线高速公路建成通车,标志着我省高速公路通车里程突破5000km。作为我国首条"大规模、多用途、新技术、低成本、高质量"综合利用建筑垃圾再生材料的高速公路,西咸北环线高速公路被交通运输部列为全国"生态环保示范工程"。据统计,全长122km的西咸北环线高速公路共计使用建筑垃圾600万t,恢复垃圾场占用土地3000亩,减少土地开挖面积1500余亩,节省生石灰17万t,节约燃煤3.2万t,减少二氧化碳排放量超过4000m^3,填补了我国高速公路建设领域建筑垃圾再生综合利用的空白。西咸北环线横跨福银、京昆、连霍、包茂等10条高速公路,把高陵装备工业、阎良航空工业和临潼现代工业三个组团连成一线,西安东西南北各个方向的车辆不必再经西安绕城高速进行转换,有效缓解了西安绕城高速的交通压力,节省了运输车辆的通行成本。

陕西省交通厅纪检组组长高凡(左一)在项目建设一线调研

建好一条公路,引来一个项目,带来一批配套,发展一个产业。公路交通成为阎良航空基地展翅腾飞的"弹射器"。

为支持阎良航空产业基地发展,"十二五"期间,陕西省交通运输厅先后完成西(安)禹(门口)高速阎良收费站改扩建和西安至阎良段年费包缴工作。一"硬"一"软"两项措施,大幅提升了西禹高速公路的通行效率,交通优势进一步显现。

引发出的效应就是:中航飞机新舟700项目落户阎良。通过中航飞机等龙头企业带动,阎良航空基地已在航空制造、航空材料、航空服务等领域培育聚集了600余家企业,全力支持了我国国产飞机的研发制造。

站在承上启下的节点上,总会给人带来特别的期待。

追赶超越争一流,率先发展看交通。根据陕西交通运输"十三五"发展规划,未来5年,陕西交通运输行业将稳步开展"586"行动,即投入资金5000亿元,重点实施综合交通创建、公路发展强化、水运发展突破、运输服务提升等8大工程,努力实现县县通高速公路、重点镇通二级公路、村村通沥青(水泥)路等6项目标。

"十三五"期间,陕西交通运输行业将在"四个全面"战略布局的引领下,深入贯彻落实中央和省委、省政府的决策部署,以"打造陕西交通升级版,当好陕西发展先行官"为主线,以服务民生为根本,以改革创新为动力,坚持"科学办交通、合力办交通、勤俭办交通"发展理念,实施"追赶超越"和"转型升级"两大战略,加快推进"四个交通"发展,尽快构建起"大交通、大枢纽、大物流、大服务"的陕西综合交通运输发展格局,形成安全便捷、运行高效、绿色智能的现代综合交通运输体系,为全面建成小康社会、推进实施"一带一路"战略和建设"三个陕西"提供坚实的交通运输保障。

第三节 典型工程

穿越时空、激扬文明的陕西高速公路,在奋进中历经了30多年发展;摧枯拉朽,逶迤延伸的交通基础设施,构筑了内联外通、安全便捷的路网通衢。从关中平原到秦岭腹地,从革命老区到大漠沙丘,一条条高速公路建设成果,汇集着陕西高速公路沉甸甸的收获,展现了陕西交通辉煌的发展成就,饱含着陕西交通人艰难的探索和执着的追求。

陕西高速公路经历了从无到有、从线到网的巨大嬗变。从我国高速公路建设管理规范的发轫到1986年开建第一条高速公路;从第一条沙漠高速公路到西部地区第一条双向六车道高速公路;从穿越秦巴山区的世界级长大隧道到"蜀道难,难于上青天"的梦想变成现实;从第一条环保示范路到第一条绿色公路;从第一条八车道高速公路到第一条首次大规模综合利用建筑垃圾再生材料的高速公路……5000km高速公路,万里坦荡,宽广通衢,记载了高速公路发展关键技术上的重大突破,记载着科技和管理的不断创新,也记载了高速发展速度和品质的不断超越。

陕西高速公路建设历程可圈可点,亮点纷呈。我们遴选其中有代表性的"第一",列出了12个具有典型性、高速公路特点和亮点的项目。这些项目,体现出陕西高速公路创新发展、量变质变、又好又快的科学发展历程,蕴含了高速公路建设理念的飞跃、技术的创新、管理的突破、环保的内涵、服务的提升。

一、秦岭终南山隧道

秦岭终南山公路隧道位于包茂线陕西境西柞高速公路 K64+796~K82+816。隧道单洞长度18.02km,双洞全长36.04km,2007年1月20日建成通车,建设规模在世界高速公路隧道史上前所未有。科研成果达11大类40余项,其中8大技术领域的创新填补了多项国内外空白。"秦岭终南山公路隧道建设与运营管理关键技术"研究荣获2009年中国公路学会科学技术特等奖,2010年国家科学技术进步一等奖,2014年第十二届中国土木工程詹天佑奖(详细内容见第九章第十二节)。

a)

b)

秦岭终南山隧道

二、毛乌素沙漠榆林至靖边高速公路

毛乌素沙漠榆林至靖边高速公路是我国在沙漠地区成功修建的第一条高速公路。项目路线长116km,双向四车道,于2000年7月开工建设,2003年8月竣工通车。该项目经设计、科研、施工单位的200多名科技人员历时5年对40多个课题的独立自主研究应用,为形成国家行业标准《沙漠地区公路设计与施工技术指南》起到了积极作用,成功解决了中国沙漠公路建设技术难题。该项目2004年被国家水利部命名为"全国开发建设项目水土保持示范工程",同时荣获国家建设工程鲁班奖等5项重大荣誉(详细内容见第九章第十二节)。

三、西咸北环线高速公路

西咸北环线高速公路,起自西安市临潼区,与连霍高速公路相接,止于西安市户县,与京昆高速公路相接,全长122.61km,双向六车道,设计速度为120km/h。这条横卧在关中腹地的西咸北环高速公路是在我国高速公路建设领域首次"大规模、多用途、新技术、低成本、高质量"地综合利用建筑垃圾再生材料,填补了中国高速公路建设领域建筑垃圾再生综合利用的空白。同时,也是在我国首次大范围将橡胶沥青SMA结构用于高速公路沥青上面层,对橡胶沥青加工设备、胶粉加工、最佳掺加量、橡胶沥青加工工艺参数的确定及

毛乌素沙漠榆林至靖边高速公路

相关技术标准及试验检测体系等进行了系统研究,形成的《橡胶沥青路面施工技术指南》填补了该项技术的空白(详细内容见第九章第八节)。

a)

b)

西咸北环线高速公路

四、西安绕城高速公路

西安绕城高速公路,全长80km。2003年全线建成通车时,是陕西省乃至西部地区当时设计标准最高、设施最齐全、通行能力最大的第一条双向六车道高速公路,是重要的公路交通枢纽,连接9条国家高速,有16个出入口,2个服务区。驾车不到1小时就可顺绕西安一圈,沿线西安城区、灞河、浐河美景尽收眼底。该项目荣获2004年度詹天佑大奖等4项重大荣誉(详细内容见第九章第七节)。

a)

b)

西安绕城高速公路

五、连霍高速公路陕西境改扩建工程

连霍高速陕西境改扩建工程,由西安至潼关和西安至宝鸡两段组成,全长288.69km。除虢镇东至凉泉段22.39km为双向六车道,凉泉至石嘴头段6.54km为双向四车道外,其余均为双向八车道,是我国西北地区第一条四车道改八车道的改扩建高速公路。建设过程中,解决了一系列技术难题,被生动的比喻为西北地区高速公路建设和大中修养护的一座"博物馆",引领着陕西省高速公路改扩建技术之先河(详细内容见第九章第六节)。

六、西安咸阳国际机场专用高速公路

被誉为陕西"省门第一路"的西安咸阳国际机场专用高速公路,全长20.58km,双向八车道。2006年11月开工,2009年7月建成通车,是陕西省建设的第一条八车道高速公路,也是迄今为止西部地区建设标准最高的高速公路。凭借着优良的工程质量、优美的行车环境、先进的施工技术、一流的建设管理、完善的配套设施、智能化的服务水平,西安咸阳国际机场专用高速公路获得多项重大荣誉和国内外专家的好评(详细内容见第九章第十八节)。

a)

b)

连霍高速公路陕西境改扩建工程

七、西安至三原高速公路(原一级公路)

西安至三原一级公路是陕西乃至西部的第一条高等级公路。从1979年提出规划到1989年建成通车,历经了10的时间。路线全长34.46km,后改建为高速公路。西三一级公路,首次利用世界银行贷款,首次实行施工监理制度,首次实行工程建设国际性公开招标,首次采用国际通用的项目管理办法,在陕西乃至全国高速公路建设史上留下不可磨灭的足迹(详细内容见第九章第十二节)。

八、西安至临潼高速公路

西临高速公路于1987年10月开工建设,1990年12月建成通车,它不仅是陕西第一

西安咸阳国际机场专用高速公路

条高速公路,也是我国西部地区的第一条高速公路,全长 23.89km。该项目荣获了多项各类重大荣誉。它不仅建的早,建的好,而且由于通向秦始皇兵马俑而被世界了解。2015年,该项目在 G30 连霍高速公路陕西段改扩建中,西安至临潼高速公路实现四车道改八车道(详细内容见第九章第六节)。

a)

b)

西安至三原高速公路(原一级公路)

a)

b)

西安至临潼高速公路

九、高墩大跨桥梁

陕西关中北部的大部分地区地处黄土高原,沟壑纵横,形成了陕西修建高墩大跨高速公路桥梁的建设特色。

咸阳至旬邑高速公路三水河特大桥,全长1688m,最大跨径185m,6个主墩平均墩高141m,14号墩最大墩高183m,"三个一"合龙新技术在该项目获得成功(即左右幅一次顶推,合龙口一次锁定、一次同时浇筑),为建设期间国内同类桥梁之最,目前为亚洲第二高墩(详细内容见第九章第十四节)。

三水河特大桥

十、西安至汉中高速公路

西安至汉中高速公路是我国第一条穿越秦岭山脉的高速公路,它连接关中平原和汉中平原,是沟通中原、西北与西南的黄金通道,是国家高速公路网北京至昆明高速公路陕西境内的重要组成部分。项目建设期间,是陕西省一次性开工建设里程最长、建设投资最多、自然条件最艰苦、施工难度最大的山区高速公路,也是陕西省"十五"公路建设标志性工程之一。2007年全线建成通车,全长254.77km。西汉高速公路建成,使"天下之大阻"的秦岭自此变为通途,而且是陕西典型的生态环保路,并在2008年5月12日汶川大地震抗震救灾过程中发挥了巨大作用,成为当时最便捷、最安全、最快速到达四川灾区的一条大通道,被誉为"救灾生命线"(详细内容见第九章第一节)。

十一、十堰至天水高速公路陕西段

十堰至天水高速公路陕西段地处秦岭和巴山之间,全长466.07km。整个工程建设以高速公路示范工程和生态环保样板工程为主旨,大力推行全寿命周期成本和低碳环保节约理念。2013年底,十天高速公路全线建成通车。秦巴山间,嘉陵江畔,高速公路与青山绿水融为一体,车在路上行,人在画中游是驾乘人员的共同感慨。该项目荣获国家优秀设计等3项重大奖励(详细内容见第九章第十六节)。

第二章
高速公路建设发展成就

a)

b)

西安至汉中高速公路

a)

b)
十堰至天水高速公路陕西段

十二、黄陵至延安高速公路(二通道)

黄陵至延安高速公路(二通道)穿行于陕北生态脆弱的黄土沟壑地带,全长153.91km,双向六车道,全线18座隧道中黄土隧道占73%。然而,通过绿色能源、绿色施工技术、智慧公路等6大类33项支撑项目的实施,将绿色循环低碳理念贯穿于规划、设计、施工、运营等全寿命周期内。2016年9月建成通车后,这条路被誉为"绿色生态长廊,红色旅游坦途",被交通运输部列为"绿色公路示范项目",为陕西第一条绿色公路(详细内容见第九章第十二节)。

a)

b)
黄陵至延安高速公路(二通道)

第三章
高速公路规划设计

高速公路,经济社会发展、现代社会文明的加速器;

规划设计,高速公路建设、交通宏伟蓝图的先行者。

铺展开陕西独具特色的版图,那形似古老跪射俑的图形,张扬着"老陕"自强不息,奋发进取的秉性。从零的突破到"米"字形公路主骨架系统,从"三纵四横五辐射"到今天"两环三纵六辐射七横"的规划,从关中平原到秦岭腹地,从革命老区到秦巴山区,昔日一望无际的毛乌素沙漠、沟壑纵横的黄土高原、沃野千里的关中大地、层峦叠嶂的秦巴山区,如今都有了坦荡穿行的通衢。

每一条规划的高速公路都是铠甲战衣上的束带,每一条设计的高速公路都是促进经济发展的血脉,不仅描绘出陕西联通八方的经纬,也蕴含着雄浑强健的陕西力量。

陕西高速公路建设者,用坚实的足迹丈量大地,用勤劳的双手勾勒蓝图,用智慧和汗水,绘就了一幅幅高速公路大发展、大跨越的锦绣画卷。

第一节 发展规划

规划是交通发展的龙头和方向,科学合理的规划是实现交通跨越式发展的具体指导和必要保证。

2001年3月7日,中共中央总书记江泽民,参加七届全国人大第四次会议陕西代表团全体会议期间,听取了中共陕西省委书记李建国、省长程安东关于陕西省如何适应西部大开发公路网建设规划的汇报。

2010年12月3日,陕西省"十二五"交通规划研讨会在北京召开。交通运输部原副部长胡希捷邀请十几位专家出席,为陕西的交通发展出谋划策。进一步确立了陕西交通在全国的枢纽地位和在西部的龙头地位,并形成了陕西要加快发展,尽快形成大交通、大路网、大运输、大物流的格局。到2015年年底,陕西的高速公路已突破了5000km,基本实现了"能力充分、服务优质、运输高效、安全环保、保障有力"的交通运输体系。

20世纪80年代,我国开始起步高速公路建设。"米"字形高等级公路规划,当属陕西省高速公路网规划宏伟蓝图的基本雏形;2004年,在加快高速公路建设中研究提出的总规模5000km"345"高速公路规划,是陕西省高速公路网规划的开山力作;2008年,面对国家应对金融危机加快交通基础设施建设的历史机遇,适时地将"345"网完善提升为"2367"网,总规模增至8000km。此外,在2013年国务院批准的国家公路网规划(2013—2030年)中,高速公路形成了"71118"网,陕西省境内17条国家高速公路均为"71118"高速公路网规划的线路,充分显现了陕西高速公路网规划的前瞻性、适应性、科学性、合理性。

一、"米"字形公路网规划

20世纪80年代末,随着改革开放后国民经济的发展,全国主要干线公路面临交通拥挤、行车缓慢、事故频繁等问题。根据发达国家的实践经验,我国开始起步建设高速公路。干线公路网是高速公路网规划的基础。党的十一届三中全会以来,陕西省交通系统充分利用稳定的发展环境和有力的政策支持,总结经验,解放思想,超前确定规划方案,充分依靠各级政府和广大人民群众,动员全社会力量,大办交通事业,使陕西省交通建设步入了发展的快车道。

1."米"字形干线公路

1981年交通部制定了国家干线公路网试行方案,规划了70条线路,主要由首都连接各省政治经济中心和50万人口以上城市的干线公路,通过各大港口、铁路干线等重要工业生产基地的公路,连接各大军区之间具有重大国防意义的公路,以及连接省际的干线公路组成,全长约10.92万km,为我国今后公路建设指明了方向、明确了重点。其中,陕西省境内布局了108、210、211、307、309、310、312、316共等8条国道线路。

陕西省在"七五"期间公路交通建设过程中逐渐提升发展意识,以高等级公路为突破口,提高公路等级。初步形成了建设由国道108、210、310、312线构成的"米"字形干线公路系统的构思。这一公路规划雏形充分考虑了陕西生产力布局的特点,结合了陕西省区域交通的现实需求,奠定了陕西公路发展规划思路的基础。

2."米"字形主骨架公路

随着改革开放的推进和经济社会的发展,社会对交通的需求迅速增加。1992年交通部在国道网的基础上制定了"五纵七横"国道主干线规划,拉开了我国高等公路建设的序幕,初步构筑了我国区域和省际间横连东西、纵贯南北、连接首都的国家公路骨架网络,形成了国家高速公路网的雏形。规划的12条国道主干线全部是二级以上的高等级公路,其中高速公路约占总里程的76%,一、二级公路分别占总里程的4.5%和19.5%,连接了首都、各省省会、直辖市、经济特区、主要交通枢纽和重要对外开放口岸,覆盖了全国所有人口在100万以上的特大城市和93%的人口在50万以上的大城市,是具有全国性政治、经济、国防意义的重要干线公路。其中有 3 条国道主干线经过陕西：即青(岛)银(川)线、二(连浩特)河(口)线、连(云港)霍(尔果斯)线。

子洲至靖边高速公路

按照交通部的统一部署，根据陕西省经济社会发展需求，陕西省组织有关科研单位、大专院校就陕西省干线公路发展规划进行了较为全面系统的研究，于 1996 年 6 月编制完成了《陕西省干线公路网规划(1991—2020 年)》。规划将以西安为中心的"米"字形主骨架公路作为第一层次通道，建成由高速公路和一、二级汽车专用公路组成的高等级公路，初步确立了"米"字形公路主干线系统布局规划。该规划首次提出了建设高速公路，拉开了陕西省加快建设高速公路的序幕，初步构筑了以西安市为中心、辐射八方的放射状骨架网络，实现了西安市与省内其他地市间的高速通达，形成了陕西省高速公路网的雏形。

3."来"字形主骨架高速公路和"一纵三横两环"次干线

1999 年以来，中央经济工作会议制定西部大开发战略决策，并进一步加快交通基础设施建设。1999 年交通部提出"四纵四横"8 条西部省际开发公路通道，其功能目标是加强西部和中东部之间及西北与西南之间的联系，提高西部通江达海的能力，改善与周边国家的交通条件。其中有 3 条经过陕西，即阿(荣旗)北(海)线、银(川)武(汉)线、西(安)合(肥)线。至此，陕西共有 6 条公路被列入国家公路主干线系统，路线与里程涵盖陕西原规划的"米"字形公路主骨架，形成了"来"字形高速公路网。

在实施西部大开发的历史条件下，实现陕西省公路的快速发展，必须有全新的理念和可行的规划。作为全国交通枢纽地带，陕西省是承担过境交通、中转交通的关键地区，因此，需从全国公路交通需求的大局来着眼，将陕西干线公路网融入全国路网中进行规划和衔接。为此，陕西省交通厅按照省委、省政府"走在西部大开发前列""建设西部经济强省"的战略思想,抓住机遇,加快发展,对原"米"和"来"字形公路主骨架规划进行深化,研究制定了《适应西部大开发　加快公路发展的规划及实施意见》,高速公路自此进入全新发展阶段。2000年4月14日,省政府及时批准了该规划,使其成为指导陕西省公路发展乃至相关经济工作的纲领性文件,为实现公路跨越式发展创造了良好的基础。

(1)规划思路。建设高速公路主骨架,对接周边各省高速公路,形成以西安市为中心辐射八方中心城市经济社会交往的"一日交通圈"。这种布局体现了陕西在全国所处的中心位置,真正奠定了陕西在全国公路网中的枢纽地位。同时,规划陕西公路网,还结合了陕西省支柱产业发展和生产力布局要求,分层布局,分步实施。

(2)规划目标。陕西省5条主骨架公路均以西安为交汇点,青(岛)银(川)线经陕路段呈东西向横贯陕北能源化工基地。路网全面连接陕西省10个地(市),通达所有规划国家级、省级高新技术开发区,经济技术开发区,大部分工农业生产基地和主要旅游景区,初步形成陕西高速公路网规划框架。

(3)规划布局。将陕西省公路分为主骨架高速公路、次骨架公路和农村公路3个层次网络。提出了由6条高速公路组成、总里程达2943km的高速公路网及长约3600km的"一纵三横两环"的次骨架公路网。上述规划对陕西省当时高速公路的建设和发展起到了重要的指导作用。

第一层次是由6条公路组成的公路主骨架,也是国家规划的国道主干线和西部公路大通道在陕西的全部路段,规划等级均为高速公路。

第二层次是"一纵三横两环"次干线系统。一纵即陕蒙界杨家坡至漫川关;三横即府谷至新街、延川至定边、宜川黄河壶口至富县雷家角;两环指关中环线和渭北陕南大环线。总长度约3400km,规划建设为二级以上公路。

第三层次是其他国省干线公路和通达县、乡、村的农村公路。以路面改造、完善防护及排水设施和加强桥涵配套建设为主要内容,提高这一部分公路的通行保障能力,使陕西省公路服务水平得到全面提升。

(4)规划特色。陕西省高速公路网规划,先后经历了是否建设的质疑到达成共识进而加快发展的历程。最终在"五纵七横"国道主干线规划和"四纵四横"西部省际开发公路通道规划的指引下,形成了"来"字形主骨架高速公路网,构成该网络的6条线路均为国道主干线或西部开发大通道,这种结构形态既与陕西承东启西、连接南北的地理区位相符合,又与陕西境内东西及南北向的经济主轴线相吻合。该规划重点是实现了西安市与省内其他地市间的高速通达,强化了省会城市与地市间的直接连通,成为了陕西省高速公路网的雏形。

第三章
高速公路规划设计

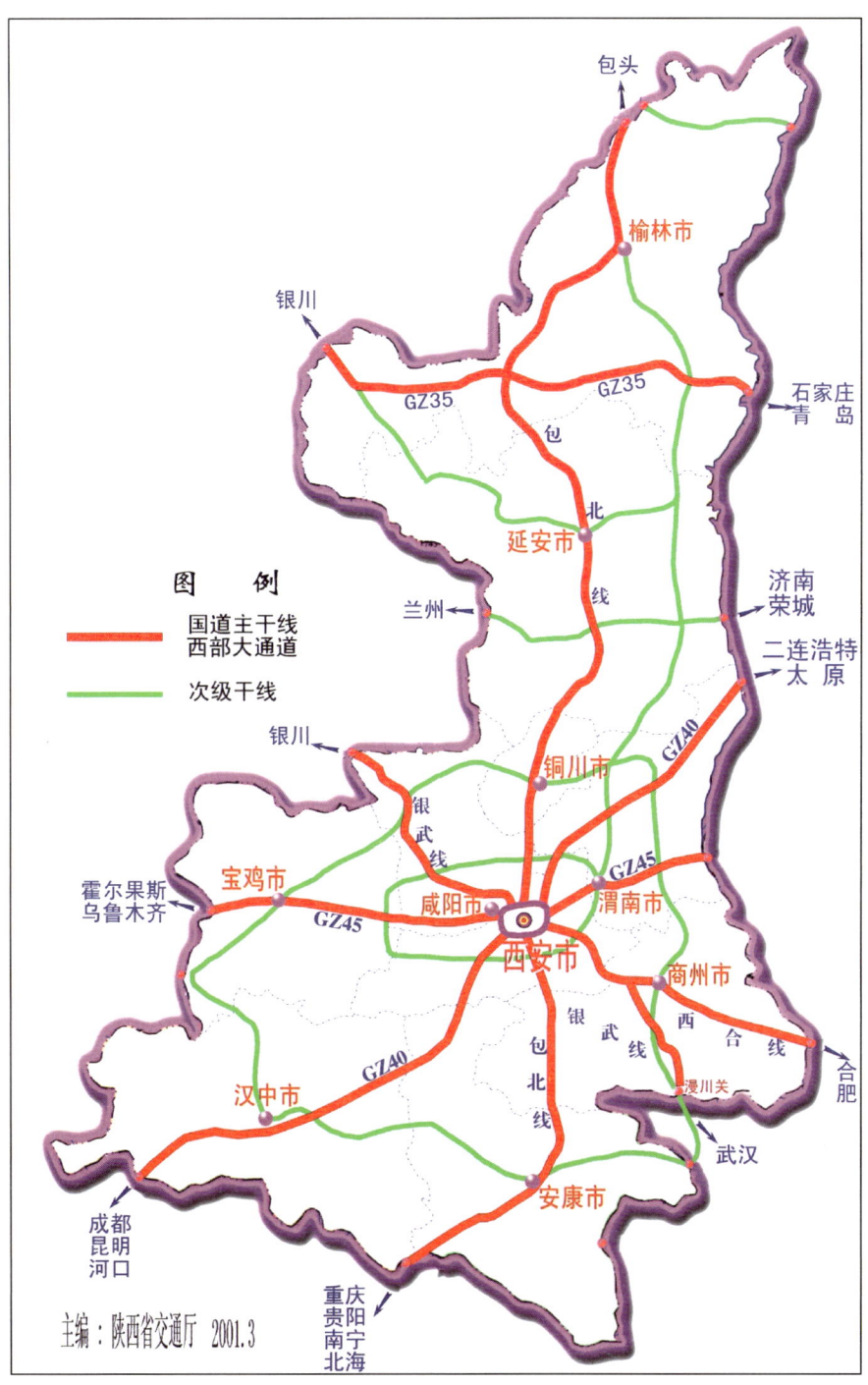

陕西省公路网规划示意图(2000年)

二、"345"公路网规划

1. 规划背景

"7918"国家高速公路网规划陕西段

党的十六大召开后,全面建设更高水平的小康社会成为今后二十年各行各业共同奋斗的新目标。同时,在迈向"十一五"发展的新阶段,交通部提出了"三个服务"的理念,即"交通工作服务国民经济和社会发展全局,服务社会主义新农村建设,服务人民群众安全便捷出行"。2004年12月,国务院审议通过了由7条首都放射线、9条南北纵向线和18条东西横向线构成的《国家高速公路网规划》,陕西共有8条公路纳入国家高速公路网,涵盖了原来由3条国道主干线、3条西部大通道组成的"来"字形主骨架,并新增了青岛至兰州线、十堰至天水线,陕西省境内规划里程3541km。

(1)全面建设小康社会的三步走战略。

21世纪前20年,是陕西省全面建设小康社会的战略机遇期,陕西省制定了全面建设小康社会的三步走目标:即2006年人均国内生产总值达到8000元,2010年达到11000元,2020年达到25000元,人均约3000美元。该三步走目标的实现必须要有完善的高速公路网作支撑,而现有高速公路不能适应经济社会发展的需要。全面建设小康社会和建设西部经济强省,进一步加快高速公路建设,仍是陕西省公路建设一项紧迫而艰巨的任务。

(2)国民经济和社会发展"十一五"规划。

按照《陕西省国民经济和社会发展第十一个五年规划纲要》,"十一五"期间,陕西省进一步统筹区域协调发展,制定了陕北跨越发展、关中率先发展、陕南突破发展的战略。因此,必须进一步解决交通体系不完善等瓶颈制约,强力推进以公路为重点的交通基础设施建设,以增强陕西发展后劲,推动陕西省经济社会协调发展。

(3)进一步加快高速公路建设的重大决策。

2005年8月,省委、省政府在深入调研的基础上,立足大局,审时度势,做出了深化改革,扩大开放,进一步加快高速公路建设的重大决策。省委十届七次全会研究陕西省"十一五"发展前景时指出,交通仍是陕西省经济发展的瓶颈之一,要求进一步加快高速公路建设,突破交通瓶颈制约。省交通厅随即制定了"三阶段发展"目标,规划到2007年,高速公路里程突破2000km,2009年突破3000km,2012年达到3800km,省境内国家高速公路网基本建成。

面对新的发展形势,原有的"来"字形主骨架高速公路网规划已不适应未来陕西省经济社会快速发展的要求,迫切需要对省境内的国家高速公路网进行加密、完善和成网。并对原有主骨架公路规划目标和建设方案进行修订,以优化国家高速公路与省级高速公路之间的衔接。为更好地指导陕西省高速公路建设,推动陕西交通现代化进程,提高高速公路建设决策的科学性,按照省委、省政府关于进一步加快高速公路建设的决策,认真研究新的形势需要,力求尽快突破交通瓶颈制约,在国家高速公路网规划基础上,省交通厅按照交通部要求对陕西省高速公路网进行了加密、完善,提出了《陕西省高速公路网规划》,并于2006年2月经省政府常务会议审议通过。

2.规划理念

(1)继承发展。在符合国家高速公路规划总体布局的基础上,补充和完善省级高速公路,并辅以必要的联络线,共同构成陕西省高速公路网络。

(2)支撑发展。以地级市、重点发展的县城为节点,重点强化省会西安市与各地市之间的路网连接,加强相邻两条高速公路通道间的便捷连接,并兼顾县级城镇的高速公路连通。

(3)融合发展。注重加强与周边省(市、区)路网的衔接与沟通,形成承东启西、连接南北的开放型高速公路网。

(4)综合发展。加强与公路枢纽、铁路枢纽和主要机场的连接,注重与各种运输方式保持良好的衔接,以适应综合运输和现代物流业发展的需要。

3.规划目标

规划总目标是:构建承东启西、连接南北、覆盖陕西省、通达四邻的高速公路网。形成安全、高效、便捷、和谐、环保的运输网络,为全面建设小康社会提供强有力的交通保障。具体规划目标包括:

(1)省会西安市与各地市以高速公路相连接,相邻地市基本以高速公路相连通,促进区域分工协作和协调发展,满足经济一体化需要。

陕西省交通运输厅副厅长张红书(右三)在现场了解规划方案

(2) 在国家高速公路规划 15 个出省通道的基础上,适当增加新的出省快速通道,构成更加开放的路网格局,促进信息、技术等交流,适应经济区域化需要。

(3) 覆盖绝大部分县(市、区),尽可能连接县域人口超过 20 万人的县城,推进工业化和城市化发展。

(4) 连接陕西省重要的经济开发区、能源基地、工农业生产基地、旅游景区和现代物流产业园区,促进陕西省经济多样化发展。

(5) 连接陕西省重要的铁路、公路、机场等交通枢纽城市,推动综合运输体系协调发展。

4. 布局方案

根据陕西省经济社会发展、产业布局及城镇布局需要,在国家高速公路网规划布局的基础上,通过多方案比选、优化和专家咨询,按照"关中加密、南北成网、周边连通"的规划思路,这一时期的陕西省高速公路网采用纵横网格与辐射线相结合的布局方案,可概括为"三纵四横五辐射",简称"345"网。由 3 条南北纵向线、4 条东西横向线和以西安市为中心的 5 条辐射线组成,路网总规模 5002km。其中含 5 条联络线 369km。在总规模中,国家高速公路 3541km,省级高速公路 1461km。具体路线布局如下。

三条南北纵向线:长约 2030km,分别为榆商线、榆康线和陇汉线。

四条东西横向线:长约 1370km,分别为吴定线、宜富线、潼宝线、白略线。

五条辐射线:长约 1233km(含商州至麻池河段 28km),分别为西禹线、西商线、西漫线、西汉线、西长线。

五条联络线:长约 369km,分别为榆佳线、延延线、渭蒲线、机场新线、西咸北环线。

5. 规划效果

"345"高速公路网建成后,达到以下效果:

(1) 省会西安市与各地市以高速公路相连接,相邻地市基本以高速公路相连通,其中,关中与陕北形成 2 条高速通道,关中与陕南形成 6 条高速通道,陕南、陕北与关中当日往返,陕南与陕北当日到达。

(2) 高速公路网覆盖了陕西省 89.7% 的县(市、区)、87.9% 的国土面积、94.4% 的人口和 97.1% 的生产总值,陕西省 87.9% 的县市平均半小时可抵达高速公路,其中,关中地区为 90.7%,陕南、陕北分别为 82.1% 和 88.0%。

(3) 陕西省将形成 21 条高速公路出省通道,其中,通往河南 2 条,山西 7 条,湖北 2 条,四川(重庆)3 条,甘肃 5 条,宁夏 1 条,内蒙古 1 条,基本实现与周边省区连接成网。

(4) 高速公路连接了已建成的 4 个国家级开发区、13 个省级开发区、重要的能源基地和工农业生产基地以及规划建设的 3 个现代物流产业园区(新筑、空港、陈仓),有效地支撑陕西省支柱产业的壮大和经济发展的多样化。

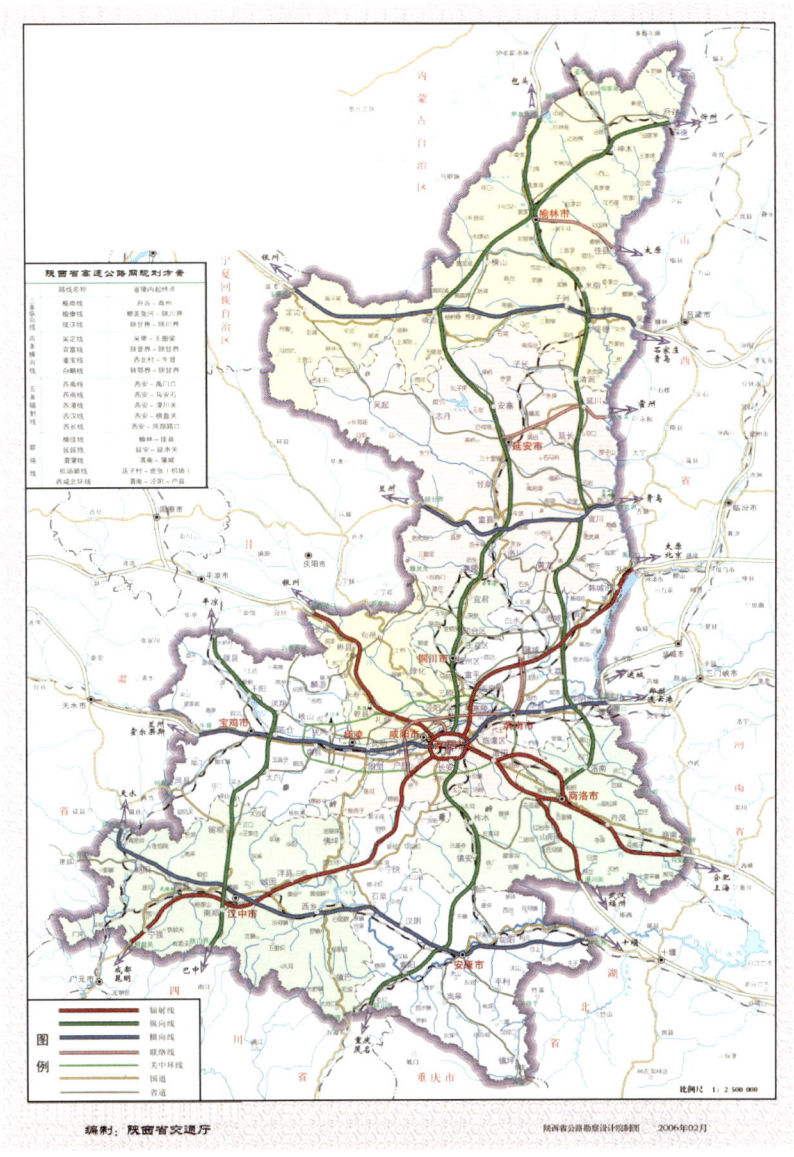

陕西省"345"高速公路网规划示意图

(5)高速公路连接陕西省重要的铁路、公路和航空交通枢纽城市,包括规划的 4 个铁路枢纽(西安、宝鸡、安康、绥德),4 个公路运输枢纽(西安、宝鸡、榆林和汉中),5 个机场(西安、安康、汉中、延安和榆林),促进各种运输方式优势互补、合理配置和协调发展,建立畅通、安全、便捷、高效的现代综合运输体系。

(6)高速公路连接了陕西众多国家级旅游景区和风景名胜区,促进旅游资源的开发和旅游产业链的形成,带动旅游经济的发展,使之成为陕西省的支柱产业和特色产业。

6. 规划特色

"345"高速公路网是陕西省首个正式发布的高速公路网规划,是在"米"字形骨架路网基础上完善形成的纵横网格与辐射线相结合的布局方案,显著提高了路网的连通度和可达性。

相比原主骨架规划,本次规划特色为:节点由省会城市、地级市扩大至地级市、重点发展的县城,覆盖范围更广,实现了相邻地市基本以高速公路相连通。在包茂通道基础上新增了榆商和陇汉两条纵向线,进一步强化了关中、陕北、陕南之间的联系,有利于加快陕西省经济的协调发展。形成21个高速公路出省通道口,基本实现与周边省区连接成网,提高了陕西省高速公路网的开放性和融合度。高速公路连接陕西省所有重要的铁路、公路和航空交通枢纽城市,有利于各种运输方式优势互补、合理配置和协调发展。

三、"2367"公路网规划

1. 规划背景

2006年2月,省政府常务会议审议通过了"陕西省高速公路网规划",路网总规模约5000km。该规划对陕西省近几年高速公路的加快建设起到重要指导作用。高速公路建设投资大、周期长,科学制定规划并适时修编,对于确保陕西交通的持续、快速、协调发展至关重要。尤其是自2008年以来,国内外在宏观领域出现的全球经济危机、"两灾"(冰雪灾害、地震灾害)等新情况,客观上对高速公路长远发展提出了新的更高要求。

西安绕城高速公路谢王立交

(1)全国交通枢纽省份的定位:陕西省具有承东启西、连接南北的区位优势。2007年交通运输部组织全国有关专家考察陕西公路交通后,一致认为陕西是全国陆路交通最繁忙的省份之一,并将陕西确定为全国交通枢纽省份。要求在规划建设公路交通网络时,须从全国公路交通需求的大局来思考,进而体现陕西所处地理位置的突出特点,真正奠定陕西的交通枢纽地位。2008年交通运输部又明确提出,要在陕西建设区域性高速公路网络监控、指挥中心,以便在应急情况下,对周边省份约3.5万km的高速公路进行统一调度。

(2)高速公路应急保障能力的欠缺:2008年"两灾"发生后,国务院主要领导在不同场合多次指出,尽管我国的高速公路建设取得了很大的成绩,但路网的连通度还不高、迂回线路还偏少,尤其是在自然灾害发生的特殊时期,选择余地太小、应对措施偏少、能提供的运输保障能力尚显不足。要进一步加快完善国家高速公路网,增强公路运输抗灾能力,重点要加快西部地区交通枢纽省份的高速公路建设,保障国家运输大通道的畅通。"两灾"对国家高速公路提出了进一步完善、提高的新要求,作为交通枢纽省份的陕西,其交通发展水平更需重新审视。

(3)进一步加大高速公路建设的需求:为应对全球金融危机,扩大内需,确保国家经济运行安全,需加大交通基础设施建设投入。交通运输部明确指出,自2008年起,3~5年内全国交通投资总规模达到5万亿元。在高速公路方面:加快国家高速公路网建设,发挥路网规模效应。加快国高网中的断头路建设,贯通省际通道;加快早期建成高速公路的扩容改造,提升路网通行能力;加快具有通道功能的地方高速公路建设,提高路网连通度。

面对上述新的形势和要求,迫切需要对陕西的高速公路网进行加密、完善,并对原规划目标和实施方案进行调整,进一步做好项目储备,确保陕西高速公路发展在新一轮加快交通建设过程中把握主动、抢占先机、跨越发展。

2.规划理念

(1)协调发展。积极响应建设西部强省号召,支撑"关中率先发展、陕北跨越发展和陕南突破发展"区域协调推进战略,显著提升经济辐射能力,为关中城市群、陕北能源化工基地建设和陕南旅游产业发展提供交通保障。

(2)超前发展。进一步突出规划的前瞻性,不仅着眼近期经济社会发展的需要,更考虑了远期经济社会发展对交通运输提出的更高要求,以充分发挥高速公路在统筹区域发展、推进城镇化进程中的先导作用。

(3)统筹发展。充分考虑与陕西经济发展格局、生产力布局、城镇体系发展格局、人口布局及周边省份高速公路网规划等的适应性,提升经济发展内生动力,增强对外交流实现合作共赢。

(4)安全服务。注重增强网络的通行服务能力和应急保障能力,力求构建一个布局合理、高效畅通、覆盖陕西省、通达四邻、直通迂回便捷的高速公路网络,形成全国重要的交通枢纽。

(5)规划目标。按照上述思路,在设置规划目标时,重点考虑以下几个方面:

①有效对接周边省份,形成跨省高速通道,实现西安市到所有相邻省(区、市)当日到达。规划调整后,陕西省将形成28条高速公路出省通道,较原规划新增了7条,其中,内

蒙古1条、山西1条、湖北1条、重庆1条、甘肃3条,进一步强化了陕西高速公路枢纽省份的地位。

②构筑西安对外辐射地市的高速通道,实现省会到地市当日往返。调整后的省网规划,以西安市为中心,向外辐射形成11条对外通道。

③形成省境内大中城市间高速通道,实现相邻地市间的便捷联系。规划调整后,关中与陕北可形成3条高速通道,与陕南形成6条高速通道,相邻地市间均实现高速公路连通,大大提升了网络的可靠性,提高了路网的机动性,同时,增强了高速公路应对自然灾害等突发事件的能力。

④形成覆盖陕西省、快速畅通的网络。近期实现所有县域便捷上高速,远期实现县县通高速。规划调整后,高速公路覆盖范围新增了麟游、旬邑、淳化、白水、吴起、志丹、子长、镇巴、岚皋、平利、镇坪共11个县。路网密度由原规划的 2.4km/100km^2 提高到 3.9km/100km^2。

陕西省交通运输厅副厅长薛生高(左二)、总工程师党延兵(右二)在现场调研

⑤在规划调整中,从完善现代综合运输体系的要求出发,进一步加强了与铁路、机场、航运等运输方式的协调。同时,也更注重旅游、工业园区、产业基地、县域经济等发展规划的协调,力尽快形成高速集、疏、运通道,为陕西省经济社会发展提供便捷、可靠的交通保障。

3. 布局方案

此次规划按照"完善骨架路网,增加迂回线路,畅通省际通道"的思路,以"加密、连通、对接、扩容"为重点,采用纵横网格与辐射线、环线相结合布局方案,由2条环形线、3

条南北纵向线、6条以西安市为中心的辐射线和7条东西横向线组成,可概括为"两环三纵六辐射七横",简称"2367"网(图3-7),路网总规模约8000km,其中"7918"国家高速公路约3870km。具体线路如下:

(1)两条环线:即西安市绕城和西安市大环线,长约440km。

(2)三条南北纵向线:即榆(林)商(州)线、榆(林)(安)康线和定(边)汉(中)线,长约2530km。

(3)六条辐射线:即西(安)禹(门口)线、西(安)商(南)线、西(安)漫(川关)线、西(安)汉(中)线、西(安)长(武)线和西(安)旬(邑)线,长约1297km。

(4)七条东西横向线:即吴(堡)定(边)线、延(川)吴(起)线、宜(川)富(县)线、合(阳)凤(翔)线、大(荔)凤(翔)线、潼(关)宝(鸡)线和白(河)略(阳)线,长约2121km。

(5)十八条联络线:即神(木)府(谷)线、神(木)米(脂)线、榆(林)佳(县)线、清(涧)安(塞)线、黄(龙)渭(南)线、机场专用线、西咸北环线、乾(县)岐(山)线、法门寺连接线、太(白)凤(县)线、商(州)柞(水)线、丹(凤)宁(陕)线、桐(木)旬(阳)线、古(城)镇(巴)线、安(康)平(利)线、安(康)镇(坪)线、石泉连接线、茶店连接线,长约1668km。

4.规划效果

按照调整完善后的新规划,当全部路网建成后,将达到以下效果:

(1)省会西安市与各地市以高速公路相连接,相邻地市以高速公路相连通;关中与陕北形成3条高速通道,与陕南形成6条高速通道。

(2)高速公路覆盖陕西省所有县(市、区)。密度由原规划的2.4km/100km^{2}提高到3.9km/100km^2。

(3)陕西省形成28条高速公路出省通道,其中通往河南2条、山西8条、湖北3条、四川3条、重庆1条、甘肃8条、宁夏1条、内蒙古2条,较原规划新增了7条出省通道(即内蒙古1条、山西1条、湖北1条、重庆1条、甘肃3条),完善了与周边省区的连接成网,进一步加强了陕西高速公路枢纽省份的地位。

(4)相邻高速公路之间形成多条迂回线路,提高了网络的可靠性和机动性,增强了应对自然灾害等突发事件的能力,有利于建立快速、便捷、安全、高效的公路运输体系。

5.阶段建设目标

(1)2008—2010年,重点建设国家高速公路及具有通道功能的省级高速公路。到2010年,通车里程突破3000km,西安至各地市全部以高速公路贯通,高速公路覆盖陕西省74%的县(市、区)。

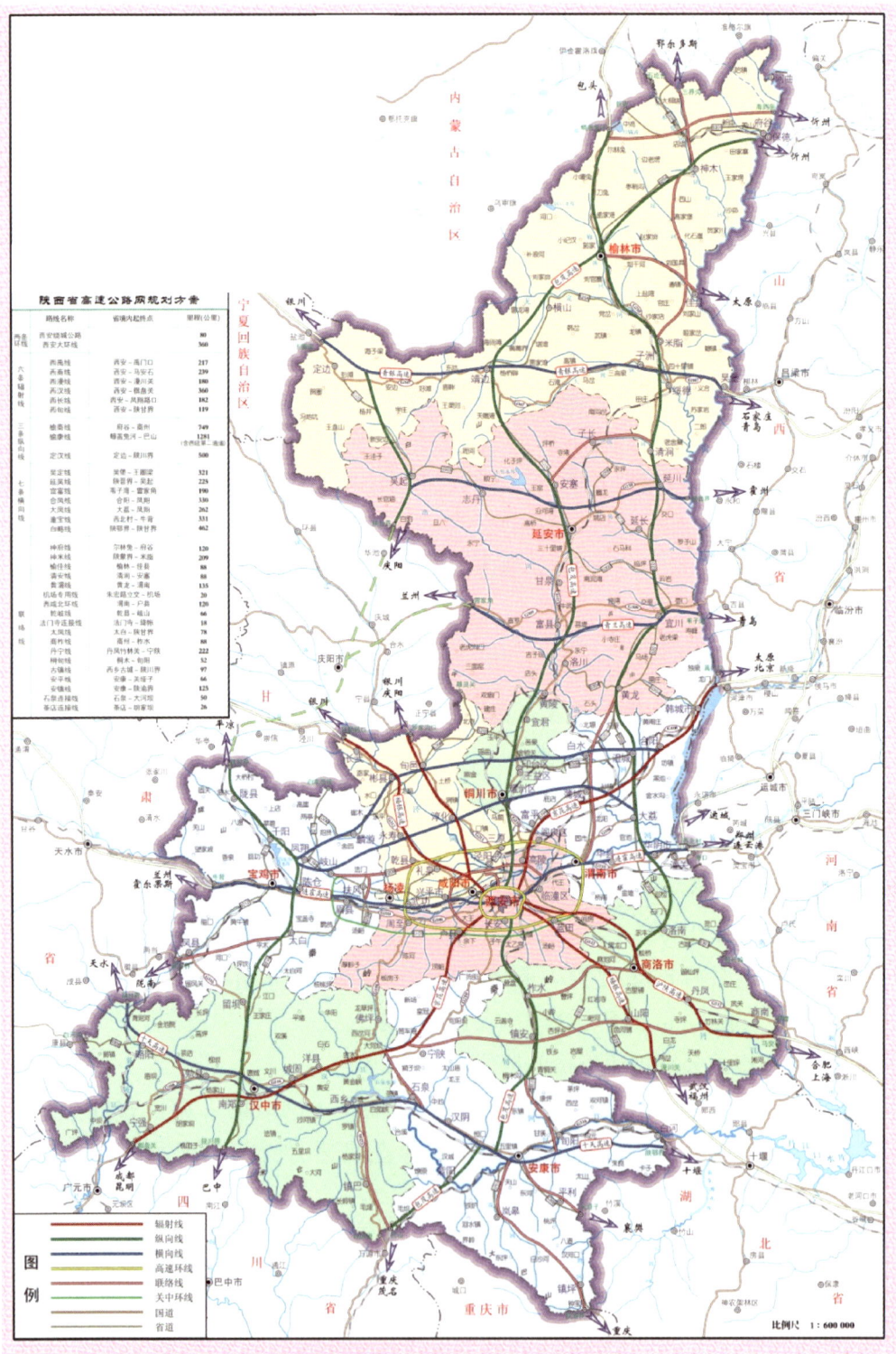

陕西省"2367"高速公路网规划示意图(2008版)

(2)"十二五"时期,重点建设省级高速和瓶颈路段的扩容改造。到2012年,通车里程突破4000km;高速公路覆盖陕西省81%的县(市、区)。到2015年,通车里程突破5000km,出省通道口增加到20个,高速公路覆盖陕西省89%的县(市、区)。

(3)"十三五"后,重点建设联络线,加密主骨架。到规划期末(暂定为2025年),高速公路总里程达到8000km,规划的"2367"高速公路网基本形成。

6. 规划特色

本次规划调整,是在"345"网基础上的调整完善,以"加密、连通、对接、扩容"为重点,共新增了19条路线,总里程增加约3000km。其中,陕北地区增加榆府线、神米线、定汉线定边至陕甘界段、清安线和延吴线延安—志丹—吴起段5条路线。关中地区增加合凤线、大凤线、乾岐线、太凤线、黄渭线、西旬线、法门寺连接线和西安市大环线8条路线。陕南地区增加商柞线、丹宁线、桐旬线、古镇线、安平线、安镇线、石泉连接线和茶店连接线8条路线。调整为"2367"高速公路网,进一步突出了规划的前瞻性和适应性。

"2367"高速公路覆盖陕西省所有县(市、区),实现县县通高速公路。对高速公路"卡脖子"路段进行扩容改造,新增迂回线路,提升了路网选择的灵活性和便捷性,增强了网络的通行服务能力、经济辐射能力和应急保障能力。在"345"纵横网格与辐射线相结合的网络形态上增加了环线,充分发挥高速公路在统筹区域发展、推进城镇化进程中的先导作用。"2367"高速公路网规划是一个大手笔的规划、一个宏伟的规划,也是一个振奋人心的规划,尤其在推进区域协调发展、强化省际协作和增强路网应急保障能力等方面将发挥重要作用。

7. 国家高速公路网规划"71118"

2013年5月,为保障公路交通可持续发展,解决既有的国家干线路网的覆盖范围不足、通道能力不够、网络效率不高等问题,国务院正式批准了《国家公路网规划(2013—2030年)》,国家公路网规划总规模40.1万km,由普通国道和国家高速公路两个路网层次构成。其中国家高速公路网"71118",即由7条首都放射线、11条北南纵线、18条东西横线以及地区环线、并行线、联络线等组成,约11.8万km,另规划远期展望线约1.8万km。

该规划是对普通国道网的调整和补充,也是对《国家高速公路网规划》的完善,对于支撑全面建成小康社会和实现社会主义现代化的宏伟目标、促进区域城乡协调发展、推进综合运输体系建设、保障我国公路交通可持续发展等具有重要意义。

按照该规划,陕西省境内国家高速公路共17条总里程5833km(表3-1),较原"7918"网新增了9条1885km,且新增线路均为"2367"高速公路网规划的线路,陕西作为全国高速公路枢纽省份的区位优势得到进一步提升,也充分彰显了陕西省高速公路网规划的科学性和合理性。

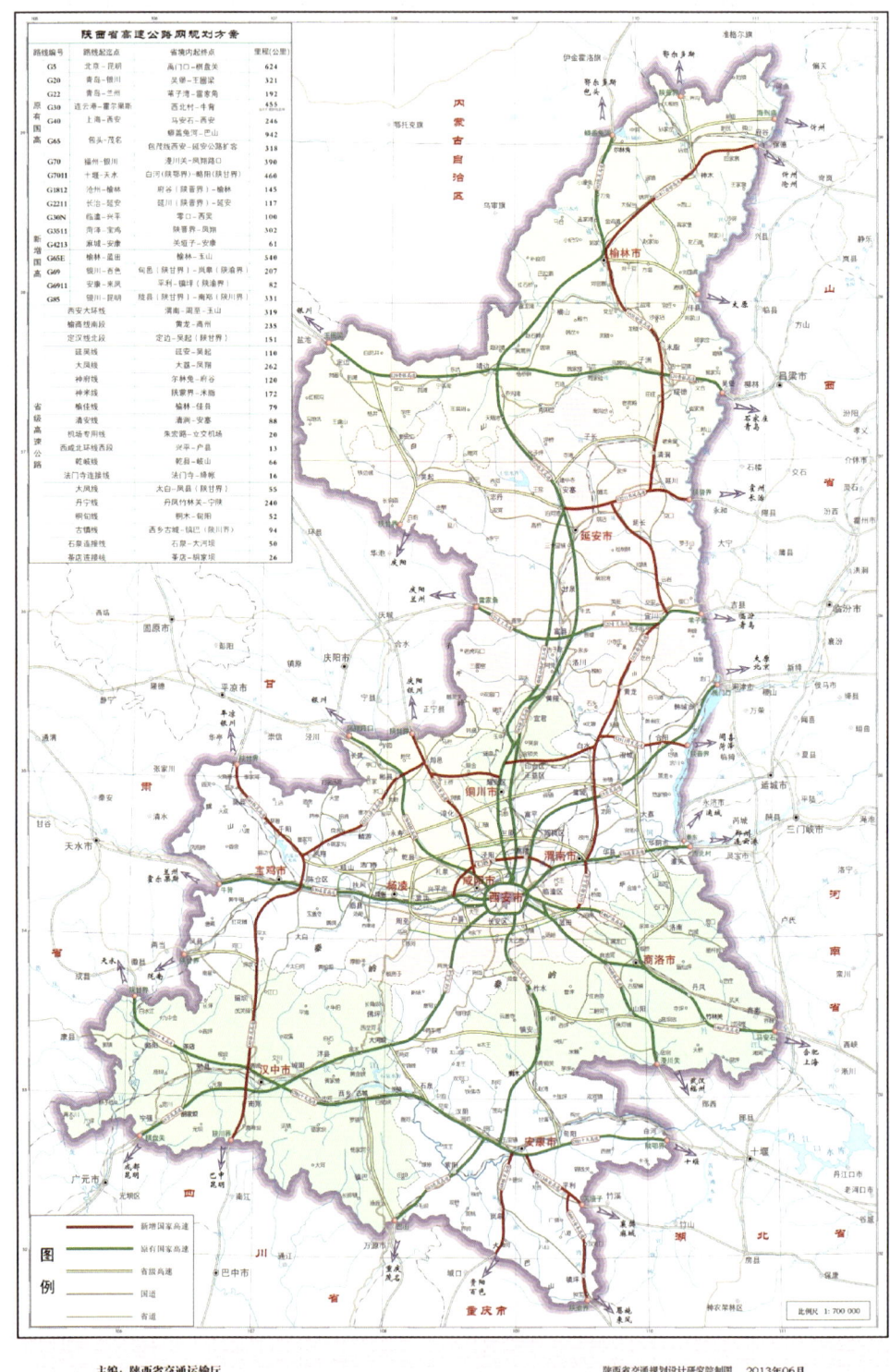

陕西省"2367"高速公路网规划示意图(2013版)

第三章
高速公路规划设计

陕西省高速公路网规划方案表 表 3-1

路 线 编 号		路线起讫点	省境内起讫点	省境内里程(km)
原有国家高速公路	G5	北京—昆明	禹门口—棋盘关	624
	G20	青岛—银川	吴堡—王圈梁	321
	G22	青岛—兰州	苇子湾—雷家角	192
	G30	连云港—霍尔果斯	西北村—牛背	455
	G40	上海—西安	马安石—西安	246
	G65	包头—茂名	蟒盖兔河—巴山	942
			包茂线西安—延安扩容	318
	G70	福州—银川	漫川关—凤翔路口	390
	G7011	十堰—天水	白河(陕鄂界)—略阳(陕甘界)	460
	小计(8 条)			3948
新增国家高速公路	G1812	沧州—榆林	府谷(陕晋界)—榆林	145
	G2211	长治—延安	延川(陕晋界)—延安	117
	G30N	临潼—兴平	零口—西吴	100
	G3511	菏泽—宝鸡	陕晋界—凤翔	302
	G4213	麻城—安康	关垭子(陕鄂界)—安康	61
	G65E	榆林—蓝田	榆林—玉山	540
	G69	银川—百色	旬邑(陕甘界)—岚皋(陕渝界)	207
	G6911	安康—来凤	平利—镇坪(陕渝界)	82
	G85	银川—昆明	陇县(陕甘界)—南郑(陕川界)	331
	小计(9 条)			1885
	国家高速公路合计(17 条)			5833
省级高速公路	S1	机场专用线	朱宏路立交—咸阳机场	20
	S2	西安大环线	渭南—周至—玉山	319
	S10	神府线	尔林兔—府谷	120
	S11	神米线	陕蒙界—米脂	172
	S12	榆佳线	榆林—佳县	79
	S13	榆商线南段	澄城—商州	235
	S14	清安线	清涧—安塞	88
	S15	桐旬线	桐木—旬阳	52
	S16	延吴线	延安—吴起	110
	S17	兴户线	兴平—户县	13
	S18	大凤线	大荔—凤翔	262
	S19	石泉连接线	石泉—大河坝	50
	S20	乾岐线	乾县—岐山	66
	S21	法门寺连接线	法门寺—绛帐	16

续上表

路线编号		路线起讫点	省境内起讫点	省境内里程(km)
省级高速	S22	太凤线	太白—凤县(陕甘界)	55
	S23	古镇线	西乡古城—镇巴(陕川界)	94
	S24	丹宁线	丹凤竹林关—宁陕	240
	S25	定汉线北段	定边—吴起(陕甘界)	151
	S27	茶店连接线	茶店—胡家坝	26
省级高速公路合计(19条)				2168
总合计(36条)				8001

陕西省高速公路规划体现了"12345"的发展理念。即一条线：发展现代交通，奉献一流服务；两个目标：全国交通枢纽，西部交通强省；三个着力点：着力加快发展步伐，着力转变发展方式，着力提升发展质量；四个统筹：统筹不同运输方式，统筹建、养、运、管，统筹三大区域，统筹城乡交通协调发展；五个原则：快速发展，协调发展，高效发展，绿色发展，创新发展。

第二节 勘察设计

设计是工程建设的灵魂。高速公路勘察设计水平的高低，对公路建设进程、工程质量、造价和工期、运营安全、环保生态、资源节约等，都有着极其重要的影响。

陕西省高速公路的勘察设计工作是在改革开放、发展经济的大潮涌动之时开始起步的。历经30余年的不懈努力，陕西省高速公路勘察设计工作在西部大开发和建设西部经济强省中奋然前行，由经济较发达的地区延伸至经济较落后的偏远地区；由地形地质条件较好的平原地区扩展至地形地质条件复杂的陕南秦巴山区、陕北黄土沟壑区和沙漠区；由新建发展到改建、扩建；道路建设标准由双向四车道向双向六车道、八车道提升。目前基本实现了陕西省县县通高速的战略目标，形成了由国高网为主骨架，省高网加密的陕西省高速公路运输网络，为陕西省乃至西部地区经济社会的全面快速健康发展，奠定了坚实的道路交通基础。

一、陕西省高速公路勘察设计历程

1. 高速公路勘察设计起步阶段(1983—1990年)

西安至三原一级公路是陕西省高速公路建设的前奏。

20世纪80年代初，随着国家改革开放战略的逐步实施，陕西省经济建设逐步进入持续、快速、健康发展的轨道，公路客货运输量急剧增加，公路交通长期滞后所产生的后果充分暴露出来,特别是主要干线公路等级低、路况差、人车混行、平面交叉等造成交通拥挤、行车缓慢、事故频繁。

解决干线公路快速运输的问题,成为摆在交通人面前的迫切命题。公路基础设施建设的思路也因此发生了历史性转变,公路建设由以前的"以通为主"向"提高公路的快速性"方面转变。

"要想富,先修路""公路通,百业兴"。人民群众的期盼,社会发展的需求,结合发达国家的实践经验,建设高速公路成为这个时代的必然选择。

陕西省高速公路建设的突破口,历史性地选择了经济较为发达的关中地区。1983年2月,陕西省政府常务会议批准西安至三原一级公路路线方案,标志着西安至三原一级公路建设工程的正式启动。

西安至三原一级公路由陕西省公路勘察设计院承担勘察设计。当时尚无高等级公路设计经验,设计人员面对的是全新的事物。

为此,由陕西省交通厅副厅长兼总工程师熊秋水任团长,省公路局局长卢振华任副团长等一行5人组成的陕西省公路考察团,于1983年10月1日~21日赴日本奈良、大阪、京都、名古屋进行了公路路线、桥梁及路面的技术考察,学习高等级公路建设的先进技术。陕西省公路勘察设计院通过对日本、欧美等发达国家高速公路有关文献、资料的学习,结合国内相关技术规范,按照汽车专用一级公路平原微丘区技术标准,主要技术指标参考《日本高速公路设计要领》等国外标准、规范,主持设计了西三一级公路。路线南起西安市北郊张家堡,向北跨渭河、泾河、过清峪河,至三原县新庄。全长34.46km,设计速度100km/h,双向四车道,路基宽度为23m,中央设1.5m宽分隔带。1983—1985年勘察设计,1986开工建设,1989年建成。1989年10月30日,西安至三原一级公路经过验收评为优良工程后,举行通车典礼正式通车。

西三一级公路的勘察设计,是在不断地探索中艰难地开始并出色完成的陕西省第一条高等级公路勘察设计项目,是广大勘察设计人员在国内没有先例、自身缺乏经验、设计手段落后的艰难困苦中,为陕西省高速公路建设奏响的前奏。

西三一级公路的勘察设计是陕西省高等级公路建设的先声,开创了陕西省乃至我国高等级公路建设的诸多第一。这是陕西省第一条双向四车道一级公路项目,是国内第一批利用世界银行贷款的公路工程项目,是国内第一条采用国际公开招标选择施工企业和第一条引进国外监理工程公司实施施工监理的公路项目,也是国内第一条引进国际通用的《FIDIC条款》进行建设管理的公路项目。依托此项目,陕西省交通主管部门编制完成了我国第一版《公路工程国际招标文件范本》[第四卷(图纸)],项目获得的"国家建设工程质量银奖",是陕西省公路建设领域第一个最高质量奖项。

西安至三原一级公路建设的同时,陕西省经济进一步发展,对交通的要求越发迫切。

西安至三原一级公路前期建设经验的取得,也促进交通建设者上下凝聚了共识。西安至临潼的交通是当时陕西省最为繁忙的一段,建设高速公路的问题就顺理成章地提到议事日程上来。

陕西省交通规划设计研究院院长栾自胜(中)、总工程师陈长海(左三)
在现场研究测设问题

1985年7月,陕西省委书记白纪年和陕西省交通厅厅长李文光等人专程前往交通部,汇报了在"七五"期间加快修建西临高速公路的规划。这条路很快被国家批准为高速公路建设项目,成为全国开工建设的四条高速公路之一。陕西省公路勘察设计院承担了陕西省第一条高速公路的勘察设计工作。路线起于西安市东郊官厅,向东经灞桥、豁口、邵平店、姜沟,至临潼城东靳家接G310。路线全长23.89km,设计速度120km/h,双向四车道,路基宽度26m。1985—1986年进行勘察设计,1987年年底开工建设,1990年12月建成通车。

西安至临潼高速公路是陕西省乃至我国西部地区第一条高速公路,被誉为"西部第一路"。路线入口处耸立的大型不锈钢雕塑"腾飞"马,展示出陕西省高速公路建设奔腾发展之势。该项目结束了陕西无高速公路的历史,也是陕西省第一条完全按照"全立交、全封闭、全部控制出入"的标准要求进行设计的高速公路,由此奏响了陕西省建设高速公路的崭新乐章。

2. 高速公路勘察设计平稳推进阶段(1990—1997年)

高速公路实现零的突破后,陕西省高速公路建设按照当时规划的"米"字形干线公路系统,以西安为中心,沿着国道108、210、310、312线,在关中平原渐次展开。这期间先后完成三原至铜川一级公路、西安至宝鸡一级公路(后均升等为高速公路)、临潼至渭南高速公路、渭南至潼关高速公路、铜川至黄陵高速公路、西安至蓝田高速公路、西安绕城高速北段等项目的勘察设计工作,陕西省公路勘察设计院承担了这些项目的勘察设计。

西安至宝鸡一级公路,路线布设于西安至宝鸡的渭河一、二级阶地,沿线地势平坦,村镇密布,农业发达。路基设计主要为交叉工程控制;路基路面综合排水是设计工作的关键;路基填料分段采用黄土、沙砾和沙填筑。这条当时陕西省建设里程最长、标准最高、一次性投资最大的高等级公路,将西安、咸阳、杨凌、宝鸡等城市连成一体,极大地加速了沿线产业调整和城镇化建设,带动了关中经济、科技、教育、文化、旅游等资源开发与发展。西安至宝鸡一级公路全线通车那一年,在西安畅饮当日宝鸡生产的生啤,成为人们街谈巷议的佳话。

铜川至黄陵高速公路是陕西省首次进入山岭重丘区的项目,也是首次进行高速公路黄土隧道的勘察设计工作。设计人员为此进行了详细的方案比选,最终研究确定在隧道排水设施中增加排水管,形成封闭的排水空腔,保持排水畅通。设计人员还结合项目实施,在黄土隧道中进行了有无系统锚杆的现场对比研究,系统测试了隧道的结构力学状态和稳定性,一系列勘察设计中的技术研究,提升积累了黄土地质条件下的高速公路设计水平。

西安绕城高速公路全长79.6km,分北南两段分别设计建设,是陕西省第一条双向六车道高速公路,设计速度120km/h,路基宽度35m。高速公路区域内路网密集,立交多,立交规模大。全线设置纺织城、曲江、阿房宫、吕小寨等15座互通式立交,其中六村堡立交为连接绕城高速公路和福银高速公路暨机场的枢纽型立交,立交规模为当时西北之最。该项目的全面建成通车,使陕西省境内的5条国家高速公路(京昆线、连霍线、福银线、包茂线、沪陕线),4条国道(G108、G310、G312、G210)以及多条西安市城市主干道实现联网,显著提高了西安市作为交通枢纽和特大城市的地域中心地位,连接了高速公路网络,对陕西省乃至我国中西部区域经济发展起到重要作用。

这个阶段平稳推进的陕西省高速公路勘察设计项目,把关中地区东西贯通起来,南北方向向北部进行了伸展,"米"字形交通主骨架聚集了陕西省73%的城镇人口、80%的科技力量、73%的国内生产总值,"一线两带"(西安为中心,陇海铁路陕西段和连霍高速公路陕西段为轴线,国家级关中高新技术产业开发带和国家级关中星火产业带)开始具备在陕西省率先实现跨越式发展的条件;使陕北能源重化工基地、渭北绿色果业基地、陕南现代中药材基地实现了局部通达,有了加快发展的重要依托;使以西安为中心的西线、北线、东线旅游和兵马俑、黄帝陵、法门寺、华山等一系列名胜旅游景点能够行驶高速公路快速抵达,成为假日经济的热点。

3. 高速公路勘察设计积极推进阶段(1998—2005年)

1998年,东南亚发生金融风暴,我国采取积极的财政政策,扩大内需,为高速公路建设带来了前所未有的发展机遇。1998年4月,陕西省交通厅召开陕西省加快公路基础设施建设座谈会,落实中共中央、国务院关于加快公路基础设施建设、扩大内需重大决定的精神,确定抓住机遇,调整公路建设计划,开工一批关系陕西省经济社会发展全局的重大项目。勘察设计单位坚决贯彻落实陕西省交通厅的决策精神,以加快公路建设为己任,全力加大工可研等前期工作力度,提前储备高速公路建设项目,为抓住机遇、加快发展当好"先行官"。

这个阶段先后完成的高速公路勘察设计项目主要有:西安至阎良高速公路、榆林至靖边高速公路、西安至户县高速公路、禹门口至阎良高速公路、西安至汉中高速公路、西安至柞水高速公路、延安至安塞高速公路、榆林至陕蒙界高速公路、黄陵至延安高速公路、安塞至靖边高速公路、榆林至神木高速公路、蓝田至商州高速公路、商州至陕豫界高速公路等项目。这些勘察设计项目由原陕西省公路勘察设计院一家承担陕西省高速公路绝大多数设计任务,转为通过招投标等公平竞争进入陕西省高速公路勘察设计市场。西安公路研究院、中交第一公路勘察设计研究院有限公司、中交第二公路勘察设计研究院有限公司、中交公路规划设计院有限公司等多家单位进入陕西高速公路勘察设计市场。

我国第一条沙漠高速公路,榆林至靖边高速公路,位于陕北黄土高原北部,毛乌素沙漠南缘,全线按平原微丘区高速公路标准设计,设计速度100km/h,路基宽度26.0m(宽中央分隔带路段为35.0m),为双向四车道全封闭、全立交高速公路。榆林至靖边高速公路,首次利用遥感技术,开展工程地质调绘,摸清了全线的地质情况,指导确定了路线走廊带。榆林至靖边高速公路勘察设计在风积沙路基压实、沙漠公路绿化、防风固沙等方面取得了突破性进展,一系列创新成果和工艺实践,为中国沙漠区域高速公路建设提供了范本,积累了经验。

禹门口至阎良高速公路所经区域为陕北黄土高原与关中盆地的过渡区,高速公路多次跨越黄土冲沟,如芝川河、太枣沟、徐水沟、金水沟等,最大沟深120~140m,沟宽700~1200m,路线以桥梁形式进行跨越。桥梁高度达110~130m,跨径在136~200m。黄土冲沟具有沟深、边坡陡峻、地质差、易坍塌的特点,这为桥梁设计、建造带来了新课题。设计人员从结构体系、跨径组合、墩台位置及防护形式、工程造价、施工难度、管理、养护等方面开展黄土地区高墩大跨桥桥型方案探索和研究,进行综合比较分析,最终确定连续刚构作为跨越此类黄土冲沟的最佳桥型方案:太枣沟特大桥最大桥高125m,主跨170m;徐水沟特大桥最大桥高118m,主跨200m(时为西北地区同类桥梁跨径第一);金水沟特大桥最大桥高108m,主跨136m。通过该项目的设计和施工实践,奠定了陕西省在黄土地区高速公路桥梁建设中采用高墩大跨连续刚构桥型的基本原则和方案。

陕西第一条横穿秦岭的山区高速公路西汉高速公路,是陕西省交通跨越式发展三大标志性工程中之一。在项目的勘察设计中,陕西省公路勘察设计院以科技创新、生态环保为引领,针对项目沿线自然地形地貌十分复杂,动植物资源非常丰富多样的实际,首次在公路建设领域提出了"生态路、环保路"的设计理念。将遥感航测技术应用于公路工程设计领域,自主研制开发了"西安—汉中高等级公路遥感航测技术应用及3S信息系统",为本项目选择最优的路线方案提供了技术保障;使用航空摄影图像处理技术和数字地面模型技术,提高测图成果的质量,加快测设进度,提高测设劳动生产率,为优化设计提供了精度高、使用方便可靠的基础资料。同时,经过反复论证,采用长大隧道群方案,使该项目穿越秦岭主脊的控制性工程三座隧道分别为6144m、6125m、4930m,避免了特长、特大隧道的施工、运营、管理的诸多问题。大纵坡、长隧道的通风是隧道设计的一个难点。汽车行驶在隧道内会散发出烟雾,掀起粉尘,降低隧道内能见度,如不能迅速排除废气,将会影响驾乘人员健康,不利于行车安全;尤其是在隧道内因交通事故而堵塞,甚至发生火灾的特殊情况下,通风就显得越发重要。设计人员结合秦岭隧道群的工程实际情况,对运营通风进行了多方案论证,采取了科学有效的技术设计。

黄陵至延安高速公路是连接陕北、关中、陕南的一条交通大动脉中的一段,是陕西省交通跨越式发展三大标志性工程之一。高速公路经过黄土沟壑区,山大沟深,是中国乃至世界上最典型的黄土发育地区,地表千沟万壑、黄河多条支流横向流过,勘察设计者为此在该地区的30km范围内,设计了7座连续刚构特大桥,主墩高度均在百米以上,长桥飞舞,山川相缪,郁乎苍苍。其设计规模之大,施工技术之高、运营气势之雄,曾称雄三秦。时为亚洲第一高墩桥梁的洛河特大桥,跨越洛河峡谷,主墩高达143.5m,桥高152.5m;老庄河最大跨径170m,葫芦河特大桥全长1468m,主墩高138m。

黄陵至延安高速公路

勉县至宁强高速公路,长54.86km,沿线群山夹水,植被丰茂,誉为"地球同一纬度生态环境最好区域",由西安公路研究所设计。路线经巴山中低区、汉江阶地,地形地貌多变,工程地质条件极为复杂,路线经过26处滑坡、77处软基、2450m的膨胀土路段,还有崩塌、岩溶、泥质页岩挖方高边坡等不良地质充斥全线。设计采用挤密桩、粉喷桩、抛石挤淤、换填等处治软弱地基;采用抗滑桩、桩板墙、抗滑挡墙、综合排水等方案综合处治滑坡。项目的勘察设计与建设管理均按照环保示范路的建设要求严格执行,取得了良好的效果,获水利部"开发项目水土保持示范工程"奖。

这个时期完成的高速公路勘察设计项目,初步构筑了以西安为中心、辐射八方的放射状骨架网络,实现了西安与各地市间的高速通达,形成了陕西省高速公路网的雏形,为国民经济社会发展提供了坚实的基础和保障。

4. 高速公路勘察设计超常规快速发展阶段(2005—2012年)

经过十余年的发展,陕西省高速公路路网有了基本的骨架,但与全国发达地区相比较还有一定的差距。陕西省委、省政府决策"深化改革、扩大开放,进一步加快陕西省高速公路建设",进一步拉开了陕西省全面加快建设高速公路的序幕。这期间,陕西省"2367"高速公路网规划基本成型并逐步完善。这个阶段的高速公路勘察设计项目以"加密、连通、对接、扩容"为重点,包括连霍高速公路的扩能、包茂高速公路西安至延安的扩能工程,以及陕北、陕南地区高速公路连通、对接。

这个阶段完成的高速公路勘察设计项目主要有:咸阳至永寿高速公路、凤翔路口至永寿高速公路、安康至陕川界高速公路、小河至安康高速公路、商州至漫川关高速公路、西安咸阳国际机场高速公路、青兰高速公路壶口至雷家角段、西安至铜川高速公路二通道、陇县至宝鸡高速公路、铜川至黄陵高速公路二通道、黄陵至延安高速公路二通道、西安至宝鸡段改扩建工程、西安至潼关段改扩建工程、咸阳至旬邑高速公路、宝鸡至坪坎高速公路、坪坎至汉中高速公路、白河至安康高速公路、延安至志丹至吴起高速公路、榆林至绥德高速公路、延安至延川高速公路、榆林至佳县高速公路、安康至汉中高速公路、汉中至略阳高速公路等项目。

小河至安康高速公路位于秦巴山区,沿线地形地质条件极其复杂,岩土风化严重,山体破碎,易形成坍塌、崩落等地质灾害,潜在隐患较多。包家山特长隧道是项目的控制性工程。设计工作者做了大量工作,进行了反复的方案比选和论证研究,最终的设计方案采用长度为11.2km包家山特长隧道方案,在当时为国内第二长公路隧道,最大限度地避绕了滑坡及其他不良地质地段。同时,从包家山隧道出口至茨沟将近10km的路段,由于受接线标高限制,形成了连续下坡,为确保行车安全,设计人员充分利用地形条件,通过设置缓坡、避险车道、爬坡车道、合理调整线形、使行车顺畅、排除安全隐患,保证了行车安全。

青岛至兰州高速公路陕西境内苇子湾至雷家角段勘察设计由中交第一公路勘察设计研究院有限公司和陕西省公路勘察设计院共同承担。设计工作者坚持"不破坏就是最大的保护"的理念,路线布设遵循地形选线、地质选线、生态选线和景观选线相结合的原则,合理运用技术指标,适当增加桥隧工程,严格控制填挖高度,避免路基大填大挖,使公路线形和构造物与沿线的自然地形和景观相协调,呈现给社会的公路工程顺应自然、融入自然,是一条"生态路、环保路、景观路"。

小河至安康高速公路

西安咸阳国际机场专用高速公路,是西部地区建设标准最高、配套设施最完善、智能化程度最高的八车道高速公路,被誉为"省门第一路"。设计采用排水性路面,降低行车噪声,雨天防滑消除水雾,有效提高行车安全性。特别是在特大桥梁上大面积采用排水性路面铺装在国内属首次。在国内首次采用桥梁减隔震设计,以适应大跨径桥梁抗震要求,在2008年"5·12"汶川大地震中经受住了考验。桥梁桩基首次采用后压浆技术。通过试桩试验后引入后压浆技术,大幅度缩短桥梁桩基长度,节约工程造价。首次在特殊路段铺设彩色路面,收费站广场ETC不停车收费车道采用彩色路面,引导车辆有序分流,起到明显的导向作用。采用了当时最先进的通信、监控、收费、照明、绿化物灌溉系统。还选用节能效果显著的LED照明灯具,采用能分时、分段照明的智能控制系统,收费站采用自动发卡和ETC不停车收费系统。

西安至潼关高速公路改扩建工程,是陕西省、也是西部第一条四车道改八车道的高速公路改扩建工程,全线采用双侧对称拼接加宽和整体新建两种方式进行改扩建。在勘察设计工作中,针对项目的特点与难点,对新旧路基拼接、新旧路基差异沉降、新旧桥梁拼接、施工保畅、原有工程合理利用等问题,进行科技攻关。通过详细勘察、检测、计算、分析,咨询国内权威专家,完成了9个专题研究报告,提出了一整套科学、合理的设计方案,为项目顺利实施奠定了基础。设计中针对原有的超负荷交通流量始终不得中断的前提条件,大区域范围确定分流方案,联动绕城、沪陕、西禹高速公路、地方道路,创造了边保畅边施工、同类工程工期最短的奇迹。

黄陵至延安高速公路二通道是陕北黄土沟壑区第一条六车道高速公路。项目沿线地形地质复杂,黄土滑坡发育,治理困难,设计中以绕避为原则,查明工程地质,在走廊带内多方案比选路线,必须通过时采用合理的治理方案。如在阳坡窑段路线途经滑坡群,沟谷两侧发育有16处滑坡,其中大型滑坡14处,设计中深入研究了短隧道群绕行方案、长隧道穿越等方案,以及相应方案中的路基与纵向桥等局部路线方案的比选,经过技术经济比较后采用了最优方案。成功解决了单向三车道大断面黄土隧道的勘察、设计和滑坡控制等关键技术问题。

这个阶段的陕西省高速公路勘察设计项目,基本涵盖了国家高速在陕西规划的八条快速通道,把陕西省大多县区通过高速公路连接起来,实现与周边省区中心城市当日到达。一个内联外通、安全便捷的高速公路网络基本形成,成为陕西建设西部强省的重要基础,真真切切实现了三秦父老企盼长安大道通九天的美好愿望。

5. 高速公路勘察设计进入可持续发展新常态阶段(2012年起)

在"十二五"中期,陕西省基本完成了国家高速公路网在陕西规划的八条快速通道的勘察设计工作。自2012年起,高速公路勘察设计项目以新增的国家高速公路和断头路、联络线为重点,继续推进高速公路建设,完成国家高速网剩余路段。这个阶段完成或正在实施的勘察设计项目主要有:神木至佳县至米脂高速公路、延安至延川高速公路、铜川至旬邑高速公路、西咸北环线高速公路、山阳至柞水高速公路、吴起至定边高速公路、绥德至延川高速公路、宝鸡至坪坎高速公路、平利至镇坪高速公路等。

宝鸡至坪坎高速公路,采用六车道高速公路技术标准。项目所处区域地形复杂,从卧虎山隧道进口至秦岭隧道北口段约15km,桥隧比例为97.4%,地形崎岖陡峻,基本无施工场地可利用,只能依靠提前开辟的便道进行勘察工作。秦岭特长隧道长15.5km,除隧道南口可就近作业外,其余施工工作面全部依靠施工斜井实现连通。针对宝鸡南互通立交至天台山特长隧道出口段连续30.67km下坡路段,设计人员开展交通安全性评价、防灾救援专项设计;同时开展"下穿宝鸡秦岭32km公路隧道群建设与运营关键技术研究",解决了天台山特长隧道在设计、施工、运营过程中的技术难题;为确保工程顺利实施,设计人员还专门进行了施工便道、施工场地、施工用电、施工弃渣等施工组织专项设计;对路线穿越清姜河水源地、天台山国家风景名胜区、神沙河省级自然保护区,专门开展环境保护专项设计。

平利至镇坪高速公路,位于秦巴山区大巴山的北麓,境内以高海拔的石质高中山为主,地形地质条件极为复杂。区内不良地质比较发育,主要为滑坡和崩塌、强震区、不稳定边坡、泥石流、采空区等。在项目的勘察设计过程中,设计人员在充分收集整理沿线气象、水文、地质等相关资料的基础上,结合对工程可行性路线方案的研究,充分考虑沿线城镇规划、水利设施及通信管线,合理利用地形,少拆迁,少占良田,灵活运用技术指标,使路线平面线形均衡连续;并综合考虑工程地质与路基构造物、跨河沟桥位的关系,研究决定了立交、服务区、停车区、匝道收费站及主线收费站位置。设计人员还以运行车速对路线线形协调进行安全检验,并把减少占用土地的理念贯穿落实到路线方案选择的过程中,目前项目已开工建设。

设计人员室内工作

二、陕西省高速公路勘察设计理念的发展

陕西省高速公路建设,历经30多年的不懈努力,得到了跨越式发展,制约经济发展的交通瓶颈变成了竞争新优势,切实起到了交通"先行官"的支撑保障作用。陕西省经济社会持续健康发展中的高速公路建设,设计的重中之重是设计理念的创新和发展。

勘察设计理念是勘察设计的总体思路、指导思想和基本原则,是勘察设计工程技术人员思维意识的精髓和灵魂,对勘察设计产品质量具有决定性作用。在陕西高速公路30多年的发展历程中,设计理念与时俱进,不断更新。

1. 从无到有,通达、经济、适用的设计理念

改革开放之初,随着国家改革开放战略的实施,经济建设逐步进入持续、快速发展的轨道,公路客货运输量急剧增加,公路交通长期滞后所产生的后果充分暴露出来,主要干线公路交通拥挤、行车缓慢、事故频繁。人民群众出行和区域经济发展,呼唤着公路建设由以前的"以通为主"向"提高公路的快速性"方面转变。

陕西省高速公路建设的起始阶段,高速公路设计依据的部颁标准是《公路工程技术标准》(JTJ 01—1981),规范中的一级公路平原微丘区技术标准设计,主要技术指标参考《日本高速公路设计要领》等国外标准、规范。在设计理念上,受传统的低等级公路建设思想影响,遵循"经济、安全、适用"的原则。这一阶段代表性项目有西安至宝鸡高速公路、临潼至渭南高速公路、三原至铜川一级公路等项目。

西安至宝鸡高速公路是这一时期代表性的工程。设计中首先贯彻了"经济"的理念,按照以防为主、防治结合、造型美观、顺应自然以及与环境相协调的原则,对设计中多方案

进行技术经济比较，择优推荐。如设计人员对于挡土墙的设计方案进行了详细的方案比选，先后研究了悬臂式挡土墙、仰斜式挡土墙、衡重式挡土墙、俯斜式挡土墙方案，综合各方面因素，经技术经济比选后，推荐采用最为经济的仰斜式挡土墙。路面结构设计方面，经过交通量预测、分析、计算，确定设计年限内累计轴次300万以下，交通量相对较小，分析评定为轻型交通，确定采用4cm沥青混凝土+8cm沥青碎石的沥青混凝土结构层，基层、底基层采用20cm的水泥稳定砂砾+20cm的石灰砂砾土的结构，最终每公里综合造价936万元，为国内同期建设同类项目的最低价。由于设计偏重于经济，造成部分通道存在净空、净宽等方面的标准偏低，未能充分考虑沿线群众生产生活不断提高的要求，造成一些通道积水较为严重的后果；道路中央分隔带未设置防、排水设施，超高路段采用中央分隔带设置过水槽的排水，不符合新时期规范要求；通车后交通量增长迅速，道路部分设计参数不符合部颁新规范的要求，桥涵构造物荷载也与部颁新标准存在较大差异；路面强度难以满足交通增长需求。这给高速公路运营留下安全隐患，加之通车15年后车流量急剧增加、部分路段拥堵、车速下降，不得不进行"四改八"改扩建。

西安至三原一级公路，为降低造价，按照低路堤的设计思路，通道被交线等采用下穿方案，造价控制较好。但在运营期间，下穿处在雨季排水不畅，容易造成积水，从而造成不良的社会影响。尤其是公路与铁路交叉处以及公路下穿铁路，形成一个较大的盆地，为解决排水问题，设计采用了管道排水，管道长约3km，基本解决了排水问题。但运营中发现，由于管道较长，纵坡较小，管道排水的出口易积水，给养护带来比较大的困难。

总之，早期的高速公路的设计理念是通达、经济、适用，高速公路的建设仅仅满足了公路的基本功能，在较高意义上的快捷优质和安全性、舒适性以及环境保护方面才刚刚起步。

2. 以人为本，注重安全、快速、环保、运营舒适的设计理念

时代在改革中发展，交通在建设中推进。高速公路在社会进步、经济运行中的大通道作用日益显露，受到了社会各界的充分认可和广泛关注，作为交通发展"先行者"的勘察设计技术手段也在不断提高。1995年起，陕西省高速公路设计技术手段开始由传统手工画图逐步向计算机CAD绘图技术转变。至1996年，基本实现了"甩掉图板"的设计手段革新，并逐渐引入了航空摄影测量、数字地形图、数字地面模型（DTM）、计算机专业设计软件等新技术。效率低、周期长、费时费力的设计手段逐步演化为科技含量高、工作效率快的设计方法，勘察设计人员也有更多的精力投入优化设计中去。随着众多高速公路勘察设计经验的积累，以交通部部颁标准《公路工程技术标准》（JTJ 01—1988）为龙头的一系列勘察设计规范、规程先后颁布实施，整合了共识，解决了一些困惑设计人员的技术问题，从国家规定的层面树立了标准，促进了高速公路勘察设计水平的提高，引领高速公路

勘察设计理念的不断提升,形成了"以人为本,注重安全、快速、环保、运营舒适"的设计理念。在这方面西安至禹门口高速公路(西禹高速公路)的勘察设计有突出表现。

禹门口至阎良高速公路

西禹高速公路沿线为黄土台塬地貌,地形较为平坦,人口密集,在路线指标选用以及桥型方案的选择上,设计中充分考虑了道路工程自身的安全耐久和道路运营的安全问题,在安全设施和工程细节设计上,以人为本,注重细节,以选择最佳的跨沟特大桥桥位为重点,大范围进行路线方案研究和路线平纵面优化工作,比较方案路线总长94km,占推荐路线长度的53%。设计人员在选线布设中,遵循地形选线、地质选线、生态选线和景观选线相结合的原则,合理运用技术指标,满足功能和安全的双重要求,使公路线形和构造物与沿线的自然地形和景观相协调,工程顺应自然、融入自然。同时,设计单位还开展了"黄土地区路堑挖方边坡"专题研究,以"陡边坡,宽平台,重绿化"的设计原则来化解工程建设与环境保护的矛盾,收到了良好的使用效果,极大地提高了公路景观效果和行驶的舒适性、安全性;还开展了"黄土地区桥梁桩基合理埋深研究",成功地解决了湿陷性黄土地基桥梁桩基础设计方法等技术难题,填补了陕西省在该领域的技术空白。

3."安全、环保、舒适、和谐"为核心内容的公路典型示范工程的设计理念

2003年,为了贯彻国家"以人为本,全面、协调、可持续"的科学发展观,交通部在总结了四川省川九路等项目建设经验的基础上,提出了公路建设要与自然环境相协调的"安全、环保、舒适、和谐"为核心内容的公路典型示范工程设计理念。2004年9月,全国公路勘察设计会议上,交通部具体阐述了"六个坚持,六个树立"的公路勘察设计新理念,就是坚持以人为本,树立安全至上的理念;坚持人与自然相和谐,树立尊重自然、保护环境的理念;坚持可持续发展,树立节约资源的理念;坚持质量第一,树立让公众满意的理念;坚持合理选用技术指标,树立设计创新的理念;坚持系统论的思想,树立全寿命周期成本的理

念。随着交通部公路典型示范工程经验的推广,陕西高速公路勘察设计的理念完成向"安全、环保、舒适、和谐"理念的转变,标志着高速公路建设理念有了质的飞跃。

时任陕西省公路勘察设计院院长万振江(右四)在宝鸡了解
高速公路设计情况

凤翔路口至永寿高速公路,是陕西省贯彻交通部"安全、环保、舒适、和谐"设计新理念的典型示范工程。项目区公路地形起伏大,存在多段连续长大纵坡,按照新的设计理念,设计人员围绕连续长大纵坡路段进行了多方案比较。首次依据《公路项目安全性评价指南》,引入运行车速概念,检验和优化平纵面设计,合理确定上下行平曲线超高;在连续长坡路段上坡方向设置爬坡车道,下坡方向设置避险车道,较好地实现了安全的目标。在路基设计中,深入贯彻国家集约用地政策,首次在设计阶段将路基取土弃土与改地造田相结合,实现弃土造地378亩;首次利用公路永久占地将路基清表土方单独堆放,用于路堤边坡绿化回填土;在省内首次依据交通流特性进行路面分幅设计,节约造价;贯彻长寿命路面设计理念,在陕西省首次全线铺筑SMA路面;在路堑高边坡设计中,采用陡坡宽台的设计理念,既保证边坡稳定,又有利于坡面绿化。

项目获陕西省优秀工程设计一等奖,成为同期交通部确定的全国12条高速公路典型示范工程之一。从此,陕西省高速公路均按典型示范工程"六个坚持、六个树立"的要求进行勘察设计工作。

4. 功能优先、安全耐久、创新设计的设计理念

随着全国高速公路通车里程的不断增加,高速公路运输网络逐渐形成,高速公路作为公路运输大通道的骨干作用与日俱增。2008年,在遭受年初南方冰雪灾害和"5·12"汶川特大地震等自然灾害以及兄弟省份发生多起公路桥梁垮塌事故后,社会对公路等公共设施的使用质量提出了更高的要求,并因此出现了"生命通道"的概念。继续深入贯彻"以人为本、环境友好、资源节约、全面协调可持续"的科学发展观,关注运营安全,同时关

注公路产品的结构安全和使用寿命;从强调采用适度的技术指标,达到公路建设与环境相协调的目标,转向注重功能,适度超前,通过加大勘察设计投入,创新设计(变设计为创作,变设计产品为创作作品),强力推进以设计施工标准化为核心内容的"五化建设"等手段,全面提高高速公路使用品质。在高速公路勘察设计中形成了"功能主导、结构安全和使用耐久"的设计理念。

西咸北环线高速公路,是西安国际化大都市重要的配套工程之一,其建设与西咸新区"现代田园城市"的规划理念相统一协调,总体设计中突出项目"高定位、高起点、高服务"的设计标准。项目的勘察设计工作充分体现了"功能主导、结构安全和使用耐久"的设计理念。设计人员充分考虑到沿线城镇众多、规划区密集、路网复杂、文物古迹多,项目与多条公路和铁路存在交叉和干扰等因素对路线及立交布设的影响,在路线方案及立交布设时,非常注重项目与区域经济发展布局和城镇整体发展规划相协调,为西安国际化大都市的发展布局留有余地;同时充分考虑项目服务旅游资源的功能,在路线方案上高度重视对文物的避让与保护,充分落实了"功能主导"的设计理念。在勘察设计各个阶段,设计单位考虑到项目区域存在数条断裂构造,地震烈度高,湿陷性黄土分布广泛的地质状况,充分研究上述不利因素对路线方案、桥梁和路基路面工程的影响,加强工程地质勘查和试验检测工作,加强桥梁等构造物的抗震设防、灾害评估和风险防范技术研究,采取切实可行的地基处理措施,保证工程的安全、耐久,落实了"结构安全"的设计理念。积极统筹利用线位资源,提高土地的集约利用程度。如路线通过土地价值高的路段,对路基和高架桥方案进行多角度比选论证,若采用路基方案则尽量采用低路堤;结合农田规划,利用取土场进行造地;部分公路施工场地选择在立交区等永久占地范围内,减少临时占地。设计人员还积极采用新技术、新材料、新工艺,加大科技投入,对重点、难点问题展开专题研究与论证,首次在路基填筑、特殊地基处理、路面、小型预制构件和临建设施建设中大规模综合利用建筑垃圾再生材料,收到良好的社会经济效益,体现了"创新设计"的新理念。

5. 树立科学发展观,贯彻"以人为本"设计新理念

进入2014年以来,国民经济发展战略由数量型向质量效益型转变,国民经济社会发展进入调结构、稳增长的新常态阶段。受其影响,高速公路建设投融资形势严峻,投资规模减小,建设速度放缓。为了适应国家宏观经济转型发展要求,交通运输部提出了全面体现科学发展观的"综合交通、智慧交通、绿色交通、平安交通"的发展理念。坚持"先进理念、系统管理、经济可靠、有效实施"的工作原则,并结合我国公路交通事业发展的现状,在强调安全、保护环境、节约资源的前提下,增加了综合(大交通)、智慧(信息化新技术)、绿色(低碳、节能)等内容,进一步丰富完善和发展了"以人为本、安全第一、资源节约、环境友好、全面协调可持续"的科学发展理念,并将这一理念贯彻到公路勘察设计的各个环

节、各个专业。

2016年刚刚完成勘察设计工作的国家高速公路榆蓝线绥德至清涧高速公路,充分体现了"以人为本、安全第一,资源节约、环境友好、全面协调可持续"的科学发展理念。

绥德至清涧高速公路,位于陕西省中东部,陕北黄土高原东端,地形、地貌主要为黄土梁峁沟壑区和河谷阶地两大类型,地形、地质条件复杂,工程艰巨。设计单位根据项目的功能和地位,结合沿线地形、地质特点,深入研究地质勘察、路线及交叉、路基、桥梁、隧道和环境保护等各专业存在的难点及关键性技术问题,积极开展相关的科研项目,进行技术创新,明确工程技术对策,采用合理可行的技术方案,保证工程安全。在路线设计中贯彻指标适度的原则,不片面追求高指标,强调路线平纵指标均衡协调、线形连续、视觉诱导良好,依据地形灵活采用多种路线布设方法,充分体现安全、舒适、经济、和谐的设计思想。设计还进行了局部路段的高填路基设计方案与桥梁设计方案的比较。在设计中精打细算,在满足功能、保障安全的前提下,合理设置断面,节约每一寸土地,仔细研究工程方案;节约每一分钱,把勤俭节约的思想贯穿公路建设的每一个环节,全面合理降低工程造价。对通过淤积土路段进行路基方案与桥梁方案的技术经济比较;淤积坝地基处理进行超挖强夯与预应力管桩方案的技术经济比较等多层次的方案比选。在工程细微设计之处,处处体现对人的关怀、人性化服务和宽容设计理念。根据路线纵坡情况及地形条件适时、适地设置爬坡车道、避险车道,以及停车区、服务区,保证公路自身的结构安全,不仅充分重视公路具有的安全、耐久的实体质量和高效、方便的功能质量,而且还要充分重视外观质量和社会质量。同时,对收费、管理、养护、服务设施尽可能采取合并设置,严格控制用地规模,避免土地分割。对于地方路改建,设计中坚持"不低于既有道路标准"的原则进行设计,灵活采用平纵面技术指标,尽可能在既有道路的基础上进行改建,减少新增占地,都取得了良好的效果。

设计人员野外勘察

三、勘察设计技术手段的发展

"工欲善其事,必先利其器"。陕西省高速公路建设历程中勘察设计技术手段的运用、改进和升级换代,促进了建设事业的发展,提升了科技水平,创造了优异的成果。

1. 高速公路工程测量

在高速公路建设初期,公路工程勘察执行交通部《公路路线勘测规程》(JTJ 061—1985),平面控制测量采用布设三角锁,利用经纬仪测角;中桩放样采用拉链和经纬仪拨角法;地形图采用经纬仪配合小平板法测制,并以此为基础,逐步发展到平面、高程控制采用电子全站仪完成;地形图大面积采用航空摄影测量技术完成,小面积采用全站仪进行数字化测图;中桩测量采用全站仪利用极坐标法放样;中桩、横断面测量采用 GPS,RTK;在绥德至延川高速公路中,还首次采用机载激光雷达技术完成 1:2000 比例尺地形图航测工作。

(1)西安至三原一级公路,于 1984 年测设。平面控制布测线形小三角锁 10 条,构成每个小三角锁的三角形 26 个,共布测 140 个点,高程采用四等水准测量,测量仪器为经纬仪、水准仪;中桩放线采用经纬仪拨角法,高程采用水准仪五等平方法,横断面采用皮尺、花杆抬杆法,利用平板仪沿线测绘 1:1000 带状地形图。

(2)西安至临潼高速公路,于 1986 年测设。全线平面控制布测两条电磁波红外测距附合导线,埋设控制点 35 个。高程控制采用四等水准测量,布设 2 个闭合环,水准路线长 41km。中桩放线采用经纬仪拨角法,高程采用水准仪五等平方法,横断面采用皮尺、花杆抬杆法,利用平板仪沿线测绘 1:1000 带状地形图。

(3)西安至宝鸡高速公路,于 1990 年测设。平面控制一级导线采用电子全站仪,四等水准采用光学水准仪测量。纵、横断面测量采用电子全站仪利用极坐标法放样。首次采用航空摄影测量,测绘 1:2000 比例尺地形图。自此以后,高速公路项目 1:2000 比例尺地形图基本采用航测手段。

(4)临潼至渭南高速公路,于 1993 年测设。布测一级导线、四等三角高程约 41km,采用仪器为徕卡 1610 型电子全站仪,带状地形图采用经纬仪配合小平板完成。中桩测量采用全站仪利用极坐标法放线,横断面测量采用皮尺花杆抬杆法。在临潼至渭南高速公路高程控制测量中,首次采用电子全站仪进行三角高程测量。自此,高程控制测量实现了由水平仪法向光电测距仪三角测量法的跨越。

(5)西安绕城高速公路,分南、北两段勘测设计。北段完成线路控制测量及 1:2000 地形图测绘,共施测一级导线 36.27km、四等三角高程路线 55.1km、GPS 点 14 个,测制 1:2000 地形图 25km²。南段完成 46km 控制测量及测图,共施测一级导线 50km、四等三角高程路线 70km、GPS 点 18 个,测制 1:2000 地形图 28.35km²。首级控制为四等 GPS 点,施测采用GPS接收。一级导线、四等三角高程、1∶2000地形图和中桩纵横断面测量采用全站仪完成。在平面控制测量中,首次采用GPS点技术,极大地提高了控制测量的工作效率。

(6)榆林至靖边高速公路是我国第一条沙漠高速公路,一级导线、四等三角高程和中桩纵横断面测量采用全站仪完成。1∶2000地形图采用航空摄影测量完成并生成三维数字地面模型,路线首次利用CARD/1技术在三维地面模型上进行动态设计。初步设计路线纵横断面首次在数模上获取。

(7)西安至汉中高速公路,由于公路途经关中平原、秦岭山脉和汉中盆地,线路长,地质结构复杂,用常规方法在短期内进行方案比选难以完成。勘察设计人员反复进行踏勘和测绘,应用卫星遥感和航测图像综合分析技术查清了区域地质构造特征,测设中首次在省内采用由陕西省公路勘察设计院自主研发的"3S"(遥感RS、全球定位系统GPS、地理信息系统GIS)技术进行1∶10000比例尺工程地质调绘。之后,省内高速公路项目均采用该技术进行1∶10000比例尺工程地质调绘,显著提高了勘察工作效率和质量。

(8)在绥德至延川高速公路中,首次采用机载激光雷达技术完成1∶2000比例尺地形图航测工作。该技术地面分辨率为0.18m。地形图精度达到施工图测量要求,借助数字地形模型(DEM)技术,可替代施工图详测工作,极大地提高地形复杂地区的中线勘测精度和设计效率,为在施工图阶段全面推广数模化设计提供了基础数据保证。

高速公路测量手段的发展,技术的进步,极大地提高了高速公路测量水平,加快了测量速度,为整个高速公路项目的圆满完成提供了技术支持。随着高速公路建设的推进,还会有更多、更好的测量技术手段用于高速公路勘察设计中。

2.高速公路地质勘察工作

高速公路工程地质勘察工作贯穿于公路项目的前期规划、勘察设计、工程施工等过程。地质勘察工作是勘察设计的基础,其工作深度直接影响到公路设计质量、工程造价。切实做好公路工程地质勘察工作,是确保勘察设计质量的重要途径。

(1)高速公路地质勘察主要工作方法

根据勘察设计项目任务的要求,设计单位及时安排工程地质勘察人员对设计路线走廊带进行踏勘,了解区域及项目路段工程地质概况,对下一阶段勘察工作提出指导性意见,形成勘察大纲和技术要求。报审通过后安排钻探设备、人员进场,展开外业勘察工作,包括岩、土、水等试验,最终形成勘察报告。

主要工作有:

①工程地质调绘。

勘察工程地质调绘工作以1∶2000带状地形图为底图,进行相同比例尺的带状工程地质调绘。在初步工程地质勘察资料的基础上,针对不良地质体、特殊性岩土段落,桥址区、隧址区、高边坡段落进一步开展工程地质调绘工作,并对地质调绘工作开展前收集到的资料进行研究与综合分析。测绘方法以路线穿越法为主,追索法为辅,同时结合实地走访调查的方法进行,按一定的密度布设一定数量的观测点及观测路线,观测点一般布设在不同时代的地层接触带、不同岩性的分界线、不同地貌单元的分界线以及地质灾害发育地段等处。当地质条件简单时,适当放宽,复杂时加密。为提高填图精度,地质点标注方法以罗盘交汇法为主,重要控制性地质点用高精度手持GPS定位。

陕西省交通规划设计研究院职工外业勘察

②钻探、取样及野外记录。

钻探及取样根据岩土性质按照相应要求进行,并做好详细记录。

③原位测试试验。

对线路段分布的黏性土、砂类土和卵砾石、风化岩层,采用了标准贯入试验与重型圆锥动力触探试验两种原位测试手段,查明其密实程度和均匀性。

④挖探。

探井主要应用于湿陷性黄土区,探井取样评价黄土场地湿陷类型和地基湿陷等级。探坑主要应用于桥址区基岩埋藏浅的地段,用以探查覆盖层厚度。探槽主要用于高边坡路段,对于部分边坡陡峭,边坡所涉岩土体出露良好,布设探槽。

⑤工程物探。

物探工作一般采用浅层地震勘探方法,用以查明隧道覆盖层的厚度及围岩的弹性波速,探明断的产状和破碎带的宽度;并对隧道部分岩块进行岩块波速测试,以求得岩体的完整性系数。采空区勘察一般利用了初勘阶段的瞬变电磁法勘探,目的是圈定采空区范围,推算采空区深度,为工程建设提供相关参数。

(2)高速公路地质勘察新技术发展情况

1996年7月,《国道108线西安—汉中高等级公路遥感航测技术应用研究及3S信息集成系统研制》拉开了应用遥感与3S技术开展陕西省高速公路遥感技术应用的序幕。

1998年和2000年,陕西省交通科技工作者先后完成了陕西省"九五"科技攻关项目《西安—汉中高等级公路遥感航测技术应用研究及3S系统研制》及交通科技重点项目《陕西省交通卫星遥感影像图及信息系统》(图像与软件成果)和交通部"九五"重点科技项目《综合遥感技术在公路深部地质勘察中的应用研究》课题,陕西省公路勘察设计院是科技攻关项目和课题研究的主要承担者,取得了有关公路工程地质遥感信息提取技术、不良地质现象遥感预测方法、公路遥感多媒体数据库技术和三维软件开发研究等一系列具有创新性的成果,其中合作开发的公路工程3D-GIS三维地理信息系统(2.0版),是具有全新自主版权的新型三维地形分析软件,是我国公路勘察设计迈向自动化的重要一步。

1999年以来,陕西省交通厅在陕西省高速公路勘察设计项目中推广遥感开发的技术成果,已经完成工程应用30多项,为公路大方案的确定及时提供了可靠的工程地质资料,使路线方案走廊带的确定更合理、更迅速。其中遥感技术应用于大规模工程地质调绘项目,如:沙漠—黄土区的榆林至靖边、子洲至靖边、靖边至王圈梁高速公路,黄土沟壑区的禹门口至阎良、黄陵至延安高速公路,黄土地裂缝发育区的绕城高速公路南段,山地—丘陵—盆地区的槐树关至元墩的高速公路等进行的1∶10000工程调绘项目中,不但提高速度1~3倍,而且提高了勘察设计质量,综合效益提高1倍以上。重要的是查明了多处用常规方法不易发现的不良地质问题,提出多条优化选线建议,按减少不良地质路段处治产生的节约效益,总计可达12亿元人民币以上。在完成任务的超前性、实际避免灾害损失及生态环境有利性方面产生的经济效益和社会效益更不可估量。目前,该技术成果正在继续推广应用中。

陕西省高速公路全部采用遥感技术进行前期调查选线研究,取得了重大经济效益和社会效益,遥感技术推广与应用走在了全国前列,为我国高速公路建设做出了突出贡献。

(3)高速公路地质勘察工作的重点

2010年,陕西省交通运输厅《关于进一步加强公路勘察设计管理工作的若干意见》,对地质勘察工作提出了更高的要求。文件明确提出强化地质勘察工作,对加快高速公路建设,确保高速公路建设质量的重要性,要求项目总体设计单位针对沿线的地形地质特征,提出地质勘察重点、难点和工作量的基本要求,编制工程地质勘察技术指导书,指导地质勘察工作规范进行。

在陕西省高速公路勘察设计中担任主力的陕西省交通规划设计研究院等设计单位不断提高地质勘察技术手段,充分利用地质遥感技术,大比例尺地质调绘、物探、电探等提高工作效率的技术手段。利用遥感技术解译地质构造和地层概况使路线方案避开大的不良地质,确保路线走廊带内地质病害最少,占用良田较少,实施难度最低,工程造价较省。在初步设计阶段,组织经验丰富的专业地质人员进行详细的大比例尺(1∶2000)地质调绘,利用地质调绘资料进行纸上定线,确定进一步开展地质勘探工作的重点和关键点,并充利用物探、电探、钻探等相结合的技术手段,为线位布设提供依据。在详勘阶段,布设足够的、针对性较强的钻孔,准确揭示公路沿线的地质水文特征,为设计提供强有力的支撑。

3. 高速公路设计手段

(1) 手工计算、手工制图阶段

在陕西省高速公路发展的起步阶段,内业设计中计算工具为计算器和袖珍计算机(最具代表性的可编程计算器为 SHARP-5100,计算机为 SHARP-1500),设计图表全部采用手工绘制、手工填写。从设计方案到设计文件出版都经过手工描图、誊写、校对、晒图等工序完成。设计人员的大部分精力花费在图纸绘制和计算上。手工制图效率低、设计周期长、图纸精度差、可重复利用度低、修改困难。

(2) 计算机辅助设计绘图阶段

20 世纪 90 年代初期,计算机辅助绘图开始进入高速公路设计,与传统手工制图相比,计算机辅助绘图具有劳动强度降低、图面整洁、设计效率高、成果可重复利用、精度高、资料管理方便等优点。随着计算机硬件和软件的发展,以 AutoCAD 为主的设计软件迅速普及,内业设计和设计图纸绘制部分实现了计算机化;设计图表计算机出图率逐年提高;至 1996 年,基本甩掉了图板,结束了手工制图、描图的时代,广大设计人员从繁重的制图工作负担中解放出来,初步实现了绘图制表电脑化,较大幅度地提高了设计工作效率。

该时期的计算机绘图软件功能很有限,仍需要设计人员像在纸上用铅笔画图一样用鼠标一笔一笔地在计算机屏幕上画图;绘图需输入大量数据,路线的坐标、曲线参数等,都必须用手工填写输入计算机中。

(3) 计算机辅助设计

随着计算机技术的迅速发展,20 世纪 90 年代中后期,大量国外专业道路软件引入国内。

1998 年德国 IB&T 有限公司在西安设立办事处,CARD/1 以其功能强大、设计专业、使用灵活进入陕西省高速公路设计市场,同时给我国道路设计技术带来很多新的设计思想、设计理念;也开始了陕西省高速公路设计由计算机辅助绘图到计算机辅助设计过渡,该过程目前仍在持续发展中。

同期使用的计算机辅助设计软件还有纬地道路设计系统、路线大师、EICAD、理正、海地、桥梁博士、桥梁大师、桥梁通等。

随着计算机硬件技术的不断进步,各类设计软件的功能、易用性迅速发展,极大地减轻了设计人员劳动强度,提高了设计工作的效率和质量。路线设计工作进入了人机交互式设计(动态实时优化设计)阶段,这标志着设计理念、设计理论和设计方法高度统一,为最优化设计奠定了基础。纬地和 CARD/1 道路设计软件基本实现了基础信息输入、设计参数修改、工程量计算、图表绘制、资料传递、数据存储管理、文件输出等工作自动完成的功能,极大地提高了设计的质量和效率。

设计人员野外勘察

与计算机辅助绘图相比,计算机辅助设计除了包含制图绘图、存储、出版功能,而且通过计算,将大量的手工计算等繁重工作可以交给计算机完成。比如,一条路线设计,计算机辅助绘图时代,只是简单地将图板上的工作移至计算机上,曲线参数的计算仍然由设计人员手工计算,减轻了制图员的工作;计算机辅助设计时代,则设计在计算机中进行,曲线参数由计算机自动计算确定,减轻了设计人员的工作强度。且随着专业软件的发展,设计与绘图融为一体,制图员作为设计中的独立工种也消失在时代的进步中。例如禹门口至阎良高速公路勘设中,太枣沟特大桥、徐水沟特大桥、金水沟特大桥桥位选择是设计的重点,更是难点,设计中借助于数字地形模型,利用CARD/1设计软件,初步设计阶段大范围进行路线方案研究,确定了最佳路线方案;施工图阶段对桥梁平纵面精细化设计。先进测设手段的使用,大大地提高了设计的精度,提高了设计效率。

21世纪初,国产专业软件迅速崛起,其中纬地道路设计系统以其易用性受到道路设计人员欢迎,并迅速普及使用,成为陕西省道路设计的主要软件。

第四章
高速公路建设管理

高速公路是经济发展的必然产物。

高速公路建设是交通现代化的作为。

屹立于三秦经济运行、社会发展和西部强省建设的制高点上,陕西的高速公路建设,以其搏击风云、摧枯拉朽之势,活跃于经济生活的舞台。

改革开放30多年来,陕西省高速公路建设者与时俱进,按照建立完善社会主义市场经济体制的要求,在机构建立、调整、重组的过程中,不断加强和改进高速公路管理体制。为培养和发展统一、开放的高速公路建设市场,引入市场机制,推行项目法人负责制、招投标制、工程监理制、合同管理制及多元化筹集建设资金。为加强高速公路建设质量管理,健全质量监督体系,深入开展质量专项治理,促进建设质量的稳步提高。为最大限度地发挥投融资效益,建立并加强公路定额、造价管理,控制工程投资和建设成本。

科学、有效、创新的管理,为建成通车5000多公里高速公路,连接陕北、关中、陕南三大区域,并与周边省、区、市高速公路对接,构成了南北纵穿、东西横贯与交叉辐射相结合的高速公路网络骨架系统,极大地促进经济运行、社会发展和人文演进,推动陕西建设西部强省,做出了卓越贡献。

第一节 管理体制

高速公路建设初期,陕西省成立了由省政府直接领导的省高等级公路建设指挥部,下设办公室,实施对高等级公路建设的统一指挥和管理。1989年4月,陕西省高等级公路管理局成立,归口省交通主管部门领导,对高等级公路实施"建、营、养、管"一条龙管理。伴随着改革开放的不断深化和西部大开发进程的加快,为适应新的形势要求,管理体制经过多次改革,省高等级公路管理局改制为省政府领导的大型一类企业,授权省交通运输厅管理。后又以规范政企职责、理顺管理关系、优化资源配置、完善运营机制、增强发展活力为重点,按照调整与重组相结合的原则,由陕西省高速公路建设集团公司、陕西省交通建设集团公司、陕西宝汉高速公路建设管理有限公司、原陕西交通资产投资公司等几家国有企业和陕西省交通运输厅利用外资项目办公室、部分高速公路项目所处地市政府和企业共同参与高速公路建设。其中,陕西省公路局组织建设了榆蒙、靖王、勉宁高速公路;采用BOT方式,建设榆神高速公路、榆佳高速公路和神米高速公路;西安市、渭南市、榆林市、宝鸡市、咸阳市、延安市分别承建西户、西蓝、榆靖、宝牛、咸旬、延志吴等高速公路项目。形成了由省交通运输厅统一管理,国有大型企业及省交通运输厅外资办为主,其他经济组织和地方政府参与的高速公路建设管理体制。

一、规划引领 致力建设

1984年,陕西省开始谋划高速公路的建设。1985年12月,交通部重点公路项目片区工作会议在西安召开,西安至临潼高速公路列为"七五"计划建设项目。1986年12月,西临高速公路灞河大桥举行开工典礼,标志着陕西省高速公路真正进入建设期。

1989年3月,在陕西省交通工作会议上,提出建设以高速公路、一级公路、汽车专用公路为骨架,以西安为中心"米"字形向八方辐射,连接全省10个地市和毗邻省区全长2800km的公路建设长期发展目标。当年12月,陕西省第一条高等级公路——全长34.46km的西(安)三(原)一级公路建成通车。

1990年12月,全长23.89km、宽26m的西临高速公路建成通车。这是国家"七五"期间在陕西的重点工程,也是陕西和中国西部第一条高速公路。

1992年,交通部制定"五纵七横"国道主干线规划。其中,三条主干线经过陕西,即青(岛)银(川)、二(连浩特)河(口)、连(云港)霍(尔果斯);两条陕西境路线居陕西规划的"米"字形上。

1996年6月,按照交通部部署,陕西省交通厅组织编制陕西省公路网规划(1991—2020年)。规划将以西安为中心的"米"字形主骨架公路作为第一层次通道,除困难路段外,建成由高速公路和一级、二级汽车专用公路组成的高等级公路。

1999年,中央提出实施西部大开发战略。交通部研究制定西部交通发展规划。省交通厅对原"米"字形公路主骨架进行深化,研究制定适应西部大开发的公路发展规划。规划制定过程中,交通部,中共陕西省委、省人大、省政府、省政协,分别听取省交通厅规划方案汇报,对规划思路和方案给予充分肯定,并提出重要指导意见。

2000年1月,中共陕西省委审议并原则通过省政府党组提交的省交通厅党组关于加快陕西公路发展规划思路报告;4月14日,陕西省政府以陕政发〔2000〕17号文件,批准了省交通厅《适应西部大开发,加快公路发展的规划及实施意见》。全省高速公路主骨架规划批准实施。

2005年,在高速公路大规模发展的形势下,原有的高速公路主骨架规划明显滞后。

为此,依据交通部有关高速公路规划指导意见,省交通厅组织陕西省公路勘察设计院编制全省高速公路"345"网规划。2006年1月完成编制工作,2月28日,省政府2006年第四次常务会议审议并原则通过《陕西省高速公路网规划》。这是全省第一个系统的高速公路网规划,对高速公路加快发展提供了支持和保障。

随着形势的发展变化,2008年又对《陕西省高速公路网规划》进行了调整、完善,形成高速公路"2367"网规划。确定全省高速公路总规模8056km。其中,国家高速公路约3871km,省级高速公路约4185km。2011年9月11日,陕西省政府颁发《陕西省人民政府关于进一步加快全省公路建设的决定》,要求按照"2367"高速公路网规划,集中力量,全面加快公路建设步伐。

二、强化措施　推进建设

自1986年西临高速公路起步建设以来,历经17年艰苦创业,于2003年实现了1000km;此后一直高歌猛进,仅用短短4年、3年、2年,分别于2007年、2010年、2012年连续跨越了2000、3000、4000km。特别是"十二五"以来,陕西高速公路建设以"加密、连通、对接、扩容"为重点,进一步提升东西通道、南北骨架通行能力,强化陕西在全国的公路运输枢纽地位。5年高速公路投资1600多亿元,先后建成延安至吴起、咸阳至旬邑、延安至延川、安康至平利、渭南至玉山、西咸北环线等28个高速公路项目,新增通车里程近1700km,通车总里程突破5000km,继续位居西部前列。条条高速坦途,连通了全省97个县(市、区),省级高速公路出口由13个增加至21个,构建起了通江达海的高速公路网,交通发展成果更加广泛地惠及民生。陕西高速公路的快速发展与合理优化后的管理体制密不可分。

(一)加强组织领导

陕西省政府成立由主管副省长为组长,省级各有关部门、各市(区)政府主要领导参加的省高速公路建设领导小组,建立高速公路联席会议制度,在省交通厅设协调办公室,加强组织协调,颁布加快公路建设决定,落实各方责任,出台扶持政策。2005年陕西省高速公路建设进入跨越式发展阶段后,先后三次召开全省加快公路建设会议,提出高速公路建设目标、任务和要求。多次听取和审议高速公路规划及建设情况汇报,加强工作指导。省委、省人大、省政府、省政协领导,多次赴高速公路建设一线检查、指导。省发改委、省国土资源厅、省环保局等省级各有关部门,分工负责,采取联合办公或现场办公等方式,简化办事程序,推进加快建设项目土地、环评、立项、设计审批等前期工作,协调解决高速公路建设用地指标等难点问题,为加快建设创造条件。在积极争取高速公路项目审批立项的同时,批准采用先开试验段的方式,加快启动项目实施。

时任陕西省交通厅副厅长焦方群(左二)
现场解决问题

时任陕西省交通运输厅建设处处长石飞荣
在施工现场调研

(二)优化加快建设环境

实行高速公路建设环境保障责任制,发挥地方优势,由沿线地方政府负责高速公路建设项目征地、拆迁和建设环境保障。沿线市(区)、县(市、区)党委、政府加强政策宣传、组织动员和综合协调,做好被征土地调整,房屋、地面附着物补偿和拆迁安置工作。通过协商等方式化解安康至陕川界高速公路征迁中的矛盾和纠纷,对地方有关高速公路建设项目进行检查与税、费收取等,实行"一个窗口对外",对施工实行挂牌保护,为工程建设排忧解难。项目沿线广大干部群众和企业、事业单位,识大体、顾大局,为高速公路建设提供土地,拆迁房屋设施,挖移树(果)木,迁移管线,尽力为高速公路建设让路。同时,省交通厅加强与各大媒体合作,加强高速公路建设宣传报道,营造加快建设氛围。新闻媒体将高速公路建设作为宣传报道热点和重点,提供舆论监督和支持。

(三)强化加快思想保证

省交通运输厅坚持用交通运输部提出的"三个服务"(服务国民经济和社会发展全局,服务社会主义新农村建设,服务人民群众安全便捷出行)和"发展现代交通,奉献一流服务"的理念,统一干部职工思想,强调能快则快,好中求快,以此凝聚全系统合力,强化加快高速公路建设的使命感和责任感。在第二轮加快高速公路建设中明确提出,全力推进高速公路又好又快发展;怎样发展快,就怎样快发展;好要好出高水平,快要快出高速度;实现陕西交通在西部率先发展、率先突破、率先跨越,打造西部交通强省,创出全国交通一流水平。同时,着力克服部分干部职工存在的松懈、畏难、厌战和居功自满等情绪,倡导"大爱在心,为民开路"的行业精神,激励干部职工勇于创新、争创一流。第一步战略目标实现后,高速公路建设面临国家货币政策从紧、清理政府融资平台、严格土地管理等新情况,建设环境趋紧,省交通运输厅提出"科学办交通、合力办交通、勤俭办交通"的理念,激励干部职工迎难而上,确保目标任务实现。"十二五"以来,陕西省交通运输厅在省委、省政府的正确领导下,抢抓机遇,攻坚克难,凝心聚力,砥砺奋进,不断完善全省公路路网,提升公路运输服务水平,全面完成"十二五"目标任务,为"三个陕西"建设做好服务保障。

(四)多方式筹资融资

加快建设对资金需求巨大,在积极争取中央投资补助的同时,实行举债发展,扩大利用国内外银行贷款,解决建设资金不足。省交通运输厅先后与国家开发银行、中国工商银行、中国农业银行等各大银行陕西省分行,建立全面合作伙伴关系,签订战略合作框架协议,争取大批贷款支持。利用世界银行陕西公路项目各批次贷款,建设多条高速公路。采用 BOT 方式建设榆神高速公路、榆佳高速公路。2010 年后,克服从紧货币政策、清理政府债务平台等对公路建设筹融资影响,在继续争取交通运输部投资补助的同时,省财政每年安排 15 亿元,支持包括高速公路在内的全省公路发展。加强与金融机构联系沟通,尽可能落实高速公路建设项目贷款。宝鸡、汉中、西安等市提供土地或资金,参与高速公路建设。支持高速公路企业运用中期票据、企业债券等新的金融产品融资。遴选 16 个高速公路项目,推向社会,招商引资。

(五)精心组织项目建设

陕西省交通运输厅加强与有关部门联系、合作,加快高速公路项目工可研、勘察设计及用地审批、加强环评报告编制及相应文件报审、报批速度,以强化前期工作支持;采取交叉设计、动态设计、提前介入、第三方监理等措施,把好设计关口,提高设计质量,以方案优化支撑加快;提出项目实施由"四年变三年、三年变两年",施工组织"变冬闲为冬忙、变冬慢为冬抢",开展劳动竞赛,组织会战、决战,以大干快上保障加快;实行厅领导与机关处室联系项目制度,设立高速公路建设督查组,以监督检查服务加快;推行建设项目目标管理制和阶段目标责任分解法,年年召开加快动员会,签订目标责任书,每半年召开加快考核会,量化考核,通报进度,表彰先进,以目标责任管控加快;同时采取多项组织措施,任用大批具有改革创新精神、善于干事创业的干部,加强建设一线管理力量,以人力资源保证速度。

三、调整重组　促进建设

陕西高速公路建设管理体制,随着高速公路事业发展,经历建立、改革、调整、重组的过程。早在西安至三原一级公路建设之初,1984 年 5 月成立了西安至三原公路建设指挥部办公室。陕西省高速公路建设指挥、领导、协调、管理机构见表4-1。

陕西省高速公路建设指挥、领导、协调、管理机构一览表　　表4-1

机构名称	成立时间	备注
陕西省西安至三原公路建设指挥部	1984年5月14日	为强化领导加强协调管理，推进高等级公路建设，1984年5月14日，经陕西省人民政府（陕政办发〔1984〕54号）同意，成立陕西省西安至三原公路建设指挥部，全面负责西安至三原一级公路建设项目管理工作。指挥部下设办公室，负责办理日常工作
陕西省高速公路建设指挥部办公室	1985年12月23日	1985年12月23日，经陕西省编制办公室（陕编办发〔1985〕136号）批准，在原陕西省西安至三原公路建设指挥部办公室的基础上，成立"陕西省高速公路建设指挥部办公室"。属交通厅领导，根据省交通厅下达的任务，具体实施一级公路和高速公路的建设管理工作
陕西省高等级公路管理局	1989年8月12日	1989年8月12日，经陕西省人民政府（陕政办函〔1989〕114号）同意，撤销原陕西省高速公路建设指挥部办公室，成立陕西省高等级公路管理局。主要职能是对陕西省高等级公路、一级公路和高等级专用公路实行"建、营、养、管"一条龙管理。1989年9月11日，大型二级企业性质的陕西省高等级公路管理局成立，归口交通厅管理
陕西省高速公路建设集团公司	1999年10月20日	1999年10月20日，经陕西省人民政府（陕政发〔1999〕60号）批准，撤销原陕西省高等级公路管理局，成立陕西省高速公路建设集团公司。属省政府国有独资企业，省政府授权省交通厅管理。享有道路收费权，负责省内国道、规划中的国道、高等级专用公路及城市过境公路等项目的建设和经营。2001年6月16日陕西省高速公路建设集团公司正式挂牌
陕西省交通建设集团公司	2006年4月15日	2005年11月14日，省政府2005年第二十七次常务会议研究，并报经中共陕西省委常委会议同意，决定调整重组高速公路建设管理体制，陕西省高速集团由陕西省交通厅实际管理，并新组建陕西省交通建设集团公司。2006年1月6日，副省长洪峰在省高速集团主持召开会议，宣布省委、省政府关于全省高速公路建设管理体制调整和企业重组的意见。省委、省政府决定：由省交通厅统一行使高速公路行政管理职能，高速公路企业不再行使行政管理职能。职责调整后的陕西省高速公路建设集团公司作为公路建设、运营的主体，自主经营、自负盈亏、自担风险、自我发展。2006年4月15日，由陕西交通投资公司、西安绕城高速公路生态林带建设管理局、商（州）界（牌）建设管理处等单位合并成立的大型国有独资企业——陕西省交通建设集团公司正式挂牌成立。省国资委依法履行出资人职责，省交通厅代行出资人权力进行管理

　　1985年12月，经陕西省编制委员会办公室批准，改设为陕西省高速公路建设指挥部办公室。1989年8月12日，为加强西三一级、西临高速公路管理，省政府批准成立大型二类企业——陕西省高等级公路管理局，同时撤销原省高速公路建设指挥部办公室，人员并入省高管局。省高管局归口省交通厅领导，主要职能是对高速公路、一级公路和高等级专用公路实行建、营、养、管一条龙管理。同时承担所管辖高等级公路交通安全管理。

　　1999年，西部大开发号角吹响。抓好基础设施建设，不仅是增强国民经济后劲、改善投资环境的长远之计，也是解决内需不足的重要手段。紧紧抓住这一机遇，采取有效对策，促进陕西公路交通事业的发展，是陕西在西部大开发中的关键步骤。为适应西部大开发的需求,实现从计划经济体制向适应社会主义市场经济体制的转变,着力建设以资本运营为主要目标的经营机制和以法人治理结构为核心的现代企业制度,积极实施大公司、大集团可持续发展战略,全面推进企业改制。10月30日,省政府颁发《陕西省人民政府关于成立省高速公路建设集团公司的通知》(陕政发〔1999〕60号),决定将省高管局改制为省政府领导的大型一类企业——陕西省高速公路建设集团公司(以下简称"陕西省高速集团"),授权省交通厅管理。由陕西省高速集团负责省内国道、规划中的国道、高等级专用公路及城市过境公路等项目的建设和经营。经营范围为:道路的建设、经营管理、养护、资本运营和配套开发服务。原由陕西省高等级公路管理局承担的高速公路交通安全管理交公安交警部门。

　　随着全省高速公路建设规模不断增大,投资不足成为制约陕西公路交通的最大难题。为了破解这一难题,在争取中央不断加大对陕西公路建设投资的同时,努力探索多层次、多渠道、多方式筹资的新路子。发挥市场融资作用,通过西临、西铜等公路收费经营权转让,榆神高速公路等采用BOT(建设—经营—转让)方式建设,西蓝高速公路等采用合作方式建设,吸引社会资本参与公路投资运营。还在2004年12月,按照省政府批复与省国资委决定,通过行政划转国有股权方式,由陕西省高速集团重组并控股陕西省国际信托投资股份有限公司。除陕西省高速集团承担部分高速公路项目建设运营外,陕西省公路局与西安市、延安市、榆林市等,先后联合或独立作为项目法人,承担有关高速公路项目建设运营。

　　2005年8月,中共陕西省委、省政府要求加快高速公路发展,突破交通瓶颈制约,并做出调整重组高速公路建设管理体制的决定。陕西省交通厅经过调研论证,拿出调整重组方案并报省政府。经陕西省政府第27次常务会议讨论通过,形成省政府党组关于高速公路管理体制调整重组意见。12月,中共陕西省委第34次常委会议审议通过省政府党组的意见,并提出调整重组的指导思想、原则和要求。

　　贯彻中共陕西省委、省政府调整重组的决定,省交通厅从2005年12月起至2006年5月,以规范政企职责、理顺管理关系、优化资源配置、完善运行机制、提高运营效率、增强发展活力为重点,以实现高速公路建设运营管理统一、规范、协调和高效为目标,调整重组与加快高速公路建设相结合,完成全省高速公路建设管理体制调整重组工作。高速公路建设管理体制调整重组主要内容:调整省交通厅与省国资委在高速公路国有资产及高速公路国有企业管理上职责关系。依照《国有资产管理条例》规定,由省国资委行使高速公路国有企业出资人权利,委托省交通运输厅实际管理。省高速公路国有企业主要领导比照副厅级干部管理,人选由省交通运输厅提出意见,省国资委和省交通运输厅共同考察后按程序任免,领导班子其他成员由省交通运输厅任免。

　　按照便于管理、利于竞争、建设运营规模适度、资产优劣基本均衡、运营管理相对集中的原则,整合高速公路建设国有企业及其运营资产。除陕西省高速集团外,新组建陕西省交通建设集团公司,参与高速公路建设运营。已经规划但尚未明确项目法人的高速公路建设项目,由两个集团通过市场竞争取得项目法人资格。同时,将陕西省公路局承担高速公路建设项目,交由两个集团承担。

按照政企分开原则,规范陕西省交通运输厅与两个集团的政企职责关系。省交通运输厅职责主要是:高速公路规划、立项、设计等前期工作与计划执行考核;协助企业进行建设项目资本金筹集和申请利用国外贷款;项目建设工期、质量及投资使用监督;项目环境协调和竣工验收;高速公路收费和通行费收支监管;公路养护监管和公路路政管理;高速公路公司增减资本、资产处置和公司分立、合并核准等。两个集团主要职责是:负责所建高速公路收费还贷项目资本金筹集;受省政府委托,代为暂行经营性合资项目政府投资的出资人职责;建设项目招投标和施工管理;建设项目质量、投资控制、工期与安全管理;建成高速公路通行费收取及债务偿还;高速公路养护;维护高速公路国有资产运营安全。

进一步推进公路建设市场开放。陕西省交通运输厅制定并颁布高速公路建设市场对外开放规定,全面扩大高速公路设计、建设、养护和融资市场对外开放,推出一批高速公路项目招商引资;支持两个集团与国内外经济组织通过合资、合作方式建设运营高速公路,推进投资主体多元化;通过多种方式扩大高速公路融资渠道,鼓励国内外经济组织投资经营陕西高速公路。

在建设管理体制调整重组基础上,适应2006年后全省高速公路持续大规模加快建设的要求,经陕西省政府同意,省交通厅2008年11月设立国有独资陕西宝汉高速公路建设管理有限公司,承担宝汉高速公路建设;采用BOT方式,建设榆神高速公路;宝鸡市、咸阳市、延安市分别承建宝牛、咸旬、延志吴等高速公路项目。由此,形成由省交通运输厅统一管理,3个国有企业及省交通运输厅外资办为主,其他经济组织和地方政府参与的高速公路建设管理体制。

高速公路建设管理体制调整、重组和发展,整合和优化高速公路建设管理资源,理顺建设管理体制与政企职责关系,规范国有高速公路企业法人治理结构,完善高速公路建设管理制度和规范,强化高速公路企业国有资产运行监管,精简企业管理机构和人员,并且将高速公路建设管理目标从收费经营为主,回归收费还贷为主。

调整重组后高速公路建设管理体制职责明晰、事权统一、运行协调、政令畅通,高速公路建设运营管理一系列重大决策得到顺畅执行,为高速公路全面提速、持续加快建设,实现"三步走"战略目标提供了体制保障。

陕西省高速集团拥有在建高速公路项目管理机构3个,运营公司14个,经营公司10个,在建高速公路规模202km,养管里程2350km,企业资产总额1873亿元,员工1.37万人,拥有享受国务院政府特殊津贴、陕西省有突出贡献专家、陕西省重点领域顶尖人才9

人,中高级以上技术职称1129人。

时任陕西省高速集团总经理王登科(前排中)在建设一线检查工程建设情况

陕西省交通建设集团公司(以下简称"陕西省交建集团")是陕西省委、省政府为调整全省高速公路建设与运营管理体制、加快高速公路建设而成立的国有大型企业集团,2006年4月挂牌成立。截至2015年底,拥有员工总数1.4万余人,其中技术人员1300余人,中级以上职称人员约700人,正高级(教授级)职称20人,陕西省突出贡献专家2人,享受国务院政府特殊津贴专家2人。负责建设及管理的公路里程达3128km。其中,已运营高速公路2614km,一、二级公路123.5km;在建高速公路337km、一级公路53.5km。

第二节　行　业　管　理

陕西省交通运输厅是陕西省高速公路建设与管理的主管部门,既承担着贯彻执行国家有关交通运输的法律、法规、规章和政策、标准等的重大责任,也担负着组织实施、资金管理、市场监管、质量保障、安全监督等具体工作。在高速公路建设中,公路交通行政部门、事业管理机构,通过分工合作,对全省高速公路建设实施行政管理、经济管理、技术管理与服务,不但在加快建设步伐,筹措建设资金上,发挥了不可或缺的作用,而且还通过派出巡视组、检查组,定期进行检查和不定期抽查等方式,为加快高速公路建设,打造优质工程、环保工程、廉政工程等提供有力的支持和保障。

一、行政管理机构

陕西省交通运输厅是省政府组成部门之一,主管全省公路、水路交通事业。负责公路交通发展战略、方针、政策和法规(草案)制定;发展规划、计划编制和实施;交通行业管理和运输组织管理;运输市场和建设市场管理;公路及其设施建设、养护管理;公路路政管理和交通规费征收管理;公路运输经济及技术管理;行业体制改革指导;交通现代化技术开发;交通质量、计量工作管理和监督;厅属单位国有资产管理,以及交通专业人才教育和职工培训等。

从1991—2009年,陕西省交通厅机构经过多次调整和改革,管理职能日益明晰。在2009年政府机构改革中,按照建立服务政府、责任政府、法治政府和廉洁政府的要求,适应发展综合运输和大部门体制的趋势,省政府决定组建省交通运输厅。按照陕西省政府办公厅印发《陕西省交通运输厅主要职责内设机构和人员编制规定》(陕政办发〔2009〕71号),省交通运输厅职能有较大调整,整合划入原省建设厅指导城市客运的职责;取消公路养路费、运管费、客货运附加费等项交通规费征管职责;将组织推广公路行业设备新技术、协调闲置设备调剂等交事业单位职责;联系中国民用航空局、国家邮政局驻陕机构;会同有关部门组织编制综合运输规划,承担有关重大问题协调;指导城市地铁、轨道交通运营等工作。根据职能需要,省交通运输厅设办公、人事、政策法规、综合规划、财务与收费管理、高等级公路、公路、道路运输与客运、安全监督(治超)、科教、审计、交通战备等12个处(室)及纪检组、监察室、机关党委和离退休人员服务管理处。行政编制增至78名。对高速公路建设管理提供全方位、多层次的管理与服务。主要包括:

(一)对公路政策法规的制定工作

全省高速公路综合交通运输发展重大问题和重大政策研究,组织开展高速公路行业有关宏观政策研究工作;根据国家和省政府部署,负责全省高速公路综合交通运输体制改革工作;负责组织起草综合高速公路交通运输地方性法规草案;组织起草高速公路地方政府规章草案;负责高速公路行政执法、行政复议和行政应诉等工作。

(二)对公路综合规划的编制工作

组织拟定全省高速公路综合交通运输发展政策,组织编制全省高速公路综合交通运输体系规划;统筹衔接平衡公路、水路、铁路、民航、邮政等规划,指导综合交通运输枢纽规划,统筹协调地方铁路和民航机场的规划,负责有关规划和建设项目的审核工作;负责参与拟定全省物流业发展规划,提出有关政策和标准;负责提出公路、水路、铁路固定资产投资规模和方向,省级财政性资金安排意见并监督实施,按省政府规定权限审批、核准省级规划内和年度计划规模内固定资产投资项目;负责国家投资、联合投资以及利用外资建设项目的前期工作和后期评估工作;负责有关环境保护、利用外资工作;负责全省综合交通运输统计工作,监测分析交通运输运行情况,发布有关信息。

(三)对公路资金管理与筹集工作

负责高速公路行业有关投融资政策拟订工作;负责专项资金、交通规费、预决算、政府采购、外汇、信贷及利用外资等财务管理工作；负责高速公路重点基本建设项目的绩效监督和管理工作；负责厅机关及直属单位财务和国有资产监督管理及内部审计工作；负责全省收费公路运营管理工作。

(四)对公路建设管理与重点工程验收工作

组织拟订全省高速公路综合交通运输体系基础设施建设的政策、规章和技术标准；负责拟定全省高速公路基础设施建设的政策、规章和技术标准并组织实施；负责交通设计、监理、施工单位的资质审查工作；负责重点项目竣工验收的管理工作。

(五)对公路安全监督与治超工作

组织拟订高速公路安全生产政策、应急预案并监督实施；指导有关安全生产和应急处置体系建设，统筹全省高速公路行业应急管理工作；负责全省高速公路企业安全生产的监督管理；依法组织或参与有关事故调查处理；负责厅安全生产信息统计、分析等工作；负责厅安委会办公室日常工作；负责车辆超限超载治理工作。

(六)对公路科研与成果推广工作

组织拟订全省高速公路交通运输标准，协调衔接各种交通运输方式标准；负责组织拟订全省公路、水路行业科技、信息化政策并监督实施；组织协调有关重大科技项目研究和成果推广，组织技术合作与交流；负责有关标准、产品质量和计量工作。

除陕西省交通运输厅外，对高速公路建设负有行业管理职能的省级行政部门还有省发改委、省国土资源厅、省环境保护厅、省林业厅、省质量技术监督局等部门，都在高速公路建设中发挥了积极的作用，促进了高速公路建设、运营又好又快发展。

二、陕西省交通运输厅厅属事业单位

(一)陕西省公路局

成立于1954年。1984年8月，经省编办批准，"按县级单位升半格对待"。为省交通厅直属副厅级差额拨款事业单位，负责全省公路养护、管理和农村公路建设。

1995年8月21日，省交通厅印发的《陕西省公路局"三定"方案》(陕交政〔1995〕252号)规定，省公路局主要职责：参与研究制订全省公路发展规划、计划和实施，负责编制公路建养年度计划；负责和指导公路建设管理，检查监督公路工程质量；组织实施国、省道新建改建，并进行技术、质量、投资和工期监管等。事业编制140人。省公路局进行机构改革，机关由210人减为120人，内设处(室)由24个精简为17个。

1998—2005年，全省公路建设规模不断扩大，省公路局在指导公路建、养的同时，组建项目管理处,承担宝牛二级汽车专用公路和勉宁、榆蒙、靖王、吴子、子靖等高速公路项目建设,与延安、榆林两市分别联合承担延塞、榆靖、吴子等高速公路项目建设,并负责建成后收费运营管理。

2006—2010年,按照中共陕西省委、省政府关于高速公路建设管理体制调整重组的决定,原由省公路局直接承担或联合承担建设、运营的高速公路项目,分别移交陕西省高速集团和陕西省交建集团。全省加强公路养护工作会议后,结合调整理顺省、市(区)公路管理工作关系,规范公路工作程序,并进行省公路局机构改革,将原17个内设处(室)精简为14个,着重加强公路行业监管、农村公路建设与服务职能。同时,设路网调度中心、公路检测中心。

2015年年底,省公路局内设14个处(室)和路网调度中心、公路检测中心、机关后勤服务中心、机关离退休人员服务中心,以及陕西省公路局路政执法总队,主要职责是负责全省高速公路路政管理工作。

(二)陕西省交通运输厅基本建设工程质量监督站

1988年1月18日,经陕西省编办同意,成立陕西省交通厅基本建设工程质量监督站(以下简称"陕西省交通厅质监站")为省交通运输厅直属县级事业单位,编制30人。1995年8月,省交通运输厅机构改革实行政事分开,将陕西省交通厅质监站划归省公路局管理,负责全省公路工程质量监管,机构名称、性质、建制及经费来源不变。"十五"期间,根据公路建设规模扩大、建设质量监督工作迫切需要加强的实际,2004年,陕西省交通厅决定将陕西省交通厅质监站由省公路局划出,复由省交通厅管理。2005年,增加交通重点工程施工安全监督职责。至2010年年底,省交通运输厅质监站事业编制增至34名。设工程监督、综合技术、市场管理、安全监督、工程检测及办公室等6科(室)。

主要职责是贯彻执行国家、省有关交通工程质量和安全生产的方针、政策和法律、法规、规章,并检查督促贯彻落实。研究拟订全省公路、水运工程质量监督和安全生产方面的管理实施细则,并组织实施。承担全省公路、水运工程质量监督和安全生产监督管理工作,指导地市级交通工程质量监督机构开展质量监督和安全生产监督工作。参与工程竣工验收活动。在高速公路建设管理中,具体负责对全省高速公路、一级公路建设项目的质量监督和安全生产监督管理工作,重点公路质量和安全生产检查,受理交通工程质量问题的投诉,仲裁交通工程质量争议,参与对交通工程质量事故和施工安全生产事故的调查处理等。在日常工作中,他们经常深入高速公路建设施工现场,对重点项目从实体质量、施工工艺、施工安全、文明工地、内业资料、人员履约、监理动态检查、检测中心组建情况等方面进行全面检查。为确保高速公路工程建设质量,建设优质工程发挥了重要的作用。

禹门口至阎良高速公路芝川大桥

(三)陕西省交通运输厅交通工程定额站

1989年5月,经陕西省编委陕编发〔1989〕065号文件批准,成立陕西省交通厅交通工程定额站(以下简称"陕西省交通厅定额站"),县级事业单位,人员编制20名,经费实行自收自支。内设定额管理、造价管理、综合技术、行政办等4科(室)。

主要职责:贯彻国家及部省有关工程造价管理的法律、法规及有关规定,对交通建设工程造价执行情况进行监督检查。对建设项目各阶段估、概、预、决算等进行审查。承担交通工程计价依据及标准的测定、编制、管理职责。负责计价依据及标准在使用中反馈信息的收集、整理、分析,对计价依据及标准实行动态管理。负责交通工程造价从业资质管理、交通工程造价鉴定、交通工程造价科技创新及科技成果转化工作、交通工程造价信息发布及信息服务等工作。在高速公路建设项目中,通过夯实目标责任、优化人员配置、加强协作沟通、严格监督落实,进一步提升工作效能,确保按期完成高速公路续建项目和新开工项目各阶段的造价审查任务。

(四)陕西省交通运输厅利用外资项目办公室

1989年10月31日,经陕西省编委陕编发〔1989〕142号文件批准,成立陕西省交通厅世界银行贷款项目执行办公室(以下简称"陕西省交通厅贷款办"),处级事业单位,编制10名,经费从贷款管理费列支。2002年11月,经陕西省编办陕编办发〔2002〕152号文件批准,陕西省交通运输厅贷款办更名为陕西省交通运输厅利用外资项目办公室(简称"陕西省交通运输厅外资办")。2006年5月,经陕西省交通厅同意,成立陕西省交通外资项目建设有限责任公司,与省交通运输厅外资办合署办公。设综合、人力资源、工程、财务、外联等部门,并设商漫高速公路、安川高速公路2个项目建设管理处。

主要职责:承办全省公路交通利用世界银行、亚洲开发银行等国际金融组织贷款及外国政府贷款项目的前期准备工作,部分国际金融组织贷款项目中高速公路的建设执行工作,以及国际金融组织贷款、外国政府贷款项目实施过程中的贷款政策协调、贷款机构程序申报等业务工作,是陕西省交通运输厅对外贷款项目的窗口。同时,承担陕西省部分高速公路项目建设工作。在利用世界银行、亚洲开发银行贷款修建西三一级公路、渭潼高速公路、安毛高速公路、西禹高速公路,以及外国政府贷款修建西宝高速公路、榆靖高速公路等项目中,发挥了不可或缺的作用。促进了公路建设方式与国际惯例接轨,提升了公路建设管理水平,树立了陕西利用外资修建公路的良好形象。

渭南至玉山高速公路

(五)陕西省高速公路收费管理中心

2001年11月11日,经陕西省编办陕编办发〔2001〕153号文件批复同意,成立陕西省交通厅收费公路管理中心,为省交通厅直属处级事业单位,编制10名,经费实行自收自支。2004年,全省高速公路收费联网。陕西省交通厅批准收费公路管理中心设陕西省高速公路联网收费协调管理联席会议办公室,与省交通厅收费公路管理中心一套机构、两块牌子,承担联网单位通行费收入资金归集、清分及会计核算,联网系统技术改造、升级与日常维护,通行费收费稽查,联网收费、通信、监控系统技术规范拟定及监督施行工作。随陕北高速公路规模扩大,陕西省交通厅2005年批准成立陕西省交通厅收费公路管理中心陕北分中心。2008年5月,经陕西省编办批准,陕西省交通厅收费公路管理中心更名为陕西省高速公路收费管理中心,人员编制增至36名。目前,陕西省高速公路收费管理中心设办公、收费管理、财务管理、监控管理、联网结算、工程技术、审计监察、陕北分中心和基建办等科室。

主要职责:贯彻执行国家和省有关收费公路管理法规和政策,负责收费站(点)设立、调整、撤销、延期、调整收费标准的初审、申报工作。编制全省收费公路通行费收支计划并监督计划执行;负责收费还贷公路通行费收支预决算审查和会计核算、清算;负责联网高速公路通行费收入资金的归集、清分及会计核算;负责通行费收费票据(卡)的管理,组织收费稽查工作。负责管理全省收费公路撤站还贷平衡资金,监督撤站还贷资金的解交,拟订撤站还贷平衡资金的使用计划,监督检查使用情况。负责全省收费公路收费权益管理,承办公路收费权登记、审批、转让、质押、注销的审核事宜。负责拟订高速公路联网收费、通信和监控系统技术规范并监督施行;负责联网收费系统技术改造、升级和技术开发、推广,监控联网收费系统运行安全和日常维护。负责全省收费公路有关统计资料的汇总、分析和数据发布;负责全省联网高速公路路况、交通和收费秩序监控,收集、处理高速公路运行信息,向主管部门和有关单位报送、发布。

第三节 项 目 管 理

陕西省在高速公路建设之初就引入了市场机制。在建设管理中逐步推行和不断完善"项目法人负责制、招标承包制、工程建设监理制和合同管理制"等四大管理机制。对项目计划、组织、指挥、协调、控制和评价等过程进行有效管理。并从进度管理、质量管理、安全监督、廉政建设、建设环境保障等方面,采取行之有效的方法和手段,将交通运输部关于高速公路"发展理念人本化、项目管理专业化、工程施工标准化、管理手段信息化、日常管理精细化"的"五化"要求融入建设之中,在三秦大地上,绘制出一幅又一幅天堑变通途的壮丽画卷。

一、项目法人制

1991年,全省公路建设推行承包责任制,由承包单位或承包人对工程质量、工期和投资实行包干。1992年,根据国家计委建设项目业主责任制暂行规定,省交通厅推行大、中型项目业主责任制,明确由项目业主从建设筹划、设计、建设、经营管理,到归还贷款及债券本息等实行全程负责,同时完善一般项目包干责任制。自1993年起,以解决公路项目超标准、超规模、超投资建设为重点,建立健全项目业主责任制,严格考评奖惩,加强项目业主招标、资格预审、项目管理、建设质量等方面责任。

1998—2001年,贯彻省计委重点建设项目管理办法和交通部公路建设项目法人责任制规定,落实公路重点建设项目法人责任,高等级公路、干线公路和县、乡二级以上公路工程质量,实行建设单位或项目法人全面负责制。开工建设高速公路,如铜黄、西安绕城高速北段,由陕西省高速公路管理局(简称"陕西省高管局")为项目法人,西禹高速公路由省交通厅外资办为项目法人。省公路局独立或与有关市交通局合作,作为项目法人,分别承担宝牛汽车专用公路和榆靖、延塞、勉宁等高速公路项目建设。西安市交通局为西户高速项目法人。省交通投资公司为蓝小二级汽车专用公路项目法人。西安绕城管理局为西安绕城高速南段建设项目法人。2001年,加强项目法人投资控制责任,陕西省交通厅下发《陕西省公路工程投资控制责任制实施办法》(陕交发〔2001〕498号),明确项目法人单位是投资控制主体,对项目投资控制负全责。

项目法人责任制实施中,有些地方和项目法人组建不及时,影响项目实施。2004年,陕西省交通厅要求完备公路工程建基程序,明确规定项目在初步设计前完成项目法人组建,并对项目法人执行基建程序作出具体规定。

2005年,高速公路建设管理体制调整重组。全省高速公路主要由调整重组后陕西省高速集团、陕西省交通集团与陕西省交通厅外资办、陕西宝汉集团为项目法人,分别承担有关高速公路项目建设。宝鸡市政府设宝牛高速公路建设管理处,承担宝牛高速项目法人责任;陕西省交通厅外资办设商漫高速建设管理处,承担商漫高速公路项目法人责任。两个项目建成后,分别移交陕西省高速集团、陕西省交通集团管理运营。榆神高速公路按BOT方式运作,由中国铁路第二工程局组建榆林榆神高速公路有限公司为项目法人。2008年,由延安市政府、咸阳市政府分别设立建设管理机构为项目法人,承担延志吴、咸旬高速公路项目建设。

2010年后,陕西省交通运输厅相继出台规定和办法,强化项目法人在项目前期工作、施工许可、资金筹措、工程进度、质量安全、投资控制等方面责任,加强日常监督检查。同时,完善公路建设项目目标责任考评体系,年初与项目法人(建设单位)签订目标责任书,实行季度考核、半年考核、年终考核,奖罚兑现。

二、招标投标制

在西三一级公路和西临高速公路施行工程招投标的基础上,1991年,依据交通部《公路工程施工投标招标管理办法》(交通部令1989年第8号),陕西省交通厅在全省重点公路建设项目推行招投标制,有条件的一般项目施行公开招标制或议标,并加强投标资格预审和标底管理。1995年改进招标工作,省交通厅明确要求实行集体评标定标,投标资质审查重视施工单位业绩和信誉,避免一流队伍中标、二流队伍进场、三四流队伍施工的现象,并加强对工程分包、转包管理,严禁私自分包,消除以包代管、以奖代管的问题。1996年,108国道秦岭隧道施工招标,首先进行无标底试点,后在其他公路工程项目推行和完善。自1997年10月起,全省公路建设项目总投资30万元以上沿线设施(房建)工程实行招标。1999年,干线公路养护工程施行内部招标,建立公路工程项目招标评标专家制度,规范招标工作程序。2000年6月,青银线子州至王圈梁高速公路项目勘察设计施行招标。

2000年1月1日起,实施《中华人民共和国招标投标法》,陕西省交通厅继续扩大公路项目招投标范围,并进一步加强招投标规范。按照交通部公路勘察设计招标投标管理办法,2002年,陕西省交通厅发出认真做好公路工程勘察设计招标的通知,进一步开放公路工程勘察设计市场,促进勘察设计方案深化、质量提高、费用降低。这一时期,公路建设招标主要采用交通部《公路工程国内招标项目范本》综合评估法进行评标,一般设有标底,采用招标人标底与投标人报价平均值,以一定权重计算出复合标底,再计算各投标人报价得分,以综合得分高低推荐中标人。

2003年11月20日,省交通厅总结108国道秦岭隧道等项目无标底评标经验,颁布《陕西省公路工程无标底评标方法》(陕交发〔2003〕598号),并在包茂线西康高速公路西柞段项目实行。该办法要求招标人在招标时不设标底,由评标委员会根据投标人所报投标文件,以评标报价、财务能力、技术水平、管理水平和业绩信誉5项内容进行评审打分。经评审综合得分排名第1的投标人,即为中标候选人。之后,这一办法在全省公路工程项目招投标中实行。

2004年,为在公路工程项目招投标中更好地保护国家利益、社会公共利益和招投标当事人合法利益,降低工程造价,保证工程质量,并加强招投标活动的廉政建设,陕西省交通厅完善公路工程项目评标办法,推行双信封无标底评标法,并在青银线子靖高速公路项目进行试点。该办法由无标底与双信封结合,即招标人不设标底,招标时由投标人将投标报价、工程量清单和合同用款估算表单独密封于一个报价信封,其他技术、商务文件密封于另一个报价信封,两个信封在投标时一并递交给招标人;投标人第1次开商务和技术标书并进行评审,确定通过或不予通过;第2次公开报价信封;投标报价排名第1且通过技术、商务标评审的投标单位,即确定推荐为中标候选人。经实践,8月4日,省交通厅下发《公路工程施工双信封无标底评标办法要点》(陕交发〔2004〕240号),规定在全省二级及以上公路工程建设项目招标中全面进行。

2004年,贯彻国务院关于进一步规范招投标活动若干意见,针对公路工程项目招标信息发布范围过小,招标程序执行不严,资格预审把关不严,一些投标人用不正当手段刺探招标秘密,部分投标人弄虚作假并串通投标,个别项目不按评标委员会推荐意见确定中标人等问题,省交通厅建立健全"发布招标公告—资格预审—招标文件审查—公开开标—封闭评审—评标报告核备"等工作程序,并实行招标公告制度,增加招标透明度,严格资格审查,完善专家评标制度,规范专家评标行为,培育招标代理机构,规范大宗材料设备招标等,加强招标监督和动态管理。开展公路工程施工、监理评标专家和政府监督人员培训考核,实行持证上岗。

2005—2007年,进一步扩大推行公路工程项目招投标制度,通过公路沥青路面和水泥路面施工实行招标。与此同时,着力加强对招投标工作的监督。完善评标专家抽取和保密制度及专家评审制度,增强评标活动公正性。针对部分施工项目低价中标可能影响工程质量的问题,省交通厅规定原则上中标价不应低于预算价的80%。贯彻交通部公路工程施工招投标管理办法等规定,提出10项加强招标监管措施,提高公路项目投标担保及信誉担保金额,高速公路项目招标实行承包人上级公司合同履约承诺书制度,并将承包人杜绝转包、违法分包和拖欠务工人员工资等作为主要内容，督促其遵守合同约定，信守合同承诺。

2008—2010年，进一步规范公路工程项目招投标管理。干线公路养护大、中修工程投资100万元以上项目，均通过招标选择施工、监理单位。农村公路建设、养护工程公开招标项目为：投资500万元以上单项建设工程，投资200万元以上养护和改建工程，投资300万元以上村道沥青、混凝土路面单项工程；可合并招标项目为：500万元以下、50万元以上单项建设工程，投资300万元以下村道沥青、混凝土路面工程。除上述以外的项目，可采用邀请招标或委托方式。优化招投标安排，采取"大标段、少批次、快节奏"的方式，提高招标效率与质量，满足公路加快建设对招标工作的需求。结合公路建设市场整治，集中治理出借资质、工程转包、违法分包等问题，进一步加强公路建设项目设备、材料采购及货物供应商管理，规范设备材料采购、供应管理程序，以保证公路建设项目采购货物质量。

三、工程建设监理制

从1986年高速公路建设开始，就对重点工程实行招标和建设监理制。西安至三原一级公路，是陕西省利用世界银行贷款修建的第一条高等级公路。公路工程实行工程监理制，是世界银行对贷款项目实行管理的要求。按照国际惯例，以招标承包和监理制组织工程建设。西三线施工时，建设单位向工地派驻30余名监理人员，组成独立的工程监理部，对施工全过程进行监督管理。监理人员按照国际通用的FIDIC条款，对材料设备件件检验，对进度按计划项目审查，对施工工序道道把关，严格控制投资、质量和进度，为陕西省高速公路建设提供了宝贵的经验。

时任陕西省交通集团总经理乔怀玉（左二）等领导在建设一线检查工程施工情况

在实行工程建设监理制的过程中，始终把提高监理人员的职业道德、业务素质放在首位。严格工程监理招标，合理划分监理标段，实行监理人员更换备案制度、监理工程师执业登记制度。工程质量监督机构加强监理人员培训,实行监理资格以考代评,严格资质管理。为进一步加强监理队伍和作风建设,经常开展监理队伍整顿工作,结合工程质量检查结果,对监理人员实行奖优罚劣,清理不合格的监理人员,并建立监理"黑名单"制度。对责任心不强并造成严重质量事故的监理单位和监理人员,一律清理出工地,并在规定时期内不准参与陕西公路建设。建立了高速公路建设项目监理单位信用评价制度,促进监理人员规范从业行为。不断完善监理单位信用评价办法,加强监理从业单位信用评价动态管理。对在陕西从事公路工程施工、监理的企业进行全面考核,每年进行2次信誉评价。对一线监理人员按照"德、能、勤、绩、廉"进行严格考核,建立监理信用档案,发布信用评级信息;定期通报列入"黑名单"的监理单位。

在监理工作中,不断完善政府监督、施工监理、企业自检管理体系,制定了陕西省公路工程施工监理管理办法,规定新、改建三级(含三级)以上公路工程项目、独立大桥、隧道均实行施工监理制度,并对监理委托与组织、职责与权限、监理工程师守则及奖惩等进行明确规定。高等级公路项目初期实行两级监理,即全线组建监理工程师办公室,设工程、合同等部及中心试验室,再按项目标段设置若干驻地监理办,分别配备总监、副总监、监理工程师和监理员。监理人员按合同要求,对工程质量、进度、投资、安全、环保实施开工前、施工中、竣工后全面动态监督。施工准备阶段,监理人员对承包人提供的施工组织设计人员、设备、机具、进场材料、试验室、施工进度方案、自检系统等进行审查,确认齐全、合格后签发开工令;施工中,监理人员采取跟班作业、重点工序全过程旁站与抽查相结合的方法监督;每道工序或分部工程完成并经企业自检合格后,由监理检查,确认合格后方准进入下道工序;对工程关键部位尤其是隐蔽工程,则实行全过程监理。

随着高速公路项目建设规模扩大,原来两级监理逐步发展为项目总监办、子项目总监代表处、合同段驻地监理办三级监理,强化施工现场驻地监理力量。各合同段配备高级驻地、副高级驻地以及合同、道路、桥梁、隧道、试验、测量等专业工程师。同时,按公路工程施工监理规范规定的职责与程序,提高对进场原材料、工程实体抽检频率,加强工程关键部位、重点工序旁站监理。

四、合同管理制

高速公路建设投资大、工期长、影响面广,涉及的部门和人员多,各方利益发生的矛盾也多。在早期试点取得成效的基础上,将合同制扩大推行至重点公路建设、设计、科研、监理、设备材料采购和公路养护大、中修工程等。并且对重点工程和项目,在正式合同签约前,先实行试用期合同制。如2002年西安绕城高速公路南段项目施工和监理招标后,就曾实行试用期合同制。其做法是项目组在进行正常工程、监理招投标工作后,先与中标施工单位、监理单位签订3个月试用期合同;试用期满达到合同要求的,续签正式合同;达不到要求的,责令其限期整改,直至取消中标资格。试用期合同制的实行,对促进参建单位人员、设备及时进入施工现场作业,并迅速开工,短时间内形成一定生产规模起到积极作用。"十一五"以来,还在高速公路工程施工招标中实行承包人上级(集团)公司合同履约承诺书制度,明确其连带责任,督促遵守合同约定。并结合施工、监理单位信用评价考核体系建立,将履行工程项目合同情况作为信用考核评价重点内容,建立信用档案,并定期发布。对于执行合同信用较差的单位,及时清理出去,确保高速公路建设的顺利进行。

1999年《中华人民共和国合同法》颁布实施后,省交通厅将履行工程合同、廉政合同情况,纳入公路建设市场整顿规范内容。严格按照《合同法》《建筑法》《招标投标法》《公路工程国内招标文件范本》等法律法规,充分发挥和运用法律手段调整和促进公路建设市场的正常运行,增强承发包双方的法制观念,保证工程建设的全部活动依据法律和合同办事。在高速公路工程投标签约阶段认真审核招标文件,仔细分析合同条款,确保合同条款的合法性。在合同履行过程中,发现一些项目存在承包人不按合同约定配备人员和机械,或层层转包、分包工程,影响项目建设进度与质量的问题。陕西省交通运输厅明令高速公路建设严禁设计、施工、监理单位转包,严格控制分包;分包单位必须具备相应资质等级,且不得再次分包;设计和监理合同分包必须经建设单位同意;施工合同分包必须经监理单位审查,建设单位批准。分包单位按照分包合同约定,对工程质量向总承包单位负责,接受总承包单位质量管理;总承包单位对全部工程质量向建设单位负责,对分包工程质量与分包单位承担连带责任;增加承包商履约诚信担保,提高履约担保金额;规范合法分包,完善劳务分包。并按照交通部治理整顿交通工程转包和违法分包问题的统一部署,陕西省交通运输厅组织对工程转包和违法分包情况进行检查和治理;对涉及转包、违法分包的施工企业,按规定分别给予责令改正、处以罚款、降低资质直至吊销资质证书等处理。

汉中至略阳高速公路

五、加强进度管理

认真贯彻落实省政府关于加快全省公路建设的两个《决定》(《关于加快全省公路建设的决定》《关于进一步加快全省公路建设的决定》),省交通运输厅先后制定下发了《关于加强全省重点公路建设项目管理工作的通知》《关于在重点公路建设项目中全面推行"阶段目标责任分解法"的通知》《关于在建高速公路与普通公路交叉干扰有关问题的通知》等文件,在高速公路建设中始终把握关键,攻坚克难,努力实现又好又快发展。在进度管理上,突破前期制约,着力加快建设进度,前期工作要超前,项目管理单位要解决主体责任,落实到人。尤其是对当年的通车项目和新开工项目,必列出详细的明细表,想方设法往前赶往前推。着力提高资金保证,严格项目进度管理,着力提升项目管理水平,确保进度管理实现无缝隙衔接,把责任划到最小范围,以达到进度管理的目标。

"十二五"以来,面对高速公路建设环境趋紧的新情况,采取调结构、控规模、保重点、促稳定的措施,推进加快建设不放松。高速公路设计、建设、施工、监理等单位,按照工期和质量要求,加强人力资源、设备投入,常年开展劳动竞赛。工程建设关键阶段,关死"后门"、倒排工期,组织会战,连续大干。黄延、蓝商、安川高速公路,秦岭终南山公路隧道、西汉高速公路郭家山隧道、小康高速公路包家山隧道、安川高速公路米溪梁隧道等决战与会战,其艰辛和壮阔难以尽述。高速公路建设一线广大干部职工以及农村务工人员,驻守施工现场,常年野外作业,冬战严寒,夏战酷暑,加班加点,持续大干。工地流行的"五加二(每周工作五天,周末加班两天)""白加黑(白天干一天,晚上还加班)""夜总会(白天忙在施工现场,晚上加班开会总结安排)""三减一、苦加累、不后悔(意为三口之家一人常年在工地,难得团圆;工作又苦又累,但心甘情愿)"等口头禅,既反映了高速公路建设者工作的紧张、繁忙和艰辛,又表达了他们为加快高速公路建设甘愿吃苦和奉献的精神。

六、全面质量管理

一是建立健全质量管理体系。1988年,陕西省交通厅成立交通基本建设工程质量监督站。对包括公路在内的交通工程质量,实行专业化监督。陕西省交通厅颁布《陕西省公路工程施工监理管理办法(试行)》(陕交基〔1993〕364号),明确新、改建三级(含三级)以上公路工程项目、独立大桥、隧道等,实行政府监督、施工监理、企业自检三级质量管理体系。此后,又从建设单位或项目法人全面负责,监理单位控制,设计、施工单位保证,政府监督的"四位一体"公路工程质量管理体系,发展到如今的"六位一体"质量保证体系,即政府监督、行业监管、法人负责、社会监理、企业自检、设计监控,从工程质量管理上,夯实了"五化"要求的基础。

二是强化质量责任制。先是把建设质量纳入目标责任考核,紧接着又在工程建设中实行"质量否决权"制度，真正把质量放在中心位置。为认真贯彻国务院加强基础设施工程质量管理的通知，实施交通部公路工程质量管理办法，陕西省交通厅印发《陕西省公路工程质量管理办法实施细则》（陕交建〔1999〕291号），强调高等级公路、干线公路、县乡二级以上公路工程质量，实行建设单位或项目法人全面负责制，公路工程在设计使用年限内实行质量终身负责制，并规定公路建设项目主管部门及建设、设计、施工、监理单位负责人，对本单位质量工作负领导责任。工程项目负责人对工程项目现场质量工作负直接领导责任，工程技术负责人对质量工作负工程技术方面责任，具体工作人员为直接责任人。特别是加大查处力度，从竣工验收项目抓起，全面落实项目法人质量责任制，工程质量终身负责制。并强化公路建设质量责任追究，对工程存在大量质量问题的黄延高速公路、蓝商高速公路进行问责。黄延高速有限责任公司总经理、党委主要负责人就地免职，收回蓝商高速公路建设管理权并进行清算。

三是加强质量监督检查。省交通厅先后制定下发了《交通基本建设工程质量监督管理实施细则（试行）》（陕交基〔1991〕177号），《关于加强公路工程质量监督工作的通知》（陕交建〔2000〕010号），完善质量保证体系和公路工程质量监督网络，进一步明确工程质量分级监督管理职责，加强项目执法监察。"十一五"以来，省交通厅相继出台多项改进公路建设质量监督检查措施。全面实行建设项目第三方质量检测，促进建设项目加强质量制度执行与施工过程质量控制。对检测、检查不合格工程，坚决推倒重做。持续开展建设质量年、质量问题专项整治、质量通病防治、建设项目质量"回头望"等活动，强化检查检测，确保工程质量始终处于受控状态。"十二五"期间，交通运输部在西安召开全国高速公路施工标准化现场会，陕西省交通运输厅等单位在会上作经验交流发言，与会代表考察了西商、西铜、铜黄等高速公路建设项目标准化施工现场。对陕西省在贯彻落实交通部"五化"要求中取得的成绩和做法，给予了高度评价和充分肯定。

七、安全生产监督管理

在安全管理上，加强安全生产监督管理工作，预防和减少生产安全事故，杜绝重大和较大伤亡事故，避免一般伤亡事故，无重大责任事故和重大安全隐患，确保安全过程监管到位，实现安全生产达标，力争实现无伤亡工地。在日常工作中成立由项目正、副经理、总工程师、现场工程师、班组长和班组安全员组成的安全生产领导小组。建立同业务范围工作标准挂钩的安全生产责任制及检查监督制度，形成安全管理网络。以"三无"（无工伤死亡和重伤事故、无交通死亡事故、无火灾和水灾事故），"一控"（年负伤频率控制在0.20%），"三消灭"（消灭违章指挥、消灭违章操作、消灭惯性事故）为目标，强化安全专项整治，制定项目重大危险源清单，对重点部门和关键工序重点防范，确保项目施工安全。

施工现场

为建立安全生产长效管理机制,省交通运输厅印发《关于建立交通安全长效机制的通知》(陕交函〔2009〕178号),完善安全管理制度体系,包括交通安全隐患排查治理和督查制度、重大交通安全隐患三级监控和挂牌督办制度、交通安全隐患排查治理"回头看"制度、交通安全重大隐患排查治理责任和保障制度、安全生产监督员联系企业制度、安全生产隐患报告和举报奖励制度、安全生产新闻发布制度等。并在全省交通系统定期或不定期开展交通安全生产专项活动,对交通建设施工安全进行专项整治。高速公路建设项目重点检查:"两项达标",即施工人员管理达标,施工现场防护达标;"四项严禁",即严禁在泥石流区、滑坡体、洪水位下等危险区域设置施工驻地,严禁违规挖孔桩作业,严禁长大隧道无超前预报和监控量测措施施工,严禁违规立体交叉作业;"五项制度",即施工现场危险告知制度,施工安全监理制度,专项施工方案审查制度,设备进场验收登记制度,安全生产费用保障制度等落实情况。桥梁工程高空作业脚手架及安全网设置,隧道工程开挖、初期支护和通风及排水,高边坡开挖及滑坡治理安全管理,河道施工防汛,爆破器材管理,建设各方安全生产机构建立,施工单位安全生产制度建立等。

八、廉政建设责任制

自西安绕城高速公路建设项目始,在签订工程合同的同时,由中标方与建设方签订廉政合同。在加快建设时期,省交通主管部门明确提出:"目标实现、干部不倒"。着力构建组织倡廉、制度保廉、家庭助廉三道防线;推行廉政建设责任制和建设项目廉政合同制,加强自我约束;开展经常性廉政警示教育,加强思想警觉;规范并创新招投标方式,严格业主招标、专家评标、政府监督制度;建设高速公路"阳光工程"管理平台,扩大社会监督。为此,陕西省交通运输厅印发《陕西省交通运输厅关于在交通基础设施建设中推行廉政合同的通知》,将廉政建设合同与招投标合同同步进行。并为重点公路工程项目配备了专职的纪委书记或纪检组长,从组织上为推行廉政建设做好保障。

进入"十三五"后,省交通运输厅牢记习总书记关于"党风廉政建设和反腐败斗争永远在路上"的告诫,强化责任、敢于担当、认真履责,扎扎实实开展党风廉政建设和反腐败斗争,切实加大预防治本力度,着力营造不敢腐、不能腐、不想腐的政治氛围。一是严格按照"守纪律、讲规矩"的要求,加强政治纪律建设,严纪律、正规矩;二是严格按照"常长抓、防反弹"的要求,持续深入贯彻中央八项规定精神,弛而不息纠"四风";三是严格按照"零容忍、无禁区"的要求,有贪必肃、有腐必惩,保持高压态势不放松;四是严格按照"建机制、堵漏洞"的要求,突出问题导向,切实加强反腐倡廉制度建设;五是严格按照"强化监督、执纪问责"的要求,认真落实纪检监察监督责任;六是严格按照习近平总书记关于"转职能、转方式、转作风"的要求,加强纪检监察干部队伍建设。

时任陕西省交通运输厅副厅长李永民(前排右三)等领导在宝汉高速调研

九、建设环境保障

实行高速公路建设环境保障责任制,发挥地方优势,由沿线地方政府负责高速公路建设项目征地、拆迁和建设环境保障。各级地方政府和部门,按照高速公路建设通车的总体部署和要求,算清时间账、任务账,严格按照高速公路建设进度要求,采取有力措施,切实解决高速公路建设中存在的突出问题。陕西省交通运输厅采取以下措施,积极为高速公路建设营造良好的社会治安环境。一是积极协调国土资源等部门,扎实搞好配套建设土地补征和拆迁安置工作,切实保障高速公路配套设施建设的土地需求,确保拆迁户得到妥善安置;二是成立征迁环保办等专门机构,协调交通、城建、建设、劳动、司法等部门与高速公路建设管理单位的关系,分清工作责任,明确利害关系,确保所有承诺事项得到有效落实,维护路地双方的利益;三是各级公安机关加强高速公路沿线社会治安综合治理,及时处置无理阻挠高速公路建设施工等问题,严厉打击盗窃、破坏等违法行为。同时,各县区政府加强对高速公路土地征迁和群众安置补偿资金的监督管理,从严查处截留、挪用甚至贪污等问题,切实维护人民群众利益。并且通过召开保障座谈会、协调会、联席会议等形式,及时解决建设过程中出现的问题。高速公路沿线人民群众从大局出发,以实际行动为我省高速公路建设做出了积极贡献。

为了更好地解决建设环境问题,省、市各级领导经常下工地现场解决问题,在工程建设决战时期,许多地方政府领导或到工地视察,现场解决突出问题,或组织文艺演出到工地进行慰问。所有参战单位和各级管理部门,充分利用自身的条件和优势,帮助地方群众修路建桥、帮困办学,密切了双方的关系。在施工中始终强化以人为本、安全至上、珍爱生命、节约资源、保护环境与文物的科学发展观念,从设计到项目实施,实行线路设计文物勘探上报制度,积极采用新技术、新工艺和新方法,节地、节料、节能,降低噪声、废料污染,减少施工废气排放,加强公路沿线水土保持,因地制宜进行公路绿化美化,尽最大可能保护生态和人居环境,建设安全可靠、生态环保工程,打造出一条又一条交通风景线。"人在车中坐、车在画中行、行一路快车、赏一路美景"成为全省许多高速公路的真实写照。

第四节 法 规 制 度

陕西省公路地方性法规起步于20世纪90年代,基本与高速公路建设同步进行。在立法过程中,始终坚持立改废并举,不断提高立法的科学化、民主化水平,以增强法律的针对性、及时性和系统性,满足社会主义现代化建设和人民生活的需要。内容涉及管理体制、机构改革、招标投标、勘察设计、建设验收、公路运营、道路运输,以及时间、成本和质量管理等方面。为陕西省高速公路主骨架全部建成,形成关中、陕北、陕南三大经济区快速大通道相连接,实现西安至邻近省份中心城市"一日交通圈",公路发展迈入全国先进行列,提供了强大的政策支持和法律保障,促进了高速公路事业的大发展。

一、地方性法规

随着改革开放不断深入,公路事业不断发展,公路法制建设逐步加强。在贯彻国家有关公路法律法规规章同时,陕西省大力推进地方公路法制建设,相继制定颁布公路路政管理、道路运输管理、出租客运管理等地方性法规,制定和发布公路建设、养护、管理、交通规费征收管理、公路建设市场与道路运输市场制度等一系列规章和规范性文件,为公路事业发展提供法制保障和政策支持。由陕西省人大常委会颁布的有《陕西省道路运输管理条例》《陕西省实施〈中华人民共和国交通安全法〉办法》《陕西省公路条例》等。

二、省政府规章与规划性文件

由陕西省人民政府制定的与高速公路建设有直接关系的法规制度有《陕西省公路养路费征收管理办法》《陕西省公路路政管理暂行办法》《陕西省人民政府关于做好西(安)宝(鸡)一级公路工程建设环境保障工作的通知》《陕西省道路运输业管理办法》《陕西省人民政府关于西安绕城高速公路工程建设有关问题的通知》《陕西省人民政府关于成立省高速公路建设集团公司的通知》《关于加快全省公路建设的决定》《陕西省收费公路管理办法》《陕西省人民政府关于调整省高速公路建设领导小组的通知》《关于进一步加快全省公路建设的决定》《陕西省治理公路超限运输办法》等。

对加快高速公路发展起到决定性作用的是两个《决定》的出台。2001年是新世纪的第一年,也是实施西部大开发战略的起步之年。为适应西部大开发的需要,加快西部地区基础设施建设步伐,2001年3月1日,省政府发出《关于加快全省公路建设的决定》,提出了全省公路建设实施超常规发展战略,力争"十五"期间年均投资100亿元以上,用10年左右的时间实现全省国道主干线、西部大通道高速化,省道、次骨架二级标准化,县乡道路等级化,乡村道路硬化。形成快捷、方便、完善的公路交通运输网络,为新世纪全省经济社会更快、更好地发展奠定坚实的基础。并从切实提高对公路建设的认识、全省公路交通发展的主要目标、多渠道宽领域筹措建设资金、公路建设土地征用拆迁税收政策、精心铸建公路交通精品工程等方面作了具体规定。同时,明确规定高速公路作为全省主骨架公路,到2010年全省公路总里程为52000km,其中高速公路达到3074km。

2011年9月11日,时隔10年之后,省政府再次发出《关于进一步加快全省公路建设的决定》,继续把公路建设放在基础设施建设的优先地位,进一步完善政策、增加资金投入,加快建设步伐,努力提升公路交通对经济社会发展的保障能力,为富民强省奠定坚实的基础。在高速公路建设上,明确提出高速公路要按照陕西省"两环三纵六辐射七横"(简称"2367")高速公路网规划,以"加密、连通、对接、扩容"为重点,集中力量加快建设国家高速公路,加速改造高速公路瓶颈路段,积极推进省级高速公路建设。五年新增高速公路2000km,通车里程达到5000km。到2015年,基本实现县县通高速公路。在破解公路建设资金难题中,采取积极争取国家资金支持、加大各级政府财政资金支持、加大税费优惠支持力度、加大金融支持力度、广泛吸引多种资金投入等举措。

两个《决定》,相隔10年,跨度15年,基本精神是一脉相承的,从加快到进一步加快,突出一个"快"字。经过15年的发展,两个决定有力地推动了我省高速公路的发展和建设,对促进全省社会经济发展具有特别重要的意义。

陕西省人大、省政府颁布的相关法规制度见表4-2。

第四章 高速公路建设管理

陕西省人大、省政府颁布相关法规制度表   表4-2

序号	名　称	文　号	颁布日期	颁布单位	备　注
1	《陕西省公路养路费征收管理办法》	陕政发〔1992〕87号	1992年12月28日	陕西省人民政府	
2	《陕西省公路路政管理暂行办法》	陕西省人民政府令第22号	1995年9月27日	陕西省人民政府	
3	《关于西安绕城高速公路工程建设有关问题的通知》	陕政发〔1998〕65号	1998年	陕西省人民政府	
4	《关于成立省高速公路建设集团公司的通知》	陕政发〔1999〕60号	1999年10月30日	陕西省人民政府	撤销原省高管局
5	《陕西省公路路政管理条例》	省人大常委会公告第42号	2001年9月25日	陕西省人民代表大会常务委员会	
6	《关于加快全省公路建设的决定》	陕政发〔2001〕8号	2001年3月1日	陕西省人民政府	
7	《陕西省道路运输管理条例》	陕西省人民代表大会常务委员会公告第8号	2003年8月1日	陕西省人民代表大会常务委员会	
8	《陕西省建设项目统一征地办法》	陕西省人民政府令第78号	2002年1月8日	陕西省人民政府	2011年2月25日进行了修订
9	《陕西省实施〈中华人民共和国道路交通安全法〉办法》	陕西省人大常委会公告第39号	2005年7月30日	陕西省人民代表大会常务委员会	
10	《陕西省人民政府办公厅转发省交通厅关于陕西省公路项目招商引资实施意见的通知》	陕政办发〔2005〕111号	2005年12月6日	陕西省人民政府	
11	《陕西省人民政府关于调整我省收费还贷高速公路车辆通行费收费标准有关问题的批复》	陕政函〔2007〕2号	2007年1月4日	陕西省人民政府	
12	《关于调整省高速公路建设领导小组的通知》	陕政字〔2008〕80号	2008年6月24日	陕西省人民政府	
13	《陕西省收费公路管理办法》	陕西省人民政府令第121号	2007年3月15日	陕西省人民政府	
14	《陕西省治理公路超限运输办法》	陕西省人民政府令第138号	2009年3月19日	陕西省人民政府	
15	《关于进一步加快全省公路建设的决定》	陕政发〔2011〕50号	2011年9月11日	陕西省人民政府	
16	《陕西省人民政府关于进一步加强高速公路隧道交通安全工作的若干意见》	陕政发〔2013〕27号	2013年7月2日	陕西省人民政府	

续上表

序号	名　称	文　号	颁布日期	颁布单位	备　注
17	《陕西省公路条例》	陕西省人大常委会公告第11号	2014年3月27日	陕西省人民代表大会常务委员会	
18	《陕西省人民政府关于"十三五"持续加快全省公路建设推进交通脱贫攻坚的意见》	陕政发〔2016〕42号	2016年10月11日	陕西省人民政府	

三、省交通运输厅相关规章制度

贯彻执行国家有关交通运输的法律、法规、规章和政策、标准，拟订全省交通运输发展规划和交通运输行业政策，研究起草相关地方性法规、政府规章草案，指导全省公路、水路行业体制改革工作，是陕西省交通运输厅的重要职能。由其制定的相关规章制度大体可分为：

（一）招标投标

公路建设、公路改造工程、养护工程，建设项目多，规模大，全面推行招标投标制，招标投标频繁。陕西省交通厅在加快高速公路建设中，有针对性地制定和发布大量有关规范招标投标程序、双信封无标底评标办法要点、评标专家名单抽取与保密、招标公告发布、避免低价中标、加强招标监督管理、实行承包人上级公司履约承诺书、施工监理单位信用评价、货物供应与设备采购、承包人转包与违法分包监督管理、民工工资发放及拖欠清理等规范性文件。其中《公路工程施工招标双信封无标底评标办法要点》（陕交发〔2004〕240号）、《关于进一步加强公路建设工程招标监督管理工作的通知》（陕交发〔2006〕510号）、《关于全省高速公路施工招标的指导意见》（陕交发〔2007〕41号）、《关于全省高速公路工程施工招标中实行承包人上级（集团）公司合同履约承诺书制度的通知》（陕交发〔2007〕203号）等，对规范招投标、杜绝转包分包和拖欠民工工资行为，从法律制度上提供了保障。

（二）勘察设计

主要是高速公路设计优化完善、设计变更管理、提高设计质量、高速公路沿线房建设施、沥青路面厚度、路面压实控制、隧道与上跨桥梁装修、公路服务区建设管理、公路工程预算定额、重点项目长大纵坡路段安全设施核查优化、路线命名编号及交通标志设置、公路隧道有关技术政策、互通式立交匝道设计建设标准等。其中《陕西省公路建设前期工作技术指导意见》（陕交建〔2000〕153号）、《关于重申做好公路建设项目交通工程及沿线设施设计工作的通知》（陕交建〔2000〕481号）、《关于进一步加强勘察设计管理工作的通知》(陕交建〔2001〕222号)、《陕西省公路工程设计变更管理办法》(陕交发〔2001〕497号)、《陕西省公路绿化技术指南(试行)的通知》(陕交发〔2005〕248号),特别是由省交通厅起草并经省政府审议原则通过的《陕西省高速公路网规划》,对陕西省高速公路建设起到了规划引领的作用。

(三)建设验收

公路工程竣(交)工验收、新开公路项目前期工作、预防拖欠工程款长效机制、建设项目安全整治、桥梁施工安全管理、重点建设项目进度管理、建设工程质量要点、推行阶段目标责任分解法、监理作风整顿、高速公路绿化、高速公路项目"双院制"审查,基本建设项目竣工决算审计建设项目"阳光工程"、公路建设项目可行性研究工作管理以及建设项目经验推广等。其中,《陕西省公路工程竣(交)工验收办法实施细则》(陕交函〔2005〕206号)、《陕西省公路项目"双院制"咨询审查内容和深度规定》(陕交函〔2009〕319号)、《陕西省交通运输厅公路项目招商引资若干规定(试行)》《陕西省交通运输厅关于进一步加强交通建设资金监管的通知》,从建设资金、竣工验收、监督管理等方面,为陕西省公路工程"又好又快"发展起到了积极的促进作用。

(四)公路运营

主要有强化治超工作实施方案、大件运输车辆行驶公路管理、大件不可解体物品超限运输车辆通行交通管制、贯彻省治理公路超限运输办实施意见、加强治超人员管理、治超工作责任考核、交通运输统计工作管理、收费公路偷逃通行费用车辆监控管理、安全生产行政问责、政府交通信息公开、交通运输系统应急预案修订、交通科技管理,规范公路养护责权利等。

陕西省交通运输厅总会计师冯利荣(右一)了解道路运输工作

(五)道路运输

主要有道路客运企业质量信誉考核、汽车客运站质量信誉考核、做好雨雪天气下运输组织工作、做好节假日交通运输工作、运输工作目标责任考核、打击"黑车"等非法经营专项治理、高速公路客运公司化、汽车站点建设、物流服务发展等。

陕西省交通运输厅颁布的相关法规制度见表4-3。

陕西省交通运输厅颁布的相关法规制度表   表4-3

序号	名 称	文 号	颁布日期	颁布单位	备 注
1	《陕西省交通厅基本建设项目竣工决算审计实施办法》	陕交审〔2000〕080号	2000年3月16日	陕西省交通厅	
2	《陕西省公路建设前期工作技术指导意见》	陕交建〔2000〕153号	2000年4月13日	陕西省交通厅	
3	《关于重申作好公路建设项目交通工程及沿线设施设计工作的通知》	陕交建〔2000〕481号	2000年9月4日	陕西省交通厅	
4	《关于进一步加强勘察设计管理工作的通知》	陕交建〔2001〕222号	2001年4月28日	陕西省交通厅	
5	《陕西省公路工程设计变更管理办法》	陕交发〔2001〕497号	2001年9月3日	陕西省交通厅	
6	《陕西省高速公路联网收费、通信、监控系统总体规划》	陕交发〔2001〕648号	2001年11月28日	陕西省交通厅	
7	《关于加强公路隧道运营养护管理工作的通知》	陕交发〔2002〕354号	2002年8月28日	陕西省交通厅	
8	《关于全省高速公路联网收费建设等有关问题的专项会议纪要》	〔2002〕11号	2002年9月3日	陕西省交通厅	
9	《陕西省公路养护工程管理办法》	陕交发〔2003〕302号	2003年6月5日	陕西省交通厅	
10	《关于对在建高速公路项目机电工程有关问题的通知》	陕交函〔2003〕369号	2003年7月22日	陕西省交通厅	
11	《陕西省高速公路联网收费暂行技术要求》	陕交发〔2003〕457号	2003年9月11日	陕西省交通厅	
12	《关于进一步加强施工路段交通组织工作切实保证公路安全畅通的紧急通知》	陕交发〔2003〕524号	2003年10月20日	陕西省交通厅	

第四章
高速公路建设管理

续上表

序号	名　　称	文　号	颁布日期	颁布单位	备　注
13	《关于加强公路建设管理工作确保社会稳定的通知》	陕交发〔2003〕592号	2003年11月18日	陕西省交通厅	
14	《陕西省公路工程机电系统质量检验评定标准(试行)》	陕交发〔2004〕132号	2004年5月8日	陕西省交通厅	
15	《公路工程质量工作要点》	陕交发〔2004〕167号	2004年5月31日	陕西省交通厅	
16	《关于进一步加强公路养护管理工作的通知》	陕交发〔2004〕168号	2004年5月31日	陕西省交通厅	
17	《关于进一步加强试运营期公路及建设工程沿线道路养护工作的通知》	陕交发〔2004〕223号	2004年7月20日	陕西省交通厅	
18	《公路工程施工招标双信封无标底评标办法要点》	陕交发〔2004〕240号	2004年8月25日	陕西省交通厅	
19	《陕西省车辆超限超载治理工作实施方案》	陕交发〔2004〕289号	2004年9月21日	陕西省交通厅、公安厅、发展改革委、质量监督局、安全监管局、工商局、法制办、监察厅、工交办	
20	《关于贯彻执行交通部公路工程竣(交)工验收办法有关事宜的通知》	陕交发〔2004〕293号	2004年9月30日	陕西省交通厅	
21	《陕西省黄土地区公路路基病害防治技术指导意见》	陕交函〔2005〕148号	2005年3月23日	陕西省交通厅	
22	《陕西省沥青路面车辙防治指导意见》	陕交函〔2005〕148号	2005年3月23日	陕西省交通厅	
23	《关于高速公路沿线房建设施有关问题的通知》	陕交发〔2005〕62号	2005年4月4日	陕西省交通厅	
24	《陕西省公路工程竣(交)验收办法实施细则》	陕交函〔2005〕206号	2005年4月19日	陕西省交通厅	
25	《陕西省公路绿化技术指南(试行)》	陕交发〔2005〕248号	2005年8月31日	陕西省交通厅	
26	《陕西省公路养护工程施工招标投标管理办法(试行)》	陕交发〔2005〕249号	2005年9月9日	陕西省交通厅	
27	《关于增加我省高速公路沥青路面厚度的通知》	陕交发〔2005〕282号	2005年9月15日	陕西省交通厅	

续上表

序号	名称	文号	颁布日期	颁布单位	备注
28	《关于防止公路工程施工招投标避免低价中标影响工程质量的通知》	陕交发〔2005〕311号	2005年10月13日	陕西省交通厅	
29	《关于对在建高速公路项目设计进行优化、完善有关问题的会议纪要》	二〇〇五年第四十一次	2005年10月31日	陕西省交通厅	
30	《关于开展在建高速公路设计优化、完善活动的通知》	陕交发〔2005〕340号	2005年11月7日	陕西省交通厅	
31	《关于加强高速公路通道管护及对在建高速公路通道全面核查的通知》	陕交函〔2006〕38号	2006年1月19日	陕西省交通厅	
32	《陕西省加强沥青路面压实控制措施补充意见》	陕交函〔2006〕188号	2006年3月30日	陕西省交通厅	
33	《在建高速公路项目设计优化完善的指导意见》	陕交函〔2006〕206号	2006年4月3日	陕西省交通厅	
34	《关于在建高速公路项目防洪安全核查及姜眉公路路面质量检测调查有关问题的会议纪要》	二〇〇六年第十一次	2006年4月6日	陕西省交通厅	
35	《关于严格执行交通运输部〈公路工程设计变更管理办法〉的通知》	陕交发〔2006〕181号	2006年5月8日	陕西省交通厅	
36	《关于完善在建高速公路计重收费设施的通知》	陕交发〔2006〕211号	2006年5月26日	陕西省交通厅	
37	《陕西省公路计重收费技术要求(试行)》	陕交发〔2006〕214号	2006年5月29日	陕西省交通厅	
38	《陕西省交通建设安全专项整治工作实施方案》	陕交函〔2006〕343号	2006年5月30日	陕西省交通厅	
39	《关于对我省公路隧道及上跨桥梁等装修及美化行车环境有关问题的通知》	陕交函〔2006〕423号	2006年6月29日	陕西省交通厅	
40	《关于规范高速公路指路标志和敷设里程桩号有关问题的通知》	陕交发〔2006〕343号	2006年8月28日	陕西省交通厅	
41	《陕西省高速公路服务区布局及设计指南》	陕交函〔2006〕576号	2006年9月11日	陕西省交通厅	

续上表

序号	名称	文号	颁布日期	颁布单位	备注
42	《加强全省高速公路服务区建设管理的决定》	陕交发〔2006〕376号	2006年9月12日	陕西省交通厅	
43	《关于进一步加强公路建设工程招标投标监督管理工作的通知》	陕交发〔2006〕510号	2006年11月15日	陕西省交通厅	
44	《关于服务区建设有关问题的通知》	陕交发〔2006〕520号	2006年11月20日	陕西省交通厅	
45	《关于加强全省重点公路建设项目进度管理工作的通知》	陕交发〔2007〕36号	2007年1月24日	陕西省交通厅	
46	《关于全省高速公路工程施工招标工作的指导意见》	陕交发〔2007〕41号	2007年1月30日	陕西省交通厅	
47	《关于及时申报高速公路建设项目施工许可的通知》	陕交发〔2007〕87号	2007年3月5日	陕西省交通厅	
48	《关于在重点公路建设项目中全面推行"阶段目标责任分解法"的通知》	陕交发〔2007〕95号	2007年3月13日	陕西省交通厅	
49	《关于在全省公路建设中借鉴靖安高速公路等建设项目有关管理制度的通知》	陕交发〔2007〕118号	2007年3月26日	陕西省交通厅	
50	《关于在建高速公路与普通公路交叉干扰有关问题的通知》	陕交发〔2007〕140号	2007年4月4日	陕西省交通厅	
51	《关于在全省高速公路建设项目中开展监理作风建设专项活动的通知》	陕交发〔2007〕139号	2007年4月4日	陕西省交通厅	
52	《关于加强对施工图设计审查意见落实情况监督检查的通知》	陕交发〔2007〕141号	2007年4月9日	陕西省交通厅	
53	《陕西省高速公路服务区管理办法》	陕交发〔2007〕179号	2007年4月24日	陕西省交通厅	
54	《关于全省高速公路工程施工招标中实行承包人上级(集团)公司合同履约承诺书制度的通知》	陕交发〔2007〕203号	2007年5月8日	陕西省交通厅	

续上表

序号	名称	文号	颁布日期	颁布单位	备注
55	《陕西省公路建设工程质量工作要点》	陕交发〔2007〕207号	2007年5月8日	陕西省交通厅	
56	《关于在全省高速公路建设项目中强制推广沥青混合料转运车有关事宜的通知》	陕交函〔2007〕209号	2007年5月18日	陕西省交通厅	
57	《关于高速公路沿线房建绿化和机电设计审查有关问题的通知》	陕交发〔2007〕335号	2007年8月2日	陕西省交通厅	
58	《关于进一步优化隧道洞口及桥隧相接有关问题的紧急通知》	陕交函〔2007〕378号	2007年8月3日	陕西省交通厅	
59	《关于我省高速公路桥隧路隧衔接方案及建设有关问题的会议纪要》	二〇〇七年第三十七次	2007年8月8日	陕西省交通厅	
60	《关于加强在建工程桥梁施工安全的紧急通知》	陕交函〔2007〕399号	2007年8月16日	陕西省交通厅	
61	《陕西省公路工程补充预算定额(试行)》	陕交发〔2007〕449号	2007年11月2日	陕西省交通厅	
62	《关于在全省高速公路工程施工招标中加强承包人转包违法分包和拖欠民工工资行为监督管理的通知》	陕交发〔2007〕475号	2007年11月20日	陕西省交通厅	
63	《关于进一步加强公路建设项目设备材料采购及货物供应商管理工作的通知》	陕交发〔2008〕5号	2008年1月2日	陕西省交通厅	
64	《关于公路建设前期工作中进一步加强与其他行业管理部门沟通协调的通知》	陕交函〔2008〕141号	2008年3月7日	陕西省交通厅	
65	《陕西省高速公路建设项目施工监理单位信用评价管理办法》	陕交发〔2008〕61号	2008年3月17日	陕西省交通厅	
66	《关于加快省级高速公路建设有关问题的会议纪要》	二〇〇八年第十一次	2008年4月1日	陕西省交通厅	
67	《关于我省高速公路互通式立交匝道按双车道设计和建设实施标准的通知》	陕交函〔2008〕258号	2008年4月14日	陕西省交通厅	

续上表

序号	名 称	文 号	颁布日期	颁布单位	备 注
68	《关于新建高速公路取消中央分隔带绿化有关问题的通知》	陕交函〔2008〕269号	2008年4月16日	陕西省交通厅	
69	《关于进一步加强高速公路服务区建设与管理有关问题的通知》	陕交函〔2008〕322号	2008年5月4日	陕西省交通厅	
70	《关于对高速公路互通式立交匝道进行双车道改建和连接县城的立交连接线建设标准的通知》	陕交函〔2008〕349号	2008年5月15日	陕西省交通厅	
71	《关于2008年通车项目增加非现金收费系统有关问题的通知》	陕交函〔2008〕367号	2008年5月19日	陕西省交通厅	
72	《关于在高速公路沿线增设交警办公用房的通知》	陕交函〔2008〕401号	2008年5月30日	陕西省交通厅	
73	《陕西省交通厅关于执行交通部公路工程概算预算定额及编制办法的通知》	陕交发〔2008〕117号	2008年7月15日	陕西省交通厅	
74	《关于全省高速公路路线命名和编号调整及规范交通标志设置工作有关问题的通知》	陕交函〔2008〕642号	2008年9月8日	陕西省交通厅	
75	《关于高速公路绿化有关问题的通知》	陕交函〔2008〕681号	2008年9月19日	陕西省交通厅	
76	《关于重点公路建设项目安全施工有关事宜的紧急通知》	陕交函〔2008〕690号	2008年9月23日	陕西省交通厅	
77	《关于高速公路建设有关问题的通知》	陕交函〔2008〕789号	2008年10月29日	陕西省交通厅	
78	《陕西省收费公路逃缴通行费稽查管理规定》	陕交发〔2008〕170号	2008年11月24日	陕西省交通厅	
79	《关于高速公路沿线设施建设有关问题的通知》	陕交函〔2008〕891号	2008年11月24日	陕西省交通厅	
80	《厅加快公路建设领导小组会议纪要》	二〇〇八年第二十一次	2008年12月8日	陕西省交通厅	
81	《关于发布公路隧道有关技术政策的通知》	陕交函〔2008〕1004号	2008年12月19日	陕西省交通厅	

续上表

序号	名称	文号	颁布日期	颁布单位	备注
82	《关于加快公路建设期间提高工程变更设计审查和审批及招投标工作效率等有关问题的通知》	陕交发〔2008〕1065号	2008年12月30日	陕西省交通厅	
83	《关于全省高速公路交通标志规范设置工作有关问题的通知》	陕交函〔2009〕15号	2009年1月9日	陕西省交通厅	
84	《关于2008年和2009年新开工高速公路前期工作有关问题的会议纪要》	二〇〇九年第一次	2009年1月23日	陕西省交通厅	
85	《关于进行重点建设项目检查和加快新开工项目前期工作的会议纪要》	二〇〇九年第四次	2009年2月16日	陕西省交通厅	
86	《关于高速公路建设项目沥青路面加厚等问题的通知》	陕交函〔2009〕136号	2009年2月23日	陕西省交通厅	
87	《关于落实2009年新开工项目目标责任及有关问题的会议纪要》	二〇〇九年第五次	2009年2月26日	陕西省交通厅	
88	《关于确保和进一步提高高速公路勘察设计质量的会议纪要》	二〇〇九年第七次	2009年3月20日	陕西省交通运输厅	
89	《关于全省高速公路标志设置工作有关问题的通知》	陕交函〔2009〕243号	2009年3月25日	陕西省交通运输厅	
90	《陕西省公路项目"双院制"咨询审查内容和深度规定》	陕交函〔2009〕319号	2009年4月3日	陕西省交通运输厅	
91	《关于贯彻〈陕西省治理公路超限运输办法〉的实施意见》	陕交函〔2009〕609号	2009年7月10日	陕西省交通运输厅	
92	《关于确保高速公路岸坡稳定有关问题的通知》	陕交函〔2009〕709号	2009年8月14日	陕西省交通运输厅	
93	《陕西省高速公路隧道照明系统设计指导意见(试行)》	陕交发〔2009〕96号	2009年9月23日	陕西省交通运输厅	
94	《陕西省公路建设工程质量工作要点》	陕交发〔2009〕99号	2009年9月30日	陕西省交通运输厅	
95	《陕西省加强重点公路建设项目设计管理工作的实施意见》	陕交发〔2009〕132号	2009年12月17日	陕西省交通运输厅	

续上表

序号	名 称	文 号	颁布日期	颁布单位	备 注
96	《关于进一步严格控制工程投资降低工程造价的通知》	陕交函〔2010〕88号	2010年1月28日	陕西省交通运输厅	
97	《关于进一步加强交通建设、养护计划管理的通知》	陕交发〔2010〕50号	2010年8月4日	陕西省交通运输厅	
98	《关于严格执行交通运输部〈关于在初步设计阶段实行公路桥梁和隧道工程安全风险评估制度的通知〉有关问题的通知》	陕交函〔2010〕658号	2010年9月6日	陕西省交通运输厅	
99	《陕西省公路建设市场信用信息管理实施细则(试行)》	陕交发〔2010〕89号	2010年12月13日	陕西省交通运输厅	
100	《陕西省公路施工企业信用评价实施细则(试行)》	陕交发〔2010〕89号	2010年12月13日	陕西省交通运输厅	
101	《陕西省公路建设项目可行性研究工作管理规定》	陕交函〔2010〕972号	2010年12月17日	陕西省交通运输厅	
102	《关于加强高速公路附属工程施工招标投标管理工作有关问题的通知》	陕交发〔2011〕46号	2011年6月13日	陕西省交通运输厅	
103	《关于高速公路机电工程设计有关问题的通知》	陕交函〔2011〕480号	2011年7月26日	陕西省交通运输厅	
104	《关于加强我省高速公路项目勘察设计管理和投资控制的指导意见(试行)》	陕交发〔2011〕67号	2011年8月18日	陕西省交通运输厅	
105	《陕西省高速公路施工标准化指南(试行)》	陕交发〔2011〕76号	2011年9月27日	陕西省交通运输厅	
106	《关于优化全省高速公路交通标志标线的通知》	陕交发〔2011〕88号	2011年11月28日	陕西省交通运输厅	
107	《陕西省高速公路建设项目信息管理平台管理办法(试行)》	陕交发〔2012〕35号	2012年4月13日	陕西省交通运输厅	
108	《陕西省公路建设工程质量工作指导意见》	陕交发〔2012〕41号	2012年6月6日	陕西省交通运输厅	
109	《建筑垃圾填筑路基设计施工技术指南》	陕交发〔2012〕42号	2012年6月25日	陕西省交通运输厅	

续上表

序号	名称	文号	颁布日期	颁布单位	备注
110	《关于在新建高速公路项目中认真落实省政府2011年第97、133次专项问题会议纪要精神有关问题的通知》	陕交函〔2012〕641号	2012年9月1日	陕西省交通运输厅	
111	《关于加强高速公路施工招标投标工作的意见》	陕交发〔2012〕63号	2012年10月8日	陕西省交通运输厅	
112	《陕西省高速公路工程质量责任追究办法(试行)》	陕交发〔2012〕75号	2012年12月1日	陕西省交通运输厅	
113	《关于做好公路建设项目材料价格调整有关工作的通知》	陕交函〔2012〕223号	2012年3月21日	陕西省交通运输厅	
114	《关于在全省公路工程施工招标投标中使用电子图纸的通知》	陕交函〔2013〕317号	2013年4月26日	陕西省交通运输厅	
115	《关于加强我省高速公路防撞护栏设计和施工质量控制有关问题的通知》	陕交函〔2013〕360号	2013年5月9日	陕西省交通运输厅	
116	《陕西省重点公路项目建设管理考核试行办法》	陕交发〔2013〕28号	2013年6月13日	陕西省交通运输厅	
117	《关于加强全省公路隧道照明管理工作的通知》	陕交发〔2013〕32号	2013年6月20日	陕西省交通运输厅	
118	《关于优化高速公路路面及硬路肩结构设计等有关问题的通知》	陕交函〔2013〕635号	2013年8月8日	陕西省交通运输厅	
119	《关于进一步提高我省高速公路"双院制"咨询工作质量的通知》	陕交发〔2013〕51号	2013年11月8日	陕西省交通运输厅	
120	《关于高速公路中央分隔带防眩设施设置有关问题的通知》	陕交函〔2013〕962号	2013年11月29日	陕西省交通运输厅	
121	《关于加强招投标资格预审业绩核查工作的通知》	陕交函〔2014〕29号	2014年1月10日	陕西省交通运输厅	
122	《关于加强招投标资格预审业绩核查工作的通知》	陕交函〔2014〕29号	2014年1月10日	陕西省交通运输厅	
123	《关于加强在建高速公路项目设计后续服务工作的通知》	陕交函〔2014〕178号	2014年3月11日	陕西省交通运输厅	

续上表

序号	名称	文号	颁布日期	颁布单位	备注
124	《关于加强我省公路建设项目节约集约用地的通知》	陕交发〔2014〕53号	2014年10月9日	陕西省交通运输厅	
125	《关于进一步加强和规范工程建设项目进度及投资统计工作的通知》	陕交函〔2014〕834号	2014年10月20日	陕西省交通运输厅	
126	《关于进一步规范公路建设项目竣(交)工验收工作的通知》	陕交函〔2015〕282	2015年4月7日	陕西省交通运输厅	
127	《关于进一加强高速公路安全质量工作的紧急通知》	陕交函〔2015〕470	2015年6月3日	陕西省交通运输厅	
128	《关于进一步加强高速公路通车项目隧道交通安全工作的通知》	陕交函〔2015〕702	2015年8月12日	陕西省交通运输厅	
129	《关于加强高速公路建设项目竣工验收工作有关事宜的通知》	陕交函〔2015〕891	2015年10月10日	陕西省交通运输厅	
130	《关于印发〈陕西省高速公路监控系统技术指南〉的通知》	陕交发〔2015〕57	2015年12月2日	陕西省交通运输厅	
131	《关于农民工工资支付和工程质量及交竣工验收工作有关问题的专题会议纪要》	厅专项会议纪要2015第26次	2015年12月24日	陕西省交通运输厅	
132	《关于投资项目在线审批有关事宜的通知》	陕交函〔2016〕39	2016年1月18日	陕西省交通运输厅	
133	《关于规范公路工程建设项目招标投标相关备案工作的通知》	陕交函〔2016〕479	2016年5月30日	陕西省交通运输厅	
134	《关于印发〈陕西省公路工程建设项目招标投标管理办法(试行)〉的通知》	陕交发〔2016〕32	2016年6月14日	陕西省交通运输厅	
135	《关于加快高速公路项目前期工作进展有关事宜的通知》	陕交函〔2016〕563	2016年6月22日	陕西省交通运输厅	
136	《关于高速公路建设管理体制改革试点工作有关问题的会议纪要》	厅专项会议纪要2016第14次	2016年6月22日	陕西省交通运输厅	

续上表

序号	名　称	文　号	颁布日期	颁布单位	备　注
137	《关于进一步加强公路建设项目环境保护工作的通知》	陕交函〔2016〕1102	2016年11月22日	陕西省交通运输厅	
138	《关于加强工程招投标监管相关工作的通知》	陕交函〔2016〕1109	2016年11月23日	陕西省交通运输厅	

四、项目管理相关制度

高速公路建设项目管理贯穿于项目运行全过程。项目周期长、建设环境复杂、耗资巨大,管理难度极大。为实现项目管理的规范化、标准化,陕西省交通运输厅和作为项目管理主体的省高速集团和省交通建设集团,就项目管理制定了一系列管理制度和方法,内容涉及综合管理、勘察设计管理、质量与安全管理、环保与土地、廉政建设、资金与审计管理等方方面面。

(一)时间进度

为了确保高速公路建设项目按时间进度建成通车,省交通厅制定的相关管理制度有《关于加强全省重点公路建设项目进度管理的通知》(陕交发〔2007〕36号)、《关于在重点公路建设项目中全面推行"阶段目标责任分解法"的通知》(陕交发〔2007〕95号)、《关于在建高速公路交叉干扰有关问题的通知》(陕交发〔2007〕140号),以及多次形成的《关于加快高速公路建设有关问题的会议纪要》,为加快建设创造了良好的环境。

(二)成本控制

成本管理和成本控制是项目建设的内在要求和基础。由省交通厅制定的相关管理制度有《陕西省公路工程补充预算定额(试行)》(陕交发〔2007〕140号)、《关于进一步加强公路建设项目设备材料采购及货物供应管理工作的通知》(陕交发〔2008〕5号)、《关于执行交通部公路工程概预算定额及编制办法的通知》(陕交发〔2008〕117号)、《关于进一步严格控制工程投资降低工程造价的通知》(陕交发〔2007〕140号)。以及省发改委下发的《关于报送建设项目初步设计概算编制文件有关要求的通知》(陕发改建〔2008〕11号),都为成本管理提供了法规依据。

(三)质量监督

质量是项目建设的关键和保证。陕西省交通厅制定的相关管理制度有《关于防止公路施工招标中避免低价中标影响工程质量的通知》(陕交发〔2005〕311号)、《陕西省公路工程质量监督实施细则》(陕交质监发〔2004〕64号)、《陕西省高速公路工程质量责任追究办法(试行)》(陕交发〔2012〕75号)。特别是全省高速公路建设中阶段性制定下发的《陕西省公路建设工程质量工作要点》,成为质量工作的纲领性文件。

严格检测

第五章
高速公路科技创新

"科学技术是第一生产力。"邓小平说。

"让物质世界的力量为智慧所控制,成为文明人的驯服工具。"约瑟夫·亨利讲。

终南山隧道通车了,18.02km。既是决策者的胆识,又是科研者的骄傲。这座隧道仿佛是一部英雄史诗,常常勾起人们的崇敬和敬仰之情。它是陕西交通科技创新千百项成果之一,是陕西交通人科技创新的结晶。

改革开放以来,陕西省交通运输事业经历了起步、稳步发展、跨越发展、优化完善等阶段。交通科技创新围绕各个时期公路交通重大决策,开展高速公路规划、发展战略、体制改革、安全保障等软科学研究;围绕秦巴山区、沙漠地区、黄土地区的高速公路建设技术,开展沙漠路基、黄土路基、特长隧道、高墩大跨桥梁、半刚性基层路面、路用材料、设备开发等技术研究;围绕设计智能化和服务信息化建设,开展公路设计计算机化、道路运输管理信息化以及超限治理、电子政务、公众服务平合等创新与研究,创造了陕西省公路建设史上的多个第一,突破了多个方面的技术瓶颈,填补了国内交通运输行业的多项空白,提高了工作效率与管理水平。同时,培养了一批技术骨干和专家,满足高速公路建设、施工、运营管理的需求,推进了陕西省交通事业又好又快地发展。

第一节 科技创新

虽由人作,宛如天开。

陕西在毛乌素沙漠建成通车的榆林至靖边高速公路,就是科技创新的结晶。

创新是指以现有的知识和物质,在特定环境中改进或创造新的事物,并获得良好效果的行为。技术创新主要是用新概念、新思想、新理论、新工艺、新技术、新发现和新假设而研究产生的成果。

在经济社会快速发展的当今,科技创新能力成为行业实力最关键的体现。一个行业具有较强的科技创新能力,就能处在行业的前沿,就能用先进的科技成果引领行业的进步,推动行业的健康持续发展。

陕西高速公路的建设发展就是如此。改革开放以来,陕西交通行业积极实施"依靠科技,振兴交通"的发展战略,充分发挥交通管理、科研、设计、院校、人才等相对集中的优势,逐步形成"产学研"相结合的科研体系。围绕高速公路建设和运输生产进行科研攻关,不断加大新技术、新工艺、新产品、新材料的科研创新力度。坚持依靠科技创新推进交通发展,重点解决高速公路设计、建设、养护、运营等方面的技术难题。仅"九五"(1996—2000年)期间,陕西省交通厅共投入科技经费5448万元,组织开展科研项目294项,获得科技进步二等奖以上项目102个。其中,省部级奖37个,一等奖1个,二等奖11个,三等奖25个。勘察设计水平大幅提升,高等级公路的路面材料、结构特性研究取得新成果,指导路面结构的设计、养护;收费、监控系统的研究成果为建立完善的收费系统创造了条件;软科学的研究提高了公路建设管理水平。

"十五"(2001—2005年)期间,交通科技工作围绕全省交通发展的中心任务,积极实施"科技兴交"和"人才强交"战略,依托高速公路建设、养护等,发挥陕西交通行业科研人才优势,构建政府管理、企业参与、科研院校为主体的科研管理体系,科技创新能力不断增强。重点对沙漠地区、黄土地区高速公路修建关键技术、峡谷高墩大跨桥梁建设技术、秦岭山区长大隧道修筑与运营关键技术进行攻关研究,科研成果在工程设计、施工、运营中得到了应用。突破了沙漠地区高速公路、特长隧道技术瓶颈,许多研究成果填补了公路行业空白,推进了沙漠地区、黄土地区高速公路的建设步伐。"十五"期间,陕西公路交通科研经费达6700多万元,其中省交通厅共投入2786万元,交通部投入3935万元。陕西省高速集团和交通建设集团依托高速公路建设项目不仅加大了科技经费的投入,而且还积极参与相关项目的科学研究。累计完成交通部和陕西省交通厅立项的科技项目164个,其中承担西部交通建设科技项目11个,获得省部级科学技术奖33个。其中,一等奖2个,二等奖13个,三等奖18个。

"十一五"(2006—2010年)期间,陕西省交通运输厅发挥科技创新对交通发展的引领作用,适应交通跨越式发展对科技创新的巨大需求,把新技术研发、引进和应用作为技术创新的主要任务。结合高速公路建设实际,以急需解决的关键技术问题为突破口,以科研项目为纽带,以"产学研"联合为主体,形成政府扶持、多方参与、联合攻关的科技创新体系。通过科技攻关、研究开发、引进消化等多种形式,在软科学、信息化、隧道建设与运营管理、路面材料再生、改性沥青、交通安全保障及保护生态环境等方面取得重要成果,形成一批先进实用的成套技术和装备。不仅为交通运输发展和基础设施建设提供了技术保证,而且对提高工程质量、延长设施寿命起到重要作用,有力推动了陕西交通行业的技术进步。五年共投入科技经费3000多万元,开展了225项课题研究。其中交通运输部西部交通建设科技项目5个,85%以上的项目成果达到国际先进或国内领先水平,部分成果达到国际领先水平。荣获国家科学技术进步奖4个(一等奖1个、二等奖3个),中国公路学会科技奖4个(特等奖2个、二等奖2个),陕西省科学技术进步奖36个(一等奖5个、二等奖11个、三等奖20个)。已完成的8项西部交通建设科技项目取得直接经济效益8亿多元。自主创新能力与水平明显提高,行业科技进步贡献率达到50%,科技发展效能显著提升。

"十二五"(2011—2015年)以来,陕西省交通运输厅认真贯彻落实党的"十八大"会议精神,坚持科学发展观,把生态文明放在突出地位,融入高速公路建设全过程。着力推进绿色发展,按照"科学办交通、合力办交通、勤俭办交通"的发展理念,抢抓机遇,攻坚克难,不断完善全省公路网,提升公路运输服务水平。高速公路建设以"加密、联通、对接、扩容"为重点,进一步提升东西通道、南北骨架通行能力。这期间,陕西投入科研资金3500余万元,交通运输厅共立科技项目199个,85%以上达到国际先进或国内领先水平,获得省部级科技奖项67个。其中,陕西省科学技术进步一等奖9个、二等奖18个、三等奖25个;中国公路学会科学技术奖二等奖7个、三等奖8个。自主创新能力与水平明显提高,科技成果为交通行业健康持续稳定发展起到了积极的推动作用。

强力推进斜向预应力混凝土路面、高墩大跨连续刚构桥设计施工与检测等重点科研攻关。建筑垃圾循环利用研究在西咸北环线的应用填补了我国高速公路建设领域的空白。"复杂地质特长公路隧道建设与运营节能关键技术"等4项科技成果入选了交通运输建设科技成果推广目录,专著《包家山隧道修建技术与创新》列入了"交通运输建设科技丛书",促进了陕西省交通运输科技成果在全国范围的推广应用。

依托科技项目研究成果,行业内科技人员学术水平有了显著提高,自主创新能力有了明显增强。"十二五"期间,陕西省交通运输行业共有65人被评为正高级工程师,6人被评为陕西省"三五人才",5人享受国务院特殊津贴,7人被评为中国公路百名优秀工程师,4人被评为陕西省重点领域顶尖人才,4人被评为陕西省有突出贡献专家。2016年陕西省交通规划设计研究院总工程师陈长海同志被评为陕西省工程勘察设计大师。

"十二五"期间,陕西省交通运输厅根据陕西高速公路跨越发展的迫切需要,进一步加大了科技创新力度,促进了高速公路健康持续发展。一是抓科研基地建设。以交通运输重大项目为依托,企事业单位积极与国内高校、科研院所、生产企业广泛合作,开展科技人才培养基地建设,不断完善科研基础条件。先后成立了"陕西省废旧沥青路面再生综合利用工程研究中心""陕西省交通科研博士后创新基地"等专业研究基地,为进一步提高创新能力、推进交通运输行业科学研究创新工作创造了良好条件。二是抓科技创新成果转化和推广应用。对经过实践应用检验成熟的成果,形成理论专著或应用规范。截至目前,共有79个行业标准列入陕西省地方标准修订项目计划。其中,《公路隧道LED照明设计规范》等29个公路交通运输地方标准获得颁布(见表5-5),有效地促进了交通运输科技成果的推广应用,提高了科技创新贡献率,为陕西省交通科技创新的规范化、标准化建设开创了新局面。三是抓科技创新项目研究落实。围绕高速公路建设又好又快地发展,开展了系列科技创新项目研究活动。

榆林至靖边高速公路

在路基路面方面：一是开展了路基、路面设计施工新技术新材料研究。重点开展了秦岭山区高速公路建设研究,通过依托工程实践,形成秦岭山区高速公路生态环保路线设计、土石混填路基施工、膨胀土路基稳定及处治、长大陡坡路段路面修筑、弯坡桥面铺装等成套技术理论体系,研究成果达到了国际先进水平,在西汉高速公路建设及运营过程中得以应用,为建成"科技、生态、环保、人文"品牌的标志性工程提供了重要的技术支撑。项目成果先后在十天高速公路、宝汉高速公路等多条山区高速公路建设中推广应用,取得了显著的经济社会及环保效益。二是开展了沥青路面结构设计新方法研究。提出了沥青路面动力响应分析与测试技术,为沥青路面结构设计提供新的理论基础,研究成果达到国际领先水平。三是针对水泥混凝土路面的病害特点,在国际上率先开展了斜向预应力混凝土路面技术研究。在材料性能、结构设计及施工建设等方面形成了斜向预应力水泥混凝土路面设计施工与质量检验技术体系,填补了国际空白,达到了国际领先水平,成果先后在省内外10余条公路中推广应用,提高了路面承载能力,延长了路面使用寿命。四是针对高速公路沥青路面半刚性基层存在的问题,开展了基于振动法的半刚性基层设计与施工方法研究,发明了水泥稳定碎石和二灰稳定碎石振动试验方法,开发了控制开裂破坏的半刚性基层材料设计,提高了路面结构可靠性,成果在省内外多条高速公路中推广应用,形成了半刚性基层抗裂技术示范,提升了半刚性基层的建设理论与技术水平。

在桥梁建设方面：一是针对复杂地质地貌条件下桥梁建设以及加固维修技术难题,形成了峡谷高墩大跨连续刚构桥、超载服役钢桥及旧桥加固维修等设计、施工、健康检测技术,有力地支撑了高速公路桥梁的建养工程。二是针对陕西高速公路沿线地貌起伏较大、地势险峻、桥梁施工建设难度大等问题,开展了高墩大跨连续刚构桥结构设计、施工工艺、健康检测与施工管理等4项关键技术研究。形成了复杂地质条件下高墩大跨连续刚构桥设计、施工与检测技术体系,研究成果有力地支撑了咸旬高速公路三水河特大桥建设,创造了三水河特大桥建设时期成为"亚洲第一高墩"的壮举。三是针对我省在役大中跨径桥梁承载力不足,亟待进行加固改造等技术难题,开展了公路混凝土桥梁承载能力评价方法与加固关键技术研究。研究成果提出的混凝土桥梁承载力分析、预应力束测评、桥梁性能评价及加固关键技术填补了国际、国内空白,为旧桥的养护维修、改造加固的决策提供了保障,显著提高了桥梁安全技术水平,有力地促进了行业技术进步,项目成果在10余个省、自治区得到推广应用。

在隧道建设方面:一是针对近年来隧道工程规模大、地质条件差、工程难度大、施工风险高的特点,开展了围岩稳定性分析、不良地质处治、涌水治理、竖井自然通风、地下水消防减灾、运行监控等6项关键技术研究。形成了陕西省复杂地形地质条件下特长隧道的建设、消防、通风、运营监控成套技术体系。研究成果很好地支撑了明垭子隧道、马鞍子梁隧道等隧道建设。二是针对特长公路隧道富水岩溶区段突水涌泥难题,开展了多断层、富水岩溶地区特长公路隧道修建关键技术研究。以包家山特长公路隧道为项目依托,解决了复杂环境条件下特长公路隧道建设的一系列关键技术难题,成果达到国际先进水平。其中,陡坡斜井双正洞辅助施工和千枚岩地层快速施工技术达到国际领先水平,标志着陕西复杂地质条件下特长隧道修筑技术已跨入国际先进行列。

在交通安全方面:一是针对交通基础设施建设与运营中的安全问题,开展了公路交通安全设施评价、路侧安全、隧道安全、道路安全监控等技术研究,均达到国际先进水平,提高了陕西交通运输安全及应急保障能力。二是针对陕北地区普遍存在的冬季隧道消防水管冻结问题,开展了隧道消防减灾技术研究。利用隧道自有地热水资源汇集至循环系统,确保消防用水及消防系统四季正常运转,保障在突发火灾等紧急情况下的运营安全。三是针对秦巴山区特殊的地形、地质及水文气候条件下,每年汛期公路水毁严重的现状,开展了公路防排水技术研究。研究成果对防止路基及边坡水毁,提高交通基础设施抵御自然灾害能力具有重要意义。

在绿色交通方面:一是响应国家和交通运输部节能减排的号召,以打造绿色交通、实现交通运输可持续发展为宗旨,以节约资源、提高能效、控制排放、保护环境为目标,积极开展了建筑垃圾再生材料、废旧沥青混合料循环利用等技术研究,增强了交通运输可持续发展能力。二是针对城市建筑垃圾量多、处理难度大、再生利用规模小以及设计施工不规范等问题,重点开展了建筑垃圾再生材料在公路工程中大规模综合利用成套技术研究。以西咸北环线高速公路为依托,将建筑垃圾广泛应用在路基填筑、特殊地基处理、路面、小型预制构件和临建设施中,初步形成了建筑垃圾再生材料设计、施工、质量检验与评定等成套技术,使西咸北环线高速公路成为全国首条以建筑垃圾为主导筑路材料的"科技示范工程"。三是开展了废旧沥青混合料分离再生技术研究。实现石料和沥青的有效分离和高效利用,对节约公路资源,减少碳排放,实现材料的循环利用起到了积极的推动作用,研究成果达到国际领先水平。

交通信息化方面:一是针对已建成的陕西省交通运输行业专网、省厅政务协同平台、省高速公路联网收费、治超综合管理、省道路运输管理信息等系统的高效运营问题,开展了交通数据中心数据管控关键问题研究,保证数据资源价值的发挥。二是针对待建系统关键技术和管理问题,开展网上行政审批服务关键问题研究,探索网上行政审批的有效技术和管理手段。三是针对信息化相关标准和技术规范问题,开展陕西省道路交通信息服务框架体系及关键技术研究,解决了道路交通信息统一发布服务的共性难点问题。四是针对高速公路货车称重收费、超载监控及不停车收费问题,开展了货车安全运输综合监控技术研究,研究成果为解决载重货车在高速公路上的通行效率和治超问题提供了依据。

同时在交通建设发展软科学方面,也开展了一系列相关研究。针对陕西省交通运输发展中的难点、热点、瓶颈问题,适时开展了陕西省高速公路资产管理体制研究、陕西公路建设融资渠道研究、陕西省干线公路发展战略研究、陕西省干线公路服务品质提升技术研究、安全和效率的多车道高速公路速度管理研究、陕西省绿色公路发展策略研究、陕西省绿色循环低碳交通能耗统计与监管能力建设研究等,这次研究成果对陕西省高速公路建设与管理起到了重要的决策参考作用。

"科技创新,是交通发展之魂。"从塞上大漠、黄土沟壑、关中平原到秦巴山区,陕西交通人用自己的智慧和汗水书写着动人的乐章!"天下第一隧"、我国第一条沙漠高速公路、高墩大跨桥、贯穿秦岭第一生态路、包家山隧道等一系列成果无不验证着科技创新的魅力。

第二节　重　大　课　题

秦山秦川秦水,孕育了千年古都长安。十三朝煌煌伟业,虽缔就了大唐盛世,但世世代代终未解决蜀道难。斗转星移,千年兴替。如今,莽莽苍苍的大秦岭天堑变通途。一部人类经济社会发展史,就是一部科学技术创新史。穿秦岭、越沙漠、跨沟壑,陕西纵横交错、四通八达的高速公路网,处处闪烁着"科技兴交"的光辉。

30多年来,陕西省紧紧围绕高速公路建设,不断加大科技投入力度,鼓励技术人员结合工程实践参与科研活动,采取自主研发、联合攻关、技术引进等方式,相继开展软科学、勘察设计、工程建设、安全、环保和节能减排等8个领域12个方面200多个重点科技项目的研究。

20世纪80年代,陕西省首次利用世行贷款建设西安至三原一级公路,开启了陕西高等级公路建设的时代。面对设计技术与标准、勘察仪器与方法、工程建设与管理、施工机械与组合、质量管理与检验等不适应高速公路建设与运营管理要求的状况,交通部、省交通厅组织开展以服务高速公路为主体的公路勘察设计技术、路基工程、路面工程、桥梁工程、隧道工程、公路养护、施工与检测设备等多个方面的技术研究和攻关,在沙漠路基和黄土路基、沥青路面、刚构桥梁、特长隧道、建筑垃圾、综合运输、机电系统等方面取得重大突破。

西安咸阳国际机场专用高速公路

研究成果的应用与转化、"四新技术"的引进与推广,解决了交通运输行业管理体制、战略规划、工程建设、运营管理、运输服务等各个方面的技术难题,建设了一批以秦岭终南山公路隧道和榆靖沙漠高速公路为代表的具有国内一流水准的典型工程,培养了科技人才,促进了行业的技术进步和高速公路健康持续发展。

一、勘察设计研究

(一)遥感技术研究

1999年,结合西安至汉中高速公路建设的需要,陕西省公路勘察设计院对《遥感航测及3S技术在工程地质选线中的应用》进行深入研究,通过研究建立了遥感与3S技术在我国高速公路勘察选线和工程地质调绘阶段应用中的成套技术和方法,率先在我国开发以高等级公路为核心的遥感—多媒体信息数据库系统,在系统界面、数据库结构、信息查询方法和速度等方面,处于国内领先水平。开发的3D-GIS三维地形分析系统(软件),其算法和内核均属自主创新,综合性能指标优于国外同类软件,该成果在陕西省多条高速公路选线时获得推广应用。在缩短设计时间、避免灾害损失、缩短里程等方面所产生的经济效益,累计节约10亿元以上。随即开展卫星遥感影像技术在交通行业的应用研究,总结了一套系统的卫星图像信息提取、信息增强、遥感标志建立、工程地质解释、计算机成图等方面的技术方法,研制成功1∶16.8万和1∶40万～1∶50万陕西省交通卫星遥感影像图,建立全省遥感信息数据库并开发全省交通遥感信息查询系统。应用该项成果可编辑全省交通遥感影像图,为公路规划、勘察设计、领导决策提供直观的信息资料。反映全省公路交通与自然地理环境状况,在陕西省近10条高速公路工程调绘中成功应用,产生的经济效益约8亿元。2003年,《陕西省交通卫星遥感影像图及信息系统研制》获陕西省科技进步二等奖。

(二)地基技术研究

20世纪80年代以来,陕西交通运输系统在路基工程设计、施工、试验检测、不良地质处理等多方面,科研成果多,内容广泛而深入。重点研究路基设计、施工、检测、试验等规程、工艺的改进和完善,复杂地形和特殊不良地质条件下路基设计施工技术,路用压实材料的工程特性和压实机理等。这些研究课题都是根据不同发展时期公路修筑面临的技术难题,或需要解决的主要病害,或涉及服务水平提高的需求,解决了因路基压实问题引起的沉陷等路面早期损坏,解决缺乏路基填料地区不良路基材料的改良或施工工艺、病害预防及处理,研究解决了高速公路建设过程中设计、施工规范中未明确的技术问题,如高含水率黏土、粉土、干砂、土石混料等的填筑技术。解决了高速公路高边坡稳定性防护问题,尤其在黄土路基、沙漠路基、山区土石混填路基、膨胀土路基等领域取得了一系列重大成果,对完善交通行业规范,推进陕西省高速公路建设质量的提高具有重要作用。

(三)黄土路基技术研究

陕西是典型的黄土高原地区,黄土主要分布于渭南、铜川、宝鸡、延安等市。黄土具有湿陷性、易溶性、易冲刷和各向异性等特点,给路基的压实和稳定带来许多困难。黄土路基问题的科研项目主要有黄土地区公路路基设计施工技术研究、高等级公路压实黄土路基渗水特性与性状研究、黄土地区公路高边坡防护技术研究等。研究成果解决了黄土压实工艺等施工技术,在设计上明确了地基处理、防护与排水、边坡稳定性设计与施工、监控与病害预防等难题的处理措施。

建立可行的湿陷沉降量计算模型,提出基于非饱和土理论的黄土湿陷性评估方法,推荐适宜的浅层处置技术,提出黄土填料CBR值及黄土路基压实标准,提出黄土路堤沉降治理方法,总结出压实黄土路基降雨入渗公式和积水入渗模型以及7种典型防渗结构设计类型。提出"宽台陡坡"的设计理念,推荐黄土高边坡设计坡型及防护技术。上述研究成果已在国内黄土地区公路建设中广泛应用。

路基施工

(四)山区土石混填路基技术研究

山区修筑公路,普遍存在缺乏筑路材料的问题。为降低公路建设成本,利用沿线土石混合材料,或利用开挖隧道弃渣,结合西汉高速公路的建设开展土石混填路基施工技术研究,提出了土石混合料最大干密度和最佳含水率的确定方法。明确了土石混合料的路用性能指标与粗颗粒含量之间的关系,建立了土石混合料二维和三维应力应变关系,明确不同因素对土石混合料力学性能的影响规律,分析了贯入荷载与填料压实度、含水率、粗颗粒含量及最大粒径之间的关系,提出了贯入式土石混填路基压实质量检测方法,提出了相应的施工工艺和技术要求,编制《陕南地区土石混填路基设计与施工技术指南》。研究成果在西汉、十天、商漫、宝汉等多条高速公路得到推广应用,对山区高速公路路基设计、施工、试验、检测等方面的规程、规范的制定和完善有借鉴作用。

(五)膨胀土路基技术研究

膨胀土是具有吸水后显著膨胀,失水后显著收缩特性的高液限黏土。用膨胀土填筑路基不易压实,湿涨干缩后路基易产生不均匀沉降。从20世纪90年代初到2006年,先后在西汉高速公路洋县段等数十处路段进行膨胀土路基施工技术研究,总结了高速公路的膨胀土路基施工方法。即高速公路膨胀土路基施工,路床以下一定深度填料采取换填或采用水泥粒料稳定改性处理,一般不小于80cm,填筑松铺厚度不大于30cm,土块粒径应小于3.75cm;路基完成后当年不能铺筑路面时,需做20cm防水封层;路堑施工先做截、排水设施,引水至路基之外;边坡施工采取防水封闭措施,边坡防护采用支挡结构。

(六)路基病害防治技术研究

路基早期沉陷和不均匀沉降、裂缝等是路基病害的主要表现形式。主要研究项目有液压原位挤压技术在公路路基病害处理中的应用研究、陕西省高等级公路路堤沉降规律与防治、黄龙地区路基翻浆原因及防治对策研究等;重点对黄土路基病害产生的原因进行分析,提出防治路基病害的多种措施。治理与预防路基沉降时可利用液压原理将多元水泥浆液注入路基,形成复合路基,使整体强度、抗变形能力提高;提出容许路堤工后不均匀沉降的标准和防治路堤工后超标准沉降的处治措施;提出了高寒林区不良水文地质路段防治路基翻浆的施工工艺和技术措施。

(七)路基排水和水毁防治技术研究

水毁防治技术方面的研究项目有山区公路路基排水和水毁防治技术、山区公路防排水评定方法与抗水灾评估技术研究、毛乌素沙漠公路路基水毁及防治研究等。提出了对弯道水流、河床变形形成路基冲刷的防护措施;桥台和丁坝冲刷深度计算方法;浅基护坦设计及防护措施;山区路基排水和地下水计算方法;山区公路水灾害的主要类型和等级划分方法;山区沿河公路路基水毁的易损性综合评价方法;建立由灾害等级评价、暴雨洪水危险性评价、公路易损性评价、水毁损失评价或风险评估、减灾防灾效果评价等公路水灾害评价体系;提出了沙漠公路路基边坡水毁防治的原则、施工技术方案和措施。研究成果应用后,陕西水毁重复发生率降低到10%以下,比原有公路抗洪能力提高30%。沙漠路基成果在陕西、新疆等地推广应用,效果良好。

柞水至小河高速公路

(八)秦岭山区变质软岩路堤修筑技术研究

项目依托柞小高速公路建设过程中产生的约324万 m^3 的变质软岩全部用作路堤填料,2009年建成通车,经过3年运营状况良好。项目取得主要成果:一是提出了一套评判变质软岩填料路用性能的试验方法。二是通过对振动击实试验、压缩试验及三轴试验后颗粒的筛分试验,详细研究了超粒径处理方法、浸水时间、振动次数及干湿循环次数对风化变质软岩填料颗粒破碎的影响,同时对比分析了三种试验过程中的颗粒破碎情况,指出了风化变质软岩路堤填料在振动击实过程中的颗粒破碎不容忽视,并从公路路堤应力状态及风化变质软岩填料颗粒强度低、易破碎的角度出发,解释了其原因。三是在亚洲最大的室内路基土槽内,首次设计并进行了大比例尺变质软岩路堤荷载浸水变形试验,研究了三种变质软岩浸水变形随时间的发展规律,推算出了现场三种变质软岩路堤完全浸水后的最大工后沉降,同时结合现场路堤沉降监测,研究了填料浸水软化对路堤附加沉降影响的规律。四是提出了变质软岩路堤工后不均匀沉降控制标准、填料浸水软化对路堤最终沉降的影响系数以及分层总和法计算路堤沉降的影响系数 Ms。五是得到了路堤稳定安全系数与填料强度参数之间的变化规律及其表达方程。六是提出了变质软岩路堤施工工艺参数及质量检测方法和标准。研究成果形成了《秦岭山区变质软岩高速公路路堤修筑技术指导意见》并应用于柞小高速公路建设,直接经济效益达 6500 万元以上。项目成果填补了多项国内外研究空白,改变了我国变质软岩路堤施工缺乏系统成功经验的现状。经鉴定,成果达到国际先进水平,2011 年获得陕西省科学技术三等奖。

二、路面技术研究

高速公路的迅速发展,对路面质量提出了更高的要求,路面设计和施工技术研究成为急待解决的重要课题。近 30 多年来,陕西省公路路基路面修筑技术不断提高,先后研究解决湿陷性黄土路基、膨胀土路基、沙漠路基等设计、施工难题,形成成套技术。高速公路路面各结构层调整优化,性能研究不断深入,有效解决早期破坏现象。西安公路研究院参与交通部"七五"攻关项目"高等级公路半刚性基层沥青路面结构设计和抗滑表层研究"和"八五"攻关项目"高等级公路半刚性基层沥青路面典型结构研究",依托西三一级公路、西临高速公路修筑试验路,完成了我国半刚性沥青路面的理论设计体系,形成了具有我国特色的公路沥青路面设计规范和标准体系。改性沥青、SMA 路面在高速公路广泛应用,建成透水性路面、彩色路面、融雪路面等新型路面。1990 年以来获省部级以上奖项的路面研究项目有 35 个,新材料、新技术在路面施工中得到应用,施工质量控制技术和试验、检测仪器的开发等均取得突破,所取得的研究成果较多、水平较高,多项研究成果达到国内领先或国际先进水平,为行业设计、施工、试验检测规范及规程的完善、发展做出了贡献。

(一)路面基层结构研究

20 世纪 70 年代,路面基层多为石灰土、泥结碎石、灌入式碎石等柔性材料。80 年代以后,路面基层以二灰稳定类、水泥稳定类等半刚性材料为主。陕西高速公路建设起步较早,先期修建的高速公路路面容易产生不同程度的早期损坏问题,很多是由于半刚性基层抗裂、抗冲刷能力不足所致。从"七五"期间国家高等级公路路面攻关研究项目开始,在路面基层结构研究方面的代表性的科研课题有公路半刚性基层材料结构理论研究、多指标控制设计方法及工程应用、二灰砂砾基层综合路用性能及配合比设计、骨架密实型二灰碎石基层修筑技术研究等。这些研究工作揭示了半刚性基层材料强度、收缩和冲刷性能原理;提出了半刚性基层材料结构类型及划分方法,研制了道路材料室内振动压实机、收缩系数测试系统、冲刷试验机及成套试验办法,解决了半刚性基层材料室内外压实工况不一致、集料压实困难、收缩系数测定不稳定的难题,填补了国内冲刷试验的空白;建立了以强度、收缩系数和冲刷量为控制指标的半刚性基层材料多指标组成设计方法,解决了半刚性基层结构抗裂、抗冲刷的关键技术难题。针对二灰(石灰、粉煤灰)砂砾最佳级配及其范围和二灰砂砾强度增长率的概念,提出二灰砂砾冲刷性能测试方法及相应评价指标;提出了不同公路等级二灰砂砾各项路用技术指标和技术标准;提出二灰砂砾配合比设计指标及方法。

公路路面半刚性基层结构研究的成果在13条高速公路上推广应用,基层抗裂效果显著,裂缝间距由以前5~20m改变为200m以上,基层抗冲刷能力显著增强,水泥剂量平均降低30%,路面使用寿命平均延长3~5年,社会经济效益显著。该成果纳入2006年交通部《公路沥青路面设计规范》(JTG D50—2006),2008年获陕西省科学技术一等奖,2009年获国家科学技术奖二等奖。

(二)沥青路面施工过程质量监控成套技术研究

项目由长安大学、陕西省交通运输厅基本建设工程质量监督站、陕西省交通建设集团公司等单位承担完成。项目针对目前公路施工状况及具体道路的技术要求,建立了完善的动态质量实时监控系统,包括相应的仪器研发和软硬件开发。具体包括:①原材料的生产与管理;②改进完善现行沥青搅拌站的计量控制系统,提高动态控制精度;③混合料生产全过程的动态质量实时监控;④沥青混合料的运输过程实时监控;⑤沥青混合料摊铺过程的动态质量实时监控;⑥沥青混合料碾压过程动态质量实时监控。

课题历时4年,以解决实际沥青路面施工中出现的具体问题为目标,从沥青拌和站的控制理论、建模方法、过程动态质量实时监控及质量信息管理系统,到沥青路面施工现场,进行了沥青路面施工全过程实时监控的探索。首次提出了沥青路面施工全过程动态质量实时监控方法,建立了沥青混合料动态质量评价指标及其允许变化范围,形成了陕西省地方标准《沥青混合料生产过程动态质量监控规范》;创立了沥青混合料生产过程动态质量实时监控管理系统和生产过程全套电子档案。首次提出了沥青路面摊铺、碾压过程动态质量实时监控方法,实现了施工与检测的同步进行,从源头上提高施工质量,杜绝以往事后检测、检测数据造假等问题。项目获得国家专利6项,即沥青混合料生产过程动态质量远程监控系统、改性沥青生产过程动态质量远程监控系统、摊铺机摊铺作业质量监控器、压路机碾压作业质量监控器、水泥混凝土生产过程动态质量远程监控系统、稳定土及水泥稳定碎石生产过程动态质量远程监控系统。成果已在70余条高速公路施工中应用,节约资金数亿元,获得了显著效益。2014年获得陕西省科学技术一等奖。

(三)环保型道路建设与维护技术

随着我国城镇化建设与城市发展步伐的加快,交通设施建设和汽车运输规模长足发展,道路交通在方便人们出行的同时,也给人的生活和工作环境带来诸如尾气污染、交通噪声、热岛效应等负面影响,道路建造技术面临新的要求和挑战。2010年由长安大学牵头、多家单位产学研协作研究完成的"十一五"国家科技支撑计划课题"环保型道路建设与维护技术",通过理论分析、材料研发、实体工程铺筑等方式,研发了包括吸收分解汽车尾气的路面材料与施工技术,透水性道路设计、施工与维护技术,低噪声路面结构和降噪设施,道路冰雪自融与防滑技术,低吸热式地面及其铺装技术等在内的环保型道路技术,取得9项创新性成果:一是开发了能够高效吸收分解尾气的矿物负载型和耦合型光催化材料;制备了具有耐磨性和可重复再生能力的吸收分解尾气光催化涂料。研发了尾气测试评价系统,证明了所研发的光催化涂料对尾气吸收分解的优异效能。二是揭示了透水沥青混合料的细观空隙特征及其与宏观材料组成的关系;构建了空隙率—连通空隙率—渗透系数转换模型。设计堵塞试验并运用细观空隙特征规律揭示了混合料空隙堵塞的发生条件,提出了提高透水功能的材料设计要求。三是提出了基于粗度设计矿料级配和范围界定沥青用量的透水沥青混合料组成设计方法;推荐了基于功能和适用场合要求的透水沥青路面的分类方法和典型结构。结合环境降雨参数以及透水路面材料和结构参数,建立了可用于评价和预估沥青路面透水效能的模型。四是进行了拖车结构、轮胎、传声器、隔声罩的细部设计,研发了基于近场测试原理的轮胎、路面交互作用测量车,形成了轮胎路面噪声的数据采集、处理和分析系统。五是建立了基于孔隙结构特性及电声学原理、用于评价和预估声学性能的多孔沥青混合料细观孔隙结构声学模型,得出了空隙结构参数对吸声性能影响规律及合理取值范围。六是研发了集成太阳能—土壤源热泵的道路融雪系统。建立了基于能量转化的道路融雪系统、湿耦合瞬态融雪模型,得出了我国多地区多融雪目标下的道路融雪系统设计参数要求。七是提出了应用星点设计,效应面优化法确定集料与弹性材料组成,以及应用修正的马歇尔试验方法确定沥青用量的弹性沥青路面材料设计方法;推荐了符合弹性沥青混合料压实特性要求的室内成型方法及现场成型工艺。八是研发了吸水持水能力强的保水乳浆材料、反射和辐射能力强的太阳热反射涂料,遴选了导热系数小且强度高的热阻式矿料,提出了遮热、保水以及热阻式三种低吸热路面的材料组成设计方法。九是建立了基于传热学和气象学原理的沥青路面热效应评价模型,实现了对沥青路面热效应的定量评价和比较。得到了基于数值模拟结果的路表空气层温度的分布图以及路面对环境热舒适性影响的范围值。

该研究成果形成与发展了我国环保型道路设计、施工与维护技术体系,符合保护生态环境、可持续发展的社会发展方向,对于提升我国在道路交通领域以及相关产业的竞争力具有十分积极的作用和重要的战略意义。2011年获得陕西省科学技术一等奖。

(四)沥青路面微波养护技术及设备研究

随着公路建设的不断发展和交通运输对公路服务质量要求的不断提高,提高公路养护技术及服务水平对于保障公路交通大动脉的安全畅通,充分发挥公路运输经济、便捷的优势有着十分重大的意义。传统沥青路面加热以红外加热或热风加热方式为主,作业过程中伴有大量有害气体产生,造成环境污染;热传导方式温度梯度大,表面易老化、焦化;传热速度慢,加热时间长。全天候气象条件下,尤其是冬季气候条件下进行路面养护困难,种种缺陷影响了路面的养护质量。

摊铺施工

该项目由长安大学、江苏淮安威拓公路养护设备有限公司承担,并创造性地将微波加热技术应用于沥青路面养护之中。取得的主要成果有:对微波加热沥青混合料的加热特性进行了系统研究;开发了专用沥青路面加热的微波天线及阵列、新型水冷磁控管及加热墙冷却技术、车载高压供电技术;提出了采用三重微波屏蔽、微波泄漏检测与报警及限位保护措施保证微波设备作业安全性的方法;研究了微波加热对沥青混合料路用性能的影响;提出了典型的沥青路面微波养护施工工艺;研制了具有自主知识产权的沥青路面微波养护系列产品,填补了国际国内空白。

该项目研究过程中共申请了4项发明专利,获得121项实用新型专利授权。2009年,研制的"微波王沥青路面养护车"获得"国家自主创新产品"称号。项目的主要研究成果被行业标准《沥青道路微波养护车》(QC/T 811—2009)、《综合养护车术语》(JB/T 5957—2007)采纳。1项国家标准(《道路施工与养护设备沥青路面微波加热装置》)、2项行业标准(《道路施工与养护设备综合养护车 第一部分 技术条件》、《道路施工与养护设备 综合养护车 第二部分 实验方法》)都采纳了本项目的研究成果。公开发表科技论文24篇,其中SCI检索2篇,EI检索4篇;培养博士后1名,博士1名,硕士7名。

该研究成果已在全国20多个省市得到广泛应用。工程应用表明,沥青路面微波养护技术可以高效、快速地修复坑槽、松散、车辙等路面病害,不仅提高了沥青路面的养护质量,延长了路面的使用寿命,而且具有清洁环保等优点,显著提高了沥青路面养护技术水平,有力促进了行业技术进步,社会效益和经济效益显著。2011年获得陕西省科学技术二等奖。

(五)道路水泥混凝土组成设计研究

陕西省从1992年开始,在三铜高速公路铺筑约20万m^2水泥路面。水泥路面的使用及早期破坏问题引起行业和社会广泛关注。"道路水泥混凝土组成设计研究"项目提出道路水泥混凝土设计分区、路用性能设计指标与测评方法,提出了劈裂强度指标,建立了劈裂强度和抗弯拉强度等指标关系,提出机制砂道路混凝土配合比设计方法,提出以集料填充比、水灰比、砂率水泥净浆填充比为指标的嵌锁密实水泥混凝土配合比设计方法。成果在陕西及全国十余省2000多公里的水泥路面施工中推广应用。2009年获陕西省科学技术一等奖。

(六)长大桥梁OGFC桥面铺装技术应用研究

该项目由陕西省交通建设集团公司和长安大学共同完成。为提高水泥混凝土桥桥面铺装层性能和使用寿命,一是要根据铺装层特有的受力特性,开发针对水泥混凝土桥桥面铺装的结构设计方法,合理选择的沥青混合料组成,设计出性能优良的沥青混合料铺装层结构组合形式。二是要注重对桥面铺装层的路面功能特性的开发研究,提高桥面铺装层的防水抗滑性能,从而减少桥面铺装损害,提高道路行驶安全性能。

针对目前我国将排水性沥青路面应用于桥面铺装经验不足的情况,项目系统研究了大跨径混凝土桥梁排水铺装材料与结构设计方法等关键性问题,在力学分析和材料设计基础上,对长大桥梁铺装的排水性铺装用混合料的原材料、级配、配合比设计方法、结构组合、路用性能、排水性能、疲劳性能、施工工艺等方面开展深入系统的研究,充分发挥各结构层材料最大效能,避免桥面铺装产生的车辙、推移以及开裂等病害,延长桥面铺装的使用寿命,为排水性沥青路面应用于长大桥梁工程提供依据。项目取得的主要成果有:一是分析了不同模量、厚度组合条件下，铺装层内受力特点，找出应力集中出现位置，提出沥青混凝土铺装层和防水黏结层设计的控制性指标。二是基于混合料连通空隙率指标、高温稳定性、低温抗裂性、水稳定性、疲劳性等各项路用性能以及复合梁疲劳试验，创新性地提出了大跨径水泥混凝土桥梁排水性沥青铺装层的材料及结构组合优化方案，即下面层采用掺加0.2%聚酯纤维的AC-20偏细级配型沥青混凝土，上面层采用添加0.1%聚酯纤维的排水性沥青混凝土，黏结层采用橡胶沥青碎石封层。三是以连通空隙率与冻融劈裂强度比为目标设计函数，并参考析漏指标，提出了兼顾功能性和耐久性的排水性沥青混合料配合比设计方法。四是得出了排水性沥青混合料各项路用性能与9.5mm、2.36mm筛孔通过率以及油石比的相关关系式，并基于此优化了排水性沥青混合料的级配范围。五是揭示出9.5mm筛孔通过率是影响排水性沥青混合料连通空隙率及渗透系数的重要因素，得出9.5mm筛孔通过率每降低10%，连通空隙率增加1%，渗透系数增加0.03cm/s；并建议9.5mm筛孔通过率取50%～70%，聚酯纤维掺量不宜超过0.2%，以增大排水性沥青铺装层的排水性能。研究成果还成功应用于西安咸阳国际机场专用高速公路渭河特大桥桥面沥青铺装工程。全部采用排水性铺装，并采取了有效的排水处理方案。检测数据表明，桥面排水性铺装开放交通运营后，路面表面未发现明显的开裂或坑槽，表面较为平整，且车辙较小，路面仍保持良好的排水能力和行驶质量，取得了理想的工程效果，具有显著的社会效益。2012年获得陕西省科学技术二等奖。

(七)桥梁新设备开发、结构理论及高墩大跨技术研究

陕西省桥梁设计施工技术发展较快，日趋成熟和完善。结合我省自然区划、地质地貌特点，从公路发展的需求出发，持续对桥梁设计、施工、检测、装备进行研究。至2016年，在桥梁工程领域获得省(部)级以上奖励的科研项目有22项。研究成果对桥梁理论与计算方法的发展、桥梁规范(标准)的补充和完善等具有重要贡献，部分成果达到国内领先水平或填补国内桥梁技术的空白。桥型由以空心板梁和预应力混凝土连续箱梁为主，发展到连续T形梁桥、连续刚构桥、钢管混凝土拱桥、斜拉桥等。在高墩大跨连续刚构桥技术研究方面取得较多成果，在多条高速公路上建成一批高墩大跨桥梁群，最大跨径已达200m。

(八)桥梁试验检测技术研究

桥梁工程设计使用年限较长，施工过程的质量控制和运营状态下的质量状况对道路的安全具有较大影响。陕西高速公路建设中，桥梁施工过程质量检测、桥梁使用状态的质量评价方面的研究项目主要有钻孔灌注桩质量无破损检测、钻孔抗垂直承载力动力测定法、桥梁上部结构承载能力快速试验方法、稀土换能器及系统集成的桥梁无损检测技术开

发研究等。所取得的研究成果解决了桥梁桩基工程质量的无损检测,解决了在不中断交通情况下的快速检测难题,部分成果纳入规范。1978年西安公路研究所和湖南大学振动研究室研制了机械阻抗法。1980年西安公路研究所和中国科学院电工研究所共同研究水电效应法测桩技术,自制了我国最早的低应变测桩仪,经不断改进和优化,推广应用延续至今,是一种低成本、快速、准确的桩基检测法。提出以动力校验系数判定桥梁承载力的方法,成功研制桥梁检测车,可快速准确进行桥梁静动载试验,实现自动记录并用动态分析程序进行数据分析,属国内首创。2007年,由长安大学等单位合作完成的稀土换能器与系统集成的桥梁无损检测技术,研制出大功率、高频和短余震超磁伸缩换能器,解决大型桥梁混凝土构件无损检测震源问题,开发具有层析成像功能兼测强、测缺、测厚功能的智能化桥梁无损检测设备,获国家专利、软件著作权共20项,在西宝高速公路千河大桥等多座大桥质量检测中应用。2010年获陕西省科学技术一等奖。

大桥雄姿

(九)大跨宽箱梁施工期防裂技术及裂后承载性能评估方法研究

由陕西省高速公路建设集团公司、中交第四公路工程局有限公司、山东大学承担完成。在高速公路建设中,混凝土箱梁桥的裂缝问题始终没有得到根本解决,因此,对于已建和在建的混凝土连续箱梁桥而言,若不从更深层次进行探讨和关注的话,仍将有可能出现各种各样的裂缝。如何对混凝土箱梁桥出现的裂缝进行分析和控制,是当今桥梁科技人员、设计、施工和建设管理技术人员的技术难题。该项目所面临的关键技术难点和取得的创新成果有:一是特大跨连续刚构或连续箱梁桥,零号块高度设计值较大,且顶、底板厚度较大。因此,其水化热应力较大,水化热会导致箱梁开裂。如何有效遏制箱梁混凝土水化热导致的裂缝是一个需要研究的关键问题,本项目最终提出了箱梁零号块温度裂缝防控理论及工程措施。二是箱梁腹板开裂较为常见,其中关键原因为竖向预应力不足。人为因素易导致竖向预应力不足;同时竖向预应力精轧螺纹钢长度较短,预应力损失通常较大。本项目提出的竖向预应力精轧螺纹钢筋张拉力的检测与评估技术具有广泛的推广应用前景。三是裂缝会削弱混凝土箱梁的刚度,使桥梁跨中挠度增大,过大的挠度不仅影响行车的舒适,也可能改变受力体系和内力分配,使裂缝进一步扩展,从而形成恶性循环。裂缝产生后,其受力特性表现为较强的非线性特征,开裂区受力复杂,评估难度大,同时我国在桥梁服役期状态研究方面起步较晚,研究理论和方法体系还不完善。本项目提出的开裂后箱梁服役状态评估理论能优化箱梁管养决策,节省管养投入。箱梁开裂是国内普遍存在的现象,为了对箱梁进行维修加固,我国每年耗费大量人力和财力,因此通过合理的施工和设计建议防止箱梁开裂,对已开裂的箱梁进行有效评估具有明显的经济效益。项目的研究成果能够有效缩减我国在箱梁开裂这一传统通病上的投资,对我国桥梁建设事业具有重大意义。2013年获得陕西省科学技术奖二等奖。

(十)公路大型混凝土桥梁车桥耦合及灾变行为分析与工程应用研究

该项目由长安大学、陕西省交通建设集团公司、浙江工业大学共同承担完成。大型混凝土桥梁主要指高墩大跨(墩高大于50m、跨径大于80m)的连续刚构、刚构连续体系、连续梁体系桥梁。国外较少采用这种桥型结构。在我国公路桥梁建设中,大型混凝土桥梁应用广泛,特别是在西部沟壑地区,已经成为首选桥型方案。然而,这些桥梁在使用过程中出现了不同程度的下挠、开裂等病害现象,存在较大的安全隐患。究其原因,一方面与汽车超载、结构材料性能退化、施工质量低下等因素有关;另一方面也与这类桥梁的力学特性研究不充分有一定关系,包括桥梁的时效效应、结构设计方法,特别是此类桥梁结构的车桥耦合振动及灾变行为分析问题还没有很好解决。针对上述问题,自2000年开始,以大型混凝土桥梁结构的动力学问题为核心,从汽车的结构效应出发,围绕汽车荷载(以下称车载)及灾变下的结构动力响应为导向,研究如何采取技术对策为最终目标,开展了系统研究。内容涉及大型桥梁的车桥耦合振动、结构安全性及行车舒适性评价、桥梁结构的灾变响应及减灾对策。通过理论分析、模型试验、数值仿真与工程应用相结合的方法,基于汽车荷载随机流量调查提出了适合于公路大型混凝土桥梁车桥耦合振动分析的典型汽车模型;给出了大型混凝土桥梁车桥耦合振动响应规律及敏感性参数;提出了公路大型混凝土桥梁车桥耦合振动下桥梁结构安全性、行车安全性和舒适性评价方法;研发了可以考虑多种行车因素的桥梁车桥耦合振动分析及评价集成系统;建立了大型混凝土桥梁基频的精确计算方法和理论表达方式;提出了基于车桥耦合与加权平均的冲击系数计算方法;构建了弯桥冲击系数与多因素的函数关系;研究了上下部结构设计参数对高墩大跨径弯连续刚构桥动力及灾变响应的影响规律,分析了地震响应的敏感性因素,使减灾措施在桥梁结构设计上得到应用。项目研发的大型混凝土桥梁车桥耦合振动分析与评价系统、大型混凝土桥梁自振频率的精确计算方法及理论表达式、基于车桥耦合与加权平均的冲击系数计算方法等相关技术填补了国内外相关领域的空白,获得了相应的自主知识产权。

相关研究成果纳入国家行业技术规范及陕西省地方标准。获得发明专利5项,实用新型专利3项,软件著作权12项,发表核心期刊文章60篇,EI、STP检索25篇,出版专著4部。成果应用显著提高了桥梁安全技术水平,有力地促进了行业技术进步。项目研究成果已在陕西、贵州、重庆、四川、云南、宁夏、山东、福建、浙江、河南、广东等十几个省市的实际桥梁工程中得到直接应用,为同类桥梁的结构设计、动力性能评估提供了技术支持,研究方法也可供其他类型桥梁的动力分析及评价参考,经济及社会效益巨大,应用前景广阔。2015年获得陕西省科学技术三等奖。

三、特长隧道技术研究

20世纪90年代以来,陕西省高速公路建设中的隧道工程领域技术有了突飞猛进的发展。隧道长度从1km发展到18km特长隧道,跨度从单洞双车道提高到双洞六车道,布局从分离式隧道发展到连拱隧道,解决了石质隧道、黄土隧道、沙漠隧道以及各种特殊地质隧道(岩爆、节理化围岩、风积沙围岩等)的技术问题,形成隧道工程的成套技术,包括隧道开挖支护技术、防排水技术、通风技术、监控技术、防灾救援技术、环保与节能技术、营运管理养护技术等。特别是秦岭终南山特长公路隧道的建设和安全运营管理,标志着陕西省公路隧道的建设和管理技术达到世界领先水平。

(一)特长公路隧道关键技术

见本章第三节科技成果中秦岭终南山隧道和包家山隧道。

(二)山区公路隧道修筑技术

依托穿越秦岭山区西汉高速公路的建设,组织开展西汉高速公路隧道施工关键技术研究,修建秦岭段公路隧道83座。对软弱围岩隧道施工技术、连拱隧道施工技术、特殊隧道施工技术等展开系统研究,提出了在软弱围岩钢拱架支护体系中增加纵向型钢的加固方式;采取反压底面、恢复支护与围岩间的联系,用长矛杆斜穿加固裂缝并在贯通的底层裂缝内注浆等方法,解决软弱围岩施工的技术难题。提出直中墙连拱隧道"三张皮""喷凸梁"施工新工艺解决连拱隧道施工"中墙核顶部混凝土难以密实"等技术问题。秦岭1号隧道通风井采取低造价的"缓斜井加陡斜井"方案;对地质条件特别的偏压隧道、岩爆隧道、节理化围岩隧道等提出合理有效的施工方案和措施,形成较为完善的山区隧道施工技术。

(三)黄土隧道支护设计与关键施工技术研究

2005年由长安大学、陕西省交通建设集团公司承担的该项目以国家高速公路网青岛至银川(G20)陕西境吴堡至子洲段高速公路32座黄土隧道工程为依托,历时6年,在大量现场试验与测试的基础上,结合理论分析和数值模拟,系统研究了黄土隧道的变形规律、锚杆作用、施工方法等技术难题。

项目创新了黄土隧道支护结构体系,实现了黄土隧道支护理论的重大突破;揭示了钢架支护条件下黄土隧道系统锚杆的受力机理,为黄土隧道取消系统锚杆提供了依据;发现总结了两车道黄土隧道台阶法施工中的变形规律,提出了黄土隧道施工原则,攻克了黄土隧道变形大、易塌方、二次衬砌易早期开裂等技术难题;编制了《黄土隧道施工技术指南》。申请发明专利4项,授权实用新型专利2项。

成果被著名隧道专家中国工程院王梦恕院士撰写的专著《中国隧道及地下工程修建技术》引用;被纳入陕西省交通运输厅发布的《陕西省公路建设工程质量要点》和《陕西省高速公路施工标准工艺》。编制了企业标准《高速公路标准化施工技术指南》(连续刚构桥梁和隧道);应邀举办了10余次共计1000余人参加的专题培训讲座;重要核心期刊发表论文9篇(EI收录6篇),全国性学术会议交流论文3篇;培养工学硕士研究生10名,对提升陕西省乃至全国黄土隧道工程技术和整体水平起了积极的推动作用。

黄土隧道中系统锚杆的取消,不仅减少了工序,缩短了初期支护封闭成环时间,加快了施工进度,提高了施工安全性和结构稳定性,而且降低了工程造价,有着特别显著的经济效益和社会效益。研究成果直接应用于陕西省吴堡至子洲高速公路32座黄土隧道,有力支持了该工程的建设。推广应用于郑州至西安铁路客运专线4座大断面黄土隧道、西安市地铁区间隧道、陕西省神府高速公路墩梁隧道(世界上开挖跨度最大的黄土高速公路隧道)、陕西省青兰高速公路16座黄土隧道、青海省4座高速公路黄土隧道、山西省3座高速公路黄土隧道、河南省桃花峪隧道(小净距三车道黄土隧道)、甘肃省4座高速公路黄土隧道、黑龙江省天恒山隧道(高含水量黏土)等十余个国家重点建设项目的67座黄土隧道,为国家节省大量的建设资金,取得了显著效果。

中国工程院王梦恕院士等专家组成的鉴定委员会认为:该项目研究成果理论有突破,技术有创新,工程实践有应用,社会经济效益显著,对隧道工程学科的发展和技术进步作出了重要贡献,总体上达到国际领先水平。2011年获得陕西省科学技术二等奖。

(四)沙漠公路隧道修筑技术

2008年开工建设的榆神高速公路神木1号隧道左洞长362m,右洞长352m,隧址系典型风积沙地质,其中含有150余米全断面风积沙地段,风积沙厚度30m以上,时为国内风积沙围岩长度最长、断面尺寸最大的风积沙隧道。开展风积沙隧道综合施工技术研究项目,掌握风积沙隧道围岩变形、超前支护和支护衬砌的分析技术和优化选择方法,提出水平旋喷桩、竖直高压旋喷桩进行超前预支护技术,采取自进式锚杆注浆、十字中隔壁法施工、湿喷混凝土、四台阶法、插板防漏沙法施工等新工艺,建立风积沙隧道成套施工技术体系,为沙漠地区公路隧道的设计、施工积累了经验。

(五)秦岭终南山深埋公路隧道2号竖井下洞群建造关键技术

该项目由西安科技大学、中交隧道工程局有限公司承担,以长18.02×2km、埋深800.0m的公路隧道洞群安全高效建造为代表,从3个方面进行了深埋长大公路隧道洞群建造理论与关键技术研究:一是深埋长大公路隧道洞群安全高效建造理论研究。探索了深部岩体爆灾害发生的细观机制和宏观动力破坏过程,确定岩爆发生临界条件,揭示了深部洞群围岩分区破裂化机理,首次研发了动静耦合多级加载大型立体(4.42m×2.9m×1.95m)隧道开挖模拟系统,二次开发了考虑动力学与分区破裂化效应的三维数值计算程序。二是深埋长大公路隧道洞群安全高效建造成套工艺与关键技术研究。提出短进浅孔弱爆和控制超欠挖的多重岩爆灾害处置工艺方法,集成研发大直径深竖井机械化成套硬岩施工装备,衬砌中隔板一体化液压模板装置和围岩失稳声光电多元指标探测系统研发,创建竖井工程分瓣式机械一体化滑膜衬砌施工和公路隧道超大直径深竖井施工工法。三是深埋长大公路隧道洞群安全高效与信息化管理技术研究。提出上跨既有坚硬隧道爆破工艺技术,遏制了对既有隧道的损伤和破坏,提出并实施了大直径竖井全断面快速掘进与大跨变截面四连拱隧道施工技术,解决了通风竖井断面大、洞群坡度大、装备适应性、可靠性和稳定性控制难题,全面提高了隧道洞群建造效率。

该成果于2006年6月在终南山公路隧道2号竖井下洞群安全建造中应用。开挖段最高月进80.0m,衬砌段最高月进236.0m,创全国纪录。成功跨越既有隧道,未发生重伤及死亡事故,节约工程费用1407.5万元,对促进陕西经济建设和社会和谐发展作用显著。

该项目在深埋长大公路隧道安全高效建造关键技术方面取得系统性和开创性突破,创建工法2项,申请获专利5项,破解了深埋长大山岭公路隧道通风竖井及洞群安全建设领域的一个重大技术难题,创新发展了公路隧道施工建设理论,为提升我国乃至世界公路隧道建造技术水平做出了极大贡献。具有广泛推广应用前景和很强的市场竞争力。2011年获得陕西省科学技术一等奖。

(六)大跨度黄土公路隧道结构稳定性及控制技术研究

该项目由陕西省交通建设集团公司、长安大学、中交第一公路勘察设计研究院有限公司、中铁七局集团有限公司、兰州理工大学等单位承担完成。墩梁隧道是国内首座分离式双向六车道黄土公路隧道,也是世界上开挖跨度最大的黄土公路隧道,地质岩性以粉质黄土为主,修建过程中极易发生拱部大变形、侵限,甚至塌方。项目以此为依托,历时6年,针对大跨度黄土隧道结构稳定性难以控制的关键问题,从大跨度黄土隧道变形规律、设计支护参数、施工方法以及变形量测方法4方面进行了系统研究,形成了大跨度黄土公路隧道修建成套技术。创新成果如下:一是通过现场监控量测,分析了大跨度黄土隧道变形时空效应,揭示了大跨度黄土隧道变形规律,为大跨度黄土隧道修正设计和指导施工提供了理论依据。二是提出了大跨度黄土隧道初期支护采用"钢架+喷射混凝土+钢筋网+锁脚锚杆(管)+纵向连接筋"组合结构,即取消系统锚杆,增设锁脚锚杆(管)。并依据现场监控量测和对比分析,提出了与施工方法相结合的合理支护参数,创新了大跨度黄土隧道支护技术。三是提出了大跨度黄土隧道洞口段施工采用双侧壁导坑法,洞身段施工采用三台阶留核心土法,浅埋段地基承载力较低的隧底采用钢管注浆加固的措施,编制了《大跨度黄土隧道施工作业指南》,攻克了大跨度黄土隧道易发生大变形、坍塌的技术难题。四是通过现场对比试验和测试精度分析,提出了采用全站仪对边量测进行隧道变形监测的方法,给出了全站仪的精度要求和测站设置的最佳距离,提高了隧道监控量测精度和效率。

秦岭终南山隧道人性化灯光带

项目成果申请发明专利5项,重要核心期刊发表论文7篇(EI收录3篇),培养研究生5名。成果被纳入国家行业标准《公路隧道设计细则》(JTG/T D70—2010)、《铁路黄土隧道技术规范》(Q/CR 9511—2014)、陕西省交通运输厅发布的《陕西省公路建设工程质量工作指导意见》(陕交发〔2012〕41号),同时被纳入《全国公路工程试验检测人员资格考试用书隧道》(发行4.05万册)。编制了企业标准《高速公路标准化施工技术指南》(已由人民交通出版社出版),应邀举办了9次共计2500余人参加的全国技术培训与交流会,对提升我国大跨度黄土公路隧道设计施工技术整体水平有推动作用。

项目成果直接应用于墩梁隧道工程,有效控制了黄土隧道施工大变形,预防了塌方事故。推广应用于陕西省神木至府谷高速公路神木隧道、大同至西安铁路客运专线马家庄隧道(世界上最长的铁路客专黄土隧道,长9.362km)、国家高速公路网包头至茂名(G65)陕西境黄陵至延安公路扩能工程18座隧道(分离式双向六车道黄土公路隧道群,总长50.053km)等国家重点建设项目,经济和社会效益特别显著。

中国工程院王梦恕院士等专家组成的鉴定委员会认为:该项目研究成果量测方法有

突破,支护技术有创新,工程实践有应用,总体上达到国际先进水平。2015年获得陕西省科学技术二等奖。

四、公路养护技术研究

陕西高速公路养护技术创新和研究积极落实交通运输部提出的"三个服务"理念,围绕提升服务水平,提高养护质量,在公路养护、运营管理中不断创新。积极研究和推广新技术、新设备、新工艺,解决路基桥涵台背沉陷问题。研究和推广再生技术,解决大修工程、改扩建工程旧路面材料的应用问题。预防性养护技术的研究与应用,延长路面使用年限,养护生产作业走向规范化。危桥险路整治、安保工程、GBM工程、文明样板路、养管示范路和生态环保路实施效果显著。公路路政管理体系健全,超限治理长效机制建立,高速公路路容路况与服务水平跃入全国先进行列。

现代化养护施工

(一)超载服役公路钢桥状态评估、加固及养护关键技术的研究与应用

项目由西安建筑科技大学、陕西省公路局、西安公路研究院、陕西凯达公路桥梁工程建设有限公司等单位完成。该项目针对我国公路钢桥的特点,通过理论分析与实验研究,构建了超载服役公路钢桥的状态评估模型,建立了通用疲劳损伤模型和疲劳损伤计算方法。通过实地调研、现场试验、取样检测、模型分析等方法获取吴堡黄河大桥相关状态评估数据,获得了服役节点板材料的劣化弹性模量,预测了大桥剩余疲劳寿命。将建筑钢结构的加固理论与方法应用于吴堡黄河大桥,确定了大桥加固方案,完成了大桥由汽—13级提高到汽—20级的加固设计与施工。结合吴堡黄河大桥的实际特点,提出了公路钢桥的系统养护方法,编撰了相应的养护操作手册。该项目还将关于公路钢桥状态评估及加固技术的相关研究成果应用于陕西省307国道吴堡黄河大桥加固工程上,相比新建大桥,直接节省建设费用约2200万元,缩短交通断行时间18个月,间接节省了由于车辆绕行所增加的运营成本约9亿元。经科技成果鉴定认为,项目成果总体达到国际先进水平,被誉为近10年来陕西公路桥梁最有意义的科技成果。2012年获陕

西省科学技术二等奖。

(二)钢板—混凝土组合加固混凝土桥梁的方法及质量评价技术研究

该项目由西安公路研究院和长安大学完成。该项目瞄准钢板—混凝土组合加固混凝土桥梁新技术研究与工程应用的技术前沿,通过模型梁试验、理论及数值模拟分析、实桥应用,首次系统地对钢板—混凝土组合加固混凝土桥梁受力性能、加固设计计算方法、施工工艺与质量评价技术标准进行了深入研究,解决了6项工程技术难题。取得以下主要研究成果:一是建立了钢板—混凝土组合加固混凝土矩形梁极限抗弯承载力理论计算公式。二是首次建立了钢板—混凝土组合加固混凝土T形梁极限抗弯承载力理论计算公式。三是首次开展了钢板—混凝土组合加固混凝土T形梁的抗剪性能试验研究,提出了极限抗剪承载力理论计算公式,攻克了抗剪组合加固与抗剪承载力计算技术难题。四是首次将钢板—混凝土组合加固技术应用于火灾受损混凝土连续箱梁桥、空心板桥的加固抢修,提出了火灾受损混凝土桥梁加固后承载力理论计算公式,解决了实桥组合加固后承载力评估的核心技术问题。五是建立了钢板—混凝土组合加固混凝土桥梁的设计计算方法,提出了施工指南与质量评价技术标准,编制陕西省地方标准1部。六是结合钢板—混凝土组合加固试验研究与实桥测试,研制了双悬臂结构引伸仪,解决了组合加固界面相对滑移量测的技术难题,基于倾角原理开发了组合加固混凝土桥梁挠度自动测量计算分析软件。获准授权发明专利1项、实用新型专利1项,获计算机软件著作权1项。在本项目研究成果指导下成功实施了西铜高速公路耀州高架桥、商漫高速公路柿子泡大桥火烧桥孔抢修,以及凤县四区站台安河中桥、310国道良田中桥危桥改造的加固设计与施工,为火灾后高速公路保通和危桥抢修提供了强有力的技术支持。2009年西铜高速公路耀州高架桥火灾受损混凝土连续箱梁桥采用组合加固抢修,比拆除、重建火灾受损桥跨节省直接费用710万元、间接费用2600万元。2011年商漫高速公路柿子泡大桥火灾受损混凝土空心板桥采用组合加固抢修,比拆除、重建火灾受损桥跨节省直接费用456万元、间接费用2100万元。研究成果被《陕西省公路桥梁维修加固指导意见》《陕西省公路桥梁检查手册》和《桥梁养护与加固》教材采用。编制了陕西省地方标准《钢板—混凝土组合加固混凝土桥梁设计与施工技术规程》,提升了我国公路桥梁加固技术水平。应用该项目专利技术开发的测试仪器已广泛应用于桥梁测试。研究成果还被桥梁工程专业研究生与本科课程教学采用,教学效果突出,获得2010年陕西省高等学校精品课程。发表高水平核心期刊论文5篇(EI收录3篇),2012年获陕西省科学技术二等奖。

(三)公路混凝土桥梁承载能力评价方法与加固关键技术及应用研究

该项目由长安大学、东南大学、陕西省交通建设集团公司等单位完成。桥梁作为公路运输线上的关键结构物之一,其结构性能随运营时间和交通量的增加逐渐下降,加上早期修建的桥梁技术标准及承载力较低,相当一部分结构产生了严重病害,极易引发桥梁安全事故。桥梁结构是否安全,存在安全隐患与缺陷时应采取的对策,是项目研究需回答的问题。预应力缺陷测评、桥梁安全评价、混凝土桥梁承载力评定、桥梁加固仿真及设计等关键技术还未突破,制约着人们对桥梁安全状态及相应对策做出科学决策。如何确切评估桥梁的承载力状态及采取相应技术措施,以防出现类似汉城圣水大桥垮塌等恶性事故,已成为美国、日本、澳大利亚及欧洲发达国家和我国桥梁研究的热门项目。因此,开展在役公路混凝土桥梁结构承载力评定与加固关键技术研究意义重大。针对上述情况,自2000年开始,陕西省在高速公路建设中进行大中跨径混凝土桥梁预应力检测技术、在役混凝土桥梁结构永存预应力及安全性评价和混凝土桥梁预应力衰减模型等项目研究,结合大量桥梁承载力检测评定及加固工程实际,通过理论分析、模型试验与工程应用相结合,提出了预应力束缺陷检测及评价方法;有效预应力检测的横张增量法、应力释放法和力学参数法;研发了相关检测设备;提出了永存预应力沿程分布预测分析方法;建立了基于预应力衰减度、衰减度变化率及名义裂缝宽度的桥梁评价方法;提出了桥梁安全性、适用性及耐久性的综合评价方法,开发了相关分析软件,编制了检测评价技术指南;提出了钢筋混凝土桥梁结构承载力及刚度的裂缝特征—动力分解评定方法;建立了预应力混凝土桥梁开裂后的承载力及刚度分析方法;建立了模拟结构受力—截面刚度变化和应力效应修正—内力重分布全过程的桥梁加固分析方法;提出了桥梁粘贴加固、体外预应力加固的设计计算方法。研究成果提出的混凝土桥梁承载力分析、预应力束测评、桥梁性能评价及加固关键技术,填补了国际、国内空白,获得了相应的自主知识产权。相关研究成果被纳入2008年8月颁布的《公路桥梁加固设计规范》(JTG/T J22—2008)及2011年颁布的《公路桥梁承载能力检测评定规程》(JTGT J21—2011)中,并将在《公路桥梁养护规范》《公路桥梁荷载试验规程》中应用。成果应用显著提高了桥梁安全技术水平,有力地促进了行业技术进步。

封层除尘

目前成果已在陕西、山东、辽宁、贵州、宁夏、广东、浙江、云南等十几个省(自治区)得到应用,提高了桥梁结构的安全度,延长了结构寿命,社会经济效益巨大,应用前景广阔。2013年获得陕西省科学技术一等奖。

五、施工及检测设备研究

(一)沥青储藏分层加热技术研究

1997年,陕西省公路物资供销公司完成项目研究工作。沥青储罐分层加热技术克服当时国内沥青库采用底部整体加热造成能耗大、热效率低、加热时间长等缺点,根据储罐容量和日发油量将储罐设计成若干个加热区域,每个区域设置一级加热器,加热器由一层或多层加热排管组成,加热器由阀门控制加热介质,既可单独工作,也可同时工作,加热顺序由上而下,热利用率达80%。在钢制沥青储油罐基础上柔性支承、沥青储罐分层自留发油、沥青旋转接卸三项关键技术取得突破,完成成果转化投产。1999年获陕西省科技进步一等奖。

(二)道路路面光电检测关键技术及其应用研究

项目由长安大学、陕西省高速公路建设集团公司等单位联合承担完成。针对道路路面光电检测关键技术,在路面平整度、车辙检测方面,提出了对称式激光位移检测原理和对称式基准传递检测原理,开发了抗干扰性强、可靠性高的对称式激光位移传感器,突破了传统路面检测方法受检测速度的限制,克服了路面颠簸对平整度、车辙检测精度的影响,极大提高了检测效率和检测精度。在路面弯沉检测方面,提出了路面弯沉光电检测原理,开发了路面弯沉光电检测传感器,实现了路面回弹弯沉、路面动态弯沉的高精度检测;在路面集成检测方面,成功研发了对称式基准传递激光路面检测系统、长寿命频闪灯管和多路同步闪光照明系统、多路聚焦模块化LED照明系统,实现了在复杂使用环境条件下的高精度公路路面检测;在数据采集处理方面,研究开发了技术先进、实用性强的数据采集处理软件,系统集成了道路路面激光检测的成套设备,实现了路面多种质量指标的高效集成检测,研究成果达到了国际先进水平。其中,路面激光位移检测技术、路面激光平整度检测技术、路面弯沉光电检测技术处于国际领先水平。获得发明专利6项、新型实用专利19项、软件著作权7项,发表核心期刊论文26多篇(其中EI检索11篇),培养3名博士和12名硕士研究生。成果直接应用于国家交通行业标准《公路路基路面现场测试规程》(JTG E60—2008),所产生的社会影响和社会价值十分巨大。研究成果形成的产品具有显著的技术优势和很高的性价比,产品价格为国外同类产品的1/2~1/3,比国内同类产品低20%~30%,受到国内用户的普遍欢迎。2012年获陕西省科学技术一等奖。

(三)XG-I型滑动斜拉式挂篮研究

1992年由西安公路研究所研制,用于大型桥梁的平衡悬浇施工。在国内公路挂篮中首次采用双斜拉带和相应传力结构,采用拉筋式上限位置、首创顶接式下限位装置以及可调式内模支架等新技术,将承载能力扩展到200t以上,悬浇梁段长度达到5.10m,实现了挂篮大承载能力和轻型化,具有构造简单、变形小、操作方便、安全可靠等优点,可加快施工速度,改善作业条件,应用于山东东明黄河公路大桥,达到国内领先水平。1995年获陕西省科技进步一等奖。

(四)特高自行大吨位全桁架式架桥用龙门起重机研究

2004年由长安大学、陕西省常通路桥新技术有限公司研制完成。属大型桥梁施工设备,净高43m,最大高度达45m,额定起重50t,设计最大起重量62.5t,整机重量仅84.13t,比同吨位起重机轻20%以上。该机利用全桁架结构刚度较小特点,不加转变情况下实现小半径负重自行曲线作业,载重量达55t时,能够在曲线半径为400m轨道上平稳运行,施工纵向负爬坡坡度4%,拼装方便,电气化程度高,性能稳定,操作方便,安全可靠,工人劳动强度小。2004年3月—2005年4月,应用于黄延高速公路康崖底大桥改造工程,吊运安装30m箱梁512片次,性能稳定。2005年获陕西省科学技术二等奖。

六、安全技术研究

2004年,按照交通部安全保障工程要求,陕西省在更大范围对危险路段、事故多发路段进行整治,公路抗灾能力增强,桥梁总体技术状况显著改善,安全通行能力提高。针对秦岭巴山地区和黄土沟壑区域公路线形坡陡弯急,行车安全隐患多的状况,陕西省交通厅先后组织开展公路交通安全评价与改善技术研究等一系列安全技术研究项目,多数成果在设计中得到应用。运营的西汉高速公路、铜黄高速公路等事故率、伤亡人数、经济损失都有显著下降。针对频发的滑坡、泥石流、崩塌、水毁等地质灾害,开展了地质灾害预报与防治、高边坡防护等技术研究,研究成果在安毛川高速公路滑坡整治工程中发挥了重要作用。开展的一系列安全技术的研究,提高了设计管理水平,改善了道路安全运输状态,保障车辆的安全行驶,社会经济效益显著。

(一)沙漠高速公路交通安全宽容设计成套技术研究

2008年由长安大学和陕蒙高速公路管理处完成。引入宽容设计理念,利用脆性材料设计解体消能交通标志构件,编制直线与曲线段护栏功能长度精确求解方法和结构长度(护栏不失效)的时间增量试算求解程序,首次提出以两种长度最大值作为路侧护栏防护设计长度设计方法,开发低成本新型模碾式路肩振动带。成果在陕蒙高速公路建设项目得到应用,公路事故次数、路产损失、死亡人数分别下降了24.8%、20.9%和49.4%。2008年获陕西省科学技术二等奖。

(二)山区高速公路长大下坡路段交通安全保障技术研究

2009年由长安大学等单位完成。提出"视线诱导""视觉警示""触觉强制减速""紧急救援"的四个阶段安保工程设置思路,推荐减速带的设计原则、方案、要点,评价多种减速设施的减速效果,对西汉高速公路长大下坡事故多发路段提出采取设置避险车道、降温池、隧道安全对策的治理方案。

(三)山区高速公路沿河路段桥梁桩基安全防护对策研究

2009年由长安大学等单位完成。依托西汉高速公路,对桥梁桩基础处于河道中央位置存在的山洪、泥石流等安全问题和影响因素进行研究。分析桥梁基础处的水流形态、冲刷特性,对浅基桥梁的主要破坏类型、原因以及典型防护对策进行比较,提出适合于西汉高速公路纵向桥梁桥基安全防护的措施和建议。

(四)公路隧道及隧道群车辆运行安全保障技术研究

该项目由招商局重庆交通科研设计院有限公司、陕西省高速公路建设集团公司等承担完成。项目具体针对我国隧道及隧道群的工程情况和运营特点,通过实地和走访调研、实地和模拟试验、数学分析、依托工程应用分析等各种科学手段,揭示了公路隧道及隧道群交通事故的发生机理,构建了隧道交通安全框架体系和预警模型,提出了基于隧道土建特征与交通特征的风险计算方法、安全等级标准及隧道安全设计"性能化"配置法和融合多种评价方法的隧道安全性评价方法,解决了隧道交通安全的风险判断和设施优化配置问题。创建了EED交通状态识别法、基于人工免疫机理的交通安全预警模型、避免车辆尾撞与侧翻的车速控制模型以及4类灾害天气、4种典型工况、6个危险特征点的车速控制标准,并建立了公路隧道模拟试验平台,解决了隧道安全运营的状态识别、安全预警与控制诱导问题。提出了公路隧道及隧道群运营安全分类管理等定义,建立了基于隧道分类与危险品编组相结合的危险品车辆管理规则,提升了隧道运营管理的标准化和规范化水平。本项目研究成果形式多样,具体表现为技术指南(地方标准)、专著、发明专利、软件著作权、硬件产品等,且已经进行了理论和试验验证,而且成果已纳入了《公路长大隧道安全运营管理办法》《公路隧道火灾自动报警系统技术条件》等标准规范中。编制的三项指南也已发布成为陕西省高速公路建设地方标准,并且获得了国家发明专利和软件著作权授权,已出版专著1册,其推广应用前景十分显著。2013年获得陕西省科学技术奖三等奖。

七、环境保护研究

1973年8月,我国第一次召开全国环境保护会议,通过第一个环境保护文件《关于保护和改善环境的若干规定》。改革开放后,将保护环境、防治污染等内容纳入《中华人民共和国宪法》。从1986年起,交通部实行新建重点项目环境影响评价工作制度,对公路项目推行"三同时"制度(即公路项目的防治污染和其他公害的措施,必须与主体工程同时设计、同时施工、同时投产)。1990年之后,交通部陆续出台《交通建设项目环境保护管理办法》(交通部令第17号)、《公路环境保护设计规范》《新理念公路设计指南》《交通行业树立和落实科学发展观指导意见》《关于进一步加强山区公路建设生态保护和水土保持的指导意见》等法规性文件和技术标准。2006年7月21~22日,交通部召开建设创新型交通行业工作会议,提出大力发展绿色交通,要求把节约资源、保护环境贯穿到交通发展的各个环节。积极发展交通循环经济,倡导绿色交通和清洁运输,建设低能源消耗、低资源占用、低环境污染、低使用成本的公路水路交通系统。

陕西省高速公路建设中,认真贯彻落实国务院、交通部关于基础设施建设中环境保护、资源节约、更新理念等规定要求,针对陕西高速公路建设特点开展环境保护、资源节约等专项研究、对策制定。按照建设生态公路、环保公路、绿色循环公路等理念,先后组织开展"陕西省2000—2020年交通环境保护规划基本大纲""陕西交通环保目标与对策"等软课题研究,为制定环境保护管理措施创造条件。开展高速公路隧道照明节电技术研究、减噪路面、边坡稳定性等有关节能、水土保持等多方面技术研究,引进和推广太阳能利用等新技术,以废旧橡胶粉应用、路面材料再生、温拌沥青路面为代表的资源节约技术的研究、开发和应用,缓解了养护、改扩建废旧材料堆积带来的环境压力,促进了循环经济的发展,为陕西高速公路建设走"资源节约型、环境友好型"发展之路奠定了坚实的基础。2003年陕西省出台了《陕西省主骨架公路环境保护规划》,成为公路项目建设动植物保护指南。2005年省交通厅印发《陕西省公路绿化技术指南》,制定公路绿化区划、设计、施工、养护管理技术标准,对公路建设与景观环境协调性进行专题研究,为建设景观路、生态路、环保路创造条件。

(一)公路建设项目社会经济环境影响评价方法研究

1999年由长安大学完成。确定公路建设项目社会环境影响评价基本框架和内容,提出区域社会环境评价指标体系和量化评价方法(相对比值法),提出路均经济指标、公路人均经济指标、单位折算客货周转量等具体评价指标,提出公路建设项目景观环境分析评价方法,研究成果具有较大使用价值。2000年获陕西省科学技术二等奖。

（二）高等级公路黄土高边坡稳定性研究

2002年由陕西省公路勘察设计院、长安大学等单位完成。首次开展原状黄土边坡变形破坏机理离心模拟试验研究,建立黄土高边坡防护决策系统,提出"宽台陡坡"设计理念和平台植树保护方案,推荐黄土高边坡坡型设计方案,成果在黄延高速公路等黄土地区公路建设中推广使用。2002年获陕西省科学技术二等奖。

黄陵至延安高速公路

（三）黄土地区公路高边坡防护技术研究

2005年由陕西省公路勘察设计院等单位完成。开展黄土土性空间自相关性、非饱和黄土强度以及公路黄土高边坡稳定性、设计坡型、防护方案、植物防护技术等一系列研究,取得"公路黄土高边坡推荐设计坡型"和"公路黄土高边坡防护技术"两项成果,成果在我国西北地区工程建设中广泛推广。获陕西省科学技术二等奖。

（四）秦岭山区高速公路建设生态保护技术研究

依托秦岭山区高速公路实施的中国与加拿大政府合作项目,2004年3月~2007年9月,加拿大技术援助专家到项目所在地进行现场考察及踏勘,编写用于指导设计及施工的环保指南,制定出适合西部地区的环境监控计划,为生态敏感区道路的发展提出工程指南。开发出简单易行、经济适用的环境保护规范性措施,对关键地区或缓解路线的动物通道结构提出建议,对环境敏感地区缓解措施提出建议,提出路域植被恢复计划。在设计方面,用短隧道合理取代深挖路堑,用纵向桥有效减少高填方路段,合理设置隧道洞门,合理选取弃渣场和料场并采取生态防护措施,提出膨胀土边坡防护方案,通过有限元数值仿真分析,指导岩质边坡处理。系统地提出了秦岭山区高等级公路综合排水系统的设置及公路水毁的一般工程防治措施、公路高边坡综合排水及高等级公路生态排水系统的设置原则和方法。这些成果在山区公路设计中得到应用。

(五)特长隧道低噪声抗滑水泥混凝土路面研究

2005年由长安大学等单位完成。提出特长隧道内抗滑、减噪、耐磨露石混凝土路面材料组成设计方法,减噪性能评价方法、指标以及隧道路面机械化施工工艺技术,研发出喷洒设备并获国家专利。研究成果明显改善隧道内行车安全性、舒适性,推广应用效果良好。2007年获中国公路学会科学技术二等奖。

八、节能减排研究

2000年以来,全省交通行业贯彻国家关于节能减排工作的要求,制定公路建设节能措施,编制《陕西省交通运输行业节能减排工作要点》,印发《陕西省交通运输行业节能减排工作实施方案》(陕交发〔2008〕141号),组织开展创建节约型低碳交通行业活动,发布《陕西省高速公路隧道照明系统设计指导意见》,开展"高速公路优化隧道照明设计、加强隧道照明管理"专项活动。积极开展路面再生技术、照明技术等研究工作,推广路面旧油层材料再生利用、太阳能、LED照明、水循环利用等新技术,推动交通运输行业节能减排工作的开展。

(一)HU-L型冷施工沥青混合料的研究

2001年由长安大学完成。开发HU-L型冷施工沥青混合料的沥青改性剂,对HU-L型冷施工沥青的改性工艺和技术性能、强度形成机理、施工工艺进行研究,使HU-L冷施工沥青混合料成为一种常温施工产品,可以在-15℃下使用,沥青改性剂的材料全部采用国内原料,工艺简单。产品在沥青路面养护中广泛应用,2003年获陕西省科学技术三等奖。

(二)沥青路面加铺层设计与施工技术研究

2005年,交通部列入西部交通建设科技项目,由长安大学等单位合作完成。以工程为依托,开展多项专题研究,取得一批可供工程应用的研究成果,为沥青路面加铺层设计与施工提供合理依据,具有节能环保意义。

(三)沥青路面再生技术研究

2006年由西安公路研究所、陕西高速集团合作完成。对旧沥青路面、基层破碎后的级配及其物理力学性质进行分析,得到水泥稳定基层、底基层配合比,研究其路用性能,开发GLA沥青再生剂,提出工厂热再生技术配合比设计方法、施工工艺和质量控制检测及评价方法。2007年获陕西省科技进步三等奖。

(四)长大隧道运营机电设备节能配置技术研究

2009年由陕西省交通建设集团公司完成。确定隧道通风计算方法和参数,研究隧道内照明模式、灯具的选择和优化布置,优化监控系统、消防系统。

(五)泡沫沥青冷再生施工专项技术研究

2010年由中交二公局完成。依托潼西高速公路改扩建项目,开展泡沫沥青混合料配合比设计方法、强度组合机理、路用性能、施工成套技术研究,利用铣刨沥青面层做泡沫沥青冷再生6.18万m^3,节省工程投资约2800万元,率先在国内高速公路改扩建中大规模应用泡沫沥青冷再生技术。

总结几十年来陕西高速公路交通发展及跨越式发展的辉煌成就,这些重大交通科技研究项目成功实施,为陕西建设西部强省,推动经济发展奠定了坚实的基础。重大科研课题统计,见表5-1~表5-3。

重大科研课题统计表(1990—2010年)(国家或部、省级三等奖及以上奖项)　　表5-1

序号	项目名称	研究单位	获奖情况	获奖年份	主要参加人员
1	高亮度发光二极管型可变情报板	西安公路研究所	陕西省科技进步二等奖	1991	侯建民、鲁恩科、李彦、闫江、陈乃齐
2	路面平整度快速测定仪的研制与应用技术研究	西安公路研究所	交通部科技进步三等奖	1991	闫江、朱经训、左松梅、刘正民
3	高速公路收费系统的研究	西安公路研究所、交通部公路研究所、西安公路学院	交通部科技攻关三等奖	1991	闫江、潘文敏、左松梅、杨光、路成章、苏诗琳、李彦、王永康、张晓松、任玉霞
4	高速公路监控系统的研究	西安公路研究所	交通部科技攻关三等奖	1991	侯建民、闫江、张晓松、陈乃齐、昝满盈、王黎明
5	JQJ-1A型架桥机的研制	西安公路研究所	国家科技进步三等奖	1992	孙涛、李泽生、霍中泉、金泰丽、高成喜、李国胜
6	公路路线工程计算机辅助设计系统	省公路设计院	陕西省科技进步二等奖	1992	朱刚、黄畴、赵书奇、唐延莲、黄景江、杨珂、庞宝琴
7	DBY-1型标准式颠簸累积仪研究	西安公路研究所	交通部科技进步三等奖	1992	刘小羊、王黎明、李延华、闫江
8	高等级公路半刚性基层沥青路面和抗滑表层成套技术研究	交通部公路研究所、同济大学、石油大学重质油研究所、西安公路研究所、上海市政工程研究所、交通部重庆公路科学研究所、胜利石油管理局	国家科技进步二等奖	1993	沙庆林、沈金安、姚思国、张昌祥、周庆蝉、梁伟光、胡鸣琴、杨韵华、许志鸿、李福普、卢铭伊、吕桂芝

续上表

序号	项目名称	研究单位	获奖情况	获奖年份	主要参加人员
9	大吨位架桥设备的研究	陕西省公路局	陕西省科技进步二等奖	1993	过伯陶、田启国、吉定家、张充满、冷华明、杨晓炜、何建新
10	三向预应力双向悬臂高墩冒	陕西省公路局	陕西省科技进步三等奖	1993	过伯陶、苏权科、高凌祥
11	TBC-71型透层油的研究及推广	西安公路研究所	陕西省科技进步三等奖	1993	胡宝祥、朱铣、韩瑞民
12	水平滑膜就地浇筑混凝土梁工艺	陕西省公路局	陕西省科技进步三等奖	1993	尚德良、徐怀琛、马学习、昝元朝、马贵祥
13	改善沥青与酸性石料黏附性的研究-PA-1型抗剥落剂	西安公路研究所、西安近代化学研究、陕西所省高管局	陕西省科技进步二等奖	1994	胡宝祥、张廷理、韩瑞民、汪增凯、邹月琴、张玉芳、马志刚
14	桥梁橡胶伸缩缝装置-SDI型	陕西省公路局	陕西省科技进步三等奖	1994	尚德良
15	沥青路面抗滑技术推广应用	陕西省公路局、咸阳公路总段宝鸡公路总段、商洛公路总段汉中公路总段	陕西省科技进步三等奖	1994	李永固、马毅敏、苏振东、刘宏录、刘叙富
16	XG-1型挂篮	西安公路研究所	陕西省科技进步一等奖	1995	孙涛、马毓泉、武彩桥、宋元伟、高成喜
17	W型防撞板生产工艺及生产线	陕西省公路局、陕西省公路机械厂	陕西省科技进步三等奖	1995	杨长盛、朱景华、陈放、高卫军、施友生
18	150吨单轨自行式液压起吊门架	陕西省路桥工程公司	陕西省科技进步三等奖	1995	张充满、吉定家、高凌祥、王新华、何武贤
19	高等级公路路面平整度传递与标准研究	西安公路交通大学	陕西省科技进步二等奖	1996	戴经梁、柳浩、赵倩、盛安连
20	高等级公路水泥混凝土路面修筑技术的研究	西安公路研究所、西安公路交通大学、陕西省公路局	陕西省科技进步二等奖	1996	杨韵华、胡长顺、胡春年、支喜兰、雷斌、梁武星、李伟仁
21	公路中、小桥涵计算机辅助设计系统	陕西省公路设计院、交通部第一公路勘察设计院	陕西省科技进步三等奖	1996	黄畴、沈月强、万振江、刘春元、董建英
22	LXK-A型快速沥青抽提仪	西安公路研究所、省路桥工程公司	陕西省科技进步三等奖	1996	毛民喜、贺宝康、石德华
23	双车道公路路段交通仿真研究	西安公路研究所、西安公路交通大学	陕西省科技进步三等奖	1996	蔡良斌、陈忠明、范建华、张春莲、王永清

续上表

序号	项目名称	研究单位	获奖情况	获奖年份	主要参加人员
24	连续斜板梁桥的试验研究	西安公路研究所	陕西省科技进步三等奖	1996	金泰丽、马保林、李乐洲
25	LP-Ⅱ型微机在太阳能乳化沥青站的应用研究	安康公路总段省公路局	陕西省科技进步三等奖	1996	何湃、胡春年、王立渊、石业华、徐自成
26	JQJ-1A型架桥机定型与推广	西安公路研究所	陕西省科技进步二等奖	1997	孙涛、武彩桥、席小白、马毓泉
27	克拉玛依沥青在陕西省高等级公路工程中的应用研究	西安公路研究所	陕西省科技进步二等奖	1997	钟桂兰、张斌、王新民、李虹
28	L260-3型螺旋快接头导管	陕西省路桥工程公司	陕西省科技进步三等奖	1997	吉定家、高凌祥、宋博陵、何建新、刘存海
29	旧油层材料再生利用的应用研究	安康公路总段	陕西省科技进步三等奖	1997	马启明、李祥主、胡定美、王立渊、何湃、刘世惠、邓功全
30	陕西省省道网调整方案研究	陕西省交通厅、陕西省公路局	陕西省科技进步二等奖	1998	乌小健、袁雪戡、张亚东、杨云峰、张捷、任晓、乔国梁
31	土工合成材料在公路工程中的应用	铜川公路总段	交通部科技进步三等奖	1998	李成才、张继宁、王中生、闫振江、路学敏、李进成、肖乾新
32	山区道路路基病害处治技术的应用推广	安康公路总段	交通部科技进步三等奖	1998	王立渊、米居正、胡定美、尹行厚、史开珠
33	无砂石料地区公路修建技术研究	西安公路研究所、榆林公路总段	交通部科技进步三等奖	1998	张生辉、刘振学、陈忠明、薛生高、杭国华、冯学政、刘秀珍、刘林春、刘丕兴、吴锦华
34	山区公路路基排水和水毁防治技术	陕西省公路局、西安公路交通大学	交通部科技进步三等奖	1998	袁雪戡、高冬光、刘叙富、窦明建、张义青
35	粗粒土路基压实度标准、回弹模量及测定方法的研究	陕西省高管局	陕西省科技进步三等奖	1998	汪星宇、赵久柄、王正良、刘希林、龚海科
36	桥梁上部结构承载能力快速试验方法研究	西安公路研究所	陕西省科技进步三等奖	1998	惠昭、谢超、王宏章、赵中宇
37	陕西省干线公路沥青路面评价养护系统(CPMS)推广应用	陕西省交通厅信息站、陕西省公路局宝鸡公路总段	陕西省科技进步三等奖	1998	李子成、朱经训、杨志华、王军、徐建国、王新礼、苗彩红

续上表

序号	项目名称	研究单位	获奖情况	获奖年份	主要参加人员
38	陕西省高等级公路路堤沉降规律及防治	长安大学、陕西省高管局	交通部科技进步三等奖	1999	戴经梁、王晓谋、伍石生、成辉平、高江平
39	旧沥青路面上水泥混凝土路面修筑技术研究	铜川公路总段、西安公路交通大学	陕西省科技进步三等奖	1998	李成才、胡长顺、王建民、张继宁、路学敏
40	沥青储罐分层加热技术的研究	陕西省公路物资供销公司	陕西省科技进步一等奖	1999	韩定海、辛元源、汤键、张国平
41	沥青路面结构可靠性的研究	西安公路研究所	交通部科技进步二等奖	1999	陈贤辉、范建华、张玉芳、谢娟、张天锋
42	液压原位挤压技术在公路路基病害处理中的应用研究	西安公路研究所	陕西省科技进步二等奖	1999	张生辉、牟昌渝、陈忠明、刘立学、王新民、彭帝、雷斌
43	陕西省黄土区高等级公路半刚性基层沥青路面典型结构研究	西安公路研究所	陕西省科技进步三等奖	1998	范建华、陈贤辉、张玉芳、谢娟、张天锋
44	QGL-1A型挂篮的研究	陕西省路桥工程公司	陕西省科技进步三等奖	1999	张充满、梁俊海、李玉幸、钟强、赵富强
45	DZG多用自动击实仪	西安公路研究所	陕西省科技进步三等奖	1999	任玉侠、王永康、张焕浪
46	薄壁空心高墩大跨径预应力连续刚构桥的研究	西安公路研究所、陕西省路桥工程公司	陕西省科技进步二等奖	2000	马保林、李乐洲、金泰丽、张充满、李玉幸、钟强、任金龙
47	西宝高速公路CTBRRN-11311收费系统研究与应用	陕西省高管局、陕西省汉唐计算机有限责任公司	陕西省科技进步三等奖	2000	汪星宇、魏养继、柯翔、汪海漪、李选民
48	PA-I型沥青抗剥落剂推广	西安公路研究所	陕西省科技进步三等奖	2000	韩瑞民、张玉芳、王正良、王永清、薛虹
49	高等级公路黄土高边坡稳定性研究	陕西省公路设计院、长安大学	陕西省科学技术二等奖	2002	李子青、赵之胜、刘玉海、叶树青、倪万魁、史志军、陈志新
50	国道108线西安至汉中公路遥感航测技术应用研究及3S信息集成系统研制	陕西省公路设计院、西安三石软件有限责任公司	陕西省科学技术二等奖	2002	贾富荣、戴文晗、戴磊、魏清、谭道顺、赵之胜、刘林、李卫红、苏水秀
51	毛乌素沙漠地区路基修筑技术研究	长安大学、榆林公路管理局	陕西省科学技术三等奖	2002	折学森、刘振学、薛生高、杭国华、严西华、闫小波、朱绪飞

第五章 高速公路科技创新

续上表

序号	项目名称	研究单位	获奖情况	获奖年份	主要参加人员
52	陕西省汽车专用公路养护费用定额与工程定额研究	陕西省高速集团、陕西省交通厅定额站	陕西省科学技术三等奖	2002	路克孝、刘孟林、王剑、李富强、孙三民、王晓斌、马楼叶
53	陕西省交通标准化对策与交通标准法规数据库系统	长安大学	陕西省科学技术三等奖	2002	马建、徐双应、陈焕江、张雷、林广宇
54	TZL预应力锚具应用试验研究	陕西省公路设计院	陕西省科学技术三等奖	2002	万振江、陶纪南、杨彦民、黄庆亨、陈德发、王飞虎、王文牢
55	连续配筋混凝土路面修筑技术研究	铜川公路管理局、西安公路交通大学	陕西省科学技术三等奖	2002	李成才、胡长顺、曹东伟、路学敏、师延强、侯仲杰、王海俐
56	露石水泥混凝土路面研究	铜川公路管理局、长安大学	陕西省科学技术三等奖	2002	张东省、韩森、路学敏、李志玲、师延强、吴振国、马月梅
57	陕西省地方筑路材料选型技术研究	长安大学	陕西省科学技术三等奖	2002	沙爱民、孙朝云、雏应、贺益贵、陆正安、陈金平、刘武斌
58	GIS在公路设计中的应用研究及在陕西的实施	陕西省公路局、陕西省交通厅信息站	陕西省科学技术三等奖	2002	袁雪戡、朱经训、李子成、冷华明、傅作良、孙亚伦、王立平
59	跨越构造物路面结构设计与施工技术研究	长安大学、陕西省高速集团、河南省交通基本建设质量检测监督站、唐山市交通局	陕西省科学技术一等奖	2003	胡长顺、王秉纲、冯治安、王江帅、夏永旭、郑传超、王虎、张占军、张仲良、尤占平、薛连旭
60	陕西省高等级公路半刚性基层沥青路面长期使用性能研究	西安公路研究所	陕西省科学技术二等奖	2003	范建华、谢娟、张天锋、韩君良、戴学臻
61	陕西省交通卫星遥感影像图及信息系统研制	陕西省公路设计院、西安三石软件有限责任公司	陕西省科学技术二等奖	2003	李子青、戴文晗、万振江、魏清、白延平、叶蓁、戴磊、卢斌莹、侯春红
62	HU-L型冷施工沥青混合料的研究	长安大学	陕西省科学技术三等奖	2003	张秀华、韩森、郝培文
63	超薄水泥混凝土路面修筑技术研究	铜川公路管理局、长安大学	陕西省科学技术三等奖	2003	路学敏、胡长顺、马矗、师延强、马月梅、陈拴发、陈兰芳

续上表

序号	项目名称	研究单位	获奖情况	获奖年份	主要参加人员
64	公路建设项目环境后评价技术与方法研究	长安大学	陕西省科学技术二等奖	2004	董小林、赵剑强、关卫省、刘珊、宋赪、刘兴国、李向华、邓顺熙、陈爱侠
65	沥青路面减噪技术研究	西安公路研究所	陕西省科学技术二等奖	2004	伍石生、徐希娟、张冉宁、张天锋、李文瑛、王登科、雷鸿谋、成彦京、田权良
66	公路工程施工招标统计评标办法的研究	陕西省公路局	陕西省科学技术二等奖	2004	胡保存、王登科、徐自谅、王东耀、张卫平、南浩林、雷鸿谋、孙会成、朱启斌
67	陕西省高速公路沥青路面养护维修技术研究	陕西省高速集团、长安大学	陕西省科学技术二等奖	2004	马良、胡长顺、薛进喜、陈栓发、王印龙、崔文社、王小雄、李炜、陈团结
68	铜黄公路滑坡分析与综合治理研究	陕西省高速集团、陕西省公路设计院、长安大学	陕西省科学技术三等奖	2004	汪星宇、赵之胜、赵久柄、张亮、孔金玲、史志军、王琛
69	土工格栅在陡边坡路基和路基不均匀沉降处治中的应用研究	铜川公路管理局、长安大学	陕西省科学技术三等奖	2004	高传明、胡长顺、苗英豪、张继宁、曹东伟、梁涛、马月梅
70	公路隧道汽车动态排放参数研究	长安大学	陕西省科学技术三等奖	2004	刘浩学、王生昌、王贺武、张庆余、马志义、邓顺熙、余强
71	公路隧道检测技术应用研究	西安公路研究所	陕西省科学技术三等奖	2004	毛民喜、杨健、张天航、张毅、贺宝康
72	陕北黄土山区公路防排水技术研究	延安公路管理局、长安大学、陕西省公路局	陕西省科学技术三等奖	2004	鲁祥、田伟平、马迅、郭凤英、李家春、刘南、张义青
73	新建公路路域环境生态恢复技术研究	西安公路研究所、交通部交通科学研究院、交通部公路研究所等六家单位	云南省科学技术一等奖	2005	江玉林、刘龙、朝承斌、张世俊、伍石生、杨运娥、李志龙、刘孔杰等19人
74	特高自行大吨位全桁架式架桥用龙门起重机研制	长安大学、陕西省常通路桥新技术有限公司	陕西省科学技术二等奖	2005	吕彭民、李春轩、董忠红、白宝强、霍中泉、曹可勇、闫胜利、王臣、李轩

第五章
高速公路科技创新

续上表

序号	项目名称	研究单位	获奖情况	获奖年份	主要参加人员
75	陕西省高等级公路低路堤研究	陕西现代公路科技咨询公司	陕西省科学技术二等奖	2005	杨育生、袁卓亚、伍石生、武建民、段锡伟、虞宪成、盛安连、包秀祥
76	公路隧道污染物浓度控制标准与环境影响研究	长安大学	陕西省科学技术二等奖	2005	邓顺熙、官燕玲、陈洁、赵剑强、李宁军、刘浩学、杨忠、惠彦中、皇甫浩
77	HGH-2型静压环刀取土器研究	陕蒙高速公路建设管理处	陕西省科学技术三等奖	2005	高世君、高景伟、姬怀卿、杭国华、张晓轴、曹国林、田繁荣
78	骨架密实型二灰碎石基层修筑技术研究	延安市交通局、长安大学	陕西省科学技术三等奖	2005	栾自胜、陈忠达、党延兵、刘光辉、蒋应军、彭波、闫周卫
79	排水性沥青路面设计施工技术研究	陕西省高速集团、西安公路研究所、陕西省公路设计院	陕西省科学技术二等奖	2006	王东耀、乔怀玉、徐希娟、王锋、朱经训、张惠山、张公恩、张宗涛、王龙
80	公路建设项目环境影响评价计算机辅助系统	长安大学	陕西省科学技术三等奖	2006	董小林、赵剑强、张晓峰、赵祥模、刘珊、刘立国、宋赪
81	低液限黏土及粉土路基修筑技术研究	延安市交通局、长安大学	陕西省科学技术三等奖	2006	党延兵、折学森、杨晨光、赵红、王军礼、范红英、谢秦生
82	综合遥感技术在公路深部地质构造勘察中的应用研究	陕西省公路设计院、西安三石软件有限责任公司	陕西省科学技术三等奖	2006	戴文晗、万振江、魏清、戴磊、白延平、叶蓁、李林
83	大跨径预应力混凝土曲线连续刚构桥的研究	西安公路研究所	陕西省科学技术三等奖	2006	马宝林、汪小鹏、崔静宇、郗弘晟、张充满、李春轩、任金龙
84	沙漠地区公路建设成套技术研究	西安公路研究所、长安大学、新疆交通科学研究院等32家单位	国家科学技术二等奖	2007	陈晓光、罗俊宝、张生辉、刘涛、王亚军、王登科、陈忠明、折学森、胡保存、南浩林、薛生高、彭帝、杜勇等154人
85	沙漠高速公路修筑养护综合技术研究	陕西省公路局、榆靖高速公路建设管理处、长安大学西安公路研究所	陕西省科学技术一等奖	2007	南浩林、折学森、王新民、徐增友、朱绪飞、周志军、景宏伟、彭帝、顾仲飞、魏俊奇、米峻

续上表

序号	项目名称	研究单位	获奖情况	获奖年份	主要参加人员
86	沙漠高速公路边坡防护防风固沙及养护技术研究	陕西省治沙研究所、陕西省交通集团榆靖分公司	陕西省科学技术二等奖	2007	薛生高、徐增友、符亚儒、朱绪飞、施智宝、封斌、牛龙、赵晓彬
87	黄土地区公路高边坡防护技术研究	陕西省公路设计院、长安大学	陕西省科学技术二等奖	2007	赵之胜、谢永利、倪万魁、孔金玲、史志军、张亮、张公恩、杨晓华、刘海松
88	沥青路面再生技术研究	西安公路研究所、陕西省高速集团	陕西省科学技术三等奖	2007	范建华、马良、伍石生、梁武星、王印龙、谢娟、王小雄
89	沙漠高速公路交通安全宽容设计成套技术研究	长安大学、陕蒙高速公路建设管理处	陕西省科学技术二等奖	2008	王元庆、高世君、高景伟、李满囤、孙小端、李占利、孙静宁、宋路娟、李伶俐
90	陕北黄土地区公路边坡降雨灾害预测预警研究	延安公路管理局、长安大学	陕西省科学技术三等奖	2008	徐志荣、马迅、田伟平、李家春、董强、鲁祥、马保成
91	高速公路沥青混合料配合比优化设计方法研究	延安至安塞高速公路建设管理处、长安大学	陕西省科学技术三等奖	2008	党延兵、马骉、杨晨光、王军礼、袁玉波、陈华鑫、谢秦生
92	沙漠地区公路路基压实标准及方法研究	西安公路研究所、陕西省公路局、榆靖高速公路建设管理处	陕西省科学技术三等奖	2008	陈忠明、王新民、刘振学、徐增友、凌国琪、彭帝、梁乃兴
93	BE系列沥青乳化剂研制及应用技术研究	西安公路研究所	陕西省科学技术三等奖	2008	韩瑞民、弥海晨、陈军宪、马立明、董鑫、赵均理、马志刚
94	公路半刚性基层材料结构理论、多指标控制设计方法及工程应用研究	长安大学、交通部第一公路勘察设计院、陕西省交通集团、河南高速公路发展有限责任公司商丘分公司	国家科学技术二等奖	2009	沙爱民、胡力群、孙朝云、张嘎吱、杨士敏、范跃武、赵可、张娟、陈栓发、李美江
95	黄土地区公路路基设计施工技术研究	陕西省交通厅世界银行贷款项目执行办公室、长安大学、陕西省公路设计院	陕西省科学技术二等奖	2009	田权良、芮少权、郑涛、王航、倪万魁、陈忠达、李明、石飞荣、武建民、蒋应军、颜彬

续上表

序号	项 目 名 称	研 究 单 位	获奖情况	获奖年份	主要参加人员
96	陕西省高速公路SMA路面材料与结构优化研究	陕西省交通集团、西安公路研究所	陕西省科学技术二等奖	2009	栾自胜、米峻、伍石生、雷军旗、李爱国、郭平、屈仆、薛志文、沙红卫、任金龙、巩大力、李伟、吴德军、李万军、韩君良、吴慧彦、石勇、李善群、高延芳、徐赟、张娟、赵岩、李文瑛
97	毛乌素沙漠地区特殊地基处理技术研究	陕蒙高速公路建设管理处、长安大学、陕西省公路设计院	陕西省科学技术三等奖	2009	高世君、周志军、边世斌、高景伟、折学森、叶万军
98	秦岭终南山特长公路隧道定额研究	陕西省交通厅定额站、长安大学、陕西省公路局、陕西省秦岭终南山公路隧道公司	陕西省科学技术三等奖	2009	程兴新、孙三民、王选仓、封捍东、胡雷、侯波、高军虎、石永民、张康民、原驰、陈希梅、王芳、李鹏飞、李晶晶、杨琳、孙敏
99	山区公路防排水评定方法与抗水灾评估指标研究	长安大学、陕西省交通运输厅、四川省交通运输厅	陕西省科学技术三等奖	2009	田伟平、胡保存、延西利、李家春、沈波、金宏忠、王亚玲
100	黄土边坡剥落病害处治技术研究	陕西黄延高速公路有限责任公司、长安大学、西安科技大学	陕西省科学技术三等奖	2009	郭利平、折学森、房斌、叶万军、庞琪、刘军营、宁军、方鹏、杨永恒、王敏、孙德胜
101	稀土换能器及系统集成的桥梁无损检测技术开发研究	长安大学、陕西省公路局省高速集团、水利部交通运输部国家能源局南京水利科学研究院	陕西省科学技术一等奖	2010	赵祥模、宋焕生、邬晓光、沈波、马荣贵、杨正华、徐志刚、关可、王五平、戚秀真、刘占文
102	秦岭终南山公路隧道建设与运营管理关键技术	陕西省交通建设集团公司、陕西省公路局、招商局重庆交通科研设计院有限公司、中铁十二局集团有限公司、中交隧道工程有限公司、长安大学、西南交通大学、中铁一局集团有限公司、北京瑞华赢科技发展有限公司、厦门市路桥信息工程有限公司	国家科学技术一等奖	2010	乔怀玉、冯西宁、杨育生、蒋树屏、黄金奇、赵超志、谢永利、王明年、韩直、杨晓炜、张金柱、高崇霖、司军平、赵晨阳、于征

续上表

序号	项目名称	研究单位	获奖情况	获奖年份	主要参加人员
103	公路隧道施工围岩稳定性及支护效果监控量测技术的研究	长安大学	陕西省科学技术一等奖	2010	陈建勋、张毅、袁卓亚、张卫钢、罗彦斌、李晓明、董鑫、乔雄、杨绍战、胡健、杨善胜
104	水泥稳定碎石振动试验方法及工程应用	长安大学、柞小高速公路建设管理处、陕西省交通厅质监站	陕西省科学技术二等奖	2010	刘海鹏、蒋应军、李明杰、李善群、傅英俊、夏胜斌、白永兵
105	振动压路机噪声的综合控制技术	长安大学、厦工(三明)重型机器有限公司、榆林市交通局	陕西省科学技术二等奖	2010	冯忠绪、姚运仕、张志峰、沈建军、张志友、岳金喜、余金松、高军、赵利军
106	安塞至靖边界高速公路建设环境保护技术研究	延安市安塞至靖边界高速公路建设管理处	陕西省科学技术三等奖	2010	党延兵、王军礼、杨晨光、谢秦生、周智平、乔峰、仇朝祥
107	沥青路面多孔混凝土排水基层研究	长安大学、陕西省公路局	陕西省科学技术三等奖	2010	陈拴发、金宏忠、郑木莲、王崇涛、陈军、孙惠成、盛燕萍
108	西汉高速公路土石混填路基施工技术研究	长安大学、陕西省高速集团	陕西省科学技术三等奖	2010	杨荣尚、周志军、白应贤、折学森、王东耀、马小伟、刘丽萍
109	沙漠—黄土过渡区高速公路路基修筑技术研究	西安公路研究院	陕西省科学技术三等奖	2010	李晋德、张生辉、常海洲、田寅、彭帝、王新民、刘忠林
110	高速公路永久性沥青路面研究	长安大学、陕蒙高速公路建设管理处	陕西省科学技术三等奖	2010	高世君、韩森、高景伟、徐鸥明、李娟、程道虎、高巍
111	商界高速公路风化岩填筑路基研究	陕西省交通集团、长安大学	陕西省科学技术三等奖	2010	杨育生、申爱琴、边纯君、李炜光、冀康柱、高韬、杨建东

重大科研课题统计表(2011—2015年)(国家或部、省级三等奖及以上奖项)　　表5-2

序号	项目名称	研究单位	获奖情况	获奖年份	主要参加人员
1	环保型道路与维护技术	长安大学、哈尔滨工业大学、中国建筑材料学研究总院、北京市市政工程设计研究总院	陕西省科学技术一等奖	2011	沙爱民、裴建中、谭忆秋、张忠伦、李东、何唯平、胡力群、周纯秀、徐世国、王晓燕、孙朝云
2	秦岭终南山深埋特长公路隧道号竖井下洞群建造关键技术	西安科技大学、中交隧道工程局有限公司	陕西省科学技术一等奖	2011	苏三庆、刘宝许、来兴平、王巍、伍永平、赵超志、杨更社、吴全立、高崇霖、曹建涛、刘兴国

续上表

序号	项目名称	研究单位	获奖情况	获奖年份	主要参加人员
3	道路路面光电检测关键技术及其应用	长安大学、河南省交通运输厅公路管理局、陕西省高速公路建设集团公司、青海省高等级公路建设管理局	陕西省科学技术一等奖	2012	马建、宋宏勋、韩毅、马荣贵、王建锋、刘玉龙、樊江顺、来旭光、赵之胜、付大智、李平
4	基于网络和信息技术的GPS新技术及其在西部工程建设和防灾中的应用	长安大学、武汉大学、香港理工大学、陕西省公路勘察设计院	陕西省科学技术一等奖	2012	张勤、王利、黄声享、叶世榕、丁晓利、黄观文、罗志才、刘站科、曾怀恩、杨文韬、陈晓轩
5	复杂地质特长公路隧道建设与运营节能关键技术	陕西省交通建设集团公司、长安大学、中铁隧道集团有限公司洛阳科学技术研究所、北京交通大学、中铁十二局集团有限公司	陕西省科学技术一等奖	2013	杨育生、陈建勋、段小平、穆乎祥、邹翀、叶英、郑晅、朱绪飞、胡平、罗彦斌、曹支才
6	公路混凝土桥梁承载能力评价方法与加固关键技术及其工程应用	长安大学、东南大学、招商局重庆交通科研设计院有限公司、陕西省交通建设集团公司、中交第一公路勘察设计研究院有限公司	陕西省科学技术一等奖	2013	贺拴海、宋一凡、黄侨、袁卓亚、黄福伟、许宏元、赵小星、刘龄嘉、任伟、赵煜、王建华
7	沥青路面施工过程质量监控成套技术	长安大学、质监站、陕西省交通建设集团公司	陕西省科学技术一等奖	2014	杨人凤、薛生高、乔怀玉、栾自胜、岳大浩、董鑫、顾仲飞、李剑平、米峻、雷军旗、屈仆
8	沥青路面微波养护技术及设备研究	长安大学、江苏淮安威拓公路养护设备有限公司	陕西省科学技术二等奖	2011	张天琦、焦生杰、赵智华、丁云海、黄玉松、高子渝、沈华林、王维彪、汪鼎华
9	黄土隧道支护设计与关键施工技术研究	长安大学、陕西省交通建设集团公司	陕西省科学技术二等奖	2011	陈建勋、杨健、杨忠、罗彦斌、李景超、姜久纯、乔雄、轩俊杰、徐晨
10	沥青路面动力响应分析方法研究	长安大学、甘肃路桥公路投资有限公司、陕西高速公路建设集团公司	陕西省科学技术二等奖	2011	吕彭民、董忠红、牛思胜、刘小云、宋绪丁、王东耀、吴浩、王保良、张培森
11	高速公路沥青路面加厚设计与施工关键技术研究	西安公路研究院、陕西省交通建设集团公司	陕西省科学技术二等奖	2011	伍石生、杨健、吕文江、郭平、宋彬、吴德军、宋成志、张娟、朱启斌

续上表

序号	项目名称	研究单位	获奖情况	获奖年份	主要参加人员
12	超载服役公路钢桥状态评估、加固及养护关键技术的研究与应用	西安建筑科技大学、陕西省公路局、西安公路研究院、陕西凯达公路桥梁工程建设有限公司	陕西省科学技术二等奖	2012	郝际平、舒森、黄会荣、欧阳海霞、郑江、朱钰、钟炜辉、孙长锋、王先铁
13	秦岭山区高速公路建设关键技术研究	陕西省高速公路建设集团公司、长安大学、西安公路研究院、西安沥青路面工程技术研究所	陕西省科学技术二等奖	2012	靳宏利、杨荣尚、马小伟、王东、屈永照、赵田、杨文奇、李高旺、张守一
14	西铜高速公路全寿命周期沥青路面研究	陕西省高速公路建设集团公司、长安大学	陕西省科学技术二等奖	2012	王登科、申爱琴、王琛、郭寅川、王学礼、孙增智、刘延强、李志远、宋群国
15	水泥混凝土路面表面功能研究	长安大学	陕西省科学技术二等奖	2012	韩森、徐鸥明、李波、薛振年、刘武斌、刘亚敏、姚爱玲、凌俊强、许志
16	钢板—混凝土组合加固混凝土桥梁的方法及质量评价技术研究	西安公路研究院、长安大学	陕西省科学技术二等奖	2012	袁卓亚、王春生、石雄伟、王志强、王茜、马毓泉、尚继荣、冯威、王建华
17	基于振动法的水泥稳定碎石设计与施工技术研究	长安大学、陕西省交通厅基本建设工程质量监督站、陕西省交通建设集团公司、陕西省高速公路建设集团公司	陕西省科学技术二等奖	2013	蒋应军、张毅、孔庆学、杨国强、王军礼、董鑫、李剑平、戴学臻、盛青福
18	西部地区水泥混凝土路面建设关键技术研究	陕西省铜川公路管理局、长安大学、陕西省公路局、陕西省交通建设集团公司	陕西省科学技术二等奖	2013	王登科、申爱琴、王琛、郭寅川、王学礼、孙增智、刘延强、李志远、宋群国
19	沥青路面层间处治技术及标准研究	陕西省高速公路建设集团公司、长安大学	陕西省科学技术二等奖	2013	崔文社、王选仓、王建亚、黄西洲、聂非、王朝辉、张晓辉、原驰、王奇
20	大跨径箱梁施工期防裂技术及裂后承载性能评估方法研究	陕西省高速公路建设集团公司、中交第四公路工程局有限公司、山东大学	陕西省科学技术二等奖	2013	林新元、杨文奇、张磊、刘延强、王学礼、高小华、杨为民、葛钢锁、刘军营
21	复合式路面应力吸收层研究	长安大学、交通运输部公路科学研究所、陕西省高速公路建设集团公司、湖北汉十高速公路管理处	陕西省科学技术二等奖	2014	陈华鑫、陈拴发、曹东伟、王秉纲、郑木莲、李祖仲、周燕、廖卫东、范勇军

第五章
高速公路科技创新

续上表

序号	项目名称	研究单位	获奖情况	获奖年份	主要参加人员
22	中小跨径桥梁荷载试验关键技术研究	西安公路研究院、长安大学	陕西省科学技术二等奖	2014	石雄伟、袁卓亚、周勇军、杨文奇、王开明、刘延强、雷丹、柯亮亮、王建华
23	斜向预应力水泥混凝土路面技术研究	西安公路研究院、长安大学、陕西省交通建设集团公司、铜川市交通运输局	陕西省科学技术二等奖	2015	张东省、徐希娟、李娜、韩薇薇、贾德生、张威、夏永旭、韩森、申爱琴
24	大跨度黄土公路隧道结构稳定性及控制技术研究	陕西省交通建设集团公司、长安大学、中交第一公路勘察设计研究院有限公司、中铁七局集团有限公司	陕西省科学技术二等奖	2015	陈建勋、杨海峰、杨育生、刘建斌、罗彦斌、乔雄、潘军利、徐智、梁兴全
25	垂直振动法二灰稳定碎石设计施工技术研究	铜川市公路工程建设指挥部办公室、长安大学、陕西省交通厅基本建设工程质量监督站	陕西省科学技术二等奖	2015	赵卫东、蒋应军、董鑫、纪小平、杨秀荣、秦楠、梁涛、张增平、朱金
26	秦岭山区变质软岩路堤修筑技术研究	陕西省交通建设集团公司、长安大学	陕西省科学技术三等奖	2011	刘海鹏、王晓谋、路杨、王海英、王超、杜秦文、高峰利
27	公路建设项目全程环境管理体系研究	长安大学	陕西省科学技术三等奖	2011	董小林、刘珊、赵剑强、宋赪、袁玉卿、李江鸿、程继夏
28	公路桥梁钻孔灌注桩后压浆技术应用研究	陕西省交通建设集团公司、陕西通宇公路研究所有限公司	陕西省科学技术三等奖	2011	党延兵、李春轩、张英治、郭琦、杨晨光、曾有全、田寅
29	基于抗车辙功能的沥青混凝土高模量化研究	咸阳市交通运输局、长安大学	陕西省科学技术三等奖	2011	郑木莲、景宏君、刘洪、李晓明、陈拴发、金宏忠、王崇涛
30	高速公路建设费用分析与控制对策研究	长安大学、陕西省交通建设集团公司	陕西省科学技术三等奖	2012	杨育生、刘海鹏、王磊、申来明、史小丽、宋彬、赵红月
31	长大桥梁OGFC桥面铺装技术应用研究	陕西省交通建设集团公司、长安大学	陕西省科学技术三等奖	2012	党延兵、李爱国、郝培文、赵文姣、刘红瑛、汪海年、徐金枝

续上表

序号	项目名称	研究单位	获奖情况	获奖年份	主要参加人员
32	高速公路交通安全设计系统优化及评价研究	长安大学、陕西省高速公路建设集团公司、陕西省公路勘察设计院	陕西省科学技术三等奖	2012	王建军、王天林、王剑、马荣国、陈宽民、邓亚娟、王海渊
33	复合改性沥青路面使用性能研究	西安公路研究院、陕西省交通建设集团公司、长安大学	陕西省科学技术三等奖	2012	栾自胜、雷军旗、韩瑞民、陈华鑫、张斌、李晓明、弥海晨
34	大跨径钢管混凝土劲性骨架箱肋拱桥施工控制关键技术研究	陕西省安康公路管理局、陕西通宇公路研究所有限公司	陕西省科学技术三等奖	2012	王贤良、李春轩、金宏忠、赵小军、李文斌、郭琦、耿永魁
35	公路隧道及隧道群车辆运行安全保障技术研究	招商局重庆交通科研设计院有限公司、陕西省高速公路建设集团公司、同济大学	陕西省科学技术三等奖	2013	韩直、杨荣尚、郭忠印、马璐、付立家、张生辉、王小军
36	秦岭终南山公路隧道通风竖井设计与施工关键技术的研究	陕西省交通建设集团公司、长安大学、中铁第一勘察设计院集团有限公司	陕西省科学技术三等奖	2013	米峻、陈建勋、赵秋林、赵超志、李建安、仵涛、魏军政
37	SBS改性沥青关键技术参数及检测方法研究	陕西省交通运输厅基本建设质量监督站、长安大学、陕西省高速公路建设集团公司	陕西省科学技术三等奖	2013	程道虎、韩森、王超、孙己龙、徐鸥明、杜迁、乌磊
38	陕西省高速公路沥青路面养护决策支持系统研究	陕西省高速公路建设集团公司、长安大学	陕西省科学技术三等奖	2013	赵之胜、陈拴发、张宗涛、孔金玲、彭挺、王瑾、傅珍
39	高速公路长大上坡沥青路面动力响应与设计指标研究	长安大学、陕西省交通建设集团公司	陕西省科学技术三等奖	2014	吕彭民、孔庆学、盛青福、张扬、吴慧彦、董忠红、宋剑
40	陕西省公路养护工程定额研究与编制	陕西省交通运输厅交通工程定额站、长安大学、陕西省公路局	陕西省科学技术三等奖	2014	程兴新、孙三民、王选仓、封捍东、胡雷、任如、高军虎
41	沥青混合料VTM设计方法研究与工程应用	陕西省交通建设集团公司、长安大学	陕西省科学技术三等奖	2014	王天林、蒋应军、朱绪飞、张毅、贾晓军、吕文江、吕凡
42	陕西省橡胶沥青及其路面修筑技术研究	西安公路研究院、陕西高速机械化工程有限公司	陕西省科学技术三等奖	2014	弥海晨、尚同羊、韩瑞民、胡苗、朝欣、杨武忠、梁建红

续上表

序号	项目名称	研究单位	获奖情况	获奖年份	主要参加人员
43	钢板—混凝土组合加固技术推广应用研究	西安公路研究院、陕西省汉中公路管理局、陕西省渭南公路管理局	陕西省科学技术三等奖	2015	石雄伟、郭庆利、薛跃武、王常青、袁卓亚、雷丹、陈建宏
44	黄土地区高速公路改扩建关键技术研究	陕西省高速公路建设集团公司、长安大学	陕西省科学技术三等奖	2015	周志军、刘军营、吕乐宁、王端端、李建安、张生瑞、刘元烈
45	公路大型混凝土桥梁车桥耦合及灾变行为分析与工程应用	长安大学、陕西省交通建设集团公司、浙江工业大学	陕西省科学技术三等奖	2015	宋一凡、周勇军、王凌波、贺栓海、施颖、梁俊海、赵煜

重大科研课题统计表（2011—2015年）（中国公路学会科学技术三等奖及以上奖项） 表5-3

序号	项目名称	研究单位	获奖情况	获奖年份	主要参加人员
1	陕北黄土地区高速公路建设关键技术研究	陕西省高速公路建设集团公司、长安大学	中国公路学会科学技术二等奖	2011	靳宏利、郭利平、曹可勇、王琛、张永刚、李拴平、房斌、赵洁、王永祥、杨文奇
2	复合改性沥青路面使用性能研究	西安公路研究院、陕西省交通建设集团公司凤永建设管理处、长安大学	中国公路学会科学技术二等奖	2011	栾自胜、雷军旗、韩瑞民、陈华鑫、张斌、李晓明、弥海晨、屈仆、杨帆、雷喜潮
3	基于交通组成特性的干线公路沥青路面大修设计研究	陕西省公路局、长安大学	中国公路学会科学技术二等奖	2012	舒森、陈忠达、欧阳海霞、武建民、朱钰、赵进、徐志荣、赵怀鑫、钱金涛、仝佳
4	长大隧道运营安全评价与安全运营管理研究	陕西省交通运输厅公路管理处、陕西省交通建设集团有限公司、陕西交通职业技术学院	中国公路学会科学技术二等奖	2012	魏培斌、韩定海、高振鑫、唐娴、张东省、朱绪飞、胡平、赵超志、王印龙、翁光远
5	西部地区水泥混凝土路面建设关键技术研究	陕西省铜川公路管理局、长安大学、陕西省公路局、陕西省交通建设集团公司、西安公路研究院、铜川市路桥工程公司	中国公路学会科学技术二等奖	2012	路学敏、马骉、师延强、王海俐、汪海年、张东省、李成才、毛雪松、李进成、李炜

续上表

序号	项目名称	研究单位	获奖情况	获奖年份	主要参加人员
6	高速公路隧道水泥混凝土路面抗滑降噪技术研究	陕西省交通运输厅蓝商高速公路建设管理处、长安大学	中国公路学会科学技术三等奖	2011	刘武斌、韩森、姚爱玲、王锋、薛振年
7	高速公路建设费用分析与控制对策研究	陕西省交通建设集团公司、长安大学、陕西省交通厅交通工程定额站	中国公路学会科学技术三等奖	2011	杨育生、王选仓、穆千祥、王朝辉、程兴新
8	排水沥青混合料最佳沥青用量预估模型研究	陕西省交通建设集团公司、长安大学	中国公路学会科学技术三等奖	2012	杨育生、党延兵、杨健、陈华鑫、李爱国
9	HTC-08型透层油的研制及其推广应用研究	西安公路研究院	中国公路学会科学技术三等奖	2012	张斌、弥海晨、韩瑞民、李喆、路杨
10	沥青路面坑槽修补混合料微波加热技术、设备及工艺研究	西安公路研究院、陕西省公路局、陕西省交通建设集团公司、西安路泰机械制造公司	中国公路学会科学技术三等奖	2014	张东省、韩瑞民、舒森、徐鹏、胡苗
11	乳化型温拌混合料添加剂研发及应用研究	西安公路研究院、陕西省交通建设集团公司、中铁十局集团第二工程有限公司、西安科技大学	中国公路学会科学技术三等奖	2014	郭平、路杨、李爱国、韩君良、祁峰

第三节 科技成果

从"翻越"到"穿越"一字之差让我们苦等了千百年。行人们在仰天大笑中收起了"蜀道难"的悲叹。

2007年9月30日西(安)至汉(中)高速公路终于通车了。阔道如今穿绿障,秦岭从此更风流。这条路宛如一幅瑰丽的画卷,融历史、生态、景观、人文于一体,气势磅礴,雄浑壮观。它镌刻着科研者的苦心,凝聚着建设者的奉献,承载着世代人的企盼。

如今陕西5000多公里的高速公路在三秦大地纵横延伸。科技创新起到了积极的支撑和推动作用。有98个项目获得省、部级以上设计和工程综合质量奖。终南山隧道、榆靖沙漠高速公路、西汉高速公路、包家山隧道、洛河(三水河)高墩大跨桥都是陕西交通科技创新成果的集中体现,凝聚着陕西交通科技工作者的心血、智慧和奉献。

一、秦岭终南山高速公路隧道

"秦岭终南山特长公路隧道关键技术研究"是2001年正式列入交通部西部交通建设

科技项目。秦岭是我国南北分水岭,千百年来,它一直是阻隔高速公路隧道南北交通的天然屏障,秦岭主峰海拔3000多m,山势陡峭,沟谷纵横,地形、地质条件极其复杂。该隧道全长18.02km,双洞四车道,采用3竖井纵向通风方案,最大埋深1640m,最大井深661m,直径12.4m,竖井深度和直径均为高速公路隧道世界之最。工程异常艰巨,技术难度难以想象。在建设初期,国内已建成公路隧道最长为4km,国外高速公路隧道最长为10.9km。研究表明,隧道随着长度增加,发生火灾的概率和救援的难度显剧加大。如欧洲几座隧道相继发生火灾事故,造成重大人员伤亡和巨大经济损失,充分暴露出当时隧道防灾救援技术的落后。修建18km高速公路隧道面临建设、运营通风、防灾救援等世界技术难题。可见当时研究工作的分量之重,难度之大是不言而喻。正因为问题如此严峻,建设工程的决策部门和领导者,对于科研工作给予了极大地关注。时任交通部部长黄镇东和陕西省省长程安东都大力支持研究项目工作,程安东抽出专门时间听取项目及几个主要课题的详细汇报,除了对工作安排作出重要指示外,还以他多年担任煤矿总工程师的丰富经验和专家们进行深入学术探讨。交通部科教司和西部交通建设科技项目办公室将《秦岭终南山特长公路隧道关键技术研究》项目列为重中之重,给予大力支持。即从科研条件给予充分保障,又从管理上严格要求强化监督。陕西省交通厅具体领导了科研项目的实施,从课题立项到过程管理,从选定项目负责单位到协调研究单位、建设单位、设计单位等各个方面关系,从监督指导到后勤保障做了大量创新性的工作。

项目由陕西省公路局牵头,组织省内外科研、高等院校及设计、管理、施工等52个参建单位的专家学者、工程技术人员110余人进行跨行业、跨学科联合攻关。在孙钧、王梦恕、郑颖人、钱七虎等4位院士和13位知名专家的全程指导下,历时8年,在隧道通风、监控、防灾救援、信息、施工定额、环保技术、管理与养护等领域先后取得科研成果11大类40余项重大技术突破,成功解决了上述诸多难题,形成《秦岭终南山公路隧道建设与运营管理关键技术》系列成果,开创性地建成了世界上规模最大、长度最长的高速公路隧道,极大地提高了我国隧道技术水平,并达到了国际领先。在隧道快速施工方面创造了42个月开挖贯通36km单洞隧道世界纪录,创造了国内大直径深竖井日进度纪录,建立隧道运营、养护和安全管理体系新模式,合理利用附近铁路隧道进行公路隧道施工,节约投资约3.54亿元,缩短建设期2~3年,取得举世瞩目的成就。

(一)创造了我国高速公路隧道建设史的六项之最

秦岭终南山公路隧道是世界上第一座最长的双洞高速公路隧道,单洞全长18.02km,双洞共长36.04km;是第一座由我国自行设计、自行施工、自行监理、自行管理、综合技术水平最高的高速公路隧道;是世界上口径最大、深度最高的竖井通风工程;拥有世界高速公路隧道最完备的监控系统;世界上最先进的高速公路隧道特殊灯光带;首次提出策略管理理论,运用首套策略自动生成软件,对火灾交通事故养护等方面进行自动监测和管理。

秦岭终南山公路隧道北口

(二)取得六项主要技术创新

(1)建设技术创新。突破性地优选18km公路隧道穿越秦岭,极大地降低了路线高程,提高了高速公路线形标准,极大地减少了高速公路爬坡展线对秦岭国家级自然保护区的破坏,实现了在气候复杂的秦岭腹地全天候安全通行。主隧道建设开发了快速安全钻爆成套装备和技术,解决了特长隧道复杂地质条件下安全快速施工难题,创造了月掘进429m的钻爆法全国纪录。竖井建设开发了超大直径深竖井施工成套技术及装备,解决了大直径、深竖井施工难题,创造了全断面开挖月进尺80m、衬砌236m两项全国纪录。采用灯光成像技术,设置视觉景观带,缓解驾驶人员的视觉疲劳。建设过程实现了无重大安全事故、零死亡的目标。

(2)运营通风技术创新。在埋深1640m、长18km的山体内建造隧道通风系统,采用3竖井纵向分段通风方式,试验研究确定了符合我国现用车辆的一氧化碳、烟雾基准排放量及其修正系数,首次引入制定特长隧道一氧化碳允许浓度的方法和隧道内卫生控制标准等成套技术,有效解决了特长隧道通风技术难题,研究成果达国际领先水平。

(3)智能化隧道监控系统技术创新。建立了完善的智能化隧道监控系统,解决了特长隧道设备种类多、数量多、采集和控制信息点数庞大、控制复杂的技术难题,研究成果达国际领先水平。

(4)防灾救援技术创新。试验研究揭示了特长隧道火灾时不同工况的温度场、压力场、污染物浓度分布和流动规律;制定出了火风压、节流效应、烟流阻力等因素的计算方法和控制基准;首次系统地建立了防火分区、人员逃生、风流控制策略、风机布置等内容的防灾救援体系;建立了安全检查、隧道消防、医疗救助等联勤联动快速反应体系;攻克了特长公路隧道防灾救援世界性技术难题。

(5)节能环保技术创新。研究和建设成果极大地减少了对秦岭国家级自然保护区的破坏,最大限度保护了秦岭珍贵的动植物资源,大大节约了土地,减少了林地破坏。缩短公路里程64km,极大地降低了路线高程,减少汽车爬坡尾气对环境的污染,实现了低碳排放。采用前馈式通风控制技术和动叶可调轴流风机,通过对洞内一氧化碳、烟雾浓度实时检测,以及对下一个周期的交通流及其污染物浓度预测,实现了对风机的智能控制,节能效果显著。采用电效管理系统及多回路自动控制技术,提高了供电质量,降低了能耗。研究建立了竖井、隧道口污染物扩散理论,有效减少了对环境的污染。

(6)养护管理技术创新。首次研究开发了特长隧道管理与养护系统,基于系统工程理论,研究开发了隧道土建结构安全检查系统和先进完善的隧道机电运行监控系统,保障了运营安全和隧道畅通。编制了《秦岭终南山公路隧道突发事故应急预案》,作为陕西省典型安全预案,被国务院应急办认同并在全国交流。

(三)取得六项主要科研成果

(1)公路隧道汽车动态排放参数研究。课题内容在我国属首次,建立海拔高度、坡度修正模型具有重要指导意义,成果总体达到国际先进水平。

(2)秦岭终南山特长公路隧道监控技术研究。课题首次提出了基于安全系数的特长公路隧道监控系统规模功能设计法,首次提出了幂函数滤波器、对数累加生成的灰色系统数据处理方法,建立了隧道内车辆数、排队长度、交通疏散时间的计算模型,成果总体达到国际领先水平。

(3)秦岭终南山特长公路隧道通风技术研究。课题运用多种科学手段,系统研究了特长公路隧道运营通风问题,方法有突破,理论和技术有重大创新,成果总体达到国际领先水平。秦岭终南山特长公路隧道3竖井纵向通风方式为世界首创。

(4)秦岭终南山特长公路隧道防灾救援技术研究。在我国公路隧道防灾救援技术研究领域取得了重大突破,并应用于50余座特长公路隧道,成果总体达到国际领先水平。

(5)秦岭终南山特长公路隧道管理与养护系统研究。自主开发的特长公路隧道管理与养护系统及软件填补了国内空白,成果达到国际先进水平。

(6)秦岭终南山特长公路隧道定额研究。课题成果填补公路隧道定额多项空白,总体达到国际领先水平。

该项目研究,累计发表论文380篇(ET收录15篇),《秦岭终南山公路隧道工程建设与运营管理》系统归纳整理了隧道设计、科研与运营管理方面的工作,为高速公路隧道建设、运营管理及应急救援等方面提供了技术指导。获授权专利3项、软件著作权1项、国家级工法1项、省部级工法2项。其核心技术分别在"世界隧道峰会""世界道路协会(PIARC)道路减灾防灾与路网运营技术国际研讨会"等国际会议上广泛交流,在国内外同行业中产生很大影响。交通部在秦岭终南山公路隧道举行了2013年全国公路交通联合应急演练,首次全面展示了特长公路隧道突发事故应急救援处置的方法、流程,演练反响强烈,得到交通部、陕西省政府领导的高度评价。

2015年8月,俄罗斯联邦交通运输部索科洛夫部长在中国交通运输部杨传堂部长等陪同下,视察秦岭终南山公路隧道,高度赞许秦岭终南山公路隧道的先进技术,包括救援设施、安全措施、管理手段、运营成果等。隧道的通风、防灾、监控等系列课题的研究成果在本项目成功应用并得到了推广。给出的汽车基准排放量和隧道卫生控制指标被广泛采用,并被纳入到规范的修编中。分段纵向通风模式、地下通风站的布局、关键构造技术、环境控制以及设计思路被修编后的规范大量枚举、借鉴。监控模式及开发应用的策略自动生成软件被应用于湖南、重庆、山西等多座隧道。火灾工况下提出火风压影响的网络通风计算在国内被采用。系统提出的双洞互为救援、人员逃生、车辆疏散方法、双洞隧道火灾网络通风控制基准等防灾救援的基本思路得到了认可和借鉴。

秦岭终南山公路隧道成功建设,是我国公路隧道建设技术一举突破至18km,在隧道建设、通风、监控、防灾救援、节能环保、养护管理等有了重大突破,达到国际领先水平,在国内外工程界产生了巨大影响。截至2016年底,该隧道已吸引了来自国内外同行业和社会各界参观考察人士超过1000批次,近3万人次参观交流。其技术被国内外广泛借鉴应用,直接应用特长公路隧道设计、建设与管理150余座,应用面覆盖四川、福建、甘肃等十多个省,其主要成果纳入国家和行业规范、工法等。该隧道的成功建设,解决了高速公路难以穿越高大山脉的技术难题,对国家高速公路网的规划、布局和加快高速公路建设具有重要意义,极大地推动了公路及相关行业的技术发展。

秦岭终南山公路隧道建设和技术意义不仅是陕西的,也是中国和世界的。它的建成通车吸引了社会各界的眼球,各大媒体竞相报道,许多媒体称:陕西人用他们的意志与智慧,创造了一个"现代神话"! 许多外国同行来参观时,为陕西在高速公路建设中的伟大创造而惊叹。国际隧道协会主席哈维·帕克先生在考察时更是表示:"秦岭终南山公路隧道是世界隧道人的自豪!"该项目2009年获中国公路学会科学技术特等奖,2010年获国家科学技术进步一等奖,2014年荣获第十二届中国土木工程詹天佑奖。

二、榆靖沙漠高速公路

世上本无路,走的人多了就有了路。但是在沙漠地区恐怕走再多的人,也难产生一条路!"大漠孤烟直,长河落日圆",景象不可谓不美! 然而,在漫天黄沙中修筑高速公路其难度可想而知。

一条从规划、设计到施工、监理,各项工作都不可秉承原有高速公路建设的模式,一切都得从零开始。承担此条路设计任务的是陕西省公路勘察设计院。欲修路,先勘测。1999年3月开始了115.92km"全国第一条沙漠高速公路"的勘察工作,在毛乌素沙漠中挑战极限找路。

第五章
高速公路科技创新

沙漠里没有路,只有连绵无尽的沙与天相接。行走时,队员们原以为沿着前人的脚印会好走些,可恰恰相反,被人踩过的地方特别的松软,一脚下去就没了脚面,只有另辟蹊径,才能缓慢前行。沙漠中,肆虐的风能把肌肤吹裂,寒霜能把人冻成雕塑,烈日能把人烤焦,队员工具包里装的打火机在烈日下发生自爆,大家带的绿豆汤也变馊了。就在这样与世隔绝的恶劣环境下,勘测队员们把最深沉的爱都化作了对公路建设事业的执着,埋进了沙漠,一走就是90多天。伴随着勘测队员的日夜勘测和基本数据的收集,一条穿越沙漠之路渐渐浮出水面,榆林至靖边"全国第一条沙漠高速公路"的雏形悄然诞生。在整个设计过程中他们结合沙漠地区独特的地形、地貌特点,创新设计理念,在平面设计中综合考虑沿线地形地貌、城镇规划、地质等因素,在满足平面较高指标的前提下,与周围环境相协调,顺地势将线位尽可能布设在沙丘的迎风面上,且路线与主导风向的斜交角度尽可能小。纵断面设计以低填方为主,有效防止了路基沙害,自通车以来从未发生路基沙埋现象。沿线还布设多处观景台,使司乘人员可以尽情欣赏大漠风光和古长城等遗址。而且,在国内首次采用11m宽中央隔离带,尽可能放缓边坡,坡面植草绿化,与自然地形地貌相融合。在路面设计中采用沥青混凝土面层、水泥稳定碎石基层、石灰土底基层结构。在桥梁设计中全线11座大桥中有5座采用了新结构,其中无定河特大桥在陕西首次采用40m混凝土连续箱梁新结构,使桥梁结构形式与沙漠景观相协调。在环境保护中结合沙漠公路特点,在设计中提出了"四带"(分隔带、平整带、防护带、保护带)综合防沙、治沙方案,既美化了环境,又保证了路基稳定。

1999年12月15日,在毛乌素沙漠中修筑的榆靖高速公路开工奠基。在沙漠里修建高速公路在国内尚属首次,用风积沙填筑路基和道路的防风固沙是本项目实施的两大难题。用风积沙填筑路基的施工工艺、检测方法、压实标准及质量控制等诸多技术问题,国内尚无成熟、完善的标准和规范。为确保榆靖高速公路沙区路基的施工质量,陕西省公路局邀请省内外专家进行了专题研究,在借鉴国内外经验的基础上,决定以西安公路研究所和长安大学为主组成课题组,在榆靖高速公路沙漠地段选择有代表性的5km路段,作为沙区路基施工试验路先期开工,进行现场试验研究。通过先期实施试验路,总结出沙漠路基压实的不同机械组合、边坡治理、沙基顶层封闭等新工艺和多频振动、改进环刀等试验检测新方法,形成了《沙区路基施工技术规程》,为全线大面积施工提供了可靠的技术保证。在沙区路基试验路完成之后,2001年春季又在该段进行了5km绿化试验。试验按500m分段,在公路中央分隔带、两侧边坡及20m平整带栽种了绿化树种和草种,视其生长情况、组合搭配及绿化效果,对全线绿化方案进行了调整。总结出"四带一体"生物防风固沙体系,通过人工栽种和飞播造林、柴草网格、保水剂、液体喷播快速绿化等方法,用适生植物将道路两侧300~500m范围内的沙丘全部固定,有效防止了风蚀、沙埋等病害。为确保沙区高速公路路面工程的顺利实施,2001年7月至9月在该段又安排了3km路面铺筑试验,采用反击破碎石、SBS改性沥青、红外线非接触式平衡梁和双机联铺等新工艺,提升了路面平整度,为2002年全线路面工程的实施做好了充分的技术准备。与此同时,为探索和研究沙漠高速公路修筑、养护的成套技术,由陕西省交通厅立项、陕西省公路局主持的《沙漠高速公路修筑养护综合技术研究》课题也在榆靖高速公路全面展开。课题分路基、路面和绿化与防风固沙3个子项目进行,分别由长安大学、西安公路研究所和榆靖高速公路建设管理处牵头负责,结合榆靖高速公路建设,对沙漠高速公路设计、施工、养护的成套技术进行了系统的试验研究。此外,结合榆靖高速公路路面上面层的铺筑,榆靖高速公路建设管理处又与长安大学合作开展了《寒冷地区高等级公路沥青路面研究》课题。通过研究,成功解决了风积沙填筑高速公路路基的施工工艺、机械组合、压实标准、检测试验方法、质量控制和防风固沙、边坡稳定等技术难题,在勘察设计、筑路技术、生态防护等方面取得了重大突破,许多研究成果和技术通过在该项目上的成功应用,被编入国家《沙漠地区公路设计与施工技术指南》。可以说,这条高速公路的建设过程就是科研与施工相结合、边科研边试验的过程。在施工中试验,在试验中研究,既为指导全线施工探索出一整套行之有效的施工规范、标准,又填补了国内甚至于国际沙漠公路建设在这一领域的空白。

榆林至靖边高速公路

榆靖高速公路的主要创新点体现在六个方面:一是提出了风积沙路基最大干密度的确定方法、压实标准及检测方法;二是提出了沙漠高速公路路基施工的机械选择与组合及压实工艺;三提出了风积沙路基稳定性理论计算方法;四是提出了无机结合料稳定风积沙作为路面结构层材料的设计参数和沥青路面结构组合形式;五是提出了沙漠地区高速公路路基植物防护形式和"四带一体"的植物防风固沙体系;六是编制了《沙区路基施工技术规程》,及时指导了榆靖沙漠高速公路建设,完善了中国特殊地区公路设计与施工技术规范。

该课题作为交通部西部课题的关键组成部分获得中国公路学会特等奖,中国科学技术二等奖,陕西省科技进步一等奖。

评审专家指出"该项目成果总体达到国际先进水平。其中,路基阻沙性能研究成果居于国际领先水平,填补了沙漠地区高速公路建设技术的国际空白"。同时该项目还分别荣获中国质量最高奖——中国建筑工程鲁班奖和全国优秀设计铜质奖。

三、洛河(三水河)高墩大跨桥

随着一条条高速公路的相继建成,高墩大跨桥已成为陕西省公路交通一道道迤逦的风景。

现已建成高墩大跨径连续刚构桥30余座,墩高多在100m以上。现"亚洲第一高墩"为咸旬高速三水河特大桥,全桥长1688m,最大跨径185m,最高墩183m,目前在亚洲同类桥中排第一,被誉为"亚洲第一高墩"。深沟大壑,不仅给人民群众生活带来不便,更是长久以来陕西省众多区域发展的瓶颈之一。为了让更多的老百姓享受便捷交通,在沟壑纵横的黄土高原和千山万壑的秦巴山区修建高速公路时,高墩大跨桥便成了最佳的选择。由于陕西省沟壑地形的独特,高墩大跨桥梁的修建在全国尚无现成经验可循。比如,黄延高速的洛河大桥,在设计之初是亚洲同类桥梁中最高的,这种高度远远超出了当时的规范,无成熟依据可参考,也为设计者提出了挑战。

咸阳至旬邑高速公路三水河大桥

为了攻克深沟区桥梁设计难关,当年,在修建洛河高墩大跨特大桥时(桥长1056m、墩高143.5m),陕西省交通厅与相关单位成立"大跨径预应力混凝土曲线连续刚构桥研究"和"高墩大跨设计施工关键技术研究"课题组,把现有的四大类型桥梁,组合成17种桥型,如斜拉桥、吊桥等都进行了方案比较,经过反复计算、验证和比较,预应力混凝土连续刚构桥以其跨越能力强、结构性能好、简单实用、造价低等特点脱颖而出,被认为是最适宜的高墩大跨桥型。其中,"大跨径预应力混凝土曲线连续刚构桥研究"课题组经过3年半的努力,完成课题全部内容,通过交通部的鉴定,达到国际先进水平。

在黄土高原沟壑区,沟深谷宽,要跨越沟壑地区就需修建高墩大跨桥梁。要修建高墩大跨桥梁,首先遇到设计参数修正选取、抗风技术、垂直度控制等难题。针对这些难题,先后开展了薄壁空心高墩大跨径预应力连续刚构桥研究、大跨径预应力混凝土曲线连续刚构桥研究、特高墩大跨径连续刚构桥关键技术研究等,提出在不同墩高时从墩体到全桥建成的稳定性特征值和在不同墩高时的合理桥墩形式。建立的误差模型可对墩身、主梁悬臂施工后挠度进行准确预判,具有创新性和实用性。提出了一套高墩大跨径曲线连续刚构桥变形控制方法体系,通过实桥监控掌握结构受力状态,对桥梁施工规范修订具有重要作用。利用大比例尺(1∶15~1∶10)模型桥研究特高墩大跨桥梁非线性动、静力特性。

在设计、研究和施工人员的努力下,许多技术难题一一破解。随着洛河大桥的建成,"亚洲第一高墩"的美誉也随之而来。

时称"亚洲第一高墩"的洛河特大桥全长1056m,最高桥墩达143.5m。它的风采展现了陕西交通发展的卓越成绩和陕西交通人开拓进取、奋斗不息的时代精神。从2000年开始,该成果先后在黄延、禹阎、咸永等项目上得到应用,对桥梁设计及桥梁施工变形控制起到指导作用,取得较好经济效益。

四、西汉高速公路

"危乎高哉!蜀道之难难于上青天!尔来四万八千岁,不与秦塞通人烟。"自古以来,人们把翻秦岭过巴山,连接西北城市西安和西南城市成都、重庆的道路称为蜀道。公元742年,唐代大诗人李白从四川出发经汉中陈仓道跋山涉水穿越秦岭第一次到达长安,挥笔写下了千古绝唱《蜀道难》,道出了千百年以来世人对打通秦岭南北通衢的梦想。

2007年9月29日,总投资约147.6亿元的国家重点工程——西安户县经洋县至汉中勉县高速公路(简称西汉高速公路)全线通车。通车后,西安至成都公路交通将基本实现高速化,驱车仅需8h。实现了"千里蜀道一日还"的梦想。

该项目是陕西省交通史上一次性开工里程最长、投资最大、施工条件最差、地质灾害最多、技术难度最大的山区高速公路建设项目之一,沿线桥隧长度占路线总长度的66%。地貌和地质构造极其复杂,大型地层断裂带和滑坡等地质灾害发育,应用常规的方法在短时期进行方案比选十分困难,要把这条路建设成为"生态路、环保路、景观路",必须用科技手段和科研成果的支撑。

2001年11月,承担设计任务的陕西省公路勘察设计院按照"满足功能,安全适用,环保经济"的原则,把设计任务当做科研课题。经过深入细致的反复踏勘和调研,在国内首次将遥感航测技术应用于公路工程设计领域,查清了秦岭山区区域地质构造特征,使土门关、铁锁关等5座长大隧道避开了大型断裂带,成功地将总长达16.95km的秦岭隧道分解成长度为6.1km、6.15km和4.7km的三座隧道组成的隧道群,这一方案的确定为解决西汉高速公路穿越秦岭方案起到了关键作用。随后,针对秦岭山区沿线复杂的自然气候、地质结构、地形地貌和特殊路段、特殊结构等难点问题,以及秦岭特殊的生态环保、人文历史及社会的要求,陕西省高速公路建设集团公司联合大专院校和科研机构,对该项目立项开展了"秦岭山区高速公路建设关键技术研究",聚集了150多名工程技术人员,从设计、建设到运营阶段,先后历时8年,共同完成了系统研究工作。

西安至汉中高速公路

针对依托工程建设及运营情况,结合沿线工程特点和技术难题,先后开展了秦岭山区生态环保路线设计关键技术、土石混填路基施工技术、膨胀土路基稳定及处治技术、秦岭山区长大陡坡路段路面修筑技术、秦岭山区弯坡桥桥面铺装技术、秦岭山区匝道沥青路面关键技术、秦岭山区公路隧道施工关键技术、秦岭特长隧道群进出口路段车辆安全控制方法、秦岭隧道群交通控制应急预案、秦岭山区气象保障服务系统和秦岭山区生态环境与景观建设关键技术等,由11个课题形成了秦岭山区高速公路建设关键技术研究体系。专家委员会对成果进行评审鉴定,确认该成果总体达到国际先进水平。

(一)研究成果形成的九项关键技术及创新点

①秦岭山区路线设计首次采用隧道群代替特长隧道;

②自主研发了大型击实仪及试验方法,首次提出了土石混合料作为路基填料设计、施工参数及质控措施;

③首次提出了膨胀土边坡采用改良土捶、生态柔性防护等六种新型防护技术;

④提出了秦岭山区高速长陡坡段、弯坡桥和匝道铺装路面结构组合、施工技术及路用

性能技术指标体系；

⑤利用自主研制的激光监测系统对软弱围岩施工进行监控,提出了增设型钢—钢管的加固体系；

⑥开发了隧道安全仿真平台,提出了隧道群交通安全应急预案、特长隧道安全警示系统及进出口照明技术要求；

⑦首次建立了秦岭山区高速公路建设与运营自动气象监测预报系统；

⑧打造了秦岭山区"华夏龙脉"雕塑群,并建立了个性化服务区；

⑨基于"科技、人文、生态、环保"理念,建立了秦岭山区高速公路设计、建设与运营管理为一体的关键技术体系。

项目研究成果通过在西汉高速公路建设与运营过程中的成功应用,成就了西汉高速公路七大亮点,累计降低运营成本效益达到19.4亿元。按运营20年预计,累计净效益流量折现值将达到67.6亿元。

(二)西汉高速公路的七大亮点

(1)有效保护"地质博物馆"和"国家森林公园"

在中国地质图上,秦岭处在中央造山带和南北构造带交汇的地方,形成多期构造运动,产生岩浆活动、地层变形、岩石变质等,地质构造十分复杂,在国内有"地质博物馆"的美誉。秦岭也是中国南北气候的分界线,岭南终年温暖潮湿,岭北干燥,冬季寒冷。同时,秦岭有我国特有的珍稀物种大熊猫、金丝猴、朱鹮、羚牛、华山松、油松等,是我国中西部交界处最重要的动植物基因库。西汉线穿越秦岭大山,开挖隧道、架设桥梁,采取少挖多保护、多还原等措施,最大可能地保护秦岭地质构造、植被面积和动物栖息地等。

该线路途经佛坪大熊猫自然保护区、洋县朱鹮鸟类保护区、羚牛保护区以及古汉台等历史文化遗址。在选线设计上考虑到有效的保护措施,避开动物保护区绕行洋县汉江南岸,使整个线路增加了30km,增大投资近15亿元,较好地保护了秦岭宝贵的野生动植物资源。所以说,西汉线的修建不仅穿越了秦岭,更重要的是做好了保护"地质博物馆"和"国家公园"。

(2)投资和工程艰巨名列当时全国之首

西汉高速公路是国家高速公路网北京至昆明高速公路在陕西境内的重要一段。北起户县涝峪口,跨越西安、安康、汉中3市9县(区),止于勉县黄家营(元墩),连接已经通车的勉县至宁强高速公路。是当时全国一次性开工里程最长、建设投资最大、自然条件复杂、施工难度很大、建设任务艰巨的高速公路建设项目。

(3)构筑绿色生态走廊

西汉高速公路穿越秦岭主山脉,山大沟深,地形起伏,桥隧相连,材料运输异常困难。一是在修建过程中为有效保护秦岭生态环境,施工过程中采用山外桥梁预制再运进山里的措施,避免了山体大面积开挖。隧道掘进采用了在洞口上方设置截水沟、排水沟,减少洪水的冲刷,同时对洞门围岩进行锚固处理,再进行植草种树,保持坡面原始状态。全线隧道300个洞门,开挖面积仅与7个足球场相当,共减少开挖20万 m^3,少砍伐树木5万棵,造田复耕面积1118亩,增加绿化3万 m^2。二是在沿线不仅采用了柔性防护SNS技术,同时对植物多样性进行调查,在工程防护的基础上对沿线部分高边坡采用客土喷播和土工格室种草进行坡面绿化,植物种子配比采用草、灌、花相结合,真正落实了"对环境最小程度破坏、最大程度恢复"的原则,被水利部评为"水土保持示范工程"。

(4) 长隧道改建隧道群

西汉高速公路将穿越秦岭的特长隧道用3座隧道组成的隧道群代替,既节省建设费用和管理费用,同时还便于养护,降低运营费用。隧道装修体现人文关怀,分别在两侧贴3m高瓷砖,既美化了隧道环境,又提高了行车舒适性。

(5) 设计彰显人文理念 打通千年蜀道

秦岭是横亘在我国南北之间的一道天然屏障。蜀道,作为逾越古代秦岭、巴山,沟通关中平原、汉中盆地与成都平原的重要交通要道,令多少年来文人墨客唉声叹息。2007年,西汉高速公路将实现人们"千年蜀道一日变通途"的愿望,贯通了秦巴山区,凝聚了千百年来古今人们的期盼。

(6) 建大型雕塑群

行走在西汉高速路上,充分感受到路与自然浑然一体,构成一幅绿色山水画。秦岭在古代政治、交通、军事、经济等方面起到了重大作用,厚重的历史文化蕴含着秦岭磅礴的气势,高速公路周边的人文历史景观和古栈道等遗址,使你感受到西汉高速公路厚重的历史文化。在西汉高速公路秦岭服务区有一个大型黄花岗岩雕塑群"华夏龙脉",总长为260m,宽6m,最高点8.5m。雕塑群的设计以时间轴为线索,从政治、经济、军事、文化等各个方面集中反映华夏民族不畏艰难,以人定胜天的决心改造自然的力量。雕塑以圆雕和浮雕相结合的创作手法,以在秦岭地区影响中华民族历史的十个重要历史时间段为横线,运用18个历史典故,以艺术的形式展现了秦岭的古栈道。雕塑群整体形象以自然山形贯穿相连,彰显历史,体现人文,与层峦叠嶂的秦岭山脉交相辉映,与周围自然环境浑然一体,成为一座极具震撼力的"露天艺术博物馆"。

(7) 开放式服务区

西汉高速公路修建的5个服务区,在设计时都充分考虑到与周边环境、自然景观与建筑的和谐统一。每个服务区在设计时全面为当地土特产和特色餐饮业开设专区,各个服务区都做到色彩搭配清新大方、纯洁舒适,建筑风格造型简洁明了、质朴高雅,在总体布局上,充分考虑到后期的发展空间。同时增加公用活动场所及园林式游览、观赏景点,充分发挥服务功能,为司机、旅客提供舒适、温馨、和谐的休息场所和优质服务。

特别是在2008年"5·12"汶川大地震的抗震救灾过程中,质量过硬的西汉高速公路畅通无阻,成为北部入川的唯一通道,在抗震救灾物资和抢险救援人员的运输中发挥了不可替代的作用,被国家领导人誉为抗震救灾的"生命线"。

项目研究成果还在我省后期投资的十天、宝汉等多条山区高速公路建设中得到积极推广应用,节约了大量工程资金,路用效果十分明显,得到建设管理单位的高度认可。可以说,该项目研究成果为陕西省山区高速公路建设积累了宝贵的实践经验和技术储备,成为陕西省山区高速公路建设样板工程,对加快陕西省乃至全国山区高速公路建设步伐、延长道路使用寿命、提高交通服务水平等具有重要现实意义和指导作用。

依托西汉高速公路开展的科研项目"西安—汉中高等级公路遥感航测技术应用研究及3S系统研制"和"秦岭山区高速公路建设关键技术研究"分别获得2003年和2012年陕西省科学技术奖二等奖;2013年"秦岭Ⅰ号隧道群"获国家2012 2013年度国家优质工程奖。

五、包家山高速公路隧道

该隧道位于国家高速公路包头至茂名线(G65)陕西境小河至安康段,是陕西省"2367"高速公路网中西安至安康高速公路的控制性工程,也是陕西省"十一五"公路建设的重点工程。隧道单洞长11.2km,双洞长22.4km,是目前已通车的中国大陆第4、世界第5长高速公路隧道。

包家山隧道

该隧道穿越巴山山脉的青山和玉皇山两座山峰,地形崎岖,地势险要,山高沟深,植被茂密,地质构造复杂,地层岩性多变。隧道岩性以千枚岩、片岩、板岩、灰岩等古生界浅变质岩为主。富水岩溶、软弱地质条件下修建特长隧道经常发生突水涌泥、变形坍塌,损失巨大。特长公路隧道运营通风照明投资大,运营成本高,是世界性技术难题。包家山隧道位于富水岩溶地区,Ⅳ级以上软弱围岩占隧道全长的55%,穿越37条断层。在多断层、富水岩溶地区修建超特长隧道,国内外无类似工程技术经验借鉴,技术难度极大。

(一)"复杂地质特长公路隧道建设与运营节能关键技术"

由陕西省交通建设集团公司、长安大学、中铁隧道集团有限公司洛阳科学技术研究所、北京交通大学、陕西省公路勘察设计院、中铁十二局集团有限公司、中铁隧道股份有限公司、中铁十八局集团有限公司等8个单位共同承担完成。隧道建设者们以该隧道为依托工程,面对复杂的地质条件、严峻的施工条件和艰难的生活条件,发扬"顽强拼搏、挑战极限、攻坚克难、大苦为荣"的包家山精神,克服困难,坚持科学创新,历时7年,攻克了9项关键技术难题。缔造出了一个个包家山奇迹。

(二)取得6项创新成果

一是首次提出了千枚岩地层隧道围岩亚分级指标,创建了软弱围岩隧道初期支护钢架+喷射混凝土+钢筋网+锁脚锚杆组合结构模式,提出了千枚岩地层隧道微扰动爆破设计方案和参数,总结形成了富水千枚岩隧道快速施工工法。二是首次采用了泄水沉砂池方案,结合地表治理、洞内注浆堵水的综合治理措施,成功解决了特长公路隧道富水岩溶区段施工中"逢雨必漏,逢涌必停"的灾害及通车后运营安全等问题。三是首次提出了单斜井双正洞施工通风模式、计算方法及设备配套和选型,破解了特长隧道多工作面施工通风难题。四是创立了公路隧道长距离陡坡大断面斜井有轨和正洞无轨(无轨—有轨—无轨)自动转换运输方式,建立了相应的安全保障管理体系,提高了斜井辅助正洞施工的效率。五是提出了广义的隧道施工信息化概念,自主研发构建了隧道施工多元信息预警与安全管理决策系统信息平台,建立了长大隧道应急救援预案体系,提升了隧道施工安全管理水平。六是提出了特长公路隧道利用自然风的节能通风模式,减少了通风风机配置;建立了隧道照明环境实验平台,修订了公路隧道照明亮度设计指标。构建了节能型特长公路隧道运营通风照明系统。

(三)隧道建设11项亮点

一是论证批复工期60个月,实际使用工期为34个月,创国内同类型地质条件施工进度首位。二是全隧岩性以片岩、千枚岩等古生界浅变质岩为主,其中Ⅳ级以上软弱围岩55%,施工中穿越了37条断层,遭遇特大涌水7次,创造了零伤亡施工记录。三是在国内公路隧道斜井承担正洞施工中,首次采用无轨—有轨—无轨运输自动转化系统,完成正洞施工任务4.1km。四是有轨斜井安全运行960天、49200次,平均21.3次/h,创国内公路隧道之最。五是斜井优化采用大断面(4.55m半径,原设计3.5m),既满足了通风要求、又加快了施工进度(承担正洞6.6km任务),实现了施工性价比最大化。六是在国内公路隧道施工中,首创利用243m深的竖井投放混凝土混合料8.2万 m^3,无一次质量和安全事故发生。七是在施工安全,每个工作面配置了救生衣、救生圈、气垫船及灭火器等安全生产器材。八是在洞口设立指纹识别系统,将安全生产管理工作纳入程序化。九是在国内公路隧道中,首次利用互联网技术将现场施工纳入远程监控。十是4个通风井的设置与正洞施工协调配套,既满足了运营通风需要,又大大加快了正洞施工进度,达到了资源配置最优化,在国内同类型工程中,效率最高。十一是按照1:10的比例,制作了包家山隧道机电运营仿真模型,既可实时反映、模拟演示运营状况,又可作为员工培训教材、爱国主义教育基地。

项目申请发明专利成果5项,获授权实用新型专利13项、软件著作权2项、省部级工法2项,发表论文32篇(EI收录5篇)、出版专著3部,编制标准1部,成果被纳入《陕西省高速公路隧道照明系统设计指导意见》。

项目成果直接应用于包家山隧道工程建设,创造了仅用37个月,在多断层、富水岩溶地区建成特长高速公路隧道的世界纪录,实现了施工"零死亡"的安全目标,大幅降低了隧道运营通风照明投资及运营成本。推广应用于关角隧道、木寨岭隧道、秦岭终南山隧道等十余座国家重大隧道工程,以及陕西省数十座公路隧道建设与运营,经济和社会效益特别显著。

著名隧道专家、中国工程院院士梁文灏等专家组成的鉴定委员会认为:该项目研究成果创新性显著,实用性强,总体达到国际先进水平,其中在陡坡斜井双正洞辅助施工和千枚岩地层快速施工技术方面达到国际领先水平,对提升我国在复杂地质条件下快速建设特长高速公路隧道整体水平有推动作用。

2009年5月,包家山隧道建成通车,该项目及科研成果分别获得2012年度中国土木工程詹天佑奖、2011—2012年度国家优质工程银质奖和2013年度陕西省科技进步一等奖。

陕西省高速公路建设项目取得的科研成果见表5-4~表5-7。

陕西省高速公路建设项目获奖汇总表(按获奖时间顺序) 表5-4

序号	项目名称	获奖名称	获奖时间(年-月)	获奖单位	参与人员
1	西安至三原一级公路	交通部优秀设计二等奖	1991-01	陕西省公路勘察设计院	程潮洋、王佑、李培坤、王自勉、蔺继春、叶树青、李俊杰、宋志鹏、寇纯福、施玉昌
2	西安至三原一级公路	国家银质工程奖 优秀设计银质奖 优秀监理银质奖	1991-11	陕西省交通厅、陕西省公路勘察设计院、中国路桥公司陕西分公司、陕西省公路工程咨询公司	综合奖

续上表

序号	项目名称	获奖名称	获奖时间（年-月）	获奖单位	参与人员
3	西安至三原一级公路勘察	交通部优秀勘察二等奖	1992-01	陕西省公路勘察设计院	何国琪、陈文孝、党丁寅、焦建宏、纪晓红等
4	西安至临潼高速公路勘察	交通部优秀勘察二等奖	1993-03	陕西省公路勘察设计院	何国琪、柳长生、杨文玺、焦建宏、纪晓红等
5	西安至临潼高速公路设计	陕西省第六次优秀工程设计三等奖、陕西省第四次优秀工程勘察三等奖	1993-06	陕西省公路勘察设计院	程潮洋、王佑、焦方群、宋志鹏、叶树青、于钧善、张富友、江若凌、姚仲恩
6	西安至宝鸡高速公路设计、监理	陕西省优秀工程勘察设计评审 优秀设计一等奖 优秀监理一等奖	1998-12	陕西省公路勘察设计院	于钧善、王自勉、曾辉爵、徐丁、杨文玺、叶树青、赵新民
7	西安至宝鸡高速公路勘察	陕西省优秀工程勘察设计评审优秀勘察三等奖	1998-12	陕西省公路勘察设计院	何国琪、柳长生、赵之胜、王玉庆、党丛智、纪晓红等
8	西安至宝鸡高速公路设计、监理	全国优秀工程勘察设计评审优秀设计铜奖、优秀监理铜奖	1999-10	陕西省公路勘察设计院、陕西省公路工程咨询公司	于钧善、王自勉、曾辉爵、徐丁、杨文玺、叶树青、赵新民
9	西安至宝鸡高速公路勘察	交通部优秀勘察三等奖	2000-02	陕西省公路勘察设计院	何国琪、柳长生、赵之胜、王玉庆、党丛智、纪晓红等
10	临潼至渭南高速公路设计	陕西省第十次优秀工程设计二等奖	2000-09	陕西省公路勘察设计院	宋志鹏、叶树青、何登浓、周彦军、万振江、李文德、周清贞
11	遥感及3S在高速公路可行性研究中的应用	陕西省工程咨询一等奖	2000-11	陕西省公路勘察设计院	戴文晗、魏清、白延平、叶蓁、卢斌莹、侯春红
12	国道主干线禹门口至阎良段工程可行性报告	陕西省工程咨询二等奖	2000-11	陕西省公路勘察设计院	杨柯、李超、王奇辉、郭江辉、武常吉、赵胜林、刘均平、路文兴、程立平、马文敏
13	遥感及3S在高速公路可行性研究中的应用	中国工程咨询二等奖	2000-12	陕西省公路勘察设计院	戴文晗、魏清、白延平、叶蓁、卢斌莹、侯春红

续上表

序号	项目名称	获奖名称	获奖时间（年-月）	获奖单位	参与人员
14	户县涝峪口至洋县槐树关工程可行性研究报告	陕西省优秀咨询一等奖	2003-12	陕西省公路勘察设计院	王永平、马旭浩、刘振、左怀生、王维荣、曹文忠、王根根
15	西部大通道西安至合肥公路陕西境蓝田商州段公路工程可行性研究报告	陕西省优秀工程咨询二等奖	2004-09	陕西省公路勘察设计院	杨柯、曹文忠、宋志鹏、王永平、张公恩、周彦军、胡建刚、刘振、侯应龙、邓毅
16	西部大通道包头至北海陕西境靖边至安塞段公路建设用地地质灾害危险性评估报告	陕西省优秀工程咨询二等奖	2004-09	陕西省公路勘察设计院	胡建刚、史志军、袁素凤、张亮、陈国柱、王赞文、胡鹏飞、何宏民、张育平、彭小刚
17	西安绕城高速公路（北段）	2004第四届詹天佑土木工程大奖	2004-11	陕西高等级公路管理局、陕西省公路勘察设计院、中铁十五局机械化工程公司、陕西省公路工程咨询公司等	综合奖
18	西安绕城南高速公路电子城互通式立交	2004年度国家优质工程银质奖	2005-01	西安绕城高速公路生态林带建设管理局、陕西省公路勘察设计院、青岛公路建设集团有限公司、陕西省公路工程咨询公司等	综合奖
19	西部开发省际公路陕西境商州至竹林关段高速公路建设工程地质灾害危险性评估报告	陕西省优秀工程咨询一等奖	2005-08	陕西省公路勘察设计院	胡建刚、史志军、袁素凤、张亮、陈国柱、王赞文、胡鹏飞、何宏民、张育平、彭小刚
20	西部开发省际公路通道银武线陕西境陕甘界至永寿公路工程可行性研究报告	陕西省优秀工程咨询三等奖	2005-08	陕西省公路勘察设计院	王永平、周彦军、武常吉、胡建刚、韩熠、杨柯、刘振、姬建锋、曹文忠、郭江辉
21	西部大通道陕西境柞水至小河段高速公路建设工程地质灾害危险性评估报告	陕西省优秀工程咨询三等奖	2005-08	陕西省公路勘察设计院	胡建刚、史志军、袁素凤、张亮、胡鹏飞、何宏民、张育平、彭小刚、陈国柱

续上表

序号	项目名称	获奖名称	获奖时间（年-月）	获奖单位	参与人员
22	榆林至靖边高速公路	2005年度中国建筑工程鲁班（国家优质工程）	2005-12	榆林至靖边高速建设有限责任公司、陕西省公路勘察设计院、陕西省通达公路建设集团有限责任公司、北京育才交通工程咨询监理公司等	综合奖
23	西安绕城高速公路南段	2006年度国家优质工程银质奖	2006-11	西安绕城高速公路生态林带建设管理局、陕西省公路勘察设计院、青岛公路建设集团有限公司、陕西省公路工程咨询公司等	综合奖
24	国道312咸阳过境暨咸阳机场高速公路六村堡立交	2006年度国家优质工程银质奖	2006-11	陕西省高速公路建设集团公司、陕西省公路勘察设计院、中铁十八局有限公司、西安华兴公路工程咨询监理公司等	综合奖
25	榆林至靖边高速公路	陕西省第十三次优秀工程设计一等奖	2006-11	陕西省公路勘察设计院	李子青、万振江、边世斌、吕琼、冯联武、张朝辉、郭永谊、辛炜、高云生、许楠
26	榆林至靖边高速公路工程地质勘察	2005年度公路交通优秀勘察三等奖	2006-12	陕西省公路勘察设计院	赵之胜、边世斌、戴文晗、史志军、王赞文、袁素凤、彭小刚、程菊贤
27	西安绕城高速公路北段	陕西省第十三次优秀工程设计一等奖	2006-11	陕西省公路勘察设计院	李子青、宋志鹏、边世斌、吕琼、周彦军、冯联武、高云生、张朝辉、郭永谊、姚国宏
28	西安绕城高速公路南段	陕西省第十三次优秀工程设计二等奖	2006-11	陕西省公路勘察设计院	万振江、韩熠、陈长海、宋志鹏、周彦军、李克、姬建峰、奥明纪、吴战钧、覃春晖
29	陕西省高速公路网规划	陕西省2007年度优秀工程咨询成果一等奖	2007-10	陕西省公路勘察设计院	万振江、韩熠、杨珂、姬建锋、王圆圆、胡绍荣、郭江辉、刘振、李杰、敖亮

续上表

序号	项目名称	获奖名称	获奖时间（年-月）	获奖单位	参与人员
30	西部大通道银武线商州至陕鄂界高速公路山阳至漫川关段建设工程地质灾害危险性评估报告	陕西省2007年度优秀工程咨询成果二等奖	2007-10	陕西省公路勘察设计院	陈长海、史志军、胡建刚、胡鹏飞、王赞文、张亮、何宏民
31	连云港至霍尔果斯国道主干线陕西境宝鸡至牛背工程可行性研究报告	陕西省2007年度优秀工程咨询成果三等奖	2007-10	陕西省公路勘察设计院	王天林、姬建锋、赵胜林、刘振、王奇辉
32	陕西省高速公路网规划	2007年度全国优秀工程咨询成果三等奖	2007-12	陕西省公路勘察设计院	郭江辉、杨珂、姬建锋、万振江、韩熠
33	榆林至靖边高速公路	2006年度全国优秀工程勘察设计铜质奖	2008-02	陕西省公路勘察设计院	李子青、万振江、边世斌、吕琼、冯联武、张朝辉、郭永谊、辛炜、高云生、许楠、王小峰、陈晓轩、熊鹰、史梦琪、齐永亮
34	禹门口—阎良段高速公路芝川河特大桥	2008年度陕西省公路优秀设计奖（陕西省公路学会）	2008-04	陕西省公路勘察设计院	陈长海、刘俊起、王峰、李震、马胜利、李隽
35	宁强至棋盘关段高速公路建设工程《地质灾害危险评估报告》	陕西省优秀工程咨询三等奖	2008-10	陕西省公路勘察设计院	史志军、焦天靖、李巧丽、王赞文、张亮
36	国道312咸阳过境暨咸阳机场高速公路	陕西省第十四次优秀工程设计一等奖	2008-11	陕西省公路勘察设计院	马云祥、韩熠、陈长海、李超、刘俊起、冯联武、张春发、敖亮、奥明纪、覃春晖
37	国家高速公路十天线安康至汉中段工程可行性研究报告	陕西省2009年度优秀工程咨询成果二等奖	2009-11	陕西省公路勘察设计院	石飞荣、马保林、刘振、高宣德、王奇辉、夏正浩、屈家余
38	省级高速公路定汉线陕甘界至宝鸡公路工程可行性研究报告	陕西省2009年度优秀工程咨询成果三等奖	2009-11	陕西省公路勘察设计院	王天林、陈长海、李超、杨珂、敖亮
39	公路桥梁上部结构通用图	全国工程勘察设计行业国庆60周年"作用显著标准设计项目"大奖（中国勘察设计协会）	2009-10	陕西省公路勘察设计院	陕西省公路勘察设计院

续上表

序号	项目名称	获奖名称	获奖时间（年-月）	获奖单位	参与人员
40	陕西秦岭终南山公路隧道	新中国成立60周年公路交通勘察设计经典工程（中国公路勘察设计协会）	2009-12	陕西省公路勘察设计院	陕西省公路勘察设计院
41	国家高速公路十堰至天水联络线陕西境鄂陕界至安康公路工程可行性研究报告	陕西省2010年度优秀工程咨询成果一等奖	2010-12	陕西省公路勘察设计院	石飞荣、王天林、刘洪、刘振、李超、王奇辉、屈家余、申艳梅、郑重、廖伟
42	国家高速公路包头至茂名线陕西境铜川至黄陵高速公路建设工程地质灾害危险性评估报告	陕西省2010年度优秀工程咨询成果三等奖	2010-12	陕西省公路勘察设计院	陈长海、张亮、胡建刚、王赞文、袁素凤
43	延安至黄陵高速公路	陕西省第十五次优秀工程设计一等奖	2010-11	陕西省公路勘察设计院	石飞荣、边世斌、张朝辉、吕琼、刘俊起、周彦军、高云生、王峰、辛炜、王小锋
44	凤翔路口至永寿段高速公路	陕西省第十五次优秀工程设计一等奖	2010-11	陕西省公路勘察设计院	李超、郭永谊、周彦军、李克、王永平、韦虎、黄田、刘俊起、胡刘军、袁怀宇
45	商州至丹凤高速公路	陕西省第十五次优秀工程设计一等奖	2010-11	陕西省公路勘察设计院	陈长海、刘军平、赵胜林、刘永宏、宁军、马文敏、杨君辉、路文兴、韦虎、陈剑
46	西安咸阳国际机场专用高速公路	陕西省第十五次优秀工程设计一等奖	2010-11	陕西省公路勘察设计院	石飞荣、陈长海、吕琼、田巨锋、冯联武、宁军、潘鹏飞、李震、张朝辉、王峰
47	小河至安康高速公路	陕西省第十五次优秀工程设计二等奖	2010-11	陕西省公路勘察设计院	冯联武、张春发、敖亮、覃春辉、奥明纪、刘永宏、朱会省、王佩、田秦、吴战均
48	洋县至勉县高速公路	陕西省第十五次优秀工程设计二等奖	2010-11	陕西省公路勘察设计院	李超、赵胜林、刘军平、马文敏、宁军、路文兴、韦虎、陈剑、杨君辉、程立平

续上表

序号	项目名称	获奖名称	获奖时间（年-月）	获奖单位	参与人员
49	靖边至安塞高速公路	陕西省第十五次优秀工程设计二等奖	2010-11	陕西省公路勘察设计院	冯联武、张春发、覃春辉、奥明纪、刘永宏、李震、石永飞、赵(王乐)玮、连军、刘建梅
50	禹门口至阎良高速公路	陕西省第十五次优秀工程设计二等奖	2010-11	陕西省公路勘察设计院	石飞荣、李超、王永平、周彦军、田巨锋、赵胜林、黄田、胡刘军、刘俊起、刘军平
51	包茂线陕西境延安至黄陵段高速公路	2010年度公路交通优秀勘察二等奖（中国公路勘察设计协会）	2011-06	陕西省公路勘察设计院	边世斌、胡建刚、刘文彬、史志军、王赞文、彭小刚、袁素凤、程菊贤、张亮、张育平、焦天靖、陈国柱
52	西安咸阳国际机场专用高速公路	2010年度公路交通优秀设计二等奖（中国公路勘察设计协会）	2011-06	陕西省公路勘察设计院	石飞荣、陈长海、吕琼、田巨锋、冯联武、宁军、潘鹏飞、张朝辉、李震、王峰、刘建梅、覃春辉
53	包茂线陕西境小河至安康高速公路	2010年度公路交通优秀设计二等奖（中国公路勘察设计协会）	2011-06	陕西省公路勘察设计院	冯联武、张春发、敖亮、覃春辉、奥明纪、刘永宏、朱省省、王佩、田秦、吴战钧、廖伟、刘建梅
54	西安合肥西部大通道陕西境商州至丹凤高速公路	2010年度公路交通优秀设计二等奖（中国公路勘察设计协会）	2011-06	陕西省公路勘察设计院	陈长海、刘军平、赵胜林、刘永宏、宁军、马文敏、杨君辉、路文兴、韦虎、陈剑、田顶立、程立平
55	包茂线陕西境延安至黄陵段高速公路	2010年度公路交通优秀设计三等奖（中国公路勘察设计协会）	2011-06	陕西省公路勘察设计院	石飞荣、边世斌、张朝辉、吕琼、刘俊起、周彦军、韦虎、高云生、王峰、辛炜
56	西安至蓝田至商州高速公路控制	2010年度优秀测绘工程奖铜奖	2011-06	陕西省公路勘察设计院	陈晓轩、孟魁、张振辉、孙兴华、向导、郁连云、王镐

续上表

序号	项目名称	获奖名称	获奖时间（年-月）	获奖单位	参与人员
57	小河至安康高速公路包家山隧道	2011—2012年度国家银质工程奖	2012-11	中铁十八局集团有限公司、陕西省交通建设集团公司、陕西省公路勘察设计院、武汉大通公路桥梁工程咨询监理有限责任公司	综合奖
58	国道主干线子洲至靖边高速公路建设项目	2011—2012年度国家银质工程奖	2012-11	陕西省交通建设集团公司子靖建设管理处、陕西省公路勘察设计院、中铁五局集体有限公司等、内蒙古宇通公路工程咨询监理有限责任公司等	综合奖
59	国家高速公路包茂线黄陵至铜川公路工程可行性研究报告	陕西省2012年度优秀工程咨询成果二等奖	2012-12	陕西省公路勘察设计院	李超、陈长海、敖亮、郭江辉、宁军、李亚辉、张夏
60	延安至延川（陕晋界）高速公路建设工程地质灾害危险性评估报告	陕西省2012年度优秀工程咨询成果三等奖	2012-12	陕西省公路勘察设计院	石飞荣、胡建刚、刘军平、胡鹏飞、张亮
61	商州（麻池河）至漫川关（鄂陕界）高速公路	陕西省第十六次优秀工程设计一等奖	2012-12	陕西省公路勘察设计院	陈长海、刘军平、吴战钧、韦虎、刘永宏、杨君辉、马文敏、陈剑、闫静
62	潼关至临潼高速公路改扩建工程	陕西省第十六次优秀工程设计一等奖	2012-12	陕西省公路勘察设计院	石飞荣、李超、赵胜林、覃春辉、潘鹏飞、宁军、奥明纪、李震、李展望、陈剑、田秦、李光策、许刚、石永飞、孙继宏
63	安康至陕川界高速公路	陕西省第十六次优秀工程设计二等奖	2012-12	陕西省交通规划设计研究院、中交第二公路勘察设计研究院	姚国宏、翁德平、王永平、孙贵清、王佩、吴培松、宁军、王士华、许楠、李建文、张亮、张山山、史梦琪、王泽勇、王小峰
64	省道204榆林至神木高速公路	陕西省第十六次优秀工程设计三等奖	2012-12	陕西省公路勘察设计院	周彦军、张春发、胡建刚、覃春辉、奥明纪、朱会省、杨芸波、赵（王乐）玮、刘英朴、刘建亚、程建平、付锦生、庞斐、侯可义、韩学峰

续上表

序号	项目名称	获奖名称	获奖时间（年-月）	获奖单位	参与人员
65	公路工程设计图档管理系统	陕西省第十一届工程勘察设计计算机优秀软件二等奖	2012-12	陕西省公路勘察设计院（陕西省交通规划设计研究院）	石飞荣、郭永谊、魏清、赵雍、刘二洋、白锐鸽、叶蓁、卢斌莹、侯春红、张译文
66	安康至陕川界高速公路	2012年度公路交通优秀设计一等奖	2012-12	陕西省交通规划设计研究院、中交第二公路勘察设计研究院	姚国宏、翁德平、王永平、孙贵清、王佩、吴培松、宁军、王士华、许楠、李建文、张亮、张山山、史梦琪、王泽勇、王小峰
67	安康至汉中高速公路	2012年度公路交通优秀设计二等奖	2012-12	陕西省交通规划设计研究院、中交第二公路勘察设计研究院、西安公路研究院	马保林、冯联武、翁德平、王维荣、周彦军、马启和、王瑛、姚国宏、王佩、程涛、屠彬、覃春辉
68	潼关至临潼高速公路改扩建工程	2012年度公路交通优秀设计二等奖	2012-12	陕西省交通规划设计研究院	石飞荣、李超、赵胜林、覃春辉、潘鹏飞、宁军、奥明纪、李震、李展望、陈剑、田秦、李光策
69	国家高速公路连霍线陕西境潼关至临潼（靳家）公路改扩建工程可行性研究报告	2012年度全国优秀工程咨询成果二等奖	2013-06	陕西省交通规划设计研究院	石飞荣、郭江辉、赵胜林、敖亮、王圆圆、廖伟、申艳梅
70	国家高速公路包茂线黄陵至铜川公路工程可行性研究报告	2012年度全国优秀工程咨询成果三等奖	2013-06	陕西省交通规划设计研究院	李超、陈长海、敖亮、郭江辉、宁军
71	延安至延川（陕晋界）高速公路建设工程地质灾害危险性评估报告	2012年度全国优秀工程咨询成果三等奖	2013-06	陕西省交通规划设计研究院	石飞荣、胡建刚、刘军平、胡鹏飞、张亮
72	小河至安康高速公路包家山隧道	第十一届中国土木工程詹天佑奖	2013-6	陕西省交通建设集团公司、中铁十二局集团有限公司、中铁隧道股份有限公司、中铁十八局集团有限公司、陕西省交通规划设计研究院、武汉大通公路桥梁工程咨询监理有限公司	杨育生、韩定海、段小平、胡平、朱绪飞、曹支才、雷军、史振宇、肖辰裕、王正平、石飞荣、刘贵志、申来明

续上表

序号	项目名称	获奖名称	获奖时间（年-月）	获奖单位	参与人员
73	复杂地质条件下特长隧道修建技术	陕西省第二届职工科技节优秀科技创新成果发明创造金奖	2013-10	陕西省交通建设集团公司	杨育生、段小平、胡平、朱绪飞、曹支才
74	西汉高速公路秦岭I号隧道工程	2012—2013年度国家优质工程奖（银奖）	2013-11	中铁隧道集团有限公司等陕西省高速公路建设集团公司、陕西省交通规划设计研究院、陕西高速公路工程咨询公司等	综合奖
75	国道主干线（GZ40）二连浩特—河口陕西境禹门口—阎良段高速公路岩土工程勘察	陕西省第十五次优秀工程勘察一等奖	2013-08	陕西省交通规划设计研究院	胡建刚、刘军平、史志军、王赞文、张育平、彭小刚、焦天靖、何宏民、程菊贤、李巧丽、袁素凤、马煜缨、王茜、陈国柱、王亮
76	国家高速公路网包头至茂名线陕西境小河至安康高速公路包家山特长隧道岩土工程勘察	陕西省第十五次优秀工程勘察一等奖	2013-08	陕西省交通规划设计研究院	熊鹰、胡建刚、王佩、刘文彬、冯联武、张育平、任永红、姚宽院、史志军、高怀雄、王强社、王武功、王赞文、张亮、焦天靖
77	"云端"高清智能网络摄像机及软件	陕西省职工科技创新成果金奖	2013-09	陕西省交通规划设计研究院	石飞荣、田秦、贺欣、田孟刚、段林、沙欣
78	公路工程设计图档案管理系统	陕西省职工科技创新成果银奖	2013-09	陕西省交通规划设计研究院	石飞荣、魏清、郭永谊、赵雍、刘二洋
79	国家高速公路包茂线陕西境小河至安康段包家山特长隧道	2013年度全国优秀工程勘察设计行业二等奖（中国勘察设计协会）	2013-11	陕西省交通规划设计研究院	熊鹰、胡建刚、张育平、王佩、刘文彬、冯联武、任永红、姚宽院、王武功、高怀雄、张亮、王赞文、史志军、王强社、焦天靖
80	GZ40陕西境禹门口至阎良段高速公路	2013年度全国优秀工程勘察设计行业三等奖（中国勘察设计协会）	2013-11	陕西省交通规划设计研究院	胡建刚、刘军平、史志军、王赞文、张育平、彭小刚、焦天靖、何宏民、程菊贤、李巧丽、袁素凤、马煜缨、王茜、王亮

续上表

序号	项目名称	获奖名称	获奖时间（年-月）	获奖单位	参与人员
81	西(安)咸(阳)北环线高速公路控制测量	2014年全国优秀测绘工程奖铜奖	2014-12	陕西省交通规划设计研究院	陈晓轩、孟魁、张振辉、孙兴华、向导、朱磊、田建国、郁连云、马平、王镐
82	国家高速公路十堰至天水联络线陕西境鄂陕界至安康公路	2014年度公路交通优秀设计一等奖	2015-04	陕西省交通规划设计研究院 中交公路规划设计院有限公司	马保林、高全明、韦虎、王岳平、黄田、齐向军、辛炜、刘峰、张博、李宝坤、王佩、张卫国、刘永宏、蒋勇军、李鹏程
83	陇县至汉中高速公路陕甘界至宝鸡段	2014年度公路交通优秀设计二等奖	2015-04	陕西省交通规划设计研究院 西安公路研究院	陈长海、韩君良、宁军、王晓琴、马文敏、黄建云、吴战军、汪小鹏、田秦、吴辉、蔡同俊、王斌、杨芸波、吴德军、王海渊
84	榆商线榆林至绥德高速公路	2014年度公路交通优秀设计三等奖	2015-4	陕西省交通规划设计研究院	马保林、覃春辉、奥明纪、刘孝康、任永宏、李光策、张社文、田晨、刘建亚、刘英朴、李富安、方磊、赵王乐玮、徐磊、高震
85	青岛至兰州公路陕西境壶口至雷家角高速公路	2014年度公路交通优秀设计一等奖	2015-4	中交第一公路勘察设计研究院有限公司、陕西省交通规划设计研究院	李克、辛炜、郭永谊、田秦、张博、张国庆、汪平安、刘永宏
86	神木经佳县至米脂高速公路控制测量	2015年全国优秀测绘工程奖铜奖	2015-10	陕西省交通规划设计研究院	陈晓轩、孟魁、朱磊、张振辉、孙兴华、田建国、向导、郁连云
87	西安至铜川高速公路	陕西省第十七次优秀工程设计一等奖	2015-12	陕西省交通规划设计研究院	陈长海、郭永谊、黄田、袁怀宇、张博、赵继尧、连军、王永宁、宁军、李广策、贺华、王婷、卢琳、刘永宏、韩朝峰

续上表

序号	项目名称	获奖名称	获奖时间（年-月）	获奖单位	参与人员
88	沪陕线西安至蓝田至商州高速公路	陕西省第十七次优秀工程设计一等奖	2015-12	陕西省交通规划设计研究院	熊鹰、姚国宏、赵胜林、韦虎、李展望、辛炜、杜峥、吴战军、张翔、姚庆、潘鹏飞、张国庆、姚军、彭小刚、孙海霞
89	厦蓉高速公路贵州境榕江格龙至都匀段第5合同段	陕西省第十七次优秀工程设计二等奖	2015-12	陕西省交通规划设计研究院	李超、黄田、张博、张国庆、袁怀宇、吴战军、连军、刘永宏、赵胜林、宁军、胡建刚、姚军、潘鹏飞、王鹏、李鹏程
90	国家高速公路十堰至天水联络线陕西境鄂陕界至安康公路	陕西省第十七次优秀工程设计二等奖	2015-12	陕西省交通规划设计研究院	马保林、熊鹰、黄田、辛炜、张博、姚军、刘永宏、李鹏程、赵胜林、胡建刚、韩朝峰、赵继尧、连军、张鹏
91	国家高速公路十堰至天水联络线汉中至略阳（陕甘界）公路	陕西省第十七次优秀工程设计三等奖	2015-12	陕西省交通规划设计研究院	陈长海、熊鹰、张春发、李克、韦虎、施菁华、宁军、刘军平、王娜、马文敏、杨君辉、刘建梅、党祺、任权、姚军
92	陇县至汉中高速公路陕甘界至宝鸡段	陕西省第十七次优秀工程设计三等奖	2015-12	陕西省交通规划设计研究院	李克、熊鹰、宁军、王晓琴、马文敏、黄建云、吴战军、汪小鹏、田秦、吴辉、蔡同俊、王斌、杨芸波、吴德军、周文学
93	西安咸阳国际机场专用高速公路	2014－2015年度国家优质工程奖	2015-11	陕西省交通建设集团，陕西省交通规划设计研究院中铁七局集团有限公司、陕西高速公路工程有限公司等	综合奖

技术规范、指导性意见统计表　　　　　　　　　　　　　　　　　表5-5

序号	规范名称	文号（标准号）	颁发单位
1	《垂直振动法水泥稳定碎石设计施工技术规范》	DB61/T 529—2011	陕西省质量技术监督局
2	《钢板—混凝土组合加固桥梁设计与施工技术规程》	DB61/T 550—2012	陕西省质量技术监督局
3	《沥青混合料生产过程动态质量监控规范》	DB61/T 897—2013	陕西省质量技术监督局

续上表

序号	规范名称	文号(标准号)	颁发单位
4	《排水性沥青路面施工技术规范》	DB61/T 911—2014	陕西省质量技术监督局
5	《沥青玛蹄脂碎石路面施工技术规范》	DB61/T 912—2014	陕西省质量技术监督局
6	《水泥稳定沥青路面就地冷再生基层施工技术规范》	DB61/T 913—2014	陕西省质量技术监督局
7	《同步碎石封层施工技术规范》	DB61/T 914—2014	陕西省质量技术监督局
8	《公路桥梁(梁式桥)荷载试验技术规程》	DB61/T 916—2014	陕西省质量技术监督局
9	《高速公路沥青路面层间处治技术规范》	DB61/Z 919—2014	陕西省质量技术监督局
10	《宽幅抗离析大厚度摊铺水泥稳定碎石技术施工工法》	GJEJG F146—2008(二级)	住房和城乡建设部
11	《公路边坡锚固工程耐久性评价与维护技术规程》	DB61/T 972—2015	陕西省质量技术监督局
12	《公路路堑边坡超前支护设计规范》	DB61/T 973—2015	陕西省质量技术监督局
13	《路面雷达检测路面面层厚度方法》	DB61/T 974—2015	陕西省质量技术监督局
14	《公路随带照明用LED灯具通用技术条件》	DB61/T 549—2012	陕西省质量技术监督局
15	《公路桥梁支座安装及更换技术规程》	DB61/T 896—2013	陕西省质量技术监督局
16	《多向变位模块化梳齿板式桥梁伸缩装置通用技术条件》	DB61/T 898—2013	陕西省质量技术监督局
17	《交通产品用高阻尼橡胶材料技术条件》	DB61/T 899—2013	陕西省质量技术监督局
18	《预制木桥面板技术条件》	DB61/T 900—2013	陕西省质量技术监督局
19	《公路隧道安全设计指南》	DB61/T 546—2012	陕西省质量技术监督局
20	《公路隧道安全运行控制策略指南》	DB61/T 547—2012	陕西省质量技术监督局
21	《公路隧道安全运营管理规范》	DB61/T 548—2012	陕西省质量技术监督局
22	《陕西省高速公路隧道照明系统设计指导意见(试行)》	陕交发〔2009〕96号	陕西省交通运输厅
23	《建筑垃圾填筑路基设计施工技术指南》	陕交发〔2012〕42号	陕西省交通运输厅
24	《公路钢桥正交异性钢桥设计施工技术规范》	DB61/T 937—2014	陕西省质量技术监督局
25	《沥青再生处治预养护应用技术规范》	DB61/T 977—2015	陕西省质量技术监督局
26	《斜向预应力无缝水泥混凝土路面技术标准》	DB61/T 979—2015	陕西省质量技术监督局
27	《公路整车式称重系统》	DB61/T 980—2015	陕西省质量技术监督局
28	《高速公路服务区视频监控系统技术规范》	DB61/T 981—2015	陕西省质量技术监督局
29	《高速公路视频联网技术规范》	DB61/T 982—2015	陕西省质量技术监督局

主要专著统计表　　　　表 5-6

序号	专著名称	主编	出版社	出版时间(年-月)
1	《包家山隧道修建技术与创新》	杨育生、韩定海、段小平、韩现民、胡平	人民交通出版社	2014-08
2	《软弱地层隧道初期支护技术》	陈建勋	科学出版社	2011-10
3	《隧道施工信息化预警》	叶英	人民交通出版社	2012-02
4	《公路建设项目全程环境管理》	董小林	人民交通出版社	2008-8

续上表

序号	专著名称	主编	出版社	出版时间（年-月）
5	《公路安全保障工程实手册》	郭克清、徐希娟、金宏中	人民交通出版社	2007-3
6	《公路养护与抢修实用技术》	伍石生、郭平、张倩	人民交通出版社	2008-01
7	《陕西省沥青路面裂缝处治指南》	舒森、郭平、张萌等	人民交通出版社	2010-09
8	《陕西省旧沥青路面水泥稳定就地冷再生基层施工技术指南》	舒森、郭平、赵进等	人民交通出版社	2010-09
9	《陕西省同步碎石封层施工技术指南》	欧阳海霞、韩君良、朱钰、赵进、吕文江、马庆伟、郭平等	人民交通出版社	2010-09
10	《高等级公路建设论文集》	陕西省公路局	人民交通出版社	2005-08
11	《SMA路面施工与病害防治技术》	李爱国、郭平、郝培文	人民交通出版社	2012-08

主要发明专利统计表 表5-7

序号	专利名称	专利类别	国家地区	专利号	专利单位	发明人
1	新型预应力支护装置	实用新型	中国	ZL200920034287.4	陕西省交通规划设计研究院	万振江、陈长海
2	陕西省公路交通信息系统V1.0	软件著作	中国	2009SR039113	陕西省交通规划设计研究院	陕西省交通规划设计研究院
3	陕西省交通遥感信息系统V1.0	软件著作	中国	2009SR039086	陕西省交通规划设计研究院	陕西省交通规划设计研究院
4	黄土地区桥梁桩基合理埋深的方法	发明专利	中国	200910023654.5	陕西省交通规划设计研究院	
5	纬地道路辅助设计系列软件V5.8	软件著作	中国	2006SR12893	陕西省交通规划设计研究院	陕西省交通规划设计研究院
6	服务区监控专用视频图像智能分析软件	软件著作	中国	2011SR095866	陕西省交通规划设计研究院	陕西省交通规划设计研究院北京科技大学
7	收费广场专用视频图像智能分析软件	软件著作	中国	2011SR096070	陕西省交通规划设计研究院	陕西省交通规划设计研究院北京科技大学
8	收费车到监控专用视频图像智能分析软件	软件著作	中国	2011SR095940	陕西省交通规划设计研究院	陕西省交通规划设计研究院北京科技大学
9	城市安全高清网络视频联网监控管理系统软件	软件著作	中国	2011SR096248	陕西省交通规划设计研究院	陕西省交通规划设计研究院北京科技大学

续上表

序号	专利名称	专利类别	国家地区	专利号	专利单位	发明人
10	道路监控专用视频图像智能分析软件	软件著作	中国	2011SR096291	陕西省交通规划设计研究院	陕西省交通规划设计研究院北京科技大学
11	IP/3G网络视频图像自适应管理系统软件	软件著作	中国	2011SR095943	陕西省交通规划设计研究院	陕西省交通规划设计研究院北京科技大学
12	交通监控专用视频图像智能分析系统软件	软件著作	中国	2011SR096405	陕西省交通规划设计研究院	陕西省交通规划设计研究院北京科技大学
13	隧道监控专用视频图像智能分析软件	软件著作	中国	2011SR095939	陕西省交通规划设计研究院	陕西省交通规划设计研究院北京科技大学
14	高速公路高清网络视频联网监控管理系统软件	软件著作	中国	2011SR095936	陕西省交通规划设计研究院	陕西省交通规划设计研究院北京科技大学
15	交通监控专用视频图像管理系统软件	软件著作	中国	2011SR095932	陕西省交通规划设计研究院	陕西省交通规划设计研究院北京科技大学
16	陕西省交通规划设计研究院勘察设计项目成本核算系统	软件著作	中国	2012SR010119	陕西省交通规划设计研究院	陕西省交通规划设计研究院
17	公路工程设计图纸图号页码自动加载软件	软件著作	中国	2012SR010106	陕西省交通规划设计研究院	陕西省交通规划设计研究院
18	公路工程设计图档管理系统	软件著作	中国	2012SR011330	陕西省交通规划设计研究院	陕西省交通规划设计研究院
19	一种支撑箱	实用新型	中国	ZL201210208164.4	陕西省交通规划设计研究院	吴战钧、马保林、姬志田、李建军、李洪坡
20	一种伸缩装置位移用的多向转动连接机构	实用新型	中国	ZL201220664001.2	陕西省交通规划设计研究院	吴战钧、马保林、姬志田、李建军、李洪坡
21	一种球面多向转动滑动承压支座	实用新型	中国	ZL2012 2 0664003.1	陕西省交通规划设计研究院	吴战钧、马保林、姬志田、李建军、李洪坡
22	一种单向阻尼消能桥梁盆式支座	实用新型	中国	ZL2012 2 0685506.7	陕西省交通规划设计研究院	马宝林、张锋、陈长海、陈彦北、刘军
23	一种双向阻尼消能桥梁盆式支座	实用新型	中国	ZL2012 2 0685507.1	陕西省交通规划设计研究院	马宝林、张锋、陈长海、陈彦北、刘军

续上表

序号	专利名称	专利类别	国家地区	专利号	专利单位	发明人
24	全天候一体化摄像机防护罩	实用新型	中国	ZL2012 2 0295960.1	陕西省交通规划设计研究院	
25	组合式专用高亮LED补光照明装置	实用新型	中国	ZL2012 2 0296206.X	陕西省交通规划设计研究院	
26	多项变位阻尼式伸缩装置	实用新型	中国	ZL2013 2 0103331.9	陕西省交通规划设计研究院	吴战钧、马保林、姬志田、李建军、李洪坡
27	一种支撑箱	实用新型	中国	ZL2013 2 0103009.6	陕西省交通规划设计研究院	
28	组合式专用高亮LED补光照明装置	发明专利	中国	ZL2012 1 0208164.4	陕西省交通规划设计研究院	李刚、石飞荣、田秦
29	全天候一体化摄像机防护罩	发明专利	中国	201210208163.X	陕西省交通规划设计研究院	李刚、石飞荣、田秦
30	一种斜向预应力水泥混凝土路面施工模板装置	实用新型	中国	ZL 2012 2 0096980.6	西安公路研究院	张东省、徐希娟、李娜、贾德生、韩微微
31	一种旋转传输式全自动沥青脱桶设备	实用新型	中国	ZL.201120571835.4	西安公路研究院	马志刚、弥海晨、徐鹏、祁峰、胡苗、弓锐、朱银肖、张猛、张磊、薛刚、李伟
32	一种沥青混合料短期老化恒温旋转烘箱	实用新型	中国	ZL 2011 2 0456136.5	西安公路研究院	郭平、弥海晨、段凌云
33	一种沥青混合料油比的测定方法	发明专利	中国	ZL201210243231.6	西安公路研究院	弥海晨等
34	连续刚构桥健康监测软件	软件著作	中国	2013SR027698	西安公路研究院	石雄伟等
35	高速公路路面雷达数据后处理软件	软件著作	中国	2012SR136791	西安公路研究院	梁武星等
36	陕西交通服务热线	软件著作	中国	2013SR069426	西安公路研究院	张晓松等
37	一种T梁或箱梁的加固装置	实用新型	中国	ZL201320021268.4	西安公路研究院	袁卓亚等
38	一种用于桥面铺装层的低噪声沥青路面结构	实用新型	中国	ZL2012320223370.2	西安公路研究院	马庆伟等
39	数字化视频、音频及收费数据联动处理系统	实用新型	中国	ZL201320045745.0	西安公路研究院	张晓松等
40	一种路面涂层磨耗性能试验仪	实用新型	中国	ZL201220467214.6	西安公路研究院	徐鹏等

续上表

序号	专利名称	专利类别	国家地区	专利号	专利单位	发明人
41	一种斜向预应力水泥混凝土路面裂缝修补结构	实用新型	中国	ZL201320163064.4	西安公路研究院	李娜等
42	智能型公路收费站专用穿越车道门禁系统	实用新型	中国	ZL201220447267.1	西安公路研究院	姬建岗等
43	基于无线传输的高速公路用可控型太阳能行车预警终端	实用新型	中国	ZL201220447266.7	西安公路研究院	姬建岗等
44	基于WIFI和3G的高速公路行车预警终端系统	实用新型	中国	ZL201320003616.5	西安公路研究院	姬建岗等
45	一种基于防裂性要求的排水性沥青路面结构	实用新型	中国	ZL201320223369.X	西安公路研究院	郭平等
46	箱梁或个梁的无粘结预应力与钢板—混凝土组合加固构造	实用新型	中国	ZL201320370172.9	西安公路研究院	石雄伟等
47	陕西省高速公路联网收费费率计算及部署系统V1.0	软件著作	中国	软著登字第0693556号	西安公路研究院	张晓松、张波
48	高速公路收费管理信息系统V1.0	软件著作	中国	软著登字第0747460号	西安公路研究院	张晓松、张波
49	斜向无粘结预应力混凝土路面结构设计决策系统软件	软件著作	中国	软件登字第0769928号	西安公路研究院	徐希娟、李娜
50	一种增设T形抗剪件的桥梁加固构造	实用新型	中国	201320785238.0	西安公路研究院	石雄伟、许冰
51	基于钢板—混凝土与无黏结预应力钢筋的小箱梁加固构造	实用新型	中国	201320789257.0	西安公路研究院	石雄伟、冯威
52	波形钢腹板组合梁用剪力连接件	实用新型	中国	201320883815.x	西安公路研究院	石雄伟、冯威
53	一种空心板梁的钢板—混凝土组合加固构造	实用新型	中国	201320883902.5	西安公路研究院	石雄伟、许冰
54	一种桥墩盖梁的钢板—混凝土组合加固构造	实用新型	中国	201320883904.4	西安公路研究院	石雄伟、许冰
55	基于—钢板混凝土与无黏结预应力筋的空心板梁加固构造	实用新型	中国	201320882282.3	西安公路研究院	石雄伟、冯威

续上表

序号	专利名称	专利类别	国家地区	专利号	专利单位	发明人
56	一种波形钢腹板组合肋梁	实用新型	中国	201420165670.4	西安公路研究院	石雄伟、许冰
57	一种波形钢腹板组合箱梁	实用新型	中国	201420167729.3	西安公路研究院	石雄伟、许冰
58	一种带抗剪装置的桥梁加固构造	实用新型	中国	201420091446.5	西安公路研究院	石雄伟、冯威
59	基于钢板—混凝土与无粘结预应力筋的箱梁加固构造	实用新型	中国	201420091447.X	西安公路研究院	石雄伟、冯威
60	一种无黏结预应力钢筋束伸长量简易控制式桥梁加固构造	实用新型	中国	201420093443.5	西安公路研究院	石雄伟、许冰
61	一种桥梁梁体加固构造用预应力张拉及检测装置	实用新型	中国	201420459533.1	西安公路研究院	石雄伟、柯亮亮
62	大跨度桥梁用长期挠度监测系统	实用新型	中国	201420459523.8	西安公路研究院	石雄伟、冯威
63	大跨度桥梁长期挠度监测用静力水准仪的安装架	实用新型	中国	201420459524.2	西安公路研究院	石雄伟、许冰
64	一种桥梁梁端与桥台之间的无缝式伸缩装置	实用新型	中国	ZL2014 2 0487728.7	西安公路研究院	王卫山、王旭
65	便调式桥梁伸缩缝装置	实用新型	中国	ZL2014 2 0491922.2	西安公路研究院	王卫山、王旭
66	一种基于波纹钢板的桥梁主梁无缝伸缩装置	实用新型	中国	ZL2014 2 0487829.4	西安公路研究院	王卫山、王旭
67	一种双向调节式桥梁伸缩缝装置	实用新型	中国	ZL2014 2 0492123.7	西安公路研究院	王卫山、王旭
68	基于加劲钢筋的桥梁无缝化伸缩装置	实用新型	中国	ZL2014 2 0492186.2	西安公路研究院	王卫山、王旭
69	一种梯形槽口式桥梁无缝伸缩缝构造	实用新型	中国	ZL2014 2 0491321.1	西安公路研究院	王卫山、王旭
70	乳化沥青中沥青含量的测量装置	实用新型	中国	ZL2014220083788.2	西安公路研究院	弓锐、弥海晨
71	一种实验室沥青器皿清洗装置	实用新型	中国	ZL201320652397.3	西安公路研究院	韩瑞民、徐鹏
72	一种具有交通安全辅助功能的警示路面	实用新型	中国	ZL201420040753.0	西安公路研究院	赵岩、陈忠达

续上表

序号	专利名称	专利类别	国家地区	专利号	专利单位	发明人
73	一种零坡路面内部排水设施结构	实用新型	中国	ZL201420268483.9	西安公路研究院	马庆伟、张娟
74	一种倒装式双层SMA桥面铺装结构	实用新型	中国	ZL201420214783.9	西安公路研究院	张娟、马庆伟
75	一种钢箱梁桥面铺装结构	实用新型	中国	ZL201420268482.4	西安公路研究院	马庆伟、郭平
76	一种间断及配橡胶沥青路面结构	实用新型	中国	ZL201420268205.3	西安公路研究院	郭平、马庆伟
77	一种水泥稳定就地冷再生基层路面结构	实用新型	中国	ZL201420215082.7	西安公路研究院	郭平、马庆伟
78	一种单层同步碎石罩面	实用新型	中国	ZL201420214785.8	西安公路研究院	郭平、马庆伟
79	箱梁/T梁的无黏结预应力与钢砼组合加固构造及施工方法	发明专利	中国	ZL 201310257868.5	西安公路研究院	石雄伟、郭力、袁卓亚、许冰、柯亮亮、冯威、马毓泉、雷丹、龚晓晖、赵衍鸿
80	一种波形钢腹板组合箱梁及其施工工艺	发明专利	中国	ZL 201410138975.0	西安公路研究院	袁卓亚、李立峰、石雄伟、柯亮亮、许冰、侯嘉庆、周聪、雷丹、冯威、苗建宝
81	一种富锌底漆及其制备方法	发明专利	中国	ZL 201410049073.X	西安公路研究院	石雄伟、刘俊峰、袁卓亚、魏燕萍、许冰、柯亮亮、冯威、雷丹
82	一种斜向预应力水泥混凝土路面修补结构及修补方法	发明专利	中国	ZL201310115758.5	西安公路研究院	张东省、徐希娟、李娜、韩微微、贾德生、张威、杨清宇
83	基于箍筋与加劲肋双重加劲的SCS方形钢管混凝土结构	发明专利	中国	ZL 2012 1 0579467.7	西安公路研究院	袁卓亚、王卫山、王旭
84	一种双层转盘式沥青膜老化试验装置	实用新型	中国	ZL 2014 2 0711667.8	西安公路研究院	郭平、房士伟、伍石生、张娟、马庆伟、李艳
85	一种乳化沥青厂拌再生基层路面结构	实用新型	中国	ZL 2014 2 0842488.8	西安公路研究院	张娟、郭平、马庆伟、李艳
86	一种国省干线水泥混凝土路面"白加黑"再生结构	实用新型	中国	ZL 2015 2 0392409.2	西安公路研究院	郭平、马庆伟、张娟、李艳
87	一种农村公路水泥混凝土路面"白加白"再生结构	实用新型	中国	ZL 2015 2 0390259.1	西安公路研究院	马庆伟、郭平、段献良、张娟、李艳

续上表

序号	专利名称	专利类别	国家地区	专利号	专利单位	发明人
88	一种旧水泥混凝土路面再生加铺路面结构	实用新型	中国	ZL 2014 2 0326599.3	西安公路研究院	张娟、郭平、马庆伟
89	一种加铺型就地热再生沥青路面结构	实用新型	中国	ZL 2015 2 0281230.X	西安公路研究院	张娟、郭平、李艳、马庆伟
90	一种双层环氧沥青混凝土桥面铺装结构	实用新型	中国	ZL 2015 2 0138431.4	西安公路研究院	张娟、郭平、马庆伟、李艳
91	一种用于干线公路修复的柔性基层沥青路面结构	实用新型	中国	ZL 2015 2 0019038.3	西安公路研究院	马朝鲜、胡小金、吴磊、周雄、张普选、边永强、马庆伟、徐东、杨建
92	一种防水桥面铺装结构	实用新型	中国	ZL 2014 2 0815033.7	西安公路研究院	李爱国、熊鹰、王莎、尹亮、谢璐、马庆伟、郭平、张娟、李艳
93	一种波形栏护栏加高的装置	实用新型	中国	ZL 2014 2 0697090.X	西安公路研究院	赵岩、马欢、卫小磊、尚荣丽、雷晓斌
94	一种发光反光夜间视线诱导装置	实用新型	中国	ZL 2014 2 0670153.2	西安公路研究院	赵岩、马欢、张浩、雷晓斌、尚荣丽
95	一种太阳能电池板为曲面的高效路灯	实用新型	中国	ZL 2014 2 0521086.8	西安公路研究院	赵岩、马欢
96	一种胶轮压路机用沥青隔离剂喷洒装置	实用新型	中国	ZL 2014 2 0581758.4	西安公路研究院	郭彦强、胡苗、弥海晨、弓锐、徐鹏、祁峰、朱银肖
97	一种多功能改性乳化沥青中试设备 ZL	实用新型	中国	2015 2 0002971.X	西安公路研究院	徐鹏、郭彦强、张磊、弥海晨、马志刚
98	一种带预应力张拉及检测装置的小箱梁加固构造	实用新型	中国	ZL 201420459006.0	西安公路研究院	袁卓亚、石雄伟、柯亮亮、冯威、高香龙、许冰、雷丹、苗建宝、杨芳
99	基于钢板—混凝土锚固块的体外预应力加固构造	实用新型	中国	ZL 201520367169.0	西安公路研究院	石雄伟、袁卓亚、赵衍红、王常青、冯威、苗建宝、柯亮亮、雷丹、赵婷
100	一种桥墩盖梁的体外预应力加固构造	实用新型	中国	ZL 201520364821.3	西安公路研究院	石雄伟、王常青、马润前、袁卓亚、冯威、许冰、柯亮亮、雷丹、杨芳
101	一种基于工字钢横隔梁的箱梁加固构造	实用新型	中国	ZL 201520365421.4	西安公路研究院	柯亮亮、袁卓亚、郭庆利、王峰、高香龙、石雄伟、雷丹、冯威、许冰

续上表

序号	专利名称	专利类别	国家地区	专利号	专利单位	发明人
102	一种桥台预应力加固构造	实用新型	中国	ZL 201520365080.0	西安公路研究院	许冰、袁卓亚、薛耀武、秦军、张铁柱、石雄伟、柯亮亮、苗建宝、冯威
103	一种基于钢抱箍的桥梁顶升平台	实用新型	中国	ZL 201520365422.9	西安公路研究院	冯威、袁卓亚、曾国梁、任伟、张铁柱、高香龙、石雄伟、许冰、田丞
104	一种公路移动式电动混凝土摊铺装置	实用新型	中国	ZL201420711670.X	西安公路研究院	李娜、韩微微、贾德生、徐希娟
105	一种用于公路工程的灌封机	实用新型	中国	ZL201420711271.3	西安公路研究院	韩微微、李娜、贾德生、徐希娟
106	一种高强钢丝放线架	实用新型	中国	ZL201520216577.6	西安公路研究院	贾德生、韩微微、李娜、徐希娟
107	一种植石机	实用新型	中国	ZL201520217768.4	西安公路研究院	李娜、韩微微、徐希娟、贾德生
108	一种新型预防桥头跳车路面结构	实用新型	中国	ZL201520280156.X	西安公路研究院	李娜、韩微微、贾德生、徐希娟
109	斜向预应力水泥混凝土路面锚固区装置	实用新型	中国	ZL201520281506.4.5	西安公路研究院	韩微微、李娜、贾德生、徐希娟
110	基于波形钢板的桥面无缝化伸缩装置	实用新型	中国	ZL 2015 2 0113035.6	西安公路研究院	王卫山、袁卓亚、王旭、石雄伟
111	基于加劲型跨缝板的桥面无缝化伸缩装置	实用新型	中国	ZL 2015 2 0113238.5	西安公路研究院	王卫山、袁卓亚、刘永健、陈军、杜进生、王旭、石雄伟
112	一种桥台处隐式伸缩缝构造	实用新型	中国	ZL 2015 2 0111858.5	西安公路研究院	王卫山、袁卓亚、王旭、石雄伟
113	梁端与桥台间的拱形钢筋加劲型无缝化伸缩装置	实用新型	中国	ZL 2015 2 0113236.6	西安公路研究院	王卫山、袁卓亚、杜进生、王旭、石雄伟
114	一种人行天桥钢护栏水平抗推试验装	实用新型	中国	ZL 201520652160.4	西安公路研究院	王卫山、袁卓亚、杜进生、王旭、石雄伟
115	一种人行天桥钢护栏抗拉刚度测试用水平加载装置	实用新型	中国	ZL 2015 2 0650814.X	西安公路研究院	王卫山、袁卓亚、杜进生、王旭、石雄伟
116	沥青清洗仪	外观设计	中国	ZL 2014 3 0379716.8	西安公路研究院	郭彦强、马志刚、弓锐、韩瑞民、弥海晨、徐鹏、祁峰

续上表

序号	专利名称	专利类别	国家地区	专利号	专利单位	发明人
117	用于集料级配检测的数字化成像采集系统及其采集方法	发明专利	中国	ZL201010248521.0	长安大学	长安大学
118	一种集料级配实时检测的图像采集系统	发明专利	中国	ZL201010126619.9	长安大学	长安大学
119	一种集料级配实时检测方法和图像采集系统	发明专利	中国	ZL201010126806.7	长安大学	长安大学
120	基于数字图像的集料级配实时检测方法	发明专利	中国	ZL201010126620.1	长安大学	长安大学
121	一种检测沥青混合料中矿粉含量方法及装置	发明专利	中国	ZL200810100449.X	长安大学	长安大学
122	用于矿质混合料级配三维检测的数据自动采集系统	实用新型	中国	ZL201320056277.7	长安大学	长安大学
123	生产现场集料三维检测的实时数据采集系统	实用新型	中国	ZL201320056448.6	长安大学	长安大学
124	一种用于集料级配现场检测的抗干扰成像采集系统	实用新型	中国	ZL201120348164.5	长安大学	长安大学
125	一种用于矿质混合料的图像采集装置	实用新型	中国	ZL201120098706.8	长安大学	长安大学
126	一种用于集料级配实时检测的图像去阴影采集装置	实用新型	中国	ZL201020286888.7	长安大学	长安大学
127	基于三维数据集料检测系统 V1.0	软件著作	中国	2014SR139716	长安大学	长安大学
128	现场集料数字图像去噪软件 V1.0	软件著作	中国	2012SR017802	长安大学	长安大学
129	沥青混合料级配自动检测系统 V1.0	软件著作	中国	2011SR090175	长安大学	长安大学
130	基于数字图像的集料级配分析软件 V1.0	软件著作	中国	2011SR067284	长安大学	长安大学
131	基于多线程的集料图像采集软件 V1.0	软件著作	中国	2011SR067340	长安大学	长安大学
132	集料数字图像分割软件 V1.0	软件著作	中国	2011SR062250	长安大学	长安大学

续上表

序号	专利名称	专利类别	国家地区	专利号	专利单位	发明人
133	沥青混合料级配模拟数据生成系统 V1.0	软件著作	中国	2011SR051302	长安大学	长安大学
134	沥青混合料级配数据管理系统 V1.0	软件著作	中国	2011SR051305	长安大学	长安大学
135	沥青混合料级配数据统计分析显示 V1.0	软件著作	中国	2011SR050751	长安大学	长安大学
136	沥青混合料集料图像采集系统 V1.0	软件著作	中国	2010SR063418	长安大学	长安大学
137	沥青混合料数字图像处理系统软件 V1.0	软件著作	中国	2009SR07195	长安大学	长安大学
138	一种斜张法预应力混凝土路面施工方法	发明专利	中国	ZL 201010104142.4	西安公路研究院、长安大学、陕西省交通建设集团公司	西安公路研究院、长安大学、陕西省交通建设集团公司
139	一种混凝土路面滑动层摩擦系数测试装置	实用新型	中国	ZL 201220077930.	西安公路研究院、长安大学、陕西省交通建设集团公司	西安公路研究院、长安大学、陕西省交通建设集团公司
140	一种斜向预应力水泥混凝土路面施工模板装置	实用新型	中国	ZL 201220077930.	西安公路研究院、长安大学、陕西省交通建设集团公司	西安公路研究院、长安大学、陕西省交通建设集团公司
141	斜张法预应力混凝土路面锚固区用局部受压装置	实用新型	中国	ZL 201020111354.0	西安公路研究院、长安大学、陕西省交通建设集团公司	西安公路研究院、长安大学、陕西省交通建设集团公司
142	一种斜向预应力水泥混凝土路面裂缝修补结构	实用新型	中国	ZL 201320163064.4	西安公路研究院、长安大学、陕西省交通建设集团公司	西安公路研究院、长安大学、陕西省交通建设集团公司
143	一种刚性路面弯沉测试装置	实用新型	中国	ZL 201320012009.5	西安公路研究院、长安大学、陕西省交通建设集团公司	西安公路研究院、长安大学、陕西省交通建设集团公司
144	斜向无粘结预应力混凝土路面结构设计决策系统软件	软件著作	中国	软著登字第0769928	西安公路研究院、长安大学、陕西省交通建设集团公司	西安公路研究院、长安大学、陕西省交通建设集团公司
145	利用钢弦式表面应变传感器量测隧道型钢拱架应力的方法	发明专利	中国	ZL201110078353.X	长安大学	陈建勋、罗彦斌

续上表

序号	专利名称	专利类别	国家地区	专利号	专利单位	发明人
146	土木工程结构健康状态远程监测系统	发明专利	中国	ZL200810232754.4	长安大学	陈建勋、张卫钢、张维峰、李钢、张守娇等
147	孔口止浆管外混合双管分段后退式注浆方法	发明专利	中国	ZL200810049527.8	中铁隧道集团有限公司	李志国、孙国庆、牟松、徐海廷、肖盛能、葛塞辉、邹明波、刘坤昊
148	钢弦式传感器智能测频系统	发明专利	中国	ZL03134497.6	长安大学	张卫钢、陈建勋、张殿成、张凤梅、顾安全
149	隧道钢拱架锁脚锚杆网喷组合结构	实用新型	中国	ZL200820028260.X	长安大学	陈建勋、罗彦斌
150	单斜井双正洞射流通风结构	实用新型	中国	ZL201220311847.8	中铁十二局集团第二工程有限公司	雷军、赵香萍、田晓峰
151	大倾角有轨斜井辅助正洞施工结构	实用新型	中国	ZL201220283198.5	中铁十二局集团第二工程有限公司、陕西省交通建设集团公司	胡平、雷军、杨育生、朱绪飞、赵香萍、肖辰裕、黄元庆等
152	一种处治岩溶隧道涌泥突水地质灾害的施工结构	实用新型	中国	ZL201320107446.5	陕西省交通建设集团公司	胡平、杨育生、肖辰裕、韩定海、黄元庆、康辰、段小平、曹支才、朱绪飞
153	隧道施工与运营多元信息预警与安全保障系统	实用新型	中国	ZL200820302398.4	北京市市政工程研究院、北京索道紫蜂通讯工程技术有限公司	叶英、毋运龙、王昌华、谢欣、杨新锐
154	一种模拟公路隧道驾驶环境的实验设备	实用新型	中国	ZL201220362701.6	长安大学	郑晅、袁文倩、许建刚、姜超等
155	钢弦式测力锚杆	实用新型	中国	ZL200820028261.4	长安大学	陈建勋、罗彦斌
156	小导管分段反复注浆装置	实用新型	中国	ZL200720191167.6	中铁隧道集团有限公司	李治国、徐海廷、卓越、孙国庆、邹翀、张炜、杨勇、曹正喜、葛塞辉
157	钻孔分段前进式注浆堵水装置	实用新型	中国	ZL200720191158.7	中铁隧道集团有限公司	李治国、卓越、张民庆、邹翀、孙国庆、张纪奎、罗琼、王全胜、付仲润
158	移动式喷射混凝土车	实用新型	中国	ZL201020504288.3	中铁十二局集团第二工程有限公司	张栋平、史振宇、王学军

续上表

序号	专利名称	专利类别	国家地区	专利号	专利单位	发明人
159	一种隧道泄水减压结构	实用新型	中国	ZL201220136550.2	中铁十二局集团第二工程有限公司、中铁十二局集团有限公司	田晓峰、赵香萍、李五红、刘丽花
160	适合隧道Ⅳ、Ⅴ、Ⅵ级围岩地段的安全逃生装置	实用新型	中国	ZL201120075063.5	中铁十二局集团第二工程有限公司	史赵鹏
161	一种公路隧道LED照明智能控制器	实用新型	中国	ZL201220354927.1	长安大学	郑晅、周延平、姜超、袁文倩、王磊、刘学、朱晓金、袁志清
162	锚杆拉拔仪	实用新型	中国	ZL200920103326.1	中铁十二局集团第二工程有限公司	怀平生、雷军、焦刚、王玉峰、张欲晗
163	一种利用竖井投放混凝土材料的装置	实用新型	中国	ZL201320107448.4	陕西省交通建设集团公司	胡平、杨育生、谢洪全、韩定海、时林伟、肖晨欲、段小平、黄元庆、朱绪飞、曹支才
164	隧道自动抽水装置	实用新型	中国	ZL201120261955.4	中铁十二局集团第二工程有限公司	张栋平、雷军、史振宇、刘有生、王学军、于万领、李有兵

第六章
高速公路运营服务

微笑在红亭,服务三秦大地,人便其行,

满意在高速,保障一路平安,货畅其流。

共和国改革的大潮,激越着陕西高速公路的起步、加快和不懈的发展。1990年,西部第一条高速公路在陕西投入运营,这标志着陕西在高速公路道路养护、收费与服务、路政与安全及应急救援等综合运营管理工作,迈出了第一步,并为全国高速公路的运营管理工作和迅速发展积累了诸多宝贵经验。

经过30多年的建设,陕西高速公路运营收费管理的路网密度高于全国及中部地区的平均水平,成为陕西经济发展真正的"先行者"。截至2015年年底,已建成通车并投入运营管理的高速公路有5094km。其中,陕西高速集团运营管理高速公路2350km,陕西交通集团运营管理高速公路2594km,陕西宝汉公司运营管理高速公路150km。在高速公路的运营管理过程中,随着路网的扩容和运营里程数的不断增加,按照分公司、管理所、收费站三级管理层级和体制,在收费、养护、路产维护和应急保畅等方面不断探索和创新,逐步走出了一条符合陕西省情的运营管理模式。

第一节 运 营 机 制

陕西高速公路的运营管理,从1989年建成通车的西安至三原一级公路开始。1990年12月27日,西安至临潼高速公路建成通车,这是中国西部第一条投入运营的高速公路。在此之前,人们似乎对高速公路这个新名词只是在电影大片里听说或是看到过,对于纯朴的陕西人来说,这真是个稀罕的新生事物。20多年后的今天,高速公路运营服务水平不断升级,从收费人员的综合素质的提升,到收费系统的革新,再到收费设施的更新换代,直至引入了现代化的管理模式,实现高科技非现金不停车电子收费系统,货车计重收费,安全保畅,紧急救援,收费站按星级标准创建,路政人员上路巡查,各项管理和服务举措迅速到位。平均50公里设置一对服务区,集停车、就餐、加油、饮水、修理、购物、如厕、休息等多功能服务于一体。同时,日益提升的高速公路运营管理服务逐渐成为陕西人文、民俗、旅游发展的良好对外展示窗口。

一、运营机制与管理职能

陕西省交通运输厅是陕西高速公路建设和运营管理的政府主管部门,从建、养、管、营等各个方面对行业发展在不同时期提出了要求。尤其是在高速公路的运营管理方面,对收费窗口形象的树立、文明服务的标准、星级化管理的推行都提出了相应的标准,使陕西高速公路的运营管理逐渐走向形象化、标准化和品牌化的发展道路,在全省交通运输系统中走在了文明服务的前列。

陕西高速公路运营管理体制,随着高速公路事业的不断发展壮大,经历了建立、改革、调整重组的多重过程后逐渐走向成熟。1989年8月12日,为加强西安至三原一级公路、西安至临潼高速公路管理,陕西省政府批准成立大型二类企业——陕西省高速公路管理局(简称陕西省高管局),同时撤销原省高速公路建设指挥部办公室,人员并入省高管局。陕西省高管局归口省交通厅领导,主要职能是对高速公路、一级公路和高等级专用公路实行建、营、养一条龙管理,同时承担所管辖高速公路交通安全和运营管理。"九五"时期,西安至临潼高速公路收费经营权转让,西安至蓝田高速公路合资建设,外资企业与民营企业在局部路段参与省内高速公路建设运营。

1999年,西部大开发加速全省高速公路建设。为适应新的要求,10月30日,陕西省政府颁发《陕西省人民政府关于成立省高速公路建设集团公司的通知》,决定将陕西省高管局改制为省政府领导的大型一类企业——陕西省高速公路建设集团公司(简称陕西省高速集团),授权陕西省交通厅管理。陕西省高速集团的职责是负责陕西省内国道、规划中的国道、高等级专用公路及城市过境公路等项目的建设和运营管理。经营范围为道路的建设、经营管理、养护、资本运营和配套开发服务。原由陕西省高管局承担的高速公路交通安全管理交由公安交警部门。随着全省高速公路建设规模不断增大,除省高速集团承担部分高速公路项目建设运营外,陕西省公路局与西安市、延安市、榆林市等,先后联合或独立作为项目法人,承担有关高速公路项目建设运营。同时,扩大高速公路建设项目招商引资。

2006年4月,陕西省委、省政府调整全省高速公路建设与运营管理体制,加快高速公路建设,以西安绕城高速公路生态林带管理局和陕西省交通资产经营有限公司为主体,合并调整组建了大型国有企业陕西省交通建设集团公司(简称陕西省交通集团),主要负责高速公路及非封闭式收费公路的项目建设、运营管理及公路相关产业的开发。从而使陕西高速公路的建设和运营管理单位由原来的省高速集团一家,变成由两家国有大型企业集团共同承担省内高速公路的建设和运营管理。同时,省交通厅外资项目管理办公室负责相关项目的建设管理运营。2008年11月24日,陕西省交通厅又组建了陕西宝汉高速公路建设管理有限公司(简称陕西宝汉公司),负责宝鸡至汉中高速公路项目的建设和运营管理。此后,全省高速公路路况、通行能力、应急能力、服务质量等全面显著提升。2015年6月,由于体制改革,陕西宝汉公司整体划转陕西省高速集团管理。

西安至三原高速公路

在高速公路运营管理中,陕西省高速集团和陕西省交通集团统一实行线路分公司、管理所、收费站三级管理模式,对已通车运营的高速公路进行运营管理。两个集团对管理的多条线路,每条线路成立一个运营分公司,负责整条线路的路政、路产路权维护、道路日常养护、收费及窗口服务等综合运营管理;分公司按50km划分设置一个管理所,负责所辖路段的路政巡查、道路保畅、收费与服务管理;管理所按线路设置多个收费站,负责收费站现场管理、文明服务、收费人员业务知识培训考核、票款收缴、星级管理及站区内外的窗口形象维护。2015年9月2日,由陕西宝汉公司汉中管理处新建成通车的45km汉中(石门)至喜神坝高速公路,交由陕西省高速集团新成立的汉川分公司按照分公司—收费站两级管理模式试点运营。随着高速公路路网的不断完善和收费标准的不断完善,为偿还贷款和再建高速公路的融资起到了积极的作用。

二、信息化建设与监控手段

陕西从第一条高速公路的人工手撕票收费开始,历经了机打收费票据、联网收费、货车计重收费、ETC不停车收费等多种收费制式的变化,经历了漫长的发展历程,在收费管理手段、信息化数据的建设和采集、监控系统的升级换代等方面都积累了丰富的管理经验。在收费管理升级发展的过程中,道路养护也经历了从人工作业到机械化养护不同阶段的更新换代,再到大量引进高科技养护技术,为陕西乃至全国高速公路养护管理积累了诸多宝贵经验,受到交通部的称赞。与此同时,在高速公路的监管过程中,也从起初的明察暗访、问卷调查等分级监管,到分公司、所、站多级监控,采用远程数据采集跟踪系统,最终实现了省内高速公路联网监控,经历了漫长的探索、研究和实践过程,逐渐摸索出了一条符合陕西省情的科学化、规范化、标准化高速公路运营管理服务模式。

在高速公路运营管理信息化建设中,陕西坚持部省联动、共建共享,以示范、试点工程建设为依托,不断提高信息资源开发利用水平,在高速公路动态信息采集与监控、信息资源整合开发与利用、交通运行综合分析辅助决策和交通信息服务四个方面也都取得了较好的成效,使高速公路交通信息化进入协同应用和综合服务的新阶段。

宝鸡至汉中高速公路汉中至陕川界段

陕西省位于中国的地理中心,周边与8个省市自治区相接,是我国连通东西、贯穿南北的重要交通枢纽。面对"全省交通一张图"及构建综合交通运输体系的大背景,陕西省高速公路行业的信息化建设迎来了新的发展高潮。"十二五"时期,陕西省交通运输系统紧扣"科学发展、富民强省"主题,以打造全国交通枢纽和西部交通强省为目标,以"构建大交通、完善大路网、强化大枢纽、发展大物流"为方向,继续加快公路建设,大力加强道路运输,主要实施高速公路网化、干线公路升等、农村公路惠民、运输服务强化、应急保障提升五项工程。面对陕西省内交通运输行业的蓬勃发展以及高速路网建设不断加快,行业面临的监管局面也更加复杂和艰巨,需要借助信息化手段加以推进。为提高高速公路的服务与管理水平,服务于社会经济发展,2010年7月,陕西省交通运输厅建成了"陕西高速公路网综合监控系统(一期工程)"并投入试运营,覆盖了以西安为中心共878km的高速公路,在2011年春运和第41届世界园艺博览会期间发挥了重要的交通保畅作用,取得了良好的管理效果。通过路网综合监控系统这一先进科技工具,及时了解、收集和处理高速公路运行信息,掌握运行动态,及时发现和正确处理影响高速公路正常运行的各种事件。在遭遇突发事件时,针对具体情况,根据"统一协调,分级负责,快速高效"的工作原则,和有关部门在第一时间内采取相应措施。另一方面,通过电子情报板、收费站口、广播电台等媒体向驾乘人员提供相关信息,让他们了解高速公路的通行情况,从而取得他们的理解、支持和配合,有效地保证驾乘人员能够及时、安全、便捷出行。

陕西是国家西部大开发的重要省份,交通运输信息化建设对于推进国家西部大开发战略的实施具有重要意义。高速公路网的信息化建设,进一步凝聚了交通运输信息化发展的合力,也显著提高了信息资源的开发利用水平,对全面加强信息化,发展现代交通运输业起到了支撑和保障作用,同时也为整个交通行业信息化发展提供了良好的借鉴经验。

陕西省的高速公路监控系统2004年联网收费开展模拟图像联网的初始阶段,曾经是一个不能实现多级视频图像自主控制切换的单一系统。2009年起,在陕西省交通运输厅统一领导下,陕西省高速公路收费管理中心全面展开全省高速公路网综合监控系统建设工作,将原有单一的视频传输系统发展为全路网数字信号传输并具有视频管理、交通监视、事件管理、指挥调度等多种功能为一体的综合性数据监控系统。通过陕西省高速公路收费管理中心、省高速集团、省交通集团、陕西宝汉公司、陕西省交通运输厅外资办等单位的相互支持、配合和共同努力,在2010年和2011年,陆续实现了西禹、西汉、绕城、西长、西镇、西铜、西潼、渭蒲、西商、商漫、青兰等17条路段的监控系统并网运行,实际联网里程达到2048km。共有包括道路、隧道、收费、治超、服务区共5049路监控图像、276块情报板和193套车检器的视频及数据上传至陕西省高速公路监控中心。陕西省高速公路联网监控系统在这17条路段道路的信息搜集、交通监视、事故处理、信息发布等方面发挥了重要的作用。

从2012年起,陕西省高速公路监控系统按照"成熟一条,接入一条"的原则,将已通车联网收费的高速公路监控系统全部实现联网监控运行。随着联网监控规模的逐步扩大和系统功能的不断完善,综合监控系统进一步发挥其作用和效能,从而全面提升了陕西高速公路运营管理水平,提高了应对道路突发事件能力,保障了高速公路网的安全、畅通运行。到2016年底,全省已通车运营的高速公路,全部实现了路网信息和收费监控系统的全覆盖联网。

三、路网运行与辅助决策

陕西自综合监控系统建成以来,不断强化监控功能效能,可远程实时调阅和信息读取,实现了区域信息共享,相关道路监控视频图像上传交通运输部路网中心和陕西省交通运输厅。2013—2015年,陕西省交通运输厅按照交通运输部关于公路网运行监测与服务及交通服务监督电话联网建设要求,陆续制定印发《陕西省高速公路综合监控运行管理规定(试行)》《陕西省高速公路网运行信息管理规定(试行)》《陕西省高速公路可变情报板信息发布管理规定(试行)》《陕西交通服务热线运行管理规定(试行)》《陕西省12328交通运输服务监督电话管理办法(试行)》。全省高速公路在路网监控建立起综合监控省中心——路段监控分中心两级管理模式,各高速公路管理单位相继落实了监控分中心人员、机构,联网路段实现24h监测。

陕西省高速公路收费管理中心与省公安交警部门共享重大突发事件信息,与省环保应急中心建立了重大涉危事故信息通报机制;与周边省市加强区域协调联动,与相邻八省

(区、市)签订了《高速公路路网运行信息共享与合作协议》,建立省际高速公路信息共享与合作机制,确保了信息互动的快速、准确和高效;推动运煤通道信息共享与协调联动,由陕西省提议,部公路局积极推动,先后在2012年10月和2014年7月在西安组织召开了冀晋蒙陕区域高速公路协调联动第一次和第二次联席会议,制定并通过印发了《冀晋蒙陕区域高速公路联动联席会议议事规则》《冀晋蒙陕区域高速公路共享信息暂行管理办法》《冀晋蒙陕区域高速公路协调联动总体工作方案》,建立起冀晋蒙陕区域高速公路协调联动会议机制;2012年陕西、湖北等六省一市在武汉签订《"六省一市"高速公路路网应急联动协议》,陕西积极响应和推进省域高速公路突发事件处置路网应急联动工作,整理印发了《邻省高速公路应急联动人员联络手册》和《省际高速公路应急联动工作方案》。

自2012年起每年编印《年度全省高速公路网运行分析报告》,自2013年起每年编印《年度陕西省公路交通运行状况图》,提供包括交通量分布、拥挤度统计、车型组成、收费公路收益变化、新开通路段影响等多项内容的详细数据分析。每旬每月定时向交通部及陕西省政府报送高速公路货物运输量及高速公路交通量等经济运行分析数据,为政府科学决策提供参考。

第二节 养护管理

伴随高速公路事业的持续发展,陕西高速公路养护管理,经历了由薄弱、改善到全面加强等几个阶段。1991到2000年,全省的公路养护以提高公路通行能力为主要任务,实行重点养护,加强应急性养护,在此期间,高速公路养护才刚刚起步。2001—2005年,加快高速公路养护作业机械化,引进、推广应用养护新材料、新技术、新工艺,开始全面提高养护水平。2006—2010年,以打造一流路况,提升服务品质为目标,以创建"三心",即"用心的公路产品、精心的公路养护、尽心的公路服务"为形象品牌,深化养护体制、机制改革,健全和规范高速公路养护系统,加强主动养护。2010—2016年,以精细化养护为依托,全面打造"靓美路段"和"平安隧道",不断提升道路养护的科学化水平。

全面推进养护工程招投标,增强养护市场竞争活力。适应全面提升公路养护质量要求,加大养护资金供给,逐步实行按需投入。组织开展高速公路养护管理打"翻身仗"活动。以迎接全国公路养护管理检查为契机,全面加强道路养护水平,加大路况整治力度,美化路容路貌,持续实施危桥、险路治理和安保工程,开展养护管理示范达标路建设。积极采用新技术、新材料和新设备,改善养护手段,提高养护质量。不断加强公路灾害防治,全力组织抗洪抢险、抗击冰雪灾害、抗震救灾,保障公路安全畅通。经过30多年发展,陕西省高速公路养护从被动性养护、突击性养护、分散型养护转向主动性养护、预防性养护和集约型养护。交通部"十一五"时期全国干线公路养护管理检查,陕西高速公路与干线公路养护管理综合排名名列全国各省、市、自治区第五位,跻身全国先进行列。

一、养护政策与养护方式

陕西高速公路养护管理的目的,是致力于长期保持高速公路上的各种设施完好,如路基、路面、桥涵、隧道、挡土墙、护坡以及护栏、照明、标志、监控设施等处于完好状态,从而保证高速公路具有快速、畅通、安全、舒适、经济的使用功能。通过采取正确有效的技术措施,提高公路的使用质量,及时维修损坏的路产,延长公路的使用寿命,以提高公路的运营效益和社会效益。陕西高速公路养护管理始终坚持以"预防为主、防治结合"的方针,坚持以"机械化养护为主,防止中断交通"为原则,按照工程性质、技术复杂程度和规模大小,分为小修保养、中修工程、大修工程和改建工程四类进行不同程序的安排养护工程施工,同时按照养护形式,分为经常性养护和季节性养护进行施工安排。无论是哪一类型的维修工程,都按照既定的程序和政策,做好工程项目的方案设计、原材料的质量检验、强化施工过程的监督检查,并按相关规范标准进行工程验收,以确保养护工程符合高速公路的标准,维持高速公路正常的运营标准和服务水平。养护工程所有项目的完成时间都严格控制在向社会承诺的时间内完成,并要求在合理确定养护时间和安排养护作业区的同时,严格按照公安部和交通运输部有关高速公路交通安全的标准规定设置安全标志,采取严密细致的防范措施,保证养护作业的生产安全。

小修保养是对公路及沿线设施经常性维护保养和修补其轻微损坏部分的作业,一般分为日常保养和小修工程:日常保养由高速公路管理所一级负责,如清扫路面泥土杂物、清除路面积水积雪、清理边沟、维护边坡等;小修工程由管理所向分公司申报,经分公司审批后组织实施,如路面坑槽修补、裂缝灌缝、车辙修复等。对日常小修保养采用多功能养护设备进行机械化作业。

中修工程是高速公路路面状况指数 PCI、行驶质量指数 RQI、抗滑性能指数 SRI 下降到 75 以下时,恢复高速公路原有技术状况的工程。如路面的整段铺装、重罩或轻罩、局部严重病害的处理等项目。中修工程一般由分公司向上一级主管部门申报批准后组织实施。

大修工程是对高速公路设施严重损坏,已经影响车辆正常通行,进行周期性的维修与改善,使路况全面恢复到原设计标准的工程项目,主要包括路面的翻修与补强,由陕西省高速集团或陕西省交通集团一级组织实施。

专项工程指对高速公路及其附属设施的一般性磨损和局部损坏,进行修理、加固、更新和完善的作业。根据路况的损坏程度,单项费用超过一定数额,由所辖分公司列报计划,由陕西省高速集团或陕西省交通集团负责审批,再根据维修的难易程度决定由集团公司统一组织实施或交由分公司实施。

集团一级成立中心试验室,并具有对养护工程质量的每一道工序监督、检测的条件和能力。对于个别试验检测项目,中心试验室不具备试验条件的,委托具备资质条件的单位进行试验检测。所有中修、大修、专项养护工程的交、竣工验收,全部依照养护工程检验评定标准对工程质量进行鉴定,未经检测鉴定的工程其费用不得进行最终支付。

1999—2001年,高速公路养护工程,依据路面检测成果、旧路病害状况、实测弯沉以及逐段钻芯取样分析成果等资料,运用路面养护管理系统,选择、确定养护技术措施,制定养护工程技术方案,逐步推行预防性、及时性、主动性养护。对路面大修工程设计,推行旧路病害事先调查、旧路弯沉复测制度,对旧路技术状况进行综合评价,制定针对性工程措施;预防性养护路段,逐步实行事先路况检测、调查,结合日常巡查,建立检测、监测机制与分析评估模型,健全预防性养护数据收集、分析评估、决策机制,依据路面养护管理系统等评价平台,合理选择养护时机和处置方案,提高养护决策质量和投资效益。

20世纪90年代,高速公路沥青路面日常养护作业主要是清扫保洁。零星网裂、坑槽、局部沉陷等病害,采用挖除病害、用沥青混合料修补的方法处理。1996年,陕西省高管局成立机械化养护站,装备1000型沥青拌和站和摊铺机、双钢轮振动压路机等养护设备。沥青路面裂缝治理采用刻缝补缝机,网裂、坑槽、沉陷等病害处置,采用多功能养护车作业,多用沥青混凝土修补。高速公路桥梁经常性检查,由线路管理处(分公司)和管理所实施。管理所每天进行1~2次例行巡查,每月进行一次经常性检查。每年汛期前后,由线路管理处进行两次专项检查,主要检查桥梁行洪状况,河床冲刷、淤积情况,桥梁结构和导流、防护设施完好状况等。检查中发现局部构件或附属设施破损,随时安排维修。发现较严重病害,报告上级养护单位进行定期检查或安排加固、维修。

时任陕西省交通运输厅副厅长冯明怀(前排右二)调研交通运输工作

进入21世纪后,陕西省交通厅经常安排对采沙、取石影响公路桥梁安全状况进行专项调查,对重点桥梁进行逐月变形观测,依据检查、检测结果,实施桥梁维修、加固工程。

随着公路隧道增多,隧道检查、检测工作逐步加强和完善,形成日常检查、定期检查、特别检查和专项检查、检测制度。高速公路隧道由线路管理所或隧道管理站每天巡查1~2次,各分公司每周进行1次例行检查。隧道分为定期检查、特别检查和专项检查。定期检查每年进行1次,通过目测配合检测工具量测,对土建结构基本技术状况进行全面检查,对隧道结构尺寸进行量测,检查外观有无异常,结构物实体有无裂缝、变形、沉陷、破损、渗漏等情况;依据检查结果,对隧道技术状况做出评定,提出养护对策建议。隧道遭遇自然灾害或发生涉及隧道设施的重大交通事故、火灾等事件时,对受影响结构进行特别检查,做出受损状况评价,提出养护、维修对策建议或专项检查建议。专项检查一般委托专业检测机构完成。2004年始,对高速公路隧道实行沉降、位移定期观测和年度检测制度。随着公路隧道不断增加和长大隧道建成运营,洞内设施逐步增多、完善,隧道运营安全为各方关注。2007年后,高速公路养护单位开展隧道运营与养护管理科学研究,建立隧道技术档案,实行"户籍式"管理,修订、完善隧道管理制度和检查、检测、维护保养作业规程。定期组织实施隧道检查、检测,建立隧道养护检测数据库。建成隧道养护计算机管理系统,实现隧道养护维修数字化辅助决策。

2007年9月,陕西省交通厅在全省公路养护系统推行桥梁养护工程师制度。高速公路企业修订、完善桥梁养护管理和检测制度,配备桥梁养护工程师,完善桥梁技术档案,实行桥梁户籍式管理。对高墩、大跨和特大桥梁实行定期专项检查和健康监测。西禹高速公路等路线连续刚构大桥,实行常年观测。2007年8月,湖南凤凰县堤溪公路大桥特别重大垮塌事故发生后,陕西省交通厅紧急组织开展以桥梁为重点交通基础设施安全隐患排查治理专项行动。2008年"5·12"汶川特大地震发生后,全省公路养护系统迅速开展桥梁安全排查,对高墩、大跨、曲线桥梁及132座隐患桥梁进行专项检测。经检查、检测,全省有637座桥梁、463道涵洞,不同程度出现裂缝、破损。陕西省交通厅立即安排组织抢修,并对高速公路在内的受损桥梁、涵洞,采取限行、巡查、值守监测或封闭交通等措施,防止次生灾害发生。

公路养护系统用于桥梁检查、检测费用逐年增加。2009年,全省高速公路系统投入1600余万元,用于桥梁检查、检测和观测,并建立高速公路桥梁技术状况预警机制,实现桥梁养护预防性监控和动态化管理。2009年8月,按照交通运输部紧急通知精神,运营管理单位对全省运营公路桥梁开展逐桥排查,共检查高速公路桥梁5164座,经评定,其中三类桥梁2975座,四类桥梁795座,五类桥梁402座,分别占检查桥梁总数的17.64%、4.71%、2.38%。根据排查结果,提出加强养护管理、维修加固和危桥改造等建议和意见,并按计划进行维护。

"十二五"以来,陕西对高速公路隧道安全运行也采取一系列措施。对隧道养护检查、检测、评定项目内容、检查方法、检查报告编写、工作职责要求等做出详细规定。规定隧道日常检查由经营公司、高速公路隧道管理所组织实施;定期检查由高速公路线路分公司负责组织实施;特殊检查和专项检查由陕西省公路局、省高速集团和省交通集团负责组织,委托有资质专业机构实施。随着高速公路隧道增多,隧道设施日趋完善,养护工作内容和工作量增加,养护手段不断改善。隧道土建设施、交通工程设施日常养护,包括洞口、洞外防护、减光设施,竖井(斜井)、人行或车行横洞,路面与交通标志、标线、可变情报板等设施清洗、保洁、维护修理,洞身防渗检查与处理等,多以人工辅助机械完成。洞内外排水、防护设施清淤疏通,以机械作业为主,维修以人工作业为主,机械辅助完成。路面病害处置、标线、标记修补,为机械作业或机械作业为主,人工辅助完成。隧道及其设施出现较严重病害或老化等问题,通过养护工程维修整治或改造、完善。隧道机电设施,包括通风、照明、通信、监控、交通控制、消防、供配电设施等,其日常维护分为日常检查、经常性检修、定期检修、分解性检修和应急检查五级。按照检修分级,分别通过目测或使用简易工具,对设施运行状态、仪表读数、完好状况进行检查,对破损零部件随时进行维修、更换;每年1次采用检测仪器对仪表进行标定,对机电设施运转情况和性能全面检查、维修保养;每3~5年通过分拆,对设备进行一次维修保养和重点检修。隧道内或隧道附近发生重大事故或自然灾害后,对隧道机电设施即时进行应急检查、维护。

二、技术提升与作业完善

在陕西不断加快高速公路建设,强化高速公路运营管理的进程中,高速公路养护技术和养护机械化迅速发展。通过养护大中修工程、改建工程和专项工程,对等级偏低或技术指标偏低路段的路线、路基、路面、交通工程和安全设施等,进行改建和改善提高,对桥梁、隧道进行维修、加固或改造、改建。抗滑桩、高压劈裂注浆等路基防护、加固技术,高压旋喷桩、黏贴钢板、体外预应力等桥梁加固技术,路面扩缝灌缝机、路面综合养护车等新材料、新技术、新设备,在养护工程中得到应用。2001—2010年,干拌水泥碎石桩、干拌沥青废料桩、钢筋混凝土锚杆框架梁护坡、主动柔性防护网等路基防护与加固技术,改性沥青、微表处、超薄磨耗层、同步碎石封层、沥青路面冷再生、水泥路面再生利用、沥青玛脂碎石路面,以及改变桥面连续结构、体内预应力加固、体系转换等新材料、新技术、新工艺,在日常养护和养护工程中得到广泛推广应用。新型养护、施工设备,除冰除雪和道路保畅设备不断引进,极大地推进了公路养护技术发展,改善了养护手段,提高了养护质量和效率。

在路面养护的技术应用中,从90年代开始,逐步健全、完善了路面质量检测制度,每年春融期,公路养护系统组织专业技术人员,对沥青路面质量技术指标——弯沉、摩擦系数、平整度等进行检测,对路面裂缝、网裂、松散、坑槽、拥包、车辙、沉陷等病害的分布、面积、严重程度等,进行徒步调查和测量登记,建立养护技术档案。高等级公路路况调查和路面检测,自西三一级公路和西临高速公路建成通车起形成制度。针对路面裂缝成因与治理,养护部门每年1月和8月极端气温季节,进行两次路面裂缝调查,逐公里绘制路面裂缝分布图,研究裂缝发生、发展和变化规律,分析产生原因,探讨治理措施。开展沥青路面养护技术、养护对策计算机管理研究。高速公路养护单位逐步配备计算机,依托路况调查和路面检测成果建立数据库,开展路面养护管理系统研究。

高速公路桥梁养护技术,采用高压劈裂注浆、石灰土换填等方法加固沉陷台背,增铺桥面沥青铺装层,维修改造伸缩缝,改善桥面平整度。"九五"期间,铁丝石笼基础防护、重铺或加铺桥面沥青铺装层、拆除重建或部分拆除重建等技术,广泛应用于桥梁养护工程。高压旋喷桩基础加固技术,高性能材料灌注、封闭、修补结构裂缝与缺损,黏贴钢板和体外预应力加固等技术,始用于高速公路桥梁维修加固。西安至铜川高速兰工房桥南岸桥台下沉,U形桥台与台后路基挡墙衔接处开裂、错台,采用高压旋喷桩对桥台地基进行加固,高压劈裂注浆加固台背沉陷路基。漆水河3号桥北岸桥台为组合式桥台,台帽耳墙搭接在台背加筋土挡墙上,加筋土挡墙沉降致耳墙断裂,桥台伸缩缝损坏,台帽盖梁一侧悬臂端竖向开裂,加固时用C20混凝土加厚前墙,台背加筋土挡墙顶增设混凝土低挡墙,环氧树脂砂浆修补台帽裂缝,并施加体外预应力加固,恢复和提高台帽承载力。2001年后,桥梁维修、加固工程广泛推广应用新工艺、新技术,如钢筋混凝土包、箍、锚杆、套拱,加大拱肋截面,增加受力构件,增加负弯矩区钢筋,改变桥面连续结构,黏贴钢板或碳纤维,钢桁梁加钢,更换吊索、吊杆,体外预应力加固等。同时,继续采用局部拆除重建,维修改造伸缩缝、支座及支座垫石,或采用加宽、抬高等方法,维修加固、改造一批旧桥。

2007年起,加大隧道养护工程投入,相继对运营时间长、病害严重、设施老化的隧道进行维修、加固,改造、完善隧道机电设施和交通安全设施。铜黄高速公路实施主线隧道机电设施完善和4座隧道照明系统改造工程。新增监控、消防系统,改造配电系统。监控系统由计算机网络、闭路电视、显示器、信息发布、隧道控制、火灾检测等6个子系统组成。消防系统在隧道侧壁每50m或100m设一处灭火器洞室,配备手提式干粉灭火器,车行横洞设防火卷帘门,人行横洞设防火门。照明系统改造,重建混凝土电缆沟及电缆设施,安装区域控制器、高压钠灯等。勉宁高速公路隧道养护工程,对全线10座隧道二次衬砌渗漏较严重段,采用竖向刻槽,埋设直径50mm排水管的办法,将裂隙、溶洞渗水导引至排水边沟,连拱隧道中墙沉降缝、变形缝、明暗交接处,采用钻孔压浆堵漏,隧道洞壁镶贴瓷砖,检修道以上3m高范围内喷涂无机仿瓷涂料,更换干、支电缆,照明灯具采用高压钠灯,检修道路缘石安装LED诱导灯。全线隧道安装防雷保护器、延时供电装置和数据光端机。延靖、延塞高速公路隧道安全、监控设施改造、完善工程,洞内外增设2套彩色云台摄像机,18套固定式彩色摄像机,6套录像初步事件自动检测系统,更新、增设6套大容量远端光端,改造照明干、支线路。增设时序控制器,安装附着式路缘轮廓标,洞口采用铝塑板装饰,隧道进出口增设路面减速带和减速振荡标线,马路山隧道出入口,增设车速反馈仪等测速、监控设备。西汉高速公路秦岭隧道群等隧道水泥路面,按照进口、出口、超车道、行车道,采用不同间距、槽深、槽宽纵向刻槽,改善路面抗滑性能。洞内外路面增设反光振荡减速标线。观音山、龙王潭等隧道出入口,分别铺设110m、120m长彩色防滑路面。

西安至铜川高速公路(二通道)

公路附属设施日常养护作业,主要是清洗保洁,除锈刷漆,维修、校正和部件更换等。其作业方式由过去以人工为主,逐渐发展为机械为主,人工辅助完成。西安咸阳国际机场二级汽车专用公路通车后,为改善夜间眩光对行车安全的影响,养护单位在波形钢板护栏立柱上,间隔20m黏贴反光膜替代轮廓标,改善夜间行车安全。之后建成的高速公路,均在钢板护栏立柱和中分带防眩板上黏贴反光膜替代轮廓标,并逐渐扩展应用于干线公路安全防护设施,改善公路夜间视野和行车安全。随着公路技术标准提高和技术进步,公路附属设施不断发展、完善。交通标志、标线发展到包括交通标志、交通信号灯、路面标线标记、反光突起路标等;交通安全设施在护栏、护柱、平曲线反光镜、防护栅(隔离栅)基础上,发展到包括遮光栅(防眩板)、防抛网、隔音墙、颠振设施、车道隔离器等设施;通信、监控设施由紧急电话发展到室外固定摄像装置、可变情报板等。其种类不断增加,材料、设备不断改进,所含信息量愈加丰富。1997年起,西铜、西宝高速公路主线收费站,西铜高速公路梁村塬立交区等路段,相继将刺铁丝隔离栅改造为钢板扩张网或镀塑编织网隔离栅,重点路段安装路面反光突起路标和LED可变情报板,在波形钢板护栏上安装附着式反光轮廓标。全省所有高速公路收费站,改造、安装LED信号灯;桥梁中分带安装玻璃钢防眩板,中分带紧急通道安装活动式护栏。

2001年后,西安咸阳国际机场高速公路全线,西安绕城高速公路、西汉、黄延、西康等高速公路长、大隧道和互通式立交等重点路段,陆续设置全新的照明与监控系统,实施热熔型反光路面标线、冷涂标线恢复显划100余万米;增设标志牌,补设百米桩、轮廓标、里程碑;更换、维修高速沿线紧急电话室外电缆、配电箱、电话机;靠近城市段和立交区路面,安装反光突起路标;部分路段中分带紧急通道改装伸缩式护栏。鉴于紧急电话外场设施人为损坏严重,加之移动电话迅速普及,之后建成的高速公路,除隧道路段外不再设紧急电话。

2006年8月全省加强公路养护管理工作会议后,省交通厅安排实施高速公路防撞护栏由灰变绿改造工程。早期建成高速公路先后实施钢板护栏浸、喷塑改造;防眩板、防抛网、中分带紧急通道隔离器等安全设施,陆续改造、更新;减速振荡路面标线、彩色防滑路面等,在高速公路养护工程中得到推广应用。西安绕城高速公路、西安咸阳国际机场高速公路、榆靖、延塞等高速公路,安装附着式护栏轮廓标,更新防眩板,互通立交匝道等小半径平曲线,增设视线诱导标志,完善、更新警示标志,安装LED可变情报板。2009到2010年,全省迎接全国公路养护管理检查(简称迎国检),开展路容路貌整修、大修工程,运营高速公路路面标线恢复、显划,全部采用热熔型反光标线,淘汰冷涂标线。同时完成一批波形钢板防撞护栏、防眩板、隔离栅、轮廓标、导向标和标志更新改造工程。西汉高速公路秦岭段路面抗滑改造工程,在隧道进出口、桥头、桥面、大坡道及小半径平曲线、收费广场等特殊路段,铺设彩色防滑路面8.97万m^2,振荡减速标线4136m^2。西禹高速公路因历年大修路面抬高,将全线路侧和中分带护栏分别加高10~15cm,恢复使用功能。按照部颁《公路交通标志和标线设置规范》(JTG D82—2009),实施国家高速公路网标志规范化改造。陕西省高速集团、省交通集团投资1.57亿元,采用新增、拆旧换新、换板、换膜、位置调整、拆除不必要标志等办法,对运营高速公路标志进行改造,增设信息板标志、车道指示标志、交通旅游标志及长、大纵坡安全警示标志。

三、装备提升与机械化作业

高速公路养护机械配置与应用,反映养护生产力发展水平。30年来,陕西高速公路运营管理单位致力于发展养护机械化。通过引进、购置和研制等方式,加强养护机械装备建设。高速公路养护机械化从起步推进、加速发展到全面提高,实现养护工程施工机械化。

1991—1995年,高速公路及一、二级汽车专用公路日常养护,配备洒水车、举升车、汽车起重机、路面清扫车、载重汽车,以及小型发电机组、水泵等小型机具。随着绿化设施增加,配置草坪修剪机、割灌机、农药喷洒机等小型机具。1996年后,高速公路养护,开始装备护栏打桩机、钢板护栏矫正机、电气焊设备、空压机、小型吊车等设备。防撞护栏等交通工程设施维修,基本实现机械为主、人工辅助作业。高速公路养护部门建立机械化养护站,购置玛连尼1000型沥青拌和站、沥青摊铺机、压路机等设备,以及其他附属生产设备,承担沥青路面养护维修和小规模养护工程施工。2000年以后,购置瑞典维特根W1000F

型铣刨机、福格勒1800型沥青摊铺机、双钢轮振动压路机、美国凯斯580L多功能养护车等沥青路面养护、施工机械,以及装载机、起重机等辅助设备,机械装备水平和养护施工能力显著提升。

2001—2007年,高速公路养护逐步装备钢板护栏清洗车、隧道清洗车、除雪车等专用设备。省高速公路机械化养护站先后投入5000余万元,购置JB-4000型沥青拌和站、沥青混合料转运车、摊铺机、伸缩摊铺机、双钢轮振动压路机、乳化沥青再生拌和机、稳定土拌和机等设备100余台(套)。陕西西铜高速公路有限公司、西安华通高速公路发展有限责任公司等经营性高速公路企业,装备清障、洒水、除雪、清扫、举升及护栏清洗等专用设备,道路养护通过外委完成,日常养护主要作业实现机械化、半机械化。陕西省交通集团投资2654万元,添置道路清扫、除雪、护栏清洗、高空作业、吸尘、清障、自卸汽车等养护设备60多台(件),装备基层养护单位。陕西省交通集团还成立陕西交建机械化养护公司,投资1000余万元购置铣刨机、摊铺机、压路机、多功能养护车等7台大型机械及一批附属生产设备,承担集团部分沥青路面养护维修施工,沥青混合料通过外购或委托加工解决。

2008—2015年,全省高速公路养护已形成了符合陕西高速公路发展的应有模式,各类大小养护机具基本配备至管理所一级,并在管理所一级都成立有养护中心和相应的养护队伍,能够保证一般日常的养护需求。

2016年,全省不断加强高速公路除雪保畅能力,提升高速公路养护效率和质量,各高速公路企业加大投入,装备大批适用机械设备。陕西省高速集团投入7448万元购置养护、应急保畅设备165台,基层养护管理单位全部装备路面清扫、钢板护栏清洗和除雪、抢险保畅设备。陕西省交通集团先后投资4185万元,购置进口稀浆封层机、同步碎石封层车、热再生修补车、除雪抛雪车以及装载机、清障车等养护和抢险保畅设备。同时购置西筑JB-4000型沥青拌和站及摊铺、压实等施工设备,装备机械化养护公司,使之具备大型沥青路面养护工程机械化施工能力。

除雪保畅

第三节 通行费征收与服务

从陕西第一条高速公路建成通车的那天起,通行费征收工作就成为摆在陕西高速公路运营管理单位面前的重要问题,当时收费人员要到周边路口去宣传高速公路的快速便捷,宣传高速公路的收费政策,引导驾驶人行驶高速公路。走惯了泥路、窄路的"老陕司机",一下子上了高速公路跟做梦似的,那么宽、那么平整,黑油油的……好是好,可他们接受不了缴费通行这个现实。经过收费人员的政策讲解,宣传引导,驾驶人慢慢开始接受缴费行驶高速公路的现实,"收费还贷"在驾驶人的脑子里才从一种说法变成现实。

随着科技不断进步,非现金收费作为陕西省高速公路管理部门为道路使用者提供的一种新的缴费方式和服务手段,其对于推进交通智能化建设,提升高速公路通行能力和通行效率,减缓收费站拥堵压力,进一步提高便民、利民服务能力,有着科技进步的意义,实现了陕西高速公路运营管理逐渐从管理型向服务型转变。

一、收费制式变化与收费站点分布

1989—1997年,陕西高速公路采取的都是最原始的开放式人工现金收费,每个收费站之间互不联网,驾乘到每个收费站都要停车缴费通行,车型判别、现金收找全部由收费员人工操作完成,收费票据使用的也是定额式手撕票,既浪费人力物力,通行效率又不高,加之收费标准、付款形式单一,难以杜绝少收、漏收、作弊、擅自放车等现象。当时的收费设施也较简单,主要是收费亭、收费车道,并采用脚踏方式启动栏杆抬放等。

从1998年开始,收费程序逐步向规范化迈进,并实现了计算机辅助收费,由收费员人工完成车型判别以及收费和找零工作,计算机完成计算费额、打印票据、数据积累汇总等工作,形成了收费管理系统化。2006年9月,全省实施联网收费后,至今一直采用现代化的电子网络设备系统,对高速公路的收费运行状况实时监视与控制,收费标准完全依照车型及行驶里程计算,基本实现了高速公路通行费的足额收取。随着路网的不断扩容,车道拥堵、环境污染、现金收点钞找零等已不能适应现代高速公路畅行的需求,到"十一五"期间,实行"入口领卡、持卡通行、出口交卡、凭卡缴费"的封闭现金收费模式。随着陕西高速公路通车里程和通行车辆的不断增加,根据《中华人民共和国公路法》《收费公路管理条例》和国家及陕西省有关规定,省内逐步实现了联网收费,实行从进口到出口一次性缴费的收费方式。

2008年7月,陕西省高速公路收费管理中心对非现金收费系统需要解决的技术问题及管理问题进行了现场调查,于 2009 年开始,对高速公路通行费征收采用人工和非现金收费系统同时使用。陕西省非现金收费系统采用双界面 CPU 和 IC 卡(记账卡、储值卡)作为支付手段,由陕西省收费中心建设陕西省高速公路非现金拆分结算中心和通行卡发行系统,在全省范围内交通系统部分对外收费窗口和高速公路收费站建设非现金缴费卡客户服务点。升级改造收费车道非接触 IC 读写器,省收费中心、路段收费分中心、管理所、收费站、收费车道实现非现金收费软件改造,调整现金收费相关软件以实现非现金收费,有效缩短了车辆缴费时间,大幅度减少了车辆在收费站的停留时间,减少了车辆尾气污染。

由于通行费实行优惠 5%,并且实行了绕城和机场包缴方案,很多私家车主也积极安装三秦通设备,避免收费站堵车状况的发生,缓解了西安城区交通压力。同时对免费车辆加强管理,杜绝套牌车、人情车的通行,确保做到了应收不漏。为提高高速公路联网收费工作效率和服务质量,确保高速公路联网收费系统安全、顺畅、高效运行,维护联网收费单位合法权益,根据国家有关法律、法规和政策规定,陕西省高速公路管理单位遵循"公平公正、优质服务、精干高效、节约开支"的原则,保证高速公路联网收费运行畅通,提高服务水平,依照陕西省交通运输厅有关文件和要求使用非接触式 IC 卡进行联网收费。2009 年启动非现金收费以来,几年时间,使用三秦通卡用户达到 24.72 万户,是前三年三秦通卡用户数量 11.42 万户的 1.2 倍,大大减少了收费管理运营成本,提高了通行效率,也节约了收费人员和运营成本。

随着社会的不断繁荣和发展,车辆的迅速增多。为了更好地服务于三秦百姓出行,陕西省交通运输厅先后从运营管理的体制和管理手段上进行了多次重大调整和改进,信息化、功能性、服务性于一体,一切从三秦百姓快捷便利的出行考虑,采用智能或半智能的公路收费管理系统,采取一边发卡或自助取卡,另一边收费,逐步实现高速公路收费系统的完善和智能化。加之对收费从业人员的严格培训和实行半军事化管理,收费系统更加快速高效,通行更加方便,系统更加安全。

在高速公路综合服务和管理过程中,陕西还自主研发高速公路大型车辆计重收费整车式称重系统,并于 2009 年在全省高速公路普遍使用,成为在全国率先采用整车式称重

热情服务

收费系统的省份。2010年开始对高速公路计重设备进行改造,安装静态称重设备,并陆续投入使用,静态称重设备具有计量误差小、准确度高、计量无争议的特点,开创了货车实行整车式计重收费工作的先河。2010年5月10日10时起,全省高速公路取消所有货车按照车型收费,全面实施计重收费,并按照"车型加计重"模式收费。2014年,陕西省扩建了西安至潼关高速公路渭南西、西安至禹门口高速公路高陵收费站等一批易堵收费站,并于2014年12月26日,作为全国首批14个联网的省份,全国ETC联网陕西段正式试运行。

为了方便出行,省界或市、县(区)及人口密集区的乡镇均设置收费站,以方便车辆通行。至2016年底,陕西省运营管理的高速公路突破5000km,设收费站342个,服务区85对,累计建成ETC车道828条,ETC收费站326个,覆盖率达到95.3%,在陕西办理了"三秦通"卡的用户,可持卡通行北京、天津、河北、山东、山西、上海、江苏、浙江等29个联网省(市)高速公路。陕西省ETC、三秦通卡用户分别达到188.14万户和270.26万户,连通了全省97个县(市、区),省际高速公路出口达到21个,交通公共服务能力大幅提升。

二、绿色通道惠民与文明服务引领

"九五"时期,陕西发展高效农业,大力推进渭北旱塬苹果、汉中柑橘等果业产业化发展。1998年,全省果品产量达430.77万t,对外销量和运输量大增。运输果品车辆通过收费公路,须交过路费、过桥费,增加运输成本。为加快以苹果为主的果业产业化发展,增加果农收入和市场供应,省政府决定从1998年9月15日起至12月31日止,对在全省收费公路通行的装载陕西生产苹果、梨、猕猴桃、枣和柑橘等5种果品的运输车辆路桥通行费减半收取。这一惠民政策的实施,明显降低省内果品销售的运输成本,促进果品快速流通及市场供应,受到果农与经销商欢迎。

1999年起,陕西省政府每年发布开通果品"绿色通道"通告。享受"绿色通道"运输优惠政策的果品品种与通行费优惠比例不变,而"绿色通道"开通时间则根据果品的季节性进行调整。虽每年"绿色通道"开通时间长短不一,但总体开通时间不断延长。从1999年的为期5个月到2003年的为期8个月,逐年延长,每年减免果品运输车辆通行费约3000万~4000万元不等。高速公路沿线及收费站利用可变情报板、悬挂横幅等方式,宣传"绿色通道"惠民政策,并设服务台为群众提供政策咨询和引导服务。随着高速公路通车里程的快速增加,"绿色通道"里程相继延长,运输果品车辆不断增多,为便利车辆通过,全省高速公路收费站统一设置"绿色通道"指引标志,开辟专用"绿色通道",引导和方便果品运输车辆优先、快速通过。果品运输车辆经过收费站,经收费员检验确认无误后,按规定收取通行费。

随着果业种植规模、运销量进一步扩大,以及省内蔬菜、活畜、肉、蛋、奶产业化发展,省政府决定从2004年9月1日起,"绿色通道"由过去季节性开通改为常年开通,通行费由减半收取改为免收,同时将减收车辆通行费由鲜活农产品范围,扩大到整车(装载的鲜活农产品占该车核定载质量70%以上)载运的蔬菜、瓜果、活猪、活羊、活鸡、鸡蛋等。2005年,贯彻交通部、公安部、农业部、商务部、国家发改委、财政部、国务院纠风办联合发布的全国高效率"绿色通道"实施方案,陕西省政府决定从12月1日起,全省收费公路开通国家"绿色通道",运输鲜活农产品车辆不分省内外,同等享受通行费免费政策。免收车辆通行费鲜活农产品范围,扩大为新鲜蔬菜、水果,鲜活水产品,活畜禽,新鲜肉、蛋、奶。2006年8月,随着鲜活农产品生产、销售规模增加,收费公路交通量增长和"绿色通道"运输逐年增多,陕西省交通厅为确保"绿色通道"畅通,要求各收费公路管理、运营单位按照收费公路标准,做好通行道路管理和养护工作,积极创造条件,为鲜活农产品运输车辆通行提供优质服务。要求各级交通行政执法单位在执法中,对运输鲜活农产品车辆没有明显违规行为的,不得随意拦车检查。坚持发现违章,健全记录,优先通行,事后处理的原则。严格规范执法人员行为,杜绝公路"三乱"(乱检查、乱收费、乱罚款)现象;在国家鲜活农产品"绿色通道"沿线收费站醒目位置设置公示牌,向社会公示鲜活农产品种类、"绿色通道"优惠政策、规范执法的规定及咨询与举报电话等。同时规定,对拒绝通过指定车道,或拒不接受核查车辆,超限超载运输鲜活农产品的车辆,不予享受"绿色通道"优惠政策。

"绿色通道"政策是一项促进农业增效、农民增收的惠农惠民政策,但在执行中,出现假冒"绿色通道"车偷逃通行费问题。全省公路收费站在保护鲜活农产品合法运输车辆的同时,对假冒鲜活农产品运输的车辆,一经发现,依据有关法律、法规处理。陕西高速公路许多公司和管理所,将保障"绿色通道"畅通与打击假冒车辆相结合,采取经常通行"绿色通道"车辆建立档案,记录车型车牌、拉运货物类别、通行线路频率等,做到快速放行。车流量猛增时,启动收费站车流量猛增应急预案和"绿色通道"快速放行制度。通过设立预检区、辅检区,先行引导"绿色通道"车辆在预检区拍照,当车辆进入收费车道后直接免费放行,后在收费站广场摄像头下外勤人员再上车查验。对从外观难以辨别是否装载鲜活农产品的大型货车,耐心做好车主和驾驶员工作,上车进行查验;如遇厢式货车则入车厢查验。

2007年8月,在开设陕西"绿色通道"和国家"绿色通道"基础上,陕西省与重庆市政府为促进两地农产品流通,降低运输成本,拓展产销渠道,确保市场供应,经两地交通部门协商,开通陕西—重庆省际"绿色通道"。享受"绿色通道"鲜活农产品为两省(直辖市)地产的新鲜蔬菜(含瓜类蔬菜和根茎类蔬菜)、水果、活家禽、活家畜、鲜活水产品和生鲜蛋。此后,陕西实现与四川、甘肃、湖北、河南、山西、宁夏、内蒙古、重庆等周边8省

(自治区、直辖市)"绿色通道"互通。2007年,全省"绿色通道"免收鲜活农产品运输车辆公路通行费1.37亿元,"绿色通道"政策施行使果农得到实惠。2009年10月,陕西省交通运输厅对"绿色通道"运输进一步加以规范。凡享受"绿色通道"优惠政策车辆,必须在规定的"绿色通道"网络路线行驶;装载货物属于"绿色通道"鲜活农产品范围;鲜活农产品装载占车厢容积80%以上;车货总重未超过公路承载能力。在实际运行中,由于对车辆装载空间是否达到80%难以界定,加之有的车辆混装现象严重,车辆通过"绿色通道"时,需要路政人员逐车打开包裹上车查验、拍照,并报监控登记,每辆车查验约需15min才能完成。"绿色通道"交通繁忙的公路收费站,每天需要多名路政人员进行查验,工作难度和强度都很大。

2010年12月,为贯彻《国务院关于进一步促进蔬菜生产保障市场供应和价格基本稳定的通知》《国务院关于稳定消费价格总水平保障群众基本生活的通知》精神,以及国家交通运输部、发改委、财政部联合下发关于进一步完善鲜活农产品运输"绿色通道"政策的紧急通知,从12月1日零时起,陕西全省收费公路对所有整车合法载运鲜活农产品车辆免收通行费,并放宽免费范围。在交通运输部、发改委确定的《鲜活农产品品种目录》基础上,将马铃薯、甘薯、红薯、白薯、山药、芋头、鲜玉米、鲜花生列入鲜活农产品品种目录。

截至2016年底,全省累计减免鲜活农产品运输车辆通行费88.85亿元,有效促进鲜活农产品产业化发展,改善鲜活农产品流通环境,保护农民生产积极性,运输与经销户亦得到实惠,同时保障城乡市场供应。

2012年9月以后,根据国务院《关于批转交通运输部等部门重大节假日免收小型客车通行费实施方案的通知》的规定,每年对国务院办公厅文件确定的春节、清明节、劳动节、国庆节及其连休日期间,在高速公路上行驶的7座及以下小型客车全部实行免费通行。

"十一五"以来,陕西高速公路运营管理秉承"发展现代交通,奉献一流服务"的历史使命和责任,不断探索提升高速公路运营服务品质和发展道路。从2007年开始,陕西省高速公路运营管理单位率先在全省提出了开展"微笑在红亭,满意在高速"主题文明服务活动,本着"以服务为宗旨,以收费为中心,以养护为手段,以管理为根本"的运营管理理念,在2009年又启动了"微笑服务"品牌创建,管理理念不断创新。

在微笑中服务,在服务中成长,在成长中见证,在见证中发展。在高速公路运营管理中,陕西高速公路从最早的只收费不服务,到服务意识和服务观念的转变,使文明服务活动从无到有,从有到完善,又从完善到标准化、规范化。直到今天还在不断推出一系列文明服务的延伸活动。全省所有收费站统一设立专门的文明服务岗,收费人员一个轻微的表情变化,一个标准的迎送手势,一句温馨的问候语等贴心服务,将交通行业的窗口形象高高地树立在了过往驾乘人员的心目中。2008年,陕西交通行业本着"发展现代交通,奉献一流服务"的发展理念,陕西省高速集团和省交通集团积极落实"三个服务"要求,坚持以"服务人民,奉献社会"为宗旨,牢固树立以人为本、以车为本新的服务观,不断强化标准化、规范化、科学化管理,积极探索,大胆创新,全面提升服务质量和水平,为社会和驾乘提供了安全、畅通、文明、环保、高效的行车环境。在陕西省交通运输厅一系列文明服务活动指导下,深入开展"微笑在红亭,满意在高速"文明服务活动,向社会公开服务承诺。收费站坚持每周开展站容站貌整治,在收费亭设立"微笑镜",开展"四美五心""微笑服务一二三计划"、发放万份行车指南卡等活动,同时从收费员个人到收费站集体都实行星级考核制度,全面提升服务水平,力争将陕西高速公路服务品牌在全国交通行业树为标杆,叫响叫亮。

微笑在岗亭

三、服务区分布与服务功能建设

陕西高速公路服务区的服务功能与管理自"八五"时期起步,"十五"时期注重建设,"十一五"时期以后高标准、规范化建设与改造,逐步达到布局完善,设施配套,功能提升,服务水平跻身全国一流。在设置高速公路服务区时,基本按照50公里一个服务区的原则设置。

1991年前,陕西在建设高速公路中尚未规划、建设公路服务区。1992年通车的三原至铜川一级公路设耀县南服务区,已完成服务区征地但未建服务设施。1997年12月,西安至宝鸡高速公路始设常兴、南谷米服务区,临潼至渭南高速良田服务区建成投入使用,高速公路服务区建设由此起步。

2001年起,陕西省交通厅加快高速公路服务区建设。2002年,铜黄高速纸坊、宜君、黄陵服务区,渭潼高速公路华山服务区、潼关停车区建成投入使用。2004、2005年,西铜

第六章
高速公路运营服务

高速公路耀县南服务区,西汉高速公路勉县服务区,西安绕城高速公路汉城服务区等先后建成投入使用,全省高速公路服务区增至10个。除汉城服务区由西安绕城公路管理局管理外,其他均由陕西省高速集团所属陕西高速公路服务有限责任公司负责管理,分别采用租赁、招商、直接经营等方式经营。

在此期间建成的服务区规模较小,每侧占地2hm²至3.33hm²不等,设有停车场、餐厅、商店、客房、加油站、汽车修理、卫生间等设施,建筑面积1000~4000m²。多数服务区设停车位40~60个,加油站200~700m²,加油机6~10个,汽车修理间70~100m²,超市100~300m²,餐位70~200个,客房6~30间,卫生间厕位20~50个,场地、绿化面积狭小。随着高速公路交通量的增长,服务区规模小、功能少、设施不完善、服务不规范的问题逐渐突出,难以适应高速公路服务司乘人员的需求。

2005年,陕西省交通厅相关部门组织人员对全省运营高速公路服务区进行暗访,发现西潼高速公路华山、良田服务区,铜黄高速公路纸坊、宜君服务区存在管理混乱、设施破坏严重和环境脏、乱、差等问题。陕西省交通厅要求立即采取措施,迅速改变服务区现状,提高服务质量和管理水平。陕西省高速集团随即开展服务区整顿,建立健全管理制度,加强规范化管理,扭转管理粗放、价格混乱、服务滞后等问题。统一服务区形象标志和标识标牌,统一岗位工装,统一餐厅、商场展柜设施。全面整治服务区卫生环境,加强员工培训教育,提高职工素质。先后投资580万元,改造、装修服务区超市、餐厅和卫生间,使服务区卫生状况、服务设施和服务质量迅速改观。同时,收回纸坊、宜君、黄陵等服务区经营权,实行集团直接经营管理。

时任陕西省交通厅副厅长王省安(中)在安康调研服务管理工作

2006年后,陕西省交通厅持续加快高速公路建设,大力提升公路服务保障水平,推进高速公路服务区快速发展。新建高速公路服务区,按照《公路工程技术标准》(JTG B01—2003),与主线工程同步设计、同期建设、同时投入使用。早期建成的服务区逐步实施改造、扩建。同时整顿、规范服务区经营管理。2006年9月,陕西省交通厅针对高速公路服务区规模偏小、设施陈旧、布局不合理、功能不完善、管理不到位、服务水平低等问题,相继制定出台加强高速公路服务区建设管理的决定,高速公路服务区布局与设计指南等规范性文件。明确高速公路服务区职能定位和服务区建设、管理指导思想,确立"布局科学,选点得当,规模适度,功能合理,节约资源,分期实施"的建设原则。提出建立统一、规范、高效的服务区管理经营体制,实行以自营为主。坚持把高速公路整体效益放在首位,坚持服务第一和保本经营原则,实现社会效益最大化,确保服务区持续、稳定发展。同时,制定高速公路服务区布局、建设等级和建筑规模,以及服务区功能设施设计标准。全省高速公路服务区规划为三类83个。其中,一类服务区12个,每个占地13.33hm^2至20hm^2;二类服务区55个,每个占地9.33hm^2至12hm^2;三类服务区16个,每个占地4.67hm^2至5.33hm^2。按照上述要求,高速公路建设、运营管理单位对在建和未建服务区,从使用功能、建设规模、建筑风格、建设标准、区内布局、使用设施等方面重新审视和优化,并加快组织实施。新通车路段服务区与主线同时建成投入使用。对占地10hm^2以下、地理条件允许的现有服务区进行全面改造,扩大服务区面积,改善设施条件,增强服务功能,完善配套服务,提升服务水平。

陕西省高速集团和省交通集团对西汉、西康、咸永、吴靖、商界等高速公路汉中、南五台、乾县等12个服务区(停车区)的设计,重新进行审定和优化,新增占地66.67hm^2,建筑面积增加4万余平方米,设计服务功能全部达到设计指南规定标准,并实现服务设施无障碍设计。陕西省高速集团投资近千万元对黄陵、宜君、纸坊、耀县等服务区进行改造、整治,扩大超市面积,重铺广场路面,完善绿化设施,服务区设施得到初步改善。

2007年、2008年,陕西省交通厅相继印发《陕西省高速公路服务区管理办法》等规范性文件,进一步加强高速公路服务区建设与管理。明确由陕西省公路局负责高速公路服务区监督管理和检查考核,负责对服务区投诉进行调查处理,并对服务区管理职责、经营原则、功能设置、经营服务、安全管理、监督等做出全面规定。

省高速集团结合服务区整顿、整改,强化服务区内部管理,完善服务设备、设施,健全规范化管理制度和标准,推进"千分制考核""星级文明服务区考核""温馨驿站"创建等活动。2008年5月9日,西汉高速秦岭服务区推出人性化服务措施,服务区员工规范着装,佩戴标牌;设立文明服务台,卫生间增设空调、制冰机、温馨提示牌;免费提供常用药品、纸巾、洗手液等;24h免费供应开水;广场设遮阳伞和休息长凳,超市备休息茶座,旅客可以边休息边看电视。

陕西省交通集团实行集团公司(服务区管理中心)—运营分公司(服务区管理分中心)—服务区三级管理体制。建立健全服务区管理办法,制定环境园林化、管理酒店化、服务人性化、文化特色化的服务区建设、管理标准;加快服务区信息化建设,陆续建成无

第六章
高速公路运营服务

盲区监控系统,实施电子查询系统升级改造,提供包括天气预报、路况、旅游、住宿、医疗、地方特产等内容的信息服务;开辟健身广场,方便旅客休憩,缓解旅途疲劳;实施VI形象识别系统,所有服务区标识规范、统一;丰富服务区特色经营,增加服务内容,开展"星级服务区"创建等特色活动,提高文明服务水平。

2008年初,全省大面积、大范围冰雪灾害发生后,高速公路服务区紧急部署冰雪天气服务保障工作,广大员工奋力投身除雪、抗灾保畅,为滞留、过往驾驶员、旅客免费提供热水、医疗药品和餐饮等服务,确保旅客"不冻着、不饿着、不渴着"。同年"5·12"汶川特大地震发生后,西汉等高速公路成为由陕入川的"生命线",沿线各服务区按照应急保障要求,全力以赴,向救灾车辆、人员提供及时、快速、优质服务。

2008年底,随着黄延、西禹、西汉、吴定、榆蒙、咸永、西康、西商等高速公路沿线服务区建成运营,全省高速公路服务区、停车区总计达33处。新建服务区全部达到陕西省交通厅设计指南标准。乾县服务区主、副两区占地11.67hm^2,建筑面积近8000m^2,绿化面积近4万m^2,道路及停车场6万多平方米,总投资7000多万元。服务区可停放车辆500辆,可同时接待400多人用餐。休闲区设小公园,设置运动器械和石桌、石凳。服务设施除餐饮、卫生间、住宿、汽车维修、加油、购物外,还提供长途电话、传真、交通信息查询、报纸阅读、手机充电、免费擦鞋等服务。

西安至商州高速公路

随着交通量增长和旅游业发展,服务区接待能力极不适应。2009—2010年,在抓好在建高速公路服务区建设同时,针对早期建成服务区规模小、布局不合理、设施不完善等问题,陕西省高速集团、省交通集团共投资3.7亿元,对铜黄高速公路黄陵、纸坊、铜川北服务区,西汉高速公路秦岭、西安绕城高速公路汉城、榆靖高速公路横山等服务区进行全面改造、扩建。黄陵服务区承担着每年黄帝陵祭祖活动的重大车辆通行、经过及休息停车接待服务,原东、西两区仅占地6.73hm^2,严重影响高速公路服务区服务功能的发挥。陕西省高速集团投资1.39亿元,按一类服务区标准改造、扩建。扩建后共占地21.53hm², 总建筑面积1.87万m², 东、西两区可同时容纳600余人就餐、购物和休息;停车场可停放车辆260辆,卫生间可容纳220人同时如厕,并设有各类客房36套。服务区采用中水利用方式,污水经中水处理设备净化,用于冲洗、加水、降温和绿化灌溉;加油站采用大、小车分离模式;卫生间分设母婴、残疾人独立单间,并设婴儿床、椅;广场采用LED太阳能照明设备;监控设施实现全覆盖;信息查询系统24h提供路况和天气服务;餐厅设快餐、自助餐厅和民族餐厅。该服务区时为西北地区建筑规模最大、功能设施最全、现代化标准最高的高速公路服务区。榆靖高速公路横山服务区东、西两区原占地5.40hm²。省交通集团投资8510万元进行改扩建。扩建后共占地14.87hm², 总建筑面积9952m²。东、西两区用人行天桥连接。每侧综合服务楼建筑面积273m², 设餐厅、超市、休息厅、卫生间、客房及修理车间、加油站等。

此期,西汉、西康、西商、十天高速公路安康至汉中段、宝平高速千陇段和西安绕城高速公路等,相继建成汉中、南五台、曲江、陇县等一批服务区、停车区。在服务区的房屋建设中,大多采用现代框架结构或仿古与现代混合形框架结构,并秉持绿色、生态、环保理念,注重利用地理、地形条件,突出地域历史与文化特色,呈现风格多样、功能齐全的特点。在高速公路服务区设计中,贯彻执行公路工程技术标准和省交通运输厅有关公路服务区管理办法。黄陵至延安高速公路延安服务区占地面积3.13hm², 采用体现陕北民俗建筑特点的窑洞式风格设计、修建。西安至汉中高速公路秦岭服务区设计,利用四面环山,植被茂盛,环境优美的盆地和地理、地形,布设监控、管理及工作人员住宿等。黄陵延安高速公路黄陵服务区是通往黄帝陵和革命圣地延安的必经之地。

2008年,按一类服务区标准改扩建时,采用古朴简约的仿古建筑风格建设,以展现上古风韵,并与黄帝陵建筑风格遥相呼应。青兰线厢寺川服务区主楼造型,采用波浪形全钢框架结构,与周围黄土梁峁地形特点相协调。西汉高速公路汉中服务区充分考虑汉中特有的"三国"之蜀地文化底蕴,3层框架结构,色彩采用红、白、灰色,坡屋面以灰色为主,墙面采用乳白、朱红色装饰,使建筑造型既浓缩汉代文化,又符合地域特点。服务区内分公共活动场所及园林式游览区、休闲度假区、土特产和特色餐饮专区。洋县段临汉江处建景观长廊;秦岭服务区建大型花岗岩群雕"华夏龙脉"。十天高速公路西乡服务区综合楼分为两区。主楼建筑造型采用现代风格,弧形框架结构,并按照有关绿色建筑评价标准和技术细则要求,采用自然通风、自然采光技术,充分利用太阳能和空气热能。服务区污水经处理成中水后用于绿化物灌溉。卫生间和餐厅利用太阳能通风,改善空气质量。2010年获国家二星级"绿色建筑设计评价标识"。

2009年,陕西交通运输系统提出要着力打造服务区"温馨驿站"等五大服务品牌,创建"一区一品"特色经营服务区。省交通集团通过不断丰富服务区特色经营,增加服务内容,有效弥补主业经营的不足。一些服务区引入富有地方特色的餐饮、小吃、农特产品等,使服务区成为沿线名优土特产的销售平台。永寿、汉城、商州、丹凤、靖边、定边服务区开办清真餐厅,彬县服务区在室外开设果品销售专柜和特色烧烤,收到了很好的社会效益,服务区的营业额也大幅提高。同时,不断增加免费服务项目,所有服务区休息厅均配有手机充电机、电视、擦鞋机、报刊架、轮椅、雨伞、软椅等服务设施,并免费向顾客供应开水,为驾乘人员提供便捷服务。目前,其所属服务区普及电子信息查询系统,信息内容涵盖高速公路服务指南、沿线旅游景点、当地特产、风味小吃、沿线医疗点、交通路况信息、实时天气预报、新闻简报等。

陕西省高速集团从2003年开始在所属服务区开展"厨艺技能大赛",提高餐饮质量,提升服务水平。其所属的秦岭服务区在保持原有品牌"抗震包子、保畅面、爱心花卷、温馨汤"的基础上,新推出运用传统制作方法加工而成的"原生态豆腐",许多都市人在周末慕名前来品尝、购买。同时,还推出了原生态豆浆、豆腐脑,并经过卫生包装,全天向驾乘人员提供。各个服务区根据地域特点,逐步推出特色地方小吃,如肉夹馍、羊杂汤、土豆粉等,并根据时令变化,提供凉拌苜蓿、槐花焖饭、玉米面鱼鱼等时令饭菜,受到驾乘、游客欢迎。在经营项目中还因地制宜增加了剪纸、皮影、兵马俑、凤翔泥塑、刺绣品等多种民间工艺,体现地域特色。2010年陕西交通行业开始在高速公路服务区开展创建星级服务区活动,制定《陕西高速公路服务区星级评定办法》《陕西高速公路服务区星级评定标准》,将服务区按照五星级、四星级、三星级进行评选。同时,在全省服务区管理上作出进一步探索。统一服务区的功能、内容、标准、管理、考评行业规定,完善硬件设施,突出改善公众关注的卫生服务、餐饮、环境,健全服务功能。

到2016年底,陕西高速公路服务区有85对,服务区各类从业人员近万人,成为交通行业一个重要的文明服务"窗口"和"温馨驿站"。

四、服务监督热线与出行信息平台

为实现高速公路路况、政策等交通信息的高效传播,更好地服务社会公众安全便捷出行,2006年高速公路启动计重收费时开通了"高速公路计重收费政策咨询电话";2008年,随着全省高速公路路网综合监控系统项目启动建设,注册启用全国高速公路救援电话号码"12122";2010年,省交通运输厅整合交通信息资源,将12122定位为"陕西交通服务热线"。这是陕西交通运输行业在全省高速公路路网综合监控系统建设和"陕西省公路交通信息资源整合与服务工程"的一项重要内容,也是"十二五"期间着力打造的五大行业品牌之一。2014年1月,根据交通运输部的要求,开通交通运输服务监督电话12328,与12122并线运行。

陕西12328和12122实行7×24小时工作制,是交通运输行业为社会提供及时、准确、优质的一站式综合交通信息服务平台。陕西12328和12122主要向社会公众提供交通政务信息和出行信息,转达行业投诉和建议意见,协调转达救援信息,受理对车辆偷逃漏通行费行为的举报和收费公路工作人员违规行为的投诉,提供三秦通客户服务及其他交通信息服务,受理涉及省交通运输厅行政管理职权范围内公路、水路、道路运输、城市客运等业务的投诉举报、信息咨询、意见建议来电。

为拓展服务信息发布渠道,除了热线电话,陕西12328和12122利用广播、报纸、短信平台、QQ在线问询平台、网站、微博、微信、手机APP等多渠道发布信息。积极与第三方合作,与阿里巴巴旗下支付宝、高德地图建立日常路网信息推送机制,并与腾讯互联网+合作,在微信和手机QQ城市服务平台同步上线"高速路况查询"服务,多途径向社会提供出行信息。此外,还与相邻8省(自治区、直辖市)建立了高速公路运行信息共享,极大地方便了社会群众的出行,促进了交通行业信息服务水平全面提升。"十二五"期间,陕西12328和12122累计接听来电155.4万余次,电台播报5.7万次,发布路况及收费政策宣传短信458万条,转达救援求助12012人次。日均接听来电900人次,节假日期间每日达2000多人次。运行以来,帮助数以万计的驾乘人员解决了路况咨询、政策解答、投诉受理和救援求助等诸多问题,得到了社会广泛的关注和好评。

第四节　路政与安全

高速公路路政管理作为一门专业化的行政管理,其主要职责是保护路产、维护路权、保障高速公路安全畅通。从西临到西渭、西宝、西铜等几条高速公路最初的运营管理中,道路交通安全与路政曾同属省高管局和后来的陕西省高速集团管理,2002年1月1日后,高速公路安全管理正式移交公安,并成立专门的高速交警机构进行管理。路政管理的水平,直接关系到高速公路运营管理的形象,对保障高速公路的安全畅通,促进高速公路的发展起着举足轻重的作用。高速公路具有行车速度高、设施齐备、投资大、造价高等特点,道路一旦出现损毁障碍,随时都会酿成交通事故。保护路产、路权,做好风险管理和应急管理十分重要,必须由专业的路政管理队伍来保障高速公路的畅通与行驶安全。高速公路路政管理能有效运用路政管理法规,强制处理各种侵占、破坏路产和侵害路权行为,保证高速公路始终处于完好无损的良好状态,保障使用质量。同时还能加强对岔道口和互通式道口的管理,防止"闯关""冲站""堵塞"等各类不交费或少交费的违章现象,保障高速公路的安全畅通。针对公路超限运输愈演愈烈,严重危害公路设施安全与交通安全的问题,从加强超限运输管理,到强化超限超载运输治理,通过全面治超、源头治超、依法治超与科技治超,将公路超限运输率由强化治超前的80%降至0.2%,在保护公路建设成果,维护公路通行安全方面,起到了重要的作用。

一、强化路政管理,加强队伍建设

陕西高速公路路政管理部门是负责贯彻实施《中华人民共和国公路法》和《陕西省公路路政管理条例》等法规,专门从事路政管理的机构,它具有特定的政府职能,在法律上享有"执法主体"的资格,是代表国家实施公路行政管理权的组织。其机构按照统一领导、分级管理的原则,结合高速公路"集中、统一、高效、特管"的特殊性进行设置。省公路局设立路政总队,省高速集团和省交通集团设立路政支队,线路运营分公司设立路政大队,一般按管辖区域每约50km设置一个管理所,管理所一级设立路政中队。各级路政管理部门之间都有从上到下严格的隶属关系,上级任务偏重于原则和策略方面,下级任务偏重于具体执行方面。各级路政管理人员在人员的配备数额上,根据路政业务的大小、管辖里程数的长短、所处环境和运转班次的差异等情况配备。

路政管理主要负责执行公路路政管理的法律、法规和规章,保护公路路产,定期进行公路路政巡查,其业务范围是必须依照法律、法规,制止、查处各种违章利用、侵占、污染、损坏和破坏路产的行为;与规划、国土、城建等部门共同依法控制高速公路两侧建筑红线;审理从地面、公路上空或地下穿(跨)越高速公路的其他设施的建筑事宜;核批在特殊情况下占用高速公路和超限运输,并对其实施情况进行监督检查;维护高速公路养护、施工作业现场、征收通行费的工作秩序;负责高速公路上故障车辆的牵引拖带和事故现场的救援、排障及路产损失的清偿;维护高速公路进出口内外秩序、巡查破损设施标志后逃逸的车辆;处理违反公路管理法规的行为;有权向有关单位和人员调查询问、取证、查阅有关文件、档案、资料和原始凭证;办理和参与有关路政复议案件,参与有关路政案件的诉讼活动;行使法律法规、规章规定的其他职权。

自1990年12月27日西临高速公路通车,至2001年9月29日西阎高速公路通车,交通安全管理工作一直由陕西省高管局负责(1994年后与省公安厅交警总队实行双重领导);2002年1月1日后,全省高等级公路交通安全管理工作正式交由省公安厅高交支队负责。

为改进和加强公路管理与服务,在执行国家有关公路交通法规和政府规章的同时,制定、颁布并施行《陕西省公路路政管理条例》等地方性法规,推进依法治路。以保护路产、维护路权和保障高速公路畅通为重点,加强和改善路政管理,陕西省高管局成立了路政管理的专业队伍,专门负责对高速公路路产和路权进行保护,发生道路交通事故后,路政人员在接到报警,第一时间赶赴现场处理交通事故,开展现场救援与道路保障工作。

2001年3月26日,陕西省政府第4次省长办公会议研究决定,批准西铜公路70%收费权转让江苏悦达股份有限公司。转让期限为2001年6月27日10时至2021年6月26

日 10 时。江苏悦达股份有限公司与陕西省高速集团设立的西铜高速公路有限公司共同运营管理,路政管理委托省高管局负责。2006 年 10 月 11 日,陕西省交通厅决定在省高速集团、省交通集团设立高速公路路政支队,承担高速公路路政管理职责。要求始终坚持依法治路的原则,切实履行"保护路产、维护路权"职责,认真做到严格执法、阳光执法、文明执法,狠抓队伍建设和制度建设,建立了责权明晰、程序规范、管理科学,路、警、地三位协同的路政管理机制,使路政管理工作不断加强、稳步推进。

为规范路政人员的言行举止,提高纪律性和战斗力,陕西高速公路管理单位对全体路政人实行半军事化管理。让路政人员从生活、工作中的一点一滴开始,严格按照军人的标准去要求自己,采取理论学习和训练实践相结合,着眼于提高全体人员的综合素质。多年来,高速公路路政人员严格执行业务培训制度,每年不少于一次集中组织路政、治超人员进行业务专项培训,以体验式培训为手段,不断提高路政人员的业务知识和法律知识。结合队伍实际情况和执法过程中暴露出的问题,积极开展路政队伍专项整顿活动,通过有针对性的学习整顿,逐步锻造了一支业务熟练、纪律严明、作风顽强的路政执法队伍。在对路政人员的考核监督过程中,两大高速公路集团路政支队坚持以路政管理标准化实施为契机,进一步明确路政管理人员岗位职责,建立了路政人员行为规范和考核评议机制,坚持月检查与季度考核,并将考核结果和路政人员的岗位调整及绩效工资挂钩,极大地调动了路政人员的工作积极性。各支队、大队、中队均聘请行风监督员对路政工作进行监督,每年不定期组织召开行风监督员座谈会,主动查找不足,自觉接受社会监督评议。同时,坚持开展每半年一次的路政执法满意度调查活动,认真听取社会对路政执

路政训练

法工作的批评和意见,及时制定整改措施,加强人员管理,努力提高文明执法水平。为进一步规范路政人员的执法行为,在工作中坚持实行两人办案,挂牌上岗,亮证执法,严格执法程序,认真落实重大案件立案报批制度,定期开展执法案卷评查,规范执法文书制作。通过狠抓队伍建设,路政人员的文明执法、文明治超、优质服务意识进一步提高,在履行职责的同时积极为过往驾乘人员排忧解难,涌现出大批好人好事,树立了陕西高速公路路政队伍良好的社会形象。

二、治理超限超载,保护路产路权

2006年11月以来,在陕西省交通厅领导和省高速集团、省交通集团的统一部署下,全省高速公路全面启动治超工作。治超人员认真开展学习宣传、贯彻落实《陕西省治理公路超限运输办法》活动。在治超工作逐步进入常态化后,又积极推进治超示范站建设,逐步改善治超站办公设备和环境,安装了固定式检测仪器,配备了流动检测车,提高了检测效率和精确性,在硬件上为治超管理规范化打下了坚实基础。坚持实行目标管理,各运营分公司先后根据所管辖路段的实际,制定了相应的《治超工作实施细则》《治超工作考核办法》《星级治超站考评办法》等17项制度,为治超工作规范化建设提供了制度保障。按照建立治超长效机制的要求,建立完善了部门协调配合、计重收费与治超联动、治超稽查与责任倒查、黑名单制度等多项工作机制,始终把文明廉洁治超作为高压线,先后处理和辞退了一批违纪人员,有效杜绝了各类违纪违规问题的发生,形成了纪律严明、作风扎实的工作氛围。2007年底,全省高速公路治理车辆超限超载率控制在2%以内,居西部第一,跻身全国前列。

经过开展艰难的治超专项活动,全省各条线路运营分公司初步形成了路面联合执法机制。各分公司与公安部门一道,密切配合,建立联合执法机制,保持路面执法合力,重点组织开展了针对车货总重超过55t的严重违法超限超载运输车辆的专项治理活动,各条路段区域联手联动,打破了路段区域界限,形成了治超合力。齐心协力打击利用螺丝钉、垫钢板、遮挡光栅分离器、非法安装液压磅、千斤顶、气囊或假轴,跳秤、压秤、冲秤、走S形等隐蔽方式偷逃漏费和偷逃检测超限超载车辆,有效打击了超限超载运输行为。陕西省高速集团、省交通集团、陕西宝汉公司所辖各单位针对超载车辆的源头监管范围不断扩大,联合地方政府管理部门加强源头管理,向社会公布运输源头监管名单,建立违法超限超载车辆"黑名单"制度等监管措施,对于被列入"黑名单"的违法超限超载车辆,予以曝光。对违法车辆、驾驶员、运输企业、货运源头装载企业进行多环节监管,有效遏制了非法超限超载运输。

1996年5月,运营中的西临高速公路收费经营权转让香港越秀企业集团,设陕西金秀有限责任公司运营管理,路政委托省高速集团负责。陕西省高速集团和省交通集团两个路政支队,不断加大对全省高速公路路产路权的维护力度,在保证道路畅通的同时,坚持不定期24h不间断对高速公路沿线进行巡查,查处了一大批损坏高速公路路产路权案件,为国家挽回了大量的经济损失,并出色地完成好各类重大保畅任务。特别是先后出色完成了"国家重要物资运输""汶川地震的抗震救灾""玉树救灾保畅"、每年的"清明轩辕祭祖"活动等重要保通任务,每一名路政人员用实际行动贯彻交通行业"三个服务"新理念,坚持"发展现代交通,奉献一流服务",保护与守候着全省高速公路全线的路产路权和道路的安全畅通。在工作中,他们不断创新管理理念,调整工作思路,创新管理方式,倾力打造陕西高速公路"文明执法"品牌效应,取得了明显成效。

2009年5月1日,陕西省政府颁布了《陕西省治理公路超限运输办法》,全省交通系统所属的各高速公路管理单位也都结合实际,进一步明确了治超法律法规体系,并不断完善治超规章体系,推进依法治超工作,各分公司结合实际均出台了相关加强治超工作的办法及制度,将治超工作进一步引入规范化管理轨道。全省高速公路实行"入口称重治超、出口计重收费"模式。高速公路入口处设置整体称重设备,对货车实现全覆盖称重检测。2011年陕西省对计重收费政策进行了调整,大幅提高了超限超载车辆缴纳通行费标准,有效切断了非法超限超载行为的利益链条。同时实行"收费治超一体化"新模式,入口将货车车牌号、轴数、车货总质量等信息写入通行卡,传输至出口收费站参考比对,消除堵塞倒卡、甩挂倒货等漏洞。考虑到称重设备误差,对超过标准3t以上货车坚决劝返,超限3t以内告知其质量超限后,按出口实测质量收费。据统计,超过超限超载认定标准的货车,95%以上自愿返回,全省高速公路超限率持续稳定地控制在0.2%以内,因超限超载引发的交通事故同比下降44%,未发生一起因超限超载造成的桥梁垮塌事故。陕西治超经验得到交通运输部充分肯定,高速公路"入口称重治超、出口计重收费"、路面源头治超"一超四究"、大件运输省界高速入口审批等经验和做法在全国推广。

三、隧道、桥梁等特殊路段的安全管理

秦岭终南山特长公路隧道双洞长度超过36km,是一座世界级的特长隧道。隧道建成后的安全运营管理也同样达到世界级的水平。隧道内发生事故的可能性会随着隧道长度的增加而增大,同时隧道建造在地理条件复杂的偏远山区,距两端的专业消防队都比较远,加上隧道空间狭小,纵深较长,车辆和人员难以疏散,发生火灾事故的后果极为严重,容易造成大量人员被困和伤亡。

陕西省交通运输厅、陕西省交通集团十分重视隧道的安全运营管理,坚持经常进行消防、医疗、交通事故等突发事故的救援保畅演练,不断提升和完善科学化的事故处置能力,从而形成了一整套行之有效的安全运营保障体系。

秦岭终南山隧道南口

隧道共设置3座通风竖井,最大井深661m,最大竖井直径达11.5m,竖井下方均设大型地下风机厂房,工程规模和通风控制理论属国内首创,世界罕见,隧道通风竖井被形象地形容为地球上最大的"烟囱"。拥有全世界高速公路隧道最完备的监控技术,每125m设置一台视频监控摄像机,两洞共有摄像机288台,是世界上高速公路摄像机安装最密集的路段。每250m设置一台视频事件检测器和火灾报警系统,对突发事件采用双系统全方位自动跟踪监控,并根据事件类型提供最有效的救援方案;设计水平世界领先,许多关键技术属国内首创。同时,还拥有目前世界上高速公路隧道最先进的特殊灯光带,缓解驾驶员视觉疲劳,保证行车安全。通过不同的灯光和图案变化,可以将特长隧道演化成几个短隧道,从而消除驾驶员的焦虑情绪和压抑心理,为亚洲首创。首次创造性提出策略管理理论,并运用了首套策略自动生成软件,在高速公路隧道管理理念中处于国际领先水平。对火灾、交通事故、养护等方面发生事件进行自动监测和管理,只要发生一个事件,策略自动生成软件就会自动生成相应的策略程序进行全方位联动指导,保证秦岭终南山高速公路隧道运营管理的准确性和可靠性。秦岭终南山公路隧道自开通运营以来,安全管理始终受到交通运输部、陕西省交通运输厅和交通集团的高度重视和关注。隧道分公司大胆探索、精细管理,初步形成了一套完善有效的特长隧道安全运营管理办法,并取得了显著成效。通车运营近10年,隧道累计通行车辆1900多万辆,未发生一起重大安全责任事故及重特大火灾事故,从未中断交通。

随着陕西高速公路建设标准的不断提高,特别是黄土高原、秦巴山区高速公路跨越山岭、沟壑与江河,加速全省不同类型桥梁、不同结构形式的隧道建设,建成了一批高墩、大跨径桥梁和超长、特长隧道。尤其是西汉、西康等高速公路形成多种桥梁群、隧道群或是桥隧相接路段。公路桥梁和隧道是公路重要组成部分,陕西的特大桥和长大隧道全部为1996年以后新建。特长隧道设计、施工与安全运营管理技术,高墩、大跨径连续刚构桥安全修筑技术等,分别达到国际先进或国内领先水平。

经过30多年的发展,陕西省内建成通车的高速公路隧道、桥梁遍布秦巴山区、关中平原和陕北高原,一大批隧道、桥梁成为典型工程。其中,包(头)茂(名)高速公路秦岭终南山公路隧道,单洞全长18.02km,双洞规模居世界公路隧道第一位;包家山公路隧道单洞长11.20km,紫阳公路隧道单洞长7.93km,长度分别居亚洲建成公路隧道第四和第五位。秦岭终南山公路隧道通风竖井,时为世界直径最大的公路隧道通风竖井。神(木)府(谷)高速公路永兴隧道,为全国首座大跨度双向六车道分离式黄土隧道,亦为开挖跨度和断面最大的湿陷性黄土隧道。黄(陵)延(安)高速公路洛河特大桥桥高152.50m,有"亚洲第一高墩"之誉;西(安)禹(门口)高速公路徐水沟特大桥单孔最大跨径200m,有"西北第一跨"之称;定(边)汉(中)高速公路五里坡连续刚构特大桥、咸(阳)旬(邑)高速公路三水河特大桥,最大桥高分别提至172m、191.50m。西(安)咸(阳)国际机场专用高速公路朱宏路互通式立交,为西北地区规模最大、等级最高的互通式立交。

陕西作为全国的隧道大省,隧道长度由过去的百余米发展到七八公里,甚至18km的特长隧道,桥梁也由几百米发展到几公里,甚至桥隧相连,并有一大批隧道群和高墩、大跨桥梁先后建成并投入运营。这就使得陕西在隧道和大桥的安全管理方面积累了许多宝贵的管理经验,取得如此成就的原因很多,其中最重要的一点就是加强了科学管理。公路隧道和桥梁的运营管理要比建设管理还要复杂。后期的养护和运营管理中,投入了大量的人力、物力和精力,以确保公路隧道和桥梁的交通安全和应急保畅能够做到迅速反应,快速处置。

第五节 应急救援

抢险、救灾、保畅,是高速公路运营管理服务社会和民生的重要任务之一。暴雨、洪水、冰雪、泥石流与地震等,是高速公路主要的自然灾害。

陕西的高速公路在应急救援中,一直发挥着极为重要的作用。陕西交通人不仅在高速公路上发生交通安全事故和滑坡或是冰雪灾害等突发事件中能够积极应对,在高速公路遭受水毁、冰雪、地震等重大自然灾害,突发重大交通拥堵事件等关键时刻,全省交通系统更能举行业之力,带领高速公路系统全体职工,全力以赴,抗洪抢险,除雪保畅,抗震救灾,力保高速公路的安全畅通。应对突如其来的"非典",做到疫情阻断、交通不断。应对"5·12"汶川特大地震,快速反应,果断决策,全系统紧急行动,奋力抢修受灾高速公路,全力确保西汉高速公路等经陕入川公路畅通无阻,有力发挥了抗震救灾的"生命线"作用。

按照加强公路应急抢险和保畅的要求,陕西高速公路运营管理加强防汛抢险与紧急反应能力建设。在重大公路灾害发生时,快速反应,紧急动员,迅速行动,全力投入抢险救灾和公路保畅。

一、完善机制,制定预案,应对各类灾情

陕西高速公路应急预案建设起步于2001年。之前,一般采取于汛期前发出通知进行部署安排的办法。在这之后的一段时期,全省高速公路应急保障,以应对汛期公路水毁等自然灾害为主,通常是高速公路运营单位临时成立应急领导机构,按照分工进行应急保障。特别是在2002年"6·8"抗洪抢险救灾中,精心组织,顽强奋战,迅速打通佛坪、宁陕、柞水等重灾区对外公路通道,有力保障了灾区抢险救灾和恢复重建。

2003年,在突如其来的"非典"事件应急过程中,全省高速公路运营单位按照省防控办的要求,积极行动,做好防控工作。陕西省高速公路各单位紧急设立主要领导负责的预防"非典"领导机构,统一指挥高速公路系统的应急工作。2003年4月18日,陕西省交通厅对全省道路运输防控"非典"工作再次做出部署,果断提出"疫情阻断、运输不断"的目标,确定"行业组织协调、政府组织领导、区内包干负责、区外合作配合、纵向落实、横向衔接"的工作原则,要求加大对全省各高速公路进出口疫情检测工作,全力做好全省高速公路的道路保畅。自4月下旬起,陕西省交通厅联合省公安厅、省卫生厅在全省主要高速公路出入境口设置防疫检查站29个,后增至38个,负责对入陕车辆进行消毒,对所载乘客和驾乘人员进行体温检测、登记。陕西省交通厅先后多次组织对高速公路出入口及服务区防控"非典"工作进行检查。据统计,2003年4月26日至7月20日,全省38个省际检查站,共检查出入陕境人员222.24万人次,出入境车辆消毒71.78万辆次,查出体温发热旅客104人,留观377人,有效预防"非典"疫情通过高速公路通行途径传播。

2003年应对"非典"之后,公路交通公共突发事件预案逐步建立和完善,高速公路各有关单位,按照应急预案规定,在加强应急队伍建设基础上,加强装备配备,开展应急响应、救援演练,提高应急响应能力,并经受实战检验。

2004年,陕西省交通厅先后制定《开展车辆超限超载治理工作期间道路运输保障应急预案》、《陕西省高速公路恶劣气候条件下应急管理暂行办法》等重大应急预案。应急预案主要内容包括:报告程序、应急指挥、应急车辆和设备储备以及处置措施等。在此基础上,2006年3月20日,陕西省交通厅发布《陕西省公路交通突发公共事件应急预案》,标志公路交通应急保障预案体系形成并基本完善。之后,有关单位相继编制实施城固汉江大桥、洋县汉江大桥、秦岭终南山公路隧道等3级重点目标保障方案,保障公路桥、隧重点目标的安全和有效替代,确保紧急状态下交通运输畅通。《终南山公路隧道突发事故应急预案》被省政府列为全省示范性方案。2005年8月,陕西省交通厅成立陕西省交

通应急管理工作领导小组,负责交通系统突发事件应急保障指挥协调。随后,各级高速公路管理单位和机构均成立了相应的应急保畅机构。随着公路交通应急保障体系的建立,应急保障补偿机制逐步完善。

二、注重实战,加强建设,应急保障到位

以高速公路养护管理、路政管理为依托,建立多支交通应急抢通保障队伍,确保在发生公路交通突发事件时,能够及时实施应急抢险保通工作。同时,选择具有一定规模的道路客、货运输企业,组建应急运输保障队伍,以保障各类重点物资、抢险救灾物资的运输和人员疏散。进一步加强应急能力建设,开展专业消防、救护常识、交通管制、道路抢通等专项技能培训,与相关部门联合开展各类应急演练,定期召开公路隧道应急管理、冬季应急保畅等应急联席会议,加强应急保障协同。

2007年7月3日起,西汉高速公路沿线地区普降大雨,路面工程和交通、绿化等附属工程一度受阻,控制性工程郭家山隧道的机电工程和隧道内装修等工程仍在加紧施工。4日下午,户县、宁陕段雨越下越大,涝峪河、汶水河水位剧涨。西汉高速公路建设有限公司立即启动防汛抢险预案,通知各标段紧急将人员和设备撤离到安全地带,公司领导分片负责,坚守一线指挥防汛。23时,宁陕县城拉响防汛警报,与此同时,通往郭家山隧道进出口的地方便道被冲毁,隧道洞口的个别小型机具被冲走,XH-26标白家坝隧道等处路段出现塌滑,宁陕段电力全部中断。在郭家山隧道XH-35A标段抢险现场,参建单位齐心协力、分工负责,全力抓好抢险工作,并尽快恢复工地生产,确保郭家山隧道早日贯通。

2008年8月18日23时许,秦岭山区突降特大暴雨,致西汉高速公路6处发生塌方、泥石流灾害,路面堆积巨石、淤泥达3.50万余立方米,熊家梁2号隧道、田坝隧道、香炉石隧道、龙王潭隧道、黑虎垭隧道等多处路段交通中断,沿途滞留车辆1300余辆。其中田坝隧道北口山体发生重大滑坡和泥石流灾害,1万余立方米泥石流夹杂巨石、树木,将香炉石、田坝、熊家梁2号隧道等3个隧道洞内外近3公里路面淹没,隧道洞内外路面、护栏、标志、照明设施等不同程度遭受损坏,两辆小车、两辆货车被淹埋,45辆汽车、400余名旅客被堵在田坝隧道内,西安与汉中的双向交通中断。灾害发生后,陕西省高速集团当即组织1000多名抢险人员、50余台机械设备,全力投入抢险。省交通运输厅厅长曹森、副厅长冯西宁等先后赶赴水毁现场,组织、指挥抢险。抢险人员在机械配合下,迅速疏通道路,解救被困群众和车辆。19日凌晨3时,将被困人员全部疏散出隧道并妥善安置。之后,立即展开路面清理,至当日15时,西安至汉中方向恢复车辆通行,路政人员和公安交警现场指挥,派出车辆带路,不到1小时便将滞留车辆全部疏散完毕。经抢险人员30多个小时奋战,20日11:00,西汉高速全线隧道内外路面淤泥、落石等全部清理完

毕,险情完全排除,全线恢复双向通行。

2009年以来,进一步完善和强化应急预案体系建设。根据交通运输部《公路交通突发事件应急预案》和陕西省政府工作要求,陕西省交通运输厅对应急预案体系进行调整、规范和进一步完善,除继续保留《陕西省公路建设工程重大事故应急救援预案》《陕西省开展车辆超限超载治理工作期间道路运输保障应急预案》《秦岭终南山公路隧道突发事故应急预案》3个预案外,将《陕西省公路交通突发公共事件应急预案》《陕西省道路危险货物运输事故应急预案》《陕西省突发公共事件道路运输保障应急预案》《陕西省公路运输力量动员预案》等另外6个预案,经修订合并成《陕西省公路交通突发公共事件应急预案(修订稿)》,并于2010年12月17日报经省政府同意,由省政府办公厅印发施行。修订后的公路交通突发公共事件应急预案,进一步明确应对各类交通突发公共事件组织体系、预防措施、运行机制、处置程序和善后处置等环节,规范交通突发公共事件应急工作流程,形成统一、规范、科学、高效的交通运输应急预案体系。

2010年2月,陕西省交通运输厅调整陕西省交通运输应急管理工作领导小组,下设应急办公室和10个应急工作组,包括高速公路运营应急处置组、高速公路工程建设应急处置组、道路旅客运输应急处置组、通信保障组、新闻宣传组和后勤保障组。在应急领导小组统一指挥下,以应急工作组方式高效、及时处置各地区、各单位交通突发公共事件,提升交通应急工作能力和水平。同时,规定交通突发公共事件的分类、分级及启动权限。到2010年年底,全省交通系统共有涉及防汛抢险、道路保畅、养护应急、路政应急、治超应急、内保应急和校园安全等应急队伍24支,有专(兼)职应急人员1.8万人。

抢险救灾现场

2010年7月中下旬至8月中旬,全省大部地区连续发生大范围强降雨,引发山洪、滑坡、泥石流等灾害。全省11个市(区)公路遭到不同程度毁坏,有4条高速公路损失严重。安康境内多处交通中断。商界高速丹凤至陕豫界、商漫高速山阳至漫川关段多处路基、路面、桥台、涵洞、挡土墙等构造物被冲毁,交通中断,沿线滞留车辆多达千辆。西康高速柞小段晏家河隧道北口发生塌方和泥石流灾害,800余立方米巨石将隧道口道路堵塞,最大一块约200m³,洞口桥面、护栏被砸坏,双向交通中断。灾情发生后,陕西省政府连续召开两次常务会议,紧急部署陕南3市抗洪抢险和全省防汛救灾及灾后重建工作。7月24日,副省长洪峰赶赴镇巴等重灾区,察看水毁灾情,指导抢险救灾工作。省交通运输厅、各市政府立即启动防汛抢险预案,迅速组织力量展开抢险救灾。省交通运输厅多名领导带领有关人员,赶赴一线组织抢险救灾;成立灾后恢复重建领导小组,组织开展灾情调查,落实抢通和重建方案,明确工作责任;组织建设、设计等单位对水毁高速公路受损设施及隐患进行调查、排查,总结经验教训。同时,要求举全行业之力,以抢险、抢通、修复的实际行动和明显效果,应对特大洪灾对交通基础设施造成的巨大损失。商界高速公路、商漫高速公路严重水毁发生后,中共陕西省委副书记、代省长赵正永、省军区、武警陕西省总队领导与省交通运输厅等有关部门负责人,赶赴商界高速清嘴梁隧道水毁现场,查看灾情,部署抢险工作,要求尽快抢通。陕西省交通运输厅厅长冯西宁,与省交通集团和有关专家现场研究、制定抢险方案。省交通集团分别成立商界、商漫两个抢险保通领导小组,从西安绕城、秦岭终南山公路隧道等8个分公司及重点项目施工单位,紧急组织50000余人、机械设备90余台,全力进行抢险。经连续36h紧张作业,共清理淤泥、沙石4万多立方米。7月25日15:00,商界高速丹凤至商南段恢复单幅双向通行,312国道及商界高速公路沿线10000多辆滞留车辆,在路政人员引导下,通过商界、商漫高速公路有序疏散。是日18:00,商界、商漫高速公路全线恢复通行。

2010年8月17日1:00,陕西省交通集团西镇分公司养护人员巡查时发现,西康高速公路晏家河隧道北口山体有滑塌迹象,立即安排专人观察值守,并实施交通管制。省交通集团组织专家现场查勘,制定排险方案。19日1:45和5:00,隧道北口山体先后发生两次塌方,致交通中断。按照预定抢险方案,省交通集团当即组织200余名抢险人员、57台机械设备,对塌方进行爆破、清理,当日18时恢复半幅双向通行。20日12:00,隧道洞口山坡巨石全部被爆破、边坡危石、路面等全部清理完毕,道路恢复双向正常通行。在高速公路水毁路段抢险同时,省交通集团、省高速集团组织人员,积极救助被困人员和车辆。商界高速丹凤服务区为被困6辆长途大巴的近200名旅客,免费提供早餐、午餐和药品,并打开服务区所有休息室,接待驾乘人员和旅客休息,累计救助3000余人次。商漫高速公路天竺山、山阳服务区、漫川关收费站,累计为被困人员免费发放馒头、方便面等食品价值1.3万余元,救助驾乘人员、旅客1700余人次。公路可单幅通行时,即安排路政车辆护送长途大巴安全通过抢险路段。

2013年7月22日,4:00开始,雨越下越大。8:00,西延高速公路,暴雨倾盆,水溢山碎,泥流狂奔,特大泥石流瞬间冲向西延高速。一段段路面被泥浆覆盖,一辆辆车被挡住去路,西延高速告急,通往革命圣地延安的高速大动脉中断……灾情面前,陕西高速人挺身而出,在省交通运输厅、省高速集团的坚强领导下,省高速集团西延分公司全体干部员工奋战一线,忘我工作,迅速打响了一场抢通西延高速的大会战。险情就是命令,时间就是一切,必须争分夺秒。西延分公司临时召开抢险专题会,第一时间启动应急预案,统筹部署人员机械调度、抢险组织、交通分流、后勤保障等各项工作。陕西省高速集团立即启动应急预案,组织人员、机械全力抢险,恢复交通。陕西省交通运输厅厅长冯西宁迅速赶赴现场,强调要迅速调集设备全力开展抢险救灾,在保证安全的情况下,加快抢通速度,尽快抢通道路。根据现场情况,西延分公司制定了抢险方案:以彦麦沟隧道为重点,在多个点位同时作业,各点位专人负责,统一组织。在临近下边坡、排水沟、河道区域,直接用机械推出路面,而在有些区域,则用卡车清运。机械作业后,再人工清理,最后清洗路面,摆放安全标志,恢复道路通行。那一刻,陕西高速人用行动诠释责任与担当。西延分公司千名员工合力抢险,支援的装载机、载重卡车、加油车,组成机械编队马不停蹄。一时间,机械轰鸣,人声鼎沸。装载机、挖掘机、铲车、载重卡车、消防车、钢板清洗车、洒水车、铁锹……所有能利用的工具,一切能调动的力量,都在全力抢险。在彦麦沟隧道南口,西延分公司全力攻坚,集中十几辆机械联合作业。

到22日16:00,除彦麦沟隧道双向进出口4处继续抢险外,其余滑塌路段已经抢通。正当人们欢欣鼓舞,进行最后抢险冲刺的时候,传来了坏消息——K642出现新险情,约600m的路面被厚厚的泥浆覆盖,并有新的泥浆不断涌入路面,恢复通车时间不得不推迟。一定要啃下这块硬骨头,争取早点恢复通车。天慢慢黑了,增加了抢险难度。此时,新的难题出现了!由于该路段处于山区,又受滑坡、泥石流影响,所有手机都没有信号。通信中断,在长达几公里的区域,各抢险点之间失去了联系。怎样随时掌握抢险情况?怎样做到统一指挥?集团公司领导和分公司领导乘车在各抢险点之间穿梭往来,掌握抢险进度,随时调整抢险方案。就在这样的重重困难下,抢险人员迎难而上,抢险工作取得关键性进展,22日23:50左右,彦麦沟隧道被抢通;所有人员立即全部投入到K642处抢险,23日2:00,K642延安方向抢通。此时,调运的近一千个防撞桶、锥形桶全部到位。抢险人员忘记疲劳,迅速在水毁路段摆放安全标志。终于,在23日4:00,延安方向单幅双向通行,其他路段正常双向交通通行。看车流奔腾,已经连续奋战20多个小时的人们露出了笑容。

三、救灾保畅,应急处置,发挥"生命线"作用

2008年5月12日14:28,四川汶川发生特大地震,陕西公路遭受严重影响。地震发生后,陕西省交通运输厅号召全省交通运输行业迅速应急响应,启动援助和交通保畅预案,举全行业之力在最短时间内开展道路抢通保通,为入川车辆运送救援物赢得了宝贵

时间。当时正在安康参加十天高速安康至汉中高速公路建设环境保障协议签订的省交通运输厅厅长曹森,当即打电话给副厅长王明祥,紧急部署公路险情排查与抗震抢险工作。要求推迟原定于13日在西安召开的全省农村公路工作会议,已报到的市(区)、县(市、区)交通局长立即返回,组织抗震救灾。省交通运输厅紧急电话通知交通系统排查公路险情,组织道路抢修。曹森从安康返回途中,一路察看沿线道路和桥梁毁损情况,一路部署交通系统抗震救灾,要求厅有关部门和省公路局、省高速集团、省交通集团领导迅速行动,排查险情,抢通受阻道路,特别要确保入川公路畅通。18:00,陕西省交通运输厅紧急会议决定,启动公路交通Ⅲ级应急预案,所有人员进入应急状态,随时应对突发情况。由省交通运输厅和省公路局领导分别带领6支抢险队,分赴宝鸡、汉中、安康组织抢险救灾。以通往四川方向西汉、西宝、108国道周城公路、316国道宝汉公路、212省道宝凤公路和姜眉公路等6条公路为重点,全力抢修,确保畅通。实行公路保畅责任制,陕西省公路局、省高速集团、省交通集团主要领导分别为所辖入川公路保畅工作第一责任人,带队巡查,现场指挥,确保救灾部队与物资顺利运输。13日凌晨开始,6条入川公路抗震救灾车辆全部免费通行,确保迅速通过。加强值班,确保信息通畅,做好应急处置。20时,副省长洪峰赶到省交通运输厅,做出公路运输保畅、公路设施排查、隐患消除和确保人员安全等指示,要求全力以赴确保西汉高速公路运输大动脉畅通,保证救灾物资车辆通行。之后,陕西省交通运输厅领导分别带领抢险队伍,赶赴公路抢险一线,指挥抢险保畅。

山体滑坡抢修现场

2008年5月13日,陕西省交通运输厅转发省政府关于切实做好抗震救灾,维护群众正常生活生产秩序和社会稳定紧急通知,要求全省高速公路、干线公路收费站点、治超检测站点立即开通抗震救灾绿色通道,全力做好运输保畅。用明传电报发出对全省公路进行震后隐患排查紧急通知,要求对所有高速公路、干线公路、农村公路全面排查,重点做

第六章
高速公路运营服务

好危桥险路、高墩大跨桥梁、长大隧道、高边坡、临江临河路段排查工作,及时妥善处置发现问题。陕、川两省山水相依。汶川特大地震波及陕西,全省9条高速公路、38条干线公路、715条农村公路不同程度受灾,边坡塌方、挡墙垮塌等路段7310处,路基沉陷519处;出现裂缝隧道35座、1.30万m,桥梁790座、8.26万m,涵洞463道,农村公路3道涵洞垮塌;27个收费站、2个服务区、776个道班和段站房裂缝或围墙倒塌。据不完全统计,共造成损失11.17亿元。尽快抢修受灾公路,特别是抢通经陕入川公路,成为全省交通运输系统抗震抢险当务之急。省交通运输厅要求实行"即堵即抢、即抢即通"的原则,以最短时间、最快速度,恢复道路通行,确保入川公路"生命线"畅通无阻。全省入川公路开通抗震抢险救灾绿色通道,确保抢险救灾人员与车辆安全、快速通过。全省交通系统近10万职工,五六千台机械设备,全力投入公路抢险,昼夜连续奋战。省高速集团成立保畅、抢险、排障、工程救险等6个分队,对入川高速公路逐段排查,严防死守。公路受灾较重的汉中市成立8个抢险突击队,全市11个收费站停止收费,职工全部投入抢险。冒着余震随时造成山体垮塌的危险,突击队员分线路进行排查整治,对四、五类桥梁、隧道由专人监控。有安全隐患的汉中汉江大桥、城固汉江大桥予以封闭,组织突击抢修。13日4:00,省境内入川受灾路段全部抢通,自5月13日凌晨开始,西汉高速公路等入川公路所有收费站,开辟抗震救灾车辆绿色通道,设专人值守,并提供行车指南。在西临高速公路进入西安绕城高速公路,西安绕城高速公路进入西汉高速公路沿线匝道口,增设37块大型、醒目的指路标志。通过电视、广播、报纸等媒体,公路沿线可变情报板等载体,滚动发布沿线路况信息。公路路政、养护与公安交警沿线交叉巡查,联勤联动,疏导交通,引导和确保抗震抢险救灾人员、车辆安全、顺利通过。西汉高速公路全线1300名员工全面投入救灾保畅工作。在检查并确认全线140座桥梁、130多所隧道安全、完好的基础上,组织600余名路政、治超、养护人员,现场24h值班疏导交通,保证西汉高速公路畅通无阻。西潼、西汉高速公路沿线华山、良田、秦岭、勉县、洋县等服务区,以做好抗震抢险救灾人员、车辆保障服务为中心,设立服务站和医疗救助点,配足食品和油料,免费为抗震救灾人员提供热水、饮用水、毛巾、修车工具和药品,提供24h餐饮、食品和车辆加油、维修等服务,并免费为解放军战士、武警官兵、医护人员和抢险救灾的车辆人员提供就餐,为军车提供油料。秦岭服务区是抢险救灾人员短时休息的重要过路站,在超负荷接待抢险救灾人员和车辆的情况下,千方百计克服困难,保证随时赶赴一线的抢险救灾人员吃上四菜一汤,并让北方口味的抢险救灾人员能吃上面条和蛋汤。由于抢险救灾人员赶路时间紧,米饭和热菜有时来不及吃,服务区餐厅就改做包子和花卷,方便他们快速就餐和路上携带,其周到和热情,为过往抢险救灾人员所称道。因此,秦岭服务区"抗震包子、保畅面、爱心花卷、宽心汤"不胫而走。保障西汉高速等入川公路畅通无阻,牵动着各级领导的心。5月17日,中共陕西省委书记赵乐际赴汉中检查慰问途经西汉高速汉中东收费站,看望公路交通职工,并对西汉高速救灾保畅给予充分肯定。18日,省长袁纯清赴西汉高速秦岭服务区,视察抗震救灾保畅情况,慰问坚守保畅一线的员工,要求再接再厉,继续做好"保畅通、保安全、保供应"工作。

奋力抢险

2008年5月21日,中共中央政治局常委、中央书记处书记、国家副主席习近平,在视察陕西抗震救灾,听取中共陕西省委、省政府工作汇报后作重要讲话时指出:灾情发生后,你们就把保证入川道路畅通作为首要任务,及时排险修复了损坏路段。对经公路由西安、汉中方向的救灾车辆和运输返乡民工班车一律免费放行。西汉高速公路充分发挥了救援"生命线"的作用,为挽救灾区受灾群众生命赢得了宝贵的时间。截至7月底,西潼、西汉高速公路所辖服务区,共接待抢险救灾人员与志愿者等85.67万人次,抗震救灾车辆24.09万辆次,免费提供矿泉水、方便面等食品和油料等,共计价值76万多元。自"5·12"抗震抢险救灾保畅以来至7月底,全省6条入川公路,共免费放行救灾车辆223万辆次,免收公路通行费6600万元。随着公路交通应急保障体系的建立,应急保障补偿机制逐步完善。"5·12"汶川特大地震抗震抢险救灾物资抢运完成后,由四川省交通厅拨付陕西抢险救灾物资运输专项补助费94.99万元,陕西省交通运输厅责成厅运管局,按调集车辆、平均吨位、运行天数等情况,分配并拨付参与的运输企业或车主。

2010年4月14日,青海省玉树县发生7.1级特大地震,陕西省交通运输厅启动保通保畅应急预案,陕西省公路局、省高速集团、省交通集团等单位应急响应,实施应急措施。从预备抢险物资,组织抢险队伍,重点监管通往兰州方向的公路,确保畅通无阻。关中公路环线、西安绕城高速公路,设置临时性指路标志,引导抗震救灾车辆顺利通行。利用电视、报纸等媒体和公路沿线可变情报板,发布抗震救灾物资运输路线、方向及高速公路通行信息。开辟救灾运输专用车道,免费放行救灾部队和抗震救灾物资车辆。高速公路服务区对救灾部队车辆和人员提供免费餐饮服务,协调铁路、航空部门建立立体抗震救灾应急体系,确保人员、物资调运畅通。经全省公路交通职工努力,通往灾区公路保持畅通无阻,道路运输保障得力,充分发挥了高速公路"生命线"的作用,受到各级领导一致好评。

第七章
高速公路文化建设

文化是一种精神,

文化是一种传承。

陕西高速公路文化见证着高速公路的建设速度,承载着区域经济发展的历史足迹。与时俱进是陕西高速公路不断发展、不断创新的特征;团结奋进是陕西高速公路勇攀高峰、攻坚克难的力量;无言大爱是陕西高速公路默默奉献、默默承受的动力,这是高速公路又好又快发展的重要精神支柱,是高速公路的建设步伐中所蕴含的精神力量。

高速公路文化又不仅仅只是属于交通的文化,他根植于绵延千年的古代传统文化之中,生长绽放于波澜壮阔的当代先进文化之巅。如果把视野从一条条公路扩展开去,他就像是一个展现陕西发展、宣传三秦文化的窗口;他又像是一条纽带,把丝绸之路的各种文化连接在一起;他更像是一台播种机,把希望一点点地播撒开去,播种希望、播种未来。

改革开放近四十年来,陕西高速公路缩短了沟通联系的空间,加快了时代发展的步伐。正如溪流终归奔入大海一样,通过这些高速公路,将陕西文化汇聚淬炼,逐渐形成了改革开放中独具一格的陕西交通人敢于开拓、勇于进取、不断创新的精神。

第一节 文明创建与成果

2011年12月20日,全国精神文明建设表彰大会在北京隆重举行,李长春等党和国家领导同志出席大会并为获奖单位颁奖。陕西省交通运输厅机关荣获"全国文明单位"荣誉,成为陕西省政府组成部门中唯一获此殊荣的厅局。厅长冯西宁代表陕西省获奖单位上台领奖并与中央领导同志合影留念,这一幕让陕西交通系统的干部职工感到骄傲和自豪。

一手抓交通运输建设和发展,一手抓行业文明建设,使交通建设、交通服务与交通精神文明建设齐头并进、跨越发展,陕西交通人说到做到。时任厅党组书记的曹森多次强调,要把精神文明建设和交通各项业务工作紧密结合、齐抓共管。他在多个场合提到,只知道抓业务不知道抓行业文明建设和队伍建设的领导干部不是称职的干部。省交通运输厅厅长冯西宁每次调研、布置、检查工作时都把精神文明建设作为工作重点之一,坚持用精神文明提升管理水平,把精神文明建设和交通运输建设、管理、服务紧密结合,理顺了发展思路,丰富了发展内涵,大涨了行业士气,实现了物质文明和精神文明的"双丰收"。

陕西省交通运输厅(机关)荣获中央文明委"全国文明单位"称号(冯西宁厅长领奖)

积极有效的文明创建工作让高速公路建设从单纯的建设逐步走向注重规范、施工文明、生态建设的道路,使一条条高速公路成为陕西经济运转的大动脉,让三秦百姓走得了、走得好,为陕西高速公路提升了文明建设力度、增强了道路服务水平。

一、创建活动

伴随着陕西第一条高速公路的诞生,文明创建工作从最初的创建文明单位、文明车站以及思想政治工作等方面,逐步向拓展服务领域、提升服务质量迈进。

1989年,原陕西省高等级公路管理局,提出"文明服务是高等级公路管理的永恒主题",以及"收费先问好,纠违先敬礼,来人先请坐,正人先正己"的文明服务要求,之后在不断地发展进程中又培育形成了"管理就是服务""从方便管理者到方便使用者""建一流高速公路、创一流服务水平"等理念。

1990年12月27日,陕西省第一条高速公路,也是中国西部第一条高速公路西临高速建成通车。翌年12月,陕西省交通厅首次召开"两个文明"建设工作会议,以"服务人民、奉献社会"为宗旨,将精神文明列为全省交通系统两个文明建设重要内容之一。

此后的十年间,随着公路交通改革不断深入,市场经济体制逐步建立,公路交通加速发展,按照培养"四有"交通职工队伍的要求,陕西省交通厅将职业道德建设列为思想政治工作和精神文明建设内容。1997年6月,在西安召开的全省交通系统创建文明行业大会提出创建目标、任务和举措。相继颁布文明公路收费站、文明公路评定考核标准,文明行业实施细则,并签订创建目标任务书,推进文明创建规范化。全系统以"文明窗口"、文明收费站、文明道班、文明样板路和文明路政管理执法创建为载体,开展诚信交通、"树文明新风,送亲情温暖,旅客满意在运营"优质服务竞赛等专项活动,推动创建活动深入开展。陕西省高速公路建设也从自己工作特点和对职工道德规范要求出发,在稳步发展中制定了高速公路收费人员职业道德规范,并组织宣传、培训,大力宣扬先进典型,树立职业道德标兵,提升从业人员素质,为后来的各项文明创建工作奠定了坚实的基础。

"十五"期间,陕西省交通系统努力创建文明行业会议,制定行业精神文明建设规划,并确定在2010年建成部级文明行业。为此,2002—2005年,全省交通系统各级组织加强创建文明行业研究,制定创建标准,以"三学四建一创"(即深入学习包起帆、华铜海轮、青岛港等先进典型;建设"交通基础设施优质廉政工程""交通行政执法素质形象工程""交通运输通道文明畅通工程""交通运输企业安全效益工程";创一流工作业绩),中央精神文明建设指导委员会、全国爱国卫生运动委员会倡导的"三讲一树"(讲文明、讲卫生、讲科学,树新风)及"文明优质服务在交通""诚信建设年"等活动为载体,广泛开展"青年文明号""文明工地""文明监理单位"等创建活动。

"十一五"期间,陕西交通发展的航船,在挑战中前行,风举帆张!陕西交通运输厅以优化交通服务内容、提升服务质量为目标开展文明单位、文明公路、文明收费站、文明服务区、文明治超站、文明客运班线、和谐工程创建;打造了收费系统"微笑服务"、公路养护"三化"、运输行业"情满车厢、舒心旅途"、交通服务热线"12122"和高速公路服务区"温馨驿站"服务品牌;组织"驾乘满意在陕西"主题活动,在全行业开展"一诺千金、打造诚信交通"活动;推行"一站式服务"等便民措施;开展窗口服务人员"文明礼仪"竞赛,编撰《陕西高速公路行车指南》……"服务规范、设施先进、环境优美、群众满意"已经成为陕西交通运输行业文明建设的标准。陕西交通人奋力前行,苦干实干,用大追求、大气魄、大动作、大创新修筑幸福路,书写了跌宕起伏、催人奋进、温暖人心的答卷。省交通运输厅坚持把精神文明建设、宣传工作和交通运输建设、运营、管理的中心工作紧密结合,开展了八项文明创建,开展了"微笑在红亭、满意在高速"和"驾乘满意在陕西文明服务年"等主题活动,有针对性地提高服务意识、优化服务质量。省高速集团、交通集团落实资金,细化工作,坚持抓路况、抓环境、抓服务,提升了文明公路的水平,引进现代酒店管理模式,开展服务区星级化建设,改进和优化服务区文明建设;厅收费中心增强培训,坚持标准,加大文明收费站建设力度。治超工作中坚持严格执法、规范治超,扎实推进文明治超站建设。各级文明办持续加大明察暗访力度,构建文明创建动态管理机制;运管部门在西汉高速客运班线推行航空式服务,实施精细管理,成为客运文明服务的标杆;厅文明办与收费中心联手推动12122服务热线建设,方便群众,服务社会,受到广大驾乘人员欢迎。全省高速公路系统开展"学先进、树新风、创一流"活动,选树一批先进典型,行业上下形成学先进、敬模范、争一流的良好风气。品牌建设,让老百姓在享用交通运输服务时更方便、更舒心、更满意。这个时期,省厅以实施"55311"工程为引领,有力促进了高速公路部门行业文明程度和干部职工素质持续提升。

微笑相迎

2012年,陕西省高速公路全面推行了收费站星级化管理,各高速公路经营管理单位高度重视,积极部署动员,全面开展创建活动。同年11月,陕西省高速公路星级收费站管理现场考核工作全面开始。"十二五"期间,陕西交通运输系统持续推进24字核心价值观进机关、进基层、进服务场所活动,利用户外广告牌、高速公路跨线桥、电子显示屏和服务区、收费站、各级机关办公场所宣传核心价值观、"中国梦"、播发"讲文明、树新风"公益广告。在全系统100%的单位建立完善"道德讲堂"活动阵地,各单位领导班子带头参加,将身边人的先进事迹引入"道德讲堂",通过看得见、学得到的"平民英雄"和"凡人善举",宣扬道德风尚。开展了为期100天的"文明服务在陕西"竞赛活动,让核心价值观渗透在日常工作中。

2015年,陕西省交通运输厅率先成立"陕西交通运输志愿服务联合会",成为全省第一家行业志愿服务联合会。积极发动各单位成立各类志愿服务队54个,在100%的一线窗口单位设置志愿者服务台,截至11月底,全系统在民政部门正式注册的志愿者达15000余名,建立起交通运输行业志愿服务组织基础。结合春运、黄金周、清明祭祖等重大节日和重大活动,在人流密集的重点路段、车站等窗口单位成立"文明服务""应急保障""缓堵保畅"志愿者服务小分队,为过往驾乘人员提供服务。陕西省交通运输厅还与省文明办、省公安厅联合开展"文明出行"美丽交通百日公益活动,参与人数超过100名的大型志愿服务活动200余次,陶冶了职工情操、拓展志愿服务内涵。

在陕西省交通运输厅(机关)成功创建"全国文明单位"的基础上,2014年,省高速集团、省交通集团、铜川公交公司和省交通集团商界分公司4家单位获"全国文明单位"称号,成为全省获同届"全国文明单位"称号单位数量最多的行业。"十二五"期间,全行业共涌现出部级文明单位9家,部级文明示范窗口12个。创建省级文明单位标兵15家,省级文明单位 43 家。共命名厅级文明路 10 条,厅级文明农村路 39 条,厅级文明治超站 40个;高速公路五星级服务区 4 对,四星级服务区 21 对;四星级收费站 60 个;四星级汽车站 6 个;厅级文明示范窗口 15 个。通过几个层次的评选,拓宽了创建载体,构建了从下到上、从基层到机关的群众性创建平台,大幅度地调动了各个层面职工参与创建的积极性。

与此同时,还持续开展"微笑服务 温情一路""温馨驿站 真情如家""情满车厢 舒心旅途""三心服务 畅行陕西""交通热线 尽享方便"五大服务品牌建设,明确服务标准、树立服务标杆,全行业服务品牌体系基本形成,以优质高效的管理和服务,营造了"畅、安、舒、美"的交通环境。省高速集团打造山区高速公路运营管理典范工程,西汉高速公路有限责任公司"一路温馨 飞越秦岭"文化品牌荣获"全国交通运输十大文化品牌"提名。这一时期,全行业共有 2 人获评"中国好人",5 人获评"陕西好人",1 人获评"2014 年度感动交通十大人物",1 人获评全国劳模,同时产生部级精神文明先进工作者 2 名,部级文明职工标兵 10 名。

作为陕西高速公路建设的主力大军,两个高速公路建设集团的文明创建工作,也随着全省高速公路的发展进行了积极的推进,一手抓高速公路建设和发展,一手抓精神文明建设,文明创建设工作走在全省交通行业前列。

陕西交通支援青川灾区公路抢通保通突击队获得中华全国总工会颁发的工人先锋号荣誉称号

省高速集团早在 1989 年原省高等级公路管理局时期,就在实践中总结提出了"管理和服务是高速公路建设管理的永恒主题""集中统一 高效特管""快捷舒适 安全畅通""乘客至上 服务一流"等企业管理思路,之后不断发展并培育形成了"创建精品是企业生命""创新管理是企业动力""培育人才是企业根本"的建设理念和"管理就是服务""从方便管理者到方便使用者""建一流高速公路 创一流服务水平"的运营管理理念,在全体员工中确立了"服务人民 奉献社会"的企业宗旨。在此基础上,省高速集团建设的多条高速公路先后获得四项国家大奖。2005 年被授予全国企业文化建设先进单位称号;2006

年所辖西汉高速公路有限责任公司被授予全国交通企业文化优秀成果卓越绩效奖,为创建交通行业特色企业文化进行了积极有益的探索。2006年改制以后,集团进一步将企业文化建设纳入总体发展战略规划与其他各项工作同部署、同落实、同考核,并结合机构和岗位设置明确了具体工作部门和责任人,自上而下进一步健全完善了党委、支部统一领导,主管部门组织协调、职能部门分工落实,工会、共青团、妇女组织密切配合的企业文化建设工作体系,进一步确定了"和谐、创新、高效、卓越"的企业精神,形成"建精品工程、创优质服务、不断超越、再创辉煌"的共同价值观。并以创建全国文明单位为龙头,以提升企业软实力为重点,狠抓员工队伍建设,深化文明创建工作,加强企业文化建设。先后获得省级文明单位称号、省级文明单位标兵、全国交通运输文化建设优秀单位称号以及全国交通运输行业文明单位称号;同时还成功承办第二届全国交通企业文化建设论坛,文化建设经验在全国进行交流。截至2016年底,集团共建成国家级创建文明行业先进单位1个,全国工人先锋号4个,全国三八红旗集体3个,全国巾帼文明岗3个,全国交通行业(系统)文明示范窗口5个,全国、省部级文明单位(标兵)38个,全国、省级青年文明号25个,全国、省部级劳模、先进个人19人,建成省级文明路1200多公里。

西安至汉中高速公路

陕西交通集团自2006年成立以来,就着力深化群众性精神文明创建这一载体,不断提高整体文明程度和员工文明素质,先后制定《交通集团年度精神文明建设工作安排》,印发《精神文明建设管理办法》;严格实行考核奖惩;建立完善文明创建工作领导机制、奖惩机制、目标机制、监督机制等,推进创建活动规范化、科学化;深化文明创建;坚持行业和地方两个创建并重,积极参与文明城市、卫生城市等创建活动;以基层服务窗口为主,严格按照创建考评标准和服务管理状况,开展星级服务区、星级收费站、文明治超站、文明公路等各类行业文明项目创建,形成了上下协调、目标明确、共同推进的创建格局,创建成果丰硕。进入"十二五"以后,集团确立"创先争优树典型,精细管理上水平,文明服务上台阶"

的创建文明单位主线,融入中心、强化核心、凝聚人心,把服务中心工作、服务基层一线、服务人民群众作为出发点和落脚点,激励以及引导广大干部员工履职尽责创先进、立足岗位争优秀、文明服务上台阶;结合建设、运营、经营、机关工作实际,分别确立"五化一提高""五优一满意""两拓展两提高""三化一提高"等活动载体,切实提升广大驾乘和人民群众满意度。实施"创岗位奉献先锋""创群众满意窗口""创优质服务品牌"等主题实践,集团80%的服务窗口建立"党员示范岗""团员示范岗",开展"党(团)员承诺"活动,提升文明服务"窗口"形象。开展五星级文明服务评定,涌现出了一大批"征费能手"和"服务明星",呈现出服务工作"比、学、赶、帮、超"的浓郁氛围。截至2016年,省交通集团所属分公司,80%以上建成市级以上文明单位,其中省级文明单位6个、文明标兵单位4个。建成全国交通行业文明单位2个,部级文明示范窗口4个,省级文明路2条,厅级文明路14条,星级收费站133个,星级服务区20个,文明服务水平显著提升。交通集团先后被授予陕西省文明单位标兵、全国交通运输行业文明单位、全国五一劳动奖状。

二、创建成果

交通是一种沟通、连接和交流,高速公路文化的实践者和创造者正是在这样的沟通与交流中拓展和丰富自己,通过准确化、科学化、具体化、形象化、生活化的创建活动,营造出现代公路交通文化的气质、情操和神韵。

1. 绿色生态

2006年8月11日,中央电视台在西安至汉中高速公路秦岭段的建设工地采访时,特别将"环保"作为了新闻报道的亮点,称赞其修筑是现代化文明与自然山水融合。"施工不破坏水源,修路少毁坏山林",这也是陕西省交通厅在这一年对全省高速公路建设提出的要求。与此同时,黄陵至延安的高速公路两边,也利用修路弃土造出的1800亩农田种上蔬菜等农作物;全长116公里的榆靖沙漠公路也成了毛乌素沙漠中的绿色走廊;勉宁高速公路全程被林木包围,一个绿色的高速公路网在三秦大地不断延展。

同年,为避免快速建设带来的环境破坏,陕西省出台了一系列公路建设的环保措施,要求设计单位淡化"极限指标",增加"绿色环保"的设计,对施工单位则建立起了环保施工档案,在工地设立工程环保监理,并要求绿化项目与公路主体工程同时完工。自此,陕西交通开始为全省的高速公路建设插上了绿色腾飞的翅膀,在每一条路的设计文件中,从自然地貌、气候生物、山水韵致与公路设计的一致性,到栽什么树、种什么草,对弃土(渣)场的恢复和利用等,都有切实可行的操作说明和要求。在施工单位撤场时,也要求所有场地必须恢复生态,不留尾巴,为后续环保、水保验收扫清障碍。

伴随着高速公路的日益延伸,"外科手术式"的公路建设模式已经一去不返,路与自然和谐、路与人文和谐,已成为陕西高速公路建设的显著特点。从利用修路弃土造出

1800亩农田并种上蔬菜等农作物的黄延高速公路,到优化设计、用沙子建造路基、用绿化稳沙固沙的毛乌素沙漠"绿色走廊"榆靖高速公路;从应用喷射厚层种植基材绿化技术,使路线全程被林木包围的勉宁高速公路,到将现代化文明与自然山水融合的西汉高速公路;从采用土壤菌永久绿化法、真正实现复绿"零养护"、永久性复绿、100%的绿化的十天高速公路安康至汉中段,到大面积使用泡沫沥青冷再生技术改扩建、充分利用废旧沥青节能环保减排的连霍线潼关至西安高速公路改扩建;从在服务区实施"中水利用"、使用太阳能和空气源热泵联合热水供给系统,到长大隧道采用合理布设照明灯具的办法节约照明用电;从使用高压钠灯、引入隧道照明智能控制系统的宝汉高速公路汉中至陕川界段,到首次在路基填筑、路面设施等建设中大规模综合利用建筑垃圾再生材料的西咸北环线,一个绿色的高速公路网正在三秦大地铺开。

作家常智奇在了解到陕西高速公路建设对绿色环保方面做出的努力后说:"在高速公路建设中将生态环境保护转化为自觉行动,培养了广大干部职工崇尚自然,热爱生态的情操;将生态文明的理念渗透到施工的各个环节,生活的各个层面,增强了参建人员的忧患意识和责任意识,形成了人与自然和谐、路与自然和谐的良好局面。"

2. 文明路

陕西文明路创建始于1992年,包括省级和厅级,最初的文明路大多数还只是在干线公路中评选。1994年,西临高速公路成为陕西交通创建的第一条省级文明高速公路。1996年9月11日,西宝高速公路被陕西省委、省政府授予省级"文明公路"的光荣称号。2000年,临渭高速公路也创建为省级文明路。

"十五"期间,陕西省交通厅开始致力于交通运输通道文明畅通工程建设,创建部级、省级、厅级、市级等4个级别文明样板路。部级、省级文明样板路由省公路局组织、各高速公路经营单位协同完成。通过创建活动,全线路况质量明显提高,路域环境全面改善,行车安全性大幅提升,服务意识显著增强,取得了较好的社会效益与经济效益。期间,全省建成部级文明路1条、316km,省级文明路5条、1465.80km,厅级文明路18条、850km,到"十五"时期末,全省部、省级文明路达到4066km。

2006年,作为"十一五"的开局之年,陕西省精神文明指导委员会办公室(以下简称"省文明办")加强了省级文明路创建指导和管理,创建工作由省文明办统一组织,陕西省交通厅负责创建工作。据此,陕西省交通厅制定实施细则及考核标准。之后,随着陕西交通进入跨越式发展,高速公路步入了加快建设阶段,省级文明路创建开始以高速公路为主。靖安、榆蒙、西禹等高速公路相继开展文明路创建活动。2007年命名靖安高速公路等12条公路为全省交通系统文明路。2008年西汉、延靖高速公路创建为省级文明路,吴靖高速公路创建为厅级文明路;2008年年底,省高速集团根据《陕西省级文明路创建标准》的相关要求,从发挥整条道路资源优势的角度出发,打破先例,积极创新,首次提出以整条线路为单位创建省级文明路段,并为此做了积极的努力。启动创建京昆高速公路陕西境千里文明路活动,以"建一流路况、创一流服务、树一流形象"为目标,以"微笑服务""科学养护""文明执法""温馨驿站"服务品牌创建等为载体,从提高文明服务、弘扬路域文化、加强运营管理、强化宣传力度等方面,加大投入,加强硬件和软件建设。沿线各分公司组织"星级收费站"评定,创建"靓美路段""安美隧道""星级服务区",完善公路沿线绿化,开展违章建筑、非公路标志标牌专项治理,完善收费、治超、交警、公安等多方联动治超机制,提升运营、管理、服务水平与形象。2008年12月至2009年12月,西禹高速公路也开展了千里文明路创建活动,并荣获省级文明公路称号。2010年1月,京昆线陕西段被中共陕西省委、省政府授予"省级文明公路"称号。同年,蓝商、商界两条高速公路相继创建为厅级文明路。到"十一五"末,全省部级文明路4条、1779km,省级文明路25条、3000多公里。

继京昆线陕西段等多条高速公路创建省级文明路之后,陕西的高速公路文明创建活动开始由省级向厅级延伸和普及,面对日益发展的交通需求,人们对文明路的要求更高。至"十二五"末,文明路的创建由省级转向厅级。机场分公司机场高速公路、青兰高速公路陕西境、西商高速公路、十天高速公路石泉至白河段、榆绥高速公路等10条高速公路相继创建为厅级文明路。

西安至商州高速公路

3. 文明窗口

交通运输行业作为一个服务行业,窗口服务是它的责任与担当。1997年4月,陕西省交通厅部署创建文明收费站。1999年,文明窗口创建增加了路政执法单位和公路养护。同年起至2005年,陕西省交通厅制定各类创建考核标准,各窗口单位根据各自特点,改造硬件设施,优化工作与生活环境,健全各项规章制度,加强职工培训,提高服务质量,全面开展创建活动。至2005年底,陕西省高速集团华阴管理所率先被交通部表彰为全国交通行业文明示范窗口。

2006年,陕西省交通系统文明窗口创建扩展到高速公路服务区。2007年9月6日,陕西省交通厅文明办等单位在西安举办了全省交通系统文明收费服务技能竞赛活动。2009年,文明窗口创建在文明收费站、文明服务区、文明客运班线的基础上,增加文明治超检测站。全省高速公路收费站开展"微笑在红亭,满意在高速"活动;客运站场营造整洁舒适环境,强化优质服务,高速公路服务区按照环境园林化、管理酒店化、服务人性化、文化特色化进行建设和管理。到2010年,陕西交通集团西长分公司机场管理所六村堡收费站、省高速集团西宝分公司宝鸡收费站、省高速集团宁陕服务区、西安绕城高速汉城服务区、西安城西高速客运服务有限公司等23个单位,创建为全国交通运输行业文明示范窗口。全省交通系统共建成文明收费站、治超监测站、客运站、公路服务区115个。至"十二五"末,90%以上的高速公路服务区达到三星级以上创建标准,四星级以上服务区达34%。

2012年,陕西省高速公路全面推行收费站星级化管理,同年11月,全省高速公路星级收费站管理现场考核工作全面正式开始。星级化管理创建主要包括服务设施设备、队伍建设、业务管理、工作规范、站务管理、文明服务、精神文明建设、工作考核八方面内容。2013年至今,陕西省交通运输厅文明办和省高速公路收费管理中心加强高速公路星级化建设业务指导工作,各高速公路经营管理单位,以"发展现代交通,奉献一流服务"为宗旨,以"双星创建"为载体,以"为驾乘服务,树行业新风"为目标,明确落实工作责任,成立工作机构,建立健全工作机制,制定完善工作方案,建立起配套考评、奖惩办法和工作细则,确保星级评定工作全面开展,提升了管理和服务水平,选树了一批行业服务标杆,收费人员业务技术素质全面提高,进一步强化了高速公路收费人员服务态度、服务规范、业务技能和服务质量。

"十二五"期间,陕西高速公路领域通过开展高速公路服务区、收费站、汽车客运站3项重点窗口单位星级创建工作,提升全行业窗口服务效能,营造"畅、安、舒、美"的交通环境。2015年10月份开展的全国高速公路服务区质量等级评定工作中,陕西省共有金丝峡服务区、三原服务区、蓝田东服务区和武功服务区4对服务区入选交通运输部首届"全国百佳示范服务区",另有16对服务区入选"优秀服务区"。2016年,陕西交通投资2000余万元进行高速公路服务区升级改造,举办了全省高速公路服务区"温馨驿站 真情如家"品牌技能竞赛,进一步提升了服务区从业人员专业技能和综合业务素质。

4.品牌服务

品牌是观众的长期认可,是服务的高级形态。2008年,陕西省在加快建设高速公路建设同时,积极推进五大服务品牌战略,努力用先进的行业品牌文化推进改革发展,提高全行业的创新能力,不断营造出"有竞争力、有吸引力、有影响力、有凝聚力"的发展环境。

"我宣誓:积极投身交通文明服务年活动,开展微笑服务,展示良好形象;提供星级服务,打造温馨驿站……"2010年1月28日上午,在西安绕城高速公路曲江服务区,陕西省交通运输厅党组书记厅长曹森、交通运输部文明办副主任谷秀英和省文明办副主任沈卡利共同按亮启动球,标志着我省交通运输系统"驾乘满意在陕西"交通文明服务年活动正式启动。通过在全省交通运输、路政执法、公路治超、公路收费、服务区全面开展文明服务活动,提升服务水平和服务效能,实现了交通运输大发展,文明优质服务大提升,使广大驾驶和乘客出行满意在陕西。

为深入贯彻落实交通运输文化建设"十百千"工程,构建具有鲜明行业特色和时代特征的陕西交通运输行业品牌建设,进一步提高"三个服务"的能力和水平,全面提升陕西交通运输行业发展软实力,树立交通运输良好形象,省交通运输厅结合行业发展和品牌创建实际,特别制定了涵盖"微笑服务""温馨驿站""情满车厢 舒心旅途"以及"12122"等品牌的《陕西省交通运输厅行业品牌建设实施方案》。该方案紧紧围绕厅党组提出的"发展现代交通、奉献一流服务"这个主题,以践行交通运输行业核心价值体系为主线,以"学先进、树新风、建体系、创一流"为抓手,着力构建充满活力、富有成效、更具典型的行业品牌创建体制机制,为推进陕西交通运输科学发展、加快转型提供良好的文化支持。

在品牌服务创建阶段,陕西高速集团在其发展历程中,凝聚和积淀了高速公路行业特有的价值观念和企业风格,形成了独具特色的文化体系。2007年3月,陕西高速集团率先提出在运营收费岗位开展"微笑在红亭,满意在高速"文明服务活动,通过举办技能竞赛和演讲比赛活动,充分展示了集团公司运营管理队伍过硬的综合素质、良好的精神风貌和崭新的团队形象,全面反映出集团在狠抓规范化收费管理,提升运营管理和服务水平方面取得的显著成效。该活动受到社会各界的普遍好评,得到省交通运输厅的充分肯定和推广。2008年7月,集团公司明确提出将"微笑在红亭,满意在高速"文明服务活动从收费岗位进一步扩大延伸到路政、治超、养护、服务区等运营管理各个领域,在各运营线路打造"微笑服务""温馨驿站""文明执法""科学养护"四大服务品牌。2014年11月27日,由中国公路学会主办的第二届全国高速公路服务品牌年会暨第八次中国高速公路新闻宣传工作会议在广西南宁召开,西渭分公司渭南西管理所监控员封东玲凭借出色的业务技能荣获"最美中国路姐"荣誉称号。

陕西交通集团则坚持把文明服务作为重要内容和重要目标,积极打造一流路况,提供一流服务。落实"发展现代交通、奉献一流服务"理念,印发《一流服务标准》,量化工作指标,着力打造"微笑服务""温馨驿站""科学养护""文明执法""安全畅通"五大服务品牌;围绕迎国检、迎世园等,深入落实"文明交通出行计划",在绕城、机场、西长高速广泛开展"文明微笑迎世园、全心服务展风采"志愿者服务活动,开展"服务保畅——2011收费站防堵演练""交通集团收费服务技能比赛"等活动,投资完成重要路段、站点环境整治和美化绿化,改善服务流程,创新服务手段,推行文明礼仪,提升服务水平,赢得社会好评。开展文明服务活动,建立了高速公路服务质量评价体系,将服务质量评价结果与集团对各部室、运营单位工作目标考核有机结合。拓展服务内涵,体现服务特色,广泛推广"两转身、两点头"收费礼仪规范,全力推行"温馨服务""微笑服务""零缺陷服务"等服务承诺,总结提炼"三笑三正"工作法,组织"服务区知识技能比武""收费技能竞赛"等,为广大驾乘人员提供更加全面周到的服务。

荣获国家级、省部级以上精神文明单位

国家级:

陕西省交通运输厅(机关)(2009年度省级文明单位、2011年度全国文明单位)

陕西省高速公路建设集团公司(本部)(2014年度全国文明单位)

陕西省交通建设集团公司(本部)(2014年度全国文明单位)

陕西省高速公路建设集团公司商界分公司(2011年度省级文明单位,2013年度省级文明单位标兵,2014年度全国文明单位)

陕西省公路局(机关)(2005年度全国文明单位)

省级:

陕西省交通建设集团公司商小管理处(2000年度省级文明单位)

陕西省公路勘察设计院(2003年度省级文明单位)

陕西省高速公路建设集团公司西渭分公司华阴管理所(2003年度省级文明单位)

陕西省公路局(2004年度省级文明单位)

西铜高速公路新庄收费站(2005年度省级文明单位)

西安绕城高速公路北段管理所(2005、2006年度省级文明单位)

陕西高速机械化工程有限公司(2005年度省级文明单位)

陕西省高速公路建设集团公司西延分公司黄陵管理所(2006年度省级文明单位)

陕西省交通建设集团公司蓝小收费站管理处(2006年度省级文明单位)

陕西西禹高速有限公司阎良管理所(2007度省级文明单位)

陕西省交通建设集团公司西安绕城分公司(2008、2009年度省级文明单位)

陕西省高速公路建设集团公司汉宁分公司汉宁管理所(2009年度省级文明单位)

陕西省交通建设集团公司(2009年度省级文明单位)

陕西省高速公路建设集团公司服务区管理分公司(2009年度省级文明单位)

陕西省高速公路建设集团公司汉宁分公司宁强管理所(2010年度省级文明单位)

陕西省高速公路建设集团公司(2010年度省级文明单位)

陕西省高速公路建设集团公司西延分公司延安管理所(2010年度省级文明单位)
陕西宝汉高速公路建设管理有限公司(2010年度省级文明单位)
陕西西禹高速公路有限公司(2010年度省级文明单位)
陕西宝汉公路建设管理有限公司(2010年度省级文明单位)
陕西高速公路建设集团公司西延分公司延安管理所(2010年度省级文明单位)
陕西高速公路建设集团公司汉宁分公司宁强管理所(2010年度省级文明单位)
陕西西禹高速公路有限公司(2010年度省级文明单位)
陕西省高速公路建设集团西宝分公司宝鸡管理所(2011年度省级文明单位)
陕西省高速公路建设集团公司汉宁分公司洋县管理所(2011年度省级文明单位)
陕西省交通建设集团西安绕城分公司绕南管理所(2011年度省级文明单位)
陕西省交通建设集团公司靖王分公司(2011年度省级文明单位)
陕西省高速公路建设集团汉宁分公司(2012年度省级文明单位)
陕西省高速公路建设集团西汉分公司秦岭管理所(2012年度省级文明单位)
陕西省交通工程咨询公司(2012年度省级文明单位)
陕西省交通建设集团公司秦岭终南山公路隧道分公司(2012年度省级文明单位)
陕西省高速公路建设集团公司西宝分公司陈仓管理所(2013年度省级文明单位)
宝鸡西建公路工程集团公司(2013年度省级文明单位)
陕西省高速公路建设集团公司西延分公司铜川管理所(2013年度省级文明单位)
陕西省交通建设集团公司延靖分公司安塞管理所(2013年度省级文明单位)
陕西省交通建设集团公司榆靖分公司(2013年度省级文明单位)
陕西省高速公路建设集团公司白泉分公司安康管理所(2013年度省级文明单位)
陕西省高速公路建设集团公司西禹分公司韩城管理所(2013年度省级文明单位)
陕西高速公路建设集团公司西汉分公司户县管理所(2013年度省级文明单位)
陕西省交通建设集团西安绕城分公司(2008年度省级文明单位、2013年度省级文明单位标兵)
陕西省交通建设集团(2009年度省级文明单位、2011年度省级文明单位标兵)
陕西省现代公路机械工程公司(2010年度省级文明单位)
陕西省高速公路建设集团公司(2010年度省级文明单位)
陕西省高速公路建设集团公司(2011年度省级文明单位标兵)
陕西省高速公路建设集团宁陕管理所(2011年度省级文明单位)
陕西省高速公路收费管理中心(2012年度省级文明单位)

第七章
高速公路文化建设

陕西省高速公路建设集团公司机械化公司(2013年度省级文明单位标兵)

陕西省交通厅宣传教育中心(2013年度省级文明单位)

陕西省交通厅信息中心(2013年度省级文明单位)

陕西省高速公路建设集团公司西延分公司延安管理所(2014年度省级文明单位标兵)

陕西省高速公路建设集团公司汉宁分公司宁强管理所(2014年度省级文明单位标兵)

陕西省交通建设集团延靖分公司(2014年度省级文明单位)

陕西省高速公路建设集团公司西延分公司富县管理所(2014年度省级文明单位)

陕西省高速公路建设集团公司白泉分公司旬阳管理所(2014年度省级文明单位)

陕西省交通建设集团公司西长分公司(2014年度省级文明单位)

陕西省高速公路建设集团公司西略分公司(2014年度省级文明单位)

汉中公路管理局(2015至2016年度省级文明单位标兵)

陕西省高速公路建设集团公司汉宁分公司(2015至2016年度省级文明单位标兵)

陕西省高速公路建设集团公司白泉分公司旬阳管理所(2015至2016年度省级文明单位标兵)

陕西省交通建设集团公司机场分公司(2015至2016年度省级文明单位)

陕西省交通规划设计研究院(2015至2016年度省级文明单位)

陕西省高速公路建设集团公司宝鸡分公司陇县管理所(2015至2016年度省级文明单位)

陕西省高速公路建设集团公司白泉分公司石泉管理所(2015至2016年度省级文明单位)

陕西交通建设集团公司商漫分公司(2015至2016年度省级文明单位)

陕西省高速公路建设集团公司西宝分公司杨凌管理所(2015至2016年度省级文明单位)

部级:

陕西省交通厅(机关)(2006至2007年度全国交通行业文明单位)

陕西省咸阳市交通局(机关)(2006至2007年度全国交通行业文明单位)

陕西省高速公路建设集团公司西宝分公司宝鸡收费站(2006至2007年度全国交通行业文明示范窗口)

陕西省交通建设集团公司绕城分公司西高新收费站(2006至2007年度全国交通行业文明示范窗口)

陕西省交通运输厅(2008至2009年度全国交通文明行业)

陕西省交通建设集团公司(2008至2009年度全国交通运输行业文明单位)

陕西省公路勘察设计院(2008至2009年度全国交通运输行业文明单位)

陕西省交通建设集团公司西长分公司机场管理所六村堡收费站(2008至2009年度全国交通运输行业文明示范窗口)

陕西省高速公路建设集团公司西宝分公司三桥收费站(2008至2009年度全国交通运输行业文明示范窗口)

陕西省高速公路建设集团公司服务区管理分公司宁陕服务区(2008至2009年度全国交通运输行业文明示范窗口)

西安绕城高速汉城服务区(2008至2009年度全国交通运输行业文明示范窗口)

西安城西高速客运服务有限公司(2008至2009年度全国交通运输行业文明示范窗口)

陕西省高速公路建设集团公司(2010至2011年度全国交通运输行业文明单位)

陕西省交通建设集团公司西安绕城分公司(2010至2011年度全国交通运输行业文明单位)

西安咸阳国际机场专用高速公路机场收费站(2010至2011年度全国交通运输行业文明示范窗口)

陕西省高速公路建设集团公司西禹公司澄城管理所澄城收费站(2010至2011年度全国交通运输行业文明示范窗口)

陕西交通服务热线12122(2010至2011年度全国交通运输行业文明示范窗口)

陕西省公路局(机关)(2012至2013年度全国交通运输行业文明单位)

陕西路桥集团有限公司(2012至2013年度全国交通运输行业文明单位)

陕西省交通运输厅宣教中心(2012至2013年度全国交通运输行业文明单位)

陕西省高速公路建设集团公司西渭分公司(2012至2013年度全国交通运输行业文明单位)

陕西省交通建设集团公司商界分公司(2012至2013年度全国交通运输行业文明单位)

陕西省公路局总值班室(2012至2013年度全国交通运输行业文明示范窗口)

> 陕西省高速公路建设集团公司西汉分公司宁陕管理所金水收费站（2012至2013年度全国交通运输行业文明示范窗口）
>
> 陕西省交通建设集团公司西长分公司机场管理所机场西收费站（2012至2013年度全国交通运输行业文明示范窗口）
>
> 渭南市交通运输局（2014至2015年度全国交通运输行业文明单位）
>
> 安康市交通运输局（2014至2015年度全国交通运输行业文明单位）
>
> 陕西省高速公路建设集团公司西宝分公司（2014至2015年度全国交通运输行业文明单位）
>
> 陕西高速公路电子收费有限公司（2014至2015年度全国交通运输行业文明单位）
>
> 陕西省交通厅信息中心（2014至2015年度全国交通运输行业文明单位）
>
> 陕西省高速公路建设集团公司西渭分公司临潼管理所兵马俑收费站（2014至2015年度全国交通运输行业文明示范窗口）
>
> 陕西省交通建设集团公司西商分公司蓝田东服务区（2014至2015年度全国交通运输行业文明示范窗口）

第二节 先进集体和个人

著名作家陈忠实先生曾感慨："横亘在三秦大地上东西南北交错的路，是真正的长诗与优质长篇小说，是一种诗兴劳动。而谱写这首诗的人，就是我们伟大的劳动者。"多年来，在陕西省委、省政府的正确领导下，在各级地方政府和相关部门的大力支持下，陕西省交通系统以"发展现代交通、奉献一流服务"为引领，科学办交通、合力办交通、勤俭办交通，以"高速公路"建设为龙头，抢抓机遇，苦干大干，完成了陕西高速公路从0km到5093km的巨变。每千米的延伸都凝聚着广大高速公路建设者"大爱在心、为民开路"的豪情壮志，他们在艰苦的环境中磨砺意志，在繁重的工作中增长才干，以强烈的责任感、使命感和事业心，发挥技术专长、领导才能和管理才干，在三秦大地上攻坚克难、砥砺奋进，涌现出一批为高速公路建设做出突出贡献的先进集体和先进个人，在高速公路建设领域发挥表率和带头作用，成为广大交通职工的楷模和榜样，值得人们用心铭记。

一、先进集体

高速公路的建设，在陕西交通人秉承"大爱在心　为民开路"理念中，日渐成为人

陕西省总工会为省交通运输厅颁发"中国梦 劳动美"优秀组织奖

与人、人与物交流的通道,也成为文化传播的渠道。2005年,在新一届陕西省交通厅党组的领导下,高速公路建设开始进入发展最快、成绩最大的辉煌时期,建设者们加快发展不动摇,强力推进"一个龙头、两个重点"的战略,快速度、大规模、高质量推进交通建设,迈入了超常规、跨越式发展的轨道。高速公路,在带着人们走向物质生活富庶的同时,也引领人们向充满人文气息的精神世界迈进。至2008年,陕西高速公路建设3年3次打穿秦岭,使昔日距西安二三日路程的汉中、安康、商洛三市各个区域,都变成了西安"一日经济圈";过去远隔重山的柞水,也已成为古城西安人的"后花园",西柞高速公路刚一通车,曾冷居深处无问津的柞水旅游业一时"爆棚";西汉高速公路刚一开通,昔日"东不过潼关,南不跨秦岭"的关中人以及陕北人,纷纷兴起"汉中行"。黄河、黄土文化情节在与长江文化,在往来游客的交流中相互交融和扬弃。2009年,陕西一跃成为西部高速公路率先突破2000km的省份,悄然不觉中便将全省十市一区用现代化的高速公路统统连接起来。

著名作家陈忠实接受采访,畅谈陕西交通发展变化

第七章
高速公路文化建设

和谐是交通的至高境界。面对高速公路的快速发展,陕西交通人更加看重在高速公路建设过程中如何处理好人与人、人与路、人与车、人与自然的关系。2012年,面对宏观调控依然趋紧、经济下行压力加大的困难形势,陕西省交通运输厅在省委、省政府坚强领导下,坚持"科学办交通、合力办交通、勤俭办交通"发展理念,省交通运输事业取得新的成就,高速公路通车里程达4083km,位居全国第八、西部第一。恢宏激越的陕西高速公路建设,是速度,又是力度,还是广度,随着时间的推进,九衢若虹的高速公路不仅贯通三秦大地,而且通向三秦百姓生活的各个层面、各个角落,在这个过程中,呈现出广大建设者不怕困难、勇于拼搏、敢于挑战、乐于奉献的精神风采,体现了高速公路文化的重要特色。

时任陕西省委书记赵乐际曾多次称赞"陕西交通人是一支特别能吃苦、特别能战斗、特别能奉献的队伍。"2008年1月,在庆祝陕西高速公路建成200km表彰大会上,省长袁纯清要求:"全省交通系统全体干部职工要继续发扬艰苦创业、顽强拼搏、能打硬仗、无私奉献的精神,再鼓干劲,再创佳绩,把我省高速公路建设推向一个新的高度。要以思想建设、制度建设、作风建设为重点,不断提高干部职工素质,建设一支具有凝聚力、执行力、战斗力的善打硬仗的交通队伍。要进一步强化目标责任制,抓进度、抓质量、抓效益,确保既定各项目标全面实现。要认真总结和深刻汲取历史教训,坚持不懈地抓好交通系统党风廉政建设,严格招投标等各项制度,用制度管人管事,健全防腐预警机制,增强反腐倡廉能力,建设高质量的公路,形成高素质的队伍。"全省交通系统的干部职工没有辜负省委、省政府的重托,继往开来,奋力拼搏,砥砺前行,一路高歌猛进。

2015年,陕西省交通运输厅厅长冯西宁在全省高速公路通车里程突破5000km发表署名文章《我们永远在路上》时,也曾写道:"5000km的突破,是追赶超越的有力诠释,是攻坚克难的生动实践,是铸就精品的不懈追求,是惠及民生的真情演绎,是交通精神的全面彰显,兑现了陕西交通人对三秦父老的庄严承诺。"

伴随着高速公路建设的快速发展,汗水和辛劳也汇聚成自豪和荣誉。2008年,陕西省交通厅荣获全省2008年度目标责任考核优秀单位,成为连续13年被陕西省委、省政府评为"最佳厅局",多次荣获陕西省目标责任考核优秀单位。2009年陕西省交通运输厅又被中华全国总工会授予全国五一劳动奖状,2010年荣获全国文明单位称号。这期间,2008年年初,当陕西省高速公路通车里程在西部率先突破2000km时,为表彰先进、树立典型、鼓舞士气,省政府就曾对在全省高速公路建设中做出突出贡献的各级市政府、交通局、省高速公路建设集团公司、省交通建设集团公司、省公路局、省交通厅基本建设工程质量监督站、省交通厅定额站、省公路勘察设计院、西安公路研究所和省交通厅外资项目办公室等27个单位给予了通报表彰。"十一五"时期,陕西交通运输行业高扬加快旗帜,瞄

渭南至玉山高速公路

准一流目标,强力攻坚克难,促前期、上项目、抓进度、抢冬闲,建设热潮一浪高过一浪。2013年,当省长娄勤俭在标志全省高速公路通车里程突破4000km的榆林至绥德高速公路通车仪式上,满怀深情地向为交通建设做出突出贡献的广大干部职工致以崇高的敬意和亲切的慰问时,十天线安康西、西商等8个高速公路项目管理处、省高速集团建设管理部、省交通集团建设管理部、宝汉公司建设管理部、厅外资办工程部、厅协调办等18个在4000km建设中表现突出的先进部门和处室也同时受到省厅表彰。2015年,陕西高速公路通车里程突破5000km,一个设施更加完善、网络更加合理、群众出行更加便捷、服务保障更加有力的高速交通运输体系呈现在老百姓的面前。省交通集团西咸北环线高速公路建设管理处、陕西宝汉公司汉中建设管理处、省高速集团铜黄高速公路建设管理处、省交通集团延延高速公路建设管理处等16个集体被省交通运输厅授予"陕西省高速公路通车里程突破5000km先进集体"称号。这些在高速公路建设大潮中涌现出的先进集体,作为一种先进力量的代表,不断推动着陕西高速公路建设的步伐。

从0km到5000km,纵横交织、四通八达的高速公路延伸了全省现代交通运输的大骨架,畅通了经济社会发展的大动脉,为带动沿线产业经济社会发展、促进城乡统筹和区域协调发展注入强大的活力,给三秦百姓也带来了更加便捷的出行条件。这样的发展速度和精品铸造,离不开设计、建设、运营、管理等各方面努力,也离不开高速公路文化的影响与推动作用,这些力量汇聚在一起,形成强劲的发展势头,在省交通运输厅的带领下,阔步前行,用实际行动践行着"发展现代交通、奉献一流服务"的行业核心价值理念,用一个行业的责任与担当赢得了社会各界的中肯评语。

1. 陕西省公路局

在陕西高速公路建设的初期,较早承担建设任务的陕西省公路局发挥了重要的作用。

他们在指导全省公路建、养的同时,组建项目管理处,先后承担起了榆蒙、靖王、勉宁、吴子、子靖等高速公路项目建设任务并与延安市、榆林市分别联合承担延塞、榆靖、吴子等高速公路项目建设。与此同时,以创建文明行业为主要内容的精神文明建设活动取得丰硕成果。1997—2001年,省公路局连续5年被省委、省政府命名为"创佳评差"竞赛活动"最佳单位";近10年来,4次受到陕西省人民政府通令嘉奖;"九五"以来,局系统有49个单位(集体)、31人受到省部级以上单位的表彰奖励;"十五"期间,有65个单位(集体)、42人受到省部级以上单位的表彰奖励。2001年,全省公路系统荣获全国交通系统部级文明行业称号。2005年,陕西省公路局机关荣获全国文明单位称号。

2. 陕西省高速公路建设集团公司

1984年6月1日,陕西省交通厅以胡希捷同志为主任组建成立了西三公路建设指挥部办公室,1985年12月23日经省编办正式批复成立"陕西省高速公路建设指挥部办公室"。这就是陕西省高速公路建设集团公司的前身。一位老交通人曾说,回想起在指挥部办公室工作的那些年,没有固定的办公室,住过省公路局、省公路设计院、张家堡道班,人员编制只有40人,办公室机构仅设置行政秘书科、财务材料科、工程技术科。主要工作是征地拆迁、编标招标一系列前期筹备工作,高速公路建设一切都是从零开始。从"陕西省高速公路建设指挥部办公室"到陕西省高等级公路管理局(原省高管局),再到"陕西省高速公路建设集团公司"(以下简称"省高速集团")。

省高速集团党委书记、董事长靳宏利回忆时感慨道:"说不完道不尽的西汉路,吸引着我们一次又一次的走进这里。它是陕西省内一次性开工里程最长、建设投资最大、自然条件恶劣、施工难度极大的公路工程。横穿秦岭主山脉,山大沟深,河谷纵横,地势起伏,横跨南北两个气候带,地质结构和地形条件异常复杂,桥隧相连单幅里程超过200km,占总里程的66%……每当引朋友首次驶入涝峪,亲眼目睹西汉公路工程景象者,无不讶然工程宏伟艰巨所带来的强烈的视觉冲击和身心震撼!在艰苦恶劣、人迹罕至的建设环境中,在常人难以想见的工程质量、进度、安全等重重困难和巨大压力考验面前,建设者们肩负使命,奋勇拼搏,栉风沐雨,夜以继日,以战天斗地的热情和艰苦奋斗的奉献精神,用汗水和豪情在秦岭汉水间演绎了一曲曲精彩华章,令人激动鼓舞。"

打通秦岭,尽快修好西汉高速公路,让天堑变通途,是省高速集团在三秦大地上修建的众多项目之一。

时任陕西省交通厅党组书记、厅长曹森评价说:"新一任省高速集团领导班子,牢记党和人民的重托,以'跨越天堑、打通蜀道、造福人民'为己任,以建设'精品工程、国优工程、样板工程'为目标,关死后门,倒排工期,调兵遣将,技术攻坚,精细管理,严格问责,攻克了不良地质、长大公路隧道、生态环境保护等课题,打响了郭家山隧道通车的大决战。省高速集团领导和广大建设者,坚守一线,昼夜鏖战,用智慧和汗水创造了公路隧道史上的奇迹。在巍巍秦岭之间,开凿了一条穿越千年屏障和梦想的靓丽通衢,更铸造了一座交通人不畏艰险、战天斗地、无私奉献的时代丰碑。"

从事陕西高速公路建设任务以来,省高速集团先后被中共陕西省委、省政府评为省级文明单位、省级文明单位标兵。所运营管理的省内高速公路已有1200km被评为省级文明路;荣获国有企业文化建设先进单位、全国交通行业文化建设优秀单位,跻身中国交通企业百强榜第56位。

3. 陕西省交通建设集团公司

2006年4月,为了推动陕西高速公路的建设和促进陕西交通更好发展,陕西省交通建设集团公司(以下简称"省交通集团")挂牌成立。成立以来,集团秉承"科学管理、团结实干、文明和谐、创新争先"的企业精神,在奋进中加快,在拼搏中超越,已成为陕西省高速公路建设管理的一支"主力军"。在加快项目建设的日子里,省交通集团层层动员,广泛开展劳动竞赛,从冬季大干,到控制性工程攻坚,再到通车前的紧张筹备,各建设项目围绕"人机料法环"五字诀管理,上足人力和设备,全工作面覆盖施工,持续形成全周期大干热潮。从"管理创新年"到"管理显效年",从贯彻落实"建养并重"和"建设是发展,养护也是发展"理念,到开展一系列文明服务活动,集团干部职工与全省交通人一起,以知不足而奋起的行业气魄和大爱在心、为民开路的行业精神,圆满完成两个五年计划的目标任务,经受了一些急难险重项目的严峻考验。

2008年,省交通集团承担了全省95%的高速公路通车项目建设任务。然而,省厅里决定将蓝商建了一年的烂摊子交给省交通集团。新上任的集团副总经理,兼蓝商管理处处长王锋走马上任,挑起了重担,及时解决了四大难题。

一是进度难题。省厅接手蓝商时,开工建设一年只完成了投资的11.59%,在全省重点公路建设项目中排名倒数第一。百废待兴,蓝商在整改的镇痛中嬗变,经历了"清理、整顿、规范、提高"四个阶段。一手抓整顿、一手抓建设,在混乱中找主线,在复杂中理思路,施工管理逐步走上正规,建设进度不断加快,质量水平大幅攀升。经过短短两年的扬帆急行,蓝商项目已跻身全省重点项目质量和进度的前列。

二是质量难题。2006年9月,厅质监站抽查,蓝商质量合格率远远低于省厅质量目标,个别项目检查后合格率仅为74.2%,全省质量排名倒数第一。原先的蓝商项目不仅进度慢,而且质量差。为了彻底改变这种状况,管理处的质量监督从细节入手,为了规范施工自检和监理抽检,总监办将施工监理所用的检查、试验、记录、计量及指令等表格增至200余种,覆盖了每一道工序的方方面面。经过一系列的细致工作,工程质量合格率从2006年9月的89.4%,到2007年9月的95.5%,再到2008年8月的97.1%,排位从倒数第一上升到前列。

三是工程难题。蓝商高速公路横跨关中盆地、秦岭山区和丹江河谷三大地貌单元,沟谷纵横,桥隧工程量大,约占总长的44%,路基高边坡多。临河路段占到90%,穿越秦岭主峰段有3处长大下坡段共30余千米。商州段还有10km的膨胀土地质,除此之外,还有滑坡体7处、泥石流4处,有人称这个项目是地质难点博物馆。就这些工程难题,管理处多次召开专家现场论证会,治理方案经过反复讨论、实践、变更,使问题——得到解决。

四是拆迁难题。在人多地少的商州,征地难度自不待言。而征迁这一块并没有像有些项目那样全盘承包给地方政府,所有的难题都得管理处自己去解决。主抓拆迁工作的陈东阳副处长已经和商州当地政府官员以及村官打成一片,商州区委书记朱崇和赞道:"陈东阳既当指挥员,又当战斗员,对群众意见大、矛盾突出的地方就握在手里亲自抓。"在他的努力工作下,征迁工作得到有效解决。

省交通集团党委书记、董事长杨育生当年感慨地说:"我们集团今年承担了5个通车项目,共387km。压力非常大,所有项目工期都压了一年,还要保证建设质量。同志们日夜奋战在现场,都没有休息过。"

截至2016年底,省交通集团负责建设及管理的公路里程已达3211.7km,其中,已运营高速公路2704.1km,在建高速公路330.3km,运营一级、二级公路177.3km。先后获得国家级奖励3项,国家级表彰68项、省部级表彰172项、厅级表彰552项。

4.陕西省交通厅外资办

1989年10月31日,经省编委陕编发〔1989〕142号文件批准,成立陕西省交通厅世界银行贷款项目执行办公室(简称省交通厅贷款办),后于2002年11月,更名为陕西省交通厅利用外资项目办公室,即省交通厅外资办,负责全省公路建设利用国外贷款项目申报、准备、谈判、组织、协调、实施和管理。省交通厅外资办及下属管理处多次获得过省厅颁发的重点公路工程建设劳动竞赛先进单位。

作为全国较早利用外资修建高速公路的省份之一,陕西省修建的许多高速公路项目中都有外资的身影。比如西安至三原、三原至铜川、西安至宝鸡、渭南至潼关、铜川至黄陵、榆林至靖边、阎良至禹门口、安康至毛坝等高速公路项目。从最初西三项目1500万美元、三铜项目3500万美元,到阎禹项目2亿多美元,再到安康至毛坝项目3亿美元,陕西省累计利用外资8.9亿美元。主要为世界银行、亚洲开发银行贷款和科威特政府贷款。利用外资不仅弥补了陕西省公路建设资金不足的困难,更重要的是对陕西省交通领域发展提供了有益的技术援助,带来思想观念和管理的更新,促进了陕西省交通系统与国际合作和技术进步。

一是促使管理与国际接轨。

外资的利用,对当时刚刚打开国门不久的国人来说,首先是思想观念的更新,外资的引进带来的还有先进管理理念的同步进入,开阔了交通人的眼界。比如修建西安至三原项目时,改变了以前用行政方式进行工程管理的模式,引入市场竞争机制,在陕西省公路建设史上,首次采用国际竞争性招标选择承包人。招标文件首次采用国际通用的FDIC条款,工程管理实行工程师监理制度等。明确业主、承包人及监理工程师的职责和义务,加强合同管理,有效控制工程的质量、费用、进度。

二是培养大批人才。

世行贷款项目的技术援助对管理和技术人员开展了国内、国外培训,培训内容涉及勘察设计、建设管理、施工监理、公路施工与检测技术、运营管理、养护、财务等每一方面。据不完全统计,陕西省利用世界银行项目的技术援助进行高层次培训近千人次,涌现出一大批骨干,较快地提升了管理与技术人员的整体素质,这些人员在陕西省高速公路建设中发挥着重要作用。而且每个世界银行贷款项目都有外国咨询机构参加监理工作,中外监理咨询人员共同工作,相互交流,对于吸收国外的先进技术和成功经验,起到了非常有益的作用。

三是引进先进技术设备。

仅西三、三铜、渭潼、铜黄等世界银行贷款项目,就直接安排世界银行贷款1088万美元采购国际先进设备,拌和楼、压路机、摊铺机等施工设备及养护、管理、测量、试验设备等的购入,既加强了有关单位的硬件建设,又引进了先进的勘查、施工和测量技术,对于提高陕西省的勘察设计、建设管理、养护和运营管理水平起到了积极的促进作用。

四是树立生态环保新理念。

按照世界银行规定,陕西省实施的每个项目都制定了《环境影响行动计划》,确定了项目的主要环境影响因素、防治措施及项目监控、监测计划,明确了环境管理机构及人员培训,环境费用估算及资金来源等内容。从设计到施工最大程度地减少对环境的不利影响,并对受影响区域制定环境保护措施,使经济建设与环境保护协调发展。外资项目的实施,对公路建设中的环境保护工作起到积极的促进作用。

5.陕西省交通规划设计研究院

陕西省交通规划设计研究院(以下简称"省交通规划设计研究院")从承担西安至三原一级公路勘测设计任务至今,已发展成具有国家公路、特大桥梁、特长隧道、交通工程勘察、设计、测绘、咨询、监理、工程总承包以及地质灾害防治工程勘察与设计甲级资质,集勘察设计、科研于一体的综合性勘察设计院。拥有职工近500人,其中各类专业技术人员391人,高、中级职称225人,有突出贡献的专家、中青年专家及享受政府特殊津贴的专家9人,陕西省勘察设计大师1人,正高级工程师11人,全国劳模、省部级先进工作者12人。被国家建设部列入全国工程勘察设计单位综合指标前100名行列。在最近十几年中,省交通规划设计研究院认真贯彻落实科学发展观,按照《新理念设计指南》《降低工程造价设计指南》,"用心设计",树立服务意识、坚持动态设计。

第七章
高速公路文化建设

陕西省交通规划设计研究院职工参加省交通运输系统运动会

始终用"六个一致""六个坚持""六个树立""六个意识""六个结合"和后续服务工作的"三个阶段"的院规要求,在陕西高速公路建设跨越发展时期,"白加黑""五加二"已成为设计院职工的工作常态。秉承"敬业、笃行、严谨、创新"的核心价值观,为陕西高速公路建设的跨越发展做出了突出贡献。

省交通运输厅副厅长魏培斌在2008年设计院职工大会上讲话指出:"我省高速公路要发展必须争取国家的支持,要靠项目,那么靠项目就需要加强前期工作。怎样加快陕西高速公路发展?怎样才能够争取到国家对陕西公路最大的支持,省院做出了不可磨灭的重大贡献。结合陕西公路网在全国路网中区位优势,提前研究,提前论证,为陕西3600km的公路进入到国家高速公路网奠定了坚实的基础,如果没有省交通规划设计研究院对陕西路网那么熟悉,没有省交通规划设计研究院超前的工作,没有省交通规划设计研究院扎扎实实深入地论证,第一次进入3600km是不可能的,尤其是在西部八条通道规划中,我们陕西的的确确是捷足先登。这是我们陕西交通人的骄傲,是陕西省公路勘察设计院做出的贡献,我们抢抓机遇,加快发展,设计院充当了排头兵的作用。2000km通车里程应该说凝聚着在座各位的智慧和汗水,设计是龙头,设计是灵魂,设计工作是我们加快高速公路建设的前提,如果设计院的工作跟不上,那么,我们要在西部率先突破2000km,能在全国通车里程排第九位是不可想象的。"

陕西省交通规划设计研究院先后多次荣获"陕西省先进集体""省级文明单位""省级文明单位标兵"等荣誉称号,被中国资信评估学会、中国质量标准中心评为2005年度建设系统信用·信誉AAA级单位,被中国勘察设计协会命名为优秀勘察设计院,被陕西省勘察设计协会评为工程勘察诚信先进单位。

放眼今天的三秦大地,宽展的路面逶迤宏阔,纵情延伸,这种无可言喻的豪迈和恢宏是众多力量的汇聚。它不仅仅浸润着陕西省高速公路建设集团公司、陕西省公路局、陕西省交通建设集团公司、陕西省交通规划设计研究院、陕西省交通厅利用外资项目办公室等这些集体的智慧和汗水,还有诸如陕西宝汉高速公路建设管理有限公司、西安公路研究院、陕西省路桥工程总公司、陕西省高速公路收费管理中心、陕西省交通厅基本建设工程质量监督站、陕西省交通厅交通工程咨询公司、陕西省交通厅交通工程定额站等多个集体的通力协助。陕西交通,在用高速公路改变人们生活的同时,也用"合力"凝心聚力,唱响了一首曲正腔圆的高速公路壮歌。

二、先进个人

每一项伟大的工程背后,都有着千千万万无私奉献的伟大人民!

在陕西高速公路建设史册上,离不开那些敢想敢做、敢为人先的建设决策者和设计者,是他们,为陕西高速公路建设倾注了最初的灵感;同时,更离不开那些将全部力量和智慧直接贡献于建设一线的建设者,他们内心涌动的是骄傲、是自豪,更是担当与责任。时至今日,5000km 高速公路建设成果,最为突出的莫过于锻炼、聚集、成熟了交通事业可持续发展的人才队伍,并在岁月的磨砺中熠熠生辉。据统计,陕西省交通系统由中共中央、国务院授予的全国劳动模范荣誉称号 7 人,中华全国总工会授予全国五一劳动奖章荣誉称号 5 人,交通运输部表彰的新中国成立以来感动交通人物 1 人,省、部级劳动模范与先进工作者 56 人。这里,有新中国成立以来感动交通人物之一的曹森;陕西省劳动模范冯西宁;省交通规划设计研究院遥感计算中心创建人、全国先进工作者戴文晗;科技进步奖、全国劳动模范荣誉称号获得者谢娟;中国改革之星优秀人物、全国劳动模范荣誉称号获得者靳宏利;全国五一劳动奖章获得者米峻;"陕西省优秀勘察设计师"边世斌;"桥梁医生"袁卓亚;"最美女设计师""陕西好人"刘建梅……这些名字都将印在陕西高速公路建设的史册上,成为榜样和骄傲。

2005 年 10 月 10 日,刚上任的省交通厅党组书记、厅长曹森在陕西宾馆千人大礼堂召开的全系统领导干部大会上说:"我们的蓝图是宏伟的,我们的责任是重大的,我们的任务是艰巨的,我们正在谋划和干着前无古人的大事,我们必须坚定地肩负起新的历史使命,奋起直追,激流勇进,拼搏拼搏再拼搏,加快加快再加快! 当我们以自己顽强的拼搏、用智慧、用汗水在三秦大地上织就了高速公路网的时候,当高速公路承载着陕西经济腾飞的时候,当陕西人民以发达的公路为载体奔小康的时候,我们对自己写下的浓墨重彩会感到骄傲,我们会自豪地说:历史使我们选择了交通,我们在历史上无愧于交通!"之后的 4 年的时间,曹森带领全省交通运输系统广大干部职工,践行"三个服务",以前瞻性、战略性的眼光审视交通发展,制定"以高速公路建设为龙头、干线公路和农村公路建设两个重点"的战略部署,规划"三纵四横五辐射"高速公路网,计划分三个阶段建设高速公路 5000km,全力推进交通改革,全速加快交通建设,使陕西交通从相对落后,一跃成为西部领先、全国前列。2009年9月15日,曹森被交通运输部评选为全国交通运输行业"60位新中国成立以来感动交通人物",受到表彰。

2009年,在中央和省上一系列保增长、扩内需政策推动下,陕西省交通建设发展迅猛。一年间,全省5条高速公路相继通车,24条高速公路同时在建。在陕西交通建设的历史最高峰,已经在交通系统奋战了28年的冯西宁,接过新一任省交通运输厅厅长的接力棒。早在2007年,49岁的冯西宁,担任陕西省交通建设集团公司董事长、党委书记时,他就一手抓企业组建、一手抓项目建设和运营管理工作,全面完成年度目标任务,在实现陕西高速公路建设突破性进展工作中取得突出成绩。在全省交通系统目标考核中,交通建设集团被评为"特别突出单位",他个人也荣获"陕西省劳动模范""陕西省抗洪抢险先进个人"等多项荣誉。2010年,冯西宁厅长提出"科学办交通、合力办交通、勤俭办交通"的理念,带领广大交通干部职工发扬"大爱在心、为民开路"的陕西交通精神,按照"保证在建的、开工必需的、缓建不紧迫的"要求,想方设法推进高速公路通车项目建设,用5年的时间实现了陕西高速公路里程从3000km到5000km的跨越。在工程质量上,提出所有建设项目都严格按照交通运输部"五化"(发展理念人本化、项目管理专业化、工程施工标准化、管理手段信息化、日常管理精细化)要求,加快推进现代工程管理,全面提高高速公路建设管理水平。在一次媒体采访中被问到"当厅长后考虑最多的是什么"时,他回答"是责任,因为交通工作是民生工作,它联系着千家万户,关系着每一个人的出行方便。"

作为20世纪90年代荣获陕西省劳动模范荣誉称号,并获中国核工业部中青年有突出贡献专家称号的老共产党员,戴文晗对于陕西早期高速公路建设的贡献是不可磨灭的。1993年享受国务院政府特殊津贴,并当选中共陕西省第八次代表大会代表。1996年起在陕西省公路勘察设计院工作,任遥感计算中心主任、院工程技术委员会委员,兼任西北大学教授、东南大学首届董事会董事、陕西省公路学会交通工程委员和陕西省地质学会理事。创建陕西省公路勘察设计院遥感计算中心。带领科研团队先后完成了榆靖、禹阎、靖王、西汉、西安绕城高速公路南段等30多条高速公路项目遥感地质调绘选线;调查速度提高3~5倍,成本降低30%~50%,综合效益提高1~3倍,潜在经济效益节约建设资金约10亿元以上。共主持完成国家、部、省和厅等科研项目18项,承担横向委托科研与工程项目多项,其中达到国际先进水平5项,获部、省科技进步一等奖2项、二等奖4项。在国内外,有关刊物发表论文20多篇,有多篇获奖。1999年,所带科研团队被评为全省职工技术创新示范岗、全省交通系统科技工作先进集体。2000年5月,戴文晗获全国先进工作者荣誉称号。2001年7月1日,作为全国先进工作者代表之一,出席中共中央在北京召开的庆祝建党80周年大会。

2010年4月27日上午,投身交通10余年的靳宏利荣获全国劳动模范称号,这不仅仅是他个人的光荣,也是全省交通运输系统的光荣。靳宏利,陕西省蓝田县人,中共党员,正高级工程师。2001年5月,任省高速集团副总经理。2006年9月,任省高速集团总经理兼副董事长。2009年4月起,任陕西省高速集团董事长兼党委书记。任省高速集团总经理以来,他与集团公司一班人带领员工开拓进取,组织完成高速公路建设投资484亿元,先后建成黄延、西汉、潼临改扩建、安康至汉中等6条高速公路,收取公路车辆通行费148亿元,完成公路养护投资34亿元,实现多元经营收入68.89亿元、利润1.97亿元。推行干部竞争上岗和劳动用工制度改革。推进员工民生建设,改善员工工作、生活条件。倡导并推进路域文化、书香型企业建设。省高速集团先后被省政府授予投资突出贡献企业、"十一五"社会贡献优秀国有企业称号。靳宏利先后被交通部授予全国交通行业"抗灾保通先进个人""抗震救灾先进个人"称号;被国家发展和改革委员会、国务院国有资产监督管理委员会研究中心等联合评为"中国改革之星优秀人物";被华商报和陕西人民广播电台主办的陕西经济推动力总评榜评为"光辉陕西十大风云人物";被国家发展和改革委员会、人力资源与社会保障部授予"西部大开发突出贡献个人"称号。2010年4月获全国劳动模范荣誉称号。

陕西省高速集团党委书记、董事长靳宏利(前一)在项目一线检查调研安全生产情况

2006年是省委、省政府确定的"加快建设年",也是省交通厅确定的"项目建设年",咸永高速公路是2007年陕西高速公路实现通车里程突破2000km四个建成项目之一,是一个工期三年变两年、4车道改6车道的项目。有记者在咸永高速采访,感受最深的就是忙,就是火热的大干氛围,无论是管理者,还是建设者,大家都在与时间赛跑。2004年12月担任省交通集团咸永高速公路建设管理处处长一职的米峻,精心组织项目实施,仅用一年时间贯通全线路基,并在全省高速公路最早应用并成功铺筑

第七章
高速公路文化建设

SMA 路面。管理处连续两年被省劳动竞赛委员会评为"陕西省重点工程先进集体",省交通厅和省交通集团先后授予"先进单位"、全省交通系统目标考核"特别突出单位""先进基层党组织""安全生产先进单位"等称号。他个人两次获"陕西省重点工程先进个人"称号。参加多项公路项目技术研究,其中《秦岭终南山公路隧道通风竖井设计与施工关键技术的研究》等 4 项研究课题,获省科学技术奖。先后发表论文多篇。2007 年 4 月获全国五一劳动奖章荣誉称号。

对于公路勘察设计来说,每一次任务都面临全新的挑战。2008 年,女设计师刘建梅在科室内积极推广院里引入的桥梁大师设计程序。这个程序将初步设计工期缩短约 60%,将设计者从手工劳动中解脱出来。十天线汉中至略阳项目桥涵比例占全部路段的 56.7%,她带领大家,在初步设计中灵活使用桥梁大师程序,近两个月才能完成的工作,不到 20 多天就完成了,且质量很高,省厅专家连声说:"了不起、不可思议!"近 20 年的测设路,刘建梅在设计所先后任技术员、桥涵组长和主任工程师,足迹遍布关中、陕南、陕北的大多数市、县,用脚丈量了 3000 多公里测设之路。15 年的勘测路,荣誉也砥砺着刘建梅前行,她主要参与的西安绕城高速公路南段、靖边至安塞高速公路项目获"陕西省优秀设计二等奖",咸阳机场六村堡立交获 2006 年国家优质工程银奖,西安咸阳国际机场专用高速公路、小河至安康高速获得了"交通部优秀设计二等奖"。而她个人获全国"最美女设计师"、陕西省"职工经济技术创新标兵"、省厅"巾帼建功标兵"等荣誉称号,连续三年被评为陕西省交通规划设计研究院"十佳设计标兵",2014 年,入选"陕西好人"榜。

陕西高速公路带给人们的不仅是宽阔的大道,还有优质的文明服务。1996 年,满脸稚气的王茜成了陕西高速集团渭南西收费站一名收费员。收费标准、免费车、假钞、个别驾驶员的恶语相向……新人面对这份工作时,总会遇到这类难题。王茜没有抱怨,她默默熟记了所有当地车的免费车车号,把全线各收费站到主线站的收费标准倒背如流,准确识别各种车辆及改型车的特征,以便更好地完成工作。她还总结出一套简单实用的验钞方法,并在不久后的收费站职工技术比武中获得个人第一。担任西站的站长以后,在省交通运输厅全面推广《陕西省收费公路服务标准》时,王茜带领大家一起学习,并细化服务标准,用演练的方式使大家熟练掌握标准、运用标准。在她的带领下,站里先后被全国妇联和交通部授予"巾帼文明岗";被中华全国妇女联合会授予"全国三八红旗集体"称号。她自己被评为 2009 年度"全国交通运输系统先进工作者"。

从 0km 到 5000km,每一次重要的节点,人们都不会忘记那些在高速公路建设过程中付出辛劳与汗水的建设者们。截至 2006 年年底,陕西省交通运输厅对在全省高速公路建设中有突出贡献的建设者进行表彰的达到 100 余人。

先进集体见表 7-1,模范个人见表 7-2。

先 进 集 体 表

表 7-1

序号	单 位 名 称	获 奖 名 称	获奖时间(年)	备注
1	陕西省交通厅外资办商漫高速公路建设管理处质监部	2008年陕西省工人先锋号	2009	
2	陕西西禹高速公路公司富平管理所	2008年陕西省工人先锋号	2009	
3	陕西省交通建设集团榆靖分公司榆林收费站	2008年陕西省工人先锋号	2009	
4	陕西省高速公路建设集团公司渭南管理所渭南西收费站	2009年陕西省工人先锋号	2010	
5	陕西省公路勘察设计院道路设计二所桥涵组	2010年全国公路交通系统优秀"五型班组"	2010	
6	陕西省高速公路建设集团公司西汉分公司秦岭管理所	2010年全国公路交通系统优秀"五型班组"	2010	
7	陕西省高速公路建设集团公司西渭分公司华阴所潼关站	2010年全国公路交通系统优秀"五型班组"	2010	
8	陕西省交通建设集团商界分公司商南管理所	2009至2010年度全国交通建设系统"工人先锋号"	2011	
9	陕西宝汉高速公路建设管理有限公司建设管理部	2009至2010年度全国交通建设系统"工人先锋号"	2011	
10	陕西省公路勘察设计院道路设计一所路基路面组	2009至2010年度全国交通建设系统"工人先锋号"	2011	
11	西安公路研究院道路研究所	2009至2010年度全国交通建设系统"工人先锋号"	2011	
12	陕西省交通厅外资办安川高速公路建设管理处工程部	2009至2010年度全国交通建设系统"工人先锋号"	2011	
13	陕西高速集团西汉分公司宁陕管理所宁陕收费站	2011年度全国交通建设系统"工人先锋号"	2011	
14	陕西交通建设集团靖王分公司王圈梁收费站	2011年度全国交通建设系统"工人先锋号"	2011	
15	陕西交通建设集团靖王分公司陕晋界收费站	2011年度全国交通建设系统"工人先锋号"	2011	
16	陕西宝汉高速公路建设管理有限公司宝鸡建设管理处	2011年度全国交通建设系统"工人先锋号"	2011	
17	陕西省高速公路收费管理中心陕西交通服务热线	全国交通行业文明示范窗口	2012	

第七章 高速公路文化建设

续上表

序号	单位名称	获奖名称	获奖时间(年)	备注
18	陕西宝汉高速公路建设管理有限公司宝鸡分公司凤翔管理所凤翔收费站	2012年陕西省工人先锋号	2013	
19	陕西省高速公路建设集团公司西宝分公司杨凌管理所常兴收费站	2012年陕西省工人先锋号	2013	
20	陕西省交通建设集团公司西安咸阳国际机场专用高速公路分公司韩城收费站	2012年陕西省工人先锋号	2013	
21	陕西省高速公路建设集团铜黄高速公路建设管理处	全国公路交通系统重点工程劳动竞赛先进单位	2013	
22	陕西交通建设集团公司榆绥高速公路建设管理处	全国公路交通系统重点工程劳动竞赛先进单位	2013	
23	西安公路研究院勘察设计所	全国公路交通系统重点工程劳动竞赛先进单位	2013	
24	陕西宝汉高速公路建设管理有限公司	全国公路交通系统重点工程劳动竞赛先进单位	2013	
25	陕西省路桥集团有限公司	全国交通基础设施重点工程劳动竞赛先进单位	2015	
26	陕西省高速公路建设集团铜黄高速公路建设管理处	全国交通基础设施重点工程劳动竞赛先进单位	2015	
27	陕西交通建设集团西咸北环线高速建设管理处	全国交通基础设施重点工程劳动竞赛先进单位	2015	
28	陕西省高速集团西略分公司勉县管理所	2015年陕西省工人先锋号	2015	
29	陕西省交通建设集团秦岭终南山公路隧道分公司应急救援队	2015年陕西省工人先锋号	2015	
30	陕西省高速公路建设集团西汉分公司宁陕管理所宁陕收费站"友善一班"	全国公路交通系统"模范班组"	2015	
31	陕西西铜高速公路有限公司西安北站收费四班	全国公路交通系统"模范班组"	2015	
32	陕西省交通建设集团商界分公司商南管理所商南收费站收费三班	全国公路交通系统"模范班组"	2015	
33	陕西省交通建设集团西长分公司机场管理所机场西收费站收费二班	全国公路交通系统"模范班组"	2015	
34	陕西省交通建设集团吴靖分公司吴堡管理所陕晋界收费站收费二班	全国公路交通系统"模范班组"	2015	
35	陕西省高速公路收费管理中心陕西交通服务热线	全国公路交通系统"模范班组"	2015	

续上表

序号	单位名称	获奖名称	获奖时间(年)	备注
36	中交第一公路勘察设计研究院有限公司寒区环境与工程研发中心	全国工人先锋号	2016	
37	陕西路桥集团有限公司总承包项目管理部	陕西省工人先锋号	2016	

模范个人表　　　　　　　　　　　　　　　　　　　表7-2

序号	姓名	获奖名称	获奖时间(年)	备注
1	宋绪斌	全国劳动模范	1989	
2	戴文晗	全国劳动模范	2000	
3	西学伟	全国劳动模范、全国五一劳动奖章	2005、1999	
4	谢娟	全国劳动模范、全国交通系统先进工作者	2005、2001	
5	靳宏利	全国劳动模范	2010	
6	党延兵	全国劳动模范	2015	
7	裴万兴	全国五一劳动奖章	1996	
8	米峻	全国五一劳动奖章	2007	
9	王航	全国五一劳动奖章	2008	
10	弥海晨	全国五一劳动奖章	2012	
11	仵涛	全国五一劳动奖章	2014	
12	陈俊丽	全国五一劳动奖章	2016	
13	孙述	陕西省劳动模范	1982	
14	李养民	陕西省劳动模范	1987	
15	王自勉	陕西省劳动模范	1987	
16	王宏章	陕西省劳动模范	1992	
17	金泰丽	陕西省劳动模范	1995	
18	张延民	陕西省劳动模范	1997	
19	陈放	陕西省劳动模范	1997	
20	汪星宇	陕西省劳动模范	1997	
21	郑立华	陕西省劳动模范	1997	
22	左松梅	陕西省劳动模范	2002	
23	郭海鱼	陕西省劳动模范	2002	
24	苟睿	陕西省劳动模范	2002	
25	苏振东	陕西省劳动模范	2002	
26	樊福禄	陕西省劳动模范	2005	
27	冯西宁	陕西省劳动模范	2007	
28	边世斌	陕西省劳动模范	2007	
29	张韶武	陕西省劳动模范	2007	

第七章 高速公路文化建设

续上表

序号	姓名	获奖名称	获奖时间(年)	备注
30	袁卓亚	陕西省劳动模范	2007	
31	王常青	陕西省劳动模范	2012	
32	白德其	陕西省劳动模范	2012	
33	张红娟	陕西省劳动模范	2012	
34	杨文奇	陕西省劳动模范	2012	
35	李林佳	陕西省劳动模范	2012	
36	崔建敏	陕西省劳动模范	2012	
37	王永平	陕西省劳动模范	2012	
38	高凌祥	全国交通系统劳动模范	1991	
39	边海正	全国交通系统劳动模范	1994	
40	雷军旗	全国交通系统劳动模范	1998	
41	杨文	全国交通系统劳动模范	2005	
42	石飞荣	全国交通系统劳动模范	2009	
43	韩瑞民	全国交通系统劳动模范	2009	
44	孔庆学	全国交通系统劳动模范	2009	
45	王茜	全国交通系统劳动模范	2009	
46	韩熠	全国交通系统劳动模范	2009	
47	杨健	全国交通运输系统劳动模范	2015	
48	刘建梅	全国交通运输系统劳动模范	2015	
49	解刚	全国交通运输系统劳动模范	2015	
50	李喆	全国交通运输系统劳动模范	2015	
51	唐延莲	全国交通系统先进工作者	1994	
52	张耀文	全国交通系统先进工作者	1998	
53	邓林祥	全国交通系统先进工作者	1988	
54	宋志鹏	全国交通系统先进工作者	1998	
55	万振江	全国交通系统先进工作者	2001	
56	李彦	全国交通系统先进工作者	2005	
57	赵虹兵	全国交通系统先进工作者	2005	
58	田巨峰	全国交通系统先进工作者	2005	
59	陈俊丽	全国交通运输系统先进工作者	2009	
60	孙己龙	全国交通运输系统先进工作者	2009	
61	徐增友	全国交通运输系统先进工作者	2009	
62	屈仆	全国交通运输系统先进工作者	2015	

第三节　文化建设与传承

交通既是物质的,也是精神的;交通物质产品与精神产品融合一体,构成以行为特色的文化形态,这就是交通文化。在交通文化中,精神文化是根本、核心和灵魂,是一种无形的力量。一方面主导和决定交通物质文化的发展和变化,另一方面又是交通物质文化的结晶与升华,是交通文化的精华,也是交通其他文化的支撑。交通精神文化核心,是人的世界观、人生观、价值观和审美观,对交通活动中人的行为,与交通物质产品创造,发挥导向、规范、激励、约束和支持作用。

一个人没有精神不行;一个行业没有精神更不行!对于身处伟大的时代和交通发展历史机遇期的陕西交通人来说,先进的行业精神文明是交通跨越式发展的强大推动力。当初,陕西交通在一片"偏小、偏少、偏慢"的呼声中,按照省委省政府的大战略,提出了交通跨越式发展的大目标,也就是以高速公路为龙头,以农村公路、国省干线公路为重点,全面加快陕西交通建设。从2007年高速公路突破2000km到2015年底突破5000km,一路走过,陕西交通不但完成了高速公路建设的大发展,还从以服务社会主义新农村建设为契机,在全国率先提出每年建设1万km通村水泥路、让农民兄弟走上好路,到交通投资跻身全国前列,改变多年来尽铁打镰恶性循环的局面,斥巨资,抓养护,以打基础、上台阶、新跨越的步伐稳健前行。所有这些体现了陕西省委省政府的要求,体现了人民群众的愿望,体现了陕西省交通厅历届党组班子大发展的决心,体现了全行业干事业的雄心。而要完成这样一个前所未有的跨越式发展,没有共同的目标不行,没有共同的认识不行,没有共同的精神不行,没有一支干实事、干大事的队伍更不行,所有这些,都为陕西交通行业精神文明的培育和发展提供了滋润的土壤和大有作为的广阔舞台。这种全行业精神文明一旦形成,就以强大的势头表现在发展的方向上,表现在发展的内力上,表现在发展的精气神上,这种力量,巨大而又直接,丰富而又广阔,是交通事业跨越式发展的巨大推动力。

人心齐,泰山移。从2005年加快发展,2006年爬坡攻坚,2007年要整体推进,到2010年提出要实现交通又好又快发展至今,陕西交通人贯彻科学发展观,不断加强精神文明建设工作,通过实践社会主义荣辱观,构建社会主义和谐社会以及建设创新型行业对精神文明建设提出了新要求,提供了新机遇,创造了新舞台。在一手抓交通建设的同时,高度重视精神文明建设,各单位相继健全行业精神文明建设领导机构,建立一把手负总责、其他领导一职双责、业务部门分工负责、党政工团齐抓共管、全行业积极参与、密切配合、协调运转的工作机制,牢固树立"一盘棋"思想,做到行动一致、步调一致、上下齐动、左右互动,形成行业精神文明建设的强大合力。而在从传统产业向现代服务业转型的过程中,陕西交通人更是以大力宣传三个服务的新理念,强化服务意识,从管理型走向服务型,从"以我为主"向"以人为本、用户至上"转变;提高服务能力,以服务为导向来设立机构,建立制度,设定流程,完善体系,来检验工作水平高低。陕西交通行业已经走在了一条朝着职工素质大提高、行业作风大改善、行业形象大提升的精神文明发展之路。

陕西省高速公路建设正是在这种行业精神的滋养下迅速发展,并在这一瑰丽的特色之路上在努力创建特色制度文化、特色建设文化、特色服务文化,不断深化具有陕西高速公路特色的文化建设。10万陕西交通人,以高速公路事业中的精神驱动力、行业向心力、文化感召力三力并举,实现了物质文明建设与精神文明建设的"双丰收",成为中西部大开发和陕西大发展的一大亮点。

在科学发展观指导下,建设现代化交通,随着挖掘机摊铺机向前延伸的,不仅是一道道崭新的大路,还有修路人的价值理念。这种价值理念集中到一点,就是为经济社会发展与人民群众出行提供现代化交通服务。对很多驱车行驶在路上以及从事交通职业的人们来说,旅途不再是简单的赶路,工作也不再是按部就班的运转,而是一种审美文化的享受过程、一种快乐工作的亲身体验。为了让蓬勃的生命时刻置身于绿意流淌、人文荟萃的人间仙境,在乘风往返中让人们感受到扑面而来的历史文化,让山山水水、瓦砾荒野变成真正的美好家园,陕西交通人用责任、志趣和理想奏响了一首具有陕西特色的高速公路文化交响曲。

社会主义核心价值体系作为行业文化建设的根本任务,是行业凝心聚力跨越发展的内在驱动力。社会变革和行业改革,必然伴随部分职工的思想波动和利益调整,给行业发展和队伍稳定带来挑战,核心价值体系正是陕西交通人迎接挑战的制胜法宝。陕西省交通运输厅在宣讲、学习、贯彻社会主义核心价值体系的基础上,结合行业实际和地域文化特色,归纳、提炼、推广了独具特色的陕西交通运输行业核心价值体系,形成了"发展现代交通,奉献一流服务"的发展理念和"大爱在心,为民开路"的陕西交通精神,大力推进"一个龙头、两个重点""大运输、大物流"等战略部署,走出了"好要好出好水平、快要快出高速度"的科学发展之路,通过一系列精神引领,高昂了创业豪情,焕发了行业活力,使工作节奏与发展节拍共振,交通精神与行业发展共鸣。

多年来,陕西交通人通过举办"文化宣传工作会""职工文艺联欢会"、演讲比赛、知识竞赛、春节团拜会、职工书画展、摄影展览、"职工运动会"等形式多样的文化宣传娱乐活动,培养和激发健康、向上的美好感情,陶冶情操,热爱本职,让文化建设的行为方式转化为实在的工作效能。在虚实间创造文化氛围、在动静之中培育企业精神、在张弛之间书写高速公路的新篇章,高速公路文化以大众社会文化的形式负载着交通人的生活内容和情感。

20世纪90年代,省内外一些作家自发或组织,深入到陕西高速公路建设工地采风创作。1992年9月,陕西日报社记者程友民等,通过对三铜公路建设采访,撰写一批反映建设者风采的报告文学,并集成报告文学集《黄土地上的丰碑》,由陕西日报社社长骞国政主编,刘遵义、路遥作序,陕西人民出版社出版。1993年汉中市作家协会主席王蓬,考察多条蜀道及从长安到罗马的丝绸之路,出版了有蜀道故事与风情的作品集《山河岁月》和《丝路访古》。

2004年底,陕西交通的"米"字形高速公路主骨架初具规模,并成为西北地区中第一个高速公路建成里程突破1000km的省份。以高速公路为重点的交通基础设施建设的业绩,对经济发展、社会进步和人民生活改善提高,起到了巨大的推动作用,也引起了广大人民群众和社会各界特别是文学界的关注。陕西省作家协会和陕西妇女文化研究会,共同举办了陕西作家公路万里行采风活动。自2004年8月18日开始,26位知名作家组成3个小组奔赴陕北、陕南、关中3个片区,分别考察了已建成的铜黄、榆靖高速公路和在建的黄延、靖王、子靖等高速公路。采风活动历时12天,行程6000多公里,走访了公路勘察、设计、施工、养护、管理等各个方面。首次全景式展现了这一时期高速公路、干线公路的快速发展和建设者开拓奉献精神,也是陕西作家历次采风活动中规模最大的一次。采风归来写成27篇纪实文学作品近40万字,汇成《纵横三秦路 陕西作家公路万里行》一书,由太白文艺出版社2005年7月出版。

2007年,陕西交通文化继续向纵深发展,正值陕西交通迎来跨越式发展的第一阶段目标攻坚战之时,4月24日,全省交通系统精神文明暨宣传工作会议在西安召开。陕西省交通厅厅长曹森在题为《弘扬交通文化,建设文明行业,强力推进陕西交通事业又好又快发展》的报告中满怀激情地说:"我省交通基础设施建设已强势显现,但行业文化建设却明显滞后,一个企业、一个行业,要保持长盛不衰,根本要靠文化。交通文化是交通行业综合实力的显著标志,是推动交通行业发展的强大精神动力,是凝聚和激励交通职工团结奋斗的重要力量。我们要制定全省交通文化建设实施纲要,开展行业文化重点建设、理论研讨和经验交流,创造出具有陕西行业特点的公路文化、运管征稽文化、港航海事文化、高速公路文化……"

一、文化标识

高速公路与其他产品一样,是建设和管理者按照某种文化心理塑造的,具有使用价值且蕴含一定文化价值的公共设施产品。高速公路物质文化具有物质性、实体性、形象性和生动性。完善高效的高速公路物质文化建设会在路容路貌、站容站貌以及员工精神风貌、服务文明水准等方面,反映高速公路运营管理服务水平,体现高速公路文化发展程度,是社会和服务对象认知、判断、评价高速公路及企业的客观条件。

为加强这种高速公路物质文化建设,提高交通职工身心素质,增强交通行业的凝聚力

第七章
高速公路文化建设

和影响力,树立交通行业良好社会形象,促进交通事业又快又好发展,"十一五"期间,陕西省交通运输厅根据《全国交通行业"十一五"时期精神文明建设工作指导意见》,制定了《陕西交通运输行业文化建设实施纲要》,其中提到,稳步推进交通物质文化建设。根据事业发展的需要和经济条件的可能,逐步推行行业形象统一战略,开展交通行业徽标征集和评选活动,改善工作环境和工作条件,统一规范交通行业工作场所、指示标志、公示栏、宣传牌、公务交通工具、主要办公用品的外观,统一行业标准字、标准色。通过物质文化建设,采用一系列视觉符号,把行业理念、性质、规模、产品主要特性等要素,传达给社会公众,以便识别和认同,从而向社会展示交通行业的良好形象。以此为指导,陕西省高速公路在建设与运营管理实践中,不断地营造培育先进的特色行业品牌文化。对品牌文化进行整合和创新,高速公路文化建设呈现出百花齐放的姿态,不同的文化品牌带着其独具特色的文化标识出现在人们的眼前。通过独特、醒目的文化标识引领交通职工提升全新的从业素质和业务技能,也为三秦百姓呈现出一个富有活力和生机的现代化交通形象。

1. 微笑服务 温情一路

标识整体造型以高速公路收费人员从窗口伸出的"手"为创意基础,"手"完成发卡与收费、交流和服务等一系列行为;向上倾斜的角度,寓意着积极向上的工作朝气和改善提高高速公路服务工作质量和水平,构建和谐高速公路的决心。右上方由下而上的黄、绿、蓝笔画,组成"手"的手指部分。"三笔"代表着陕西"三秦"大地上纵横南北的高速公路,也代表了陕西交通人的三个服务标准:用真诚面对驾乘,用微笑服务社会,用温情感染群众。

"微笑服务 温情一路"文化服务品牌的创建,密切依托高速公路收费站、收费人员星级化的管理,并结合创先争优、"文明我先行、服务我更优"等主题活动,着力通过打造服务品牌示范站点,形成一定的社会影响力,全面提升交通行业文化建设成效和精神文明建设水平,展现行业良好精神面貌,体现交通人敢为人先、积极向上、朝气蓬勃的干事创业精神。

"微笑服务 温情一路"标识

2. 温馨驿站　真情如家

标识是陕西高速公路首字母S的演化,S造型流畅优美,本身具有道路的外观形象,跟圆形的巧妙同构,是灵动与完美的融合。蓝色的天空、绿色的景观、开阔的道路是陕西高速公路的总体写照,蓝色象征陕西高速公路布局合理、高效畅通、覆盖全省、通达四邻;绿色象征环境优先、和谐及可持续发展。

"温馨驿站　真情如家"服务品牌创建活动是省交通运输行业创建"五大服务品牌"活动的重要组成部分,是一项在高速公路各服务区广泛开展的、以为驾乘人员提供温馨、便捷、优质服务为目的文明服务主题活动,其内涵是通过品牌创建活动的广泛开展,不断完善服务设施、提升服务质量,全方位满足社会驾乘日益增长的出行需求,使驾乘人员在服务区吃得舒心、住得温馨、用得放心,让服务区成为驾乘人员行走在高速公路时心中真正的"家"。

3. 三心服务　畅行陕西

标识由"陕西"和"三心"的第一个汉字的汉语拼音的第一个字母"S"变形成通往远方的公路,寓意了品牌的核心"三心"服务品牌,同时表达了行业特点和地域特征。不断延伸的公路,寓意了陕西公路建设的蓬勃发展,表达了公路建设服务陕西经济发展,惠及"三秦"大地的品牌理念。

公路产品是一个具有完整意义的特殊的实体产品,具有建设、养护、管理的连续生产特征,并通过有效的统一管理才能发挥其产品的功效。"三心服务　畅行陕西"品牌实施紧扣公路产品属性,以提升建设养护管理服务水平为出发点和落脚点,体现行业核心价值追求。

"陕西高速公路"标识

"三心服务　畅行陕西"标识

4.情满车厢·舒心旅途

主标识以心形为主,整个造型是一条飘逸的公路,突出行业特征同时又可视为一条彩带,象征温馨体贴;左半部分是一条清新自然的绿化带轮廓,右半部分象征品牌的发展空间,组合起来与名称相符,整体造型使标志整体统一;标志色调体现行业特征,有亲切之感。辅助图形用来强化、衬托、丰富企业视觉形象,由丝带般的道路组成一个浪漫的爱心,展现带给旅客的轻松与关爱;让行动成为旅客茶余的谈资,让车厢成为旅客又一个家。

"情满车厢·舒心旅途"的核心价值观是"情""满""舒心",即真情服务旅客,深情热爱企业,亲情共建团队,倾情幸福车厢,也充分体现了"尽最大努力为旅客提供最优质的服务"这一理念,突出展示行业特色。它立足于"三个服务",借助品牌增强社会对交通运输行业的认知感、亲切感和满意度,并提升行业文化品位和文化内涵,促进行业精神文明建设整体提升。

5.交通热线　尽享方便

本标识设计以服务、发展、畅通为基本设计理念和设计关键词,设计造型构思以公路、电话12122数字为创意和基本元素,经过艺术抽象组合变形而成。三道弧形造型:代表陕西高速和三秦大地,同时也是抽象的电话信号;三道弧形的三种颜色代表了交通热线不同的含义,绿色代表畅通、发展,蓝色代表科技、电子信息技术,橙色代表全心服务。

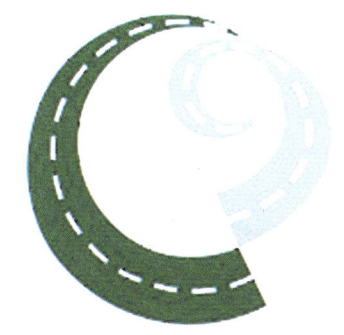

"情满车厢·舒心旅途"标识　　　　　　　　陕西交通服务热线

"交通热线　尽享方便"就是通过加快交通热线建设,增加信息来源渠道,使交通热线服务范围和质量更高,信息更准确、更高效、更全面。公众拨打交通热线可以享受更加多元化、个性化、人性化的服务。

文化标识的建立,让人们对高速公路企业文化有了更深入的认知,也对陕西交通高效的服务质量有了全新的解读。陕西省交通运输厅充分利用电视、报刊、电子大屏幕、网站、宣传栏、标语、广告牌、简报等形式,不断扩大文化标识的影响力,通过培育与宣传身边"树得起、立得住、打得响"的创建标兵,增强辐射,为文化品牌创建工作营造浓厚的宣传氛围。

二、景观设施

高速公路在为大众提供方便快捷的交通服务之余,也逐渐通过一些景观设施被注入文化的内涵,扩大文化影响的期望,进而多角度地满足经济社会发展的要求和承载力。

1990年,陕西省第一条高速公路西临高速建成通车,在西安灞桥十里铺入口处、灞桥收费站西侧,设"腾飞"雕塑。雕塑采用不锈钢材质设计、制作,以骏马腾飞为造型,将昂首奋蹄的骏马矗于22m高的立柱之上,象征陕西公路交通由此腾飞、发展。

2006年9月,在延安至靖边高速公路沿线,分别以水泥混凝土材质设主题"剪纸·凤凰"浮雕,寓意吉祥、太平;以不锈钢材质设主题"奔马"浮雕,寓意高速公路交通蓬勃向上,一往无前;设主题"走向富裕"浮雕,寓意高速公路犹如巨龙腾飞,为脱贫致富奔小康带来福音,为陕北跨越式发展插上翅膀。

2007年,西汉高速公路建成,在秦岭服务区设大型雕塑群"华夏龙脉"。雕塑群以秦岭·蜀道为主题,以时间为轴线,从政治、经济、军事、文化等方面,集中反映华夏民族不畏艰难、人定胜天的决心,改造自然的力量,并以秦岭地区发生的影响中华民族历史的10个重要时间段为横线,运用盘古开天地、太极海纹、河图洛书、仰韶龙山文化、春秋开凿栈道等18个历史典故,展现秦岭古栈道、人物形象近百个。

华夏龙脉大型雕塑群

2008年10月,在黄延高速延安服务区建延安宝塔山标志雕塑。在路侧边坡制作一处安塞腰鼓雕塑,展现延安地域风情。12月,省高速集团以飞机凌空翱翔为造型,在西禹高速阎良段建"腾飞"雕塑,展现阎良作为国家航空高新技术产业园区的特色。

2009年,全省相继建成的5条高速公路上,分别建有多处雕塑。西安咸阳国际机场专用高速公路,设置汉青龙、汉白虎和丝绸之路、蔡伦造纸浮雕景观两组;青兰高速公路张村驿服务区的"驰骋千里"雕塑、厢寺川服务区的"红色记忆"雕塑、壶口服务区的"黄河颂"雕塑;西潼高速公路于陕豫交界处秦东收费站南侧建成巨型"秦"字雕塑;省交通集团在商漫高速天竺山服务区设太上老君雕塑;省高速集团在十天线汉阴服务区设"沈氏三兄弟"雕塑,都将地域文化、人文景观与高速公路融为一体。此外,2010年12月,省交通运输厅外资办在安川高速公路安康西服务区建一组浮雕,展现安康瀛湖风光、电站雄姿、茶山情歌、赛龙舟、紫阳宫等自然风光、风土人情和工业成就。

不仅仅是雕塑,随着陕西省高速公路里程的推进,碑石、牌楼也因其纪念、章明的功用,作为一种文化景观走进过往驾乘人员的视野里。

2006年9月,于黄延高速公路洛河特大桥桥头设观景台,立"亚洲第一高墩纪念碑"。2007年1月于秦岭终南山公路隧道南口应急救援中心广场立秦岭终南山公路隧道通车纪念碑,上刻有"秦岭终南山公路隧道通车碑记"。广场最北角,立有一通"天下第一隧"碑石。是年12月13日咸永高速公路建成通车,标志陕西高速公路建成通车里程突破2000km,省交通厅在乾县服务区广场东侧立"陕西高速公路突破2000km纪念"碑石。翌年11月,省交通厅在西临高速灞桥段立"陕西第一条高速公路纪念"碑。

穿越秦岭的高速公路隧道群

2009年5月,省交通集团在小康高速包家山隧道南口立有上刻"包家山"三字碑石,以省交通集团名义撰有"包家山记"。7月,省交通运输厅在勉宁高速勉县服务区立"陕西高速公路突破一千公里纪念"碑石。省交通集团在蓝商高速蓝田段高速公路中央分隔带立一原石,上刻有唐代诗人王维《山居秋暝》一诗中"明月松间照,清泉石上流"两句。商界分公司于金丝峡服务区,立有作家贾平凹所题"金丝峡服务区"碑石。

2009年7月,小河至安康高速公路建设展厅建成,主要记录了小康高速公路艰辛的建设历程和主要建设成果。小康高速公路三年的艰辛建设历程中,特别是包家山隧道建设期间,发生了许多感人的故事,涌现出了许多可歌可泣的英雄人物。展厅由前言、领导关怀、小康全景、实物展示、质量和安全体系、建设亮点和难点、领先技术、隧道模型、科研成果、建设大事记、结束语11部分组成,将"顽强拼搏、挑战期限、攻坚克难、大苦为荣"的包家山建设精神诠释的淋漓尽致。

2009年10月商漫高速公路建成,在天竺山服务区建有石质牌楼一座,上书由著名评论家、西北大学文学院副院长刘炜平撰写对联两副。一副为:康衢任意逍遥游,叠嶂无忧窘促旅;横批:秦头楚尾。另一副为:青山都佳景地兼秦楚千年美风,盛世拓坦途物畅福银万里驰道;横批:钟灵毓秀。

2010年11月10日,青兰高速公路陕西段建成,标志全省高速公路通车里程突破3000km。省交通运输厅在青兰高速公路厢寺川服务区设立纪念碑石,正面镌刻"陕西高速公路通车3000km纪念",背面刻有刘炜平所作《六千里路云与月》陕西高速公路突破3000km赋。

2012年6月,西商高速公路建成通车。路线由西安入商东进,生态高速、路域文化、人文历史随路而行,服务区用雕塑展示"秦风雅颂",山水秦岭地域文化符号,全线设置有华胥图腾柱、蓝田猿人雕塑群、王维、商山四皓、仓颉造字5处雕塑景观,给驾乘带来舒适美观的旅途情趣。2014年,西潼高速公路发挥华县站临近少华山旅游景点和皮影产业示范基地的特色,挖掘新丰站周边"鸿门宴"遗址等秦汉特色地域文化,利用兵马俑专线便捷通达秦始皇兵马俑陵园的优势,在渭南西收费站设置了以三秦文化和兵马俑文化为内容的仿古琉璃滴水岩文化景观墙,收费站门口放置兵马俑文武二将陶俑,布置了具有本站特色的文化长廊。

2015年11月,西咸北环线高速公路建成通车,西安绕城高速通行压力得以缓解,标志着陕西高速公路通车里程突破5000km。省交通运输厅在沣京服务区设立五千公里纪念碑石,上面刻有刘炜评、王彦龙合著的《陕西高速公路突破五千公里纪赞》一文。

三、缤纷文苑

高速公路的不断扩展和延伸,让陕西交通人逐步也学会了用文化精神育人,注重构筑多元化的文化平台,建立现代信息化的学习资源共享机制,打造学习型行业、学习型员工,增强了陕西交通人的文化自觉,进而树立陕西交通运输行业的文化自信。

1993年1月15日,经省新闻出版局批准,陕西省公路局创办4开4版旬报《陕西公路》报。1996年1月,陕西省交通厅决定陕西公路报更名为《陕西交通报》,作为中共陕西省交通厅党组领导下的行业内部报纸,日常工作由省公路局管理。其基本任务是宣传党和国家、省有关发展交通事业的路线、方针和政策,报道交通系统改革开放和两个文明建设的成就与经验,宣扬交通职工爱岗敬业、无私奉献的精神风貌,反映广大交通职工的意见、要求和呼声。同年被中共陕西省委宣传部、省新闻出版局评为陕西省一级报纸。翌年获第三届中国优秀行业报一等奖。1998年1月由旬报改为周报。1999年7月扩大为对

第七章
高速公路文化建设

开4版,2010年10月26日《陕西交通报》部分版面在中国交通报刊协会首届全国交通报纸编校质量评比中获十佳优秀编校报纸荣誉。2001年被陕西省新闻工作者协会和陕西省企业报(刊)新闻工作者分会联合评为"十佳办报单位"。2003年2月增设月末版。2006年1月起由省交通厅宣教中心负责管理,并由周一刊改为周二刊,刊号为陕新出连内印字第93103号,年均出报近百期,连续十年获得"十佳办报单位"。报纸从创刊以来,以交通新闻、交通经济、行业风采、交通文化和月末版五个版块,对陕西交通尤其是高速公路大发展进行宣传和舆论监督,从陕西的第一条高速公路到高速公路通车5000km,报纸都会以交通人独特的视角对每一条高速公路的建设、运营,每一个阶段的成果以专题、专版的形式进行报道,月末版还适时围绕每一条高速公路,从文化历史、美食、旅游等方面做出多期专刊报道。

2002年10月,经省新闻出版局批准,《陕西高速》正式创刊,刊号为陕西新出内印字第C9091号。这本由省高速集团主办的企业内部刊物,以探讨企业管理、传播企业文化、交流行业信息、服务基层工作为宗旨,全面反映高速公路建设、运营、管理和精神文明建设成就、经验以及问题。开设有重点工程、理论论坛、实践体味、收费亭、立交桥下、文苑、知识篇等栏目。2003年5月起由双月刊改为月刊。是年11月,获陕西省新闻工作者协会和省企业报(刊)新闻工作者分会授予的陕西省企业界"最佳办刊单位"称号。2006年5月停刊。共出刊34期。

2007年,以"世界读书日"为契机,陕西省交通运输厅开展"读好书、爱本职、献交通"活动至今,10年来,全系统邀请社会名家开设"交通大讲堂"近百期,一线收费站、服务区、公路道班、养护站所职工书屋覆盖率达100%。

2007年11月1日,陕西省交通作家协会成立,这是在全国交通系统第一家成立的群众文学团体组织。从此,陕西省交通系统的作者们以团队的形式,更好发挥文学为交通建设服务、为满足陕西交通人日益增长的文化精神需要服务。先后组织各类公路采风采访活动10余次,著名作家陈忠实、雷涛、肖云儒、周明、阎刚、雷抒雁、叶广芩、莫伸、高建群、子页、赵熙、王芳闻、王观胜、吴克敬、冷梦、商子雍、商子秦、朱文杰、伊沙、陈若星、夏坚德、杨莹、陈长吟、傅晓鸣、徐伊丽等先后分别参加了采风、采访活动,并都在《陕西交通报》和社会媒体上发表了采风随笔、散文和报告文学,既宣传了高速发展的陕西公路交通,也促进和丰富了交通文化的发展和繁荣。与此同时,在陕西交通作协的指导支持下,省交通集团商界分公司和省高速集团宝汉分公司分别成立了商界苑、心路文学创作协会两个文学团队。

2008年,厅文明办组织向全国公开征集了51首交通歌曲,经过公开投票、演唱评选和专家的指导,精选出10首合成出版、发行《我们一直在路上》专辑。在此基础上,又出版了这次演唱活动实况录像,在社会上广泛流行,其中有国内著名的作曲家和歌唱家联手合作的优秀作品,在社会上产生了较大反响。

《我们一直在路上》专辑发行

2008年和2009年,陕西交通系统面向社会开展"征集交通春联""交通歌曲创作"活动;在全系统还举行了"诗歌朗诵会""交通精神研讨会""交通文化建设调研""作家采风""文学讲座"等活动,提高广大职工干部的素质,培养具有创新精神和实践能力的高素质的人才。2009年经过遴选,《远行——陕西交通诗选》在共和国60华诞前正式出版。

2009年10月9日至13日,由陕西省交通运输厅主办的宝汉高速杯"情满三秦·美在交通"庆祝新中国成立60周年陕西交通文化展览在陕西省美术博物馆隆重举行。展览汇聚了新中国成立60年来陕西交通文化的丰厚成果,涵盖了交通运输事业发展的精彩点滴,分别展出书画作品130余幅、摄影作品150幅、交通文化实物200余件。同年,省交通职工合唱团代表陕西省参加中央电视台《放歌中华》"爱国歌曲大家唱"直播晚会,代表队以靓丽的风采,激情的演唱,赢得了现场观众热烈的掌声,受到了观众的好评。

2012年,陕西交通集团组织创作的大型话剧《穿越》公演,该剧以穿越秦岭的5条高速公路建设为背景,被陕西省列为"十二五"重点剧目。话剧《穿越》、电视纪录片《盛世巨龙舞群山》参加第十三届全国精神文明建设"五个一"工程评选,《穿越》同时获得陕西省"五个一工程"优秀作品奖和全国话剧界最高奖"金狮奖"新剧目奖。

与此同时,针对高速公路青年员工多的特点,陕西省交通运输厅在关注青年员工工作待遇等问题的同时,也逐渐将目光转向关注员工内心,通过一系列喜闻乐见的文化活动调动青年员工的青春热情与工作积极性。比如省高速集团2014年10月10日就在团中央"共青团在新媒体发声方面要走在前列"的倡导下,推出微信公众号"高速青春",并推出"我的高速我的家"摄影征集、"青春志愿行、温暖回家路"征稿、"高速美食"等板块。2015年元旦,省高速集团党委书记、董事长靳宏利通过"高速青春"发表新年寄语,传统的"讲

话剧《穿越》剧照

话"变成了"寄语",传统的"会场"变成了"微信平台",阅读量和转发率空前的高。2015年5月4日,举办"青春志、高速情、中国梦"青年歌手大赛。2016年5月31日,又成功举办"高速青春"杯微电影大赛,用微电影这种艺术形式来反映青年员工自己的工作生活。省交通集团也广泛开展红色诗词诵读、三唱三颂等活动,成功举办"社科专家走三秦"采风活动、第二届职工乒羽比赛等活动。

2014年1月20日,由省交通运输工会、陕西路韵书画协会主办,省交通广告传媒公司承办的"陕西交通传媒杯"职工摄影书画展与职工见面了,200余件由交通职工创作的书法、绘画、摄影作品,通过不同的艺术形式感动着广大职工,受到广泛好评。"十二五"期间,全省高速公路运营管理公司的基层单位,贯穿陕西交通精神的生命节律、洋溢着陕西交通文化的生活气息的各类摄影书画展10余场相继开展,分别从不同时段、角度记录了祖国的大好河山、高速公路的建设运营成果、高速公路沿线的自然生态、风光风情,充分展现了陕西高速公路大发展大跨越的崭新面貌。

此外,"十二五"期间,交通系统高速公路运营管理的基层单位,贯穿陕西交通精神的生命节律、洋溢着陕西交通文化的生活气息的各类摄影书画展10余场相继开展,分别从不同时段、角度记录了祖国的大好河山、高速公路的建设运营成果及高速公路沿线的自然生态、风光风情,充分展现了陕西高速公路大发展大跨越的崭新面貌。2014年1月20日,由省交通运输工会、陕西路韵书画协会主办,省交通广告传媒公司承办的"陕西交通传媒杯职工摄影书画展览"与职工见面,200余件由交通职工创作的书法、绘画、摄影作品,通过不同的艺术形式感动着广大职工,受到广泛好评。

四、锦绣文章

1995—2005年间,陕西省交通系统先后出版几十部反映了高速公路交通的诗歌、散文、报告文学和新闻作品集。如董邦耀《浅海掬浪》《长安飞虹》《龙脉天路》和《情铸生命线》;

周迎春《在路上》，曹汉秀《大漠路魂》《工地麻辣烫》《担山追日》，李军强《长路如歌》等。

2007年，陕西省交通作协成立，此后，每年都有反映交通的散文、通讯和报告文学集出版。2007年出版了报告文学集《激情跨越》，2008年出版《感天动地的日子》抗震救灾散文集。2009年省交通作协又具体承办了交通运输厅组织省内6位著名作家撰写大型报告文学集《大道》编写统筹工作，作为向共和国60华诞献的厚礼。

2009年交通工作会议期间，中国交通报以《用"三个服务"理念勇破发展难题》为题，整版报道了陕西交通高速公路建设改革与创新。2009年，陕西省高速集团创新突发事件宣传模式，在秦岭服务区创办了《情铸生命线》专刊，记录一线抗灾保畅者动人事迹。

2010年《人民日报》刊登整版新闻《大爱在心为民开路"十一五"陕西交通加快发展巡礼》并配发评论《可贵的突破》，在全国唱响"陕西交通精神"。

同年，陕西省交通作家协会汇集省内作家和交通文学爱好者创作成果，编辑出版《陕西交通文学丛书》一套。其中《大纵横》主要为反映"十一五"时期加快交通发展的报告文学通讯集；《一路幽香》主要汇集《陕西交通报》副刊登载的文学作品选。另外有陕西交通作家协会会员个人文学专集多部。这些作品，透露出浓郁交通运输情结，为行业风采倾注笔墨。是年，杜延军《三秦道》报告文学集出版，收录作者2006—2010年公开发表有关陕西交通作品90余篇、30余万字。

2011年1月4日，由陕西省作家协会、陕西省交通运输厅主办的首套"陕西交通文学丛书"首发式在西安隆重举行。这套由陕西交通文学作者首次集体出征、集中发力创作编辑、出版发行的丛书，在全国交通运输系统尚属首次。2013年7月又完成了由沈阳出版社正式出版的第二套陕西交通文学丛书。交通作协主编的《强省之路——陕西高速公路突破4000km巡礼》。是年，由原陕西省交通作协主席丁晨、作家商子秦合写的报告文学《梦圆中国第一隧—获全国科技进步一等奖的秦岭终南山公路隧道建设纪实》，获陕西省首届"长河杯"报告文学大赛最佳作品奖。

五、电视宣传

1999年1月14日，陕西电视台交通厅记者站正式成立。陕西电视台台长王超、省交通厅厅长乌小健出席成立会并为首任站长范国仓授牌，陕西电视台副台长顾令阳、新闻部主任张书省，省交通厅副厅长秦嵩生、曹森、驻厅纪检组长白有铭，省高管局党委书记黄怀宝及厅有关处室负责人参加成立大会。陕西电视台交通厅记者站是经省电视台批准，省广播电视厅同意成立的行业电视宣传机构，负责组织、协调实施全省交通电视宣传工作，为各级电视媒体采访报道陕西交通搭建起互通桥梁，发挥了重要基础作用。

西部大开发、关天经济区建设、一带一路等国家战略在陕西交通的伟大实践，陕西电视台交通厅记者站都发挥了重要作用。1999年，在中央电视台西部频道（CCTV-12）开播后,陕西交通成为当时在中央电视台展示陕西交通发展的重要平台。连续多年为西部交通鼓与呼,营造了发展氛围,得到社会各界好评。

2006年9月30日,国家高速公路包茂线西安至陕蒙界高速公路全线建成通车,中央电视台、陕西电视台进行现场直播。其中,中央电视台直播19分钟,《新闻联播》《新闻30分》《晚间新闻》《朝闻天下》等栏目全天滚动报道播出;陕西电视台卫视频道、新闻频道直播90分钟,开创公路建成通车多角度、长时段,集中在中央、省电视台同时现场直播宣传报道一条公路建成通车的历史新水平。陕西省委书记李建国称赞:省交通厅路修得好,宣传工作干得也很棒!

2007年1月20日,秦岭终南山公路特长隧道通车,中央电视台《新闻联播》《朝闻天下》《新闻30分》《晚间新闻》等栏目全天滚动宣传报道。其中,中央电视台《东方时空》以《天堑变通道》为题进行专题报道,中央电视台科教频道《科技之光》以解谜亚洲第一的秦岭终南山高速公路隧道》为题进行专题报道;陕西电视台《陕西新闻联播》播出《六集系列报道:揭秘秦岭大隧道》,《今日点击》以《秦岭隧道别有洞天》为题进行专题报道等,陕西交通成为当时全国交通行业主旋律。2007年9月30日,国家高速公路京昆线西安至汉中高速公路全线建成通车,中央电视台《新闻联播》《朝闻天下》《新闻30分》《晚间新闻》等栏目全天滚动报道播出,其中《东方时空》以《西汉高速通车在即》为题播出专题片;陕西电视台《陕西新闻联播》以穿越千年古蜀道,贯通两大经济圈为主线,播出8集系列报道,《今日点击》栏目以《穿越大秦岭》为题播出专题片,电视政论片《秦岭打穿越》《秦巴大穿越》更是以电视语言全面详实地论证了陕西交通人在穿越中国南北分水岭——秦岭山脉过程中,对《大爱在心,为民开路》陕西交通精神的伟大实践。省长袁纯清几次表扬肯定,称赞西汉高速公路建成通车宣传工作,有说服力,有高度,有思想,是一次不可多得的鼓劲加油舆论宣传战役。

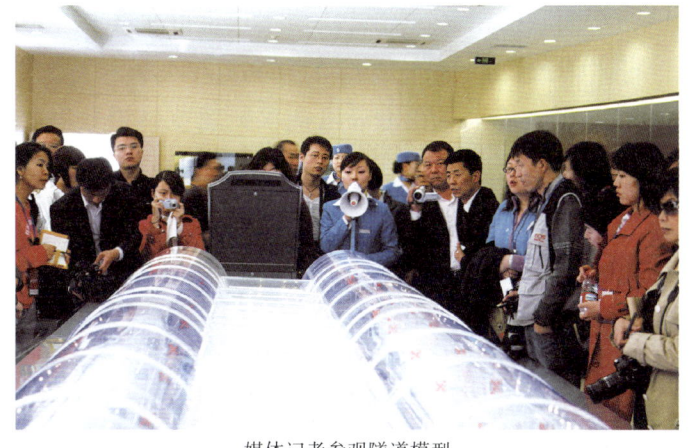

媒体记者参观隧道模型

2008年1月9日省政府在西安召开高速公路通车里程突破2000km庆祝表彰大会。

10日以后,一场50年一遇冰雪灾害由北向南瞬间席卷大半个中国,陕西穿越秦岭多条公路被阻。灾害发生后,省厅宣传中心迅速组织各类媒体引导舆论、答疑释惑,先后在广播、报纸、电视、网络刊发稿件近百条篇,其中由中央电视台《东方时空·时空连线》在陕西战风雪,保春运一线的集中采访报道《陕西:战风雪 保春运》最为显著。5月12日,四川汶川发生特大地震灾害后,面对宝成铁路中断,陕西交通人铁肩担道义,全力保畅从东、北两个方向入川的全国抗震救灾物资车队。在突如其来的天灾面前,全力保证入川救灾物资车队的通行,电视宣传报道工作真实记录全面反映陕西交通担当,先后在中央电视台《新闻联播》播出3条,陕西电视台《陕西新闻联播》播出21条,在中央电视台和陕西电视台专题直播3次。其中,在陕西电视台《抗震救灾众志成城》栏目里,每天都有滚动播出反映陕西交通抗震救灾的电视节目,每天的各档电视节目里还滚动播出《陕西入川的救灾物资公路运输"生命线"交通流量统计数据》,为各级领导决策提供重要参考。组织拍摄的三集电视政论片《生命线——陕西抗震救灾大通道保畅纪实》从非常道、功德路、中国心三个角度对这一历史事件进行全面展示。此片在陕西卫视播出后,受到交通运输部、省委省政府领导的高度评价和肯定,省委书记赵乐际多次称赞,陕西交通人是一支特别能吃苦、特别能战斗、特别能奉献的队伍。陕西省社科院在对全社会做的各行业群众满意度测评中,陕西省交通运输厅名列第一。

2009年4月17日,全国农村公路建设现场会在西安召开。中央电视台《新闻联播》先后两次进行报道,中央电视台《聚焦三农》栏目播出专题片《探访陕西致富路》。陕西电视台《陕西新闻联播》会前播出8集系列报道,会议当天播出3条消息、新闻特写、新闻链接等,陕西电视台《今日点击》播出专题片《省部长进村"探路"》。5月28日,西安至安康高速公路全线建成通车,中央电视台《新闻联播》《朝闻天下》《晚间新闻》滚动播出《国家高速网西康线贯通陕西 提前两年实现市市通高速公路》等4条消息。陕西电视台《陕西新闻联播》当天播出《陕西实现市市通高速公路》等4条消息、新闻链接、新闻背景等,期间还配合通车活动在《陕西新闻联播》播出6集系列报道。2009年全年,陕西交通电视宣传报道在中央电视台新闻节目里播出25条;在陕西电视台新闻节目里播出达96条。

2010年,全年在中央、省电视台播出电视消息、新闻节目138条。陕西电视台交通厅记者站全面配合了全省交通运输工作,为行业发展鼓劲加油,营造了良好的舆论氛围。11月陕西全省高速公路通车里程突破3000km,西部第一,全国前列;7月部、省共建"关天经济区"交通运输发展纪要签订;9月省政府批准"十二五"交通运输发展规划,交通运输厅荣获全国交通运输系统文明行业和省级文明单位称号;全年全省公路通行费征收突破百亿元,达到130亿元,公路通行费征收再创新高,收费还贷良性运转历史岁月;陕南等地区发生罕见水灾,损失惨重,全省交通职工克难攻坚,全力抢通保畅,顽强拼搏,抗洪保畅灾后重建取得巨大成绩;全省县、乡、村三级公路管养责任体系全面落实等,通过电视荧屏都得到了良好的展示。

2011年以来,陕西交通运输厅电视宣传工作继续保持了"眼睛向下,重心下移,面向基层",遵循"新闻故事化,故事人物化,人物平民化"的新闻报道规律,纵深协调联络中央电视台、陕西电视台、当地电视台,及时上传下达,横向协调服务省级部门,积极联合各兄弟单位扩大交通运输厅在电视媒体的影响力,强化交通运输话语权,使交通运输事业和电视宣传一起保持传播感召力,宣传影响力,在陕西高速公路通车里程突破4000km、5000km,供给侧结构性改革、"一带一路"等国家战略和"三个陕西建设"中,起到了鼓劲加油、营造发展氛围,为全省交通运输行业正确舆论引领发挥了重要作用。

六、人文历史环境与文化传承

"陕西每一条路都是一座历史文化博物馆"。一位作家如是说。

陕西是中华文明发源地,也是古代道路交通文明的发端地。在没有高速公路之前,陕西有国道8条,2000多公里,自西安向八个方向辐射,是连接东西部的重要通道。如今,陕西成为我国重要交通枢纽地之一,以西安为中心,周边1000km范围中心城市一日到达,可以说真正能通江达海,改变陕西内陆区位劣势。在这一漫长的交通演变活动中,陕西交通尤其是高速公路建设在人文历史环境的演变中学习传承、融合汇聚,逐渐形成了反映现代交通文明的文化精神。

首先是交通物质文化的传承。交通物质文化源远流长,博大精深,成为一个时代一个地区一个民族生产力水平的标志,精神风貌的象征。从早期驿道到当今高速公路,从木桥石桥到当今各类混凝土大桥,从石门隧道到秦岭隧道群,从物质形态到技术水平,都具有标志性的意义。而高速公路从0km到5000km,可以说真正做到了能通江达海,改变陕西内陆区位劣势,成为西部交通开放发展最快地区。交通演变反映社会更替、疆域变迁、经济盛衰、百姓万象,更充分展现了陕西交通人不畏艰难,勇于开拓的精神,不甘封闭,追求开放的胸襟,也使陕西公路交通成为陕西对外开放桥梁和对外开放的一张名片。

二是交通行为文化的传承。传统文化讲和谐、和合,过去修路水平低,只能堑山堙谷,且路的规模有限,对自然生态环境影响也就有限。后来观念转变、理念提升,陕西交通人懂得尊重自然的必要,追求人与自然和谐。比如西汉高速公路建设强调少挖山,多打洞,多架桥,践行维护自然环境的理性。高速公路建设,在满足实用功能的同时,力求和谐美观的视角形象,在处理路与自然生态关系方面,更注重追求如何使路与自然生态融合得更好更美。

三是交通制度文化的传承。制度文化是一个组织为了达到特定目的制定的行为规范,也就是人为制定的程序化、标准化的行为模式和运行方式。交通是人在一定的规则、制度、标准、道德与行为习惯下进行的。伴随着陕西高速公路路网的延伸铺开,围绕建设、管理、运营与服务,也形成了一整套规章、规范和标准。高速公路企业已经实行质量标准认证,收费还贷与收费经营两类不同公路的管理制度、运行规则、考核标准等都在不断地调整完善。

四是交通观念文化的传承,这其中包括交通活动表现的价值理念以及交通活动萌发的文学艺术。今天我们在科学发展观指导下,建设现代化交通,随着挖掘机摊铺机向前延伸的,不仅是一道道崭新的大路,还有修路人的价值理念。30多年间5000km高速公路的建成,十几万公里农村公路网络的形成,充分显示了当代陕西交通人开拓创新、拼搏奉献的精神境界;高速公路微笑服务、温馨驿站、安全保障、应急保畅、服务明星活动等等,充分显示陕西高速公路运营服务追求文明和谐的精神风貌。而在文学艺术方面,自古以来,路的开拓与运行、使用与利用,成为文学创作的源泉之一,交通也成为文学艺术的传输带。如今,交通大发展,交通文化也倍受重视,高速公路建设中产生了一批有影响的文化作品。一批作家和一批交通系统文学爱好者纷纷运用文字、声像、音乐、雕塑、标志、展览等手段,多样性地展现陕西交通历史变迁、技术发展、沿途风情和逸闻趣事,为陕西交通留下了一批文学瑰宝。

每一条路的诞生,都是文化的传承,它们凝聚着一个时代的物质和精神。陕西高速公路的飞速发展,正是在这样的文化氛围中呈现出现代化交通文明的魅力。这其中,包茂线陕西段与秦直道,福银、连霍线陕西段与丝绸之路,青银线陕西段与盐马古道,京昆线陕西段与蜀道天险,十天线陕西段与汉江水道,除了在历史文化中的扬弃、继承和创新,还有在地理位置上的惊人重合,成为陕西公路文化传承的典范。

1. 包茂线陕西段与秦直道

2006年9月30日,包茂线西安至陕蒙界高速公路全线贯通,标志着从千年古都西安到草原重镇包头实现了公路交通高速化。它像一条彩带连接起了陕西省省会西安、人文始祖黄帝陵、世界上品质最好的苹果产地洛川、革命圣地延安、全国能源重化工基地之一榆林,最终达到内蒙古包头市,成为促进中国南北经济交融,推动西部大开发的又一条高速通道。

也许是历史的一种巧合,早在公元前210年,雄霸天下的秦始皇就命大将蒙恬修筑了与万里长城齐名的浩大工程——"秦直道"。这条"中国最早的高速公路""世界高速公路的雏形",长度与途经的地域和今天的包茂线西安到包头段并行延伸,极其相似。

2000多年前,古代秦人在生产力十分落后的情况下,在一多半山顶脊梁、一少半沙丘草原上,用了近两年半时间,修筑了宽50m左右、长达700多km的车马大道。司马迁在《史记》中记载,"堑山湮谷直通之",就是逢山砍山、遇谷填谷,即使穿越海拔1800m的陕西子午岭时,秦人也是大气魄地挫山而过,让后人为之惊叹为之震惊。为保持道路的宽阔与平直,秦直道修筑路基采用的是黄土夯实的施工方法,既防止了植物在路面生长,也保证了路面的结实耐用。秦直道修成后,军队可以在三天三夜之内到达长城脚下,起到了

包茂线陕西段小河至安康高速公路

抵御外侵、巩固国防的重要作用。

2000多年后的陕西交通人,以现代的手段和意识,创造性地继承和发扬了古代秦人智慧、执着的传统和拼劲,在"秦直道"的家乡,在三秦大地编织出一路风景。建成的西安至陕蒙界高速公路,全路平原、沟壑、沙漠相连,桥、隧、路相接,世界罕见的大规模黄土隧道群,广袤沙漠中的坦荡高速公路、高效环保的吸音板、太阳能诱导灯以及窗外在秋风中摇曳的鲜花和满坡的翠绿,无不展示着现代交通的魅力!

秦直道,这条世界第一条"高速公路",其加速历史前进的精神永不枯竭,推进文明进程的作用永载史册。这高速公路史上的活化石,生动的标本不仅为畅通无阻的包茂高速公路带去精神的启迪,也将继续为今天高速公路的迅猛发展留下难得的历史遗存。

2. 福银、连霍线陕西段与丝绸之路

世界地质公园秦岭终南山北麓有一条古道,名"神仙路",又称"古丝绸之路",道路宽度为0.1~2.0m,绵延上千公里,可自西安直达甘肃天水,是一条古老的、连通西域的陆上丝绸之路。

丝绸之路是横贯亚欧大陆的商贸通道,东、西方的各种物产通过这条大通道进行交换;贸易又带动了沿线各地经济的兴旺和发展,使之成为东西方物产、技术及文化交流的繁荣经济带。历史上,丝绸之路之所以兴盛进而推动人类文明进步,关键是其互通有无、互利互惠,平等相待、相互尊重,文明交流、彼此认同的精神,这让古代丝绸之路成为东西方文明相互交流、彼此认同吸收之路。丝绸之路繁荣的历史启示人们,只有秉持这样的精神,各个国家和民族才能互利共赢、和谐相处,才能真正构建人类命运共同体。这是人间正道,是人类发展、繁荣、进步的光明之路。

陕西的不少现代道路走向基本"取经"于古代交通通道,比如国道211、连霍线、福银线走向与丝绸之路一致。尤其是连霍线陕西段,堪称"黄金通道":在长达292km的高速公路周边,分散4个国家级开发区和两个省级开发区,集中了3个国家级星火技术密集区和13个省级星火技术密集区,以此形成的关中经济带占有陕西省GDP产值的52%。

2008年年底,陕西省交通运输厅对连霍线陕西境逐段改扩建,扩建后的新路为8车道,大大提升了通行能力。2015年,连霍线陕西境临潼至兴平段并行线西咸北环线高速公路也建成通车。不断完善的高速公路网布局,在加速推进生态绿色经济、传播现代文明的历史进程中,正在通过全社会的通力合作,开启新的经济发展、形成多元文化交流、促进地区和平崛起,成为推动社会文明进步的桥梁和纽带。

福银线陕西段凤翔路口至永寿高速公路

"风乍起,吹皱一池春水"。今天的福银、连霍线陕西段,在"一带一路"建设的浪潮中,传承着古丝绸之路的精神,日益加强西安和沿线城市的联系,让西安、陕西的开放力度更大,经济发展辐射面更广,为建设西部强省发挥着重要的作用。

3. 青银线陕西段与盐马古道

以陕北定边为中心,辐射陕、甘、宁、蒙四省区的盐马古道,它不是一条明确的路线,而是一个古老的交通网络。今天,盐马古道大多已淹没在荒野深处,有的路段仍作为农村生产生活道路,为当地群众奉献着余热,而有的路段已经演变为今天的国道、高速公路,这其中就有青银高速公路陕西段。

定边、安边、靖边,史称"三边",有不同于其他区域的自然、人文风貌,为汉蒙杂居之地,农耕经济与草原经济的交汇之处,具有汉蒙混合的多元文化特色。而宋元以来花马池盐定销延绥,尤其是明政府实行的"盐马开中""盐布开中"政策,更形成了经甘肃盐池到定边、安边、靖边直趋汉中与陕甘茶马古道衔接的"盐马古道",成为连接三秦大地的重要商道,为确保边地安全,民族团结和革命时代的边区建设发挥了重要的历史作用。这是天然理想的道路通道,历史上行人、商旅、军队的往来,沉淀出一条骡马大道,有了这样的商道,文化的传播与融合成为可能。从饮食文化到信天游,说书,陕北道情,必是通过古道传播。盐马古道创造着并深深地融入陕北文化之中。随盐马交易贸易圈的形成,也形成了具有陕北边地特色的"三边文化区"。

2007年底,全部通车的国道主干线中的青银高速公路把发达的东部与闭塞的西部串联在一起。曾经的"三边文化区",因为这条高速公路陕西段吴子靖高速公路而变得富于现代文明气息。陕北、陕西西部乃至整个西部地区人民群众以便捷的道路、通江达海的梦想从此变为现实,陕北能源化工基地、关中经济圈和以天津、青岛港口城市为龙头的渤海经济圈联系更加紧密,老区群众的脱贫致富、陕北的跨越发展、三秦大地的西部强省建设因此被注入了蓬勃的生机和活力。

今天,穿越千年风云,站在那三边的黄土大漠黄沙里,徜徉在蜿蜒的野花古道之上,那悠然的驼铃,响彻云霄的《信天游》,斑驳的古长城,会成为美妙的余音。当被赋予现代文明气息的青银高速公路沿着古道的印迹逶迤延伸时,谁又能不为之驻足,去用心感受历史的苍茫,大地的厚重呢。

4. 京昆线陕西段与蜀道天险

蜀道天险,最早可从唐代大诗人李白《蜀道难》中"蜀道难,难于上青天""尔来四万八千岁,不与秦塞通人烟"的千古绝句中知悉。自春秋战国时期,人们为了翻越秦岭天险,在悬崖峭壁上凿孔,立木为柱,架木为梁,然后在上面铺上木板,形成最早的栈道,从西向东,北部分别有陈仓道、褒斜道、傥骆道、子午道等,南部分别有金牛道、米仓道、荔枝道等。"盘古开天地""五丁开道""明修栈道,暗度陈仓"等传说和故事,令人神往,也令人惊惧。历史前进了两千多年,直至今天,"蜀道"依然令人望而生畏。

从历史的演变看,"蜀道"是指当时京都长安或关中通往汉中、四川,特别是汉中通往四川的官马驿路的统称。它不是指一条道路,而是数条曲曲弯弯的谷道。面对古蜀道的雄奇、狭险和峻峭,不难窥探和想象古代筑路者的艰辛、不易和威武。

2007年9月21日,京昆线陕西段西汉高速公路建成通车,这条公路工程宏大,科学施工,生态环保,重塑文化,以它轻捷的步履,一跃而入关,一迈而达汉,一跨而抵川;驱车行驶,满眼都是苍翠的绿色,山依然,水依然,草木依然,浑然天成,建设者在修路,也在构筑绿色生态走廊,在征服秦岭中保护秦岭,在建设与保护中实现人与大自然在更高层次上的和谐,每一处,无不彰显了现代交通人的胆识、智慧和可敬。

西汉高速公路的建成,改写了蜀道难的历史。在西汉高速公路秦岭服务区有一个大型黄花岗岩雕塑群"华夏龙脉",总长为260m,宽6m,最高点8.5m。雕塑群的设计以时间轴为线索,以在秦岭地区影响中华民族历史的十个重要时间段为背景,运用十八个历史典故,从政治、经济、军事、文化等各个方面,集中反映华夏民族不畏艰难,以人定胜天的决心改造自然的力量。雕塑与秦岭山脉交相辉映,记录着也诠释着西汉高速公路建设的惊天壮举。

京昆线陕西段西汉高速公路将我们生活的时间和空间都给予了有效的凝聚和浓缩!噫吁唏,危乎高哉!山河依旧,蜀道今不难!

5. 十天线陕西段与汉江水道

汉江自宁强县所处的秦岭与米仓山蜿蜒而出,向东南穿越秦巴崇山峻岭,流经陕南、鄂西北丹江水库，在武汉汇入长江。曾几何时，清代汉江航运盛极一时，陕西安康作为汉江边的"秦头楚尾一大都会"，与汉江下游的湖北汉口有着紧密的联系，汉江成为全国有影响的漕运粮通道，陕南的粮食源源不断地运往汉口。"昨到兴安城，粮船如鱼鳞。"这种商业繁荣延续到民国时期，安康一度成为全国四大农贸集散地之一，每当端阳龙舟竞渡，江面上百舸争流，舟飞如箭，鼓声震天，浪花翻飞，两岸人山人海，观众如潮。"栈阁北来连陇蜀，汉川东去控荆吴""万垒云峰趋广汉，千帆秋水下襄樊"，这些古诗句描绘着当年汉江重要的地理位置和航运盛况。

曾在十天高速公路建设时期，安康旬阳县有一处渡口叫烂滩沟村，几位从 20 世纪 70 年代开始靠摆渡营生的老船员就感叹："汉江上建好几座桥的话，我们也欢迎，因为毕竟是件好事情，农民们通过公路致富的速度大大加快了。我们损失一点没有什么。大桥建好后，我们就找别的活干"他们的这一席话，不由得让人们深深地感到美丽的汉江赋予了他们豪爽的秉性和宽广的胸怀。

十天高速横穿陕南腹地，沿汉江经济走廊连通了安康、汉中两市及十个县（区），同时，与区域内现有的 3 条国道（G108、G210、G316）和 5 条省道干线公路相连接，并与国家高速公路"包茂线"和"京昆线"相交汇，不断促进着安康、汉中两市经济发展，发挥着汉江经济带对整个陕南地区的辐射带动作用。它以毋庸置疑的现代化运输效率，让陕南人民的出行一天比一天方便，少了许多舟楫往来的汉江似乎开始变得孤独寂寞。但那温柔悠长的汉剧、秦风楚韵的建筑仍然构成了汉水流域有别于中原的文化特色，仍将伴随着日夜奔流的汉江水、驰骋于高速公路的车来车往源远流长。

十天线陕西段安康至西乡高速公路跨越汉江

第八章
高速公路建设实践经验

30多年在砥砺中奋起的高速公路发展史,是波澜壮阔的豪美诗篇;

5000km 波潮壮阔的高速公路建设史,是激荡在三秦大地最绚丽的华彩乐章。

回眸过往,我们坚持不懈奋起,紧盯目标不动摇,精准发力求突破,闯难关、抢进度,一个内联外通、安全便捷的高速公路网基本形成。万里通途,记载着技术和管理的不断创新,记载着困难和挑战的不断攻克,记载着速度和品质的不断超越。陕西高速公路30多年的发展史,凝结着无数努力与汗水、创新与奋进。5000km 的艰苦历程,是工程品质的不懈追求。5000km 的艰苦历程,是服务民生的真情演绎。5000km 的艰苦历程,是攻坚克难的生动实践。5000km 的艰苦历程,是交通精神的全面彰显。辉煌奇迹的造就,每一步跨越都蕴藏着风险和挑战,每一个脚印都充满了奋斗和艰辛,每一个成就都彰显着智慧和勇气。

回顾历史,思考未来,记载点滴,陕西高速公路建设在解放思想、储备项目、建设筹资、"三办"交通中融合了陕西的政治、经济、地理、民生等特点。解放思想促成了陕西人接受并研究新事物,开展新工作,创出新领域;超前储备项目是陕西能够数次抢抓机遇大干快上的前因;建设筹资的多元化,是陕西能够顺利推进项目实施的关键;"科学办交通、合力办交通、勤俭办交通"使高速公路能够在不懈地努力中,增加建设成果,拓展服务功能,走向科学发展。

第一节 解放思想 跨越发展

1983年2月,改革开放的初期,陕西为经济发展、脱贫致富铺筑快车道走出了实质性的一步。揣着一张特别的公路蓝图,陕西人引进了最先进的西德、美国、英国、日本等国的路基、路面、混凝土施工设备,来自中国、意大利、日本、英国、法国的一流工程公司一起参加国际招标,现代化交通在陕西悄然起步。陕西省政府常务会议批准了西安至三原一级公路路线方案。在追求世界一流现代化交通的雄心激荡之下,陕西人启动了高速公路崛起的旅程。

从此,强省之路迈出脚踏实地的一步,经济发展的车轮需要快车道,"要想富先修路"

的群众呼声将交通人推向发展最前沿。站在一个百废待兴的时代面前,能够率先崛起的,是那些善于抓住机遇的人。

陕西这片历史文化积淀的厚土养育出一批具有现代交通卓识的人们。世界最先进的理念和技术从头学起,在中国西部高起点、高标准启动高速公路建设,逐步规划强省路网的蓝图,通过几代人的持续努力,陕西在一次次国家经济战略历史机遇中,抢到了发展的先机。

陕西高速公路发展三十多年来,取得了令人瞩目的成就,发展速度位居全国前列。这里有国家政策的扶植,有交通运输部的大力支持,有省委省政府的强力推进,有省交通运输厅的砥力前行,有各地市的积极实施,有建设管理方的殚精竭虑,也有交通职工的不懈努力……然而,最先决的条件则是思想的解放。认识来源于实践又指导着实践,最终经受了实践的检验。在解放思想的大前提下,陕西坚持实践第一,在不断实践中创出新路子。在每个历史阶段,解放思想,判断形势,作出符合时代的决策,抓住了一次次历史机遇,在应该发展的时候放手一搏,一气呵成,不拖泥带水。陕西高速公路建设的历程体现着"发展才是硬道理"的实用理念。

深刻理解改革开放各个历史阶段的发展理念,准确把握国际国内形势,深入分析省内形势和地方特点,陕西高速公路建设经历了数次思想解放。

改革开放初期。解放了"封闭"思想,开放了资金和技术,为高速公路起步铺平了道路。20世纪80年代,物质上,百废待兴;精神上,百家争鸣,各行各业都在思考发展之路。交通行业作为经济发展的先行者,率先播种了高速公路发展的种子。1986年,陕西抢抓了中国第一批利用外资的机遇,修建高等级公路"西三线"。高等级公路的标准是什么?如何建设管理?前无古人,需要学习一套新标准,这条路的建设采用了当时国际通用的FIDIC条款,引入公路工程监理等先进管理制度。在"西三线"修建过程中,陕西培养了一批高等级公路专家,为后来高速公路蓬勃发展积蓄了人才和技术力量。"西三线"所编写的开创性工程管理制度应用到全国并延用至今,这条路对中国高速公路发展有着开创性的意义。

世界八大奇迹之一"兵马俑"吸引了一批又一批海外游客,陕西从一个西部省份再次成为国家窗口,从西安到临潼兵马俑迫切需要一条代表国家形象的旅游之路。然而正是这一时期,围绕高速公路符合不符合中国的国情,需要不需要建设的问题出现过争论,具体到陕西就是:不到20公里的路段,耗资人民币2亿元,对于相对贫困的陕西,有没有必要修建西临高速。"两岸猿声啼不住,轻舟已过万重山。"争议的结果是陕西人的敢想敢干。1987年,陕西开工建设了第一条高速公路——西临高速公路,一条以旅游为特色的经济动脉在三秦大地跳动起来,这是全国第三条高速公路,中西部地区的第一条高速公路。陕西高速公路建设在开端时就走在了前列。

第八章
高速公路建设实践经验

姓"资"姓"社"的问题,曾经深深羁绊着许多人的思想。"黑猫白猫抓住老鼠就是好猫"这一通俗的政策原则被陕西人领会之后,很快在发展方式转型实践中做出响应。20世纪90年代中期,陕西开始增长转型,以存量换增量,贯彻"四换"的政策。1996年,陕西在西部最早转让建成高速公路的收费经营权,引进企业经营高速公路,从而获得建设资金,在当时的确提供了一股发展的动力。同时期,全面推行工程招标,实行设计、养护招标,推行第三方设计咨询;扩大施工队伍的招标范围,优选施工单位;实施BOT项目,放开融资渠道……在这些方面,陕西的实践丰富,也从中吸取了经验教训,形成独具特色的高速公路发展模式。当然也同样引发各种争议,关于开放发展、转让高速公路经营权等争议直到今天仍能听到。回顾历史总是比展望未来更容易,我们不能用今天利益得失的算计来要求当时的决策,能够确定的是:没有当初的解放思想、敢想敢干,就没有后来一鼓作气抢抓机遇的发展势头,更不会有今天的发展成果。

国家实施"西部大开发",解放了西部地区关于发展的落后思想,抓住了国家政策向西部倾斜的机遇。20世纪90年代,中国经济蓬勃发展,深圳与东南沿海率先推进现代化交通建设,东南部路网随之密织起来。相形之下,西部大干线路网仅是几个粗线条而已,短短数年拉开差距,其中不无思想解放的问题存在。东南沿海地区,经历过"蓝色文明"海洋文化的冲击,思想解放较早,经济起步较快,而广袤的西部地区依然贫困,人们的思维方式保守落后,同时又缺乏资金、项目、人才。为了东西部均衡发展,人民群众共同富裕,国家提出"西部大开发战略",成为经济发展的时代最强音。在这一背景之下,陕西人以开放的思想迎接了发展机遇,力图扭转经济落后面貌。

1998年,应对亚洲金融危机,国家开始拉动内需。1999年6月,国家提出"西部大开发"战略,陕西高速公路获得前所未有的发展机遇,然而能不能适时地抓住这次机遇,则取决于更早期的人才与思想的准备。早在1990年第一条高速公路诞生的时候,陕西省交通厅就有了建设"米"字形主骨架公路网的想法。在后来的十年,这一连接全省主要城镇、工业中心、能源基地、省际重要通道、国际旅游热点的高速公路路网在"西部开发"的鼓角争鸣中日趋完善。西安至三原一级公路是包茂高速公路通向陕北的开端,西安至临潼高速公路奠定了八百里秦川连霍线的基石,黄陵至延安高速公路将中华寻根地与红色圣地延安连通,打造了陕西窗口形象。京昆线户县至勉县高速公路沟通大西南,穿越秦岭天堑,将陕南具有丰厚文化底蕴与经济发展潜力的汉中市牵出深闺。福银线西安至长武高速公路与蓝田商州高速公路划上"米"字最后一撇,把丝绸之路通往西北的大门重新打开。这几条高速大线路周边区域经济首先被带动起来。

陕西对于交通的超前想法有着可供借鉴的意义。要不要建大隧道?要不要建绕城高速?种种争论曾经在这片被人们通常想象为"保守"的土地上热烈地进行过。争议却意外地推动着项目更加果断地实施。1998年,"米"字形高速公路网八字还没一撇的时候,陕西就开始筹划修建西安绕城高速公路,这种超前建设,可想而知反对声一片,然而,认真地讨论与深刻的认知以后,经济要发展、交通要先行的决策一锤定音。同年9月17日,陕西省政府发布工程建设九条优惠政策。10月10日,西安绕城高速北段开工。2003年9月,全长79.6km的绕城高速全线通车,衔接连霍、京昆、包茂、福银、沪陕5条国家高速公路。行驶环绕西安大通道的人们,终于可以在陕西一气呵成,走到西安不掉链。如今的西安绕城高速连接多条国高网高速公路和机场专用高速,已经成为陕西承载八方的高速公路航空母舰。

在这一时期,陕西还大胆地实施了打通秦岭终南山隧道的设想,这条隧道至今是世界公路史上规模最大的隧道。当时也是争议不断,赞成意见成为前进的动力,相左意见化做慎重的技术考量,全国顶尖的隧道专家曾来来往往于终南山下,智慧、经验与胆识在这里碰撞,陕西高速公路技术在争议中获得成长。2007年1月建成通车的终南山高速公路隧道,奠定了陕西作为一个隧道大省的地位。

西安绕城高速公路浐河特大桥

这一时期的思想解放,激发了陕西交通事业不竭的动力,活跃了资金、项目、人才的流动,获得一次整个行业的大发展。

2005年陕西启动高速公路加快建设,解放了"小富即安"思想,承认我们慢了,树立"加快"共识。2005年陕西省委召开了十届七次会议。这次会议研究全省"十一五"发展前景时,指出交通仍是全省经济发展的瓶颈之一。8月,省委、省政府决策"深化改革、扩大开放,进一步加快全省高速公路建设",要求交通为陕西经济起飞铺好道路。这一议题建立在陕西高速公路相比发达地区和相邻省份已经落后的背景之下,并非凭空"加快",而是奋力"追赶"。然而,这次"追赶"正处在国家实行宏观调控、高速公路由快速发展转为平稳发展的大背景中,逆势而上,难度可想而知。这次思想解放针对的是两个需要统一认识的交通问题:一是承认我们慢了,要奋力加快;二是省交通厅职能的转变,从政府部门的管理者转变为公共服务者,响应交通部提出的"服务国民经济和社会发展全局、服务社会主义新农村建设、服务人民群众安全便捷出行"三个服务新理念。

这次思想解放使陕西走上奋进之路,省交通运输厅开始启动高速公路建设"加快"模式。2005年10月10日,这一天并非交通厅的年度工作会议,然而全省交通系统干部黑压压坐满了陕西宾馆最大的礼堂,聆听了一番1.6万字的谈心式讲话。这是省交通厅党委书记、厅长的曹森同志代表新一届党组,发表的题为《认真贯彻省委、省政府领导重要指示,解放思想、加快发展,开创陕西交通新辉煌》的讲话,这番讲话明确了五条工作主线、五个奋进目标,向全交通系统发出"思想大解放、建设大加快"的动员令,在全行业产生强烈共鸣和热烈反响,人们意识到省交通厅要有大动作了。站在历史的角度看,这次讲话堪称陕西高速公路起步飞奔的施政讲话。省交通运输厅紧接着召开了新闻发布会,面向全社会开放交通建设领域。11月15日,省委、省政府召开全省加快高速公路建设工作会议。厅党组在全省交通系统大会上提出高速公路加快发展"三步走"战略。

这一年的深冬,陕西省高速公路站在1000km的起跑线上开始飞奔。省交通厅编制了规模为5000km的"三纵四横五辐射"高速公路网规划。也就是说,这一代陕西人将创造出4000km的高速公路里程,较之前17年1000km的发展速度,是不可思议的规模。后来调整的"2367"(2环3纵6辐射7横)高速公路网规划,使高速公路规划总量达到8000km。规划蓝图在手,超前储备项目有了明确目标。通过十年建设,于2015年底实现了陕西高速公路通车5000km,年平均增长速度达到20.4%,远高于全国平均水平。这一发展速度放在全国考量,也是一匹"黑马",交通行业不折不扣地充当了陕西建设西部强省的先锋。

2008年全球金融危机开始蔓延,国家决定拉动内需,2009年,投资"四万亿"启动基础设施建设,加之汶川地震的灾后重建工作,都为正在加快的高速公路建设带来了机遇。陕西交通再次抢抓机遇,在全省交通干部职工中推进思想观念的更新,为高速公路又好又快建设打好基础,确立了"发展现代交通,奉献一流服务"的理念,以"大爱在心,为民开路"的精神凝聚行业,自我加压,敢为人先,勇于创新,争创一流。同时,通过扩大市场开放,政府机构改革,高速公路建设管理体制改革,实现进一步的体制创新与机制完善。

20世纪80年代后期,为了在全省推进高速公路建设,陕西成立专门负责高速公路建设的高速公路管理局,后更名为"陕西省高速公路建设集团公司",简称"省高速集团",2000以前由省交通厅管理,2000—2005年,由省政府国资委直管。2005—2006年初,陕西再次理顺高速公路管理体制,将省高速集团交由交通运输厅管理,又成立了陕西省交通建设集团公司,简称"省交通集团",这两个集团成为陕西高速公路建设的主力军,互相竞争、优势互补。另外,交通运输厅利用外资办公室则专门承担外资项目的建设管理,加上负责穿越秦岭的又一条高速公路宝鸡至汉中高速公路建设的宝汉公司,全省四家建设管理单位共同承担着高速公路建设,全局指挥棒集中于省交通厅,政令畅通,群雄逐鹿,有力推动了高速公路"加快"建设。没有这次体制调整,就很难有这一时期的加快成果。

2013年以后,全省高速公路网大部分建成,建设项目减少、速度放缓,陕西再次调整建设管理体制及时应对,将建设管理单位简化为省高速集团与省交通集团两家,以便精兵简政。30年的高速公路发展,是体制探索、比较、选择到完善的过程。纵观体制调整过程,体现一个"变"字,及时把握了交通建设发展的主动权。这些实践在陕西高速公路建设的历程中,有着承前启后,正本清源,调整改革、促进发展的历史意义,正是2005年之前两种体制的比较,才有了之后两大高速公路建设国企的重建,体制顺畅成为陕西高速公路发展的关键。

宝鸡至汉中高速公路

在这次解放思想的实践中,体制的碰撞、探索、调整,使交通行业的管理能力得到提升,在强化理念、致力服务、加强管理、优化服务上培养了一批人才,充实了陕西高速公路建设的力量。

党的"十八大"后,"一带一路""交通扶贫"等国家发展战略为陕西高速公路发展提供了新的历史机遇,交通人以毫不懈怠的步伐走在奋进的道路上。陕西高速公路建设在厘清新思路,适应新常态,在国家经济增长方式、产业结构调整中,与日俱进,应时而动,坚持不懈的加快陕西高速公路建设。

进入21世纪的16年中,陕西踏着全国经济突飞猛进的节奏,进入经济发展的快车道,这种发展速度没有一个专家能够预测。但是在发展中也显现出矛盾和问题:产业结构急需转型,工业增幅持续趋缓,资源、环境、市场需求"三重约束"并存……交通基础设施往往作为制约因素被提上日程。从高速公路网规划三次大的调整,不难看出,交通先导的动作紧跟经济发展与时代要求。在快速发展过程中,陕西高速公路建设吸收了国际上交通发展的重要成果,而其中最为重要的是,认识到现在的交通建设是为了促进未来更好的发展。

第二节 储备项目 加快发展

当高速公路注定成为孕育经济强省的摇篮时,历史把机会给予了提前做好准备的人们。从西三线开始,陕西在规划高速公路建设、勘察设计上的超前,抓住了国家第一批外资项目,此后数次成功抢抓机遇抢开项目,都有超前储备项目、做好规划和做好各项前期工作的因素。

"七五"期间,西安至临潼和西安至三原公路相继开工建设,1990年12月,陕西建成第一条高速公路——西安至临潼高速公路。早在1985年,陕西省就提出了"米"字形主骨架公路网规划。1992年,交通部制定了"五纵七横"国道主干线规划,其中有三条途经陕西境,为"八五"及"九五"前期高速公路的平稳发展创造了条件。在此期间,陕西先后建成三原至铜川、西安至宝鸡、临潼至渭南等高速公路。1998年以后,陕西省紧抓国家实施积极财政政策和西部大开发的历史机遇,促进了高速公路快速发展,1999年实现西安与关中其他四市(含杨凌区)以高速公路相连接。同年,交通部规划了"四纵四横"西部省际开发公路通道,陕西"米"字形主骨架全部成为国道主干线和西部大通道,为全省高速公路持续快速发展奠定了基础。2003年11月,高速公路通车里程突破1000km,2005年底,全省高速公路通车总里程达到1300km。经过这15年的发展,全省高速公路建设实现了历史性跨越。

2006年,陕西构建了承东启西、连接南北、覆盖全省、通达四邻的高速公路网,形成安全、高效、便捷、和谐、环保的运输网络,为全面建设小康社会提供强有力的交通保障。这次规划思路为"关中加密、南北成网、周边连通",根据陕西省经济社会发展、产业布局及城镇布局需要,在国家高速公路网规划布局的基础上,规划了"三纵四横五辐射"网络(简称"345"网),路网总规模达到5000km以上。

2005年以来,在陕西省委、省政府"加快交通发展、突破瓶颈制约"的战略部署下,高速公路进入全面提速、快速发展的新阶段,始终保持"投资总量不回落、建设规模不滑坡、发展速度不减缓"的加快建设局面。特别是2007年,高速公路通车里程在西部率先突破2000km大关,总里程由2004年的全国第17位上升到第9位,在西部地区排位由第4上升到第1。到2008年年底,全省高速公路达到2500km,高速公路路况和服务水平已跨入全国先进行列,实现了由长期缓慢发展向持续快速发展的历史性跨越。

2008年南方大面积洪灾和汶川大地震发生后,我国陆路交通暴露出路网连通度不高、迂回线路偏少等问题,交通运输部确定高速公路建设突破发展的四个方向:一是加快国家高速公路建设成网,发挥路网规模效应;二是加快高网中的断头路建设,贯通省际间通道;三是加快早期建成高速公路的扩容改造,提升路网通行能力;四是加快具有通道功能的地方高速公路建设,提高路网连通度。

陕西作为全国重要的交通枢纽省份,是承担过境和中转交通的关键区域,要求路网规划布局站在更高的层面上,从全国交通需求的大局来思考,充分发挥交通枢纽省份应有的作用。陕西在原省网规划的基础上进行深化补充和调整完善,构建了布局合理、高效畅通、覆盖全省、通达四邻、迂回便捷的高速公路网络,成为全国重要的交通枢纽,为关中率先发展、陕北跨越发展和陕南突破发展提供有力的交通支撑,为关中城市群、陕北能源化工基地建设和陕南旅游产业发展提供交通保障。2008年,按照"完善骨架路网、增加迂回线路、畅通省级通道"的思路,以"加密、连通、对接、扩容"为重点,采用纵横网格与辐射线、环线相结合的布局方案,形成由2条环形线、6条以西安为中心的辐射线、3条南北纵向线、7条东西横向线和18条联络线组成的高速公路网(即"2637"网),路网总规模约8000km,其中国家高速公路3870km。

正是在"2637"高速公路网规划完备的基础上,2009年年初,当国家应对金融危机拉动内需的时候,陕西省交通厅可以迅速投入实施。2010年7月21日,省政府与交通运输部举行加快推进关中——天水经济区交通运输发展会谈。当年的1月份,陕西集中抢开22个高速公路项目,这些项目都在路网规划的储备之列,因此做到不打乱仗,全面进入有组织、有计划的大干快上状态。高速公路建设的迅速行动建立在项目超前储备的深思熟虑之中。

这种对全局的考量与充分的项目储备,是在科学规划、审时度势、融和智慧、政令畅通、体制顺畅、一心一意搞建设,全心全意促加快的基础上实现的。这些,成就了陕西加快高速公路建设发展的优势。

第三节　资金筹措　保障发展

修路要花钱,修建高速公路耗资巨大。陕西这样的西部省份,南有秦岭山区,北是黄土高原,关中人口密集,要建设5000多公里高速公路,资金筹措、工程技术、征地拆迁举步维艰。一个融资能力欠发达的省份,无法在短时间铺开如此大规模的高速公路建设摊子。针对不同省份的省情,高速公路建设融资无疑是一个多解的答案。在不同时期、不同的地域,只有那些根据省情与时代需要做出合理判断的公路融资方式,才能成为经济发展强有力的支撑。

一、争取交通运输部和国家发改委的投资补助以及国内银行贷款

2005年8月,陕西启动加快高速公路建设,在国家高速公路项目审批紧缩的情况下,

陕西最大限度地争取到立项批复。公路设计、建设、融资、管养四个市场全面开放,扩大开放让资金流、物流、人流迅速进入陕西高速公路建设领域。交通建设是国家扶贫开发首当其冲的任务,国家扶贫资金对陕西高速公路建设起到了一定的支持作用。2012年7月13日,交通运输部在成都召开全国集中连片特困地区交通扶贫开发工作推进会,会上签订了《交通运输部陕西省人民政府加快集中连片特困地区交通运输发展共建协议书》,根据该协议,国家将投资200亿元支持陕西特困地区交通建设。这个项目使陕南秦巴山区等特困地区获得了建设高速公路的机会。国家实施交通扶贫以来,作为六盘山区扶贫攻坚牵头部委,交通运输部与陕西省签订共建协议,将陕西一批重点项目纳入此项规划,为陕西的高速公路发展提供了一份重要保障。"十二五"期间,交通运输部安排用于秦巴、吕梁、六盘三个集中连片特困地区的补助资金达到350亿元,集中连片特困地区的高速公路建设,将纳入相关建设规划,给予资金支持。当年,咸阳市淳化县被交通运输部确定为全省唯一的六盘山片区扶贫示范试点县。

  陕西交通建设投资规模逐年增加,从2004年的158亿元,增加到2005年的175亿元,2006年的260亿元,2007年的300亿元,2008年的322.22亿元,2011年的500亿元,2015年645.90亿元……整个"十二五"期间,陕西完成公路、水路固定资产投资2401亿元,较"十一五"期增长27.8%。五年建成了28个高速公路项目共1700km。全省高速公路总量突破5000km,通达97个县区,国家高速公路网陕西境已经全部建成。

  陕西高速公路起步建设之初,得到国家贷款的大力支持。1994年12月30日,陕西省委副书记、代省长程安东检查西宝高速建设时指出"修高等级公路不要怕贷款,要敢于负债修路。"此后,省交通厅开始大胆争取银行贷款用于公路建设。陕西的高速公路融资主要锁定在银行贷款上,占到总量的75%,交通部配套补助15%,省上自筹占10%,包括各地方自筹。1997年6月10日,省交通厅向中国工商银行陕西省分行贷款15亿元,用于"九五"陕西重点公路建设,包括高速公路建设。同年11月7日,招商银行向渭南至潼关高速公路提供3亿元贷款。2001年12月18日,省交通厅为公路项目向国家开发银行借款54.98亿元。2003年5月16日,省交通厅与国家开发银行陕西省分行签订121.80亿元贷款合同及10亿元循环短期借贷合同。2005年1月12日,国家开发银行陕西省分行向省交通厅提供113.90亿元高速公路建设贷款。

  2008年12月1日,省交通厅获国家开发银行、中国银行、建设银行、工商银行、农业银行5家银行5年内1700亿元贷款,用于连霍高速改扩建等12个高速公路项目建设。2010年6月27日,省交通运输厅与中国邮政储蓄银行陕西省分行签署战略合作框架协议,省高速集团、省交通集团与陕西省分行签订融资意向书,授信总金额60亿元。

陕西省交通运输厅与中国农业银行陕西省分行战略合作协议签约仪式

二、利用外资

当世界银行第一次把目光投向发展中的中国时,在全国众多省份中陕西第一批站出来,握住了援助之手。陕西高速公路建设项目中不乏外资身影。从早期的西安至三原、三原至铜川、西安至宝鸡、渭南至潼关、铜川至黄陵、榆林至靖边、阎良至禹门口等高速公路项目,到近年的安康至陕川界高速公路项目等。自1985年在西三线首次利用世界银行贷款以来,30年来,陕西利用世界银行、亚洲银行以及科威特政府贷款共计10.8亿美元,其中用于修筑高速公路900km。

外资引进,同时带来的还有先进的管理理念,开阔了陕西人的眼界。比如最早的西三线,改变了以前的行政方式,引入市场竞争机制,在陕西首次采用国际竞争性招标选择建设承包人,招标文件首次采用国际通用的 FIDIC 条款,工程管理实行工程师监理制度,明确业主、承包人及监理工程师的职责义务,加强了合同管理,有效控制了工程质量、费用和进度。1989年,交通部在总结西三线等项目经验的基础上,编制了中国第一部《公路工程招标评标办法》和《公路工程施工监理暂行办法》,陕西有多名同志参与编制,确定了在公路项目中实行工程招标制和工程监理制,以此办法为基础的高速公路建设规则沿用至今。

世行贷款项目为陕西带来了更为可贵的技术援助,包括对管理和技术人员的国内、国外培训。培训内容涉及勘察设计、建设管理、施工监理、公路施工与检测技术、运营管理、养护管理、财务等各方面,同时每一个世行项目都有外国咨询机构参加监理工作,中外监理咨询人员共同工作,相互交流,及时吸收了国外的先进经验。世界银行项目创造的培训机会千余人次,从中涌现出一大批技术骨干,这些人员在陕西后来的高速公路加快建设中发挥着中流砥柱的作用。利用外资引进的先进设备同样令人眼热。仅西三、三铜、渭潼、铜黄等世行贷款项目中,就直接安排1088万美元采购国际先进设备,拌和楼、压路机、摊铺机等施工设备及养护、管理、测量、试验设备的引进,又带来了先进的勘察、施工和测量技术,为陕西提高勘察设计、建设管理、养护和运营管理水平起到促进作用。

生态环保理念也最先来自世行项目。每个世行项目的实施都制定了一份《环境影响行动计划》,确定了项目的主要环境影响因素、防治措施及项目监控、监测计划,明确了环境管理机构及人员培训,环境费用估算及资金来源等内容。从设计到施工最大限度地减少对环境的不利影响,并对受影响的区域制定环境保护措施,使经济建设与环境保护协调发展。

1. 世界银行贷款

1985年6月28日,我国第一批世界银行公路项目贷款分配给陕西达1549.9万美元,用于修建包茂线西(安)三(原)一级公路。从此,世界银行公路项目对陕西交通的发展倾注了长达30年的关注。包茂线三(原)铜(川)高速公路世行贷款3500万美元(人民币1.83亿元)。1996年包括连霍线渭(南)潼(关)高速、包茂线铜(川)黄(陵)一级路、绛法汤二级汽车专用路、临潼至兵马俑与蓝(田)小(商塬)二级汽车专用路、西(安)三(原)一级路封闭等高等级公路项目,争取到2.1亿美元的世行贷款,当时被称为"陕西公路项目Ⅱ",其中,渭潼高速公路贷款5145万美元(人民币4.28亿元)。陕西公路项目Ⅱ的其他配套资金则来源于交通部补助的11.5亿元,陕西省自筹的18.8亿元。2006年,包茂线安(康)毛(坝)高速公路利用世行贷款2.6亿美元,折合人民币20.80亿元,其他配套资金来源于中央专项基金、省公路建设资金和国内贷款。

陕西省运输厅为加强利用世界银行贷款业务的管理工作,按照世界银行和国家计委、财政部、交通部的要求针对世行贷款项目政策性及专业性较强、周期较长的特点,于1989年成立了"陕西省交通厅世界银行贷款办公室"。2002年11月,鉴于利用外资的种类不断扩大,这个办公室更名为"陕西省交通厅利用外资项目办公室",以便统一办理陕西交通利用世界银行、亚洲开发银行以及其他国外政府、机构贷款业务。

2. 亚洲银行贷款

2002年6月10日,京昆线禹(门口)阎(良)高速公路利用亚洲开发银行贷款2.5亿美元(人民币21.25亿元),其中600万美元用于农村公路改造,项目其他配套资金来源于国家专项基金9.94亿元,陕西省自筹13.925亿元,建设银行贷款15亿元。

3. 科威特政府贷款

1993年10月15日,连霍线西(安)宝(鸡)高速公路利用科威特政府贷款2.7亿元人民币,该项目其他配套资金来源为交通部4.9亿元,陕西省自筹5.79亿元,国内贷款1亿元。2002年,包茂线榆(林)靖(边)高速公路利用科威特政府贷款3500万美元,其他配套资金来源于交通部补助、省交通基金、国内贷款以及国债资金。

三、利用市场自筹

利用市场这一块不乏多种融资形式,陕西有开创先河的经验。陕西提出"以存量换增量",转让高速公路经营权获得建设资金。1996年5月22日,省交通厅与香港越秀企业(集团)有限公司在香港签订西临高速收费经营权转让协议,省长程安东出席签字仪式。2001年1月3日,省交通厅与江苏悦达集团有限公司签署了西铜高速公路和西安咸阳国际机场二级汽车专用公路收费权转让协议。渭(南)蒲(城)等高速公路建设曾经吸纳民间资本,让民营企业与社会力量进入融资环节。而在宝鸡则试行过"用土地换资金"的方式,出让土地搞房地产开发,赢利再修高速公路。2008年8月17日,陕西第一条BOT高速公路建设项目榆林至神木高速公路开工建设。2011年3月29日,陕西第二条BOT高速公路建设项目榆林至佳县高速公路开工。2011年4月6日,由省交通运输厅推出的延安至延川、宝鸡至平利、平利至镇坪、吴起至定边、安康至岚皋等5条高速公路项目亮相西洽会,此次推出的高速公路项目建设总里程达438.32km,估算总投资452.38亿元,动员全社会参与采用BOT等方式进行建设。2013年11月25日,陕西第三条BOT高速公路建设项目神木至佳县至米脂高速公路神木至佳县段开工建设。

榆林至靖边高速公路

2015年1月,陕西省副省长庄长兴在"合力办交通"会议上进一步强调要深入推进公路建设投融资体制改革,政府公共财政、银行贷款、一般性债券、专项债券多种融资手段并举,PPP、BOT等多种模式并用,注重发挥交通融资平台的作用,破解公路建设融资难题。

煤炭行业迅猛发展的10年,陕北煤田储量丰厚的榆林地区交通量猛增,从神木县出城得排1个多小时的长队,神盘路大堵车严重影响秦晋两省的正常运输。陕西省大手笔规划陕北路网,迅速推进榆林地区高速公路建设,陕西省交通运输厅与榆林市在"十二五"期间投资770亿元,并放开16个高速公路项目招商引资,榆佳高速公路、神佳高速公路、店塔至红碱淖一级路引资150亿元。短短数年,修通了神木至府谷、榆林至神木、榆林至靖边等高速公路,在陕北率先打通包茂线与青银线。利用市场的融资模式,缓解了能源运输的交通压力,有力地促进了西部强省的建设。

国家对陕西高速公路建设的投资与补助,世界金融机构对陕西的优惠信贷,都是高速公路迅速崛起的推手。陕西在高速公路投融资工作中的努力以及表现出的雄才胆略和探索精神,也为近十年来的加快建设起到决定性作用。许多经验没有前车之鉴,依靠的是与时俱进,把握机遇,陕西能够抓住一次次国家投资与建设高潮期的机遇,资金是加快建设的根本保证。同时,高速公路的投资也带动了地域经济的快速发展,为贫困地区的城镇建设、新农村建设提供了难得的机遇,带动区域经济和基础设施建设周边产业的发展,直接或间接地提供了数以万计的就业岗位,并拉动着这些人口的消费能力。高速公路的建设使陕西经济整盘棋活了起来,"建设西部强省"呈现出强劲发展势头。

第四节 "三办"交通科学发展

现代化进程进入21世纪以后,过度开发自然资源为人类的进步不断敲响警钟,人与自然和谐相处的能力成为新一轮的主题。我们面对的是一个比过去更为相互牵连、相互依赖的世界。当今世界,已经不仅仅是发展速度的竞争,人们开始表达新的愿望,寻求新的答案——什么样的发展才是建设性的发展、持久造福的发展,而非破坏性的、短视的发展?对我们共存的这个地球,交通行业应该担负着怎样的责任?

一个交通强省,仅仅有发展的速度和规模还不够,它还应该具有可持续发展的眼光以获得持久的竞争力。不仅是又好又快地建设高速公路,还应该能够为群众提供布局更合理、环境更友好、资源更节约的交通产品;能够稳定地方经济的发展;能够以交通的方式助推解决贫困问题。

陕西交通从"凹地"中崛起,并不是一个难解的题目。回首30多年发展历程,在路网规划布局中,有对区域经济的仔细考量;在大干快上时期有对工程质量的精细把控;在强力推进建设中,有对环保与生态的深情呵护。2006年,当交通部提出立足"三个服务",发展现代交通新理念的时候,陕西立足省情,明确了交通行业改革与发展的定位。新时期,陕西省交通运输厅提出"三办交通"的精神,即科学办交通、合力办交通、勤俭办交通,使高速公路建设进入稳定增长、深度拓展服务功能的新阶段。

一、科学办交通

陕西以国家高速公路网为基础,并对国家高速公路网有效补充,注重与邻省路网的连接,形成有机整体;与铁路、机场、管道、水运等运输方式相协调,形成布局合理、运行高效的综合运输网络；充分考虑关中、陕北、陕南三大经济区之间的协调发展及交通需求，做到均衡、协调、有序，构建和谐公路交通。

关中经济带激活八百里秦川。横贯八百里秦川的连霍高速公路在2015年冬天，全线八车道改扩建成功。关中金腰带，渭南、西安、咸阳、宝鸡高新技术开发区与杨凌、阎良现代农业、航空科技基地，连线结网，成就着丝绸之路的东方新起点。2015年年底，G30N西咸北环线高速公路建成通车，同时标志着陕西实现了5000km高速公路通车里程。S2西安大环线，东起渭南、阎良，一路连接三原、礼泉、乾县、武功、周至、户县、蓝田，是继绕城高速与西咸北环线的第三条高速公路大环线，已列入未来规划，建成后将实现关中核心经济地带一线串珠的联动效应。

建设中的禹门口至阎良高速公路

陕北黄土沟壑，能源快捷通道。"十一五"期间，陕北榆林地区煤炭、天然气、石油等能源开发呈现迅猛增长的态势，能源运输遭遇交通瓶颈。省交通厅合理规划陕北地区的高速公路路网，增加国高网的补充、迂回线路，包茂、青兰、青银高速公路干线与榆绥高速公路相接，形成能源重化工基地高速环线，使内蒙古、榆林优质煤畅达华北、华东地区。能源大通道推动了陕北经济的十年腾飞和快速向好。

秦巴贫困山区，高速公路突围。陕南，钟灵毓秀，藏于深闺，秀美的汉江净土曾是经济困顿的山区腹地。2006年7月23日上午，一个对陕南发展至关重要的座谈会在西安召开。此前，省长袁纯清和副省长洪峰、朱静芝一起，带领省级相关部门负责人，分别到汉中、商洛、安康三市调研。省委省政府深化了对陕南区域经济发展的认识，统一了社会各界的思想，形成了《关于陕南突破发展的若干意见》。在这次陕西省重大发展战略部署中，交通基础设施建设是首当其冲的突破口。之后，就有了沪陕、福银、包茂、京昆4条高速公路穿越大秦岭，连接陕南三市。汉中、安康、商洛三市借力高速公路突围秦巴大山，走向自汉江航运黄金时代衰退后的经济复兴新时代。京昆线冲破蜀道千年天险，使天府汉中对接四川福地;十天线蜿蜒于汉江两岸,再现昔日汉水黄金通道的繁荣;福银、沪陕、包茂三通商洛,商山丹水舞起波澜;西康、安川高速公路以最雄壮的隧道与桥梁穿越安康,泼墨山水画卷,向着山区百姓打开一方富庶与繁荣。

典型的例子是户县至勉县高速公路(又称"西汉高速公路")。2007年9月30日,京昆线西汉高速公路通车,引发了黄金周汉中乃至四川、大西南的旅游井喷。在2008年汶川大地震抗震救灾中,当铁路隧道因故起火堵塞,地方道路因灾陷入瘫痪时,这条刚刚通车的高速公路起到了运输生命线的重大作用。能让西汉高速穿越千年蜀道、横空出世的是综合国力的提升,这条路反映了陕西交通在科技、环保、人文方面对中国高速公路的贡献。

高速公路网迅速覆盖三秦大地,强有力地支撑了全面小康社会和"富裕陕西、和谐陕西、美丽陕西"建设。

二、合力办交通

合力办交通在陕西并不是一个新鲜的理念,而是长期以来奉行的工作模式。第一条高等级公路"西三线"的建设就已经充分显示出陕西人合力办交通的特点。这一理念从始至终伴随着陕西高速公路的发展。陕西交通在观念上开放较早,曾经提出过"以存量换增量",出让过高速公路的经营权,从而获得新公路的建设基本金。社会力量共建高速的理念诞生了一些实施良好的BOT项目。发挥各地市主动性,大力推动地方共建高速公路。在"地企共建高速公路"模式中,许多建设项目的征地拆迁由地市政府总承包,甚至垫资实施,这种新模式有效解决了征地拆迁难的建设"拦路虎",保障高速公路建设能够加快推进。深入把握国家政策,抢抓机遇,争取国家的扶贫开发项目以及新经济带建设项目,适时推动陕西高速公路建设,这些合力办交通的理念,无不在陕西开花结果。

西安至汉中高速公路

三、地市共建项目

2008年12月28日,全长93.55km的咸(阳)旬(邑)高速公路由咸阳市政府组织建设开工,投资62.18亿元。2009年3月,由地方筹资的渭(南)蒲(城)高速公路开工,全长53.39km,投资36亿元。2016年8月5日,省交通运输厅与宝鸡市政府签订G85银(川)昆(明)线宝(鸡)坪(坎)高速公路共建协议,由陕西省交通建设集团负责建设,宝鸡市政府负责征地拆迁安置及建设环境保障工作,负责项目建设用地报批、失地农民社会保障等事宜。该项目全长73km,途经7个乡镇37个行政村,临时用地约2000亩,市政府的参与共建,解决了征地拆迁和环境保障的难题,对人口稠密地区的公路建设顺利推进有着至关重要的作用。

省市县合力推进项目建设,使高速公路建设项目在地方上得到重视,从而能够顺利加快推进。为加快神木至佳县至米脂高速公路神木至佳县段等9个重点交通项目建设,2014年4月15日,榆林市政府召开重点交通建设项目推进会议,要求认清"谁要修路、为谁修路",加大征地拆迁工作、环境保障、项目推进力度,确保按期完成建设任务。市政府实行交通重点项目"两周一报告、一月一调度"制度,加强项目建设的组织领导,强化行政效能监察,加大行政问责力度,做到事事有着落,件件有结果。

2015年1月19日,陕西省政府召开省市县合力办交通座谈会,明确了政府统一领导、部门分工合作的工作机制;明确了公路分类发展模式;明确了公共财政保障机制;明确了拓宽建设资金筹措渠道;明确了公路工作考核机制。省交通运输厅厅长冯西宁从切实落实合力办交通理念,加快公路项目建设,建立公路发展公共财政资金保障体系和多元化融资机制,推进公路养护管理体制机制改革,落实公路发展地方政府主体责任,加大政策扶持力度等6个方面,对省市县合力办交通提出具有操作性的措施。2016年6月15日,主管交通工作的副省长庄长兴召开会议讨论"十三五"发展,再次要求各市县政府牢固树立"合力办交通"的理念,切实做好资金配套、项目用地和环境保障工作,以加快高速公路建设,确保"十三五"稳增长的要求。

1. 国家经济带建设

国家规划的"关天经济区""成渝经济区"等经济带建设,在"十一五""十二五"期间,起到推进相关地区高速公路建设发展的重要作用。陕西始终将国家经济带区域交通发展作为重点,抓住利好政策,纳入高速公路建设规划,做好经济带建设交通先行的前期工作。2014年5月20日,古丝绸之路经济带沿线的陕西、甘肃、宁夏、青海、新疆5省(区)交通运输厅长座谈会在西安召开。此次座谈会主要围绕推进丝绸之路经济带建设与交通运输部提出的"四个交通"发展要求,研究如何加快推进丝绸之路经济带交通运输率先发展;分析了5省(区)交通运输发展的现状与问题,提出发展思路、发展目标和对策建议,争取国家部委支持;建立5省(区)交通运输发展联席会议制度,定期召开会议,加强联系,交流经验,共同推进丝绸之路经济带交通运输发展;推进5省区交通运输互联互通,形成相互协作、信息互通的长效机制。

2.国家扶贫项目

2014年2月25日,陕西省委、省政府与交通运输部在京会谈,共商陕西片区扶贫攻坚和交通运输发展大计。2015年4月3日,为落实习近平总书记在陕调研讲话精神,省政府与交通运输部在京座谈,共商陕甘宁革命老区交通发展。"十二五"以来,在交通运输部的鼎力支持下,陕西交通面貌发生了显著变化,交通在稳定经济增长、促进资源开发、创造就业机会、保障和改善民生、带动脱贫致富等方面作出了积极贡献,已成为陕西经济社会发展中作用最突出、群众最满意的行业之一。2015年4月27日,交通运输部在西安召开西部5省(区)集中连片扶贫座谈会,吕梁山、六盘山和秦巴山3大片区7市43县列入交通运输部集中连片特困区交通扶贫"十二五"规划。2011年以来,在交通运输部支持下,陕西连片特困区交通面貌发生了显著变化,有力地支撑了经济社会持续稳定发展。

3.勤俭办交通

陕西省地理情况复杂,从陕北到陕南,黄土高原、关中平原、秦巴山区依次铺展,每一寸土地都在考验着修路人的技术水平和节能环保理念。陕西修建了穿越秦岭生态保护区的四条高速公路,穿越生态脆弱区的黄土沟壑区与沙漠地带的高速公路,这些公路都堪称世纪工程。然而,它们却以敬畏自然的低调态度,静悄悄地穿越了秦巴山区、黄土高原与毛乌素沙漠。环境保护与土地节约是陕西修筑高速公路的显著标签。新技术与新工艺的应用,不仅加快了效率,更节约了工程造价。

4.土地节约与保护

节省投资、节约土地、适应环境,构建资源节约型、环境友好型公路交通的理念,贯穿于陕西加快高速公路建设始终。在高速公路选线阶段,设计单位就与当地国土资源部门以及地方政府、村民代表充分沟通,了解地方和老百姓的需求,将土地节约列为高速公路选线方案重要的比选条件。蓝田至商州高速公路通过的任家塬段,是商旅区规划的中草药种植基地,为了减少公路占地,在该路段设计了一座900m长的高架桥。子洲至靖边高速公路设计中,将原来两跨大理河方案变为"改河方案",把路线北侧河道填平成大块土地,将河道改至路基南侧,增加了上百亩土地,使子洲县城有了更多发展的空间。在公路设计选线时尽量不占用良田,多选在坡地、荒山上,在满足规范基础上,适当增加平纵指标,以对土地和山体少破坏为原则。陕西交通科技项目《高等级公路低路堤研究》获得陕西省科技成果二等奖。这种降低路堤的设计理念可以收缩坡角,节约土地。自2005年以后,平原区公路增设挡墙节约占地在陕西渐成高速公路设计风尚。

5. 土地复垦

高速公路造福百姓,荫及子孙。然而,在拥有9亿农业人口的中国,土地不仅是农民的命根子,也是养活世界人口最多国家的根基。公路建设必然联系着土地征用与土地复垦保护,与国际标准相比,中国土地复垦率明显偏低,全国八成以上的历史遗留废弃地并未得到恢复利用,导致环境恶化,人地矛盾激化,影响了社会稳定。在建设中节约用地,建设后及时复垦,是作为稀缺的、不可再生的土地可持续发展的迫切需要。陕西在"加快"高速公路建设时没有以掠夺资源为代价,而是公路建设与土地保护形成双赢局面。除建设临时用地全面复垦外,还利用工程弃方填沟造地,造福农民,这对于"地无三尺平"的黄土沟壑区与秦巴山区有着重要意义。陕西各高速公路建设项目基本都能达到100%的土地复垦,呈现出复垦、造地与公路建设同步的可喜局面。

黄延高速公路全线穿越黄土沟壑地区,填沟造地比比皆是。针对生态脆弱的黄土地,建设时以工程弃土填沟造田1800余亩,通车后,这一数字还在不断增加。秦岭山区的土地复垦,西汉高速公路是个好例子,标准非常高,严格遵循恢复旧貌原则,原为水田的临时用地全都恢复成水田,为此,建设单位还修复完善了许多水利灌溉设施。全线100余座隧道,大量隧道弃渣都进了施工单位自办的碎石厂,加工后用于填筑路基,弃掉部分则填沟造田为农民办实事,为耕地稀缺的山区增加土地面积。弃渣场裸露部分恢复植被,修筑挡渣坝以防水土流失。

6. 打造绿色长廊工程

在高速公路绿化方面,陕西最响亮的一块品牌是G65包茂线榆林至靖边高速公路——获得鲁班奖的中国第一条沙漠高速公路。这条全长116km的高速公路70%路段处于毛乌素沙漠南缘。修路之前的"治沙"成为一道特殊工序。高速公路建设管理处为治沙动员了社会各界的力量,要求当地气象局沿路线人工降雨,请求当地农业部门为公路沿线飞播造林。特别是动员群众上动了脑筋,给出"谁栽树谁受益谁所有"的优惠政策,发给农民播种补偿费,鼓励沿线群众植树种草,使公路沿线的沙漠最大限度地获得了植物生长的机会。最终,榆靖高速公路成为一条沙漠中名副其实的绿色走廊,毛乌素沙漠的固沙功臣,为防止土地的沙漠化、减少沙尘暴气候影响起到不可估量的作用。

陕西交通的绿化理念非常朴素:绿化一定要抓早,要与建设同步;环境就是形象,一定要做到修成一条高速公路,建设一道绿色长廊;选择原生态、当地适生的绿化品种是成活率的关键。

深度路域绿化使陕西高速公路所到之处成为一条条绿色走廊。绕城高速已成西安的"绿肺",为城市提供"深呼吸"。绕城高速公路主线79.6km全线建设了内侧30m宽,外侧170m宽的生态林带,互通式立交设计为园林式景观。绕城高速公路的生态防护林带每年可吸引收二氧化碳1.9万t,释放氧气1.4万t,为西安市的空气质量做出了贡献。

环境保护是个大体系,不仅仅是公路上的绿化动作,建设者在公路界外的植草量甚至比界内还要多。黄延高速界外种树花费200万元,而建设者认为这个代价是最小的,如果环境恶化,今后治理滑坡、泥石流等水土流失带来的公路灾害花费要大的多。黄延高速公路还设置了特殊的水土保持工程监理,项目通车后,黄延公司被评为"黄河流域大型开发建设水土保持先进单位",成为2005年获此殊荣的陕西唯一的建设单位。

7. 新技术节约工程造价

陕西省高速公路发展过程中伴随着筑路科技的发展与创新,许多科研项目直接指向资源节约与循环利用。比如废旧轮胎用于公路路面,不仅节约资金,还增强了路面的抗病害能力。2015年年底通车的西咸北环线是一个很好的例子,该项目利用建筑垃圾填筑路基,研究历时数年。2014年西安市产生的建筑垃圾达到5500万t,几年前,西安的建筑垃圾消纳场以沙坑、废弃砖瓦窑和天然沟壑为主,但随着城市的发展,可用的场地越来越少。另一方面,近几年来公路、铁路等基础设施建设对砂石等筑路材料的需求不断增长,使得公路交通行业可持续发展与碎石、砂砾等地材短缺的矛盾日益突出。依托西咸北环线高速公路项目,组织高校和科研机构,产、学、研、用相结合,研究形成公路工程大规模应用建筑垃圾再生材料的加工厂建设、生产加工工艺、施工和质量控制技术、质量检验评定办法等技术指南及相关专利,先后在西咸北环线高速公路临时设施、路基、路面、小型预制构件、特殊地基处理等方面大规模使用建筑垃圾再生材料。该项目共计使用建筑垃圾600万t,恢复垃圾场占用土地3000亩,减少土地开挖面积1500余亩,节省生石灰17万t,节约燃煤3.2万t,减少二氧化碳排放量4000多万立方米,填补了我国高速公路建设领域建筑垃圾再生综合利用的空白,为陕西省乃至全国闯出了一条建筑垃圾"变废为宝"的绿色之路。

30年前,国家为高速公路搭建起一个舞台,政府官员、企业集团、专家学者、项目长、工程师、监理、技术工、包工头、农民工以及因建设而兴的地方经济体,大到楼堂馆所,小到扯面摊,都在这个舞台上扮演了形形色色的角色,留给我们或激越、或遗憾、或奋进、或坚守的唏嘘感叹。一个不时刻镜鉴历史的人,不会有清晰的明天;一个不重视历史的行业,不会有美好的未来。历史的经验和教训必将成为我们今后前进的动力、指路的明灯。今天,当人们借助高速公路日行千里、朝发夕至的时候,世界变小了。

世界也在变大。"大"意味着我们的思维将更加国际化,我们的视野将更加全球化,在致力于实现中国梦,建设西部经济强省的征程中,陕西高速公路的发展仍将经受着种种考验。有一点是肯定的:和谐发展,可持续发展,一定是我们未来共同努力的方向。

|第九章|
高速公路建设项目

30多年的建设史,由一个个项目铸就。

5000多公里高速公路,用一个个段落凝聚。

"莽原缠玉带,田野织彩绸"。从秦巴山区到关中平原,从黄土沟壑到大漠风沙,盘点陕西的高速公路,无论是连霍高速公路、京昆高速公路、福银高速公路,还是包茂高速公路、十天高速公路、青银高速公路,在共和国版图上营造通衢大道的陕西段每一个建设项目,都像历经不懈打磨的珍珠,一颗颗连缀在一起。行走于陕西的高速公路,人们应该记得那一个个建设项目,留给建设者的难以忘怀的记忆;穿越于陕西的高速公路,人们亲身感受,那一座座历史文化名城,古迹村落水乡,因路而有的富裕。

每一条路,每一个项目,都是一座里程碑。每一条路,每一个项目,都是一首建设曲。伴随着陕西逶迤延伸的高速公路,一个道路更加宽广、设施更加完善、网络更加合理、出行更加便捷、生态更加和谐、服务更加贴心、保障更加有力的高速交通运输体系,为陕西构筑了富民强省的恢宏大道。

第一节　G5北京至昆明高速公路(陕西境)

G5京昆高速公路,又称京昆线,原为GZ40、G040二(连浩特)河(口)线,是国家高速公路"71118"网规划的7条首都放射线之一。起自北京天宁寺,经北京、河北、山西、陕西、四川和云南,终至昆明市小屯,跨越5省1市,全长2865km。

京昆高速公路陕西境全长558km,呈东北西南走向,贯渭南、西安、安康、汉中4市、16个县(市、区)。路线穿渭北丘陵、关中平原和汉中平原,跨黄河、渭河、汉江等大河,越秦岭和巴山,全线分别与拟建或建成榆(林)商(州)高速公路、大(荔)凤(翔)高速公路、渭(南)蒲(城)高速公路、西安绕城高速公路、十(堰)天(水)高速公路、定(西)汉(中)高速公路相交。除澄城至临潼区、西安经周至至洋县金水路段外,大部与108国道平行。经西安绕城高速公路分别与包茂高速公路、连霍高速公路、沪陕高速公路、福银高速公路、西安咸阳国际机场专用高速相通。韩城至西安段与候(马)西(安)铁路平行,西安至户县段与西(安)余(下)铁路平行,汉中至宁强段与阳(平关)安(康)铁路平行。先后建成的路段有:西安至阎良、西安至户县、勉县至宁强、禹门口至阎良、西安至汉中、宁强至棋盘关6段,历时近11年全线贯通,总投资约259.18亿元。京昆高速公路陕西段的全线建成,实现了陕西"2367"高速公路网东北—西南向辐射线建设目标,既加强了关中与陕南的交通联系,又便捷了华北、华东与西北、西南的交流往来。

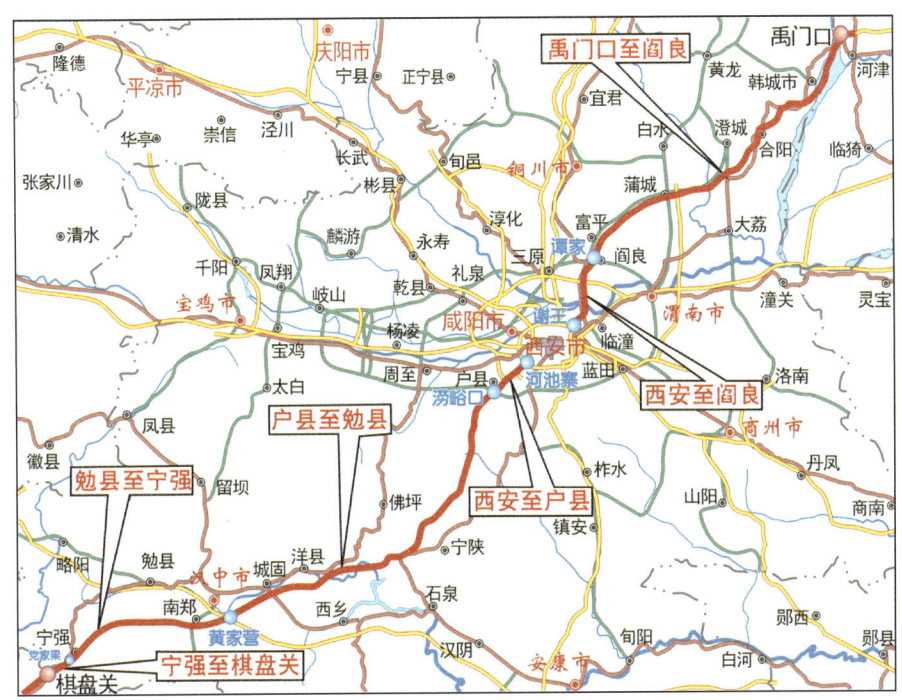

北京至昆明高速公路(陕西境)线位示意图

一、禹门口至阎良段

大道今从东土开,昔日封闭化尘埃。从黄河之畔、太史故里到航空基地,一条高速公路穿行渭北高原,跨越黄土沟壑,铺展在三秦大地,成为人们心中的希望之路、幸福之路。

文字,上下五千年,忠实记录了道路建设者的足迹;

史书,传世20个世纪,不断续写着道路事业的篇章;

美酒,香溢黄土地,盛扬着以人为本的醇郁之情。

高山仰止的字圣仓颉、史圣司马迁、酒圣杜康,带给三秦渭北源远流长、浓郁芬芳的历史沉淀;恢宏激越的经济运行、社会发展和人文演进,催生出横亘于此的国道主干线禹门口至阎良高速公路。

(一)项目概况

禹门口至阎良高速公路,简称禹阎高速公路。禹阎高速公路位于G5京昆高速公路陕西段北端,是国家规划的"五纵七横"国道主干线二连浩特至河口运输大通道的一段,也是陕西省"米"字形干线公路网的重要组成部分,是陕西省通往华北、西南的交通大动脉,也是当时一次性陕西省建设里程最长、一次性建设投资最大、一次性引进外资最多的交通基础设施建设项目。它的建设,对促进陕西省对外开放、发挥西安中心城市辐射作用、促进渭北地区乃至全省经济发展具有重要的意义。

禹门口至阎良区间公路交通原主要靠108国道及106省道部分路段。公路线形较差,多处与铁路平交,"街道化"路段多,交通严重不畅。而公路沿线人口稠密,资源丰富,人文景观众多,经济发展迅速。所经区域矿产资源丰富,合阳、澄城、蒲城、富平是陕西省粮食、棉花的生产大县和水果基地,渭南是产煤大市,也是火电生产大市。

2000年3月,陕西省交通厅与亚洲开发银行签订禹门口至阎良高速公路亚行贷款项目技术援助协议。2001年2月,国家计委印发《关于审批二连浩特至河口国道主干线陕西禹门口至阎良公路工程可行性研究报告的请示的通知》。2001年,交通部印发《关于二连浩特至河口国道主干线陕西禹门口至阎良公路初步设计的批复》。2005年,交通部印发《关于二连浩特至河口国道主干线陕西禹门口至阎良公路和侯马至禹门口公路黄河大桥陕西岸引道工程施工图设计的批复》。

项目路线起自秦晋交界黄河禹门口山西侯(马)禹(门口)高速公路终点黄河大桥,经韩城、合阳、澄城、蒲城、富平等县(市),至西安市阎良区谭家堡接西阎高速。路线穿越两大地貌单元,东段为黄河台塬阶地,其间有深切沟谷;西段为关中平原。跨越白矾河、盘河、汶河、芝川河、洛河、石川河、清峪河等河流以及8条沟谷。下穿西(安)侯(马)铁路、公路202、201省道、西(安)延(安)铁路、咸(阳)铜(川)铁路。路线全长178.07km,其中禹门口至阎良176.78km,另建黄河大桥引道1.29km。设计行车速度120km/h,采用双向四车道设计标准,路基宽度28m。全线土石方工程4230万m^3,防护排水工程70.50万m^3。设桥梁2.04万m/178座,其中特大桥4769m/3座,大桥6564m/28座;互通式立交9处,跨线桥105处;通道301座,涵洞331道,渡槽7道;服务区3处,停车区4处,收费站10处(其中省际收费站1处),管理所3处。

项目资金来源于银行贷款和政府投资,项目总换资51亿元。其中亚洲开发银行经过实地考察和项目评估等一系列程序,最终将2.45亿美元贷款投向了禹阎高速建设项目。这是陕西省利用亚洲开发银行贷款建设的首个公路项目。

(二)建设情况

2001年7月,按照国家高速公路建设实行项目法人负责制的有关规定和亚行贷款协定,陕西省政府批准成立了陕西西禹高速公路有限公司,全面负责禹阎高速公路筹资、建设、运营、养护管理和开发。陕西省公路勘察设计院承担设计工作。经亚洲开发银行同意,土建工程中15个合同段国际招标,4个合同段国内招标。最终,中铁十一局集团有限公司、新疆道路桥梁工程有限公司等19家单位承担土建工程,陕西省信德工程建设有限公司、徐州现代钢结构有限公司等17家单位承担房建工程,亿阳集团有限公司等5家单位承担机电工程,法国塞特路国际咨询公司承担咨询,陕西省公路工程咨询公司承担工程监理。西安市、渭南地区负责征迁和建设环境保障。

2001年9月29日,禹阎高速公路建设项目开工建设。土建工程划分为东段、中段、西段三个区段组织施工管理。2004年12月,阎良至富平段率先建成通车。2005年11月,禹阎高速全线建成通车。项目横穿渭北高原,沿线地质情况复杂,存在诸多特点和难点:湿陷性黄土处理难,禹阎高速公路全长176.89km,其中湿陷性黄土路段为155.67km,占总长的90%;全线6座刚构桥,施工难度大,技术要求高,是全线控制性工程;构造物密集,交叉多,沿线所经县区乡镇比较多,施工干扰大;项目所在地工程所需材料匮乏,当地材料不能满足工程要求,大多施工用料需从外地调运。此外,受亚行审批评标结果的影响,施工单位平均开工时间推迟1年零3个月,最晚的13标直到2003年6月才批准进场。建设过程中,自然灾害、抗击"非典"严重了影响工程进度。

阎良至禹门口高速公路

西禹公司在建设中,始终坚持安全、舒适、美观、经济、生态环保的建设理念,在项目建设中嵌入文化内涵,努力克服黄土沟壑地区沟深坡陡,湿陷性黄土路基和高墩大跨径预应力连续刚构桥施工难度大等困难,加大管理力度,通过劳动竞赛活动等手段狠抢工期,圆满完成了预定的各项建设任务。

多项举措保证工程建设。西禹公司与项目组、项目组与施工单位在动员大会现场签订目标责任书,作为考核与奖惩依据。项目组和各施工单位分解年度计划,每月一次质量、进度考评,实行重奖严惩。各项指标创优的单位,优先适当退还履约保证金的部分现金。层层签订安全责任书,持续推行施工、廉政"双合同"制度,对优质、高效、按期完成计划任务的标段实行奖励,同时告知其上级单位,送"光荣榜";对在考核中排名连续滞后的标段,除经济处罚外,还采取通报批评、约见企业法人、更换项目经理等处理措施,同时,通知其上级单位,记上"黑名单"。

技术领先狠抓重点工程。禹阎高速沿线有6座预应力连续刚构桥,沟深坡陡高墩大跨,施工工艺复杂,技术控制要求高,是全线的控制性工程。首先,管理处聘请法国咨询公司专家现场技术咨询,委托长安大学等多家科研机构监控,配合施工单位适时调整参数和施工方案,确保施工方案正确。其次,施工中挂篮预压采用平台预压和千斤顶预压,节约经费和时间。各合龙段在非设计环境下施工,及时增加合龙段外置劲性骨架,并在连续刚构边孔支承处增设底板横预应力索。根据天气温度变化,在合龙段增加水平推力,调整墩梁受力水平,解决了合龙温度影响和高程调整的难题,确保了合龙质量过关。在管理处技术领先、工艺科学的助推下,全线6座特大桥陆续合龙。2005年8月,禹阎高速连续刚构桥徐水沟特大桥提前合龙。该桥以其墩高98m、主跨200m而被誉为"西北第一跨"。同月,太枣沟特大桥提前合龙,最高墩120.54m,是全线桥梁墩高之最,当时在黄土地区修建这样的高墩大跨径桥梁尚属首次。

西安至禹门口高速公路太枣沟特大桥

尽心竭力注重工程质量。西禹公司设立了两个独立的中心实验室,与禹阎高速公路总监理工程师办公室、各驻地监理办一起,对工程质量进行定期、不定期的检查,对关键工程部位、隐蔽工程实行跟踪监督、层层把关,不合格的工程决不允许存在。通道的八字墙不合格,摊铺质量不合格,运到现场的32车基层料拌和不均匀,都推倒、铲掉、清走重来,真正做到严把质量关。2003年,是禹阎高速公路建设的关键一年,然而全年阴雨绵绵,又加上"非典"横行,工程一度进展缓慢。管理处命令施工单位购买了总长度约4km的彩条雨布,遮盖在路基上和取土场上,以防雨水浸入影响工程质量和进度。富平县和阎良地界的彩条布,一时间"洛阳纸贵",已无存货,不得不到附近县区去买,仅这一项就花去20余万元。非常时期采取的非常规手段,确保了全年317万 m^3 土方工程施工任务保质保量的完成。

减少开挖营造和谐之美。为减少工程开挖对自然环境和生态造成的破坏,西禹公司以"和谐"营造公路的美,采用低路堤方案,主线平均填土高度由方案设计的3.20~3.50m降低至2.45m,少占土地400亩。在施工中变传统的边坡工程防护为生态防护,采用新型边坡固土绿化方法,让开挖的山头、边坡重新披上绿衣,植被尽量与当地环境一致,让"人造"隐匿在"自然"之中,让每一个使用者在感受"高速"的同时,也感受到"人在画中行"的意趣。水土保持工作,在工程主体建设过程中,体现为工程措施和植物措施有效结合,协调布设,形成了完整的水土流失防治体系。

2005年11月,禹阎高速公路全线建成通车。2010年12月21日,禹门口至阎良高速公路项目顺利通过交通运输部组织的竣工验收,工程质量评定为优良。

2007年,禹阎高速公路金水沟大桥荣获国家优质工程银奖。2008年,禹阎高速公路被水利部确定为全国生产建设项目水土保持示范工程。2009年,西禹高速公路芝川河特大桥被陕西省住房和城乡建设厅、陕西省建筑业联合会评为"陕西省建设工程长安杯奖"(省优工程)。

(三)科技创新

黄土地区公路路基设计施工技术研究应用

2000年时,国内外尚无较为完整的黄土地区公路设计、施工、检测、试验等规范、规程,黄土地区的公路建设基本上是采用房建的规范和试验规程进行勘察和设计。管理处及相关单位紧密结合黄土地区正在兴建的高等级公路,深入系统地开展非湿陷性和湿陷性黄土地基稳定性评价和处治、高填方路基设计与施工等关键技术的研究。

主要研究内容为:湿陷性黄土工程特性及地基处治技术、黄土路基的压实特性与标准、黄土路堤变形特性与沉降规律、黄土路基病害分析与防治技术、路桥过渡段病害防治技术、黄土路基边坡防护技术、黄土路基排水技术。通过研究,该项目取得了四个创新点:

(1)明确了湿陷性黄土地区路基的水源条件和受力状况,通过降雨入渗规律的室内外试验与模拟分析,提出了适用于公路路基的黄土湿陷性评价方法,并建立了基于非饱和土力学理论的黄土湿陷沉降变形评价模型。

(2)提出了湿陷性黄土地区一般路基只需采用浅层处治的思想,并依托工程,系统研究了振动碾压、冲击碾压、强夯等湿陷性黄土地基处治技术的施工工艺及适用性,推荐了适宜的浅层处治技术。

(3)深入研究了黄土的 CBR 值、回弹模量 E_0 等力学特征及影响因素,推荐了黄土填料 CBR 值及黄土路基压实标准。

(4)通过静碾、振动和冲击三种工况的黄土压实室内模型试验,得出了土体内部应力应变和压实度的变化规律,提出了适合黄土压实的最佳振动频率及施工工艺。

该研究总结出的适合公路工程湿陷性黄土评价方法和地基处治技术成果,在禹门口—阎良高速公路 155.67km 长的湿陷性黄土路段得到了全面应用,在黄陵—延安高速公路 85.669km 和凤翔路口至永寿高速公路 40km 长的湿陷性黄土路段得到了部分应用,为这三条高速公路建设的顺利实施提供了很好的技术支撑和保障作用,同时也对黄土地区的其他公路建设具有重要的指导作用。该研究获得 2009 年陕西省科技进步二等奖。

(四)运营管理

陕西西禹高速公路有限公司(简称"西禹公司")成立于 2001 年 7 月,先期主要负责禹门口至阎良段高速公路项目建设。2005 年 11 月禹阎高速公路建成通车后,公司全面转入运营管理,主要负责 G5 京昆高速陕西境西(安)至禹(门口)段的养护、收费、路政、治超等管理工作。全线设立阎良、富平、澄城、韩城 4 个管理所,高陵、阎良、富平、荆姚、蒲城、孙镇、澄城、合阳、芝川、韩城、龙门、禹门口 12 个收费站(其中禹门口收费站为省界主线收费站)。

西禹公司在陕西省高速公路建设集团公司的正确领导下,适应新形势、新任务、新要求,认真贯彻落实上级重大决策精神,坚持以科学发展观为统领,以"发展现代交通,奉献一流服务"为目标,以运营管理为中心,以制度建设为重点,大力弘扬"和谐、创新、高效、卓越"的企业精神,精心打造西禹服务品牌,在企业管理中采取了一系列有力的措施。一是大力提升收费管理水平,全力以赴完成每年征费任务;二是打牢养护基础,全面提高养护质量;三是强化路政管理,坚决维护路产路权;四是建立治超长效机制,推进治超工作又好又快发展;五是大力加强党的建设和反腐倡廉工作;六是加大投入,深入推进企业文化和精神文明建设;七是夯实基础,切实提高企业规范化管理水平。

西禹公司以强化管理来改善服务形象、完善服务设施、创新服务理念、延伸服务内涵,并以此树立精品意识,创立品牌服务。注重细节塑造良好企业形象,在实践中做了大量工作:

一是抓好形象建设。西禹公司从领导到一线职工将文明服务活动纳入工作重点,各管理所成立责任小组,签订《目标责任书》,开展对照检查,狠抓薄弱环节。公司及管理所通过《西禹高速信息》提倡议,发专题,营造了"比、学、赶、帮、超"的良好氛围。同时,邀请新闻媒体对活动进行广泛宣传,营造舆论环境。

二是抓好细节,树立形象。西禹公司大力倡导"我与司乘人员做朋友"。通过《西禹高速公路服务质量调查表》与驾乘人员和市民真诚对话,坦诚倾听各界的意见和建议;发放《西禹高速公路行车指南》，使驾乘人员"轻松愉快行西禹"；要求收费人员以真诚的微笑对待每一位过往人员，坚持"唱收唱付"，使用文明用语，对驾乘人员提出的问题耐心解答，以温馨的话语、真诚的微笑和娴熟的技术，赢得驾乘人员对收费工作的理解和支持，感受陕西交通行业的风采。

三是保持整洁畅通的路况，是根本和基础。西禹公司大力整顿路容路貌，组织职工打扫收费广场、宿舍、食堂，修建草坪，创造了优美的生活环境及良好的行车环境。公司还要求职工强化业务知识，通过软硬件服务同步提升，有机结合，创造一流的服务水平。

四是持之以恒抓好服务。文明服务不仅作为一种理念，更是一项持之以恒的工程。为保证服务的长效机制，西禹公司不断巩固宣传动员阶段的成果，加强与沿线政府、大型企事业单位、行风监督员、运输业主的联系，了解社会各界对高速公路服务工作的需求。全力推行《陕西省公路收费工作服务准则》，为广大驾乘人员提供更加优质、高效、便捷的服务。建立收费、养护、路政、交警、服务区联动服务体系，以此提高高速公路应急保障和公共服务能力。

五是严格文明履约情况。西禹公司领导带队，组成稽查队，不定期进行明察暗访，将不符合文明服务标准的人员先给予待岗，再不合格者离岗。对开展活动不利，导致公司形象受损的人员，实行"问责制"。对文明服务的先进典型人员，重点培养与塑造，充分发挥其示范带动作用，建设具有西禹特色的文明服务示范收费站。

西禹公司积极实施省高速集团倡导实施的"微笑在红亭，满意在高速"为主题的文明服务活动，塑造良好的对外服务窗口形象，努力为社会提供"畅、洁、绿、美、安"的行车环境。从细微处着手抓管理，让过往的人们切身感受到"高速"的路、"高素质"的服务。

在陕西高速集团每年的目标责任考评中，西禹公司连续被评为优秀单位，公司先后获得多项国家和省部级荣誉。西禹公司被全国总工会、国家安全总局评为全国安康杯竞赛优胜企业。西禹公司党委被评为全省交通系统先进基层党组织、集团公司先进党委。档案管理工作获得省档案局AAA级认证。2008年3月，西禹高速公路被省交通运输厅评为全省交通行业文明公路。2010年1月，西禹高速公路作为京昆高速陕西境的重要一段被陕西省委、省政府评为文明路段。2011年1月，中共陕西省委、陕西省人民政府授予西禹公司"省级文明单位"荣誉称号。截至2012年3月，西禹公司及下属基层单位共建成省级文明单位2个（西禹公司、阎良管理所），市级文明单位4个（富平、澄城、韩城管理所、高陵收费站），富平管理所被交通运输部、共青团中央授予全国青年文明号；阎良、富平收费站被评为省级巾帼文明岗。全线12个收费站建成12个全省交通系统规范化管理合格单位，12个规范化管理优秀单位，6个全省交通系统文明收费站，2个文明治超站和4个标准化服务示范站。

逶迤穿行于史圣司马迁、酒圣杜康、字圣仓颉故里的禹阎高速，看着窗外的高墩大跨，感叹建设之不易。渭北高原、厚重的黄土定会记得这里的筑路故事,他们为陕西人民开通了一条"通江达海"、走向九州、走向世界、走向繁荣和文明的康庄大道。

二、西安至阎良段

2001年9月29日,在陕西省交通厅简洁而普通的招待所里,一个仅有十几家媒体参加的新闻发布会上,发布了令人欢欣鼓舞的消息:"西安至阎良高速公路建成通车,同时禹门口至阎良高速公路开工建设!"这对于"间阎良善"的阎良城来说是具有历史意义的时刻。这个地处交通要塞的秦国故都,这个科技资源充沛、技术研发领先、产业体系完善的当代飞机城,将进一步加快与外界的联系,国家航空事业的璀璨明珠也将大放异彩。

(一)项目概况

西安至阎良高速公路,简称西阎高速公路,是京昆高速公路陕西段最先开工建设项目。西阎高速公路是交通部规划的"五纵七横"国道主干线在陕西境内的重要路段,也是陕西省"米"字形公路主骨架的重要组成部分。它的建成通车,对加快陕西省主骨架公路建设,增强西安中心城市的辐射能力,促进飞机城的纵深发展,具有十分重要的意义。

a) b)

西安至阎良高速公路

阎良区,距西安市中心50km,为国家飞机研发制造的重要基地之一。区间公路交通原主要依靠210国道和107省道。1997年7月,陕西省政府为西安飞机制造公司引进法国100座客机合作项目,向法方承诺修建西阎一级公路配套工程。工程由陕西省交通厅组织实施。1998年,交通部批准该项目工程可行性研究报告,1999年4月,交通部批复该项目初步设计。1998年3月开工建设。项目开工后不久,交通部调整"五纵七横"国道主干线GZ40陕西境通道走向,将该段纳入GZ40国道主干线规划,项目遂于8月停工,后由陕西省公路勘察设计院按国道主干线高速公路标准重新设计。2000年1月1日正式开工建设。

路线起自西安绕城高速北段谢王立交,经灞桥、高陵、三原、临潼等县(区),至阎良区谭家堡,全长39.24km。设计行车速度120km/h,路基宽度28m,为四车道上下分向行驶。全线土石方342万 m^3,防护排水工程11.64万 m^3。设特大桥1056m/1座,大桥1106m/4座;互通式立交2处,分离式立交11处,跨线桥23处;通道64道,涵洞128道;收费站2处,管理处1处。

1999年4月,交通部批准该项目总投资为8.64亿元。1999年6月,陕西省公路勘察设计院根据交通部批复修改设计后修正概算为9.0亿元,交通部补贴2.26亿元,其余部分由陕西省自筹。工程实际完成投资8.2亿元,较概算节约7800万元。

(二)建设情况

建设单位陕西省高速公路管理局组建西阎公路项目组,负责项目实施。西安、咸阳两市政府按辖区包干负责征地拆迁。全线分17个标段。铁道部第十八工程局第二工程处、陕西省路桥工程总公司等12家施工单位中标承担施工。陕西省公路工程咨询公司承担监理。

西阎高速公路于1999年12月底完成征地拆迁工作;2000年1月1日正式开工;2001年4月底完成了路基构造物和路基工程;2001年3月~9月完成全部路面工程;2001年9月29日正式建成通车。施工工期21个月,比计划工期提前3个月完成。

西阎高速公路建设始终坚持创建全优工程。管理处采用科学有效的质量管理办法,做了大量的促优工作,促使施工单位履行投标承诺,遵守规范要求,加大施工投入,工程建设中,开展劳动竞赛,以质量、进度、文明施工、安全施工为主要考核指标,制定详细的评比奖惩办法,带动各施工单位互相学习,形成真抓实干的良好局面。工程质量稳步提高,施工进度明显加快。2000年5月抽检107处单项工程指标,合格率达到100%,整个工程建设质量和进度处在同类建设项目的前列。

西阎高速管理处积极探索管理创新。建设中后期降雨频繁,严重影响施工进度。管理处掀起倒排工期、堵死后路、全体动员的建设热潮,促进度与保质量两手抓,科学选定路基交验段落,严禁分段交验,确保路面摊铺的连续作业,最大限度地减少路面面层接茬。并且在施工队伍中采用能者多劳的方式,铺得快、质量好的队伍加大工作量,在保证质量的前提下确保了工期。建设者们还注重合理安排附属工程的招标工作,提前动手,确保房建、收费站、绿化等工程与主体工程同步完成。

西阎高速管理处在管理上铁面无私。同属陕西省交通厅直属的某兄弟单位由于2000年9月以后工程进度慢,管理处直接亮出"黄牌",7km底基层铺筑任务也被划出合同段。在严厉的措施下,这个兄弟单位知耻而后勇,立即更换项目经理,改变管理办法,投入超出定额2倍的人力和机械设备,每个班组配备3人组的技术服务小组。一系列的改革措施立刻见到了成效,仅2个月就完成了总投资的50%以上,且质量抽检评分达90以上,逐渐赶上工期,也用自己的业绩证明了实力。严管出实效,西阎高速管理处强有力的管理措施,被戏称为"西严"管理处。

西阎高速公路在建设中积极使用新材料,是陕西省首次采用国产沥青铺筑路面的项目。西阎高速公路采用招标形式,选中完全符合规范的新疆克拉玛依重交沥青,并统一采购。省内油库采用沥青分层加热技术,使出库沥青能够直接和沥青拌和站对接,省去了进口沥青脱桶环节,节省了时间以及人工和机械费用。路面底基层全部采用场拌机铺,保证铺筑质量与厚度。路面铺筑改挂线为平衡梁,保证厚度与平整度。沥青混合料增加抗剥落剂,提高沥青黏附性。路面二灰碎石基层施工,采取连续施工法,基层铺筑完毕洒水养护时,即直接铺筑连接层,利于层间结合,确保基层强度。检测取芯反映连接层同基层粘接紧密,互相嵌挤,效果明显。国产沥青在该项目的使用,为日后推广打下基础,有着重要的政治、经济意义。

西阎高速公路在建设过程中积极采用新技术、新工艺解决技术难题。路线位处关中平原中部,属典型黄土区,为避免桥涵台背回填下沉的质量通病,建设与施工单位研究分析黄土沉降变形特性,取消桥头搭板,采用下部 2∶8、上部 3∶7 比例灰土填筑台背,提高台背路基强度。改善桥头排水系统,锥坡外各增加 5m 护坡,中间置急流槽,以利桥面纵向排水,保证引道填土稳定。含水量过大黄土路基底部,增加 40cm 厚砂砾垫层,增强水稳性。采用聚氯乙烯网铺设边坡,网眼撒播草种绿化,增强黄土边坡稳定性。

2001 年 9 月 29 日,西阎高速公路建成通车,经竣工验收,工程质量评定为优良。

西阎高速的建成开启京昆高速陕西段建设序幕,在西安市与阎良国家航空高新技术产业园区间形成高速、便捷公路通道,行车时间由过去 2 小时缩短为 30 分钟。

(三)运营管理

西阎高速公路建成通车后,于 2002 年 5 月 15 日,移交省高速集团北秦分公司运营管理。2005 年 11 月 27 日禹阎高速建成通车后,统一交由陕西西禹高速公路有限公司(西禹公司)运营管理。

西禹公司成立于 2001 年 7 月,先期主要负责禹门口至阎良段高速公路项目建设。2005 年 11 月禹阎高速公路建成通车后,公司全面转入运营管理,主要负责 G5 京昆高速公路陕西境西安至禹门口段的养护、收费、路政、治超等管理工作。全线设立 4 个管理所,12 个收费站。西阎高速公路主要由阎良管理所负责,路段有高陵、阎良两个收费站。

西禹公司适应新形势、新任务、新要求,认真贯彻落实上级重大决策精神,坚持以科学发展观为统领,以"发展现代交通,奉献一流服务"为目标,以运营管理为中心,以制度建设为重点,创新工作思路,全面推进公司各项工作任务的顺利完成。在陕西高速集团每年的目标责任考评中,西禹公司连续被评为优秀单位,公司先后获得多项国家和省部级荣誉。

阎良管理所在西禹公司的管理下,积极努力,锐意进取,传承西禹公司企业文化精神,阎良管理所被评为省级文明单位,高陵收费站被评为市级文明单位,阎良收费站被评为省级巾帼文明岗。

阎良管理所在收费管理方面争创品牌。积极落实"微笑在红亭,满意在高速"文明服务;积极创建整车式称重计重收费、非现金收费、标准化示范站建设;狠抓通行费堵漏增收专项治理及收费培训活动开展情况;在完成全年征费任务、提高通行费实收率方面采取了诸多新措施和好做法。

阎良管理所在养护管理方面积极创新。探索使用角磨机对路面黄泥、石灰粉等顽固污染物进行清洗,经实际运用效果明显。利用移动式发电机作为角磨机的电源,人工操作对路面污染物进行磨打,水车跟进清洗。此方法具有清理速度快,节省耗材的特点,尤其是对顽固性固体污染物的清洗效果明显,有效解决了以往清洗路面使用钢刷损耗大、费时费力的问题,路容路貌得到有效改观。

阎良管理所在安全方面应对有方。为了确保所辖路段公路、桥梁运营安全,有效应对各类道路突发事件。阎良管理所积极组织开展公路桥梁突发事件应急演练。演练模拟爆胎侧翻,货物散落造成交通堵塞的重大交通事故。立即启动特大桥突发事件应急预案,各方人员迅速到达事故现场开展工作,组织配合到位,各环节衔接紧密,应急处置措施得当,体现了应急反应速度及有效控制、处置突发事件的能力。

西阎高速公路牢固树立"服务交通大发展、服务群众出行需求、服务全社会"的宗旨。按照省级交通主管部门高速公路养护工作"一年变面貌,两年新跨越"的要求,2007年4月份开始,启动大修项目路面工程,工程克服各种不利因素,先后完成投资9668万元,铣刨旧路面73万m^3,摊铺再生基层和上下面层各49万m^3,工程各项检验指标合格率为100%。

西阎高速公路路面大修工程QC小组关于"骨架密实结构沥青混合料空隙率控制"的活动成果荣获全国交通行业2008年度质量管理小组优秀成果奖。西阎高速公路路面大修工程QC小组严格按照QC活动程序进行技术攻关,采用因果分析图从人、机、料、法、环五大方面分析确定了主要影响因素,制定了优化碾压组合工艺、严控下承层温度等8项措施,使沥青面层渗水系数和空隙率的合格率均达到100%;同时,通过严格控制石料扁平颗粒含量和软石含量、将DD130的振幅降低、频率增高等措施,有效解决了压实度提高后现场石料有压碎情况的衍生问题。

陕西省西阎高速公路沥青整治抢修工程是当时世界上最长的泡沫沥青冷再生实体工程。工程于2007年7月完工。主要施工内容包括:原路面铣刨、沥青泡沫冷再生基层、沥青混凝土路面。项目克服了时间紧、任务重、面层材料紧张、技术难度大等困难,提前完工,工程质量优良。该项目应用的泡沫沥青冷再生施工技术在旧路改造上的大规模应用获2007年"中国企业新纪录",并于2007年成功举办了"全国泡沫沥青冷再生施工技术应用交流会",为此项技术在全国范围的应用起到了积极的推动作用。

行驶在西阎高速公路上,看着窗外飞机的起飞降落,感叹航空之城有了高速公路的通达,意味着阎良经济的发展进入了快车道,而高速公路建设者以自己的不懈奋斗为祖国航空事业助跑加速。

三、西安至户县段

今日从西安到户县似乎近在咫尺,走高速公路仅需30分钟即可到达。而在十几年前,南依秦岭,北临渭水,素有"中国农民画画乡"之称的户县,去一趟可不容易,一条三级路车多人多,拥堵难行,没有1个多小时走走停停,是难以抵达的。西安至户县高速公路不仅连通了西安和户县,成为两地间快捷的通道,而且打开了西汉通途的大门。

(一)项目概况

西安至户县高速公路,简称西户高速公路。西户高速公路是当时交通部规划的"五纵七横"国道主干线在陕西境内的重要路段,建设该项目旨在继续向汉中方向延伸,成为当时规划的陕西省"米"字形公路主骨架由西安向八方辐射的路段之一。该项目的建成通车,使西安与周边郊县(区)之间都实现了高等级公路连通,标志着西安市基本实现了县县通高速公路的目标。作为西北、华北通往西南地区的大通道——西安至汉中高速公路的组成部分,对西安快速通往汉中,对实施西部大开发战略、加快交通基础设施建设有着重要意义。

西安至户县高速公路

西安与户县区间交通原仅有西(安)户(县)铁路、公路108国道沟通,原公路仅三级标准,不能适应交通需求。为了提高区域交通水平,改善路网布局,缓解城市交通压力,优化投资环境并为G5京昆高速公路从西安向西南延伸做好先行,2000年2月,交通部批准该项目工程可行性研究报告。2000年1月开工建设。

路线起于西安绕城高速公路南段河池寨互通式立交,经长安区祝村、义井、细柳、灵沼及户县牛东、五竹、甘亭、王婵、天桥等两县(区)11乡镇,跨沣河、涝河、潭峪河等河流,于余下镇以高架桥跨越西户铁路,并与关中环线相交,至秦岭脚下涝峪口止,与西安环山旅游一级公路相连。全长33.25km。设计行车速度120km/h,采用双向四车道设计标准,全线土石方工程440万m^3,防护排水工程4.20万m^3。设桥梁1298m/8座,其中特大桥566m/1座,大桥511m/2座;互通式立交2处,分离式立交22处;跨线桥8座,天桥8座,通道57座,涵洞72道;收费站2处,管理所1处。

建设资金采用中央补贴、地方自筹、银行贷款等方式筹措。竣工决算完成投资7.28亿元,比批复概算节约3200万元。

(二)建设情况

西安市交通局负责西户高速项目建设,陕西省公路勘察设计院进行设计。全线分21个标段。广东长大公路工程有限公司、中铁第十二工程局路面公司等21家施工单位参建,西安公路交通大学监理咨询公司、陕西公路交通科技开发咨询公司监理。

西户高速公路建设始终坚持创建精品工程。西户高速公路位于关中平原中部,集冲洪积阶地与平原等地貌,地形开阔平坦,施工条件较好。管理处自施工始,就以建设精品工程为目标,加强管理,采用计划进度与实际进度平衡方法,加强进度控制,建立了规范的质量保证体系,提出"宁可多花一万,绝不遗留万一"的响亮口号。对工程中出现的一些新情况、新问题,随时现场解决,增发补充技术规范,将质量和安全隐患在萌芽状态消除。

西户高速管理处面对困难措施有力。西户高速公路2002年被省交通厅列为重点建成通车项目,然而连绵的雨季让工程一度滞缓,管理处及时调整进度计划,在全工地开展劳动竞赛活动,每月评比一次,在工程质量、进度、安全、文明标准等方面,对先进的施工队,发给奖金,进行表彰;对落后的单位通报批评,要求限期整改。跨沣河大桥与跨西(安)余(下)铁路特大桥等控制性工程,实行重点控制,组织集中会战,确保如期完成。针对路基填料含水量较大、地基表层湿软问题,采取路基填料掺灰处理、地表换填砂砾垫层、潮湿路段采用天然砂砾填筑路基等方法,确保路基稳定。

西户高速公路建设期间,建设管理部门积极探索新材料、新技术的应用。沥青路面铺筑在全省首次使用美国超级路面系统技术进行设计,并在省内首次铺筑试验路段。为了延长沥青路面的使用寿命、改善沥青路面的使用性能并减少沥青路面的后期维修费用,西户高速公路项目部与长安大学合作,综合考虑了陕西的气候、水文、地质条件及交通量等情况,采用美国公路战略研究计划(SHRP)的重要研究成果——高性能沥青路面(Super Pave)技术对沥青上面层重新进行了设计,使上面层既粗糙防滑又密实防水,达到了改善路面使用性能的目的,受到了专家的好评。通车后经过两年的跟踪监测,结果表明,该方法能使路面的使用性能得到显著改善。

西户高速公路建设中,注重保护居民生活环境,切实做到为民铺路。该路线靠近中心城市,沿线人口密度大,村庄遍布,路网交错,电力、通信、供水、灌溉等设施分布广。设计选线时尽量远离村庄、学校等环境敏感点。除必要跨线桥、通道外,于下南丰村和兴胜滩,设声屏障278m/2处,上南丰、方家、水寨、新民庄等村设降噪林带1100m/6处。

西户高速公路还注重保护生态,再造山川秀美。路线所经地大部分仍然保持着原始的生态美,整体绿化布局因地制宜,山区段注重生态环保,与原生植被和谐相融;平原段两侧建成约40m宽生态林带;收费站区景观园林绿化,绿化保存率100%。

2002年12月,西户高速公路全线建成通车。经验收,评定为优良工程。西户高速公路实现西安由户县间高速公路连接,通行时间由原来1个多小时缩短为30分钟,交通条件大为改善。

(三)运营管理

西户高速公路2002年12月建成通车后,由西安市交通局设管理处运营管理,运营初期暂不收取费用,2004年1月18日正式收费。2007年1月,线路整体移交省高速集团陕西西汉高速公路有限责任公司(西汉公司),与户(县)勉(县)高速公路统一运营管理,并统称西汉高速公路。2009年1月6日,移交陕西省高速公路建设集团公司(西汉分公司)运营管理。

西汉分公司于2009年1月6日正式成立,承担着西汉高速公路西安至洋县金水段共计163.75km的运营管理工作。全线设有4个管理所、9个匝道收费站、2个隧道站、7处停车区、1个安全检查站。西户高速主要由户县管理所负责,路段有三星、户县、涝峪口三个收费站。

西汉分公司成立后,以"发展现代交通,奉献一流服务"为宗旨,以道路安全保畅为要务,积极应对冬季道路安全、桥隧维管、长大纵坡安全管理等山区高速公路运营管理难点,深入开展"微笑在红亭、满意在高速"文明服务活动,推进学习型企业创建,打造一支团结、奋进、高效、务实的员工队伍。

户县管理所在西汉分公司的管理下,积极进取,厚积薄发,传承西汉公司企业文化精神。下辖的三星收费站旨在配套服务三星快速干道,2013年11月5日建成投入使用。三星收费站将"三语"学习培训纳入班组建设的总体规划,提升三星收费站的服务水平,让双语服务成为三星收费站乃至陕西省高速公路独具特色的优质服务。三星收费站被陕西省交通运输厅工会委员会评为"巾帼文明岗";涝峪口收费站先后被陕西省交通运输厅评为"陕西省公路收费站规范化管理优秀单位"和"陕西省交通系统文明收费站";户县收费站被陕西省交通运输厅评为"陕西省收费公路管理规范化优秀单位"。

为配合西汉高速公路2007年9月底建成通车,根据省交通主管部门的要求和高速集团公司安排部署,对西户高速公路全程约33km实施大修。主线2007年8月20日完工,附属工程2007年9月20日完工,合同金额约1.2亿元。

2016年2月21日,西汉高速公路秦岭北麓突降大到暴雪,涝峪口至纸坊段道路积雪达到5cm厚,由于气温骤降,道路结冰严重,爬坡路段车辆原地打滑,造成汉中方向交通拥堵,道路交通安全保畅工作压力剧增。为切实做好恶劣天气道路管控工作,保障辖区高速公路交通安全形势平稳,西汉分公司户县管理所迅速启动恶劣天气应急预案,采取多种措施保障道路平安畅通。由于紧急预案启动及时,措施运用得当,恶劣天气期间,辖区没有出现一起因大雪引发的较长时间的交通拥堵,未发生重特大交通事故,交通安全形势平稳,向社会兑现了"大雪不封路"的承诺。

以培育和践行社会主义核心价值观为主线,户县管理所积极弘扬企业文化,以提高员工整体素质和文明程度,打造温馨、和谐、高效团队,举办了"志愿服务耀三秦,青春共筑中国梦"学雷锋志愿服务者活动、组织广大团员青年开展线上线下祭英烈、给家庭贫困送爱心、开办道德讲堂等,努力提高员工的工作热情和积极性,丰富员工业余文化生活。

西户高速公路路面干净整洁,病害修复及时,路政管理到位,道路通行能力顺畅。行驶在西户路上,驾乘舒适,身心愉悦。

四、户县至勉县段

"噫吁嚱,危乎高哉!蜀道之难难于上青天!"这是诗仙李白在《蜀道难》中的悲情咏叹。几千年来"蜀道难"的魂灵,始终萦绕着人们。2007年9月30日,西安至汉中高速公路似腾飞之巨龙,承载着巴蜀人民的期盼,横穿秦岭巅峰、贯通秦巴南北,千年蜀道难,一朝变通途。

(一)项目概况

户县至勉县高速公路,又称西汉高速公路。西汉高速公路穿越秦岭主山脉,连接关中平原和汉中平原,它是当时国家高速公路网北京至昆明高速公路在陕西境内的一段,是陕西省"三纵、四横、五辐射"高速公路主骨架规划的组成部分,也是陕西省交通厅"十五"公路建设标志性工程之一。西汉高速公路建设,曾经以当时陕西省一次性开工建设里程最长、建设投资最多、自然条件最艰苦、施工难度最大的山区高速公路项目而称雄。

西安至汉中区间交通,虽有108国道周城段相通,宝汉公路、210国道西万公路绕达,但山大沟深、坡陡弯多、山体滑坡加之秦岭、巴山和汉水间洪涝灾害频繁,晴通雨阻,不时中断,使穿越秦岭巴山的道路交通窘迫的状况始终没有从根本上改变,严重制约着经济的发展。经济运行、社会发展和人民安居乐业,期盼着坦途。

户县至勉县高速公路

西汉高速公路是陕西建成的穿越秦岭的第一条高速公路,它使京昆高速公路最艰险的路段得以贯通,"天下之大阻"的秦岭自此变为通途,区间公路行车时间由原8小时缩短为3小时,成为连接西安与汉中、关中与陕南、华北与西南、关天经济区与成渝经济区的便捷通道。从连云栈道,到盘山公路,再到高速公路,西汉高速公路建设是顺应时代发展的"民心工程"。

2002年5月14日,陕西省人民政府批准设立陕西西汉高速公路有限责任公司;2002年9月16日,秦岭隧道群试验段开工建设;2003年3月5日,国家发展计划委员会正式批复项目可行性研究报告;2003年8月15日,交通部批复项目初步设计文件,路线北起户县涝峪口接西户高速公路,经安康市宁陕、石泉县,汉中市佛坪、洋县、城固、南郑、汉台等县(区),至勉县黄家营(元墩)接勉宁高速。主线全长254.77km,途经县(区)修建二级公路标准连接线共43.04km。路线与210国道平行至宁陕两河,与108国道交叉于汉中金水后并行至城固,与316国道、211省道分别交叉于城固及汉中南湖。设计行车速度60km/h、80km/h、100km/h,路基宽度分别采用20m、22.5m、24.5m、26m;全线土石方工程3053万 m^3,防护排水工程318万 m^3。共设桥梁568座,其中特大桥61座,大桥347座,中桥160座;隧道150座,特长隧道12座,长隧道12座,中隧道12座,桥隧比例高达66%。设互通式立交16处,跨线桥14座,天桥2座;通道154道,涵洞654道,服务区5处,停车区8处,收费站16处,管理所5处。

项目批复概算为138.78亿元,竣工决算为147.57亿元。项目资金来源为中央补贴、银行贷款。

(二)建设情况

为了把西汉高速公路建设成为陕西省的标志性工程、优质工程、生态环保样板工程、廉政工程,陕西省委、省政府对西汉高速公路建设十分重视,陕西省政府专门成立了西安至汉中高速公路建设指挥部,由主管交通的副省长任总指挥,下设办公室。经省政府批准,陕西省高速公路建设集团公司出资设立陕西西汉高速公路有限责任公司(以下简称西汉公司)作为该项目的法人单位,主要担负该项目的筹资、运营、建设管理、收费还贷等职能。陕西省公路勘察设计院、中交第一勘察设计院负责设计。全线分189个标段,中铁隧道公司、中交二公局、河北建设集团有限公司等189家施工单位5万余人,参与路基桥隧、路面、交通工程、绿化、房建和机电工程建设。陕西高速公路工程咨询公司、潍坊市华潍公路工程监理处、云南公路建设监理公司等42家单位负责监理。

西汉高速公路是按照开工时间分为五个阶段逐次招标施工的,由于西汉高速公路贷款量巨大,所以采取依序开工的方法节约投资。其中,如秦岭隧道群需要五年建设期,首先开工,其他分路段开工,最终一起竣工。

路基桥梁工程全面开工后,因设计线路与南水北调"引汉济渭"工程线路在三河口水库段交叉,陕西省政府决定改路保水。2005年5月1日,三河口改线段和涝峪口段开工,西汉高速公路至此全线开工。2005年9月28日,汉中东至勉县段长46.35km建成通车。2006年11月21日,洋县至汉中东段长60.65km建成通车。2007年9月30日,西汉高速公路全线建成通车。

西汉高速公路穿越秦岭中段山脉主峰,沟壑纵横,面临着很多前所未见的工程难题,主要表现在:

(1)进场难。全线新修便道600多公里,多处施工便道开凿于悬崖绝壁;电力设施架设困难,材料运输特别困难;有些地方需要把设备拆成零件,一件件运进山里,进行组装后使用。

(2)施工场地狭小。很多河道地方狭小,大型机械运转不开,且附近没有水泥预制件的作业场地,需在几公里外找一片荒地作为水泥预制场。预制好的水泥梁,单片就重达55t,要启用两台吊车,顺着临时通车的便道"抬"进施工现场,时刻有翻车的危险,而且和地方路过的车辆混在一起,交通保畅困难,动辄堵车。

(3)环保要求高。秦岭沿线是国家重点生态环境保护区,河道防汛、森林防火形势严峻。另外,为了尽量少占用耕地,线路以桥隧相连为主。

(4)因地质复杂多变,不确定因素增多,建设者需要在尽可能节省造价的情况下,及时调整防护参数,保证施工质量及安全。

(5)受山区地形、雨季、气候影响,有效工期短。

(6)洪水危害大。山里的洪水,来得快,去得也快,猝不及防。有时候连人员都被困在对面的山头上,更别说机械设备,大小都被一扫而空。其一次洪水,仅一家施工单位,损失至少在数百万元。

此外,由于秦岭是一个多期次造山运动产生的北仰南俯的巨大地质断裂带,断裂如

壁,峡谷幽深,多瀑布、多激流险滩,地质情况异常复杂,面临着很多难以解决的地质难点:

(1)崩塌——最主要的地质灾害。沿线分布的崩塌对路线产生重大威胁的,就达39处。崩塌规模,大者10余万立方米,小者几万至几千立方米。不少路段局部陡崖近乎直立,块石结构疏松,随处可见巨石架空。

(2)滑坡——严重威胁工程进行。滑坡或滑塌共有30多处,滑体多为碎石土及夹碎屑岩块,厚度变化大,且以浅层、中层为主,施工中稍有扰动就会再次发生大规模活动。

(3)泥石流——人为所致的治理课题。全线的几个泥石流,分布在秦岭北坡一带上行线和南坡处。多年来,采矿弃渣和无序堆积,导致泥石流频发。

(4)危岩坠落——工程及行车安全的大敌。西汉路大部沿峡谷通行,常有巨大石块坠落或顺坡跳越滚落,不通过有效设计加以治理,将严重影响施工过程和通车后的行车安全。

(5)隧道断层涌水——必须破解的难题。西汉线全线要打通150座隧道,其中涉及大量隧道断层及地下水的有8座隧道。仅秦岭1号特长隧道通过隧道轴线的断层就有18条。

作为担负西汉高速公路项目筹资、建设和建成后运营的管理企业,西汉公司以进度管理作为龙头,建立健全了计划管理体制,将计划作为履约合同的主要依据。施工单位进场后,要求承包人结合现场情况,提出更详细的施工组织设计,并根据总体计划编制年度、季度、月以及分项工程进度计划,提交监理工程师审查后组织实施,控制性工程报业主审批。专门设有计划工程师,定期巡查施工现场,督促计划的落实情况。要求施工单位每月向监理、项目组报计划,月末检查计划的落实情况。若计划连续两个月滞后,督促承包人调整计划,以满足总体计划的目标。重点抓好关键工程计划的编制和实施,力保工期。制定了《西汉公路施工、监理单位综合业绩考核管理办法》,项目组每月考核一次,公司每季度考核一次,半年总体表彰一次。为使承包人完成的合格工程得到及时计量,有充足的资金投入生产,走上良性循环,西汉公司规定每月25日为结算截止日,监理工程师计量日10天,代表处审核时间为5天,项目组审核时间为5天,公司在次月15日开始支付,保证45天内支付到位。同时对一些特殊工程采取了多项措施,如对尚未议定价的工程实行暂定支付;对承包人确实资金周转困难、变更设计较多的标段给予短期借款;特殊工程加大动员费预付款的比例等等,通过这些努力来加快工程进度。

在抓进度的同时严把质量关,是公路建设的永恒主题。西汉公司建立了总经理领导下以总工程师为责任人的质量保证体系,明确了工作职责。制定了《西汉公路工程质量创优实施方案》,形成了施工单位自检、现场监理、政府监督和项目法人负责的质量体系。实行全面质量管理,明确目标、制定措施、严格把关,确保把西汉高速公路建成全优工程。与此同时,还建立了投资控制、征迁工作、文明施工、安全生产、环境保护、廉政建设等确保工程建设的管理体系和保证措施,使西汉高速公路建设有规可依、有章可循,确保了总体工期目标的实现。

为了质量,筑路人想尽各种方法,采取各种强化措施:对台背回填采用大型压路机碾压,不易压实的牛腿下方改用 M7.5 浆砌片石砌筑;高边坡治理中使用抗滑桩;梁板预制养护中,用土工布包裹腹板洒水养生。2006 年 6 月,交通部质检总站检查西汉高速公路建设,对各种确保施工质量的举措给予了表扬。

在西汉高速公路建设的五年中,西汉公司始终将廉政建设的旗帜高高竖立在高速公路上,坚持以质量为根本、投资控制为目标,实施全方位无缝隙的监督,建立了五道防线:

一是加强工程招投标管理。工程招投标是项目建设的第一步,历来是大家关注的焦点,稍有不慎,就易发腐败。面对西汉公路土建、房建、机电、监理、材料等类 100 多个标的招标任务,公司纪委认真研究,把公开、公平、公正作为规范招投标的关键,从发布公告、资格预审到评标定标全程参与,跟踪监督,发现问题及时处理,保证了招标过程符合国家《招标投标法》规定的程序和各项纪律。特别是在评标过程中,结合国家招投标政策的完善,积极引入无标底双信封评标办法,开标现场,投标人经过计算就能够知道是否中标,提高了招标工作的透明度。每次招标过程中,邀请交通行业上级管理单位纪检部门对招标工作进行全方位监督,很好地预防了招标工作中腐败现象的发生,保证了优秀的建设单位和工程材料进入工地,受到了各投标单位的一致好评。

二是加大合同履约检查力度。"一流队伍中标,二流队伍进场,三流队伍施工",一度成为工程建设的潜规则。工程质量在工程肢解分包或层层转包中流失。西汉公路从开工建设开始,紧紧抓住合同管理,对工程合同的实施情况随时检查。根据工程进展情况,检查施工现场到位的管理人员、技术力量、机械设备是否满足工程需要;对非正常因素的管理人员更换,严厉处罚;对新更换人员实行试用期考察制度,能力必须满足工程管理要求。在西汉公司组织的月、季度及半年、年终检查评比中,合同履约是检查的主要内容,公司纪委也派人参与,力求使施工单位的经济行为在合同条约之内规范操作。

三是强化质量管理措施。工程质量的优劣是项目管理过程中是否隐藏腐败的最直接表现,加强对工程质量的监管力度,动员各方力量对工程质量进行无限延伸的监督,是防止工程质量中产生腐败的有效手段。在质量管理工作中,严格遵照制定的西汉公路《质量创优实施大纲》标准,在过程中按工艺要求规范操作,推行工程质量终身责任卡制度,施工单位、监理单位、项目实施单位对工程质量负永久责任。几乎每个星期都要进行工程质量巡查,月考评、季考评、半年考评、全年考评和专项整治抽查更是交叉开展,质量问题发现一个解决一个,有效消灭了质量隐患。仅 2006 年,印发质量通报 17 份,处罚施工单位 93 家,监理单位 14 家,罚金 400 余万元;开除施工单位项目经理 1 名,总工 2 名,技术员 4 名,监理单位高级驻地 2 名,现场监理 3 名;"严"字当头,对质量差、达不到技术规范要求的结构物坚决予以拆除,10个通道爆破拆除,20根桥梁墩柱被推倒重来。在每一个施工点,都设立了质量举报公示牌,公布各级质量管理部门、纪检监察室电话,接受社会各界监督,公司两次对举报质量问题查实的当事人给予了数量不菲的举报奖励。这些措施都成为工程质量的保护神。

四是积极推行建设工地效能监察。加快工程建设进度、早日建成通车、产生经济效益是建设单位的目标。如何更好地挖掘建设者的潜能,不断提高工作效率是开展项目管理效能监察的目的。公司每年定期、不定期地开展效能监察专项检查活动,以"加快工程进度,保证工程质量"和"改进工作作风,提高办事效率"为内容,对工程检查中发现的质量问题进行整治;对管理环节中存在的效率不高、工作程序不清、作风散漫影响工程速度的现象进行整改;对项目管理人员执行廉洁自律各项规定情况进行督察;对内部管理工作团结协作,对施工单位主动提供及时、良好服务、认真解决环境问题情况进行检查。对存在问题发出限期整改要求,整改结果上报,公司组织有关部门进行验收。

五是强化组织监督力度。加强对党员干部的廉政警示提醒。实行领导人员廉洁从业谈话制度,凡新聘任的干部由党委领导分别与其进行任前谈话及任前廉政谈话,教育引导干部正确行使手中的权力,管好自己,管好自己分管的部门。要求干部在廉政承诺上签名,保证在任期内廉政工作不出问题。强化动态监督,积极推行诫勉督导谈话制度。纪委经常性地深入工地调查工作,通过走访施工单位、周围群众了解管理工作中出现的问题,对问题分类,逐一核实。对于管理干部在廉洁从业、工作作风及工作决策方面确实存在有问题的,及时组织诫勉谈话,指出问题,把问题解决在萌芽状态。

(三)工程亮点

1. 建立了秦岭山区重大灾害性天气对工程建设与道路运营保障的天气预报模型

山区高速公路修建面临的问题之一就是天气对施工安全的影响,特别是一些极端天气造成的泥石流、滑坡、洪水等自然灾害都对施工造成极大的影响。西汉公司与西安市气象台联合开发,在秦岭山区增设了15个气象接收点,完善了气象预警体系。建立了秦岭山区重大灾害性天气对工程建设与道路运营保障的天气预报模型,并在西安市气象台业务平台上运行,为西汉高速公路建设提供了坚实可靠的天气预报服务工作。建设了西汉高速公路自动监测预警系统,编制的高速公路建设及运营气象保障服务系统设计指南,不仅解决了山区高速公路建设气象保障服务系统的技术问题,而且为高速公路气象保障服务系统设计和施工提供了指南。通过为期四年的气象保障服务,保障了西汉高速公路建设的顺利进行,效果明显。研究成果具有重要的使用价值和社会意义。

2. 先进的高科技应用,全面提升工程质量

西汉公路设计应用卫星遥感、航测图像综合分析和全球定位系统等综合分析技术,把

穿越秦岭的特长隧道用3座隧道群代替,既节约了投资,又有利于环保,也加快了工程进度。隧道施工中采用地质雷达全面检测初期支护和二衬的强度。厚度及密实性,实行先检查后计量。在省内首次对路面边缘部分采用胶轮、小型振动钢轮压实,涂刷防水层技术。首次采用初平基层、下面层、上面层平整度互保施工工艺。首次引进路面雷达检测中下面层厚度。通过调整上面层厚度确保路面总厚度等措施,有效地消灭了工程质量管理盲区,根治了质量通病。

a)

b)

西安至汉中高速公路

3. 穿越秦岭,有效保护"地质博物馆"和"国家公园"

在中国地质图上,秦岭处在中央造山带和南北构造带交汇的地方,形成多期构造运动,产生岩浆活动、地层变形、岩石变质等,地质构造十分复杂,在我国有"地质博物馆"的称谓。秦岭也是中国南北气候的分界线,岭南终年温暖潮湿,岭北干燥,冬季寒冷。同时,秦岭有我国特有的珍稀物种大熊猫、金丝猴、朱鹮、羚牛、华山松、油松等,是我国中西部交界处最重要的动植物基因库。西汉线穿越秦岭大山,开挖隧道、架设桥梁,采取少挖、多保护、多还原等措施有效地保护了秦岭地质结构,最大可能地保护秦岭地质构造、植被和动物栖息地等。该线路途经佛坪大熊猫自然保护区、洋县朱鹮鸟类保护区、羚牛保护区以及古汉台等历史文化遗址。在选线设计上考虑到有效的保护措施,避开动物保护区绕行洋县汉江南岸,使整个线路增加了30km,增加投资近15亿元,出色地保护了秦岭宝贵的野生动植物资源。

施工中的西安至汉中高速公路

4. 原始生态环境保护构筑绿色生态走廊

在修建过程中为有效保护秦岭生态环境,采用山外桥梁预制再运进山里的措施,避免了山体大面积开挖。对隧道洞门围岩进行锚固处理,再进行植草种树,保持坡面原始状态。全线150座隧道300个洞门,开挖面积仅与7个足球场相当,共减少开挖20万 m^3,少砍伐树木5万棵,增加绿化3万 m^2。

在沿线不仅采用了柔性防护SNS技术(布鲁克网),同时对植物多样性进行调查,在工程防护的基础上对沿线部分高边坡采用客土喷播和土工格室种草进行坡面绿化,植物种子配比采用草、灌、花相结合,切实坚守了"对环境最小程度地破坏、最大程度地恢复"的原则。

5. 把土地还给山民

国家实施退耕还林政策以后,山民不能再依靠伐木生存,在秦岭山区稀少的土地就显得尤为重要。施工中合理取土,节约用地,最大限度地减少对耕地的破坏和对环境的影响,隧道开挖后大量的渣石运到碎石场加工,用于铺筑路基,废渣则填沟造田。弃渣场裸露部分全部恢复植被,修筑挡渣坝以防水土流失,全线利用弃渣造地累计600多亩,沿线临时征地复耕率达到100%。

6. 连接线带动沿线交通

为了让这个万众瞩目的工程惠及更多百姓,宁陕、石泉、佛坪、洋县、城固、汉台、勉县等县区都配套修建了特长连接线。其中,仅宁陕连接线就有18km,以二级公路标准建设,包括3座隧道,造价3.5亿元,成为宁陕县境内最好的道路,为宁陕人办了件大实事。通过这些连接线,沿线9县区群众可以方便地驶入西汉高速公路,全线13座互通立交,为陕南山区人民走出大山架设了便捷的空中桥梁。西汉高速公路连接线之多,投资之大,堪称

7. 人性化的绿化设计为高速公路增添色彩

从人性化设计、建设角度出发,通过精心搭配和裁剪,突显了不同地域风光的迷人特色。秦岭绿化设计突出生态多样性。汉中地区着力突出南国特色,种植汉中特有花木,或水杉林、毛竹林,或香樟林、银杏林,或芭蕉林、油松林。西汉高速公路是我省第一条实现四季花开的高速公路。酉水河隧道广场的园林绿化面积达 $12000m^2$,黄、白、红、紫四色玉兰竞相开放,二十四番花信风,总有不同风情。茶梅是汉中特有的一种嫁接植物,栽培难度很大,沿线大面积栽植,给冬季的高速公路增添了暖暖春意。西汉高速公路沿汉江南岸前进,河谷两岸风光优美,视野开阔,沙鸥翔集、白鹭翩翩、水田漠漠、牧童归来。行车至此,心情愉悦,旅途劳顿一扫而去。

8. 开放式服务区设计凸现人性化服务功能

西汉高速公路共修建5处服务区(一期工程2个,二期工程3个),并在此基础上建设景观停车休息区5处。在设计时充分考虑到与周边环境、自然景观和建筑的和谐统一,每个服务区在设计时都为当地土特产和特色餐饮业开设专区,各个服务区都做到色彩搭配清新大方、纯净舒适,建筑风格造型简洁明了、质朴高雅。在总体布局上,充分考虑到后期的发展空间,同时增加公用活动场所及园林式游览、观赏景点,充分发挥服务功能,为司机、旅客提供舒适、温馨、和谐的休息场所和优质服务,使驾乘人员在青山绿水、美景如画的环境中悠然畅行,充分体现人文关怀。

9. 大型景观雕塑群设计彰显人文理念

在西汉高速公路七亩坪服务区有一个大型黄花岗岩雕塑群"华夏龙脉",总长260m,宽6m,最高点8.5m。雕塑群的设计以时间轴为线索,围绕秦岭,从政治、经济、军事、文化等各个方面集中反映华夏民族不畏艰难,以人定胜天的决心改造自然的力量。雕塑以圆雕和浮雕相结合的创作手法,以在秦岭地区影响中华民族历史的 10 个重要时间段为横线,运用 18 个历史典故,以艺术的形式展现了秦岭的古栈道。雕塑群整体形象以自然山形贯穿相连,彰显历史,体现人文,与层峦叠嶂的秦岭山脉交相辉映,与周围自然环境浑然一体,成为一座极具震撼力的"露天艺术博物馆"。厚重的历史文化蕴含着秦岭磅礴的气势,使你感受到西汉高速公路厚重的历史文化。

(四)复杂技术工程

郭家山隧道

郭家山隧道全长 4.2km,属于特长隧道。西汉高速公路最初的设计中并没有这座隧道。西汉高速公路在通过宁陕、石泉两县时,原本有一个线路走向的设计。但就在即将动工之际,省水利系统根据"南水北调"的需要做出了在宁陕县三河口建设一座水坝的规划,建坝的直接动因是要抬高汇聚于此的三条河的水位,将原属汉江支流的三条河水引向秦岭北麓的关中,一直将它引进渭河。两利相权取其重,唯一的取舍标准只能看怎么做才能够最大限度地让老百姓受益,权衡的结果,是公路为水路让路。这样一来,原定的线路方案就必须改变。

由于改线突然,客观上给设计师们的工作带来了困难。设计人员紧急勘测,紧急设计,在各方加急的情况下,真正确定郭家山隧道的施工图纸时,已经是2005年的5月,这也是郭家山隧道开工最晚的原因,距原定的西汉高速公路全线通车的时间已经不到两年半,工期非常紧迫。

然而改线后增加的郭家山隧道,由于围岩破碎、涌水,地质条件极为恶劣,工期严重滞后,成了全线通车的咽喉工程。

塌方,是郭家山隧道建设者的噩梦。郭家山位于地质较破碎的秦岭南坡,隧道穿越于压扭性断裂带,洞身由泥、炭质构造片岩、碎裂岩组成,尤其是出口段的黑色云母片岩,开挖后手捏即碎,见水即化,见风就酥。隧道基岩的富水性较差,渗透不畅。由于埋深大,围岩压力大,收敛变形严重,钢拱架都扭曲变形,险象环生。隧道围岩变化之快让人措手不及,小塌方不断,大塌方时有发生,给施工带来极大困难。

水患,是郭家山隧道建设者的又一大敌。2005年夏季,陕南地区连下暴雨,工地遭受20年不遇的山洪袭击。其中,宁陕汶水河筒车湾段当晚23时洪峰流量达1560m^3/s,晚8点至次日早6点22个小时内,降雨量达155mm。暴雨导致西汉高速公路沿线多处出现塌方,隧道进出口材料运输通道被冲毁,工地、生活区一片汪洋,生活用品和粮食几乎被席卷一空,交通中断,电力中断,通信中断,伙食断炊,从进口到出口救灾竟绕道300余公里……面对这样的自然灾害,建设者在与洪水搏斗的同时,一刻不停地投入到紧张有序的施工中,郭家山隧道的贯通计划雷打不动。

会战郭家山,用常规方法已经不可能按期贯通。从省政府、交通厅到省高速集团、西汉分公司,各级领导不断深入隧道工地现场办公,为工程建设点起一盏盏绿灯。集团领导亲自组建指挥部,并任指挥长,一切指挥前移至洞口,西汉公司董事长、总经理等领导班子成员直接驻守郭家山,南北口分设巡查组,24h驻守,责任到人、问责到人,实行日报。每5天奖罚,两支突击队时刻待命。同时调整合同单价,加快资金周转。后续工程同步跟进,路面通风照明工程提前安排。把组织能力、组织措施发挥到了极限。他们亲入灰尘弥漫的隧道中仔细察看掌子面的掘进情况,及时解决工程建设中的燃眉之急。对郭家山隧道采取特事特办,提高效率、保证资金、专项奖励。中铁十五局为了加快掘进,决定按每班掘进进尺计发奖金,在保证工程质量和生产安全的前提下,多干多奖,在洞口设发奖台,下班即可领取现金奖励,极大地调动了职工的积极性,以促进隧道按期贯通。

决战迅速进入白热化。从5月中旬到8月底,中铁十五局共补充了10余名项目管理人员和300多人的施工力量。同时,加大设备投入,新增了包括4个拌和站、2台混凝土输送泵、3台挖掘机、4台装载机、20辆大小车辆在内的精良设备,设备、人员投入是正常施工的两倍。施工高峰期,两个洞同时上了7部衬砌台车,而正常情况下只需2部。

鼓角动地,风枪惊天,隧道里炮响之后,不等硝烟散尽,清除石渣的机械就呼啸着开了上去,之后立拱、喷浆……那一段时间,所有的人都全神贯注,兢兢业业。他们不分昼夜,栉风沐雨地盯着岗位也钉在岗位。他们不分级别,不惜体力,精打细算地抠着时间,算着距离,夜以继日地将掘进朝纵深推进了再推进!所有人的心目中,只有一个信念在支撑,也只有一个信念不可改变,那就是:必须在预定的时间内,攻克郭家山!

2007年9月9日和10日,郭家山隧道双洞先后贯通,9月29日上午,随着最后1m沥青油面铺设完毕,郭家山隧道正式达到通车条件。2007年9月30日,西汉高速公路宣告全线建成胜利通车。

(五)科技创新

1.西汉高速公路土石混填路基施工技术研究

结合项目土石混填路基建设开展研究,包括土石混合料的成因与分类、不同类型和比例的土石混合料路用性能及其主要技术参数、土石混填路基的施工工艺及压实机械配套组合、土石混填路基的质量控制及现场检测技术、土石混填路基的稳定性及沉降规律。研究成果总体达到国内领先水平,其中研究提出的静力贯入式检测方法达到国际先进水平,为今后我国西部及中部各省山区高等级公路建设提供翔实的资料,对有关方面的技术和施工规范、标准的补充完善有一定指导意义。研究成果将有效指导高速公路建设中对土石混填路基的修筑,从而提高工程建设质量,显著降低工程造价,取得巨大的经济和社会效益。

2.西汉高速公路隧道施工关键技术研究

对隧道软弱围岩大变形病害发生机理进行了分析,提出的加固处治措施科学合理、切实可行,对其他类似工程有借鉴价值。研究开发的激光隧道位移实时监测系统在隧道施工中应用效果良好,提高了预防预报隧道塌方的及时性,对减少人员伤亡和经济损失具有重要意义。通过对双连拱隧道施工过程中围岩与结构稳定性的理论分析,提出了中隔墙的复合式、喷凸梁施工新工艺及施工参数,有效地解决了中隔墙渗漏水质量通病。提出了秦岭长大隧道通风斜井设计与施工优化方案,根据项目查新,综合国内外技术现状,研究成果达到国内领先水平。其中,隧道软弱围岩大变形检测技术达到国际先进水平。与生产实践紧密结合,提出了酉水3号、4号隧道大范围、大规模出现洞顶岩体整体下沉病害的整治方案,取得了良好的效果。针对开工晚、工期紧、围岩差的咽喉工程郭家山隧道,通过研究,否决了在隧道中部设置施工支洞增加工作面的建议方案,强调立足正洞强力组织有效施工来保证工程进度,避免了大量增加工程造价;同时制定了不良地质段塌方预案,有效指导了施工。

3. 秦岭山区高速公路建设关键技术研究

针对依托工程建设和运营情况,结合沿线工程特点和技术难题,先后开展了秦岭山区生态环保路线设计关键技术、土石混填路基施工技术、膨胀土路基稳定及处治技术、秦岭山区长大陡坡路段路面修筑技术、秦岭山区弯坡桥桥面铺装技术、秦岭山区匝道沥青路面关键技术、秦岭山区公路隧道施工关键技术、秦岭特长隧道群进出口路段车辆安全控制方法、秦岭隧道群交通控制应急预案、秦岭山区气象保障服务系统和秦岭山区生态环境与景观建设关键技术等,由11个子课题形成了秦岭山区高速公路建设关键技术体系。通过大量室内外试验研究、理论分析、实体工程实践应用等技术路线,针对秦岭山区高速公路建设关键技术开展了系统研究。经专家鉴定,该项目研究成果总体达到国际先进水平。

该项目研究成果在西汉高速公路建设及运营过程中均得以应用,为依托工程建成"科技、生态、环保、人文"品牌的标志性山区高速公路提供了重要技术支撑,达到了生态环保路、科技人文路、优质示范路的标准,创造了"车在路上行,人在画中游"的良好效果,得到了社会各界的一致好评。同时,该项目研究成果在陕西省后期投资的十天高速公路、宝汉高速公路等多条山区高速公路建设中也得到积极推广应用,并取得了显著的社会、经济和环保效益。

秦岭隧道群

(六)运营管理

陕西省高速公路建设集团公司西汉分公司(以下简称西汉分公司)于2009年1月6日正式成立,承担着西汉高速公路西安至洋县金水段共计163.75km的运营管理工作。全线设有9个匝道收费站,2个隧道站,7处停车区,1个安全检查站。

西汉高速公路自建成通车以来,经受住了2008年除雪保畅和抗震救灾的考验,被誉为"救灾生命线"。西汉分公司,以"发展现代交通,奉献一流服务"为宗旨,以道路安全保畅为要务,积极攻克冬季道路安全、桥隧维管、长大纵坡安全管理等山区高速公路运营管理难点,深入开展"微笑在红亭、满意在高速"文明服务活动,推进学习型企业创建,打造一支团结、奋进、高效、务实的员工队伍。在全体干部员工的团结努力下,道路通行能力逐年提高,山区高速公路运营管理水平显著提升,窗口服务形象赢得了社会的广泛赞誉。先后被全国总工会授予抗震救灾"工人先锋号";被交通运输部授予"交通运输文化建设示范单位"、交通运输部"企业文化十大品牌"单位;被陕西省委、省政府授予"省级文明路"和"先进集体";被陕西省国资委授予"国有企业先进基层党组织"称号;被陕西省交通厅授予"青年文明号""创佳评差最佳单位""收费公路管理规范化优秀单位";被陕西省公路局劳动竞赛委员会授予"陕西公路行业迎国检展亮点创佳绩竞赛先进集体"称号;被省高速集团授予"目标责任考核特别优秀单位"和"先进集体"等荣誉称号。

1. 以人为本,高效降低事故路段

西汉高速公路建成运行初期,由于秦岭北坡涝峪段为连续下坡路段,路线坡长弯多,加之驾驶员对行驶山区高速公路适应性差及车况等因素,行车事故频发,引起社会各方广泛关注。在加强通行引导与交通管理的同时,省交通厅、省高速集团大力安排实施安全保障工程,增设安全设施。主要增设安全检查区和停车区,加宽紧急停车带,新增和改造紧急避险车道、设多处紧急调头带;急弯危险路段加大纵横向振荡标线密度;加粗山区段桥梁扶手、加强高边坡路段防撞钢板;强化护栏和完善标志标线,重点路段增设可变信息板、广播、照明、监控和摄像抓拍装置;秦岭2号和3号隧道间等4处较短路段设置软连接棚,增强防眩、防雪、防冰冻功能;崂峪段下行线除隧道外全面加宽,加宽段几乎全部为纵向桥,下部多采用单桩单墩,上部采用植筋技术,柔性连接,解决新老结构连接问题。通过这些工程措施,同时强化通行管理,使交通事故率明显下降。

2. 编置预案积极应对极端天气

西汉分公司针对严重雨雪天气,积极准备除雪保畅应急预案。一是机械除雪,出动撒盐车和除雪车对积雪严重的路面进行除雪和抛洒融雪剂,严防路面出现结冰现象。二是紧急援助,加大巡查频率,做好车辆的紧急援助工作,确保打滑、故障车辆迅速驶离主干道,杜绝发生通行道路拥堵事件。三是快速救援,安排清障车辆分别在容易造成堵点的纸坊、秦岭服务区和皇冠收费站处待命,方便清障车辆能够快速达到制定区域进行救援。四是信息提示,通过沿线电子情报板紧急发布道路通行情况,确保驾乘人员能够第一时间掌握路况根据提示内容做好车辆、人员的安全防护工作。五是路警联动,发挥路警122工作效能,迅速拖移事故车辆和快速处置交通事故等工作,缓解事故占道和后方车辆拥堵时间。六是温馨举措,各收费站提前准备好准备热水、工具箱、医药包、充电器和速食食品等应急物品,全力做好下站车辆的服务和路况解释工作;在危险路段进行安全警示,利用喊话器提醒车辆不得随意变道和占用应急车道,确保车辆及道路安全通行。

3. 监控中心全面推进道路保畅工作

为更好发挥西汉高速公路路网监控设备优势,秦岭监控中心定期组织全体监控人员开展相关业务知识的培训和考核工作,认真贯彻和落实各项规章制度。严格执行每30分钟1次的排查制度,重点排查西安方向秦岭三号隧道至涝峪口收费站之间事故高发路段的路面通行情况。利用沿线路面和隧道内的电子情报板发布汛期保畅、安全行车、事故信息、天气情况等提示信息,让驾乘人员及时了解目前道路通行情况。强化与管理所各部门之间的联勤联动机制,实现路况信息共享。在道路保畅工作和驾乘安全出行等方面发挥了电子化优势,进一步提升了道路巡查、突发事件、事故救援、预警发布、隐患排除等道路保畅工作,全面提升了西汉高速公路保畅部门的应急处置效率。

4. 乘豪华大巴享受"航空服务"

根据"路通车通"的原则,西汉高速公路建成后,客运班线也同时开通。西安和汉中两市交通部门分别组建了"西汉高速客运有限公司",先期投放86辆沃尔沃、尼奥普蓝等高档豪华大巴车,其中汉中68辆,西安18辆。公司对选聘的驾驶员、乘务员都进行了基本素质、基础知识、理论培训和上车实习培训。在客运服务方面向民航模式迈进,公司要求乘务员须掌握简单的英语会话,乘客上下车,乘务员要以中英文两种语言致欢迎词和欢送词。

5. 科技创新,自主研发

西汉分公司秦岭管理所员工自主研发的隧道停电LED应急信息提示标志牌获得国家知识产权局下发的实用新型专利证书。

6. 抗震救灾·汶川大地震之生命运输线

2008年5月12日14时28分,是中国人记忆中异常悲痛的一天,汶川发生8.0级强烈地震,震感波及大半个中国。党中央、国务院、中央军委向全国全军发出救灾号令,全国各地大量部队、救援人员、物资赶往四川重灾区救援。

然而连接秦岭南北的宝成铁路交通中断,210国道、108国道、316国道也不同程度发生塌方、滑坡,刚刚竣工不久的西汉高速公路成为整个华北、华东进入四川的唯一快捷生命保障线。时间就是生命,灾区人民望眼欲穿,翘盼救援!

(1) 全力以赴护路保畅

陕西省对交通抢险立刻做出应对措施:一是全面动员、全力以赴,确保西汉高速公路运输大动脉的畅通,保证救灾物资车辆通行;二是全面部署,对沿线所有公路桥梁、隧道和沿线设施进行排查,发现问题,及时采取措施,坚决消除安全隐患;三是加强对施工单位和所有职工住房、办公等设施的安全严密监控,确保人员绝对安全;四是实行24小时值班制度,按时准点上报相关信息。

陕西省交通厅立即召开紧急会议安排部署抢险救灾工作,启动三级应急预案。推迟原定于13日召开的全省农村公路工作会议,已报到的各市、县交通部门代表连夜返回各自岗位,交通系统全体员工迅速进入应急状态,全面投入抗震救灾工作。当夜,各厅级领导分别带领6个抢险队伍奔赴宝鸡、汉中、安康三市公路抢险现场,指挥公路抢险。

为确保抢险救灾车辆快速通过,省交通厅决定,从13日上午9时起,由西安至汉中、四川方向的西汉高速公路、西宝高速公路,108国道周城公路、316国道宝汉公路、省道212线宝汉公路和姜眉公路各收费站,对过往抢险救灾车辆一律免收通行费。高速集团公司于5月15日上午及时制发了《关于确保抗震救灾人员及物资顺畅通行的紧急通知》,要求把抗震救灾安全保畅工作作为当前的一项重要政治任务和各项工作的重中之重,采取一切有效措施,确保各服务区文明优质服务,确保集团公司所辖各条高速公路安全畅通。

西汉公司连夜成立抗震救灾抢险保畅领导小组,公司领导全部进驻一线,分片包干各管理所,全面指挥西汉高速公路救灾保畅工作。公司组织80名工程技术人员,连夜对全线150座隧道、540座桥梁、高边坡逐一进行全面的安全排查,确保万无一失。6个管理所领导24小时轮流上路巡查,全线600多名路政治超人员24小时巡查指挥,翻越秦岭的长大纵坡区,每公里安排一名路政人员,坚守现场疏导交通。组织施工单位成立抢险保畅突击分队,每分队人员不少于100人,准备拖板车、挖掘机、装载机、汽车吊、发电机、运输车、工具车、指挥车等数十台机械设备,随时待命,无条件听候调遣,指定专人负责下行线施工路段交通管制,需要时及时让出紧急通道。勉宁段一处隧道坡积体塌方,12日17时即清理完毕。

宁强管理所紧邻四川,地震破坏比较严重,办公楼出现裂缝,个别职工震中受轻伤,几个家住山区县城的员工只给家里打个电话问声平安,得知家中墙体裂缝、无人伤亡,就待在所里,积极参加保畅工作。管理所将员工集中在空旷场地,集中40名青年员工组成抢险应急小分队,随时待命。并悬挂48条横幅,安抚、缓解周边群众的紧张心理。

(2) 一方有难八方支援

满载人民子弟兵的车辆及救援车队从四面八方进入陕西境内,经西汉高速公路赶往灾区,沿线在华山、良田、秦岭、洋县、勉县、宁强等服务区停留休整。交通厅、高速集团公司直接指挥,服务公司第一时间启动紧急保障预案,全力以赴为前往抗震救灾一线的人民子弟兵及救援车队做好后勤保障服务工作,将会议室设为临时休息室,为他们递上热水毛巾,免费提供矿泉水、方便面、火腿肠、快餐等,免费为车辆提供柴油。仅5月15日一天,沿线各服务区就接待前往抗震救灾一线的车辆7768车次,子弟兵29936人次,免费为子弟兵提供矿泉水10188瓶,方便面5145桶,提供价值约2万元的快餐1944份,火腿肠3500根。

秦岭服务区海拔1500多米,深夜气温降至4℃~5℃。服务区为过往救援人员准备御寒棉衣,员工昼夜轮流值班,随时备好热腾腾的饭菜,为运送救援物资人员提供一切便利。一直坚持在服务区岗位上工作的小姑娘们每天工作12个小时,累得声音沙哑,眼含血丝,仍面带微笑,积极为抗震救灾人员提供餐饮服务。

假如没有西汉高速公路,汶川大地震发生后,在举国上下共赴国难的关键时刻,陕西的几条一般性国、省道,根本无法满足全社会对交通的需求,特别是在宝成铁路较长时间中断的巨大运输压力下,陕西交通和交通服务保障体系就无法为抗震救灾和灾后重建提供强有力的支撑。

假如没有西汉高速公路,全国各地赴川救灾的滚滚车流,就会拥堵、阻隔于陕西境内,陕西交通"先行行业就要先行"的社会形象不仅会大打折扣,也会受到极大的损害。而今,西汉大通道穿越秦巴,直通巴蜀,在抗震救灾中的突出贡献,更为交通运输部向国家提出加快高速公路网建设,提供了极为有力的事实依据。

昔日蜀道嗟叹,诗仙难晓攀援路;今朝秦岭感录,通衢奢华巴蜀行!作为入川生命线的西汉高速公路,在巍巍秦巴的崇山峻岭间铿锵穿行!它成为社会进步,国力强盛,交通便捷的体现。它带给区域经济发展的机遇和影响,将久远地呈现于社会生活之中。

五、勉县至宁强段

这里气候温润,物兼南北,诚谓风水宝地;这里山清水秀,金瓯玉盆,实乃人间天堂;这里"石牛粪金、五丁开道"的金牛古道广为人知;这里秦岭北横,巴山南阻,诗仙的《蜀道难》亘古传唱。这里的勉县至宁强高速公路更是陕西实现高速公路突破1000km的标志性工程!它直穿秦巴腹地,跨越雄关天险,打破了陕南高速公路零的困局,承载着陕南第一路、绿色生态路的称誉,让嗟叹千年的"蜀道难"成为历史,开启了陕西高速公路挺进大山的新纪元。

(一)项目概况

勉县至宁强高速公路,简称勉宁高速公路。勉宁高速公路是G5京昆高速公路陕西段汉中西南向路段,是陕西省当时规划中的"米"字形公路主骨架的重要组成部分,也是陕西省在陕南山区修建的第一条高速公路。它的建成通车极大地改善了陕南山区的交通条件,对开发汉中丰富的自然资源,发展当地绿色产业提供便捷的交通运输,对加强我国西北、西南两大经济区域联系,促进汉中乃至陕西省的经济发展、社会进步和秦巴山区人民脱贫致富产生巨大的推动作用。

勉县至宁强高速公路

勉县至宁强区间交通原主要依靠108国道和阳安铁路。公路等级不足3级标准。随着地区开发与陕川间省际交流加强,交通量不断增大,逢冰雪汛涝季节,时常路阻车堵,成为阻碍区域经济发展的交通瓶颈。新世纪之初,致力于实现西部经济强省之梦,打破西南交通阻滞,建造秦蜀间的快速通道迫在眉睫,陕西省将勉宁高速列为"十五"重点建设项目。2000年2月,交通部批准该项目工程可行性研究报告。2001年3月8日开工建设。

路线自勉县元墩镇起,经杨庄、老代坝、胡家坝、坪溪河、铁锁关、高寨子,至宁强县党家梁,接宁(强)棋(盘关)高速公路入川。全长54.86km,为双向四车道,路基宽度整体式24.5m,分离式12.5m,设计行车速度80km/h。全线土石方工程1700万 m^3,防护排水工程102.30万 m^3。设桥梁1.89万m/131座,其中大桥1.56万m/54座;隧道5358m/20座;互通式立交3处,跨线桥8座,天桥3座;通道15道,涵洞172道,服务区1处,收费站3处,管理所1处。勉宁高速项目建设资金来源于国家补助和银行贷款。审计确认投资22.45亿元,节约1.60亿元。

(二)建设情况

以陕西省公路局为建设单位,设项目办公室负责实施。西安公路研究所负责设计。线路分17个标段,中铁一局第二工程处、承德路桥建设总公司、核工业长沙中南建设工程集团公司等30家施工单位参与施工。山东威海公路工程监理公司等7家公司从事工程监理。

勉宁高速公路从开始就定位为"山区高速公路的样板工程"和"生态环保示范路"。勉宁项目办在建设中坚持项目管理到位、技术措施到位,在全省率先提出了"零缺陷"质量管理目标,要求施工单位所有的检测项目"点点合格"。

勉宁高速公路穿越秦巴山地,素有"南北地质博物馆"之称。线路跨巴山中低山、汉江阶地两个地貌单元,长期经受构造作用,地形地貌多变,工程地质条件甚为复杂。有滑坡26处,软基77处,膨胀土路段3处,崩塌、岩溶、地下水、裂隙水、泥质页岩等地质路段充斥全线,高填深挖及裂隙水、层间水路段多,隧道施工围岩类别低。这些地质问题给项目管理带来相当大的困难,稍有不慎就会出现事故,留下安全隐患。

除了地质因素,还有诸多因素制约道路施工:一是线路布设于深山峡谷中,施工场地狭小,机械、料场无法安放,许多施工单位只好把预制厂建在路基上;二是当地原材料不符合标准,而全线仅有一条施工便道,材料进场难,一遇水毁,多处便道中断;三是陕南多雨,雨季较长,较高年份年降雨量能达到2300mm,且河流主汛期长。

面对严峻的地质条件和施工制约因素,勉宁高速公路的建设者们防患于未然,先从设计入手,在开工前就组织设计审查,优化线路方案,避绕高边坡等不良地质带,增加大中桥8座、隧道2座,影响路线长达17.10km,占总里程的31.2%。不良路段路基填石填土,优化为砂砾。增加盲沟,防止挖方和地下水丰富路段层间水与裂隙水危害。采用卵石挤密桩、粉喷桩、抛石挤淤、换填石渣等方法处理软弱路基。采用抗滑桩、桩间墙、路堑挡墙、抗滑挡墙及绿色防护等综合治理措施,处治滑坡26处。沥青路面各面层试验和配合比设计,采用美国超级路面设计方法进行验证。在建设过程中,项目办推出一系列强有力的管理措施,狠抓工程质量,从实验室、进场等专项情况到拉网式5项综合指标大检查,不断规范考评。对于质量安全要求高的工程一律先行实验。全线桥梁、构造物均采取先做实验柱,质量稳定合格后再全面推广。这些举措大大降低了返工率,确保了工程质量。

项目办在管理中严于律己,对各部门科学分工,凡事照章办理。项目办成立之初就制订了《项目办工作人员守则》,明确要求工作人员要做到"廉洁自律,坚持原则,认真履行甲方职责,严守合同机密,拒绝向施工单位推销工程所需材料,不为关系户包揽工程,妥善处理好与合同单位、监理单位、地方政府间关系,自觉维护陕西省公路局和项目办的形象和威望"。项目办与各施工单位和监理单位还签订了廉政合同,在15家施工单位和6家监理公司中推选出39名廉政监督员,负责监督廉政合同的执行。

项目办严把质量关,制定了详细的考核办法,从质量、进度、安全生产、履约能力和文明施工5个方面,每月对全线施工及监理单位进行考核,工程质量考核要求"点点合格",内容涉及路基压实度、台背回填、桥涵结构物几何尺寸、挡土墙厚度、砂浆拌和、砌浆工艺等各个施工环节。凡检查不合格、每月考评不合格的,一律处罚。仅2002年一年,项目办就开出总额达284万元的罚单,并对考核成绩优异的施工单位给予奖励。路基施工时,项目办发现了几次较为严重的质量问题,立即撤换了3个项目经理,5个高级驻地监理也先后被更换。同时,严控工艺关,突出薄弱点,剖析典型事例,加强过程控制。完善的奖惩制度和严格的贯彻落实,使工程质量稳中有升。2002年,经陕西省交通厅质监站历次质量检查,认为勉宁高速公路全线工程整体质量稳定,总合格率始终保持在90%以上,路基、桥梁、隧道质量控制已达到全省较好水平,有些项目质量控制已达到全省领先水平。

勉宁项目建设者从上至下干劲十足,然而自然灾害却疯狂肆虐。2002年6月8日,一场百年不遇的大暴雨造成路基边坡滑塌11处21万m^3,39台机械报废,2.27万t工程材料毁于一旦。2003年7月15日,特大洪水和连绵阴雨诱发两次地质灾害,直接经济损失达4000万元。2001年仅夏秋就有80个雨天。2003年1月至10月,雨天数高达108个。

勉宁项目办在灾害期间迅速启动应急预案,组织人员抗灾抢险,全力尽快恢复生产,使工程损失降低到最小。建设者们依据现代公路建设管理模式,合理利用时间,避让雨季,在雨季前后开展劳动竞赛,按照目标任务制定出周密详细的计划安排,明确职责,严格考核,施工单位提高履约能力和文明施工程度。各施工单位积极响应,从制度、人员、设备等多方面入手,严保质量,加快进度。中铁三局三公司加大施工投入,采用了当时国内先进的步履型伸缩臂式单导梁架桥机,既保证质量,又赢得时间;中铁一局为元墩隧道建设出当时比较新颖的蘑菇石洞门;中铁十九局四处为了加快进度,采用蒸汽养生,大大缩短养生时间,保证了冬季大梁预制的高质量、高效率。勉宁人在各个环节都以建精品、立样板为目标,在争抢进度,保证工期的情况下做到了"点点合格",工程进度稳步推进。

项目沿线群山夹水,植被丰茂,是国家重点生态保护区,有"地球同一纬度生态环境最好区域"之誉。按照环保示范路建设要求,项目办致力于把勉宁高速建成一条安全、舒适、迅捷和富于地域特色的高速公路。在景观、绿化工程的设计上,遵循交通安全性、景观舒适性、生态适应性、经济适用性等原则,融入了蜀汉文化蕴涵,着重体现汉中人文特色。充分采纳当地林业部门专家的意见,在绿化植物的选择上充分考虑当地品种;在公路挖方边坡进行垂直绿化,土质边坡挖穴投种,石质边坡及护面墙端种植攀缘类植物实现立体绿化;杨庄、元墩和谢家梁隧道广场的总体设计,充分展示了境内丰富的历史人文景观特色,以"三国"旅游资源为文化设计基础,构成了三处广场"庆云""如意""落玉"的设计主题。

勉宁高速公路的"点点合格"还体现在环保上。项目办在公路建设中进行了专门的环境保护设计,绿化总投资达到1400多万元,是原设计投资的3倍多。沿线两侧200m范围内没有受国家保护的珍稀野生动物资源,采用基本沿河的线路方案,减低了对沿线土地利用规划的影响,选线时尽可能绕避村镇和环境敏感点建筑物。减少拆迁和安置,在路线无法避开的居民区附近,设置适当的横向通行构造物,以方便人群通行。此外,工程还根据地形、地貌设置了工程防护和综合排水设施,防止水土流失。宁强县韩家坝有一株珍奇的千年银杏树,路线布设中专门对其采取绕避方案。在公路环境保护设计上,尽可能地改善和提高公路路域环境质量。

勉宁高速公路施工能够顺利进行,除了参建单位的艰苦奋战,还得益于有关部门和沿线各级政府、广大群众的配合。在征地拆迁困难以及部分村民干扰严重的情况下,汉中市专门为勉宁公路举行重点保护项目揭碑,出台《汉中市政府关于对重点项目实行挂牌保护的通告》的政策,禁止以任何理由和借口干扰、阻挠施工或寻衅滋事,保证了良好的施工环境。

2003年11月18日勉宁高速公路建成通车,比计划工期提前1年。经竣工验收,评定为优良工程。汉中市到宁强县,由以前至少5~6个小时,缩短为1小时15分钟。项目先后获水利部"开发项目水土保持示范工程"奖、2005年度陕西省建设工程"长安杯奖"、2007年度国家优质工程"银质奖"等奖项。

(三)运营管理

勉宁高速公路建成通车以后,交由陕西省公路局勉宁高速公路收费管理处管理养护,运营初期暂不收费,2004年6月18日正式收费运营。2006年7月20日移交省高速集团西汉分公司管理运营。2009年1月8日,移交陕西省高速集团汉宁分公司运营管理。

2009年1月8日,汉宁分公司正式成立,主要承担洋县金水至宁强棋盘关段198.45km高速公路的收费、养护、路政、超限超载治理、安检等工作任务。下设8个职能部门和附属机构,管辖洋县、汉中、宁强3个管理所,收费站11个,服务区4处,养护工区1处。勉宁高速公路主要由宁强管理所负责管理。

汉宁分公司成立后,在陕西省高速公路建设集团公司的领导下,坚持以科学发展观为统领,以"发展现代交通,奉献一流服务"为目标,按照"三个服务"的要求,大力弘扬"和谐、创新、高效、卓越"的企业精神,解放思想,开拓创新,真抓实干,倾力打造"微笑服务""科学养护""文明执法"服务品牌。在2008年初抗击冰雪灾害保畅通工作中,全体员工克难攻坚,确保了汉宁大通道的安全、畅通,被交通运输部授予"全国交通行业抗灾保通先进集体"。四川汶川大地震发生后,汉宁分公司全体员工全力以赴,昼夜奋战,在余震频频中保障了"生命线"大通道的畅通无阻,受到党和国家领导人的高度赞扬,被中华全国总工会授予"抗震救灾重建家园工人先锋号"荣誉称号。汉宁分公司不但收费任务屡创新高,而且文明服务受到社会各界称赞。同时,在省交通运输厅文明办和集团公司文明办的大力支持下,精神文明创建工作成绩显著。

宁强管理所在汉宁分公司的管理下,传承了汉宁分公司的企业文化精神,面对新形势、新任务积极探索,锐意改革,采取了一些列强有效的管理措施:一是强化收费管理,挖掘增收潜能,夯实基础,明确目标;二是推进科学养护,提高养护效能,突出重点,彰显亮点;三是深化路政治超管理,打造文明执法品牌,强基固本,务求实效;四是突出保畅工作重点,服务人民群众安全便捷出行;五是深化内部管理,大兴务实之风,多措并举提高履职能力;六是狠抓安全管理,夯实目标责任,建立健全安全生产长效机制;七是规范财务管理,提升计划管理水平,树立成本管理理念;八是不断深化党群建设和精神文明建设,为运营工作凝聚发展动力。着力打造"入川第一路"和"省门第一站"服务品牌,全面提升窗口行业形象,为社会提供了"畅、洁、绿、美、安、舒"的通行环境。通行费收入稳中有升,2009年全年征收通行费突破5亿元大关,实现了经济效益与社会效益双赢。

宁强管理所着力打造"靓美路段、安美隧道",结合养护工作特点,精心部署,落实八项举措:一是成立路容路貌专项整治工作小组,定期组织养护管理人员、施工队负责人及带工人员,对路容路貌整治要求进行讲解和学习,科学计划、合理安排、有序开展;二是强化路面保洁管理,严格落实百分制考核制度,对路面保洁工队每周进行不少于三次的不定时抽查和考核;三是加强路面病害的维修整治,发现一处,根治一处;四是按照"靓美路段"的创建标准,整修路肩和边坡,彻底清理水沟和涵洞堆积物及桥下搭靠物;五是对脏污的防护栏、标志牌进行清洗,对损坏的沿线设施进行维修,确保沿线设施干净整洁、完好美观;六是及时对中分带枯死和缺失的绿化苗木进行补植;七是按照"安美隧道"的创建标准,对隧道设施进行检查维修和补缺,对全线隧道内壁进行清洗,确保隧道安美明亮;八是对养护施工进行动态管理,利用手机微信平台建立养护管理微信群,实时上传施工图片,及时掌握路面施工现场情况。

宁强管理所结合路容路貌整治工作的实际需要,按照全年工作计划,开展"每日徒步一公里"道路巡查暨路况调查专项工作,即在做好日常巡查、养管工作的同时,每日对一公里道路进行全方位、立体化的重点徒步巡查,及时弥补车辆巡查的缺陷,检查养护工程质量,维护路产路权,准确采集一公里路段的各类信息资料。做到了全面提升道路精细化养管水平,切实维护高速公路建养成果,提高道路通行能力,及时掌握所辖路段的各项资料,为全年道路养管工作的开展提供科学、准确的数据参考。

宁强管理所被中共陕西省委授予"全省抗震救灾先进基层党组织""省级卫生先进单位""省级文明单位"等荣誉称号。

行走在勉宁高速公路上,干净整洁的路面,两旁青山绿水,宛如玉带与山水辉映,绕织画廊。危乎高哉,昔日蜀道难难于上青天;伟乎壮哉,今朝大路通达秦蜀行。

六、宁强至棋盘关段

著名画家张大千为何称宁强棋盘关为"七盘关"尚不得而知。当年他经过棋盘关时,画下《七盘关》,在这幅画作上,张大千这样描述道:"此从七盘关北上,初入秦界,路极陡峻,境亦幽邃,昔称牢固关,为秦之咽喉,今更名西秦第一关也。"而今宁强至棋盘关高速公路穿越巴山阻隔,连接汉中、成都,结束了陕川界"冒雨冲泥度七盘,纡回石磴马跚跚"的艰辛,自此巴山无阻,幽境通衢,南北通途。

(一)项目概况

宁强至棋盘关高速公路,简称宁棋高速公路。宁棋高速公路是 G5 京昆高速陕西段连接四川的路段,是陕西段全线建设的最后一段,也是陕西省当时规划的"三纵、四横、五辐射"高速公路主骨架网的组成部分。它的建成通车,大大缩短了陕西与四川之间的车距,对完善区域公路网结构、促进区域经济发展、加快陕南人民群众脱贫致富的步伐,具有重大意义。

宁强至棋盘关高速公路

宁强至棋盘关区间交通原主要依靠 108 国道,狭岖难行,拥堵频繁。宁棋高速公路作为陕西高速公路新一轮加快的项目,于 2006 年 12 月开工建设。

路线自宁强县黄家院接勉宁高速公路,经回水河,至棋盘关接四川省棋(盘关)广(元)高速公路,全长 17.95km。设计行车速度 80km/h,采用双向四车道设计标准。全线土石方工程 101 万 m^3,防护排水工程 5.29 万 m^3。设桥梁(单幅)9664m/37 座,其中特大桥(单幅)2747m/2 座,大桥 6651m/25 座;隧道(单洞)1.26 万 m/12 座,其中特长隧道 1.07 万 m/2 座;互通式立交 1 处,分离式立交 8 处,通道 4 道,涵洞 26 道,停车区 1 处,主线收费站 1 处。

宁棋高速项目建设资金来源于银行贷款。工程概算总投资 13.73 亿元。

(二)建设情况

项目业主陕西省高速集团组建宁棋高速公路工程项目管理处,负责项目实施。陕西省公路勘察设计院负责设计。中交隧道工程局、新疆北新路桥建设股份有限公司等 7 家施工单位中标参建。陕西高速公路工程咨询有限公司承担监理。

第九章
高速公路建设项目

宁棋高速公路于2006年12月开工,2008年9月完成路基和桥梁工程,2008年10月完成隧道工程,2008年5月开始铺设沥青路面,2008年10月完成全部路面工程,2008年11月28日进行交工验收,实际工期24个月,提前1年完成建设任务。

宁棋项目地处山岭重丘区,有着诸多难点及特点:一是地形地质条件复杂,施工技术难度大。全线桥隧比例61%,控制性工程棋盘关隧道涌水、煤层及岩爆等地质灾害严重影响进度;二是施工条件差,沿线山高坡陡,沟壑纵横,河道狭窄,很多工地位于U形谷底,工作面狭窄,桩基、承台施工难;三是雨季时间长,施工干扰大,每年主汛期降雨集中,滑坡、崩塌、泥石流等地质灾害频繁,安全威胁大,有效施工时间短;四是环保要求高,项目沿线植被良好,自然环境优美,但山体破碎,土质松散,对水土保持和污染防治及土地占用等提出了严格的要求。

管理处按照陕西省交通厅加快建设的要求,在严控质量管理的同时,推行一系列抓进度、重质量、讲安全的管理办法,开工15天即完成临建、技术交底、测量等施工准备。施工展开后,全线迅速掀起劳动竞赛热潮。施工过程中,加强动态管理,实行首件工程认可制,严格过程控制和重点部位监管,确保进度和质量。同时,坚持施工中逐点排查,拾遗补缺,追求完善,精益求精,努力把宁棋高速公路真正建成一流人文景观路,环保样板路。

2008年5月,宁棋高速公路建设工地遭遇汶川大地震波及。工地距震中直线距离不到300km,全线遭受地震灾害影响非常严重,山体崩塌裂缝、塔吊受损、机具被埋、墩柱遭创、滑坡碎石大量堆积,尤其是回水河4号隧道塌方,棋盘关隧道出口发生安全隐患,部分桥梁移位,工程遭受巨大损失。加之受地震影响,工业暂停用电,水泥全部停产,隧道爆破物资短缺。川籍民工回乡救灾,致使工程劳动力严重不足。整个工地处于半停工状态,工程进度一再搁浅。

灾害发生后,项目列入"5.12"汶川特大地震灾后恢复重建规划,全面加快建设。宁棋管理处一手抓抗震救灾,一手抓项目建设。一是立即组织力量,分兵四路,赶赴宁棋高速公路建设现场,对各标段震后情况逐一排查,并将结果及时上报陕西省交通厅和高速集团;对已发现的安全隐患点加强监控、搭建避震棚,采取措施,把施工危险降到最低点;密切收集省应急办、地震局公布的最新震情信息,做好防范措施,确保人员工作及生活安全。二是坚持把抗震救灾和安全保畅工作作为工作重点,成立抗震抢险突击分队,保证机械设备和抢险力量常备不懈。三是为赶赴灾区的抗震救灾部队官兵免费提供食品和饮用水,主动为灾区捐款,实施爱心援助。四是全力加快灾后生产建设恢复工作进度。积极联系相关部门最短时间内恢复施工用电,最大限度保证水泥和爆破物资供应,采取措施要求各施工单位设法调劳力、进材料,保证正常施工,为震后各项建设任务全面顺利开展提供了有力保障。

面对困难,宁棋高速公路建设者齐心协力,积极应对。中铁十八局集团隧道公司承建的宁棋高速公路第五合同段,工程进度一度缓慢,在受地震影响期间,工期严重落后,公司立即启动项目应急机制,成立"五公司宁棋六标突击指挥部",抽调曾在西汉高速公路郭家山隧道业绩显著的技术、管理骨干支援,并科学配置人员设备,不断优化施工方案,严密衔接计划目标,现场督导步步紧跟,在抗震救灾中坚决打好进度翻身仗。为集结队伍、稳定军心,突击指挥部筹集30万元资金,出台了专项激励措施:一是给重回或新上工地的工人全额报销车费;二是对现场施工人员每人每天增发10元的进度补助费;三是制订每周工作目标,每周考评,奖惩兑现,最多一次发放周奖金6万多元。项目部全体员工上下一心、团结协作,不断掀起施工高潮,创造了日最高进尺13.6m、月最高进度238.5m的好成绩,安全质量控制在全线名列前茅。

2008年11月29日,宁棋高速公路建成通车,实现京昆高速公路陕西境路段全线贯通,使之成为连接陕川、沟通华北与西南的高速公路通道,根本改善区间公路交通条件,促进沿线经济社会发展。

(三)运营管理

宁棋高速公路建成通车后,移交陕西省高速集团西汉公司运营管理。2009年1月8日,又移交陕西省高速集团公司汉宁分公司运营管理。

2009年1月8日,汉宁分公司正式成立,该公司主要承担洋县金水至宁强棋盘关段198.45km高速公路的收费、养护、路政、超限超载治理、安检等工作任务。设有8个职能部门和附属机构,管辖洋县、汉中、宁强3个管理所。宁棋高速公路主要由宁强管理所负责管理。

汉宁分公司成立后,在陕西省高速公路建设集团公司的领导下,坚持以科学发展观为统领,以"发展现代交通,奉献一流服务"为目标,按照"三个服务"的要求,大力弘扬"和谐、创新、高效、卓越"的企业精神,解放思想,开拓创新,真抓实干,倾力打造"微笑服务""科学养护""文明执法"服务品牌,努力为人民群众提供"畅、洁、绿、美、安"的通行环境。

宁强管理所隶属于汉宁分公司,主要负责汉宁高速公路勉县至棋盘关段74.258km的收费、养护、路政、治超等工作任务。管理所下设1个主线收费站、3个匝道收费站、4个治超检测站、5个职能股室。

宁棋高速公路弯多坡长,冬季事故易发。宁强管理所采取多项措施,做好该路段除雪防滑工作。一是雪天及时启动《除雪保畅应急预案》,按照"反应迅速、确保通畅"的工作原则,全面做好除雪防滑工作,确保车辆安全通行。二是组织应急保畅队伍上路除雪并抛洒融雪剂,防止路面结冰。三是在积雪较多的路段采取机械除雪和人工除雪相结合的工作方式,提高除雪效率,及时清理路面积雪,确保道路通畅。四是在路况复杂的急弯和长下坡路段增设警示标牌并利用可变情报板对过往车辆进行路况提示,防止意外事件的发生。注重加强与川北公司广元管理处的联系,及时相互通报车辆通行情况,做好保畅工作。五是沿线各收费站对入川车辆进行温馨提示,及时告知前方路况,提醒司机谨慎驾驶,确保行车安全。六是加强道路监控,随时关注天气变化和车辆通行情况,全面收集路况信息,及时报送除雪动态,确保除雪工作有序进行。

为切实加强隧道消防安全管理,保证消防设施的使用功能,宁强管理所定期对隧道消防设施进行专项排查整治。一是排查隧道外低位蓄水池和高位蓄水池有无破损、渗漏、淤积等问题。二是检查泵房机电设施和水泵运转是否正常。三是排查隧道内车行横洞和人行横洞安全门启闭是否顺畅。四是逐个开启隧道内消防栓测试水压值是否符合要求,检查消防箱内灭火器、水带、水枪有无缺失。有效排除了隧道安全隐患,保障了车辆安全便捷的通行。

宁强管理所结合管辖路段的特点,在实际工作中落实"低碳环保养护"的理念,推出一项新举措——修建蓄水池。列为养护重点的宁棋段桥隧较多,保洁难度大,再加之该路段距加水点较远,大量清洗用水全部依靠车辆远距离运输,增加了养护成本。针对这一现状,宁强管理所在不影响路容路貌及安全行车的地点,修建养护蓄水池,储备公路沿线长流山泉水,为日常保洁提供了充足水源。此举进一步提高了养护工作效率,降低了养护机械耗油,节约养护成本,缩短了清洗车来回运水的时间,养护人员就近取水,方便快捷清洗隧道,为保持桥隧洁美、靓丽的常态化奠定了基础。同时,管理所投入人力、物力定期对水源及蓄水池进行检查,确保蓄水池的正常使用。

宁强管理所被中共陕西省委授予"全省抗震救灾先进基层党组织""省级卫生先进单位""省级文明单位"等荣誉称号。

行驶在宁棋高速公路上,回想棋盘关之险要,盘旋七次才能登顶,顿感当初翻越之艰难,如今高速穿越之轻便。诗人若在,"游客思家万里还,艰难初上七盘山"的诗句,一定会修改为"游客思家万里还,驱车轻掠七盘山"。

G5 北京至昆明高速公路陕西段主要信息资料、从业单位信息资料见表9-1、表9-2。

G5 北京至昆明高速公路陕西段主要信息资料表　　　　表9-1

项目名称	建设单位	建设里程（km）	技术标准	投资规模（亿元）	建设时间（开工~通车）
禹门口至阎良段	陕西西禹高速公路有限公司	178.07	双向四车道、设计速度120km/h	51.00	2001.9~2005.11
西安至阎良段	陕西省高速公路建设集团公司	39.24	双向四车道、设计速度120km/h	8.20	2000.1~2001.09
西安至户县段	西安市交通局	33.25	双向四车道、设计速度120km/h	7.28	2000.12~2002.11
户县经洋县至勉县段	陕西西汉高速公路有限责任公司	254.77	双向四车道、设计速度100(60、80)km/h	147.57	2002.9~2007.9

续上表

项目名称	建设单位	建设里程（km）	技术标准	投资规模（亿元）	建设时间（开工~通车）
勉县至宁强段	陕西省公路局	54.86	双向四车道、设计速度80km/h	22.45	2001.3~2003.11
宁强至棋盘关段	陕西省高速公路建设集团公司	17.95	双向四车道、设计速度80km/h	13.73	2006.12~2008.11

G5北京至昆明高速公路陕西段主要从业单位信息资料表　　表9-2

项目名称	从业单位	单位名称
禹门口至阎良段	设计单位	陕西省公路勘察设计院
	施工单位	第一公路工程局第五工程公司、第二公路工程局（洛阳）第四工程处、中铁五局集团第三工程有限责任公司、中铁第十七工程局第一工程处、中铁第十一局集团有限公司、新疆道路桥梁工程总公司、中铁十一局集团第四工程有限公司、中铁一局集团有限公司、东盟营造工程有限公司、路桥集团第二公路工程局、中铁四局集团第一工程有限公司、陕西省路桥工程总公司、中铁三局集团有限公司
	监理单位	陕西省公路工程咨询公司、陕西公路交通工程监理咨询有限公司、河北华达公路工程咨询监理有限公司、陕西公路交通科技开发咨询公司、安徽省高等级公路工程监理有限公司、潍坊市华潍公路工程监理处、北京华通公路桥梁监理咨询公司、山西晋达交通建设工程监理所、西安公路交大建设监理公司、西安华兴公路工程咨询监理公司
西安至阎良段	设计单位	陕西省公路勘察设计院
	施工单位	中铁第十八工程局第二工程处、中铁第十五工程局机械化公司、陕西省路桥工程总公司、中铁第十三工程局第四工程处、中铁第二十工程局第一工程处、交通部第一公路工程总公司第四公司
	监理单位	陕西省公路工程咨询公司
西安至户县段	设计单位	陕西省公路勘察设计院
	施工单位	广东省长大公路工程有限公司、中铁第十三工程局、中铁十二局集团第三工程有限公司、中铁十八局第二工程处、云南公路桥梁工程处、中港第一航务工程局、中铁十二局集团第三工程有限公司、陕西省路桥工程总公司、西安市长安建筑开发集团公司、西安交大建筑工程有限公司、陕西汉唐计算机有限责任公司、唐山利安高速公路设施厂、陕西高速交通工贸有限公司、广东新粤交通投资有限公司
	监理单位	西安公路交大建设监理公司、陕西公路交通科技开发咨询公司

第九章
高速公路建设项目

续上表

项目名称	从业单位	单位名称
户县经洋县至勉县段	设计单位	陕西省公路勘察设计院、中交第一公路勘察设计研究院
	施工单位	中铁三局集团第二工程有限公司、中国铁路工程总公司、中铁隧道集团有限公司、攀枝花公路建设公司、中铁十五局集团第五工程有限公司、中铁十二局集团第三工程有限公司、中铁十七局集团第三工程有限公司、陕西省机械施工公司、中铁一局集团有限公司、中铁十八局集团有限公司、中铁十八局集团第四工程有限公司、西安铁路工程集团第一有限责任公司、中铁十二局集团第四工程有限公司、吉林省交通建设集团有限公司、北京市政建设集团有限责任公司、中铁二十局集团第一工程有限公司、中铁十五局集团有限公司、西安萌兴高等级公路工程股份有限公司、陕西明泰工程建设有限责任公司、中铁十三局集团第一工程有限公司、龙建路桥股份有限公司、中铁十八局集团第一工程有限公司、中国第四冶金建设公司、中铁十五局集团第七工程有限公司、中铁九局集团有限公司、中铁隧道集团有限公司、山西路桥建设集团有限公司、中铁十一局集团有限公司、太原市市政工程总公司、中铁一局集团第一工程有限公司、上海市第一市政工程有限公司、河北建设集团有限公司、中铁十七局集团第一工程有限公司、湖南省建筑工程集团总公司、山西路桥第一工程有限责任公司、中铁五局集团第三工程有限责任公司、中铁一局集团第二工程有限公司、中铁一局集团有限公司、中国第十三冶金建设公司、长春路桥工程开发建设有限责任公司、中铁二十一局集团第三工程有限公司、四川公路桥梁建设集团有限公司、黑龙江农垦建工路桥有限公司、中铁十一局集团第四工程有限公司、路桥集团第一公路工程局第三工程公司、江西省公路桥梁工程局、中铁十二局集团第四工程有限公司、上海耿耿市政工程有限公司、北京市海龙公路工程有限公司、中国路桥集团西安实业发展有限公司、中铁十三局集团有限公司、中铁隧道集团三处有限公司、中铁一局集团第二工程有限公司、重庆市渝涵公路工程总公司、陕西省咸阳路桥工程有限公司、中铁十九局集团第一工程有限公司、中铁十五局集团有限公司、中铁四局集团第一工程有限公司、中铁隧道集团三处有限公司、中铁十一局集团第四工程有限公司、中国建筑第八工程局、四川路桥建设股份有限公司、中铁十七局集团有限公司、辽宁省路桥建设总公司、北京市海龙公路工程有限公司、洛阳路桥建设总公司、深圳华泰企业公司、中国水利水电闽江工程局、中国第四冶金建设公司、吉林省中盛路桥工程有限公司、中铁大桥局集团有限公司、青海路桥建设股份有限公司、山西路桥第一工程有限责任公司、陕西明泰工程建设有限责任公司、青岛公路建设集团有限公司、中铁隧道集团有限公司、路桥集团第一公路工程局、洛阳路桥建设总公司、广西壮族自治区航务工程处、河北路桥集团有限公司、中铁十五局集团有限公司、路桥二公局第三工程有限公司、中铁十一局集团第二工程有限公司、陕西高速电子工程有限公司、广州海特天高信息系统工程有限公司、中铁一局集团电务工程有限公司、西安金路交通科技发展工程有限责任公司、陕西高速电子工程有限公司、中铁十三局集团电务工程有限公司、北京诚达交通科技有限公司、山东中创软件工程股份有限公司、中铁电气化局集团第一工程有限公司、中国建筑第五工程局、陕西高速电子工程有限公司、中咨泰克交通工程有限公司、江苏环亚建设工程有限公司、天津中发机电工程有限公司、上海市安装工程有限公司、中铁十二局集团电气化工程有限公司、中国第四冶金建设公司、南京铁电通信工程有限公司、中铁一局集团电务工程有限公司、北京瑞华赢科技发展有限公司、上海交技发展股份有限公司、陕西汉唐计算机有限责任公司、陕西高速交通工贸有限公司、浙江吉安安装有限公司、厦门准信机电工程有限公司、陕西辉煌智能电子有限公司、四联智能技术股份有限公司、陕西泰安电子科技有限公司、陕西建工集团总公司、陕西省精华建筑工程有限公司、中铁隧道集团有限公司、陕西正天建设有限公司、咸阳古建集团有限公司、陕西省第六建筑工程公司、陕西东南工程有限公司、中铁一局集团有限公司、陕西武功建筑工程总公司、陕西省三秦建设集团总公司、陕西中长建筑有限公司、陕西晟方建筑工程有限公司、陕西秦岭建筑工程有限公司

续上表

项目名称	从业单位	单位名称
户县经洋县至勉县段	监理单位	陕西高速公路工程咨询有限公司、重庆市交通工程监理咨询有限责任公司、陕西公路交通工程监理咨询有限公司、威海格瑞特监理咨询有限公司、河北冀民公路工程咨询有限公司、西安公路交大建设监理公司、湖南大学建设监理中心、铁二院咨询监理公司、北京双环工程咨询有限责任公司、潍坊市华潍公路工程监理处、江苏旭方工程咨询监理有限公司、云南公路建设监理公司、山西省交通建设工程监理总公司、杭州畅顺交通工程监理有限公司、山东格瑞特监理咨询有限公司、江苏旭方工程咨询监理有限公司、荆州市金鹿公路工程监理有限公司、杭州交通工程监理咨询有限公司、太原市华宝通工程监理有限公司
勉县至宁强段	设计单位	西安公路研究院
勉县至宁强段	施工单位	铁道部第一工程局第二工程处、承德路桥建设总公司、中铁十二局集团第二工程处、核工业长沙中南建设工程集团公司、中铁十五工程局第一工程处、中铁十二局集团第三工程有限公司、中铁五局集团机械化工程有限责任公司、陕西省路桥工程总公司、铁道部第三工程局第三工程处、铁道第一工程局第一工程处、陕西煤炭建设公司、中铁十九工程局第四工程处、东盟营造工程有限公司、陕西省水电工程局、陕西省路桥工程总公司、中铁十二局集团第二工程有限公司、中铁十五集团第五工程有限公司、陕西成通公路工程公司、兰州金路工程公司
勉县至宁强段	监理单位	山东威海监理公司、陕西中安监理公司、陕西省公路工程咨询公司、陕西公路交通科技开发咨询公司、陕西恒通工程咨询有限责任公司、西安公路交大监理公司、重庆交通工程监理有限责任公司
宁强至棋盘关段	设计单位	陕西省公路勘察设计院
宁强至棋盘关段	施工单位	新疆北新路桥建设股份有限公司、中铁十二局集团有限公司、中交隧道工程局有限公司、中国路桥工程有限责任公司、中铁十八局集团有限公司、中铁十五局第五工程有限公司、中铁大桥局股份有限公司、陕西高速诚信交通工程有限公司、陕西红枫绿化工程有限公司
宁强至棋盘关段	监理单位	陕西高速公路工程咨询有限公司、北京华通公路桥梁监理咨询有限公司、黑龙江省公路工程监理咨询有限公司、山东省德州市交通工程监理公司

第二节　G1812 沧州至榆林高速公路（陕西境）

老几辈的陕西人绝对没有想到,到了21世纪第一个10年,竟然有一条高速公路将陕西与河北连接在一起。

G1812 沧州至榆林高速公路,简称沧榆高速,起自河北沧州终于陕西榆林,途经河北、山西、陕西,是国家 G18 荣乌高速公路的 6 条联络线之一。沧榆高速公路陕西段,全长144.48km,起点与沧榆高速公路山西段忻州至保德高速公路相接,终点止于榆林市北部小纪汉,与已建成的包茂高速公路通过枢纽立交相接,经榆林1市,神木、府谷两县,包括神木至府谷段和榆林至神木段两个项目。其中神木至府谷段56.91km采用双向六车道高速公路标准,设计行车速度80km/h,路基宽度为32m,2011年12月16日建成通车。榆林至神木段87.57km(未包含神木至店塔段17.35km),双向四车道高速公路标准,设计行车速度100km/h,路基宽度为26m,于2009年12月8日建成通车,该项目也是陕西第一个BOT公路建设项目,是陕北榆林建成的第三条沙漠高速公路。

乌金大道行陕西,沧榆从此畅通途。全线贯通的沧榆高速陕西段是榆林煤炭资源东运的主要通道,对促进晋陕冀地区经济的快速发展,对加快神府煤田开发和加快建设国家能源重化工基地具有积极的意义。

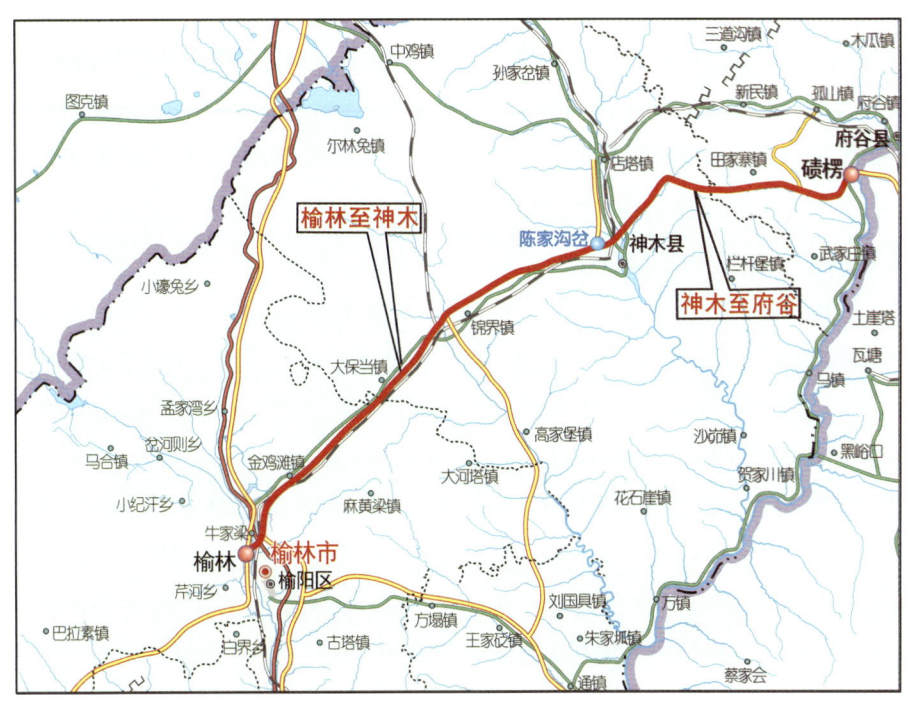

沧州至榆林高速公路(陕西境)线位示意图

一、神木至府谷段

坐落在明长城一线的神木、府谷,北宋年间称麟、府二州,曾为北宋名将杨继业抗辽的前线。如今,往昔铺云遮月、战马嘶鸣的战场已成为国家级能源化工基地。

神木县,全国百强县,区域含煤面积达4500km^2,占全县总面积的59%,探明储量500亿t,是中国第一产煤大县、中国最大的兰炭基地。府谷县,全国百强县,区域含煤面积达1359km^2,占全县总面积的42%,探明储量200亿吨。

2011年12月,神木至府谷高速公路建成通车。一条坦荡的通衢舒展于两个全国百强县之间,国家"西煤东运"的重大经济战略布局,从此又多了一个强有力的支撑。

神木至府谷高速公路

(一)项目概况

神木至府谷高速公路起于榆林市神木县乔家梁,与榆林至神木高速公路相接,经神木府谷两县九个乡镇,跨越黄河后与山西忻州至保德高速公路相接,全长56.91km,是G1812沧州至榆林高速公路陕西境的一部分。它为神府煤田煤炭东运提供了最便捷的通道,促进了沿线地区的产业结构调整及社会经济快速增长,推动了以神木和府谷为中心的国家级能源重化工基地迅速发展。

项目于2008年12月开工。全线采用双向六车道高速公路标准,设计行车速度80km/h,路基宽度为32m。石马川连接线长19.907km,二级公路标准;府谷连接线长3.83km,一级公路标准。主要工程数量:路基土石方2839万m^3,防护、排水工程71万m^3;桥梁20905m/81座(双幅),涵洞通道164座;隧道7673m/12座(单洞)。全线设互通立交5处,匝道收费站4处,服务区、停车区、养护工区、管理所和管理分中心各1处。项目概算总投资74.57亿元,建设资金主要由银行贷款和企业自筹资金两部分组成。

陕西省交通厅确定陕西省交通建设集团公司为项目法人,执行机构为神木至府谷高速公路建设管理处。设计单位为中交第一公路勘察设计研究院有限公司。陕西省交通运输厅质监站实施政府质量监督职能。参与施工建设的有中铁大桥局股份有限公司、陕西路桥集团有限公司等单位。

(二)建设情况

神府煤田是我国已探明的最大煤田,占全国探明储量的15%,相当于50个大同矿区、100个抚顺矿区。神府煤田所在的榆神府地区,已建设成为我国西部重要的能源重化工基地,煤炭产业已经占到榆林市国内生产总值的三分之一以上。然而在这些光鲜的数字背后,是当地道路交通的超负荷运转,虽然有府店一级公路、杨陈一级公路、省道204、神盘路和榆林至神木高速路等,但与当地堪称天文数字的运量需求相比,这些路还是太少,太窄了,交通人筑路的速度远远赶不上这种爆炸式增长带来的运量。巨大的市场需求

第九章
高速公路建设项目

带来了区域运输的繁荣,在当地经常遇到的就是长达几十公里,甚至上百公里的大堵车。

如果不能打通便捷、高效的对外通道,道路交通将成为对区域经济发展的瓶颈制约。于是,一条新的运输通道——神木至府谷高速公路,于2008年12月30日拉开了建设的帷幕。社会各界和新闻舆论普遍认为神木至府谷高速公路的建设,将国家能源化工基地的三大核心矿区神府矿区、榆神矿区和榆横矿区及沿线的几个工业园区紧密地连接在一起,极大地缩短国家能源化工基地与关中经济圈的时空距离,为实现资源共享、区域联动、共同发展打开新的空间。

质量是工程的灵魂。开工伊始,管理处就确立了质量目标:把神木至府谷高速公路建成部优工程和陕北地区首条六车道典型示范工程。在建设中严格实行"工程质量缺陷零容忍"制度,把施工质量管理作为重要举措贯穿工程建设全过程,不留死角、不走过场。2010年7月7日,神府管理处组织召开现场会,将第3合同段的一个通道和第4合同段一段护面墙作为施工的反面典型,现场剖析施工工艺缺陷,并当场予以拆除。为强化对原材料质量控制,管理处邀请专家现场咨询,对料源进行严格考察认定,确保原材料质量。认真推行"首件认可制",明确分项工程施工工艺,建立"质量责任卡",强化"质量巡查制",把质量责任落实到人。对关键部位、环节增加中间交验,比如对路基填筑实行分区交验,梁板架设前"体检",隧道仰拱回填前交验等。通过中间交验,强化过程质量控制。实行第三方检测制度,对桥梁桩基100%进行超声波检测,并取芯检测,对箱梁进行静载试验,隧道初支及二衬采用地质雷达检测等。通过第三方检测,进一步保证施工质量。

管理处始终将精细化施工管理的落实作为全线建设成败的指南,编写完善了《神府高速公路精细化管理手册》和《精细化施工管理考核办法》等规范性文件,制定了包括驻地建设,路基、桥梁、涵洞、隧道施工,安全生产与文明施工,环境保护等在内的实施细则,对施工的标志标牌内容、规格、安放地点等做了统一规定,对精细化管理的理念和措施从细微处放大,指导工程建设。在具体施工过程中,对未筛分碎石实行边摊铺边洒水保证含水量。为确保压实度,路堤和路床顶采用重型钢轮振动压路机进行补强,对高填方路基采用强夯补强减少工后沉降,对台背牛腿下和耳墙三角区下不易压实处采用浆砌片石砌筑。沥青改性设备安装黑匣子远程监控。沥青拌和设备的粉尘采用湿法排放。大直径桩基钢筋笼架立箍筋采用槽钢确保吊装不变形,箱梁钢筋加工采用定型模架保证钢筋间距,采用聚氨酯泡沫填缝剂对箱梁端头进行堵露,解决露浆通病。刚构桥挂篮安装球形摄像头,远程监控上部悬浇施工质量。采用桥检车对桥梁支座逐墩排查照相存档。刚构桥墩顶设置水箱进行自动喷淋养生。隧道施工设置远程监控系统,专人全天候监控,特别是掌子面附近架设摄像头,保证人身安全。首创在掌子面与二次衬砌间设置钢管应急逃生管道。通过精细化管理,不仅确保了施工进度,也确保了工程质量和安全。

受陕北气候的影响,神木至府谷高速公路建设期间一年之内的有效工期只有7个月,而计划工期仅为3年,在较短的有效工期内提高工程进度是项目建设面临的严峻挑战。为此,管理处多渠道保证信息畅通,提高办事效率,进行现场办公,及时帮助施工单位协调解决各种困难。最大限度地分解进度计划,对各分项、分步、单项工程分别制定施工进度计划,把建设任务分解到每季度、每月、每周、每天,并严密关注工程进展,实行动态监管。完善施工保障措施,特别对冬季施工进行重点布置。管理处推出的一系列加快建设的有效措施,确保了工程建设的进度。

充足的备料是保证施工进度的重要环节,但神木和府谷地处陕北黄土沟壑区,石料奇缺,相关材料运输困难。管理处不断加大与地方政府部门的协调力度,早备料,早运输,使运料车辆在道路上获得优先通行权,同时进一步发掘施工便道运料的潜力,千方百计保证施工进度不受备料影响。

注重搞好社会民生工作,管理处定期召开与地方政府的联席会议,协商解决环境问题和特殊拆迁问题,做到公路建设惠民不扰民,力所能及地为当地群众造福。如在桥梁、梁板预制等区域设立隔离网,减少施工对群众生活的干扰;为当地沿线群众新建、整修便民路84km;新建、整修生产耕作路71km;利用取弃土场为当地群众造地近770亩。

(三)科技创新

1. 全国建设规模最大的连续刚构桥——神木窟野河特大桥

神木窟野河特大桥上跨204省道、神延铁路、神木火车站路、窟野河、神木新桥、神木县滨河路、东山路,全长3446m,其中刚构部分2256m,最大跨径165m,最大墩高76.5m。全桥共计1173个悬浇块段、37个合龙段,共需19次合龙。混凝土用量达16.9万t,钢材用量达2.7万t,相当于目前世界最高建筑物828m的迪拜哈利法塔建设用量的2/3,是全国建设规模最大的混凝土连续刚构桥。

神木窟野河特大桥

神木窟野河特大桥上部悬浇采用C55混凝土,是目前我国公路桥梁采用的最高强度等级混凝土,也是陕西省首次在桥梁施工中采用的高强度等级梁体混凝土,具有同体积下抗拉抗压强度高的特点。这种高强度等级混凝土同时对原材料中的碎石、砂石料的压碎值、含泥量等指标提出了更严格的要求。管理处在施工中首次引入滚筒式新式水洗碎石设备,降低碎石含泥量,提高碎石表面洁净度,增强了钢筋混凝土结构的握裹力以及结构的安全性和耐久性,确保了C55混凝土的质量。

在桥梁施工中采用混凝土双掺技术,在陕西省尚属首次。一是在混凝土中掺加部分粉煤灰等量替代水泥,二是在混凝土中加入NF-2型缓凝高效减水剂。该项工艺既降低了水泥用量,又有效地提高了混凝土的各项性能,为缩短悬浇施工周期提供技术保障,同时节约了成本。

神木窟野河特大桥在上跨既有公路、铁路的施工过程中,最长穿束164.37m,合龙块段钢束多达30束,穿束难度很大。建设者们现场将钢绞线穿束方法加以改进,并研究出钢绞线牵引器,克服了传统方法工效低、耗时长、张拉时受力不均、端头拉脱、不易穿束等诸多缺点,提高了穿束成功率,缩短了块段循环工期。

2. 全国开挖跨度最大的黄土隧道——永兴隧道

永兴隧道为全国首座大跨度双向六车道分离式黄土隧道。隧道开挖高度12.19m,最大开挖跨度17.32m,开挖断面达171m²。隧道穿越地形变化复杂、地质灾害较发育的Ⅴ级湿陷性黄土围岩,深埋段2206m、浅埋段455.9m,最浅处土层仅为13m。

由于洞口进出口段围岩稳定性较差,洞内土体节理发育并有渗水,承载力较低,给隧道施工带来了很大难度。管理处多次组织省内知名隧道专家研究评审施工技术方案,制定了《隧道施工作业指导书》和质量管理办法。施工中采用了双侧壁导坑法施工,较好地抑制了围岩的变形。对于埋深较大的段落采用单侧壁导坑法开挖。为有效控制沉降,确保隧道的整体稳定性,对浅埋段仰拱地基进行注浆导管加固处理。为尽可能在最短时间内完成地基加固,使支护尽快封闭成环,提高整体承载能力,采用自行式风动潜孔钻机进行地基加固和注浆导管的施工,缩短成孔时间60%以上,大大提高了成孔质量,保证了地基加固的效果和支护成环的及时性。使用无接触法进行洞内围岩收敛与拱顶下沉观测,提高了测量精度和速度,有效保证施工安全、进度和质量。

以永兴隧道为主要依托工程,开展"大跨度黄土公路隧道结构稳定性及控制技术研究",对大跨度黄土公路隧道的围岩变形规律、结构形式、支护设计参数、施工方法、施工监控量测等方面进行了深入研究。研究成果在多座大跨度黄土公路隧道建设中得到推广应用,并获得2015年度陕西省科学技术进步二等奖,为完善和提升我国黄土隧道的设计理论与施工技术提供了经验。

(四)运营管理

项目建成通车后,由陕西省交通建设集团公司神府分公司负责运营管理,主要负责项目范围内路段的收费、养护、路政、治超等管理工作。

神木至府谷高速公路地处陕西北部,冬季严寒,经常遭遇大范围降雪天气。每遇到大雪天气,分公司都在第一时间启动除雪保畅应急预案,组织路政、养护人员上路查看道路积雪、结冰情况,并通过可变情报板发布路况信息。同时组织养护人员、机械进行除雪作业。对桥面、纵坡、弯道、隧道口等重点路段和部位抛洒融雪剂。对重点路段实施24h不间断监控,及时处理突发情况,确保了车辆安全和道路畅通。

神府分公司多次开展以"节能我行动,低碳新生活"为主题的节能减排宣传周活动。利用沿线电子显示屏、服务区宣传栏等大力宣传节能减排的重要意义,呼吁社会公众提高节能减排意识和资源忧患意识。推广电子不停车收费。制定节约用电制度和措施,推广使用节能减排新产品。根据季节时段不同及交通流量变化,制定了2套隧道照明控制方案,做到因时制宜,杜绝浪费。

在服务区建设方面,分公司狠抓自身建设,不断优化服务区设施功能。在服务区休息厅配备手机充电器、电视、擦鞋机、报刊架、轮椅、雨伞等服务设施;设置残疾人通道、残疾人专用设施;设立电子信息查询系统,信息内容涵盖服务区简介、高速公路服务指南、沿线旅游景点、当地特产、沿线医疗点、交通路况信息、实时天气预报等;扩大超市经营规模,打造超市优美环境。同时在文明服务、安全管理、员工面貌等方面进一步挖掘服务潜能,拓宽服务内涵,确保服务区环境秩序井然、服务措施到位,积极推进服务区管理实现规范化、标准化、人性化、系统化,全面提升高速公路综合服务水平。

高原壮阔,煤海通衢,神木至府谷高速公路是陕北地区第一条六车道高速公路,神府煤田腹地有了最快速的运输通道,成为连接各个能源基地的纽带和承东启西联通南北的枢纽,为陕北乃至陕西经济腾飞增添了新的动力,成为"西煤东运"战略的重要举措。

二、榆林至神木段

榆林地处陕西省北部边缘,但那里人们的思想并不边远。恢宏勃发的国家级能源化工基地建设,催生着西部大开发中现代化交通的加快发展。陕西利用民间社会资金,采用建设、经营、移交即BOT模式建设的首条高速公路——榆林神木高速公路就是这样建成的。这条腾起于能源新都榆林的蛟龙,由西到东跨越沟壑纵横的黄土高原,穿越黄沙千里的毛乌素沙漠,连接榆林至神木两地,给茫茫的毛乌素沙漠带来了无限的生机,树起了榆林交通发展新的里程碑。

(一)项目背景

随着陕北能源资源大规模开发,经济社会跨越式发展,榆林经济突飞猛进。榆林的大发展需要交通的支撑和保障,交通是大发展的先导和基础。努力实现市、县区间公路的

第九章
高速公路建设项目

"高速化"是榆林公路建设的重要目标,而推进交通运输的市场化改革,逐步形成以政府投资为主导、银行贷款为支撑、社会资金为辅助的建设资金投融资渠道,多渠道、多元化搞好交通项目建设是榆林交通运输发展的重要战略。

榆林至神木高速公路是陕西省高速公路网和榆林市主骨架公路网的组成路段,路线穿越了陕北能源化工基地榆神矿区腹地,是榆林市的重要能源通道,也是打通陕、晋、冀的一条重要通道。

2007年初,陕西省委、省政府决定将榆神高速公路作为由政府投资向社会投资转化的试点项目,采取BOT模式进行运作,指定榆林市人民政府为责任主体,榆林市政府向全国的基础设施投资商发出了法人招标公告。

国有企业中铁二局集团有限公司向榆林市委、市政府表达了投资榆神高速公路BOT项目的初步意向。BOT含义为建设—运营—移交,指政府将基础设施项目的特许经营权授予针对项目设立的项目公司,项目公司依托项目进行融资、建设,在约定的期限内,以项目收益偿还贷款、获取回报,特许期满将项目设施无偿交给政府,这是一种以特许经营为基础进行项目融资的投资建设方式。

2007年4月7日,在第十一届中国东西部合作与投资贸易洽谈会上,中铁二局与榆林市政府签订了《陕西省榆林至神木高速公路BOT项目投资协议书》。

2007年5月起,榆神公司与榆林市政府开始了6个月的BOT特许经营合同谈判。6个月时间里,正式和非正式谈判达到数十次。最终,双方本着合作共赢,互惠互利的原则,就榆神高速公路BOT项目运作达成共识。

2007年6月19日,陕西榆林榆神高速公路有限公司在榆林市工商局正式注册,注册资金2亿元。

2007年10月29日,合作双方在榆林举行榆神高速项目特许经营合同签约仪式,榆林市政府授权代表与陕西榆林榆神高速公路有限公司法人代表,分别代表榆林市政府同中铁二局签订《BOT特许经营合同》和《建设环境保障协议书》,由榆神高速公路有限公司负责项目的投资、建设、运营和移交。

政企双方按照合同约定的责、权、利迅速开展BOT项目相关前期工作,在短短的时间内,很快完成了地质灾害、地震、行洪、土地预审、环境影响评价、水土保持、林业、文物、矿产压覆专题等9个报告的评审和项目建议书审查意见、预可行性报告评估意见等近40个文件的批复。

2008年5月,榆神公司完成项目的招标工作。2008年8月17日实现全线开工。

作为陕西省高速公路建设由政府投资为主向社会投资为主转换的试点项目,陕西省委、省政府、陕西省交通运输厅及榆林市委、市政府十分重视和关心这个省内第一个BOT项目。省长袁纯清、常务副省长赵正永先后两次视察榆神高速公路建设,省发改委、交通厅、林业局、国土资源厅等部门在项目审批、工程建设、通车营运等方面给予大力支持和帮助。交通运输厅厅长曹森先后四次到榆神高速公路现场调研,省交通运输厅还专门从建设处和质量监督站抽派专人组成榆神高速公路现场督查组,进驻一线,全面加强对质量和进度的控制。沿线的榆阳区和神木县的干部和群众也对这条路的修建给予了大力的支持。

(二)项目概况

榆林至神木高速公路,简称榆神高速,是陕晋蒙三省区的一条重要通道。2008年2月,陕西省发展改革委以《关于榆林至神木高速公路项目核准的批复》核准项目建设。2009年9月,陕西省发展改革委以《关于榆林至神木高速公路有关问题的函》同意交通运输厅关于本项目初步设计的概算等有关问题。2010年6月,交通运输厅《关于榆林至神木高速公路施工图设计的批复》批复本项目施工图设计。

按照榆林市政府与陕西榆林榆神高速公司共同签署的BOT特许经营合同和建设环境保障协议书,榆神高速公司负责该项目建设管理,榆林市政府负责建设环境保障。该项目路线起于榆林市北部小纪汉,与已建成的包茂高速公路通过枢纽立交相接,向东北方向在神延铁路、省道204走廊带内设线,经金鸡滩、大保当、锦界、西沟、神木、店塔,止于神木县陈家沟岔,线路主线长104.92km。该项目建成后,该项目所包含的榆林至神木、神木至店塔段分别被归属至G1812沧州至榆林高速公路和S11神木高速公路。其中沧榆线榆林至神木段87.57km,S11神米线神木至店塔段17.35km,其具体建设、运营情况等在本节G1812沧州至榆林高速公路(陕西境)榆林至神木段高速公路中一并介绍。

本项目公路等级为双向四车道高速公路。设计行车速度,小纪汉至半切墩为100km/h;半切墩至店塔立交至陈家沟为80km/h。路基宽度,小纪汉至半切墩26m,半切墩至店塔立交24.5m,店塔立交至陈家沟24.5m。项目主要工程量:路基土石方2288万 m^3;路面297.8万 m^2;特大桥1301m/1座,大桥10421m/35座,中小桥2506m/47座,隧道2065m/6座;互通式立交7处;涵洞通道8537m/249座;收费站6处,服务区2处,养护中心1处,管理中心1处。

榆神高速项目工程总投资56.43亿元,中铁二局出资20.43亿元,其余部分由工商银行四川省分行牵头,由6家银行提供授信,以银团贷款方式给予贷款36亿元。

(三)建设情况

榆神项目由榆神高速公司负责项目建设管理,由陕西省公路勘察设计院、中交第一公路勘察设计院有限公司、西安公路研究所等3个设计单位负责项目设计。全线分2个施工合同段,中铁股份有限公司、中铁二局股份有限公司中标参建。河北四方公路工程咨询有限公司等4家监理单位监理。

2008年8月17日,榆神高速公路项目全线开工。项目分小纪汗至半切墩87.57km、半切墩至陈家沟岔17.35km两段实施。小纪汗至半切墩2008年8月17日开工,半切墩至陈家沟岔2009年2月28日开工,两段先后于2009年12月8日、2010年12月8日建成通车。

榆神高速公路项目穿越毛乌素沙漠,有较多高墩大跨桥梁穿越煤矿区和采空区,尤其是大保当至神木西,平均每公里就有一座桥梁,工程艰巨。在建设过程中榆神高速公司严格执行合同,加强内部管理、安全与质量管理,高质量、高效率完成榆神高速的建设通车任务。

a)

b)

榆林至神木高速公路

一是创陕北冬季施工先河。项目工期由原计划3年压缩为15个月后,工期紧张,加快施工进度成为第一要务。建设单位实行施工目标分解,层层落实任务。通过对砂石和石料的覆盖保温、拌和用水的加热、施工现场搭设暖棚、蒸汽养生等多种措施,在确保每道工序质量可控的原则下,坚持零下20℃照常施工,完成了桩基、桥墩等结构物阶段性任务,有效缓解工期压力。小纪汗至半切墩段实际工期较计划提前15个月。

二是严格施工质量控制。因冬季施工,A2标部分预制箱梁沿波纹管位置出现冻胀开裂,全线开展施工质量排查,对制梁场钢绞线编束、钢筋焊接、混凝土施工、预应力张拉、梁场排水等问题进行集中治理。对交工检测发现的个别桥梁梁体非受力裂缝、梁体空洞、蜂窝、麻面、露筋、底板粘砂、支座脱空变形等质量缺陷,组织施工单位专项整治,直至达标。

三是发挥组织和技术优势。首先是组织开展决战百天活动,突击消灭路基施工断点,加快桥梁架设和桥面系施工进度,机电与交通安全工程施工交叉进行,齐头并进,确保进度。其次是充分发挥技术优势,攻克水磨河大桥高墩、神木1号全断面风积沙隧道等施工技术难题。路线经多处煤矿采空区,经专家论证,对老乌素、瑶渠、枣稍沟3处煤矿采空区,采用风积砂做骨料,混合水泥粉煤灰浆液进行填充处理,既达到处治效果,又减少施工成本。经交工检测和验收,质量合格。根据建设过程总结的"榆神高速公路风积沙路基施工技术及工艺研究"为风积沙路基施工提供实践经验。

四是在保障一流施工质量的同时,对古长城遗迹予以保护。距今两千多年的雨则古梁村段古长城与榆神高速公路主线斜交,要对其全面完整保护,给施工带来较大困难。经众多专家多次论证,初步设计中提出的顶推涵、切块搬迁方案被优化为隧道开挖。隧道长53.4m,路基宽度为26m。隧道框架顶板衬砌外沿至地面最大埋深为5.0m,最小埋深不到1.5m,隧道开挖中确保古长城不被损坏难度很大。为确保施工质量和安全万无一失,项目部成立技术攻关小组,投入1400万元资金,经5个月精心施工,于2009年8月底实现全隧贯通,经质检达到工程质量通行安保和文物特殊保护要求。

(四)复杂技术

神木1号隧道隧址区位于沙漠浅丘单元,地表沙丘起伏不平,局部有弃土堆,综合风积沙地层工程地质特征,颗粒单一,黏聚力小,级配不良,压缩性小,稳定性差,开挖易坍塌,施工难度极大。主要技术难点有:一是风积沙地层与一般地层不同,其围岩自稳时间极短,开挖后若不支护会立即坍塌,必须采用合理的预加固措施,提前加固风积沙层,才能保证施工安全;二是风积沙围岩具有颗粒单一、黏聚力小、抗剪强度相对较低的工程地质特征,自稳能力差,开挖极易坍塌,开挖面积达90.14m^2,与同类两车道隧道相比开挖面积增大了13%,这就更增加了施工的难度,选择适合风积沙隧道地质特点的施工方案比较困难;三是风积沙隧道初期支护变形大,与一般隧道不同,无相应的监控量测宏观管理标准限值做参考,施工控制管理较难;四是由于风积沙本身的工程地质特征,常规的施工辅助措施在风积沙地层中难以发挥有效作用。

针对以上特点,施工中采用一系列先进的施工工艺:洞内采用水平旋喷桩超前支护施工技术,洞外在隧道边墙和洞顶采用竖直旋喷桩施工技术。神木1号隧道属于全断面风积沙,通过"风积沙隧道施工力学"研究,突破了施工难度的限制,掘进速度最快一天可达1.5m,特别是采用水平旋喷桩这一新工艺,确保了施工进度和安全。科学研究和施工实践催生出丰硕成果,"风积沙地层浅埋暗挖公路隧道修筑技术研究"对我国风积沙地区公路隧道修筑技术提供了实践依据。

(五)运营管理

项目通车运营后严格按照陕西省公路运营管理要求开展养护、收费、路政管理工作,加强预防性养护,延长道路的使用寿命。2014年8月,由中国中铁股份有限公司统一规划,将中铁二局陕西榆林榆神高速公路有限公司并入中铁交通投资集团有限公司,成为中铁交通集团有限公司全资子公司,负责该路合同期内运营管理。

第九章
高速公路建设项目

榆神项目途经沙漠和黄土沟壑地带,严寒、风沙、雨雪等恶劣天气多,水土极不稳定,养护任务重。为确保道路畅通和机电设施正常运行,榆神公司配备专用除雪车、多功能水车、道路清扫车、装载机、桥梁检测车、道路护栏抢修车、随车吊、巡查车、升降车等16种机械设备,实行每天3次道路巡查;重点地段道路24h监控;建立了物质储备库。通过以上措施,做到及时发现问题、及时解决问题,确保高速公路道路安全畅通。

榆神高速的建成,有效缓解了区间公路交通紧张状况,为榆林煤炭等资源东运开辟了高速便捷通道,并成为陕西省以BOT方式建设运营高速公路一大突破,为利用民间资本、动员全社会参与高速公路建设提供经验。

登上万里长城第一台——镇北台极目北眺,一条由南向北蜿蜒舒展的高速通道如七彩虹霓蹁跹于茫茫毛乌素沙漠之中,这就是陕北榆林建成的第三条沙漠高速公路的榆林至神木高速公路。它与历尽沧桑仍依稀可见的古长城逶迤相伴,堪称筑路人用心血和智慧筑就的另一座长城。

G1812沧州至榆林高速公路陕西段主要信息资料、主要从业单位信息见表9-3、表9-4。

G1812沧州至榆林高速公路陕西段主要信息资料表 表9-3

项目名称	建设单位	建设里程（km）	技术标准	投资规模（亿元）	建设时间（开工~通车）	备注
神木至府谷段	陕西省交通建设集团公司	56.91	双向六车道、设计速度80km/h	74.57	2008.12~2011.12	
榆林至神木段	陕西榆林榆神高速公路有限公司	87.57	双向四车道、设计速度100(80)km/h	56.43	2008.8~2009.12	建设里程未包含神木至店塔段17.35km;投资规模为包含沧榆线榆林至神木段、神米线神木至店塔段的总数据

G1812沧州至榆林高速公路陕西段主要从业单位信息资料表 表9-4

项目名称	从业单位	单位名称
神木至府谷段	设计单位	中交第一公路勘察设计研究院有限公司
	施工单位	中铁大桥局股份有限公司、中铁二十局集团有限公司、东盟营造工程有限公司、中铁十四局集团有限公司、中铁五局集团机械化工程有限责任公司、中铁十局集团第二工程有限公司、中铁七局集团有限公司、中交第二公路工程局有限公司、中交二公局第四工程有限公司、中交第一公路工程局有限公司、中铁电气化局集团西安铁路工程有限公司、陕西路桥集团有限公司
	监理单位	西安公路交大建设监理公司、陕西公路交通科技开发咨询公司、陕西兴通监理咨询有限公司、陕西交通工程咨询公司

续上表

项目名称	从业单位	单位名称
榆林至神木段	设计单位	陕西省公路勘察设计院、中交第一公路勘察设计院有限公司、西安公路研究所
	施工单位	中铁二局工程有限公司、陕西明泰工程建设有限责任公司、中铁二局第五工程有限公司、中铁二局集团勘测设计院工程有限公司、中铁二局集团装饰装修工程有限公司、中铁二局第三工程有限公司、中铁二局建筑工程有限公司、中铁二局电务工程有限公司、中铁二局机械筑路工程有限公司、中铁二局第一工程有限公司、中铁二局集团新运工程有限公司
	监理单位	河北四方公路工程咨询有限公司、四川铁科建设监理有限公司、成都久久公路工程监理有限公司、中国华西工程设计建设监理有限公司

第三节 G20 青岛至银川高速公路(陕西境)

G20 青岛至银川高速公路,又称青银线,原为 GZ35、G035,是国家高速公路"71118"网规划的 18 条东西横向线之一。路线起自山东青岛,经河北、山西、陕西、宁夏 5 省(自治区),终至银川市,全长 1610km。

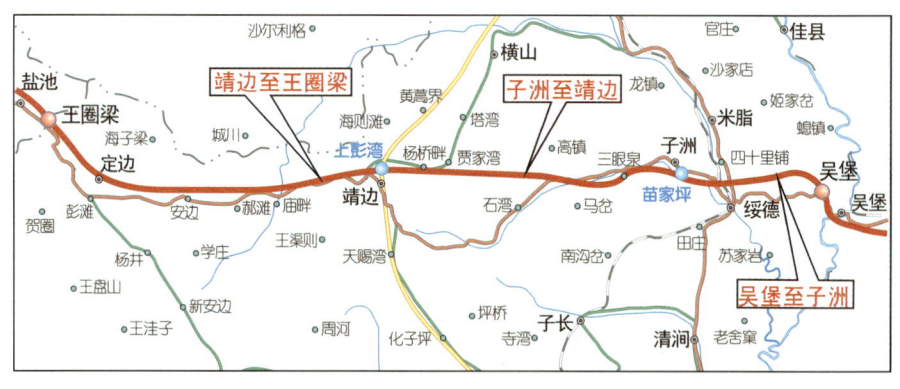

青岛至银川高速公路(陕西境)线位示意图

青银高速公路陕西境,呈东西向横跨陕北能源化工区中部、榆林市南部,连接榆林市 6 县。起点跨黄河与山西离(石)军(渡)高速公路相接,终点与宁夏古(窑子)王(圈梁)高速公路相接,全长 321.9km。沿线跨越无定河、大理河,穿越墩梁、高梁山以及毛乌素沙漠过渡区。路线于绥德与包(头)西(安)铁路、榆(林)商(州)高速公路以及 210 国道相交,于靖边与包茂高速公路榆靖段相交。青银高速吴堡至魏家楼、靖边西至王圈梁段,与 307 国道平行。

青银高速公路陕西境建设期为 2003—2007 年,先后建成靖(边)王(圈梁)、子(洲)靖

(边)、吴(堡)子(洲)3段,历时4年贯通全线。

青银高速公路陕西境的建成,实现了陕西"2367"高速公路网1条东西横向线的建设目标,形成横贯陕北北部的高速公路通道,改善了区域交通条件,便利了陕北能源化工基地开发建设,促进了秦、晋、宁三省(自治区)联系加强,具有沟通西部与东部沿海便捷联系的作用。

一、靖边至王圈梁段

黄河从世界屋脊奔流而下,经过黄土高原的时候,转折向北,轻轻地将一座高原拥入怀中,从而孕育出陕北的定边、安边、靖边地区。"一道道水来一道道川,赶上骡子我走三边",脍炙人口的陕北民歌《走三边》真实地描述了当地行路的艰难。而今,靖边至王圈梁高速公路穿越毛乌素沙漠南端,与古长城并行,带人们走近静流如歌的塞北高原文化,让走三边的路途变成一道靓丽的风景。

(一)项目概况

靖边至王圈梁高速公路,简称靖王高速公路。靖王高速公路位于青银高速公路陕西境西段,是陕西干线公路网主骨架系统的重要组成部分。它的建成通车,把已通车的陕西省榆靖高速公路和宁夏古王高速公路连接为一体,从而使这两条道路发挥出其应有的经济效益和社会效益,同时它与榆蒙高速公路一起,在鄂尔多斯高原形成以榆林和靖边为中心的高速公路带,将银川、靖边、榆林、包头以及呼和浩特等城市连为一体,形成以能源、化工、重型设备制造等为主的在我国北方颇具规模的经济区域,对陕北革命老区的经济、社会发展产生了重要影响。

靖边至王圈梁高速公路

靖边至王圈梁区间交通原为307国道,该道建于1974年,按三级公路标准设计,通行能力有限,长久以来一直是榆林东联西进的主要公路,也是宁夏回族自治区600万群众走出西部,进入北京和沿海最近的一条公路通道。在榆林国家级能源重化工基地建设迅速升温的时代背景下,原有国道无法满足陕北能源化工基地开发建设带来的巨大交通需求。为适应西部大开发加快陕北高速公路建设,2002年6月27日靖王高速公路动工。

2005年6月24日,国家发改委批准该项目工程可行性研究报告。2005年12月31日,交通部批准该项目初步设计。

该项目位于陕西省榆林市靖边、定边县境内,路线起于靖边县上彭湾,经东坑、宁条梁镇、安边、定边,至陕宁交界定边县王圈梁接宁夏古(窑子)王(圈梁)高速公路,全长132.29km。双向四车道设计标准。设计行车速度100km/h。路基宽度26m。全线土石方工程1408万 m^3。设桥梁854.72m/13座;互通式立交7座,分离式立交26座;通道100道,涵洞186道;收费站7处(其中省际收费站1处),服务区2处,停车区1处。

项目总投资23.71亿元。

(二)建设情况

项目建设单位陕西省公路局组建靖边至王圈梁高速公路建设管理处,负责项目实施。中交第二公路勘察设计研究院进行设计。项目设总监理工程师办公室。全线分36个合同段,中铁十二局、中交二公局、榆林市天元路业有限公司等33家单位参与施工。陕西中安监理公司、天津市国腾公路咨询监理有限公司等12家单位承担监理。征地拆迁和环境保障由榆林市人民政府实行总承包。

全线分东、西两段建设。东段52.29km,2002年6月27日开工;2005年10月1日建成通车,比原定工期提前了1年。西段80km,2003年3月20日开工;5月底,所有路基土方全部完工;6月底,所有小桥、涵洞工程完工,路面开始施工;7月底,所有路基、桥梁工程完工,沥青路面开始施工;9月底,沥青路面摊铺全部完成,交通工程及附属工程开始施工;11月9日,靖王高速公路所有主体工程全部完工,创造陕西省公路建设的"靖王速度"。

路线穿越毛乌素沙地和盐碱滩地,路线地质情况复杂,存在诸多难点:一是项目所在地有效工期短,冬季时间漫长,春季风沙多,气候条件恶劣,极端气温零下32.7℃,每年有4~6个月无法正常施工;二是地形地质条件复杂,施工难度大,质量控制的难点、薄弱点比较多;三是项目所在地工程所需材料匮乏,当地砂、石料不能满足工程要求,大多施工用料需从宁夏、山西调运;四是施工用水极其困难,项目地处沙漠地区,全线大部分路段用水困难;五是工程建设标准高,该项目施工正值新旧规范交替之时,路基桥涵的各项质量指标均已提高。

然而,项目最大的困难是工期紧。2003年2月22日,为实现陕西省高速公路突破1000km的宏伟目标,在全省交通工作会议上,省政府决定:靖王高速公路西段80km"今年开工,今年贯通"。

面对诸多困难,管理处积极应对。全省交通工作会议当天,陕西省公路局受命全面负责靖王高速公路建设,并连夜召开会议,抽调人员,组织力量,开展工作。第一时间制定完善了20多项规章制度,打造了分工负责、齐心奋进的管理平台。

管理处按照省政府提出的"边开工建设边完善程序"和"当年开工当年建成"原则,采取"征迁工作与开工建设同步实施"的建设方式,迅速召开征迁工作会,落实征地拆迁任务。施工单位进场后,在不到20天的时间内就完成了驻地建设,修通了纵向、横向便道,为全面开工做好了充足准备。2002年3月20日路基工程全线开工,管理处立刻召开了"大干6个月,建成80公里高速路"劳动竞赛紧急动员大会,围绕奋斗目标进行再动员、再部署。高效的工作节奏,使施工单位感受到了责任重大,很多人从工程开工至路基工程结束都未回过一次家,始终在施工现场指挥生产。

管理处按有效工期合理分解任务,宏观把控多头绪工作交叉作业。由于工程时间紧、困难大,而且还有路基、路面、交通安全、绿化等相互作业交叉多等特点。面对实际困难,管理处从工程开始就制定了控制性阶段工期,不仅将5月至11月每月要实现什么目标严格细化,还在各阶段实施过程中,把任务再层层分解,按日排计划,以日保旬,以旬保月,同时建立动态日进度统计报表制度,跟踪计划执行情况,及时发现问题,及时解决。

管理处加大人力和设备投入,全方位加快建设。4月和5月是路基施工的高峰期,管理处要求施工单位采取两班制,配足人力、设备。全线每一公里路基工程开设一个工作面,近十台大型施工机械参与施工。路基施工高峰期在场人力达到5360人,各类施工机械设备1279台(件);路面施工在场人力达1520人,各类施工机械设备796台(件)。参建人员昼夜奋战,创出多个全省乃至全国公路建设的新纪录。日完成路基填土方10万m^3,陕西省路桥总公司项目部在1个月时间完成钻孔灌注桩143根,2个月完成填土方680m^3,由于模板上的充足,3个月完成134道通道、涵洞,4个月时间完成10孔20m长的八里河大桥,每天铺筑路面10km,成为全国当时有记录的高速公路建设最快速度。

管理处积极协调,各方力量加强施工环境保障。靖王高速公路建设项目能在很短的时间内进展顺利,与地方政府的积极配合和当地群众大力支持是密不可分的。榆林市政府承包征地拆迁及环境保障,实行"一个窗口对外",加快组织沿线拆迁,各级领导多次带领市县有关部门到工地现场处理有关环境保障方面的重大问题。定边县特事特办,实行先建后理,边施工边完善有关建设程序。积极安排部署征地拆迁工作。并成立了征迁协调领导小组,颁发通告,大力宣传该项目建设的重要意义,动员沿线群众积极支持配合高速公路建设。另外,县政府主要领导还多次主持召开现场办公会议,现场解决存在问题,为施工单位营造了良好的建设环境和施工氛围。

靖王高速公路建设,关键在于速度,成败在于质量。

管理处在质量管理上实施技术创新、管理创新,用先进的技术和管理,确保高速公路建设实现速度与质量的和谐统一。项目管理处在狠抓施工单位、监理单位和政府监督三级质量保证体系的基础上,实行质量一票否决制,会同总监办,每月对工程建设进行一次质量、进度大检查,并与当月支付挂钩,严格进行奖惩。

质量控制上,管理处大力强化施工技术标准。将路基填方压实标准由规定的85%提高至90%;路床顶面以下1.5m压实度,由90%提高至93%。严重湿软路基施以超载预压,一般路段铺设土工布,换填风积沙。湿软路基段通道、涵洞基础,采用抛填块片石、振冲碎石桩、强夯置换等方式处理。沥青路面压实度标准,由规定的95%提高至97%。基层与面层平整度标准分别亦有提高。路面基层、面层摊铺加强质量控制。结合施工,开展沙漠高速公路边坡防护与防风固沙及养护技术、盐碱滩地高速公路绿化技术等研究,按照"适用、美观、经济"原则,广植树草,固沙护路。降低路基高度,减少填筑路基土方量,减轻对地表的扰动。桥梁、互通式立交、收费站、养护工区等占地面积较大工程选址,避开林地、农田,减少占地。

靖王高速公路西段2003年11月9日贯通,质量评定为优良。

靖王高速公路的贯通,根本改善榆林西部能源化工产业基地和生态农业示范区交通条件,拓宽陕西西北部出口公路通道,以宽畅快捷的交通条件促进了陕西和宁夏间的交流、沟通和发展。

（三）运营管理

陕西省公路局设靖王高速公路管理处从事运营管理。2006年4月23日,移交省交通集团靖王分公司运营管理。

靖王分公司隶属于陕西省交通建设集团公司,分公司设靖边、定边两个管理所及服务区管理分中心,下辖靖边西、东坑、梁镇、安边、砖井、定边、王圈梁7个收费站及超限检测站;设靖边西、定边两个服务区,定边东一个停车区。运营以来,分公司本着"科学管理、团结实干、文明和谐、创新争先"的企业精神,以"管理无盲点、服务无挑剔、驾乘人员无怨言"为服务目标,致力于发展现代交通和推动当地经济建设。

一是优质高效养护,路况水平全面提升。分公司按照"全面养护、科学管理、预防为主、防治结合、保障畅通、优质服务"的原则,以加强公路养护为重点,提升路况技术水平;以保障道路安全畅通和强化路网服务为重点,提升公共服务水平;以管理效能为重点,提升养护管理水平,为社会提供了"畅、洁、舒、美、安"的行车环境。采用自动化检测设备,按照额定频率每年对所辖路段公路技术状况进行专项检测和调查,依据检测结果和分析报告,科学合理地制定养护方案,有效使用养护经费,改善路面行车质量。所辖道路养护质量指数一直保持在94以上,4个分项指标一直保持在90以上,绿化成活率96%,全线130座桥梁技术状态始终保持在2类以上等级。

王圈梁站

二是规范阳光执法,路政治超管理成效显著。分公司认真贯彻执行《公路法》《公路安全保护条例》《陕西省公路路政管理条例》《陕西省公路条例》以及公路路政管理有关法律法规,以保障公路完好畅通、维护路产路权为己任,规范阳光执法,强化超限治理,路政管理成效显著。严执法风纪,大力开展作风整顿,定期举办业务技能比武和竞赛活动,建成了一支素质高、业务强、纪律严、作风硬的执法队伍。深入开展"路政宣传月"专项活动,使路政宣传进校园、进社区、进村镇,出动路政车宣传相关法律法规,在人员较为密集场所摆放宣传展板,与群众面对面交流。完善了收费治超一体化工作机制;加强制度建设,健全相关规章制度和责任追究制度;开展治超站规范化建设,按照"四统一"要求,规范站点外观形象和站点名称;严格加强省界办证点大件超限运输审批和监护管理;启用红外自动测高系统,有效避免了人为测量误差,此举得到了省交通厅的肯定并在全省范围内推广。

三是奉献一流服务,收费管理能力全面提高。坚持以收费工作为重点,全面践行"三个服务",按照"应征不漏、应免不收"的原则,严厉打击偷逃漏通行费行为,努力提升文明服务水平,全面提高收费管理能力。开展打击偷逃漏费专项整治,对内严查收费管理过程中出现的有章不循和违规操作,切断内外勾结途径;对外采用"全面排查,重点审核"的办法,深挖逃费车辆,堵塞收费漏洞。设立检验专用车道,由专人对绿色通道车辆执行"双验、双核"和"一看、二验、三拍、四核"验货流程。狠抓收费管理,"截至十二五"末已建成ETC车道16条,实现了所辖收费站点ETC全覆盖。以"双星"创建和"文明服务之星考核"为抓手,建立健全考核机制,完善考评办法,奖优罚劣,全面提高文明服务水平,及时妥善处理各种投诉,全部在48小时内答复,满意率达100%。在2011年和2013年交通集团组织的收费业务大比武中,分公司均荣获"三等奖"。目前,共有71名四星级收费员、11名五星级收费员,4个三星级收费站、3个四星级收费站。

四是打造温馨驿站,服务区品牌效益不断提高。服务区按照"社会效益优先,兼顾经济效益"的原则,不断完善管理机制,把满足群众需求、提供优质服务、树立行业形象作为出发点,不断提高服务水平,努力打造"温馨驿站、真情如家"品牌。强化措施,不断提高经营管理水平;星级创建,树立服务区品牌形象,积极创建全国优秀服务区和全省星级服务区;开展保洁外包,引进专业队伍,重点加强超市、餐厅、客房、休息厅、卫生间等公共场所卫生的打扫和保持;完善综合信息查询系统,设立电子信息查询机,实现无线网络全覆盖;实现"一区一特色、一区一品牌";设立清真餐厅、土特产专柜,引进"魏家凉皮"等特色餐饮,增设多功能休息厅、便民服务台、志愿者服务站、母婴休息室和第三卫生间。

五是完善应急体系,道路通行能力有效提升。本着"组织严密、准备充分、反应迅速、信息畅通、保障有力"的原则,切实抓好应急保畅工作。制定公路突发事件应急预案,形成了覆盖全面、责任清晰、有效衔接的预案体系,制定有针对性和可操作性的防汛、除雪及恶劣天气下的保畅应急预案,同时定期开展应急演练,不断总结经验,及时修订更新预案。建立应急保障联动机制,成立"分公司—管理所(服务区)—应急抢险队伍"三级联合保畅队伍,合理储备保畅物资,购置应急保畅设备。加强路政、养护、收费和交警的联勤联动,制订路警联合执勤执法工作制度和应急预案,重点开展公路巡查、疏堵保畅、救援清障等工作,全方位消除道路安全隐患。及时利用沿线可变信息板和省收费中心"12122"信息平台发布路况信息,公布紧急救助电话。建立综合路况处置平台,第一时间将现场路况信息、事故信息、保畅信息等实时画面传送至分公司指挥中心,提高了应急保畅响应速度,确保道路快速恢复畅通。建立地方安全、医疗、消防、气象及相邻路段管理单位之间的信息快速通报与联动响应机制,确保应急救助渠道畅通。分公司成功应对特大暴雨和沙尘暴袭击,成功处置一起液化气泄露事件,获得省厅"交通战备先进单位"称号。

陕西省委、省政府授予靖王分公司"省级文明单位"称号;陕西省交通运输厅党组授予靖王分公司"组织人事工作先进集体""先进基层党组织""人民群众满意基层单位"称号;陕西省交通运输厅授予靖边西服务区、定边服务区"二星级服务区";中华全国妇女联合会授予东坑收费站"女子收费班巾帼文明岗"称号;陕西省交通运输厅党组授予靖边西治超检测站"文明治超站"称号。

行走在靖王高速公路上,路面干净整洁,窗外天高云淡,绿草盈盈,毛乌素完全不是想象中的荒芜,《走三边》的歌声又在耳边回响。高速公路贯通了,歌声听起来更美了,少了凄凉,多了向往。

二、子州至靖边段

自古以来,陕北行路难。"往陕北远行,三千里路,云升云降,月圆月缺,……山便显得愈小,羊便见得愈多了。风头一日比似一日强硬……三边,这是个多么逗人情思的神秘的地方啊。"著名作家贾平凹这样描绘曾经的三边。子洲至靖边高速公路的通车,褪去了靖边、安边、定边曾经的色彩,蓝蓝的天,白白的云,绿绿的庄稼地,宽宽的高速公路,一起构成了当代陕北色彩美丽的画面。

项目概况:

子洲至靖边高速公路,简称子靖高速公路,属于青银高速陕西境中段,是我国当时高速公路网"五纵七横"12条公路中心的第3横,也是当时陕西省规划的"三纵四横五辐射"高速公路网中最北边的一横。它的建成通车将极大地改善陕北山区的交通条件,加快榆林能源重化工基地的建设,实现资源优势向经济优势的转化,对开发当地丰富的自然资源、旅游资源,发挥呼、包、银、榆经济带向东向南最近出海通道的优势,加大物流资源整合力度,带动和提升榆林乃至陕西省的经济发展、社会进步和老区人民脱贫致富,有着巨大的推动作用。

a) b)

子洲至靖边高速公路

子洲至靖边区间交通约一半路段原主要依靠307国道,该道建于1974年,按三级公路标准设计,是榆林煤炭出省输往东部重要路线,交通量大,重载车多,不断严重的交通"瓶颈"状态,严重制约了陕北地区及周边省区的经济发展,也影响了国省主干线运输功能的发挥。

2005年6月24日,国家发改委批准该项目工程可行性研究报告。2005年12月31日,交通部批准该项目初步设计。

项目位于陕西省榆林市子洲、衡山、靖边县境内,路线起于子洲县苗家坪,经子洲县城、巡检司、魏家楼、双城、杨桥畔,止于靖边县张伙场立交接靖王高速公路,全长120.68km。双向四车道设计标准。设计行车速度,K70+000～K173+000段为80km/h,其余段落为100km/h。普通路段路基宽度24.5m,沙漠路段路基宽度30m。全线土石方工程2380.86万m^3;防护及排水工程26.41万m^3;特大桥、大桥20823.396m/75座,中桥341.72m/31座,小桥396.07m/12座;互通式立交5座,跨线桥12座;通道67道,涵洞163道;

收费站 5 处,服务区 1 处,停车区 1 处,管理所 1 处。

项目总投资 44.67 亿元。

(一)建设情况

建设单位始为陕西省公路局,后为陕西省交通建设集团公司。设建设项目管理处负责项目实施。陕西省公路勘察设计院进行设计。全线分 41 个标段,中铁第五工程局集团有限公司、山东路桥集团有限公司、东盟营造工程有限公司等 41 家施工单位中标参与施工,山东格瑞特监理咨询有限公司、西安公路交大监理公司等 19 家监理单位中标监理。征地拆迁和环境保障由榆林市人民政府实行总承包。

子靖高速公路于公元 2004 年 6 月开工建设,2007 年 10 月 31 日建成通车,总工期 40 个月。

子靖高速公路一头位于陕北黄土高原的子洲,一头位于毛乌素沙漠的靖边县。路线穿越陕北黄土高原与毛乌素沙漠的过渡区,主要经过陕北黄土沟壑、河谷阶地及沙漠草原地带,一次性开工建设,点多线长面广,管理的跨度和难度较大,存在诸多难点:一是项目所在地有效工期短,冬季时间漫长,春季风沙多,气候条件恶劣,极端气温零下 32.7 ℃,每年有 4~6 个月无法正常施工;二是地形地质条件复杂,施工难度大,质量控制的难点、薄弱点比较多,路线穿越三类典型的地形地貌,既有河谷阶地、黄土沟壑的特征,也有沙漠草原的特性,沟壑纵横交错,地形破碎,多为鸡爪地形,湿陷性黄土、淤积坝、滑坡、落水洞等不良地质段多;三是项目所在地工程所需材料匮乏,当地砂、石料不能满足工程要求,大多施工用料需外购远运;四是施工用水极其困难,项目地处黄土、沙漠地区,全线大部分路段用水困难,需要掘井取水,有些路段水井挖掘很深,水量仍很小;五是工程建设标准高,该项目施工正值新旧规范交替之时,路基桥涵的各项质量指标均已提高;六是项目地跨子洲、横山、靖边 3 县 10 个乡镇 86 个行政村,施工协调工作量大。

针对项目的诸多特点及难点,管理处在项目初步设计阶段就介入,多次组织设计和咨询单位专家,对大的路线方案以及特殊路段处治进行现场踏勘、现场优化。全线 14 个点累计近 40km 的路段调整和优化后,避免了 16 处高边坡,不仅减少了工程量,还减少了对地形地貌的破坏和质量安全隐患,最大限度保护了自然地貌并节约了耕地,保证了后期营运的安全。

管理处在质量管理中,坚持严格管理、严格制度、严格标准、严格要求的"四严制度"。对于合同履约能力差的单位按照合同规定严肃处理,决不姑息迁就,对于难于保证质量不具备开工条件的坚决不能施工,不合格的工程坚决推倒重来,业主不满意的工程坚决推倒重来。施工中工程质量的抽查要求点点合格,不合格的原材料坚决予以清退出场,树立质量隐患或苗头就是质量事故的质量意识。同时,针对项目的特点,邀请专家进行现场咨询,有针对性地加强质量跟踪管理,加大抽检力度。与长安大学、西安公路研究所等联合攻关。推行"精、细、准"管理,编制路基桥涵、桥涵台背等质量控制薄弱环节施工作业指导书,并强化现场控制和检测。开展沥青路面耐久性抗裂技术、低液限粉土路基压实及高墩大跨桥梁施工监控等课题联合攻关。采用强夯、冲击碾压及隔水墙处理工艺,处治大理河湿陷性黄土路段和低液限粉土路基。采用砂砾回填加设土工格栅办法,处治蚂蚁沟半填半挖路段和桥涵台背质量通病。

管理处、总监办建设初期就因合同履约罚款施工方100多万元。大干期间针对个别标段出现的严重质量问题,推倒墩柱3个,报废大梁4片,推倒通道涵洞墙身4道,路基返工30多处,强化了全线员工的质量意识。2007年3月20日,管理处在检查LM-4合同段拌和场水洗碎石落实情况时发现:在施工单位已完成的碎石含泥量试验自检资料中,无监理人员判定意见和签名,高驻办试验人员提供的监理日志内容与试验资料内容不符,存在弄虚作假、互相矛盾和资料不完整问题。管理处对相关人员实行问责处理:一是对试验监理人员给予清退出场处理,限其2日内离开子靖建设项目;二是对试验室主任给予严重警告处理,并限其2日内认真做出书面检查与保证;三是对LMJ-4高驻办处以2万元罚款。严格的质量问责,有效地保证了工程质量。

管理处在保证质量的同时狠抓进度,全面推行"阶段目标责任分解法",开展形式多样的检查评比,注重实效,重奖重罚,确保项目建设整体推进。管理处、总监办按月下达计划任务,并结合巡查掌握的情况进行综合考评。对连续两次检查评比排名第一或最后的施工单位进行全线通报奖励或处罚;对于合同履约表现好,施工能力强的单位建议上级在以后的招标中加分并优先考虑;对于合同履约差、工程进度缓慢、工程质量低劣的施工单位,采取果断措施,指令分包由相邻履约好的施工单位承建,并取其单价高者进行计量,费用由管理处直接支付,同时结合施工企业信誉评价建议直接进入陕西省交通厅、交建集团建设市场"黑名单",取消其投标资格;对连续月排名倒数第一的施工单位,将约请企业法人到工地限期解决问题;对于工作不力、难以打开局面、难以落实管理处各项要求、质量意识淡漠的项目经理、总工、高级驻地监理就地免职,特别是对后期新开工建设的房建、交通安全设施单位,凡出现有可能影响建设项目大局者将采取果断措施;每一个单项工程中从现有队伍中选择1~2个优秀单位作为后备突击队伍,随时准备接管后进单位承建的部分或全部后续工程建设任务。

在管理处严格有效的措施下,施工单位积极响应,涌现出诸多感人事迹。陕北的冬夜寒风刺骨,夏日沥青温度高达170℃,中铁五局子靖高速LM-1合同段项目部摊铺班的小伙子们,在班长黄文坤的带动下,在摊铺机和压路机上经受着中暑、累病的磨砺,工程一路领先。黄文坤本人也被评为中国铁路工程总公司劳动模范。

子靖管理处在工程建设中坚持以人为本。本着建一条路,富一方民的思想,对于当地群众的合理要求,最大程度地给予解决。结合工程建设,全线在原设计的基础上新增或调整通道、涵洞59处;新建或改建施工便道186km,便桥24座、漫水桥5座;弃土造田120亩;疏通河道3.41km;路线范围外河道护岸工程372延米;修建临时灌溉水渠68.2km;打井17口;新架高压电路17km;恢复和新建倒虹高抽灌溉设施16处。改善了沿线群众的生产生活条件,解决了一些村庄祖祖辈辈出行难的问题。

工程于2007年10月31日建成通车。建设项目工程质量等级评为优良,并于2013年获国家优质工程银奖。

子靖高速公路将青银线陕西境西段由靖边延伸至子洲,并将子洲与榆靖高速公路连接,显著改善了区域交通条件,带动沿线经济社会发展。

（二）科技创新

沥青路面耐久抗裂技术

已修建的高速公路存在大交通量车辆荷载,特别是重载和超载车辆的作用下,基层强度不足或强度衰减过快,造成沥青路面结构大范围早期损坏问题。为提高路面耐久性,陕西省公路局、陕西省交通建设集团公司和长安大学以子靖高速公路为依托,通过大量室内试验和理论分析,并结合试验段的铺筑,对贫混凝土基层耐久抗裂沥青路面结构、材料及其施工技术等开展了全面系统的研究,提出了设置开级配大粒径沥青碎石或应力吸收层的贫混凝土基层沥青路面结构。利用三维有限元数值分析方法,系统分析了贫混凝土基层上沥青面层及贫混凝土基层的荷载应力、温度应力及其耦合应力,提出了相应的实用计算公式,构建了贫混凝土基层沥青路面结构设计方法。采用自行研制的大尺寸疲劳试验设备,模拟了贫混凝土基层上沥青面层反射裂缝的扩展行为,预估了不同结构类型沥青路面的使用寿命。该项目研究成果广泛应用于高速公路新建或改建沥青路面工程中,取得了良好的经济和社会效益。

（三）运营管理

2007年10月31日,陕西省交通建设集团公司吴靖分公司正式成立。吴靖分公司管辖路段为吴堡至靖边段高速公路,路段全线长188.87km,以通行费征收、路政、治超、养护和服务区管理为中心工作。实行分公司、管理所、收费站三级管理。分公司下辖3个管理所,10个收费站及陕晋界治超检测站。全线设有子洲、绥德、靖边东3个服务、停车区。

1. 规范养护

完善公路沿线设施,定期开展道路检测,建立桥隧健康档案。制定了《吴靖分公司桥梁养护管理实施细则》《吴靖分公司隧道养护管理实施细则》和《吴靖分公司长大桥隧应急保畅管理办法》等桥隧养护制度。全线桥梁技术状态始终保持在2类以上等级,隧道土建结构始终保持在 S 级。

建立应急保畅长效管理机制,组建除雪保畅突击队,成立相应防汛抢险组织机构,完善路况信息报告制度、发布制度和工作流程,利用沿线收费站、服务区并通过可变信息板等多种形式向公众提供及时、安全、快捷的路况出行信息。

2. 路政管理

路政管理始终坚持"保护路产、维护路权、规范执法、文明服务"的理念,做到内强素质、外塑形象,打造文明执法窗口。通过"四严格",规范了执法程序:一是严格按职责办事,强化权责关系,确保首责有人;二是严格按法律办事,树立"依法治路"的执法理念;三是严格规范执法形象,坚持落实《交通文明执法行为规范》和《交通行政执法忌语》等要求,做到文明执法;四是严格落实执法标准制度,强化路政许可、路产赔(补)偿等管理规范,依法查处、依法保护路产路权。

3. 治超工作

为有效治理车辆超限超载违法运输行为,保护建设和养管成果,按照"依法严管、标本兼治、立足源头、长效治理"的要求,采取"定点检测、路面稽查、联动治超、责任倒查"等方式,强化治超管理工作。加强定点检测,形成高压态势,坚决杜绝超限超载车辆驶入高速公路。加大路面稽查力度,严厉查处"三超"车辆。加强收费、路政、治超三方联动,明确各自分工职责,加强监督,及时查处。强化责任倒查机制,实行"日稽查、月倒查",严厉查处每一辆超限车辆,将责任具体落实到人。

4. 服务区管理

围绕"服务人民、奉献社会"宗旨,优化环境,提供温馨、和谐、舒适的休息场所,完善了广场绿化种植,补划广场标线和修补水泥路面,更新了电子信息查询系统,为驾乘人员提供便捷的路况、天气等信息服务。设置便民服务台、残疾人轮椅、婴儿车、雨伞、擦鞋机、报刊栏等,在洗手间设置自动喷香机和地面烘干机,为驾乘人员提供便捷服务。

5. 收费工作

一是大力开展便民为民活动,在各站点设置便民服务亭,持续深入开展各类创建活动,实行社会承诺制,接受驾乘人员和社会监督,全心全意为驾乘人员提供优质服务。二是严格执行鲜活农产品"绿色通道",确保农产品快捷流通,促进农村经济发展和农民增收。三是加强收费人员业务培训,提高满意率,减少差错率,压缩单车通行时间,提高车辆通行效率。

收费站站容站貌整洁卫生、无杂物;工作、生活设施齐全、完好;绿色通道安全畅通;收费站区、广场各类标志标牌设置规范、齐全,内容正确;实行政务公开,有对外公示服务承诺,便民服务措施完善,举报电话有人接听并按规定处理;机电系统运行正常,监控录像清晰。

2007年,陕西省交通运输厅授予吴靖分公司"重点项目目标考核先进单位"奖牌;2008年,陕西省交通运输厅授予"除雪保畅宣传工作先进集体"奖牌。吴靖分公司多次获得陕西省交通建设集团公司奖励。

秋天是收获的季节。深秋陕北,硕果累累。驱车行驶在子靖高速公路上,平坦、舒适、快捷,这条历经上万修路人近四年的艰辛奋斗才得以通车的大道,在黄土高原与大漠之间,筑起了一条壮丽的通衢。

三、吴堡至子洲段

苍茫的黄土高原上,一条依傍黄河由东向西延伸的高速公路,沿着党中央、毛泽东当年转战陕北时的足迹,伴随着无定河的轻语,一路向西……吴堡至子洲高速公路的通车标志着青银线陕西段的全线贯通,从此西至银川东达青岛,一路高歌,拉近了黄土高原通江达海的距离,拉近了梦想与希望的距离。

(一)项目概况

吴堡至子洲高速公路,简称吴子高速公路。这是国道主干线G5青银高速公路陕西境东段,位于我国当时高速公路网"五纵七横"12条主干线的第3横,也是陕西省干线公路网主骨架系统的重要组成部分。它的建成通车,实现了以天津、青岛港口城市为龙头的渤海经济圈与我国西部地区最便捷的连接,实现了西部人民通江达海的梦想。对于完善我省公路网结构,加快东西部地区的联系,实施西部大开发战略,加快陕北国家能源重化工基地建设,带动老区人民脱贫致富,促进陕西经济大发展具有重大的意义。

吴堡至子洲高速绥德立交

吴堡和子洲区间交通原主要依靠307国道。307国道建于1974年,按三级公路标准设计,是榆林煤炭出省输往东部重要路线。随着陕北能源重化工基地建设的发展,307国道交通量日益增大,重载车辆与日俱增车辆拥堵,道路不堪重负,难以适应社会经济发展的需求。

2003年8月,交通部批准该项目工程可行性研究报告。2004年9月,交通部批复该项目初步设计。

路线于吴堡县城东黄河公路大桥接山西离(石)至军(渡)高速公路起,西向经吴堡任家沟、大庄里、绥德中角乡、刘家坪,至子洲县苗家坪接子靖高速,全长68.07km。设计行车速度80km/h,路基宽度整体式24.5m,分离式12.5m。全线土石方工程2562万m^3,防护排水工程549.50万m^3。设桥梁2.30万m/83座,其中特大桥3161.84m/2座,大桥19948.9m/80座;隧道18107.5m/33道,其中长隧道6292m/4座;互通式立交4座,分离式立交1座,跨线桥1座,通道8道,涵洞106道;收费站4处(其中省际收费站1处),停车区1处,管理所1处。

交通部批复该项目初步设计概算为43.01亿元,其中国家专项资金安排7.79亿元,其余资金通过国内银行贷款解决。

(二)建设情况

项目初始阶段由陕西省公路局组织建设,2004年组建陕西省公路局吴堡至子洲高速公路管理处,负责吴子高速公路管理工作。2006年4月移交陕西省交通建设集团公司,由陕西省交通建设集团公司吴子建设管理处负责建设管理工作。中交第一公路勘察设计研究院、西安公路研究所、武汉五环科技股份有限公司3家单位承担设计工作。全线分35个合同段,中铁第五工程局集团第三工程公司、陕西省咸阳路桥工程公司、上海电器科学研究所有限公司等35家施工单位参建。河北冀民公路工程咨询有限公司、山西振兴公路监理有限公司等7家单位承担监理。征地拆迁和环境保障由榆林市政府承担。

吴子高速公路2004年11月开工建设,2007年10月建成通车,总工期35个月。

项目地处典型的陕北黄土沟壑地区,自然条件恶劣,存在诸多特点和难点:

一是地处黄土沟壑区,路线全长68.07km,概算总投资43.01亿元,平均每公里造价6300万元。二是构造物密集,全线大中桥105座,隧道33道,桥隧长度约占总里程的44%。三是地质地形复杂,全线地形破碎,相对高差数百米,沟壑纵横交错,存在湿陷性黄土、淤积坝、滑坡等不良地质。四是施工用水比较困难,全线大部分路段用水困难,需掘井取水,有些路段水井挖掘深,水量小。五是预制场地困难。路线经过地区多为梁峁、沟壑地形,工程构件预制难,存梁受到限制。六是路基土石方数量大,全线路基土石方2562万m^3,加之大量的隧道弃土弃渣,弃土场地尤为困难。七是材料运输困难,307国道车流量大,大货车多,经常发生堵车,给材料运输带来困难。八是地材缺乏,当地砂、石料不能满足工程要求,绝大部分石料须由省外运输。九是工期紧,有效施工季节短,陕北冬季长,全年有效施工期只有7个月。

针对项目的特点及难点,吴子高速公路建设管理处在开工前就认真分析了整个项目的工程特点,搜集了省内外多条高速公路的工程管理办法,编制了《吴子高速公路建设项目管理大纲》。在建设过程中,认真执行政府监督、业主负责、社会监理、企业自检四级质量控制体系。通过认真执行施工单位自检、驻地质量监理、总监办日常拉网式抽查、管理处分片区蹲点督查,保证工程质量始终处于受控状态。

一是不合格的工程坚决返工,实行质量一票否决制。多次清场不合格原材料,路基、防排水工不合格工程返工多处,5名有关责任人、监理工程师被清退。

二是质量问题从严惩处,以起到威慑作用。在抽查中发现湿接缝钢筋焊接、隧道施工防排水安装不规范、混凝土养生不到位等问题,从严处理,对相关单位进行罚款并督促返工。安排高填方段及"三背"的钻芯取样,坚决杜绝把隐患带到下一道工序。

三是加强生产调度、问责制及承诺兑现奖罚制。管理处每半月召开一次生产调度会,把质量问责作为调度会的重要内容,对存在问题的多个标段的总工、监理工程师进行问责。

四是分片包干,责任到人,难点标段重点督查。管理处分四个督察组将路基合同段分片包干,责任到人,远离管理处的东段要求两个督察组进驻工地,及时发现问题,及时解决。大干期间各监理单位要派一名副总经理常驻工地,管理处、总监办所有人员取消休假,循环进行工地巡查,形成全天候、全方位的管理态势。

五是定期大检查,奖优罚劣。按照制定的《吴子高速公路施工及监理单位月综合业绩考核奖惩办法》,管理处每月26日分3个检查组对施工单位从工程质量、工程进度、安全生产、文明工地、履约表现等五个方面进行综合考核,对监理单位从分项工程开工报告审批、监理独立抽检等十四个方面全面考核。通过奖优罚劣,全面推动了项目管理各项目标的实现。

六是学先进、找差距,进行质量警示教育,全面推进工程质量提高。项目内部互相学习,取长补短,并在工地现场召开警示会、学习会。

七是委托有资质的检测单位对隧道、路基质量进行专项检测,并就质量重点、难点问题邀请专家现场指导,同时委托长安大学对路面工程进行系统全面的技术咨询。

在技术方面,从优化设计调整方案入手:减少高填方路基质量风险,共增加9座桥梁,保护了自然环境,节约了用地,减少了后期质量隐患和养护费用;对挖方路基高边坡大于6级的,每4级设一个8m平台,从而增加高边坡的稳定性;针对湿陷性黄土路基的特殊性,路面工程将20cm灰土底基层改为水泥稳定碎石,加强底基层的承载能力;沥青路面厚度由4cm、5cm、6cm变更为4cm、6cm、8cm,提高了路面质量。

同时,与长安大学、设计单位及施工、科研技术人员联合攻关,对复杂地质采取强有效的技术措施:61处淤积坝采用碎石桩和孔内强夯处理;湿陷性地基采用强夯和冲击碾压、隔水墙处理;半填半挖、填挖结合、台涵背,严格开挖台阶加设土工格栅;黄土沟壑上的桥梁桩位及边坡防护,采取降低桩顶高程增加禁边距,加强桩基安全;结构物采用大钢新模板、混凝土统一拌和、灌车泵送,使混凝土外观质量提高,桩基合格率100%。全线推广滚扎直螺纹、墩粗直螺纹焊接技术和桥面露石工艺处理。路面施工,重点解决路面早期破损和车辙、拥包、反射裂缝问题,从严控制碎石质量,从母岩及加工设备抓起;重视层间处理,用智能化沥青撒布车,透层油选用渗透强的煤油稀释沥青,基层进行露石处理,桥面进行洗刨;中上面层用改性沥青,路面用机制砂代替石屑,水泥代替部分矿粉,机制砂、矿粉现场加工,面层用料严格水洗覆盖;路面铺筑前场采用沥青混合料转运车,后场拌和楼采用在线实时监控。针对如此多的工艺,均分别下发专业技术指导书,规范细化施工工艺,明确质量标准。

通过多方面、全方位的质量控制,吴子高速公路的质量管理工作效果明显,达到了与省交通主管部门签订的目标责任书的要求。

吴子高速公路在建设过程中体现出诸多亮点:

一是33座黄土隧道构成了中国乃至世界公路最密集的黄土隧道群。建设当中克服了黄土高原松软地质遇水就化的难题,从开始掘进衬砌的两个隧道口下沉中吸取经验教训,不断总结摸索改进,创造出了适用于松软黄土隧道施工的"短进尺、强支护、早成环、勤测量、速排水、紧撑砌、快封闭"的施工工艺技术及质量控制要诀,确保了33座共计18km长的黄土隧道施工无死亡事故。绥德是石雕之乡,隧道的洞门全部采用当地优质石材,由100cm×50cm×50cm的巨石雕砌而成,既壮观又与当地自然景观相协调。

二是吴堡黄河大桥,其墩高66m,主桥跨径120m,跨越黄河连接秦晋两省,是当时黄河上最高的一座连续刚构大桥。全线106座特大、大中桥梁和4座互通立交跨沟越涧,构成这条高速公路的脊梁。

三是高边坡、高填方密度大,绿化效果好。全线8m以上的高边坡(单幅)长度达4.728km,主线最大高边坡达12级,高60m。高边坡采用植物防护,绿化效果明显,既美观又起到防护作用。

四是高填方严压实。全线最大填方高达46m,总填方量达1162万 m^3。湿陷性黄土高填方压实质量不好控制,施工中逐层碾压夯实,再将所有高填方高路堤采用石灰土挤密桩处理,再铺筑水稳层、油面层。

五是形式多样的防排水系统。由于地形沟壑纵横交叉,且土质为低液限粉土,防排水采用了盲沟、截水沟、急流槽、蒸发池等形式多样、因地制宜的防排水系统。

六是贯彻"以人为本"的方针,极大地改善了施工现场的情况,生产便道基本做到了晴天不扬尘,雨天不泥泞,施工现场整体划一,生活区整洁干净。

七是环境保护和水土保持。投入2.35亿元资金进行环境污染和水土流失的防治、生态的恢复以及环境的美化,实现了工程环保设施与工程建设同步设计、同步实施、同步交付使用。

八是注重农民工工资发放。管理处注重维护农民工利益,对资金使用实施延伸监控,并优先保证农民工工资发放,对有意拖欠、恶意克扣农民工工资的施工单位,责令及时补发。

九是造福当地百姓。在修路的同时,弃土造田760亩,在原设计基础上新增、改建桥涵105处,改建恢复施工便道206km,线外河道护岸513延米。所有排水工程高接远送确保道路和人民群众生产生活安全。协助刘家坪村小学重建,确保师生按期开学。当地群众为记住筑路人的这片殷殷情意,将其命名为吴子希望小学。

(三)科技创新

1.黄土隧道支护设计与关键施工技术研究

项目针对黄土隧道中锚杆的作用、黄土隧道的变形规律、黄土隧道的施工方法等技术难题,依托陕西吴堡—子洲高速公路黄土隧道群,在大量现场试验与测试的基础上,结合理论分析和数值模拟,系统开展了黄土隧道支护设计与关键施工技术研究,取得了以下主要创新性研究成果:

(1)在国内外首次对黄土地层(Ⅳ、Ⅴ、Ⅵ级围岩)两车道隧道有、无系统锚杆条件下的结构力学状态和稳定性进行了现场对比测试及分析,结果表明系统锚杆在黄土隧道中支护效果不显著。提出采用"钢架+喷射混凝土+钢筋网+锁脚锚杆(管)"的黄土隧道初期支护结构形式,创建了黄土地层隧道支护结构新型式。

(2)依据两车道黄土隧道台阶法施工过程中变形测试结果,发现拱部沉降的量值远大于净空收敛的量值,揭示了黄土隧道的变形规律。提出了"快挖、快支、快封闭,二次衬砌仰拱、边墙基础紧跟,二次衬砌适时施作"的黄土隧道施工准则。

(3)现场测试发现拱部系统锚杆受压,从土体的变形和锚杆与土体的锚固效果两方面分析了黄土隧道拱部系统锚杆的力学状态,揭示了钢拱架支护条件下黄土隧道系统锚杆的受力机理。

(4)现场测试结果表明,格栅钢架与型钢钢架相比,在与喷射混凝土共同作用时,具有受力性能良好、在施工中能有效保证喷层与围岩密贴等优点。

(5)在黄土隧道中取消系统锚杆,减少了施工的环节,有利于隧道施工安全和结构稳定,可明显缩短工期和降低工程造价。

(6)依据研究成果和工程实践经验,编制了《黄土隧道设计施工技术指南》。

项目成果有力支持了工程建设,形成了《黄土隧道浅埋段开挖技术工法》(陕西省交通运输厅组织编印)以指导后期的黄土隧道开挖施工。获得实用新型专利2项,在郑西铁路客运专线黄土隧道群、青兰高速公路16座黄土隧道、哈尔滨绕城公路天恒山隧道、青海大有山隧道、山西省多座黄土隧道、河南桃花峪隧道中推广应用,重要核心期刊发表论文5篇(EI收录4篇),应邀举办了10余次共计1000余人参加的专题培训讲座,经济及社会效益特别显著。

该项研究获2011年度陕西省科学技术二等奖。

2. 创新成果

形成了《大跨连续刚构桥主梁变形研究及对策》《高速公路淤积坝软弱地基处理技术研究》《黄土地区高边坡稳定性技术研究》《黄土沟壑地区调整公路植被防护技术研究》《调整公路沥青路面损坏机理及预防技术》研究成果,这些成果已用于指导工程实践。

(四)运营管理

2007年10月,陕西省交通建设集团公司吴靖分公司根据陕交建发〔2007〕513号文件设立,10月31日正式运营。试运营期间吴子高速局部路段出现路基沉陷、路面裂缝和严重车辙等质量问题。2009年9月省交通集团召开现场会,指令限期整改,由施工单位进行整修。2011年3月竣工验收,工程质量评定为合格。

吴靖分公司管辖路段为吴堡至靖边段高速公路,路段全线长188.87km,以通行费征收、路政、治超、养护和服务区管理为中心工作。实行分公司—管理所—收费站三级管理。吴子高速公路由吴堡、绥德2个管理所负责管理后期运营。

吴靖公司紧紧围绕交通工作大局和集团公司中心任务,本着"科学管理、团结实干、文明和谐、创新争先"的企业精神,以"管理无盲点、服务无挑剔、驾乘人员无怨言"为服务目标,致力于发展现代交通和推动当地经济建设。

1. 日常养护

采取有效措施进行维修保养。根据公路病害的季节特点,有针对性、有重点地开展日常保养和小修工程,确保公路病害能够及时处治到位。定期全面排查沿线所有构造物及交通安保设施等的使用状态,开展路基边坡缺口整修、防排水系统保养和绿化补植与修剪。重点加强桥隧涵、路基排水系统、交通安全设施、匝道、互通式立交区、紧急停车带、港湾式停车岛、服务区广场及进出口等处的日常养护工作,确保养护管理无死角。做到了沿线设施完整有效,路容路貌整洁,绿化、修剪到位,标志、标线规范齐全醒目,公路编号和桩号系统清晰规范。

吴靖高速公路针对吴子段隧道多、情况复杂的特点,制订了《吴靖分公司隧道养护管理实施细则》和《吴靖分公司长大桥隧应急保畅管理办法》等桥隧养护制度,明确了分公司和各管理所的专职桥梁(隧道)养护工程师。以公路桥梁、隧道定期检查报告为指导,加大巡(检)查频率和力度,对长大桥隧实行重点监管,确保所辖路段每一座桥梁、每一座隧道均良好运行,全线桥梁技术状态始终保持在2类以上等级,隧道土建结构始终保持在S级。

2.路政管理

路政管理坚持"保护路产、维护路权、规范执法、文明服务"的理念,做到内强素质、外塑形象,打造文明执法窗口,通过"四严格",规范了执法程序,管辖段结案率为99%。

3.治超工作

治超工作通过采取"定点检测、路面稽查、联动治超、责任倒查"等方式,强化治超管理工作。劝返率100%,超限超载率稳定控制在0.05%以内,治超规范化建站规范到位,治超工作开展规范有效。

2007年,陕西省交通运输厅度授予吴靖分公司"重点项目目标考核先进单位"奖牌;2008年,陕西省交通运输厅授予"除雪保畅宣传工作先进集体"奖牌。此外,还多次获得陕西省交通建设集团公司奖励。

初秋的塞北高原黄河西岸,金色的阳光将丰收的喜悦洒满坡坡峁峁、沟沟壑壑。驱车行驶在吴子高速公路上,宽展的路面时而如并蒂莲花时而若玉指分开,忽儿高坡傍云,忽儿穿壑破雾,车在路中行人在景中游,不由令你心旷神怡。

G20青岛至银川高速公路陕西段主要信息资料、主要从业单位信息资料见表9-5、表9-6

G20青岛至银川高速公路陕西段主要信息资料表 表9-5

项目名称	建设单位	建设里程（km）	技术标准	投资规模（亿元）	建设时间（开工~通车）
吴堡至子洲段	陕西省交通建设集团公司	68.07	双向四车道、设计速度80km/h	42.70	2004.12~2007.10
子洲至靖边段	陕西省交通建设集团公司	120.68	双向四车道、设计速度80km/h	44.67	2004.6~2007.10
靖边至王圈梁段	陕西省交通建设集团公司	132.29	双向四车道、设计速度100km/h	23.71	2002.6~2005.10

G20青岛至银川高速公路陕西段主要从业单位信息资料表 表9-6

项目名称	从业单位	单位名称
吴堡至子洲段	设计单位	中交第一公路勘察设计院
	施工单位	中铁五局集团第三工程有限公司、路桥二公局第三工程有限公司、承德路桥建设总公司、中铁十二局集团第一工程有限公司、东盟营造工程有限公司、中铁十二局集团第二工程有限公司、青海路桥建设股份有限公司、中铁四局集团有限公司、中铁一局集团第一工程有限公司、中铁二十一局集团第三工程有限公司、中铁十二局集团第四工程有限公司、中铁十八局集团第五工程有限公司、中铁大桥局股份有限公司、中铁十一局集团第二工程有限公司、中铁十三局集团第五工程有限公司、中铁十一局第三工程有限公司、陕西省咸阳路桥工程公司、中铁十局集团二公司、澄城县城乡建设综合开发公司、陕西横基建筑工程有限公司、榆林四达建筑工程有限公司、榆林胜利建筑工程有限公司、榆林市华盛交通工程有限公司、陕西高速交通工贸有限公司、陕西高速诚信交通工程有限公司、山西交研科学实验工程有限公司、陕西省成通机械化公路工程有限公司、陕西汉唐计算机有限责任公司、上海电器科学研究所有限公司

续上表

项目名称	从业单位	单位名称
吴堡至子洲段	监理单位	河北冀民公路工程咨询有限公司、山西振兴监理有限公司、云南公路建设监理公司、陕西恒通工程咨询有限责任公司、陕西建新项目管理咨询有限公司、榆林市瑞达建设工程监理有限责任公司、陕西公路交通科技开发咨询公司
子洲至靖边段	设计单位	陕西省公路勘察设计院
	施工单位	中铁五局集团有限公司、中铁隧道集团有限公司、路桥集团第二公路工程局第六工程处、西安铁路工程集团有限责任公司、山东省公路工程总公司、中铁一局集团有限公司、中铁大桥局集团限公司、中铁十八局集团第五工程有限公司、中铁十八局集团第一工程有限公司、中铁十六局集团第五工程有限公司、中铁隧道集团三处有限公司、中铁十一局集团第一工程有限公司、中国十五冶金建设有限公司、路桥二公局第三工程有限公司、路桥集团第二公路工程局、中铁五局集团有限公司、东盟营造工程有限公司、山东省路桥集团有限公司、陕西正天建设有限公司、中通建设股份有限公司、中铁电气化局集团有限公司、江苏泓益交通工程有限公司、山西通畅公路工程有限公司、陕西省成通机械化公路工程有限公司、山西路达实业总公司、杭州京安交通工程设施有限公司、河北科力交通设施有限公司、武安市交通安全设施有限公司、河北银达交通工业有限公司、高密市顺达交通工程有限公司、榆林市宏达基建工程有限公司、榆林四达建筑工程有限公司、陕西省第一建筑工程公司、榆林市胜利建筑工程有限公司
	监理单位	内蒙古宇通公路工程咨询监理有限责任公司、陕西恒通工程咨询有限责任公司、山东格瑞特监理咨询有限公司、西安华兴公路工程咨询监理公司、山东省滨州市公路工程监理咨询公司、山西省交通建设工程监理总公司、西安公路交大建设监理公司
靖边至王圈梁段	设计单位	中交第二公路勘察设计研究院、西安公路研究所
	施工单位	陕西现代公路机械工程有限公司、陕西省成通机械化公路工程有限责任公司、高密市顺达交通工程有限公司、江苏安防科技有限公司、陕西科润公路沿线设施工程有限公司、中铁十二局集团有限公司、路桥集团第二公路工程局第三有限公司、中铁十五局集团有限公司、中铁四局集团有限公司、陕西省通达公路建设集团有限公司、商洛公路工程公司、榆林第二路桥建筑工程公司、路桥集团第二公路工程局、中铁三局集团有限公司、中铁五局集团有限公司、榆林市天元路业有限公司、路桥集团第一公路工程局、陕西省通达公路建设集团有限公司、陕西省第三建筑公司、陕西省第五建筑工程公司、西安未央建设工程有限公司、陕西西建总承包公司、铜川市第一建筑工程有限公司、榆林四达建筑工程有限公司、陕西省机械施工公司
	监理单位	陕西中安监理公司、山东格瑞特监理咨询有限公司、陕西恒通工程咨询有限责任公司、西安方舟工程咨询监理有限公司、天津市国腾公路咨询监理有限公司、山西省交通建设工程监理总公司、榆林市弘宇建设监理有限公司、陕西省公路局

第四节　G22 青岛至兰州高速公路(陕西境)

2010 年 11 月 10 日,是一个注定要载入陕西交通建设史册的日子。这一天,从作为"中华民族之魂"的黄河壶口到子午岭,在厚重的黄土沟壑和沙土莽原中,一条按常规需要四年之久方能建成的现代化高速公路——青岛至兰州高速公路陕西段,用 2 年时间就建成了,为陕西、为西部又增添一条富民强省的通江达海大通道。一路横亘东西,绵延192.177km,秦时的直道在西侧惊叹新秦人的跨越,咆哮的壶口瀑布在东边赞美交通的壮歌!

(一)项目概况

G22青岛至兰州(简称青兰)高速公路,是国家高速公路"71118"的18条东西横向线之一。东起山东青岛,西至甘肃兰州,途经山东莱芜、泰安、聊城、河北邯郸、山西长治、临汾、陕西宜川、富县、甘肃庆阳、平凉、定西至兰州市。规划路线为原国家重点公路青岛至新疆拉甫线青岛—兰州段,其中定西至兰州段与G30连霍高速重线。隆德至泾川段与G70福银高速公路共线,全长1795km,是国家重点工程。路线连接了青岛、济南和兰州三座海陆交通枢纽城市和多座中小城市,成为连接我国东西部地区的公路运输大通道之一,在全国高速公路网中具有重要的地位。

青岛至兰州高速公路(陕西境)线位示意图

青兰高速公路陕西段穿越陕北革命老区,是给沿线人民群众奉献的一条快捷之路,也是老区人民热切盼望的致富路。建成青兰高速有效解决了延安境内东西方向无高速公路的困境,改善了沿线地区的交通条件和投资环境,加强了陕北与晋、冀、鲁等中东部省区的联系,为人们学习延安精神以及红色旅游提供更加方便快捷的路线,也为这条苹果优生带的农业和农村经济发展提供绝好的机遇,推动矿产资源和旅游资源的开发利用,促进沿线社会经济的发展和进一步提高人民的生活水平。

青兰高速公路陕西境在宜川县壶口乡县川口南侧由山西省跨越黄河进入陕西境内,经过延安市的宜川、黄龙、洛川、富县等4县13个乡镇,最后止于陕甘界交界的雷家角。青兰高速公路是陕西省"2367"高速公路规划网中的第三横,路线全长192.177km。按照全省加快高速公路建设规划,2007年11月9日项目试验段开工,2008年10月21日项目全线开工,2010年11月10日建成通车。

第九章
高速公路建设项目

青岛至兰州线陕西境高速公路

项目路线东西向横贯陕北中部,跨仕望河、大南川、小南川、厢寺川、葫芦河,穿越黑山梁、柳家山,于富县张家湾横穿秦直道遗址。路线与309国道相向,中段分离,东西两端平行。路线于宜川城东与在建榆(林)商(州)高速公路相交,至洛川厢西堡与包茂高速公路相交,至富县吉家村下穿210国道、袁家村上跨西(安)延(安)铁路,并于龙头河与西延高速公路二通道相接。路线采用双向四车道高速公路技术标准,宜川县秋林镇至洛川县厢西堡路段长82.55km,路基宽度26m,设计行车速度100km/h;其余路段路基宽度24.50m,设计行车速度80km/h。全线土石方工程3361万 m^3 ,防护排水工程122.90万 m^3 ;沥青混凝土路面472.13万 m^2 ;设桥梁4.10万 m/293座,其中大桥3.58万 m/164座,隧道5.55万 m/32座,其中特长隧道3076m/1座,长隧道1.87万 m/11座;互通式立交10座,分离式立交27座;跨线桥7座,天桥8座,通道89道,涵洞247道;设厢寺川、壶口、张村驿服务区3个,收费站10处(其中省际收费站2处),管理所3处。概算投资135.28亿元。

(二)建设情况

青兰高速公路陕西段业主单位为陕西省交通建设集团公司,下设青兰高速公路建设管理处(简称管理处)负责建设管理。由中交一勘院、陕西省公路勘察设计院设计。全线分90个标段,中交二公局、陕西路桥集团有限公司、青岛公路建设集团有限公司等90家施工单位参与建设。云南云路工程监理咨询有限公司承担总监,北京中交安通工程技术咨询有限公司、西安公路交大监理公司等19家单位承担驻地监理。委托西安公路研究院、长安大学检测中心为第三方检测。征地拆迁与建设环境保障由延安市政府总承包。

青兰项目陕西段全长192.177km,是当时全省一次性开工并通车里程最长的项目。工程量大,工期紧张。管理处与沿线政府配合,3个月基本完成征地清表工作展开施工。为赶工期,打破陕北地区冬季不施工惯例,采取给预制梁"盖被子"——加盖草垫保暖、隧道口"铺褥子"——铺草垫防滑、混凝土养生"盖房子"——搭建暖棚养生等保温措施,变冬闲为冬忙,千方百计赶进度,保质量,采用了以下诸多措施。

1.路基,千方百计提高稳定性

路基不均匀沉降、台背跳车等是公路工程建设中容易出现的质量通病,该项目通过对路基填料进行全面优化、对路基使用超重型压路机进行补强碾压,严格控制台背回填质量等措施,来克服通病。针对部分段落的路基线位过低、填料不良的情况,建设管理处组织设计单位和专家对全线的路基填料进行了全面优化处理,保证了路基的质量。

结合该项目的软基、过湿土、粉性土、高填方等实际情况,管理处组织专家现场察看论证后,决定对路基进行超重压路机补强碾压,以减少工后沉降对路基的不利影响。

2.桥梁,"内秀"与"外美"并重

在桥梁施工中,对已施工的梁板植筋,严格控制铺装钢筋网片的位置,确保桥面铺装工程质量。在预制梁施工前,按设计钢筋骨架先加工钢筋骨架定形模具,使工人在操作过程中严格按模具进行钢筋笼加工,确保钢筋间距、数量、保护层厚度严格按设计施工。桥梁伸缩缝施工时,邀请具有丰富经验的专业施工队伍对全线所有伸缩缝预留槽口进行全面处理,对伸缩缝预留宽度、线形、钢筋预埋等进行逐一检查,对不合适的伸缩缝进行专门的修整,既达到外观美貌,又保证伸缩缝的质量。

3.隧道,创造黄土隧道掘进新纪录

青兰项目的隧道大多是黄土隧道和黄土加风化岩隧道。特别是有着项目第一控制性工程之称、目前西北地区最长的黄土隧道——羊泉隧道,属于典型的陕北黄土隧道,主要为Ⅴ级及Ⅴ级加强,处在黄土高原地下水位线以下,含水量大,基本在25%左右,局部地方出现明水;围岩状况差,下沉、收敛变形较大,原地面下陷,个别地段达到1m,多次发生冒顶、涌泥、塌方,施工难度非同一般。针对黄土隧道含水量大、沉降量难以预测的情况,聘请了专业队伍对沉降量及收敛变形进行监控量测,为施工单位提供参考数据,以保证黄土隧道的二衬、断面符合设计及规范要求。结合当地地理环境,对所有的隧道洞门,逐一进行了现场勘察,并根据当地自然环境和省厅要求,对隧道洞门全部进行了优化设计,确保与自然环境协调一致。在黄土隧道施工中,创造了月进尺151m最高纪录,确保了全线控制性工程羊泉隧道的顺利贯通。

4.路面,努力做到"典范"

管理处加大软硬件投入,采用一系列新工艺、新技术、新设备、新材料等确保路面质量。项目全面采用"黑匣子"进行沥青混合料和路面施工远程监控,确保混合料严格按照设计配合比进行拌和以及路面施工的规范化。每个路面标段配备上面层料水洗设备,对所有上面层料进行水洗,确保集料质量。中面层施工完后,在路面两侧按上面层高程、宽度施工临时砂浆带,以提前进行边坡和土路肩绿化,起到了较好的效果。中分带两侧和桥梁护栏边缘采取热沥青密封处理,以防止中分带混凝土和桥梁护栏边缘渗水,铺筑过程中对中分带混凝土和桥梁护栏边缘刷涂热沥青,铺筑完后采用乳化沥青进行灌缝处理,有效地防止了渗水。

5. 文物,主动避让保护

该项目所途经的宜川、黄龙、洛川和富县是文物大县,沿途古战场、近代战争遗址和红色景观遗址较多。为了做好保护工作,在委托文物部门勘测、发掘的同时,积极主动地进行了避让和改线,如保护宜川秋林二战囤兵遗址。

2009年3月,该项目建设如火如荼地进行时,在富县张家湾发现了秦直道遗迹。轰隆的推土机已经上路,秦直道遗迹两边的高速公路已经推进。陕西省考古研究院秦直道专家张在明教授火急火燎地到现场解释:"你们修的是现代高速公路,这里却是中国最古老的'高速公路',用销毁它的方式来换取现代之路的代价太大了。"为避让和保护秦直道遗址,标段停工半年,1.8km线路改移,付出了增加投入上亿元的代价。2010年青兰管理处被评为"文物保护先进单位"。

6. 生态,怀着对自然的敬畏

该项目以"生态、环保、精品、典范"总体目标要求,狠抓生态保护和环境保护。青兰高速公路陕西段从选线开始,就一丝不苟地坚持生态选线原则。尽量少占用自然保护区林地、重点公益林地、原始林等生物量大、生物多样性好、生态价值相对较高的土地,最大限度地保护了自然生态。以桥隧为主,沿山脚和河道布线。在施工过程尽量利用弃土弃碴,同步落实水保、环保措施。加强施工过程中河道清理、取弃土场治理等保护措施。

筑路过程体现建设者们对大自然敬畏之情的生动事例举不胜举。在穿过黄龙山林区的时候,公路和一株数百年高龄的古树相遇。为了迁移这株古树,投入了大型机械3台、人力30余名、耗资15万元……且不说这株由数百圈年轮所构成的绿色生命,是怎样的价值无限,仅从精神层面来考量,青兰高速公路陕西段的建设者们在这件事上所表现出来的,也是高水平、高质量的人类文明。敬畏自然,呵护自然,与自然和谐相处,他们的所作所为,堪为楷模!

2010年6月环保部西北督查中心组织西北六省区环保厅局,在该项目召开了环境保护及监理工作现场会,充分肯定了他们的成绩。

经过建设者整整两年的挥汗如雨、披星戴月,青兰高速公路陕西段于2010年11月10日建成通车,成为陕西高速公路建成通车里程突破3000km标志。自此,陕北中部继青银高速公路陕西段之后又新增一条东西向高速通道,实现陕西"2367"高速公路网又一条横向线建设目标,使陕北能源化工基地对外公路交通进一步优化,陕西乃至西部与华北、华东和沿海公路交通得以强化。

庆祝高速公路通车 3000km

（三）科技创新

该项目管理处根据项目所在地的地形和气候特点，与西安公路研究院、长安大学等单位共同合作，积极展开课题研究，大力推广和应用新技术、新工艺、新材料，先后完成了"基于振动法的水泥稳定碎石设计与施工研究""长大上坡沥青路面动力响应与设计指标研究""高模量沥青产品铺设试验技术""橡胶粉改性沥青试验技术""沥青路面主动融雪化冰技术研究""锚头丝加筋沥青路面抗裂技术研究"等科研课题，在隧道照明中，在全省首次采用了节能新技术，单排布设照明灯具。

1. 基于振动法的水泥稳定碎石设计与施工技术研究

针对重型击实试验法和静压成型试件方法水泥稳定碎石设计与施工工艺不匹配的实际，开展振动法水泥稳定碎石设计与施工技术研究，主要创新性成果申请发明专利 3 项（授权 2 项），出版《垂直振动法水泥稳定碎石设计与施工技术》专著 1 部，核心期刊/国际会议论文 5 篇（EI 收录 2 篇，ISTP 收录 1 篇），编制的陕西省地方标准《垂直振动法水泥稳定碎石设计施工技术规范（DB 61/T529—2011）》于 2011 年 12 月 31 日实施。成果已在陕西省省西商高速公路、十天高速公路、神府高速公路、榆绥高速公路等全面推广应用，累计应用里程逾 486km，节省水泥 19 万 t，并已形成水泥稳定碎石基层抗裂技术示范，提升了我国公路水泥稳定碎石基层建设理论与技术水平，使我国公路水泥稳定碎石基层修筑技术达到国际领先水平。

2. 高速公路长大上坡沥青路面动力响应与设计指标研究

本项目属于应用基础研究，所取得的研究成果为实际交通荷载下长大上坡路段沥青路面动力学研究奠定了基础，不仅完善了现有沥青路面设计方法，也对以后长大上坡沥青路面结构设计、施工质量监控及提出合理的评价指标具有良好的工程应用价值。利用自行研发的拉拔仪及剪切仪对青兰高速公路陕西段进行了现场质量检测和施工质量监控。使用单位认为,路面层间剪切强度现场施工质量监控能显著提高结构层抗剪能力,使路面结构抗车辙、抗拥包能力及疲劳寿命大幅增加,降低道路大中修费用,保障道路畅通,具有良好的经济效益和社会效益。

(四)运营管理

青兰高速公路陕西段运营管理工作于2010年11月移交陕西省交通建设集团公司宜富分公司。

1. 养护管理

在运营期间,上级主管部门领导多次视察运营情况,并给予工作指导。公司也针对实际情况,从多方面着手工作:加强行政管理,提高办公效率;狠抓收费管理,提高通行费征收能力;提高养护水平,保证优质路况;加强路政治超工作,保护路产路权;推行特色服务,打造服务区品牌;狠抓财务管理,严格执行财务制度;加强人事管理,保持队伍稳定;强化安全责任,做好安全工作;加强党风廉政建设,大力开展"创先争优";加快步伐,完成分公司基地建设工作;完成迎国检工作任务,实现运营水平提升;搞好精神文明创建,构建富有特色的企业文化;加大宣传力度,提升宜富分公司社会影响力和知名度。

宜富分公司积极与地方政府配合沟通,改进管理办法,设置应对预案。一是针对青兰高速公路陕西段沿线原始森林面积较广的实际情况,联合地方林业、消防等相关部门,加强对过往驾乘人员的宣传教育,做好防火工作。二是与延安市公安局交通警察支队高速公路大队在除雪保畅和事故处置等工作方面做好配合工作,采取巡查管控、事故预防,针对各类突发事件事先做好应急预案等措施,打造畅通、平安、和谐的交通环境。三是认真探索治超收费一体化的工作新思路,在软件、硬件设施上下功夫,尽快实现治超收费一体化在巩固治超成果的同时,减少治超人员,降低治超成本,把节约的资金用到更需要的地方去。

2. 抢险救灾

成功总是来源于平日的积累。正是宜富分公司平日的狠抓实干,应急预案做得好,2013年7月21日的暴雨导致的泥石流等灾害才能在短时间内处理完毕。

7月21日23时起,富县遭遇强降雨天气,13个小时内降雨量高达151.7mm之多,致使青兰高速公路陕西段富县境土质山体多处发生滑坡、塌方、泥石流等灾害。最为严重的一处发生在石家河隧道西口,由于大量泥石流从隧道西两个洞口流入,一直穿过1.5km长的隧道,从隧道东两个洞口流出,泥石流厚30~90cm,致使石家河隧道上下行线交通完全中断。在富县连接线上,共有11处泥石流从山坡滑下或从山沟冲出,并穿越路面和防撞护栏,流入洛河,致使富县连接线交通中断。宜富分公司防汛小组接到险情后,立即启动应急预案,第一时间赶赴现场,组织人员、设备进行抢险。

此次抢险工作在多个水毁路段同步施工,确保抢险救灾工作全面有序推进,第一时间抢通辖段内各交通中断路段。22日中午12点30分,富县连接线基本抢通,恢复单车道通行。截至24日晚21点,青兰高速陕西境全线抢通,恢复正常通车,无任何交通事故和人员伤害事件发生。本次防汛抢险,宜富分公司在短时间内共投入人力2393工日,装载机91台班,挖掘机35台班,除雪车30台班,洒水车68台班,自卸车107台班,路政等其他抢险车辆133台班,在最短的时间内抢通了路段,确保了道路的畅通。

3. 文明创建

宜富分公司始终以创建"人民群众满意基层单位"为核心宗旨,能够根据自身特色,探索创新、克服困难,将创建活动与运营管理工作相结合,抓出实效、创出特色,得到省纠风办等主管部门以及人民群众的肯定。

宜富分公司积极举办省著名书画家赴宜富分公司创作采风活动、积极承担驻地企业社会责任,帮助当地受灾群众尽快重建家园,通过一系列正能量的活动鼓舞公司员工积极向上,使得分公司职工精神面貌神采奕奕,涌现出一系列积极向上的模范事迹。

2014年2月17日,富县突降鹅毛大雪,一货车被困于宜富高速公路无法前行。富县路政中队路政员吴正昭、王亮亮立即施援解救,最终货车成功脱困,道路恢复了畅通,避免了交通事故,保护了车辆和驾驶员的人身安全。

2014年1月19日,当地一老乡为宜川收费站送来了一面写着"见义勇为,真情为民"的锦旗。原来是宜川站收费班长田军荣和收费员刘小平不惧风险,救助了摔倒昏迷的老人,并送往医院使老人得到了及时救治。

这里是红色的教育基地,弘扬着延安精神的无私奉献;这里的人们朴实无华,传承着革命先辈的艰苦奋斗。职工们以无畏的精神用血和汗修筑起这条阳光大道,用情和爱呵护这片红色基地。

行驶在项目公路上,风景如画,放眼望去层林尽染,清泉淙淙。两旁的草木郁郁葱葱,随风摇曳。处处体现建设过程中"师法自然"的环保理念,路与自然的和谐相容,把高速公路天衣无缝地融入到大自然中,在开发与保护中实现了人与大自然在更高层次上的和谐。

G22青岛至兰州高速公路陕西段主要信息资料、主要从业单位信息资料见表9-7、表9-8。

G22青岛至兰州高速公路陕西段主要信息资料表　　　　表9-7

项目名称	建设单位	建设里程（km）	技术标准	投资规模（亿元）	建设时间（开工~通车）
壶口至雷家角段	陕西省交通建设集团公司	192.177	双向四车道、设计速度100km/h	135.28	2007.11~2010.11

G22 青岛至兰州高速公路陕西段主要从业单位信息资料表   表9-8

项目名称	从业单位	单位名称
壶口至雷家角段	设计单位	陕西省公路勘察设计院、中交第一公路勘察设计研究院有限公司、西安公路研究所、北京炎黄联合建筑设计有限公司西安分公司
	施工单位	中交二公局有限公司、中铁七局集团有限公司、陕西明泰工程建设公司、中交二公局第三工程有限公司、中铁十六局集团第五工程有限公司、中铁隧道集团有限公司、中国路桥工程有限责任公司、中铁五局集团第四工程有限责任公司、中铁三局集团第六工程有限责任公司、西安盟兴高等级工程股份有限公司、中交一公局第三工程有限公司、中铁七局集团第三工程有限公司、中国中铁股份有限公司、中国水电建设集团路桥工程有限公司、中交二公局第四工程有限公司、中铁隧道股份有限公司、中交第一公路工程局有限公司、中铁电气化局集团西安铁路工程有限公司、东盟营造工程有限公司、中铁一局集团第一工程有限公司、中铁十一局集团有限公司、中铁十八局第二工程有限公司、中铁十二局集团第三工程有限公司、中铁十八局集团有限公司、中铁二十一局集团第三工程有限公司、陕西路桥集团有限公司、中铁五局集团第一工程有限责任公司、中铁二十局集团第六工程有限公司、青岛公路建设集团有限公司、安通建设有限公司、中铁五局集团第三工程有限责任公司、中铁五局集团机械化工程有限责任公司、中交第四航务工程局有限公司、湖南四建安装建筑有限公司、中铁一局集团建筑安装工程有限公司、中铁十七局集团电气化工程有限公司、上海石化消防工程有限公司、山西省工业设备安装公司、陕西泰安电子科技有限公司、陕西奥达建筑工程有限公司、中十冶集团有限公司、咸阳古建集团有限公司、西安市秦户建筑总公司、西安市高陵县建筑工程公司、陕西神龙建筑路桥工程有限公司、中国有色金属工业第六冶金建筑公司
	监理单位	榆林四通工程监理咨询有限公司、云南云路工程监理咨询有限公司、西安公路交大建设监理公司、北京建工京精大房工程建设监理公司、陕西公路交通科技开发咨询公司、西安华兴公路工程咨询监理有限公司、陕西恒通工程咨询有限责任公司、内蒙古公路工程咨询监理有限责任公司、北京中交安通工程技术咨询有限公司、陕西兴通监理咨询有限公司

第五节 G2211长治至延安高速公路(陕西境)

2015年10月14日一大早,蓝天映衬着雄浑苍茫的黄土地,太阳像质朴的山娃子害羞地露出了头,照在人身上暖洋洋的。山坳里,乡民们愉悦地奔走相告,三三两两的相跟着出门,要去看延延高速公路的通车典礼。他们在兴致勃勃地谈论着一件事,延安到延川的高速公路通车了!延延高速公路像一条舞动着的黑色巨龙穿插于山梁沟峁,土层窑洞错落两旁。行进在田间树林的人们注目它的风采,头顶白羊肚手巾的放羊老倌观望车流奔向远方。

(一)项目概况

G2211长治至延安高速公路陕西境内为延安至延川(陕晋界)高速公路,简称延延高速。延延高速是《国家公路网规划(2013~2030年)》长治至延安的组成路段,也是陕西省

"2367"高速公路规划网7条东西横向线之一,它是延川与延安有效连接的一条快速通道。延延高速的通车对完善陕西省高速公路网,推进当地产业升级,加快陕北国家能源重化工基地建设和红色旅游发展,带动区域经济协调发展,建设西部强省具有重要意义。

延川到延安区间公路原主要依靠210国道。随着经济发展,过境重载车辆增多,路面坑洼难行,加之暴雨积水,路上经常发生拥堵,部分路段车辆时速甚至低于20km,特别是延川县城到文安驿和姚店到延安段拥堵现象较为严重,原有公路已不能满足出行需求。

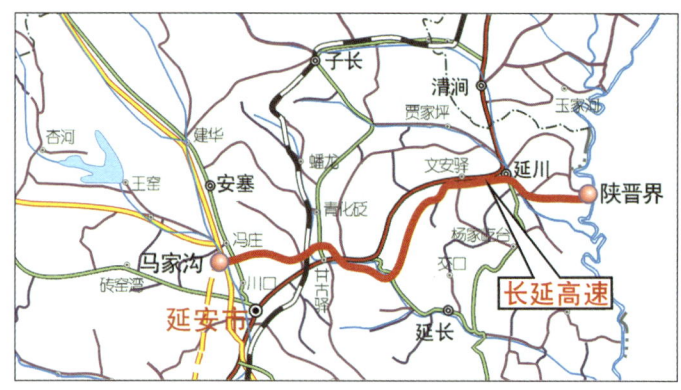

长治至延安高速公路(陕西境)线位示意图

延安至延川高速公路

2011年11月9日,陕西省发展改革委员会以《关于延安至延川高速公路工程可行性研究报告的批复》批准工程可行性研究报告。2012年8月17日,陕西省发展改革委员会以《延安至延川高速公路初步设计的批复》对初步设计进行了批复。2013年8月16日,陕西省交通运输厅以《陕西省交通运输厅关于延安至延川(陕晋界)高速公路施工图设计的批复》对施工图设计进行了批复。

延延高速公路起点位于安塞县沿河湾镇以南的马家沟,向东经冯庄、青化砭、元龙寺、姚店、甘谷驿、蒿岔峪、禹居、文安驿、延川、王家河,在刘家畔设黄河特大桥跨越黄河,至山西省境内的直里地,路线全长115.526km,立交连接线10.06km。路线按照双向四车道高速公路标准建设,其中马家沟至姚店及延川立交至陕晋界路段,设计行车速度为80km/h,

路基宽度24.5m,路段长度分别为36.134km和31.465km(累计长度67.599km);姚店至延川立交段长47.927km,设计行车速度为100km/h,路基宽度26.0m。全线共设桥梁36336.84m/165座(折合双幅),其中特大桥5714.00m/5座,大桥28511.25m/126座;涵洞183道;隧道14403.50m/13座,其中特长隧道3745m/1座。桥隧占线路总长的43.92%。全线设互通式立交9处(含预留2处),分离式立交41处,跨线桥1处,通道210处,服务区2处,停车区2处,收费站7处(含1处主线收费站),管理分公司1处,管理所2处,机械化养护中心1处,养护工区1处,隧道管理站1处。

延延高速公路批复概算为118.26亿元,其中资本金约32.2亿元,由项目法人单位筹措,其余资金通过国内银行贷款解决。

(二)建设情况

该项目法人为陕西省交通建设集团公司,项目管理执行机构为陕西省交通建设集团公司延延高速公路建设管理处。陕西省交通规划设计研究院负责设计。陕西路桥集团有限公司、中国路桥集团西安实业发展有限公司等施工单位中标施工;陕西省交通工程咨询公司担任工程总监;陕西省交通工程咨询公司、云南云通监理咨询有限公司等单位承担工程监理;陕西交建公路工程试验检测有限公司承担检测。

2012年11月16日,全面开工建设。2015年9月7日,路基桥隧工程全线贯通。2015年10月14日,延延高速公路建成通车。项目获2015年度公路水运建设"平安工程"。

延延管理处从建设初期就以打造精品工程为目标,根据项目实际情况,采取了一系列质量管理措施:

一是实行工程质量责任卡制度。按照工程质量终身制的要求,管理处在工程开工前,要求各施工、监理单位管理人员按照各自专业分别填写工程质量责任卡,并将施工、监理人员在同一工程项目中应承担的质量责任一一对应,便于责任追查和终身负责制的落实。

二是加强对监理单位及人员的管理。管理处邀请省交通厅质监站对进场的所有监理员进行了上岗考试,对业务水平低、责任心不强的监理人员清除出场。根据本项目实际情况,督促高级驻地办设置相应监理组,按施工合同段实施质量管理。

三是实行第三方检测制度。为了更好地对路基软基处理、隧道施工和大中桥梁施工质量进行监控,管理处委托第三方检测单位对本项目路基、隧道及桥梁桩基、桥梁荷载试验等项目进行检测,加强过程控制,确保质量目标。

四是加强对原材料质量的管理。管理处依据合同对重要原材料实行准入制。工地无法完成的试验检测项目,要求必须进行外委试验,从样品采集到送检,须在监理旁站下进行。

工程技术方面,落实交通运输部"五化"要求,制定了本项目标准化施工手册。

路基软基处理前,邀请设计单位和专家现场再次对清表后的地基处理方案进行确认,处理完毕后第三方检测单位及时介入,检测合格后方可下步施工。路基填筑环节,严格按照试验段总结的工艺工法和机械配置进行施工推广,固化标准作业流程。对于回填质量和路基挖填结合部,根据不同的台背地质情况制定相应的处理方案和回填方案,配备专门的机械和作业人员开展施工,最大限度与路基填筑同步进行,采用专用夯实机械二次夯实补强。

桥梁工程标准化施工中,采用数控钢筋弯箍机、数控钢筋弯曲中心、数控钢筋笼成型机、标准化定位模具等设备和工艺进行钢筋加工,提高加工质量和效率。梁板预制按照"首件认可"制,全过程、多环节控制预制质量,固化了梁板智能张拉、大循环压浆标准化施工工艺,解决了梁板预应力不足和压浆密实性不足的问题,实现所有梁板智能化喷淋养生,避免了人工养生不到位、不及时的问题。梁板安装及桥面铺装注重对桥梁支座、梁顶标高、平面位置进行全覆盖测量验收,有效解决因支座垫石表面平整度差引起的梁板顶面不平及支座早期变形;采用二氧化碳保护焊连接钢筋,解决了湿接缝钢筋烧伤问题,确保了钢筋连接质量;桥面铺装采用桁架式三滚轴整平机及自行式磨光机,解决了桥面铺装的平整度和桥面铺装表面裂纹的问题。

隧道工程标准化施工中,对于黄土隧道及围岩较差的石质隧道,严格按照设计的预留核心土分步开挖法施工,及时施作超前系统、边墙落地及仰拱封闭成环工作,确保结构安全;石质隧道开挖采用光面爆破结合楔形掏槽技术,确保爆破效果良好。排水孔、半管布设、防水板、二衬钢筋均提前二衬台车两板施作,二衬钢筋加工时,在焊接部位背后垫小块木板,防止焊接时烧伤防水板。隧道检测,除加强初支、二衬的地质雷达检测外,对隧道仰拱的质量也采用地质雷达结合钻芯取样进行检测,确保隧道仰拱严格按照设计施工。

管理处在严抓质量的同时,狠抓进度。每月提前下达目标任务和重点工作,对项目难点、重点及控制性工程,实行专项考核,狠抓节点目标任务落实。

一是抓早动快。积极和沿线地方政府沟通,协调环境保障、移交红线用地等工作。各施工、监理单位分头动员,层层落实,使每一位参建人员都能认清形势、明确目标。要求各合同段根据年度目标倒排工期,层层细化,把任务落实到每个班组、每个工点,一对一抓落实。

二是科学分解任务。结合各标段工程建设实际情况,将总体目标任务分解细化到每一个工程点,形成"以周保旬、以旬保月、以月保全年"。管理处各级成员分为若干小组,对进度滞后的单位,按照标段包干原则,落实具体工作责任。各施工、监理单位实行分片、分段、分类、分点包干制,逐级考核,层层监督、全面加强动态管理,强力推进工程进度。

三是狠抓合同管理,严格履约检查。管理处安排专人负责合同台账的建立、登记及支付,抓好合同台账管理,对合同管理及履约情况进行针对性检查,各施工单位必须按工作面确定施工队伍、设备,对因人员和设备投入不足而导致进度滞后的单位,通过邀请法人代表座谈、更换主要负责人等方式,强化管理力量。

四是适时掀起大干热潮。建设期间,每年年初管理处先与施工、监理单位人员到施工现场摸底排查,然后组织召开大干动员会,会议内容针对性强,效果显著。适时在全项目开展"大干90天""大干120天""决战60天"等劳动竞赛活动,持续掀起建设周期大干高潮。

五是重点突破,攻坚克难。对影响总体进度的夏阳山特长隧道、黄河刚构特大桥等控制性工程,采取专项措施强势推进。调配专人紧盯现场,参与施工管理,加大奖罚力度,缩短考核周期,严控节点工期。多次约见施工单位上级法人代表,要求派驻工作组加强现场管理。

六是劳动竞赛,重奖重罚。在全线组织开展以比质量、比进度、比安全、比文明施工、比内业资料、比廉政建设等"六比"为主要内容的劳动竞赛活动。对全面完成任务的单位给予奖励,完不成任务的给予处罚。对于指挥不力、管理能力差的项目经理坚决予以撤换,要求其上级单位派工作组进驻整顿,直至强制分包。

七是积极应用新工艺、新设备。黄河特大桥技术复杂、管理难度大,管理处定期组织技术咨询会,研究解决工地中发现的问题并指出下一阶段施工的注意事项。积极推广新工艺、新设备的应用。桩基施工过程中采用正循环泥浆处理装置,提高清孔效率,大大缩短了成孔时间;刚构桥主墩施工过程中采用液压爬模施工工艺,提高工效约1/3;在刚构桥墩身采用一墩双塔吊、双电梯的配置,提高了吊装效率,促进了工程进度。

本项目征地拆迁和环境保障工作由延安市政府总承包,路线所经区县分别负责辖区征地拆迁和环境保障工作。参建协调人员完成了大量艰苦细致的工作,现场解决征迁及环境保障相关问题,为项目建设营造了良好的施工环境。

2015年10月14日,延延高速公路建成通车。驾车从延安市至延川县城,以往走国道需2个小时,现在仅需50分钟。

(三)复杂技术工程

黄河特大桥

黄河特大桥全长1072m,为六跨连续刚构桥,集深水、高墩、大跨为一体,技术含量高、施工难度大。大桥最高墩柱高150.5m,为目前陕西省境黄河上墩柱最高的大桥,是延延高速公路的控制性工程。

交通不便始终是困扰施工的一大难题。施工人员要到对岸山西境内勘察工地,只能从延水关绕道30多公里。由于运输船载重量不足,打桩机械重量体积较大,作业队将两艘船并排捆绑在一起才将机械设备运送过河。距离项目最近的加油站到现场7km行程之内，就有 12 个"S"形弯道，山石滚落和坍方频发，被当地百姓称作"鬼门关"，让很多运送物资的司机望而生畏。由于道路承载能力所限，大小龙门吊运送到加油站后，要全部拆卸分解成小块后，蚂蚁搬家式地运到工地。

延安至延川高速公路黄河大桥施工

施工作业环境危险是第二大难题。项目所在地多风，150.5m 高的墩身顶部的摇摆幅度 20 多厘米，工人们要用巨大的勇气去克服内心的恐惧。为了让施工作业人员能够安全地上下作业，项目部在墩身上安装了电梯。每次上墩身作业，都要提前半小时启动电梯并来回升降多次，确保万无一失。

为确保施工安全，在加强日常教育的同时，在施工便道上筑起挡土墙防止山体滑坡，施工现场每隔 10m 就放置救生圈和救生衣。设置全覆盖无死角的无线视频监控系统，对安全、质量进行实时监控。

在建设过程中，参建各方采用了诸多有力措施，保证施工质量。薄壁空心墩施工中，利用蒸汽锅炉、高压水泵、加压设备、喷淋管等材料设备，对墩身进行养护。主墩桩基施工中，采用回填片石、黏土、锯末、膨润土等混合物后反复冲孔的方法，有效解决了涌水、孔底漏浆等技术难题。大体积承台混凝土浇筑过程中，通过优化配合比、"内降外保"法养护等措施，降低了冬季大体积混凝土浇筑过程中水化热的影响。采用智能张拉、智能大循环压浆系统，避免了预应力施工过程中人为因素的影响，确保了主桥预应力施工质量。

建设者们成功推行液压自爬模工艺进行墩柱施工，将每模高度从 4.5m 提升到 6m。内外模板采用钢木组合结构，减轻了模板自重，提高了工作效率，创下了一个月浇筑 36m 的纪录。技术人员撰写的《液压自爬模施工工艺中墩身竖直度及外观质量控制》荣获 2014 年度全国工程建设优秀质量管理小组三等奖。

2015 年 9 月 7 日，黄河特大桥成功合龙。自此，延延高速公路路基桥隧工程全线贯通。陕西延川和山西永和居民千百年来"隔河相望"的历史宣告结束。之前从延川到永和，要经过 100 多公里蜿蜒曲折的盘山公路，路况好时要走 5 个多小时，遇到恶劣天气，交通时常中断达半月之久。大桥建成后,两地之间仅有50分钟车程。

(四)运营管理

延延高速公路建成通车以后,交由陕西省交通建设集团公司延延分公司负责运营管理。分公司下设2个管理所、2个服务区、6个匝道收费站、1个主线收费站。

延延分公司全面深化运营管理,强化项目尾留管理,加强干部队伍建设,从各方面推进运营管理工作。以培训促管理,为建设"勤政、廉洁、高效、绩优"的运营团队,延延分公司从业务理论学习、岗位技能培训、军事训练和业务技能竞赛四个方面搞好员工培训活动,整个活动有阶段计划、有目标要求、有考核奖惩,强化督导,确保实效。并将培训与规范化管理、星级收费站和星级收费员评选相结合,并列入管理所考核内容。训练时通过以老带新,提升员工业务技能,进行业务知识问答、点钞、队列、现场实操等技能竞赛。

1. 抓安全排隐患

一是重点检查全线高边坡稳定性和排水系统的畅通情况、隧道口稳定性、洞内渗水漏水情况和桥梁安全运行情况,杜绝各类边坡及桥隧安全隐患。二是对办公场所电路、电器、消防器材、防雷设施等进行排查,对发电机及水泵进行调试,保证用电安全。三是盘点防汛物资,对缺损物资和故障设备进行统计并进行及时补充和检修,做好随时调用的准备。四是对所辖道路、服务区、收费站、行人徒步上下高速、违法破坏公路设施等行为进行集中治理。五是详细检查各类安全内业资料,对填写不规范、内容不详实的资料进行及时规范和纠正。六是对各单位车辆维护保养、内部安全保卫、食品卫生等各方面进行检查,排除安全隐患。

2. 搞演练重防汛

为了加强防汛抢险应急反应能力,做好应对汛期突发恶劣天气的准备工作,2016年6月8日,延延分公司组织开展了"防汛抢险应急预案演练"活动。模拟情景为:上行K101+600处上边坡发生水毁塌方,造成货车道和应急车道阻断,一辆小型客车受困,一人轻伤。演练发现了在实战中可能会出现的问题,提出了解决方案,强化了应急保障措施的落实力度和协同作战能力。

3. 保畅通重疏导

2016年3月22日,延安市宝塔区210国道甘谷驿镇至姚店镇路段因山体滑坡修复施工导致国道交通堵塞,过往的车辆都改行延延高速公路,延延分公司管辖甘谷驿收费站和姚店收费站车流量持续增大。

针对车流量突然增大,延延分公司迅速反应,从四个方面积极应对:一是迅速联系调配通行卡,确保了延延高速流量突增情况下车辆正常通行。二是根据车流量的增长幅度及时调配通行票;三是值班站长跟班加强现场管理,现场做好收费车道的指挥疏导工作;四是加强收费车道外勤疏导,确保了收费站不出现拥堵。

4. 重服务优餐饮

延延高速公路建成通车后,车流人流持续增长。为了满足社会公众的就餐需求,延安东服务区采取多项措施提高就餐服务质量。并结合地域特点,餐厅推出喜事小吃宴、剁荞面、陕北油糕、洋芋叉叉、羊肉面片等地域特色小吃。

驱车行驶在延延高速公路上,平坦、舒适,车内驾乘愉悦,窗外景色宜人,湛蓝的天空、金黄的庄稼、大红的窗花、雪白的羊肚手巾……而公路就像一条蜿蜒的黑缎穿越其间,与这些色彩一起和谐地点缀着陕北的大地。

G2211长治至延安高速陕西段延延高速主要信息资料、主要从业单位信息资料见表9-9、表9-10。

G2211长治至延安高速公路陕西段延延高速公路主要信息资料表 表9-9

项目名称	建设单位	建设里程(km)	技术标准	投资规模(亿元)	建设时间(开工~通车)
延安至延川高速公路	陕西省交通建设集团公司	115.526	双向四车道、设计速度100(80)km/h	118.26	2012.11~2015.10

G2211长治至延安高速公路陕西段延延高速公路主要从业单位信息资料表 表9-10

项目名称	从业单位	单位名称
延安至延川高速公路	设计单位	陕西省交通规划设计研究院
	施工单位	陕西路桥集团有限公司、中国路桥集团西安实业发展有限公司、陕西明泰工程建设有限责任公司、中铁二十局集团第二工程有限公司、中铁十二集团有限公司、中铁七局集团有限公司、中铁十局集团西北工程有限公司、河北北方公路工程建设集团有限公司、中国中铁股份有限公司、中交一公局海威工程建设有限公司、中铁十四局集团第二工程有限公司、中交二公局第四工程有限公司、中交一公局第四工程有限公司、中铁二十三局集团有限公司、黑龙江省龙建路桥第一工程有限公司、中铁十一局集团第一工程有限公司、中铁五局集团第四工程有限责任公司、中交第二公路工程局有限公司、中铁十四局集团第五工程有限公司、东盟营造工程有限公司
	监理单位	陕西省交通工程咨询公司、云南云通监理咨询有限公司、山东省滨州市公路工程监理咨询公司、洛阳市路星公路工程监理有限责任公司、陕西公路交通科技开发咨询有限公司、陕西利民公路工程咨询服务有限公司、山东格瑞特监理咨询有限公司、河北通达工程监理咨询有限公司、陕西高速公路工程咨询有限公司

第六节 G30连云港至霍尔果斯高速公路(陕西境)

横贯中国大陆的东、中、西部,连接江苏连云港市和新疆霍尔果斯市的G30连霍高速公路,是国家高速公路"71118"网规划的18条东西横向线之一。全长4395km,是中国最长的横向快速陆上交通通道,成为中国高速公路网的横向骨干。

连霍高速公路陕西段,自陕豫界潼关县西北村起,至陕甘交界牛背村,贯连渭南、西安、咸阳、宝鸡四市、11县(区),全长328.88km。连霍高速公路陕西段穿越关中平原,全线跨越渭河、灞河、沣河、千河等河流。沿线人口密集,经济发达,区间交通主要依靠陇海铁路与310国道,铁路运输紧张,公路交通拥挤。随着西部大开发,建设横贯东西、贯连关中平原的高速通道成为迫在眉睫的重要任务。

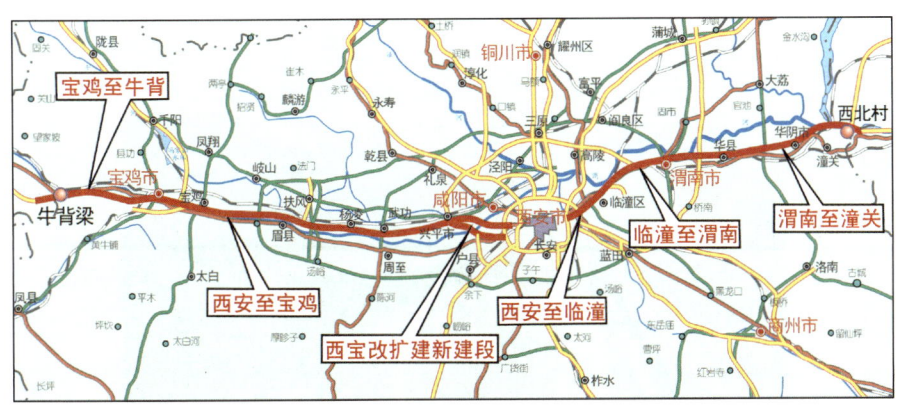

连云港至霍尔果斯高速公路(陕西境)线位示意图

连霍高速公路陕西段建设,自1986年12月西安至临潼高速公路建设起,1992—2009年,先后建成的路段有西安至宝鸡高速公路、临潼到渭南高速公路、渭南至潼关高速公路、宝鸡到牛背高速公路,历时23年,建设工程总投资61.34亿元。至2015年年底,全线有西安至宝鸡高速公路、西安至潼关高速公路两段共229.76km路段施行了改扩建,形成双向八车道高速公路。连霍高速公路陕西段的建成通车,沟通了豫、陕、甘3省的高速公路通道,对于完善陕西省高速公路网结构,促进西部大开发,具有重要意义。

一、渭南至潼关段

渭南,中华古文明与古文化的重要发祥地之一,历史文化积淀十分深厚。它南屏秦岭,东濒黄河,渭洛中贯,华岳挺秀。潼关,北临渭水、黄河,南依秦岭,既有水陆交通之利,又能对交通予以阻险,是理想的"塞"与"通"的统一点,自古乃兵家必争之地。千百年来,潼关道见证了无数的刀光剑影、讨伐征战,描写其险要的诗句数不胜数,其中尤以元代诗人张养浩的《山坡羊·潼关怀古》为代表:"峰峦如聚,波涛如怒,山河表里潼关路。望西都,意踌躇。伤心秦汉经行处,宫阙万间都做了土。兴,百姓苦;亡,百姓苦。"

如今,刀光剑影已然黯淡,鼓角争鸣悄然远去,勤劳的三秦儿女在被历史湮没的黄尘古道上,筑起了通往全面小康的幸福之路。

(一)项目概况

渭南至潼关高速公路,简称渭潼高速公路,是国家"五纵七横"高速公路网在陕西境内的一段,也是连接中原和西部地区的重要交通枢纽。它横贯关中,通往国家级旅游景区——秦始皇兵马俑、西岳华山等著名旅游风景区,支撑陕西省"一线两带"建设、带动西安经济发展。1996年12月31日开工建设,1999年10月1日建成通车。2003年被评为陕西省高速公路建设质量优良工程,成为当时陕西省高速公路建设史上的又一力作。

华山脚下的渭南至潼关高速公路

1995年12月,国家计划委员会批复《关于渭南至潼关高速公路可行性研究报告》。1996年7月,交通部批复《关于渭南至潼关高速公路初步设计》。

渭南至潼关区间陇海铁路运输紧张,310国道渭南至潼关段技术标准低,通行能力不足,成为东西向公路交通瓶颈路段。临潼至渭南高速公路建成后,连接连霍高速公路陕西境东出口与河南境路段的渭潼高速公路列入陕西省利用世界银行贷款修建第二批公路项目之一。项目路线自渭南市临渭区程家乡接渭南至潼关高速公路,经华县、华阴、潼关等县(市、区),至潼关县西北村接河南省洛阳至灵宝高速公路,全长78.52km。设计行车速度120(100)km/h,路基宽26m。全线土石方工程1401.8万m^3,防护排水工程15.20万m^3。设桥梁3042m/29座,其中大桥1867m/8座;互通式立交4处,分离式立交16处,跨线桥12座,天桥2座;通道110座,涵洞154座;服务区、停车区各1处,收费站5处。

(二)建设情况

陕西省交通厅世界银行贷款项目执行办公室负责项目实施,设渭潼高速公路项目组,并设总监办公室、渭潼代表处;设计单位为陕西省公路勘察设计院;陕西省路桥工程总公司等施工单位中标路桥施工;西安公路研究所、陕西省公路工程咨询公司等单位承担监理;意大利咨询公司ITALCONSULT S.P.A 9名专家从事监理咨询;征地拆迁和建设环境保障,分别由西安、渭南两市政府负责。项目在建设过程中主要通过以下四个方面加强建设质量与进度管理。

一是保障施工环境,确保施工计划完成。各主体施工单位设立专职外协人员,参与各层次的协调会议,及时贯彻落实确定的事宜。市、县指挥部办公室人员坚持现场办公,及时解决突发性阻工事件。实事求是解决问题,按政策标准办事,项目组工作人员实行分段包干、责任到人、一抓到底的办法,配合市、县指挥部,发现问题及时处理。对于村民和地方政府职能部门提出的灌溉、排水、行路等方面的问题,由项目组牵头,县指挥部、设计、监理、施工人员参加,实行分段实地勘察、现场协商、现场办公的办法解决。加强计划进度控制。实行分阶段进度质量检查评比,每月初分标段召开例会,检查总结进度质量,协调解决影响工程问题,并设立进度质量奖惩制度,强化激励约束,使路面底基层和基层提前1个月、面层提前1.5个月完成。

二是施工质量控制坚持"4不准",即:单项开工报告未批准不开工;原材料不合格不准进场;上道工序不合格,下道工序不准开工;不合格工程不计量、不支付,并坚决返工。对近15km路基填筑压实度达不到标准的低液限粉土路段,采取适当降低路堤设计高度,对路堤压实度93%和95%区域填料予以砂砾换填等措施,减少填土60多万立方米,换填砂砾70余万立方米,并将400多米挡土墙改为高架桥。

三是积极采用新技术新材料。采用场拌摊铺机铺筑路面基层,有效提高路面平整度,提高行车舒适性。特殊路段通过降低路堤的设计高度,将设计中粉质砂土填料,改用换填砂、砾等方式保证路基的压实度。对全线的通道、涵洞、桥梁等构造物的台背,在一定范围内,将设计填土,改为换填砂砾,并严格控制填料的粒径和压实度,较好解决台背跳车问题。将大、中桥梁的板式橡胶伸缩缝改为仿毛勒伸缩缝以提高桥梁耐久性和平整度。

四是严格控制投资。投资控制主要从三方面着手。一是省委、省政府成立以主管副省长为总指挥的建设指挥部,同时出台相关文件,限定土地征用、建筑物拆迁单价范围,确保征迁费用不超支。二是建立工程主管单位(交通厅)、建设单位(项目办)、监理单位(总监办)之间的控制投资的制约机制,制定设计变更审批程序、费用支出审批程序等制度,使投资管理受到严格控制,保证费用支出的合理性。三是制定费用支付管理措施,合同内费用由监理工程师控制、五级审批使用,合同外费用如新增工程单价变更等,需在项目组、代表处联席会议讨论确定,并报上级单位批准后,才能进行支付;对资金的管理均采用合同的方式,建设单位与设计、施工、监理、地方政府、拆迁单位等均定有合同(或协议),严格履行合同,按合同办事,减少资金支付的盲目性,有效控制投资额。

1999年10月1日建成通车,比计划工期提前9个月。经竣工验收,评定为优良工程。工程投资14.10亿元。

(三)运营管理

渭潼高速公路通车后,养护、征费以及路政等运营管理交由陕西省高速公路建设集团公司西渭分公司。西渭分公司紧紧围绕"收好费,服好务"的总体思路,对渭潼高速公路实行规范化管理,坚持做到文明、优质、微笑服务,把目标任务分解到站,落实到班组和个人,同时不断加大堵漏增收力度。渭南管理所在2002年成为陕西省高速集团成立以来的第一个征费额突破亿元的管理所。渭潼高速公路于2003年建成了"省级文明样板路"。2003年3月,渭潼高速公路所辖的11个收费站已全部建成厅级"文明收费站"和"收费公路管理规范化合格(优秀)单位"。渭潼高速公路不同岗位的工作人员中,先后有36人获得了国家和省部级荣誉。

潼关收费站采取多项措施,不断改进服务环境、提升员工素质,严把服务质量关,营造良好窗口形象。一是树立良好服务形象,潼关收费站开展标准化教育活动,通过宣传、教育,让标准化服务的意识深入人心,并贯穿于每一个服务细节之中,使过往驾乘产生亲切感与认同感。二是提高车辆通行效率,积极完善各类应急预案,落实各岗位员工责任,提前辨别车型,及时引导指挥车辆,杜绝拥堵现象;充分实行弹性工作制,增设对外服务窗口,确保在最短时间内放行车辆。三是减少车辆矛盾投诉,潼关收费站结合站内前期投诉工作实际情况及车辆运输车联合执法专项行动,制定投诉事件处理机制,力争专项活动期间将投诉矛盾解决在现场,努力实现零投诉目标;同时,潼关收费站认真落实驾乘意见反馈制度,及时对驾乘的意见进行回复,加强与驾乘联系沟通,减少同类投诉事件再发生。四是切实改进服务短板,潼关收费站坚持每日稽查,发现问题,立即予以纠正;同时坚持值班站长值守,认真听取驾乘意见,了解驾乘需要,不断改进服务工作中存在的问题与不足。

渭潼高速公路的建成,标志着西安至潼关高速公路全部建成,东出潼关又添一条通衢大道,增加了陕西关中东向省际出口通道,极大地改善了区间交通条件,促进了沿线经济社会发展,显著加强了东西部之间交通联系,同时为利用外资加快陕西省高速公路建设提供了新经验。

二、临潼至渭南段

自周秦到汉唐,临潼为京畿之地,处于中国政治、经济、文化活动的中心地带。这里出土的秦始皇兵马俑军阵,为世界所称奇;这里发生的"兵谏"在中国历史上留下难以磨灭的故事。渭南是八百里秦川最宽阔的地带,是中华民族发祥地之一,是中原地区通往陕西乃至大西北的咽喉要道,也是新欧亚大陆桥的重要地段。

(一)项目概况

临潼至渭南高速公路,简称临渭高速公路,是连霍高速公路陕西境自西安至临潼高速公路向东延伸段,是国家和陕西省"八五"交通重点建设项目,也是 20 项兴陕工程之一。原区间交通主要依靠陇海铁路和 310 国道,等级低、路况差、人车混行、平面交叉的 310 国道为三级标准,到 20 世纪 90 年代时常发生拥堵,已经难以应对改革开放、国民经济大发展的需求。

1993 年 2 月,国家计划委员会批复《临潼至渭南高速公路可行性研究报告》。1993 年 8 月交通部批复《关于临潼至渭南公路初步设计》。1994 年 1 月陕西省交通厅批复《临潼至渭南公路施工图设计》。

按照陕西省政府连霍高速公路陕西境建设东西并进的战略部署,临渭高速公路于 1994 年 12 月 1 日动工,1996 年 12 月 30 日建成通车,实际工期比原计划提前半年。路线全长 40.77km,其中 41km 为利用西临高速公路原有半幅加宽为整幅。路线起自西安至临潼高速公路姜沟互通式立交,利用已建成的西临高速公路左半幅,至后逐渐向北偏移,沿渭河南、陇海铁路北侧设线,经新丰、零口、良田、止于渭南市程家乡。全线按双向四车道、全封闭、全控制出入的高速公路标准建设,设计行车速度 120km/h,路基宽度 26m。全线土石方工程 571.5 万 m^3,防护排水工程 6.30 万 m^3。设桥梁 2724m/13 座,其中特大桥 2105m/2 座、大桥 415m/3 座;互通式立交 4 座;通道 104 座,涵洞 121 座;服务区 1 处,收费站 5 处,管理所 1 处。

交通部批复项目初步设计概算投资为 5.17 亿元。建设资金来源为交通部补助、陕西省交通建设专项基金和国内银行贷款三种形式。

(二)建设情况

项目管理单位为陕西省高等级公路管理局。设计单位为陕西省公路勘察设计院。铁道部第十六工程局、陕西省路桥工程总公司等施工单位中标参与施工。陕西省公路工程咨询公司、西安公路研究所中标监理;征地拆迁和建设环境保障,分别由西安、渭南两市市政府负责实施。

临渭高速公路原计划工期为两年半。1995 年,陕西省人民政府从进一步扩大改革开放、促进区域经济发展出发,要求加快临渭高速公路建设,提前半年建成通车,将工期压缩为两年。项目在建设过程中主要通过以下三个方面加强建设质量和进度管理。

一是加强计划进度管理。施工过程中随时检查计划执行情况,及时提出调整意见,进行统计,并编制和展示单项及总体工程进度图表,对可能导致延期的关键工程及时提出增加施工力量的意见和指令;加强工期监督。遇到难以控制的气候原因和建设环境因素,工期受到影响时,建设单位就责成和协助施工单位排除干扰,创造条件,按工期完成任务。

二是强化施工质量控制。在临渭高速公路建设中,始终把质量第一放在首位,贯穿于建设的全过程。举办有各施工单位项目经理和技术人员参加的施工技术规范、合同管理、竣工资料和试验工作学习班;督促施工单位完善质量自检体系,监理单位严格把好材料试验关、现场监理关和抽查检测关。对路基、挡墙、桥梁进行专项质量检查,实行质量问题一票否决制。在交通部检查组查出零河桥中间带盖板混凝土配合比失控和大梁底部裂纹等问题后,项目组当即发出停工令,责令施工单位将该桥所有中间带盖板全部报废、返工;委托西安公路交通大学对底部裂纹大梁进行桥梁动、静荷载试验,并施以压力注胶封闭处理,直至强度可靠。路基和桥涵台背填土进行钻孔取样,填土压实度不合格的 54 个通道全部进行强夯处理。路面铺筑实行"4 个不准"制度,即路基交验不合格、路面材料及配合比不合格、拌和及铺筑碾压设备完好率达不到标准及运输车辆不足的,不准铺筑路面。由于秋季阴雨期赶工等因素影响,AB 标段路面出现局部松散和泛油,项目组及监理督促施工单位进行彻底修复,达到部颁质量标准。

三是加强政府部门监督,开展多形式质量监督活动。强化交通厅基本建设工程质量监督站对工程质量的监督。监督站多次深入工地,检查施工单位的机械设备和工地试验室;多次组织建设单位、监理单位到施工现场对公路路基、桥梁构造物、挡墙进行专项质量检查,包括路基压实度、通道台背压实度、挡墙剖面砂浆饱满度、砂浆配合比等专项内容,并将检查中出现的问题会同监理工程师、施工单位逐条进行分析,对不合格工程坚决推倒返工处理。

(三)运营管理

临渭高速公路建成通车后,交由陕西高速集团西渭分公司负责运营管理,主要负责项目范围内路段的收费、养护、路政、治超等管理工作,此路段设 3 个管理所、15 个收费(治超)站、2 个停车区。

西渭人真诚热情地服务于临渭高速公路,荣获社会各界的高度赞誉。西渭分公司于 1999 年被中央文明委授予"全国精神文明创建工作先进单位"称号,2005 年 10 月被中央文明委授予"全国文明单位"称号,同年 12 月被交通部评为"全国交通文明行业先进单位"。渭南管理所于 2001 年、2002 年、2004 年分别荣获"全国五一劳动奖状""省级文明单位标兵""全国青年文明号"。华阴管理所于 2004 年荣获"省级文明单位"称号,2005 年 12 月被交通部评为"全国交通行业文明示范窗口",2007 年 3 月又获得"全国青年文明号"称号。

1. 治理车辆外挂见实效

为了切实保证车辆外挂治理工作在临渭辖区能够顺利进行,见到实效,临渭管理所将治理工作的重点转向集中整治,联合公路局治超站开展"联合治理、重点防治"活动,成为治理工作的一大亮点。治理工作中,临渭所派出专人进驻治超站,对来往的车辆进行逐一排查,收集相关证据,宣传治理外挂的政策文件。对确认外挂的车辆积极劝返,提供相关政策的咨询和缴费帮助。此项措施的出台,有效扩展了稽查的广度和力度,也为治理工作提供了新的渠道和思路。

2. 多项措施做好收费站品牌创建

采取多项措施积极做好收费站品牌创建动员,进一步提升收费窗口良好的对外形象。

一是统一思想,提高认识。切实把好思想关,把收费站品牌创建当作一项政治任务来对待,引导全站职工端正态度,保持良好的精神面貌和文明服务,为创建工作奠定思想基础。

二是突出特色,制定方案。按照管理所提出相关品牌建设要求,制定好创建方案,从品牌阐述、打造措施、文化口号、班组文化建设等方面出发,将重点工作精细化,突出特色,塑造品牌,营造良好创建氛围。

三是积极开展,落实部署。深化员工教育培训,积极开展特色班组创建活动,培育一流团队,加大服务体系配套建设,突出人文关怀,在工作实践中不断提高服务水平,争做行业排头兵,用实际行动为品牌创建保驾护航。

四是加强督导,完善措施。品牌创建过程中坚持开展自纠自查、监督指导活动,定期查找存在的问题,对违规违纪现象及时发现、及时整改,用严谨的态度打造品牌站区。

临渭高速公路的建成,将渭南至西安、咸阳、宝鸡一线用高速公路贯通,在关中人口密度大、经济发展快、城市化水平高的地带,形成便捷高速公路通道,显著改善了关中地区公路交通条件,增强了西安与沿线城市交叉辐射功能,促进了沿线经济社会的开放和发展。

三、西安至临潼段

1936年12月12日凌晨,西安事变的枪声震惊了中国和世界,让世人一步知晓了临潼这座城市。1974年3月11日,当喧闹的春天又一次来到临潼骊山脚下的时候,西杨村一年一度的打井工程开始了,但就这一次打井,"一镢头挖出了震惊世界的第八大奇迹"——秦始皇陵兵马俑。秦始皇陵兵马俑已沿着高速公路"走"向世界,成为"陕西省的名片"。这条连接西安和旅游胜地临潼区的高速公路,全长23.89km,1987年10月31日开工建设,1990年12月28日建成通车。

(一)项目概况

有着"13朝古都"称誉的西安,是我国的历史文化名城,也是我国西部地区经济、文化中心和交通枢纽。临潼骊山挺拔俊秀,树木繁茂,风光旖旎;坐落在骊山脚下的唐华清池遐迩闻名,白居易《长恨歌》中"春寒赐浴华清池,温泉水滑洗凝脂"的名句,曾倾倒无数文人墨客。"世界第八奇迹"秦始皇兵马俑和稀世珍宝铜车马的发掘出土轰动了世界,中外游人蜂拥云集,争相目睹。

近百个国家的元首和政府首脑把参观兵马俑列为访问中国的重要行程。在20世纪80年代,通往临潼的公路等级低,路况差,汽车、拖拉机、行人混合行驶,车流量大幅度超负荷,行车拥挤,车速缓慢,经常堵塞,通行状况很差。交通已成为制约西安旅游经济发展的瓶颈。为改变这种局面,1985年7月,陕西省委书记白纪年和陕西省交通运输厅厅长李文广等人专程前往交通部,汇报了在"七五"期间加快修建西临高速公路的规划。这条路很快被国家批为高速公路建设项目,成为全国第一批开工建设的四条高速公路之一。

西安至临潼高速公路奠基仪式

1987年10月31日,西临高速公路开工建设,它是陕西省第一条高速公路,也是我国西部第一条高速路。为了以示永久性纪念,灞桥石台景观于2008年11月动工建造,占地400m²,净高4.6m,基座采用正方形五层阶梯式结构,顶层置景观石、中间两层蓄水、下两层栽木,正面镌刻着红色魏碑体"陕西第一条高速公路纪念"11个大字,背面刻有西临高速有关介绍,景观造型表达了通达四方、建造和谐的美好愿望,并与西临高速公路历史地位和重要通道作用相得益彰。

西临高速实现陕西省高速公路的零突破,是令国人瞩目的陕西省高速公路建设工程,是陕西省"西部强省"战略的快车道,也是让陕西省引领西部大开发的"起飞跑道"。路线起于西安市浐河东的官厅,经豁口南、高桥沟,到姜沟过西潼公路和陇海铁路,止于临潼区西苗家村,全长23.89km。路基宽26m,上下行四车道。设计行车速度120km/h,昼夜行车量25000车次。全线土石方工程228.92万m³,防护排水工程78.73万m³。设桥梁1480.89m/16座,其中大桥752.43m/3座;涵洞37道,互通式立交桥2座,分离式立交12处,通道41处,收费站1处。另有为高速公路配套的支线和通道线19.86km。其中华清支线是高速公路的主要集散路段,西起西安市万寿路北口,经十里铺街、浐河滩与新建浐河桥相接,全长2.6km。

交通部批复本项目初步设计概算投资为2.37亿元。本项目实际完成投资2.42亿元,建设资金来源为交通部补助投资、招商银行贷款和陕西省交通运输厅自筹三种形式。

第九章
高速公路建设项目

a)

b)

西安至临潼高速公路

(二)建设情况

执行机构为陕西省交通厅西临高速公路建设领导小组。设计单位为陕西省公路勘察设计院。施工单位为西安市第一市政工程公司、交通部第二公路工程局、陕西省路桥公司和铁道部第二十工程局。监理单位为陕西省交通厅西临高速公路监理工程师办公室。西安市政府承担征地拆迁和建设环境保障。

建设陕西省第一条高速公路,没有成熟的经验可资借鉴。项目管理者在建设施工过程中主要通过以下五个方面加强建设过程管理,确保修建好陕西省的第一条高速公路。

一是加强组织领导,建立强有力的工地指挥班子。1989年3月陕西省政府为了统一协调和领导陕西省高等级公路的建设、管理工作,成立了以陕西省政府特邀顾问张斌为组长的陕西省高等级公路建设领导小组。同年9月,陕西省政府调整了原西临高速公路领导机构,专门成立了以西安市政府副市长张富春为指挥、陕西省交通厅副厅长胡希捷为副指挥的西临高速公路建设指挥部。建立了陕西省高等级公路管理局,具体负责陕西省高等级公路的建设和管理工作。

二是帮助中标施工单位解决具体困难,充分调动他们的积极性。协调领导小组在全面分析了第一阶段工程进度缓慢、质量不尽人意的原因之后,决定从增进理解、理顺关系入手,切实解决施工单位在资金、管理、技术、施工环境等方面的具体困难。西安市政一公司承建的A标段9.44km剩余工程量,约占1990年全线工程量的50%,是全线完成任务的关键。为此,时任陕西省高等级公路管理局副局长汪星宇进驻西安市政一公司协调工作,帮助订计划、提措施、教技术、解难题、抓管理、促施工。

三是强化管理手段,加强计划管理。帮助施工单位建立并坚持五日报制度,随时掌握工程进度,动态跟踪管理,从而做到管理目标明确,措施具体,责任落实。同时,实行生产计划和奖金指标挂钩同时下达,月终考核,奖罚兑现。召开的施工调度会,厅、局领导和指挥部办公室都主动参加,对出现的问题尽可能做到当场解决,问题不过夜。

四是依靠各级政府和部门,创造良好的施工环境。1989年9月,陕西省政府与西安市政府签订了《西临公路建设环境目标责任书》。西安市政府与沿线政府签订了承包合同,层层落实任务。1990年4月西安市政府发布了《关于严禁干扰西临高速公路建设的通告》,成立了西临高速公路治安组,严厉打击阻挠破坏高速公路建设的行为,使施工环境得到较大改善。指挥部办公室征迁组的同志走遍了沿线的1区1县8个乡、镇和33个村委会,耐心细致地做村民思想工作,使存在的施工环境问题都能较快得到解决。

五是增强质量意识,严格建立程序制度。针对西临高速公路施工中存在的工程质量问题,1990年初,陕西省交通厅组织陕西省高等公路管路局、西安公路研究所和监理办对全线已做的工程进行了一次全面质量检测,指出了不少存在的问题,及时组织提高各施工单位的质量意识和执行监理程序意识,要求各施工单位在自检基础上,对不符合质量要求的工程,主动返工重做,直到符合要求为止。

(三)复杂技术工程与科技创新

西临高速公路建设期间,国内其他高速公路所用沥青均由国外进口。交通部把国产沥青用于高等级公路列为"七五"计划科技重点攻关项目,在西临高速公路试验段用国产沥青铺筑3km实体路面,进行"高等级公路半刚性基层沥青路面结构设计与抗滑表层"研究和"重交通道路沥青在高等级公路工程中的实用技术研究"。1989年4月陕西省交通厅具体部署,8月开始铺筑,12月底完成。经过检验,各项指标符合要求,试验圆满成功,证明国产沥青完全可用于高速公路。

西临高速公路收费系统是国家"七五"计划科技攻关项目,由西安公路研究所、西安公路学院、陕西省公路勘察设计院共同研究成功。分设在8个车道上的轴重测定仪、车辆分离器、车型检测器、车道收费控制机、收费显示器等一系列现代化设备,全部采用计算机管理。1988年1月5日至7日,在西安邀请北京工业大学、西安交通大学、西北工业大学、西北电讯工程学院、交通部公路研究所、上海市城建设计院等20多个单位的30多位教授、专家,对技术方案进行评审后,认为设计合理,技术先进,基本达到国家"七五"攻关项目合同书要求。

(四)运营管理

西临高速公路是国家"七五"重点建设项目,在交通部的支持下,获得了招商银行5000万人民币的贷款。但是"高速公路是用钱铺就的",在国家投入有限的情况下,为了突破公路建设的资金瓶颈,陕西省委、省政府以敢为天下先的气魄创新性地提出了"以产权换资金,以存量换增量,以市场换项目,以资源换技术"的"四换"加快公路交通建设全新理念。从1996年9月30日22时起西临高速公路20年的经营权,以3亿元人民币转让给了香港越秀企业(发展)集团陕西金秀交通有限公司独立经营。陕西省高效使用西临高速公路转让经营权换来的资金,又建起了临渭高速公路,一条路变成了两条路,创造性地解决了公路建设资金不足的问题,为陕西省赢得了宝贵的发展时间。

2016年9月30日22时,转让20年收费经营权的西临高速公路履约到期。西临高速公路经营权正式由香港越秀企业(发展)集团移交陕西省高速集团管理。

1. 微波热再生养护

为保证高速公路的安全畅通,提升高速公路沥青路面日常养护水平,2006年,陕西高速机械化工程有限公司在西临高速公路路面预防养护施工中,创新性地使用威特微波热再生养护车。养护车利用微波加热墙对病害处进行加热,约20min,病害处路面即被完全软化,将原路面铲开并填入新的混合料,经再次加热后,使用养护车上自带的小型路面压路机将其压实平整,整个施工程序就完成了。该养护车避免了传统人工挖补路面污染重、效率低、劳动量大等缺点,可对沥青料循环利用,有效节约了原材料,使用快捷灵活方便。

2. 多举措加强道路保洁

积极营造良好的路容路貌行车环境,进一步加强保洁公司管理力度,确保所辖路段干净整洁,以靓丽的道路通行环境迎接过往驾乘人员,是西临高速运营管理的常态。

公司细化《道路日常养护保洁检查考核管理办法》,根据实际情况对保洁范围、工作时间、检查标准等方面进行再明确、再细化,形成保洁公司、养护管理人员、管理所三级管理,确保保洁成效;要求保洁公司加强对全体保洁人员作业安全的教育,严格执行安全操作规范和要求,不断提升自身安全防范意识,防止发生各类不安全事件;养护人员加强巡查力度,对保洁人员出勤情况进行检查,全面落实保洁工作制;严格落实检查考核要求,加强对可视范围、引水槽、急流槽、边坡、通道、涵洞等部位的检查力度,切实为过往驾乘人员提供一个"畅、洁、绿、美、安"的道路行车环境;明确奖惩制度,加强奖惩通报,定期对日常保洁工作中存在的问题予以通报,对保洁质量保持良好的情况予以奖励,重点对标志服混穿、不按时上下班、打扫不彻底等问题加强检查考核,全力提升所辖路段路容路貌水平。

西临高速公路,以陕西高速公路"第一路"载入交通建设的史册。1990年12月28日,西临高速公路经过3000多名职工,1000多个日日夜夜的辛勤努力,终于建成通车。通车当天,《陕西日报》进行了特写报道,题目是《通车第一天》:"12月28日早8时整,从灞桥收费站到十里铺,早已排满了等待通行的长龙。来自华清池的面包车司机紧紧握着(陕西省高等级公路管理局)局长张维光的手,兴奋地说:'我在西安至临潼之间跑过数不清的来回,这一段经常堵塞,过去行车需一个多小时,现在有了高速公路,可不用发愁了'。另一位陕西'乡党',高兴地交了两元钱,通过了收费站。当问到有什么感受时,他说,吃两个'肉夹馍'的钱,美美跑了20多公里,值!"

四、西安至宝鸡段

修路是穿越贫困,激扬文明的幸福工程。"要想富,先修路",真切表达了区域社会经济发展对高速公路建设事业的期望和要求。始于汉代,盛于唐代的长安,曾经向西走出了一条"丝绸之路"。今天,位于丝绸之路起点的西安至宝鸡高速公路是欧亚大陆桥的咽喉,也是陕西省交通运输的主动脉和关中区域的"黄金通道"。美丽富饶的八百里秦川,在20世纪90年代初营造出全新的发展大道。

(一)项目概况

西汉时,张骞开辟了从长安经甘肃、新疆,到中亚、西亚并连接地中海各国的陆上通道——"丝绸之路"。两千多年前,成群结队的商贾、旅人及使节从汉都长安始出陇关,过楼兰,越荒漠,跨高原,古道漫漫,驼铃叮当,在这条"物流"的路上行走着。古代中国、印度、波斯、阿拉伯,甚至希腊罗马文化聚集在这里,异彩纷呈。随着海上交通的繁荣,曾经的"丝绸之路"湮没在荒沙深处。为了西部的崛起,1992年4月1日,始称西安至宝鸡一级汽车专用公路,后为西安至宝鸡高速公路开工建设。

西安至宝鸡高速公路被列为1992年20项兴陕项目之一,按一级汽车专用公路标准立项、设计和修建,全立交、全封闭、双向四车道。按照陕西省人民政府确定的连霍高速公路陕西境"统一批准、分期征迁、分段施工、东西并进"原则,历时3年零7个月的艰苦奋战,1995年12月,备受陕西省人民期望的这条高速公路建成通车。1996年2月,工程质量被评为优良。1997年1月,交通部批准西宝公路改为西安至宝鸡高速公路,简称西宝高速公路。该项目是交通部和陕西省"八五"重点工程,是陕西省"2367"高速公路网七条东西横向线中的重要组成部分,是关中天水经济区交通运输的主干道,也是陕西省当时投资最大、里程最长、设施最完善的公路交通基础设施。西宝高速公路的建成通车,促进了西部大开发进程,密切了东西部地区经济联系与交流,提升了陕西省交通区位优势,加快了陕西省经济乃至西部经济发展。

西宝高速公路跨越陕西省关中西安、咸阳、宝鸡三个大城市,路线起自西安市后围寨,途经咸阳市、兴平、武功、杨凌、扶风、眉县、蔡家坡、岐山等县市,至宝鸡市南坡村。全长145.88km,路基宽24.5m,设计行车速度100km/h,日通行能力达3万辆以上。西宝高速公路全线土石工程1691.3万 m^3。设桥梁2445.94m/12座,其中大桥2065m/4座;涵洞561道,互通式立交9处,分离式立交43座,通道399座,服务区2处,收费站11处。

交通部批复该项目初步设计概算投资为14.19亿元。本项目实际完成投资13.66亿元,建设资金来源为中央补贴、陕西省自筹和利用银行贷款三种形式。

(二)建设情况

项目管理单位为陕西省高等级公路管理局。设计单位为陕西省公路勘察设计院。参建单位为铁道部第二十工程局、辽宁省公路工程局、陕西省路桥工程公司等25家单位。陕西省公路工程咨询公司承担监理。征地拆迁和环境保障由沿线地方政府负责。

西宝高速公路分三段建设。1992年4月,西安至兴平段(西兴段)开工建设,全长34.1km,1993年12月建成通车;1993年4月宝鸡至蔡家坡段(宝蔡段)开工建设,全长31.54km,1994年12月建成通车;1994年4月兴平至蔡家坡段(兴蔡段)开工建设,全长80.24km,1995年年底建成通车。宝鸡市政府为缓解市区出入口交通紧张,改善投资环境,提出路线终点延伸意见,即将原终点陈仓区南坡村千河桥西,改为沿渭河河堤延伸至斗中路。经陕西省人民政府1992年7月7日第26次省长办公会议研究确定,由宝鸡市政府建设延伸段9.72km,采用全立交、全封闭、双向四车道,设计行车速度100km/h,路基宽度24.5m。后又交由陕西省高等级公路管理局负责延伸段建设,项目概算投资3820.04万元,竣工决算3826.02万元。

1995年12月5日,西宝高速公路全线与宝鸡市区延伸段全面建成并试通车。1996年1月8日,陕西省政府在西安三桥举行通车典礼,国务院副总理邹家华专程从北京来陕出席剪彩仪式并巡视全线。

西宝高速公路路线经渭河一、二级阶地,地势平坦。为解决铁路、公路及地方道路、农耕路、灌渠等对路基净高要求,路基平均填土高度自东往西由3.05m增至4.20m。路基严格分层碾压;黄土含水量大、压实效果不佳路段,调整摊铺厚度及碾压工艺,使各层压实度达到规范要求;宝蔡段采用砂砾填筑路基;西兴段桥梁台背加铺4cm沥青混凝土面层,解决台背下沉致桥头跳车问题。路堑边坡采取挖洞、施肥、移植小冠花根的方法进行植物防护。

西宝高速公路随路线建设同时建成收费、通信和服务系统。采用站、所、处、局四级计算机控制网络和三级远程图像传输与控制技术,具有收费数据系统实时查询、交通量调查等功能。通信工程由光纤数字传输系统、程控交换系统、紧急电话系统和电源系统组成,为当时陕西省管理设施最全、技术最先进高速公路项目。在工程项目管理上,是全国最早推行建设项目业主负责制的工程,并积极推行工程监理制度,全面强化施工单位的组织工作,严格控制工程概算、质量和工期,保证了工程建设的顺利实施,这一做法得到了国家计委和交通部的充分肯定。

西宝高速公路的全线贯通,使关中西部形成了东西向高速公路通道,显著缓解了区间公路交通紧张状况,两地间行车时间由原来的4h缩短为1.5h。高速公路将西安、咸阳、宝鸡等城市与高新经济开发区、示范区联成一体,加速沿线产业结构调整和城镇化建设,带动关中经济、科技、教育、文化、旅游等资源开发与发展。

(三)复杂技术工程与科技创新

1. 陕西省高速公路养护费用指标及定额研究

随着陕西省多条高速公路的相继建成,养护费用管理存在诸多问题。陕西省高速公路养护费用指标及定额研究确定了高速公路日常养护费用指标,进行了工程养护费用定额分析,确定了高速公路养护预算编制办法及收费标准,为西宝高速公路日常养护费用的计算提供了科学的、规范的计算标准,补充的适合路面养护工程特点的预算定额填补了目前国内高速公路养护行业无标准的空白,为准确计算养护投资提供了科学依据和理论基础,使养护工程造价管理工作跨上新台阶。本项目研究,获得2003年度陕西省科学技术奖三等奖。

2. 粗粒土路基压实度标准、回弹模量及测定方法的研究

项目研究的内容是用粗粒土填筑高等级公路的路基技术,提出了用粗粒土填筑高等级公路路基现场控制压实度的标准和合理的施工工艺,确定了粗粒土路基回弹模量的建议值和固体体积率的控制值。西宝高速公路大胆地采用弹性波直接测定粗粒土动弹性模量,并与承载板测得的静弹性模量建立了相关关系。本项目研究,获得1998年度陕西省科学技术奖三等奖。

3. 针对跨越构造物路面结构设计与施工技术的研究

"桥头跳车"是当时困扰高速公路行业的一大难题。跨越构造物路面结构设计与施工技术研究,主要用于公路跨越构造物路面结构的设计与施工,对涵洞、通道上的路面进行力学计算;对桥面上的路面结构,研究荷载作用下层间剪应力的变化规律。在理论分析的基础上,进行结构模型试验、材料性能试验,修筑试验结构,提出设计参数与方法。西宝高速公路对桥头、通道过渡段路面,在理论分析的基础上,着重从结构设计和施工技术两方面加以研究。桥面铺装通过理论分析与试验研究,推荐铺装结构并提出材料技术要求。研究成果应用于西宝高速公路涵洞、通道上路面、路桥过渡段路基面以及混凝土桥面铺装的设计与修筑。本项目研究获得2003年度陕西省科学技术奖一等奖。

(四)运营管理

西宝高速公路建成通车后,交由陕西省高速集团西宝分公司负责运营管理,主要负责项目范围内路段的收费、养护、路政、治超等管理工作,此路段设5个管理所、21个收费(治超)站。西宝分公司一手抓企业改制,一手抓运营管理,建立了一系列的规章制度,作风建设全面加强,基础管理水平逐年提升,全面完成了各项目标任务。西宝分公司坚持以科学发展观为指导,以"道路安全畅通"和"强化文明服务"为工作重心,抢抓机遇,攻坚克

难,创新手段,强化管理。

1. "星级"评定显活力

西宝分公司在总结西宝高速公路运营管理经验的基础上,进一步加强收费公路"窗口"建设,提升高速公路综合服务水平,提出收费管理一季度有改观、二季度见成效、三季度有提高、四季度展形象的目标,制定下发了《西宝分公司星级收费站评定办法》,全面推行星级收费站管理。

星级收费站评定设四个级别,进行千分制考评,每季度评定一次,被评为星级的收费站授予牌匾,实行动态管理。《西宝分公司星级收费站评定办法》按照"细化、量化、科学化"原则,把基础设施、现场管理、站容站貌、内业资料、票证管理、稽查监督、文明服务、组织领导和目标考核纳入考评范围。

2. "六个强化"服务保通畅

西宝分公司通过落实"六个强化"服务保通畅。一是强化组织领导,完善道路保畅应急预案,成立专项保畅小组,确保车辆通行畅通。二是强化值班管理,严禁出现脱岗、离岗现象,要求值班人员手机保持24小时畅通,并在收费站车流高峰时段增添收费人员,及时开启应急车道。三是强化分流管理,出口设置限高门和免费车辆通道指引牌,做好缴费车辆和免费车辆的分流工作,引导车辆分道、有序通行,确保收费站安全畅通。四是强化业务技能,在确保规范、无误操作的前提下,要求收费员提高工作效率和对特殊车辆的处理能力。五是强化文明服务,增强服务意识,完善便民服务台设施,提供车辆加水、饮用开水、外用应急药品、维修工具、行车地图等项目,营造良好窗口形象。六是强化安全管理,各站对机电设备、收费岗亭、灭火器开展安全排查工作,对发现的隐患,做到及时整改。2015年7月,常兴站被陕西省交通运输厅授予"四星级收费站"荣誉称号。

西安至宝鸡高速公路渭河桥

3. 治超站查处作弊超限车

为更好地贯彻落实治超工作要求,确保整顿治超队伍见成效,切实打好治超攻坚战,西宝高速公路杨凌所路政中队制定措施,大力整顿治超队伍。

狠抓执法队伍建设,文明服务,廉洁自律,严格实行问责制;治超人员写出强化治超、打好治超攻坚战的决心书;实行治超人员廉洁从业承诺制度;建立并严格执行治超人员工作评比、奖惩制度;实施治超人员工作情况公布制度和末位淘汰制度;实施治超站工作数据统计汇报制度和宣传、信息报送制度;建立与地方公安、交警等部门的联系制度;建立治超站综合评比制度和先进流动红旗制度。2007年7月3日,陕西省交通工会在西宝高速公路杨凌收费站,为该站荣获"全国巾帼文明示范岗"及"陕西省三八红旗集体"举行了授牌仪式。

4. 专项稽查成效显著

"其身正,不令则行,其身不正,虽令不从"。西宝分公司稽查大队从工作人员自身素质和业务能力的提高抓起,组织稽查人员认真学习《陕西省收费公路管理规范》及陕西省交通运输厅、陕西省高速集团收费治超工作的相关文件精神,参加法律、法规培训班,认真学习业务知识,坚持以事实为依据,依照法定程序办事,进一步熟悉收费、治超工作流程,重点针对偷逃通行费、恶意闯站车辆、收费治超人员廉洁问题及文明执法、文明服务等工作中常出现的一些问题进行专题研究和探讨,全面提升稽查人员的业务能力。

在堵漏增收专项整治活动中,稽查大队全力配合收费站,有力打击各类偷逃通行费行为,维护正常的收费秩序。在收费工作中常遇到驾乘人员倒卡、换卡或私自安装千斤顶、气囊、假轴、以过磅时走S形、半倒车、压边通行等方式偷逃通行费的车辆,稽查人员在重点收费站蹲点协查,共查获300余辆偷逃通行费的车辆,其中假果品车辆65辆、走S形83辆、压边通行69辆、跳称98辆,共追回通行费3万余元。

5. 筑牢廉政"防火墙"

西宝分公司及下属各管理所为进一步加强廉政文化建设,倡导"以廉为荣、以贪为耻"的廉政理念,营造良好的廉政氛围,提高员工的廉政自律意识,采取了多项措施筑牢廉政防火墙。

"学"——加强廉政教育。结合当前"三严三实"专题教育,以收费站为单位,组织全体职工认真学习廉政知识,严肃纪律,不断提高员工廉洁自律意识。"查"——加强廉政风险排查。针对各个岗位特点(站长、副站长、收费员、治超员等)及工作流程,全面排查廉政风险点,不留死角,对照各自岗位查找关键环节和本岗位廉政风险防范重点,结合工作实际,深入分析,查找盲点,不断提高廉洁从业意识和拒腐防变的能力。"督"——加强廉政监督检查。坚持内部监督与社会监督相结合,对内稽查股、监控室、票证室多部门联动,通过现场检查、录像稽查、后台稽查等形式对各收费站规范操作进行检查,对外公开服务电话、服务承诺,设立意见箱,聘请行风监督员,接受驾乘人员和社会的广泛监督。

西宝高速公路,连霍高速公路陕西段的重要路段,为古老的三秦大地增添了灵气和毓秀;西宝高速公路,横贯于三秦大地中部的坦荡通衢,为振兴陕西省经济插上了腾飞的翅膀。

五、宝鸡至牛背段

西出三秦宝鸡,连通甘肃天水的宝鸡至牛背高速公路(简称宝牛高速公路),是连霍高速公路陕西段西端的建设项目。天水故称秦州,和关中地区山水相连,语言风俗相同,宝鸡是华夏始祖炎帝的诞生地,两地悠久灿烂的历史是关天经济区发展的原动力。从某种意义上讲,历史上就曾出现关中—天水经济区。秦人起源于天水,春秋时建都凤翔,战国时定都咸阳,而后一统天下。

随着2009年9月26日宝牛高速公路通车,陕甘两省高速公路实现对接,制约关中—天水经济区发展的高速公路瓶颈被成功打破,关中—天水经济区的发展驶入快车道。

(一)项目概况

宝牛高速公路,是国家西部大开发十大工程之一宝天高速公路的陕西段,是陕西省"2367"高速公路网规划的路段。它的运行提升了宝鸡市交通区位优势,也是陕西省"三纵四横五辐射"高速公路网规划的重要段落。区间交通原有西兰(西安到兰州)铁路和310国道。随着西部大开发的推进和区域交流活跃,该段公路交通量骤增,310国道不堪重负,急需建设新的公路通道。2005年,国务院将宝天高速公路列为西部大开发十大工程之一。2006年10月,宝牛高速公路开工试验段,2009年10月由宝鸡市自主建设的宝牛高速公路通过竣工验收,工程质量和建设项目综合评价均为优良等级。

宝牛高速公路起于宝鸡市西石家营,接西宝高速公路,向西沿渭河川道布线,经高家、晁峪、坪头、胡店等镇至陕甘交界牛背村,接甘肃省牛背村至天水高速公路,全长40.21km。起点至崖子村段4.90km,利用现有宝牛二级公路改扩建,崖子村至终点段35.70km为新建。设计行车速度80km/h,路基宽度整体式24.50m,分离式12.25m。全线土石方工程585.40万m^3,防护排水工程39.30万m^3。设桥梁1.94万m/71座,其中特大桥2146m/2座,大桥1.64万m/51座;隧道(单洞)2.64万m/30座,其中长隧道2.19万m/16座;互通式、分离式立交各2座,跨线桥10座;通道4道,涵洞36道;服务区2处,停车区1处,收费站3处,管理所1处。

交通部批复的本项目初步设计概算投资为27.20亿元。本项目实际投资28.40亿元,其中建设资金来源为中央补贴、地方自筹和利用银行贷款三种形式。

（二）建设情况

项目由宝鸡市政府组织实施，宝天高速公路建设管理处负责建设管理。2009年9月28日，宝牛高速公路全线建成通车，并移交陕西省高速集团西宝分公司运营管理。此为陕西省由市级政府负责承建，建成后移交运营管理的首条高速公路。设计单位为中交第一公路勘察设计院。中交第二公路工程局等46家施工单位中标施工。江苏东南交通工程咨询监理有限公司等16家监理单位中标监理。北京中交京华公路工程技术有限公司进行设计咨询。征地拆迁和建设环境，由宝鸡市市政府与沿线区、乡镇政府分级负责。

线路穿越堆积河谷阶地与剥蚀山地两种地貌，地质构造活动整体较强，地质环境条件复杂，遇滑坡、崩塌、泥石流灾害17处计11km，占线路总长28.1%。有4处与铁路上跨、平行、交汇或下穿，26次跨越渭河，施工难度大。管理处与施工单位加强施工组织，与铁路、河道等部门加强联系协调，确保工程进展。

工程推行精细化管理和过程控制。用厂拌石灰砂砾处治路基厚度达50cm，以提高强度；填土高度大于4m填方路段，采取强夯措施；排水系统及路基高边坡防护工程进行优化设计，减少高填深挖路基，增加桥隧长度。变刚性防护为生态柔性防护，尽量保护原始生态植被。桥隧之间短路基及桥隧相接处桥梁台背，全部采用浆砌片石回填。隧道洞内水泥处治碎石基层，全部采用摊铺机摊铺，保证平整度及排水效果。对施工出现的质量问题进行专项整治，清理不合格作业队2个，责成施工单位调整项目经理和总工各1名，清退高级驻地3名、监理人员32名；责令拆除不合格挡墙600m³、护坡200m³、砌体工程勾缝300m²，报废立柱21根。

路线北老柴窝隧道出口紧接渭河大桥，大桥右侧上方为西安铁路局石料场。为防止石料场飞石抛落桥面危及通行安全，管理处与设计单位经对搬迁石料场、设置桥面防护网等方案反复比选，确定采用在桥面设置防护棚方案。防护棚左、右线分别长530m、670m。当最终决定实施防护棚方案并进行施工时，离项目完工仅余1月时间，管理、设计与施工各方紧密配合，实行交叉作业，夜以继日施工，终于全线完工前告竣。

项目建设中采用先进的客土喷播工艺技术，将客土（生育基础材料）、纤维、侵蚀防止剂、缓效性肥料和种子等按一定比例配合，加入专用设备中充分混合后，通过压缩空气喷射到坡面上形成所需的基层厚度，从而实现绿化的目的。客土喷播防护技术简化公路植被养护管理，为灌木和树木根系提供良好生长环境，对高速公路周边因开挖造成的植被破坏进行恢复，较大程度地减少边坡坍塌，节省维护费用，确保交通安全。

（三）运营管理

宝牛高速公路建成通车后，交由西宝分公司负责运营管理，主要负责项目范围内路段的收费、养护、路政、治超等管理工作,此路段设1个管理所、两个收费(治超)站。

西宝分公司认真借鉴省内外山区高速公路运营管理、安全保畅工作方面的经验和教训,通过走出去参观学习其他山区高速公路安全保畅运营模式,组织学习在山区高速公路管理中形成的管理范例等方法,切实结合宝牛路段实际情况,融会贯通,在干中学,在学中干,积极探索管理新方法、新思路。分公司各职能部门相互配合,共同制定出应对各类突发事件的预案和措施,这些预案体现出了管理的人性化、科学化。

2010年5月筹建工作开始后,陕西省高速集团领导多次到宝牛高速公路检查指导筹建工作开展情况,提出了许多可行性方案。西宝分公司领导多次到现场主持召开专题会议,解决筹建工作中遇到的难点、热点问题,使通车后所运营管理的高速公路安全、正常、有效运行,并安全平稳地度过了第一个"十一"黄金周长假的通行高峰。在2010年冬季第一场暴雪来临时,负责宝牛高速公路管理的陈仓所干部职工全力除雪保畅,及时准确地快速反应,得到了上级领导的肯定和赞扬。

宝牛高速公路通车伊始,就迎来了"十一"国庆黄金周和中秋节假期。如何应对"双节",保证管辖路段的安全畅通无事故,服务质量无责任投诉,对于刚刚起步的宝牛高速公路是一个不小的考验。管理所结合自身现状制定合理的双节服务保畅预案,组织干部员工进行安全教育、急救、消防等知识培训,派专人到甘肃省主线站去协调沟通,理顺关系达成保畅共识,确保收费、治超工作与天水段衔接到位。提前对全线的机电设备进行了检修与维护,确保系统运转正常。双节期间新员工坚持文明服务,各司其职;征费员严格执行"微笑服务标准、文明用语标准、迎送手势标准",八天共征收通行费589.6万元;监控员准确下达指令,不延误放行时间,满足车辆快速通行要求;路政巡查人员24小时轮流值班加大巡查力度,晚上驻守陈仓主线站疏导广场交通,积极做好路产路权维护工作;治超站坚持做好车辆检测工作,文明劝返超载超限车辆262辆次。所站领导分赴驻地的交警、运政、消防、救护、公安部门建立联络关系,取得支持,初步建立良好的协作关系,取得各职能部门的大力支持。消防部门配合开展防火、灭火演练,提高员工安全防范意识,增强员工应对突发事件的处理能力。在各部门密切配合与协助下,双节期间全线基本通畅,全面为过往驾乘人员提供一切力所能及的服务,赢得社会各界广泛赞誉。

建伟业,情系渭水惠泽陕甘;展宏图,修筑宝牛通达东西。宝牛高速公路的建成通车,标志着连霍高速公路陕西境全线建设告竣,将连霍高速公路陕西段东自潼关、西至宝鸡全面贯通,打通了陕西西向省际高速公路出口,与同时建成的甘肃境牛背至天水高速公路贯连,实现陕、甘两省高速公路对接,宝鸡至天水行车时间缩短为1.5个小时左右,加强了关中天水经济区联系,促进了西部大开发。

六、西安至潼关段改扩建

"客行逢雨霁,歇马上津楼。山势雄三辅,关门扼九州。""河曲回千里,关门限二京。

所嗟非恃德,设险到天平。""士卒何草草,筑城潼关道。大城铁不如,小城万丈余。"从古至今,文人骚客们极尽墨宝歌咏潼关险要的地理位置,慨叹其扼制天下,有如天险重关。

时至今日,天险重关已然变成了陕西省的东大门,而连接东大门和陕西省省会西安的西安至潼关高速公路,使昔日的"扼九州"变成了今日的大通衢。现在,这条大通道再次发生着天翻地覆的变化。从1990年初西安至潼关方向第一条高速公路——西临高速公路建成至今,20多年过去了,西安至潼关高速公路改扩建(简称西潼改扩建)告捷,它焕发出吐纳八方的新活力。"四改八",陕西省高速公路在这里经历了从无到有,从有到多,从多到好的历史变迁,如今,正大步迈进八车道的大通衢时代。

(一)项目概况

西潼高速公路是关中平原从西安东出潼关的重要交通运输大通道。1999年四车道高速公路全线建成通车以来,随着区域经济的快速发展,沿线城镇规模的不断拓展,路段交通量增长十分迅速。据统计,潼关断面交通量日均1.5万辆左右,临潼断面日均4.3万辆,且物流大货车居多,高峰时段,四车道的通行规模已明显不足,由过去的顺畅到如今的拥堵,成为区域经济发展的新的制约。进入21世纪后,西潼高速公路车辆拥堵现象愈演愈烈,社会反响强烈,高速公路扩容改建迫在眉睫。

2008年,陕西省委、省政府和省交通主管部门决定对西潼高速公路实施改扩建,这项改扩建工程拥有了一个十分切合地域特色与经济意义的定位:体现改革开放30年成果和汉唐文化特色,成为关天经济区与中原、华东经济区的快捷通道和靓丽纽带。陕西省交通厅将这条路作为改善大路网功能的突破口,率先纳入改建规划。2008年11月26日,在陕西省高速公路加快建设的阵阵擂鼓声中,西潼高速公路成为陕西省第一个开工的扩容改建项目,这是我国西北地区第一条四车道改八车道的改扩建高速公路,同时率先在全国实现了"边施工、边行车"两不误的目标。这条路的形成和发展,紧紧伴随着陕西省高速公路事业的成长,同时在许多方面,它又引领着陕西省公路改扩建技术之先河。

2010年,国家发展和改革委员会批复《关于陕西省潼关(豫陕界)至临潼(靳家)高速公路可行性研究报告》。2012年,国家发展和改革委员会批复《关于陕西省临潼(靳家)至西安高速公路可行性研究报告》。2010年,交通运输部批复《关于陕西省潼关(豫陕界)至临潼(靳家)高速公路初步设计》。2013年,交通运输部批复《关于陕西省临潼(靳家)至西安高速公路初步设计》;2011年,陕西省交通运输厅批复《关于陕西省潼关(豫陕界)至临潼(靳家)高速公路施工图设计》;2015年,陕西省交通运输厅批复《关于陕西省临潼(靳家)至西安高速公路施工图设计》。

西安至潼关高速公路改扩建工程,简称西潼改扩建,路线起自陕豫交界,自东向西途经潼关、华阴、华县、渭南、临潼至西安绕城高速公路方家村枢纽立交,全长130.8km。

第九章 高速公路建设项目

2015年10月,西潼改扩建全线建成通车,它扩容完善了国家高速公路网,全面加快了关中—天水经济区的建设,进一步提高了公路的通行能力和服务水平,促进了陕西省经济社会发展和与相邻省份的省际交流,加快推进了关中城市群建设。

a)

b)

c)

改扩建后的西安至潼关高速公路

项目投资为82.6亿元。建设资金来源为国家专项资金、陕西省公路建设资金和利用国内银行贷款三种形式。

(二)建设情况

全线分两期工程实施。潼关至临潼段116.26km为一期工程,西安到临潼段14.54km为二期工程。

一期工程潼关至临潼段,路线长116.26km,2008年11月21日试验段开工,2009年3月全线开工,2010年11月30日建成通车。全线采用双向八车道高速公路标准建设,设计行车速度120km/h(潼关至华阴段为100km/h),路基宽度42.0(41.0)m。采用双侧对称拼接加宽和整体新建两种改扩建形式,其中旧路加宽段长99.74km,渭南过境段为新建八车道,长16.52km。共完成土石方工程1217万 m^3,防护排水工程41.7万 m^3;设桥梁6794.1m/45座,其中大桥5724.9m/19座;设置互通式立交8处,分离式立交66处;天桥19座,通道248座,涵洞274座;服务区2处,停车区2处,管理所2处。

建设单位为陕西省高速公路建设集团公司,集团组建西潼改扩建项目管理处负责建设管理。设计单位为陕西省公路勘察设计院、陕西省建筑设计研究院、辽宁省交通规划设计院。新疆北新路桥建设股份有限公司、中铁七局集团有限公司等施工单位参建。陕西高速公路工程咨询公司负责总监办,河南豫路工程技术开发有限公司等单位承担驻地监理。

二期工程西临段工程,于2013年7月30日开工,2015年11月建成通车。全线采用两侧直接拼接加宽至双向八车道高速公路标准,设计行车速度120km/h,整体式路基宽度为42m。工程路基土石方215.1万 m^3,防护排水工程8.9万 m^3,设桥梁1923m(单幅)/19座,其中大桥679.5m(单幅)/5座;通道33座,涵洞25座,天桥2座,互通立交3处,服务区1处,分离式立交15处。

建设单位为陕西省高速公路建设集团公司西临高速公路改扩建项目管理处。设计单位为陕西省公路勘察设计院。中铁二十局集团有限公司、中交第二航务工程局有限公司、东盟营造工程有限公司等施工单位参建。陕西高速公路工程咨询公司负责总监办,西安公路研究院等单位承担驻地监理。

西潼改扩建工程之浩繁、复杂、征地拆迁、建设环境等问题牵扯面之广,在陕西省高速公路建设项目中前所未有。省交通运输厅与省高速集团高度重视。建设期间,省厅各级领导多次深入一线协调解决问题,督促指导工程加快建设。省高速集团董事长、总经理等领导,在施工一线现场办公时,常常也被堵在路上,这时他们就与保畅人员一道,指挥疏导拥堵的车流,挨个叫醒睡着的司机。集团副总经理带领督导组驻扎一线督战,每晚召开"加快工程建设专题会",连夜解决当天问题,第二天一早工程通报就送达集团总部。

项目自2008年11月试验段工程开工建设至通车,历时整整两年,期间经历了冬季雪天、连年暴雨灾害天气的影响,克服了交通保畅、分流的干扰,实现了在不中断交通的条件下完成改扩建施工任务。为确保省委、省政府通车目标要求,管理处全体员工和所有参建人员顾全大局,节假日不休息,连续作战,抓早动快,精心组织,细化目标,采取措施,落实责任,开展"月度"劳动竞赛活动,在全线迅速形成大干快上的局面,先后分阶段按期圆满完成了建设任务,实现预期通车目标。所有建设者们都是第一次干改扩建项目,每走一步都是新的尝试,每一次决策,每一项施工管理,都是摸着石头过河,让他们真正体会到了"第一次吃螃蟹"的滋味。

西潼改扩建项目有着诸多难点及特点:设计中存在平面线形拟合、新旧路基路面拼接、地基处理、特殊路基处理、桥涵检测与加固、桥涵拼接等技术难题;改扩建工程没有现成经验可循,施工难度大。临潼地处国际旅游区,在"边通车、边施工"情况下实施项目改扩建工程,每逢节假日、黄金周车流、人流巨大;国家元首、外国政要经常来陕视察访问,国家级警卫任务频繁,项目建设期间交通分流保畅和保障行车安全任务异常艰巨;建设环境复杂,征地拆迁难度大,项目沿线民居拆迁中"钉子户"多,电力线路、军民通信光缆、天然气及城市地下基础设施等纵横交错,避让及合理处治十分困难。

针对以上难点及特点,项目在建设过程中积极采取多项措施加强建设过程管理。

一是征迁先行,赢得先机。加强项目前期工作是重中之重。高速集团公司于2008年3月成立改扩建项目筹建处,克服编制人员少、办公条件差等困难,对项目前期工作进行逐项分解安排,明确任务,各负其责,确保各项前期工作快速推进。2008年8月,在设计图纸和征地成果正式图尚未完全提交的情况下,主动与沿线政府、设计院取得联系,提前启动征地拆迁工作,通过多次召开征地拆迁协调会,明确了征地拆迁管理模式和工作思路,并同各地政府积极签订征地拆迁及建设环境保障协议。为试验段的开工建设争取了宝贵的时间。

二是制度管理,保障有力。"没有规矩,不成方圆"。规范项目管理是搞好改扩建的前提,管理处充分调研、总结以往项目管理经验,成立了改扩建项目管理处质量管理领导小组、质量安全巡查领导小组,制定了《连霍线潼关至西安高速公路改扩建项目工程质量安全举报监督工作管理办法》,印发了《合同管理相关制度》,包括工程计量支付管理办法、工程款使用监督管理办法、合同外工程单价确定实施细则、延期索赔处理实施细则、设计变更实施细则、农民工工资支付管理办法6个方面,印发了《工程管理相关制度》和《质量安全相关制度》等。逐级严格建立了质量责任卡登记制度,落实了质量责任。通过各项管理办法、制度、实施细则的制定和落实,规范了项目管理的每个重要环节,加强了项目管理的可控性,为高效完成项目的质量、进度、投资提供了有力的保障。

三是突出重点,均衡建设。抓好控制性工程,确保工程顺利进行是重要着力点。管理处牢牢抓住尤河大桥和跨陇海铁路大桥、赤水枢纽立交、其他8处跨铁路桥、路面备料等控制性工程和关键工作,保持整体快速向前推进的态势。编制详细的施工组织计划,下大力气解决工程建设不均衡问题。对于路基工程,要求配足机械设备;对于梁板预制和架设不均衡问题,积极与西渭分公司协商,采取从高速公路开口,利用紧急停车带作为运梁通道,确保梁板架设进度,使路基、路面连续施工。对于滞后的单项工程和"卡脖子"工程,实行日考核制,加大奖罚力度;针对项目建设中存在的问题,特别是省厅和集团公司检查提出的有关进度、质量、安全、征地拆迁、环境保障等方面的问题,逐一召开专题会议,明确目标,夯实责任,限期落实。同时,注重项目主体与服务区、房建等附属设施的同步建成和使用。

四是科研攻关,提升质量。注重科技含量,提高工程品质是改扩建上台阶的内力。改扩建采用双侧加宽、新老路拼接的方法。老路于20世纪90年代分3段修建,技术标准与新路不同,拼接技术难度大。管理处与长安大学、陕西省公路勘察设计院等科研院校单位,开展高速公路改扩建关键技术、特殊地基处理、变截面宽箱梁跨越电气化铁路悬浇施工等技术研究,解决施工技术难题。路床拼接,采用碎石桩、干拌水泥碎石桩、灰土挤密桩、双向钢塑土工格栅等进行加固。路面拼接,基层顶部铺设聚酯玻纤布,拼缝竖向界面应用橡胶止水带,增强抗病害性能。沥青路面上层采用SMA结构,提高抗车辙能力,延长使用寿命。全线大、中桥桥面防水层采用了橡胶沥青应力吸收层技术,增强了铺装层与桥面的摩阻力。

五是废料再生,节能环保。贯彻"建设资源节约型、环境友好型交通"的精神,是改扩建始终秉持的理念。采用泡沫沥青冷再生结构层铺设硬路肩中、下面层,对于旧路面层铣刨料采用水泥冷再生用于部分底基层施工,经试验检测证明均满足各项技术指标。全线利用铣刨沥青面层制作泡沫沥青冷再生料约6.18万 m^3,节约工程造价约2800万元,同时减少了对环境的污染,取得了社会效益与环保效益的双赢。

六是精心组织,交通保畅。交通保畅是改扩建道路建设过程中的新课题,也是一个难点。在路基拼接施工期,采取交通安全隔离设施实行双幅双向行车;在路面拼接施工期间,单幅封闭施工,另一幅采取单幅双向车辆通行的交通保畅方案。针对边通车、边施工的特殊性,陕西省交通运输厅与陕西省公安厅交警总队制定周密保畅方案和应急预案,完善交通组织规划,交警、路政、交通协管三方分工负责,按照"源头疏导、路网分流"的外部分流原则,实施省际诱导分流、区域强制分流,减少工程干扰,降低交通压力,统筹安排施工组织。通过实施路内分流和节点分流,实行单幅双向通行、改道行驶等交通管制措施,确保路内通行能力。施工采取的保畅措施主要有:南、北半幅各置机械和拌和场分开作业,路基、路面、绿化和交通安全工程同时交叉作业,协调各标段、各专业、各工序间进度安排,尽量做到同幅施工、同时封闭、同时开通等,尽最大努力缩短施工周期,保障施工区段交通顺畅。

七是景观规划,人文工程。结合项目特点和沿线文化特色,在西潼高速路沿线两侧布设"文化长廊",是改扩建注重的文化内涵。以服务区、停车区、沿线隔音墙为载体,通过雕塑、微缩景观、喷绘等艺术形式,充分展示沿线的历史故事、文化名人、自然风光和民情民俗。潼关主线收费站的主体建筑色彩风格采用仿唐建筑形式;华山服务区的主体轮廓采用"山"型建筑形式;潼关主线收费站收费棚采用明城墙形式并与旧收费棚形式一致;兵马俑收费棚结合当地兵马俑特色,设计为古时兵器"戟"的形式。在满足功能要求外,体现了陕西浓厚的历史及文化神韵。

(三)复杂技术工程

1. 尤河大桥、K994+771 大桥

西安至潼关高速公路改扩建尤河大桥、K994+771 大桥主跨均跨越陇海电气化双线铁路,陇海铁路每 2~5min 通行列车 1 次,列车通行密度大,按照传统的施工方法在列车通行间隙很难组织施工,且无法保证陇海铁路列车的运行安全和桥梁施工安全。施工有效时间极短,施工周期长,更无法保证按期完工。针对以上困难,通过优化设计,以上两座跨铁路桥通行主跨梁均采用(47+80+47)m 变截面宽幅预应力混凝土连续箱梁(三向预应力体系),悬臂挂篮施工,箱梁横断面为单箱双室结构,箱梁顶宽 20.65m,底宽 14.5m,根部高度 5.2m,跨中高度 2.4m。为解决变截面宽幅预应力混凝土连续箱梁上跨铁路段的施工安全,陕西省高速集团与中国铁道科学研究院成立课题组,共同研究攻关,在悬臂挂篮上采用"防电、防水、防火、防坠落"等特殊安全措施,提出挂篮结构优化设计,对挂篮安装、移动、拆除工艺及工序进行专项研究,制定了《变截面宽箱梁跨越电气化铁路悬浇施工作业指导书》。在保障陇海铁路正常运营的条件下,为桥梁施工创建了安全作业空间,实现了昼夜 24 小时全天候连续组织桥梁施工,保证了施工安全和工程质量,实现了工期目标。

2. 路基、路面拼接技术

西潼高速公路改扩建项目中 99.74km 为利用现有高速公路改扩建。扩建段采用以现有高速公路两侧拼接加宽为主的改扩建方案。如何控制新老路基沉降差异以及确保路基路面拼接处施工质量,成了拓宽工程能否高质量完成的关键。

通过分析、研究,为避免拼接拓宽路基工程灾害的发生,西潼改扩建主要从控制新老路基地基的不均匀沉降以及拼接处施工质量控制采取措施。采用桩体复合地基(碎石桩、干拌水泥碎石桩、灰土挤密桩)和双向钢塑土工格栅控制拓宽路基工程的地基沉降;为控制拓宽拼接路基水平方向的变形,在路基坡脚设置支挡结构;同时,对新填路基选用级配良好的碎石土、砂卵石或5%灰土填筑,并提高压实标准,确保新填路基压实质量;在老路基边坡上开挖台阶,在路基拼接部位铺设土工格栅来提高结合部的整体性。

路面拼接中、下面层与水稳基层间拼接部位铺设聚酯玻纤布,沥青路面拼缝竖向界面采用涂刷热沥青,增强新旧路面黏结,提高拼接缝处抗反射裂缝、抗渗透能力,防止路面早期出现病害。

3. 桥梁拼接技术

西潼高速公路改扩建项目全线拼接大桥13座,单幅拼接长度5418.9m,均为箱梁;中桥34座,单幅拼接长度3149.8m,均为空心板梁。

拼接新修桥原则上与原桥同跨径、同结构形式,保证新、旧桥梁受力状态、结构刚度基本相同。为防止拼接新修桥与旧桥受力后发生差异沉降,桩基设计在旧桥桩长基础上均适当加深桩长。

对于组合箱梁桥采用混凝土弱刚性连接,处理措施如下:将原桥外侧悬臂按规定切割掉一部分(20m箱梁切割掉45cm,30m箱梁均切割掉50cm);凿毛混凝土表面,在指定位置按要求植筋和涂刷界面胶,加宽部分箱梁预埋钢筋与植筋焊接,浇筑(特快硬型)钢纤维补偿收缩混凝土形成湿接缝;在桥面铺装层设计中,钢筋网加密补强桥面,确保新旧桥梁整体均匀受力。

对于空心板桥和板式通道连接,采用切除原桥边板悬臂,凿毛混凝土表面,在指定位置按要求植筋和涂刷界面胶,加宽部分梁板预埋钢筋与植筋焊接,原桥与加宽桥间由现浇混凝土湿接缝连接形成整体,在空心板两端各设一道50cm厚的横梁,提高整体结构受力。加宽桥架设4个月后,再进行湿接缝连接,减少收缩徐变及基础沉降的影响。对新、旧板梁拼宽设计的横向误差通过现浇段调整。

4. 上跨陇海铁路桥梁整体拆除与安装综合施工技术

西潼改扩建路线上跨陇海铁路,路线与铁路的交角为26.45°,原路采用1×17.2m T梁跨越,与铁路垂直布梁,斜桥正做。该处扩建方案为在原桥基础上顺铁路方向增加27片30m箱梁,其中左幅增加13片,右幅增加14片,并且更换老桥承载力不足的44片T梁,加宽后整桥向铁路方向延伸总长为161.6m。根据国家铁路施工要求,邻近铁路既有线施工须严格按监督等级组织施工,结合本桥施工特点,27片30m箱梁架设及44片T梁拆除与架设均为二级垂停天窗点施工,湿接缝施工为三级微停天窗施工,且陇海铁路为东西交通要道,垂停天窗点审批极为困难(每个天窗点仅为1个小时,还需扣除前后断、送电时间),若按正常工序施工,需要115个垂停天窗点组织施工,即铁路需连续8个月给点施工,无法实现,同时铁路上方施工安全风险极高,出现事故影响极大。为最大限度降低铁路施工干扰,创新施工工艺,大胆采用5片T梁整组拆除方案,同时优化施工组织,拆架平行作业,最终仅用一个月时间完成老桥44片T梁的更换,并完成了湿接缝及桥面铺装工程,未出现任何安全事故,成功保障了铁路行车安全和高速公路交通顺畅。过程中顺利突破了老桥T梁限位挡块切割及梁端上下人洞切割施工技术、T梁整联拆除吊架制作技术、有限时间内各项施工合理组织优化,为类似工程施工提供了很好的借鉴。

(四)科技创新

1. 特殊土地基处理技术研究

以西安至潼关改扩建为依托工程,针对特殊土地基处理技术开展研究工作。本研究由陕西省高速集团与长安大学合作,于2012年完成。该课题对特殊土地基分类进行了室内外试验、现场监测、理论建模和数值模拟,对湿软黄土地基处理技术进行了深入研究,取得如下成果:提出了浅部开挖桩头、轻型动力触探($N10$)、钻孔取芯、沉降与应力监测组合的快速检测湿软黄土地基处理效果的方法与评定标准;揭示了路基拓宽产生差异沉降的原因,提出了强夯与柔性搭板相结合的新旧路基处理技术;揭示了湿软黄土地基不同处理方法的沉降规律并提出了工后沉降范围。该项成果具有创新性和实用性,有效指导了西潼改扩建湿软黄土地基处理的设计与施工,具有显著的推广应用价值和社会、经济效益。

2. 黄土地区高速公路改扩建新旧路基结合部修筑技术研究

本研究由陕西省高速公路建设集团公司与长安大学合作,于2011年完成。以西潼改扩建为依托工程,对路基土性进行试验研究,建立了基于可拓工程法的旧路基稳定性评价方法,提出了黄土地区高速公路改扩建拓宽区地基处理及旧路路堤拼接方案;提出了黄土地区改扩建新旧路基沉降计算公式,建立了黄土地区高速公路改扩建新旧路基的容许工后横坡变化率、路拱坡度、新路基总沉降量及工后差异沉降量"四指标"沉降控制标准;通过数值模拟计算分析,建立了新旧路基结合部稳定性分析、差异沉降的可靠度分析模型,提出了新旧路基结合部设计计算方法。该成果在依托工程中得到应用,编制了《黄土地区高速公路改扩建新旧路基结合部设计与施工技术指南》。

(五)运营管理

西潼改扩建建成通车后,交由陕西高速集团西渭分公司负责运营管理,主要负责项目范围内路段的收费、养护、路政、治超等管理工作。

1. "三心"服务提升省界窗口形象

为进一步拉近收费员与广大驾乘人员之间的距离,潼关收费站结合省界站工作特点,以狠抓文明服务窗口形象为重点,以"诚心、耐心、细心"服务为手段,传递站点服务"情意",赢得驾乘人员"满意",全力提升省界窗口服务水平。

用诚心感动驾乘。在实际工作中,收费员时刻牢记高速公路收费服务宗旨,将服务工作内化于心、外显于行,并贯穿到收费工作的每个环节,体现到收费人员的言行举止当中。通过与驾乘交流时的微笑服务、会心微笑、礼貌用语和规范标准的迎送车手势等,让驾乘人员感受到省界收费站员工良好的职业素养。

用耐心守护和谐。潼关收费站地处陕豫两省交界,车流量大,车型复杂,在日常工作中需要处理的特殊情况比较多。针对此情况,各收费班组定期召开班务会,共同学习交流工作中的不足和好的经验做法,规避工作中一些重复性错误。全体一线员工熟练掌握相关业务知识和收费政策,在遇有特殊情况时,耐心解释、冷静处理,切实做到有理、有据、有节,全力营造和谐收费环境。

用细心提升服务质量。结合全力打造"省门第一服务站"活动,树立站点品牌,进一步细化日常服务项目,充分发挥收费亭 LED 显示屏作用,完善站区标志标牌,提供温馨服务和路况服务,每日对站区环境卫生进行彻底清扫,切实从点滴小事做起,为驾乘人员提供温馨舒适的道路行车环境,全面提升站区整体服务质量。

2.路政治超

潼关超限检测站为陕西省省界重点治超站点之一。为进一步加强超限治理规范化、基础化建设,潼关超限检测站狠抓治超廉政建设,积极开展"廉洁治超我先行,争当全行业排头兵"主题活动,为治超管理工作夯实坚实基础。

通过网站、微信公众号、发放宣传单、悬挂条幅、张贴标语等多种形式,多角度开展宣传活动,进一步增强社会认知度,使广大群众和运输户对超限超载危害性有更深层次的了解,赢得社会各界人士对治超工作的理解和支持,为治超工作营造良好的氛围。2016 年 3 月 10 日,潼关办证点开通"超限运输证网上预约办理"服务,从传统的柜台申请到网上申请,网上预约办证有效缓解了办证大厅业务受理人员集中拥堵的情况,打造了规范、高效、便捷的网上审批服务平台,提高了省界办证点窗口工作效率,提升了服务水平和工作效能,树立了省界办证点良好的窗口新形象。

西潼改扩建展现出一幅令人动容的交通建设攻坚克难画卷,描绘这幅画卷的每一个人,用行动诠释了陕西交通人"大爱于心,为民开路"的精神。

七、西安至宝鸡段改扩建

横亘于三秦大地,连接西安、咸阳、宝鸡等地的西安至宝鸡高速公路改扩建工程,简称西宝改扩建,以 157.89km 的长度,12 万辆以上的日通行最高能力,开创了陕西省高速公路改建和扩容的先河。

改扩建后的西安至宝鸡高速公路

(一)项目概况

西宝高速公路在陕西省早期建成的高速公路中"颇有名气",这一方面源自时任国务院副总理邹家华出席通车仪式并剪彩,另一方面也因其史上第一次以高速公路连接陕西省境内三大城市——西安、咸阳和宝鸡,成为国高网中沟通东西的"黄金大通道"。1995年建成通车以来,极大地改善了区域通行环境。随着区域经济社会持续发展,咸阳至宝鸡城市之间人员流、商品流、信息流不断增大,西宝高速公路交通量逐年增长,四车道的高速公路已经难以适应经济社会高速发展的需求。2007年11月,陕西省规划并实施西宝高速公路改扩建工程。2009年6月,国务院决定实施《关中—天水经济区发展规划》,有学者将临近的成渝经济区与之合成一体提出"西三角"的概念,认为这将是拉动中国经济增长的"第四极"。陕西省紧紧抓住实施关天经济区经济一体化战略的契机,西宝改扩建工程很快上马。作为促进区域经济发展的综合交通运输网络重要组成部分,西宝改扩建的实施,将满足陕西省乃至我国西部地区交通运输的持续增长需求,带动沿线地区的产业结构调整和社会经济持续快速增长,推进西部大开发和实施关天经济一体化战略。2011年11月22日,西宝改扩建工程兴平至虢镇东段率先通车,古老的丝绸之路起点华丽转身为八车道的现代幸福之路。

2011年,国家发展和改革委员会批复《关于陕西省西安至宝鸡高速公路改扩建工程可行性研究报告》。同年,交通运输部批复《关于陕西省西安至宝鸡高速公路改扩建工程初步设计》。

西宝改扩建工程路线东起西安绕城高速公路阿房宫立交,经西安市、咸阳市、杨凌示范区,止于宝鸡市石嘴头,接现有连霍高速公路西安至宝鸡段,全长157.89km。

按设计标准和形式分为三段。第一段,西安至兴平段,新建整体式路基,长25.71km,双向八车道,设计速度120km/h,路基宽42.0m,2009年11月开工,2012年12月建成通车。第二段,兴平至虢镇东段,在原西宝高速公路四车道两侧分别拼宽两个车道,构成整体式八车道路基,长103.25km,设计速度100km/h,路基宽41.0m,2008年12月开工,2011年11月建成通车。第三段,虢镇东至石嘴头段,新建整体式路基,设计速度100km/h,其中,虢镇东至凉泉段,长22.39km,双向六车道,路基宽33.5m;凉泉至终点段,6.54km,双向四车道,路基宽26.0m,2015年12月建成通车。

建设单位为陕西省高速公路建设集团公司,组建西宝高速公路改扩建项目管理处(简称管理处)具体实施工程建设管理。设计单位为陕西公路勘察设计院。参建单位为中国路桥工程有限责任公司、中交第四公路工程局有限公司、厦门合顺公路交通工程有限公司等施工单位。陕西省高速公路工程咨询有限公司组成总监办,北京华宏工程咨询有限公司等单位承担驻地监理;征地拆迁和环境保障由沿线政府承担。

项目共投资135.45亿元。建设资金来源为中央补贴、地方自筹和利用银行贷款三种形式。

(二)建设情况

西宝改扩建按高速公路标准建设,设计行车速度100~120km/h。全线分3段建设,中间段,即兴平至虢镇东段改扩建先行,东西两段新建随后。整个项目工程占地面积11567.13亩,路基填方1677.0万m^3,路基挖方822.8万m^3。设桥梁1.74万m/72座,其中特大桥、大桥1.53万m/23座;隧道4512m/8座;通道366座;涵洞350座;设互通立交17处,服务区4处,停车区1处,分离式立交48处。

西宝高速公路位于湿陷性黄土区域,部分路段为自重湿陷性黄土场地,给路基、路面施工带来巨大难度,不仅要解决工后沉降,还要处理好路基拼接差异沉降、互通改造、服务区扩建、上跨桥的拆与建、主线桥涵结构物的拼接与加固改造,以及原道路资源的利用、路面材料的再生技术等方面复杂而关键的技术,项目在建设中几乎遇到了陕西高速公路在关中平原地区修建中遇到的所有工程类型,使得西宝改扩建工程成为西北地区高速公路建设和大中修养护的一座"博物馆"。在建设过程中,项目重视运用一系列新的技术方案与措施,取得了很多的宝贵经验,使其成为高速公路扩容改建和修筑新材料、新工艺推广应用的双重"试验田"。

1. 以人为本,和谐拆迁

西宝高速公路改扩建项目,自东向西途经西安市长安区、户县,咸阳市秦都区、兴平市、武功县、杨凌示范区,宝鸡市扶风县、眉县、岐山县、陈仓区、渭滨区,共四市十余个县(区),沿线村镇、企业密集,各种管线密布,征地拆迁工作难度非常大。管理处在征地拆迁全过程中,深入现场与被拆迁户沟通协商,充分考虑群众切身利益和要求,未发生一起强拆事件;在企业拆迁过程中,充分考虑企业利益,采用第三方综合评估,政府、企业、建设单位集体协商的工作方式,顺利完成了拆迁任务,保证了工程建设进度;管理处与各市协调办定期召开阶段性的征迁工作会议,通报情况,研究解决征迁重点问题,及时排查和处理各种矛盾。加快征迁费用结算,监督协调机构严格按照补偿标准及时兑付征迁资金,确保征地拆迁工作的顺利开展。

2. 多措并举,严保质量

管理处坚持项目"五化"管理理念,高起点定位,高标准要求,高速度建设,以打造改扩建示范工程为目标。一是建立健全规章制度,完善质量监管体系。开工之初就制定了《工程质量控制大纲》和《质量安全专项考核办法》等规章,在施工过程中严格执行原材料准入制、首件工程认可制、质量巡查制。健全质量保证体系,建立以施工自检、监理抽检、项目组监督的"三级"质量监管体系。呼吁社会各界人士对施工过程进行监督。印发路基拼接、病害加固、路面施工等作业指导书,如《西宝高速公路改扩建工程硬路肩铣刨施工作业指导书》和《西宝高速公路改扩建工程一、二车道一般病害处治与拼接施工技术方案》等,强化技术交底和业务培训。二是严把材料质量关,建立示范性工程。对改性沥青、路面集料的生产加工及成品料的出厂进行全过程监管。尤其是对上面层碎石更是高标准要求,碎石场必须安装整形和水洗设备,运输过程污染必须进行现场二次水洗,进场后必须封闭仓储。免烧砖、路缘石、集水槽等进行集中预制、统一管理,由专业建筑队伍精砌细筑。坚持标准化施工、精细化管理。特别是对台背回填、干拌水泥砂砾桩施工等质量关键环节、隐蔽性工程和重点部位、主要工序安排专人实施24小时旁站监管。对于灰土挤密桩、桥梁桩基、孔道压浆、桥梁荷载实行"第三方"质量检测。三是开展混凝土质量通病治理、质量"回头望"等专项整治活动,不断提高质量弱项指标合格率。做到质量"原因没有查清不放过、责任人没有得到处理不放过、责任人没有受到教育不放过、预防同类事故再次发生的整改措施没有落实不放过"。

3. 精心组织,确保进度

运营中改扩建,新建道路和原路拼接加宽,带来诸多难题。项目采用动态设计,施工方案和技术复杂,工期紧、任务重,施工进度管理异常艰难。加之边通车、边施工,需实施三次交通转换才能完成工程建设。而每次交通转换,生产要素投入大,闲置时间多,加之工序交叉,极易造成工序干扰和交叉污染,施工设备调运频繁,工效低,致使管理难度和成本加大。为确保按期转换交通,建设者根据建设工期目标,结合标段划分实际情况和改扩建工程的技术难点、重点,统筹安排,精心组织施工计划,确保各阶段进度和通车目标。2009年4月至2010年3月,完成两侧路基路床以下部分的拼接。2010年3月将交通转换至北幅,实行北幅双向通行,南幅开始路床拼接、老路基处理、路面施工工程。2010年8月30日完成南幅路床拼接,路面铺筑至中面层。2010年9月交通转换至南幅,实行南幅双向通行,北幅开始路床拼接、老路基处理、路面施工的工程。2011年7月30日完成北半幅路床拼接,路面铺筑至上面层。2011年8月10日将交通转换回北幅通行,进行南幅上面层铺筑。2011年10月22日南北幅双向试运行,进行收尾工程。2011年11月15日顺利实现了兴平至虢镇改扩建路段建成通车的目标。

4. 施工保畅,并行不悖

西宝高速公路承担着连霍线繁重的运输任务。为了确保西宝高速公路改扩建工程的顺利进行,管理处依照"先交通保畅,后工程施工"的原则,结合工程建设和周边路网的实际情况,与长安大学公路学院交通工程系联合编制了《黄土地区高速公路改扩建施工交通组织与安全保障技术指南》,分别从主线区、立交区及其他附属工程三个方面开展工作。主线交通保畅分为四个阶段:第一阶段主要完成地基处理、主线路基加宽、主线桥基础及下部结构施工、涵洞、通道、小桥的改建;第二阶段主要完成南幅路基拼接及南幅路面中面层施工,交通通行受到较大影响,采取外部分流,内部交通组织,加大宣传,建立健全路政、交警及建设管理单位联动机制等措施;第三阶段主要完成北幅路基拼接和路面施工,不进行车辆分流,所有车辆在南幅双向通行;第四阶段主要完成南幅上面层施工,所有车辆在北幅双向通行。立交区工程采取"隔一建一"的方式进行施工,确保畅通。整个建设期间,改扩建路段未发生因施工造成较大规模的堵车现象,交通运行状况总体良好。

5. 依靠科技,优化设计

积极采用新技术、新方法、新工艺、新材料,对施工过程中出现的新问题,开展科学研究,依靠科技创新破解工程质量难题,提高公路改扩建的科技含量。对台背进行注浆加固,彻底解决台背沉陷质量通病。用彩色路缘石和集水槽替代以往的沥青砂拦水带,路肩统一采用免烧砖进行砌筑,既发挥路用功能、美化路容、路貌,又提升过程品质。在确保结构层设计要求的情况下,利用旧路面沥青铣刨料代替部分碎石集料,路面底基层采用水泥冷再生进行填筑,下面层硬路肩部分采用泡沫冷再生进行铺筑。阿房宫立交路基采用建筑垃圾进行填筑,既节约资源,又减少环境污染。在底基层采用水泥粉煤灰碎石基层(粉煤灰用量6%)提高抗温缩性能。用双向钢塑土工格栅等进行路床加固。路面拼接中,在基层顶部铺设聚酯玻纤布,拼缝竖向界面应用橡胶止水带。在桥面施工中,使用环氧沥青,增强沥青混合料的黏结性。

6. 废料回收,节能环保

建设资源节约型交通,坚持勤俭办交通,是西宝改扩建工程始终坚持的理念。建设者注重广泛回收使用废旧材料,变废为宝,节约宝贵的建设资金,在西宝改扩建中取得明显效果。例如对老路进行养护扩建中,产生了大量沥青废弃材料,沥青的分解需要30年时间,会对环境产生长期的污染。改扩建工程对西宝高速公路原有路面的沥青铣刨料全面回收利用,经过乳化、改性,全部铺设在硬路肩上,实现了保护环境和节省原材料的双赢。此外,对老路的路产进行了充分的保护利用,将旧钢板护栏全部回收、翻新、加工、校正、喷塑,重新安装在中分带上,整旧如新、美观实用。行道树生长了十几年,高大茁壮,蔚然成林,改扩建之初不得不移动,弃之可惜;将其移植保护,完工后重新栽植到新的绿化带,景观效果非常理想。

(三)科技创新

污水处理实现突破

西宝改扩建水循环利用改造工程,在西北地区高速公路首次应用,实现重大技术突破。武功服务区和眉县服务区的水资源循环利用改造工程受到交通运输部的支持和鼓励。交通运输部下发文件《关于西安至宝鸡高速公路武功服务区和眉县服务区清洁能源和水资源循环利用改造试点工程可行性研究报告的批复》,专门拨款600万元支持此项工程。

该试点工程的关键技术是在服务区设立生态土壤渗透床,每个服务区污水处理量每天可达480t,生活污水和餐饮废水全部实现回收利用。污水经化粪池、调节沉淀池等预处理构筑物处理后,经过生长着芦苇、香蒲等水生植物的人造湿地,在耐水植物和土壤联合作用下得到充分净化。采用模块设计,出水质量好,特别是对氮、磷的去除率高,置于地下,管理方便,对地面景观影响很小。经过处理的水可直接灌溉、冲厕、洗车,也可直接排放,是一本万利的循环经济模式。驾乘人员漫步在环境优美的服务区,欣赏池塘水景时,无法想到这美景是一个水循环污水处理系统,来自自然,不留痕迹,浑然天成。交通运输部认为,水循环利用改造工程降低服务区能耗,减少对周边环境质量的影响,为西部高速公路服务区节能环保设施建设提供了示范。

此外,广泛使用太阳能热水器系统、环保锅炉,全线推广太阳能照明系统,使整个西宝改扩建工程成为推广环保节能技术的试验田。

(四)运营管理

西宝改扩建项目建成通车后,交由陕西省高速集团西宝分公司负责运营管理,主要负责项目范围内路段的收费、养护、路政、治超等管理工作。随着工程建成,过去狭窄的四车道、拥挤的车流、缓慢的过站、频发的事故成为历史,宽敞的八车道高速公路给驾乘赢得时间和效率,带来愉悦的驾驶体验。道路运营管理上台阶、上水平,应对每日12万辆车流,使陕西西府的通衢大道更靓、更美。

1. 明确责任,加强考核

陕西省高速集团西宝分公司多次召开了路容路貌整治会议,安排部署具体工作,制定了活动方案,确定了"以日常养护和工程缺陷修复为重点,加强公路保洁、整治路面病害、完善公路设施、美化公路环境,全面提升所辖公路路容路貌和服务水平"目标。实行班子成员分包线路、分段负责,并结合工作实际,合理分解任务,做到定任务、定标准、定时限,做到任务明确,责任到人,全员参与,从而使各项工作得到扎实有序的进行。

西宝分公司以督促考核为有力抓手,成立专项考核小组,制定出《西宝分公司路容路貌整治暨道路保畅专项活动日常考核办法》,考核成绩与绩效考核、养护经费挂钩。每周由一名分公司领导带队检查1至2次,每周一下发检查表的同时,通报上周检查结果,并根据结果兑现奖惩。活动期间,分公司严格执行周检查、月考核制度,做到及时发现和解决问题,对难以解决的问题,在每周的工作汇报会上集中进行"会诊",研究解决方案,确保专项整治工作不留死角。对进度慢、力度小的单位,发督办单通知,督促其及时整改,确保各项整治大干工作能按时、保质、保量完成。

2. 措施得力,确保实效

加强保洁,全面整治边坡及绿化平台,路基干净整洁、线形顺畅。采用以"机械为主,人工为辅"的方式加强路面保洁,清扫车和人工对所辖路段进行彻底清扫,清除中分带、边坡、绿化平台及桥梁周边的垃圾杂物,确保公路范围内干净整洁。对全线路域范围内的垃圾进行清理,特别是对往年的整治死角,下大力进行了处治;全面整修、夯填边坡及绿化平台,对边坡线型进行梳理,路基边坡干净整洁、线形顺畅。对路基边坡、边沟、集流槽、涵洞、倒虹吸、窨井等排水设施中的淤泥杂物进行清理,确保排水通畅。

贯彻预防性、精细化养护理念,路面病害和设施清洗维修及时,实现常态化管理。加强路面病害早期预防和处理,防止路面病害的扩大和升级。积极采用新工艺、新材料,处理路面病害,扩大机械化作业范围,提高路面病害的修复时效和质量。标志牌、反光膜、轮廓标等沿线设施维修、清洗及时,颜色鲜亮、字迹清晰,齐全醒目。路基边沟、集流槽、路缘石、挡墙、硬路肩等圬工砌体和混凝土构造物、路基构造物破损修复及时,确保了公路构造物和公路设施干净完好有效。同时,认真开展桥梁经常性检查,发现病害及时采取相应的处治措施,提高桥梁安全等级。

以所容站貌为重点,加大绿化投入,因地制宜、各具特色、百花争艳,努力提升了公路整体绿化质量和美化水平。各管理所加大对所容站貌的管护力度,对收费大棚、收费岛、收费站花钵及各类收费设施经常清洗刷新。更换收费站时令鲜花,增设了特色植物,提升了收费站站容站貌。

3. 因地制宜,亮点纷呈

各管理所根据各自的养护实际,想了很多妙招对现有设备进行改良,创造了很多新的养护手段。例如研制了中分带落叶和垃圾的清理装置,加装于清扫车上,减少了人工操作的作业强度,减少了安全隐患;为提高集水槽内垃圾的清理效率,养护人员根据路段实际情况,在不损坏清扫车原车功能的情况下,利用吸尘器原理,加装吸附装置,可以灵活地清理集水槽的落叶、垃圾。经过测算,每运行一小时就能清扫1200m^{2}的道路面积,是人工作业的16倍,大大提升了工作效率,减少了人工清扫的工作强度。

从西安一路向西,经咸阳到宝鸡,中华民族五千年的文明史,在这里熠熠生辉,留下难以磨灭的印迹。如今,在世界高速公路的雏形——秦直道的遗址之侧,坦荡逶迤的八车道高速路,犹如一幅透迤的画卷在骄阳下铺展,行驶在畅洁绿美的西宝高速上。

G30 连云港至霍尔果斯高速公路陕西段主要信息资料、主要从业单位信息资料见表9-11、表9-12。

G30 连云港至霍尔果斯高速公路陕西段主要信息资料表　　表9-11

项目名称	建设单位	建设里程(公里)	技术标准	投资规模(亿元)	建设时间(开工~通车)	备注
渭南至潼关段	陕西省交通厅世界银行贷款项目执行办公室	78.52	双向四车道、设计速度120(100)km/h	14.1	1996.12~1999.10	
临潼至渭南段	陕西省高等级公路管理局	40.77	双向四车道、设计速度120km/h	5.17	1994.12~1996.12	
西安至临潼段	西临高速公路建设领导小组	23.89	双向四车道、设计速度120km/h	2.42	1987.10~1990.12	
西安至宝鸡段	陕西省高等级公路管理局	145.88	双向四车道、设计速度100km/h	13.66	1992.4~1995.12	

续上表

项目名称	建设单位	建设里程（公里）	技术标准	投资规模（亿元）	建设时间（开工~通车）	备注
宝鸡至牛背段	宝鸡市交通运输局	40.21	双向四车道、设计速度80km/h	28.40	2006.10~2009.9	
西安至潼关段（改扩建工程）	陕西省高速公路建设集团公司	130.80	双向四车道、设计速度100(120)km/h	82.60	2008.11~2015.11	分两期建成
西安至宝鸡段（改扩建工程）	陕西省高速公路建设集团公司	157.89	双向四车道、设计速度120(100)km/h	135.45	2008.12~2015.12	分三段建成

G30 连云港至霍尔果斯高速公路陕西段主要从业单位信息资料表　　表9-12

项目名称	从业单位	单位名称
渭南至潼关段	设计单位	陕西省公路勘察设计院
	施工单位	陕西省路桥工程总公司、交通部第一公路工程总公司、铁道部第三工程局、铁道部第十五工程局、铁道部第五工程局、扶风县建筑总公司、武功城乡建筑安装公司、乾县建筑工程公司、西安市第三建筑工程公司、凤翔建筑安装工程公司、陕西华美建设有限公司、陕西省公路机械厂、河北银达交通工业集团有限公司、江苏海纬集团有限公司、河北中通交通设施有限公司
	监理单位	西安公路研究所、陕西省公路工程咨询公司、中国公路工程咨询监理总公司、西安华兴公司、陕西省公路勘察设计院、西安公路交通大学建设监理公司、陕西省长安建设监理有限公司、陕西祥瑞监理有限责任公司、陕西省建设工程技术经济服务公司
临潼至渭南段	设计单位	陕西省公路勘察设计院
	施工单位	铁道部第十六工程局、陕西省水电工程局、铁道部第二十工程局、黑龙江路桥总公司、沈阳市公路工程总公司、陕西省路桥总公司、西安西渭交通服务公司、临潼县路桥公司、西安西渭交通服务公司、陕西省公路机械厂
	监理单位	陕西省公路工程咨询公司、西安公路研究所
西安至临潼段	设计单位	陕西省公路勘察设计院
	施工单位	西安市第一市政工程公司、交通部第二公路工程局、陕西省路桥公司、铁道部第二十工程局
	监理单位	陕西省交通厅西临高速公路监理工程师办公室
西安至宝鸡段	设计单位	陕西省公路勘察设计院
	施工单位	铁道部第二十工程局、辽宁省公路工程局、陕西省路桥工程公司、沈阳市公路工程公司、铁道部第十七工程局、榆林交通工程公司、青海省路桥工程公司、铁道部第一工程局、铁道部第三工程局、铁道部第十九工程局、陕西省水电工程局、山西省机械施工公司、铁道部第三工程局、陕西路桥七队
	监理单位	陕西省公路工程咨询公司

第九章
高速公路建设项目

续上表

项目名称	从业单位	单位名称
宝鸡至牛背段	设计单位	中交第一公路勘察设计院
	施工单位	路桥二公局第六工程有限公司、中铁十五局集团第六工程有限公司、中铁十八局集团有限公司、中国水电建设集团十五工程局有限公司、中国铁路工程总公司、中铁十五局集团第二工程有限公司、二公局(洛阳)第四工程处、中铁二十局集团第一工程有限公司、路桥二公局第三工程有限公司、中铁十二局集团有限公司、西安萌兴高等级公路工程股份有限公司、湖北兴达交通工程建设股份有限公司、路桥集团第二公路工程局、中铁四局集团第四工程有限公司
	监理单位	江苏东南交通工程咨询监理有限公司、山东恒建工程监理咨询有限公司、江苏润通交通工程监理咨询有限公司、西安公路交大建设监理公司、中国公路工程咨询总公司、内蒙古华讯工程咨询监理有限责任公司、长沙华南交通工程咨询公司
西安至潼关段(改扩建工程)	设计单位	陕西省公路勘察设计院、陕西省建筑设计研究院股份有限公司、辽宁省交通规划设计院
	施工单位	新疆北新路桥建设股份有限公司、中铁七局集团有限公司、中铁五局集团第四工程公司、西安萌兴高等级公路工程公司、中铁十五局集团第五工程公司、中铁十八局集团有限公司、中铁五局集团机械化有限公司、中交第一公路工程局有限公司、中铁十一局集团第二工程有限公司、中交二公局第三工程有限公司、西部中大建设集团有限公司、中铁十局集团第二工程有限公司、中交二公局第四工程有限公司、中交第二公路工程局有限公司、陕西高速交通工贸有限公司、陕西高速诚信交通工程有限公司、南通市兴路交通工程有限公司、广东省交通发展有限公司、苏州市安泰交通安全设施工程有限公司、常州市交通设施有限公司、中铁十四局集团有限公司、陕西省机械施工公司、陕西建工集团第五建筑工程有限公司、陕西方元建工有限公司、陕西方圆建工集团有限公司、陕西恒业建设集团有限公司、西安三建建设有限公司、陕西神龙建筑路桥工程有限公司、陕西大德建设有限公司、中铁二十局集团有限公司、中交第二航务工程局有限公司、东盟营造工程有限公司、西安建工第四建筑有限责任公司
	监理单位	陕西高速公路工程咨询有限公司、陕西高速公路工程试验检测有限公司、河南豫路工程技术开发有限公司、河北冀民工程咨询有限公司、江苏燕宁工程咨询有限公司、广东翔飞工程监理有限公司、陕西公路交通科技开发咨询公司、陕西恒业建设集团有限公司、西安兴秦工程监理有限责任公司、西安公路研究院、北京兴通工程咨询有限公司、陕西鼎科建设监理咨询有限公司
西安至宝鸡段(改扩建工程)	设计单位	陕西省公路勘察设计院
	施工单位	中铁二十局集团第六工程有限公司、中铁一局集团桥梁工程有限公司、中铁十五局集团第七工程有限公司、中铁十五局集团第五工程有限公司、中铁十七局集团第一工程有限公司、中铁十五局集团第一工程有限公司、中铁二十四局集团有限公司、中交第二公路工程局有限公司、中国路桥工程有限责任公司、中铁二十局集团第四工程有限公司、中交二公局第三工程有限公司、中铁五局(集团)有限公司、东盟营造工程有限公司、中交第四公路工程局有限公司
	监理单位	陕西海嵘工程项目管理有限公司、潍坊市华潍公路工程监理处、北京华宏工程咨询有限公司、陕西兴通监理咨询有限公司、陕西公路交通科技开发咨询公司、广东翔飞公路工程监理有限公司、陕西高速公路工程咨询有限公司、陕西公路交通科技开发咨询公司

第七节　G3001 西安绕城高速公路

有人关注图形,说绕城高速公路是古都西安的金项链;有人着眼发展,说绕城高速公路是经济振兴的助推器;更有人站在古城墙上极目远眺,说拉大城市骨架,建设现代化都市之功,首推绕城高速公路。这条高速公路,从它逶迤环绕于十三朝古都的那天起,一直是陕西省人民的荣耀与自豪。

西安绕城高速公路,是陕西省"米"字形公路主骨架的枢纽路段,是陕西省乃至西部地区当时设计标准最高、设施最齐全、通行能力最大的第一条六车道高速公路,是陕西省高速公路"2367"网规划的两条环线之一,也是陕西省实施西部大开发的标志性基础设施建设项目之一。以西安为中心向外辐射,犹如一条盘绕的巨龙,成为连接陕西省经济发展、社会进步的桥梁,引领着陕西省向繁荣与文明迈进,完善了陕西省高速公路网络,加快了西安国际化大都市建设步伐。

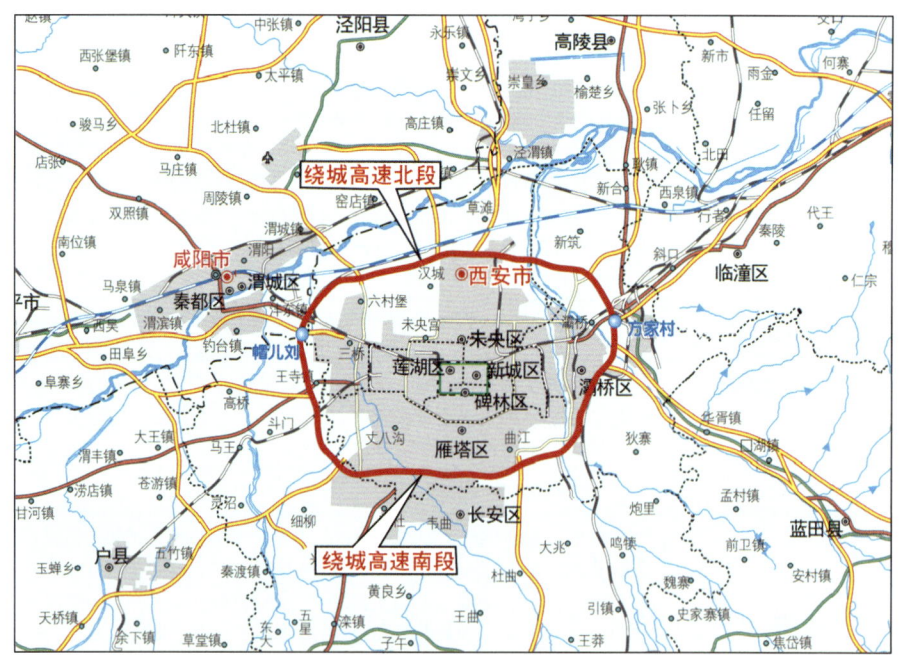

西安绕城高速公路线位示意图

西安市为中国中西部地区最大中心城市之一,西部重要公路交通枢纽,陕西省公路交通中心。随着西安市不断开放和发展,城乡间交流扩大,区域间联系加强,西安市对外交通及过境交通量持续增长。特别是随着市区不断向外扩展,原有干线公路逐渐被城市所围,车辆过境需穿市区而过,与城市交通相互干扰,通行不畅,堵塞严重,平均时速仅 10km

左右,噪声、废气污染严重。为拓展过境公路交通,便利城市对外交通,服务城市与区域发展,1998年10月10日,西安绕城高速公路正式开工建设。2003年9月29日,全长80km,全封闭、全立交、双向六车道、设计行车速度120km/h的绕城高速公路铺展于世人眼前时,人们欢呼雀跃。从此,西安人有了自己的绕城高速公路。驾车不到1小时就可顺绕城高速公路行驶一圈,沿线还可远眺西安城区,观赏美丽的灞河、浐河风景,从北郊张家堡到南郊电视塔、从西安东郊灞桥到西郊三桥、从六村堡到曲江,走绕城高速公路仅需25min左右车程。2006年,西安绕城高速公路项目被评为优良工程,获得年度国家优质工程银奖。

一、西安绕城高速公路北段

时空变幻,万里丝绸之路进入欧亚大陆桥时代。处于西部大通道"东联西进"的西安绕城高速公路北段,路基宽度35m,双向六车道,时速120km,设计交通量昼夜7万车次的西安绕城高速公路北段,深绎着大道通衢的壮歌。

(一)项目概况

1998年10月10日,当西安绕城高速公路挖开第一锹黄土的时候,有人欢呼,为西安建设城市大枢纽喝彩;有人质疑,拆迁量巨大,建设绕城有没有必要;有人反对,绕城会不会给西安城市发展带上紧箍咒。随着西部大开发的深入,西安城市的发展,面对越来越拥挤的交通;面对"一线两带",建设大都市圈;面对旅游、房地产等行业的快速发展,这时人们才深切感受到建设以西安绕城高速公路为枢纽的西安交通大通道的重要性。国家和陕西省"九五"重点建设工程西安绕城高速公路北段(简称绕北高速公路),是国家"两纵两横"公路主干线重要组成部分。它的建成通车完善了陕西省"米"字形公路主骨架,缓解了陕西省交通"瓶颈"制约,提高了陕西省公路交通的整体水平,增强了西安中心城市的辐射能力,促进了陕西省社会经济发展。

1998年,项目可行性研究报告及初步设计先后获得批复;同年12月交通部批准工程开工建设。

路线自西安市灞桥区方家村接G30连霍高速公路西安至临潼段,经谢王庄,跨灞河,过袁乐、郑家寺、吕小寨、店子村、六村堡,至咸阳市秦都区沣东乡帽耳刘接G30连霍高速公路西安至宝鸡段,全长34.65km。设计速度120km/h,路基宽35m,中央分隔带3m;原设计灞河大桥至六村堡之间为六车道,两端为四车道。鉴于西安绕城高速连接陕西省内多条高速公路,并担负多条高速公路在西安转换、过境作用,1999年12月交通部批准全线改为六车道。全线土石方工程604.35万m^3,防护排水工程62.33万m^3。共有桥梁2296m/3座,其中特大桥1013m/1座,大桥2283m/2座;互通式立交5处,分离式立交25

处;跨线桥18座,天桥1座;通道50道,涵洞78座;服务区1处,收费站5处,管理所1处。

项目共投资18.49亿元,由交通部补助、陕西省交通建设专项资金和银行贷款三部分组成。

西安绕城高速公路北段分为两期工程从事建设,其中一期为主体工程,1998年10月10日开工,于2000年10月28日通车。建设单位为陕西省高等级公路管理局。设西安绕城高速公路北段项目组,负责工程项目建设组织、协调和现场管理。设计单位为陕西省公路勘察设计院、有色冶金设计研究院。中铁十五局机械化工程公司、铁十三局第三工程处等施工单位参与施工。陕西省公路工程咨询公司、西安公路研究所等单位监理。西安市政府承担征地拆迁和建设环境保障。

工程设计采取国内竞标方式,方案选择多次优化,全线14km高路堤平均降低1.5~2m,仅此减少路基土方40余万立方米,节约投资近千万元。

二期工程为与西安绕城高速公路南段860m连接线、方家村立交四条匝道、吕小寨收费广场及帽耳刘立交四条匝道。2000年10月28日开工,于2002年5月31日建成。项目组负责工程项目建设组织、协调和现场管理。二期主体工程由陕西省公路勘察设计院设计,通信工程由陕西省邮电科研设计院和陕西省公路勘察设计院联合设计。中建八局、中铁五局等施工单位参与施工。陕西省公路工程咨询公司监理。

2004年8月5~6日,绕城高速公路北段全线竣工验收,工程质量评定为优良。

西安绕城高速北段六村堡立交

(二)建设情况

西安绕城高速公路北段建设伊始,就受到省委、省政府的高度重视,要求建成精品工程。省交通厅厅长、副厅长亲任西安绕城高速公路建设总指挥、副总指挥。省厅要求全体建设者要增强西部大开发和创建"精品"工程的意识。要做好人的工作,超常发挥,创"精品",保通车,一靠觉悟,二靠制度。要开展劳动竞赛,实行阶段性奖励,对工程滞后的单位要清理退场。管理工作要到位,绕城项目组要扑下身子为施工单位服务,加快工作节奏,实行"七天六日工作制"。

为工程质量定位,确定质量总体目标。按照省委、省政府主要领导提出的把绕城高速公路建成陕西省的"形象工程""样板工程""精品工程"的要求,一开始就高起点定位,高标准要求,提出"一个最好、两个确保",即以首都机场高速公路为样板,把西安绕城高速公路建成全国同期同类工程质量最好的一条高速公路;确保精品工程,确保2000年建成通车的总体目标。围绕总体目标,项目组制定"精心组织、科学管理、主动协调、严格监督、热情服务"的工作方针,并制订了《绕城路创精品工程实施大纲和实施细则》,确保实现总体目标。

严格定义精品工程内涵,形成质量共识。一是质量指标在部颁标准的基础上,关键指标或主要指标再进一步提高档次;二是在确保工程实体质量优良的同时,在可视、可量、可感部分,特别是在城市附近大型结构物和附属工程方面,成为工程建筑的艺术品,具有实用和观赏双重价值,体现工程的内在与外在美;三是在治理工程质量通病方面要有一个质的飞跃,达到消除影响行车舒适的台背、通道跳车、路面不均匀沉降等问题;四是实现高速公路绿化、美化和标准化,使公路与环境保护相统一,公路设施与沿线景观相协调,成为交通现代化设施与建设西部山川秀美工程相结合的典范;五是总体工程质量水平、质量指标达到全国同期同类的先进水平。

坚持以人为本,产格推行以质量终身责任制为核心的分级、分工、分项、分工序责任人制度。围绕工程质量年活动,在全线参建人员中持续开展以建立质量终身责任制为核心的"讲、找、查、树"活动(讲不足,找差距,查漏洞,树信心),并结合各级管理者的不同岗位和工作职责,层层分解质量指标,落实责任。建立相应的责任人档案和责任追究制度,严格检查监督。

树立样板工程,抓好典型示范,夯实创"精品工程"的基础工作。从每一个单项、分部工程开始,就十分注重三树样板工程,做到样板示范,典型引路,高标准起步,使各个施工单位学有榜样,赶有目标。对不合格工程和外表缺陷工程,果断处理,及时组织现场会,进行解剖分析、技术论证,找出症结,及时采取对应措施。开工以来,全线共推倒有外观缺陷的墩柱10余根,通道3处。

严把"五关"。严把施工队伍进场关。严把建筑材料质量关。严把检测试验关,抓好试验室建设。严把技术工艺关,积极采用新设备、新技术、新工艺。严把路基施工填料和压实。针对项目的地基特点,项目组、总监办把选择取土场作为首要质量保证措施来抓,认真试验,反复筛选,选择适宜的路基填料。

健全和严格实行三级质量保证体制,狠抓落实。抓好承包人自检,建立健全施工单位的自检体系。按照生产和自检两个独立的体系,在抓好生产的同时,强化对自检系统的分析监督检查。加强社会监理,充分发挥监理工程师在三大控制中的职能,确保监理依据合同独立自主地行使权力。建立质量巡查制度,定期通报。加强政府监督,委托省交通厅质监站定期或不定期进行质量检查。

搞好优化、美化设计。全线纵坡优化14km,平均降低路堤1.5~2m,减少路基填方70多万m^3,减少费用近1000万。努力做到绿化、美化和标准化。

严格计划进度,实行均衡生产。通过制定科学合理的施工计划,均衡组织生产。

采取工程措施,狠抓质通病的综合治理。换填砂砾、增强压实、增设搭板的方法解决桥头、通道、台背跳车的难题;对涵洞结构物采取强基处理;采用砂砾对全线鱼塘和软土地基路段进行补强处理,保证路基稳定。

依据合同规范,严格控制工程投资。制定有关办法,从工程数量和单价严格控制投资。

(三)复杂工程技术与科技创新

绕北高速公路首次在全线结构物外露面使用定型加工大块钢模;在路面施工中大胆改革工艺,在陕西省首次采用厂拌机铺、机械拌和、电脑机配、自动计量、计算机控制、全断面一次摊铺的新技术、新工艺。使路面施工从拌料到摊铺全部实现了自动化、程序化、机械化操作,有效地控制了路面的平整度;建设过程中,引进了"平卧式路缘石",该种路缘石既减少了混凝土用量,减轻了施工难度,同时对行车导向、行车安全、美化路貌均有良好效果;研究了宽幅桥梁全断面水泥混凝土桥面铺装自行式振捣梁,既解决了桥面铺装的平整度,又克服了以往工艺出现的不规则横坡问题。

绕北高速公路帽耳刘立交桥是一座首蓿叶加互通匝道立交桥,位于西安市与咸阳市交界处的帽耳刘村,为陕西省重点工程。1999年4月开工,2001年5月竣工。帽耳刘立交桥的设置改善了西安西出口的交通拥挤状况,更好地发挥了西安绕城高速公路的交通集散功能。建设过程围绕提高工程品质核心问题,解决了桩基施工效率低、混凝土外观质量差、高墩养生难等难题。

西安绕城高速公路北段帽耳刘立交

采用新设备。采用意大利生产的ED4000型旋挖式钻机代替传统回旋施工钻机施工。该设备自备动力,可自行就位,自备电脑编程控制,施工方便;同时,钻孔采用桶式取土方法,进尺快,成孔早,质量好,效率高,是回旋钻机的5~6倍。经陕西省公路工程试验检测中心检测,748根桩一次性检测全部合格,合格率为100%。

采用新工艺。在墩柱施工中,专门制作了8mm厚的组合钢模板代替普通钢模板,防止了模板变形;同时采用大块模板,减少接缝,保证了混凝土表面平整。在正式施工前,又进行了五组试验,保证了墩柱的内在与外观质量,拆模后,墩柱表面平整、光滑。墩柱混凝土养护采用筒状塑料薄膜,上端留置细水管,扎住塑料薄膜上口,套住墩柱,水自上而下养护,并从地面就可控制水的流量,养护效果较好。

采用新技术。现浇箱梁施工采用WDJ型碗扣式支架,就地搭设满堂支架模板,在现浇模板的支架地基处理上,采取铲除地表30cm厚的腐殖土,用素土和砂卵石分层回填、压实,再铺设、压实一层厚度为20cm的三七灰土作表层,表层地面以道路中心为变坡点,横坡向设1%的"∧"形双向排水坡,并经反复碾压至无明显压痕,同时在支架地基外边缘设立双向排水沟,保证排水通畅。为防止雨水浸蚀,又在灰土地基上铺设了一层防水彩条塑料布,确保了现浇箱梁的施工安全和质量。用高强度覆膜竹胶合板新型材料作为现浇箱梁侧模,利用其韧性好,不易变形,无须除锈的特点,作弧线端的侧模,浇筑出来的混凝土表面光滑,线形圆顺。采用地板革代替传统的钢模板作为现浇箱梁的底膜面板,该材料重量轻、价格低、既方便施工又节约成本,同时还保证了混凝土表面大面积平整、无接缝、无锈斑、无漏浆,光亮平顺。

采用新材料。采用高强塑料垫块新型材料代替传统的水泥砂浆垫块,保证了混凝土颜色一致,解决了混凝土表面的花斑问题,大大提高了混凝土的外观质量。护栏施工中,为了保证曲线的圆顺,在曲线半径小的地方,采用0.5m一节的特制钢模板,正式施工前,进行了四组试验。施工中抓住关键环节,对症下药,利用插入式振捣与侧面附着振动相结合的方法,解决了护栏表面的气泡问题。

(四)运营管理

经过建设者三年多时间的不懈努力,绕北高速公路建成通车后,交由陕西省交通建设集团公司西安绕城分公司运营管理,主要负责项目范围内路段的收费、养护、路政、治超等管理工作。西安绕城高速公路南段建成后,运营养护管理工作也由西安绕城分公司承担。

1.服务提质量,管理上台阶

西安绕城高速公路北段管理所组织开展作风整顿教育活动,以提高收费窗口服务质量,改善收费站区环境卫生和管理所机关人员的服务意识为目标,以推进微笑服务、服务零投诉、建设"畅、洁、绿、美、安"的行车环境为重点,努力打造和谐、团结、文明、实干的工作队伍,促进管理所各项工作上台阶。管理所从各部门抽调人员,成立检查组,重点对收费站、治超站的收费政策、规章制度、文明服务、环境卫生、工作业务的落实情况,以及对管理所各职能部门日常工作开展情况、劳动纪律等进行监督检查,同时对稽查工作开展情况进行总结,努力探索新的稽查方式和稽查手段。

2. 强化安全保畅,做好收费保洁

为切实做好西安绕城高速公路北段的安全保畅工作,管理所对各项工作做出安排,制定了安保工作预案,明确责任,强化细节,落实了多项安保措施。

对收费站及治超站、发电机房、财务室、票证室、锅炉房、食堂等重点防范部位进行了逐一检查,并将以上部位的安全保卫责任落实到人。配备了红外线望远镜,路政巡查加大对所辖路段的巡查力度和密度,发现随意滞留在路上或收费站区的陌生、可疑人员和车辆及时进行盘查,对装有易燃、易爆及危险化学物品的车辆严格检查,发现异常情况,及时向公安部门报告;在日常收费管理中,严格交接班,坚持做到堵漏增收,应收不漏,应免不收,确保收费额逐年递增。积极配合、协助高速公路交通警察大队做好"奥运会"期间的车辆疏导;发生交通事故及突发事件时,路政巡查迅速与高速公路交通警察联系并赶赴现场,采取相应措施,启动应急预案;安排专人对公路桥梁、涵洞等重点部位昼夜看守,并做好管护安检记录;加大养护巡查和清扫力度,做好日常养护和保洁工作;严格执行值班制度,确保信息畅通以及各类突发事件的及时处理;组织值班、保安人员加强收费站区、所机关夜间巡查,严格执行车辆出入登记制度,切实做好内部安全工作。

3. 预防性养护,科技除病害

(1)"体温计"把脉病害

2007年6月18日,绕城分公司与陕西省大气探测技术保障中心签订了路面温度监测系统技术服务合作协议,先期出资7.5万元,由大气探测技术保障中心为80km路段安装了两套温度监测系统,用于监测大气和路面温度。路面埋设"体温计"后,研究人员就可以方便地为病害"把脉",继而寻找解决车辙问题的良方。同时,分公司还与西安公路研究所合作,开展路面与温度关系的课题研究,建立了两个数字模型,一个是大气温度和路面温度的数字模型,另一个是路面温度与车辙之间的数字模型。

(2)"微表处"美容路面

绕北高速公路的一个路段,在通车几年后出现了轻微车辙,深度小于2cm,病害尚处于发育阶段。采用"微表处"进行美容路面,修复了车辙病害,节约大量养护经费。

(3)新技术策源地

为了避免大规模养护工程施工造成车辆运行不畅,绕北高速公路采用"CAP完全封层"技术对微裂缝路段进行预防性养护,有效改善了沥青路面的表面功能。

二、西安绕城高速公路南段

九天彩虹绕长安,八方车流滚滚来。2000年10月30日下午,随着西安绕城高速公路北段胜利通车,全长44.91km的南段奠基开工。省委书记、省长出席通车、开工仪式,并剪彩和讲话。绕城高速公路不断拉大西安城的骨架,"路"的延伸中,"城"实现了扩张。与西安高新技术产业开发区和曲江新区比肩的西安绕城高速公路南段,肩负着大西安经济运行、社会发展和人文演进的使命,成就着西安新地标和现代文明精心包装的中央商务区与人文宜居新城的鲜明形象。西安绕城高速公路南段就处在这一繁华文明之地。它与绕城高速公路北段连接成环,对于完善陕西交通网,增强西安中心城市的辐射能力,加快国际大都市建设步伐,加深陕西在西部大开发中的"桥头堡"作用,都具有重要意义。

(一)项目概况

2000年,工程可行性研究报告、初步设计、施工图设计先后获得批复。

西安绕城高速公路南段,简称绕南高速公路,路线西起绕北高速公路的帽耳刘立交,经河池寨、三爻村、曲江、纺织城,跨浐河、灞河,止于西安绕城高速公路北段的方家村立交,全长44.91km。全线土石方工程772.20万 m^3,防护排水工程12万 m^3。设桥梁1.31万m/7座,其中特大桥1.25万m/5座,大桥649.65m/2座;互通式立交7处,分离式立交31处;跨线桥28座,通道65道,涵洞135座;收费站8处,服务区、管理所各1处。

西安绕城高速公路

西安绕城高速公路南段曲江服务区

项目共投资29.05亿元,资金来源由交通部补助、陕西省交通建设专项资金和银行贷款三部分组成。

建设单位初为陕西省高等级公路管理局,设西安绕城高速公路南段项目组。2001年9月26日,陕西省交通厅设西安绕城高速公路南段工程管理处接手项目建设。2002年7月,为了在搞好工程建设的同时,切实搞好绕城林带建设,经省政府批准成立了西安绕城高速公路生态林带建设管理局,西安绕城高速公路南段工程管理处划归西安绕城高速公路生态林带建设管理局管理。设计单位为陕西省公路勘察设计院。青岛公路建设集团有限公司、四平市道路桥梁工程总公司等施工单位中标参建。陕西省高速公路工程咨询有限公司、北京华通道路桥梁监理咨询有限公司等单位中标监理。征地拆迁及建设环境保障由西安市政府总承包,西安市交通局具体实施。

项目所在区域属渭河及其支流冲、洪积平原和黄土台塬地貌。路线所经区域分为冲洪积平原工程地质区和黄土塬工程地质区两大类。区内四季分明,气候温和,属暖温带半湿润大陆性季风气候。有泾、渭、浐、灞、沣等八条河流,其中渭、泾流量较大,其余均为小型河流,汇水面积不大。全线有28.90km为湿陷性黄土路段。

(二)建设情况

绕南高速公路于2000年10月开工,2003年9月建成通车。开工以后,省委、省政府十分重视绕南高速公路的建设,要求各级政府把绕南高速公路建设作为树立形象、改善投资环境的重要举措,落到实处,把这条路的建设与西安城市交通和未来发展紧密结合起来,交通部门和施工单位要精心部署,集中力量,加强工程管理,确保工程质量,把绕南高速公路建成精品工程。

2001年4月2日,省交通厅在绕南召开劳动竞赛动员大会,分管绕南高速公路建设的省交通厅副厅长曹森强调指出:一要认清形势,精心组织,明确省委、省政府对绕南高速公路提出工作目标,背水一战,力争上游;二要鼓足干劲,高速度、高质量、创精品、出样板,在管理上创新,创一条管理的新路子;三要加强建设环境的保障工作,抓重点、抓难点,对影响施工进展的拆迁问题,摸底排队,逐一解决。

针对日益严峻的征地拆迁影响施工的问题,2001年5月10日,副省长巩德顺在绕南高速现场召开办公会,要求限期拆迁,确保建设顺利进行。巩德顺指出绕南高速公路的拆迁工作,涉及面广,情况复杂,任务艰巨,困难很大,不可能满足方方面面的要求,各级政府有关部门要深入细致地多做工作,按照省上有关规定把涉及到的所有拆迁问题尽快解决,不能乱开口子,更不能因拆迁问题影响施工,要按照"建设工地实行封闭式管理"的要求,一个窗口对外,任何单位和个人不能以任何借口阻挡施工。

1. 铁面管理,管出来的"加快发展"

工程招标伊始,省交通厅绕南项目组考虑到以往施工中存在的承包人不按时进场,迟迟打不开局面,设备、人员投入不足等问题,决定在中标单位实行三个月"试用期",施工、监理单位必须在三个月内,依照合同承诺,配备人员、设备进场,完成相应工程任务。考核未达标者,必须在规定时间内无条件撤离,业主另择施工单位。一石激起千层浪。"试用期"制令承包人危机感大增,他们迅速调集施工力量,进驻施工现场。个别承包人起初对试用期不以为然,而当他们得知省交通厅绕城项目组铁面管理,有可能被淘汰出局时,迅速调集一千万资金用一个星期的时间追回目标任务。绕南项目组的劳动竞赛扎实认真,很有操作性,各标段项目部"人停机不停",24小时施工,工程进度明显加快。奖罚兑现使劳动竞赛不流于形式,不姑息迁就。某合同段项目部副经理、总工程师都是绕南项目组负责人的老同学,虽然私下里是故交,可对待工作他不给一点"面子"。调度会上对该合同段的通报、罚款都是他亲自公布执行的。铁面管理带来绕南高速公路建设的高速度,2001年上半年,完成工程投资6.36亿元,实现了时间过半,任务过半的既定目标,月建安总量超亿元,成为全省众多重点公路建设项目名副其实的"领头羊"。

2. 严抓质量,雷声大雨点也大

2001年7月16日,绕南工地召开工程质量会,抓质量"动真的,来硬的"。项目组、总监办对4个标段的5项严重质量问题,宣布处理决定。某合同段在桩基施工中,从钢筋笼制作到调整等工序质量自检、监理、验收,关关失守,使一桥台8根桩基的钢筋数缺少一半,形成严重质量隐患。项目组、总监办决定,全部作报废处理,炸掉重来。对该合同段项目经理部及驻地监理部,全线通报批评,清退该单位现场技术负责人等,并处以罚款。这次质量会清退标段技术负责人、质量自检人和现场监理6人,通报批评项目经理部4个,两位颇具权威的高级驻地监理也不能幸免。"萝卜快了更要洗泥",绕南项目组、总监办,以精品工程的内在要求确立质量目标,规定工程实测项目的合格率达到100%;可视、可感部分质量上一个新台阶,达到全国最好水平;综合治理质量通病和质量隐患方面采取过硬措施,确保质量可靠。在省交通厅基本建设质量监督站严格进行的抽检中,工程合格率达到93%,项目总监办在之后严格进行的质量检查中,合格率上升为96.2%,不合格的项目坚决推倒重来。人们曾习惯的"下不为例"和"不看僧面看佛面",在绕南高速公路建设中行不通。

3. 优化设计,节约资金1亿元

绕南高速公路建设单位在审查设计图中发现,原设计浐河特大桥西端连接马腾空隧道,马腾空隧道方案存在两个问题:一是工程造价高、通车后运营成本高,仅通风用电排水等每年就需费用约200万元;二是隧道属于大跨径浅埋黄土隧道,跨径之大、埋置深度之浅在全国属首例,当时还没有成功的经验,施工没有足够把握,工期也难以保证。对此,管理处先后走访了长安大学公路工程学院和西安公路研究所,对原方案进行充分论证,提出了将马腾空隧道变更为路堑,并将浐河特大桥加长加高的优化方案。该方案提出后受到了省厅领导的高度重视,有关领导亲自下工地查看现场,并组织专家进行多次论证,同意了优化方案。该方案的优化,不仅缩短了建设工期,减少了事故隐患,而且为国家节约建设资金1亿元。

4. 营造林带,提升绿色城市品位

为美化绕城高速公路交通环境,改善西安生态质量,省政府在项目建设之初就提出了沿绕城高速公路一圈建设绕城生态林带的设想。经过反复研究论证,西安绕城高速公路生态林带被确定为省、市重点建设项目。2002年10月17日,副省长潘连生带领多个相关部门负责人视察了即将开工建设的绕城生态林带建设现场,并召开专题会议,提出具体要求,研究解决建设有关问题。潘连生指出:绕城林带建设是关乎子孙后代的大事!

西安绕城高速公路生态林带的建设和管理,由陕西省交通厅所属西安绕城高速公路生态林带建设管理局负责实施。建设征用土地工作,由土地所在区人民政府负责实施。根据绕城高速公路沿线的地形地貌的具体特征,按照"因地制宜、以林为主、林灌结合"的原则,以绕城高速公路为轴线,以营造乔木林为主体,以常绿植物为骨架,以花灌木为点缀,构筑西安多样化的森林生态景观林带,营造出四季常绿、三季有花、常年有景可赏的优美环境。2004年8月生态林带工程完成,林带全长80.5km,种植宽度为80m,共征用土地4089.21亩。它既是绕城高速公路的防护林,又是西安城市风景林带及城市绿地的一部分,成为西安的城市"绿肺",使西安绕城高速公路成为西安市的一条旅游线、风景线,实现了车在绿中行、人在画中游的城市森林景观效果。它的建成,改善了西安市周边的生态环境,提升了环保绿色城市的品位。

5. 廉政建设,不吃请不受礼

绕南工程管理处成立之初,就制定了廉政建设"五不准":不准为施工企业介绍施工队伍,不准为施工企业介绍建筑材料,不准在工程质量方面为施工单位说情,不准接受施工单位的宴请礼金,不准利用手中权力吃、拿、卡、要,从源头上遏制了腐败的产生。建设期间,管理人员能够严格遵守"五不准",从不接受吃请。"今年过节不收礼,管建双方送合同"是2002年过年前夕绕城工地发生的新鲜事。经过按程序招标,认真严格筛选,绕南高速公路路面施工、沥青供货中标单位先后产生。马年(2002年)前夕,合同签字如期进行,不少施工和供货单位,平时想请管理处的领导吃顿饭都请不到,很想趁着过节"表示"一下。开工伊始,管理处就与施工单位双方签订了廉政合同,马年前夕,又大会小会讲廉政,明文规定不参加吃请,不接受礼金。双方签字、互送合同,成为马年前夕管建双方真诚与友谊的最好礼物。

(三)复杂技术工程

1. 浐河特大桥

浐河特大桥全长3245m,主桥上部结构采用40m、30m预应力混凝土连续箱梁和32m现浇钢筋混凝土连续箱梁,引桥上部结构采用40m、30m预应力混凝土连续箱梁;下部结构为薄壁空心墩、柱式墩、柱式台,钻孔灌注桩基础。最大跨径40m,最大墩高52.70m,最大桩长60m。施工中在弯矩区段箱梁顶面喷涂FTY-2型预防水材料,以防止连续梁弯矩区段箱梁顶面产生裂缝,雨水渗入。钻孔灌注桩基础采用德国旋挖转机快成孔,保证工程质量。在预应力孔道设置上,采用橡胶抽拔棒成孔代替波纹管成孔,以避免漏浆堵孔,保证成孔尺寸。全桥耗用钢材 802.57t,水泥 8.44 万 t。建设者们仅用了 11 个月时间就完成了大桥的主体工程,在陕西建桥史上写下了浓墨重彩的一笔。2005 年浐河特大桥荣获陕西省建设工程"长安杯奖"。

2. 西姜村高架桥

西姜村高架桥,为路线跨越西安市欧亚路、长安南路、西沣一级公路及拟建铁路南客站线路而设。桥全长 6492.90m,桥面宽 35m,最大净空 14.40m。2000 年 10 月 28 日开工,2003 年 9 月 29 日建成通车。完成投资 2.27 亿元。

西姜村高架桥位处两处大型地裂缝带。通过探测地裂缝准确位置及走向,采取钢箱梁、桥墩在地裂处隔离技术,解决跨越地裂缝问题。上部结构采用 195 孔 20m 跨径、81 孔 30m 跨径及 4 孔 40m 跨径预应力混凝土连续箱梁与简支箱梁,下部结构为矩形双柱墩与柱式桥台、埋置式桥台,钻孔灌注桩基础。桥梁跨越地裂缝处连续梁变简支梁,采用钢箱梁,以提高其跨越能力。现浇三箱室连续梁采用轮扣式脚手架搭设,外模为组合大块竹胶板、内模为组合钢模,支架均以等载荷载预压。箱梁桥面板纵向湿接缝处混凝土表面经过凿毛、冲刷,保证新老混凝土结合。水泥混凝土桥面铺装高程,采用先充筋做混凝土,后浇筑混凝土层进行控制。

(四)科技创新·西安绕城高速公路成套技术研究

1. 高速公路三灰碎石路面基层应用技术研究

分析了三灰的化学反应机理;研究了三灰碎石的配合比设计及其力学性能、抗裂性能、稳定性、耐久性;确定了三灰碎石抗裂性能评价指标与方法;分析了三灰碎石的参数敏感性,推荐了设计参数,并提出了其施工质量控制要点与标准。解决了粉煤灰堆放占用大量土地的困扰,有利于火力发电厂的可持续性发展。采用推荐的三灰碎石基层比水泥粉煤灰稳定碎石和水泥稳定碎石造价可节约 4327 万元。按照当年陕西省未来五年内在建高速公路里程 1800km 计算,假设 60% 的高速公路采用三灰碎石基层,则可节约资金 8.7 亿元。

2. 高速公路沥青路面下封层施工技术研究

对高速公路沥青路面下封层材料的性能、技术参数、施工工艺和施工质量控制技术进行了系统研究。提出了不同半刚性基层相应的下封层技术方案;建立了下封层应用技术体系,编制了《高速公路沥青路面下封层施工技术指南》。通过在半刚性基层和沥青面层之间设置下封层,对缓解半刚性基层的反射裂缝、消减层间应力、促进层间黏结、提高层间防水功能、承担临时交通及保护基层等起到重要作用。该技术有效防止高速公路沥青路面早期损坏的产生,与陕西同期建成的同类项目相比,可推迟养护维修3~5年,延长了高速公路使用寿命。

3. 高速公路沥青混凝土桥面施工技术应用研究

分析了温度、荷载对水泥混凝土桥面沥青混合料桥面铺装层的影响,确定了桥面铺装层间温度及应力工作状态;研究了涂膜类防水黏结层路用性能,推荐了材料最佳用量,提出了其性能控制指标;研究了同步碎石的路用性能,确定了最佳沥青洒布量及碎石撒布量。采用SBS改性沥青抗滑表层和防水黏结层后,桥面铺装层的耐久性增强,能在较长时间保持较高的服务能力。研究成果将从根本上解决长期以来困扰陕西乃至全国沥青混凝土桥面铺装早期损害的问题,为高效率、高质量地施工提供了科学依据。

4. 重载大交通量高速公路沥青路面抗车辙技术应用研究

提出重载大交通量作用下抗车辙能力显著的沥青混合料配合比设计方法、施工工艺、质量控制方法和质量检测技术。技术指标：上、中、下面层抗车辙混合料的稳定度应分别大于3000、1500和1200次;上面层低温弯拉应变$\geqslant 2600u\varepsilon$,疲劳性能$\geqslant 10000$次(应力水平0.5);上、中、下面层混合料的冻融劈裂强度比应分别大于80%、75%和75%。采用该技术的高速公路沥青路面具有很好的抗疲劳、抗车辙等性能,同时降低了造成交通事故的可能性,大大提高了高速公路运营安全性。

西安绕城高速公路成套技术研究,获得2009年度中国公路学会科学技术二等奖。

（五）运营管理

1. 反光材料,围绕城市的"夜光大道"

夜走绕南高速公路,会有置身于灯火辉煌的"夜光大道"之中的感觉,这是采用的"反光材料"起到的特殊效果。考虑到绕城高速公路与城市相连,除了要保证公路夜间行车安全外,还要增加作为城市高速路的夜间可视效果。通过多方了解、招标,管理局决定提高反光道钉和反光板的等级,选用目前国际最先进的3M公司的反光材料,大大增加了夜间的可视效果,夜视性更强、更安全,除了方便驾乘人员外,还美化了城市。

2. 照明监控,体现现代化高速管理

一般的高速公路不要求安装照明设备,而西安绕城高速公路是西安的"门户"和靓丽的风景线。管理局决定安装城市照明设备,全程安装现代化的监控设备。先后投资2600万元建设监控中心,100多台投影电视对此路段进行全程监控。每公里设网络视讯摄像头,通过网络视讯平台,能了解各个路段车辆通行情况和各交通路口车辆概况,确保交通通畅,调剂各路口车辆数量,另外在各个互通立交进出口处还设置了大型情报板,用于及时公布路况情况,例如"前方××米处车流量较大"和"前方××米处正在施工"等,方便驾驶员和乘客在第一时间了解路况的动态信息。这些现代化的设备和管理方式让绕城更加安全、通畅。

3. 服务区,享受出行的轻松愉悦

曲江服务区占地 300 亩,与西安曲江新区毗邻。服务区除了有汽修、加油、餐饮、住宿、停车等功能外,还充分考虑驾驶员及乘客的需要,安装了触摸式可变电子显示屏,可以查询到近日天气情况,航班、铁路等交通信息,并为外地游客提供了查询陕西重要旅游景点的电子服务系统。服务大厅设有游艺室、阅览室、ATM 自动银行机、IC 电话等,可以快速存款取款,可以读书看报,还可以喝茶听音乐。这些为人着想的设计和服务给出行带来更多的方便和愉悦。

4. 增设立交,提升通行能力

为了提升西安绕城高速公路的通行能力,于西安市雁塔南路与绕城高速公路南段的交汇处,增设一座单向立交,即雁塔立交,主要解决西安市雁塔路及附近车辆进出西安绕城高速公路的需要,缓解曲江立交、长安路立交及三环的交通压力,形成西安市城南车辆对外的又一快速通道。

西安绕城高速公路

古城西安,素以十三朝古都蜚声海内外。作为陕西省交通形象的代表之一,绕城高速公路成为社会各界关注的焦点。行驶于绕城高速公路,感受它的坦荡和畅达,感受它的人文和现代,感受它的和谐和文明,感受"城在林中,路在绿中,人在景中"的惬意景象。

八十公里,环抱长安。牵挽关中,四维通贯。双向六车道,大路坦坦。车行其上,康庄阳关。坐拥西北,联通东南,急难险重服务为先。分流保畅,大道长安。绕城高速公路体现着人们的智慧与努力,道路的延伸无不展现着城市设计者的前瞻性,绿水蓝天依旧,道路两旁早已今非昔比。高速公路伴随人们驶向财富的方向,繁荣的未来我们清晰可见。

G3001 西安绕城高速公路主要信息资料、主要从业单位信息资料见表9-13、表9-14。

G3001 西安绕城高速公路主要信息资料表 表9-13

项目名称	建设单位	建设里程（km）	技术标准	投资规模（亿元）	建设时间（开工~通车）
北段	陕西省高等级公路管理局	34.65	双向六车道、设计速度120km/h	18.49	1998.10~2000.10
南段	西安绕城高速公路生态林带建设管理局	44.91	双向六车道、设计速度120km/h	29.05	2000.10~2003.9

G3001 西安绕城高速公路主要从业单位信息资料表 表9-14

项目名称	从业单位	单位名称
北段	设计单位	陕西省公路勘察设计院、有色冶金设计研究院
北段	施工单位	中铁十五局机械化工程公司、新疆兵团建筑安装工程总公司、长庆石油勘探局筑路工程(集团)总公司、陕西深蓝工程总承包有限责任公司、陕西省路桥总公司三处、中铁五局路桥处、西安铁路工程总公司、中国建筑第八工程局、铁道部第四工程局第三工程处、陕西省路桥工程总公司、中铁十九局三处、国营山西冲压厂、徐州光环钢管(交通设施)有限公司、陕西诚信高速公路交通工程有限公司、陕西交通工贸公司、北京云星宇交通工程有限公司、中国建筑第八工程局、铁道部第五工程局机械筑路工程处、铁道部第十八工程局第五工程处、铁道部第十三工程局第三工程处、陕西省第八建筑工程公司、汉中市汉水建司、陕西省第六建筑公司
北段	监理单位	陕西省公路工程咨询公司、西安公路研究所、西安公路交通大学建设监理公司、陕西高速公路工程有限公司、西安煤炭建设监理中心
南段	设计单位	陕西省公路勘察设计院
南段	施工单位	青岛公路建设集团有限公司、中铁第十八工程局第五工程处、四平市道路桥梁工程总公司、中铁第十六工程局第一工程处、中铁第二工程局第五工程处、中铁第二十局第一工程处、中铁第十五工程局、西安铁路工程集团有限责任公司、中国建筑第八工程局机械化施工公司、中铁五局集团机械化工程有限责任公司、中铁第十九工程局、铁道部隧道工程局第三工程处、云南公路桥梁工程处、中国有色金属工业第十四冶金建设公司、交通部第二公路工程局第一工程处、陕西省路桥工程总公司、交通部第二公路工程局第三工程处、中铁第十九工程局第三工程处、陕西省路桥工程总公司、河北银达交通工陕西省路桥工程总公司、成都市路桥工程公司、陕西现代公路机械工程有限公司、河南省公路局路桥机械厂、江苏无锡交通设施有限公司、河南现代交通工程有限公司、浙江杭州萧山金鹰交通设施有限公司、陕西省交通工贸公司、沈阳市天久信息科技有限公司、西安金路交通科技开发有限责任公司、亿阳集团有限公司、江苏扬州鸿信线路器材有限公司、四川德阳振云塑胶有限公司、中铁一局集团公司、中国第十冶金建设总公司、西北航空港工程总队、陕西省第六建筑工程公司、陕西省第十一建筑工程公司
南段	监理单位	陕西高速公路工程咨询有限公司、北京华通道路桥梁监理咨询公司、陕西省公路工程咨询公司、陕西公路交通科技开发咨询有限公司、陕西公路交通工程监理咨询有限公司、陕西公路交大建设监理公司

第八节　G30N 临潼至兴平高速公路(西咸北环线)

高速彩练三秦舞,富民强省凯歌扬。2015年12月8日,随着国家高速公路西咸北环线的建成通车,全省高速公路通车里程胜利突破5000km。这是陕西省交通基础设施的重要里程碑,是交通建设者"大爱在心,为民开路"的有力诠释,是攻坚克难的生动实践,是惠及民生的真情演绎,是陕西交通儿女在新时期谱写的又一曲奋进之歌。

(一)项目概况

西咸北环线高速公路是国家高速公路网的组成部分,与连霍高速临潼公路至兴平段并行,是国家级"西咸新区规划"和"关中—天水经济区发展规划"确定的交通建设重点工程,被交通运输部列为全国首个"生态环保示范工程"。它的建设,不仅对于完善陕西高速公路网布局、加速西安国际化大都市建设具有重要的推动作用,更对加快推进陕西省丝绸之路经济带新起点建设,发挥陕西"一带一路"中心区域作用具有十分重要的政治、经济意义。

2012年11月5日,陕西省发展和改革委员会以《关于西咸北环线高速公路工程可行性研究报告的批复》批准工程可行性研究报告。2012年12月31日,陕西省发展和改革委员会以《关于西咸北环线高速公路初步设计的批复》批准初步设计;2015年4月28日,陕西省交通运输厅以《关于西咸北环线高速公路施工图设计的批复》批准工程施工图设计。

路线起自临潼区零口镇以东,与连霍高速公路相接,止于户县谷子硙,与京昆高速公路相接,全长122.61km,其中零口兴平段107.88km,兴平至户县段14.73km(S17)。建设里程113.61km(与新西宝高速公路共线9km)。按双向六车道高速公路标准建设,设计行车速度为120km/h,整体式路基宽度为34.5m,分离式路基宽度为17m;西吴至沣渭段与新西宝高速公路共线9km,采用双向八车道,路基宽度42.0m,全线路基土石方1988.5万m³,防护排水9.340万m³。全线共有桥梁76770.853m/188座(单幅),其中主线特大桥44316.52m/21座,大桥25862.19m/79座,中桥6596.643m/88座,渡槽365.6m/6座,小桥(通道)221座,涵洞398道。全线设互通立交17处,其中枢纽互通式立交8处,服务型立交9处;分离式立交55处,天桥44座,服务区4处,匝道收费站9处。

西咸北环线高速公路批复概算为132.56亿元,其中资本金22.005亿元由交通运输部补助19.806亿元、陕西省交通运输厅补助2.199亿元,其余资金通过国内银行贷款解决。

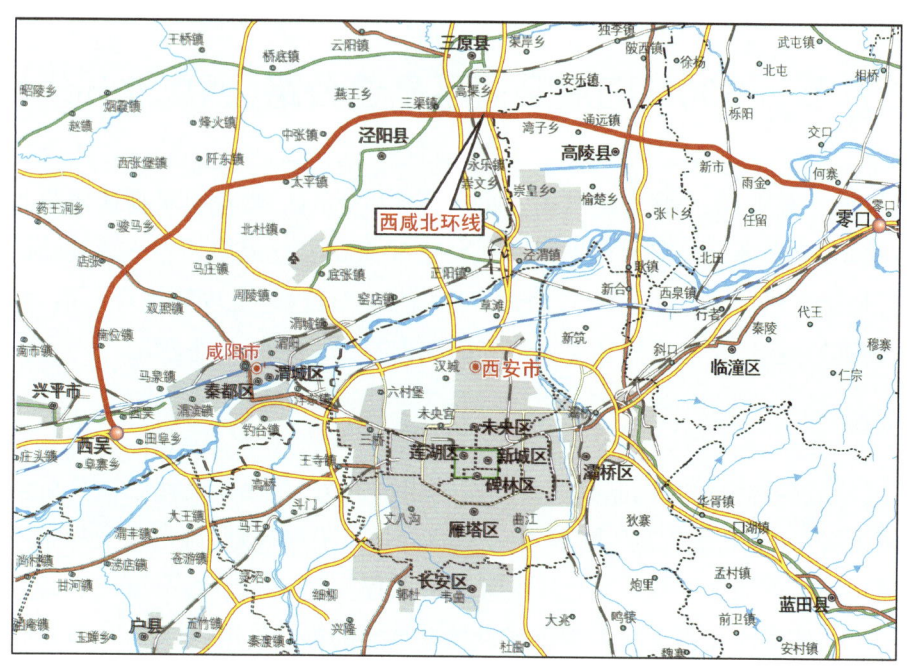

临潼至兴平高速公路(西咸北环线)线位示意图

西咸北环线高速公路

(二)建设情况

项目建设单位为陕西省交通建设集团公司,项目执行单位为西咸北环线高速公路建设管理处。陕西省交通规划设计研究院设计;陕西路桥集团有限公司、中铁二十四局集团有限公司等57家施工单位参建;陕西省交通工程咨询公司总监;陕西省交通工程咨询公司、陕西兴通监理咨询有限公司等15家单位监理;陕西交建公路工程试验检测有限公司负责中心实验室;陕西省交通运输厅基本建设工程质量监督站负责质量监督;西安公路研究院负责质量检测。项目于2013年7月开工建设,2015年12月8日正式通车运营。

地处西安、咸阳两市城乡结合部的西咸北环线高速公路,建设中有着诸多特点及难点。一是科技含量高,质量控制难点多。在国内首次"大规模、多用途、新技术、低成本、高质量"综合利用建筑垃圾再生材料,没有成熟的技术规范借鉴;国内率先在全线路面上面层采用橡胶沥青 SMA 结构,质量控制要求高。二是建设环境复杂,征迁协调难度大。项目路线途经西安、咸阳 2 市、8 区(县)、26 个乡(镇)、109 个自然村,征地面积 14952.9 亩,拆迁建筑物 7.4 万 m^2,迁移电力铁塔及电力双杆 71 座,电力、通信杆线 2646 根。三是交叉工程多,施工组织复杂。项目与公路交叉 23 处(其中与高速公路交叉 9 处,与国省干线、地方道路交叉 14 处),与铁路交叉 9 处,与灌溉干渠交叉 28 处,与油、气、水管道交叉 31 处。四是省内高速公路建设中首次使用转体桥施工。本项目西吴枢纽立交主线桥上跨陇海铁路采用主跨为 50m 的刚构桥转体施工方案,单体转体重量 75000kN。

针对项目的特点及难点,管理处认真分析了整个项目的工程特点,采取了诸多措施,从管理和技术方面全方位控制质量:

一是抓好设计质量,从源头上消除质量隐患。初步设计阶段就全面介入,参与设计单位的现场调查,提出优化建议和意见。严格落实"双院制"审查咨询和地勘监理制,业主全程参与地勘和外业设计验收环节。在施工图设计阶段对全线桥梁墩柱选型、系梁高度、承台埋深等进行详细核查。认真开展"三阶段"设计核查工作,及时进行优化完善。对台背回填、特殊地基处理、路基地表排水系统、建筑垃圾填料路基等专项设计,召开专题会议研究论证确定施工方案,进行专项评审。

二是制定专项办法,强化重点环节质量管控。认真落实省厅和交建集团相关规定、指南和要求。严格实施施工组织设计专家评审制、施工方案审批制、"首件工程"认可制、重要原材料准入制、专业施工队伍核准制、施工中间交验制、第三方检测等制度。制定了地基处理、路基填筑、三背回填、桩基施工、箱梁预制、桥面铺装等分项工程施工作业指导书和标准化施工要点。下发了原材料、桥梁桩底后压浆、冬季施工及特殊地基处理第三方质量检测等专项质量管理要求。

三是加强人员管理,构建有效质量管理体系。严格合同履约,更换不满足要求的管理人员,要求施工企业法人单位适时派驻项目督导组、工作组。强化监理人员考核,开展作风整顿,最大限度地发挥监理作用。成立工作组派驻施工现场,对施工质量进行严格把关。成立了原材料抽检、测量、混凝土强度回弹及路基压实度四个专业抽检组,采取不间断循环抽检,严把原材料质量和实体工程质量关。

四是强化原材料管理,把好质量第一关。实行进场材料报验制,材料严格落实施工单位自检、监理抽检合格后方可使用。管理处对原材料进行全覆盖循环抽检,及时发现、掌握进场原材料的质量动态,对不合格材料清理并进行处罚追究。对钢材、水泥、钢绞线、支座、橡胶粉等重要原材料,实行试验评审准入制。对用量大的碎石、白灰等地材实行料场考察批复制。对外加剂、橡胶支座、锚具等特殊材料实行盲样检测制。

西咸北环线高速公路建设场景

五是严格工艺工法,有效遏制质量通病。路基工程:针对多种地基处理形式,制定了标准化工艺工法,采取中间交验制和第三方检测,保证了隐蔽工程施工质量;严控路基压实质量,对边坡采用振动夯进行补强,提高边坡的稳定性;对"三背"回填方案进行专项设计和专项评审;边坡防护与路基成型同步施工,做到成型一段防护一段;尽早完善路基地表排水系统,保证路基的稳定和农灌系统的畅通。桥梁工程:采用数控钢筋弯箍机、数控钢筋弯曲中心、数控钢筋笼成型机、标准化定位模具等设备和工艺进行钢筋加工,提高加工质量和效率;总结推广梁板预制施工"八步法",全过程、多环节控制梁板预制质量;使用梁板智能张拉、大循环压浆等标准化施工工艺;全面采用智能化喷淋养生系统,保证了梁板养生质量;对桥梁支座、梁顶高程、平面位置进行全覆盖测量验收;湿接缝接头钢筋焊接采用二氧化碳保护焊,桥面混凝土铺装采用桁架式三滚轴整平机及自动磨光机,解决了湿接缝钢筋烧伤、桥面铺装外观质量等问题;使用高性能混凝土,提高了桥梁的耐久性和外观质量。路面工程:落实"项目专供料场"和"碎石出厂单"签字制度,杜绝未准入和不合格原材料进场;规范碎石加工工艺,对沥青路面中、下面层碎石增加整形和除尘工艺;实行路面工程拌和、摊铺、碾压、沥青加工设备进场前专家咨询考察;召开SBS改性沥青、橡胶沥青生产加工队伍准入专家咨询会;编制各结构层标准施工工艺文件;对沥青混凝土拌和、改性沥青、橡胶沥青的加工实行信息化监控;根据路面工程分工情况,建立和细化分解分项工程质量责任卡,把路面工程质量责任坐实。附属工程:根据设计要求、质量标准,制定切实可行的施工方案指导施工;开工前向施工技术人员进行全面的施工技术、质量管控要求交底,施工过程中适时组织施工操作人员开展业务、技能培训,并严格执行落实规范、操作规程、施工方案和质量管理措施。

六是创新监管手段,实施全过程信息化管理。建立了信息化管理系统,对关键部位进行适时监控,特别是对重要试验项目、预应力的张拉压浆、建筑垃圾路基沉降观测、混凝土的拌和、沥青混凝土拌和及改性沥青、橡胶沥青的加工等进行全方位监控,确保施工质量。

本项目自开工建设以来,管理处共组织劳动竞赛质量大检查15次,合格率95.6%;关键指标检测合格率97.6%;弱项指标检测合格率93.3%。省厅质监站对本项目总体抽检12458点,合格11808点,单点合格率为94.8%;关键指标抽检2746点,合格2705点,合格率98.5%;弱项指标抽检5636点,合格5276点,合格率93.6%。各项指标均达到和高于省厅下达的质量目标要求。

管理处在严格控制工程质量的同时,狠抓进度管理:

一是严格计划管理,强化工期控制。根据项目工期要求,管理处结合各合同段实际情况,科学编制了总体进度计划和年度、月度进度计划。各施工单位对照形象进度和施工量,按单位、分项工程和月、旬、周将各类计划分解细化到施工工区、班组,在时间和空间上做到连班作业和合理交叉。

二是优化资源配置,加强现场管理。招标阶段,管理处依据各标段施工总量,编制了《人员、设备、模板等资源最低配置标准》及《处罚标准》。工程建设期间,依据《标准》对参建单位合同管理及履约情况进行检查,坚持设备的动态管理,对架桥设备、路基"挖、运、压"设备和路面拌和、碾压、摊铺设备等确定型号和数量标准,同时留有储备余地,确保设备配置满足施工要求。

三是严格考核管理,及时奖罚兑现。管理处制定印发了劳动竞赛考核办法,每月制定投资及形象进度计划、质量和安全目标,按形象进度和完成产值双控的办法进行考核。根据考核结果,每月组织召开全体参建单位生产调度会,对先进单位予以奖励,对落后单位进行处罚通报。

西咸北环线项目建设突显出诸多亮点:

一是在国内高速公路建设领域首次大规模综合利用建筑垃圾再生材料,将建筑垃圾广泛应用于路基填筑、特殊地基处理、路面、小型预制构件和临建设施中,共利用建筑垃圾约600万t,恢复垃圾场占用土地3000亩,减少土地开挖面积1500余亩,节省生石灰17万t,节约燃煤3.2万t,减少二氧化碳排放量4000多万立方米,填补了我国高速公路建设领域建筑垃圾再生综合利用的空白。

二是在本项目全线113.6km、446.7万m^2的路面上面层全部采用新型的橡胶沥青SMA结构,为国内推广应用该结构提供了示范,应用规模为国内最大。

三是在国内桥梁施工中创新桥梁桩基后压浆控制技术,研发了后压浆质量监控设备,建立了压浆量和压浆压力监控系统,实现了对压浆量和压力的有效监测,切实提高了桩基后压浆施工质量,填补了国内后压浆质量控制的空白。

四是在省内公路项目中建设首座波形钢腹板箱梁桥,桥梁上部结构采用波形高强度钢板代替传统混凝土腹板技术的应用,起到了结构受力明确、轻盈美观、抗压强度高、节约造价的良好效果。本技术获得国家实用新型专利证书。

五是在全省高速公路建设项目中,首先在六车道沥青上、中、下三层均采用陕西中大抗离析、超大型DT1800型摊铺机单机单幅全断面摊铺,有效解决了双机(三机)联铺接缝,沥青横向、纵向、竖向、温度等离析的难题,为该项摊铺新工艺在全省的推广应用提供了实践,获得了良好的路面摊铺效果。

六是依托物联网和互联网技术,在全省首次建立了项目管理信息监控中心,通过8个子系统实现工程质量、安全、进度全方位的信息化管理,强化质量、安全、进度等薄弱环节监管,遏制质量通病,消除安全隐患。

西咸北环线高速公路

七是全省高速公路桥梁工程中,首次大规模推广应用高性能混凝土,有效提升了项目建设品质、确保了实体工程内在质量。

八是总结、提炼、形成了桥梁梁板预制"八步法"施工工艺,做到全过程、多环节控制梁板预制质量。该工艺在全省高速公路建设中得到普遍推广。

九是率先全面推广应用二氧化碳保护焊工艺,解决了传统电弧焊易烧伤钢筋、焊接质量不稳定及焊接速度慢等难题,显著提高了桥梁工程质量。

(三)科技创新

1.建筑垃圾再生材料在公路工程中大规模综合利用成套技术研究

此课题被交通运输部列为2013年建设科技项目,西咸北环线项目被交通运输部列为生态环保示范工程。设立总课题1项,子课题10项。研究形成公路工程大规模应用建筑垃圾再生材料的加工、建设、生产加工工艺、施工和质量控制技术、质量检验评定办法等技术指南和相关专利,努力使之上升为国家标准,在全国大范围推广示范。

2.橡胶沥青SMA路面施工技术研究

大范围橡胶沥青SMA结构用于高速公路沥青上面层,从橡胶沥青加工设备、胶粉加工、最佳掺量的选择、橡胶沥青加工工艺参数的确定、相关技术标准、实验检测体系等方面进行了系统研究,形成了《橡胶沥青路面施工技术指南》,填补了国内空白。

3. 建筑垃圾砖混凝土分离设备研发

在建筑垃圾综合利用中,研发出基于形状和密度两种分选方式的砖混凝土分离设备,将建筑垃圾中的砖块和混凝土块自动分离,分离后混凝土块中砖含量可控制在10%以下,这一新技术设备填补了国内空白,并获得国家专利证书。

4. 高速公路建设信息化管理系统研究

依托"基于云计算和物联网的智慧高速公路建设信息化管理系统研究"课题技术支持,研发建立了由质量安全、形象进度、办公自动化、项目管理辅助软件四大部分组成的信息化管理系统,采用管理处(总监办、中心实验室)、驻地办、施工单位三级信息管理模式,形成了项目质量、进度、施工安全监控体系。

5. 波形钢腹板组合箱梁桥关键技术研究

依托"波形钢腹板组合箱梁桥关键技术研究"课题,在省内公路项目中建设了首座波形钢腹板箱梁桥。该桥上部的波形钢腹板结构采用波状高强钢板代替传统混凝土腹板,不但有效减少上部箱梁的自重,避免了混凝土箱梁腹板的开裂,同时也降低了下部基础工程造价。该研究成果已获得国家实用新型专利证书。

6. 桥梁桩基后压浆自动化控制技术研究

依托"桥梁桩基后压浆控制技术研究"课题,在国内桥梁施工中创新研发了"注浆远程自动化监测系统",对桥梁桩基后压浆关键技术参数进行有效监测,解决了以往对后压浆施工过程中压浆量和压浆压力监管难的问题,填补了后压浆质量控制的空白。

(四)运营管理

西咸北环线建成通车以后,交由陕西省交通建设集团公司西咸北环分公司负责运营管理。

分公司成立之初,结合西咸北环高速公路所处的区位优势、沿线文化底蕴及行业特色,提出了"丝路起点,文明高地"的企业文化建设目标。通过加大硬件投入、完善规章制度、组织技能竞赛、举办文体活动、编印分公司内部刊物等方式,将企业文化具象化,潜移默化地影响员工的价值观念,为打造一流管理奠定坚实的文化基石。

1. 考核机制

西咸北环分公司不断细化完善考核激励机制,持续开展星级评定和创先争优活动,培养和宣传在各项工作中涌现的先进班组和先进人物,营造团结向上、积极进取、奋发有为的氛围,为肯干事、能干事、能干成事的职工提供均等机会展现自己的才能,使队伍结构得到调整、优化,使优秀的人才脱颖而出,形成了人尽其才、能上能下、充满活力的科学用人机制。

2. 巡查机制

西咸北环分公司创新工作方法,建立"六长"联合巡查机制,分别由工程养护科科长、所辖管理所所长、养护股股长、路政中队中队长、分公司路政大队大队长、日常养护单位负责人组成,将每月20日、21日确定为联合巡查日。为确保巡查工作到位,不留死角,联合巡查采用乘车巡查和徒步巡查相结合的方式进行,对各管理所所辖路段的路基、路面、桥梁、沿线设施、绿化、房建的养护质量进行全面检查。详细记录存在问题及隐患,现场明确整改人、整改时间,整改情况与责任单位月考核挂钩。固定集中巡查时间、落实责任人、丰富巡查方式、严格了考核奖罚,有效提高了分公司养护工作效能。

西咸北环线高速公路高陵北枢纽立交

3. 轮岗轮训

西咸北环分公司在成立之初,为了让员工保持工作热情,熟悉不同岗位的工作流程,利用车流量还未大幅增长的间隙,组织各岗位人员轮岗训练。为了让员工能够具有熟练的业务、应对突发事件的能力,公司组织多名员工到西安绕城分公司、西长分公司等单位进行了集中轮训。

4. 应急演练

西咸北环分公司组织大王管理所、高陵管理所分别以土方滑落阻塞交通及蒸发池水量饱和为模拟情景,开展应急演练。演练情景一:"突降暴雨,造成XK61+750跨线桥高边坡大量土方滑落路面,道路阻塞,严重影响行车安全"。演练情景二:"泾阳北立交下行匝道外侧蒸发池需水量饱和,雨水漫过水沟外沿,危及路基安全。"演练过程中,应急队伍反应迅速,领导小组指挥得当,演练人员配合默契、处置有力,提升了应急反应、协调配合和综合处置能力,为做好防汛抢险工作打下坚实的基础。

西咸北环线获2015年度公路水运建设"平安工程"冠名。驱车行驶在西咸北环线，整洁宽敞的路面令人心情舒畅，回顾陕西省5000km的高速历程，惊叹交通人一路走来之不易。"丝路起点，文明高地"，西咸北环线将永铭历史的丰碑。

G30N 临潼至兴平（西咸北环线）主要信息资料、主要从业单位信息资料见表9-15、表9-16。

G30N 临潼至兴平（西咸北环线）主要信息资料表　　　　表9-15

项目名称	建设单位	建设里程（km）	技术标准	投资规模（亿元）	建设时间（开工~通车）
临兴线西咸北环线高速公路	陕西省交通建设集团公司	113.61	双向六车道、设计速度120km/h	132.56	2013.7~2015.12

G30N 临潼至兴平（西咸北环线）主要从业单位信息资料表　　　　表9-16

项目名称	从业单位	单位名称
临兴线西咸北环线高速公路	设计单位	陕西省公路勘察设计院
	施工单位	陕西路桥集团有限公司、中铁二十四局集团有限公司、宁夏路桥工程股份有限公司、中铁十局集团第三建设有限公司、中核西北建设集团有限公司、中铁二十一局集团第三工程有限公司、中铁二局第五工程有限公司、陕西路桥集团有限公司、中铁十二局集团有限公司、陕西明泰工程建设有限责任公司、中铁十一局集团第二工程有限公司、中铁十局集团西北工程有限公司、中铁四局集团第一工程有限公司、浙江省宏途交通建设有限公司
	监理单位	陕西省交通工程咨询公司、山东省滨州市公路工程监理咨询公司、陕西兴通监理咨询有限公司、北京华宏工程咨询有限公司、山东华潍工程监理咨询中心、陕西高速公路咨询有限公司、陕西利民公路工程咨询服务有限公司、陕西公路交通科技开发咨询公司

第九节　G3511 菏泽至宝鸡高速公路（陕西境）

G3511 菏泽至宝鸡高速公路，是2013年印发的《国家公路网规划（2013—2030年）》中新增的一条国家高速公路，是国家G35济广高速公路的联络线。起点在山东省菏泽市，经过山东、河南、山西、陕西4省，终点在陕西省宝鸡市。菏泽至宝鸡高速公路陕西境内包括合阳至铜川段、铜川至旬邑段、旬邑至凤翔段。截至2016年年底，通车路段为铜川至旬邑段，合阳至铜川段、旬邑至凤翔段尚处于前期阶段。

铜川至旬邑段

古称"日照锦衣，遍地似金"的照金，自古乃要塞之地。习仲勋等老一辈无产阶级革命家曾在这里创建、巩固和发展西北第一个山区革命根据地——陕甘宁边区革命根据地，照金由此成为西北革命的摇篮，在创建共和国的历史上写下光辉绚丽的篇章。当时光进入21世纪的时候,照金的两头铜川至旬邑,营造出一条坦荡通衢,人们说"这种意义的路,是共和国改革开放、致富发展的成果"。

(一)项目概况

铜川至旬邑高速公路是国家公路网规划的G3511菏泽至宝鸡联络线的一段,也是陕西省"2367"高速公路网规划中合(阳)凤(翔)线的重要组成路段。这条陕西省关中北部新增的一条东西走向的高速公路运输通道,对完善全省高速公路网,改善照金革命老区群众出行条件,加速渭北地区煤炭、果业和红色旅游资源开发利用,加快关中天水经济区建设,支持国家新丝绸之路经济带建设战略具有十分重要的意义。

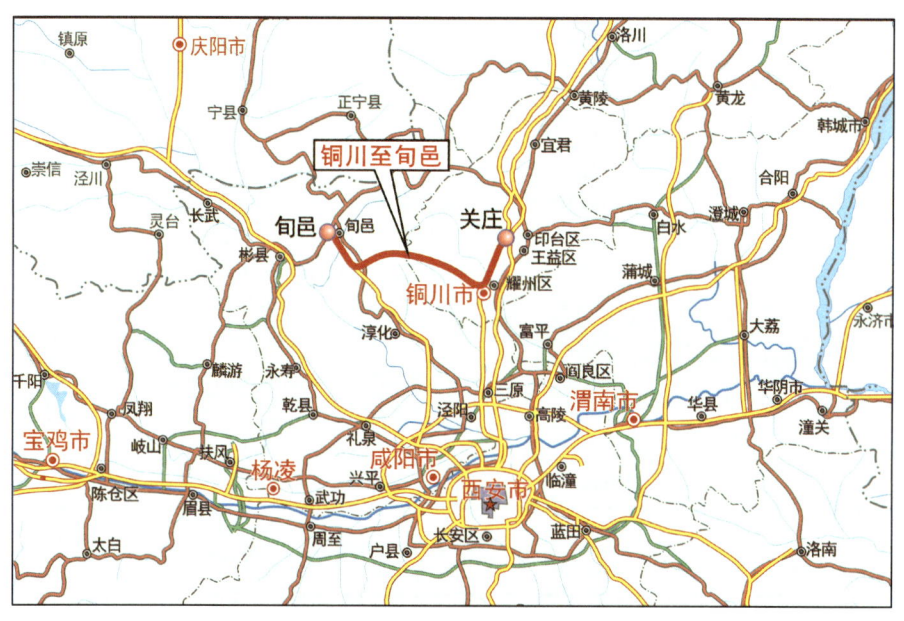

涉泽至宝鸡高速公路铜川至旬邑段线位示意图

2013年4月30日,陕西省发展和改革委员会批复《陕西省铜川至旬邑高速公路工程可行性研究报告》;2013年11月30日,陕西省发展和改革委员会批复《铜川至旬邑高速公路初步设计》;2015年3月9日,陕西省交通运输厅批复《铜川至旬邑高速公路施工图设计》。

本项目路线起于铜川新区关庄镇,与包茂线铜川至黄陵高速公路相连,经照金,止于旬邑县土桥镇,与咸阳至旬邑高速公路相接,建设里程50.06km,主线采用双向四车道高速公路技术标准,设计速度80km/h,整体式路基宽度24.5m。

全线设关庄(枢纽)、吕村、照金、石门、土桥(枢纽)5处互通式立交,匝道收费站3处,服务区1处。全线路基土石方2073.28万m^3,防护排水47.14万m^3;特大桥1077m/1座,大桥13190.62m/57座,中桥2345.66m/38座,小桥(通道)24座,涵洞64道;隧道13978.4m(单洞)/14座,其中长隧道7891.7m/4座,中隧道5415.7m/8座,短隧道671m/2座。

铜旬高速公路概算投资为49.51亿元。建设资金来源有中央投资车购税、省厅安排撤站还贷平衡资金和利用国内银行贷款三种形式。

(二)建设情况

项目业主陕西省高速公路建设集团公司组建铜旬高速公路建设管理处负责项目实施。陕西省交通规划设计研究院负责全线设计。中铁十八局集团第五工程有限公司等单位中标施工。陕西高速公路工程咨询有限公司负责项目总监。陕西高速公路工程试验检测有限公司承担中心试验室职责。铜旬高速公路路基桥隧工程分别于2013年11月15日及2014年1月15日开工建设,全线于2016年2月3日建成通车。

a)

b)

铜川至旬邑高速公路

铜旬项目建设主要难点:一是建设工期紧,全年近5个月平均温度低于5℃,极端温度低,项目有效施工时间仅17个月,工期压力突出,质量控制难度大。二是不良地质突出,全线路基湿陷性黄土占比91%;需治理滑坡10多处;存在30多处高边坡,最高边坡17级,最大开挖高度110m,安全风险较大。在工期短、地质条件复杂的情况下,铜旬管理处按照省厅"科学办交通、合力办交通、勤俭办交通"的理念,严格质量、控制投资,主要采取以下措施,高标准地建成了一条生态环保路、红色旅游路。

1. 严格质量管理

从设计到施工方案、施工材料等均实施质量控制无盲区、质量问题零容忍,以确保工程质量零缺陷。一是严格施工方案审批,根据工程设计文件及施工技术规范等,对刚构桥施工、梁板预制、特殊地基处理、灰土桩施工、高填方路基、滑坡治理、冬季混凝土施工、桥面系施工、喷射及衬砌混凝土施工等重点方案组织召开专题会进行评审后批复。二是实行"工程材料准入制",严把材料关。本项目所用水泥、钢筋、钢绞线等主要材料统一实行准入制度。三是实施"工程首件认可制",所有分项工程开工前必须进行首件工程认可,由总监办组织验收批复,凡未经首件工程认可的分项工程,一律不得多点大面积施工。四是树立样板工程,对灰土路基填筑、桩头凿除、梁板预制、混凝土养生、桥面施工、隧道防排水等召开现场观摩会二十余次,组织全线施工、监理单位现场学习、现场交底、纠正偏差及时解决存在问题,预防和纠正可能产生的各种质量问题,形成学有榜样,追有目标,不合规范一票否决的良性机制。

2. 强化过程监管

一是落实精细化管理,开展专项整治活动。编制下发《铜旬高速公路施工标准化管控要点》,明确精细化施工标准,将标准化管理的重点由场地建设转移到提升工程质量和解决质量通病上来,对关键施工设备予以强制要求。二是认真做好工序检查,严格把好"三关"。要求监理人员坚持旁站,加强巡查抽查力度,强化事前监督,严把单项工程开工审批关,严把工序验收关,严把中间交工验收关,坚持质量追究问责,全面推行质量目标责任管理,逐级建立岗位责任制。三是遏制质量通病,提升建设品质。对路基三背回填、排水防护、路基沉陷、高边坡失稳、桥头跳车、路面及桥面早期破坏等质量通病在施工中加以控制。

3. 控制进度管理

抓住重点工程,合理组织施工,均衡有序推进工程进度。一是按照总体进度目标,根据施工的不同阶段,抢抓关键工程。对刚构桥、尖坪隧道等关键控制性工程,制定专项节点计划,同时,对基底处理、路基填方、小构台背、梁板预制及架设、隧道衬砌等重点工程要求施工单位制定专项措施,逐一解决难点,保证全面开工全线无盲点。二是注重工序衔接,路基工程以加快路基填筑及小构台背回填,消除断点,抢抓半幅贯通,实现大面积连片成型,为路面提供工作面为重点,桥梁以优先安排架桥线路上的桥梁下部施工,保证下部、梁板预制及架设工序有效衔接,形成流水作业,并以全面推进桥梁上部结构施工为重点,通过合理的组织安排,保证路基、桥梁、隧道、路面工程均衡推进,确保整体施工进度目标。三是为促进工程建设顺利进展,结合项目实际,建立快速便捷的计量支付程序,保证建设资金及时到位。

4. 严格工程造价控制

全面落实勤俭办交通理念,坚持用合理成本建设优质工程总体思路,把勤俭节约落实到工程建设的每个环节。一是制定办法,落实责任,管理处制定了《铜旬高速项目投资控制实施意见》,作为项目投资控制的总纲,从施工图设计与审查、工程招标、方案优化、征地拆迁、项目管理等各个方面制定了管控措施,明确部门管理责任,并在建设过程中逐一落实;二是严控建安投资,加强招标限价控制,招标时最高限价要在概算基础上下浮动12%～15%,强化设计变更的技术、经济论证,选择最省最优方案,严格工程数量审核。三是坚持原则,控制征迁费用,土地征用和附着物补偿严格按照相关法律法规执行,坚持实事求是。杆线、房屋及厂矿拆迁,聘请专业评估公司估价,并严格控制评估费用。通过采取一系列措施,铜旬项目投资严格控制在了概算以内。

(三)科技创新

结合铜旬高速公路沿线特殊的地质条件,项目建设过程主要开展了三项课题研究,对公路建设施工技术提供了实践经验。一是基于安全与环保的公路隧道洞口工程关键技术研究,对基于结构安全的环保型隧道进洞技术、软弱地层隧道洞口段合理支护参数设计及陕西省公路隧道洞门数据库的研发等提供了技术支持。二是沥青路面现场抗车辙性能检测方法与评价标准研究,主要对陕西省高速公路沥青路面车辙病害、沥青路面抗车辙性能试验检测方法、检测标准等提供了实践支持。三是公路桥梁伸缩缝与支座使用寿命提升技术研究,主要对提升公路桥梁伸缩缝与支座的使用寿命和耐久性研究提供了技术支持。

新技术、新工艺、新材料

在项目建设过程中,运用一系列新技术、新工艺、新材料,大幅提升工程的建设质量和科技含量。在薄壁空心高墩施工中引进滑—翻结合施工工艺。滑—翻结合施工方法是高墩施工较为先进的工艺方法,其原理是在混凝土内预埋钢管,滑模系统通过钢管上的内齿穿心千斤顶实现爬升,模板与围圈采用活动调节丝杠连接,从而实现了滑模系统上的翻模工艺(简称"滑—翻结合")。高墩较多的标段采用滑—翻结合施工后最快能达到每天浇筑混凝土一板(2.5m高),且施工作业平台安全性好。

引进"多功能液压振动平板夯实机"。为进一步加强对高填方路段、"三背"回填及边、角等不易压实部位的质量控制,在高填、半填半挖、台背回填方面以及路基上、下边坡整修、隧道仰坡处理等部位引进"多功能液压振动平板夯实机",进行补强夯实作业,制定高速液压夯实机和高速液压振动夯实机施工标准工法,避免由于不均匀沉降引起的路基破坏以及边坡垮塌等风险,确保填筑压实质量,隧道初喷混凝土中使用新型外加剂。在隧道初喷混凝土中引进复合型高效液态速凝剂,由多种组分复合而成,具有掺量少、适应性强、后期强度损失小等特点。它能增加混凝土的黏聚性,降低喷射施工时的回弹量和粉尘量,减少凝结时间,有效保证隧道施工中初喷混凝土质量,提高工作效率,减少施工工期。

(四)运营管理

陕西省高速公路建设集团公司铜旬分公司成立于2015年11月13日,是陕西省高速公路建设集团公司下属的公路运营公司,担负着铜川至旬邑以及建成后的合阳至铜川高速公路的收费、养护、路政、治超等运营管理工作。铜旬分公司实行"分公司—收费站"二级管理,暂设吕村、照金、石门3个收费站,1个养护工区。

铜旬分公司坚持以创新、协调、绿色、开放、共享的发展理念为引领,努力打造"微笑服务、科学养护、文明执法、温馨驿站"服务品牌。铜旬高速自开通四个月以来,铜旬分公司圆满完成了线路开通、清明节、五一劳动节等工作任务,积极创建市级青年文明号及文明单位,推出了照金文明示范站、石门最美站区、吕村标准化示范站等服务品牌。"五一"小长假期间,铜旬高速公路作为红色旅游热点线路车流量迅速增加,铜旬青年员工立足自身岗位,利用休假时间,全力做好志愿服务工作。文明服务亭中,青年员工身带高速志愿者绶带及红帽,耐心为驾乘解答各类问题,提供加水、药品、充电、路线指引等文明服务,路政巡查车在上路巡查中,巡查人员坚守职责,配合交警部门展开定点执勤,帮助困难驾乘修理车辆,认真疏导交通,确保道路安全畅通。

修一条路,人类文明的步履就前进了一步。被称为生态环保路、红色旅游路、黄土沟壑地区示范路的铜旬高速公路,使历史上的红色革命根据地与体现现代文明的公路交通紧紧联系在一起。

G3511菏泽至宝鸡高速公路铜川至旬邑段主要信息资料及主要从业单位信息资料见表9-17及表9-18。

G3511菏泽至宝鸡高速公路铜川至旬邑段主要信息资料表　　　表9-17

项目名称	建设单位	建设里程(km)	技术标准	投资规模(亿元)	建设时间(开工~通车)
铜川至旬邑段	陕西省高速公路建设集团公司	50.06	双向四车道、设计速度80km/h	49.51	2013.11~2016.2

G3511菏泽至宝鸡高速公路铜川至旬邑段主要从业单位信息资料表　　　表9-18

项目名称	从业单位	单位名称
铜川至旬邑段	设计单位	陕西省交通规划设计研究院
	施工单位	中铁十八局集团第五工程有限公司、青岛公路建设集团有限公司、中铁电气化局集团西安铁路工程有限公司、中交一公局第三工程有限公司、中交第二公路工程局有限公司、中铁十一局集团有限公司、中国水电建设集团十五工程局有限公司、东盟营造工程有限公司、中铁七局集团有限公司、江西省公路桥梁工程局、中铁十局集团西北工程有限公司
	监理单位	陕西高速公路工程咨询有限公司

第十节　G40上海至陕西高速公路(陕西境)

千百年来,人们梦想着插上翅膀,飞跃这莽莽苍苍的秦岭山脉。然而,秦塞自古蛮荒,一条条沟、一条条坎,阻隔着文明世界的浸濡。

上海至陕西高速公路,打破了陕西省向东行车不畅的桎梏,缩短了时空,为世世代代居住在山里的人们,开通了一条脱贫的致富的大道,大大缩短了封闭山村与广阔世界的距离,也使地处西部大开发桥头堡位置的陕西与我国经济最发达的城市上海有了便捷的陆上通道。

第九章
高速公路建设项目

如今,因为有了高速公路,穿越贫困、激扬文明的梦想成为现实。路的两头,一头连着国家"一带一路"战略起点正在日新月异建设的国际化大都市,一头连着陕豫界山区百姓走出大山的希望。

上海至陕西高速公路,起自上海,终于西安,国家高速公路网编号为G40,是国家重点公路建设规划"十三纵、十五横"中的"第八横",也是贯穿东南和西北的大通道。

上海至陕西高速公路陕西境,自陕豫界商南县富水镇接河南宛坪高速公路起,至西安市灞桥区田王村接西安绕城高速公路。呈东南向连接商洛、西安两市、5县(市、区),全长241.08km。线路穿秦岭山地及丘陵区,越丹江、蒲峪河、小河、甘河、两岭河、沙河等河流。区间古有武关道,后有312国道,历来为东西之间人员、物资交流的便捷通道。国家实施西部大开发加强了东西部交流,区间交通量增长快速,原有312国道不堪重负,尤其秦岭山区路段每逢雨雪时节,经常路断车阻,事故多发,通行艰难。2005年,陕西省交通运输厅将上海至陕西高速公路陕西境列为陕西省新一轮加快高速公路建设项目。

上海至陕西高速公路陕西境建设,自2005年10月起,分2段先后开工建设。2008年10月,建成商州至陕豫界段,全长122.22km;2008年12月西安至商州段开工建设,全长118.86km,2012年8月14日,全长241.08km,总投资约247.74亿元的上海至陕西高速公路陕西境建成通车,从此驾车从西安到陕豫界由原来的6个多小时缩短为3小时,从西安到上海也只需15个小时。上海至陕西高速公路陕西境是继西安至潼关高速公路之后,又一条可通江达海的高速大通道,成为陕西省通往华东地区的一条捷径,为西部地区的经济发展铺就了腾飞之路。

上海至陕西高速公路(陕西境)线位示意图

一、商州至陕豫界段

有人说,商州至陕豫省界高速公路(简称商界高速公路)的通车,破解了商洛市的交通瓶颈,全面打开了陕西省的东南大门。有人说,122km商界高速公路建成通车,设计标准高,道路线形流畅,施工管理精细,是一条优质路、生态路、示范路。有人说,陕西省最长的六车道山区高速公路一次性建成通车,是陕西高速公路建设的大手笔,它是空前的。

山依然是那山,水依旧是那水。在秦岭的商山洛水之间,商界高速公路让人有"行到风景正浓时,不知路从何处起"之感,带着对自然的一种尊重,一种敬意,穿越群山,跨越沟谷,保持线行走向与山川、河流、大地的地势相吻合,不强拉直线,不硬切山梁。商界高速公路建设以及通车后运营、管理中的生态环保理念,让人在体会"高速"的同时,感受在画中行走一般的闲情意趣。

(一)项目概况

长期以来,由于秦岭的阻隔,交通不便,制约了陕南经济社会的发展,拉开了和沿海发达地区的差距。陕南重镇商洛,素有"六百商於路,物华如近蜀"的美誉,然而由于受地理条件限制,雄关险塞阻隔,广大群众脱贫致富的进展较慢。2003年,修建一条从商州经丹凤到陕豫省界的高速公路被提上议事日程。2005年10月17日,陕西交通主管部门在商界高速举行了隆重的开工典礼,近万名建设大军屯兵商洛市,拉开了施工序幕。商界高速公路,是交通部"十五"规划重点工程,是我国规划西部大开发8条省际通道之一,是陕西省"2367"高速公路网的主干道之一,同时也是陕西省一次性投资建成的首条六车道山区高速公路,被誉为陕西省高速公路建设的"大手笔"。商界高速公路的建成通车,对实施西部大开发战略、连接我国西北与华东区域经济发展、提高人民生活水平、建设西部强省、沟通陕西省关中与陕南两大经济区快捷运输通道,创造了有利条件。

2004年至2008年,项目相关的可行性研究报告、初步设计及施工图设计先后获得批复。

商界高速公路分商州至丹凤、丹凤至陕豫界两段实施。路线起于商州区西涧乡郭涧村,经商州区夜村,丹凤县棣花、商镇、竹林关,商南县过风楼、三角池,止于商南县富水镇马安石村接河南省宛坪高速公路,全长122.22km。路线途经秦岭山区、丹江峡谷区、低山丘陵区三种地貌区,按六车道高速公路标准设计,其中商州至丹凤30.62km、丹凤关至陕豫界91.60km,路基宽33.50m,设计行车速度100km/h。另修建商南互通式立交连接线二级公路6.26km,按三级公路标准改造金丝峡老路16.96km。全线土石方工程3037.90万m^3,防护排水工程112.50万m^3。桥梁6.45万m/246座,其中特大桥1.53万m/10座(商界高速公路古城丹江特大桥),大桥2.37万m/83座;隧道2.94万m/37座;互通式立交7处,分离式立交3处;人行天桥2座;通道77座,涵洞143道;服务区2处,收费站5

处,养护工区1处。

商界高速公路古城丹江特大桥

项目总投资为91.27亿元,建设资金来源为国家安排中央专项基金和银行贷款。

(二)建设情况

商州至丹凤段:2005年10月开工建设,2008年10月工程完成。项目投资为17.98亿。先期由陕西省交通厅委托商洛市政府承建。按照陕西省高速公路加快建设的部署,2005年9月2日,由商洛市政府交由陕西省交通厅建设管理;2006年4月15日,陕西省交通厅决定交由陕西省交通建设集团建设管理,原项目建设管理处遂更名为商界建设管理处,下设商丹项目管理办公室;设计单位为陕西省公路勘察设计院和中交第一勘察设计研究院;路桥集团第一公路工程局、陕西咸阳路桥工程公司、北京市海龙公路工程公司等单位中标参建;监理单位为商洛正大工程监理有限责任公司、山东省滨州市公路工程监理有限公司、中国公路工程咨询集团有限公司等;征地拆迁由商洛市人民政府成立征迁办统一实施。

丹凤至陕豫界段:2005年10月开工建设,2008年10月工程完成。项目投资为73.29亿。项目管理单位为商界建设管理处;设计单位为陕西省公路勘察设计院、中交第一公路勘察设计研究院;中交一公局第六工程有限公司、中铁隧道集团二处有限公司、中交第二公路工程局有限公司等单位参建;监理单位为厦门港湾咨询监理有限公司等;征地拆迁由商洛市人民政府成立征迁办统一征用。

商界高速公路项目有着诸多难点及特点:地形地质条件复杂、施工技术难度大。全线穿越秦岭山脉,路线经商丹盆地、丹江峡谷区、丹江河谷区和低山丘陵区,不同地质地貌交错,施工条件复杂。工期紧。陕西省从长远的交通增长考虑,决定由四车道(局部六车道)调整为全线六车道。"四改六",重新设计需要时间,工程增加需要时间,同时山区六车道高速公路施工,还面临作业场地狭小、地质情况复杂等难题。

针对以上难点及特点,项目在建设过程中主要通过以下三个方面加强管理,确保把该项目建成优质工程。

(1)随变而变,迅速调整计划,修改方案,调配力量。施工单位加大人员、设备投入,关键工程组织突击队集中力量攻坚。按照陕西省交通运输厅"冬闲变冬忙,冬慢变冬抢"的要求,采用周密保暖措施,坚持冬季施工。原设计已施工路基,按新设计标准进行加宽。基于桥梁加宽比较复杂,商界建设管理处与施工单位研究横向连接技术,解决加宽问题。采用第三方检测方式,加大工程实体抽检频率。实行首件工程认可制,强化薄弱环节监控。对不符合质量要求的工程,坚决推倒重做。经过各方不懈努力商界高速公路如期实现通车目标,成功建成了陕西省第一条山区六车道高速公路。

(2)针对桥梁施工受狭窄地形限制,箱梁无存放场地的问题,采取连续循环、满负荷批量生产箱梁的办法,由两组龙门吊交叉倒运台座,进行箱梁张拉、注浆,养生期满后直接提升至桥面运梁车上进行架设,减少箱梁倒运环节,提高台座利用率。

(3)隧道施工多遇不良地质地形,为确保进度与质量,洞口施工实行"先加固、后进洞,稳中求快、不留后患"原则,进洞后及早完成洞门工程。开挖三车道150m^2断面隧道时,遇浅埋和偏压问题,采取地表预加固、超前预加固、反压回填与挡护等工程措施加以解决。

(三)科技创新

1.路面防滑新技术

为了防止路面积雪结冰造成的安全隐患,改善陡坡段、隧道出入口以及山区背阴处的行车安全性,商界高速首次成功引进日本 mafilou 盐化物融剂,在秦岭两侧长大下坡路段铺筑融雪路面。这一路面防滑新技术的采用克服了陕西省山区高速公路运营中冰雪灾害造成的不利影响,攻克山区路面积雪结冰难题方面取得了突破性进展。

商界高速公路首次在陕西省内铺筑了长400m橡胶颗粒沥青混合料破融路面试验段;在特长隧道混凝土路面采用纵向刻槽技术,防止车辆侧滑,确保特殊环境中的行车安全;在路线纵坡大于2.5%的路段,首次在复合式路面中大面积采用"露石"技术,并在沥青混凝土中掺加聚酯纤维,改善路面层间结合,提高路面的使用性能。

与此同时,为了克服长大纵坡安全隐患,建设者还铺筑了彩色防滑路面。该技术最突出的特点是黄色防滑、荧光效果和耐磨性。主要采用附着力强、黏着力特别好的"双组份树脂胶"打底,面层喷洒彩色(如黄色、红色、蓝色、绿色等)耐磨陶珠,即使在阴雨天气路面颜色也特别鲜亮,可有效降低驾驶人员疲劳感,增强路段转换的标志、警示作用,从而降低事故发生率,促进驾乘人员行车安全。

2.高次团粒喷播绿化

商界高速公路首次在陕西省内采用挂网喷播和"高次团粒"喷播等八种绿化施工技

术,让树长在石头上,让草长在混凝土中,解决了多年来石质边坡绿化和工程、生物防护相结合的难题,达到内实外美的效果。

高次团粒是利用世界最新科技成果和先进的边坡植被绿化理念,人工制造出适于植物生长的土壤基盘。这种人工土壤可以适应各种岩石、硬质土、贫瘠地、酸性土壤、干旱地带、海岸堤坝等"不毛之地"。该"土壤"具有保水、透水、透气性,既适合植物生长,又能抵抗雨蚀风侵,防止水土流失。这种用碳草、谷粒、泥土及特殊添加剂混合成的泥浆喷布在边坡挂网上的方法,仅用3~4个月就长出了郁郁葱葱的植被,有些地方甚至完全掩盖了框架梁的轮廓,与绿色的秦岭山体连成一片。

3. 商界高速公路风化岩填筑路基研究

通过调查研究商界高速沿线风化岩分布、风化岩石结构、颜色、矿物成分和破碎度等,分析测定不同风化程度岩石的物理和力学性能后,提出将风化特征指数 k 用作风化岩填筑公路路基的分级标准及评价参数。且将有限元计算风化岩路基沉降和实体路基沉降观测相结合,对室内大型模拟路基施工工艺和压实质量控制及现场施工方法作研究后,最终提出风化岩路基沉降规律及风化岩填料路基应用技术指南,解决了应用风化类石料填筑高速公路路基的关键技术难题。

研究过程中提出的以水温循环试验模拟风化岩填料风化作用的试验方法,可用作高等级公路路基填料的风化岩分级标准,以理论与实际结合建立的风化岩填筑路基沉降预测模型以及基于灌砂法的轮迹高差法控制路基压实质量等技术,在风化岩路基填料相关研究中均处于国际先进水平。该项研究切实解决了山区高速路基填料匮乏及运输困难等难题,实现了就地取料和择优取料,且试验段路基的性能检测和跟踪观测均收效良好。研究成果在商界高速全线得到广泛推广和应用,并获得专家和一线人员的好评,对山区高等级公路风化岩填筑路基工程意义重大,同时具有较好的经济效益。山区高速公路沿线多风化岩,不可直接用于填筑路基,而购买填筑材料所需费用约占路基工程费的80%以上。采用本研究成果可就地择优选取风化岩作填料,变废为宝,每千米可节约100万元,大大降低填料购买及运输成本,并减少因不合理开采石料造成的生态环境破坏。项目研究成果荣获2010年度陕西省科学技术三等奖。

(四)运营管理

商界高速公路建成通车后,交由陕西省交通建设集团公司商界分公司负责运营管理,商界分公司主要负责项目范围内路段的收费、养护、路政、治超等管理工作,此路段设两个管理所、8个收费(治超)站,同时负责丹凤、金丝峡服务区的管理。

1. 精细管理树品牌

商界分公司不断将文明单位创建转化为推动工作实践、服务经济发展、服务人民群众的内在动力,优化环境,提升服务质量。

环境美。全力打造安全、便捷、舒适的行车环境。每逢重要节假日,对收费站、服务区进行美化布置,营造浓厚的节日气氛。严格执行重大节假日免收通行费政策,提前安排部署,全体员工坚守岗位,耐心为驾乘人员进行政策宣传及解释,确保免费政策的顺利执行和车辆的快速、安全通行。

服务优。开展独具特色的"双星"考核评定工作,积极开展"文明我先行,服务我更优""文明服务年"等专项活动。通过群众满意度调查、召开行风监督员座谈会、向过往驾乘征求意见和建议、设立意见箱等方式,主动接受社会各界监督。所辖8个收费站均被陕西省纠风办授予"人民群众满意优秀单位"荣誉称号。

2. 高素质队伍树形象

打造"学习型干部、学习型班组、学习型员工"成为商界分公司加强队伍建设的基础,逐步形成了员工教育培训长效机制,全面提升队伍整体素质。以"春训"工作为抓手,开展"文明礼仪""服务礼仪""知识竞赛""旅游知识""验钞技能"等培训,成立"巾帼服务队"、"医疗小分队"等,增强员工业务素质。在领导干部综合能力提升上,建立"周学习"制度,通过固定学习时间、明确学习内容,促进干部队伍素质提升。

商界分公司通过开展中国梦图片展,"我的中国梦"征文、观看爱国主义教育影片、向职工发放《社会主义核心价值体系学习读本》等活动,大力开展"中国梦""社会主义核心价值观"宣传教育活动,做到核心价值观进院落、进办公室、进会议室、进大脑"四进",塑造良好的职业道德和爱国情操。

3. 企业文化聚人心

商界分公司成立以来,逐步形成了一系列具有特色的企业文化品牌,企业软实力得到充分提升。

文化品牌不断巩固。成立"商界苑"文学社,编发商界苑报纸,积极弘扬企业精神。成立"商界女子国旗护卫队",每月第一个星期一举行升国旗仪式,培养员工的爱国主义情操。利用"三八妇女节""端午节"等传统节日,开展丰富多彩的"商界人节日"活动,增强职工凝聚力。作为商洛市首家开展"道德讲堂"的单位,商界分公司以"传递正能量,发现身边的榜样"为主题,受到了上级单位和商洛市当地政府部门的一致认可。

志愿服务特色鲜明。大力开展"文明商界人"活动,在商洛市民政局注册成立"商界高速志愿者服务队",在收费站、服务区设立志愿服务站,开展各类志愿服务,通过在收费窗口,对外走进敬老院、关爱留守儿童等开展志愿服务活动,涌现出了一大批道德模范职工。

4. 以人为本打造和谐企业

在运营服务中,商界分公司加大硬件投入,提升软件建设,实现"软硬件"一起抓,营造温馨和谐的企业环境。在职工生活办公基地建立职工书屋、职工健身房、塑胶篮球场、电子阅览室,为职工宿舍安装太阳能洗浴设备,各办公基地设施齐全、办公环境优美、卫生干净整洁。分公司结合工作实际,采用"大灶 + 小灶"的模式,确保生活基地食堂供应的同时,在所辖5个小收费站开办了职工小餐厅,解决了上班员工"吃热饭难"的问题。及时为职工缴纳各种保险,积极开展慰问困难党员、职工,夏季"送清凉",冬季"送温暖",集体生日会等活动,解决一线员工关心的安居工程、商南西收费站职工饮用水净化问题,让职工切实感受到和谐、文明、向上的企业文化氛围。

穿行在这条路上,尽享高速公路便捷、领略行走风景,我们看到的是与丹江相向而行的高速公路逶迤伸展,看到的是疾驰的车流载运着货物和人流奔向远方,看到的是植被发育完好,草木茂盛的沿线景观,还会看到在缓坡凹地里的村舍、山坡上散落的羊群、峭壁下浑如白练的瀑布、辛勤耕作的农夫。这是一幅现代而又多么古朴的交通与田园风景画。

二、西安至商州段

这里是公元前315年,秦孝公从长安到商州至界牌,从此设立"武关"而成为关中"四关"之一。"驰骋于天下,东穷燕齐,南极吴楚",可见此道虎踞雄关的霸气。千百年来,这条要塞之路伴随着"行路难,路安在"之叹长久不息。如今,随着平坦、宽阔、壮美的西商高速公路的建成通车,昔日秦楚咽喉地,变成沟通东南的交通大枢纽。

(一)项目概况

西安至商州高速公路,简称西商高速公路,是连接西部地区与东南沿海地区的快速通道和交通大动脉,也是穿越秦岭、沟通关中和陕南经济区的一条六车道高速公路。

原西安至商州间西安至蓝田、蓝田至商州高速公路,为G40沪陕高速公路和G70福银高速公路陕西境共用路段,具有东西部交通联系至为近便的特点,加之两线交通流至此汇集一线,致使该路段交通量快速增加。为满足区间交通量日益增长的需求,分流G70与G40共线路段车辆,迫切需要另行新建一条高速公路。

2010年至2011年,可行性研究报告、初步设计、施工图设计先后获得批复。

路线起于西安绕城高速公路田王立交,经灞桥区洪庆、蓝田县华胥、洩湖、三里镇、普化、玉山、灞源、商洛市商州区李庙、岔口铺、板桥、大赵峪,止于商洛市商州区生王村,与商界高速相接,全长118.86km。其中路线起点至营坡段18.69km为双向八车道,设计速度120km/h,路基宽度42m;营坡段至商州段100.17km为双向六车道,设计速度120(100、80)km/h,路基宽度34.5(33.5)m;福银高速联络线4.24km为双向四车道,设计速度100km/h,路基宽度26m。全线路基土石方1 790.80万m^3,防护、排水工程70.09万m^3。桥梁9.01万m/185座,其中特大桥4.48万m/17座,大桥4.04万m/103座;通道、涵洞228座;隧道(单洞)4.10万m/21座,棚洞3座;互通式立交13处。

2012年8月14日,全长118.857km的西商高速公路建成通车,它极大地缓解了西安至蓝田、蓝田至商州高速公路的通行压力,改善了西安至商洛的交通条件,对两地城市总体规划的布局起到积极的促进作用,对加快区域旅游资源开发,实现"关中跨越式发展""陕南突破式发展"产生了深远的影响。这一条将区域经济、人文山水、文化品位、生态环保凝结一起的和谐之路,改变了关中和陕南之间的交通格局,用优美的音符谱写了新时代的高速之歌。

a)

b)

c)

西安至商州高速公路

项目投资156.47亿元,建设资金来源有国家安排中央专项基金、陕西省安排交通建设专项资本金和企业自筹三种形式。

(二)建设情况

管理单位为陕西省交通建设集团公司西商高速公路建设管理处;设计单位为陕西省公路勘察设计院和中交公路规划设计院有限公司;中交一公局第三工程有限公司、中交二公局第三工程有限公司、中铁二十一局集团有限公司等单位参与施工;云南云路工程监理咨询有限公司等单位承担驻地监理。

路线经过秦岭山区,山高谷深,施工难度大。一些合同段为解决施工材料、设备进场运输困难,不得不采用名为"爬山虎"的起重运输机械,解决半山坡挖孔桩施工和隧道口浆砌片石挡墙所需材料的运输。有的还采用"简易缆索吊",解决材料、施工机具跨灞河运送问题。技术人员利用等高线反复进行选择,解决40m高墩施工塔式起重机的布设。

设计中,对灞源至玉山段约20km长大纵坡进行多方案比选,降低纵坡坡率,达到平均纵坡2.66%,以保障行车安全。桥梁、路面施工推广SBS改性沥青同步碎石预裹覆技术、BRA岩沥青技术、温拌沥青混合料技术、中上面层双层一体摊铺等先进技术,沥青转运车安装LED温度显示器,随时监测沥青混合料温度;摊铺机安装速度显示器,即时显示行进速度,保证摊铺质量;采用新型聚氯乙烯木型模板进行小型构件预制、钢筋笼滚焊加工、箱梁喷淋养生等先进工艺;隧道施工采用移动混凝土喷射车,洞口采用电子监控系统实时监管,确保施工质量。

工程建设贯彻生态环保理念,平原段采用城市生态园林景观设计,秦岭山区段采用原生态景观设计,按照"四季常青、三季有花"的标准进行绿化点缀。以"秦风雅颂,山水秦岭"为人文主题,修建华胥图腾柱、蓝田猿人雕塑群、王维雕塑、商山四皓雕塑、仓颉造字雕塑5处景观,将沿线华夏文化遗存与现代高速公路文明结合,彰显该路段历史、文化特质。

(三)复杂技术工程

1. 鹰咀岩隧道

鹰咀岩隧道,全长379m,单洞隧道,位于商洛市商州区大荆镇西峪村,采用六车道设计标准,设计行车速度80km/h,净宽14.25m。

鹰咀岩隧道埋深较浅且处于偏压段,洞顶左侧山体较陡,土体保水后应力增加,隧道初期支护不堪负重变形、失稳引起隧道塌方。在隧道左右边线两侧山体设置抗滑桩加隧道洞顶山体地表注浆加固及完善排水设施的综合处置方案。隧道洞身开挖边线左、右两侧各4m外平行隧道方向设置两排抗滑桩,桩间采用现浇钢筋混凝土挡板将桩连为一体,遮挡表层落石。滑坡体外缘线以外5m处及滑坡体坡面上设置截、排水沟。因工期非常紧张,抗滑桩及地表注浆施工向掘进方向推进的同时,隧道掘进在与以上工序间隔一定距离的情况下正常进行。为保证施工安全及施工质量,隧道掘进过程中除控制好预留变形量,做好超前支护外,始终坚持逐榀开挖、逐榀支护以及初期支护及时落底成环的理念。同时坚持以监控测量数据为支撑,及时对初期支护进行环向注浆补强加固,确保初期支护不变形、不开裂。最终在预期的时间内完成了所有施工任务。

2. 秦岭灞源隧道

秦岭灞源隧道,是西商高速公路最长的隧道,全长5440m,双向六车道设计标准,设计行车速度80km/h,净宽14.25m,左右洞间距18~25m。

秦岭灞源隧道的施工难点在于隧道穿越秦岭构造剥蚀中山区,围岩以片岩、泥质胶结石英砂岩、强风化白云岩为主,特别是隧道出口段地质条件多变,大多数围岩类别为Ⅴ级,且变化频繁,支护参数类型复杂,多次出现涌水、涌泥、塌方现象。经过详细的勘测与论证,最终采用三台阶七步流水、单侧壁、双侧壁的施工法,采用超前钻孔并辅以TSP203、地质雷达、水平钻孔探等手段进行超前地质预报,提前探明地下水的含量、压力、分布等,提前发现涌水、涌泥、塌方的可能及征兆,提前做好防范措施;加强围岩监控量测,根据监测数字及时调整和加强初期支护,严控爆破炸药量,减少对围岩的扰动。利用隧道施工信息管理系统,在隧道洞口安装进出洞人员信息电子显示屏,24h不间断将洞内外施工人员信息、洞内掌子面工序等实时显示在洞外显示屏上,并在隧道洞口、二衬台车前后分别安设监控摄像头,随时监控施工过程,保证了安全生产。有效地解决了隧道涌水、涌泥、塌方等问题,并按期完成了隧道施工。

3. 黄沙岭隧道

黄沙岭隧道于2012年8月建成通车,是西商高速公路第二长的隧道,全长4017m,双向六车道设计标准,设计速度80km/h,净宽14.25m。

西安至商州高速公路黄沙岭隧道

黄沙岭隧道的施工难点在于围岩较差,以Ⅳ级、Ⅴ级围岩为主,岩层富水性高,施工中掌子面出现大量涌水现象,实测掌子面每日涌水量约1000m³。黄沙岭隧道涌水处置最终采用"防、堵、排"相结合治理方针,在掌子面打设7~8个30m深的超前探水孔,释放水压的同时探明前方地质情况,水压减小后再进行掘进施工;初期支护采用环向注浆加固方案,浆液配合比通过现场试验确定;排水系统增设环向半圆φ140钢管及横向暗沟,两者连通有效导流渗漏水,间距10m,暗沟的竖向位置同原设计横向排水管;环向半圆φ140钢管内侧两侧拱腰及拱脚位置打设4处10m深引水孔,将围岩裂隙水引入环向排水钢管。最终有效地解决了隧道涌水问题,按期完成了隧道施工。

(四)科技创新

乳化型温拌沥青混合料添加剂研发及应用研究

项目采用表面化学理论,研究了温拌剂的乳化和润滑机理,以综合协调温拌剂的乳化性能和沥青混合料水稳性能为出发点,开发出具有提高沥青混合料水稳定性和和易性的乳化型温拌剂产品——HH-X型温拌剂,并成功用于西商高速公路小黄川隧道路面试验段铺筑,这是温拌剂首次应用到SMA沥青混合料中,而以往仅在普通的AC类路面应用过。SMA沥青混合料由于沥青玛蹄脂的存在,形态更为黏稠,对施工温度的敏感性更高,因此拌和难度更大。应用过温拌剂之后,生产每吨混合料的碳排放减少了2.7kg,二氧化碳的排放量至少减少30%。经质量检测,该产品达到同类进口产品的性能,每吨混合料比进口温拌剂便宜4倍。实现了国产乳化型温拌剂在我国高速公路新建项目中的成功应用。乳化型温拌混合料和常规热拌混合料相比,各环节施工温度降低了30℃,显著改善了热拌混合料烟气熏天,必须轮班施工的恶劣工作环境,对公路建设中的节能减排具有重大意义。

本项目应用研究,获得陕西省第二届职工科技节优秀科技创新成果节能减排铜奖。

(五)运营管理

西商高速公路建成通车后,交由西商分公司负责运营管理,主要负责项目范围内路段的收费、养护、路政、治超等管理工作,共辖3个管理所、8个收费(治超)站、2个服务区,同时负责灞源及黄沙岭2个隧道管理站的管理。西商分公司成功创建厅级文明路、市级文明单位;所辖各管理所均获县(区)级以上文明单位称号;蓝田东服务区获评"全国百佳示范服务区";商洛北收费站荣获"省级人民满意基层单位"称号。

1. 多举措促进工作再升级

为进一步提升收费管理水平,严格贯彻"严、细、紧、好"四字方针。西商分公司积极查找工作中存在的问题,制定落实整改措施,使收费管理工作再升级。收费数据分析再升级。通过摸索征费季节性、周期性变化规律,根据车流量、通行费变化情况,认真做好通行费及车流量增减分析工作,了解收费动态,把握收费方向,确保通行费足额征收。

票证业务管理再升级。针对以往票证工作中存在的问题,吸取经验,规范账本、票据内容填写,确保票证相关报表数据的有效性和准确性。

堵漏增收工作再升级。严把特情车处理流程,认真分析、总结各类逃费车特征,不断提高堵漏增收工作的针对性,坚决打击逃费车辆。

职工教育学习再升级。为提高收费人员岗位技能,各收费站以班组为单位,班前进行集中学习,业余时间进行自学,学习内容以收费业务相关的规章制度为重点,进一步提高工作质量,用良好的业务素质,及时完善的解决工作中出现的各种问题,以熟练的业务技能为驾乘人员提供良好的通行环境。

2. 加强春融期养护工作

西商高速公路路段冬季寒冷,进入春融期,为确保道路安全畅通,西商分公司多措并举,有针对性的加强春融期道路养护工作,为汛期养护打好坚实基础。

对路面病害进行集中整治,对冬季临时修补的路面坑槽用沥青热拌料统一修补,对路面裂缝采用SBS改性沥青进行封闭;对全线高边坡、隧道边仰坡、临河段路基挡墙进行拉网式排查,对发现的春融期隐患查出一处,整治一处,尤其是针对春融期土体内含水率较高的情况,及时对防护薄弱环节进行加固,确保路基边坡稳定;对河道内桥梁墩柱防护情况进行排查,针对冰雪消融后出现的墩柱防护破损及时进行修复,确保汛期河道内墩柱安全;四是对全线排水沟、截水沟、涵洞等排水设施进行清理疏通,确保春融期排水畅通。

3. "透明厨房"提升服务质量

蓝田东服务区餐厅为了确保食品安全,让驾乘人员知情、放心消费,在后厨安装了监控设备,将后厨食品加工操作现场直接反映到餐厅电子显示屏幕上,让就餐的驾乘人员通过显示屏看到后厨烹饪情况,使驾乘人员吃得放心,此举措得到了一致好评。

蓝田东服务区在食品安全方面一直秉承严格把关的原则:一是采用原材料定点配送;二是要求后厨人员在当班过程中身着工服,佩戴帽子、口罩等;三是公示餐厅、后厨工作人员照片、健康证;四是在就餐场所醒目位置公示餐饮服务单位的食品安全量化等级;五是实时监控后厨环境卫生、硬件条件、现场操作等,了解后厨食品安全状况;六是在餐厅的显著位置应张贴投诉举报电话,随时接受驾乘人员监督。

4. 黄沙岭隧道安全隐患排查

为确保隧道财产的安全和过往驾乘人员生命的安全,严防各类事故发生,黄沙岭隧道管理站对所辖隧道进行了多次全面的安全隐患排查。

隧道安全隐患排查工作对辖区内6座隧道进行了全面覆盖,对火灾隐患、安全设施隐患、紧急逃生路线、事故救援路线进行了全方位摸排。并结合辖区实际情况明确了几个方面的排查重点。一是将黄沙岭隧道列为隐患排查工作的重点隧道,确保重点隧道的排查力度;二是联合路政、养护部门对隧道内渗水、路损、灯光照明、标志标牌等交通安全隐患进行全力摸排;三是加大了对临时逃生通道、报警求助系统、消防设施隐患的排查力度。

对黄沙岭隧道内路面平整度问题,以路面定期检测报告中平整度检测数据为依据,在黄沙岭隧道内逐段、逐车道的反复行驶,并结合3m直尺测量的方式,排查出了个别有轻微跳车现象的路段。针对问题路段,先使用水准仪、3m直尺等工具详细测量确定了其铣刨深度,后采用铣刨机逐段进行了铣刨处理,并在铣刨后的路面上设置了两组震荡标线,进一步提高了行车的舒适度,使黄沙岭隧道跳车现象得到了明显改善,整体平整度得到了大幅提升,并有效地改善了公路通行环境。

西商高速公路的修建,使商洛这个秦岭深山的贫困落后地区冲破封闭,走向开放,成为国内外客商争相投资的热点,经济社会突破发展势头强劲;也使商洛融入西安一小时经济圈。驱车行驶在西商高速公路上,如同乘着一条昂首挺胸的巨龙,在蜿蜒连绵的山岭间盘旋驰骋。眼中是嫩嫩的翠绿、广阔湛蓝的天空,耳中是潺潺的流水、清脆的鸟鸣。红花、青草、绿树点缀在奇石险峰之间,如一幅幅生机盎然、幽静恬美的画卷,在山水间不断地纵深展开。

G40 上海至陕西高速公路陕西境主要信息资料及主要从业单位资料见表 9-19 及表 9-20。

G40 上海至陕西高速公路陕西境主要信息资料表　　　　　表 9-19

项目名称	建设单位	建设里程（公里）	技术标准	投资规模（亿元）	建设时间（开工~通车）
商州至陕豫界段	陕西省交通建设集团公司	122.22	双向六车道、设计速度100km/h	91.27	2005.10~2008.10
西安至商州段	陕西省交通建设集团公司	118.86	双向六(八、四)车道、设计速度120(100、80)km/h	156.47	2008.12~2012.8

G40 上海至西安高速公路陕西境主要从业单位信息资料表　　　　　表 9-20

项目名称	从业单位	单位名称
商州至陕豫界段	设计单位	陕西省公路勘察设计院、中交第一勘察设计研究院
	施工单位	中交一公局第六工程有限公司、中铁隧道集团二处有限公司、中交第二公路工程局有限公司、中交一公局第三工程有限公司、中国交通建设股份有限公司、吉林省中盛路桥工程有限公司、中铁十八局集团有限公司、中铁三局集团第二工程有限公司、中铁三局集团第五工程有限公司、中交第二公路工程局有限公司、中铁十五局集团有限公司、中铁十八局集团有限公司、贵州省公路工程总公司、东盟营造工程有限公司、中铁十五局集团第七工程有限公司、中铁十七局集团第二工程有限公司、山东省路桥集团有限公司、中铁一局集团第二工程有限公司、中铁十四局集团第五工程有限公司、中交一公局第五工程有限公司、新疆北新路桥建设股份有限公司、青岛公路建设集团有限公司、陕西华通公路工程有限公司、广东水电二局股份有限公司、中铁十五局集团第六工程有限公司、陕西华山路桥工程有限公司、中铁十四局集团有限公司、中铁十五局集团有限公司、新疆北新路桥建设股份有限公司、四川嘉禾交通设施有限公司、潍坊东方交通设施有限公司、山东华龙交通设施有限公司、中铁十二局集团电气化工程有限公司、上海电器科学研究所(集团)有限公司、陕西中科工程有限公司、石家庄安科技开发有限公司、江苏中压电气工程有限公司、山东庄园建工有限公司、西安中惠建筑工程有限公司、西安市阎良宏远建筑工程有限公司、山东益达建设有限公司、路桥集团第一公路工程局、陕西咸阳路桥工程公司、北京市海龙公路工程公司、中铁七局集团有限公司、中国铁路工程总公司、陕西华通公路工程公司、中铁十局集团第二工程有限公司、江苏无锡交通设施有限公司、云南长江现代交通设施有限公司、江西方兴科技有限公司、郑州汉威光电技术有限公司、山东益达建设有限公司、陕西宏昌建筑安装有限责任公司

续上表

项目名称	从业单位	单位名称
商州至陕豫界段	监理单位	厦门港湾咨询监理有限公司、中国公路工程咨询咨询集团有限公司、襄樊市利民公路工程咨询监理有限公司、云南云路工程监理咨询有限公司、四川省公路工程咨询监理事务所襄樊市利民公路工程咨询监理有限公司、商洛正大工程监理有限责任公司、山东省滨州市公路工程监理有限公司
西安至商州段	设计单位	陕西省公路勘察设计院、中交公路规划设计院有限公司
	施工单位	中交一公局第三工程有限公司、中交二公局第三工程有限公司、中铁二十一局集团有限公司、中铁四局集团第一工程有限公司、中铁十七局集团第二工程有限公司、中铁五局集团机械化工程有限责任公司、青岛公路建设集团有限公司、中交二公局第三工程有限公司、中交二公局第一工程有限公司、中铁一局集团桥梁工程有限公司、中铁十一局集团第一工程有限公司、中铁五局集团第一工程有限责任公司、东盟营造工程有限公司、中铁十二局集团有限公司、中铁十八局集团第五工程有限公司、中铁十七局集团第一工程有限公司、中铁三局集团第五工程有限公司、中交第一公路工程局有限公司、陕西华通公路工程有限公司、中铁十五局集团第二工程有限公司、中铁一局集团第二工程有限公司、中铁十八局集团有限公司、中交第二公路工程局有限公司、中铁二十一局集团第三工程有限公司、陕西路桥集团有限公司
	监理单位	云南云路工程监理咨询有限公司、陕西公路交通科技开发咨询公司、山东恒建工程监理咨询有限公司、西安公路交大建设监理公司、北京华路顺工程咨询有限公司、河北省交通建设监理咨询有限公司、云南云通监理咨询有限公司、西安华兴路工程咨询监理有限公司、河南豫路工程技术开发有限公司

第十一节　G4213麻城至安康高速公路(陕西境)

2015年年末,陕西交通人"大爱在心,为民开路",又筑就了一条走出省门、连接鄂境的现代化高速公路。这条路悄然滑过烽火古关——朝秦暮楚之地关垭长城,打通了东出湖北的新通道。它就是10月建成通车的麻城至安康高速公路陕西境安康至平利段。

(一)项目概况

安康至平利高速公路,简称安平高速公路,是陕西省"2637"高速公路规划网中18条联络线之一,也是国家高速公路网G6911安康至来凤和G4213麻城至安康在陕西境内的共线段。安平高速于2011年9月开工,2015年10月通车。"十二五"期间,为抢抓新一轮西部大开发战略机遇,陕西省委、省政府召开全省加快公路建设会议,出台了《关于进一步加快全省公路建设的决定》,把公路建设放在基础设施建设的优先地位来发展,强力推进高速公路建设。安平高速是陕西省交通运输厅认真落实全省加快公路建设会议精神,全面贯彻陕西省委、省政府进一步加快全省公路建设的决定,实现陕西省高速公路建设在"十二五"期间持续快速发展的重要举措。安平高速公路对加强陕鄂两省经济文化交流、促进西部大开发和中部崛起、构建陕鄂生态文化旅游圈、带动陕南生态旅游等特色产业发展、促进整个陕南地区经济实现突破发展,具有十分重要的作用。

安康至平利高速公路线位示意图

2010年至2011年,项目工程可行性研究报告、初步设计及施工图设计先后获得批复。

路线起于安康市汉滨区,接十堰至天水高速公路,途径平利县,于陕鄂交界的关垭子与湖北省规划的麻城至竹溪高速公路相接,全长61.20km。全线采用双向四车道设计标准,设计行车速度80km/h,路基宽度24.5m。全线土石方工程1127.4万 m^3,防护排水38.6万 m^3,桥梁2.20万m/90座(全幅),隧道总长1.29万m/12座,桥隧合计占路线总长57%。全线设互通式立交4处,分离式立交及天桥31处,服务区、停车区、养护工区各1处,隧道管理站2处,主线收费站1处,匝道收费站3处。

安平高速公路地处秦巴山区,地质地形复杂,植被丰富,建设中深入开展"五化"管理,大力推广应用千枚岩路基填筑及质量控制、光纤照明等新技术,节能增效,保护环境。隧道照明采用太阳能光纤照明技术,有效降低短隧道照明成本,比传统隧道照明系统节能40%以上。全线绿化覆盖率100%。

(二)建设情况

项目管理单位为陕西省交通建设集团公司安平高速公路建设管理处;设计单位为中交第二公路勘察设计研究院有限公司;中铁港航局集团第三工程有限公司,中铁十八局集团有限公司等施工单位中标参与施工;陕西高速公路工程咨询有限公司、陕西高速公路工程试验检测有限公司等单位中标监理;征地拆迁和建设环境保障,由安康市政府负责。

安平高速公路建设中存在以下特点:沿线地形地质条件复杂、施工技术难度大,全线桥隧比例高达57%;项目穿越区基本为千枚岩地质,高填方路基9.57km,高边坡142处;陕南雨季长、地质复杂,有效施工时间短,工程质量成了重中之重;设计、管理、环保要求高。项目位于国家南水北调中线工程汉江水原保护区,沿线自然环境优美,但山体破碎,土质松散,汉江水系脆弱、水土易流失,对水土保持和污染防治及土地占用等提出了更高的要求。

a)　　　　　　　　　　　　　　　b)

安康至平利高速公路

项目在建设过程中主要通过以下五个方面加强建设过程管理。

(1)全面实行工程质量责任卡及责任区制度。严格执行"两准入、两验收、一认可、一比对"管理模式,严把原材料进场关、工艺工序关和质量检测关。对标准试验,过程抽检进行比对试验;对隧道二衬台车实行准入制;对隧道初期支护、路基跨区交工实行验收制度;对所有重要的单项工程、重要工序和重要部位、关键施工环节实行首件认可制度。先后15次邀请专家现场咨询,对V形沟用强夯加固、预留工后沉降的措施减少沉降;对全线填挖结合部的构造物进行逐项排查,建立监测台账,根据沉降情况专项整治;对隧道开挖、初喷和防排水施工,严格执行全程旁站和工序交验制来有效防范质量隐患。

(2)落实"五化"标准。梁片预制采取智能张拉、自动喷淋,智能压浆,智能监控。小型构件全线集中预制,采用聚乙烯硬塑料等标准化模具,在大型振捣台上集中振捣,确保构件的外观质量。落实固化推广的先进工艺、工法,严格按照桥面系施工质量控制办法组织桥面施工。严格执行路面中面层碎石整形工艺,上面层实行二次水洗。SBS改性沥青配方、加工经专家评审,实现了全线路面铺筑技术、管理和检验标准"三统一"。房建、绿化、交安、机电和伸缩缝施工的各分部、分项工程,严格执行首件产品认可制。

（3）对路基高填方、高边坡、排水、水中墩、岸坡防护开展专项整治,对施工关键部位、隐蔽工程专人重点跟踪巡查,发现问题,限期整改。全面引入了第三方监测机制,对薄弱环节及时进行检测,确保可能出现的质量薄弱点处于受控状态。每季开展质量回头望,全面排查已完工程的质量状况,确保不留质量隐患。经过综合检测,安平高速工程单点合格率达到94.8%,关键指标合格率100%,弱项指标合格率93.8%。

（4）成立了征地拆迁工作组、汉滨段推进工作组、长隧道施工领导包抓工作组、路面、房建工作组等。对内实行"三包"工作责任制,即领导包项、科室包条、员工包片,将进度管理责任,落实到班子成员、中层干部和专业工程师身上。坚持周例会和考核问责制,实行"5+2""白加黑""雨加晴"工作制。对施工单位实行"三层考核、五项奖励"。三层考核是综合考核、节点考核和专项考核。五项奖励是进度奖、排名奖、质量奖、环境奖和专项奖。对黄洋河互通、枫桥隧道、平利隧道三大控制性工程安排专人管理,考核。从2014年9月份起,连续组织开展了"大干60天""大干100天"和"攻坚60天"劳动竞赛活动,有效提高了工程进度,为全线建成通车打下坚实的基础。

（5）全体参建人员紧紧依靠安康市政府和沿线各级协调人员,加强沟通协调,坚持征地拆迁大原则、兼顾公平、认真负责、主动协调、妥善解决群众利益和影响工程建设的突出问题,保障项目建设不拖工期,群众利益不受损害,实现了路地共赢的目标。共征用建设土地5137亩,临时用地1380亩,拆迁房屋1015户,杆线改移448处,全部完成征地拆迁任务,及时化解各方大小矛盾。

（三）运营管理

安平高速公路建成通车后,交由陕西省交通建设集团公司安平分公司负责运营管理,主要负责项目范围内路段的收费、养护、路政、治超等管理工作,设4个收费(治超)站、1个停车区。

1. 扎实开展汛期安全大排查工作

针对安平高速公路所属陕南潮湿多雨气候特点及新通车路段所存在的安全生产薄弱环节,安平分公司未雨绸缪,积极动员部署,扎实有效开展汛期安全隐患大排查工作,确保全线安全度汛。

结合工作实际,大排查工作着重做好"三防、三查",即防火、防洪、防事故;一查内业资料。按照分公司安全生产工作会议要求,全面排查各科室、收费站、服务区会议精神是否落实,组织机构是否建立,应急预案是否可行,主体责任是否明晰。二查设施设备。组织相关单位逐点、逐个检验机关、各站点及隧道内消防、电力系统运转情况是否正常,沿线附属设施设备是否完好,防汛及应急物资是否充备,随时做好"防大汛、抗大灾"的战斗准备。三查道路安全。联合养护、路政、项目办,重点针对桥下堆积物、全线弃渣场、封闭隔离网、隧道机电通信、高低位水池、高边坡构造物进行了徒步拉网式排查;整改落实到位,针对排查结果,建立隐患台账,做到边查边改,提前消除隐患。人员物资到位,提前组建内、外部应急救援队伍,补充购置抢险物资,适时组织应急演练,提升抢险工作效能。配合协作到位,在做好部门配合协作的同时,紧密联系安康市政府、气象、防汛部门,形成路地共建、资源信息共享模式。

2."五个加强"防范和遏制重特大事故

为认真贯彻和落实陕西省交通建设集团公司关于防范和遏制重特大事故工作的部署,安平分公司坚守安全底线,对各个岗位、每个环节进行督导检查,强化对各领域的监督和管理,严格实行责任倒查,强化安全生产工作措施,通过"五个加强"防范和遏制各类安全事故。

一是加强安全生产责任落实。分公司安委会为"防范和遏制重特大事故"工作的领导机构,由分公司主要负责人担任组长,制定了《安平分公司防范和遏制重特大事故工作方案》进一步完善工作措施,细化工作任务,明确事故责任,督促加强安全管理、岗位管理和现场管理。二是加强道路安全基础防护。结合安平高速公路道路特点,开展道路安全检查,保障公路安全基础设施功能齐全,对未完成治理的隐患路段,通过设立公告牌等形式将隐患信息对外进行公布,并增设警示警告标志,提升公路安全保障水平。三是加强应急联动与协作。建立多层次、多维度、跨部门的应急联动与协作机制,强化分公司内部的协调配合,统筹应急资源、整合应急力量、强化沟通联系,做到"一方有难,八方支援"。在外加强当地政府、公安等部门的协作、联动,推进信息共享、谋求高效合作,提升协作机制的运行效果。四是加强危险源的防范治理。做好危险源头控制工作,各收费站点高度重视过往货车的安检工作,严格控制各类危险品车辆进入高速。加大对桥梁、隧道、涵洞等重点目标巡逻检查和值守,对收费站、服务区等重点部位加大安全防范力度,严防恐怖袭击和人为蓄意破坏,确保公路安全畅通。五是加强安全监管和督导检查。严格按照《公路运营安全监管重点领域责任清单》要求,加大河道非法采砂治理、公路超限超载治理和大件运输安全监管,加强对隧道内的机电和消防设备的检查和维修,确保各类应急设施在紧急情况下能正常运作,有效防范和遏制了重特大事故的发生。

安平高速公路的建成通车,使陕西省再添一条出省高速大通道,对于完善、加密国家和陕西省级高速公路网,促进陕鄂两省经济与文化交流,加快秦巴山区区域经济发展以及陕南生态旅游和矿产资源开发,实现"丝绸之路经济带"与"长江经济带"的便捷交流,都具有重要意义。同时,也让被誉为"中国十佳最美丽乡村"、女娲故里的平利县,结束了不通高速公路的历史,驶入脱贫致富奔小康的快车道,融入了西安3h经济圈。

G4213安康至平利高速公路陕西境主要信息资料及主要从业单位信息资料见表9-21及表9-22。

第九章
高速公路建设项目

G4213 安康至平利高速公路陕西境主要信息资料表　　　　表 9-21

项目名称	建设单位	建设里程（km）	技术标准	投资规模（亿元）	建设时间（开工~通车）	备注
安康至平利段	陕西省交通建设集团公司	61.20	双向四车道、设计速度80km/h	64.28	2011.9~2015.10	尚未进行竣工决算，投资规模为概算

G4213 安康至平利高速公路陕西境主要从业单位信息资料表　　　　表 9-22

项目名称	从业单位	单位名称
安康至平利段	设计单位	中交第二公路勘察设计研究院有限公司
	施工单位	中铁港航局集团第三工程有限公司、中铁十八局集团有限公司、中铁二十局集团第六工程有限公司、中交二公局第三工程有限公司、中铁十四局集团有限公司、四川武通路桥工程局、中铁十七局集团第四工程有限公司、中铁十局集团西北工程有限公司、中铁十五局集团第五工程有限公司、中铁三局集团有限公司、中铁上海工程局有限公司、陕西路桥集团有限公司、中交第一公路工程局有限公司
	监理单位	陕西高速公路工程咨询有限公司、陕西高速公路工程试验检测有限公司、西安华兴公路工程咨询监理有限公司、陕西顺通公路监理技术咨询有限责任公司、陕西兴通监理咨询有限公司、陕西公路交通科技开发咨询公司、陕西公路交通工程监理咨询有限公司、陕西高速公路工程咨询有限公司、陕西恒通工程咨询有限责任公司

第十二节　G65 包头至茂名高速公路（陕西境）

有人说，它像一条蜿蜒舒展、气势雄伟的巨龙纵行三秦大地；

有人说，它像一个挺起的脊梁支撑起陕西版图"跪射俑"的形象。

从1986年12月15日开工建设西三线，到2016年9月12日黄延二通道建成通车，历时30年，分为16个项目先后建设的G65内蒙古包头至广东茂名高速公路陕西段，全长1262.17km。纵贯榆林、延安、铜川、咸阳、西安、商洛、安康、汉中等8市、26县（市、区），穿越陕北、关中和陕南三大区域，行经毛乌素沙漠和白于、北山、秦岭、巴山诸山脉，跨无定、延、洛、泾、渭、汉江等河流。沿线与榆神、榆商、青银、延延、青兰、铜旬、西咸北环线、西安绕城、十天等国家和省级高速公路相交。经西安绕城高速公路与京昆高速公路、连霍高速公路、沪陕高速公路、福银高速公路和西安咸阳国际机场专用高速公路相通。包茂高速公路陕西段，跨越大漠风沙、黄土沟壑、关中平原和秦巴山区，是陕西省界内建设路线最长，建设时间最久，连接经济区域最广，资金投入最大，地质条件最为复杂多样的高速公路。

走包茂，品畅达，看发展，观变化，它带给陕西的，不仅仅是路，而是"穿越贫困，激扬文明"的历程。

包头至茂名高速公路(陕西境)线位示意图

一、榆林至陕蒙界段

从陕西的榆林驱车往北,就是内蒙古。连接榆林和内蒙古的是一片富饶的土地,这里蕴藏着丰富的煤炭、石油、天然气,还有红石峡、红碱淖等许多自然人文景观,地下的"黑金",地上的黄沙、碧波,蓝天上的朵朵白云,构成一幅美丽的图画。

曾几何时,这里也是一片荒芜的土地,茫茫的大漠阻隔了人们的视野,贫穷与落后,荒凉与寂寞,与人们相伴而行。一世世、一辈辈善良的乡亲们期盼着能够征服沙漠、开发资源、摆脱贫穷。

西部大开发战略中加快高速公路的建设给这片土地带来了机遇。

榆林至陕蒙界高速公路,像一条黑色的绸带,穿越大漠一路向北延伸。它打开了陕西与内蒙古、华北、西南联通的大门,把文明与繁华连接,把富裕与幸福相连。

(一)项目概况

榆林至陕蒙界公路运输最初主要靠210国道。随着区间能源的开发建设,省际间交通需求大增,原有公路严重制约了当地经济的发展,影响了能源的开发和人民生活的改善。

榆林至陕蒙界高速公路,简称陕蒙高速公路,是国家高速公路包头至茂名线在陕西境内的一段,也是当时规划的陕西省"三纵四横五辐射"高速公路网的组成部分。它的建成通车对加快榆林国家级能源重化工基地建设,加快西部大开发进程,实现西气东输、西电东送、西煤东运战略,变资源优势为经济优势,带动区域经济和社会发展产生了重要的促进作用。

榆林至陕蒙界高速公路

陕蒙高速公路起于榆林市榆阳区孙家湾村,与榆林至靖边高速公路相连,止于陕蒙界蟒盖兔河,与内蒙古东胜至苏家河畔高速公路相接,全长88.10km。

2000年10月3日,陕蒙高速公路动工建设,按计划先修半幅,为该线一期工程。一期工程路线起自榆林市榆阳区刀则湾村,北经马家圪堵、孟家湾、刀兔海则、神木县石板太、敖包兔,止于陕蒙界蟒盖兔河,全长76.80km。半幅路基宽13m。设平交道口8处。2002年9月24日,一期工程建成。经竣工验收,工程质量评定为优良。2004年9月21日,交由榆林公路管理局管养。

一期工程由陕西省公路局负责建设管理,设建设项目办公室。设计单位为陕西省公路勘察设计院。榆林路桥建筑工程公司、陕西通达公路建设集团有限公司等14家施工单位参建。陕西恒通咨询有限责任公司负责工程监理。沿线地方政府负责建设环境保障和征地拆迁。

一期工程建成后不久,适逢陕、蒙、晋区域能源重化工基地全面快速发展,沿线交通量猛增,运煤重载车辆增长迅速,加之榆林至靖边高速公路通车和内蒙古东胜至苏家河畔高速公路即将通车,修建此段全幅高速成为当务之急。为此,二期工程开工建设。

二期工程路线全长88.10km。其中,陕蒙界蟒盖兔河至榆林市榆阳区刀则湾段利用已建成一期工程作为一幅,新建另一幅,路线长76.80km;刀则湾至孙家湾段为新建整幅路段(起点段),路线长11.30km。另增红碱淖二级公路连接线18.6km、岔河则支线和辅道改造恢复工程100.33km三级公路。

二期工程原来由榆林市人民政府承建,2003年9月成立了陕蒙高速公路建设管理处(以下简称管理处),作为独立项目法人具体负责实施。2006年4月24日,按照省厅理顺高速公路管理体制要求,项目移交省交通建设集团公司管理。设计单位为陕西省公路勘察设计院。中国建筑工程总公司、榆林市天元路业有限公司等14家施工单位承建。山西振兴公路监理有限公司等5家公司负责监理。榆阳区、神木县政府负责征地拆迁和环境保障工作。

交通部原批准二期工程建设工期为三年。2004年11月,二期工程开工建设。2005年8月,陕西省交通厅提出加快高速公路建设要求,二期工程计划工期由三年缩短为两年。2006年9月30日,二期工程实施告竣,总工期二十二个月,比交通部批准的工期提前一年零两个月,实际有效施工期为一年。

二期工程和一期工程合并形成全幅高速公路,建设标准为双向四车道、全封闭、全立交高速公路,设计行车速度100km/h。起点段有11.30km为整幅路基,路基宽26～35m,中央分隔带宽2.0～11m(预留改建六车道)。其余均采用分离式路基,路基宽13m。红碱淖连接线采用二级公路标准,岔河则支线和辅道改造恢复采用三级公路标准。

陕蒙高速公路路基填方538万m^3,挖方428万m^3,沥青混凝土路面125.73m^2,特大桥626.08m/1座,大中桥338.38m/3座,跨线桥1909.6m/18座;通道985.47m/63座;涵洞112道;分离式立交324.33m/5座,互通式立交5处。红碱淖连接线二级公路路基填方61万m^3,挖方8万m^3,沥青混凝土路面13.7万m^2;岔河则支线及辅道改造恢复三级公路路基填方40万m^3,挖方19万m^3,沥青碎石路面57.2万m^2。

项目概算总投资为11.9亿元。建设资金来源分别为交通部投入资本金3.8亿元和银行贷款8.1亿元两部分。

(二)建设情况

陕蒙高速公路是榆林市建设的第四条高等级公路。项目地处沙漠地区,筑路材料奇缺,工期紧,任务重,技术含量高。开工前,管理处确定的建设目标是:"创建精品工程、廉政工程"。提出的奋斗口号是"围绕一个目标、抓住两个重点、实现三个统一",即围绕创建"精品工程"一个目标,抓住"工程质量、进度"两个重点,实现"内在质量与外观质量的完美统一,高速公路与自然环境的和谐统一,严格管理与勤政廉洁的有机统一"。

陕蒙高速公路是陕西省全面加快高速公路建设以来,第一个工期由"三年变两年"的项目。如何在两年时间内干完三年的活,如何攻克沙漠高速公路建设技术,如何确保2006年9月底按期高质量建成通车,这是陕蒙建设者们一开始就面对的难题。开工以来,管理处坚持抓现场施工、抓关键指标、抓细节管理,努力实现科学化、专业化、规范化和程序化管理。

为贯彻落实全省加快高速公路建设有关精神,确保陕蒙高速公路按计划建成通车,管理处及时组织各参建单位认真研究并调整了施工总体计划;对全线逐乡镇、村进行多次摸底,以切实保护农民利益为前提,保证施工环境;根据气候特点,倒排工期关死后门,制定合理的施工技术方案,组织加班加点;利用冬闲时间投入资金进行主要材料储备,并要求沿线施工单位加大机械设备投入;同时,在全线组织开展劳动竞赛,加快工程进度。

在施工全过程贯穿"质量是生命"的主题,深刻领会"细节决定成败"的含义,树立"精品意识"。夯实质量责任,严把原材料质量和进场关,及时优化工程设计,严格监理程序和试验检测制度,加大质量巡查力度,组织召开各类质量会议,强化管理措施。同时,分别与长安大学等单位联合进行多个课题研究,实施科技兴路,促进施工质量的稳中有升。管理处还设立了"质量问题举报奖",广泛接受社会各界监督,确保质量万无一失,努力把榆蒙高速公路打造成"精品工程"。

陕蒙高速公路全长88.10km,是陕西省第一条分离式路基且全线处于沙漠地区的高速公路。一直以来,管理处把"创建精品工程、廉政工程"作为工程建设的目标,力争把陕蒙高速公路建设成为分离式路基与自然环境融为一体的沙漠绿色通道,建成全省乃至全国沙漠高速公路中独具特色的亮丽风景线。

结合全线地处沙漠的地质、地理环境,搭建柴草网格,栽植紫穗槐等。经过"绿色突击队"两次大会战完成绿化工作,苗木成活率达90%以上,绿化效果明显。现在可以看到,伴随着黑色路面的延伸,绿色长廊在大漠中格外靓丽。

(三)科技创新

陕蒙高速公路全线地处毛乌素沙漠南部,路线穿越榆溪河以及连续或固定沙丘、河谷阶地(农田)、湖盆滩地和盐渍土地,地下水位普遍较高,不良地质路段较多,施工难度大,技术复杂。为了实现"精品工程"的建设目标,管理处开展了以提高路基路面质量、保护环境地貌与水土、交通安全宽容设计为三大主题的科学技术研究并应用了相关科技成果;同时,在全省率先试验成功并推广应用大功率摊铺机全幅摊铺沥青路面等13项科技创新技术。

(1)以路基路面工程质量为中心,实施科技兴路,研究推广应用科技创新技术8项,打造精品工程。

①针对本项目不良地质路段,管理处与长安大学开展了"毛乌素沙漠地区特殊路基处理技术研究",根据不同含水量和土质情况及其承载力和沉降特性,分别采取换填风积沙、砂砾、级配碎石、抛石挤淤、加铺防水土工布等技术措施,对全线特殊路基进行了处理,严格按照课题工艺要求施工,确保了路基稳定,取得良好的工后效果。

②为了解决干砂或风积沙因含水量过低难以压实的问题,管理处与长安大学共同开展了"风积沙压实技术研究",选取试验路13段,采用冲击振动复合式压路机碾压,彻底解决了风积沙路基常规碾压造成表层松散问题。同时,压实层可增厚至35cm以上,压实度可达98%以上,明显优于常规碾压方法。

③为了解决锤击环刀取样对风积沙的扰动和干沙无法取样等问题,管理处依托本项目开展了"HGH-2型静压环刀取土器研究",取得了成功并推广应用,该项科技成果已获得2005年度陕西省科学技术三等奖。

④为了提高半刚性路面基层的耐久性和从源头上遏制反射裂缝问题,管理处与长安大学联合率先在本项目全线推广应用骨架密实结构,并采取添加粉煤灰、提高压实度标准和覆盖土工布养生等技术措施,经铺筑面层前观察,较普通级配半刚性基层的横向反射裂缝由每千米50~60道减少至2~3道,取得了很好的效果。

⑤为了铺筑路用性能好、表面功能强的沥青路面,管理处与长安大学联合率先在本项目中对沥青混合料采用完善的高性能沥青混合料设计方法,室内试验与现场测试指标相结合,提高了沥青路面的抗车辙能力和使用功能,并在全线推广应用。

⑥为了准确控制沥青混合料的级配组成和油石比,管理处与长安大学联合成功试验并在全线采用动态监控技术控制每盘混合料级配量和总量,即在每台拌和楼上安装了动态监控软件,随时观察和采集每一盘混合料的级配组成和油石比数据,一旦发现偏差,随时进行调整,保证混合料整个生产过程级配组成和油石比与目标设计配合比始终相吻合。同时,监控系统还建立了生产过程电子文档,进行生产全过程质量跟踪监控,确保了沥青混合料高质量生产。

⑦为了提高高速公路沥青路面的耐久性,管理处与长安大学开展了"高速公路永久性沥青路面研究",通过选择不同形式的路面结构,增加路面厚度,进行路面结构分析,研究材料设计与参数,进行4种不同结构的永久性路面的试验段铺筑及其施工技术研究,以达到设计使用年限不少于40年的目标,路面造价只增加不到50%。本课题内容属于国际道路界热点研究问题。

⑧为了解决沙漠高速公路沥青路面早期裂缝问题,管理处与西安交通大学开展了"沙漠中冻区高速公路沥青路面早期裂缝成因及对策研究",通过分析早期裂缝成因,提出预防和处置的对策,并进行了早期裂缝处置试验。

（2）以保护好周围环境与地貌、减少水土流失为目标，研究推广实施生态绿化和植物防护技术2项，建造生态环保路和沙漠绿色通道。

①为了防止沙漠地区风沙对高速公路的侵害和提高绿化水准，管理处与榆林学院开展了"沙漠高速公路风沙防治与景观设计研究"，对公路风积沙危害的规律进行研究，选择适宜沙漠种植的植物品种，进行景观设计与示范，针对不同形式路基实施绿化防风固沙，并对路基外损坏的绿化植被进行恢复，实现了高速公路与自然环境的和谐统一。

②全线路基防护大胆采用植物防护的创新技术。管理处与设计部门研究取消了全线路基圬工防护、圬工边沟和跨线桥圬工锥坡，采用以种植灌木草本为主，低乔木点缀为辅的植物防护技术方案。选择价格低廉、成活率高的植物，采取优良品种与乡土品种相结合、专业种植与野生植物相结合、防护目标与美化环境相结合的方法，实现了"修一条高速公路，建一条绿色通道"的目标。

③超前的交通安全宽容设计理念，研究应用人性化设计3项，突出了以人为本、以车为本的建设主题。

a. 为了使高速公路交通安全设施更趋于人性化，管理处与长安大学开展了"沙漠高速公路交通安全设施优化研究"。借鉴发达国家的经验，对沙漠高速公路交通安全评价体系和宽容设计技术进行研究，并按优化后的交通安全设计方案实施。同时，在国内率先进行高速公路解体消能标志、解体消能护栏端头、路肩振动带和非金属隔离栅立柱等研究试验，把因驾驶员过错造成的损失降低到最小，最大限度地提高行车的安全性。本课题研究内容具有国际水平。

b. 全线路基采用1∶2～1∶3缓边坡、骨架平缓边沟、低拦水带和无砂混凝土路边石，大大降低了因车辆冲出公路外而发生恶性事故的概率。

c. 全线大量取消防撞护栏和"多草小树少树"的绿化原则，设置了视线引导标和道钉，加强对路侧危险的防护，提高了行车安全性。

（四）运营管理

陕蒙高速公路养护运营管理工作由陕西省交通建设集团公司榆靖分公司负责，分公司于该路段设置榆林北1个服务区，榆林和红碱淖2个管理所。管理所共辖陕蒙界1个主线收费站，王则湾、孟家湾、小壕兔和红碱淖4个匝道收费站。

榆靖分公司组建成立以来，500余名员工紧紧围绕集团公司的安排部署，秉承"求真务实，共创交通美好未来"的企业宗旨，以通行费征收为中心，以道路养护为主线，以路政管理、治超为重点，以安全保畅为目标，坚持发展不停步，坚持创新不放松。

道路养护管理。榆靖分公司创新思路，树立预防养护的新理念，加大养护专项工程的治理力度。对桥梁、边坡等重点基础设施进行拉网式的隐患排查，对存在的问题及时进行整治,高速公路养护质量指数保持在90以上,各分项指标均保持在80以上,绿化栽植保存率在92%以上。在年初和冬季的除雪保畅战斗中,安全保畅工作有条不紊、井然有序,经受住了严峻考验。养护工程项目管理组依据《养护工程管理实施办法》,先后实施了陕蒙段路面中修工程、路容路貌整治工程、跨线桥防抛网基座维修工程、标志标牌完善工程等。经组织验收,工程质量合格率100%,单点合格率93.4%,关键指标抽查合格率96.9%。

路政管理。进一步加强路政规范化管理、强化执法培训、加大日常巡查和路产案件查处力度,有力地维护了路产路权,确保了道路安全畅通。在公安、交警的配合下,对沿线大中型非法广告牌进行了强制拆除,整个拆除过程严格按程序进行,有效地化解了矛盾纠纷,没有留下任何"后遗症"。

偷逃漏通行费及超限超载专项治理。建立长效机制,层层成立治理工作机构,将治理工作纳入日常管理。建立奖惩激励机制,将处理逃费车辆作为考核收费站、收费员的一项重要考核指标进行重奖重罚。建立联动机制,与公安、交警、运政配合,加大查处力度,规范处理程序。承办陕北片区打击偷逃漏通行费专项治理现场会。研究制定《关于收费、治超管理有关问题的通知》,明确征费稽查、绿色通道车辆管理、特情处理、举报和投诉、报表审核管理、学习培训和持证超长车辆、55t以上持证车辆等47项收费治超工作程序和标准。开展百日劳动竞赛,通过"六比六看"等措施,基层文明服务、业务操作、精神风貌有了很大改观,差错率降至0.4%,单车操作时间平均为7s。

精神文明建设。扎实开展文明创建活动,根据分公司精神文明建设创建规划,建成省级"工人先锋号"1个,全省"交通系统文明治超站"1个,厅级"文明收费站"2个,"陕西省文明服务标准示范站"2个,"陕西省收费公路规范化管理优秀单位"4个,市级"文明单位"1个。精心组织新闻宣传,在《陕西交通报》及集团公司报刊网站发表稿件,在榆林电视台及《榆林日报》刊登新闻报道,创办《大漠风景线》小报。大力推进文化建设,在积极的企业文化感召下,分公司及各管理所开展各类文体娱乐活动蔚然成风。曾圆满承办了四省区高速公路企业"大路飞歌"联谊活动,举办了文明收费技能竞赛、职工运动会、党员联欢活动、知识竞赛、篝火晚会等,寓教于乐,弘扬高速公路企业文化,陶冶职工情趣,增加了企业的凝聚力和向心力。

二、榆林至靖边段

沙漠中能修高速公路吗?修好的路会不会经常被流沙掩埋?

毛乌素沙漠位于陕西省榆林市长城一线以北,因此榆林市也被称为"塞上驼城",又名"沙漠之城"。老辈人说起来以前出门的情景,风沙打在脸上,刮进嘴里,满头满身都是黄沙,那情景,仿佛历历在目。

第九章
高速公路建设项目

2003年8月22日,中国第一条沙漠高速公路——榆林至靖边高速公路建成通车,黄沙飞扬、行路艰难的情景一去不复返。

恢宏延伸于毛乌素沙漠的榆林至靖边高速,是榆林这个中国"科威特"的第一条高速公路,荣幸地成为建设榆林生态农业区和油、煤、气、盐资源开发的重要通衢。

恣意穿行于毛乌素沙漠的榆林至靖边高速公路,使榆林靖边两地行车里程缩短66km,行车时间减少3~4h,大大提高了社会经济效益和车辆运行效益。

有人把路比作碑、比作虹,也有人把路比作逶迤延伸的龙。愉悦地驰骋于中国第一条沙漠高速公路上的人们,会觉得它更像一件艺术品。暮夏初秋之时的沙漠高速,蓝的天、白的云、黄的沙、黑的路、绿的草,真像梵·高笔下浓油重彩的画。晚霞来临了,金色恣肆地弥漫起来。路,真的很美,美得令人瞠目、令人赞叹、令人咋舌……

(一)项目概况

榆林市,包括其所辖的靖边县,曾长期属于陕西边陲之地的贫困地区,两地间原由204省道连接,并借210国道绕行。榆林、靖边一带煤炭、石油、天然气资源的发现和开发,能源化工基地的加快形成和发展,造成榆林至靖边区间交通量大幅度增长,重载车辆络绎不绝,车辆拥堵日益严重,因此,建设一条新的、快速的公路运输通道显得非常迫切和必要。

榆林至靖边高速公路,简称榆靖高速公路,建设项目于1999年9月30日由陕西省计委颁发《关于榆林至靖边高速公路工程可行性研究报告的批复》批准建设。它既是我国第一条在沙漠地区修筑的高速公路,也是陕西省在实施西部大开发中启动的重点建设项目。作为建设榆林能源重化工基地及生态农业示范区的重大建设项目,榆靖高速公路是榆林连接省会西安及周边省区的重要干线,时为西部大通道由内蒙古包头经西安、重庆至广西北海的组成路段。建设好榆靖高速公路,对于落实党和国家关于开发大西北的战略目标,促进榆林区域经济发展,完善陕西乃至全国公路网结构,具有十分重要的意义。

榆靖高速公路线路起自榆林市榆阳区孙家湾村,经榆阳区黄沙七墩、二十台、三十台,横山县邵小滩、王圪堵、永忠,靖边县黄蒿界、海则滩、张伙场,止于靖边县新农村乡石家湾村。路线全长134.17km,其中主线长115.92km。主线按照平原微丘区、双向四车道、全封闭、全立交高速公路标准设计,设计速度100km/h,路基宽26m(宽中央分隔带路段为35m)。三条连接线总长18.26km,其中榆林连接线按照平原微丘区一级公路标准设计,长4.13km;横山连接线按照山岭重丘区二级公路标准设计,长9.92km;靖边连接线按照平原微丘区二级公路标准设计,长4.20km。2000年7月,榆靖高速公路全面开工建设,2003年8月22日,榆靖高速公路建成通车,工期比原计划提前2个月。经竣工验收,工程质量评定为优良。

a)

b)

c)

榆林至靖边高速公路

榆靖高速公路建设项目共完成土石方工程 1957 万 m^3,石灰稳定土基层 318.234 万 m^2,水泥稳定碎石基层 304.837 万 m^2,沥青混凝土面层 290.198 万 m^2,防护排水工程 11.13 万 m^3;特大桥 1913.12m/2 座,大桥 2727.83m/13 座,中桥(含跨线桥和分离式立交)2164m/30 座,小桥 13.64m/1 座;互通式立交 4 座,通道 29 道,涵洞 171 道。全线征用土地 16022 亩。

2002 年 4 月,陕西省计委批准总概算为 18.1714 亿元,工程实际完成投资 17.80 亿元,较批准概算节约 3700 万元。工程资金来源中,利用科威特政府贷款 3500 万美元,折合人民币 2.91 亿元。

陕西省公路局和榆林市政府负责项目建设,设立榆靖高速公路建设管理处,负责项目建设管理工作。陕西省公路勘察设计院负责设计。全线分为 59 个标段。武警交通独立支队、中铁二十局一处、河北路桥集团有限公司等 48 家施工单位中标承建。山西省交通建设工程监理总公司、宁夏华吉公路工程监理咨询公司等 11 家监理单位中标从事工程监理。沿线地方政府承担建设环境保障工作。

(二)建设情况

1999 年 12 月 15 日,榆靖高速公路开工奠基仪式在陕西省榆林市举行,宣告了我国第一条沙漠高速公路建设的开启。地处毛乌素沙漠边缘的榆林,随着沙漠千百年来的东移南下,榆林市境内42%的地域逐渐成为风沙区。以筑路架桥、穿越贫困、激扬文明为己任的陕西交通人,将热切的目光投向这块表面贫瘠而蕴藏丰富的土地,以攻坚克难、敢为人先的精神,为现代公路交通理念做出了生动的诠释,实现了穿越风沙线、构建文明路的梦想。

1. 设计出新:大漠中勾出一条红线

榆靖高速公路时为包头至北海大通道的组成路段,同时在靖边与青岛至银川高速相接。在这里修路,要发挥促进榆林生态农业区发展以及油、气、煤等资源开发的通衢作用,而防风治沙、路线布设和路基稳定等问题的解决,对于榆林境内高速公路"零"的突破,都起着至关重要的作用。

"第一"意味着先河与示范。"第一条沙漠高速公路"对测绘提出的要求,就是要在白纸上画出不仅是"第一条"而且是"第一流"的现代坦途。绘制榆靖高速公路设计图的陕西省公路勘察设计院的技术人员,在领略"大漠孤烟直"自然景观的同时,感受到的是前所未有的压力。他们拿出设计院人敢打硬仗的拼搏精神,以科技领先、设计创新为宗旨,围绕"沙"做起了新文章。经过近两年的辛勤工作,他们数十次北上南下,踏沙越壑,于1999年年底,完成了初步设计,并通过省部审批。加上卫星勘测、地质勘察等前期工作,设计院里先后有上百名工程技术人员参与了可行性研究和两阶段设计工作。

设计过程中,设计人员合理吸取沙漠铁路及内蒙古、新疆等省区建设沙漠公路的成功经验,汇聚自己近年来的科研成果,同时借鉴国外沙漠高速公路的先行范例,结合榆靖高速路段独有的地质地貌,反复求证,力争做到设计合理、以人为本、和谐美观。

参照美国沙漠高速公路的做法,设计出的长达60多千米、最大宽度为11m的中央隔离带,不仅省去了中央分隔带防撞护栏的设置,而且极大改善了驾驶人员夜间行车视况。

运用开口式断面,增设港湾式停车岛、观景点,将砌石等圬工防护更改为生物防护等20多项设计优化措施,使建成的公路做到与人方便、与车方便,达到了公路与自然的和谐。

最终,榆靖高速公路成为陕西当时在建高速公路中成本最低的一条路,实现了设计者以最经济的建设投资换取最大限度收益的初衷。

世界上第一个吃螃蟹的人值得称道。在中国,勇于修筑第一条沙漠高速公路的建设者们更加值得称道。榆靖高速公路建设管理中,不走寻常路,管理出新招。

时任榆靖高速公路建设管理处处长薛生高,身兼榆靖高速公路建设第一责任人的重担,为了管好这个近18亿的项目,他把主要精力放在了项目管理上。管理创新用他的话讲,就是"新路得有新办法",致力于实现高水平管理才能从根本上修好沙漠路,而出实招、出新招是逼出来的。

第一招是体制要新。首先,抓住监理关。当时国内公路监理市场尚不成熟,质量管理制度不健全、手段不到位。为确保沙漠高速公路的工程质量,管理处决定不设总监办,由一名副处长直接负责质量监督,通过管好高级驻地人员来管好监理。其次,强化法人在项目管理中的作用。榆林市榆靖高速公路建设协调领导小组办公室与项目办所属综合部为一套人马,确保征迁和施工过程中出现的问题能"先制止,后处理",决不让建设环境及征迁问题影响工程进度!此项工作做到位,为工程建设提供了很好的环境保障。再次,2000年3月,陕西省公路局和榆林市公路局共同组建了榆靖高速公路建设有限责任公司,实践证明,这种省市联动企业运作新体制,适应市场经济发展,大大推动了工程建设步伐。

第二招是手段要新。一条路多家管,势必责任不清,职责不明。榆靖高速公路建设管理处主动承担建设管理责任,做到事前落实,事后追究,逐级分解落实责任人,用责任制"套"牢每个人,细化到每个涵洞、每座桥梁、每道工序都有责任人签字备案。

第三招是观念要新。建设前两年,管理者体会最深的是学会了算大账。榆靖路工程进展最快时一天能完成500万元的投资,施工中经常出现一时难以解决的技术难题,一耽搁就要影响几天的进度。管理者算了一笔账,请专家现场确诊出点子快速解决,比自己一味闷头苦想划算得多。从开工到竣工,管理处先后多次邀请有关方面专家上工地进行技术咨询、论证,不仅解决了眼前难题,节约了时间,而且提高了施工和管理人员的技术水平。他们还投资500万元购置国内最先进的超声波检测仪,对全线15座大桥1648根桥梁钻孔灌注桩埋设的检测钢管,逐桩进行无破损"体检",确保隐蔽工程质量,不留隐患,最终,用500万元换回总造价1.5亿元灌注桩的过硬质量。

2. 科技创新·防风固沙成套工艺填补技术空白

要想修好路,必须先治沙。处理好沙漠路基,确保质量;防止风吹沙上路,影响高速路运营,必须防风固沙。这是建设者过去从未遇到的筑路难题。榆靖高速公路项目从规划、设计到施工、监理,各项工作都不可能秉承原有高速公路模式,也没有成熟的技术和经验可遵循,一切都需围绕"沙"来做文章,其修筑本身就是一种创新。因此,科技创新,急需融汇其中。

榆靖高速公路约有80km穿越毛乌素沙漠,地形以半固定沙丘为主,沿线筑路材料极为缺乏,遍地的风积沙"荣升"为路基填充主料。而风积沙颗粒细小、无黏聚性,难以压实,稳定性差,更棘手的是当时国内外尚无较为完善的风积沙填筑路基设计、施工、检测规范和规程,这一切成为路基施工的最大难题。

科技先导、科技引路为风积沙填筑路基打开一条通道。陕西省交通厅、省公路局和榆林市交通局将此项目列为公路科研课题,并先后立项作为重点攻关难题。2000年上报交通部,以其对沙漠公路建设具有特殊指导作用被列入部"十五"期间高速公路科研项目,并由陕西在榆靖高速公路的建设中承担这一项目路基部分科研任务。一个汇集省内外公路专家、学者和工程技术人员的课题组展开科技攻关,路基试验在全线开工前先期展开。

1999年4月18日至6月30日,在全线最具代表性的K15+000~K20+000段,进行了5km的路基试验,在借鉴国内外沙区工程建设经验的基础上,进一步组织科研、设计、施工等部门联合攻关,对路基修筑、路面结构、施工工艺、边坡防护、防风固沙、养护管理等方面开展研究,努力形成沙漠高速公路成套技术。

在此基础上,初步提出了《沙区路基施工技术规范》,取得了阶段性研究成果。1999年7月底,经陕西省交通厅讨论修改,予以发布。该规范提出了沙区路基施工技术标准,风积沙路基压实工艺、压实标准,最大干密度试验办法,石灰土封层和黏土包边等工艺标准,不仅有效指导了榆靖高速公路高质量的施工,随后运用于靖王高速公路、子靖高速公路、榆蒙高速公路中,其更重要的意义在于探索总结出了一套行之有效的高速公路风积沙路基压实工艺和检测标准,填补了我国沙漠高速公路修建的技术空白。

2001年9月,路面试验在原路基试验段上铺开,对石灰土基层、水泥稳定碎石基层、沥青混凝土面层的配合比设计、拌和、摊铺、碾压等各道工序的工艺控制及路面反射裂缝的预防措施进行了系统的试验研究,为次年路面的大面积铺设做好充分的技术准备。

公路桥梁上40m预应力连续箱梁,在陕西亦是在榆靖高速公路项目上,首次得到大范围推广使用。根据地质地形特点,无定河特大桥等4座大桥大胆采用40m箱梁设计和施工,虽然给吊装过程增添了一定难度,但它比普遍使用的30m箱梁节省资金,较50m箱梁稳定度高。40m箱梁的运用体现了科技创新为交通发展服务的主旨。

榆靖高速公路最引人注目的特点,是它的绿化和防风固沙工程堪称一流。

管理处深知,在沙漠地区修建高速公路,道路的绿化和防风固沙工程与主体工程建设同等重要。管理处首先在整体绿化方案的确定上下功夫。先后邀请省、市绿化和防风固沙专家举行了十多次研讨论证会,最终确定了"远高近低、远绿近美、远疏近密"的绿化原则和"四带一体"的生物防风固沙模式,形成沙漠高速公路绿化美化和防风固沙融为一体的综合绿化体系。"四带一体"是指:中央分隔带11m和平整带两侧各20m,种植紫穗槐、沙柳、沙棘、柠条等耐旱、耐贫瘠的当地适生植物,形成景观;防风固沙带,迎风侧500m、背风侧300m;保护带两侧各1000m,严禁放牧。

在绿化工程的实施和管理上,通过以下五个方面相结合来体现绿化特色。一是实施时间采取绿化工程与主体工程建设相结合,同步进行。二是绿化植物采用乔、灌、草相结合,并以乡土树种为主,体现绿化特色的同时,便于养护管理,节省投资。三是实施单位选择专业队伍和沿线群众相结合。对20m平整带以内的中央分隔带、路基边坡主体绿化工程,通过公开招标选择专业绿化单位组织实施。对20m平整带以外的植物防风固沙工程,交由沿线三县区政府组织公路两侧地属单位或群众进行实施。四是绿化方式采用人工栽植和飞播造林相结合。五是绿化工程的实施与科研试验相结合。结合"沙漠高速公路边坡防护、防风固沙及养护技术研究"课题,对植物的选择搭配、栽植管护措施、防护效果等进行系统研究。为加强技术指导和管理工作,管理处长期聘请两位经验丰富的治沙绿化专家进行现场指导,同时采取一系列措施加强管护。

四年来,榆靖高速公路的建设者们共实施人工绿化面积33328亩,飞播造林71278亩,搭设柴草网格障蔽27029亩,栽种樟子松、杨树等乔木60万株,栽种紫穗槐、沙柳等灌木2800万穴,丁香、月季等花草近25万丛(穴),总成活率达到95%以上,林草覆盖率达到90%以上,实现了保护公路和绿化美化公路的目标。公路和大漠相依,大漠和绿洲作伴,这就是榆靖高速公路建设者创造的奇迹!

南来北往的人们行驶在榆靖高速公路上时,无不为公路与沙漠相互依从的妙思构想而折服,无不为公路两侧的绿色走廊把流动沙丘变为固定沙丘的神奇而惊叹,无不为沙漠上新镶嵌的绿色项链对当地环境的恢复与改善赞叹不已。

榆靖高速公路的鲁班奖是首次陕西省整条公路获得的奖项,它还有一个响亮的名号——中国第一条沙漠高速公路。回顾陕西5000多km高速公路建设历程,位于黄土高原北部、毛乌素沙漠南缘的这130km高速公路,有太多的骄傲,值得当事人留恋,更值得后来者学习。它曾获得陕西省优质工程奖(长安杯)、全国建设开发项目水土保持示范工程、陕西省建设开发项目水土保持样板工程。直到今天,关于这条路的奖项还在继续颁发着,依托榆靖高速公路的科研课题"沙漠高速公路修筑养护综合技术研究"荣获陕西省科技进步一等奖,"沙漠高速公路边坡防护、防风固沙及养护技术研究"荣获陕西省科技进步二等奖。同时,"西部交通建设科技项目"大课题获得中国科学技术二等奖、中国公路学会科学技术特等奖,作为其子课题,榆靖高速公路的筑路实践功不可没。

(三)复杂技术工程

在沙漠中修筑榆靖高速公路,面临两个困难,一是如何把路基压实,二是不能让风吹沙上路。

(1)"沙漠王"开进毛乌素

管理处与西安公路研究所合作研究沙漠路基压实技术。为解决"路基压实"问题,5km试验段分了30多段,10多种方案轮番做试验。传统的拖碾、光碾压路机在沙子中行走困难,管理处与压路机厂家共同开发出一种适应沙漠的前后轮双驱动压路机,还起了个骄傲的名字——"沙漠王"。于是,两、三百台"沙漠王"轰轰烈烈地开进了毛乌素,以从未有过的气势震住了这方沙漠。这种定制的双驱动压路机,此后还为靖王、子靖、榆蒙等沙漠高速公路出过力。此外,管理处还对易沉降的桥头、台背等路段,使用了"水坠加震动"工艺,在路基顶层增加了20cm厚的石灰土封层,这些措施成功解决了沙漠路基的压实问题。

(2)"长龙"缚狂沙

榆靖高速公路处在长城沿线风沙强度侵蚀区,而高速公路对治沙要求非常高,别说沙丘移动到路上,只要路面上有层薄薄的沙子,高速行驶的车辆就很容易打滑,造成事故。让车辆在沙漠中能够安全地"高速"起来,在沙尘暴严重的榆林地区,"治沙"就成为修路以外最重要的事。

管理处与陕西省治沙研究所联合攻关防风固沙难题。榆林地区在治沙方面一直走在全国前列,有着丰富的经验。管理处为治沙动员了社会各界的力量。有一次,主管农业的副省长王寿森(时任)来视察,管理处以沙漠高速公路固沙的迫切性向他请求为公路沿线飞播造林,王副省长大力支持,从此陕北飞播造林指标优先确保榆靖高速公路沿线。管理处与当地气象局联系,要求沿路线人工降雨,只要遇上阴天,沿线就能下起雨来。另外,管理处还出台了"谁绿化、谁所有、谁管护、谁受益"的优惠政策,发给农民播种补偿费,鼓励沿线群众植树种草,公路沿线的沙漠最大限度地获得了植物生长的机会。管理处以"生态工程与道路主体工程同步建设"为原则,在公路沿线种植了110多种适合沙漠生长的植物,成活率达90%以上,道路两侧300~500m范围内的沙丘全部得到固定,有效防止了风蚀、沙埋等病害,流沙严重地段治沙范围甚至扩大到1km,榆靖高速公路成为一条沙漠中的绿色走廊。

(四)运营管理

榆靖高速公路始由陕西省公路局设榆靖高速公路收费管理处管理养护,于2006年6月移交陕西省交通建设集团榆靖分公司负责运营。该路段设置一个横山服务区和横山、榆林两个管理所,管理所共辖榆林北、西左界、横山和黄蒿界四个匝道收费站。

榆靖分公司坚持规范管理、高效运营,养护、收费等各项工作有序开展,并取得了优异成绩。

1. 队伍建设

好的领导班子,才能带出好的队伍。榆靖分公司坚持民主集中制原则,重大问题集体讨论研究,维护班子的号召力和凝聚力,从而使分公司上下形成良好的工作氛围。重视干部职工素质培养,各级领导干部主动带头学习党的方针、政策,加强党性修养和自身素质。中层力量得到充实,开展各种形式的考核,加担子、扛责任,大力培养既懂管理又懂业务的青年人才,不断提升公司集体管理和服务水平。公司用竞聘上岗激励方式,对中层干部进行竞聘择优上岗,优化、充实了中层管理力量。

2. 收费管理

随着计重收费和治超工作的不断推进,各种偷逃通行费现象日益增多。对此,通过落实征收责任、强化内部管理、规范收费行为、加大征费稽查力度、加强人员管理与培训、严查安装气囊逃避计重收费6项措施打击各种偷逃费行为,减少通行费的流失。公司组织一线收费人员对车辆假行驶证、假养路费、假营运证等缴费有关凭证的识别方法进行培训,有效降低了部分驾驶员利用假证件逃费的违规行为,避免了通行费的流失。

3. 养护管理

重点做好榆靖路路面病害的整治工作,重视以完善排水设施为重点的预防性养护工作,对沿线损坏的钢板护栏、封闭网等设施及时安排修复。同时,对沿线绿化植物定期进行浇水、施肥、除草、平茬、补植补种和病虫害防治养护,美化路容路貌。此外,按照集团养护工程计划,"早动手、早安排",严格控制工程质量,按时完成工程任务,营造了榆靖高速公路"畅、洁、绿、美、安"的良好行车环境。

4. 路政管理

分公司出台了数十项规章制度,规范路政管理。采取书写标语、出动宣传车、印发传单等形式,增强社会爱路护路意识,为路政执法创造良好的环境;与公安部门密切配合,建立相互通报制度,合力打击路政事案逃逸、拒赔拒付车辆;及时收回损坏路产,确保及时修复;强化执法培训,提高执法能力,建成高素质路政执法队伍。

5. 治超管理

加快治超检测站点规范化建设步伐,充实治超力量,进一步完善治超检测站点工作和生活设施、设备,强化检测手段;同时,定期或不定期的对治超人员进行培训,加强对治超检测人员的思想教育、政策法规教育和岗位培训,强化治超队伍建设。对工作违纪行为严厉查处,净化职工队伍。

6. 安全管理

公司结合安全生产实际特点,在安全管理工作中建立健全各项安全管理制度,层层签订安全生产目标责任书,落实责任;加强联网收费机电系统安全管理,确保收费工作正常运行;加强收费票据和现金管理,及时上缴通行费收入;加强防火、防盗、食堂卫生、食品质量等管理;养护人员上路必须着安全标志服,确保人身安全;在道路内实施养护作业必须竖立齐全醒目的施工、导向标志,各类机械操作人员必须经过培训,规范作业程序,确保施工安全;完善安全标志及沿线设施,制定各类突发事件应急预案,采取得力措施,确保汛期、雾雪等恶劣气候环境下的行车安全。

7. 行业文明

榆靖分公司始终坚持"以人为本、以车为本、服务人民、奉献社会"的行业理念,长期开展仪容端庄、文明用语、诚信服务、微笑服务,在社会广泛树立"榆靖高速、特色服务"新形象,为驾乘人员提供了方便、快捷、诚信的服务。

通车后,榆靖高速公路全线没有发生一处沉陷,陕北百姓都说,这是榆林修的最好的一条路。西安至陕蒙界高速公路全线贯通后,榆靖高速公路甩掉断头路的束缚,这条沟通陕甘宁大气田和神府煤田开发区的高速公路发挥出巨大的社会效益,如今它是西安至陕蒙界全线效益最好的一段。人进沙退,一条黑色长龙将狂傲不羁千万年的毛乌素沙漠驯服,榆靖高速公路是陕西交通人的成就,也注定为中国高速公路建设史划上不可或缺的一笔。

三、靖边至安塞段

有位诗人说:"路,是满天星斗的光华;路,是荆棘绽开的玫瑰。"

三载寒暑往来,一千多个日日夜夜,在丘陵起伏、沟壑纵横、穷名远播的白于山主峰区,建设者们以路为家,冒严寒、战酷暑,用坚定的信念描绘出宏伟壮丽的蓝图,用火红的青春谱写出激昂瑰丽的诗篇,建成了充满生机和繁荣的大道——靖边至安塞高速公路。淹没了古老的信天游和声声驼铃,这条美如彩虹形似玉绸的高速公路,满载着老区人民千百年来脱贫致富的憧憬与希望,悠然飞舞;这条穿越了黄土高原千百沟壑的高速公路,把封闭的大山与山外精彩的世界连接起来,老区经济从此以崭新、遒劲的翅膀搏击长空,老区人民也向着幸福、美好的明天出发!

a)   b)

靖边至安塞高速公路

(一)项目概况

靖边至安塞区间交通运输原主要靠204、206省道,两线均为三级公路技术标准,等级低,通行能力弱。随着陕北能源化工基地加快建设,尤其是线路两端的延安至安塞、榆林至靖边高速公路建成通车后,靖边至安塞区间交通量迅速增长,原有省道不能满足交通运输要求,建设区间高速公路,拓展南北通道势在必行。

靖边至安塞高速公路,简称靖安高速公路,时为国家规划的西部大通道包头至北海线在陕西境内的一段,是陕西省高速公路主骨架的组成部分,也是陕西省和延安市重点公路建设项目。它的建成,成为北部偏远山区人民群众脱贫致富、建设社会主义新农村的生命线,对陕西省完善高速公路网络、加快陕北能源化工基地建设步伐、促进西部经济发展、改善延安市和榆林市基础设施条件和投资环境、推动延安乃至陕北地区经济发展和社会进步,具有十分重要的意义。

靖安高速公路路线起自靖边石家湾,北与榆靖高速公路相接,经乔沟湾、天赐湾、镰刀湾、化子坪、建华镇,止于延安市安塞县北曹村,南与延塞高速公路相接,全长103.99km,其中榆林段长50.60km,延安段长53.39km。全线采用双向四车道高速公路标准建设。路基宽度分别为24.5m、26m和35m,计算行车速度80km/h和100km/h。全线土石方工程2983.11万 m^3,防护排水工程70.19万 m^3。设桥梁2.63万 m/144座,其中大桥2.33万m/96座;隧道(单洞)2116m/4座;互通式立交8座,分离式立交13座;通道76道,涵洞176道。项目批准概算45.58亿元。

榆林、延安两市交通局按路线辖区,分别设两个项目管理处分段承建。陕西省公路勘察设计院、西安公路研究所分别承担路线土建工程和交通、机电、房建工程设计。全线共分41个标段(其中榆林段27个,延安段14个),经招标中铁十二局集团第二工程有限公司、河北路桥集团有限公司等50家单位参与施工,山东格瑞特监理咨询有限公司、天津市国腾公路咨询监理有限公司等17家单位承担工程监理。征地拆迁和环境保障分别由靖边、安塞两县政府负责实施。2004年3月15日,靖安高速公路全线开工建设。2006年4月23日,根据陕西省交通厅关于理顺陕北高速公路建设管理体制的通知,项目整体移交陕西省交通建设集团负责建设管理。2006年9月5日,全线建成通车。

(二)建设情况

靖安项目地处毛乌素沙漠与黄土高原的过渡地带,工程建设中存在以下主要难点:一是沙漠、梁源、丘陵、沟壑等地形地貌复杂,土质、地质变化频繁,同一断面多种土质并存,压实标准多,碾压困难,桥梁桩基、下部施工难度大;二是筑路材料奇缺,石料、白灰、水泥、砂子、钢材等均需外运,且在建设期间价格涨幅较大,采购及运输成本大大增加;三是路线与油气管线交叉、迁移量大,施工安全防范措施投入较大。

为了给老区人民交一份满意的答卷,为了使靖安高速公路早一天展现在老区人民面前,针对项目难点和工期紧、任务重的实际情况,管理处在学习和借鉴省内外高速公路建设的成功经验和先进管理办法的基础上,出台了系列管理办法、工作制度和技术操作规程,规范了项目管理,严格执行工作程序。管理处克服了工期发展不均衡、交叉施工环节多、材料大幅度涨价及洪水影响等重重困难,本着不等不靠,特事特办,自力更生,科学管理的宗旨,确保工程的顺利进行。

质量是工程永恒的主题。管理处采取了一系列行之有效的办法加强质量管理,杜绝"豆腐渣"工程,确保质量万无一失。推行工程质量终生责任制,建立健全质量考核体系,夯实责任。在各项施工中均实行工程质量管理第一责任人和现场质量监控直接责任人制度,并落实下发了质量责任卡,从管理处到各高级驻地办、各施工单位将质量责任按项目管理和现场监控逐级分解落实到人,形成了业主、监理和承包人分工明确、责任到人、通力合作、齐抓共管的质量管理格局。

为打造一流精品路,管理处委托陕西高速公路工程咨询有限公司对施工进行全过程监测。设立专职的质量管理机构,制定了明确的违约处罚办法,配备了足够的人员和试验检测设备,在抓好施工、监理单位质量保证体系和质量行为的同时,加大业主质量巡查和质量问题跟踪频率。加强事前指导,制定下发了《路面施工作业指导书》《SBS 沥青路面施工技术要求》《SMA 沥青路面施工技术要求》等规范性文件。管理处严格材料管理,狠抓原材料进场。在工程招标时明确主要材料的产地和质量要求,材料采购时在料场派驻材料监理工程师,材料进场后加大抽检频率,狠抓进场材料的自检和各级抽检工作。严把试验检测关,重点强化整改落实。坚持政府监督、业主巡查、社会监理、企业自检的四级质量保证体系。

靖安高速公路穿越区域地形复杂,涉及部门、乡镇及沿线住户多,征迁工作量大,环境保障任务十分繁重。对此,管理处本着不让农民受害、不让工程受阻的原则,和靖边县、安塞县政府及有关部门,经常深入工地,召开专题协调会现场解决问题。在群众生产生活道路的恢复、砂砾的征用、临时用地复耕等方面,通过多次现场办公、现场解决的方式,使征迁中的焦点问题得到解决,为建设任务的按期完成赢得主动,提供了客观保障。

从进场开始,管理处就加强合同管理,对监理单位和施工单位的合同人员和拟投入设备认真考核,合同中承诺的人员和设备不能按期进场的,严格处罚。通过这一手段,保证了人员和设备的投入,促使设计、施工、监理单位严格履行合同,确保了工程质量和进度的有效控制。管理处把农民工工资兑付工作也列入合同管理,要求各施工单位高度重视农民工工资发放工作,完善劳务合同,按月兑付民工工资,保证了农民工及时足额领取报酬,维护了农民工的利益。

安全生产方面,建立健全安全生产组织机构,设立了专职的安全检查人员。加强天然气等各类管道的安全管理,加强对施工路段的现场和民工的安全管理,加强对终点部位、环节和边通车、边施工路段以及高边坡及易塌方路段的安全巡查。同时,根据各个分项工程特点,在容易出现安全问题的地方制定强制性安全生产要求,及早预防。

在党风廉政建设上,管理处做到"廉字当头,警钟长鸣"。在签订合同时,将廉政合同作为合同的重要组成部分,明确了管理处、驻地办承包人的廉政建设行为准则,并对参建单位的各有关人员进行经常性的廉政建设教育。各单位都设立了举报信箱、公开举报电话,随时处理工程中出现的违纪行为。一系列行之有效的措施,在工程建设中有效地杜绝了违反廉政建设的事件发生。

由于管理处班子团结,职工凝聚力强,工作成绩突出,管理处连续两年被陕西省交通厅评为先进单位,被陕西省劳动竞赛委员会评为先进集体。"这是我们遇到的最好的、最务实的管理处!"这是监理单位和施工单位对靖安高速管理处异口同声的评价。

(三)科技创新

针对靖安高速公路项目复杂的地质地形和施工难度,管理处依靠科技进步,积极引用新材料、新工艺和新技术,并结合工程实际开展科技研究,取得了十分显著的经济效益、社会效益及工程效果。

管理处与陕西省交通厅、长安大学联合成立课题组进行科技攻关,对黄土、丘陵区的低液限黏(粉)土路基修筑技术、沥青混合料优化设计方法、水泥稳定碎石基层修筑技术和生态环境保护技术等方面进行了专题研究。

其中,低液限黏(粉)土路基修筑技术研究过程中,经过反复试验,严格控制铺筑厚度、含水率及施工工艺等因素,不仅保证了路基压实度,还有效利用了当地土质材料,节约了大量建设资金。经专家鉴定,低液限黏(粉)土路基修筑技术成果水平为国内领先,解决了低液限黏(粉)土施工的技术难题,并在其他高速公路中推广应用。

优化沥青混合料方面,将沥青面层的厚度由原设计15cm调整为18cm;将原设计沥青混凝土路面只在上面层采用改性沥青调整为中、上面层均采用改性沥青,用以提高路面抗车辙性能;将原设计乳化沥青下封层、黏层调整为改性热沥青碎石封层及乳化改性沥青黏层,增设煤油稀释沥青透层,用以加强各层之间的黏结力,解决面层之间的推移问题,缓解刚性基层热胀冷缩对路面的不良影响。

水泥稳定碎石基层铺筑中,引进骨架密实型结构,为解决该结构形式带来的拌和摊铺碾压等施工难题,避免混合料出现离析,通过添加粉煤灰、机制砂等方式,反复进行数百次试验,终于得出既不离析又能保证质量的矿料级配以及铺筑控制技术和工艺。同时,采用玻璃纤格栅降低水稳基层收缩裂缝和桥头沉降裂缝,引进沥青混合料转运车,避免混合料发生温度离析和矿料离析。

桥面施工中,引进新型铺筑材料"露石水泥混凝土",通过特定工艺去除混凝土表层一定厚度的水泥砂浆等细料,增加其表面摩阻力,使裸露的粗集料与沥青铺装层紧密结合,同时沥青混合料面层间使用SBS改性乳化沥青黏层,以增强桥面各铺装层层间结合;路基施工中,使用土工合成材料进行软基处理,在挖方上边坡中综合采用保温加盲沟防治渗水冻结;交通安全设施工程中,护栏立柱、波形板的表面处理原设计为热浸镀锌后浸塑,优化变更为热浸镀锌后全聚酯静电喷塑等。

在绿化工程中,根据陕北地区冬季严寒、夏季干旱的特点,在挖方边坡推广采用打眼植草及草、乔、灌相结合的生物防护方法,进行绿化固坡。通过在试验段种植柠条、小冠花,取得了良好的效果后,全线大面积推广种植,使靖安高速公路变成与延安秀美山川相和谐的绿色通道。

(四)运营管理

靖安高速公路建成通车后,由陕西省交通建设集团公司延靖分公司负责运营管理。延靖分公司采取分公司—管理所—收费站三级管理模式,于靖安高速路段下设化子坪和乔沟湾2个管理所,管理所共辖建华寺、化子坪、镰刀湾、天赐湾、李家湾、乔沟湾、靖边南和靖边东8个匝道收费站,安塞和靖边南2个服务区及观景台停车区。

靖边至安塞高速公路镰刀湾立交

延靖分公司成立以来,在陕西省交通运输厅和交建集团的坚强领导下,在陕北工委的亲切关怀下,认真贯彻落实科学发展观,围绕"建一流班子,带一流队伍,争一流服务,创一流管理,树一流形象"的目标,以通行费征收为主线,以道路养护为核心,以路政管理为重点,以制度建设为中心,以强化考核为手段,以文明创建为动力,坚持管理的制度化、程序化和精细化,在实现规范化管理中,迈出了坚实步伐,取得了显著成效。

1. 养护管理

将小修保养市场化,引入竞争机制,调动养护积极性,提升养护管理水平。建立健全养护管理办法,加大对日常养护月考核、月通报、限期整改落实。建立桥梁、隧道、路面管理系统,实行"一桥一档、一隧一档"卡片户籍式管理,提高养护管理科学化、信息化、智能化管理水平。按年度分类收集整理日常养护、桥隧养护工程等七大类三百余册内业资料,规范内业资料目录索引,统一侧签正签,确保各类信息报表及时准确。全面强化养护过程管理,公路技术状况指数MQI经常保持在91以上,4个分项指标均保持在85以上,年均优良路率达93%以上,无次差路段,所辖公路主线桥梁技术状况保持在2类以上(含2类),隧道土建结构均为1类,为过往驾乘提供了良好行车环境。

2. 联动治超

2006年10月15日,全省高速公路治超工作全面启动。延靖分公司集中力量,攻坚克难,在实践中摸索前进,经历了从经验管理到科学治超,探索出了一条设备先进、制度规范、路网联合、多方互动、收费治超一体化的长效治超路子。分公司修订和完善《治超工作倒查制度》《治超计重收费联动机制》,健全治超稽查和责任倒查机制,落实黑名单登记报送制度,坚持实行收费、治超一体化管理模式,强化治超倒查、联动稽查、路网协查,完善治超联动长效机制。完成Ⅱ类和Ⅲ类治超站建设工程,所辖治超站点完成车牌自动识别系统和红外线扫描仪的安装;对检测软件进行优化升级,在检测亭内、检测车道、收费广场安装监控,实施三级监控,治超初步建立了全天候、网络化管理,完善了13个标识统一、设施完备、管理规范、信息共享的示范站点建设,提高了治超科技含量。

3. 应急保畅

延靖分公司成立了应急抢险队伍,制定公路防灾抢险应急预案,明确职责,建立和健全突发事件应急管理机制,加强汛期值班和雨、雪天气道路巡查,遇有灾情及时启动公路防灾抢险应急预案;冬季和夏季开展应急保畅演练活动,增强应急保通意识,完善管理工作程序,加强对突发事件协同作战和应急反应能力;做好应急保通物资储备(抗洪抢险和冬季防滑材料)和人员、机具调配工作,建立公安、路政、治超、养护多部门应急联动快速反应机制,确保在第一时间内抢险人员、机械设备和抢险物资及时到位,提高应对恶劣天气应急保畅能力。

4. 服务区建设

靖安路段设有靖边南、安塞2个服务区和2个加油站。自投入运营以来,分公司从经营思路、管理体制、软硬件建设和文明服务等方面入手,对服务区标牌标识、道路、场地和内部装饰进行了重新改造,加强服务质量等软件建设,推行站立服务、倡导微笑服务、坚持文明服务,突出特色服务、亮点服务,为顾客代缴手机话费,提供体重仪,设立儿童座椅,超市开辟清真食品专柜。在全省高速公路服务区首家开通"触摸屏自动查询系统",为过往驾乘提供便民服务、旅游景点、交通里程、民族风情等查询内容。两个服务区日接待顾客3000多人次,通车以来,已累计完成营业销售收入近3亿元,并先后荣获了厅级文明服务区、诚信维权先进单位、重合同守信用企业、二星级旅游饭店等荣誉称号,知名度和影响力不断提升。实现了社会效益和经济效益的双丰收、双提高。

5. 职工文化生活建设

延靖分公司以各支部为单位,为机关和基层一线配发书籍,加强职工理论学习的检查和指导,切实做到内化于心,外化于行。合理制定读书计划,结合职工阅读实际,明确将干部职工"坚持每天读书一小时,每月阅读一本新书,每季度交流一次读书心得体会"的要求贯穿到工作和生活中,使读书成为干部职工提升自我的一种习惯。同时,通过"读书沙龙""职工讲堂"等形式,鼓励干部职工根据自己对书的理解,将书中的故事、好的思想与大家分享,调动干部职工的读书热情。充分利用网络资源和信息传递优势,搭建读书网络交流平台,鼓励干部职工推荐交通科技、文明服务、人文社科等方方面面的书籍,通过好书推荐与分享激发干部职工的阅读积极性,成为品德高尚、视野开阔、知识丰富的新一代,用知识和技能管理和运营高效、便捷、和谐、文明的高速公路。

四、延安至安塞段

"三十里锣鼓四十里号,五十里的秧歌好热闹。迈开大步朝前走,致富路修到咱家门口。"一首深情的陕北信天游,真实地反映了老区人民盼路、爱路,庆贺公路通车的喜悦心情。2003年,陕西高速公路建设里程突破1000km,在铺展于三秦大地的这幅恢宏时代画卷中,延安至安塞高速公路是极富浓墨重彩的一笔。

延安是中国革命的圣地,安塞是著名的腰鼓、剪纸之乡,连接两地间的高速公路又是这块红色土地上的第一条高速公路。无疑,"圣地第一路"当之无愧地成为革命老区现代化建设的一座丰碑。

(一)项目概况

延安至安塞高速公路,简称延塞高速公路,时为国家规划的西部大通道包头至北海线在陕西境内的一段。它的建成对延安石油、煤炭及旅游业的开发利用,变资源优势为经济优势,带动区域经济和社会全面发展,带领老区人民脱贫致富奔小康具有十分重要的意义。陕西省委、省政府高度重视延塞高速公路的建设。2000年,在西部大开发号角高奏之时,延塞项目由陕西省计委和陕西交通主管部门批准立项。2000年11月14日,延塞高速公路拉开大建设的序幕。2003年9月25日,全线建成通车。

延安至安塞高速公路开工奠基仪式

延塞高速公路起自延安市宝塔区河庄坪石圪塔村,经河庄坪、沿河湾、真武洞镇,止于安塞县城北曹村,路线全长31.71km。全线采用双向四车道高速公路设计标准,设计行车速度100km/h,路基宽26m。工程包括延安北及安塞两条连接线,分别长2.70km

和0.63km,采用山岭区二级标准,路基宽12m。全线路基土石方工程325.59万 m^3,防护排水工程24.3万 m^3。设桥梁5506.98m/33座,其中大桥4945.24m/18座,中桥429.04m/8座,小桥132.7m/7座,涵洞77道;双连拱隧道615m/1座;互通式立交4处,分离式立交1处,跨线桥1座,通道22道。征用土地2470.3亩。概算总投资11.56亿元,决算11.18亿元。

延塞项目由陕西省公路局和延安市共同组建的延安延塞高速公路建设有限责任公司负责建设,执行机构为延安至安塞高速公路建设管理处,简称管理处。陕西省公路勘察设计院设计。全线分16个标段。陕西公路交通工程监理咨询有限公司等4家单位承担工程监理,延安通圣公路工程(集团)有限责任公司等8家单位承建路基、桥涵和路面工程施工,山东省高密市顺达交通工程有限公司等9家单位分别承担交通安全设施、绿化、房建、机电施工和沥青供货。项目环境保障由沿线区、县及乡镇政府负责,实行"一个窗口对外",全封闭管理。延安市质监站委托西安公路研究所进行质量检测。

延塞高速公路建设项目于2000年10月4日正式开始征地拆迁,10月30日基本完成了全线征迁任务。延塞高速公路能够在很短的时间内完成征迁任务,确保工程建设的按时开工和顺利进行,得益于良好的建设环境和强有力的协调机构。延安市委、市政府成立了以时任延安市长为组长的"延安至安塞高速公路建设协调领导小组",沿线区、县及乡镇政府分别成立协调机构,落实专人、夯实责任;延安市政府及时制定下发"关于延安至安塞高速公路建设有关问题的通知",明确征迁标准,制定征迁政策;协调部门深入宣传,及时协调解决各种矛盾和问题,为工程建设排忧解难;延安市委、市政府实行一个窗口对外的"全封闭管理",明确规定所有涉及工程方面的环境问题,统一由延安市协调领导组办公室负责处理。为减轻企业负担,延安市纪检委、纠风办为施工单位颁发了"减轻企业负担重点保护单位"的铜牌,为工程建设保驾护航。

(二)建设情况

延塞高速公路是延安市建设的第一条高速公路,投资规模大、建设标准高。延安市委、市政府要求把这项工程建成圣地延安的形象工程和标志性工程。开工建设后,国家交通部,陕西省委、省政府、省交通厅、省公路局,延安市委、市政府对延塞高速公路建设给予了高度重视和支持。时任陕西省委书记李建国、交通部副部长胡希捷、省长贾治邦、省长程安东、副省长巩德顺、副省长洪峰和省交通厅厅长等先后赴建设工地进行了视察和指导。延安市委、市政府主要领导和主管领导经常深入工地,听取建设情况汇报,研究解决工程实施过程中的各种困难和问题。延安市交通局主要领导经常现场办会,对工程质量、进度、安全生产、投资控制和廉政建设等问题提出具体要求。延塞管理处全体工作人员深感责任重大,明确了工程建设的质量目标和任务后,制定了强有力的目标管理和奖罚措施。

项目建设初期,从延安具有特殊的政治地位和延塞高速公路是延安建设的第一条高速公路的特点出发,管理处确立了"坚持标准、高起点;强化管理、严要求;保优质,争精品"的总体质量目标。

为确保项目开工后的顺利实施,管理处在施工图设计阶段就派出工程技术人员提前介入,分别参与到设计单位的各个专业设计过程中,了解设计意图、设计思想,根据线路所处地区地质、水文状况和沿线群众居住特点,及时提出合理建议,大大提前设计进度,于2000年6月完成了初步设计任务,2000年9月完成了施工图设计任务,使设计质量得到了有效保证。

延塞高速公路在建设过程中严格执行企业自检、社会监理、政府监督的三级质量保证体系。首先,承包人自检。按照生产和自检两个独立体系,强化对自检系统和自检人员的监督检查。其次,加强社会监理。依据合同支持监理工作,把好施工单位的进场关、开工审查关、进场材料质量检验关、技术工艺批准关和工程验收关,坚持上一道工序未经检验签字、下一道工序决不允许开工的原则。再次,加强政府监督。自觉接受并积极邀请省、市质监站对工程质量进行全面检查,查出的问题限期整改,促进项目管理水平和工程质量的提高。

为将延塞高速公路建成经得起时间考验的工程,从管理处到各监理办、各施工单位将质量责任按项目管理和现场监控逐级分解落实到人,形成了分工明确、责任到人、通力协作、齐抓共管的质量管理氛围。尤其对原材料、压实度、强度、厚度等主要质量指标均采取一票否决制,始终坚持"严字当头,宁当恶人,不当罪人",对待质量问题不问原因,不问对象,决不姑息,必须整改。始终坚持"抓源头",夯实责任,抓好落实,把好原材料进场关,对于不合格的原材料坚决清除;"抓典型",组织专题讨论,制定可行方案,对那些质量差、不符合设计要求和规范标准的工程坚决报废,并进行全线通报;"抓过程",加大抽检和检查力度,发现问题及时处理,为确保工程质量增加一道道防线。

(三)复杂技术工程

墩山隧道是延塞项目的重点控制工程,全长615m。该公路隧道左、右洞轴线间距11.9m,为连体结构形式,是当时我国已建成公路隧道中最长的双联拱隧道。

墩山隧道内轮廓线由单心圆及中墙直线组成,单心圆半径为5.65m,中墙宽2m,隧道单洞净宽10.6m,净高7.05m,开挖断面总宽24.9m。隧道洞口段埋深较浅,结合地形、地质条件设置明洞,其余暗洞均按新奥法原理设计成复合衬砌,双联拱隧道中隔墙采用钢筋混凝土置换岩体。暗洞衬砌根据地质条件和围岩分类,分别采用大、小管棚超前支护及钢拱支撑、锚杆锚固、挂钢筋网、喷射混凝土等形成初次支护和浇筑混凝土。由于双联拱隧道的特殊结构形式,施工工序较多,工期较长,是一般独立双洞工期的2~3倍。因此,改进双联拱隧道的施工工序,缩短工期,对促进延塞项目整体进度具有重要的实际意义。

为缩短工期,在墩山隧道施工筹备阶段,管理处邀请相关专家召开技术研讨会,就隧道施工方案进行深入研究,决定采取以下施工方案:①中隔墙分段施工,在中隔墙施工一定长度后由洞口进行正洞开挖;②采用上、下台阶法开挖正洞,取消两侧导洞开挖。该施工方案,在有效保证工程质量的前提下,使主洞提前4个月贯通,缩短了工期,推进了整个项目的建设进度。该施工经验也在类似工程中得到广泛推广应用。

(四)科技创新

为确保延塞高速公路总体目标的实现,管理处在工程实施过程中,对可能发生的质量隐患和质量通病加强预研、超前预控,积极采用新技术、新工艺,并先后于2000年12月、2001年5月、2002年4月邀请省内外公路专家召开三次技术研讨会,制定出科学合理的施工方案。

(1)针对黄土地基易沉陷的问题,对湿陷性黄土路段、路基高度大于6m的高填方路段及小于0.8m的低填方路段的地基均采用强夯处理,全线强夯面积达30多万m^2。通过加密压实度指标检测点,对不同土质采用不同标准的干重度进行控制,从而保证回填土土质均匀,实现路基稳定的目标。

(2)通过对台背填土地基进行灰土挤密桩处理、选用天然级配质量优的砂砾作为台背回填料、增设桥头搭板、落实专业施工队伍及加大抽检密度等措施,确保台背回填土压实度指标达标,从而有效解决桥头跳车问题。

(3)为确保路基的稳定性,减少弃料工程量,主线路基两侧各超填宽50cm的平台,并用砌石进行包封。

(4)与长安大学联合研究骨架密实型二灰稳定碎石基层结构,有效预防路面早期破坏和解决路面半刚性基层容易产生横向裂缝的问题。

(5)通过将沥青混凝土上面层普通沥青调整为SBS改性沥青,提高沥青路面的高温稳定性能和低温抗裂性能;将普遍的乳化沥青黏层调整为SBR改性乳化沥青黏层,提高沥青混凝土面层间的黏结效果,从而大大改善路面的使用性能和质量。

(6)通过使用大块钢模板预制混凝土构件,采用竹胶板或地板革增加混凝土构件表面光洁度,将路基边坡圬工防护及桥头锥坡等处浆砌块片石调整为浆砌料石等措施,达到构造物外观整齐、美观的要求。

(五)运营管理

延塞高速公路建成通车后,由陕西省交通建设集团公司延靖分公司负责运营管理。延靖分公司于2006年9月成立,采取分公司—管理所—收费站三级管理模式,于延塞高速公路路段下设安塞管理所,共辖延安北、沿河湾、安塞三个匝道收费站。

1. 养护管理

延塞高速公路沿线地质地形复杂,全年日常养护、夏季水毁预防治理、冰雪天气道路安全保畅任务比较艰巨。根据陕北地区地质和气候特点,结合养护工作实际,分公司秉承预防为主、建养并重理念,理顺养护管理体系,创新管理思路,提高养护管理水平,着力打造舒适、便捷、安全畅通的行车环境。

日常养护管理中,延靖分公司按照行业管理规范,在公路沿线设立专业化、机械化养护工区和观测站,制定养护工作目标和考核办法,把日常养护作为养护工作的重点来抓。定期进行路况普查,及时修复水毁和肇事损坏及人为破坏设施。加强路容路貌专项整治,确保道路沿线视线良好,景观清新靓丽,行车环境安全舒适。按照"预防为主,防治结合"的养护方针,定期开展路面、桥梁、隧道技术状况普查,建立并不断更新、完善路况数据库,实行"卡片式""户籍室"管理。坚持走科技养护之路,大力推广微表处理、就地热再生、CAP雾封处置等新技术、新工艺和新方法,提升道路养护质量。

延安至安塞高速公路

为保证工程质量,延靖分公司按照"六位一体"质量管理体系,成立了专项工程项目组,从设计、监理、施工等各个环节严把质量关,严格按照建设程序进行招投标,实行工程质量管理第一责任人和现场质量监控直接责任人制度。

2. 路政执法

延靖分公司于该路段下设1个路政中队。路政规章制度齐全,岗位职责明确,路政人员做到执法阳光化、服务文明化、工作规范化。路政管理着重强化路面执法,杜绝乱设乱建侵占路产路权行为,拆除非公路标志牌,规范公益广告牌,打击偷盗公路设施违法行为,净化公路路域环境。每年开展"路政宣传月"活动,成立领导小组,制定工作方案,切实保障宣传活动深入开展。一方面对所辖路段上跨、下穿缆线、地埋管网权属,建筑控制区、公路隧道内外移动信号基站,公路桥梁周边、桥下空间进行"拉网式"排查,逐一落实整改问题;一方面深入公路沿线村镇、学校、社区、收费站广场,设立宣传咨询点,宣传公路桥梁安全设施保护要点、桥梁周边、桥下空间安全管理要求,车辆超限运输对桥梁的危害及后果等内容,以巡查整改带宣传,提升宣传实效。

3. 收费管理

为全面优化服务效能、提高服务质量,延靖分公司坚持"以人为本、以车为本、服务人民、奉献社会"的行业理念,结合当地民俗文化,实施一站一特色工程,完善服务功能,美化服务环境。举行收费业务知识竞赛,开展丰富多彩的业务培训和岗位练兵,定期对收费员进行业务考核。开展"服务标兵班组""阳光收费员""星级收费员""征费能手""微笑之星"等文明服务创建活动,举办"倾情服务在高速,文明礼仪伴我行"文明服务年等主题活动。在绿色通道管理方面,实行"一看、二验、三拍、四核"的工作法在全省交通系统得到推广。积极推广ETC不停车收费和无人值守自动发卡系统,完善收费硬件设施,提高车辆通行效率,提升征费科技含量。紧紧围绕通行费征收任务,挖潜增效,堵漏增收。干部职工在与不法车主进行长期的拉锯战中,练就了辨伪识假的火眼金睛,激浊扬清的凛然正气,化解矛盾的机智灵活,不畏刁难的勇敢坚毅,净化了收费管理秩序。

4. 文明创建

延靖分公司以"创文明新风,建和谐交通"为宗旨,以各项创建活动为载体,举办"情暖延靖路"职工文艺晚会,开展"读好书、爱本职、献交通"知识竞赛答题活动、"倾情服务在高速,文明礼仪伴我行"文明服务活动,参与当地政府组织的"保护母亲河"义务植树活动。围绕文明创建工作,开展服务驾乘主题活动100余起,向地震灾区捐款6万余元,救助困难旅客150多人次,获赠锦旗50余面。创建全国巾帼文明岗1个,全国三八红旗集体1个,全省创佳评差先进单位1个,全省路政文明执法窗口1个,规范化合格单位13个,"青年生产安全示范岗"1个,厅级文明收费站6个,厅级文明检测站4个,厅级文明服务区2个,荣获"陕西省青年文明突击队"称号1个,先后通过厅级文明路、省级文明路验收。一批基层单位和个人获得了市、县精神文明建设荣誉表彰,精神文明创建工作硕果累累。

五、黄陵至延安段

这是一块神奇的黄土地,这块黄土地上安息着中华民族的祖先——黄帝,诞生了中国革命的圣地——延安。

这是一条神圣的高速路——黄陵至延安高速公路,这条路一头倚着黄帝陵,一头连着延安城,以其蜿蜒挺拔的身姿、穿沟越壑的气魄、圣意深邃的神韵,横亘于魂牵梦绕的黄土地。

五千年前,轩辕黄帝率领先民们辛勤劳作,奋勇征战,奠民族之初基,开文明之先河,促民族之统一,创立了中华民族辉煌而文明的历史。千百年来,中华民族秉承黄帝的遗愿,团结自强,世代相承,历经沧桑,昌盛不衰,以其悠久而灿烂的文化闻名于世。

延安,一块浑厚而深邃的黄土地。中国共产党人十三年的转战历程,将其塑造成了革命圣地。滔滔延河,承载了民族的重负;巍巍宝塔,唤起了备受欺凌的人民;"窑洞大学",培育了一代治军建国的英才;黄土沟里,诞生了毛泽东思想。在这里,中国共产党从成熟走向胜利,中国革命的旗帜高高飘扬。

图盛图强,矢志不忘,追古述今,业当共创。如今,在这块创造出神奇和恢宏的黄土地上,跨越沟壑的黄陵至延安高速公路,承载着浓郁的历史和现代的文明。

(一)项目概况

黄陵至延安高速公路,简称黄延高速公路,位于陕北能源化工基地南部。随着陕北能源基地得到重点开发,南部黄陵至西安高速公路贯通,北部榆靖、延塞高速公路即将建成,黄陵至延安区间原有210国道交通瓶颈凸显。为此,陕西省交通厅将黄陵至延安高速公路列为"十五"时期重点建设项目。黄陵至延安高速公路时为国家规划的西部大通道包头至北海线在陕西境内的一段,也是陕西省规划的"2637高速公路网"公路主骨架的组成部分。

黄延高速公路起自黄陵县以西康崖底,途径黄陵、洛川、富县、甘泉四县及延安市宝塔区,跨越淤泥河、葫芦河、洛河、南川河、延河等12条河流,止于延安市西北的河庄坪,路线全长143.21km。全线采用双向四车道高速公路设计标准,设计行车速度80km/h。主要以黄土隧道和桥梁连通,7座高墩大跨径连续刚构桥形成国内少见的高墩大跨径连续刚构桥梁群,其中洛河特大桥桥面高达152m,最高桥墩高达143.5m,当时堪称"亚洲第一高墩"。整体式路基宽24.5m,分离式路基宽12.5m。全线路基土石方工程3261.1万m^3,防护排水工程105.2万m^3;设特大桥8832.08m/8座,大桥1765.48/42座,中桥14710.46/135座,涵洞322道;分离式隧道20座,双连拱隧道1座,单幅合计长26090.84m;互通式立交6处,跨线桥21座,通道29道。全线沥青路面220.244万m^2。征用土地12690.78亩。概算总投资63.72亿元,决算71.17亿元。

黄陵至延安高速公路葫芦河大桥

黄延项目始由中国铁路工程总公司于2002年按BOT方式承建,后因承建方资金不到位、工期严重滞后等原因,BOT方式中止。经陕西省人民政府协调,2002年9月移交陕西省高速集团负责承建。高速集团组建黄延高速公路有限责任公司(简称黄延公司),组织项目实施。陕西省公路勘察设计院负责设计。陕西省路桥工程总公司、中国铁路工程总公司、云南公路桥梁工程有限公司等56家单位承担施工;陕西省高速公路工程咨询有限公司承担总监办,济南北方交通工程咨询监理有限公司、江苏东南交通工程咨询监理有限公司等20家单位承担监理。

黄延高速公路征地拆迁和环境保障工作由延安市人民政府实行费用总承包。2002年11月,延安市国土资源局下发了《关于黄陵至延安高速公路建设征地拆迁补偿标准的通知》,明确了黄延高速公路征地拆迁的有关政策和补偿标准,黄延高速公路项目征地拆迁工作全面展开。征迁工作以工程建设为中心,始终坚持"一个窗口对外"的原则,紧紧依靠地方各级政府,通过沿线排查、现场办公,不定期召开协调会、总结表彰会等形式做到对重大环境问题反应迅速、处理及时妥当。同时坚持征地工作的透明性,主动接受群众监督,依法办事、规范管理,加大宣传教育,积极消除解决公路建设对当地群众生产、生活带来的影响,征地拆迁工作顺利,建设环境良好。

黄延高速公路不仅是连接人文始祖黄帝陵和革命圣地延安的"黄金通道",还是贯穿陕西省陕北、关中、陕南的一条大动脉,是连接我国华北、西北、西南、华南四大经济区的一条纵向大通道,对我国中西部地区及陕西的经济发展具有重要意义。黄延高速公路通车后,西安至延安里程缩短40km,西安经黄陵、延安、榆林与陕蒙界全线实现高速公路连通,从西安行车至延安只需3h,至榆林只需6个多小时。黄延高速公路的建成通车有效地加快了陕北能源基地的开发和建设,拉动了陕北经济发展,改变了革命老区贫困落后面貌,对于推动延安、洛川等地红色旅游的发展,改善老区投资环境,促进陕西经济全面、协调、持续、快速发展具有重要作用。

(二)建设情况

2001年10月,国家计委印发《关于审批延安至黄陵公路项目建议书的请示的通知》批准项目立项;2002年4月,国家计委印发《关于审批延安至黄陵公路可行性研究报告的请示的通知》批复项目可行性报告;2002年12月,交通运输部印发《关于延安至黄陵公路初步设计的批复》批复项目初步设计。

2002年9月,黄延高速公路有限责任公司成立,承担起黄延高速公路建设的任务。2002年12月,黄延高速公路开工建设。建设期间经历了"非典"疫情和2003年洪涝灾害影响工程进度、210国道整修影响工程材料运送及建设材料大幅度涨价等困难,工程进展缓慢。黄延项目自身存在的管理薄弱、质量缺失、进度滞后等问题尤为突出,严重影响工程顺利进行。2005年8月,陕西省交通厅明令黄延公司整改。由于整改不力,工程质量和进度依旧上不去。2006年初,陕西省交通厅、高速集团采取果断措施,调整加强了黄延项目管理力量,省厅派驻了督察组,集团公司派驻了工作督导组,省厅和集团公司各级领导多次深入工地现场检查督导。

在陕西的筑路史上,没有哪条路像建好黄延高速公路这样意义更为重大,没有哪条路像黄延高速公路这样受到社会各界、各级领导和交通主管部门如此之多的关注。时任陕西省交通厅厅长曹森说:"黄延高速的成败不仅事关黄延公司,更事关高速集团的存亡,甚至陕西交通的命运。""要举全系统之力修好黄延路!"在通车前最紧迫的时期,4个月中曹森厅长12次上黄延工地检查与现场办公。副厅长胡保存作为交通厅黄延项目联络组组长,每月深入工地不少于10天。高速集团工作组与黄延公司混合编队、共同奋战。同时,省交通厅为黄延路派出由专业院校、西安公路研究所、陕西省公路勘察设计院、陕西省公路局以及陕西省水电设计院、陕西省绿化、林业等单位组成的专家组,及时解决建设中的技术难题。

从人文始祖到革命圣地,构筑无愧于时代的高速公路。省交通厅力挽狂澜,做出决断,对原黄延公司领导层实施"问责",董事长、总经理就地免职,扭转危局。省交通厅和省高速集团审时度势,采取果断措施,及时调整了黄延公司领导班子,并出台了一系列针对黄延公路建设的政策和措施。交通厅对黄延高速公路施工、监理单位实行半月考核评价,严厉问责。施工、监理单位考评三次不合格就被计入交通厅的"黑名单",并逐出陕西公路建设市场,而表现突出的单位,除予以重奖外,省厅还将其列为信用评价优良单位,在以后的公路项目招标中实行加分奖励。时任厅质监站站长薛生高"五一"黄金周前后在黄延工地待了整整8天,对全线监理进行摸底,随即进行更换或清退,监理对所有工序实行24小时旁站,以此避免质量隐患和返工对进度的拖延。省厅派驻的质量监督组每天在工地抽查质量,实行"首件工程认可制",并建立三级质量责任卡。在不厌其烦的制度和检验中,"黄延标准"被树立起来,这个质量标准的所有指标都比交通部2005年的新标准还要高。

以郭利平为总经理的新班子就是在这种形势下顶着压力上任的,虽说中途换将是兵家大忌,但作为一名交通人,郭利平也是幸运的,因为黄延高速公路的特殊性备受社会各界关注,获得的支持也非常大。"受命于危难之时"迫使郭利平和他的同事们在非常情况下采取了非常措施。在项目一线开展劳动竞赛;成立突击队,打破标段划分;向滞后施工单位的上级部门致函,协调资金和更换管理人员;开展质量巡查,治理质量隐患……这些强硬的举措和领导的支持,使得黄延高速公路在短期内扭转了工程进度滞后、质量问题多的被动局面。

黄延项目还通过增加人员和设备,多开作业面,设备不停运转,人员两班倒等途径加快工程进度。全线增加了7台稳定土拌和站和1套价值3000多万元的沥青混合料拌和站。要钱拨钱,要人调人,陕西省交通厅举全系统之力将黄延高速公路建设推入了快车道,每个人都像陀螺一般转了起来。五天一个工程简报直接发往交通厅,每天的路面进展情况通过短信第一时间传到胡保存副厅长的手机。高速集团向黄延公司选派出18名懂技术和管理的人才充实到各专业组中。黄延公司成立的路床交验、路基桥隧、路面、交通工程、房建工程、环境保障6个专业组改变了过去的管理模式,由公司副职担任组长,增加了工作力度,直接面对施工和监理单位,减少中间环间,工作效率非常高。

黄延公司树立一面旗帜——路面3标来鼓舞全线的士气。路面3标来自中铁十局二公司,为了打响中铁十局二公司这块牌子,他们提出"干1分钟抢60秒,争当黄延建设排头兵"的口号,5个月以来,在全线领跑,点燃了按时通车的希望之火。其他标段看到3标不断受到省厅嘉奖,也纷纷加大了投入。决战120天,黄延全线展开了如火如荼的劳动竞赛。路面2标的拌和设施、二灰土生产线、压路设备增加一倍,生产能力大幅度提高。路面4标从原来的后进单位一下变成了先进单位,最终实现了全线第一家铺完沥青路面。很快,全线所有的标段生产能力成倍提高,8月26日,全线沥青路面提前5天贯通,没有一家单位被处罚,全部获得黄延公司和省交通厅的奖励。

黄延决战,攻克了"不可能完成的任务"。2006年9月30日上午,黄延高速公路贯通仪式在延安南收费站举行。

(三)生态与环保

提起黄土地,总有些"苦甲天下"的意味,然而,黄陵至延安高速公路穿行在生态脆弱的黄土沟壑间,与陕西的"山川秀美"大工程一起奏响了环保和谐之音。

种好每一株草、每一棵树,对陕北黄土高原脆弱的生态都具有常人无法理解的意义。黄延高速公路在建设中,将每一株草、每一棵树,都当成需要精心呵护的孩子。陕西省交通厅提出"环境就是形象,要修成一条高速公路,建设一道绿色长廊"的要求,贯穿于黄延高速公路简洁大气、适地宜生、融入自然、隐藏手段的环保新理念之中。

看似不经意的绿化环保,却凝聚着交通人的心血和智慧。针对陕北高原降雨量小、植被脆弱的实际,黄延高速公路以建设环保景观路为目标,根据现场地形地貌特征和气候特点,在所有栽植区回填30cm厚的种植土,保证种植成活率,并采用国内先进的液压喷播技术,以生物防护为主,广植适宜当地生存、易于成活的植物,做到"乔、灌、花、草"多种植物相得益彰,美化路容、路貌。建立生态环保的大体系,成为一种理念。走在黄延高速公路上,人们会发现,公路界外的植草量比界内还要多,约达到100万 m^2。

彦麦沟隧道南广场绿化工程,是黄延高速公路建设环保景观的亮点。广场原设计为路基浆砌防护,加快建设中,黄延公司反复比选,决定拉平小山坡,回填土壤,增加绿化面积33000m^2。如今的隧道广场,植被茂盛,不仅是黄延路亮丽的风景,也给行车提供了良好的视觉环境。

与其他高速公路不同,黄延高速公路的监理队伍多了6个人。"水土保持监理"成为黄延高速公路的一大特色。为避免人为水土流失,黄延高速公路建设以工程措施为主,辅以植物措施和土地整治及复垦措施,形成完善的水土流失防治体系。根据水保方案,对全线53处弃土场变更优化了21处,弃土场边坡及其附属建筑物植被恢复绿化,弃渣场植被再造,临时占地复垦率达100%。黄延路建设使荒山变良田,利用弃土场为百姓造田1800亩,得到当地百姓的赞誉,受到中央媒体的关注。2005年12月中旬,注重水土保持成绩优异的黄延高速公路建设有限责任公司,被水利部、黄河水利委员会评为陕西省唯一的一家"黄河流域大型开发建设水土保持先进单位"。

(四)复杂技术工程与科技创新

特殊的地形、地貌、复杂的水文地质情况以及高墩大跨径连续刚构桥梁、富水黄土隧道和湿软地基,成为黄延高速公路建设管理的重点和难点。优化设计、科技创新、技术支撑、注意细节,始终贯穿于黄延高速公路建设中。

黄延公司先后完成了"高墩大跨径连续刚构桥梁关键技术研究""黄陵至延安高速公路沥青路面修筑关键技术研究""黄陵至延安高速公路不良地质工程技术研究""黄土沟壑路段路基防排水技术研究""偏心预应力锚索抗滑桩技术研究""黄陵至延安高速公路黄土隧道结构设计和施工控制""黄土边坡剥落病害处治技术研究"等科研课题,保证了黄延高速公路高质量建成通车,同时为特殊地质结构条件下的高速公路建设提供了科学依据。

黄延线拥有国内最集中的高墩大跨径连续刚构桥梁群,全线共有12座特大桥,其中7座连续刚构特大桥位于第一项目组30km路段内。针对特大桥的技术问题,黄延公司引入第三方监控,聘请了长安大学、铁道部科学研究院的研究人员,在桥墩上预埋了应力应变计和温度传感器,对桥的应力状态全过程监控,为每个施工阶段提供控制参数,确保桥梁线形美观不断修正,收缩、徐变和高程变化实时监控。另外,聘请专业院校、陕西省公路勘察设计院、西安公路研究所、陕西省路桥公司等知名专家,共同组成"高墩大跨径设计施工关键技术研究"科研课题小组。高墩大跨径连续刚构桥梁、桥墩施工中,控制好桥墩的刚度、垂直度、受力值和抗风问题,成为必须攻克的关键技术。采用钢筋直螺纹连接技术,有效提高高墩竖向钢筋的焊接质量;采用预应力真空压浆技术,有效增强后张法预应力孔道的密实度和强度;采用跨中合龙之前对梁顶推,增加箱梁刚度、采取下弯束配置等技术,解决混凝土收缩徐变、温度等因素对桥墩受力的不利影响。

洛河特大桥跨越洛河峡谷,全长1056m,主墩高达143.5m,桥面高达152m,最大跨径160m,为连续刚构特大桥,工程投资1.1亿元,工程于2002年12月6日开工,2005年11月23日实现全桥合龙,当时被誉为"亚洲第一高墩大桥"。桥北设计修建了一座规模宏大的观景台,成为黄帝陵和延安城之间一个旅游热点。

黄延高速公路22孔单洞隧道是全国最大的黄土隧道群,穿越黄土梁峁和沟壑地带,隧道围岩以黄土和砂页岩互层为主,不良地质地段多,多数隧道处于地下水位以下,技术要求高,施工难度大。建设者创新性地采用仰拱整体浇注技术,运用"七步流水作业法",有效地解决了富水黄土隧道中大管棚施工精度要求高、拱顶掉块严重、隧道初支渗漏水、地表覆盖层薄等技术性难题。创新性地进行"短进尺、弱爆破、快封闭、强支护"施工,编制出符合工程实际的施工方案,保证了隧道的安全性和稳定性。并在全省率先进行隧道的灯光、反光板和吸音材料的全新设置和运用,有效改善了隧道的通行环境。

隧道修建的成败与防排水有很大关系,黄延高速部分隧道已经打到了地下水位以下。隧道施工中,黄延公司特别强调了防排水设施,增设了许多防水板、排水板,并加厚防水板,提高强度,确保连接密封,加密排水管布置。隧道内设置三道纵向排水沟以及许多横向排水管道,这些设施安全无渗漏地将黄土中的水分排出隧道。黄延高速公路在黄土隧道施工及装修中积累的宝贵经验,成为陕西交通科技的一大成果,对以后黄土地区高速公路施工具有重要的借鉴价值。

黄延沿线有许多古河床、冲沟区以及牛武林场、崂山林区、南泥湾林区,降雨量大,植被丰富,千百万年沧海桑田形成的腐殖土厚达数米,形成了全线40多千米的湿软地基带。在路基工程之前,黄延公司第二项目组清地表、挖淤泥前前后后花了半年多时间,清出近百万方腐殖土。随后采用粉喷桩、抛石挤淤、手摆片石、强夯、换填砂砾垫层等工程措施处理地基,并在路基两侧设置浆砌片石护坡。16处湿软地基严重路段,由原来的路基变更为桥梁跨越。为确保工程质量,对已施工的台背又全部进行压浆处理,对已交验的路床全部进行复检、复压。路面施工中,黄延高速公路首次在陕西采用ATB-30结构,大大提高了路面抗车辙能力,解决了路面病害问题,并总结出合理的施工方法:拌和过程中,拌和时间设定45s,避免混合料不够均匀、产生离析;卸料过程中车辆挪动位置,运输过程中覆盖棉被,防止离析;摊铺过程中,严格控制摊铺速度在1.5m/s内;由于ATB-30铺筑厚度较厚,碾压区段可相对较长;由于ATB-30集料粒径较大,拌和产量相对低,可选择产量较大的拌和站;为防止离析,可选择功率较大的摊铺机。

大桥铺装层施工中,为保证铺装层质量,在混合料中添加聚酯纤维。拌和过程中,为保证纤维分布均匀,拌和时间延长8s;摊铺过程中,控制摊铺速度在1.5m/s内;碾压过程中,采用降低光轮压路机振幅,增加碾压遍数1遍,同时增加胶轮压路机碾压遍数2遍,相应将碾压区段缩小至30m内。

(五)运营管理

黄延高速公路建成通车后,由陕西省高速公路建设集团公司西延分公司负责运营管理。西延分公司成立于2006年9月,前身为陕西省高等级公路管理局西铜管理处,在省内率先步入高速公路运营管理行列。西延分公司采取分公司—管理所—收费站三级管理模式,于黄延高速公路路段下设黄陵、富县和延安3个管理所,管理所共辖阿党、洛川、富县、甘泉、南泥湾、延安南6个匝道收费站。高速公路建设集团公司于黄延高速公路路段设置了洛川、富县和延安3个服务区和1个郝滩停车区,其运营管理由服务区管理分公司负责。

黄延高速公路沿路途经黄帝陵、洛川会议遗址、洛川黄土国家地质公园、南泥湾等众多著名旅游景点,因其独特的自然风光和人文景观,被誉为"环保景观路""红色旅游路"。同时,黄延高速公路是一条能有效拉动陕北经济发展、改变革命老区贫困落后面貌、改善老区投资环境、带动百姓致富的快车道。在多年的运营管理中,西延分公司以"服务人民,奉献社会"为宗旨,科学养护,提质增效,攻坚克难,将一条管理难度大、社会关注度高的山区高速公路打造成了能源运输大动脉、红色旅游精品线路,使之成为陕北能源开发、旅游升级和农业产业化、现代化的有力推手。

黄陵至延安高速公路

1. 养护管理

完善养护管理机制,修订完善养护管理制度和技术规范,建立养护管理分级负责、日常巡查、定期检查、目标考核等工作流程,实行"领导决策、相关方参与协商、专家咨询、信息支持"的执行原则,提升养护决策水平。推进养护精细化,坚持"管理所周检查、分公司月检查"的检查考核模式,配备各类养护机械,日常养护基本实现机械化,开展"靓美路段""安美隧道"创建活动,提升全线路容路貌水平。有效提高保洁力度,采取"机械为主、人工为辅"的作业模式,定期对路面进行清扫,对钢板护栏、隧道内装进行清洗,对机械无法清洗的标志标牌、钢板立柱安排人工清洗。重视桥隧养护,建立桥隧养护管理逐级考评体系和责任追究制度,落实桥隧养护工程师制度,坚持经常检查、定期检查和特殊检查三项制度,对桥隧进行户籍式管理。加强长大桥隧动态监控,对连续刚构大桥坚持季度检查,对洛河、杜家河大桥进行健康监测。加强机电维护,对沿线陈旧老化机电系统进行改善。针对机电设备总量大、型号多的情况,委托专业公司定期对收费、监控、供电系统和隧道机电系统进行检查和维护。夯实维护单位责任,以机电系统完好率和据量据实支付为考核指标,保证维护质量。维护单位分别在铜川、延安设立维修站。建立备品备件库,提高应急调配能力。提高科技养护技术含量,广泛运用"四新"技术,路面大修采用超薄磨耗层技术和微表处工艺,延长路面使用寿命;构造物维修使用硫铝酸盐水泥及"修复王"等新材料,达到快速凝固、坚实耐用的效果;桥梁伸缩缝维修采用新型无缝伸缩材料,减少维修费用和施工工期。践行节能环保理念,使用乳化沥青再生技术,探索废旧材料、设施回收利用,对彦麦沟隧道西安方向高压钠灯进行了LED节能系统改造,对路政巡查车进行油改气,大幅节约养护成本。

2. 收费管理

做好通行费征收,严格按照有关法律法规做好收费工作,切实做到"应征不漏、应免不收"。落实惠民政策,减免绿色通道车辆、小型客车和省内运煤车辆费用,降低群众出行成本和物流成本。面对收费下滑趋势,主动出击,密切关注路网车流量、车辆结构变化,掌握车流高峰时段、运载货物种类等规律,吸引车辆上路,挖掘收费潜力。持续开展堵漏增收活动,在省内首创"黑名单"车辆制度,编印《堵漏增收实用手册》,定期交流嫌疑车辆名单和打击偷逃费经验。推广《运营服务标准化手册》,将沿线收费站均建成省厅公路收费站规范化合格(优秀)单位,规范化交接班在全省推广。出台《星级考核评定办法》,围绕业务技能、劳动纪律、仪容风纪等8项内容,对收费、治超、票证和监控岗位人员进行星级考核、评定,考核结果与绩效工资挂钩,调动员工的工作积极性。加强票证管理,每季度对各所票证的领、用、存及票证账目、票证报表等情况进行仔细检查,保证票款、资金安全。

黄陵至延安高速公路延安南收费站

3. 路政治超管理

坚决维护路产路权,加强路政执法规范化建设,完成执法服装、证件、标识和执法场所外观形象的"四统一"。为路政人员配备执法记录仪,加强痕迹化管理。将路产追赔责任细化到巡查班,对重特大案件,成立专门追赔小组,持续追踪督办。制定《路产逃逸案件奖励办法》,建立逃逸案件多方协查机制。建立路域环境长效治理机制,加大路域环境治理力度,制止和拆除违法广告架设。大力深化长效治超,严格落实车辆超限超载"黑名单"制度,严厉打击"车托"、恶意堵塞交通等非法行为,保持高压威慑。加强流动治超,从严治理开口路段货运车辆逃检、绕行等行为,有效遏制了短途超限超载反弹。积极开展公路执法专项整改工作,严防公路"三乱"现象发生。全面推进治超收费一体化,增加动态称重系统7套,完成治超、收费信息联网,达到不停车超限检测。组织执法人员深入沿线厂矿、运输企业,加大治超宣传力度,营造良好的执法环境。

4. 企业文化建设

坚持人性化管理,推进"五个一"工程建设,不断改善一线员工的工作、生活条件。组织开展丰富多彩的文体活动,丰富员工业余文化生活。组建职工书屋,连续九年开展"读好书、爱本职、献交通"读书活动,书香企业建设成果喜人。关心关爱员工,为员工过集体生日,在一线收费站推广"绿心情"心理调节小组,关注员工的心理健康。帮扶困难员工,发放困难补助金,让员工感受到集体的关爱和温暖。推进企业文化建设,以宣传和践行"人便于行、货畅其流、服务群众、奉献社会"的行业价值观为主线,开展道德讲堂、演讲比赛、评选"最美高速人"等系列文化活动,培育爱国爱企爱岗的向上力量,"铺路石"精神深入人心。把延安精神作为企业文化的内核,提升企业文化品味。深入开展群众性精神文明创建活动,截至2016年,管理所全部建成省级文明单位,沿线收费站基本完成了厅级文明收费站的创建工作。其中,黄陵所建成"全国交通运输企业文化建设优秀单位",荣获省级"青年文明号"、市级"文明单位标兵"称号;富县所建成省级"文明单位""创建人民群众满意基层单位活动省级标兵单位",荣获省级"五四红旗团支部"、市级"青年文明号"称号;延安所获得省级"文明单位标兵"、省厅级"青年文明号"称号,被评为省级"园林式单位"、市级"文明单位"。

六、铜川至黄陵段

1998年3月,通往华夏始祖黄帝陵的偏僻山坳里,忽然开来了千军万马,机器轰鸣,人声鼎沸,沉睡了五千年的山神被惊醒了。一条从广西南宁至内蒙古包头,贯通神州南北的大通道要从这里通过。它以建设从西安通往黄帝陵的快速通道,连接煤炭、石油、天然气等能源基地,增强中心城市辐射能力,促进陕北老区经济和旅游事业发展,而为人们所瞩目,这就是"铜黄路"。

高速公路要进山了,西部将是它纵横驰骋的天地。当人们的思想还停留在山外,忽视了从平原向"山岭重丘"转战的难点;当西部黄土高原地质机理的无情和神奇,将昔日在平原作战的"王牌军"推上复杂地质的绝境时,这里发生的一切,可歌可泣,这里的奋进历程,可圈可点。这就是西部大开发中控制性先行工程,绵延94km的铜黄大工地。

(一)项目概况

铜川至黄陵高速公路,设计初期采用双向四车道一级汽车专用公路技术标准。由于设计行车速度、路基宽度、最大纵坡、最小平曲线半径等指标与山岭重丘区高速公路设计标准低限值大部分相同,个别接近,因而按高速公路建设和管理,简称铜黄高速公路。

a)

b)

铜川至黄陵高速公路

黄陵地处延安市最南端,是中华民族始祖黄帝轩辕氏陵墓——黄帝陵所在地。铜川至黄陵区间公路运输主要依靠原有210国道,该段道路狭窄、弯急、坡陡,桥梁荷载标准低,交通拥堵,事故频发。三原至铜川高速公路建成后,陕西省委、省政府决定利用世行贷款,建设铜黄高速公路。这是陕西省委、省政府实施"以开放促发展,以开发求发展"经济战略和"重点发展关中,积极开发陕南、陕北"方针的具体体现。铜黄高速公路的建设不仅完善了当时的陕西省"米"字形干线公路网主骨架,改善了关中通往陕西北部的运输条件,增强了西安的辐射能力,促进了陕北地区经济和旅游事业的发展,而且对扩大黄帝陵在海内外的影响,弘扬民族文化,加快实施西部大开发战略都具有十分重要的意义。

铜黄高速公路南起耀县城南杏林村,途经耀县、铜川、宜君、黄陵等三县一区,穿越黄土沟壑、基岩山地、河谷阶地三个地貌区,跨越漆水河、王家河、青河、沮河等主要河流,北止于黄陵县康崖底,路线全长93.85km。设计初期全线采用双向四车道一级汽车专用公路技术标准,设计速度60km/h,路基宽21.5m。全线路基土石方工程2616万 m^3,防护排水工程109.20万 m^3。全线大桥7473.35m/32座,涵洞174道;隧道7座,单幅合计长8541m;互通式立交5处,跨线桥6座,通道38道。

铜黄高速公路由陕西省高等级公路管理局负责建设,设铜黄项目组。陕西省公路勘察设计院设计。按照国际惯例菲迪克条款组织施工。设监理代表处,聘请意大利咨询专家负责工程监理。陕西省路桥工程总公司、交通部第一公路工程局等29家施工单位参与施工。1997年12月19日,铜黄高速公路在耀州高架桥旁举行开工仪式。1998年3月1日,铜黄高速公路全面开工建设。2001年4月29日,铜黄高速公路建成通车。经交工验收,工程等级评定为优良。竣工决算完成投资22.64亿元,其中利用第二批世界银行贷款7850万美元,折合人民币约6.59亿元,因设计变更及黄陵过境线路面改造等原因,完成投资超概算 3.30 亿元。

(二)建设情况

铜黄高速公路是陕西省利用世界银行贷款修建的第二批项目中里程最长、投资最多、工程最艰巨的一条公路。为了确保世行贷款陕西公路项目建设的顺利进展,发挥规模效果,陕西省政府专门下发了《关于我省第二批公路项目建设有关问题的通知》,出台了七条优惠政策。

陕西省委指出,陕西是西部大开发的桥头堡,也是国内外关注的重点和热点地区。铜黄高速公路的全体建设者,要充分认识公路建设在西部大开发和陕西经济、社会发展中的重要战略地位和作用,加快公路建设步伐。并提出了五点要求:一是增强西部大开发的机遇感、紧迫感,加大铜黄项目管理力度,确保工程如期建成。陕西省交通厅、高等级公路管理局要切实加强对工程建设的项目管理。各施工、监理单位要从对国家重点建设负责的高度出发,顾全大局,苦干加巧干,保质保量地完成好建设任务。二是强化工程质量管理,争创优质工程。于2000年年底建成铜黄高速公路是陕西省委、省政府的既定目标,能否向党和人民交出满意的优良工程,关键在质量。各单位要各负其责,齐抓共管。全体参建者要以对国家、对人民、对历史高度负责的精神和一丝不苟的工作态度,建设好每一项工程,造福子孙后代。三是充分发挥地方政府职能,切实为施工单位解决难题,扫清障碍,为铜黄高速公路建设创造良好的外部环境。四是全面加强安全管理。铜黄高速公路途经地区,地质构造复杂,素有陕西地质博物馆之称,工程设计桥多、隧道多、高填方路段多,还有二十几处大滑坡,施工条件十分恶劣,施工安全就显得尤为重要。五是加大宣传工作力度,营造一个良好的建设氛围。各级政府要大力做好宣传教育工作,正确处理公路建设与沿线经济发展以及人民生产、生活的关系,营造一个"支持公路建设光荣,干扰阻挠建设可耻"的良好氛围。同时要坚决打击借公路建设之机敲国家竹杠、干扰阻挠、破坏公路建设的行为,坚决杜绝在公路建设中乱收费、乱摊派、乱检查的现象,保障铜黄高速公路建设的顺利进行。各新闻媒体也要充分发挥其宣传优势,在全社会广泛宣传铜黄高速公路的重要性和深远意义,及时反馈建设动态。

2000年11月20日,陕西省交通厅结合铜黄高速公路工程进展,为确保施工质量,在冬季施工条件不具备的情况下,做出2000年铜黄高速公路暂不通车的决定。项目组随即要求各参建单位切实安排好冬季施工项目和生产计划,为工程早日建成创造有利条件。2001年1月4日,陕西省省长程安东在视察完铜黄高速公路全线后,对陕西省交通厅以科学、务实的态度对待工程建设,采用工期为质量让路这一做法予以了肯定。

2001年4月29日上午,铜黄高速公路建成通车,陕西省政府在罗圈梁隧道广场举行了通车典礼。陕西省交通厅厅长乌小健在总结讲话中说,铜黄高速公路的建设实践为陕西积累了修建山区高速公路的经验：一是加快交通建设，必须牢牢抓住机遇。二是加快交通建设，必须紧紧依靠各级党委、政府和人民群众。三是加快交通建设，必须立足于开拓创新。

1. 难点·滑坡治理

西部不温柔。它的剽悍、神奇和无情，带来许多未知的领域。

铜黄路全线27处大滑坡。一处滑坡竟长达1.6km，卸载60万m^3。一些几经改道的路基一夜之间又"长"高了一米多。"减压卸载"中45万m^3土没放对地方，竟引发新的滑坡。公路边坡处治，过去只有30m高度的标准，铜黄线最高处竟超过100m；过去一条路用于滑坡治理的费用仅需要几万元至几十万元，铜黄路仅一处滑坡治理就达上千万。全国的滑坡专家闻讯而至，几经论证，得出了"这是国内最复杂路段"的结论。

突破"低价中标"带来的被动，优化设计，调度资金，把科学与理性的建设理念贯穿于建设始终，为实现公路"一通就畅"奠定根基。一大批业内设计单位强强联手，共同"会诊"，终于，使防护工程成为铜黄路上一道独特的风景。减缓综合坡率、加宽平台、增设护面墙、上挡墙、截水沟的举措应运而生；网格护坡、菱形护坡、拱形护坡、生态护坡等方案因地制宜；挂网喷浆、锚杆、锚索治理措施陆续上阵。你往下滑，我往上扛！铜黄路的建设者们采用多种多样的治理方法，设防总推力达770kN。人的智慧与力量，终于扛住了5000余万立方米移动的大山。

2. 亮点·生态环保

铜黄高速公路是当时陕西高速公路从平原到山地，等级最高、里程最长、施工难度最大、生态任务最重的世行贷款项目。路线所经之地大部分仍然保持着原始的生态美。建路伊始，生态问题就成为人们论证的核心课题。无论是设计还是施工方案，专家们都小心翼翼，反复比选，生怕扰了自然的静谧，毁了大山的靓丽。几年的施工中，施工机械始终蹒跚着碎步，保持着理性的克制，"手下留（青）情"的故事不胜枚举。在陕西筑路史上，铜黄高速公路项目首次为了生态环保，奏响了"不惜代价，再造一个山川秀美工程"的主旋律。

罗圈梁隧道50余万m^3弃渣的堆放问题，按说，就近弃放省时省力省投资，可是项目组没有这么做。他们拨专款，修便道，又多花40余万元运费，将弃渣一车一车运到背山沟叉里，采取筑坝、浆砌、碾压等工程措施，硬是省下了原来准备堆放弃渣的80多亩绿地。

纸坊桥弃土场原方案需征用绿地100亩，项目组几经比选最终决定将方案更改为用弃方筑坝造地，通过增设排水系统，层层摊平碾压，基础筑坝浆砌，并在裸露的表层和坝体上进行植被绿化，一反一正节省再生绿地180亩。

最值得铜黄建设者们骄傲的是"半截沟"的故事。铜黄高速公路通过半截沟是经过多久比选的方案。这道长约5km、南北走向的峡谷，末端被海拔千余米的嵩庄梁堵住了去路，故称半截沟。铜黄高速公路沿半截沟走向布设，削山5km，劈山推进。路基上边坡最高处达 72m，路基下边坡最深处达 50 余 m，再加上穿山而行的蒿庄梁隧道，弃方量达 350 余万 m^3，且都是无法利用的泥质岩。半截沟里有铜黄高速公路 80% 之"最"：地质、施工条件"最"差，山"最"高，沟"最"深，隧道"最"长，路基填高"最"高，土方量"最"大，施工便道"最"长，单位投入"最"多，当然也是风光"最"好、生态破坏"最"严重的地方。工程一开始，项目组就委托陕西省林业设计院采用恢复加创新二合一的生态设计，提出"再造一个山川秀美的半截沟"的要求。项目组从资金投入上作了充分的准备。5km 的作业面拿出 2600 万元"生态费"，创下了当时全省乃至全国之最。为了给 350 余万 m^3 泥质岩弃方找出路，修了近 40km 运输便道。为了尽可能不破坏自然生态环境，项目组决定 5km 内 34 处自然沟叉的施工，一律采用农用手扶拖拉机运料，人工搬填土石方达 7 余万 m^3。时任陕西省交通厅厅长乌小健在视察过半截沟环保工程后自信地说："青草浪高三月渡，绿杨花外一溪烟，将是人们不久再次看到的半截沟。"

铜黄高速公路依靠科学技术保护生态，重视在创新上做文章。项目组邀请西安林业设计院等 3 家专业部门，对全路段森林、绿地、植被、景观进行招标设计竞赛，要求米米皆绿、里里有景，充分体现了陕西省交通厅"要把铜黄路建成风光最美、生态最好的生态路"的思想。对于高边坡的生物防护，铜黄项目组与北京科学情报所联手，在西部地区首次采用植被喷播新技术。最值得一提的是，铜黄高速公路征地 5000 亩，可耕地地表"熟"土大都被保留了下来。如果这些"熟"土被弃掉，没有被保留，想要再生恢复不知道需要多少时间。

铜黄高速公路的生态环保意识，充分体现在管理工作的深度上。项目组算了两笔账：一笔是"生态账"。按国家当时的生态林补贴定额，每亩只有 8~10 元，陕西的公路绿化平均造价水平为 300~400 元，而铜黄路绿化面积达 400 万 m^2，每亩绿化投入 650 元左右，总投入 2600 万元；再加上为此配套的工程措施 1400 万元，共计 4000 余万元。另有一笔"工程概算账"。铜黄路设计概算 19.3 亿元，工程部分为 16 亿元，生态投资占到 3.75%，总决算控制在 15 亿之内，工程造价在安全蓝线范围内，说明铜黄路的生态决策是十分成功的。更值得一提的是，铜黄高速公路建设者的责任意识。陕西省交通厅委托项目组，邀请交通部科学院和北京大学有关部门的专家学者，以铜黄项目为依托，投资百万元，开展"公路施工环保研究"，填补我国公路工程生态标准的空白。

三年的建设工期，铜黄项目生态环保成绩卓越。全线筑起 15 个弃方坝体，有效防治了水土流失。黄土高边坡绿化喷播试验成功，先期 24 种配比试验已经推广；同年 5 月又在 15000m^2"成功"的基础上，开始 400 万 m^2 的全面实施。铜黄项目组指导各标段利用废弃土方造地 45 处、1000 余亩，返还土地占设计用地的 25%。全线在可绿化处 100% 进行了绿化，共植草 125 万 m^2，灌木 140 万 m^2，植树 70 余万株……尽管如此，专家们更看重的是，铜黄公路生态建设的示范效应。

(三)运营管理

铜黄高速公路建成通车后,由陕西省高速公路建设集团公司西延分公司负责运营管理。集团公司于铜黄高速路段设置了铜川北、宜君、黄陵3个服务区,其运营管理由服务区管理分公司负责。西延分公司采取分公司—管理所—收费站三级管理模式,于铜黄高速路段下设铜川、黄陵2个管理所,管理所共辖川口、金锁关、宜君、彭镇、黄陵5个匝道收费站。

铜黄高速公路途经照金革命圣地和人文始祖黄帝陵。西延公司弘扬革命传统,落实"三个服务",倾力打造"微笑服务""科学养护""文明执法""温馨驿站"四大服务品牌,全心全意构建和谐交通。在多年的运营管理中,深入开展"路容路貌常态化管理""微笑在红亭,满意在高速"等活动,圆满完成了铜黄高速公路除雪保畅、抗震救灾、防汛抢险、迎接清明祭祖等多项重大活动和任务的道路保畅工作。

1. 养护管理

道路日常保洁采取"机械为主、人工为辅"的方式,克服保洁难点。靠近村庄路段路面保洁由专业保洁公司负责,采取由管理所养护人员与专业保洁公司工作人员共同负责的"双检查"模式,提高保洁质量和效率。特殊路段重点保洁,以蒿庄梁隧道至金锁关13km的连续弯道、长大纵坡为代表的事故多发路段,由于事故等原因进行交通管制时,易形成拥堵乃至路面布满垃圾,严重影响路容路貌及行车环境。分公司采取如下措施:一是增加清扫工数量,实行小组负责制,一旦出现拥堵,清扫工在20分钟内到达现场,交通恢复后全部垃圾需在40分钟内清理完毕;二是养护、路政人员将重点路段作为必检路段,加大巡查频率,垃圾较多时,及时通知清扫人员;三是增设垃圾桶数量,增强驾乘人员爱护环境的自觉性,减少清洁工作量。

桥梁养护实行常态化管理和重点排查相结合的方式。在雨、雾、雪等特殊天气及汛期、震后等特殊时期及时开展桥梁安全隐患排查,通过日常维修养护及工程措施对病害进行治理。严格按照桥梁养护规范进行检查工作,坚持开展特殊桥梁的健康监测。隧道管理以创建"安美隧道"活动为突破口,通过一系列管理措施达到土建结构稳定、设施清洁完好、机电运转正常、无安全责任事故的目标。

针对铜黄段路龄长、路面病害发作频率高、发展速度快等问题,分公司通过推广新的坑槽修补方法、购置专业坑槽热补车、购买新型材料"路面裂缝贴""超快硬混凝土修复王",在雨季和冬季来临之前对路面坑槽、裂缝和桥梁伸缩缝等进行集中修补,提高路面病害修补水平和质量。

机电管理采用科学手段和技术,实现智能交通水平。管理所监控中心实行24小时监控,及时搜集上报路况信息,当交通事故发生时,监控人员第一时间确定事故位置并通知路政部门赶往现场采取应对措施。隧道照明系统实现人工、自动、远程控制相结合的办法,管理模式多样化,根据不同气候条件及时间段,结合洞内、外不同亮度及时调节隧道照明亮度。隧道内安装火灾自动报警系统,设有感温探测器,监控人员可以及时发现火情并通知相关部门组织救援。收费站安装全计重治超联网软件,形成车辆自重、轴型、行驶方向、计重信息等完整车辆情况并录入通行 IC 卡,作为出口称重结果的参考。

2. 安全保畅

制定科学、系统的应急保畅预案体系,充分做好应急准备。逐步建立完善路政、收费、交警及消防、卫生、气象等多部门联勤联动保畅机制,按照"信息共享、资源整合、应急联动、运转高效"的原则,做到资源互用、信息互通。通过开展联勤联动应急演练活动,发现问题,完善预案体系,并在实践中检验各类保畅预案的实用性、针对性和可操作性。加强应急队伍建设,做好应急设备管理,实现应急演练常态化,不断提高应急处置能力和工作水平。

加强路域执法宣传,开展"公路路域环境治理"活动,提高沿线群众安全意识,改善路域环境执法氛围。对沿线违法广告、桥梁下部杂物堆积等情况开展专项治理,限期整改,对违章建筑物、非法广告架等进行集中清理,消除安全隐患。治理高速路边出售特产等各类违法摊点,封闭完善公路设施,重点路段扎点执行,并在服务区开辟农副特产销售专柜,解决山区群众销售及驾乘人员购买需求。

在收费站积极推进 ETC 车道建设,从硬件和软件两方面提高通行效率。每个收费站设立绿色专用通道,引导车辆快速通行。增设便携式收费机,遇车流高峰时段,必要时启用便携式收费机,实行客货分流,提高道口通行效率。

收费站用温馨周到、细致入微的优质文明服务,实践"满意在高速"的社会承诺,通过设立"微笑镜"、做"心情操",开展"绿心情""听得见的微笑""微笑点亮征程"等活动全面提升文明服务水平,全力打造具有西延特色的窗口服务形象。在各收费站设立服务台,免费提供行车线路图、开水、毛巾、修车工具、外用小药箱等,为需要帮助的驾乘人员提供服务。成立青年志愿者服务队,随时为驾乘人员及社会群众提供即时路况、辖区路段天气等信息;制作服务信息册,提供旅游景点、风俗文化、附近修车点、医院等服务信息。严格贯彻绿色通道车辆免费、煤炭车辆减半收费等惠民政策,重大节假日七座及以下客车免费并开辟专用车道保障畅通,公布文明服务承诺及投诉受理电话,广泛接受社会监督。

3. 服务区

24 小时贴心服务,免费向驾乘人员提供开水、急救药品等服务,设置供驾乘人员休息的遮阳棚、桌椅,引进地方"名、优、特"风味餐饮,增加陕北小吃、特产专柜以及剪纸等民间工艺品。增设民族餐厅、残疾人专用设备、健身器材等便民设施,提供手机充电服务等,倾力打造温馨驿站服务品牌。

西延分公司开通官方微博和微信公众账号,建立"微服务"平台。社会群众可以通过微博、微信与相关管理部门实现全方位、零距离的沟通,更清晰、便捷、高效、准确地获取辖区路况信息及最新交通资讯。管理所监控中心集中控制电子情报板信息发布情况。在雨、雾、雪等恶劣天气或者遇到突发事件时,充分发挥外场监控作用,由监控人员严格按照信息发布流程及时发布路况信息,对突发情况进行动态跟踪,对道路进行动态管理。

4. 生态环保

为把铜黄高速公路打造成一条绿色长廊,西延分公司结合铜黄路段冬季长、温度低、昼夜温差大、绿色植物生长缓慢等特点,依据"因地制宜、因路制宜、适生树种"的思路,选择以耐寒、耐旱、易于成活的本地植被为主进行绿化,基本实现了四季常绿、三季有花。春季补植修剪,夏季除草施肥,秋季打药除虫,冬季涂红点白,四季及时灌溉,确保沿线植被长势良好,外观整齐,道路靓美。加强边坡植被防护,防止水土流失。加大绿化资金投入,实施各类绿化工程,对行道树、隧道出入口、路边空地、边坡和收费站院内进行全面绿化美化,"十二五"期间,绿化日常养护和中修工程累计投资1304万元。

为实现公路发展与自然环境相结合、杜绝公路环境污染,西延分公司针对铜黄段部分边坡防护不稳定、滑塌频繁、影响道路行车安全等情况,采用SNS主动柔性网进行加固防护,并在填方护坡、碎落台等处增加植被。

七、三原至铜川段

铜川,地处关中北部,连接陕北黄土高原,是有着光荣革命传统的红色城市,更是陕西重要的能源、建材工业基地。道路交通不畅成为制约铜川以及陕西北部经济社会发展的重要因素。要想富,先修路。从修一级路到一级汽车专用公路再到高速公路,三原到铜川段高速公路的修建,加快了革命老区的发展步伐,打通了能源化工通道。

(一)项目概况

1984年,铜川市交通局在多次调查研究的基础上提出了建设三原至铜川一级公路的可行性研究报告。1985年,三原至铜川一级公路列入国家"七五"规划。1990年7月30日,经国家计划委员会批准,三原至铜川一级公路全面开工建设。建设期间,为充分发挥高等级公路的社会、经济效益,陕西省政府决定将原一级公路变成一级汽车专用公路,增加了封闭和防撞护栏、服务区及收费站等设施。1997年10月,西安至三原一级公路(简称西三公路)封闭工程完工后,西安至铜川全线成为全立交、半封闭的一级汽车专用公路(其中,耀县至川口段为半幅一级汽车专用公路,于2001年5月完成扩建并通车),其路基宽度、最大纵坡、最小平曲线半径、中央分隔带及设计行车速度等主要指标,达到或接近高速公路技术标准,按高速公路进行经营管理,因此,西安至三原至铜川公路统称西铜高速公路。

第九章
高速公路建设项目

三原至铜川公路,简称三铜公路,是陕西省继西三公路之后又一条利用世界银行贷款、采用国际竞争招标形式修建的高等级公路,它既是西三公路的延伸,也是当时陕西省政府确定的20项"兴陕工程"建设项目之一。

三原至铜川高速公路

三铜公路路线起自三原县新庄,经富平、耀县(今铜川市耀州区)、铜川市,跨浊峪河、赵氏河、沮水河和漆水河,止于铜川市北郊中柳湾,全长66.42km。建设初,三原至耀县段为一级汽车专用公路,设计速度为80km/h,全立交、半封闭,双向四车道,路线长30.70km,路基宽23m;耀县至川口段为半幅一级汽车专用公路,全立交、半封闭,双向二车道,路线长21.03km,路基宽12m;川口至中柳湾段为二级公路(铜川市过境段),路线长14.69km。全线征用土地3433亩,拆迁房屋12.5万m^2,路基土石方工程759万m^3,防护排水工程22.60万m^3,沥青混凝土路面91.9万m^2,水泥混凝土路面19.8万m^2。设特大桥5632m/2座,大中桥8011m/27座,小桥通道101道,天桥11座;互通、半互通式立交7座。

三铜公路项目调整概算42592.61万元,建设期间因设计变更、工程意外、物价上涨等原因,经陕西省审计事务所和通达会计事务所联合审计并经陕西省交通厅批准,竣工财务决算为48486.68万元(不含汇兑损失2940.59万元),其中利用世界银行贷款3500万美元。

三铜公路建设单位为陕西省高等级公路管理局,执行机构为三铜项目组。设计单位为陕西省公路勘察设计院。监理单位为中国国际工程咨询公司陕西分公司,聘请德国哈斯公司专家进行监理咨询。全线分9个标段,分别由辽宁省公路工程局、陕西省路桥公司、中铁十七局等单位中标承建。项目征地拆迁和建设环境保障由沿线政府包干,实行目标责任制,实现当年征迁、当年开工建设。1992年9月30日,三原至耀县段建成通车。1992年12月21日,全线建成通车并投入运营。1997年10月,经陕西省计委组织竣工验收,三铜项目被评定为合格工程。

三铜公路建成通车后,西铜公路使西安至铜川间公路里程比原210国道缩短23km,行车时间由4h缩短为1.5h。西铜公路是通往人文始祖黄帝陵、革命圣地延安的必经之路,被人们誉为红色旅游路,同时西铜公路还是一条经济路,它联系着关中与陕北,承担着陕北能源重化工基地对外运输的重要任务,在陕西省的社会经济发展中发挥着不可替代的作用。

(二)建设情况

三铜公路是陕西省当时建成的最长的一条高等级公路。在项目管理上,总结、吸取了西安至三原、西安至临潼和国内其他高等级公路的建设经验,按照FIDIC(菲迪克)合同条款的要求,从项目管理、征地拆迁、建设环境保障等方面进行了积极的改革和探索,工程进度较快,工程质量较好,年年超额完成建设计划。

1.项目管理

从项目执行开始,三铜项目组就制定了《三铜公路工程项目管理办法》《三铜公路工程合理化建议奖励办法》《三铜公路工程劳动竞赛奖励办法》《三铜公路施工无阻碍竞赛办法》。这些制度的建立,为保证工程的顺利进行奠定了良好的基础。

在项目管理中,项目组坚持实行建设单位项目管理负责制,对项目进行全面管理。对项目施工实行合同管理,施工单位按照合同规定,负责完成工程施工计划。监理工程师遵循国际通用的工程监理制度,按照合同所赋予的权利和职责,对工程的质量、工期、投资进行严格管理,维护建设单位和承包单位的合法权益。这样,就形成了一套以建设单位、施工单位、监理工程师组成的完整的管理系统,在工程质量、进度、投资方面,积极主动地发挥动员、组织、监督和控制作用,并取得良好的效果。1991年11月,陕西省人民政府授予三铜项目组"陕西省重点工程建设先进单位"称号。

三铜项目组始终把工程质量放在首位,在施工单位建立健全了自检体系,树立"快修路、修好路"的理念。监理工程师实行"开工前、施工中、竣工后"的全面动态质量监督,把热情服务贯穿于严格监理之中。一是严把材料和试验关。不合格的原材料,不能使用;进入工地的材料在使用前要进行有关试验。二是加强现场监理。在施工过程中,监理工程师实行"抽查""跟班旁站"两结合的监督方法,参与每个施工环节的质量监督,把质量事故消灭在萌芽状态。检测出不合格产品,监理工程师不签认支付证书,建设单位拒绝支付费用。三铜公路D标段娄子沟桥1号墩经"开膛"检查后,发现钢筋间距与图纸设计不符,施工单位主动炸掉重新施工,确保了施工质量。三是严格监控关键工程和难点工程的进度。三铜项目组集中力量深入施工标段,与施工单位一起分析研究赵氏河大桥、浊峪河大桥、路基、路面4项关键工程的进度,并采取增加人力和设备,调整计划,加强现场技术管理等措施,使这些关键性的难点工程能够按计划顺利开展。1991年,世界银行专家组检查后,对三铜公路质量表示"信得过"予以免检。1992年5月,世界银行公路项目代表团再次去现场检查三铜公路后,称赞"三铜公路是正在中国实施的公路贷款项目中质量最好的项目"。

三铜公路质量要求严,施工条件艰苦,要完成建设任务必须要有良好的精神状态和昂扬的斗志。建设之初,项目组就明确提出:修一条高水平的路,锻炼一支能打硬仗的队伍,做到建路育人,育人建路,坚持两个文明一起抓,两个文明双丰收。首先,广泛开展深入的思想动员,大力宣传三铜公路的建设意义,使人民群众认识"公路通,百业兴"的道理,组织开展施工无障碍竞赛活动,使人民群众自觉参与工程建设。其次,讲团结、讲奉献,通过在施工单位开展劳动竞赛,每个阶段提出具体竞赛目标,比进度、比质量,在全线迅速掀起竞赛高潮,使各施工队伍始终保持旺盛的斗志,施工记录不断刷新。三是大力宣传先进人物的模范带头作用。先后在陕西日报等新闻媒介开设专栏,大力宣传三通建设者无私奉献、艰苦创业的精神,并通过各种形式向全体建设者宣传各级领导的关怀、指示和要求,增强职工的责任感、紧迫感,自觉为三铜公路奉献。

2. 征地拆迁

三铜公路跨越三市、两区、三县、十五个乡镇,涉及中央、省、市、县单位七十余个。为保证征地拆迁工作的顺利实施,1989年9月,陕西省政府与三铜公路沿线地市签订征地拆迁承包合同和保障公路建设环境《目标责任书》,各地采取定任务、定责任、定时间、定奖惩,包费用、包征迁、包安置、包排除干扰的办法,将任务层层分解,分块下达,实行逐段承包,奖罚兑现。继而各县区、乡镇与单位、个人再层层签订承包协议,使征地拆迁和安置工作落到实处。沿线各级人民政府分别成立拆迁办公室,专门负责本辖区的征地拆迁和安置工作,制定切实可行的征迁和安置办法,实行减免农民被征用土地的农业税、减免被拆迁城镇单位和个人新建房屋的城市建设配套费、及时兑现被征迁单位和个人的赔偿费等政策,实事求是地解决群众生活实际困难,及时解决征迁和施工过程中出现的问题,保证了拆迁工作的顺利进行。

由于各级政府的高度重视和大力支持,三铜项目建设环境良好,做到了当年征迁、当年开工、当年见效,在施工过程中,没有发生过较大的阻挡施工事件。对于发生的具体问题,也都予以及时合理解决,做到了政府满意,施工单位满意,人民群众满意。

1991年5月,中共陕西省委书记张勃兴充分肯定了各级人民政府积极支持三铜公路建设,征迁工作进展快,工程建设顺利的经验,指出:"这种做法很好,如果没有坚定的决心和狠抓落实的实干精神,任何事情也办不成",并要求在全省推广这一做法。

三铜公路建设历时三年,在各级人民政府及沿线人民群众的大力支持下,经过建设、施工、设计、监理等单位的广大干部、技术人员、工人的努力拼搏、艰苦奉献,提前3个月建成通车。通车运营后,经济和社会效益显著,被沿线人民群众赞誉为"致富路""希望路",成为陕西省改革开放和社会经济发展的重要成果。

(三)科技创新

在三铜公路建设中,从设计到施工,项目组根据工程实际,积极采用先进技术,不断创新,充分发挥科技是第一生产力的作用。

首先,项目组动员全体建设者积极开展合理化建议活动,提倡开展"小发明、小革新"活动,并制订《三铜公路施工合理化建议奖励办法》,极大地调动了职工技术革新的热情,仅在铁十七局一个职工单位,就有50余个技术革新小组。

其次,坚持优化设计,降低造价,加快施工进度。三铜公路多次跨越河道,出现大量斜弯坡桥,为使桥墩对水流流态的影响降到最小,减少河岸的防护工程,设计时较多采用了单柱墩,主要有空心圆柱墩、T形板式墩、V形墩、Y形墩等。由于单柱墩截面较小,桥梁布孔不必考虑桥墩与水流的交角,从而采用悬臂较大的预应力盖梁沿路线法线方向辐射状设置,使斜弯坡桥变为纯曲线桥。后期采用国家坐标系控制桥梁上下结构以及用护栏调整路线线形,满足线形流畅的要求。本项目中,浊峪河大桥桥面纵坡时值全省同类桥之最;耀县高架桥全长2817m,在当时不仅是陕西省最长的公路高架桥,也是第一座部分预应力箱形连续梁桥;赵氏河大桥桥高47m,全长416m,上部为8孔50m跨径T形简支梁,下部为薄壁空心墩,群桩基础,属于陕西省大跨径的简支梁桥。

三是积极采用新材料、新工艺。路基挖方采用多级高边坡,高填方路基运用加筋土挡墙减少填土工程量;黄土路段路基采用强夯处理,防止沉陷;通过添加减水剂提高水泥混凝土早期强度;应用石灰粉煤灰稳定砾石(二灰砾石)作为路面基层材料;赵氏河大桥施工中,采用滑膜技术,6~7天即可完成一个薄壁空心墩的施工;采用转体施工技术建成川口T形刚构高架桥;采用外钢模、内气囊膜等工艺完成箱形连续梁施工。这些措施有效缩短施工工期、提高工程效率的同时,增强了工程质量,通车后运营实践证明效果非常好。

(四)运营管理

三铜公路建成通车后,由陕西省高等级管理局西铜管理处运营管理,2001年6月27日,陕西西铜高速公路有限公司,简称西铜公司,接管三铜公路运营工作。作为苏陕两省东西部合作的重要项目,西铜公司不仅以良好的经济效益回报了股东,还以良好的内部管理和企业文化赢得了赞誉,公司狠抓收费管理,不断提高文明服务水平,精心打造"西铜品牌",树立了良好的社会形象,并取得了物质文明和精神文明的双丰收。

1. 收费管理

近年,国家经济形势整体下行、能源结构调整以及国道、西安至延安二号线分流等情况成为西铜段收费形势严峻的几大因素。面对困难,西铜公司知难而进,坚持"创新"和"转变"。

在费用征收上,减少不利干扰,主动出击,拓展车辆通行来源。如充分利用西源线水毁带来的征收机遇,协调各方关系,增加了近600万元通行费收入;协调省政府和省厅关系,力陈依法办事,从煤车减半政策中获得理想收益,增加效益700多万元。拓展大客户,巩固小客户,在不违反政策的前提下,允许货车择道复秤;处理特情车辆,简化处理程序,保证快速过站;对因雨雪天气造成的超限车辆,允许车辆控水后过站;对超限车辆,先卸货再复秤上路,进一步减少收缴矛盾,让驾乘感受西铜公路"想驾乘之所想,急驾乘之所急"。

在人员管理上,组织开展"春训"和"文明服务月"活动,通过学习业务知识、队列和礼仪训练,提高全员业务素质和精神风貌;开展"收费任务在心中""微笑在红亭,满意在西铜"、创佳评优等活动,结合"五到"(眼到、手到、口到、心到、表情到)服务,延伸服务内容(如设立文明服务亭,配备热水、药品、行路指南、修车工具等),不断提升文明服务水平。另外,公司还经常组织班组长经验交流会,交流班组工作和特情处理经验,全面提升收费管理水平。

在站区管理上,收费站按照"五化"(亮化、净化、美化、绿化、硬化)要求,加强收费站点的文明卫生管理,清除周边杂草、垃圾,及时清扫广场,每天擦洗收费亭,强化物品的定置管理,加强班组卫生检查和考核,常年保持站区整洁美观的收费环境。

2. 稽查保畅

不断提升员工自身业务素质,加强道路安全隐患排查。重视个人业务素质的提升,明确个人责任及具体工作,及时总结经验教训;加强对所辖路段内的长大纵坡、桥梁、涵洞等进行排查,加强对事故多发路段的统计分析,在特殊路段和重点路段设立安全提示标志和蹲点值守,以减少事故的发生。建立路政、交警联勤联动机制,完善道路应急保畅预案,对突发事故的处置做到出警快、报告快、处理快。路政、交警日常巡查与路网监控全面覆盖相结合,确保路况信息来源的及时性、准确性、多源性。加强突发事件应急演练,增强应急保畅能力。对于一般性交通事故,坚持"先通后清"的原则,采取灵活多样的救援方式,及时处置事故和故障车辆,确保"交通事故半小时"内畅通的基本要求;对于重特大交通事故,建立联勤联动保畅机制,在路政、交警部门的协作下,采用反向处置的方式,确保交通处置决策的科学性、及时性和处置行为的高效化、合理化。施工路段安全责任落实到人,加强施工现场的监管。道路施工现场具有明确的安全保畅责任划分,并对所有人员进行安全教育;规范施工现场处置程序,做好现场防护措施,加强交通分流疏导,施行"客货分道行驶、禁止货车超车"等措施,减少道路施工对车流量的影响。在日常道路巡查工作中,充分发挥道路监控"千里眼"的作用,实行监控资源共享,对于监控到的各类道路信息,在第一时间内与监控室人员进行沟通,并且对重点路段和重点时段进行重点监控,保证道路的畅通。

3. 安全生产

建立健全安全保障体系。完善各站安全组织机构,加强组织领导,为开展安全生产提供组织保障;严格贯彻落实安全生产责任制,与各站、各部室签订《安全目标责任书》,形成各级领导及干部职工在工作范围内相应负责的安全责任体系;对安全生产管理体系、规章制度及岗位职责进行调整、梳理、修订和完善,明确各岗位安全生产工作职责和操作规程,完善安全管理制度。加强安全宣教,增强安全意识,营造良好的安全氛围。公司加大宣传和学习《安全生产法》等法律法规及上级有关安全会议等文件精神,组织员工参加消防安全知识培训和安全应急演练,积极关注"安全悦达"微信平台,使广大员工能深入了解安全,广泛重视安全,极大地提高安全意识。预警防范,注重实效,努力提高安全管理水平。打造"平安收费站"是西铜公司努力的安全目标,对车辆使用保养等重点排查的同时,加强票证室、发电机房、配电室等区域的安全隐患排查,加强冬、夏季用电隐患、交通标志、安全护栏等设施的检查维护,突出假日重点防范,对查到的问题及时纠正、整改,有效防范、遏制各类事故的发生,使"迎国检"道路施工安全稳步推进,生产经营平稳有序。

4. 节能减耗

坚持眼睛向内,加强内部管理,进一步细化制度和工作流程,严格预算的执行和费用的把关,既做好大额支出控制,又注重点滴节约,提倡和带动每个员工从细节上践行。如:铜川站办公室搬迁至公寓楼办公,每年可节省费用50余万元;日常坚持合并用车,全年减少单独出车600余次;根据乘坐人数、地点的变化,两辆大型接班车轮流使用,同比每月节省油料费用2000元,全年可节省修理费、油料费3万多元;通过协调沟通,将公寓楼供电计费标准从原来的工(商)业用电调整为居民用电,每年节省费用3万余元;在耀州高架桥维修保畅现场,经过试验,在确保管制区行车安全的前提下,分隔车道的弹力柱由间距2m调整为5m,使用量由1400根减少到560根,直接节约费用5.7万元,同时也减少了损坏机率,降低了维护成本,一举三得。

5. 队伍建设

维护职工合法权益方面,时刻关爱职工身体健康,并尽最大可能解决职工实际困难;认真对待职工意见,及时解决或回复;积极响应公司开展的"合理化建议"活动,收集职工合理化建议并对采纳意见的人员进行奖励;积极开展各项活动创建工作,有效地促进和谐有序队伍的建设。活跃职工文化生活方面,定期举办职工篮球赛、足球赛等活动,积极开展"元旦晚会""闹元宵、猜灯谜""中秋晚会""警民共建文艺演出"等活动,丰富职工业余文化生活,陶冶情操,激发职工的主人翁意识。保障后勤服务方面,广大后勤人员动脑筋,想办法,想一线所想,急一线所急。在大干"七八九,全力战酷暑"期间,及时采购遮阳帽、遮阳伞,并将西瓜、冷饮、绿豆汤及时送到现场,送到一个个员工手中。为了让一线员工吃上可口的饭菜,食堂厨师们不断更新花色品种,制作出适合不同员工口味的饭菜。在工作紧张的日子里,广大员工早上班、迟下班,节假日主动加班,真正做到了舍小家、顾大家,有的顾不上看望年迈的父母,有的推迟了婚期,有的提前结束产假上班,有的甚至身怀六甲仍坚持工作。

八、西安至三原段(原西安至三原一级公路)

熟知陕西的人说到陕西高速公路的起源,都会提到西三线。这是共和国改革开放的大潮带给三秦的第一条高等级公路,是陕西利用外资修建的第一条高等级公路,也是我国高速公路建设管理规范的发轫之作。这条短短的仅34km的道路,从1979年提出规划到1989年建成通车,历经了十年的时间,可谓"十年磨一剑"。亲历了前期工作和建设过程的建设者们,回想起那段激情与梦想交织的岁月,无不感慨万千。30年后的今天,当人们在品味陕西省高速公路总里程突破5000km的喜悦时,昔日修建的陕西第一条高等级公路,仍有众多的"难忘"留在建设者记忆的深处。

(一)项目概况

西安至三原高速公路的前身是西安至三原一级公路,简称西三一级公路,也称西三线。1997年10月,西安至三原一级公路封闭工程完工后,其路基宽度、最大纵坡、最小平曲线半径、中央分隔带及设计行车速度等主要指标达到或接近高速公路技术标准,按高速公路进行经营管理,称为西三高速公路。

多年前的西安,南部受秦岭阻隔,相对平缓的北部只有西原公路可到三原。修建于1930年的西原公路标准较低,有过短期通车,后因战乱不断、资金匮乏、路损严重、失养失修而时通时断。再后来,随着咸宋公路的通车,车辆北上多绕咸阳行驶,西原公路便被逐渐废弃。1978年十一届三中全会后,陕西国民经济迅速发展,但公路交通的发展一直缓慢,客货运输车辆出西安北上要么从东绕道灞桥、耿镇,要么从西绕道咸阳,不仅运输成本高,而且效率低下。严重的交通瓶颈状态,制约经济社会的发展。打通西安北大门,连接陕北能源区,变绕道难行为直径便捷,成为人们迫切的需要。可以说,西安到三原这条通道是陕西期待已久的一条经济走廊。1986年12月,在国家政策的推动下,利用我国第一批世界银行贷款,陕西交通建设跨出了具有划时代意义的一步——西安至三原一级公路破土动工。

西三公路南起西安市北郊张家堡,跨渭河、泾河,穿咸阳至铜川铁路过清峪河,北至三原县新庄接原有西安至包头公路。路线全长 34.46km,设计速度 100km/h,采用双向四车道设计标准,路基宽度 23m,中央分隔带 1.5m,沥青混凝土路面。全线征用土地 1736 亩,拆迁民房 $16350m^2/148$ 户,土石方 146 万 m^3,大桥 1.968km/3 座,公铁立交桥 1 座。项目总投资 14738.20 万元,利用世界银行贷款 1365 万美元,平均每公里造价 427.69 万元。

a)

b)

西安至三原改建后的高速公路

西三公路项目建设单位为陕西省交通厅。设计单位为陕西省公路勘察设计院。施工单位为中国路桥公司陕西分公司。接养单位为陕西省高等级公路管理局。征地拆迁由陕西省国土资源厅统征,环境保障由沿线地方政府负责实施。65 家单位参与了项目施工。工程经陕西省交通运输厅质监站抽检,关键指标合格率达到 98.4%。

西三公路的建成,接通了原 210 国道(包头至南宁)和 211 国道(西安至银川)断头线,使西安通往陕北和银川方向的里程分别缩短了约 15km 和 13km。同时,它打开了西安市向北的通道,对发展陕西的经济、文化,开发旅游资源,促进对外开放都具有十分重要的意义。

(二)建设情况

1. 前期工作

西三一级公路从 1979 年开始进行前期工作。陕西省交通厅规划办会同陕西省公路勘察设计院,在充分调查论证的基础上,编制了《西三公路可行性研究报告》,这是陕西省首次编制的公路可行性研究报告。1982 年,陕西省交通厅上报了《西三公路计划任务书》。同年 10 月,陕西省计划委员会批准陕西省交通厅《关于修建西包公路西安至三原公路工程计划任务书的报告》。陕西省公路勘察设计院随即进行工程初步设计和施工图设计,于 1982 年年底上报陕西省计委。1984 年 2 月,陕西省政府常务会议正式批准修建西三一级公路。同年 5 月,成立了西三公路建设指挥部,组建了指挥部办公室,负责建设的前期工作和进行征地拆迁,并先期安排陕西省路桥公司进行西三一级公路咽喉工程——渭河大桥的施工。1984年7月,国务院批准西三一级公路使用世界银行贷款修建。

2. 世界银行贷款

建设西三一级公路,需要充足的资金保障。陕西是当时的西部穷省,资金严重匮乏。交通部从1984年开始,将陕西西三一级公路、山东晏高线二级公路及云南、江西、安徽等12个省厅项目和地方道路作为公路建设上首批利用世界银行贷款的项目。世界银行贷款具有利息低、使用时间长、针对发展中国家的特点。扎实的前期工作和具有创新的设计方案,是西三工程获得世界银行贷款的重要原因。当时派驻西三一级公路考察的世界银行专家,在向世界银行的报告中提到:"这是一个良好的设计。世界上任何一个优秀的工程师,也只能做出这样的设计。"最终,西三一级公路获得了世界银行1549.9万美元的建设贷款,解决了当时建设资金不足的难题。

3. 招标程序

按照世界银行关于贷款项目实行国际招标的要求,在交通部和国家有关部门的大力支持下,以陕西省公路勘察设计院为主体的近百人的专业队伍,集中力量编写招标文件,并聘请国外专家进行咨询。设计人员坚持科学求实的态度,博采众长,精心编写,使标书既符合世界银行的规定,又体现陕西的特点和风格,切实可行。1985年3月15日,人民日报、中国日报(英文版)、世界经济发展论坛同时刊登西三一级公路工程资格预审招标通告。4月15日,包括中国在内的美国、日本、英国、法国、西德、荷兰、意大利、瑞典、丹麦等11个国家的18个承包商申报投标,13家通过资格预审。9月16日开始售标书,9家投标商购买了招标文件,其中7家对工程进行了现场考察。12月16日,在北京进出口总公司举行了招标仪式,中外4家投标厂家或公司投标。经各方同意,由中国技术进出口公司、交通部公路局和陕西省西三公路建设指挥部组成评标小组进行评标。1986年4月16日评标结束,8月7日世界银行批准,由中国路桥工程公司以低于标底35.5%的价格中标,8月9日正式向中国路桥工程公司发出中标通知书。11月27日,陕西省交通厅与中国路桥工程公司签署合同协议书。同时,中国路桥工程公司正式委托陕西分公司承建西三一级公路工程,陕西省交通厅聘请陕西省公路咨询公司承担全部监理工作,成立西三公路监理办公室。

1986年12月15日,西三一级公路在渭河大桥工地举行了奠基典礼。1987年2月16日,全线施工正式展开。

4. 项目管理

西三一级公路是陕西省公路建设史上第一条高等级公路。这样的路怎么修,怎么管,经历了一个认识逐步深化、施工逐步适应、管理工作逐步提高的过程。工程初期,由于管理和施工经验不足,组织协调不够有力,加之雨天多,工程进度不理想。1989年,部、省各级领导和有关部门给予大力支持,交通厅组织设计、施工、监理单位,采取了一系列积极措施,加快施工进度,实现了1989年底基本建成通车的目标。主要做法有:

一是加强组织领导,建立一个强有力的工地指挥班底。陕西省政府、省交通厅高度重视西三公路建设项目,分别成立高等级公路建设领导小组和会战领导小组,加强指挥协调、解决建设中的问题。参加西三线设计、施工、监理等各单位,按领导小组统一部署,各司其职,分工合作,层层落实施工任务,使工程进度走出困境出现转机。

二是下大力气解决建设环境问题。陕西省政府专门发布了关于维护西三公路建设秩序的通告;多次召开沿线地、市专员、市长和省政府有关部门领导参加的会议,协调、解决问题;与地方政府签订了公路建设环境保障目标责任书,把征地拆迁和解决施工干扰作为建设环境保障的重要内容,纳入政绩考核。

三是强化计划管理,统一生产调度。西三项目经理部成立总调度室,实行五日调度会制度,对施工进度实行动态跟踪管理;制定月度生产计划,并实行日报制度,措施具体,责任落实。同时实行生产任务与奖金挂钩,生产计划与奖金指标同时下达,月终考核,奖罚兑现,使施工进度大大加快。

四是突出难点工程,集中兵力打歼灭战。对影响全线的五处难点工程,集中精兵强将,由领导干部带领,限期包干完成。与市政工程部门密切配合,按期完成西安市张家堡城区1.66km的交叉工程,与西安市交通局配合建成朱宏公路,使西三公路西安市区疏导线与西三公路全线同步建成。

五是引进配套机械,确保工程质量和进度。项目组先后投资500多万美元,从国内外选购先进的机械设备,形成水泥混凝土、路基土方、路面三条生产线,有效解决了路基压实,路面平整,路面基层的拌和,沥青路面的摊铺和水泥混凝土的浇筑等问题,保证了工程质量。

5. 工程监理

西三一级公路在全国首次采用了菲迪克条款进行施工监理。一是强化监理意识,解决好监理和施工单位的协调配合问题,使双方都认识到实行工程监理的必要性,明确目标的一致性。监理按照制度督促和帮助承包人建立质量保证体系,严格把关,增强施工队伍对工程监理的适应能力,顺利推行监理制度。二是实行项目对口管理,严格监理职责和程序。监理办公室设置专业部、室,并在施工现场设置专业项目工程师岗位,并分别与承包人的管理机构与施工队伍相对口,形成上下贯通、内外一体的工程监理体系,并制定监理岗位责任制度和规定项目的中间交验程序,使监理岗位责任明确,工作有章可循。三是严格坚持监理与主动服务相结合,把好工程质量关。监理在严格遵守监理规程和施工程序的基础上,注意帮助施工单位解决难题,热情为工程建设服务;与设计单位共同研究,使设计更加合理;在处理索赔、调整部分合同价格、工程意外和工期等方面,从实际出发,协调解决出现的问题。

西三一级公路推行的监理工程师制度,保证了工程质量和进度,有效控制了投资,为工程建设积累了实践经验;为陕西培养、锻炼了一批具有较高理论水平和实践经验的项目管理人才和监理人员;探索总结出了一套按照国际标准结合中国实际的监理工作经验,是对我国传统项目管理体制的重大改革,为陕西以后高等级公路建设的发展打下了坚实基础。

1989年12月27日,西三一级公路全面竣工。12月30日,在西安张家堡举行了通车典礼。这条被誉为"开启西安北大门"的公路,从此结束了陕西没有高等级公路的历史,标志着陕西公路已经跨入高标准、高质量的发展阶段。

这条路上,国家首次利用世界银行贷款,首次实行施工监理制度,首次实行工程建设国际性公开招标,首次采用国际通用的项目管理办法,同时为了适应当时管理的需要,组织翻译和修订的菲迪克工程监理管理规范也成为后来国家工程监理管理通用的范本。西三线不仅捧回了交通部优良工程一等奖、国优工程银质奖,而且创造了高速公路路面18年无大修的质量记录。

西三线接受世行贷款意义巨大,正是抓住了难得的历史机遇,陕西公路交通事业的发展无论从思想认识、建设理念,还是技术创新和管理模式都有了本质上的改变和进步。有人精辟地总结到,世界银行给陕西"贷"来的不光是钱,还有先进的科学技术和现代的管理理念。

一个不争的事实是,直到今天,西三线建设中采用的招投标程序、管理办法,甚至不少施工技术仍然在全国公路工程建设中广泛运用着!

6. 封闭工程

随着沿线经济发展,交通流量巨增,原西三一级公路因未进行封闭,人车混行,交通事故频繁,不能充分发挥应有的效益。1993年4月,陕西省交通厅决定按汽车专用公路实施封闭工程。陕西省公路学会承担工程方案设计,西安公路研究所承担施工图设计。陕西省高管局设西三公路封闭工程项目组负责具体实施。项目辅道工程由沿线市、县(区)交通局包干承建。

1995年7月,封闭工程开工。主要是增建辅道、跨线桥、通道、立交、交通安全和隔离封闭设施,完善防护、排水设施。路界用刺铁丝封闭,中央分隔带和部分高填方、村镇、桥梁及危险路段的路侧设置波形钢板护栏,公路用地及跨线桥边坡全部实施绿化。从封闭起点到机场路出口中央分隔带设置防眩板,路面设置反光道钉,更换和新增交通标志和标线。项目共修建辅道45.84km,综合排水工程23km,封闭路线33.59km。完成跨线桥、通道23座,互通式立交3座,分离式立交4座,波形钢板防撞护栏等其他沿线设施11项。为方便沿线群众,渭河大桥、泾河大桥和清峪河大桥两侧均留有拖拉机、非机动车及行人通道,并与辅道相连。

1997年10月10日,封闭主体工程告竣。工程决算完成投资1.149亿元,其中利用世界银行贷款560万美元,折合人民币4648万元。经竣工验收,质量等级评定为优良。西三公路封闭后,沿线交通流量骤增,交通事故大幅减少,行车时速提高30~40km。

(三)运营管理

1989年5月,陕西省高等级公路管理局成立西铜管理处,负责运营管理即将建成通车的西三一级公路,率先步入高速公路运营管理行列。随着高速公路建设步伐的加快,西铜管理处随后接管了陆续建成通车的三原至铜川、铜川至黄陵、老机场线、西安至阎良、黄陵至延安等高速公路。2001年6月27日,陕西西铜高速公路有限公司(简称西铜公司)成立并接管西安至三原、三原至铜川高速公路。西铜公司是由江苏悦达投资股份有限公司和陕西省高速公路建设集团公司(受陕西省交通厅委托)共同出资组建的合作企业,收费经营期限为20年。公司注册资本11.43亿元,其中江苏悦达投资8.002亿元,占70%股权,陕西高速集团公司占30%股权。具体运营管理中,公司负责西铜公路二十年的收费、养护等,不具有西铜公路的广告权、服务区及沿线开发等经营权,也不涉及西铜公路的所有权。

西铜公司经过多年的运营,形成了较为成熟的经营理念,运营管理工作主要体现在以下几个方面:

1. 法人治理　监督规范化

作为经营性公路企业,西铜公司在企业法人治理的构架下,实施董事会审查、监事会监督、股东方内审、上市公司审计,并辅助以财务审查、工程部门审核、外聘专家评审、外聘会计事务所审计,纪检监察部门全程跟踪各项审计审查工作。完善的监督防范机制,不仅保障了各项工程在阳光下运作,同时也及时纠正和规避了各类不良行为和风险。

西铜公司在养护工程上织起全覆盖、多交叉、立体化的监督体系。养护工程在事前、事中、事后均坚持规范监督,对应急抢险工程,讲究灵活性和高效率相结合,公司的董(监)事、经理层等高级管理人员及工程专家现场决策,采取边报告、边施工、边完善手续的方式进行。

2. 科学决策　多样化投入

资金投入。公司采取银行贷款、企业自筹、逐年分摊等多样来源方式,确保道路养护资金的持续投入。公司每年根据道路技术状况,核定维修养护项目和工程量,日常养护投入年均不低于600万元,确保道路日常养护按计划进行。

人才投入。对内注重专业技术人员培养,坚持每年利用施工间隙选派2~3名技术人员参加各类专业培训提高技术水平,主动到系统内先进单位汲取经验;对外加强与陕西省交通规划设计研究院、长安大学等科研院校联系合作,建立专家智库,为科学决策提供专业的技术支持。

技术投入。购置改造清扫车、除雪车、排障车、融雪剂上料器等养护机械设备;积极推广改性沥青混凝土、快速修复王、桥梁整体顶升工艺等"四新"技术应用,提高养护技术水平。2012年9月,西铜公司与科研机构联合攻关的"钢板混凝土组合加固混凝土桥梁技术研究"荣获陕西省政府"科技进步二等奖"。

政策投入。在计划性养护工程正常实施的同时,对重大养护工程及突发应急抢险等资金需求较大的项目,公司及时主动与行业主管部门及双方股东汇报协调,争取上级政策支持,每次都能快速得到技术和资金投入的批准。尤其在国检道路集中整治工作中,双方股东依据西铜路况提供政策倾斜,为快速高效地完成整治工程提供了保障。

3. 互利共赢　运营市场化

公司率先在行业内全面按照市场规律完善养护工作运营机制,真正实现了养管分离、养考分离、互利共赢。日常养护,一年一合同,坚持日巡查、月考核、季结算,坚持不断完善按质计量支付,既节约了资金投入,又督促养护单位自加压力提高自身养护水平;大中修工程,引入竞争机制,公开招投标,坚持在遵守行业规定并压缩非工程费用的前提下,采取合理低价中标法。

共赢的理念、诚信的品誉使西铜公司与行业内诸多资质高、技术能力强的养护施工企业形成了良好的合作关系。正因如此,每当公司遇到难、险、急的工程项目,施工单位都能积极配合,大大提高养护工程的效率。

4. 效率优先　保畅自主化

西铜公路路龄长、车流量大、开放路口多,经营路段分属三个地级市管辖,客观上形成了复杂的保畅环境。西铜公司开创自主化保畅机制,公司成立道路保障部,负责所辖路段的保畅协调和业务指导;充分发挥综合路网监控系统优势,发现流量异常即采取提前保畅措施,把拥堵由大化小,由小化无。主动与交警部门加强协调,对微小事故及时处置,快速放行;对于重大交通事故,第一时间采取必要的管、护、畅措施,并将具体情况向交警报告,为交警高效率的处理事故赢得时间。

自主化的道路保畅机制,大大减少了各类拥堵现象,把西三这条老路的通行功能发挥到极致,较好地维护了陕西交通的良好形象,该保畅经验也在交通行业中得到了认可。

5. 人文关怀　激励特色化

成立伊始,公司就汲取中华优秀传统"家"文化精髓,摸索提炼出"无私、聚力、爱心",形成一系列带有西铜特色的激励机制。

员工收入是工作和家庭生活的物质基础,随着公司效益的不断增长,员工收入逐年增加,近几年在公司收费额大幅下降的情况下,依然保证员工收入不下降;公司管理岗位有限,员工晋升渠道窄,一方面积极与股东方沟通,解决部分员工上升通道问题,另一方面积极鼓励优秀员工提升学历和专业技术职称,以此提高岗位待遇;与西北大学合作开设管理人员研修班,开办国学与管理大讲堂,使员工个体知识得到提升;结合"窗口"行业特点,普及培训,提升员工文明礼仪素养,融洽了公司的内部环境,树立了对外形象,助力员工和谐小家庭。

突出人文关怀,生日一碗面,病床一束花,春节在班送红包;六一儿童节、八一建军节、端午中秋元宵节等,公司都会为员工送上一份祝福、一份关怀。

西铜公司多次受到各级领导的好评,被陕西省领导赞为"苏陕合作的典范";被股东领导誉为有"家文化"特色和氛围的企业;两次被陕西省政府评为"外省区市在陕投资优秀企业";被新华社陕西分社评为"诚信经营示范单位";被陕西省交通协会评定为"最具活力企业";还被陕西省国家税务局、地方税务局评为"A级"纳税人企业并享受三年免检。

九、西安至柞水段

谁曾想到,一处闭塞之地,因了高速公路贯通,旅游接待持续"井喷",土特产品供不应求;谁能想到,一个山区小县,因了高速公路贯通,山路崎岖、车祸频发成为历史,过去几个小时的车程,现在一个小时就能安全抵达;谁会想到,一隅贫困之所,因了高速公路贯通,不仅当地经济发展、社会进步、人民幸福,也成了西安人趋之若鹜的"后花园"。驶入西安至柞水高速公路,郁郁葱葱、雾气缭绕的原木林,崇山峻岭间清泉流淌,鸟语花香,自然物种的繁盛,无不展现着大自然无尽的美。西安至柞水高速公路长驱延伸,灰白的水泥路面,碧绿的钢板护栏,整齐美观的交通设施,自然景观与现代化高速公路交相辉映,构成一幅人之力量与自然之美的和谐图画。

(一)项目概况

2002年9月29日,西安至柞水高速公路,简称西柞高速公路,开工典礼在曲江立交施工现场隆重举行。这是陕西省全面实施西部大开发战略,推动交通基础建设跨越式发展,完善"米"字形主骨架公路网,加快山区人民群众脱贫致富,建设西部经济强省的又一重大举措。

西柞高速公路和秦岭终南山公路隧道(见本节"十、秦岭终南山公路隧道")分两个项目实施。西柞高速公路以秦岭为界分为岭北、岭南两段,路线全长43.5km(不包括21.5km的秦岭终南山隧道及其连接线)。其中,岭北段起于西安绕城高速公路曲江互通式立交,经杜陵乡、杜曲镇、太乙宫、石砭峪乡,止于长安县青岔,与秦岭终南山公路隧道北引道相接,路线长30.14km。岭南段起于柞水县大峪乡小峪口,接秦岭终南山公路隧道南引道,经营盘镇、车家河、尤家湾,止于柞水县城北九里湾,与柞水至安康高速公路相连,路线长13.35km。

第九章
高速公路建设项目

a)

b)

c)

西安至柞水高速公路

西柞项目全线采用双向四车道、全封闭、全立交高速公路设计标准,其中起点至 K19 + 020 段按照平原微丘区标准设计,其余路段按山岭重丘区标准设计。路基宽度平原区 26m,山岭区 24.5m。设计速度平原区 100km/h,山岭区 80km/h。路基土石方 523.5 万 m^3,沥青路面 74.56 万 m^2,水泥混凝土路面 11.62 万 m^2,防护排水工程 51.33 万 m^3;特大桥 3285.231m/2 座,大中桥 6556.6m/64 座,小桥、通道 57 座;隧道 5861.1m/15 座;互通式立交 4 处,分离式立交 6 处;跨线桥 12 座,涵洞 76 道。永久性占地 3421.65 亩。项目概算总投资 18.94 亿元,竣工决算总投资 21.64 亿元。2002 年 3 月、9 月,西柞高速公路两大控制性工程——秦岭终南山公路隧道、西安曲江立交桥分别先期开建,其余路段于 2004 年 3 月 1 日开工建设。

西柞高速公路项目建设单位初为西安绕城高速公路生态林带建设管理局,简称西安绕城管理局,2006 年 4 月调整为陕西省交通建设集团公司,执行机构为西柞高速公路建设管理处。土建工程由陕西省公路勘察设计院设计,交通工程及沿线设施由西安公路研究所设计。全线分 35 个合同段。西安铁路工程集团有限责任公司、中铁二局集团、北京海威工程建设有限公司等 27 家施工单位中标承建。陕西公路交通科技开发咨询公司等 5 家监理公司中标监理。陕西省交通厅质监站实施政府质量监督职能。沿线地方政府承担环境保障和征地拆迁。

(二)建设情况

西柞高速公路由北向南依次穿越关中盆地南缘、山前洪积平原以及秦岭山地,数次跨越乾佑河,穿越了山前断裂带和商丹断裂带,地质情况复杂,施工难度较大。影响项目加快建设最大的两个因素,是沿线征地拆迁和汛期大量的降雨。线路所涉西安段迟迟未完成征地拆迁任务,影响施工单位进场,时常发生阻工事件。柞水县地处山区,人均可耕地面积少,征地与当地群众切身利益冲突且难以找到安置用地。征地拆迁受阻、建设环境不理想严重影响着施工进度。天气因素对施工进度的影响主要体现在,连日降雨造成全线便道严重毁坏,个别合同段出现塌方、滑坡等地质灾害,对生产设备和桥梁、隧道施工等造成较大损害。

面对艰难困苦,西安绕城管理局克服重重困难,采取了一系列措施排除不利因素,加快工程进度,全力以赴确保西柞路于2006年年底建成通车。

西安绕城管理局成立了加快建设领导小组、征迁领导小组和加快进度考评小组,规定局领导每月至少有十天的时间在公路建设沿线巡查,实地解决建设环境难题,完善后续设计和有关的技术问题。全局中层以上干部,每月至少有一周的时间在工地。提出了"背水一战、大干60天、分片包干,全面完成路基桥涵工程"的目标,要求全线在2005年12月底完成桥梁架设。同时,绕城局设立了加快督导小组,每天检查、督导各辖区建设单位的设备配备、进度落实和工程质量等情况,及时解决施工过程中出现的各类问题,提高工作效率。

奖赏和惩罚成为鼓励加快工程进度强有力的手段之一。西安绕城管理局严格制定加快建设制度,细化各项实施细则和奖罚措施,明确提出近期工作任务,各合同段如能按期完成交验任务,施工单位每千米奖励2万元,如不能按期完成交验任务,施工单位每千米处罚2万元。管理处成立以来,共组织劳动竞赛12次,累计奖励金额144.07万元,处罚92万元。这些赏罚分明的制度极大地提高了西柞路各施工单位的交验积极性,确保其能够超额完成当年的建设任务。

建设资金正常、高效的流动是加快工程建设必不可少的先决条件之一。为了加快工程建设进度,缓解施工单位资金紧缺状况,西安绕城管理局一方面制定《承包人预借(用)材料、设备款实施办法》,即先向施工单位下达计划预支一定比例的工程款,然后再在当月的计量支付中扣除;另一方面加快新增单价和变更工程数量审定工作,根据实际情况提前预支工程款,在工程后期动用风险担保金,保证建设资金及时支付。

"既要加快建设,又要确保质量",这是西安绕城管理局提出的建设理念,要求各标段负责人正确地认识加快建设和保证质量之间的关系。路基施工完成后,绕城管理局邀请陕西省质检站到工地现场检查验收,查看工程质量。西柞路上施工难度最大的岭南段地质条件复杂,生态环境脆弱,属于典型的山区重丘区。绕城管理局邀请西安公路研究所、

第九章
高速公路建设项目

长安大学等科研院所的专家、教授到岭南段共同对施工工艺做出调整并制定科学合理的施工方案,保证了工程建设质量,更保护了秦岭原生态的自然环境。

西柞高速公路始于关中腹地——长安,穿越我国西部最大的野生动物自然保护区——秦岭,通往有着巴蜀风情的陕南名城——柞水。"把西柞高速公路建设成生态路、环保路和陕西山区高速公路的典范工程",这是西安绕城管理局在项目开展初期就确定的建设目标。项目建设过程中,西安绕城管理局严格按照科学发展观要求,牢固树立可持续发展的生态环保理念,把生态、环保理念真真切切落实到实处,这一举措成为西柞高速公路呈现的一大特点,也是一大亮点。

项目伊始,西安绕城管理局成立了环境保护领导小组,与各合同段承包人签订文明施工合同,严格按照国家、地方政府的相关法律、法规及政策组织施工,做好生态环境保护工作。各合同段均成立了生态环保领导小组,负责本标段有关生态环保方面制度的建立。在方案实施过程中,进行了生态保护的教育,检查落实制度执行情况,贯彻执行国家和地方有关生态环保方面的法律、法规和政策规定,使所辖标段的各项施工项目符合有关规定和要求。在具体的施工管理过程中,对进场作业的职工及沿线群众进行生态环保宣传教育,组织学习相关知识,如:禁止乱砍乱伐,禁止捕猎野生动物,禁止随意抛洒施工、生活垃圾等。

在项目工可研、两阶段设计过程中,设计单位按照建设生态路、环保路的建设目标,不断完善、优化有关设计方案,并按照《环境影响报告书》的研究结论,在设计中采取多项措施有效控制施工造成的水土流失、环境破坏等现象。如:在路基两侧均设置排水沟以截留路面污水;对开挖的土方尽量充分利用,对弃土合理堆放、拦挡并整治至复耕要求;在路堤两侧边坡坡脚拟栽种乔木、灌木,并套种花草等。西柞高速公路跨越石砭峪水库库区,该水库是800万西安人民的备用生活水源,为了最大程度地减少施工对水源的污染,设计单位提出将路基坡面水和路面污染水分离的排水方案,将路基坡面的天然水汇入自然沟道,路面、桥面污染水通过收集汇入蒸发池,蒸发池选用沟道和河道阶地,池壁采用弃渣堆砌,池底设置粒料层进行过滤。

施工过程中,为减少扬尘,建设者向施工便道及土路槽定时洒水,对石灰等建材及时进行覆盖;靠近村庄、学校的标段,夜间(22时至次日6时)禁止施工,以免扰民;河道中桥梁桩基施工时,设置泥浆沉淀池避免泥浆直接排入河流;对于设计中土质边坡有绿化要求的,在土方施工的同时实施边坡绿化,避免土质边坡裸露;施工界以外的植被力求维持原状,占地界以内的裸露地表要进行绿化,这一系列举措,有效地使建设工程和生态环境达到和谐统一。

原设计中无边坡防护、地质病害较严重、与周围环境不协调的路段,进行变更完善,在采取工程防护治理的同时,充分考虑到景观设计与生态保护,处处追求和谐完美。

白蛇峪中桥位于南五台旅游风景区入口,原设计为简支梁桥,与景区周围自然人文环境不协调,管理处要求设计单位对原设计进行修改,修改后桥梁为T形刚构桥,线形优美,很好地与周围景观融为一体。桥梁桩基施工中采用了先进的旋挖钻工艺,减少了泥渣量,有效地降低了水土流失。白蛇峪滑坡为施工初期发现的古滑坡体,在滑坡治理过程中,考虑到与景区邻近,管理处要求设计院充分考虑工程治理与绿化景观设计相结合:采用锚索(杆)框架梁加六边桶内种草,每级边坡设置3m宽平台,种植乔木,既稳定边坡,又可美化环境。

长度仅62m的熊沟隧道,原方案是路基形式通过,需对山体进行开挖,经管理处研究决定减少对山体环境的破坏,开凿隧道,建设该隧道造价近500万元,原方案造价仅150万元。

(三)复杂工程技术与科技创新

西柞项目在建设中坚持科技创新,积极探索,运用新技术,保证项目加快建设的同时,有效控制了工程质量。

一是在全省高速公路沥青路面中首次使用ATB-30结构层、改性沥青碎石封层等新技术。西柞高速公路属于我省典型的山区高速公路工程项目,同一路段跨越两个不同自然区域,桥隧结构物密集,加之路面施工有效工期短,又和其他工程交叉施工,给路面施工带来相当大的难度。为了解决好路面质量问题,西柞高速公路在总结其他高速公路路面质量控制的基础上,合理完善结构组合设计,增加沥青路面厚度,在全省高速公路沥青路面首次使用ATB-30结构层、改性沥青碎石封层等新技术。采用煤油稀释沥青透层、SBS改性沥青碎石封层和SBR改性乳化沥青黏层层间处理技术,使沥青面层总厚度由原设计16cm增加至22cm。上面层施工过程中引进沥青混合料转运车技术,实现连续摊铺,不仅避免了混合料离析,而且还消除了长途运输中沥青混合料的温度差异,防止了温度离析且获得了均匀一致的沥青混合料,从而保证了路面摊铺质量和施工质量。

二是应用网络技术,集机电综合系统为一体。西柞高速公路机电系统不仅在设备上要求先进、可靠,追求系统高效、完善,同时要求所用设备必须在同类工程上有良好的应用业绩。

西柞高速公路通信、收费系统超越了相对独立的概念,与通信系统数字传输网络相结合,实现数据、视频、音频共享。广泛应用计算机网络技术,将机电综合系统融为一体,实现语音、数据、图像在系统内共享,相关的管理和控制人员能获得更丰富的信息,形成机电综合系统高度集成的控制功能,这在运用网络技术建立数据采集和集成控制系统方面又是一次成功的尝试。

2006年12月,西柞高速公路经过成百上千的设计者和建设者们的辛勤劳动和付出建成完工。2007年1月20日,西柞高速公路与秦岭终南山公路隧道同时通车。西柞高速公路将区间公路里程由原来165km缩短为65km,通行时间由原来3h缩短为40min,极大地加强了区间及关中与陕南地区的联系,促进了沿线产业结构的调整和旅游等资源的开发利用。"藏在深山人未识"的陕南小城——柞水县,被秦岭屏蔽了若干年后,顿时成为西安"一小时都市交通圈"的一员,发生着翻天覆地的变化。车水马龙、人潮如涌,柞水俨然成了西安人名副其实的后花园……

(四)运营管理

巍巍终南,叠峰邃谷,博大深远,山清水秀,终南山是关中地区天赐的游览胜地。沿西柞高速公路往南,终南山苍黛的远影渐变清晰。西柞高速公路不仅是一条旅游路,更是一条穿越秦岭、连接关中陕南的交通大动脉。西柞高速公路通车后,交由陕西省交通建设集团公司西镇分公司运营养管。集团公司于该路段设置长安、柞水2个管理所,南五台、柞水2个服务区,韦曲、太乙宫、营盘、柞水四个收费治超站,其中除韦曲站以外的3个收费治超站还负责秦岭终南山公路隧道南口的安检工作。

西镇分公司紧紧围绕"以微笑树形象,以服务塑品牌,用创新争一流"的管理方针,团结一致,开拓创新,努力为社会提供优质高效的服务,为陕西交通塑造全新的形象。

1. 争一流——精心组织科学发展

西柞高速公路是一条生态路、观光路。在养护管理上,西镇分公司奉行"全面、及时、优质、高效"的指导思想,以建养并重、科学管理、构建和谐交通为目标,在养护工作中采取多项措施,确保为驾乘人员提供一个安全、畅洁、绿美的行车环境;栽植多种季节植物,使西柞高速公路四季常青,三季花香;日常保洁常抓不放,路面坑槽修补时间不超过24h,一般性路产损坏修复时间不超过48h,保证路产设施始终处于完好状态。

人性化服务体现了西柞高速公路路政人员思想上由执法管理向服务管理的转变,使群众及驾乘人员对收费公路有了更多的理解和支持。路政大队先后多次深入沿线,走村镇、访学校,讲解宣传国家保护路产的法规政策,提倡变"路政执法车"为"服务帮困车",提出"有困难、找巡查"。在路政巡查车上配备必要的工具、设备及药品,为过往车辆及驾乘人员提供医疗、修车救援等服务。西镇路政服务贴心为民、奉献社会的感人事迹不胜枚举,悬挂在路政办公室的数十面锦旗,于无声处震撼着每个工作人员的心,更寄予了过往受助过的驾乘人员的感激与爱戴。

2. 树形象——认真践行"三个服务"

"您好!欢迎行驶西柞高速!"亲切的话语仿佛缕缕春风吹进了驾乘人员的心底。文明服务,是社会发展的要求,更是西柞高速公路承诺社会、回报人民的重要方式,西镇收费人员用真诚和微笑把文明服务呈现给每一位过往的驾乘人员。

西柞高速公路通车以来,西镇分公司上下共同灌溉文明之花,提倡文明服务、温情服务,创建和谐西柞高速公路,好人好事不断涌现,使文明服务在西柞高速公路蔚然成风!西柞路上各文明服务台向过往驾乘人员全天候提供饮用水、地图、针线包、修车工具等,以方便他们的需求。严格执行收费人员工作准则,绝不和驾乘人员争吵。良好的形象、优美的环境和真挚的微笑,使过往驾乘朋友来得开心,走得顺心,每一个收费站都是一道独特靓丽的风景线。

3. 倡奉献——恪尽职守爱岗敬业

团结、实干、诚信、创新是西镇人的企业精神。团队协作、求实专注、快乐工作、开拓创新是西镇人的价值观。在明媚的季节里,在畅、洁、绿、美、安的西柞高速公路上,南来北往的车辆川流不息,呈现出一派生机勃勃、车水马龙的繁华景象。这正是西镇干部员工辛勤努力的追求,是他们用心血和汗水、用真诚和微笑搭建的结晶。

阳光下收费员维护红亭卫生、清除道口杂物;漫漫长夜里他们依然坚守岗位直到天明;为维护国家财产,他们耐心解释直到驾驶员心悦诚服、按章交费;路政、监控、收费人员全方位配合,共同解决交通紧急状况;路政巡查员风里雨里来、霜里雪里去,不分昼夜持续巡查;还有养护人员为了确保公路畅通,顶着烈日,冒着严寒,辛勤勘察、认真监督施工。为了集体的荣誉,各岗位工作人员并肩作战、各尽其能、互相协助,共同经历着文明服务道路上的风风雨雨。

4. 创辉煌——创新超越敢为人先

"绿色环保路、真诚和谐人。"是西镇的企业口号。西镇人在企业文化中创新提出了 F*T*S 模式,即做驾乘信赖的朋友(Friend)、建和谐快乐的团队(Team)、为社会提供满意的服务(Satisfaction)。创建一流文化,打造西镇品牌,用微笑传递文明,以服务营造和谐,打造全国高速公路运营管理单位之典范是西镇分公司树立科学发展观,对建设发展的西镇、和谐的西镇、腾飞的西镇确立的发展目标。

在省级文明公路创建工作中,西镇分公司以开创"社会认可、百姓满意、全面发展"的运营管理新局面为重点,奋力突出体现文明西镇、和谐西镇、发展西镇,服务社会,奉献社会的指导思想,确定了"绿色、环保、和谐、真诚"的创建主题,丰富多彩、形式多样的创建活动贯穿了创建工作的整个过程,并取得了显著成效,被省委省政府命名为省级文明公路。

如今,"团结、实干、超越、创新"的西镇人仍在不断努力和创造着。为了西柞高速公路的美好未来,西镇人用高度的责任感和使命感,团结一心,展现青春的蓬勃力量,他们励精图治、务实求真、开拓进取,用扎实的工作、一流的业绩守护西柞,奉献青春、服务社会!

十、秦岭终南山公路隧道

2007年1月20日,又一条三千多万三秦儿女久久渴盼的穿越大秦岭的梦中之路,从梦想化作了现实。

这,就是中国第一长隧——秦岭终南山特长公路隧道。

有人说,它像一把神奇的"缩地金尺",把西安到柞水长达146km、费时3个多小时的崎岖山路,缩短为60km、不到40多分钟平稳快捷的车程。

有人说,它像一个平安保护神,无论数九寒冬、大雪封山,抑或狂风呼啸、暴雨倾盆,驾车从这里穿越中国的南北分界线——秦岭大山,都成为等闲之事。

它是一条幸福之路,一条开放之路,让陕南安康敞开门户,和"外面的世界"更加密切相连,社会经济腾飞发展。

它更像一个绚丽的梦想,让走进它的人感到神奇和感动……

(一)项目概况

巍峨秦岭,龙脉延绵。穿越秦岭的终南山公路大隧道,是国家高速公路网包头至茂名线的重要组成路段,也是陕西省"2367"高速公路网西安至安康高速公路的控制性工程。秦岭终南山公路隧道位于包茂线陕西境西柞高速公路K64+796~K82+816处,即于西安市长安区五台乡青岔村铁路隧道西120m处进洞,至商洛市柞水县营盘镇小峪街铁路隧道出口西30m处出洞,穿越秦岭牛背梁国家级自然保护区,地跨黄河、长江两大水系。项目路线全长21.21km,其中隧道主洞(单洞)长18.02km,隧道南北两端引线长3.19km,引线包括桥梁隧道和部分路基工程。项目于2002年1月由原国家计划委员会批准立项,于2002年3月开工建设,2004年12月13日双洞贯通;全线于2007年1月20日建成并投入试运营;竖井工程于2006年5月开工,2009年4月建成并投入试运营。

秦岭终南山公路隧道的建成,对完善国家和陕西省公路网络结构,突破南北交通屏障,改善我国西北、西南交通运输,加强西北、西南、华北、华南经济文化联系,构建和谐社会,推进西部大开发,加快实施黄河经济圈和长江经济圈政治、经济、金融、文化技术交流具有重大的战略意义,对推动我国高速公路特长隧道建设积累了丰富的经验。同时,极大地改善了陕南地区的交通状况,增强了西安市的经济辐射力,促进陕南地区经济发展和产业结构的升级,对发挥陕西省在实施西部开发战略中的区位优势,推动西部开发战略的实施,建设西部强省具有重大的经济意义。

全线采用双向四车道高速公路技术标准设计,设计速度80km/h;桥涵设计荷载等级为公路一级,设计洪水频率为特大桥300年一遇、其他桥涵100年一遇;整体式路基宽24.5m;隧道单洞净宽10.5m,净高5.0m。

全线共设大中桥3380.92m/11座,其中特大桥675.08m/1座(半幅),大桥1384.62m/6座(半幅),大桥939.08m/1座(双幅),检查站大桥172.54m/1座,中桥128.72m/1座(半幅),联络中桥80.88m/1座。特长隧道36040m/2座,长隧道1343m/1座,中隧道640m/1座,短隧道555m/2座。隧道主洞设置通风竖井3座。全线配备完善的通信、监控、通风照明、消防、供配电等机电设施。设立管理区、养护区各1处。

秦岭终南山公路隧道

秦岭终南山公路隧道施工现场

项目共征用土地393亩,拆迁建筑物7100m²,拆迁电力、电讯设施2480m²,完成路基挖方15.26万m³,填方15.32m³,防护1.55万m³。共用木材118.4万m³,钢材32.96万t,水泥4.59万t。

项目初步设计批复概算31.935亿元,后调整概算增加8.338亿元,概算总金额调整为40.273亿元。其中:国家专项基金安排7.49亿元,陕西省交通建设资金安排4亿元,其余由项目法人利用国内银行贷款自筹解决。

秦岭终南山公路隧道由政府主持议价,中铁集团总承包。中铁第一勘察设计院设计。陕西省投资集团公司为项目法人,并组成由4位院士组成的专家组从事技术咨询,专家组工作机构由省公路局牵头。隧道主洞及引线的路基、桥梁、隧道工程由中铁一局集团第五工程有限公司等4家单位施工。通风竖井工程由中铁二十一局集团第三工程有限公司等4家单位施工。交通安全设施、机电工程由西安九天控制工程有限公司等36家单位施工;全线由山西省交通建设工程监理总公司等5家单位监理。全线房建工程分别由中铁第一勘察设计院、陕西省公路勘察设计院设计,由陕西机械化施工公司等3家单位施工,西安新业建设监理公司监理。征地拆迁由沿线各级政府国土行政主管部门负责具体实施。

(二)建设情况

1. 前期决策

秦岭以"天下之大阻"闻名世间。自古及今,人们为开拓秦岭南北交通历尽艰辛。20世纪50年代,修建210国道西安至宁陕段,路线沿山盘绕,急弯陡坡叠连,交通事故多发。尤其冬季冰雪封山、道路中断,人车通行极为不便。1988年、1999年,陕西省交通厅先后安排陕西省公路勘察设计院进行西安至柞水二级公路路线方案调查、研究和初步设计。西安至安康公路纳入主骨架高速公路建设规划后,设计单位提出9km、11km和13km 3个通过秦岭终南山公路隧道方案。

时任陕西省省长程安东,从西康铁路18.46km特长隧道贯通突破秦岭天险得到启发,提出并力主利用已贯通西康铁路隧道,借助其成熟技术成果、施工力量、技术与临建设施,在相同方向、就近位置修建18km特长公路隧道,巧借铁路隧道施工成功经验,利用铁路Ⅱ号线隧道铺轨运营前3年半左右空置期的机遇,平导解决公路东线隧道施工通风、运输等难题,实现长洞短打,多头并进,缩短工期,节约资金,降低风险;同时,低高程、短距离建设公路隧道,可将高速公路路线降至秦岭雪线以下,根本解决公路路线盘山绕行之苦和冬季冰雪断路困扰,使穿越秦岭段高速公路成为一劳永逸的全天候康庄大道。

为抢抓机遇,尽快启动秦岭终南山公路隧道建设,程安东责成陕西省计委按程序火速向国家主管部门申报项目建议书,并负责紧盯催批。他则紧急赶往北京,向时任国务院总理朱镕基和国家计委、交通部汇报,恳请支持并特准快批;同时,责成交通部门与公路设计单位尽快拿出设计方案;并联系铁道部第一勘察设计院研究突破短隧道、高海拔和陡坡急弯、冰雪阻碍等难题。

1999年10月25日,程安东在铁道部第一勘察设计院西安分院召开第19次省长办公会议,听取秦岭终南山公路隧道设计方案汇报,会上明确了隧道建设规模、建设单位、资金筹措、项目实施模式及前期工作等有关问题。2000年6月5日,第6次省长办公会议,决定成立程安东任组长,副省长贾治邦、巩德顺、洪峰,陕西省交通厅厅长乌小健为副组长的西康公路秦岭终南山公路隧道建设领导小组。8月25日晚,第11次省长办公会议,研究抓紧落实项目建议书和预可研究报告审批事宜,决定项目建设法人,提出力争年底前隧道项目开工建设。之后,省长办公会议多次研究确定隧道建设重大问题,推进隧道项目特事特办,不等不靠,加快实施。

2001年1月20日,陕西省人民政府正式下发设立秦岭公路隧道公司有关问题批复,明确隧道建设资金由省交通厅补助4亿元,其余由陕西省投资集团公司筹措;由铁道部工程管理中心与秦岭终南山公路隧道公司签订总承包合同,按"交钥匙"模式总承包建设。

3月,程安东到北京参加全国人民代表大会期间,再次向国务院总理朱镕基和国家计委汇报秦岭终南山公路隧道设计方案,请求国务院尽快批复隧道项目立项。程安东汇报理由有三:一是符合规划,二是方案合理,三是陕西需要。朱镕基当即表示同意研究。

6月20日,秦岭终南山公路隧道东线深埋段试验工程开工。

2002年1月23日,国务院办公会议研究同意秦岭终南山公路隧道项目立项。

2月6日,国家计委下达秦岭终南山公路隧道项目建议书批复。

2003年8月28日,东线隧道率先全部贯通,创造了18个月贯通18.02km单线隧道的世界奇迹。2004年12月13日,西线隧道宣告贯通,提前两年实现了双洞贯通的目标。

2.项目管理

2004年12月,双线隧道贯通后,陕西省投资集团公司将所属的陕西秦岭终南山公路隧道有限责任公司和隧道项目一并移交陕西省交通厅,先后由陕西省交通厅公路隧道建设管理中心、陕西省交通建设集团公司作为项目法人,负责项目后续工程建设与运营管理。项目法人单位明确了隧道建设目标为:建成世界级优质工程,争创鲁班奖和詹天佑奖,工程质量、管理水平、综合服务水平均达到国际先进水平,建成代表我国公路隧道建设水平的标志性工程。

工程交接之初,由于铁路和公路隧道的质量标准和要求不同,施工单位和监理单位对公路行业的有关规范标准、管理办法不够熟悉、不大适应,遗留下较多的问题。项目法人单位遵照陕西省交通厅领导的指示精神,围绕着质量、进度、安全三个重点环节,组织攻关。正是从这时开始,秦岭终南山公路隧道工程建设掀开了一个全新的篇章,向着最后的胜利开始了大冲刺、大总攻。

质量控制措施。一是增强质量意识,夯实质量责任。建立健全质量保证体系,明确质量职责,落实质量责任制和质量责任追究制,建立质量档案和质量责任卡;开展质量竞赛,制定质量奖惩办法;注重施工人员岗前培训,强化监理单位现场巡查及隐蔽工程验收。二是严格质量管理,强化质量监管。制定工序标准化细则,做好技术交底;严把原材料进场验收关,确保各道工序的工程质量。三是注重动态控制,优化施工方案。针对各类围岩地质条件不同特点,发挥各施工单位主动性,优化各类围岩爆破参数,大大提高了光面爆破的施工质量。施工过程中,对隧道围岩的开挖、支护实施全过程的监控量测,获得地质围岩条件等各种施工信息,及时调整施工方法和支护形式。四是坚持专家会审,注重科技创新。成立了以孙钧、王梦恕、郑颖人、钱七虎4位院士和隧道专家组成的"专家委员会",对重大项目和技术质量难题进行把关和技术咨询。邀请香港和国外咨询公司进行技术交流和咨询。香港柏成公司、瑞士瓦特公司、挪威辛泰夫公司等都先后对隧道运营通风、安全监控、防火救灾、机电照明和运营管理等进行技术交流和咨询。项目法人尤为注重隧道防火和火灾救援问题,吸取了欧洲隧道运营中三起大火灾经验教训,借鉴了先进的控制模式、多种通风方式和照明方式等技术。

进度管理措施。一是科学规划建设方案。项目利用已打通尚未通车相邻铁路Ⅱ线作为服务通道,实施多个施工作业面,加快东线隧道施工。施工条件具备后,再利用东线隧道作为服务通道进行西线隧道施工,实现"长隧短打、多面掘进"。二是强化进度目标管理。中铁十二局创造了单洞月掘进进尺400多米的中国纪录。针对隧道施工作业面狭小,各工序交叉作业干扰大的困难,制订合理进度目标计划。实行每日进度报告制,加强调度协调,减少工序间的衔接时间,避免出现窝工现象。三是加大施工资源投入。组织专业化施工队伍,优化施工机械设备配备,加大建设资金投入,做好施工环境保障工作。四是严格工期目标考核。积极开展劳动竞赛活动,奖快罚慢。定期对施工单位进行考核,加快施工进度。武警交通部队接管秦岭终南山公路隧道。

武警交通部队接管秦岭终南山公路隧道

安全生产措施。坚持"安全第一,预防为主"原则,建立健全安全生产标准管理体系,强化安全生产管理,使安全工作处于有序可控中。本项目在地质条件差、爆破作业量大、施工作业面封闭狭小等诸多安全生产控制极其困难的情况下,创造了5年隧道建设期"零伤亡"安全纪录。一是健全安全组织体系。签订安全责任合同,明确各级目标及责任,制定安全作业规章制度。定期召开安全生产会议,全面加强安全生产。二是强化现场安全管理。在主洞开挖过程中,针对爆破作业面多,加强爆破器材物品和操作人员安全管理;坚持作业面前的围岩、初期支护以及机具设施安全检查;针对软弱围岩、断裂带等不良地质状况,提前拟定安全施工方案。三是安全生产措施到位。采取切实有效措施,积极应对高应力、高地温、高岩爆等地质灾害;施工现场公告牌,安全警示标志齐备,配备足够的消防设施,保证施工面足够的照明和通风。

高度重视精神文明建设和廉政建设。树立精品工程的文明窗口形象,建设文明工地,开展文明施工,不断提高施工队伍的素质。廉政教育、制度、监督三措并举,把预防腐败工作落实到具体责任人,细化到各个工作环节,杜绝出现腐败现象,让秦岭终南山公路隧道成为过硬的"阳光工程、精品工程和廉洁工程"。

(三)科技创新

秦岭终南山特长公路隧道单洞全长18.02km,双洞全长36.04km,双洞四车道上下分行。当时世界最长的挪威莱尔多公路隧道,长24.5km,为单洞双向双车道。秦岭终南山特长公路隧道是世界上最长的双洞高速公路隧道,享有"建设规模世界第一""中国公路隧道之最"的美誉。秦岭终南山隧道也是第一座由中国人自行设计、自行施工、自行监理、自行管理,综合技术水平最高的高速公路特长隧道,荣获第12届中国土木工程詹天佑奖,这个"天下第一隧"处处闪耀着科技之光。

1. 主要技术创新

(1)创新建设技术。第一次利用西康铁路Ⅱ隧道,分4段打横洞,实现长隧短打,据匡算节省投资3亿多元,缩短工期2.5年;陕西省第一个南水北调工程——"引乾济石输水隧洞"工程,又利用终南山公路隧道西线,采用同样的施工方法顺利完工。这种施工方式,开我国铁路隧道、公路隧道和水利隧道建设相互利用、节约投资、循环互动、和谐发展之先河。

创新大断面锥形掏槽技术,研发集成了钻孔、照明、通风、喷水等多功能为一体的隧道开挖作业台架,实现安全快速施工,创造了单断面月掘进429.5m的全国纪录。

研发隧道通风竖井施工成套技术和装备,解决了12.4m超大直径、661m深竖井施工难题,自主研发的双层施工吊盘,可保障施工人员迅速进入安全区。自主研发的竖井滑膜衬砌施工装置,实现井壁与中隔板混凝土浇筑一次成型,保证了质量,竖井施工创造了全断面开挖月进尺80m、衬砌浇筑月进尺236m两项世界纪录。

(2)创新通风技术。攻克了隧道复杂通风系统网络计算、送排风口距离和角度等多项关键高难技术,创新建立了由2条主隧道、3个竖井和71条横通道构成的"纵向分段式"通风系统,解决了18km特长公路隧道的通风难题。隧道东西两线设置3座通风竖井,与射流风机组合纵向式通风。最大井深661m,最大竖井直径达11.5m。井上风塔高40m,整体钢筋混凝土结构。竖井下方设大型地下风机厂房。竖井工程规模、布局、完善的功能和通风控制系统为国内首创。

首次确定了符合我国现用车辆的一氧化碳、烟雾基准排放量及其修正系数,创立了适合我国交通状况的隧道排风设计新标准。

(3)创新节能环保技术。优选18km隧道方案,缩短公路里程64km,保护了秦岭珍贵的动植物资源,节约土地1120亩,减少林地破坏4480亩,利用隧道开挖弃渣建造耕地400余亩,同时对施工废水、废渣采取有效处理办法和防护措施。改善了路线线形,降低了公路越岭高程,一方面减少了汽车爬坡尾气的排放,实现低碳环保,另一方面解决了秦岭山区冬季冰雪对公路交通的影响,使西康公路成为全天候安全运输通道,提高了运输效率。

首次采用前馈式通风控制技术和动叶可调轴流风机,实现风机智能控制,节能效果显著。

(4)创新灯光技术。模拟洞外自然景观,隧道双洞内设置了6处长度均为150m的特殊灯光带,通过不同的灯光和图案变化将特长隧道分为几个短隧道,缓解驾驶员行车压抑感,保证行车安全。另外,在距检修道0.8m处设置诱导灯,采用LED光源,帮助驾驶员能够保持与前车的安全距离,并在火灾状态下指示人员安全快速地逃离现场。这些技术,不但在我国公路隧道建设中属首创,在世界公路隧道中也属首创。

(5)创新安全监控技术。建立了先进完善、安全可靠的智能监控安全预警体系,达到世界先进水平。实现全过程、全方位实时监控和事件快速处置;构建了监控指挥中心、消防队、洞内摩托值守、医疗急救、危险品检查、守卫大队、隧道警察大队、路政管理为一体的联勤联动应急救援机制。隧道内每125m设有一台视频监控摄像机,两洞共设有摄像机288台,实现了全洞无盲区监控,是目前世界上高速公路摄像机安装最密集的路段。每250m设置一台视频事件检测器,对可能发生的火灾事件进行全方位自动跟踪监控,并根据事件类型提供最有效的救援方案。

(6)创新策略管理理论。首次创造性提出策略管理理论,并运用了首套策略自动生成软件,对火灾、交通事故、养护等事件进行自动监测和管理。只要事件发生,策略自动生成软件就会自动生成相应的策略程序进行全方位联动指导,保证隧道运营管理的准确性和可靠性。

2. 与同类技术比较

与国外特长隧道相比,秦岭终南山隧道为高速公路隧道,交通量大,通风网络复杂,防灾救援要求高,运营安全难度极大。

此前,国内外仅有单洞隧道通风技术,秦岭终南山隧道研究解决了双洞隧道、多竖井、多横通道相互影响的复杂网络通风技术问题,达到国际领先水平。

世界上同期建成的10km以上高速公路隧道只有台湾雪山隧道。秦岭终南山隧道每延米总造价、机电工程造价、运营能耗分别为雪山隧道的37.9%、50.8%和55.8%。本项目工期5年,与同期建成、规模相近的台湾雪山隧道13年工期相比,工期大幅缩短,为早日发挥社会效益和经济效益奠定了基础。

3. 知识产权及有关评价

用科学技术支撑和保障隧道建设,是终南山特长公路隧道的最大亮点。隧道建设过程中,52家单位多学科、跨行业联合攻关,历时8年,取得科研成果11大类、40余项,其中5大类鉴定为国际领先水平,获得国家专利4项,形成国家级工法1项,省部级工法2项,出版专著 5 部,发表论文 380 篇。交通运输部鉴定结论为:项目成果总体达到国际领先水平。

2001 年,在交通部的大力支持下,开展了西部交通科技项目"秦岭终南山特长公路隧道关键技术研究",建立了多竖井通风、火灾模式下通风和隧道监控 3 个世界水平的试验基地,在理论和实际技术等方面取得了 20 多项重大突破。通风技术、防灾救援技术和监控技术达到国际领先水平。研究阶段性成果除已在大隧道设计中运用外,还被国内 50 多座公路隧道设计所采用。如此庞大的研究队伍、高额的经费支持和众多的科研成果来"攻打"一个公路隧道工程,这在我国公路隧道建设史上是亘古未有的。

在"特长公路隧道空气质量标准与环境影响"的研究中,课题组在充分论证环境污染、环境保护的措施后,考虑到运营阶段隧道内所排汽车废气对周围空气质量可能有影响,在设计中专门为 2 号竖井加高了 40m 的排风口高度。经环境评价和科研项目研究,2 号竖井附近的一氧化碳浓度全部符合有关标准。

"特长公路隧道防灾救援技术研究"课题,对公路隧道防灾救援关键技术采用模型试验、数值模拟、理论分析等手段,进行了开创性的研究工作,在国内外首次建立了隧道火灾数据库、公路隧道火灾模式下复杂网络通风组织试验基地、公路隧道防灾救援设计方法。

"秦岭终南山特长公路隧道监控技术研究"的课题成果,已经为隧道运营管理提供了强有力的技术保障,在国内外首次将感温、感光两种原理结合起来,成功地进行了多种类型火灾自动探测器自动报警性能的试验和工况试验,在国内首次提出了特长公路隧道交通控制方案,在隧道内建立了视频车辆检测系统、闭路电视监测系统、火灾自动报警系统、通风系统、照明系统、供电系统、环境检测系统、区域控制系统、交通控制系统、消防系统、安全诱导系统和中心控制系统,并实现了配电管理系统自动化。

"秦岭终南山公路隧建设与运营管理关键技术"研究课题,先后荣获 2009 年度中国公路学会科学技术奖特等奖、2010 年度国家科学技术进步奖一等奖。国家科学技术进步奖一等奖是陕西交通运输行业获得的国家科技领域最高奖项,也是中国公路隧道领域首个国家科学技术进步大奖。

国际隧道协会主席哈维·帕克认为:本项目"是隧道人智慧的结晶,是世界隧道界的骄傲"。

挪威交通运输与通讯部大臣纳瓦赛特女士说:"以前学者都去欧洲看隧道,今后应该来中国。"

中国公路学会隧道工程分会代表评价秦岭终南山公路隧道是"人类文明的伟大作品,世界交通的伟大工程"。

(四)运营管理

秦岭终南山公路隧道分公司,简称隧道分公司,专门负责对秦岭终南山特长公路隧道的监控、养护、路政和安检等运营工作进行管理。隧道分公司隶属于陕西省交通建设集团公司,经陕西省交通厅批准,于2007年1月16日成立。

隧道分公司本着"科学管理、勇于创新、规范精细、高效有序、高度负责、严防紧守、快速反应、果断处置"的原则,紧抓安全管理这一核心工作,加快反应速度,提高应对隧道内突发事故的处置能力,为人民群众提供畅通、安全、便捷、美观、舒适的通行条件。目前已形成了一套有效的特长公路隧道运营安全管理办法和经验,并在以下几个方面取得了显著的成效。

1. 土建养护

隧道分公司设养护科,专门负责包茂高速公路秦岭终南山公路隧道的养护与管理。陕西省交通建设集团公司专为终南山特长隧道投入2000多万元,购置了洒水车、扫地车、高空作业车、清障车、起重车、移动标志车等现代化维修设备,使隧道养护维修趋于机械化、高效化。隧道公司和蓝田路桥公司签订协议,由其负责对隧道日常的保洁、小修保养和休息区的维护管理等工作。养护人员每天利用晚间车流量较少时段,轮番进行清扫、洒水和冲洗路面;十多天清洗一遍洞壁的瓷砖,并负责清理隧道内的死角、边角,如横通道内、紧急停车带前后角落、检修道等机械清扫无法到达的部位。

隧道公司根据秦岭终南山公路隧道特殊需要,"量身定做"了两台瓷砖专用清洗车,定期对隧道进行清洗,并且定期进行能见度和空气质量检测,保证道路干净整洁和隧道路容路貌良好,通行环境美观亮丽。这也是我国首台隧道瓷砖清洗车,展示了陕西隧道人面对世界级工程追求一流服务、世界级管理的能力。

隧道公司建章立制,严格执行《秦岭终南山公路隧道养护管理实施细则》,按照"规范精细"的养护原则,保证了公司养护的隧道及附属设施洁净舒畅、安全美观,技术状况始终处于良好状态。

2. 机电维修

秦岭终南山公路隧道机电系统总投资近6亿元,包含供配电、通风、照明、通信、监控、消防、交通控制、防灾救援八大系统、十六大类、百余种、数万件设备,养护任务艰巨。任何一个设备出现故障都会对隧道运营安全造成影响。

隧道公司始终将机电养护作为养护的核心工作,采用委托维护和自行维护相结合的养护方式,机电维护小组实行24h值班制度,设备一旦出现故障,不分昼夜,保证半小时内到达故障点,立即处置。

通过每日巡查、定期检查、专项检查的方式,及时掌握设备的运行状况,以便进行必要的维护维修,并且建立了机电设备备品库,涵盖了机电系统80%以上的备件,能够做到设备一旦损坏及时更换,大大提高了养护效率。

由于隧道机电系统庞大且复杂,技术要求高,公司每年年初都要制定详细的培训计划,邀请设备厂家工程师前来培训指导或派遣技术人员前往厂家交流学习。通过几年的培训,所有操作人员都熟悉了隧道机电系统情况,技术水平有了很大提高。几年来,机电设备运行总体保持良好,保证了隧道运营的安全。

隧道分公司和长安大学签订了"校企战略合作协议",为隧道机电系统维护起到了强有力的技术支撑。

3. 安全管理

(1)建立完善可靠的隧道运营安全保障体系以制度管安全、以制度保安全。隧道公司先后制定了《隧道分公司制度汇编》,其中包括《隧道分公司绩效考核办法》《隧道分公司消防安全管理制度》《隧道分公司车辆及驾驶员管理办法》等管理制度,达到"用制度管人""用制度管安全""用制度促安全"的管理机制。

强化责任落实。公司与各部门签订了安全目标责任书,明确每个部门、每个岗位的职责和任务,实现一对一落实,做到不留盲区、不留死角。坚持一手抓安全、一手抓运营,层层落实责任,层层分工权责;坚持公司安全委员会例会制度,开展经常性和有针对性的安全治理整顿,认真做好预防工作。

(2)打造队伍,全面实行军事化管理。

隧道分公司从一日生活制度、仪容仪表、工作秩序、工作纪律等方面做起,全面强化职工队伍建设。在各部门、各岗位贯彻《隧道分公司军事化管理条例》,开展岗位大练兵活动和春训、秋训活动;采取走出去,请进来等多种措施,多次组织有针对性的技能知识培训;每周开展紧急集合训练,从军事训练和业务技能两方面全面提升员工整体素质。

(3)加强演练,提高应急救援能力。完善应急预案,密切平战结合。隧道分公司结合实际演习,密切平时和战时应急救援的不同特点,经反复修改完善,制定了一套科学全面的《秦岭终南山公路隧道突发事故应急预案》。该预案操作性强,已被陕西省应急办作为典型预案推荐上报国务院应急办。

秦岭终南山公路隧道监控大厅

成立企业专职消防队伍,防灾救援。按照"靠前设置,尽早发现,快速行动,精益求精"的救援原则,成立了企业专职消防队伍,配备5台消防车和8台消防摩托车,分别值守隧道南口、北口和隧道内 8 号、17 号车行横通道四处应急救援值班点,实行 24h 值守,形成长隧分割、多点就近救援的快速反应队伍,隧道内任何一点发生火情,消防队员能在 8min 内赶到事故现场实施救援,防灾救援的能力得到极大的提高。

模拟实战演练,提高应战技能。借鉴并参考欧洲长大公路隧道发生火灾损失惨重的教训,公司加强消防队伍建设,完善消防设施配备,认真组织演练,每月安排一次小演练、每季度一次大演练、每年一次模拟实战演练。先后组织路政、安检、消防、监控中心、养护、医护、交警等相关部门进行多次模拟综合演练和实战演习,在实战中检验效果,提高各部门之间和全体职工的协调配合能力,有效提升公司应对突发事故的妥善处置能力。

多方协作,建立联勤互动机制。与沿线政府、公安机关和医疗卫生等机构多方协作,与绕城分公司、西镇分公司等兄弟单位紧密配合,建立联勤互动机制,每逢春节、五一、国庆等节日和遇有重大活动前,召开联席会议,通报情况,交换信息,研究对策,有力保障了国家重大节日、会议活动期间隧道的安全通畅。

(4) 消除隐患,加强源头安全管理。加强货运车辆危险品查处。公司专门设立了危险品安全检查站。自通车之日起,安检队员根据陕西省公安厅、交通运输厅联合下发的《关于加强秦岭终南山公路隧道安全管理的通告》要求,运用先进的摩尔远距离检测仪等器械,24h 一丝不苟,对所有货车全面检查,严禁易燃、易爆化学品、剧毒、放射性危险品和超重超长车辆驶入隧道,从源头上堵截安全隐患。在高速公路主线设立安全检查站,在全国高速公路是首例。

强化隧道保畅力度。保持隧道畅通,是确保隧道运营安全的重要基础。路政大队全面负责秦岭终南山公路隧道的路政管理工作,大队施行五班三运转,配合监控中心 24h 不间断巡查实现全程无盲区,及时处置隧道内滞留人员及车辆,严格隧道内施工安全监管,有效保证了管辖路段的安全畅通。路政执法人员强化执法为民意识,坚持文明执法、热情服务,执法过程公正规范、高效廉洁,树立良好的执法形象。

增加隧道固守能力。守卫大队负责全天候守卫秦岭终南山公路隧道南北洞口,制止行人进入隧道,防止破坏隧道设施的行为,保障隧道正常运营秩序。出现突发事件第一时间对隧道南北洞口进行交通管制,严禁非救援车辆及人员进入隧道,为隧道的安全运营管理发挥应有的作用。

4. 内业资料管理

内业管理中,隧道分公司各部门指定专门的内业管理人员,对部门内业资料均进行及时的整理归档,确保资料的及时性、准确性、完整性和纪实性。"痕迹化"管理贯穿始终,为建设及运营管理工作提供准确、翔实的档案信息。

对于秦岭终南山公路隧道及所辖路段内的桥梁,建立了"户籍式"技术档案,严格规范档案整理工作。制定《竣工文件材料归档范围》,实行档案资料归档责任制,确保不遗漏任何有价值的档案资料。

2009年5月,秦岭终南山公路隧道建设项目档案,顺利通过交通运输部档案专项验收。2010年11月,档案工作顺利通过陕西省档案局AAA级认证。

5. 节能减排

秦岭终南山公路隧道用电设备全部为机电设备,总数量将近3万件,总功率达到了12000kW以上。运营初期,电费支出非常之大,分公司立即成立节能减排小组,研究制定节能方案,科学降低运营成本。

运营前四年,分公司在满足设计要求的前提下,多次调整和优化节能方案,最终形成了一套合理可行的节能方式。将隧道照明模式规定为三种:白天模式、夜间模式和加强模式。白天采用白天模式,只开启全部灯具的八分之五;晚上采用夜间模式,只开启全部灯具的四分之一;检修或大型活动时采用加强模式,开启全部灯具。通风则采用轴流风机和射流风机同时开启的方式,每天分时段开启,总时间控制在6h以内。

2011年以来,国家提出更大力度的节能减排口号,隧道分公司积极响应,在满足规范要求的前提下,对隧道节能模式进一步优化。将隧道照明的三种开启模式变为两种,即应急模式和加强模式,平时采用应急模式,只开应急照明(占全部灯具的1/4),特殊情况采用加强模式,同时增加开启耗电量极低的道沿LED照明,增加了隧道的轮廓标志,在节能的同时提高了安全性。同时,按照季节、车流量的变化,对风机的开启数量及时间进行动态控制管理。

6. 密切交流,广泛宣传

由于隧道管理者实施了全方位、立体式的一流养护、管理和服务,使终南山特长公路隧道运行两年半以来,没有发生一次大的安全事故,真正成为了全天候的世界级安全大通道。这也自然吸引了慕名前来参观的络绎不绝的人流。除国家有关部门领导、外省人不断来参观外,外国友人、台湾同胞和国际国内道路、桥隧专家也接连不断地前来考察、学习和交流。

做好外省人、外国人和各级领导的参观接待工作,已成为隧道公司又一项新的光荣而重要的工作。

秦岭终南山公路隧道已成为展示陕西形象的窗口和名片,它也当之无愧地成为国际国内道路桥隧同仁、专家学习、考察和交流的重要平台和课堂。

十一、柞水至小河段

"百里都无半里平,只堪图画不堪行。"

"悠悠烟景两边意,蜀客秦人各断肠。"

这是唐代诗人贾岛和欧阳詹的咏叹,真实地刻画了秦岭天险阻隔南北的艰难。

第九章
高速公路建设项目

秦岭以其奇峰险峻和分隔黄河、长江水系,形成我国南北气候带而闻名中外,也成为隔断南北的交通桎梏,严重制约着陕南经济的发展和山区群众脱贫致富的步伐。

2008年11月28日,柞水至小河高速公路在广大建设者三年的顽强拼搏下建成通车。这条通往秦岭腹地的高速公路,跨越天险、连接南北,在人们的期盼中,不断地向前延伸着,成为陕南人民奔向文明富裕的康庄大道。

(一)项目概况

柞水至小河高速公路,简称柞小高速公路,是国家高速(G65)包头至茂名线陕西境的组成路段,是联系陕南、关中及陕北三大经济区,沟通南、北的重要通道。它的建成通车,大大缩短了西安至安康的行车距离,对提高和完善区域公路路网结构、促进地方经济发展、加快陕南人民群众脱贫致富步伐,促进陕南地区旅游业和区域经济的均衡协调发展具有重要意义。

a)

b)

c)

柞水至小河高速公路

柞小高速公路起于柞水县城北九里湾,与西安至柞水高速公路终点衔接,途经柞水县县城、乾佑镇、下梁镇、石瓮镇、回龙镇、镇安县县城、永乐镇、青铜关镇,止于旬阳县小河镇坪槐村,与小河至安康高速公路起点相连。路线全长71.67km,设计速度80km/h,采用双向四车道设计标准,路基宽度24.5m。全线路基土石方工程768.13万m³,防护排水工程101万m³;共有桥梁27718.61m/127座,其中特大桥5969.98m/5座,大桥21172.65m/109座,中桥427.7m/9座,小桥148.28m/4座;隧道18800m/37座,其中长隧道8880m/6座,中短隧道9920m/31座;桥隧占路线总长的65%。全线设互通式立交4处,分离式立交3处,跨线桥2座,通道12道,涵洞80道。项目概算总投资48.71亿元,竣工决算投资总额53.6亿元。柞小高速公路于2005年10月31日举行开工奠基仪式,同年12月底全线正式开工。

(二)建设情况

柞小高速公路建设项目法人为陕西省交通建设集团公司,项目执行机构为柞小建设管理处;设计单位为中交第一公路勘察设计院、陕西省公路勘察设计院;陕西省交通厅质监站履行政府监督职能,征地拆迁及环境保障工作由陕西省商洛市柞水县、镇安县和安康市旬阳县负责实施,70家单位参与了施工及监理工作。工程经陕西省交通厅质监站抽检,关键指标合格率达到95.8%。

特殊的地理位置与地质结构使柞小高速公路的建设存在许多困难:

(1)构造物密集,工程造价高,是最为突出的特点和难点。全长71.67km的柞小高速公路,共有桥梁127座,隧道37座,桥隧比例高达65%,每公里造价高达6800万元。

(2)地形复杂,地质条件差,施工难度大。柞小高速公路沿乾佑河两岸换岸布线,乾佑河河道狭窄,两岸悬崖峭壁,出露地层复杂,岩溶、断裂、褶皱和岩石面节理构造发育,地质灾害易发,施工场地狭小,施工条件艰苦。上跨铁路桥施工是柞小建设的难点,也是柞小高速公路能否按期建成通车的关键。柞小高速公路与西康铁路既有线和复线、102省道交错穿行,立体交叉12处,上跨铁路4处,下穿8处,永久改线102省道17处。尤其是4处上跨铁路桥梁施工,需要与铁路多个部门配合,在每天仅有的60min"天窗"时间内施工,施工难度极大,安全要求非常严格。

(3)环保要求高。柞小高速公路沿乾佑河穿行于秦岭深山腹地,一方面,秦岭是我国重要的自然保护区,植被丰富,环境优美,另一方面,乾佑河属于汉江水系,是国家南水北调工程最重要的水源地,因此环保要求非常严格。

(4)建设环境复杂。柞小高速公路途经商洛、安康2市3县7个乡镇25个自然村,需征用土地316.46公顷,拆迁各类企业60家、民房992户、学校2所,拆迁量超过20万m^2。秦岭山区山高坡陡,人多地少,受地理条件限制,拆迁、安置十分困难,工作难度大。

(5)建设工期紧。项目建设原批复工期为4年,为了落实省委、省政府加快基础设施建设的要求,省交通厅和省交通建设集团公司决定把工期压缩为3年,并提出了把这条路建设成为"环保路、生态路""山区高速公路典范"的目标。

在没有路的地方修出路来,是交通人的品格;在难修路的地方修出好路,是交通人的作为。柞小高速公路的建设者们,以各项举措挑战困难。管理处成立了工程质量、安全生产、生态环保、廉政建设、精神文明建设5个工作领导小组。2008年,为了确保按期建成通车,又成立了加快领导小组,同时专门成立了环境保障封闭、路面、房建、路基尾留绿化、工程变更资料、交通机电及质量安全考核7个工作组,对各单位施工现场的人员、设备进行不间断考核,并及时下发考核通报。在工程建设中,管理处认真推行阶段目标责任分解法,积极开展劳动竞赛活动,严格奖罚,加大人员、设备投入,不断加快建设速度。管理处、总监办、驻地办分别与每家施工单位签订目标责任书,对多次完成目标任务不好的责任人视情况进行责任追究,真正达到了"人人有目标、工作有重点、任务有时限"。

开工以来,管理处组织开展了"变冬闲为冬忙、变冬慢为冬抢""大干120天""冲刺60天,全面完成年度目标任务"及"冬季大干"等劳动竞赛活动。根据目标任务,对各单位施工人员、机械设备数量提出硬性要求,不定期对施工单位人员设备进行履约检查。为了提高施工单位积极性、增强紧迫感,确保各项目标的实现,管理处根据合同约定,按照目标考核要求,对优质、高效、按期完成计划任务的施工单位实行重奖,对工程进度滞后的施工单位,除按考核办法进行经济处罚外,还采取了通报批评、约请企业法人、撤换项目经理、施工单位互助等处理措施。

为确保工程质量,管理处建立健全质量管理体系并有效运转,坚持"首件工程认可""隧道初支交验"等制度,加强工程薄弱环节的质量监控,推行精细化管理,对不符合质量要求的工程坚决推倒重做。自开工以来,管理处、总监办共发出巡查通知637份,全线共报废箱梁20余片,50m T梁1片,立柱24根,桩基1根,返工路基1167m,挡墙返工800余米,路面基层返工2070m,面层返工1936m,隧道内路面返工60m,二次衬砌返工269m,清退不合格原材料40余批次,清理不合格碎石4500m³,不合格改性沥青1300t,查处并清退现场技术人员18名,项目副经理2名,现场监理15名。

柞小高速公路途经商洛、安康2市,征地拆迁、环境保障工作是整个高速公路工程建设的基础性、关键性工作,事关群众利益和社会稳定大局。为了营造良好的建设环境,加快建设速度,柞小项目大力推行文明建设、文明征迁。管理处积极主动与各级地方政府以及电力、电讯、林业、水利等部门协调,并抽调专人负责环境保障工作,及时解决影响工程建设的征迁及环境方面的问题。为切实保护群众利益,柞小项目严格执行省政府批准的征地拆迁补偿政策和规定标准,加强沿线地方公路、水利设施、生态环境的保护,积极搞好工程设计中的群众生产生活设施建设,投资改造了42个安置点,并全部达到通水、通电、通路,改造面积600亩,在全线新修便民桥18座,加固4座,新修道路100余千米,修筑防洪河堤9处近3000m,改扩建学校2所、敬老院1座,同时利用弃渣为群众造地200多亩,真正做到了"修一条公路,带动一方经济、交一方朋友",受到当地政府的高度评价和沿线群众的广泛赞誉。建设过程中,柞小高速公路建设者牢固树立动态设计新理念,反复优化设计,满足"南水北调工程"和沿线区域生态环境的保护要求,对全线盲沟和边坡防护进行了优化设计,对边角地进行绿化景观设计,对全线37座隧道洞门进行了动态设计,实现隧道洞门零开挖。整条高速公路虽然穿山越岭,跨越沟谷,但与自然环境协调一致。

为确保"工程干好,干部不倒",柞小项目组积极开展了反腐倡廉、安全生产和文明创建活动,分别成立了廉政建设和安全生产领导小组,制定了廉政工作制度、工作人员守则,经常组织开展廉政教育活动。设立了廉政举报信箱,开通了举报电话,自觉接受上级监督、舆论监督和群众监督,对举报的问题及时查处,确保廉政建设工作落到实处。按照"安全第一、预防为主"的方针,坚持安全生产一把手负总责、分管领导负主要责任、分管部门具体负责的安全生产责任制,层层签订安全责任书,在所有施工单位和监理单位做到安全机构、责任、教育、制度、考核"五到位",全力营造"人人抓安全、时时讲安全、处处除隐患"的安全生产良好氛围。

(三)科技创新

柞小项目在建设中坚持科技创新,运用多种新技术、新材料、新工艺,提高了工程质量,节省了投资。

一是推广新工艺,在陕西省首次全路段采用振动法设计抗裂型水泥稳定碎石基层。长安大学博士蒋应军副教授潜心研究,提出了一整套基于振动法设计的抗裂型水泥稳定碎石技术。通过该项新技术设计的水泥稳定碎石基层,达到最佳含水率时,具有较好的骨架密实型结构,干密度大、不离析、节省水泥用量30%~40%等特点。柞小高速公路第32、第33合同段于2007年12月前铺筑完成20多千米(底)基层。2008年3月28日,长安大学、柞小建设管理处、路面中心试验室、第32、33合同段等多家单位经过现场检测和调查,没有发现任何裂缝。这标志着陕西省采用振动法设计抗裂型水泥稳定碎石技术铺筑基层的第一条高速公路试验成功。经初步估算,该项技术的推广应用,为柞小高速公路节省了600多万元水泥材料费用。振动法设计抗裂型水泥稳定碎石技术基本解决了一直困扰道路工程界水泥稳定碎石的开裂问题,提高了工程质量和耐久性,促进了半刚性基层技术的发展。经试验研究表明,与传统设计法相比,水泥稳定碎石振动试验方法的应用,节约水泥用量高速公路为550~790t/km,一级公路为480~640t/km,二级公路为300~400t/km,而且生产1t水泥熟料因燃煤和石灰石分解大约释放出1t二氧化碳,可见,该项目有着显著的经济社会和环境效益。

二是在特殊地质隧道中应用安全监测与预警技术。在镇安、柏树坪1号、梅花店3座隧道中,应用现代化的传感、测试通信技术,对特殊地质隧道的支撑体系安装成套的监测传感器,提供安全监测的连续记录,为隧道的安全施工、质量措施评估、结构安全性评估等方面的管理提供了科学依据。特殊地质隧道发生变形时危险性高、时间紧,传统监测方法不能及时准确地给出治理措施评价及结构安全评估。因此,开展隧道安全监测与预警技术可确保治理施工安全,通过实时动态监测数据快速评价治理措施的效果并进行优化,以评价结构的安全性。安全监测与预警技术的应用对保证隧道安全施工及安全运营有着非常重要的意义:①通过对围岩与支护的变位于应力监测反推岩体的力学参数,为工程设计提供可靠依据;②运用现场的观测资料掌握变化规律,可以对隧道的未来性态做出及时有效的预报,指导施工作业,控制施工进程的必要手段;③用作理论研究及理论校核,并为工程类比提供依据;④可长期监测,遇到特殊情况预警,能够保证隧道健康、安全运营,收到良好的经济、社会效益。

三是致力环保节约,利用隧道弃渣作为路基填料。施工中极缺砂石料,这些砂石料从何而来?挖河取砂,会造成河道下切、桩基外露等安全隐患。面对石料短缺及大量隧道弃渣无处堆砌的现实问题,管理处邀请专家讨论并提出将隧道弃渣作为路基填料,经过对每一个隧道进行试验,最终得出结论:全线除3座隧道外,其他隧道开挖产生的千枚岩均可用做路基材料。经过科学试验,为隧道弃渣作为路基填料进行利用的可行性提供了技术保证,本项目共计利用隧道弃渣210余万立方米,节约建设资金约6000万元,同时对地方生态、环境保护起到了至关重要的作用。

(四)运营管理

柞小高速公路建成通车后,交由陕西省交通建设集团公司西镇分公司运营管理。集团公司于该路段设置1个镇安管理所,1个镇安服务区,镇安、东坪和小河3个收费治超站,其中收费治超站还负责包家山隧道的安检工作。

西镇分公司以科学发展观为统领,以收费、养护、路政工作为主线,大力开展各类活动,进一步推进队伍建设,促进运营管理水平提升。

1. 收费管理

通过"优秀班组""优秀班长"等评选有效调动员工的工作积极性及进取心;制定星级公布栏,实现考评结果公开化,起到鞭策后进、激励先进的作用,形成了比、学、赶、帮、超的良好氛围,进而提升收费管理队伍软实力。开展文明服务、业务技能培训、政策文件学习等活动,进一步提升了员工的精神面貌和综合素质,促进服务水平再升级。补充完善和归档内业资料,并创新实行内业电子化查询管理,实现内业精细、规范、便捷。

2. 养护管理

加强日常养护的及时性、预防性和持续性;通过全面整治路容路貌,及时修复路面病害,并做好相关记录工作;加强小修保养工程的验收管理,每月按照小修保养单位上报的验收单,及时组织监理及施工单位对每月完成工程量按照《西镇分公司养护管理办法》严格验收,切实做到月前计划、月中监管、月末验收。路容路貌整治方面,积极做好预防性养护工作,发现路面坑槽裂缝等病害及时修补;完善沿线设施,对沿线缺失的钢板护栏螺丝进行修补;利用高压清洗设备对全线隧道的检修道及洞壁、沿线标志标牌、隔离墩进行集中清洗;对全线排水设施进行定期彻底清理,同时加强事故多发段隧道内的排水设施清理力度,增加隧道内缝隙排水沟清理频率;积极督促绿化单位对全线绿化物定期灌溉施肥防虫治理和补植苗木工作,对于抛洒较为严重的路段,安排专人定时、定点清理,确保所辖道路保持良好的技术状况水平,提供了"畅、洁、绿、美、安"的行车环境。桥隧管理中,对管辖所有桥梁和隧道均实行"户籍式"管理,健全检测数据库,建立桥隧技术档案,实施预防性监控、动态化管理,确保桥隧安全良好运行。通过应急演练,检验各部门各单位处置突发事件的能力,深化团结协作意识。

3. 路政执法

积极做好施工监管工作。始终把"安全施工、确保施工路段正常通行秩序"放在第一位,严格审核施工安全措施,制作周密、科学的施工监管方案。巡查班组每天填写《监管记录》,做好痕迹化管理,在施工过程中,依据国家规范指导施工单位设置安全施工标志,保证施工安全、有序进行。积极开展路域环境整治工作。通过入户宣传、路地协调、文明执法、清理整顿等方式对沿线违法建筑、非公路标志、乱堆乱建等违法行为进行处置。积极开展普法宣传。通过开展"路政管理宣传月"等活动,呼吁大家一起遵守交通规则,保护路产及公路附属设施。

4. 安全维稳

始终坚持"以人为本,安全第一,预防为主"的方针,切实树立"安全发展"理念,以安全促稳定,以稳定促和谐,全面落实安全生产责任制。与各部门层层签订了安全生产目标责任书,坚持安全生产一把手负总责,分管部门负直接责任的安全生产责任制,严格落实安全生产管理人员的责任。健全了安全生产目标考核体系,进一步规范和加强了安全事故信息报送工作,做到了"人员、制度、措施"三落实,确保及时、准确、完整报送相关信息。深入开展安全生产隐患排查治理活动。坚持每月开展安全自查活动和安全教育学习,使安全教育与演练相结合,不断提高员工安全防范意识。并通过消防演练、防汛抢险演练等多种形式的演练,继续完善了各类应急预案,提高了应对突发事件的能力。

历经三载,万余名筑路大军在秦岭腹地蜿蜒盘旋的山麓中,在水流湍急的乾佑河边,铺筑了一条致富的坦途。如今,柞小高速公路这条人流、商品流、信息流的大通道,在秦岭腹地延伸着触角,她穿越群山、跨越沟谷,桥隧相连,与乾佑河比翼双飞,就像两条巨龙穿行在秦岭深山之间,时隐时现,雄伟壮观,气势恢宏,为壮观雄奇的秦岭风光又添一大景观。

十二、小河至安康段

2009年5月28日,对于世世代代被群山阻隔的人们来说,是一个永远难忘的日子。这一天,在秦巴山区逶迤延伸58km、以高速公路连接山城安康的小河至安康高速公路建成通车。安康,一个山水交融、处处是景的生态城市,一个对许多人来说遥远神秘的地方,因有了高速公路,让人们瞬间觉得近在咫尺,触手可及。驱车于小河至安康高速公路,奇山环绕,秀水盘旋。昔日行车其中令人胆战心惊的险山深谷,变成了畅、洁、绿、美、安的旖旎画卷。

(一)项目概况

小河至安康高速公路,简称小康高速公路,位于安康市所辖汉滨区和旬阳县境内。安康市地处陕西省东南部,境内以汉江为界,分两大地域,北为秦岭山区,南为大巴山地区,其地貌呈现南北高山夹峙、河谷盆地居中的特点。由于受秦岭、大巴山的天然阻隔,安康市落后的交通状况一直是限制当地经济和社会发展的"瓶颈"。由于铁路运力有限及公路等级低、自然灾害频发等原因,安康市不能有效融入"关中经济圈"及"全国性物流经济圈",成为陕西省最后一个不通高速公路的地级市,严重影响了该地区经济、社会发展和人员交往。包茂高速公路陕西段纵贯陕西南北,是联结和沟通陕南、关中及陕北三大经济区的重要公路通道和经济大动脉,对发展安康暨陕南经济起着举足轻重的作用。因此,小康高速公路是国家高速公路网包茂线(G65)西安以南段的重要组成部分,也是陕西省2637高速公路网中贯穿我国南北的具有重要政治、经济和国防意义的一条干线公路。小康高速公路于2005年10月31日举行开工奠基仪式,同年12月全面展开施工。

小河至安康高速公路

小康高速公路路线北起旬阳县小河镇坪槐村,接柞水至小河高速公路,途经旬阳县小河、桐木、麻坪和汉滨区茨沟、谭坝、花园、五里7个乡镇,与安康至紫阳至陕川界高速公路相连,在安康市汉滨区五里镇设五里枢纽立交与十堰至天水高速公路和316国道相连。路线全长58.26km,设计速度80km/h,采用双向四车道设计标准,整体式路基宽度24.5m,分离式路基宽度12.25m。全线土石方783.52万m^3,防护排水工程66.13万m^3;共有桥梁38.41km/126座(单幅),其中特大桥10.03km/6座,大桥25.2km/76座,中桥2.91km/40座,跨线桥274.65m/4座;隧道(单洞)49.275km/31座,其中特长隧道36.84km/6座,长隧道6.521km/4座,中隧道519m/1座,短隧道5.395km/20座;桥隧合计43.84km(双幅),占路线总长的75.2%。全线设互通式立交3处;通道10道,涵洞98道,停车区1处。项目概算总投资51.82亿元,竣工决算投资总额58.95亿元。

小康高速公路项目法人为陕西省交通建设集团公司,执行机构为小康建设管理处;设计单位为陕西省公路勘察设计院;全线施工监理按二级机构设置,即总监办和高级驻地办,由陕西恒通工程咨询有限责任公司等12家单位承担施工监理任务;陕西省交通厅质监站实施政府质量监督职能;征地拆迁由陕西省国土资源厅统征,环境保障由安康市人民政府负责实施;65家单位参与了项目施工。工程经陕西省交通厅质监站抽检,关键指标合格率达到98.4%。

(二)建设情况

2004年9月7日,交通部批复小康高速公路项目工可研报告;2005年9月9日,交通部批复小康高速公路项目初步设计;2005年12月9日、2007年1月4日,陕西省交通厅分别批复南段、北段施工图设计。

小康建设管理处认真贯彻执行《招投标法》和《公路工程招标投标管理办法》等有关规定,严把资格预审和招标工作关,在指定媒体上公开发布招标公告和中标候选人公示。招标工作整个环节都在陕西省交通厅、集团公司的监督指导下,规范有序进行,做到公开、公平、公正。在秦巴山区修筑小康高速公路有着诸多难点及特点:

一是地质复杂,地形条件差。公路主线布设于秦岭南部山区,横穿诸多山脉,沿线河流切割强烈,沟壑纵横,地层由膨胀土、薄层坡积或残坡积碎石土、风化破碎片岩、千枚岩组成,地质灾害频发。路基主要灾害有滑坡、膨胀土、崩坡积物、软基等,隧道灾害主要有塌方、涌水、涌泥、断层、千枚岩大变形等,成为制约小康高速公路施工顺利进展的"拦路虎"。

二是构造物密集,桥隧比例高。全线共有桥梁38.41km/126座(单幅),隧道49.27km/31座(单幅),桥隧合计43.84km(双幅),占路线总长的75.2%。其中位于小康高速咽喉部位的包家山特长隧道长11.2km,其长度排名时居全国第三。由于构造区密集,质量控制的难点和薄弱点多,对质量管理和安全管理提出了更高的要求。

三是技术要求高,施工难度大。滑坡治理,膨胀土路基,T构特大桥,下穿210省道浅埋40cm的苟家山隧道,涌水、流沙频发的大棕坡隧道,强风化千枚岩地质、出现特大溶腔的谭坝Ⅰ号隧道,涌水、涌泥以及穿越37条断层的控制性工程包家山隧道,这些成为全国高速公路工程中罕见的疑难问题集中路段,堪称全国高速公路隧道地质库,极大地影响了工程建设进度。

四是便道运输险,材料进场难。路线布设于深山峡谷中,作业面狭窄,施工选址难,新修施工主便道160多千米。横贯东西的包家山将工程分为南北两段,主要材料和机械设备运输需绕行100多千米。加之陕南雨季长,地质灾害频发,致使便道运输时通时阻,材料进场尤为困难。

小康高速公路横穿秦巴山区,沿途自然风光秀美,项目开工伊始,陕西交通建设集团公司小康建设管理处就提出"要把小康高速公路建设成为一条生态路、科技路、人文路,建设成为我省同期建设项目中管理一流、质量一流的优质廉洁工程,确保部优,力争国优"的建设目标。并始终注重在工程管理中,突出"好"字,强化质量监管;突出"快"字,确保工程进度;突出"和"字,构建和谐交通;突出"稳"字,狠抓安全生产;突出"廉"字,推行廉洁从业。

小康高速公路线路布设于安康市旬阳县和汉滨区 7 个乡镇 53 个行政村,涉及群众利益的问题点多面广。安康市委、市政府重视和支持小康高速公路建设,出台了保障措施,对小康高速公路参建单位实行挂牌保护。同时派驻监察室及常驻联络员,督促检查各级政府及相关部门对保障措施的落实情况,为项目建设保驾护航,创造了良好的外部环境。征迁工作中,小康建设管理处坚持"以群众工作为基础、以当地政府为依托、以宣传教育为先导",做到征地与支付同期进行、同时兑现,拆迁与安置同时落实,确保征迁户有钱建房、有地建房。对群众反映的问题,小康建设管理处及时给予答复和处理,使群众反映的问题件件有答复,事事有落实。同时,切实维护农民工合法权益,对农民工工资实行专项管理,制定了《农民工工资支付管理办法》,实行监督发放,保持了施工队伍的稳定。整个工程建设中,未发生农民工工资上访事件,没有因征迁问题引发群众上访和闹事等事件,实现了公路建设与群众利益的和谐统一。

项目管理处坚持"把路修宽一点,把线架粗一点,把桥修长一点,把事做实一点"的原则,为地方修路、通水、通电、搬迁、安置,得到当地群众和政府的一致好评。据不完全统计,参建单位共投资 3000 多万元,结合便道施工改善加宽乡村公路 59km,修建便民桥 10 座,解决了 6 个村无路可行和 15 个行政村近万人通行难的问题;新建学校两所,方便了沿线村民子女上学;投资 425 万元,拆迁电力杆线 35km,为当地村民改建和新建配电室 7 座,加大线径,增加线路容量,改善当地村民的用电质量;投资 80 万元,为当地村民打井 12 口,修建饮水管道 8000 余米,蓄水池 15 个,解决了 5000 多人的吃水难问题;实施集中安置点通平工程 8 处,开挖宅基地 218 户,土石 20 万 m^3,回填 5 万余立方米,浆砌挡墙 3000 余立方米,实现了公路建设与群众利益的和谐统一。

建成后的小康高速公路呈现五大亮点:一是实行人性化设计,路基边沟采用植草绿化的"碟形边沟",路基边坡"稳定为前提、减少工程防护、加强生态防护",力求原有山体植被不受破坏,对工程实体不提倡人为造景,要求通过绿化和美化将公路融入自然环境中;二是跨线桥实现一桥一景,排水沟推行碟形水沟和暗水沟相结合以及交通安全设施进一步推广新理念;三是隧道洞门设计以绿化、美化、自然和谐为主,无大型构造物,隧道施工采取"零进洞",贯彻"无洞门理念",避免大开挖;四是创新公路建设理念,全力打造小康高速房建以徽派风格建筑为主,即房建以"体现自然环境、突出金州特色、包容公路文化、推行小康亮点"为主体;五是绿化坚持"以竹为主、三季有花、模拟自然、点缀合理"原则,使自然风貌和现代文明气息有机结合,实现公路与地域文化的和谐统一。五大亮点使小康高速公路努力创造精品工程的同时,能够充分融入自然景观,展示安康特点,包容公路文化,体现小康特色,确保小康高速公路建成后沿线与往常一样,天照样蓝、山照样绿、水照样清。同时,采用"借景"手法将沿线平缓舒展的农田风景这些自然元素引进公路,使其成为公路景观的一部分,将小康高速公路打扮成展现陕南自然风情的一道绿色长廊。当你驾车行驶在小康高速公路,会真正享受到"路在林中展、溪在路边流、车在景中行、人在画中游"的惬意景致。

(三)复杂技术工程与科技创新·包家山隧道

包家山特长隧道位于小康高速公路的咽喉部位,是该路线上的控制性工程,也是陕西省"十一五"公路建设的重点工程。隧道进口位于旬阳县桐木沟,出口位于安康市柴家河,穿越了南秦岭山脉的青山和玉皇山两道山峰,地形崎岖,地势险要,山高沟深,植被茂密,地质构造复杂,地层岩性多变,工程施工难度大。包家山隧道采用双洞双向四车道高速公路技术标准。左线长11207m,右线长11205m。隧道长度时居亚洲建成公路隧道第4位。2006年4月30日开工,2009年5月28日建成通车,2011年12月通过竣工验收,工程质量等级评定为优良。包家山隧道工程荣获第十一届中国土木工程詹天佑奖,国家、省部及地方优质工程奖6项,授权专利6项,受理专利3项。

包家山隧道施工

隧道通风采用机械通风,设斜井3个、竖井1个。斜井最长890m,竖井深243m,共安装风机66台,风机电缆34.98km。共设置17条车行横洞(其中含4条反向车洞),平均间距750m左右,在两条车行横洞间加设两条人行横洞,共设置人行横洞27条。共设置配电洞室8条,并在左右线各设置一处长200m的特殊灯光带。该隧道耗用钢材2.10万t,水泥30万t,砂石112万m^3,炸药2500t,雷管300万发,开挖土石方255万m^3。隧道建设总投资约14.5亿元。

包家山隧道通过地段以千枚岩、片岩为主,共穿越断层37条、大型褶皱带3处。由于洞身岩层破碎,节理裂隙发育,与地表连通性好,部分路段处于富水区域,围岩自稳能力差,施工过程中发生特大型涌水7次(其中造成全面停工的重大涌水事件5次),146次涌水、涌沙、涌泥,168次大小塌方及雪灾、岩爆等地质灾害和自然灾害,前后停工近4个月,直接经济损失约2500万元。中国工程院院士、隧道专家王梦恕说"隧道我见得多了,它们穿越千奇百怪的复杂地质,发生过各式各样的地质灾害,但是却从未见过像包家山隧道这么复杂的。包家山隧道的地质结构在全国高速公路工程中也属罕见,堪称高速公路建设地质资料库。"

为了加强对包家山特长隧道工程建设的管理和指导,建设者从初步设计预审阶段介入相关工作,通过查询、走访、"走出去、引进来"等多种方式,广泛吸收国内外长大隧道建设管理经验。专门成立了"包家山隧道工程建设管理领导小组",并先后邀请了包括王梦恕、梁文灏院士在内的全国知名专家,召开了通风、防灾、救援、施工组织方案、不良地质等多次院士级的专家研讨会,就隧址区地下水及地质工作和涌水成因、麻坪河处治及斜、竖井防排水措施等进行了广泛讨论研究,确定了"地表整治与洞内堵水相结合"的治理方案。实施了麻坪河、梯子沟、寇家沟河道铺砌与斜井及竖井注浆堵水。同时,与中铁隧道集团科研所、北京交大隧道研究中心、长安大学等科研部门合作进行包家山隧道课题研究,并将课题阶段性成果不断应用到后续工程中,为重点工程顺利施工提供了强有力的技术保障,其中"复杂地质特长公路隧道建设与运营节能关键技术"及"高速公路建设费用分析与控制对策研究"分别获得陕西省科学技术一等奖、三等奖。

隧道建设者们面对复杂的地质条件、严峻的施工条件和艰难的生活条件,发扬"顽强拼搏、挑战极限、攻坚克难、大苦为荣"的包家山精神,克服困难,坚持科学创新,创造出了一个个包家山奇迹。

(1)论证批复工期为60个月,实际建设工期为37个月(期间遭遇断层、涌水、涌泥及轻微岩爆等地质灾害),创国内同类型地质条件施工进度首位。

(2)全隧道岩性以片岩、千枚岩等古生界浅变质岩为主,其中Ⅳ级以上软弱围岩占55%,施工中克服了复杂地质条件(隧道穿越37条断层)和施工地质灾害(遭遇特大涌水7次),创造了零伤亡施工记录。

(3)在国内公路隧道斜井承担正洞施工中,首次采用无轨—有轨—无轨运输自动转化系统,完成正洞施工任务4.1km。

(4)有轨斜井安全运行960d,约49200次,最大提升速度达47m/s,创国内公路隧道之最。

(5)斜井优化采用大断面(4.55m的半径,原设计半径为3.5m)开挖,既满足了通风要求,又加快了施工进度(承担正洞施工任务6.6km),实现了性价比最大化。

（6）在国内公路隧道施工中,首创利用243m深的竖井投放混凝土混合料8.2万 m^3,无一质量和安全事故发生。

（7）首创了泄水沉砂池岩溶地质灾害治理技术,为我国岩溶隧道处置提供了经验。

（8）首创在施工安全方面,每个工作面配置救生衣、救生圈、气垫船及灭火器等安全生产器材。

（9）首创在隧道洞口设立指纹识别系统,将安全生产管理工作纳入程序化。

（10）在国内公路隧道中,首次利用互联网技术将现场施工纳入远程监控。

（11）四个通风井的设置与正洞施工协调配套,既满足了运营通风需要,又大大加快了正洞施工进度,达到了资源配置最优化,在国内同类型工程中,效率最高。

（12）按照1∶10的比例,制作了包家山隧道机电运营仿真模型,既可实时反映、模拟演示运营状况,又可作为员工培训教育、爱国主义教育基地。

包家山隧道的胜利建成,形成了全天候安全运输通道,缩短西安至安康公路里程约68km,提前两年实现了陕西省"市市通高速"的战略目标,促进了陕西经济发展和西部经济振兴,最大限度保护了南秦岭的自然生态环境。对复杂地质条件下修建特长公路山岭隧道具有引领和示范作用,对推动我国高速公路特长山岭隧道建设具有重要意义。

中国工程院院士梁文灏说:"包家山隧道是工程建设者发扬高度的科学、创新、求实精神,克服涌水、高地应力、软弱围岩等困难,为中国公路隧道建设贡献的一份高水平、高质量的成果。"

（四）运营管理

小康高速公路建成通车后,交由陕西省交通建设集团公司安川分公司运营管理。安川分公司于该路段设置安康北停车区和五里管理所,管理所共辖茨沟、谭坝、五里3个匝道收费站、包家山隧道管理站和包家山隧道南危险品检查站。

安川分公司在陕西省交通厅和交通建设集团的坚强领导下,在地方政府的关心支持下,以党的十八大、十八届四中、五中全会和习近平总书记系列重要讲话精神为统领,以贯彻落实交通建设集团工作会议精神为主线,坚持规范管理、高效运营,养护、收费等各项工作有序开展。

1. 制度管理

安川分公司从制度建设、机制建设、队伍建设和作风能力建设入手,营造严肃、活泼、温馨、争先的工作氛围,打造求实、拼搏、严谨、高效的企业团队,不断优化和完善"分公司—管理所—收费站"的三级管理模式,修订《安川分公司制度汇编》,内容涉及9大类180多项制度,建立健全了涵盖各项业务和各部门工作的长效机制。

2. 收费管理

加强收费、通信、监控系统及设备维护保养工作,确保无系统瘫痪和数据紊乱等重大网络安全责任事故发生。集中开展"文明服务月"活动,坚持微笑服务工作常态化,节假日期间开展形式多样的文明延伸服务。组织开展"春训""治理偷逃漏通行费及清网行动""运煤车辆减半收费"及"文明我先行、服务我更优"等专项活动,不断提高收费管理水平。加强员工技能培训,做好节假日小型客车免费工作和公务免费车辆、绿色通道车辆免费工作,做到应免不征、应征不免。

3. 养护管理

安川分公司不断巩固和提高"生态路""人文路"品牌,全面推行精细化管理、预防性养护,注重工程缺陷修复,重视特殊路段管理,加大养护信息化建设,建立桥梁、隧道、路面及内业资料管理系统。开展绿化专项整治,注重防汛及除冰除雪,确保水毁及时修复。

4. 安全管理

完善制度,明确责任。结合安全管理制度,及时调整安全管理机构,更新安全监管网络,使安全管理工作横向到边、纵向到底。分析问题,查找根源。对上年度各类通报问题进行梳理,对思想重视程度不够、整改措施不到位、沟通协调不及时等问题及时总结,分析原因,严格落实整改。强化整改,加大处罚。针对类似或屡次通报的问题,建立台账,严格动态考核,加大员工考核力度,最大限度提高安全生产工作效能。

5. 路政治超安检管理

以路域环境治理为核心,强化"1辆路警巡查车+2名交警+2名路政人员"的"122"路警联合执勤执法巡查模式,通过开展路政宣传月等活动,提高沿线群众守法意识,维护路产路权。开展联合执法宣传,充分与群众互动交流,做到有问必答、有惑必解,树立良好的高速公路执法形象。加强路域环境治理,对巡查班组实行路段责任制,加强对班组的检查考核,增大路域环境的治理力度。积极开展公路两侧违章建筑摸底登记活动。加强治超安检管理,严格对安检站、各治超站进行月稽查,增强了治超、安检人员的业务能力。

6. 隧道管理

加强对隧道机电维护单位的日常检查考核,强化应急救援队伍建设,确保隧道安全正常运行。强化隧道机电检查考核。每月底通过月重点工作完成情况和月考核评分两个方面对外委单位进行考核,同时对履约情况、内业资料、备品备件、设备返修、维护效果等各项日常考核内容进行细化。对考核和检查中发现的问题要求协作单位限期整改,确保各项工作落到实处。加强应急救援队伍建设,提升救援能力。制定针对日常的训练和纪律制定完善了《应急救援队班组日常训练及考核》等八项规章制度,强化应急救援队伍工作纪律。坚持做好救援设备的分类存放,集中保管。通过不断完善各项管理措施,逐步提升隧道运营管理水平。

7. 文明创建

作为全省交通运输系统首个"四个一工程"示范点,安川分公司各所、服务区均建有藏书丰富的职工书屋、设施配套的职工宿舍、功能齐全的职工餐厅和 24 小时供应热水的职工浴室。还有荣誉室、党员学习室、电子阅览室、超市、医务室等。全面开展"读好书、爱本职、献交通"读书教育活动,通过不定期购买、印发相关读物,编印简报及举办各类培训讲座等活动,给职工制造浓厚的学习氛围,进而提升企业凝聚力和竞争力。

安川分公司企业文化建设多次受到驻地安康市委宣传部、市文明办的赞扬,称其为安康各级单位学习的一面旗帜。尤其在精神文明创建中,5 年迈出 3 大步:2009 年获"市级文明单位"称号,2011 年获"省级文明单位"称号,2013 年获"省级文明单位标兵"称号,已经成为安康市文明创建的标杆之一。

小康高速公路的建成通车,打破了长期制约安康发展的交通瓶颈,实现了安康人走出秦巴的梦想,小康高速公路通车不但让安康告别了无高速通达的历史,而且实现了西安至安康高速全连接,进一步密切了安康与关中及陕北的联系,安康到西安的行车时间已由原来的七八个小时缩至两个多小时,并以此为起点融入西安 2 小时经济圈,助力于陕南经济实现突破发展。小康高速公路是一条冲破封闭走向开发之路,更是一条奔向小康的希望之路。

十三、安康至陕川界段

瀛湖夏日暖,苍翠满巴山。安川接秦蜀,桥隧相勾连。
巴山楚水远,紫阳茶歌酣。待到桂花落,通衢越关山。

旖旎秀丽的原生态风光,丰富的水资源和动植物资源,延绵独特的山地文化色彩。这一切,使融入青山绿水中的安川高速公路似水上虹霓,一条人文生态大道以其宽厚的胸襟呈现于汉水巴山优美的自然风光之中。

(一)项目概况

安康至陕川界高速公路,简称安川高速公路,沿茶马古道上久已逝去的驼鸣马嘶的商旅足迹,过汉水,穿巴山,伴任河,到四川。安川高速公路是拓展我国北部、西北等省市与西南地区经济、文化交流的黄金通道,是国家高速网包头至茂名线陕西境内的最后一段,是陕西省"2367"高速公路网的组成部分,也是陕西"十一五"发展规划的重点建设项目。安川高速公路的建成通车,实现包茂高速公路陕西境全线贯通,将陕北、关中、陕南三大经济区连成一体,从而使陕西与相邻的 8 省区高速公路全部联通,对提高和完善区域公路路网结构、促进地方经济发展、加快陕南人民群众脱贫致富、促进陕南地区旅游业和区域经济的均衡协调发展具有重要意义。

安川高速公路起自安康市五里镇尹家营,经安康市汉滨区、紫阳县及汉中市镇巴县,至陕、川两省交界两河口巴山隧道北口,接四川省万源至达州高速公路。路线全长 104.61km,其中五里镇尹家营至恒口镇贾家沟段路线与十堰至天水高速公路共线,长

10.83km，采用双向八车道设计标准，路基宽39.5m，其余路段均采用双向四车道设计标准，设计速度80km/h，路基宽24.5m。全线分两段施工。安康至毛坝，简称安毛段，路线长85.62km，于2007年12月23日开工；毛坝至陕川界，简称毛川段，路线长18.99km（不含巴山隧道陕西境3.21km），于2008年3月20日开工。安毛段桥隧长度占路线总长77.8%，毛川段桥隧长度占路线总长95.2%。全线路基土石方工程1304.6万m^3，防护排水工程110万m^3，沥青混凝土上面层244.411万m^2。全线设桥梁48846m（双幅）/154座，其中特大桥27609.6m/18座、大桥19635.3m/94座；隧道（单洞）66789m/45座，其中特长隧道（单洞）39158m/8座、长隧道（单洞）16118m/10座；互通式立交8处、跨线桥5座、通道8道、涵洞46道、服务区3处、停车区1处。2010年12月31日，安毛、毛川两段高速公路建成通车（紫阳隧道左线贯通）。概算投资共96.40亿元，其中安毛段77.03亿元中，利用世界银行贷款2.60亿美元，折合人民币20.8亿元。

安康至陕川界高速公路

安川高速公路建设单位为陕西省交通厅利用外资项目办公室，项目执行机构为安川高速公路建设管理处，简称管理处。设计单位为陕西省公路勘察设计院、中交第二公路勘察设计院。陕西省交通运输厅质监站履行政府监督职能。山东省公路建设（集团）有限公司、东盟营造工程有限公司、浙江鹰鹭交通设施有限公司等39家施工单位中标参与施工。依世界银行规定，由陕西高速公路工程咨询公司、加拿大超豪国际咨询公司联合组建总监办，另有12家监理单位中标监理。沿线地方政府负责征地拆迁与建设环境保障。

（二）建设情况

秦巴山脉，素有中华"九州之险"的称誉，被《史记》描述为"天下之大阻"。安川高速公路沿秦巴山腹地汉江峡谷蜿蜒前行，建设过程中遭遇地震、冰雪、连阴雨、洪灾、大面积滑坡、泥石流、危岩、崩塌等灾害，曾经是陕西高速公路建设中施工难度最大、地质环境最复杂、桥隧比例最高的项目，被有关专家和世界银行代表评价为"全国在建高速公路中最复杂的项目之一",可以说,安川高速公路的每一米延伸都是步履艰难、困难重重。

这是一个施工条件极为艰难的山岭高速公路建设项目。

"难"的是山高坡陡路窄弯急,施工材料运输困难。紫阳一带的陆路运输只有两条线,一条是襄渝铁路,2008年5月汶川地震后,为保障灾区重建,一度停止了对高速公路建设物资的运输。另一条是始建于20世纪70年代初的310省道,是支撑全线工程建设最主要的运输生命线。310省道要翻越凤凰山和米溪梁两座高海拔山岭,等级低、路况差、纵坡大、弯道急,在山谷峭壁间绕行盘旋,被驾驶员们称为"蛇道"。受铁路和公路运量的制约,水路运输成为安川项目的又一条生命线。全线90%的砂石料、水泥、设备都要用船运送或中转。其中,14标段一进场就租用了11艘大船运材料。15标段为了架桥,在水中使用了6台浮吊,搭建了618m钢栈桥运输材料和设备。可以说,安川高速公路的施工材料是坐了火车坐轮船,坐了轮船坐汽车,一路艰辛运来。

"难"的是山体基岩破碎、大面积滑塌。引用当时公路建设专家的话说:安川项目建设在陕西是"空前绝后"的,其中的"绝"是指道路沿线复杂的地质条件。绵绵大巴山,山山不一样,一些路段几十米内地质差异就很大。沿线主要基岩类别有碳质板岩、泥质板岩、千枚岩和膨胀土等,易风化,稳定性极差,山体处于极不平衡状态。全线上边坡共有162处,其中高边坡63处,最高边坡达70m;陡边坡有109处,从一级边坡到八级边坡不等,坡度从1:0.3至1:1。建设过程中出现的灾害主要有滑坡、崩塌、滑塌、落石及泥石流。

安康至陕川界高速公路五里枢纽立交

"难"的是地理与地质因素造成各标段施工场地窄小,备料场狭小,储料场更小。30个合同段共有特大桥14座,大桥65座,其中12座T形刚构桥必须架在汉江峡谷上。这么多的桥如果在平原地带施工算不上什么稀罕事,但在秦巴山就成了特大的"难事"。12合同段桥梁架设长为4.47km,共需预制1300片梁。项目部在沿线宽度只有三五十米、陡坡60°的半山坡上建了4个梁厂,分向送梁,仍满足不了6台架桥机的使用。于是架梁成了"让人高兴让人愁"的事儿,连施工机械的使用率都不足60%。如此艰难、如此狭小的场地，广大建设者们凭着愚公移山的精神和顽强的斗志，创造了陕西高速公路架桥史上的奇迹。

这是一个灾难频发的山岭高速公路建设项目。

秦巴山降雨充沛，夏洪秋涝，泥石流、滑坡、崩塌等地质灾害频发。"水淹城"是紫阳的噩梦。尽管汉江流域建成许多库区，调控水位，泄洪发电，居住地有了安全保障。然而，汉江容纳着数千条大大小小的支流，一场暴雨下来，这些支流汇聚成河，洪水如猛兽般泛滥。

2008年初，冰雪灾害席卷全国，大雪封山，材料供给全线中断。

2008年4月中旬，第一场洪水袭击了沿线25家施工场地，设备、材料、便道被冲毁。仅2008年，洪水先后13次冲刷了工地。

2008年5月，汶川大地震，铁路终止对高速公路建设物资的运输，材料运输再一次面临中断。

2010年"7·18"特大洪灾，洪水频率达到50年一遇标准，地处紫阳沿线的工地交通、电力、通信、供水全部中断。310省道恒口至紫阳段多处塌方，紫阳至麻柳段路基大面积被冲毁，紫阳隧道（原名米溪梁隧道）严重受损。

2008年至2010年9月，安川工程建设共遭遇大洪水30余次。

连续的降雨使安川项目的建设步履艰难。管理处与各标段失去联系，只能徒步查看险情，全力以赴组织抗洪抢险，一曲惊心动魄的抗洪壮歌就此唱响。

这是我国已建成高速公路中桥隧比例较高的项目。

安川高速公路全长104.61km，桥隧比例高达80%，是陕西交通建设的大手笔。凭借历年来在秦巴山区中的施工经验，建设理念和工程技术，陕西交通人以敢为人先的气魄，谱写着大巴山的桥隧史诗。

安川全线153座桥梁，合计总长47.8km，占路线全长的45%。安川项目桥梁建设"博采众长，自主建设"，桥梁或跨江、或沿河、或过滩，延伸在大巴山中，实现了一次又一次峭壁悬崖间的完美跨越。桥梁施工面临多方面的困难：一是洪水频发。安川项目沿汉江及任河架设12座T形刚构桥，越瀛湖、跨汉江、过任河，这些桥梁的施工历经磨难。高坝、黑沟特大连续刚构桥可以说是在洪水中泡大的。建设者以坚强的斗志和毅力，在一次次水毁后，顽强地立起一根根墩柱，奇迹般地架设一座座桥梁。二是库区高低水位变化频繁，落差近20m，水上施工平台难以定位。三是库区底部乱石堆积，桩基护壁十分困难。12标至15标有一座近11km的大桥，大部分桩基在水中施工，每一个桩基都要搭设一个水上施工平台。河底基石软硬不均，桩基难成孔，辉绿岩坚硬无比使钻头难以进尺。正常桩基施工半个月就可到位，马金任河特大桥39号墩的桩基整整打了一年。

紫阳汉江特大桥是安川高速公路控制性工程之一，桥梁全长2106m，桥墩高74m，桩基深40m,跨径170m,是我省桥梁中深水浅覆盖层桩基施工最难的一个。通过深水基础的施工,特别是对钢护筒周围采用注浆固结的技术措施,有效防止了塌孔等事故的发生。双臂钢吊箱与钢管桩配合使用有效解决了深水基础、承台的施工难点。采取先对群桩基础的淤泥层、沙层和卵石层等松散地层进行注浆加固,待固结后再施工群桩基础,大大降低库区深水基础施工风险。2010年7月18日,紫阳汉江大桥经过三年的艰苦建设终于合龙。

安川全线23座隧道,占路线全长的35%。全线沿汉江、任河布设,地下水系丰富,地上降雨量大,地质破碎,难以攻克的隧道比比皆是。900多米的宋家梁隧道,被称为"最难打的短隧道",粉状千枚岩,泥浆不停外涌,山体滑移,高程不断下沉;火神梁隧道处于古代滑坡堆积体中,山体滑移;凤凰山隧道的千枚岩一个多月才治理好;药树梁隧道同样处于一个破碎堆积体上,一下雨山体就沉陷。而全线涌水量最大的是毛坝1号隧道,32次大型涌水,是设计涌水量的17倍。在这场隧道攻坚战中,建设者付出了艰辛的努力和卓越的智慧。

紫阳隧道(原名米溪梁隧道),全长近8km,是安川高速公路最长的隧道,也是包茂线陕西段上的第三长隧道。紫阳隧道是安川高速公路最后一个断点,也是安川高速公路最大的难点,每一米掘进都牵动着众人心。自2010年7月以来,受"7·18"洪灾、突泥、涌水和复杂地质结构的影响,紫阳隧道工程进度滞后,受到省厅高度关注。外资办、管理处多次邀请省内外隧道专家、地质专家、设计院技术人员和中交第一公路工程局有限公司专家赶赴现场确定方案;施工单位成立专门协调小组进行现场督战;管理处、总监办、驻地监理驻进工地现场跟班作业,督促治理,确保隧道的正常掘进;厅领导多次深入工地现场检查指导,鼓励大家坚定信心,打好攻坚战。2010年12月29日,紫阳隧道左线终于贯通,右线于2011年1月3日贯通,并先后于2011年3月10日、5月31日通车。为此付出努力的人们,激情澎湃,热烈欢呼这来之不易的胜利。攻克紫阳隧道,成为陕西公路建筑技术的一座里程碑。

陕西省交通厅要求将安川高速公路建成"优质精品工程、生态环保工程、创新示范工程、管理规范工程",达到"五个满意"——让省委省政府和全省人民满意,让驾乘人员满意,让环保部门和子孙后代满意,让当地政府和沿线群众满意,让世界银行满意。

为满足省厅要求,面对实际中诸类困难,安川管理处采取"一段路一办法""一合同段一对策"等措施加强协作施工。采用施工单位相互借用场地、相互挪用设备、相互预制箱梁等办法,解决场地、设备等困难;为施工进度打破桩号界限,"先进"帮"后进";外资办、管理处靠前指挥,现场办公,解决技术难题;成立攻关小组,召开专家论证会;协调安康水电站推迟蓄水,争取施工时间。

工程质量,百年大计。管理处、总监办重点对预制梁、墩柱外观、防护工程外观、桥面铺装、连续刚构桥施工工艺、混凝土养生、隧道排水系统、台背回填等加强精细化管理。细致排查高边坡、隧道、混凝土质量通病,并制定治理措施,对10项质量弱项指标合格率开展专项治理。如:沥青拌和站安装"黑匣子"和改性沥青加工监控设备,数据无线网络传输,动态监督沥青混合料拌和配合比和改性沥青加工情况;在纵坡大于3%路段和桥面上面层沥青混凝土中添加聚酯纤维,提高沥青路面高温稳定及低温抗裂性能;采用双层小导管超前支护方案,成功治理毛坝1号隧道300多米长特大高压涌水段;采用双排钢轨桩,成功治理303km处百米滑坡。管理处、总监办质量巡查组平时巡查、抽检,月终检查评比。各驻地办每日上路巡查,关键工序全过程旁站。

这是一条人与自然和谐相处的生态大道。

安川高速公路依山伴水而行,体现着公路藏于大自然的环保理念。80%的桥梁隧道规划,奠定了安川大气魄的环保思路:不扰动山川河流,尊重生态平衡,让动植物愉悦地与高速公路和谐共生,使安川高速公路成为陕西公路建设的环保极品工程。临紫阳县城的小河坝大桥中的一段由路基变成桥梁,沿汉江坐船能看到桥梁在自然的鸡爪形山体边缘穿行,既不占耕地,也不挖山体,沿河排布,似水上霓虹。安川建设者们努力将施工过程对环境的污染降到最低。做好防护墙,让弃渣不流失、不污染。线路靠山不挖山,隧道洞口零开挖,全线隧道未见高的边仰坡。隧道洞口设置沉淀池,过滤涌水,桩基施工产生的泥浆由船运到专门地点沉淀,凡沿江纵向布设的桥梁,都设计有装置收集桥面径流,排向桥头处的沉淀池。

安川高速公路以菲迪克条款模式建设,25%的建设资金来源于世界银行贷款。世行项目对环保要求极高,尤其是生态和水环境。几万多人的建设队伍进驻汉江,这个巨大"污染源"的自律成为一件重要的事。从管理处到各施工、监理单位都设置了"安全环保部门"。管理处还委托安康市环境保护监测站对项目进行工期内环境监测,并随时提供专业的技术指导。线路经过汉江水面、瀛湖湿地自然保护区,管理处规定不能在这些区域取土、采石、开挖创面。陡坡上的桩基都是人工开挖,轻型桥台桩基础代替扩大基础减少开挖量,走进工地可以看到小草与大桥墩柱近在咫尺,迎风飞舞。世界银行贷款项目负责人本·盖瑞克2010年对项目建设详细巡查后说:"在我去过的国家,没有这么难的公路项目,陕西做得非常好。"

行驶在安川高速公路上,人们似乎步入一个绿色的天然走廊。您在感叹大自然山青水绿的同时,不要忘记建设者付出的艰辛。安川项目建设中,绿化面积达到42万m^2,栽植各种乔木28679棵,其中大树1248棵,栽植灌木486万株。绿化路肩15km。绿化边坡49.5万m^2,其中喷播13万m^2,框架梁网袋码砌绿化24.5万m^2、下边坡12万m^2。绿化隧道洞顶、洞口20处,绿化林带、宽分带、广场共计18处。绿化3个互通区、2个服务区,面积达12.8万m^2。生态环保,在这里已经不仅仅是一种理念,而是建设者们以行为幻化出的实实在在的成果。

安康至陕川界高速公路旬河大桥

(三)复杂技术工程

安川高速公路全线沿汉江、任河布设,隧道处山大沟深,横坡陡峻,地形地质条件复杂,地下水系丰富,地上降雨量大,沿线滑坡、崩塌、泥石流等不良地质灾害频发,施工中遭遇数次特大涌泥、涌水和塌方,施工难度特别大。

紫阳隧道(原名米溪梁隧道),左线施工至 ZK1122+312 处时,掌子面塌方,并间歇性涌出泥浆约 3000m^3。初次治理方案为逐步清除涌出泥浆,而后采用 C20 喷射混凝土封闭掌子面,进行全断面帷幕注浆,并调整初期支护钢支撑间距及型钢规格,加强二次衬砌支护等级。处理过程中该段拱顶滑塌并再次突泥、涌水(涌出泥浆约 2000m^3),二次治理方案为在掌子面前方设 3m 厚混凝土止浆墙,采用周壁帷幕注浆,并设双层钢支撑。右线 K1122+177~+197 段位于断层破碎带上。施工至 K1122+182 附近时,掌子面出现塌方并出现持续特大涌水,实测每天涌水量 14000~16000m^3。建设者们科学制定治理涌水方案,采用反坡施工,将涌水经斜井抽排至洞外,共计抽排水量 505.42 万 m^3。治理方案为采用钢管进行帷幕注浆,并在左右洞之间增设泄水洞进行引排水。

毛坝 1 号隧道左线长 3647m、右线长 3628m,出口段左右线施工进尺约 600 多米时,掌子面遇特高压涌水带,最大涌水压力 4MPa,最大涌水量每天达约 30000m^3,连续长度 1200 多 m,涌水持续约 18 个月。因反坡施工,已开挖的 600 多米洞身几乎全部被淹,导致四个多月无进尺,增设 5 道抽水管路、5 级泵持续抽水,累计抽排水 1334.3 万 m^3。设计单位对该隧道水文地质进行了重新补充勘探,对掌子面和周壁围岩采用自进式小导管注水泥水玻璃双液浆堵水等强有力措施,洞内衬砌加强支护,左洞两段共长 437m,右洞三段共长 504m,有效控制了隧道涌水现象。

牛角坪隧道左线长 1787m,右线长 1751m,右线开挖至 YK1184+457 时发现溶洞,溶洞横贯洞身,滴水严重且垂直于路线中线方向,宽度约 16m,高出拱顶部位约 5m,深不可测,溶洞沿右侧拱脚部位向小里程方向延伸,至 YK1184+425 处结束;溶洞沿隧道左侧拱脚部位延伸至 YK1184+444 处结束,但是顶部仍然有小溶洞出现,直至 YK1184+377 处溶洞消失。采用"小导管超前支护、型钢钢架支撑、二衬封闭成环、钢筋混凝土板跨越"的处理方案。目前该隧道运营正常,溶洞处置该方案技术可靠,可供今后类似工程借鉴、参考。

在大巴山修筑隧道,是令人刻骨难忘的记忆。行驶在桥隧相连、宽阔畅通的安川大道上,青山绿水相伴而行,享受崇山峻岭间的便捷交通,体味穿越秦巴的酣畅惬意。一时之难换得百年便捷,这是安川建设者们对社会最好的回报。

(四)科技创新

紫阳汉江特大桥全长 2106m,主桥为 95m+2×170m+95m 连续刚构桥。主桥 51 号墩高 108m,为水下群桩基础、左右幅整体式高桩承台,桩长 49m、桩径 2m,共 24 根,承台长 24.5m×宽 16.2m×高 4.5m。主桥 51 号墩位于安康水电站库区,最大施工水深 40m,且冬季蓄水、夏秋季洪水期间高水位与夏季防洪低水位差约 22m。此桥桥位处河床覆盖层薄并且受地理位置、地形及运输条件的限制,存在以下施工难题:①钻孔平台基础搭建;②钢护筒如何精确插打及定位;③钢吊箱下放难度大;④施工过程当中,施工区域大型设备及大型构件无法直接到场。

针对以上问题并结合现场实际情况,安川高速公路建设者首先将大型设备及大型构建化整为零,运达现场后再组拼成整体;在桩基施工过程中,为有效防止汛期水位上涨和冬季蓄水对钻孔施工的影响,施工平台设计高程按最高水位控制,保证了施工的正常和连续性;因为河床覆盖层薄,护筒埋入浅,未能穿透砂卵层,为避免钻孔过程中塌孔、漏浆,钻孔前对每根护筒周围采用跟管深水注浆法进行固结,降低了施工风险。本项目首次在陕西应用钢管平台和钢吊箱结构、深水河床注浆固结等工艺,施工难度大,技术上有所创新和突破,具有较强的实用性、经济性和科学性,对山区桥梁深水基础施工有很强的借鉴和指导意义。

桑树沟高架桥、马金任何特大桥、高坝特大桥、黑沟特大桥、权河互通主线桥 5 座桥梁均位于安康水电站库区任河沿岸,地面自然横坡陡峻。桥梁下部均采用小间距双柱墩,这在陕西是第一次使用,不仅减少了对山体的扰动和施工开挖面积,降低弃渣量,使生态环境得到有效保护,而且桥梁结构更加整齐、轻巧、美观;上部除跨河主桥采用连续刚构外,其他采用 30m、40m 箱梁,每 3~5 跨箱梁一联,采取墩梁固结,提高了抗震性能及行车平稳性。

山区高速公路路面施工存在着诸多难题,安川高速公路建设者通过科研攻关,致力于解决桥梁隧道水泥混凝土板面平整度差、桥梁长大纵坡铺装难、桥面防水以及长大隧道沥青路面等施工问题。实施路面工程动态控制,在沥青拌和站、改性沥青设备上安装实时监控设备;制定质量动态分析制度,及时调整技术方案,在保证路面施工内在质量的同时,提高了隧道内行车的安全性和舒适性,降低了行车噪声。

安川高速公路对智能化、资源节约型交通的追求,使其在机电工程中创造新的突破。

以往陕西省高速公路隧道均采用拱顶双排布设照明灯具,安川高速公路采用费用小、低碳节能又方便维修的拱顶侧偏单排灯具。整个道路监控系统采用光传输平台,改变了传统的交换机系统,使监控图像传输更稳定,切换速度更快。

(五)运营管理

安川高速公路建成通车后,由陕西省交通建设集团公司安川分公司负责运营管理。分公司于安川高速路段设置了安康西、安康南、紫阳南3个服务区和紫阳、高滩2个管理所,管理所共辖陕川界主线收费站,流水、蒿坪、紫阳、权河、毛坝、巴山共6个匝道收费站,巴山主线治超站和凤凰山、紫阳2个隧道管理站。

"十二五"以来,安川分公司在陕西省交通人"发展现代交通,奉献一流服务"的精神指引下,认真贯彻集团重大决策部署,结合安川高速路段桥隧比例高、特长隧道密集、临河路基多、涉水桥梁多、养护难度大等特点,以道路安全保畅为重点,以收费运营管理为中心,加强预防性养护和应急保畅,着力创建"畅、安、舒、美"的运营环境,为交通运输事业和经济社会发展做出积极贡献。

1. 收费管理

认真执行"双查、双验、双核"收费政策及免费车放行原则,避免通行费流失;做好设备维护、保养工作,并在省界站实现ETC车道两进两出,安装绿色通道检查系统,提高通行效率;加强稽查管理,以"现场管理"为主、以"多媒体稽查"为辅,并设立专项稽查,对ETC超时、日常养护和绿化管护(保洁)等施工车辆逐一核对;以开展"春训""文明服务月活动""双星建设"为载体,对交接班、文明服务手势、"两转身、两点头"进行规范,提升文明服务质量,维护行业良好形象;提供人性化服务,紫阳管理所下设4个收费站,站站下去有景点,收费人员干好本职工作的同时,为过往游客分发旅游资料,收费站免费提供卫生间、开水等贴心服务。

2. 路政、治超管理

加大道路巡查力度,2014年"10·13"典型案例中,分公司在道路安全隐患排查中发现高滩2号高架桥左幅15号墩柱纵向偏移病害后,及时采取安全妥当和强有力的措施实施交通管制,开展应急抢险工作,有效避免次生灾害发生。坚持文明执法,在路政车上配备医药箱、加水桶、牵引绳、地图等救助设备,为驾乘人员提供优质的服务;利用发放传单、网络、微博、微信平台等方式,并联合高速交警在各站、服务区、沿线乡镇广泛开展执法宣传活动;坚持开展治超业务培训,强化治超人员素质,从源头治理超限超载。

3. 养护管理

扎实搞好人员思想、纪律、作风整顿活动,努力建立纪律作风整顿的长效机制;加大绿化设施的完善,对道路保洁人员实行定期与不定期巡查与考评,为社会提供畅、洁、绿、美、安、舒的道路通行环境;定期对沿线桥梁、隧道、涵洞、护栏进行彻底清洗;做好防汛和除雪保畅工作,对养护物资定期进行认证清点,做好出入库管理工作。

4. 隧道管理

加强隧道危险品检查站的管理工作,货车检查率达到100%,危险品车辆劝返率达到100%;不断完善安检站相关管理制度,加强安检业务培训和业务考核,提升管理人员业务水平;加大隧道机电、消防系统维护履约检查和考核力度;强化应急救援队伍训练,组织业务考核、应急演练,不断提高实战能力。

5. 服务区管理

突出特色经营,餐厅增加特色小吃,超市增设特色商品,实现服务区 WiFi 网络全覆盖,满足驾乘人员免费上网需求。安康南服务区在原有自助餐的基础上,推出点菜项目。汽修站与4S店携手开展"关爱驿站"驻区活动,为过往车辆提供免费检测、保养、维修等服务。深入开展"驻区、蹲点、解难"活动和服务质量等级评定工作,提升服务水平。

6. 干部职工队伍建设

用职工喜闻乐见的鲜活形式,开展"道德讲堂"活动,达到良好的教育效果;组织开展"春训""公文写作""外出培训""绿通检测设备、ETC设备使用培训"等各类培训,有效提高员工的政治素养和业务技能;丰富员工业余文化生活,以"我们的节日"主题活动为契机,元宵、端午、中秋等传统节日期间组织开展文化教育活动。举办读书写作专题教育讲座,开展"读好书、爱本职、献交通"诗文朗诵比赛,以及"纪念中国人民抗日战争暨世界反法西斯战争胜利70周年"和"读自己的文章·感动自己"主题征稿比赛,提高员工读书学习积极性;开展志愿服务活动,深入社区、街道、敬老院、文化景点等开展义务大扫除,开展关爱留守儿童活动,关爱孤寡老人志愿服务活动,展现青年职工传递爱心、传播文明和无私奉献精神。

7. 安全生产和反恐防恐工作

夯实安全管理责任,并对沿线长大桥梁、隧道、消防、机电等设施建立责任卡,将安全责任落实到个人;对各项安全管理制度和应急预案进行修订,经安委会讨论完善后,严格贯彻执行;建立安全隐患治理台账,每月将各单位自查和上级单位通报、督办的安全问题分级、分类列入明细表,装订成册,逐项限期落实整改;加强员工安全教育,将"新安法"的学习宣贯纳入职工教育培训计划,通过集中学习、专题讲座、多角度宣传、开展知识竞赛等活动,使全体员工熟练掌握和正确运用法律条文;组织开展防汛演练、除雪保畅演练、逃生演练、反恐防恐演练、收费应急演练;定期开展安全检查,细化各科室、各单位安全检查内容,制定检查表,每月落实检查。

"干过安川,没有干不了的活儿。"这种自信来源于对"艰难"刻骨铭心的记忆。安川高速公路不仅是一个公路建设项目,一个个困难的攻克,它让建设者们收获了可贵的技术和管理经验,收获了成熟的建设理念和人生的磨炼。

开辟最难的路,铭刻了安川高速公路建设者攀登高峰、永不言败的执着追求。

修筑最险的路,展现了安川高速公路建设者拼搏奋进、求实创新的奉献精神。

安川高速公路成为通达畅行于巴山汉水间的一条透迤大道,它是陕西交通人为天地立心、为生民立命的诠释。

十四、西安至铜川段(二通道)

背靠十三朝古都——长安,面向靓丽发展的关中北部新城——铜川。

东边,伴大黄河——华夏母亲河,激流勇进。

西边,挽秦直道——世界"高速公路"的雏形之渊源。

快速便捷的西安至铜川高速公路第二通道,在建设西部强省的进程中,挺起陕西版图"跪射俑"形象的脊骨,坦荡通衢,恢宏延伸。

(一)项目概况

西安至铜川高速公路二通道,简称西铜二通道,是包茂高速公路陕西境西安至铜川段第二条高速公路,亦为西安至延安高速二通道中的一段。

a)

b)

c)

西安至铜川高速公路(二通道)

20世纪90年代,在陕西高速公路起步阶段,西安至铜川已修建双向四车道高速公路,简称西铜高速公路。西铜高速公路建成后,承担区间公路交通主要流量。随着关中、陕北经济社会发展,特别是陕北能源化工基地建设加速,包茂高速公路西安以北至内蒙古全线贯通,沿线交通量猛增,运煤载重车居多,多处交通不畅且事故频发,西铜段成为包茂高速公路陕西境瓶颈路段。2005年10月,陕西省交通厅委托交通部规划研究院进行包茂高速公路陕西境西铜段改扩建工程可行性研究。2008年,国家发改委和交通运输部将西铜高速公路列为陕西"卡脖子"路段之一,要求抓紧改造扩建。陕西省交通厅审时度势、超前运作,规划自西铜段起,对西安至延安段高速公路进行扩能改造。

西铜二通道扩能改造方案原以沿老路加宽为主,即采用单侧小间距、双侧对称拼接及分幅新建。因沿线建设环境复杂,且未与原路段经营方就合作加宽达成协议,经方案比较、权衡,2009年3月报经国家发改委批准新建第二通道。

西铜二通道路线自西安绕城高速公路吕小寨立交起,沿原西铜高速公路东侧跨渭河、铁路北环线,经泾河开发区,跨原西铜高速公路、咸铜铁路和泾河,经三原县西侧跨清峪河、关中公路环线,从鲁桥镇西上塬,跨浊峪、赵氏两河,至铜川新区,全长62.80km。吕小寨立交至泾阳立交段,路线长20.10km,采用双向八车道高速公路技术标准,设计速度120km/h,路基宽41m;泾河立交至铜川新区立交段,路线长40.56km,采用双向六车道高速公路技术标准,设计速度120km/h,路基宽34.50m;铜川新区立交至终点段,路线长2.14km,采用双向六车道高速公路技术标准,设计速度100km/h,路基宽33.50m。泾阳、三原立交连接线采用一级公路技术标准,设计速度80km/h,路基宽24.50m;庄里连接线20.62km,采用二级公路技术标准,东段设计速度80km/h,西段设计速度60km/h,路基宽12m。全线土石方1419万m^3。设桥梁2.28万m/32座,其中特大桥1.96万m/6座,大桥2445m/13座;沥青路面上面层2643.55千m^2;互通式立交7处,天桥26座,通道59道,涵洞85道。占地9087.984亩。投资概算79.75亿元,决算98.52亿元。

西铜二通道由陕西省高速公路建设集团公司负责建设,执行机构为西安至铜川高速公路改扩建项目管理处。陕西省公路勘察设计院承担主体工程设计,陕西省建筑设计研究院、辽宁省交通规划设计研究院负责房建工程设计。全线由中铁五局集团公司等30家施工单位中标参与施工,陕西高速公路工程咨询有限公司中标总监,中心试验室由长安大学公路工程检测中心承担,北京华通公路桥梁监理咨询有限公司等10家监理公司中标监理。陕西省交通运输厅基本建设工程质量监督站负责质量监督,咸阳市和铜川市建设工程质量安全监督站负责房建工程监督。沿线地方政府承担征地拆迁与建设环境保障。交、竣工检测由西安公路研究院公路工程试验检测中心负责。

2009年1月,西铜二通道全线开工建设。2011年12月8日,建成通车。路线穿越泾渭河漫滩区、黄土台塬区和湿陷性黄土区。设渭河、浊峪河、赵氏河三座连续刚构桥,桥梁长度占全线总长36%。其中,全长9.40km、八车道的渭河特大桥,跨越西安铁路枢纽北环线、郑州至西安高速铁路、咸阳至铜川铁路和原西铜高速公路。2016年1月13~14日,西铜二通道通过竣工验收,经竣工验收委员会评定,等级为优良。

西铜二通道的建设,是陕西省"2367"高速公路网的组成部分,是通往"人文始祖"黄帝陵、革命圣地延安的又一黄金通道,是陕西省委、省政府在西部大开发中实施关天经济区发展规划、推进陕北能源化工基地建设的一项重大举措。项目优化了路网布局,改善了陕西省南北公路通行条件,对适应西安市市区北扩、铜川市行政中心南移,优化产业结构,缓解陕西省北部地区交通瓶颈制约,促进公路沿线地区经济社会和旅游业快速发展,都有着重要的作用。

(二)建设情况

陕西省发展和改革委员会《关于西安至铜川高速公路可行性研究报告的批复》、陕西省发展和改革委员会《关于西安至铜川高速公路初步设计的批复》、陕西省交通运输厅《关于西安至铜川高速公路施工图设计的批复》,先后批准西铜高速公路二通道建设。

1. 和谐征迁暖人心

西铜二通道征迁工作以公开、公正、公平为原则,"和谐征迁"贯穿始终。把政策法规摆上桌面,阳光操作公开透明。管理处公告各项补偿费用标准和征地面积、地上附着物,让被征地农民有知情权、参与权和监督权,每个拆迁户心里都有本"明白账"。

征地先"征心"。走村串户的工作人员与村组干部一起,深入农户家中、田间地头,耐心细致地讲政策、讲法律、讲好处,帮他们分析算账,引导群众以国家经济建设为大局,支持配合公路建设事业。

为了提高征迁移民的生活水平,管理处专门选址为移民设计了统一的新村,并硬化了路面,做好宅基地的"三通一平"。"一碗水能端平,工作态度好、大事小事有人管,能及时兑现补偿,我们也没什么可说的!"这是拆迁户说的话。以情动人,以理服人,群众在感动中支持西铜高速建设。

建设让人民满意的和谐高速公路,是西铜二通道项目征迁工作的目标。管理处和地方各级政府开工伊始就提出"只要涉及群众合法利益的事情,无论大小,一定要千方百计为他们解决。"在这一理念的指导下,管理处想群众之所想,始终注重"以人为本""为民服务",维护了群众合法权益,营造了路地和谐的关系,使工程建设在和谐的氛围中推进。

2. 精细施工保质量

西铜二通道项目的亮点就是注重施工现场的管理,而现场管理中最大的特点就是规范化、标准化、精细化。

项目设计桥梁32座,其中3座连续刚构桥是项目的重点工程。在建设初期,西铜管理处就高标准、严要求,把刚构桥的质量目标定位在创国优工程、拿"鲁班奖"上。在桥梁建设进入上部块段施工后,采取了多项质量、安全控制措施。

西安至铜川高速公路(二通道)大桥施工

西铜二通道多次跨越已建成的高速公路和市政道路,为尽量减少对交通的干扰,响应国家提出的循环经济和低碳经济号召,西铜管理处在陕西省内第一次大规模采用钢箱梁。为保证钢箱梁加工、架设的施工质量及安全,管理处成立了以总工为组长,各监理、施工单位主要负责人为成员的钢箱梁质量督察组,先后召开了3次专家评审会,对施工工艺进行分解细化,坚持工序验收、数控切割、自动焊接、精密加工,减少人为误差和影响。质量检测方面,引进具有CMA认证的独立第三方检测,对焊缝、碳伤进行100%检测,保证了每道焊缝、每个焊点的施工质量。

3. 三方联动保廉洁

西铜二通道自开工建设之日,确立了"项目零腐败、质量零缺陷"的目标,建立了建设、监理、施工"反腐倡廉"三方联动机制,制定了《西安至铜川高速公路建设项目反腐倡廉三方联动工作机制实施办法》和《实施细则》,形成了从招投标、材料采购、进度质量控制、工程支付等各重点环节领域有效联动、全面跟踪监督、协调控制的工作机制,从利益链条的最上游开始,贯穿工程建设管理的全过程,打破了以往项目建设管理中参建单位在党风建设和反腐倡廉工作上相对独立分割且长期缺乏上级监督指导的局面,监理、施工单位中层以上人员建立双合同制,签订廉政合同。各参建单位设立专、兼职纪检监督员,全过程参与监督工作。

走进参建三方的每一个驻地,你会被廉政文化宣传展板、图册和标语深深吸引,宣传展板图文并茂,条例清晰,具有很强的警示教育作用。"修好陕西路、走好人生路""小节大节廉字为节,大事小事秉公办事"这些格言让人警钟长鸣。廉政漫画生动形象、警示深刻。

西铜二通道的如期建成,凝聚着全体参建者的智慧与汗水。建设者面对黄土地质复杂、桥梁施工难度大、建设环境保障难等挑战,以建设"生态环保路、红色旅游路、华夏寻根路"为己任,依靠管理创新、科技创新,全面推行精细化管理、标准化施工,狠抓质量安全管理,探索、总结和创造了一系列行之有效的施工工艺和施工工法。

(三)科技创新

西铜二通道建设中,陕西省高速公路集团公司与长安大学、山东大学等院校联合开展了一系列课题研究,与省公路勘察设计院院联合进行新技术应用开发,取得优异成果,增加了项目的科技含量,确保了工程质量和后期运营安全。

1. 科研课题

(1)"大跨宽箱梁施工期防裂技术及裂后承载性能评估方法研究"课题组根据模型推算出的混凝土质量易发裂缝部位,超前增设了钢筋防裂网片,采用自动喷淋养生工艺,克服了刚构桥腹板易裂的质量通病。研究成果获得了陕西省科学技术二等奖。

(2)"橡胶沥青在西铜高速公路沥青路面中的应用技术研究"课题组对目前全国使用的基质沥青和橡胶粉做了一百二十余组配伍性试验,完善了橡胶沥青、橡胶沥青混合料质量控制指标体系和标准,为西铜高速公路和我省大面积推广这种环保、耐久的新型路面奠定了基础。验收结论总体达到国际先进水平,在全省多条高速公路推广应用。

(3)"全寿命周期沥青路面研究"课题组在路面的整个寿命周期内寻求满足性能控制标准和经济优化标准的最佳的、唯一的路面结构,既保证了路面结构在设计期内不出现结构性车辙破坏、不产生结构性疲劳开裂、不产生过量局部破损,又保证了沥青路面在设计寿命周期内的经济性最优。其研究成果对陕西省新型路面结构的研究和推广有着重要作用,获得了陕西省科学技术二等奖。

(4)"基于抗滑降噪功能的SMA路面研究"课题组从沥青原材料、配合比入手研究,解决了满足抗滑降噪等路面使用功能的SMA路面配合比的技术难题,开发了基于数字图像技术的沥青路面表面构造测试装置,取得了实用性专利,获得陕西省高等学校科学技术三等奖。

(5)"公路钢桥正交异性钢桥面板关键技术研究"课题组通过对西铜二通道正交异性钢桥面板设计、制造与安装技术现状研究,提出建立和完善适用于我国国情的正交异性钢桥面板抗疲劳与稳定设计准则,编制大型复杂钢桥正交异性钢桥面板设计与制造指南。课题在研究过程中指导了西铜二通道正交异性钢桥面板的设计、施工。该成果验收意见为国际领先水平,并申报陕西省科学技术奖。

2. 新技术应用

(1)2010年管理处邀请长安大学、山东大学、西安公路研究院和陕西省公路勘察设计院相关教授专家对浊峪河特大桥连续刚构合龙方案进行了多次认证,最后决定采用一次性合龙技术。2010年11月,顺利实现合龙,提前了工期,节约了工程成本,获得中国公路建设行业协会认定。

(2)渭河特大桥采用钢混结合段,是陕西桥梁建设上首次使用。钢混结合段没有成功的经验可借鉴,管理处组织科研单位邀请专家对工程设计、施工方案、技术工艺等进行多次优化,又好又快地完成了施工任务,为顺利通车奠定了基础。

(3)西铜二通道上跨绕城高速公路、北三环和原西铜高速公路等多条道路,施工环境复杂,设计了二万余吨的钢箱梁,为陕西省使用最多的一条高速公路。在建设过程中,管理处先后采用多项新技术,加快了工程进度,确保了工程质量。

(4)钢材和沥青混凝土热胀冷缩膨胀系数相差比较大,双层SMA桥面铺装的使用寿命一般不超过三年,管理处将下层SMA优化为浇筑式沥青混凝土,延长了路面使用寿命问题,截至2016年未出现任何病害。

(5)2008年建设西铜高速改扩建试验段时,对橡胶沥青混凝土路面进行了系统研究,铺筑了不同配合比的面层。取得成功经验后,将西铜高速公路八车道24km SMA路面优化为橡胶沥青混凝土路面,它的成功铺筑既提升了工程质量,又回收利用了九万多条废旧轮胎,达到节能环保的效果。这是陕西一次性建成最长、面积最大的橡胶沥青混凝土路面,促成橡胶沥青在全省多条高速公路中推广应用。

(6)大力开展QC活动,促进工程质量上台阶。建立多个QC活动小组;针对工程质量实际选择活动内容,加快技术成果推广应用,促进工程质量上台阶。2008年获全国QC活动奖励,这是陕西交通建设行业这一活动领域首次获奖。三年建设期间,先后获得省部级QC奖九次,国家级QC奖三次。

三年建设过程中,各单位精心组织、合理安排,"五加二、白加黑",夜以继日,艰苦奋战,终于把西铜二通道建成了一条一流的高速公路。渭河特大桥、浊峪河特大桥、赵氏河特大桥分别荣获"铁建杯"优质工程奖,其中渭河特大桥荣获2016—2017年度第一批国家优质工程奖;路面工程第二合同段荣获2015年度中国交建优质工程奖;西铜二通道在2015年陕西省公路局组织的运营公路质量大检查中排名第一。

(四)运营管理

西铜二通道建成通车后,交付陕西省高速公路建设集团西耀分公司运营管理。西耀分公司于该路段下设泾阳和铜川新区2个管理所,共辖聂冯、泾阳、三原、新兴、马额和铜川新区6个匝道收费站。集团公司于该路段设置了三原服务区,其运营管理由服务区管理分公司负责。自运营以来,西耀分公司积极推进各项运营工作全面开展,切实提高西铜二通道的服务水平,为驾乘人员提供一个"畅、安、绿、美"的优良通行环境,充分满足驾乘人员的出行需要。

西耀分公司坚持"预防为主,防治结合"的养护管理方针,以提高道路通行水平为目标,注重路容路貌的日常管理和预防性养护工作。保持路面平整、坚实、无病害、行车舒适;路肩整洁、边坡稳定、排水畅通;桥涵构造物完好,沿线设施齐全有效,绿化生态良好、环境协调美观。公路养护技术状况等级达到"优"级,日常养护质量指数达 90 以上,为驾乘人员提供了良好的行车环境。

1. 日常养护管理

建立健全养护管理制度,推行养护管理工作规范化、标准化。分公司相继出台了《西耀分公司小修保养管理办法》和《西耀分公司养护技术管理办法》,保证了日常养护工作的顺利进行。

完善公路养护信息,实行公路养护信息网络化管理。准确掌握道路技术状况,建立日常养护、桥涵、交调、路面养护等管理系统,即时录入数据、即时查询和集中管理,给养护决策提供依据。

推行机械化养护,保洁作业常态化。建立了以机械为主、人工为辅的日常保洁模式,加大设备投入,配置养护特种车辆。每日循环上路作业,清扫路面、清洗沿线防撞钢板和防眩板等,路容路貌整洁美观。

结合黄土地区公路排水设施易淤塞的特点,适时组织清淤疏通工作。每年集中 2 次疏通清理沿线涵洞、急流槽、蒸发池等排水设施,拔除杂草、清除堵塞物,定期修复边沟、挡墙、桥梁锥护坡勾缝脱落等病害。汛期做到雨前排查、雨中巡查、雨后检查,确保安全度汛。

建立应急救援体系,提高应对突发事件能力。根据"有效、有序、有力"原则,建立完善救援指挥体系。制定各类应急保畅预案,每年定期演练。成立应急救援保畅队伍,配备救援设备,担负抢险救援和防火灭火任务。

着力加强桥梁安全管理。配备专职桥梁工程师,加强桥涵经常性检查,准确掌握桥涵基本数据,联合路政、交警,对全线桥涵通道内非法堆积物情况进行专项检查。

冬季雾雪天气道路保畅管理。做到雪中畅通、雪过路清、雪后不滑。及时向社会发布路况信息,提醒驾乘人员谨慎驾驶,方便驾乘人员合理安排出行时间和线路。入冬前充分备足融雪剂、防滑沙等除雪物资,检修除雪机械,组建除雪队伍,形成流程完善的除雪保障机制。

2. 运营安全管理

通车运营以来,西耀分公司始终把安全管理放在第一位,切实提高西铜二通道的服务水平,为驾乘人员提供安全、快捷、舒适的服务。

加强宣传,提高认识。西铜二通道通车后,分公司安排泾阳、铜川新区两个管理所的路政中队加强安全宣传教育,印制了《中华人民共和国道路安全法》《中华人民共和国公路法》,深入沿线村镇、学校进行宣传教育,加强了沿线群众的安全意识。

建立制度,制定预案,落实到位。分公司及时制定了《西耀分公司管理制度汇编》《西耀分公司收费管理突发事件应急预案》《西耀分公司监控 管理办法》等。各管理所收费站报警系统正常,监控室灭火器材到位,设备器材专人专管,各项制度完善。

特殊情况,封闭交通。根据西铜二通道的实际情况,在遇到大雾天气和道路结冰不能通行的情况下,分公司路政部门配合交警部门对道路进行管制封闭;遇到道路发生重特大交通事故,影响道路车辆安全通行的情况,主管安全领导及时到达现场,指挥路政人员和交警部门积极配合,尽快清理现场、疏导交通,保证道路安全畅通。

加强养护施工管理,保持路容路貌完好。分公司制订了《西耀分公司公路养护工程管理办法》,规范了《道路施工许可证》的办理。要求施工单位同路政中队签订《施工管理安全协议》,施工标志醒目,施工人员必须身着养护标志服装,施工车辆安装醒目的警示标志,并禁止掉头、逆行。对出现的各类路产破坏事件,按时效要求在相应的时间内修复完善,维修施工单位必须按照《公路养护安全作业规程》进行施工,夜间和雨、雪、雾天气禁止施工。各管理所安排清扫车每天对路面进行保洁工作,确保路容路貌的完好。

十五、铜川至黄陵段(二通道)

古柏千丛迎赤子,心香一炷祭轩辕。轩辕始祖是开创中华民族文明的祖先,每当清明来临,总有大批的海内外华人华侨、港澳台同胞到轩辕黄帝的陵寝地——黄帝陵,寻根祭祖。铜川至黄陵高速公路二通道作为通往中华民族人文初祖——轩辕黄帝陵的坦荡通衢,承担着这一非同寻常意义的重任,其整体形象代表着当今中国和陕西区域经济发展的水平和现代化程度,进一步展现着高速公路"畅、洁、绿、美、安"的服务形态。

和煦的阳光温暖地照耀着黄帝陵里郁郁葱葱的古柏林,双向六车道的铜川至黄陵高速公路二通道上,过往的车辆便捷地鱼贯而行。行驶在现代化的高速公路上,寻根之路温暖无数海内外华人华侨漂泊的心,唤起他们心中归根的情。

(一)项目概况

铜川至黄陵原有高速公路始建于1998年,设计速度为60km/h,路基宽21.50m,双向四车道。沿线地形地质条件复杂,沟道狭窄弯曲,受各种因素制约,采用的技术标准偏低。随着黄陵以北高速公路大通道的贯通及近年来经济的快速发展和交通量的迅速增长,该路段事故频发,成为包茂线西安以北路段上的"瓶颈",通行能力不足的状况日见显现。经济社会的发展,呼唤着对铜川至黄陵公路通道进行扩能建设。

受国家宏观经济调控影响,黄陵至铜川新区高速公路,简称铜黄二通道,分两个阶段实施。其中,铜川新区至何家坊段于2013年12月建成通车,何家坊至黄陵段于2015年10月建成通车。两个路段建成的不同步,影响了项目整体效益的发挥。为充分发挥高速公路的整体效益,缓解老铜黄高速公路以及省道305的交通压力,陕西省高速公路建设集团公司决定将何家坊至黄陵段的起点段何家坊至铜川北段提前至2014年12月建成通车。

a) b)

铜川至黄陵高速公路(二通道)

铜黄二通道路线起于铜川新区,接西铜二通道,经铜川市耀州区、王益区、印台区和宜君县,止于宜君县界庄,全长104.27km。路线于印台区何家坊、宜君界庄两地,通过连接线与老铜黄高速公路相连。主线采用双向六车道高速公路标准,设计速度为100km/h,路基宽度33.5m。铜川新区至何家坊段长46.1km,于2010年4月开工,2013年11月底完工。半截沟联络线左线长2.35km,右线长2.10km,于2012年10月1日开工,2013年11月30日完工。何家坊至铜川北段长4.42km,于2012年11月开工,2014年10月底完工。铜川北至黄陵段长51.68km,于2012年11月开工,2015年9月底完工。黄陵联络线与原铜黄高速公路相连,路线长8.39km,建设里程5.42km,利用原铜黄高速公路2.96km,采用双向四车道高速公路标准,设计速度为80km/h,分离式路基,路基宽度12.25×2m。花石崖连接线长11.19km,采用二级公路技术标准,设计速度为60km/h,路基宽度10m。

全线土石方1872.07万m^3。设桥梁32603.02m/93座,其中特大桥13438.3m/8座,大桥16974.66m/55座,中桥2062.08m/25座;特长隧道7954.7m/2座;沥青路面上面层327.1万m^2;互通式立交5处,分离式立交14处,天桥36座,通道38道,涵洞178道。占地9132.5亩。投资概算118.9亿元。

铜黄二通道由陕西省高速公路建设集团公司负责建设,执行机构为铜黄高速公路建设管理处,简称铜黄管理处。陕西省公路勘察设计院承担主体工程设计。全线由中铁五局集团公司等53家施工单位中标参与施工。陕西高速公路工程咨询有限公司中标总监,中心试验室由陕西省高速公路试验检测有限公司承担,陕西兴通监理咨询有限公司等15家监理公司中标监理。陕西省交通运输厅基本建设工程质量监督站负责质量监督。沿线地方政府承担征地拆迁与建设环境保障。

铜黄二通道建成后,极大改善了西安北大门的通行环境,有效缓解了原铜黄高速公路的车辆拥堵现状,降低了交通事故发生率,对西安市市区北扩、铜川市行政中心南移及陕北可持续发展,提升西安到黄陵、陕北交通运输能力发挥了重要的作用,是又一条通往黄陵、延安的寻根祭祖路和红色旅游路。

(二)建设情况

2012年5月14日,国家发展和改革委员会发文批复黄陵至铜川高速公路工程可行性研究报告;2012年6月7日,交通运输部发文批复初步设计;2013年8月12日,陕西省交通运输厅发文批复施工图设计。

项目伊始,铜黄管理处明确提出把铜黄二通道建成"生态环保路、红色旅游路、华夏寻根路",确立了争创国家优质工程金奖、全国高速公路建设标准化施工示范项目的目标,坚持把工程质量作为行业的生命,放在突出位置。按照"政府监督、法人负责、社会监理、企业自检"的要求,建立健全质量保证体系,做到各级分职,各司其职,分层把关,全面保障。强化制度建设,制定了《质量巡查违约处罚实施细则》《工程质量责任追究办法》《实施"首件工程认可制"指导意见》等多项管理制度和办法,保证质量管理行为规范有据可依。同时,对各从业单位进行质量责任登记,把质量责任落实到每道工序、每个人头,确保质量责任的追溯性。邀请省内专家授课辅导,对管理人员进行专项培训,全面提高管理人员业务素质,打造专业管理团队。

从源头控制工程质量,管理处将现场管理前移,加大设计图纸审查力度、严格执行合同履约考核和材料准入制度、大力推行分级技术交底和首件工程认可制度、开展工程质量"回头望"、聘请专家现场咨询、规范施工工序及加强落实"五化"标准。

为推进铜黄二通道项目建设进度,管理处细化安排,将工程分解为年度目标和季度目标,超前谋划、精心组织,在全线施工、监理单位分时段积极开展劳动竞赛,重点考核形象进度和工程质量,在全线营造了"比、学、赶、帮、超"的建设氛围。加大生产要素的投入,严格按照合同文件进行履约考核,对进场的施工技术人员、监理人员等进行岗前培训和考试,对施工单位投入的设备数量、型号进行检查,并对大型设备性能提前实地考察,保证满足施工需要。建立快速便捷的计量支付程序,通过调整结构混凝土工程计量支付办法,实行半月计量、联合办公、快速审核计量支付报表等方式,缩短计量周期,保证工程建设资金及时到位,为加快建设提供资金保障。

为促进项目安全建设,管理处以"平安工地"建设和考核评价为抓手,进一步落实建设、监理、施工三方的安全生产管理责任。配置相应的安全生产管理部门及人员,修订完善《安全生产管理办法》《安全生产应急预案》等制度,签订安全生产合同和目标责任书,形成一级抓一级,层层抓落实的安全生产保证体系,落实安全责任。配备具备安全管理资质的专职安全员,设立安全生产专项资金,完善施工单位重要环节的安全防护设施、防汛物资储备,强化安全保障,提高监管水平。增强全员安全意识,加大隐患整治力度,开展考核评价工作,建设平安工地。抓关键环节,通过突出重点工程安全管理,加强交通安全管理,开展安全专项活动和应急救援演练活动,确保施工安全。

1. 施工标准化

2010年8月,交通运输部在厦门召开全国公路建设座谈会,提出了推行现代化工程管理,实现公路建设发展理念人本化、项目管理专业化、工程施工标准化、管理手段信息化、日常管理精细化的"五化"要求。会后,陕西省交通运输厅立即成立推进高速公路建设"五化"管理领导小组,制定《陕西省高速公路五化管理实施方案》,提出要以高速公路精细化管理、标准化施工为突破口,全面推行、落实"五化"管理。

2011年9月29日,陕西省交通运输厅在西安至铜川二通道、西安至商周高速公路召开推进高速公路建设"五化"管理活动现场会,通过示范项目的典型带动作用,全面推动"五化"管理在我省落地扎根、取得实效。

2012年6月28~29日,全国高速公路施工标准化活动现场会在陕西召开。铜黄二通道项目作为陕西实行标准化施工的观摩点之一,与会领导和代表对其进行了考察。铜黄二通道项目制定路基、桥梁、隧道等21项施工标准工法,实行精细管理,大力推进标准化施工。会上,陕西省交通运输厅厅长冯西宁对陕西高速公路施工标准化活动取得的成效进行了总结:一是贯彻"五化"由被动接受向主动践行转变。二是施工组织由简单粗放向精细科学转变。三是工地环境由散乱不整向集约文明转变。四是员工素质由农民工向产业工人转变。五是工程品质由重视实体向内实外美转变。厅长表示,陕西交通系统将以全国高速公路施工标准化活动现场会召开为契机,发扬成绩,开拓进取,不断深化公路"五化"管理,让现代工程管理的硕果结满三秦大地,为我国高速公路事业和西部强省建设贡献新的力量。

2. 节能环保

为把铜黄二通道建设成节能环保路,铜黄管理处在工程前期就提出"最大节约,最小占用"的建设理念,把好勘测设计关,通过科学合理的设计,尽可能减少建设用地。"工程未动,节能环保先行",这是确保高速公路建设节约耕地的前提条件。管理处与设计单位较早介入路线选择,提前考虑到避让自然保护区、良田集聚区和人口密集区,公路建设与周边自然环境有机融合,线路设计合理,作为黄土高原山区高速公路,设计了8座连续刚构桥和2座特长隧道穿行,沿线耕地资源得到了最大限度的保护。

管理处引进小型构件集中预制的理念,告别了传统的小作坊,大量减少了预制场的资金投入,资源得到了综合利用。全面开工建设的铜川新区至何家坊段,仅设置了两个小型构件加工场,分别负责全线的六棱块、梯形排水沟、边沟盖板等约30万块小型构件的预制和生产。两个加工场的砂石料存放区、混凝土拌和预制区、钢筋加工存放区、养生区、模具清洗区、成品存放区、工地办公区等,功能齐全,设施完善。每个加工场分别配备1台钢筋自动弯曲机和20多名施工人员,采用自动布料器、自动喷淋养生和气压、电热脱模等新工艺。每个加工场日生产1000多块小型构件,外光内实,质量非常好。"工棚变车间,工地变工厂",全线统一标准,从质量源头把关,按需集中预制,生产效率大大提高,生产成本显著降低,有效确保了工程需要。

铜黄二通道沿线连续跨沟壑,林带分布区,植被覆盖率高,野生动物较多。为保护沿线动、植物资源,管理处要求尽可能保留原生树木,不多砍一棵树,保护野生动物的栖息地。同时,根据现场实际和沿线群众生产、生活的需要,组织设计、施工单位人员及当地村民,共同对沿线通道、涵洞进行合理定位。多次完善省级太安自然保护区的线路走向方案,确保沿线的生态链。通过"自然恢复""人工导入"的方式,最大限度地恢复公路沿线植被。结合路堑边坡和陕北气候偏低的实际情况,确定适合本地生长的树种和优化绿化施工方案,使公路设施与自然融为一体。对路基挖方土,根据绿化工程需要,留足需用土,避免弃掉后又为绿化从路外重新运输,优化了土资源的利用。对隧道弃渣,严格按照水保实施方案要求,完善防护措施,再覆盖素土,为当地造地几百亩。在路基、桥隧施工中,优先施工排水系统,杜绝雨水冲刷边坡,确保路基稳定。做到提前谋划,综合利用,减少浪费,保护资源。

铜黄二通道绿化工程坚持"不破坏就是最大保护"的环保理念,充分借用自然景观,让人文景观与自然环境相一致,提升道路使用者的视觉效果。对路内景观和路侧景观进行全面设计,以互通立交、服务区为重点,以观景台为亮点,突破中分带难点,顺势而为,保持自然景观的完整性,实现高速公路绿化、美化和标准化,使公路与环境保护相统一,公路设施与沿线景观相协调,成为交通现代化设施与建设西部山川秀美工程相结合的典范。

铜黄二通道作为陕北重化工能源基地快速干道,重载交通多,车流量大,管理处按照建设全寿命周期路面工程的需要,借鉴西铜二通道的经验,在铜黄二通道全线推行橡胶沥青路面。橡胶沥青路面具有低噪声、抗车辙、低成本、行车舒适等优点。铜黄二通道通过对资源的再利用,成为一条节能、低碳、环保的高速公路。项目获2015年度公路水运建设"平安工程"冠名。

(三)科技创新

铜黄高速管理处与长安大学等单位联合开展了"高性能混凝土在黄陵至铜川高速公路桥梁中的应用研究""高速公路桥面铺装材料与结构及施工关键技术研究""柔性半刚性复合基层沥青路面材料与结构及监测研究""基于高温稳定性能的橡胶沥青混合料应用技术研究"等课题研究。这些科研成果的运用,增加了铜黄二通道的科技含量,确保了工程质量和后期运营安全。

"高性能混凝土在铜黄高速公路桥梁中的应用研究"针对不同环境条件下建筑工程特点、施工要求、耐久性要求及原材料供应情况,对C35~C70混凝土的技术性能进行试验研究,确定相关技术性能指标要求,对施工进行指导,确保混凝土工程质量。

"高速公路桥面铺装材料与结构及施工关键技术研究"针对铜黄二通道构建"混凝土连续刚构桥—铺装层"协同受力的力学模型,进行力学分析,找出适合于铜黄二通道桥面铺装的防水黏结材料,提出重交通桥面铺装合理结构,优化防水、抗裂和抗车辙性能优良的沥青铺装层材料,确定水泥混凝土铺装层材料设计及施工关键技术。

"柔性半刚性复合基层沥青路面材料与结构及监测研究"课题从路面结构设计、路面材料设计与监测系统三个方面出发,通过路面结构受力计算分析,确定柔性半刚性复合基层沥青路面各结构层层位功能要求及其路面结构;对路面材料组成设计方法进行改进,优化材料组成设计,使其达到层位功能要求;通过开发高黏结性透层油,实现级配碎石基层与沥青面层的有效结合,提高路面抗车辙性能、抗疲劳性能。

"基于高温稳定性能的橡胶沥青混合料应用技术研究"课题全面研究胶粉目数、掺量、基质沥青标号、搅拌和剪切工艺对橡胶沥青五大指标的影响;基于胶体结构理论分析,通过室内试验研究,进行橡胶沥青混合料目标配合比设计、生产配合比设计的验证,通过试拌试铺,确定了橡胶沥青混合料施工的主要参数,从而达到指导工程现场施工。

(四)运营管理

铜黄二通道建成通车后,交付陕西省高速公路建设集团公司西耀分公司运营管理。西耀分公司于该路段下设铜川新区和玉华宫两个管理所,管理所共辖锦阳湖、演池、铜川北、玉华宫和花石崖5个匝道收费站,1个隧道站。集团公司于该路段设置了玉华宫服务区,其运营管理由服务区管理分公司负责。自运营以来,西耀分公司积极推进各项运营工作全面开展,切实提高铜黄二通道的服务水平,为驾乘人员提供一个"畅、洁、绿、美、安"的优良通行环境,充分满足驾乘人员的出行需要。

1. 收费管理

提升文明服务质量,要求所有管理人员加强与一线人员的沟通,并按照服务标准做好监督稽查工作,严格落实星级评定考核,调整考核力度,树立典型。提高业务培训效果。收费管理股、收费站对现有执行的政策文件进行整理,梳理知识点,纳入应知必会体系。并针对收费站车流量少、特情少等实际情况,搜集特情车辆案例,模拟演练培训。加大稽查力度。收费管理股、收费站切实开展有效稽查工作。对每次稽查出的问题认真进行整改,实现各环节的闭合。强化内业资料整理,做好资料的日常整理,站长、副站长参与到内业资料整理工作中去,站级工作计划总结材料站长副站长必须自己归纳,掌握核心思想,不能抱有"有就行"的思想,做出自己的亮点。搞好精神文明建设活动,做好星级收费站的创建工作,各站做好计划、落实等工作,留存图片资料做好记录,形成一整套资料体系。按照安全生产月工作要求,切实做好防火、防盗、防大汛等安全工作。

2. 养护管理

开展路容路貌整治,巩固"靓美路段"成果。加强道路保洁,及时对路面、边坡、中分带及绿化平台上的垃圾进行清理。强化公路病害修补，及时修复路面坑槽、沉陷和裂缝等病害，提高修复质量。美化站区环境。定期对收费站车道道沿、岛头、防撞立柱漆面进行修补，对收费站区的标志标牌进行清洗。给驾乘人员营造靓丽整洁的环境。加强桥涵经常性检查与日常维护。按照一般桥涵规定频率、特殊桥涵增加频率等方式对所辖桥涵进行检查，将跨线桥伸缩缝是否堵塞、路面是否破损等问题作为重点检查对象，发现病害及时记录并上报，杜绝养管盲点。加强养护人员的学习培训，提高养护专业知识。从养护制度、桥隧日常养护及处理路面路基等病害方面提高养护人员业务水平，通过现场学习、相互交流等方式，提高养护人员现场发现病害的能力和现场处置问题的能力。按"国检"要求规范内业资料填写。日常养护管理系统及时准确录入，养护巡查记录、养护日志及时填写，小型工程合同与养护台账等各数据真实、完整闭合。规范道路养护施工人员安全作业。定期开展安全培训，严格规范养护施工人员着装，施工现场警示标志及施工现场用料的摆放，严防安全隐患。

3. 路政管理

制定应急预案。为确保道路安全，会同交警部门制定切实可行的保畅应急预案。明确关键控制点和重点路段，配足除雪设备、物资和人员，恶劣天气下实行24h不间断巡查。认真排查沿线铁丝网、中央隔离带等重点区域安全隐患，责任落实到班组。加强路警联动。利用"122"路警联勤联动机制，联合开展巡查工作，各司其职、相互沟通、相互配合，及时处置突发事件，确保道路安全畅通。加强安全教育，在岗人员不得擅自离岗、不得饮酒、严禁疲劳驾驶，确保安全生产工作顺利开展。加大对行人上高速现象的治理工作，努力做到发现一人、制止一人、宣传一人的效果，确保道路安全畅通。

4. 治超管理

开展专题调研。玉华宫管理所安排路政中队及各治超站对周边焦坪、柴家沟、建南、建北等大型煤矿及运煤车辆进行走访调查后，撰写调研报告报上级管理部门对现行治超管理模式进行了优化，有效提高了检测效率。对倒查超限率偏高原因进行全面分析。通过实地调查后，发现引起超限倒查率偏高的主要原因为政策性放行车辆较多、车流量较大等5方面因素。严格执行现行治超政策。对于超限3t以内车辆检测后予以登记放行，并同时要求车辆驾驶员签字确认。对于危化品运输车辆做到超限"零放行"，对于非法超限3t以上车辆予以劝返，有效杜绝非法超限运输车辆驶入高速。加大宣传力度，积极引导货运车辆合法装载。通过发放宣传资料、深入周边厂矿开展治超相关法律法规宣传等方式，积极争取广大群众对治超工作的支持和认可。同时，做好全计重收费政策宣传工作。对于所有超限运输车辆要求当班治超人员认真做好全计重收费政策及相关治超政策宣传解释工作，鼓励引导货运车辆合法装载。加强部门联动，严厉打击在高速公路卸货、放水等非法行为。玉华宫路政中队加强与铜川高交五中队、养护股及各收费站的联勤联动，采取交叉巡查、错时巡查、联合巡查等模式,实现对重点路段的实时监控,及时制止利用高速公路卸货、放水等违法行为,消除货运车辆驾驶员逃缴通行费的侥幸心理。

5. 安全管理

加强日常巡查管理,保障道路安全畅通。采取全线巡查与重点路段巡查、定点执勤与流动巡查相结合的方式开展巡查工作,有效保证路面见警率。及时清除路面障碍物,劝离违停车辆及行人,创造良好行车环境。加强巡查车辆管理,杜绝安全事故发生。对巡查车辆定期进行保养,巡查期间要求驾驶员对巡查车辆性能进行全面检查,备足各类设备。在巡查工作中严格控制车速,不开赌气车,禁止酒后驾车、无照驾车。加强痕迹化管理工作,合理规避法律风险。在日常工作中,认真做好各项记录,及时留存执法管理过程中的各类影像资料,为合理规避法律风险奠定良好基础。加强路域环境管理,营造安全行车环境。严格施工监管,扎实做好建筑控制区管理和大件运输车辆监护管理工作,及时排除各类安全隐患,有效避免各类安全事故的发生。强化部门联动,积极应对各类突发事件。加强与铜川高速交警五中队、养护股、隧道站、监控室等相关职能部门的协作,充分利用"延西高速铜川路警联动"微信平台,做到路况信息实时共享。通过开展联合演练,全面提升员工应急处置能力,快速、有效应对各类突发事件,确保道路安全畅通。

十六、黄陵至延安段(二通道)

桥山苍翠,沮河汤汤,华夏始祖黄帝陵,一直是全世界炎黄子孙心中的圣地;延河滔滔,宝塔巍巍,中国共产党在延安转战13年,改写了中华民族的历史,这片热土也因之成为中国革命的圣地。

黄陵至延安高速公路二通道于2016年9月份建成通车,它一头连着民族圣地黄帝陵,一头连着革命圣地延安。在这块创造出无数神奇的黄土地上,跨沟越壑的黄延高速公路二通道,使昔日的辉煌和现代文明交相辉映,使无数梦牵魂绕的良好凤愿变成了现实。

2013年7月份,黄陵至延安的沟沟茆茆之间,迎来了一群来自五湖四海的建设者。机械轰鸣,彩旗猎猎,黄陵至延安高速公路二通道建设动工了!

(一)项目概况

黄陵至延安高速公路二通道,简称黄延二通道,是国家高速包头至茂名线G65在陕西境内的组成路段,也是西安至延安高速公路二通道的一部分,其建设对进一步完善陕西省高速公路网,形成关中连接陕北的独立快速通道,提升省内纵向通道的通行能力,加快陕北能源化工基地建设,实现关中、陕北经济率先发展、跨越发展,推动陕北红色旅游文化产业发展以及进一步推进"富裕陕西、和谐陕西、美丽陕西"建设,均具有重要的意义。

第九章
高速公路建设项目

a)   b)

黄陵至延安高速公路(二通道)

黄延二通道起于铜川市宜君县崖头庄,与铜川至黄陵高速公路二通道相接;止于延安市安塞县沿河湾镇南侧,与既有的包茂高速公路和延安至延川高速公路以枢纽立交相接。项目途经5县1区、16个乡镇、61个自然村,路线全长153.91km。全线按照双向六车道高速公路标准建设,设计速度100km/h,路基宽度33.5m。项目南段K3+851.255~K66+270.51及黄陵西一级路连接线于2015年12月7日建成通车,通车里程64.08km。项目北段于2016年9月12日通车。全线设置桥梁48.325km/214座,其中特大桥8座、大桥126座、中桥60座、小桥20座,主线桥37.117km/136座。全线设置隧道25125m/18座(双洞,下同),占路线总长17%,其中长隧道22055m/13座、中隧道2226m/3座、短隧道844m/2座。5座预应力混凝土连续刚构桥和18座隧道为主要控制性工程。全线设互通式立交9处。

项目初步设计审批概算总金额217.05亿元,资本金50.2亿元,其中有国家安排中央专项资金33.4亿元,省内安排公路建设资金16.8亿元,其余166.85亿元资金利用国内银行贷款解决。

黄延二通道由陕西省交通建设集团公司建设管理,执行机构为陕西省交通建设集团公司黄陵至延安高速公路扩能工程建设管理处,简称黄延管理处。陕西省交通规划设计研究院承担主体设计。全线由青岛建工集团有限公司等21家施工单位中标参与施工。陕西省交通工程咨询公司中标总监,陕西交建公路工程试验检测有限公司承担中心试验室,陕西公路交通科技开发咨询公司等7家监理公司中标监理。陕西省交通运输厅基本建设工程质量监督站负责质量监督。沿线地方政府承担征地拆迁与建设环境保障。

黄延二通道地处陕北黄土高原丘陵沟壑区,地形地貌复杂,气候条件多变,项目建设存在如下难点及特点:一是滑坡体治理多。路线所经之处需要治理滑坡共50处。二是特殊路基段落多。全线过湿土地基长达47km,湿陷性黄土地基处理长达21km,其中V形沟地段地基处理长达14km。三是高边坡处置多。全线挖方高边坡共147处,累计长度17km,100m以上高边坡7处,最大高度达到130m。四是高墩大跨桥梁多。全线有5座连续刚构桥主墩墩高均在110~130m之间,最大跨径140m。五是隧道施工难度大。全线隧道Ⅴ级围岩段约占隧道总长度的71%,全线18座隧道中黄土隧道占73%,全断面开挖面积达到177.1m²,紧急停车带处全断面开挖面积达到289.4m²,建设期间为全国公路黄土隧道最大断面。六是沿线途经村镇、自然保护林多,征迁协调难度大。项目穿越2个自然保护区、2个森林公园,环保要求高。七是建设工期紧。陕北冬季时间长、气温低,夏季雨水多,每年有效施工期不足9个月。

(二)建设情况

2014年2月20日,国家发展和改革委员会对黄延二通道可行性研究报告进行了批复。2014年6月10日,交通运输部对初步设计进行了批复。2015年9月23日,陕西省交通运输厅对施工图设计进行了批复。

黄延二通道以"铸造行业廉优工程典范,争创国家优质工程金奖"为建设目标,大力弘扬"人文延安,美丽大道"的高速公路文化理念,努力把黄延二通道建设成为"红色旅游坦途、人文景观大道、生态能源通衢"。

开工建设以来,管理处按照"全建设周期大干、全工作面覆盖施工"的理念,抢抓有利施工季节,坚持24小时不间断施工,加大现场过程控制,紧盯关键部位和弱项环节,严格工艺工序控制,落实标准化要求,全面推进工程均衡发展。

建设之初,黄延管理处就坚持高起点开局、高标准建设、高质量推进。建设过程中从关键部分、薄弱环节入手,强化检测、抽检、现场巡查、交验等施工过程控制,实施质量培训全覆盖、质量控制无盲区、质量问题零容忍,确保工程质量零缺陷、无遗憾。

建设期间,管理处加强制度建设,完善体系机制。狠抓源头控制,通过认真落实"三阶段"设计核查,按照合同文件对进场人员资质和设备进行履约考核、控制材料质量、落实技术交底和首件认可、树立样板工程等措施,严把质量关口。通过加大巡查力度、夯实监理责任、严把中间交验、强化检测管理、加强信息化建设、严格责任追究等措施,强化过程监管,消除质量隐患。切实落实工程全寿命周期管理理念,组织开展专项整治活动,遏制质量通病,提升建设品质。

黄延二通道整体质量稳定可控,建设期间未出现较大以上责任事故或质量问题,各项指标均达到省交通主管部门下达的质量目标要求,工程质量管理处于可控状态。

黄延项目紧扣"追赶超越"大战略,落实陕西省稳增长促发展、建功立业劳动竞赛暨高速公路通车里程突破5000km劳动竞赛活动要求,以项目建设为中心,坚持"稳中求进、好中求快",把项目放到全省乃至全国的大坐标中去定位,以实际行动为全省经济平稳快速增长提供支持、增添动力,促使陕西交通增速挤进全国"第一方阵"。

建设过程中,管理处科学分解目标任务,细化分解到每月、每旬,切实加强工程进度管理。为解决时间紧、任务重的困难,连续组织开展春季大干、大干90天、冲刺120天、冬季大干等多种形式的劳动竞赛活动,制定并坚决落实各项保障措施。对影响阶段性目标和总体目标实现的重点工程,如小圆子隧道、桥子沟刚构桥、葫芦河特大桥等,通过加强管理,调配专人进驻现场,加大资金、人员、设备支持力度等措施,强力推进工程建设。

管理处始终坚持"安全第一、预防为主、综合治理"的方针,推动安全责任层层落实,深入开展"防坍塌、反三违""安全生产月"等专项活动,深化"平安工地"建设,提升安全管理水平,保持了项目安全生产形势稳定的良好局面。具体措施有:健全安全机制,建立安全生产领导小组,层层签订安全目标责任书。制定安全管理制度,对全体作业人员起到良好的指导及规范作用。加强机械设备和人员管理,对机械设备制定设备登记台账,对一线工人实行动态登记管理。对全线参建人员进行持续不断的各类安全教育培训,内容涉及消防、高空坠落、隧道坍塌、触电等方面,强化安全生产意识、夯实安全目标责任。落实安全费用专款专用、开展安全风险评估等措施强化安全管理。

(三)科技创新

1. 注重科技创新,深化"四个交通"建设

黄延项目开工建设以来,以科学发展观为指导,依托在建工程,搭建科研平台,成立科研小组,通过"走出去"和"引进来"的方式,大力开展科技攻关,进行课题研究,着力提高自主创新能力,深入实施创新驱动发展战略,充分发挥科技创新在高速公路建设中的引领作用。

桥梁工程方面:开展矩形钢管混凝土组合桁梁桥结构设计与应用技术研究,利用矩形钢管界面良好的抗压、弯、扭特性。由矩形钢管直接焊接组成矩形钢管桁架,腹杆杆端只需一次或两次平面切割即可制成,与圆管直接焊接节点的腹杆杆端空间曲线切割相比,更为简单。在弦杆内填充混凝土,提高桁架节点刚度和承载力,进一步提升了桁架性能。

隧道工程方面:开展大跨度高含水率黄土公路隧道设计与施工综合技术研究,有效解决大跨度高含水率黄土隧道设计、施工、运营中遇到的技术难题;针对黄延项目隧道特点,编制了《三车道大跨径隧道关键工序作业要点》,对关键工序、主要控制环节提出具体要求并进行优化,全面提升了隧道工程施工质量和建设水平;同时所有隧道均采用"零开挖"进洞施工技术,尽量不破坏洞口周边的原始地貌和生态环境,实现生态保护与公路的和谐发展。

路基工程方面:开展特殊土复合地基处理检测方法与评价标准研究,简化地基处理检测方法,制定特殊土地基处理检测评价标准,可以有效地节约投资、控制施工质量、排除安全隐患。

路面工程方面:通过对斜向预应力混凝土路面技术的示范推广,提高水泥混凝土路面

的使用性能和路面承载力,减少水泥混凝土路面接缝数量,延长路面的使用寿命。

黄陵至延安高速公路(二通道)路面施工

项目建设的三个标段中每个标段采用一套 DT1800 整幅摊铺机和两套双机联铺设备。通过对比发现,陕西中大的整幅摊铺机能够实现整幅超宽度摊铺,并规避了双机摊铺的接缝问题,而且不离析,在摊铺 ATB-30 沥青混凝土下面层优势非常明显。

对 HH-X 型系列温拌剂产品性能进行改进研究,对有机添加剂法和乳化平台温拌法制备的温拌混合料性能进行对比,确定温拌混合料技术方案,编制温拌技术在橡胶沥青、隧道以及冬季施工方面的应用技术指南。温拌技术的采用有效降低混合料施工温度,减少生产时的燃料消耗,降低施工时设备机械的燃油量,同时控制有害气体和温室气体的排放量。

环保方面:开展用于隧道路面的钢渣沥青混合料研究和基于负载纳米光触媒材料的隧道沥青混合料尾气降解技术研究,将数量巨大的工业废渣——钢渣加以利用,既减少了石料资源的开采,又保护了环境。

13 项课题研究成果不仅为黄延项目建设提供了技术保障,而且还为工程科技创新提供了理论依据和实践经验,提高了黄延二通道的科技含量、工程质量、建设品质和综合服务性能,力促黄延项目成为展示陕西高速公路科学技术水平和创新实力的窗口。

2. 实施绿色发展,助推公路转型升级

黄延项目建设伊始,就明确定位走绿色环保节能发展之路,坚持把低能耗、低排放、低污染和高效率的"三低一高"思想贯穿于项目建设全过程。管理处结合项目特点和地域条件,以降低公路建设使用能耗为目标,注重公路绿化与景观,加大生态环保措施,凸显项目特色亮点,推进工程建设和创新绿色公路建设同步发展,以实际行动贯彻国家"绿色"发展理念,助推中国高速公路未来发展模式的突破和转型创新。

路面上面层采用 4cm 橡胶沥青混凝土(AR-GM13),共消耗废旧橡胶粉约 29043t;全线石质隧道弃渣均用于填筑路基;为预防隧道污水可能造成的环境污染,设置废水沉淀池 72 座及靠近Ⅱ类水体河流附近处隧道施工增设 5 处蓄水池;应用污水净化系统,降低水资源消耗,减少污水排放。在路基清表实施过程中,在腐殖土资源丰富的主线路段、设施占地、临时用地等位置对腐殖土进行收集和存放,收集率达到100%,并在后期用于公路绿化;全线房建节能设计按照国家标准,外保温采用 B1 级聚苯板;生活热水供应采用光伏板太阳能热水供应系统。

通过在绿色能源应用类项目、绿色施工技术应用类项目、智慧公路项目、绿色服务区、绿色环保和资源循环利用、绿色交通能力建设 6 大类 34 个项目上开展绿色环保节能方面的实施工作,为加快推进高速公路节能减排、完善绿色环保体系建设、突破高速公路创新发展制约瓶颈等拓宽了思路、积累了经验,促进高速公路建设与自然环境、社会环境的和谐发展。

(四)运营管理

黄延二通道建成通车后,由陕西省交通建设集团公司黄延分公司负责运营管理。公司下设黄陵、富县和延安 3 个管理所。

G65 包头至茂名高速公路陕西境及其二通道的主要信息资料及主要从业单位信息资料见表 9-23 ~ 表 9-26。

G65 包头至茂名高速公路陕西境主要信息资料表 表 9-23

项目名称	建设单位	建设里程（km）	技术标准	投资规模（亿元）	建设时间（开工~通车）	备注
榆林至陕蒙界段	一期:陕西省公路局项目办;二期:榆林市人民政府设榆蒙高速公路建设管理处	88.10	双向四车道、设计速度100km/h	11.90	一期 2000.10~2002.9 二期 2004.11~2006.9	
榆林至靖边段	陕西省公路局、榆林市人民政府设榆靖高速公路管理处	115.92	双向四车道、设计速度100km/h	17.80	2000.7~2003.8	
靖边至安塞段	榆林市交通局、延安市交通局	103.99	双向四车道、设计速度80(100)km/h	45.58	2003.11(2003.6)~2006.9	榆林段于2003年11月开工,延安段于2003年6月开工
延安至安塞段	陕西省公路局、延安市政府共同组建延安至安塞高速公路建设管理处	31.71	双向四车道、设计速度100km/h	11.18	200.11~2003.9	
黄陵至延安段	中国铁路工程总公司(BOT)、陕西省高速集团公司黄延高速公路有限责任公司	143.21	双向四车道、设计速度80km/h	71.17	2003.3~2006.9	
铜川至黄陵段	陕西省高等级公路管理局	93.85	双向四车道、设计速度60km/h	22.64	1998.3~2001.4	

续上表

项目名称	建 设 单 位	建设里程（km）	技 术 标 准	投资规模（亿元）	建设时间（开工~通车）	备注
三原至铜川段	陕西省高等级公路管理局	30.70	双向四车道、设计速度80km/h	4.85	1990.7~1992.12	
西安至三原段	陕西省交通厅	34.46	双向四车道、设计速度100km/h	1.47	1986.12~1989.12	
西安至柞水段	西安绕城局→陕西省交通建设集团公司	43.50	双向四车道、设计速度80(100)km/h	21.64	2004.3~2007.1	
秦岭终南山隧道段	陕西省投资集团公司→陕西省交通厅公路隧道建设管理中心→陕西省交通建设集团	21.21	双向四车道、设计速度80km/h	40.27	2002.3~2007.1	
柞水至小河段	陕西省交通建设集团公司	71.67	双向四车道、设计速度80km/h	53.60	2005.12~2008.11	
小河至安康段	陕西省交通建设集团公司	58.26	双向四车道、设计速度80km/h	58.95	2005.12~2009.5	
安康至陕川界段	陕西省交通厅外资项目办公室	104.61	双向四车道、设计速度80km/h	96.40	2007.12~2011.3	

G65包头至茂名高速公路陕西境（二通道）主要信息资料表　　表9-24

项目名称	建 设 单 位	建设里程（km）	技 术 标 准	投资规模（亿元）	建设时间（开工~通车）	备注
黄陵至延安段	陕西省交通建设集团公司	153.91	双向六车道、设计速度100km/h	217.05	2013.7~2016.9	
铜川至黄陵段	陕西省高速公路建设集团公司	104.27	双向六（四）车道、设计速度100(80)km/h	118.90	铜川至何家坊段：2010.5~2013.11；何家坊至黄陵段：2012.11~2015.11	尚未完成竣工决算，投资规模为概算
西安至铜川段	陕西省高速公路建设集团公司	62.80	双向八（六）车道、设计速度120(100)km/h	98.52	2009.1~2011.12	

G65包头至茂名高速公路陕西境主要从业单位信息资料表　　表9-25

项目名称	从业单位	单 位 名 称	备注
榆林至陕蒙界段	设计单位	陕西省公路勘察设计院	
	施工单位	中国建筑工程总公司、路桥集团第一公路工程局第一工程公司、中国云南路桥建设集团股份有限公司、上海耿耿市政工程有限公司、衡阳公路桥梁建设有限公司、中铁三局集团第五工程有限公司、榆林市天元路业有限公司、西安萌兴高等级公路工程股份有限公司、中铁十七局集团第三工程有限公司、路桥集团第二公路工程局、山西乾通公路工程机械有限公司、榆林市化盛交通工程有限公司、潍坊恒建交通工程有限公司、榆林市中承建设有限公司、陕西志鸿建筑工程有限公司、榆林市昌德建筑工程有限公司、陕西省咸阳市建筑安装工程总公司、陕西敬业建设总承包有限责任公司、横山县建筑工程公司、陕西建工集团总公司、上海电器科学研究所有限公司、广东飞达交通工程有限公司	
	监理单位	山西振兴公路监理有限公司、云南公路建设监理公司、榆林市弘宇建设监理有限责任公司、陕西公路交通科技开发咨询公司	

第九章
高速公路建设项目

续上表

项目名称	从业单位	单 位 名 称	备注
榆林至靖边段	设计单位	陕西省公路勘察设计院	
	施工单位	陕西省通达公路建设集团有限责任公司、榆林第二路桥建筑工程公司、中国人民武装警察部队交通独立支队、中铁第二十局第一工程处、铁道部第一工程局桥梁工程处、铁道部第一工程局第三工程处、中铁第十五工程局第五工程处、交通部第二公路工程局、陕西省咸阳路桥公司、榆林第二路桥建筑工程公司、河北路桥集团有限公司、陕西省路桥工程总公司、四川公路桥梁建设集团有限公司、河南省交通公路工程局、河南省公路局筑路机械厂、凯通交通工程有限公司、陕西诚信高速公路工程有限公司、路桥集团第二公路工程局、陕西省机械施工公司、陕西汉唐计算机有限责任公司、陕西高速交通工贸有限公司、米脂县建筑工程总公司、榆林市建筑工程公司、榆林市胜利建筑公司、绥德一建筑公司、榆林文昌集团公司、米脂县建筑工程总公司	
	监理单位	北京育才交通工程咨询监理公司、榆林公路工程监理有限公司、榆林交通工程监理有限公司、陕西恒通工程监理咨询有限公司、山西省交通建设工程监理总公司、山西省公路工程监理技术咨询公司、宁夏华志公路工程监理咨询有限公司、陕西省公路工程咨询公司	
靖边至安塞段	设计单位	陕西省公路勘察设计院、西安公路研究所	
	施工单位	中铁十二局集团第二工程有限公司、路桥集团第一公路工程局、中铁一局集团有限公司、中铁十七局集团第三工程有限公司、榆林市天元路业有限公司、河北冀通路桥建设有限公司、中铁二局股份有限公司、中铁十一局集团第二工程有限公司、中铁十二局集团有限公司、中铁隧道集团有限公司、中铁五局(集团)有限公司、中铁十九局集团第二工程有限公司、中铁二局股份有限公司、山西交研科学实验工程有限公司、江苏鸿益交通工程有限公司、榆林市成达建设工程有限公司、陕西三星建工集团有限公司、榆林市建筑工程有限责任公司、榆林市金域集团建筑工程有限公司、榆林市新宇建筑工程有限公司、中铁第十九局集团第三工程有限公司、商洛公路工程公司、陕西省通达公路建设集团有限责任公司、中铁十八局集团第一工程有限公司、河北路桥集团有限公司、中铁二局股份有限公司、中国第四冶金建设公司、中铁十八局集团第五工程有限公司、中铁三局集团第二工程有限公司、商洛公路工程公司、河北特利特交通设施有限公司、高密市顺达交通工程有限公司、延安市联昌建筑工程有限责任公司、启东市建筑安装工程有限公司西安分公司、陕西科润公路沿线设施工程有限公司、陕西汉唐计算机有限责任公司	
	监理单位	山东格瑞特监理咨询有限公司、陕西公路交通工程监理咨询有限公司、山东省滨州公路工程监理咨询有限公司、宁夏华吉公路工程监理咨询有限公司、榆林市弘宇建设监理有限公司、天津市国腾公路咨询监理有限公司、陕西高速公路工程咨询有限公司、山西省交通建设工程监理总公司、潍坊市华潍公路工程监理处、西安公路交大建设监理公司、陕西省公路交通科技开发咨询公司、陕西华德建设工程监理有限责任公司、北京中建工程监理部西安分公司	
延安至安塞段	设计单位	陕西省公路勘察设计院	
	施工单位	山西太行路桥有限公司、延安通圣公路工程(集团)有限责任公司、中铁第一工程局机械筑路工程处、中铁第十八工程局第一工程处、中铁第十八工程局第五工程处、中铁第十五工程局第一工程处河北路桥集团有限公司、中铁十八局集团第五工程有限公司、高密市顺达交通工程有限公司、河北路桥集团有限公司、四川京川公路工程(集团)有限公司、延安市建筑工程总公司路桥工程处	
	监理单位	陕西省公路交通工程监理咨询有限公司、天津市国腾公路咨询监理有限公司、威海市公路工程监理公司	

续上表

项目名称	从业单位	单位名称	备注
黄陵至延安段	设计单位	陕西省公路勘察设计院	
	施工单位	中铁十二局集团有限公司、中铁三局集团第二工程有限公司、中国铁路工程总公司、中铁十六局集团第一工程有限公司、云南公路桥梁工程有限公司、中铁四局集团有限公司、中铁十三局集团第三工程有限公司、中国第十三冶金建设公司、龙建路桥股份有限公司、中铁三局集团有限公司、中铁十二局集团第四工程有限公司、路桥集团国际建设股份有限公司、陕西省路桥工程总公司、中铁十二局集团第二工程有限公司、海南公路工程有限公司、中铁隧道集团一处有限公司、中铁十七局集团有限公司、福建省第一公路工程公司、山西路桥建设集团有限公司、洛阳路桥建设总公司、中铁隧道集团四处有限公司、中铁隧道集团二处有限公司、中铁十八局集团有限公司、西安铁路工程集团有限责任公司、上海耿耿市政工程有限公司、中铁五局集团第一工程有限公司	
	监理单位	济南北方交通工程咨询监理有限公司、湖南金路工程咨询有限公司、天津市国腾公路咨询监理有限公司、江苏东南交通工程咨询监理有限公司、山西交科公路工程咨询监理公司、北京华通公路桥梁监理咨询公司、临沂交通工程咨询监理中心、云南云路工程监理咨询有限公司、威海格瑞特监理咨询有限公司、河北冀民公路工程咨询有限公司	
铜川至黄陵段	设计单位	陕西省公路勘察设计院	
	施工单位	陕西省路桥工程总公司、铁道部第一工程局、西安铁路工程集团总公司、铁道部第十五工程局、铁道部第十八工程局、交通部第一公路工程总公司、铁道部第二十工程局	
	监理单位	陕西省公路工程咨询公司、西安公路研究所、陕西省中安监理公司、陕西省交通工程监理公司、陕西省公路勘察设计院、陕西省顺通监理公司、甘肃省交通科学研究所	
三原至铜川段	设计单位	陕西省公路勘察设计院	
	施工单位	铁道部第十七工程局、陕西省路桥工程公司、辽宁省公路工程局	
	监理单位	陕西省三铜公路施工监理工程师办公室	
西安至三原段	设计单位	陕西省公路勘察设计院	
	施工单位	中国路桥公司陕西分公司(陕西省路桥工程总队)	
	监理单位	陕西省公路工程咨询公司	
西安至柞水段	设计单位	陕西省公路勘察设计院、西安公路研究院	
	施工单位	西安铁路工程集团有限公司、二公局(洛阳)第四工程处、中铁电化局西安建设公司、路桥集团国际建设股份有限公司、中铁四局四公司、中铁二局股份有限公司、中铁十二局集团有限公司、中铁二局第五工程有限公司、中铁十二局集团第四工程有限公司、中铁十五局集团第三工程有限公司、陕西大成国际贸易有限责任公司、江苏秦江集团股份有限公司、北京海威工程建设有限责任公司、江西省公路机械工程局、北京深华科交通工程有限公司、河北银达交通工业有限公司、陕西现代公路机械工程有限公司、陕西高速交通工贸有限公司、陕西科润公路沿线施工工程有限公司、北京市泰克公路科学技术研究所陕西公路交通科技开发咨询公司、西安金路交通工程科技发展有限公司、中铁一局建筑安装工程公司、陕西高速电子工程有限公司、西安顶杰实业有限公司	
	监理单位	陕西公路交通科技开发咨询公司、西安华兴公路工程咨询监理有限公司、陕西公路交通科技开发咨询公司、安徽省高等级公路工程监理有限公司、西安公路交通大学建设监理公司	

第九章
高速公路建设项目

续上表

项目名称	从业单位	单 位 名 称	备注
柞水至小河段	设计单位	中交第一公路勘察设计研究院有限公司、西安公路研究院	
	施工单位	中国建筑第八工程局、中铁十八局集团第二工程有限公司、核工业华南建设工程集团公司、中港第二航务工程局路桥集团三公司工程有限公司、中铁十八局集团第三工程有限公司、宁夏路桥工程股份有限公司、中铁四局集团有限公司、中铁五局集团第三工程有限公司、江苏五局集团第三工程有限公司、中铁五局集团第一工程有限公司、路桥集团第二公路工程局第一工程处、山西省晋中路桥建设集团有限公司、中铁十八局集团第五工程有限公司、四川武通路桥工程局、中铁二局股份有限公司、中铁十五局集团第七工程有限公司、中铁五局集团有限公司、中铁十局集团第二工程有限公司、东盟营造工程有限公司、江西省公路桥梁工程局、中国路桥集团总公司、中铁十三局集团第五工程有限公司、中铁二十局集团有限公司、新疆北新路桥建设股份有限公司、天津城建集团有限公司、中铁二十一局集团第三工程有限公司、中星路桥工程有限公司、中铁电化局集团西安铁路工程有限公司、陕西大成国际贸易有限责任公司、江苏秦江集团股份有限公司、新疆昆仑路港工程公司、中铁十二局集团第一工程有限公司、榆林市华盛交通工程有限公司、云南云桥建设股份有限公司、陕西高速交通工程有限公司、兰州金路交通设施有限责任公司、北京云星宇交通工程有限公司、哈尔滨交研交通工程有限责任公司、陕西高速电子工程有限公司、南京凌云科技发展有限公司、江西路通科技有限公司、西安大有电气工程有限公司、深圳市金达照明科技有限公司、陕西现代城市照明工程有限公司、江苏神州交通器材有限公司、陕西天河照明设备有限公司、山西侯马鑫丰康风机有限公司、陕西电力电缆制造有限公司、山西省工业设备安装公司、延安市建筑安装工程公司、延安市诚信建筑工程有限责任公司、陕西金轩建筑工程有限公司、陕西建工集团第二建筑工程有限公司	
	监理单位	陕西高速公路工程咨询有限公司、西安公路交大建设监理公司、陕西公路交通科技开发咨询公司、北京建工精大房工程建设监理公司、云南云通监理咨询有限公司、西安华兴公路工程咨询监理公司、陕西公路交通工程监理咨询有限公司、西安华兴工程咨询有限公司、陕西正林工程监理咨询有限公司	
小河至安康段	设计单位	陕西省公路勘察设计院	
	施工单位	中铁十局集团第二工程有限公司、中铁三局集团有限公司、铁道部第一工程局桥梁工程处、中铁二局第五工程有限公司、中铁十四局集团第三工程有限公司、路桥集团第一公路工程局第三工程公司、中铁十二局集团有限公司、中铁隧道股份有限公司、中铁十八局集团有限公司、中国铁路工程总公司、中铁十一局集团第三工程有限公司、福建省第二公路工程公司、中铁隧道集团有限公司、西安盟兴高等级公路工程股份有限公司、新疆北新路桥建设股份有限公司、路桥二公局第三工程有限公司、中铁十一局集团第五工程有限公司、东盟营造工程有限公司	
	监理单位	山东滨州市公路工程监理咨询公司、陕西公路交通科技开发咨询公司、武汉大通公路桥梁工程咨询监理有限责任公司、陕西恒通工程咨询有限责任公司、山东格瑞特监理咨询有限公司、北京路桥通国际工程咨询有限公司	
安康至陕川界段	设计单位	陕西省公路勘察设计院、中交第二公路勘察设计研究院有限公司	
	施工单位	山东省公路建设(集团)有限公司、西安萌兴高等级公路工程股份有限公司、中铁七局集团第三工程有限公司、中国铁路工程总公司、中铁七局集团有限公司、中铁十七局集团第三工程有限公司、中铁五局集团第三工程有限责任公司、中铁十六局集团第一工程有限公司、中铁十一局集团第四工程有限公司、中交一公局第五工程有限公司、中交第二公路工程局有限公司、中交二公局第三工程有限公司、中交二公局第六工程有限公司、中铁五局(集团)有限公司、中交二航局第二工程有限公司、中铁隧道股份有限公司、中铁十三局集团有限公司、东盟营造工程有限公司、中交二公局第一工程有限公司、中交二公局第四工程有限公司、中交第一公路工程局有限公司、中铁五局集团第三工程有限责任公司、中铁十局集团第二工程有限公司、中铁十八局集团有限公司、中铁五局(集团)有限公司、四川武通路桥工程局、中交第四公路工程局有限公司、中铁十局集团有限公司、中铁十二局集团第一工程有限公司	

续上表

项目名称	从业单位	单位名称	备注
安康至陕川界段	监理单位	陕西高速公路工程咨询有限公司、北京正宏监理咨询有限公司、山西省交通建设工程监理总公司、临沂交通工程咨询监理中心、西安华兴公路工程咨询监理有限公司、陕西公路交通工程监理咨询有限公司、云南云路工程监理咨询有限公司、江苏东南交通工程咨询监理有限公司、河南省宏力工程咨询有限公司、河北华达公路工程咨询监理有限公司	
秦岭终南山隧道段	设计单位	铁道部第一勘察设计研究院	
	施工单位	中铁一局集团有限公司、中铁五局集团有限公司、中铁十二局集团有限公司、中铁十八局集团有限公司、中铁二十一局集团第三工程有限公司、中交隧道工程局集团有限公司、中铁二十局集团第二工程有限公司、陕西高速诚信交通工程有限公司、陕西高速工贸工程有限公司、西安辉煌软件信息产业有限公司、上海电器科学研究(集团)股份有限公司、中化二建集团电仪安装工程有限公司、北京瑞华赢科技发展有限公司、深圳高力特通用电气有限公司、西安汉森电气工程有限公司、陕西高速电子工程有限公司、佛山市南海南方风机实业有限公司	
	监理单位	山西省交通建设工程监理总公司、西安方舟工程咨询监理有限公司、西安金路交通工程科技发展有限责任公司、陕西金盾消防工程事务所	

G65 包头至茂名高速公路陕西段(二通道)主要从业单位信息资料表　　表 9-26

项目名称	从业单位	单位名称	备注
黄陵至延安段	设计单位	陕西省交通规划设计研究院	
	施工单位	青岛建工集团有限公司、中交二公局第四工程有限公司、陕西路桥集团有限公司、中交隧道工程局有限公司、中铁港航局集团第三工程有限公司、中铁二局股份有限公司、中交三公局第二工程有限公司、中铁十四局集团第五工程有限公司、中铁十七局集团第一工程有限公司、中铁十五局集团第七工程有限公司、河北燕峰路桥建设集团有限公司、中交二公局第四工程有限公司、山西森太科技有限公司。湖南省湘筑交通科技有限公司、潍坊东方交通设施工程有限公司、山西路众道桥有限公司、周口市公路交通设施有限公司、衡水贵平工程橡塑有限公司、成都科诺重工机械有限公司、衡水伟建工程橡胶有限公司	
	监理单位	陕西省交通工程咨询公司、陕西交建公路工程试验检测有限公司、陕西公路交通科技开发咨询公司、陕西恒通工程咨询有限责任公司、陕西顺通公路监理技术咨询有限责任公司、陕西公路交通科技开发咨询公司、陕西公路交通工程监理咨询有限公司、陕西利民公路工程咨询服务有限公司	
铜川至黄陵段	设计单位	陕西省公路勘察设计院、辽宁省交通规划设计院	
	施工单位	中铁三局集团第六工程有限公司、中铁十五局集团第七工程有限公司、中铁十局集团有限公司、中铁十七局集团第一工程有限公司、中交二公局萌兴工程有限公司、中铁十七局集团有限公司、中铁十二局集团第三工程有限公司、中铁十八局集团第二工程有限公司、中交二公局第四工程有限公司、中铁十八局集团有限公司、中铁隧道集团三处有限公司、中铁五局(集团)有限公司、陕西路桥集团有限公司、中铁隧道股份有限公司、中铁三局集团第五工程有限公司、中铁十七局集团第二工程有限公司、中铁二十局集团有限公司、中铁七局集团有限公司、中铁十一局集团第一工程有限公司、中铁二十局集团第二工程有限公司、中铁二局第一工程有限公司、中铁隧道集团有限公司、中交二公局第三工程有限公司、中铁五局集团第一工程有限责任公司、中铁四局集团第一工程有限公司、中国路桥集团西安实业发展有限公司、东盟营造工程有限公司、江苏天宇建设集团有限公司、陕西宏图建筑工程有限公司、陕西华达建筑工程有限公司、陕西宏昌建筑安装有限公司、中交第四公路工程局有限公司、贵州建工集团第一建筑工程有限责任公司、陕西华山建设有限公司、陕西汉唐计算机有限责任公司、陕西高速电子工程有限公司、哈尔滨交研交通工程有限公司、江苏安防科技有限公司、中铁十二局集团电气化有限公司、广东省交通发展有限公司、新疆交通建设(集团)有限责任公司、江苏兴路交通工程有限公司、河南豫龙交通工程有限公司	

续上表

项目名称	从业单位	单位名称	备注
铜川至黄陵段	监理单位	陕西高速公路工程咨询有限公司、陕西兴通监理咨询有限公司、武汉市公路工程咨询监理公司、山东临沂交通工程咨询监理中心、陕西兴通监理咨询有限公司、山东临沂交通工程咨询监理中心、陕西顺通公路监理技术咨询有限公司、陕西华兴公路工程咨询监理有限公司、陕西利民公路工程咨询服务有限公司、铁科院(北京)工程咨询有限公司、陕西正林工程监理咨询有限公司、陕西环宇建设工程项目管理有限公司、陕西永明项目管理有限公司、北京华路捷公路工程技术咨询有限公司、北京泰克华诚技术信息咨询有限公司、北京路桥通国际工程咨询有限公司、西安金路交通工程科技发展有限公司	
西安至铜川段	设计单位	陕西省公路勘察设计院、陕西省建筑设计院有限公司、辽宁省交通规划设计院	
	施工单位	中铁五局(集团)有限公司、中铁十二局集团有限公司、中铁五局集团第三工程有限责任公司、中铁十五局集团第五工程有限公司、四川武通营造桥工程局、东盟营造工程有限公司、中铁十一局集团有限公司、中铁十八局集团有限公司、东盟营造工程有限公司、中铁十局集团第二工程有限公司、杭州萧山金鹰交通设施有限公司、陕西高速诚信交通工程有限公司、陕西高速交通工贸有限公司、陕西长城建设工程有限公司、陕西丰汇建设工程投资有限公司、陕西泾渭建设集团有限公司、陕西建工集团第一建筑工程有限公司、陕西建工集团总公司、陕西高速电子工程有限公司、北京路安交通科技发展有限公司、上海市安装工程有限公司	
	监理单位	陕西高速公路工程咨询有限公司、西安长大公路工程检测中心、北京华通公路桥梁监理咨询有限公司、广东翔飞公路工程监理有限公司、陕西交通工程监理咨询有限公司、山东临沂交通工程咨询监理中心、陕西公路交通科技开发咨询公司	

第十三节　G65E 榆林至蓝田高速公路

榆林至蓝田高速公路,简称榆蓝高速公路。是 2013 年交通运输部印发的《国家公路网规划(2013—2030 年)》中新增的国家高速公路,编号为 G65E,是国家 G65 包茂高速公路的两条并行线之一。榆蓝高速公路在陕西省高速公路网中是连接陕北、关中和陕南三大经济区的第二条高速通道。榆蓝高速公路主要控制点为:榆林、绥德、延川、宜川、黄龙、白水、蒲城、渭南、玉山。截至 2015 年年底,已有三个路段建成通车,由北至南分别为榆林至绥德段、渭南至蒲城段和渭南至蓝田玉山段。另有绥德至延川段和延长至黄龙段处于前期勘察阶段,蒲城经白水至黄龙段为在建状态。

G65E 榆林至蓝田高速公路的主要资料信息及主要从业单位信息汇总见表 9-27、表 9-28。

榆林至蓝田高速公路线位示意图

G65E 榆林至蓝田高速公路主要信息资料表 表9-27

项目名称	建设单位	建设里程（km）	技术标准	投资规模（亿元）	建设时间（开工~通车）
榆林至绥德段	陕西省交通建设集团公司	118.81	双向四车道,设计速度100(80)km/h	93.71	2010.3~2012.09
渭南至蒲城段	陕西省高速公路建设集团公司	53.39	双向四车道,设计速度120km/h	35.99	2009.3~2010.10
渭南至蓝田玉山段	陕西省高速公路建设集团公司	39.39	双向四车道,设计速度100km/h	33.44	2013.08~2015.12

第九章 高速公路建设项目

G65E 榆林至蓝田高速公路主要从业单位信息资料表   表 9-28

项目名称	从业单位	单 位 名 称
榆林至绥德段	设计单位	陕西省交通规划设计研究院
	施工单位	中铁十一局集团有限公司、榆林市天元路业有限公司、中交第三公路工程局有限公司、中铁二十局集团有限公司、中铁二十局集团第六工程有限公司、中铁一局集团第一工程有限公司、中交第一公路工程局有限公司、中铁十局集团第二工程有限公司、中铁十七局集团有限公司、西安萌兴高等级公路工程股份有限公司、中铁十八局集团第五工程有限公司、四川武通路桥工程局、中交第二公路工程局有限公司、中铁二局股份有限公司、中交二公局第三工程有限公司、中铁十一局集团第二工程有限公司、陕西路桥集团有限公司、中铁十局集团第二工程有限公司、中交二公局第三工程有限公司、江西中恒建设集团公司、陕西秦万里建筑工程有限公司、陕西建新建设投资有限责任公司、陕西安大建设工程有限公司、西安市第一建筑工程公司、陕西河海工程有限公司、延安市嘉泰建筑安装有限公司、西安市裕华建设工程(集团)有限公司、陕西港华建筑工程有限公司、盛亚建设集团有限公司、徐州天达网架幕墙有限公司、陕西路桥集团有限公司、陕西高速诚信交通工程有限公司、陕西金宝迪交通工程建设有限公司、陕西路桥集团有限公司、北京市高速公路交通工程有限公司、河南豫龙交通工程有限公司、鲁建集团股份有限公司、陕西政合汉唐工程有限公司、陕西恒业建设集团有限公司、陕西大道环境艺术工程有限公司、陕西中孚建筑装饰工程有限公司、江苏好望系统工程有限公司、南京铁电通信工程有限公司、北京路安交通科技发展有限公司、江西路通科技有限公司、陕西政合汉唐工程公司、山西四和交通工程有限责任公司、西安金路交通工程科技发展有限公司、浙江省机电设计研究院有限公司、中铁十七局集团电气化工程有限公司、陕西高速电子工程有限公司、山西省工业设备安装公司、四联智能技术股份有限公司、福建省筑路机械厂、太原市锐光交通安全设施有限公司
	监理单位	云南云路工程监理咨询有限公司、西安长大公路工程检测中心、陕西公路交通科技开发咨询有限公司、陕西兴通监理咨询有限公司、河南省公路工程监理咨询有限公司、陕西恒通工程咨询有限责任公司、山东省滨州市公路工程监理咨询有限公司、陕西公路交通科技开发咨询公司、陕西高速公路工程咨询有限公司、陕西顺通公路监理技术咨询有限责任公司、山东省滨州市公路工程监理咨询有限公司、西安四方建设监理有限责任公司、陕西永明项目管理有限公司、西安新业建设咨询有限公司、重庆中宇工程咨询监理有限公司
渭南至蒲城段	设计单位	长安大学工程设计研究院
	施工单位	中铁十一局集团第四工程有限公司、中国水电集团十五局有限公司、中铁一局集团第二工程有限公司、中铁十局集团有限公司、中铁二十四局集团有限公司、中交第一公路工程局有限公司、中交第二公路工程局有限公司、中铁四局第一工程有限公司、陕西高速诚信交通工程有限公司、榆林市华盛交通工程有限公司、陕西高速交通工贸有限公司、临沂市公路局筑路机械厂、陕西凯达源林绿化有限公司、陕西高速交通工贸有限公司、陕西航天建筑工程有限公司、陕西东南工程有限公司、陕西神龙建筑路桥工程有限公司、陕西省第十一建筑工程公司、盐城市大鹏交通电力有限公司、中咨泰克交通工程有限公司、陕西高速交通工贸有限公司
	监理单位	陕西高速公路工程咨询有限公司、北京华宏公路工程咨询有限公司、榆林四通监理咨询有限公司、西安兴秦工程咨询有限责任公司、陕西交通科技咨询有限公司
渭南至玉山段	设计单位	陕西省交通规划设计研究院
	施工单位	中铁一局集团第二工程有限公司、中铁四局集团有限公司、陕西路桥集团有限公司、中铁三局集团有限公司、河北交建集团有限公司、中铁五局集团机械化工程有限责任人公司、青岛建工集团有限公司、广东省新粤交通投资有限公司
	监理单位	陕西高速公路工程咨询有限公司

一、榆林至绥德段

秋季是收获的季节,对于辛勤奋战在三秦高速公路工地上的交通建设者而言,同样是收获的季节。经过三年多的艰辛努力,2012年秋季这个难忘的时节,榆林至绥德高速公路建成通车,标志着陕西省高速公路总里程突破4000km,这是陕西高速公路发展的又一丰碑。

(一)项目概况

榆林至绥德高速公路,简称榆绥高速公路,北接榆神高速公路,南接青银高速公路,是陕西省"2367"高速公路网中榆(林)商(洛)线的组成部分,也是连接陕北、关中和陕南三大经济区第二条高速通道的重要路段。榆绥高速公路的开通,为国家级能源化工基地榆林又增加了一条外运大通道,大大缓解了该地区交通阻塞现状,缩短了榆林、内蒙古优质煤炭经青银高速出陕供应华北、华东地区的距离,进一步畅通了我国西煤东运和北煤南运通道,方便了人民群众出行。

榆林至绥德区间公路交通原主要依靠二级技术标准的210国道,为榆林、内蒙古煤炭南运的主要路段。随着重载运煤车辆不断增加,沿线交通日益紧张,加之通过村镇路段"街道化",车辆堵塞现象越来越严重。为此,陕西省交通主管部门将榆绥高速公路作为新一轮高速公路加快建设项目组织建设。

2009年,陕西省发改委以《关于榆林至绥德高速公路工程可行性研究报告的批复》批准该项目工可研报告;2010年,陕西省发改委以《关于榆林至绥德高速公路初步设计的批复》批准该项目初步设计;2011年,陕西省交通运输厅以《陕西省交通运输厅关于榆林至绥德高速公路施工图设计的批复》批准该项目施工图设计。

路线自榆林市榆阳区牛家梁镇接榆神高速公路起,向南上跨包西铁路,经青云、古塔、鱼河堡、鱼河峁、上盐湾、米脂县镇川、银州、十里铺、绥德县四十里铺,至史家湾乡接青银高速公路止,全长118.81km,双向四车道。设计速度100km/h,路基宽度26m;四十里铺至终点段11km,设计速度80km/h,路基宽度24.5m。全线土石方2142万m^3;桥梁2.9万m/103座;隧道1万m/6座;互通式立交9座,分离式立交25座,涵洞195道;服务区2处,停车区1处,收费站8处,管理所2处。

该项目初步设计批复概算为93.71亿元,其中15.73亿元为交通运输部补助和由省厅筹措解决,其余资金由项目法人利用国内银行贷款自筹解决。

(二)建设情况

项目建设于2008年启动,拟由榆林市政府通过招商,以BOT方式建设未果。2008年

12月29日,项目交由陕西省交通建设集团公司组织建设。陕西省交通集团设榆绥高速公路项目管理处(简称"管理处")负责项目实施,陕西省公路勘察设计院负责设计。2009年4月29日完成路基工程施工和监理单位招标,6月底施工、监理单位进场。中铁十一局集团有限公司、中交第三公路工程局有限公司等70家施工单位中标承建。陕西公路交通科技开发咨询有限公司、陕西兴通监理咨询有限公司等16家监理公司中标监理。沿线地方政府承担环境保障和征地拆迁。该项目于2010年3月3日全面开工,2012年9月29日建成通车,工程施工期30个月。

榆绥高速公路所经区域沟壑纵横、滑坡发育,面临沙漠路基、软弱地基、采空区、湿陷性黄土等复杂不良地质,地区冬季漫长、春秋季多风沙、夏季多雨水,年有效工期不足7个月,施工难度大。

为建设一条优质路、生态路,榆绥管理处在设计初期,将公路建设与自然环境和谐统一作为主要着眼点,充分考虑当地水文、气候特点,结合沿线地形、地质、环保等方面综合选线,在填挖平衡、土石方调配、路基边坡、路面设计、景观绿化设计等方面综合考虑,以少占耕地、少拆迁、避免高填深挖、尽量避绕水源、增加生态防护、防止水土流失为原则,主动预防对环境的破坏,提高道路抗灾能力,促进公路交通和社会经济的可持续发展。

1. 路基方面强基固本

榆绥项目地处陕北毛乌素沙漠与黄土高原的过渡地带,分别经过沙漠区、黄土梁峁沟壑区和河谷区3个地貌单元。路基填料的选用直接关系着整个榆绥高速公路的质量、进度和成本控制。根据沿线的实际情况,主线80km的路基工程设计填料有风积沙、素土以及隧道弃渣3种主要类型。沙漠区主要集中在前30km,直接选用风积沙作为路基填料,因地制宜、成本低廉;台背回填采用水坠风积沙工艺,质量可靠。黄土沟壑路段路基填料原设计为素土填筑,施工过程中根据全线填土CBR值强度不足的现状,按照专家意见,将原设计的素土填料优化为3%石灰改良土,有效地提高了路基填料的强度。根据部分河谷路段盛产砂砾的特点,在不显著增加工程造价的基础上,将部分路段的路基和路床填料优化为砂砾填筑,加快了施工进度,保证了工程质量。

2. 桥隧方面注重隐患

榆绥项目主线桥梁全长28km,预制箱梁、T梁、板梁、现浇箱梁、连续刚构等各种形式均有分布。在桥梁工程优化中,榆绥项目不仅重视桥型及上部跨径及组合形式的优化,还重点对桥梁的下部结构、岸坡防护、桥头防排水等容易产生桥梁病害的部位重点进行设计核查。由于榆林市周边煤矿采空区较多,桥梁桩基施工时,管理处要求监理、施工单位实施地质情况跟踪观测,同时依据工程地质勘查资料,在工程类比、建模计算、专家论证的基础上,针对实际情况,分别采取不同的治理措施。各路段采空区在处理过程中始终遵循安全第一、万无一失的方针,要求工期再紧也要保证处理效果,不留缺陷,确保运营后的安全。

榆林至绥德高速公路史家湾枢纽立交

榆绥项目全线共有6座隧道,单洞全长20km,且多为黄土隧道,施工难度大,要求高。为保护隧道原有地表形态,依据"早进晚出"原则,通过适当增加隧道长度和设置明洞,降低洞口边仰坡高度,减小洞口边仰坡防护工程量,避免形成长期安全隐患。每座隧道进洞前,管理处组织设计、施工、监理单位对每个隧道洞口逐一进行排查,确定了洞门里程、明暗洞交界桩号及进洞方案,依据"一洞口一设计"的原则,结合现场地形、地貌,对隧道洞门逐一进行了优化设计,确保隧道洞门与自然环境、景观相协调。

3. 路面方面提高寿命

考虑到榆绥项目建成后必然要经受重载车流量的检验,为了能够有效避免和减少重载交通对道路的破坏,提高沥青路面的使用性能和使用寿命,建设管理处着力优化路面结构,将原设计4cm细粒式改性沥青混凝土上面层(AC-13)优化为4cm沥青玛蹄脂碎石(SMA-13),该项设计优化全面提高了榆绥高速公路的路面抗滑耐磨、抗疲劳、抗车辙、减少低温开裂等能力,为陕北地区今后大面积施工SMA路面创造了先例,推进SMA路面在全省的大面积使用。

榆绥管理处注重质量把控,强力推行精细化管理。一是完善质量管理体系。管理处与总监办均成立质量领导小组,并联合组成原材料巡查组和工程实体检测组,每日在施工现场和料场进行抽检巡查,及时发现存在问题,落实整改,严把工程质量关。二是严格控制原材料质量。对主要材料进行严格检验和审批,并在主要材料生产厂家派驻驻场监理,对原材料出场进行质量签认和责任追究,从源头上加强控制。三是严把中间质量验收关。建设期间清理不合格碎石材料4000余立方米,质量处罚400余万元,更换不合格监理12人。四是强化细节管理。对沥青面层的铺设方式进行认真研究和现场试铺,采取首件工程认可制、集中观摩会等方式保证施工质量。材料运输进行覆盖,严防施工污染,优化碾压设备和工艺。针对榆林地区冬季寒冷的气候特点,对成型路床、底层、基层采取覆盖过冬的措施保证质量。对大体积混凝土现浇工程采取模板三方联合验收、增设自动喷淋养生设施等措施保证混凝土的外观质量。五是加强技术合作与交流。管理处与长安大学、西安公路研究院等科研机构和工程专家合作,及时解决施工中遇到的技术难题,改进施工工艺,确保质量平稳、受控。六是加强技术培训。根据工程需要先后举办了大体积混凝土施工工艺研讨会、桥面铺装技术观摩会、路面施工技术培训班、SMA路面技术研讨会等专项会议及培训,并进行了各类技术考察。七是重视附属工程质量。对小型构件预制、交通安全设施、房建工程、伸缩缝等附属工程均成立了相应的管理机构,落实责任,对附属工程施工、监理单位加大质量奖罚力度,确保附属工程质量。

榆绥项目实施的困难程度高,不仅表现在道路施工的技术难度大,更多地体现在施工环境保障工作上。路线经四县(区)13个乡镇127个行政村,沿线先后经历包西铁路、包西铁路复线、天然气610管线埋设、210国道改扩建等多次征迁,建设环境复杂,征迁工作艰巨。项目管理处在地方政府的协调下,采用"一事一议,一企一策"的办法,引入评估机制,严格审核方案、经费预算和单项审批制度,顺利完成征迁工作。同时筹集资金7000余万元,解决群众安置房650户,弃渣造地350亩,新建中小学校3座,修建便民路38km、便民桥22座。

榆绥高速公路在建设之初就明确了"绿色榆绥、生态榆绥"的定位,充分考虑项目沿线生态环境脆弱的特征,始终坚持"不破坏就是最大的保护"理念,少开挖,少扰动,合理设置取弃土场,防止水土流失,治理施工扬尘、噪声、污水等环境污染。采取建设与生态环保同步发展、动态设计的方式,对公路绿化、景观完善进行了大量行之有效的优化,确保在项目建成后绿化景观形成"面、线、点"3级格局,"乔、灌、草"相搭配的立体绿化体系。在碎落台、分离式路基边坡栽植樟子松,间隔山杏,营造四季常青效果;在沙漠段挖方上边坡栽植紫穗槐;在拱形骨架护坡和非沙漠区路基上边坡增加波斯菊,提升坡面绿化效果;荒漠路段绿化栽植中铺设草帘或草方格以固沙保墒,提高苗木成活率。

2012年9月29日,榆绥高速公路建成通车。北连包茂高速公路,南接青银高速公路,在陕北北部形成了三角状高速公路骨架的榆绥高速公路,新增了一条榆林、内蒙古煤炭南运动脉,不仅促进了全省高速公路布局优化,有效缓解了区间交通紧张状况,而且便利了陕北能源化工基地优势发挥,带动了榆林、米脂、绥德区域经济发展。

(三)运营管理

项目建成后交由陕西省交通建设集团公司榆绥分公司负责运营管理。榆绥分公司下设榆林南、米脂2个管理所,牛家梁、古城滩、榆林南、鱼河、镇川、米脂、四十里铺和石家湾8个收费站,榆林南、绥德2个服务区,1个青云停车区。榆绥分公司以"发展现代交通,奉献一流服务"为己任,积极践行"三个服务",紧紧围绕陕西交通发展新目标和集团中心任务,全力打造一条富有特色的高速公路。

a)

b)

榆林至绥德高速公路

1. 突出预防养护,着力打造生态走廊

一是以预为主,健全养管机制。分公司严格按照《公路安全保护条例》等规范,结合路段实际,建立以预防为主的养护管理机制。认真建立各类构造物状态数据台账,充分采用公路路面、桥梁、隧道管理系统等信息化管理手段,对各类指标进行分析判断,提前编制养护施工计划。

二是以防为先,加强路况监测。落实专项检测经费,按年度采用智能道路综合检测车等自动化检测设备对路面各项指标进行专业检测。

三是以规为矩,严格制度约束。结合分公司实际,按照务实管用、简便易行的原则,修订管理制度,严格招投标、施工现场管理、工程监理、合同管理和日常养护管理工作流程,进一步规范养护巡查、计划编制、作业流程、材料控制、质量检测、验收评定、计量考核以及各项内业资料记录整理等具体业务,使各项工作有据可依。

2. 突出规范执法,着力打造文明走廊

一是夯实路政执法基础。修订和完善《路政巡查工作管理规定》等10项路政、治超管理制度,严格年度经费预算管理,配备并更新视频记录、实时对讲等执法设备。定期组织技能大比武,每月开展路政法规的学习培训。积极深入沿线村镇、厂区、学校开展公路法规宣传,使爱路护路观念深入人心。

二是加强施工安全监管。严把涉路施工事前许可审批关口,严格安全技术评价,采取专人定点值守、流动巡查和监控抽查等方式,多渠道、多角度、多方位强化施工现场安全控制,将涉路施工监管纳入路政巡查人员季度考核内容。

三是强化路产路权保护。完善路政养护联合巡查协作机制和公路管理档案制度,加强对全线公路用地、建筑控制区监管。

四是规范治超常态管理。严格按照国、省要求,实行治超管理"一把手"负责,层层落实责任,确保超限超载率稳定控制在0.1%以内。

五是主动接受社会监督。持续深入开展"阳光执法,文明服务"活动,畅通监督举报渠道,定期召开路政行风监督员座谈会,向驾乘人员发放调查问卷,听取社会各界对路政管理的意见和建议。

3. 突出服务特色,着力打造人文走廊

一是将业务培训贯穿始终。严格落实业务培训安排,以《收费服务基本礼仪规范》为标准,利用春训、传帮带等方式,对收费工作人员进行教育、考核和评比。

二是将矛盾化解作为重心。在各站设立调解小组,提倡"暖心"服务,主动进行政策解释和服务回访。结合实际,制定《收费投诉与举报管理制度》,48h内答复客户投诉,投诉答复满意率达100%。

三是将人文特色融入服务。各站站容站貌整洁卫生,工作、生活设施齐全完好,定期组织内务管理检查评比,利用三级志愿服务组织大力开展义务献血、义务植树,以及扶危助残等活动。

4. 突出地域风采,着力打造爱心走廊

一是完善服务项目。优化危化品车辆、畜禽运输车辆、大型客车等车辆的停放区域,专门增设儿童游乐和健身设施,细化路网、景点、天气等查询服务,同时利用监控、电动巡查车对场区实行严格监控,严防盗、抢事件发生。

二是拓展特色服务。在餐饮服务中突出独具地方风味特色菜品的同时,充分利用场区优势拓展有机生态养殖,为过往驾乘人员提供纯天然、无公害的季节蔬菜和副食品。

三是提升服务质量。健全服务标准体系,设立工作流程图,实行全预算和定额管理,严控经费支出,经营管理监督有力,为驾乘人员提供质价相当的商品和服务。

5. 突出防范预警,着力打造平安走廊

一是筑实道路保畅基础。完善反恐、除雪保畅、防汛等应急预案,在各个收费站和服务区设立专门应急小组,合理储备保畅物资,并充分利用覆盖全路段的摄像头,进一步提高快速反应能力。

二是深化路地联勤联动。积极与地方政府、公安、交警、消防、气象部门协调,完善多部门联动框架,建立健全交通安全联勤联动互补工作机制、突发事件应急处置联络制度等配合协作长效管理机制。

三是严格隧道安全管理。采取询价招标的方式,选择具有相关资质的专业单位负责隧道通风照明、消防设施维护等具体工作,对隧道机电、消防设施进行不定时、不间断巡查,实行隧道配电机房24小时专人值守,同时在高位水池安装摄像头,随时监控水量及安全。

作为陕西省高速公路通车里程突破4000km的标志性工程——榆绥高速公路凝结着

决策者、建设者和运营管理者们的心血与汗水。行驶在陕北高原的榆绥高速公路上,沙漠段的紫穗槐、沟壑区的波斯菊,满眼尽是锦绣的绿色。那生机勃勃的绿,环绕在高速路两旁。这路、这景、这快速发展的区域经济,正在构筑着一个新的陕北。

二、渭南至蒲城段

38种矿藏、255亿t原煤储量,使地处陕西省关中地区的渭南市以"渭北黑腰带"闻名。作为陕西省的东大门,在西部大开发的催化中,渭南市的经济发展蓬勃向上。连霍高速公路潼西线穿渭南市而过,京昆高速公路西禹线穿蒲城县而过,渭南至蒲城高速公路(简称"渭蒲高速公路")像一条宽阔的绸带,连通了京昆高速公路与连霍高速公路,渭南市区域经济发展中的交通条件更加趋于完备。

(一)项目概况

渭南至蒲城高速公路,简称渭蒲高速公路,是陕西省"十一五"期间重点公路建设项目,是陕西省高速公路"2367"网规划中黄(龙)渭(南)联络线渭南境路段,也是国家高速公路连霍线(G30)和京昆线(G5)的重要连接线,后纳入国家高速公路网榆林至蓝田高速公路G65E线。区间为关中东部粮食、果业、建材等重要产地,村镇、人口密集,经济活跃,交通流量增长快速。公路交通原主要依靠201省道,路线标准低,路况差,车辆通行不畅。1998年,渭南市曾计划修建渭蒲高速公路,并先后两度招商引资未果。渭蒲高速公路的建成,进一步加密了关中高速公路,优化了路网布局,为陕西省"东大门"再添一条南北大通道,促进了渭南经济社会发展和对外交流,对改善区域投资环境,加快关中城市群建设,推进陕西省经济社会发展具有十分重要的意义。2009年,陕西省发展和改革委员会批复项目可行性研究报告;2009年,陕西省发展和改革委员会批复项目初步设计;2010年,陕西省交通运输厅批复项目施工图设计。渭蒲高速公路于2009年4月19日开工建设,2010年10月27日建成通车。

渭南至蒲城高速公路

渭蒲高速公路,全长53.39km。路线自华县赤水镇起,于箭峪河沟口设赤水立交与连霍高速公路相接,于马庄村西下穿郑西高铁,于仓渡村跨越渭河,经固市、吝店、卤阳湖产业园东,上跨侯(马)西(安)铁路,于东杨枢纽立交与京昆高速公路相接,再上跨西延铁路,至蒲城县东转弯村,设互通立交与106省道相连。全线按双向四车道、全封闭、全控制出入的高速公路标准建设,设计速度120km/h,路基宽度28m。全线土石方工程745万m^3,防护排水工程23.90万m^3;桥梁1.03万m/25座,其中特大桥6511m/3座,大桥3181m/6座;互通式立交6座;通道40道,涵洞94道;收费站4处,管理所1处。

本项目批复的概算总投资为35.99亿元,建设资金来源于企业自筹和银行贷款两种形式。

(二)建设情况

本项目管理单位为陕西省高速集团组建的渭蒲高速项目管理处,设计单位为长安大学工程设计研究院。中铁十一局集团第四工程有限公司、中交二公局等21家施工单位中标参与施工,北京华宏公路工程咨询有限公司等6家监理单位中标监理,征地拆迁和建设环境保障由渭南市政府负责实施。

渭蒲高速公路项目有诸多难点及特点:一是施工难度大,工期紧。渭蒲高速公路一年零六个月的建设期,曾被人们称为陕西高速公路项目建设的极限速度。管理处采取了加快建设措施,关键工程和控制性工程施工任务细划到日,分解至每个工作面和施工点,并定期考核奖罚,全体参建人员节假日不休息,坚持连续大干,加快工程建设。二是不良地质路段多。渭蒲高速公路沿线广布湿陷性黄土、低洼湿软地基与盐渍土等不良地质,地基处理要求高。施工采用强夯、强夯置换碎石、灰土挤密桩、碎石桩等方法和工艺,克服工后沉降,确保路基稳定。三是沿线地下水位高。由于受渭河长年浸泡,许多路段开挖至地表以下1m可见地下水,这种饱和黄土地质路段,成为工程处理的一大难题。四是筑路材料奇缺。渭北高原属黄土台塬区,当地石料匮乏,特殊地基造成大量的路基换填任务,使本来就奇缺的筑路石料捉襟见肘。项目在建设期主要通过以下四个方面加强建设过程管理。

(1)渭蒲管理处根据工程进度,做出精细安排,按照"宁提前勿推后"的原则,倒排工期,关死后门。将各项工程任务分解到日,通过抓日进度,卡周进度,确保月进度。管理处按照专业划分,成立了桥梁、路面、交通、机电、土地申报等9个专业组,各司其职,各负其责,狠抓落实。要求每天晚上召开碰头会,汇报当天进展,研究解决存在问题,部署第二天工作,保证每项计划都落到实处。

为加快推进项目建设进度,管理处按照《渭蒲高速公路大干200天劳动竞赛办法》,实行专项考核,重奖重罚,采取"每天一检查,五天一小结,半月一考核"的办法,对施工、监理单位严格考核。同时将任务同信誉评价挂钩,对于连续三次不能完成计划任务的,管理处将建议列入"黑名单"。另外,对控制性关键工程按工序进行细化分解,开展专项节点考核,全面确保按期保质完成项目建设任务。

(2)细化质量管理制度,全面增强质量管理力度和深度。在进入路面施工前期,制定了《路面施工指导意见书》等技术和管理方面的规定,具有很强的操作性和指导性,同时邀请路面、桥梁试验和施工专家入驻现场指导巡查,使全线质量创建活动走上规范化、制度化轨道。

在施工过程中,管理处加强过程控制,严格按照规范施工,每一道工序、每一个环节都严格把关。各级单位明确质量责任人,签订责任卡,加大质量责任追究力度,谁负责的工程出问题,追究谁的责任,决不姑息,全面夯实了质量责任。为保证总体质量过硬,管理处突出重点,加强监控,在路面施工质量控制中,以提高路面压实度和平整度为重点,严格控制空隙率,加强沥青混凝土配合比设计、摊铺、碾压各个过程的控制,合理配置机械,控制摊铺速度,避免产生停机待料现象。特别注重改性沥青的低温延度指标,确保透层、黏层、封层的施工质量,保证层间有效结合。对桥面护栏施工使用整体模板,防止漏浆,顶面高程严格控制,确保顶面线形平整顺畅,桥面浮浆彻底清理。

(3)始终把安全生产作为头等大事来抓。突出抓好重点单位的专项整治,建立了隐患排查长效机制,认真执行建设项目安全设施管理制度,完善各类应急预案。坚持执行管理处每月一次全线排查,总监办每周检查,施工单位天天自查。对重点工程、重点部位进行重点控制,特别是对渭河特大桥制订防汛应急预案并进行撤离演练,与上游水文站建立汛情联动机制,杜绝了汛期人员和财产损失。施工期内,渭蒲高速公路安全生产工作总体平稳,未发生一起重大安全事故。

(4)渭蒲高速公路沿线村镇密集,管网线路迁移量大,征地拆迁难度更大,平均每300m内就会有一个构造物。面对征迁时间紧、任务重、难度大的状况,管理处加大工作力度,紧密联系沿线各级政府,组织市县指挥部、勘界放线组、设计单位和施工单位沿线排查,对设计优化后的跨线桥接线、蒸发池、改路及补征地逐标段完善手续,使征迁工作顺利完成。对涉及群众利益的生产路、灌溉渠问题进行协商解决,对个别通道积水问题从技术和协调两方面着手,积极化解矛盾,争取沿线群众的理解和支持。由专人负责督促协调铁路部门和国土部门,抓紧两处铁路交叉施工和土地申报的各项手续。

(三)运营管理

渭蒲高速公路建成通车后,交由陕西省高速集团渭玉分公司负责运营管理,主要负责项目范围内路段的收费、养护、路政、治超等管理工作,此路段设1个管理所、3个收费(治超)站区。

渭南至蒲城高速公路

1. "包班负责制"精细管理

为进一步提升站区管理水平,提高服务标准,管理所努力打造"温馨驿站,印象蒲东"形象站,将"一站一品"建设要求与红旗收费站考评细则相结合,提出"包班负责制"管理方法,细化目标,将"一人一班一负责"落到实处,尝试"以点带面,全盘提高"的工作模式。建立由"副站长、内勤、两票证员"组成的负责人团队,将4个征费班组分别分配给每个负责人,负责人对自己承包的班组负责,建立一对一的管理方式。4个班组设定相同的工作任务与目标,完成方式自主制订,班组负责人直接参与班组工作的每一环节,并起到班组管理者、工作带头人、责任承担人三重作用。结合"一站一品"建设要求,根据每班自身特色制作内业,打造亮点,建立4支各有千秋、高标准严要求的特色班组。同时,通过业务考核与技能比拼等方式开展班组间竞争,使每位负责人看到自己负责班组的优势与不足,并重新制订方案解决问题,形成"比、学、赶、帮、超"的良好氛围。

2. "学雷锋"志愿服务活动

为进一步弘扬"学雷锋"志愿服务精神,深化"志愿服务耀三秦"活动,管理所率先启动"志愿服务耀三秦,青春共筑中国梦"的学雷锋志愿服务活动,青年员工立足岗位,主动为驾乘人员温馨服务,大力弘扬雷锋同志"服务人民,助人为乐"的奉献精神。以基础设施为载体,安排人员在服务台为过往驾乘人员提供车辆维修工具、应急外用药品、行车地图、饮用水等。组织人员维持站区环境卫生,对绿化带内杂草、站区周围垃圾袋、废弃物等进行大清扫,增强员工保护环境卫生的意识,营造出良好的氛围。组织人员前往周边孤寡老人家中,为其送服务、送温暖,以实际行动践行雷锋精神。

3. 狠抓安全管理

针对夏季易发传染病、食物中毒等饮食安全问题,管理所开展夏季食品安全知识专题培训,提高食品安全意识,确保夏季食堂安全。后勤服务中心、渭南北站、芥店等收费站紧紧围绕餐饮服务许可、健康体检、人员管理和培训、索证索票、原料管理、卫生管理、食品安全事故处理7个方面做好食堂安全管理工作,主要采取5项措施：一是制定严格的后勤食堂人员工作职责,明确食堂安全责任人,夯实食堂采购员、验收员、厨师等岗位责任。二是要求厨师认真学习《食品卫生法》等法律法规,提高法制意识和食品安全意识。三是严格把控原材料采购质量,严禁采购腐败变质、油脂酸败、霉变生虫、污秽不洁、混有异物、掺假掺杂或者感官性状异常的食品、食品添加剂;严格控制原材料采购数量,杜绝浪费,做好食品保鲜。四是加强各站厨房内外卫生,不定期督查食堂工作人员按照规定和标准程序进行加工操作,并做好相关记录。五是科学合理安全膳食。根据每天实际用餐人数合理安排,确保饭菜质量与数量,有效保证餐饮安全。

渭蒲高速公路,南接连霍高速公路,与亚欧大陆桥融为一体;北通京昆高速公路,与国家公路大动脉紧密相连;东临黄河;西望长安。通嘉气,聚人脉,施惠关中城市群,振兴渭南经济圈。

三、渭南至蓝田玉山段

在广阔的渭北平原上,一条新的丝带,北起"陕西东大门"渭南市,南至"蓝水远从千涧落,玉山高并两峰寒"的蓝田玉山,将连霍与沪陕两条高速大动脉紧密串联,区域经济社会发展迎来了新的春天。

（一）项目概况

渭南至蓝田玉山高速公路,简称渭玉高速公路,是国家高速公路网榆林至蓝田线（G65E）的最南一段,也是西安大环线的组成部分。渭玉高速公路北接渭蒲与连霍高速公路,南接沪陕高速公路,是连接陕北、关中、陕南的纽带。该项目的实施将进一步改善陕西交通运输环境,实现关中率先发展,对促进区域经济社会全面发展具有重要意义。

渭南至蓝田玉山高速公路

路线起于连霍高速公路与渭蒲高速公路相交的赤水枢纽立交,止于沪陕高速公路玉山枢纽立交,全长 39.39km。项目采用双向四车道高速公路技术标准,设计速度 100km/h,整体式路基宽度 26m,分离式路基宽度 13m。路基土石方 1206 万 m³,大中桥 16851m(单幅)/73 座,涵洞 79 道,隧道 5221m(单洞)/1 座。全线设赤水、高塘、桥南、厚镇、玉山 5 处互通式立交,匝道收费站 3 处,服务区、养护工区、监控分中心及隧道救援站各 1 处。

2013 年,陕西省发展和改革委员会以《关于渭南至玉山高速公路可行性研究报告的批复》批复项目工可研报告,以《关于渭南至玉山高速公路初步设计的批复》批复初步设计;2015 年,陕西省交通运输厅批复施工图设计。项目经省交通运输厅批复的初步设计概算投资为 33.44 亿元,建设资金来源有中央投资车购税、省厅安排撤站还贷平衡资金和国内银行贷款三种。

(二)建设情况

陕西省高速公路建设集团公司组建渭南至玉山高速公路建设管理处负责建设管理,项目由陕西省交通规划设计研究院设计。工程共分为 9 个施工合同段,中铁一局集团第二工程有限公司、中铁四局集团有限公司、陕西路桥集团有限公司等 8 家单位中标参建,陕西高速公路工程咨询有限公司及陕西高速公路工程试验检测有限公司承担监理,质量监督单位为陕西省交通运输厅基本建设工程质量监督站,质量检测单位为西安公路研究院。项目于 2013 年 8 月开工,2015 年 12 月建成通车。

渭玉高速公路项目建设有诸多难点和特点:地形地质条件复杂,项目地处渭北台塬与丘陵之间,沿线遍布湿陷性黄土、冲沟和膨胀土,隧道工程穿越秦岭地质断裂带,工程建设难度大。全线软基过湿处和湿陷性黄土的地基处理达 35 处,膨胀土路段高边坡防护 14 处,最高边坡 9 级 60m,高填方路基多,最深的 3 个冲沟填方高达 15m,对路基填筑质量和工后沉降控制提出了严峻考验。施工干扰大,安全管理隐患多,沿线村镇密集,路窄人多,交通混杂。2 座互通式枢纽立交接已运营的渭蒲、连霍及沪陕高速公路,两跨 310 国道和宁西铁路,两穿关中公路环线和陇海铁路,交叉施工协调难,隐患多。路线穿越渭南市饮用水源保护区、规划林区及石鼓山风景区,设计、施工难度大,完工后恢复生态要求高。针对以上特点及难点,项目在建设过程中采用了以下手段加强建设过程管理,确保该项目成为关中平原生态环保路。

1. 完善质量管理制度,建立健全质量管理体系

管理处编制下发了《渭南至玉山高速公路工程质量管理办法》《渭玉高速公路原材料质量管理办法》《渭玉高速公路路面工程精细化管理考核评分要点》等质量管理规章制度、职责、办法,并严格落实。管理处成立了工程质量领导小组,各级参建单位均成立相应机构,明确责任和分工,形成业主、监理、施工单位齐抓共管的综合质量保证体系。设立了工程质量举报通道,加强质量监督管理,构建了"政府监督,专业抽检,群众参与,施工自检"的质量管理体系。

2. 集思广益,攻克项目质量控制难点

针对项目质量控制难点,管理处多次邀请省厅、集团公司相关部门和有关专家进行实地踏勘,同时引进路基施工咨询单位,共同制订地基处治方案,确保一次到位。

根据进场后探勘情况,对全线特殊路段原地面按照不同地质状况,因地制宜,采用强夯、换填、手摆片石、抛石挤淤等措施处治。采用水泥搅拌桩或手摆大粒径卵石勘挤等方案对V形沟及过湿土段落进行原地面处理,同时根据现场实际地形,采用在沟心、填挖交界处设置盲沟,沟底两侧设置锁沟挡墙,挡墙底增设水泥搅拌桩等办法,确保基底稳定。对地下水位高的段落,将水泥搅拌桩由湿法优化成干法工艺施工。半填半挖路基结合部位填筑采用台阶法施工,纵、横向台阶宽度不小于2m,每层台阶填筑完成后采用高速液压夯实机进行补夯压实。路基段落采用先开工通道、涵洞、桥梁桥台,后路基填筑的施工工序,确保路基与台背回填同步填筑,形成连续流水机械化同步施工。

"三背"填筑除采取常规分层填筑、分层压实的施工工艺外,对大型机械设备难以到达的边角部位,采用高速液压夯实机和高速液压振动夯实机进行补夯,完工后堆载预压,确保填筑压实质量,避免由于不均匀沉降引起路基破坏。膨胀土边坡由设计与咨询单位逐处进行地质补钻,采用先施作坡顶排封水工程,设置支撑渗沟和仰斜式排水孔,开挖一级、防护一级的方式,贯彻"护头、强腰、固底"的施工理念。

3. 全面实施精细化施工管理,扎实开展专项整治活动

管理处严格督查落实《高速公路标准化施工技术指南》,明确精细化施工标准。组织召开梁板预制、桥面系、边坡防护、路面施工、预制梁板蒸汽养生、钢筋加工、隧道初支、伸缩缝施工、排水系统等各种精细化施工观摩会,采取现场交流、现场交底和现场要求的做法,强化质量意识,营造质量管理创新的氛围,掀起"比学赶帮超"的高潮,使精细化施工理念深入人心,真正落实到施工一线。围绕施工过程中的关键技术问题开展课题研究,致力提高项目建设品质。大力开展专项整治活动,分阶段制订工作计划和任务,结合项目进度在全线开展隧道初期支护、梁板预制质量、质量安全隐患、路基隧道质量通病及改性沥青质量控制等专项整治活动。

4. 严格考核奖罚,注重现场管理和过程控制

在劳动竞赛考核的基础上,对易发生质量通病的施工环节和部位,如桥面系湿接缝施工、梁板顶板体系转换、路基三背回填、路基盲沟、桥梁护栏外观、隧道初支平整度和强度、隧道二衬强度、路面原材料质量控制、路面工程配合比、路基填筑工艺和路面各关键工艺等12项工作明确要点,分别开展重点检查和专项质量巡查。对已完工程不定期开展质量

"回头望",按照"三不放过"的原则,对不符合质量要求的工程坚决要求返工,必要时采取停止计量、分割工程、上报厅质监站建议列入"黑名单"等非常规手段确保工作顺利开展。通过严格考核、奖惩并举,有力促进项目质量管理,确保了工程质量内实外美。

5. 严格原材料和标准试验管理

项目共建立了8个工地实验室,分专业分项分层次监控工程质量。管理处通过加强工地实验室管理,严格各项试验检测规程,实行重要原材料和标准试验审批制,积极开展平行试验、验证试验和抽查试验,科学合理确定施工参数。对重要原材料,如钢筋、钢绞线、水泥、防水板、外加剂等实行准入制度,审核厂家资质,优先选择质量稳定、信誉较好的大型企业,定期进行抽检和盲样送检。要求路面各施工、监理单位和试验检测人员进驻料场严格控制母岩质量,及时校核筛网尺寸及装车碎石质量初检签单,保证从源头上控制碎石质量。中心试验室每日检查料场碎石质量,对可疑材料进行取样检测,发现材料不合格时,立即清除进场的不合格材料。交通工程坚持材料准入审批制度,尤其对交通产品提高抽检频率和外委试验频率。

6. 积极开展培训交流,树立质量样板工程

采取"走出去参观、引进来授课、坐下来谋划"的工作方法,多次组织项目管理人员赴在建项目实地考察,借鉴成熟管理经验,全面提升参建人员的综合素质。聘请专家举办路基、桥隧、路面施工技术专题讲座,组织参建单位技术人员召开优化高边坡、隧道施工工艺研讨会和质量现场会,形成路基、隧道、桥梁、高边坡等作业指导书和技术指导文件。针对全线不良地质路段,借助多方专业技术力量,多次邀请高校、勘察设计单位有关专家进行现场勘察,优化设计及施工组织方案。对施工质量优秀的单位全线推广成功经验,抓好典型示范和互助互学活动,树立样板示范工程。

7. 加强监理管理,提升服务水平

以反"四风"为抓手,加强监理人员的职业道德和思想作风教育,要求全线监理进一步转变工作作风,严肃工作纪律,严格履行旁站制度,盯死施工过程的每一道环节,管好施工关键部位、关键环节、关键工序。要求监理人员每周必须有1~2次的业务学习,总监办每月进行一次业务考核,按末位淘汰制将业务水平低、责任心差的监理清退出场。定期邀请监理单位上级法人召开见面会,通报现场监理工作存在问题,要求法人单位完善派驻监理队伍的内部管理、加强培训考核、开展廉政警示教育,打造素质过硬、值得信赖的监理队伍。制定《渭南至玉山高速公路监理管理办法》等监理管理制度,每月对监理日志、旁站、现场指令和工作任务完成情况等进行全面检查和通报。

8. 积极选用先进施工工艺,提高工程质量

为破解桥面铺装厚度薄、面积大、钢筋网定位困难等施工难题,管理处组织研制了桥

面铺装施工自动布料机,引进了桁架式三辊轴以及驾驶型磨光机等新型设备,经过试验确定桥面铺装施工的标准工法,提高桥面铺装施工效率,避免罐车碾压桥面铺装钢筋网,确保桥面铺装混凝土的施工质量及耐久性。为规范隧道内混凝土喷射施工,引进了自动上料喷浆机,使施工效率大大提高。为确保钢拱架和钢筋网片的安装质量,引进了型钢数控弯曲机及钢筋网片排焊机。针对基质沥青质量检测难控制的问题,引进了"沥青指纹识别快速检测系统"。通过分析不同品牌标样沥青化学结构和组分含量的差异,建立了标样沥青红外数据库,未知沥青只需与标样沥青比对,即可现场快速鉴定沥青质量,在线远程管理更新沥青数据库。如遇异常沥青,将自动生成短信通知监管单位,使其实时发现并解决问题,实现了由效率低下的事后检测向实时动态监控的转变。

(三)运营管理

渭玉高速公路建成通车后,交由陕西省高速公路建设集团公司渭玉分公司负责收费、养护、路政及治超等运营管理工作。渭玉分公司下辖管理所1处、收费站7处、服务区2处、停车区1处、养护工区1处。渭玉分公司秉承"和谐、创新、高效、卓越"的企业精神,以"微笑服务,温馨驿站,文明执法,科学养护"四大服务品牌为工作重点,科学制定运营管理目标,夯实工作措施。全体员工凝心聚力,创新思路,实现了在困境中的逆势进取,开创了高点起步的全新局面。

1. 分公司长期开展民主测评,打造温馨后勤服务

为进一步提高餐饮质量、服务质量及就餐环境,分公司围绕食堂卫生、饮食安全、饮食质量、饮食种类及服务态度等方面,通过食堂人员与就餐人员面对面交流等方式进行测评,多角度、全方位听取就餐人员对饮食服务的意见和建议,并不断拓展调查范围,确保测评的完整性和真实性,增强调查的客观性。通过对后勤饮食质量、服务环境的满意程度调查,找出餐饮工作中存在的不足,并按员工合理化建议积极整改,进一步提升饮食服务质量,规范管理水平,做好后勤保障工作,让员工无后顾之忧。

2. 分公司积极开展文明服务提升月活动

一是召开文明服务专项会议,对文明服务存在的问题进行交流讨论,提升对内的文明服务自觉性、对外的文明服务常态化。

二是抓好员工思想工作,约谈文明服务意识薄弱的员工,及时了解其思想动态,使其真正从心理上转变服务意识,把被动服务变为主动服务。

三是加强现场文明服务规范,落实服务标准化。在笑容、手势、转身、点头等一系列服务动作的落实上下功夫,通过现场检查、监控稽查、班内监督等形式,使文明服务进一步规范化、标准化。

四是树立标兵,将活动开展中表现突出的员工或班组树立为文明服务"微笑之星"及"优秀服务班组",达到以点带面的效果。

五是在员工中开展文明服务结对子帮扶活动,促使文明服务的全面升级。

3. 分公司不断完善安全标示标牌,消除安全隐患

酷暑盛夏,暴雨频发,渭玉路政大队通过对沿线蒸发池、涵洞统一排查,及时发现了未成年人逗留蒸发池的安全隐患。分公司及时制作了一批安全警示牌,采用徒步巡查的方式,发现一处,悬挂一处,为沿线蒸发池和涵洞增加一道保险。同步开展了进村宣传专项活动,向村民及学生宣讲安全知识。安全宣讲过程中注重拍照留档,做到痕迹化管理,为渭玉高速公路安全管理夯实了基础、提升了水平。分公司进一步组织开展了安全隐患徒步大排查活动,着力提升巡查质量,确保公路设施完好。对排查情况及时记录,对安全设施存在的问题督促养护部门及时修复,消除各类安全隐患。

渭玉高速公路的建成通车,为国家高速公路京昆线、连霍线、沪陕线在陕西境内再添一条双向四车道联络线,保证了各条高速公路间的畅通转换,大大增强了公路运输的便捷性和应急保障能力,为关中东部车辆出行提供了更多的选择途径,有效推动了西安扩大经济辐射带动范围,加快了陕西东大门的建设步伐。

第十四节　G69 银川至百色高速公路(陕西境)

G69 银川至百色高速公路,简称银百高速公路,属于国家高速公路网规划的一条南北纵向线。起于宁夏回族自治区银川市,途经甘肃省庆阳,陕西省咸阳、西安、安康,重庆市城口、万州、涪陵,贵州省道真、湄潭、瓮安、贵阳、罗甸,广西壮族自治区乐业、凌云、百色等市(区、县),止于广西壮族自治区靖西龙邦镇。银百高速公路全长 2281km,计划于 2030 年全线贯通。

咸阳至旬邑段

G69 银百高速公路陕西境分南北两段规划和修建。其中北段为咸阳至旬邑高速公路,于 2014 年 12 月 3 日正式通车。南段由西康高速公路和安岚高速公路组成,西康高速公路是 G65 包茂高速公路的一段,G69 在此段与之共线;安岚高速公路是规划起于安康市汉滨区建民镇附近枢纽互通,从十天高速公路引出,止于岚皋县漳河乡的渝陕界,全长 91.34km,计划总投资 132.2 亿元,于 2022 年建成通车。

在陕西关中富饶的大地上,一条黑色的巨龙逶迤延伸,龙首是秦汉文化的重要发祥地——咸阳,龙尾是周人先祖拓疆立国,开创农耕文明和习仲勋等老一辈革命家建立红色政权的革命老区——旬邑,这就是咸阳至旬邑高速公路。这条大通道的建成,结束了旬

邑、淳化两县不通高速公路的历史,改写了老区群众出行难的状况,对当地区域经济、资源开发、旅游产业的发展起到了积极的推动作用。

咸阳至旬邑高速公路线位示意图

咸阳至旬邑高速公路

(一)项目概况

咸阳至旬邑高速公路,简称咸旬高速公路,是陕西省规划建设的"2367"高速公路网中6条辐射线之一,是国家高速公路网银川至百色线(G69)陕西省境的一段,是关中—天水经济区的重大基础设施项目之一,更是服务丝绸之路经济带建设的重要大通道,对沿线经济社会发展和群众脱贫致富具有重要意义。

咸阳至旬邑区间分布咸阳南、中、北3大产业带,旬东煤田、空港产业园、泾渭产业园和建材食品产业园等工业、服务产业集中,并有淳化、旬邑等果业大县。区间交通原主要依靠G211,等级标准低,城镇路段基本"街道化",加之进入21世纪后,车流量骤增,车辆拥堵,通行不畅。为改善老区交通运输状况,带动老区群众脱贫致富,促进当地矿产资源开发和县域经济结构转型升级,陕西省交通主管部门将咸阳至旬邑高速列为新一轮加快建设高速公路项目之一。

项目路线起于咸阳市秦都区福银高速公路马庄互通式立交,经礼泉县、泾阳县、淳化县,止于旬邑县赤道乡与306省道相接,沿线跨泾河、冶峪河、姜嫄河、三水河等河流,以及关中环线、G211和西咸北环线、合(阳)凤(翔)线、大(荔)凤(翔)线相交。全长93.55km,主线采用双向四车道高速公路技术标准。其中,马庄镇至口镇段路线长28.65km,设计速度100km/h,路基宽26m;口镇至赤道乡段路线长64.90km,设计速度80km/h,路基宽24.5m。全线土石方工程量1906万 m^3。设桥梁2万 m/131座,其中特大桥5669m/4座,大桥9007m/35座;隧道5665m/4座(单洞)。互通式立交8处,服务区1处,停车区2处,收费站6处。概算总投资62.18亿元。

G69银川至百色高速公路(陕西境)主要信息资料见表9-29。

G69银川至百色高速公路(陕西境)主要信息资料表 表9-29

项目名称	建设单位	建设里程(km)	技术标准	投资规模(亿元)	建设时间(开工~通车)
咸阳至旬邑段	陕西省交通建设集团公司	93.55	双向四车道,设计速度80(100)km/h	62.18	2009.10~2014.12

2008年12月28日,咸旬高速公路举行开工仪式,其中马庄至口镇段于2009年9月开工建设,口镇至赤道乡段于2010年10月开工建设,全线于2014年12月3日建成通车。

(二)建设情况

咸旬高速公路开工之初,曾由咸阳市承担建设管理任务,后因资金筹措、建设管理等因素,全线停工两年。按照陕西省政府安排部署,2013年3月1日,移交陕西省交通集团公司负责建设,组建咸旬高速公路建设管理处具体实施管理。陕西省交通集团接手时,咸旬高速公路建设工程量只完成了总量的15%,全线控制性工程、难点工程均未实质性开工。中交第一公路勘察设计研究院有限公司、陕西省交通规划设计研究院负责设计。全线分12个标段,中铁十四局集团公司等12家单位中标承担施工建设,中公交通监理咨询河南有限公司等4个监理单位承担监理。

G69银川至百色高速公路(陕西境)主要从业单位信息资料见表9-30。

G69银川至百色高速公路(陕西境)主要从业单位信息资料表 表9-30

项目名称	从业单位	单位名称
咸阳至旬邑段	设计单位	陕西省交通规划设计研究院、中交第一公路勘察设计研究院有限公司
	施工单位	中铁十五局集团第五工程有限公司、中铁十四局集团有限公司、陕西省咸阳路桥工程公司、中交第二公路工程局有限公司、中铁十九局集团有限公司、中交二公局第三工程有限公司、中交第一公路工程局有限公司、东盟营造工程有限公司、中铁十局集团第二工程有限公司、中铁港航局集团第三工程有限公司、中交第二航务工程局有限公司、陕西省咸阳路桥工程公司、中交第四公路工程局有限公司、内蒙古路桥有限责任公司、黑龙江省龙建路桥第一工程有限公司、湖南高速公路配套设施有限公司、江苏无锡交通设施有限公司、青岛中建交通建设股份有限公司、山西长达交通设施有限公司、广东省交通发展有限公司、沙河市飞耀交通设施有限公司、山西路达实业总公司、陕西现代公路机械工程有限公司、陕西青龙建筑实业有限公司、陕西中秦建筑实业有限公司、大秦建设集团有限责任公司、陕西中辉建设工程有限公司、陕西港华建筑工程有限公司、陕西元辰建设工程有限公司、陕西秦万里建筑工程有限公司、重庆金渝建设工程有限公司、中通建设股份有限公司、江苏长天智远交通科技有限公司、中国铁建电气化局集团第一工程有限公司、南京凌云科技发展有限公司、江西方兴科技有限公司、陕西建工安装集团有限公司
	监理单位	陕西省交通工程咨询公司、西安公路研究院、陕西高速公路工程试验检测有限公司、中公交通监理咨询河南有限公司、山东临沂交通工程监理中心、陕西兴通监理咨询有限公司、山东省滨州市公路工程监理咨询有限公司、陕西省交通工程咨询公司、陕西西冶项目管理投资咨询有限公司、陕西华信项目管理有限公司、陕西公路交通科技开发咨询公司

"经济要发展,交通须先行,高速最见效"为了又好又快建成咸旬高速公路,早日服务沿线群众,移交管理后的咸旬高速全体参建人员以"等不起、慢不得、坐不住"的危机感、紧迫感、责任感,坚持"白加黑""五加二"的工作方式,顶酷暑,沐风雨,在94km的战线上奋战,用自己的行动诠释了"大爱在心,为民开路"的陕西交通精神。

咸旬管理处接手项目后,立即组织召开大干动员会,着力理顺各种关系,迅速启动生产;精心组织,层层分解目标任务,强力夯实责任,严格规范管理。管理处采取由点到线的方式展开建设,抢开控制性工程和难点工程,吹响咸旬高速公路建设大干的冲锋号,逐步形成"全工作面覆盖,全建设周期大干"的工作格局。

面对屈指可数的建设时间,为保障工程建设的各项要求落到实处,管理处制定并下发了《工程质量管理办法》《工程设计变更管理办法》《农民工工资支付管理办法》等20多项管理制度,使得工程管理按规范操作,照规矩运行,为工程顺利进行奠定了制度保障。

在强力推进工程建设的同时,咸旬管理处严格按照"生态、环保、精品、典范"的建设要求,把"进度、质量同在,人品、精品同在"作为工程建设的重中之重常抓不懈。在项目建设中,全面深入推行"五化"管理,在不断完善咸旬项目精细化管理体系的同时,坚持"工程质量零容忍"制度,细化质量工作要点,明确质量标准和要求,及时组织专家对工程施工方案和工艺进行论证优化,对存在的问题及时进行处理。

在质量管理过程中,管理处会同总监办坚持每天下工地,对施工关键部位、隐蔽工程进行重点跟踪巡查,发现问题及时发出指令,限期整改。不断加大夜查力度,确保施工规范,不留死角;管理处坚持每月组织一次工程质量综合检查,召开质量分析会。与此同时,严格执行监理企业和监理工程师履约信用评价,对不合格监理人员进行清退。

加强重点部位检测,确保质量受控,全面引入第三方检测,分别对"支座检查""孔道密实度""桩基无损检测"等薄弱环节及时进行检测,确保质量薄弱点处于受控状态。严格推广落实"标准化工艺工法",针对施工进度和质量控制要点,管理处多次组织参建单位召开标准化现场会,如路基填筑、箱梁预制、桥面铺装、防撞护栏、冬季养生等现场会,相互交流、取长补短,有效促进了施工标准化的贯彻落实。为加强技术交底,进一步规范施工,管理处相继组织举办了刚构桥专项设计技术交底、0号块施工技术交底、路面底(基)层施工技术交底等各类技术交底会。为确保交底能够准确传达到施工一线,管理处协助施工单位开设了工地夜校,着力加强一线交底,从而保证了工程建设品质。

管理处定期开展质量"回头望",全面排查已完工程的质量状况,确保不留质量隐患,先后开展了对原材料、混凝土外观、混凝土养生、交通产品等的专项检查,对不合格原材料及时清除出场,有力提升了薄弱环节工程质量。

为使项目施工进度免受季节气候因素影响,管理处想方设法确保工程进度,针对项目工地多雨季节,要求施工单位采取在刚构桥上搭设防雨布、成型路基上覆盖塑料布、挖方段路基抢铺一层灰土等方式确保雨停天晴后可以立即投入施工。在墩柱养生方面,要求空心薄壁墩采用土工布包裹养生、箱梁冬季施工利用蒸汽养生等方式,有效保证了加快工程进度的持续性、均衡性。

牢固树立"底线不可突破,红线不可逾越"的安全理念,全面落实安全生产责任制。在雷家坡隧道施工现场安装门禁系统及电子监控系统,设置隧道内逃生通道;在刚构桥高墩大跨施工中坚决做好临边防护和防抛、防坠等安全防护;对涉及高空作业的吊装、模板、脚手架等危险性较大的分部工程,严格按照施工组织设计及专项施工方案进行施工。建设期间,全线未发生一起质量安全责任事故。

咸阳至旬邑高速公路雷家坡隧道

(三)复杂及创新技术工程——高墩刚构桥

咸旬高速公路纵贯咸阳市南北,穿越渭北黄土沟壑区,高墩大跨的连续刚构桥无疑是最佳选择,三水河特大桥、姜嫄河特大桥、小花沟大桥、秦塬大桥4座高墩大跨刚构桥成为其控制性工程。其中三水河特大桥全长1688m,14号墩高183m,比2009年年底完工的四川省雅(安)西(昌)高速公路腊八斤沟特大桥182.5m的桥墩高0.5m,建设期间是亚洲连续刚构桥第一高墩。该桥采用变截面预应力混凝土连续刚构,最大跨径185m,6个主墩平均墩高141m。混凝土用量达24万m^3,钢筋用量达4万t,集高墩、长联、大跨于一身,工程亮点主要有高墩液压爬模施工和"三个一"合龙新技术(左右幅一次顶推,合龙口一次锁定、一次同时浇筑)。建设过程中最大的难点是左、右幅12个主墩施工,其技术要求高、施工组织难、安全风险大。施工中,引入了液压自动爬模施工技术,并通过技术改造,使常规的一模4.5m增加到一模6m,不但节省了材料,提高了安全性,又提高了工效约35%。为确保爬模系统的强度和稳定性,对爬架和吊架进行改造,加粗受力杆件,增加负压阀,进、退模由硬摩擦变为滚动装置。该工艺在大桥建设中产生了显著的经济和社会效益,荣获了陕西省第二届职工科技节技术改进银奖。

1. 强化管理,标准化施工

为实现刚构桥又好又快施工,管理处成立了控制性工程领导小组,全面对4座刚构桥等控制性工程进行技术、质量、进度、安全、环境保障等全方位专项管理。管理处制定了《标准化施工手册》《连续刚构桥上部标准化施工技术指南》《连续刚构桥合龙手册》《连续刚构桥合龙实施方案》等技术支撑制度,并下发施工单位学习。分管副处长常驻刚构桥工地,协调服务,加强现场管理。同时要求施工单位上级派驻工作组,现场督导各标段施工,加大落实力度。

为满足路线线形要求,连续刚构桥上设有纵坡与横坡,使得桥内纵向高差和横向高差较大,而在采用挂篮分段悬臂浇筑施工的过程中,箱梁平、纵面线形及高程又受各类荷载、结构体系转换及环境温度等因素影响,在施工中会不断变化,建设者采取动态监测、监控的方法,掌握施工过程中梁段平面线形、纵向挠度的变化,同时分析预测浇筑下一梁段平面线形、纵向挠度的变化值,采取有效控制措施,保证成桥线形满足设计要求。安装远程视频施工监控系统是分段悬臂现浇结构中必不可少的施工质量和安全保证措施。咸旬项目在每个高墩施工时均安装远程视频施工监控系统,全方位、24小时控制施工现场质量、进度及安全。

2. 应用新技术保质提效

项目建设中,管理处积极推广新技术、新工艺、新材料、新设备的应用,同时针对施工期间的技术难题,开展课题研究,进行技术攻关,打造技术亮点,总结先进工法,有效提升工程质量、促进工程进度。

在刚构桥施工过程中,桩基清孔采用正循环泥浆处理装置,清孔时间由72h减少为12h,通过提高清孔效率大大缩短了成孔时间,为桩基施工节省了时间。主墩施工过程中,采用液压爬模施工工艺,通过技术改进,将模板调整为6m一板,比普通的4.5m模板提高工效约三分之一,同时节省材料、高效安全,创造了良好的社会、经济效益。此项技术荣获陕西省第二届职工科技节优秀科技创新成果银奖。为便于对上部悬浇块的日常检测和喷淋养生等作业,结合刚构桥施工实际情况,研发了多功能养生检查操作平台——"检测、养生多功能挂篮",提高了悬浇段外侧养生效果和检测成效。积极研究智能张拉、智能压浆工艺的数据实时上传技术,利用3G网络实现上传的同时,可向指定手机实时发送数据信息,便于管理人员第一时间掌握施工质量。为有效控制箱梁竖向张拉预应力损失,减少腹板开裂,引入第三方检测对连续箱梁竖向张拉预应力进行无损检测、全频检测,确保有效竖向张拉力达到95%以上,极大程度避免了腹板开裂。刚构桥0号块支架除了传统的"牛腿"方式外,首次采用新颖的贝雷架进行组拼,结构合理、便于拆装、使用效果好。为确保刚构桥上部混凝土施工质量,在碎石进场后、混凝土拌和前采取二次水洗、筛分,去除碎石表面石屑、粉尘,对碎石进行分仓、入棚堆放,确保骨料洁净、级配良好,保证了混凝土的工作性能及强度。

像这样的措施还有很多,比如:采用滑模技术浇筑,由原来的每天80cm提高为每天1.2m,加快了施工进度;薄壁空心墩主筋采用机械连接,保证了钢筋连接质量及施工进度;采用激光铅垂准仪,提高了空心薄壁墩竖直度;薄壁墩的养生采用喷淋加土工布裹敷,俗称"穿裙子",使混凝土表面保湿均匀、持续,显著提高了养生效果……

管理处开展了超高墩超长联大跨径连续刚构桥关键技术研究,通过对超高墩超长联大跨径连续刚构桥的定义、选型、抗震性能及稳定性、养护设施体系化的研究,形成了刚构桥关键技术成果,确定了主要设计参数对结构的影响程度,提出了施工主要注意事项。开展了高性能混凝土在超高墩超长联大跨径连续刚构桥的应用科研,通过对HPC的配合比试验、耐久性能、施工工艺、质量控制等研究,提出了高性能混凝土的指标要求、外加剂选用、质量控制、延长使用寿命、节约成本等预期目标。

3. 全方位抓安全生产

高桥施工安全控制是难点。秦源大桥最大墩高114m,小花沟大桥最大墩高125m,姜娘河特大桥最大墩高132m,而三水河特大桥主墩的13、14、15号墩墩高更是分别达到177m、183m、180m。

管理处以安全制度落实和安全责任落实为抓手,规范安全生产,夯实安全管理。相继制定了《安全生产管理办法》《安全生产责任制管理办法》《安全生产事故应急预案》等安全管理制度,为安全生产管理工作奠定了坚实的制度保障基础。管理处与内部各科室,管理处与各参建单位层层签订《安全生产目标责任书》,形成了"横向到边,纵向到底,责任到人,不留死角"的安全工作格局。

同时强化安全生产专款专用理念,按照合同要求施工单位按投标价的1%作为安全专项资金,建立安全台账,实现专户存储、专款专用。相继开展了"高空坠落""防洪度汛""意外触电"及"防火救援"等安全应急救援演练活动,强化参建人员安全应急防范意识。积极落实"安全人员、安全设备配备、安全检查"三个到位,加强安全风险评估管理,加大施工机械安全监管力度,每月进行"平安工地"创建考核评比,严格落实安全痕迹化管理等。

管理处在项目建设中牢固树立"质量是根本,安全是保证"的思想,对项目安全生产工作定期检查和不定期抽查,及时下发安全整改通知书,限时整改落实。扎实开展"平安交通"创建等一系列专项活动,设置钢管防护53878m,硬化施工便道56045m,设立交通安全警示标志标牌1241块,共进行日常安全巡查50余次,下发巡查通知单12份,安全专项通报6份。采取强有力的措施,强化现场的安全管控,确保施工安全。

(四)运营管理

2014年12月3日,咸旬高速公路建成通车,交由陕西省交通建设集团咸旬分公司负责运营管理。作为新成立的高速公路运营管理单位,咸旬分公司不断夯实基础管理,在渭北高原谱写着"红色文明之歌",力争以全年优异的服务成绩回报社会、回报交通,为地域经济发展,陕甘革命老区人民更加安全、高效、便捷出行做出贡献。

1. 基础管理稳步提升

咸旬分公司组建于2014年11月,承担着咸旬高速公路93.6km的收费、养护、路政和服务区管理工作。分公司下辖2处管理所、8处收费站、1处服务区和2处停车区。运营之初各项工作千头万绪,咸旬分公司积极制定各类制度和办法,首先确保运营管理工作规范有序。为实现这一目标,分公司先后借鉴学习兄弟运营公司的有效经验和办法,制定下发了行政管理、安全运营、收费、养护、路政、服务区管理等40多项制度和办法,使初期各项运营管理工作做到有章可循,有据可依。为尽快理顺工作,结合咸旬高速公路红色旅游路的初步定位,分公司提出了"提升红色咸旬服务"的运营管理理念。根据一线收费人员大多为应届毕业生的实际情况,为确保职工队伍迅速形成一定的战斗力和凝聚力,分公司先后在所辖全线组织开展了爱交通、爱咸旬、爱岗位"三热爱"和"机关人员下基层,我当一天收费员""提升站长作风能力建设""收费技能大比武""微笑在红亭,温馨在咸旬"等系列专项活动,不断提高职工综合素质。在"机关人员下基层,我当一天收费员"活动中,分公司要求机关职工人人带着感情下站,带着问题回机关,切实解决咸旬分公司运营初期基层存在的亟待解决的矛盾和问题。为确保职工身心健康,咸旬分公司积极倡导工作与生活劳逸结合,组织开展了道德讲堂、趣味运动会、乒羽赛、职工免费体检等活动,为职工开辟"开心菜园",各站还自发组织开展了"梨园戏声""节日晚会""地企联合篮球赛"等一系列文体娱乐活动,极大程度地提升了一线人员的归属感、责任感。为有效提升服务区管理,分公司先后对服务区临时负责人进行了反复培训和限期试用,以"成绩论英雄"。同时,分公司以"提升管理水平,推进科学养护,强化应急保障,确保优质服务"为抓手,深入开展"收费文明服务及礼仪培训""文明服务月""堵漏增收培训"等活动,提前圆满完成了各项既定年度目标。

2. 征管水平不断加强

在收费管理工作中,咸旬分公司采取"五指成拳夯基础"的思路,确保其在优质服务的基础上,收费工作平稳有序。首先是加强对收费人员培训考核,通过日常培训、春训、业务技能竞赛等活动,在全线形成"比、学、赶、帮、超"的学习氛围。同时,严格执行文明服务政策规定要求,规范使用文明服务手势动作和文明用语,打造优质服务窗口形象。其次是深入分析,确保通行费征收工作顺利开展,以通行费收入、车型、车流量为主要参数,增强月目标任务分解的有效落实。加强ETC系统管理,提升通行效率,全线共设置电子不停车收费系统(ETC)车道16条。合理计划,科学部署,确保目标任务按期完成,分公司结合各管理所实际征费情况,及时调整收费任务,制订奖励方案,充分调动全员的积极性和主动性,不断提升通行费征收能力。同时,强化业务管理,加大收费稽查力度,通过明察暗访、夜间稽查、专项稽查等形式不断规范收费工作。

3. 养管水平齐头并进

为全力实现"温馨、靓美、满意咸旬"的管理目标,咸旬分公司自成立之日起就全面树立管养意识,最大限度发挥高速公路功能。除定期对各管理所日常保洁、养护管理工作进行专项考核,严格规范计量支付程序外,每年组织对全线路容路貌进行全面彻底排查整治;对辖段内桥梁伸缩缝进行专项"体检"活动。与此同时,在全年开展工程质量"回头望",针对缺陷工程进行详细记录并督促相关单位积极修复整改。建立完善基础资料并对已建成养护内业资料进行分类建档,组织进行除雪保畅、防汛抢险、长大桥梁突发状况等应急演练,及时组织开展各类业务技术培训等。咸旬高速公路整体路容路貌始终保持在较高水平。

分公司路政部门严格依法行政,文明服务,强化政策宣传引导。一方面,加强路域环境综合整治,针对发现问题及时处理。2015年共清理控制区建筑垃圾、堆积物20处,拆除非公路标牌3块,治理行人上路146人次。经过全体人员的不懈努力,咸旬分公司于6月份联合地方政府成功取缔了泾河特大桥下非法采沙场。加大对涉路施工的监管力度,组织施工方学习《公路养护安全作业规程》《道路安全保畅方案》,加强路政、交警、养护部门之间的联系,明确责任,对涉路施工行为进行全过程、全方位的监管。另一方面,加强巡查,坚持每天路政巡查不少于4次,并与交警保持错时巡查。同时提高对桥梁、匝道、事故易发路段的巡查频率,在群众中发展爱路护路积极分子,确保发生路损案件后发现早、处理快、效率高。不断强化与交警部门协作,完善路产案件处理机制,切实做到路产赔偿与事故同处理同结案。通过这些措施的严格落实,咸旬高速公路始终保持道路安全畅通,驾乘人员放心满意。

大道如碑,上面嵌刻的,是建设者流下的汗水;车流滚滚,高速奏响的,是经济社会的强音。咸旬高速公路,从渭北高原的沟壑纵横中逶迤而出,连接起关中大地。它把党和政府的关爱送进千家万户,使群众的幸福伴随着高速公路远久延伸。

第十五节 G70 福州至银川高速公路(陕西境)

G70 福州至银川高速公路,简称福银高速公路,是国家高速公路"71118"规划网中18条东西横线之一,全长2485km。途经福建、江西、湖北、陕西、甘肃、宁夏,沟通我国华南、华中与西北地区,是一条承东启西、贯穿南北的交通运输大动脉。

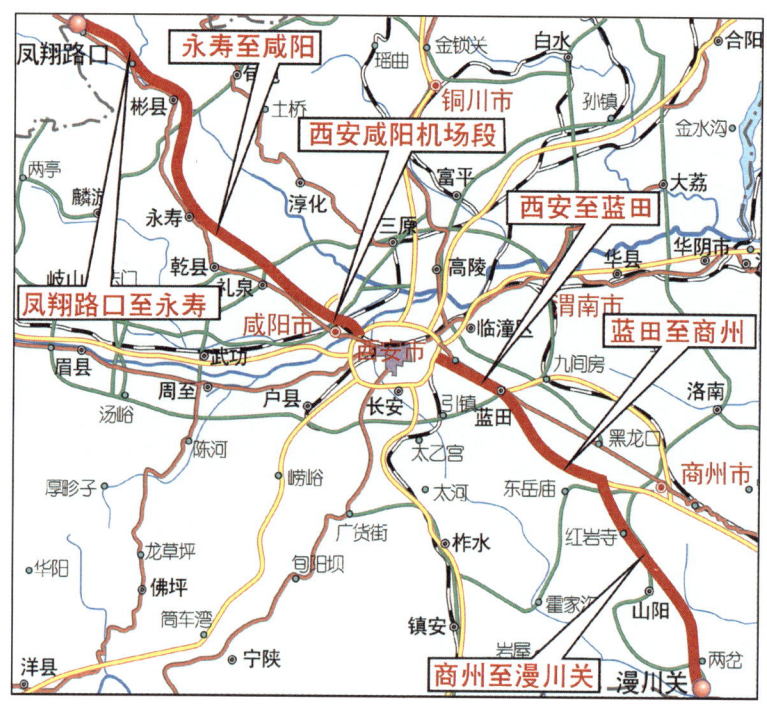

福州至银川高速公路(陕西境)线位示意图

福银高速公路陕西段,起于山阳县漫川关镇,接湖北省十漫高速公路,止于长武县凤翔路口,接甘肃省西长凤高速公路,全长393km。路线大致成东南—西北走向,自起点至终点,先后连接商洛、西安、咸阳3市,穿越秦岭山区、关中平原和黄土高原沟壑区,跨越丹江、灞河、渭河、泾河、马莲河等河流。

本路段与沪陕高速公路于商州区沙河子镇相交,与其共同形成西安至商洛间高速公路环线;通过西安绕城高速公路(G3001),与京昆(G5)、包茂(G65)、连霍(G30)、沪陕(G40)等高速公路以及西安咸阳国际机场专用高速公路(S1)快速转换;与银百高速公路(G69)咸阳至旬邑段以及西咸北环线(G30N)于咸阳市马庄镇相交;沿线分别于商洛市局部与S203并行,于西安市上跨S107,于咸阳市与G312并行。

福银高速公路陕西段建设期自1998年至2009年,先后分6段建成西蓝高速公路、机场高速公路、永咸高速公路、蓝商高速公路、凤永高速公路及商漫高速公路。本路段的全线通车运营,不仅大大提升了区间公路服务能力,优化了陕西高速公路布局,而且成为联结陕西与东南沿海经济圈的便捷通道。

G70福州至银川高速公路(陕西境)的主要资料信息及主要从业单位信息汇总见表9-31、表9-32。

第九章 高速公路建设项目

G70 福州至银川高速公路(陕西境)主要信息资料表

表 9-31

项目名称	建设单位	建设里程(km)	技 术 标 准	投资规模(亿元)	建设时间(开工~通车)
商州至漫川关段	陕西省交通厅利用外资项目办公室	94.50	双向四车道,设计速度80km/h	65.39	2006.08~2009.10
蓝田至商州段	陕西省交通建设集团公司	92.31	双向四车道,设计速度100(80)km/h	52.01	2005.12~2008.10
西安至蓝田段	西安华通高速公路发展有限责任公司	24.05	双向四车道,设计速度120km/h	3.96	1998.06~1999.12
西安咸阳国际机场段	陕西省高速公路建设集团公司	18.24	双向六车道,设计速度120km/h	10.40	2001.11~2003.09
永寿至咸阳段	陕西交通投资有限公司	65.44	双向六车道,设计速度120km/h	23.80	2005.11~2007.12
凤翔路口至永寿段	陕西省交通建设集团公司	98.73	双向四车道设计速度100(80)km/h	46.41	2005.10~2008.09

G70 福州至银川高速公路(陕西境)主要从业单位信息资料表

表 9-32

项目名称	从业单位	单 位 名 称
商州至漫川关段	设计单位	西安公路研究所、陕西省公路勘察设计院、北京交科公路勘察设计研究院
	施工单位	温州交通建设集团有限公司、陕西路桥集团有限公司、青岛公路建设集团有限公司、中铁四局集团第四工程有限公司、中铁十八局集团有限公司、浙江省交通工程建设集团第三交通工程有限公司、中铁十九局集团第五工程有限公司、中铁十二局集团第三工程有限公司、安通建设有限公司、中铁十局集团有限公司、陕西华通公路工程公司、广东长宏公路工程有限公司、中铁二十一局集团第三工程有限公司、河北路桥集团有限公司、新疆昆仑路港工程公司、中铁十九局集团第二工程有限公司、山东琴通路桥集团有限公司、江西省公路机械工程局 唐山远大交通工程有限公司、陕西凯达公路桥梁工程公司、路桥华南工程有限公司、甘肃路桥建设集团有限公司、中铁十八局集团第二工程有限公司、中铁十二局集团有限公司、中铁七局集团第三工程有限公司、路桥集团第一公路工程局第五工程有限公司、中铁十一局集团第一工程有限公司、路桥二公局第三工程有限公司、中铁一局集团第二工程有限公司、中铁十七局集团第三工程有限公司、中铁二十二局集团有限公司、中国路桥(集团)总公司、中交第二公路工程局有限公司、中铁三局集团第五工程有限公司、武安市交通安全设备有限公司、淄博玉泰公路设施有限公司、陕西现代公路机械工程有限公司、江苏苏源交通设施工程有限公司、甘肃路桥飞宇交通设施有限责任公司、陕西省第十建筑工程公司、陕西省机械施工公司、陕西泽星建筑工程有限公司、陕西省第八建筑工程公司、西安市长安建筑开发集团公司、陕西省武功建筑工程总公司、中咨泰克交通工程有限公司、山西交研科学实验工程有限公司、陕西高速交通工贸有限公司、南京铁电通信工程有限公司、西安金路交通工程科技发展有限责任公司
	监理单位	西安公路研究所、陕西高速公路工程试验检测有限公司、长沙华南交通工程咨询监理公司、中国公路工程咨询总公司、江苏旭方工程咨询监理有限公司、山东省德州市交通工程监理公司、山东恒建工程监理咨询有限公司、山西交科公路工程咨询监理有限公司、山西省交通建设工程监理总公司、陕西高速公路工程咨询有限公司、陕西公路交通科技开发咨询有限公司、陕西恒通工程咨询有限公司、陕西三秦工程技术质量咨询有限责任公司

陕 西
高速公路建设实录

续上表

项目名称	从业单位	单 位 名 称
蓝田至商州段	设计单位	中交第一公路勘察设计研究院、陕西省公路勘察设计院、北京交科公路勘察设计研究院
	施工单位	中国水电建设集团十五工程局有限公司、陕西路桥集团有限公司、中国路桥(集团)总公司、中铁十九局集团有限公司、中国建筑第八工程局、中铁二局股份有限公司、陕西明泰工程建设有限责任公司、中铁十五局集团第五工程有限公司、中铁七局集团第三工程有限公司、中铁十五局集团有限公司、中国建筑第四工程局中铁十八局集团第三工程有限公司、青海路桥建设股份有限公司、贵州省公路工程总公司、中铁十八局集团有限公司、中国建筑第五工程局、中铁十五局集团第五工程有限公司、中国建筑总公司、中铁二局第四工程有限公司、中铁二局股份有限公司、中国建筑第六工程局中铁五局(集团)有限公司、中铁十二局集团有限公司、东盟营造工程有限公司、陕西路桥集团有限公司、河北远征交通设施有限公司、上海交大天长交通工程有限公司、陕西成通机械化公路工程有限公司、陕西科润公路沿线设施工程有限公司、陕西现代公路机械化工程有限公司、陕西高速诚信交通工程有限公司、榆林市华盛交通工程有限公司、广东省交通发展公司、陕西汉唐计算机有限责任公司、亿阳信通股份有限公司、安徽皖通科技股份有限公司、山西省交通信息通信公司、陕西立飞科技有限责任公司、陕西厚普智能工程有限责任公司、南京铁电通信工程有限公司、中铁十三局集团电务工程有限公司、西安经发基础设施建设工程有限公司、浙江金盾风机风冷设备有限公司、陕西省第二建筑工程公司、陕西华山建筑工程公司、陕西省第六建筑工程公司、陕西省第三建筑工程公司
	监理单位	陕西高速公路工程咨询有限公司、西安公路交大建设监理、陕西顺通公路监理技术咨询有限责任公司、黑龙江公路工程监理咨询公司、陕西公路交通科技开发咨询公司、河北华达工程咨询监理有限公司、山西振兴公路监理有限公司、陕西公路交通工程监理咨询有限公司、西安航天建设监理公司、西安四方建设监理有限责任公司
西安至蓝田段	设计单位	西安公路交通大学公路设计研究院
	施工单位	深圳市政工程总公司、核工业华东建设工程公司、陕西省路桥三公司、铁一局三处、交通部第二公路工程局第六工程处、山西省路桥总公司、陕西省水电工程局(集团)有限责任公司第四工程公司
	监理单位	陕西公路交通工程监理咨询有限公司
西安咸阳国际机场段	设计单位	陕西省公路勘察设计院
	施工单位	中铁十八局有限公司、中铁第五工程局第四工程处、中铁第十六工程局第二工程处、中港第一航务工程局第一工程公司、中铁第二工程局第四工程处中铁十二局集团第三工程有限公司、路桥集团第二公路工程局中铁十四局集团有限公司、陕西高速交通工贸有限公司、陕西诚信高速公路交通工程有限公司、广州海特天高信息系统工程有限公司
	监理单位	西安华兴公路工程咨询监理公司、陕西省公路工程咨询公司
永寿至咸阳	设计单位	西安公路研究所
	施工单位	二公局(洛阳)第四工程处、广东省佛山公路工程有限公司、中铁十八局集团第五工程有限公司、中铁十二局集团第三工程有限公司、中铁十七局集团第二工程有限公司、中铁十一局集团第二工程有限公司、路桥二公局第三工程有限公司、中铁二局集团第五工程有限公司、贵州省公路桥梁工程总公司、路桥集团第二公路工程局、澄城县城乡建设综合开发公司、陕西省第十一建筑工程公司、四川省第十五建筑工程公司、陕西省第八建筑工程公司、中国第十冶金建设公司、陕西方圆建筑工程有限公司、中铁三局集团电务工程有限公司、山西四和交通工程有限公司、无锡市锡广高速公路养护有限公司、山西乾通公路工程机械有限公司、河北银信交通设施有限公司、徐州安达交通设施有限公司、辽宁省交通工程公司
	监理单位	陕西公路交通科技开发咨询公司、陕西高速公路工程监理咨询有限公司、上海华申工程建设监理咨询公司、陕西华茂建设监理公司、陕西大成工程建设监理有限公司

续上表

项目名称	从业单位	单 位 名 称
凤翔路口至永寿段	设计单位	陕西省公路勘察设计院
	施工单位	中铁十五局有限公司、中铁十局集团第二工程有限公司、中铁三局集团有限公司、中铁五局集团(有限)公司、湖南省永州公路桥梁建设有限公司、榆林市天元路业有限公司、中铁十二局集团第四工程有限公司、中铁九局集团有限公司、中铁二局第五工程有限公司、中铁十一局集团第二工程有限公司、山东琴通路桥集团有限公司、中铁二十局集团第一工程有限公司、核工业华东建设工程集团公司、北京市海龙公路工程公司、中交第二公路工程局有限公司、山东省公路建设(集团)有限公司、宁夏路桥工程股份有限公司、中铁十二局集团第一工程有限公司、陕西方圆建筑工程有限公司、陕西省机械施工公司、广东省第一建筑工程有限公司、咸阳第一建筑工程有限公司、西安未央建设工程有限公司、陕西长嘉建设工程有限公司、中十冶集团有限公司
	监理单位	北京市高速公路监理有限公司、长沙华南交通工程咨询监理公司、西安公路交大建设监理公司、铁科院(北京)工程咨询有限公司、陕西高速公路工程咨询有限公司、陕西公路交通工程监理咨询有限公司、陕西公路交通科技开发咨询公司、陕西建设监理有限公司

一、商州至漫川关段

素有边贸重镇、文化名镇和"南通吴楚,北连秦晋""水旱码头"之称的千年古镇漫川关,坐落于陕西省山阳县东南金钱河与靳家河交汇处。漫步在小镇古建筑群中,昔年"水码头百艇联樯,旱码头千蹄接踵"的秦风楚韵依稀可见。随着商州至漫川关高速公路建成通车,从陕西西安到湖北武汉已实现高速公路通达,穿越群山秦楚变通途!不仅漫川关到商洛市以坦荡的大道相连接,同时还营造了发展的新机遇。就陕西而言,又多了一条出省大通道,敞开了奔向东南沿海的新大门。

(一)项目概况

商州至漫川关高速公路,简称商漫高速公路,是陕西省"2367"高速公路网中的6条放射线之一,也是国家高速公路网福州至银川线(G70)在陕西境内的组成部分,是连接我国西北、华中和东南沿海地区最为便捷的快速大通道中的重要一段。商漫高速公路是福银高速公路陕西境最晚开工建设的一段,它的通车标志着福银高速公路陕西境内393km全线贯通。西安至十堰车程可缩短至3h,西安至武汉车程由原来的15h缩短为7h,而由西安至福州高速公路车程也仅需20h左右。陕西省连接东南沿海的黄金大通道全线畅通无阻,这对于陕西在西部大开发中实施西部强省战略,促进东西部地区均衡发展具有重要意义。

商漫高速公路途经的商州区和山阳县处于秦岭东南山岭重丘区,属陕西省经济欠发达地区,当地茶叶、核桃、桐油等经济作物优势独特,铜、铁、锌、钼、钒等矿产资源十分丰富,尤其是钒矿储量占全国总储量的40%左右。囿于交通运输条件限制,加之秦岭山区冬季长期积雪封山,道路中断,农副产品无法及时运出,矿产资源等开发困难,严重制约了区域经济的快速发展。商漫高速公路的建成通车标志着山阳县这个国家级贫困县已被纳入国家高速公路网,矿产资源开发利用蓄势待发,农副产品运输有了便捷通道,沿线月亮洞、苍龙山、天竺山、漫川古镇等风景名胜区成为旅游观光产业新的经济增长点,社会综合效益远远超出高速公路事业本身。

a)

b)

商州至漫川关高速公路

2006年5月,国家发改委以《国家发展改革委关于陕西省漫川关(鄂陕界)至商州(麻池河)公路可行性研究报告的批复》批复了工程可行性研究报告;2006年10月,交通部以《关于漫川关(鄂陕界)至商州(麻池河)公路初步设计的批复》批复了初步设计;2008年5月,陕西省交通厅以《陕西省交通厅关于商州(麻池河)至漫川关(鄂陕界)高速公路施工图设计的批复》批复了施工图设计。

商漫高速公路全长94.50km,起于陕西省商洛市商州区麻池河乡,接已经建成的商州至蓝田高速公路,止于陕鄂交界处的闫家店村,与已经建成的湖北省十堰至漫川关高速公路相接。工程按四车道高速公路标准建设,设计速度为80km/h,路基宽度24.5m。全线土石方工程1106万 m^3,防护排水工程88.70万 m^3;桥梁3.65万m/122座,其中特大桥8887m/7座,大桥2.59万m/81座;隧道(单洞)4.24万m/64座,其中特长隧道1.90万m/4座,长隧道7395m/6座;桥隧长度占路线总长59.40%。设互通式立交6处,分离式立交2处;天桥2座,通道94道,涵洞79道;服务区2处,停车区1处,收费站6处(其中省际收费站1处),管理所2处。项目概算投资65.39亿元。

(二)建设情况

本项目由陕西省交通厅利用外资项目办公室负责建设,商漫高速公路建设管理处负责该工程的具体组织实施,西安公路研究所、陕西省公路勘察设计院、北京交科公路勘察设计研究院等单位参与设计,陕西路桥集团有限公司、中交第二公路工程局有限公司、中铁十八局集团有限公司等76家施工单位中标参建,西安公路研究所、中国公路工程咨询总公司、陕西高速公路工程咨询有限公司等18家监理单位承担工程监理。

商漫高速公路是外资办作为陕西省高速公路建设管理责任主体后承担的第一条高速公路项目,为外资办承担的安康至毛坝、毛坝至陕川界两个高速公路项目,乃至后续新开工项目的建设管理积累了经验。本项目于2005年12月开工试验段,2006年8月9日全线开工建设,2009年10月16日建成通车。

商漫高速公路全线位于秦岭腹地,在建设过程中存在诸多难点:工程地质条件差,复杂地质构造贯穿全线,断层、裂隙、滑坡体、堆积体、膨胀土等不良地质状况随处可见,岩石稳定性差、岩质破碎,不良地质导致边坡滑塌的灾害频发。桥隧比例大,全线穿越秦岭东南山区,海拔在350~2100m,沿线山高、谷深、峡窄、弯急,公路选线十分困难,为确保线形和通行能力,设计以桥梁、隧道形式为主,全线桥隧合计占路线总长的59.4%,是一条典型的山岭重丘区高速公路。雨涝频繁,雪灾严重,进入汛期后,峡谷河流暴涨,对在河道施工的设备、材料以至主体工程冲击极大,水毁损失十分严重。进入冬季,商洛地区大雪不断,2008年的一场罕见雪灾,使施工现场道路全部中断,物资材料供应无法保证,广大参建人员的生活物资供应一度短缺。汶川大地震严重影响了项目建设进度。在商漫高速公路参建队伍中,有相当一部分劳动力来自地震灾区,2008年5月大地震后,大批务工人员返回灾区重建家园,本项目劳动力一度严重短缺。

针对以上难点,商漫管理处积极应对,精心策划,强化管理,大力推行稳步均衡生产,采取了6方面措施确保项目建设又好又快地推进。

1. 强化目标管理,多举措加快进度

管理处采取"阶段目标责任分解法",将项目总体计划逐项分解到年、季、月、旬,制订详细的施工组织计划,明确节点工期目标,狠抓关键工序和环节,实现工程建设稳步推进,确保各阶段目标任务按时完成。严格目标责任考核,建立奖励机制,按进度计划进行考评,按合同总价一定比例设立专项奖励基金,依据《商漫高速公路目标考核奖励办法》,对施工单位和监理单位实行月考核,季评比,奖优罚劣,调动各参建单位的积极性。开展劳动竞赛,狠抓施工进度。在全线组织开展了10余次以"赛进度,赛安全,赛质量"为主要内容的社会主义劳动竞赛活动,强化竞赛措施,落实奖优罚劣,充分调动各参建单位的积极性。紧盯控制性工程,确保施工进度。针对特长隧道围岩差、进度慢,特大桥预制梁场地狭小、只能边预制边架设等难点和控制性工程,多次邀请专家召开施工方案专题会议,及时解决施工中出现的问题,确保殿岭特长隧道、鹊岭特长隧道等控制性工程顺利实施。对于不能按期完成任务单位,果断进行任务分割,组织多个施工突击队参与施工。

2. 狠抓质量管理,多措施确保工程品质

管理处始终按照交通运输部"政府监督,法人管理,社会监理,企业自检"四级质量保证体系要求,建立健全项目质量保证体系,严把工程品质关。推行工程质量问责制,加大工程质量巡查力度,不合格的项目坚决推倒重来,对质量责任单位和责任人给予严肃处理。结合不同施工阶段质量工作要点,通过召开质量管理现场会等形式,在全线开展路基填料选择、碾压设备配套、台背回填控制、桥梁结构物预制工艺、混凝土外观质量及保护层控制、隧道洞身超欠挖、隧道二衬后压浆控制等专项治理活动。利用科技手段严把质量关,先后引进锚杆长度探测仪、混凝土保护层厚度检测仪、隧道二衬地质雷达探测仪等先进设备,对关键工序质量进行全过程检查和监测。

3. 注重现场监管,多关口狠抓安全

管理处始终坚持"安全第一,预防为主"方针,狠抓措施落实,安全管理成效明显。成立安全生产领导小组,调整充实专职安全管理人员,完善管理处与施工单位、监理单位安全管理网络,建立"施工企业负责,业主行业管理,监理现场监管,职工积极参与"的安全管理体系。实行一把手负责制,推行安全目标责任管理,层层签订安全生产目标责任书,确保安全生产责任落到实处。及时制订各项安全生产应急预案,并适时组织演练,提升安全应急意识和能力。加强安全生产硬件投入,努力提高安全预防水平。强化现场安全管理和安全教育培训,以施工现场临时用电、材料堆放、桩基施工、隧道掘进、高空作业、预制梁板、高边坡等高危险工作面、重大潜在危险源以及应急设施等为重点进行安全检查,特别对爆破、高空作业和防汛工作常抓不懈,施工过程中未发生重大安全责任事故。

4. 致力和谐征迁,多宣传化解矛盾

全线计划用地7358亩,拆迁房屋1204户,特殊拆迁物41处,工作量巨大。为加快征迁工作进度,赢得群众的理解和支持,管理处主要领导及征迁干部分工包片,深入田间地头,耐心细致讲解政策,进行广泛的宣传和动员,及时化解矛盾和问题,确保了征地拆迁工作顺利进行。为支持和拉动地方经济建设,管理处、各参建单位积极行动,为地方修筑高速公路连接线共计34km,修建便民桥41座,新修及扩建便民路8.9km,累计新改建沿线群众安置点30处,利用取弃土场为地方群众平整造田276亩,修复水毁河堤11km,累计筹集抗震救灾善款130余万元,筹集建设地方学校资金57万元,有力地支持了地方建设。

5. 搞好生态防护,多方案优化环保

本项目沿线生态环境比较脆弱,在加快建设的同时,管理处坚持"最小程度扰动,最大限度恢复"原则,致力于保护好当地生态环境。一是对全线路堑与隧道进出口施工方案进行优化,充分利用路基及隧道开挖弃渣作为路基填料,减少弃土场占地;对隧道洞口采取"早进洞,晚出洞"方式,尽量减少对山体和原生植被的扰动。二是坚持全面"还绿、造绿"的建设理念,采取客土喷播、岩体生物腐殖等先进技术手段,对全线24处挖方路基边坡岩石裸露面进行绿化治理。三是大力种草、植树,对全线路基边坡、隧道洞顶、互通立交区、服务区等进行全面绿化,全线累计栽种乔木51800余棵,其中种植大树4800余棵,开创了陕西省山区高速公路绿化高品位的先例;全线栽种紫穗槐580多万株,累计种草78万 m^2,相当于增加了110个足球场大小的绿地面积,达到了全程绿化美化的程度。

商州至漫川关高速公路寨子凹隧道

6. 实施工资监管,多检查确保发放

管理处与各施工单位签订资金监管协议书,要求施工单位加大施工投入,同时通过联系银行,加强对施工单位的资金监管,明确要求各单位在使用计量款时,必须首先提供农民工工资支付清单,否则一律不予支付。同时安排专人深入到各施工单位第一线,检查各单位农民工工资发放情况,对存在长时间拖欠的,下发书面通知,限期整改,整改不力的,坚决停止计量支付,确保农民工的合法权益不受侵害。

(三)复杂技术工程

1. 丹山沟2号隧道洞口滑塌治理工程

丹山沟2号隧道为连拱隧道,原设计单洞147.96m,后变更增加至156m。该隧道围岩情况差,进出口节理裂隙发育,同时紧临S203,施工难度大。该隧道于2008年10月12日上午11时顺利贯通,当日中午12时,安全监控人员发现上行线进口上方山体有异常变化情况,遂立即上报管理处。根据实际情况,管理处提出立即封闭S203,开通临时施工便道,启动应急预案的决定。10月13日下午2时,山体首次发生滑塌,10月22日中午12时40分,又发生较大的山体滑塌,滑塌体将S203约50m长路段全部覆盖,巨石滑入河道内阻塞了一半河道。管理处安排施工单位立即投入4台挖掘机、2台装载机抢修便道,加宽河道,同时沿路设置隔离网及浆砌挡墙等防护措施,将滑塌体与便道隔离。设专人指挥道路交通,确保S203畅通。对危险区域安排人员24小时值班看守,确保了过往车辆的安全通行。10月22日晚7时30分,隧道顶山体又发生第三次滑塌,因安全监控措施到位,现场指挥得当,连续的滑塌过程中无伤亡事故发生。

2008年10月24日至11月4日,管理处先后聘请西安公路研究所、中交第一公路勘察设计研究院、陕西省交通厅咨询公司、长安大学、铁道部第四勘察设计院等的有关专家现场勘察,三次召开专题会议进行研究讨论,指导施工单位对滑塌进行处理:在滑动岩面及坍塌体表面浇注C25混凝土进行表面加固处理,然后对滑塌产生的山体裂缝采用泵送混凝土填实,起到支撑后部山体仰坡的作用。在相邻标段帮助下,在极短的时间内搅拌运输总计2776m³混凝土,及时遏制了滑塌恶化势态。在洞内靠近塌方临近面10m范围采用I22工字钢进行临时封闭成环加固,间距0.5m,并在钢架中增加交叉支撑加强,组织充足人员轮班快速施工,设置206根4.5m长小导管对初期支护进行注浆加固。在进口周围滑塌岩面进行分层喷射C25混凝土防护,中间挂$\phi 8$钢筋网,间距200mm×200mm,以维护坡面稳固。对上部山体采用锚索框架梁加固,确保隧道长期运营安全。

2009年3月14日,管理处再次召集设计、施工、监理单位,邀请隧道、地质方面专家,确定最终滑塌治理方案:首先,采用挖机或放小炮松动对约2万余立方米的滑塌体及其左侧危岩进行逐层清理,施工中安全人员全时段旁站,密切注意滑塌体动态,随时做出预警。其次,在隧道洞口两侧分阶施工C20混凝土挡墙至与隧道洞顶相平,紧贴清理滑塌体后的山体,对山体起到支撑作用。然后再施作护拱进洞,在护拱两侧及隧道中央、滑坡体清理后岩面外露的空洞均泵送C25混凝土填实或与拱顶找平,左洞进口洞顶增设18根9m管棚,管棚上方山坡施作锚索框架梁加固山体。

在隧道滑塌处理施工中,管理处严格把关,组织各方密切配合,顺利完成了相关治理工作,为全线通车奠定了坚实的基础。

2. K138+446～K138+720段深路堑施工

K138+446～K138+720段深路堑施工经历了一波三折,随着施工深入进行,数次改变施工方案,付出了极大的艰辛和代价,采用超常规的施工手段才得以完成施工。

本处深路堑最大边坡高度56m,共设置4级平台、5级边坡,地质情况为0.5～1.5m厚冲洪积及破残积亚黏土,下伏全(强)风化泥岩,具弱膨胀性,"晴天硬如钢,雨天一锅汤,施工要爆破,下雨要防滑"是该岩性的真实写照。岩层倾向215°∠22°,与该段边坡坡向顺层。

本段开工伊始,针对此处原设计土多石少的情况,施工单位采用了常规的挖掘机挖土、装载机配合自卸汽车运土的水平分层纵向施工法,此后发现该处土石比例、石方性质与原设计不符,随即展开爆破作业。该段挖方量高达55万m³,按照施工期8个月计算,每日应完成3000m³左右,只得采用中型爆破,而爆破震动范围100m以内有134户住户,爆破震动对房屋损坏严重,村民频繁上路阻工,施工处于半停工状态。截至2007年6月,该段落的施工任务还未完成10%,施工进度远远地落后于整体施工计划。

2007年6月底,山阳县政府出台房屋震动损失的处理办法,管理处与附近受影响村民签订协议书和承诺书,施工得以恢复,爆破法施工却难以继续,原因有三:一是爆破法施工震动过大,附近村民房屋大多老旧,强度不高,易产生裂缝、倒塌等安全问题;二是强风化泥岩结构不够紧密,岩性较软,爆破后岩石会难成碎片,岩块较大,需要进行二次爆破;三是未碎裂的岩体表面爆破后易形成裂缝,遇到阴雨天气,雨水渗透,岩石会快速崩解,从而形成滑动面,极易产生滑塌破坏。

管理处果断决定,为保证工程进度,不惜代价采用大型矿山工程机械进行施工,其优点如下:机械法施工不产生爆破震动,解决了爆破法带来的安全隐患;机械法挖掘出的岩石均为小块岩石,无二次施工问题,便于运输;机械法挖掘过的岩面为无裂缝整体,不受雨水渗透的威胁,不形成滑动面,边坡滑塌破坏的危险性低。施工单位租用1台EX750正铲履带挖掘机、1台D375推土机、1台D355推土机、1台D155推土机、1台卡特320挖掘机、3台破碎锤,共计8台大型施工机械。该段挖方施工局面才逐渐展开。

施工方法的难题解决后,超乎预料的问题继续出现。新鲜泥岩的强度高达60MPa,EX750正铲履带挖掘机这样的大型机械竟也难以挖掘,斗齿三天一换,经常爆油管,D375推土机犁深仅20cm,施工时犁头和泥岩之间白烟滚滚,火星四溅,这些公路施工几乎不用的大型矿山机械,在这里使用过程中断齿断犁,爆管漏油,施工场面既壮观,更痛心。8台大型机械,每天连续两班倒进行施工,每月柴油消耗近130t,加之2007年材料价格飞涨,每月的油料费用100多万元,资金压力巨大。2008年3月,经过将近一年的艰苦施工,该段工程接近完工时,又出现新的插曲。受连续强降雨影响,左侧边坡出现大规模滑塌破坏,大型机械的租赁时间延长,施工成本进一步增大。

为解决这一路段的施工难题,管理处付出了高昂的代价:D355推土机液压系统全部报废,大梁拉断,D155推土机液压系统报废,大梁拉断,驱动系统报废,已经无修复必要。EX750正铲履带挖掘机液压系统大修,大臂校正,挖机斗报废。2台破碎锤主机大修,破碎锤报废。共计换挖掘机斗齿23副,推土机单犁焊接34次,报废7个。耗油量总计1303t,费用约1000余万元。至2008年5月,难题终于得到解决,工程质量得到了有效保证。

(四)科技创新

项目开工之初,管理处确立了"安全、优质、绿色、文明"的建设理念,将人本思想纳入项目建设的整体考量,在建设过程中,大胆采用了先进技术和先进工艺。

1. 生物菌绿化

生物菌绿化,是对采用传统方法无法绿化的坚硬岩体表面,采用有效的土壤菌将岩石风化、土壤化的过程加速数万倍,从而适应草木的生存需求,使草木根系达到岩石内部,使植物在岩石上永久生长成为现实。在土壤菌的作用下,人工制造出一个土壤层——生育基盘,这层土壤具有"高次团粒结构",既有保水性、保肥性,又有透水性、透气性,还能有效抵抗雨蚀和风蚀,防止水土流失,能栖息多种土壤小动物和各种微生物,最适合植物生长。在生育基盘上,植物分蘖多、生长快、根系发达。由于土壤菌绿化法的原理与自然界植物生长的原理相近,所以生育基盘易于维持,保证了绿化的持久性。本项目在陕西省率先开展生物菌绿化工程技术试点,使原本需要漫长的地质年代才能缓慢风化的岩面加速风化,形成适合植物生长的覆盖层。商漫高速公路积极引入实施生物菌绿化技术,取得了十分明显的绿化效果。

2. 彩色防滑标线

全国第一条在隧道进出口设置彩色防滑标线的商漫高速公路投入运营后,取得良好的安全行车效果。山区高速公路隧道多,路隧转换时易出现侧滑、追尾,不少高速公路事故发生在隧道进出口位置。传统的隧道路面十分光滑,车辆在进出洞时一般会本能地采取制动措施,导致出现侧滑、追尾等恶性交通事故。设置彩色防滑标线,能明显提高车辆的制动效果,抗侧滑,防追尾,同时使用红色路面能对驾驶人员起到较强的警示作用。

(五)运营管理

2009年10月,商漫高速公路建成通车后,交由陕西省交通建设集团公司新组建的商漫分公司负责运营管理,主要负责所辖范围内的收费、养护、路政、治超等管理工作,分公司下辖山阳管理所和漫川关管理所、1处监控分中心、6处收费站、2处服务区和1处主线治超站。分公司积极采取多项措施打造平安高速,通过各种渠道和手段做好交通安全宣传工作;加强路政养护巡查,严格落实路政、养护24小时巡查制度;建立应急救援体系,科学制订自然灾害、交通事故、恶劣天气、消防、急救等各类应急保畅预案;组建应急队伍、储备应急物资,制订道路保畅应急预案,形成"值守有人,巡查不断,抢险高效,疏导有序,保障有力"的道路保畅工作模式;加大所辖路段鹘岭隧道、殿岭隧道出入口等急弯、陡坡、长大纵坡、隧道、视距不良、事故多发路段整治力度;进一步加强防汛队伍建设,定期对防汛物资、设备进行检查;密切关注天气变化,积极加强与交警、医疗、消防等单位的联系,强化路警联勤联动机制,构建信息共享平台。

1. 绿色通道

陕西漫川关主线收费站地处陕鄂交界处,经陕西往来南北的绿色通道车辆大部分路经此处,高峰期可达到日均1000多辆。设站初始,单车查验时间为5~10min,对于包装较严的车辆,查验时间在30min以上,原始的人工查验方法工作量大、任务繁重,已经无法满足实际工作的需要。

为提高工作效率,陕西漫川关主线收费站购置安装了一套高速公路绿色通道车辆检测系统,检测系统投入使用后,检验时间大大缩短,极大缩短了绿色通道车辆放行时间,提升了收费站的通行速度,增强了通行能力,减轻了收费人员查验的劳动强度,使绿色通道查验更精准,假冒绿色通道偷逃漏费的违法违纪行为无处遁形,使国家绿色通道政策真正落到实处,起到了利民便民的作用。

2. 联动保畅

商漫高速公路漫川关主线收费站所处地理位置特殊,是陕西省东南门户,过境车流量大,尤其是夜间绿色通道车辆集中通过,商漫高速公路95%以上的收费任务都重重地压在漫川关收费站上。车辆从两省交界处通行,需要在相距5min的商漫高速公路和十漫高速公路两个漫川关主线收费站各停车一次方能通过,影响了车辆的通行速度,高峰时段还会造成车辆拥堵现象。后经两省深入调研、多次磋商,启动了代发卡工作模式,车辆通过省界只需停车一次即可完成本省缴费和邻省取卡,极大提高了车道畅通性,使营运成本进一步降低,有利于环境保护和节能减排。

通过此举,两省主线收费站合作交流日益加强,建立了相邻省界高速公路站、路、警保畅协调联动机制;建立联络机制,针对重大节日、恶劣天气、突发事件等不同情况,制订相应联勤、联动应急预案,适时组织联合演练,增强突发事件处置能力和提高联动效率;建立对接路段高速公路指挥调度(监控)中心定期联络机制,确保双方交通路况信息、治理超限车辆信息及时交换共享,实现24小时随时信息互通;建立收费人员管理互查机制和设施设备的及时维修机制,确保代发卡操作录入信息完整准确;建立联席会议和经验学习机制,共同研究、制订更密切的合作方案,使双方站点在保畅工作上形成协作整体。

3. 支教故事

商漫高速公路建成通车带给人民群众的不仅仅是先进的生产力,更有经济运行、社会发展之外潜移默化的人文演进。漫川关管理所设立伊始,就秉承"大路进深山,文明遍商漫"的服务理念,努力为山区群众多做好事、实事。为了让山里的孩子与大城市的孩子一样能在同一片星空下绽放光彩、追寻梦想,党支部提出"支援山区教育,奉献青春爱心"的口号,所里组织有教师资质的员工主动组成支教队,用爱心和真诚为漫川关镇前店子村小学这所深山里的"麻雀小学"的孩子们撑起头顶的一片天空。

由于师资力量薄弱,前店子村小学仅有几名教师,每一名教师需负责一个年级,仅开设语文和算术两门课程。支教队员发挥各自的特长,开设了英语、音乐、舞蹈、绘画、体育、自然科学、思想品德等课程,利用工休时间给孩子们上课。为了让孩子们从小激起对生态环境的兴趣,树立保护大自然的意识,支教队员带领学生们植下一片象征着浓厚情谊的"友谊林"。商洛南部地处山区,地质环境复杂,多泥石流、山体滑坡等自然灾害,支教队员以课堂讲解、实际演练的方式培训孩子们自救与互助方法,培养他们沉着冷静的协作精神,传递课本上没有的实践经验。每逢"六一",支教队员们会带着精心编排的节目和孩子们一同欢度节日。对于大山里的辍学儿童,管理所深入农户,多次家访,送去各类教学、体育用品和生活日用品,让辍学儿童背起书包重新走进课堂,让孩子们感受社会的关爱。

有了商漫高速公路,穿越秦岭南来北往便捷了;有了商漫高速公路,货畅其流、人便其行的梦想成真了;有了商漫高速公路,时间缩短了,空间转换了,区域经济发展之路通畅了!

二、蓝田至商州段

21世纪初,每当大雪纷飞,翻越秦岭的G312路滑车阻,狭窄难行,经常堵起长长的车龙,有时一堵就是几天,驾驶员和乘客滞留在茫茫大山中,吃不上饭,睡不好觉,不禁让人忆起1000多年前诗人韩愈"云横秦岭家何在,雪拥蓝关马不前"的感叹。而今,伴随着蓝田至商州高速公路的建成通车,大山不再冷峻无言,翻越秦岭不再困难驾乘人员畅行无阻。

蓝田至商州高速公路

(一)项目概况

蓝田至商州高速公路,简称蓝商高速公路,是国家高速公路网福银高速公路(G70)陕西境的一段,也是建设时期陕西省三纵四横五辐射高速公路网的主要组成部分,是交通部"十五"规划的重点工程(时称"西部大开发西安至合肥大通道"的组成部分)。蓝商高速公路连接西安与商洛地区,穿越秦岭山脉,是沟通陕西省关中经济与陕南经济的一条重要运输通道。

蓝田至商州高速公路工程起于蓝田县席家河,接西安至蓝田高速公路,经辋川乡、草坪乡、林岔河、麻池河、周家塬、桃园,止于商州区西涧村,与连接陕豫界的商州至界牌高速公路相接,路线总长92.31km。项目按四车道高速公路标准建设,路线起点至K33+000段处于平原微丘区,设计速度100km/h,路基宽度26m;K33+000至林岔河段处于山岭重丘区,设计速度80km/h,路基宽度24.5m;林岔河至终点段处于原微丘区与山岭重丘区之间,设计速度100km/h,路基宽度26m。全线工程数量路基土石方1260万 m^3,防护排水87.60万 m^3,沥青混凝土路面2030.70万 m^2,桥梁17659.56m/205座,分离式隧道17座,单洞长度31279m,整体式隧道18座,双洞长度3080m,通道59座,涵洞195道。全线设置互通式立交7处、分离式立交6处、通信监控所2个、收费管理站7个、养护工区2个、服务区或停车区2处。项目概算投资52.01亿元,2005年12月开工建设,2008年10月26日建成通车。

蓝田至商州高速公路静泉山特大桥

2001年11月,国家计委以《国家计委关于西部开发8条公路干线规划建设有关问题的通知》批准该项目立项建设;2003年11月,交通部以《关于商州至蓝田公路可行性研究报告的批复》同意建设该项目;2004年9月,交通部以《关于商州至蓝田公路初步设计的批复》批复该项目初步设计;2005年7月,陕西省交通厅以《陕西省交通厅关于商州至蓝田公路施工图设计的批复》批复该项施工图设计。

(二)建设情况

蓝商高速公路由中交第一公路勘察设计院承担蓝田至林岔河段设计,陕西省公路勘察设计院承担林岔河至商州段设计。项目初始阶段业主为陕西交通投资有限公司。2005年10月,作为陕西高速公路招商引资项目,经协商,由中国通达电子网络系统公司(简称"中通电子公司")与陕西交通投资有限公司合资,按BOT模式建设。全线分76个合同段,中国路桥集团有限公司、中国建筑工程总公司等76家施工单位参建,陕西高速公路咨询公司组建总监办,西安公路交大监理公司等14家监理单位承担监理。

开工后,合资方中国通达电子网络系统公司严重违约违规,致使工程管理混乱,进度严重滞后,质量问题突出。陕西省交通主管部门针对项目建设存在的严重问题,多次令其整改,但收效甚微。为规范蓝商高速公路建设秩序和行为,保证建设质量和工期,根据合资合同和有关法律法规规定,经陕西省人民政府同意,陕西省交通厅于2006年9月28日将蓝商高速公路收归陕西省交通厅建设管理,成立蓝商高速公路建设管理处,负责项目实施。2008年4月3日,陕西省交通厅决定,蓝商管理处及项目建设管理一并划归陕西省交通建设集团公司。

管理处接手项目建设管理后,即开展全线工程整治,清退不合格总监办及监理、施工单位,责令中标法人单位接管6个套牌中标标段,指定分包4个标段部分工程。同时推行目标责任分解法和质量专项月度考核法,组织开展全线大干活动,迅速扭转了施工被动局面,工程得以按质量标准快速推进。

经过不懈努力和顽强奋战,收回管理权的蓝商高速公路赶上了陕西省重点项目大部队的进度,从倒数第一跻身当年通车项目进度排名第二、质量排名第一的位置。蓝商管理处推行超常规管理方式,在陕西省公路建设中首次实行"目标责任分解法",在"快"字上做足文章。

2008年初,管理处不断开展劳动竞赛,缩短考核周期,严格考核、重奖重罚。从管理处、总监办、驻地办到施工单位,将任务、责任与个人利益挂钩,"奖得让人心动,罚得叫人心痛",调动了人们的积极性,形成了争先恐后的大干局面。抓重点单位、重点标段和瓶颈工程是加快进度的绝招。随着工程进展,以路面为重心,逐步转向房建工程、机电工程、交通工程等附属工程,针对后期工程特点,管理处对人员重新分工,加快附属工程建设,对进度滞后的单位约见其法人,动用个别标段的履约保证金,同时加大瓶颈标段进度管理。为处理好路基尾留问题,管理处在蓝田、商州分别成立突击队,对全线防护工程、边沟、排水沟进行修整、顺接,整理全线路容、路貌。同时,对已施工完的路基、桥隧工程展开质量"回头望",并制订详尽的整改方案。

质量管理方面,管理处专门组织第三方专业检测单位——陕西省高速公路检测中心,对全线已完成的桥梁、路基、隧道工程进行全方位综合检测,查出的问题马上确定整改方案,该推倒的推倒,该修补的修补,消除了质量隐患。针对部分不合格桩基加固处理问题,蓝商管理处还专门成立了"灌注嵌岩桩缺陷注浆处理技术研究"的课题组,侧壁注浆加固93根桩,工程处理27根桩。

"响鼓须得重锤敲"。为确保蓝商高速公路建设的质量和进度,陕西省交通厅抽调精兵强将,加强蓝商管理处力量。更换三家监理单位,总监办也被换为陕西高速公路工程咨询有限公司,监理力量得以加强。针对部分施工单位技术力量薄弱、投入不足、经验缺乏的问题,厅督导组和管理处多次约见施工单位法人代表,督促其加强管理、增加投入。同时,从帮扶施工单位的愿望出发,编制《蓝商高速公路施工作业指导书》,对高速公路施工单位起到了很好的指导作用。

管理处还针对山区高速公路容易产生质量通病的问题展开深入研究,与研究单位合作开展了4个科研课题项目,分别是"合理限速与安全对策研究""隧道水泥混凝土路面抗滑降噪技术研究""灌注嵌岩桩缺陷注浆处理技术研究""梁桥预制梁板与桥面整体化层共同工作的性能研究"。经过一系列细致工作,管理处有针对性地规避了"萝卜快了不洗泥"的老路子,践行了"又好又快"的科学发展观,将蓝商高速公路建设成为陕西省优质工程、亮点工程。

(三)复杂技术工程

蓝商高速公路穿越秦岭向东南展线,原本以花岗岩居多的秦岭山体逐渐出现从"硬"到"软"大幅度变化的现象,尤其在商州段非常明显,地质结构趋向复杂多变,破碎的黑云斜长片麻岩、斜长角闪片岩以及千枚岩充斥其中,表面上看山体很圆顺,一旦开挖就会露出松散的本质,薄薄的岩层间夹杂着泥土,遇水软化后冒顶、塌方频发,比黄土的成洞效果还差。蓝商管理处召开数次隧道专项整治会议解决难题,采取了施工中稳定掌子面、及时封闭和加固围岩等办法,控制围岩的松弛、坍塌,提高围岩的自支护能力,并采用各种综合措施相互补充治理。

以南秦河1、2号隧道为例,它的难度在于既要减少开挖山体,又要与在绝壁上无法生根的桥梁稳固相连。隧道出口位于山体绝壁,与其相连的南秦河大桥上跨紧贴绝壁而行的省道,要保证省道不被侵占,如果不开挖洞口上部山体,刷出足够的桥台位置,桥台就无处生根。为解决这一矛盾,管理处及时调整设计施工方案,用智慧践行"零开挖"的理念,将隧道洞口断面加大,利用洞内路面以下的空间作为桥台,确保隧道边仰坡不被大刷大挖,有效地保证了桥隧的稳定性。

李家河3号隧道是一座特长隧道,位于相邻水库的蓄水位以下,整个隧道都必须做成初支防水及抗水压的结构,给施工带来不少难题。抗水压段采用了创新工法,在水库未蓄水之前,将围岩的节理裂隙注浆加固,提高围岩强度,减少渗漏,防止对衬砌形成压力;二次衬砌采用了钢筋混凝土,加强防排水设施并及时将渗漏的地下水排到中心水沟;防排水系统按"以排为主,防、排、截、堵相结合,因地制宜、综合治理"的原则进行施工,正是这一综合排水系统的有效运用,解决了这一工程难题。

南秦河3号隧道出口偏压十分严重,管理处提前打算,积极采取强有力的工程措施,施工中利用隧道弃渣依山反压回填成一条长50多米、高20m的"堤坝"以抵削偏压,原设计的倒削竹洞门改为正削竹洞门,这种马蹄形洞门在视觉上简洁大方、纤巧自然,既解决了偏压的不利影响,又优化了洞门设计。位于亚黏土地质区的一处隧道,沿纵向40~50m的上部山体产生的下滑推力可达1800多吨。为抵抗巨大山体的下滑,管理处设定方案,将这一地带反压回填后再进行隧道开挖,最后做成框架削竹式洞门。

由于山区高速走廊带地形狭窄,蓝商高速公路设计时采用多座结构紧凑的双连拱隧道。这种隧道使线形布设灵活经济,可起到缩短线路、减小工程规模的作用,但同时施工中也经常出现渗漏、偏压导致边仰坡反复滑塌等难题。蓝商高速公路管理处大胆运用双连拱结构,创新实践诸多工程措施,改进了双连拱的质量和安全经济性能。

蓝商高速公路在设计中充分体现出尊重自然的态度,双连拱隧道大多左右明洞沿山体走势前后错开,不仅减少了相连路基边坡的开挖高度,也是适应地形的经济做法。夏家村1号双连拱隧道进口偏压严重,约有30m长的偏压区,且洞内是破碎的五级围岩,斜长角闪片岩中夹杂湿软泥质夹层。施工时采取措施,先设置了一段挡墙回填土方,对偏压山体进行反压,然后采用了半明半暗方法进洞。

(四)科技创新

1. 融雪路面

蓝商高速公路所处的秦岭山区高差大,在越岭路段路线设计中采用了连续长大纵坡,这对行车安全是一个严峻考验。在秦岭深处,冬季最低气温可降至零下20℃以下,最严重的年份积雪厚度达到30cm,雪期长达4个多月。为消除路面冰冻造成的安全隐患,蓝商管理处委托长安大学新型路面研究所对融雪路面技术进行了科研应用攻关,在攻克山区路面积雪结冰难题方面取得了突破性进展。

化学融雪,全国首推。化学手段是采用盐化物融雪沥青路面。盐化物融雪沥青路面在降雪频繁的日本已经得到广泛应用。这种路面新材料在全国属首次使用。采用日本进口盐化物 Mafilon 材料代替沥青混合料中的矿粉,通过车轮的摩擦,盐分析出后可以降低冰点,使冰雪与路面脱离并加速融化。蓝商管理处组织科研攻关,在室内研究成功后,于2008年7月13日进行现场铺筑,这种新材料施工难度较大,为防止盐化物融化,在摊铺过程中不能见水。以往常规铺筑中,用双钢轮碾压必须喷水以防粘轮,现在只能改成涂抹隔离剂防止粘轮。施工单位成立该课题攻关小组,得到了管理处、总监办以及长安大学专家的指导与支持。蓝商高速公路的盐化物融雪沥青路面在国内首次应用,为我国解决路面冰冻安全问题提供了有价值的样本。

物理融雪,环保新招。物理手段是添加橡胶颗粒,由于橡胶颗粒具有弹性,当车轮碾压时,路面会有轻微变形,这种微小变形破坏了冰雪整体结构,使其迅速破裂融化。橡胶颗粒完全出自废弃轮胎,在环保再生利用方面具有积极意义,这是蓝商高速公路在工程技术方面向可持续发展迈进的可喜一步。

彩色防滑,靓丽耐磨。除以上两种路面融雪方法,蓝商管理处还探索出了彩色防滑路面以应对长大纵坡。采用附着力强、黏着力好的"双组分树脂胶"打底,面撒通体黄色的耐磨陶珠,陶珠经过高温烧制,从里到外都保持均匀鲜艳的色彩。表面喷涂不易褪色、鲜艳明快的耐磨聚酯面漆,具有荧光效果,即使在阴雨天气也特别靓丽。面漆即使部分磨穿,裸露出的黄色陶珠仍会与面漆保持一致色彩。面漆喷完后2~3h即可开放交通。彩色防滑路面技术能够有效降低驾驶人员的视觉疲劳,增强路段转换的标志、警示效果,从而降低长大纵坡的事故发生率。

2.高次团粒喷播

高次团粒喷播是利用世界领先科技成果和先进植被绿化理念,人工制造出适于植物生长的土壤基盘,已在山东、浙江等少数省份试点成功,成为建设部2007年的推广试验项目之一。这种人工土壤是一种高次团粒结构,具有保水性、透水性和透气性,既适合植物生长,又能抵抗雨蚀风侵,防止水土流失。该"土壤"可以应对各种岩石、硬质土、沙质土、贫瘠地、酸性土壤、干旱地带、海岸堤坝等"不毛之地",这对全线沿山、高边坡裸露岩石多的蓝商高速公路来说无疑是个福音。自2008年4月起,管理处在B4至B6标段山势陡峭的高边坡上开始试点,绿化装饰大面积的锚杆框架梁结构。同时,管理处还在水泥喷浆上采取打孔、挂植生毯,再喷上高次团粒的方法,将灰色完全覆盖。高次团粒喷播技术的大面积采用,取得了令人欣喜的绿化效果。

夏家村锚杆框架梁高边坡和南沟2号隧道仰坡试验段已经被郁郁葱葱的植物覆盖,有些地方甚至将框架梁轮廓完全掩盖,高边坡与绿色的秦岭山体连成一片,使人倍感清新自然。喷播后近3个月时间,刺槐、苦楝、马棘、火炬树、柠条、黄栌等小苗已长出30~40cm高,势头十分喜人。2008年10月通车前夕,整个高边坡生长的乔木、灌木类已达95%,厚厚地覆盖整个坡面,高速公路与秦岭山体浑然一体,已经很难窥出人工斧凿的痕迹。

(五)运营管理

2008年10月26日,蓝商高速公路正式通车运营,交由陕西省交通建设集团公司西商分公司负责运营管理,该公司由陕西省交通厅批准成立,自2012年起更名为蓝商分公司,下辖蓝田、商州西、蓝小、商小4个管理所、8个收费站、2个服务区和3个隧道管理站。蓝商分公司坚持"以人为本,以车为本"的管理理念,发扬"团结奋战、力保畅通,服务人民,争创一流"的蓝商精神,抓服务、促管理,抓发展、求创新,不断提高分公司的综合管理水平,积极打造"畅、洁、绿、美、安"的行车环境。

1.完备设施筑牢基础建设

分公司历年来根据道路路况、气候环境和易发事故路段特点,不断增加、完善各种警示标志标牌、彩色防滑标线、震荡标线、仿真警察、警车模型、导向标志牌、频闪灯及雷达测速抓拍系统等,还采取了很多首创性举措:设置隧道横洞洞口距离指示灯箱、救援通道门开关方法示意灯箱、洞口橘色灯带、UPS应急电源等,点亮隧道逃生通道,有效指示逃生路线;增设隧道消防箱反光指示牌、管道蝶阀等,进一步优化消防设施,方便驾乘人员第一时间扑救初期火灾;自行设计隧道停电自动提示牌,只需 5s 即可自动显示"隧道停电,请开车灯"提示语,避免人工摆放标志的"时间差"。这些设施,无微不至地为驾乘人员保驾护航。

2. 多方联动,完善管理体系

分公司建立了道路突发事件、除雪、防汛等应急预案 26 项,并经常开展演练,有效提升了应急处置能力。率先建立"安全保畅微信群"、绘制危险路段分流点分布图等,实现了监控中心统一指挥,各路政中队协调配合,多部门信息即时共享的协同作战应急管理机制。通过联席会,加强了与政府、公安、消防、急救及救援公司等相关单位的联合保畅,实行 122 路警联勤联动巡查,对特殊时段、重点路段安装智能巡检系统并进行全方位、全天候巡查。在应急物资管理方面,对除雪、防汛物资实行专库专人管理,在隧道站设置应急物资储备室,为所有车辆配备应急救援包,增置安全帽、强光手电筒、面具、防烟雾眼镜等多种防护用具,做到物资充足、管理规范、取用方便。

3. 规范执法,打造保护防线

分公司不断规范路政执法行为,提升公路管理和综合服务能力。深入开展公路执法专项整改,定期培训、交流和考核,规范路产案卷制作,细化巡查记录,增设附表,在陕西全省率先使用执法记录仪和路政车辆 GPS 系统,全方位记录执法全过程。深入开展路域环境整治活动、交通安全宣传和文明服务活动,采取净化、美化、拆除、清理等方式,积极清理非法种植物、堆积物,治理违章建筑、非公路标志牌、违法沙场,有效维护路产路权完整。

4. 科学养护,美化路容路貌

蓝商高速公路跨越秦岭南北两个气候带,经常是北麓飘雪、南麓放晴,道路地形复杂、冬季除雪、夏季防汛等情况,严峻考验着运营单位的养护管理水平。针对隧道内检修道 LED 轮廓标损坏较多、维修难度大的问题,分公司自行设计制作反光轮廓标,不仅节能、反光强度和诱导效果良好,且节约了维修费用一百余万元。积极引进新技术,在秦岭、李家河隧道下坡路段实施微铣刨工程,提高了路面防滑性能,使两隧道交通事故数量大大减少。在除雪、防汛抢险工作中,安装路面、桥梁温度计,对道路温度变化进行实时监控;及时补充物资、配足设备,增加沿线防滑沙、融雪剂使用提示语。在历次强降雪、降雨等恶劣天气中,全路段经受住了考验。

蓝商高速公路的通车,不仅使商洛市融入西安 1 小时经济圈,使陕南实现自身期待已久的腾飞,更成为连接东西部的高速通道。

三、西安至蓝田段

蓝田因境内盛产美玉而闻名,自古就有的秦楚之道,是关中通往东南诸省的要道之

第九章
高速公路建设项目

一。约 115 万年前,中华民族的祖先之一——"蓝田猿人",就在县境内公王岭一带繁衍生息,逐渐散居于灞河中下游。蓝田古属京畿之地,历史悠久。而今,西安至蓝田高速公路的建成通车,使蓝田古县焕发了青春,区域现代化进程实现了新的发展。

(一)项目概况

西安至蓝田高速公路,简称西蓝高速公路,是国家高速公路福银线陕西境首先动工建设的路段。区间交通原依靠二级公路 G312,该路是西安市东南向出口和过境主要公路,交通流量大,混合交通现象严重,时常拥挤不畅,严重制约经济社会发展。本路段按照当时陕西省"米"字形公路主干线规划,由西安市政府筹资,西安市交通局组织修建。

西蓝高速公路作为西安市东南向出口和过境交通系统中一条重要高速通道,极大地改善了区间公路交通环境,发挥了西安作为中心城市的辐射带动作用,便利了革命老区蓝田开放与发展。作为陕西省首条合资高速公路项目,为民间资本参与高速公路建设运营积累了经验。

本路段由西安公路交通大学工程设计研究院设计。路线起于西安市灞桥区香王村,经马家湾、石家道、东李村,跨越灞河,再经蓝田县油坊街、洩湖、白羊寨,与蓝田至小商塬二级汽车专用公路相接,止于蓝田县城 G312 分离式立交。全线新建高速公路 24.05km,改扩建蓝小二级汽车专用公路 6.79km。本路段按双向四车道高速公路标准建设,设计行车速度 120km/h,整体式路基宽 26m。全线土石方工程 253.90 万 m^3,防护排水工程 12.50 万 m^3,设桥梁 457m/5 座,互通式立交 3 处,分离式立交 2 处,人行及农耕天桥 4 座,通道 40 道,涵洞 57 道,收费站 3 处。全线于 1998 年 6 月 18 日开工建设,投资概算 3.96 亿元。

(二)建设情况

西安市交通局组建西蓝高速公路项目部,负责项目实施。全线分 11 个合同段,深圳市市政总公司、核工业华东建设公司等 9 家施工单位中标参与施工,陕西公路交通工程监理咨询有限公司中标监理。灞桥、蓝田两区(县)政府负责征地拆迁和建设环境保障。

1998 年 10 月,西安市交通局与西安华安企业集团公司达成合作协议,共同开发建设西蓝高速公路,双方合作组建西安华通高速公路发展有限责任公司,负责项目具体建设管理及运营。

项目路线位于秦岭以北平原区,沿线河流众多。路基以填方为主,平均填方高度 2.95m。根据地形、地物设置排水沟,并与自然沟渠连通,形成完整排水系统。为防止河水冲刷,保证路基边坡稳定,结合河堤修复,沿灞河一侧增加防护设施。地质不良和高挡墙地段地基,施以注浆加固。挖方路段路床顶面由黄土换填成砂砾;换填后弯沉值仍偏大的,增加两层水泥稳定砂砾,保证整体强度。路面结构层及厚度由原设计 4 层 49cm,变更为 5 层 55cm,增加 1 层沥青混凝土上面层,提高了路面整体强度和平整度。

1999 年 12 月 1 日,西蓝高速公路试通车,对路面工程进行运行检验。2000 年 7 月 1 日封闭交通,对检验出的质量缺陷进行补救和完善,并增铺沥青混凝土上面层。2000 年 11 月 16 日,全线正式通车。2004 年 8 月,省发改委、省交通厅组织交工验收。验收组对全线部分路段沥青混凝土面层存在的离析、渗水、车辙、拥包等问题,提出处理意见。西安华通公司于 2005 年 6～9 月进行整治,修补路面 4.80 万 m^2。2006 年 8～9 月,实施大面积处治工程,对严重车辙和拥包等病害部位施行铣刨后,用 SBS 改性沥青混凝土重铺路面上面层 7.46 万 m^2,微表处 39.80 万 m^2。同时对路基、桥涵、通道以及沿线设施进行全面整修,路容路貌全面改观。

(三)运营管理

1. 绿通管理

华通公司不断加强绿色通道车辆管理,严格规范绿通车辆查验流程,确保通行费"应征不漏,应免不收"。华通公司召开整顿活动动员大会,要求收费站全体人员充分认识专项整顿活动重要性,高度重视绿色通道车辆专项稽查工作,全力以赴做好绿色通道稽查工作,严查不法运输车辆,净化农产品运输环境。公司组织职工学习绿色通道相关政策规定,熟练掌握甄别逃费车辆的方法和手段,对学习培训内容进行理论和业务知识考核。要求收费站当班人员要有高度的责任心和警惕心,严格执行绿色通道车辆查验程序,全方位、多角度查验车辆;对异常情况要高度警惕,谨防因疏忽大意造成车辆逃费。要求收费站当班人员对发现的假冒绿色通道车辆进行现场全程取证,将照片打印后与堵漏增收统计表一并存档;同时及时上报有关部门,共享信息,联合查处,严防其再次逃费。在做好电子监控、现场稽查、事后稽查"三位一体"监督稽查的基础上,进一步加大对通行费票证的管理,规范收费人员行为,加强廉洁教育,提高防腐拒变能力,坚决杜绝内外勾结、贪污作弊等违规行为。

2. 安全培训

华通公司注重增强全体员工的消防安全意识,提高预防火灾事故和火灾自救能力,通过课堂培训形式,按计划组织员工进行消防安全学习。在公司举办的消防安全课堂上,教官通过真实的案例,结合近年来发生的典型火灾事故,运用图片及视频资料,深入浅出地讲解消防安全工作的重要性、火险的识别、初期火灾处置、灭火设备的使用方法等消防常识。强调社会单位必须具备检查消除火灾隐患、组织扑救初起火灾、组织人员疏散逃生、消防宣传教育培训四项能力。全面介绍日常生活中应注意的消防安全细节以及如何扑救初期火灾,火灾中如何自救、逃生等知识,使员工牢记消防警钟的同时掌握消防技能。自公司成立以来,未发生一起火灾事故。

3.路警联动

华通公司联合西安交警高速大队,启动西蓝高速公路路警联勤联动工作机制,交警、路政执法人员对所辖路段定期进行联合巡查。路警联勤联动工作模式,即由交警、路政部门共同开展道路安全隐患排查,快速处理交通事故,确保高速公路安全畅通。华通公司还与交警部门不定期组织召开联席会议,加强督导检查,加强互信互通,完善联合执法的管理,不断改进工作方式,提升工作效率,使路警联合巡查形成长效机制。

西蓝高速公路的运营通车,使车辆由西安向东南有了便捷的道路,蓝田县启动全域旅游战略有了可能,"人文山水蓝田,丝路生态慢城"的建设目标得以提出,旅游业真正成为了富民强县的支柱产业。王顺山、水陆庵、蓝田猿人遗址、辋川溶洞、汤峪温泉、葛牌古镇、白鹿原民俗村等景点遍地开花,大大聚集了人气商机,蓝田县的社会经济发展走上了快车道。

四、西安咸阳国际机场段

这里曾有过秦阿房宫的壮观,汉皇城的雄阔,更是多代唐皇的陵寝所在。然而,上下五千年,此处何曾有过今日之辉煌!机场高速公路始于唐都西安,止于秦都咸阳,南望秦岭,北跨渭水,一桥飞架,三秦插翅,一路纵横,世人瞩目。西安至机场一朝有了高速公路,从此出行顺达通畅,高效快捷。

(一)项目概况

西安咸阳国际机场高速公路是陕西省"十五"重点项目,也是陕西高速公路建设者在三秦大地上修建的第一条机场高速公路,简称机场高速公路,后纳入国家高速公路网福州至银川线(G70)陕西段。区间交通原依靠G312,为二级公路技术标准,过境交通与城市交通相杂,过境车辆约占区间交通流量的50%,交通拥挤,行车不畅,急需分流。西安绕城高速公路北段与西安咸阳国际机场二期工程建成后,机场方向车流量激增,西安咸阳国际机场汽车专用二级公路不能满足当下车流量,急需建设高速公路通道。在西部大开发的热潮中,陕西省决定采用机场高速公路与咸阳过境公路相结合原则,建设西安咸阳国际机场高速公路。

项目由陕西省公路勘察设计院、陕西省建筑设计院、北京交科公路研究所等分别承担土建、房建和机电工程设计。路线起于西安市未央区皂河北村,接西安市西三环公路北端,向北设六村堡互通式立交上跨绕城高速公路北段,接连上跨渭河、咸铜铁路、S208至咸阳市周陵,于周陵东北侧设机场西互通式立交,止于西安咸阳国际机场西出口,全长18.24km。该路段按双向六车道高速公路标准建设,设计速度120km/h,整体式路基宽度

35m。全线土石方248.50万 m^3,防护排水工程7.17万 m^3;设桥梁3248m/3座,其中特大桥3175m/1座;互通式立交3处,分离式立交6处,通道29道,涵洞65道,收费站3处。工程于2001年9月2日正式开工,2003年9月29日建成通车。总投资10.4亿元。

a)

b)

西安咸阳国际机场高速公路

机场高速的建成通车,增加了西安、咸阳两市至机场的新公路通道,减轻了西安、咸阳两市的交通压力,行车距离缩短,通行速度提高,交通环境显著改善。同时,增加了西安绕城高速公路西北向的分流出口,极大地提高了过境交通能力,促进了城市交通环境改善,对陕西乃至整个西北地区的对外开放和经济建设起到了积极的推动作用。

(二)建设情况

西安咸阳国际机场高速公路的建设单位为陕西省高速公路建设集团机场高速项目组。全线分20个合同段,中铁第十八工程局、中港第一航务工程局第一工程公司、广东海特天高电子工程信息有限公司等32家施工单位中标参建,陕西高速公路工程咨询公司组成总监办,西安华兴公路工程咨询公司等承担监理。

西安咸阳国际机场高速曾被誉为"省门第一路"。陕西省委、省政府和省交通主管部门高度重视,社会各方密切关注。项目组按照"内在质量优,外观形象美,科技质量高,环保功能强,文化氛围浓"的精品工程目标组织项目实施。

机场高速公路在建设过程中,结合当地气候及地理环境,经过专家委员会反复论证后,一致通过采用排水性路面工艺,主线路基采用整体式横断面,路基基底采用挤填砂砾进行处理。路面总厚度69cm,中、下面层顶面设橡胶乳化沥青黏层,基层顶面设下封层。根据排水性混合料的设计参数以及工程所在地的气候、交通状况,机场高速路面组构由石灰粉煤灰稳定土底基层、石灰粉煤灰稳定碎石基层、中粒式沥青混凝土下面层、细粒式SBS改性沥青混凝土中面层、排水改性沥青混合料表层五部分组成,同时具有降噪的效果,填补了陕西采用排水性路面的空白,获得了科技进步奖项。

六村堡立交是机场高速全线的主要控制性工程,是西北五省当时规模最大的一座互通式立交,该立交桥等级为全互通一级枢纽立交,共4层,线路4次跨越西安绕城高速公路,6次跨越皂河,匝道桥8座,分离式立交桥2座。该工程获得了2006年度国家优质工程银质奖。

机场高速公路在靠近学校和村庄路段设置了声障屏,以降低噪声,同时起到防尘防水的作用。道路绿化主要分三部分:中央分隔带植防眩树和综合草坪,以常绿灌木为主;路侧由行道树、边坡植草和植物刺篱组成;互通式立交范围采用大色块、粗线条,抽象和直观相结合的构图手法进行绿化,集功能性与观赏性于一体。

机场高速公路全线采用经济、实用、无污染、低成本的防眩式夜间路灯照明系统,设有现代化通信、监控、车辆检测、可变情报板等设施,主线共设17架摄像机对每公里路段进行实时监控,3个收费站区及立交区共有7架球形摄像机进行实时监控。全线照明系统及全程电子监控,展现出了机场高速高标准的运营品质。

(三)运营管理

西安咸阳国际机场高速公路于2003年9月建成通车后,交由陕西省交通建设集团绕城分公司负责运营养护管理,2007年8月整体移交陕西省交通建设集团西长分公司,本路段的收费运营管理和日常养护管理具体由西长分公司所辖的机场管理所负责。机场管理所以"管好路,收好费,育好人"为工作原则,以加快发展和提高效益为中心,树立"以人为本"的管理理念,突出征费管理,狠抓养管质量,加强规范化建设,着力提高员工队伍整体素质,打造出了富有机场高速公路特色的企业文化,实现了经济效益和社会效益的稳步增长。

1. 全新管理

针对机场高速公路的特殊性,管理所从员工仪容仪表、人性化文明用语、规范化交接班等细节抓起,大力标准化文明服务水平,严格要求每位收费员的服务质量要达到与空乘人员的周到细腻相媲美的水准,不能让驾乘人员在接受服务过程中产生"天壤之别"的感觉。管理所先后提出了"机场高速无小事""学习英语口语,服务国际友人""内强素质,外树形象""实现天地接轨的服务目标"等管理理念与服务口号,采取多种方式对员工进行了英语口语、礼仪知识的培训,提高了服务水平和档次,受到了中外来宾的好评,成为机场高速公路的一大亮点。

2. 路政治超

超限运输,严重影响高速公路运行,容易引发公路早期病害,机场高速管理所始终按照"巩固成果,依法严管,重点突破,有效推进"的原则全面加强治超工作。一是加强治超队伍的职业道德教育、法律法规教育、廉洁从业教育以及业务培训,使治超人员熟悉、掌握和正确运用有关法律、法规和规章,提高执法能力和水平。二是制定和完善超限检测站管理办法,结合机场高速公路治超实际,健全制度,规范管理,挂钩绩效,奖优罚劣,有效调动工作积极性。三是进一步规范检测行为,严格执行驾乘下车不予检测、不纠正违章行为不放行、不经称重检测不认定超限超载等原则,最大程度得到广大车主的认同和配合。四是加强站长跟班制度,各收费站明确一名站长负责治超班事务,24小时驻守检测站。五是对经过检测不超载的车辆发放"通行单",收费站入口发卡人员见通行单发卡放行,各收费班下班时将所收的通行单与检测站核对,严防漏检现象发生。六是坚持每周召开一次治超工作例会,认真总结上周工作,安排本周治超工作重点,提出具体要求。七是狠抓稽查工作,建立三级治超稽查网络,保证所领导对检测站的稽查每月不少于8次,路政中队与征费稽查股的联合稽查每月不少于15次,各检测站坚持每日站长带队进行稽查。针对个别检测站工作人员漏检的情形,管理所严肃查处,做到"三不放过",即违纪情况未搞清楚不放过、违纪人员没有受到教育不放过、没有找到解决问题的措施和方法不放过。

3. 精细养护

机场高速管理所坚持从细微处入手,探索改进道路养管方法,向社会提供"畅、洁、绿、美、安"的行车环境,将机场高速公路打造成标准化管理示范路段。提出"五个提高"目标,即公路养护质量得到提高,公路保畅能力得到提高,人性化服务水平得到提高,公路标准化、美化水平得到提高,公路养护综合管理水平得到提高。养护人员通过查阅网络、书籍等方式加强学习,向有关专家请教,就如何搞好标准化示范路段召开讨论会,制订实施方案。养护人员变压力为动力,针对新课题进行徒步路况调查,并将调查结果进行科学分类、汇总,以网页形式做成电子资料库,为道路养护工作提供详实资料。

管理所从为驾乘人员提供安全行车环境、为公路维护提供安全工作环境、为公路设施提供安全保障三个层面入手,分日常养护、大中修工程、桥梁养护、公路安全保障、高速公路安全运营以及特殊条件下的养护管理等七个方面,全方位全天候实施安全保障工程,使驾乘人员能够安全出行、满意出行。管理所定期对中央分隔带、边坡绿化物及杂草进行清理、修剪。每逢高温天气,沿线部分路段绿化物出现干枯现象,养护股在及时调动管理所2台水车的同时,另租赁4台水车,对绿化物分段进行浇灌作业,并安排专人记录每辆水车使用车次及灌溉情况,保证高速公路绿化物用水。汛期对全线所有排水设施、隔离设施等逐一进行维修、清理,确保实现"有路必养,有路必管,养必优良,管必到位"的目标。

4. 文明服务

机场管理所采取六项措施全面提升整体服务水平和质量。一是在每个班组内实行"一帮一"结对子,相互学习,共同提高,组织各收费班组学习有关法规、政策及收费文件,定期进行考核、测试,提高员工服务意识,形成良好的工作氛围。二是加强文明服务的稽查力度,现场利用手机拍摄每个收费员文明服务过程,现场进行点评指导,查找自身文明服务存在的问题,接受社会各界监督。三是开展文明服务礼仪培训,通过让服务标兵、优秀员工讲课传授工作经验、开展讲学互动的形式,进一步提高全体员工的文明服务意识和职业素质。四是提倡真诚微笑服务,鼓励员工灵活使用好文明用语,微笑面对车主提出的所有问题,热心地为驾乘人员提供帮助。五是在平常的工作中,引入竞争机制,开展"收费服务之星"评比活动,在全站4个收费班中评出优异者,颁发"服务之星"的胸牌,纳入年底考核。六是落实便民服务措施,为驾乘人员提供开水、便民药箱、工具箱、地图、行车指南等,真心诚意为司乘人员办实事。

机场高速公路是陕西省的对外窗口,展示着陕西省社会经济发展形象。作为"省门第一路",它的建成通车,对陕西省对外开放和经济建设起到了巨大的推动作用,进一步提升了西安市承东启西的交通枢纽地位,使西安咸阳国际机场这个西北地区最大空港的能量得到了充分发挥。

五、永寿至咸阳段

公元前139年,富有冒险精神的博望侯张骞奉汉武帝之命出使西域,开辟了以古长安为起点,经河西走廊、西域各国,远达中亚、西亚,乃至古罗马帝国的丝绸之路,开创了中西方文明碰撞、交汇的历史。历经风餐露宿,饱受车马颠簸劳顿之苦的张骞不会想到,在2000多年后的今天,一条六车道的高速公路,宽阔平坦,恢宏逶迤,正在他所走过的丝路上向前延伸。

(一)项目概况

永寿至咸阳高速公路,简称永咸高速公路,是国家高速公路网福州至银川线高速公路(G70)陕西境一段,也是陕西省当时规划的"三纵四横五辐射"高速公路网主骨架的重要组成部分。它串联了周陵、昭陵、乾陵等众多历史遗迹,是一条集历史、文化、旅游和区域经济大发展为一体的高速公路。

永寿至咸阳区间交通原依靠G312,1999年该路虽改造为一级公路,但交通量增长迅速,加之沿线城镇多,"街道化"问题突出,混合交通及纵横向交通相互干扰,导致交通不畅,事故多发,运输效能低下,高速公路项目上马迫在眉睫。该项目的实施对完善高速公路网结构,进一步加强陕甘两省联系,促进社会经济发展,加快沿线城市化进程,促进沿线旅游业迈上新台阶具有十分重要的意义。

项目路线起于咸阳市周陵街道北,接西安咸阳机场高速公路,经渭城、秦都、礼泉、乾县等县(区),至永寿县城东南陈何家村,接凤翔路口至永寿高速公路,全长65.44km。设计速度120km,路基宽29m。2005年12月,省交通厅按照陕西省高速公路加快发展的需要,审时度势,果断决策,将原设计的双向四车道改为双向六车道,即在四车道基础上,适当增加路基宽度,并少量压缩中央分隔带,将紧急停车带变为一个车道后,平均2.5km设一对长50m、宽3.5m、渐变段35m的港湾式应急停车带。

a)

b)

c)

永寿至咸阳高速公路

全线土石方工程622万m^3,防护排水工程24.60万m^3;大桥1422m/3座,中桥483m/8座,小桥286m/14座,人行天桥50座,通道92道,涵洞272道;互通式立交7处,分离式立交15处,管理、服务设施11处。全线占地7345亩,概算投资23.8亿元。2005年11月开工建设,2007年12月建成通车,标志着陕西省高速公路通车里程在西部地区率先突破2000km,跃居西部第一、全国前列,是陕西交通发展史上的一座丰碑。

永咸高速公路有着诸多与众不同的特点:一是项目被列为陕西省公路勘察设计典型示范工程;二是沿线湿陷性黄土不良地质分布范围广,占全线总长的96%以上,路基需做大面积特殊处理;三是沿线村镇密布,路线穿越果园和良田,灌溉渠纵横交错,平均每公里设通道、涵洞、天桥等6个,工程构造物多,施工难度大;四是在陕西省首次全路段、大面积采用SMA路面结构;五是在陕西省首家推出"质量风险抵押金""首件工程认可"和"路面质量监控"三大质量管理制度;六是沿线绿化工程分层次,有韵味,与当地生态环境结合度高;七是路段内的乾县服务区为省内投资最大、设施最完善的服务区,是陕西高速公路的典范服务区。

(二)建设情况

永咸高速公路的项目法人为陕西省交通建设集团公司,项目执行机构为永咸高速建设管理处,由西安公路研究所设计,陕西省交通质监站实施政府监督职能,征地拆迁及环境保障工作由陕西省国土资源厅实施总承包。全线分32个施工合同段,中交二公局第四工程公司、广东佛山公路工程有限公司等24家单位参与施工,陕西公路交通科技开发咨询公司等7家监理单位中标监理。

"十五"末期,陕西省高速公路里程已达1300km,但与东部发达省份相比,高速公路建设仍处于落后水平,道路交通严重制约本省经济社会发展。陕西省委、省政府在西部大开发中,要求交通主管部门把加快高速公路建设作为建设经济强省的突破口,着力解决好经济社会发展瓶颈之一的公路建设滞后、公路设施不完善的问题。陕西省交通厅在2005年11月召开的陕西省加快高速公路建设会议上发出"加快高速公路建设进度,努力实现又好又快发展"的动员令,永咸管理处积极响应,按照交通厅总体要求,把交通部批复的三年总工期压缩为两年,提出令同行惊叹的"永咸速度"。

永咸高速公路横跨三县两区,村镇密布,穿越优质苹果生产基地,灌溉渠道纵横交错,征地拆迁异常艰难。管理处迅速抽调骨干,成立4个征迁组,挨家挨户走访群众,亲下地头勘测定界。面对果园中的果树,征迁组同志们一棵一棵耐心登记,细心清点,付出了巨大的体力和脑力。自2005年9月2日~10月23日,仅用52天时间,征得土地7345亩,向施工单位全面移交了主线全部建设用地,开创了征拆速度新纪录,取得了"永咸会战"首胜。在征迁过程中,管理处和沿线各级政府充分考虑沿线人民群众利益,广泛宣传,各种款项逐村现场发放,取得群众广泛支持,为征迁赢得时间。同时,管理处集中省市县(区)土地部门力量,于2005年12月底将土地审批资料上报国土资源部,此举使永咸高速公路成为全国重点公路建设项目中率先申报土地资料和资料内容完成齐全的建设单位,受到国土资源部的好评,"永咸速度"得以充分体现。

开工1.5个月,管理处按省交通厅"工期三年改两年,工程规模由四车道改六车道"的指令,与设计、施工单位密切配合,仅用1个月完成设计变更工作,路基宽度由原设计的28m改为29m,中央分隔带由3m改为2米。管理处重排工期,全线持续开展劳动竞赛,保证工程按计划目标实施。管理处要求路基工程每2km保证有一个作业面,每1km有一个作业队;要求桥梁工程采用旋挖钻,施工工艺统一采用钻孔灌注桩;对于通道、涵洞、天桥等构造物,要求施工单位上足施工队伍,配足模板机具。各施工单位从施工、技术、试验检测、管理人员到机械设备、材料供应等均加大投入,6个施工现场共进场精兵强将12200余人,施工机械500多台,进口旋挖钻15台,强夯183台。自2005年11月1日至12月31

日,管理处按照省交通厅"变冬闲为冬忙,变冬慢为冬抢"的号召,开展"大干60天劳动竞赛",掀起了冬季大干的热潮。

速度要加快,质量更要保证。管理处科学管理,大胆创新,推行"工程质量终身负责制",建立质量责任卡档案,明确记录每项工程在施工过程中的质量负责人,若有质量问题,将予以终身追究。推行"工程质量首件认可制",在各类结构物正式施工前,必须完成试验过程的施工总结,经监理工程师检验合格后方可施工。施工单位从第一件工程开始,把住了质量关,杜绝了质量事故发生。

自2005年11月上旬全面开工至12月31日,永咸项目共完成产值4.02亿元,占年计划的113%,超额完成省交通厅下达的3.6亿元的投资计划,项目建设取得"开门红",实现"高点起步,良好开局",为2006年度实现路基全面贯通奠定了基础。

2006年是陕西省委、省政府确定的"加快建设年",为完成"全线路基贯通"的目标,管理处自2006年3月至11月,连续开展4个阶段劳动竞赛,重奖重罚,充分调动施工单位的大干积极性。坚持"不返工就是加快"原则,要求施工单位牢固树立质量意识,严格按照规范要求,精心组织施工,加强施工自检,采取监理抽检和中间交验原则,有力监控野蛮施工引起返工的负速度。管理处对工作不力的合同段经理坚决予以更换,派员进驻进度严重滞后的路基第二、三合同段35天,对"加快"曾持观望态度的施工单位闻风而动,调整部署,以全新的姿态投入工作。同时,管理处还对业务能力差、监管不到位的11名监理人员坚决予以撤换。管理处在雨季制订了一系列保证措施,包括土场及工作面覆盖塑料布,对含水量偏大的填方作业面采取掺灰处理,对无法掺灰的填方,采取挖除换填的方法,千方百计保证质量和时间赛跑。永咸项目负责人说:"作为项目的执行者,将20多亿元的工程项目交给我们,我们就要对党和人民负责,对交通事业负责。"

为进一步加快工期进度,管理处又富有创意地推出诸多独创性质量举措,如:建立建设单位与企业法人联系制度,定期与建设单位总部沟通,力求给予施工单位更多支持;对于管理混乱、质量差、进度慢的施工单位,传唤企业法人蹲点整改;在陕西省首家推出质量风险管理制度,按照《建设管理办法》规定,管理处管理人员、施工单位项目经理及监理单位向管理处交付一定数量的质量风险抵押金,真正把工程质量与个人经济利益捆在一起,有力提高了各路"参战大军"的质量意识。2006年,永咸高速公路共完成投资7.31亿元,完成计划的121.8%,截至当年11月25日,除全线控制性工程"双星沟大桥"外,永咸高速公路提前1个月实现了全线路基贯通,"永咸速度"又一次被事实所诠释。

2007年3月8日,陕西交通建设集团公司在永咸高速驻地召开"2007年建设项目大干动员大会",动员大会后,各路参战大军全线出击,备足施工力量,组织"突击队",随时抢工,全线高峰期每天共有底基作业面8个,基层作业面8个,透层、封层、下面层作业面各8个。为确保进度和质量,管理处关死后门、倒排工期、细化任务、责任到人,以旬保月、以月保季、以季保年。有效利用700多万元的奖励基金,大张旗鼓重奖重罚,"让受奖的人心醉,让受罚的人心疼",每一个参与项目的建设者都为"永咸速度"努力拼搏,尽心尽力。2007年12月13日,永咸高速公路建成通车,并成为陕西省高速公路通车里程突破2000km的标志性工程。经竣工验收,工程质量被评定为优良。概算投资原为18.5亿元,方案变更后调整为26.63亿元,实际完成投资25.47亿元。

永咸高速公路从闻名于世的"唐十八陵"怀抱中通过,与昭陵紧邻,"中国第一帝都"咸阳给这条现代丝绸之路增添了历史文化积淀的衬托,加之路线穿越陕西优质果品基地,这些都为建设者们提出更高的建设理念——把永咸高速公路建设成人文路、生态路、环保路。在施工过程中,要最大限度减少边坡开挖,保护沿线群众利益,保护原有生物植被。按照工程绿化设计方案,路基作业面完成后尽快植树种草,做到边施工、边绿化。在绿化中结合当地气候及地区土质,坚持"适树、适地"原则,使高速公路与原生态环境相匹配。为把工程建设对沿线居民的影响降到最低限度,将施工过程中产生的废弃物按指定地点弃置,对公路界内取、弃土场落实现场防护措施,对生产过程中产生的建筑垃圾及时清运处理,改装沥青拌和楼回收粉尘设备,减少环境污染,实现环保目标。永咸高速公路融入到大自然之中,在开发与保护中实现了人与自然在更高层次的和谐。

有着唐代建筑特色的乾县服务区,是永咸高速公路上功能完善、环境优雅、惬意休闲之处。乾县服务区地处乾县阳洪镇,占地175.567亩,分主、副两区,总建筑面积7981m^2,绿化面积近4万m^2,道路及停车场6万多平方米,投资7000多万元。可同时接待400余人用餐,停放车辆500余辆,为当时陕西省投资最大、设施最完善的服务区。为适应交通快速发展,乾县服务区设计方案5次更换,施工图设计3次。整个服务区分为服务、办公以及道路、停车场和绿化休闲等区域,服务大厅、卫生间、休息区、超市和餐厅一字排开,休闲区近10亩的小公园更是别具匠心,绿化因地制宜,摆放运动器械和石桌石凳,合理的布局使整个场区形成整体效果,区内修筑唐代名人雕塑,文化氛围浓郁。

(三)复杂技术工程

湿陷性黄土是陕西省关中和陕北地区高速公路建设普遍面临的难题之一,永咸高速公路沿线湿陷性黄土不良地质占全线总长的96%以上,路基需大面积特殊处理。沿线村镇密集,路线穿越果园和良田,灌溉渠纵横交错。为有效消除原地面以下一定深度的地基湿陷性,设计采用了低路堤方案,并在工程建设过程中采取了多种举措,确保工程质量。

通过对原设计中的冲击碾压路段进行试验,发现消除湿陷性厚度不足原设计要求的70cm,且总沉降量较小,后改为600kN·m强夯后,其湿陷性消除的深度达到设计要求。由于路线大多经过果园地段,地基土质天然含水量较大,强夯后,出现了大面积"弹簧"现象,为保证地基承载力满足设计要求,管理处对天然含水量在17%以上的过湿土路段进行了5%灰土挖填处理,挖填深度为60cm,从而提高了地基承载力和路基稳定性。

考虑到过村路段距离当地居民蔬菜大棚和房屋较近,强夯施工无法实施,管理处采取了挖填处理的方法,下部采用素土回填,顶部60cm采用3:7灰土封闭处理,承载力和弯沉检测达到了预期目标。对于地形复杂、纵横向阶梯多的路段,在对低洼处强夯处理后,在填挖结合部分两个压实层开挖了宽1m、高0.4m的台阶,逐层碾压回填到结合位置,最后再整体补夯,避免路基产生不均匀下沉。

在强夯施工中,由于缺乏相关施工技术规范,各标段在施工时做法不统一。为此,管理处及时规范强夯施工的布点、检测项目和方法,要求路基填挖结合部及半填半挖路段开挖台阶,并先后组织召开了"路基填方规范施工现场会""预制箱梁规范施工现场会"和"台背回填规范施工现场会",起到了良好的示范作用。

为预防和减少湿陷性黄土对路基、路面的危害,管理处还采取了其他必要的防范措施:预埋沉降观测设施,进行定期沉降观测;要求沿线所有取土场距离路基坡脚边缘不小于50m;为防止圆管涵渗水,将原设计圆管涵变更为钢筋混凝土箱涵或增加混凝土包封;对桥涵结构物及台背回填位置,均采用2400kN·m的强夯处理,经检测,地基承载力比原设计方案有显著提高。

通过以上方案的实施,有效地消除了湿陷性黄土带来的病害及桥涵通道构造物的台背跳车现象,确保了永咸高速公路的工程质量。

(四)科技创新

永咸高速公路在陕西省第一次全路段、大面积采用SMA结构沥青路面技术,建设者们通过精细管理,大胆创新,妥善解决施工技术难题,成功应用该项新技术,为陕西省推广SMA路面积累了宝贵经验。

(1)对路面结构进行论证与优化设计。设计前期,通过查阅资料、专家论证、国内考察,选定了SMA路面技术;实施前,对施工区域的气候环境、碎石材料进行了详细调查,进一步确定采用SMA-16路面类型。

(2)坚持依靠技术支持,为路面施工提供技术保障。成立了SMA课题组,与科研单位共同攻关,制定《SMA路面施工细则》以指导施工;多次举办SMA路面施工技术培训并组织路面技术考察活动;与长安大学新型路面研究所签订了关于质量监控和施工机械的技术支持协议,组成专家团,经常深入工地进行技术指导和理论研究,及时解决施工技术难题。

(3)严把原材料进厂和混合料配合比设计关,逐层评审,联合评审。从二灰碎石配合比设计到面层配合比设计,管理处均进行事前指导,在目标配合比完成后,组织施工、监理以及专家等六方人员进行联合评审,确定配合比优化设计方案,提高质量控制指标。

(4)从细节入手,改进施工工艺。将二灰土拌和机接料斗改为斜筛,不但实现24小时连续拌和,而且混合料拌和更加均匀;对二灰碎石的上、下基层在24小时内实现连续摊铺,节约养生成本,保证层间紧密结合和整体强度;基层、沥青面层采用双机或三机并铺,在螺旋布料器挡板下方加设挡板,减少混合料离析;二灰土、二灰碎石、下面层采用模板支挡,保证边部压实;加强对二灰类结构层的洒水养生,二灰碎石的养生期由规定的7d延长至14d,提高结构层早期强度;拆除沥青混合料拌和楼回收粉管道,杜绝使用回收粉。

(5)严把施工质量。通过建立"工程质量责任卡",推行"质量风险抵押金制度"等措施,层层落实质量责任,制定《SMA路面质量管理罚则》;制定《SMA路面材料管理办法》,对沥青面层碎石、机制砂、矿粉等、改性剂、木质素纤维等重要原材料,组织施工、监理单位共同考察选定,严格把关,力求统一;对改性沥青采用工厂化集中改性,向厂家派驻监理,对加工过程进行全过程监控,对同一批次基质沥青、改性沥青,分别委托多家权威试验机构同时试验,以保证质量指标的准确性;加强履约检查,强制配置与路面类型技术特性相匹配的优良设备,确保拌和、摊铺和碾压质量。邀请机械专家对拌和楼、摊铺机、碾压机械精心调试,使混合料拌和产量大幅提高,拌和质量保持稳定;在陕西省第一次强制要求使用沥青混合料转运车,解决沥青混合料温度离析、骨料离析和连续作业的难题;在陕西省第一次要求采用振荡压路机进行修复碾压;在沥青路面施工中实行全过程动态质量控制技术,通过沥青拌和楼上的"黑匣子",对混合料级配进行全程监控,保持级配稳定;试验人员每日对油石比、矿料级配进行动态质量分析,有效地控制混合料拌和质量。

(6)严控施工进度。详细计算总工程量,测算每个结构层的最迟开工时间和最晚完工时间,从而科学确定阶段目标;开展目标责任考评工作,严格考评,通过重奖重罚刺激进度;狠抓材料采备工作,在施工前储备大量的原材料以满足进度需求;提前完成各项技术准备工作,主要是材料和配合比试验;通过强制配置机械设备,加大人、财、物的投入,提高施工能力和生产效率。

攻克陕西省第一条SMA路面高速公路难关的建设者们亦有如下经验总结:引入"工厂化管理"的管理理念和模式,实施标准化生产和质量控制,实现原材料和混合料准确配置的全过程可控;原材料、施工工艺和机械设备的协调配置和有机统一,是保证产品内在质量的关键。项目实施中采用适合SMA技术特性的施工机械设备,采取可操作性强的原材料生产控制流程;考虑到SMA路面对环境温度的敏感性极强,施工时严格控制铺筑速度和温度;木质素纤维虽用量少,但在混合料中占用的比表面积大,对沥青的吸附效果影响特别明显,因此,添加木质素纤维力求准确,须采用体积和质量"双控"手段。

(五)运营管理

永咸高速公路建成通车后,交由陕西省交通建设集团公司西长分公司负责运营养护管理,本路段的收费运营管理和日常养护管理具体由西长分公司所辖的礼泉管理所负责。礼泉管理所秉承"发展现代交通,奉献一流服务"的交通理念和"西长高速,阳光之路"的服务理念,着力服务大众便捷出行,不断加强精细化管理,全力打造"路面平整、路拱适度、排水畅通、路基稳定、边坡坚实、行车舒适、路容美观、管理规范、安全畅通"的阳光之路。

1. 平稳养护

西长分公司始终坚持"重养固本"的指导思想,不断完善各类资料,规范内部管理,加大季节性养护和预防性养护力度,养管工作实现高点起步和平稳运行。

在抓好日常清扫的同时,不定期对钢板、护栏、防眩板、隔离墩、标志牌进行清洗,对全线护坡、排水沟、通道、停车区等处垃圾进行全面清理;加强路产损害修复工作,坚持24小时修复期限,保证损坏设施及时修复;同时加强对排水设施及路基边坡的日常保养,确保排水系统完好畅通,路基构造物安全稳定;按照《公路养护技术规范》要求,对沿线桥梁进行维护,保障桥梁构造物完好,无跳车现象。

稳步推进养护管理标准化进程,路产档案全部编制完毕,妥善归档,为路面养护和路产赔偿等提供了重要的数据资料;及时配备各种养护专用机械,完成常用养护设备的采购,为进一步提高日常养护效率奠定了基础;经过充分研究论证,把代表本路段特色的马庄挖方段选定为标准化养护示范路段;按照分类摆放、货架式管理的原则,完成了标准化养护库房的建设。

2. 维护路权

坚持"依法行政,文明执法",严格路政许可审批程序,切实落实执法公示制度和持证上岗制度,加强内业管理,确保路政管理工作规范运行。同时开展打击盗窃破坏公路设施违法行为等专项行动,深入沿线村镇散发宣传单,到中、小学校开展安全教育;对跨线桥抛撒、行人上路、沿线焚烧秸秆等行为进行了集中整治;对公路控制区内违法盖房、取土和未经许可埋设、架设管线等损害公路路权的行为进行了严密监管;对因事故造成的路产损坏,积极采取措施,力求24小时内修复,有效地保护路产,维护路权。

3. 优质服务

建章立制打造优质品牌。服务区认真学习借鉴省内外兄弟单位先进管理经验,对服务区内部各部门实行目标考核,对员工实行星级服务评比,使检查考核与员工薪酬挂钩,激发员工工作热情。规范内业资料,统一标准,统一标签,分类归档,装盒陈列。实现服务规范化、程序化,做到"五有",即岗位责任有目标、服务操作有规程、督查有记录、考核有标准、奖罚有依据。完成乾县服务区制度汇编,明确职责,规范行为,形成用制度管人管事。

着力培养员工队伍素质。严把用人关,坚持做到"凡进必考、凡岗必训、凡错必纠、凡优必奖、凡劣必退"。工作人员面向社会招聘,择优录取;管理岗位人员实行员工自荐报名、述职竞聘、民主测评、公示监督、组织审定五道关口竞聘上岗。既要给顾客创造良好的服务环境,又要给员工创造和谐、人性化工作氛围,不仅在生活上关心职工,还通过评先进、树榜样,带动和激励职工争先创优,为服务区的经营发展创造优良的人文环境。

优质服务展现永咸风采。服务区以顾客满意度为标尺,开展诚信经营、优质服务活动,充分展现西长高速公路阳光之路风采。工作人员做到服饰统一,操作规范,微笑服务,躬身相迎,实现阳光服务;餐厅提供高中低档各式菜肴,满足各种口味、不同层次的消费需要,同时推出突显地方风味小吃;超市实行24小时服务,根据市场需求,不断调整经营品种;卫生间保洁实行值班制度,始终保持干净整洁;保安人员24小时巡逻,对重点目标、危险物品、车辆进行监管,确保服务区秩序正常。

东起咸阳、西至永寿的永咸高速公路,建成通车以来,在"一带一路"新丝绸之路伟大构想的时代背景中,延伸于陕西关中这片质朴、厚重、发展的土地之上,诗意地前行。它不但承载着历史与人文的意义,还努力助推"丝绸之路"繁盛、富足与交流深层价值的体现,给这片土地带来了新的生机与活力。

六、凤翔路口至永寿段

这是一条人文历史之路,丝路古道与唐陵汉阙的遗迹闪烁着历史光辉;这是一条果林繁茂之路,穿越著名的果业基地与四十万亩刺槐林区;这是一条强省富民之路,陕西省第二大能源基地将为实现西部强省目标提供强大动力;这也是一条值得称道的示范之路,交通部确定的全国12条公路勘察设计典型示范工程之一与它的名称紧紧联系在一起。

a) b)

凤翔路口至永寿高速公路

(一)项目概况

凤翔路口至永寿高速公路,简称凤永高速公路,是国家高速福州至银川线(G70)陕西境的一段,也是陕西省当时规划的"三纵四横五辐射"公路网的组成部分。区间交通原依靠 G312，为二级路标准，平纵面指标低，路面狭窄，损坏严重，不能适应跨省交通量大和重载车辆多的通行需求，交通拥堵和行车事故时有发生，严重阻碍区内果业基地和能源基地的发展。凤永高速公路建成通车，实现了福银高速公路西安至陕甘界全线贯通，打开了陕西省西北向出省高速通道，西安至陕甘界行车时间仅需 1.5h，比走 G312 缩短 3h，区间交通由梗阻变为通畅，沿线开发开放环境得以改善，西北向省际交流联系得以加强。

凤永高速公路起于永寿县城东南，与咸永高速公路相接，途经咸阳市永寿、彬县、长武三县，止于长武县凤翔路口（陕甘界），全长 98.73km。该路段按双向四车道高速公路标准修建，其中永寿至亭口段 67.19km，设计速度 100km/h，路基宽度 26m；亭口至凤翔路口段 31.54km，设计速度 80km/h，路基宽度 24.5m。立交连接线 4.4km，采用一级公路建设标准；306 省道改造工程 12.996km，采用二级公路建设标准。全线共设互通式立交 5 处，分离式立交 20 处，服务区 2 处，超限检测站 5 处，收费站 6 处。

全线路基土石方 1880 万 m^3，防护排水 50.70 万 m^3，沥青混凝土路面 241.7 万 m^2；桥梁 18714m/77 座（折合全幅）；分离式隧道 10352m/4 座（单洞长度），整体式隧道 232m/1 座（双洞长度），全线桥隧占路线总长的 21.66%；通道涵洞 154 道，跨线桥 26 座；占地 9610 亩。

2001 年 11 月，国家发展计划委员会以《关于西部开发 8 条公路干线规划建设有关问题的通知》批准立项建设；2004 年 9 月，交通部以《关于凤翔路口（甘陕界）至永寿公路可行性研究报告的批复》批复工程可行性研究报告；2005 年 5 月，交通部批复初步设计；2006 年 6 月，陕西省交通厅批复施工图设计。本项目初步设计批复的概算投资为 46.41 亿元。

凤永高速公路有七大亮点及特点：一是本项目为交通部确定的全国 12 条公路勘察设计典型示范工程之一，彰显"安全、环保、舒适、和谐、耐久"理念；二是地形地质复杂多变，路线跨越深沟，穿越湿陷性黄土地基、强风化水平围岩，大跨径桥梁设计施工、地基处理及隧道开挖难度加大；三是在陕西省首次采用避险车道和爬坡车道设计，对长大纵坡路段设置特殊安全防护和监控警示设施；四是全路段、大面积采用 SMA 路面结构，路面质量、行车舒适度明显优于一般沥青路面；五是考虑到运煤重载车辆流量大、方向性明显，上行线沥青层面设计加厚，防止早期破坏，延长维护周期；六是服务区按园林化布局、酒店式管理、星级化服务的高标准建设，注重与人文环境有机结合，体现沿线地方文化和地域特色；七是项目建设注重林区与野生动植物保护，施工中严格控制对自然环境的破坏，最大限度地恢复原始地貌和植被，林区路段槐花香飘四溢，"车在路上行，人在花海中"，驾乘人员能充分体会道路与自然和谐共生的妙趣。

（二）建设情况

凤永高速公路建设的项目法人为陕西省交通建设集团公司，项目实施机构为凤永高速建设管理处。本路段由陕西省公路勘察设计院负责设计,陕西省交通厅质监站实施政府监督职能,征地拆迁及环境保障工作由陕西省国土资源厅实施总承包。全线分45个合同段,中铁十五局集团有限公司、湖南省永州公路桥梁建设有限公司等45家单位参与施工,西安公路交大监理公司等7家单位承担监理。本项目于2005年10月开工建设,至2008年9月建成通车。

1. 精心设计

安全是公路设计的首要因素,该路段纵面地形起伏较大,有永寿梁23.5km和长武塬13.5km 2处长大纵坡段,路线途经彬长矿区,有重载交通量占比高的特点。设计中在连续上坡路段将应急停车带加宽改建为爬坡车道5处,共14.2km,并配置港湾式紧急停车带22处,满足应急车辆停靠需求,在连续下坡路段共设置5处避险车道,供制动性能降低或失灵的车辆紧急逃生避险使用,这些设置在陕西省属首次采用。

本段路线穿越最适宜苹果生长的渭北旱塬,土地资源弥足珍贵,设计单位首次提出"三个一米"的设计理念,即碎落台1m、护坡道1m、占地界1m、而在常规设计中这3个指标分别为2m、2m和3m。经测算,此项调整可在全线节约土地500余亩。路基土质边坡坡脚、坡顶取消折角,采用自然的圆弧过渡;低填路段放缓边坡与地貌融为一体,形成缓冲带,提高行车安全性;从安全、视觉效果及环境协调角度综合考虑排水工程,合理选择矩形、梯形、浅碟形边沟及漫流等多种形式。

由于本项目路段重车比例大,长大陡坡路段上坡车速缓慢,下坡制动频繁,对路面的抗车辙能力及耐久性要求更高。路面设计中全线采用沥青玛蹄脂混合料(简称SMA),此种材料具有良好的高温稳定性能、低温抗裂性能、抗疲劳性能、降噪性能及耐久性,与普通沥青混凝土路面相比,使用性能全面提高,可有效保证出行者安全,延长路面寿命,减少养护维修费用。考虑到陕甘界至永寿方向实载率高、方向性明显、重载交通多的特点,路面设计中在陕西省首次采用分幅设计,上行线路面基层加厚5cm,同时保证了重载方向的安全性和轻载方向的经济性。

为保护生态环境,设计采用桥隧相连方式通过永寿县北部40万亩刺槐林区,采用长隧道方式通过永寿梁野生动植物保护区,从而减小干扰,最大限度恢复原始地貌和植被,并采取人工补栽方式加以修复,使路线基本上穿行在原始的自然状态中,同时通过优化绿化设计,在修复原生环境的同时,使全线形成层次分明、乔灌草结合的绿色长廊。

为提高公路服务水平,按通车15年交通量适度超前设计彬县服务区和渡马服务区,内设停车场、加油站、维修站、餐厅、客房、超市、健身房、休息区、公共厕所、配电室、锅炉房等设施,功能齐全,凸显人性化理念。针对沿线自然、人文景观优美的特点,设置泾河、大佛寺、槐树林及马连滩观景台,每个观景台场区均设置洗手间、长凳、垃圾桶等设施,既使凤永高速公路增添旅游风景线功能,又为游客带来出行的便利。

2. 过程管理

2005年11月,陕西省加快高速公路建设会议召开,陕西省交通厅发出"加快高速公路建设进度,努力实现又好又快发展"的动员令。2005年12月,陕西省交通厅在"加快凤永、咸永高速公路项目建设动员大会"上提出凤永高速公路加快建设的目标要求,做出建设工期由4年变为3年的决定。凤永建设管理处根据这一重大部署,迅速采取一系列举措加快建设,全力动员管理处各部门、各施工单位大干快上,确保加快高速公路建设目标的实现。

经过2005年开工年、2006年奠基年的奋战,凤永高速公路全线路基已基本成型。从开工到2006年12月累计完成建设投资19.4亿元,占项目总投资的48.6%。在2007年春季转入底基层的施工前夕,管理处掀起冬季大干高潮,向各部门、各施工单位提出了冬季大干的目标、责任及要求,进一步推动了凤永高速公路的建设步伐。

2007年是凤永高速公路建设的第3个年头,管理处将该年度定为项目建设攻坚年,于2007年3月29日召开"凤永高速公路工程建设动员大会",大会报告了2006年目标任务的完成情况,对2007年的工程建设目标任务做出了部署。管理处分别与各参建单位签订了2007年度目标责任书。

凤永高速公路全线进入路面施工后,管理处于2007年8月13日专题召开了各施工单位共同参加的路面工程会议。会议重点研讨了泾阳、乾县石料场停产整顿及恢复生产后运输道路受阻的问题;积极寻找新料源,加大备料力度;加大协调地方运输通行能力;制定了石料备料考评办法等保障措施。有效缓解了路基底基层建设面临的矛盾和困难。

2008年是凤永高速公路工程建设的决战年,路面上面层备料成为工程建设的一个关键环节。管理处意识到料源市场的严峻形势,早调研市场,早动手备料。按照2007年8月13日路面专题会议确定的办法,积极动员各路面施工单位调集车辆,加大资金投入,会战备料。管理处采取凡进场1万 m^3 石料就提前支付一定款额的办法支持各路面单位备料,赶在大雪阻路前,备足了上面层石料。

2008年上半年,各项工作一直稳步推进的凤永高速公路项目出现"短板"现象。面对日益临近的通车时间,工程项目剩余工作量大,路基桥隧仍有部分尾留工程量,路基、路面存在断点,长武立交连接线、避险车道、治超站等15处单项尚未开工。面对这一严峻形势,2008年4月27日,管理处部门以上负责人会议召开,对建设管理工作存在的问题进行剖析研究,成立了"西长分公司凤永项目加快工程建设领导小组",下设路基路面工作组、交通工程工作组、运营管理筹备组和廉政建设监督组,同时决定分公司机关工作人员取消休假,举全分公司之力推动凤永高速公路建设。

以路面施工为突破点,管理处召开了路面施工质量会议,从源头上提高了原材料的进场质量,对4个路面单位的水洗设备现场进行改进、更换;传唤了4个项目法人代表,明确各项工程任务具体完成期限;积极联系长安大学和公路研究所专家,加快了对上面层SMA改性沥青试验路配合比设计。管理处按照加快领导小组的部署安排,现场解决工作中存在的问题,实行了由加快领导小组组长签发督办通知单的制度。另外,组织确保了15处未开工项目在2008年5月15日全部开工,各工程项目均衡推进。

2008年5月,进入工程决战阶段,加快领导小组充分利用奖励基金,重奖重罚,组织开展了"大干100天"劳动竞赛活动。管理处建立联席会议制度,各专业组每3天召开一次例会,每5天召开一次联席会议,领导小组每10天召开一次会议。对未按期完成工作计划的负责人和工作人员第一次给予警告处分,第二次给予严重警告处分,第三次给予停止工作处分。该项举措对长武立交连接线、两处避险车道、主线及各立交治超站、永寿服务区匝道和人行天桥、主线收费大棚、隧道洞口房建等未开工的项目5月底前全面开工,起到了决定性促进作用。

2008年6月13日,凤永高速公路在第15合同段现场进行了路面SMA-16沥青上面层试验段铺筑,这次试验段铺筑达到800m,远远大于以往200m的长度。经路面专家现场察看后评定,试验段木质素纤维添加工艺合理,混合料级配控制准确,路面表观平整、密实,其他各项指标均达到施工技术规范的要求,为凤永高速公路全线铺设SMA路面做出了成功示范。

房建工程虽然开工滞后,地质条件复杂,但通过约见施工单位法人,增加人员设备,加大现场检查督促力度,迅速扭转不利局面,建设一度落后的彬县服务区主楼提前一天封顶,服务区房建、收费站房建、收费大棚、隧道天桥装修等工程全部提前或如期完成。

3. 质量管理

为使质量管理制度落到实处,管理处一方面加强制度建设,实现用制度管人管事,一方面大力运用新技术、新工艺,用科技手段来保证工程质量提高。

管理处先后制定了《项目质量管理办法》《项目质量巡查办法》及《质量提升计划》等一系列质量管理制度,注重质量责任落实。施工展开后,管理处、高驻办和各施工单位都成立了质量管理领导小组,管理处专门设立质量管理部和三个项目组,负责日常质量巡查工作,从领导到部门、到施工单位、到各施工点,从上到下实现了质量管理全方位覆盖。

根据质量管理动态过程的特点,管理处制定了工程质量责任卡,对相关人员明确分工,落实其责任,进行动态检查,把奖罚兑现到人。在动态检查中,加强了对施工现场的质量巡查,对工程全线的关键部位、关键工序,实施责任到人,形成人盯人、人盯事,不漏项、不漏点。做到发现问题,及时发出整改指令,每月通报一次全线质量状况。针对一些较明显的工程质量问题,管理处适时安排进行专项整治,实行工程质量回头望,把质量隐患消除在露头阶段,实现对质量管理全过程的有效监控。

当工程进入施工后期阶段,管理处对防止路面污染问题、机电、隔离带、绿化施工交叉问题、内部作业车辆交通管制问题等,都进行了通盘考虑,统筹兼顾,及时制订了协调措施,使文明管理、文明施工成为凤永高速公路的特色,既保证了工程质量,又促进了人员和谐。

在桥梁施工中,管理处在全线推行真空预应力孔道压浆技术,有效地解决了压浆不足的问题。为使桥墩等混凝土构造物达到标准强度,全线刚构桥普遍安装自动喷淋养护系统,有效地解决了混凝土结构件的强度不足问题。在桥面施工中,为提高沥青面层与桥面现浇层的结合强度,防止出现沥青层的推移和车辙,通过招标,聘请了专业施工队伍,使用进口新设备,在全线推行机械刨铣打毛桥面现浇层的新工艺,显著地提升了沥青和桥面现浇层的结合强度。

在全线沥青路面的施工中,为使路面达到内实外美的标准,管理处与长安大学、西安公路研究所签订了《SMA 路面施工技术研究》《路面施工质量监控与现场技术支持》《沥青路面施工作业质量控制技术服务》等多项合同,为路面施工提供了有力技术保障,为优质完成 SMA 路面铺筑奠定了良好基础。管理处在全线各沥青拌和楼安装了沥青混合料生产质量动态监控仪,进行信息采集和及时调整,控制沥青混合料质量。同时,在全线统一采用改性沥青混合料专用转运车,实现了混合料的保温和二次加温、搅拌,有效解决了运输时的大小料离析、温度离析问题。

针对不同路段黄土湿陷性指标,对特殊路段提高了夯击能量,增大了强夯处理深度。对用隧道弃渣填筑的路段,采取分层强夯处理,提高了路基压实度和整体稳定性。从路面防排水及经济、实用的角度出发,重视优化路面边部及路面横向排水的速度,有效降低了行车溅水。

凤翔路口至永寿高速公路泾河大桥

原材料是工程质量的基础保证,为解决石料污染给路面施工质量带来的影响,管理处在路面施工中普遍实施石料水洗措施,将洗净的石料堆放到经过硬化、净化处理的场地上,并加以覆盖,彻底解决了石料二次污染的问题。由于各项措施运用到位,全线工程质量始终处于受控状态。

4. 应对震灾

2008年5月12日,汶川地震发生后,建设中的凤永高速公路全线受到不同程度影响,管理处迅速成立抗震救灾领导小组,对高边坡、桥梁、隧道、临时住地、民工住房、施工房屋、施工设备等进行全面排查;安排全线值班,确保震情信息上传下达,渠道畅通;加大值班力度,全体工作人员24小时在岗,保障值班电话、手机畅通。

各合同段及时成立抗震救灾指挥及办事组织机构,制订应急预案。截至2008年5月底,针对排查出的第一、二、六、十二、十五5个合同段的桥梁、沥青拌和楼、矿粉加工设备、料场等的破损、开裂、位移、倒塌等受损情况及时采取了修补、校正、维修、加固等弥补措施,把受损程度降至最低。

各施工单位采取有力措施,给予四川籍员工关怀帮助,对急切想回乡参加抗震救灾的人员,及时结算工资和工程款,予以放假,统一安排车辆,支付路费,让其尽早返乡。

管理处在做好应对抗震防震工作的同时,毫不动摇地坚持加快项目建设,按照通车时限要求,全线动员,关死后门,倒排工期。根据汶川地震发生后的新情况、新形势,2008年5月18日,管理处召开"加快项目建设全体干部职工大会",当晚,管理处又召开"房建、机电、绿化等单位施工动员大会",就质量和安全的协调配合进一步落实责任,营造大干的氛围,迅速掀起了大干热潮。

5. 环境保护

在项目实施过程中,管理处采取一系列强制性措施保护生态环境:对施工工艺不断优化和调整,最大限度减少破坏,并在施工完成后最大限度地予以生态恢复;山区严禁随意开山取土,有效防止水土流失;穿越林区,严禁破坏林木,较好地保护了森林资源;河道地段,严禁堆土弃土,防止造成河道阻塞;取、弃土场及时复垦或绿化。

对工程建设中带来的环境影响,边施工边恢复,及时补栽美化;对公路边坡裸露处,坚持"适地适种"原则,以"三季见花,四季常绿"为目标,反复比对,选择最优树种、草种。在修复生态环境的同时,对全线进行绿化,使全线形成一条层次分明,乔、灌、草相结合的绿色长廊,体现出路与自然和谐共生的绿化效果。

6. 路地共建

凤永高速公路建设项目自开工建设起,就牢牢树立"修一条高速,帮一方百姓"的理念,遇到沿线群众需要帮助时,管理处各部门和各施工单位,尽可能挤出时间,抽出人力,投入资金,为老百姓办实事:耗资124.8万元,为群众修建水利设施4处;耗资115.96万元,修建水井、水泉7处;耗资1000多万元为沿线群众修建生产路超过200km;为群众造387亩耕地和宅基地。凤永高速公路成为陕西省高速公路建设项目中与地方政府、沿线群众关系最融洽、最和谐的路段之一。

(三)运营管理

凤永高速公路建成通车后,交由陕西省交通建设集团公司西长分公司负责运营养护管理,本路段的收费运营管理和日常养护管理具体由西长分公司所辖的彬县管理所和长武管理所负责。凤永高速公路管理者们始终践行"西长高速,阳光之路"的企业文化精神,以规范化管理为保障,以精细化管理为措施,积极探索机制创新、管理创新和服务创新,大力开展"创先评优"活动,着力打造学习型管理所和高素质员工队伍,各项管理逐步实现制度化、规范化、科学化。

1. 安全生产

为加强安全生产工作,明确风险管控主体责任,落实隐患排查治理工作,西长分公司实施四步走战略开展安全隐患治理攻坚行动。成立以管理所所长为组长、各站股负责人为成员的攻坚行动领导小组,确保攻坚行动取得实效。通过动员部署、排查治理、巩固提升三个阶段工作,扎实开展安全攻坚行动。

组织人员深入开展安全宣传教育,全方位、多层次宣传安全生产知识和法律法规,及时纠正、制止、劝导安全生产违法违规行为,增强干部职工的安全防范意识和遵法守法意识。对违法行为和重大安全隐患实行"零容忍",一经发现,坚决制止,切实做到不留死角、不留盲区、不走过场。采取不打招呼、不确定检查点方式,适时深入一线进行督促检查,采取明察暗访的方式,全程跟踪督促检查。各部门将安全攻坚行动与日常监管工作相结合,协同推进,制定隐患排查治理、监督管理和风险预防等相关制度,编制隐患和风险源清单,拟订隐患治理措施和风险防控方案,全面构建自查自改、综合监管、追究问责的隐患排查整治长效机制。强化安全监管,确保排查整治常态化、制度化、规范化。按照安全生产"全覆盖、零容忍、严执法、重实效"要求,把开展安全攻坚行动的成效作为部门考核的重要内容,作为干部奖罚的重要依据,实行严格的一票否决、责任倒查、约谈问责机制。建立健全安全生产举报制度,畅通举报投诉渠道,公开举报电话、信箱和电子邮箱,及时受理和查实有关举报。

2. 精细管理

西长分公司立足通行费征收工作实际,突出实践特色,创新管理理念,丰富服务内涵,以"五步走"全面推行精细化、规范化、制度化管理,努力打造一支素质过硬、业务精良、和谐进取的通行费征收队伍。

举办文明礼仪、军事化管理、收费规范、岗位练兵等一系列培训学习,拓宽文明服务内涵,将优质服务引向纵深,树立窗口形象。同时,强化各项服务措施,加大文明服务考核力度,使全体征费人员将优质服务贯穿到日常行为中,扎实推行微笑服务,提升文明服务的亲和力和感召力。严格执行收费政策,切实做到"应征不漏,应免不征",多措并举加大稽查力度,严厉查处逃费车、假冒军警车辆、假冒绿色通道车辆,有效提高通行费实征率。同时,加强收费计重设备的定期检测和保养工作,确保收费系统设备运行保持良好状态。定期向行风监督员和服务对象征求规范服务方面的意见和建议,进一步加强社会监督,畅通信息反馈。为延伸服务内涵,在收费现场设置茶水桶和便民服务箱,内设修车工具、便民药箱、行车路线图等,努力为过往车主提供力所能及的帮助,保证绿色通道车辆快速通行。紧密结合《陕甘界收费站管理办法》和队伍建设现状,出台《陕甘界收费站员工考核办法》《员工出勤管理制度》等规章制度,切实做到以考核作监督,用制度作保障,规范内务管理秩序,建立内务管理的长效机制。狠抓内务卫生管理,将收费现场和办公楼分别进行卫生包干区划分,明确各部门岗位卫生责任,对照岗位卫生考核要求,采用定期检查与抽查相结合和班组互查等手段,强化卫生工作考核管理,营造出整齐划一、窗明地净的收费环境,确保站区环境形象良好。

行驶在凤永高速公路,只见层林尽染,满目苍翠,筑路大军以巧夺天工之手,把高速公路天衣无缝地融入到大自然里。在开发与保护中,人与自然实现了更高层次的和谐。这是一条打通秦陇经济社会发展的锦带,一条承载希望与梦想的大通道。

第十六节　G7011 十堰至天水高速公路(陕西境)

连通鄂甘,穿越陕西的 G7011 十堰至天水高速公路,简称十天线,是国家高速公路"71118"网规划的联络线之一。线路起于湖北十堰,止于甘肃天水市,全长 750km。

十天高速公路陕西段,起于陕鄂界白河县鹰嘴岩,至略阳县大石碑入甘肃境,贯连安康、汉中两市、11 县(区),全长 466.07km。线路呈东西向于巴山、秦岭间横穿陕南腹地沿,于安康市、石泉县和汉中市附近 3 跨汉江,及数十条汉江、嘉陵江支流。区间公路交通原主要依靠 G316、G108、309 省道。随着西部大开发和陕南突破性发展,需要建设横贯东西、贯连周边的高速通道。"十一五"期间,十天高速陕西段被列为陕西省新一轮加快高速公路建设项目。

十天高速公路陕西段,自 2008 年 8 月起建设,先实施中段,后两端并进,分 4 段陆续开工建设。2010 年年底,建成安康西、汉中东两段合计 185.31km;2011 年年底,分别建成汉中西和安康东段一期工程 230.61km；2012 年年底，建成安康东段二期工程白河至陕鄂界段 16.80km；2013 年年底，略阳至陕甘界 33.35km 主体工程完工，全线共建成 466.07km，总投资约 426.77 亿元。十天高速公路陕西段的建成，开辟了贯连陕南东西，沟通鄂、陕、甘 3 省的高速公路通道，对于完善陕西省高速公路网结构，服务陕南经济发展，促进西部大开发，具有重要意义。

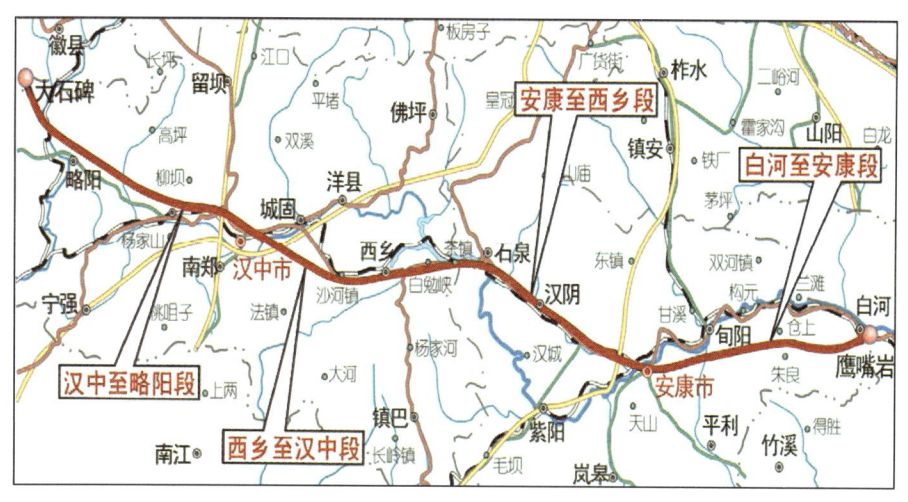

十堰至天水高速公路(陕西境)线位示意图

G7011 十堰至天水高速公路(陕西境)的主要资料信息及主要从业单位信息汇总于表 9-33、表表 9-34。

G7011 十堰至天水高速公路(陕西境)主要信息资料表　　　　表 9-33

项目名称	建设单位	建设里程（km）	技术标准	投资规模（亿元）	建设时间（开工～通车）	备注
白河至安康段	陕西省高速公路建设集团公司	129.80	双向四（六）车道，设计速度80km/h	138.03	2009.3～2011.12（2014.1）	白河至安康段于2011年12月通车，鄂陕界至白河段于2014年1月通车
安康至西乡段	陕西省高速公路建设集团公司	89.95	双向四(六)车道，设计速度100(80)km/h	64.81	2007.7～2010.12	
西乡至汉中段	陕西省高速公路建设集团公司	95.36	双向四车道，设计速度100(80)km/h	72.89	2008.11～2010.12	
汉中至略阳段	陕西省高速公路建设集团公司	150.96	双向四车道，设计速度100(80)km/h	151.04	2009.7～2013.12	

第九章
高速公路建设项目

G7011 十堰至天水高速公路(陕西境)主要从业单位信息资料表　　　　表 9-34

项目名称	从业单位	单 位 名 称
白河至安康段	设计单位	陕西省公路勘察设计院、中交公路规划设计院有限公司
白河至安康段	施工单位	中铁四局集团第四工程有限公司、中铁十八局集团第二工程有限公司、中铁十八局集团第五工程有限公司、中铁三局集团第二工程有限公司、中铁二十四局集团有限公司、中铁二十一局集团有限公司、中铁十局集团有限公司、中国路桥集团西安实业发展有限公司、中铁五局集团第四工程有限责任公司、陕西路桥集团有限公司、中铁十八局集团有限公司、中交第四公路工程局有限公司、中铁十二局集团有限公司、新疆昆仑路港工程公司、陕西路桥集团有限公司、中铁二十一局集团第三工程有限公司、中交二公局第四工程有限公司、中铁一局集团第二工程有限公司、中铁十局集团第二工程有限公司、中交一公局海威工程建设有限公司、中国中铁股份有限公司、中铁十五局集团第五工程有限公司、中铁二十局集团第四工程有限公司、中铁十二局集团第三工程有限公司、甘肃中大建设工程有限公司、中国中铁股份有限公司、中铁十二局集团第三工程有限公司、西安萌兴高等级公路工程股份有限公司、中铁十五局集团第七工程有限公司、中国路桥集团西安实业发展有限公司、中铁一局集团桥梁工程有限公司、中交第二公路工程局有限公司、陕西省第八建筑工程公司、西安中惠建筑工程公司、核工业西北工程建设总公司、陕建第十一建筑工程有限公司、徐州腾龙钢结构工程有限公司、陕西建工集团总公司、中北交通建设集团有限公司、江苏兴厦建筑安装有限公司、徐州义隆钢结构有限公司、中十冶集团有限公司、陕建第一建筑工程有限公司、江西方兴科技有限公司、陕西高速电子工程有限公司、陕西高速交通工贸有限公司、安徽皖通科技股份有限公司、上海市安装工程有限公司、中铁隧道股份有限公司、山西四和交通工程有限责任公司、山西欣奥特自动化工程有限公司、湖南省工业设备安装有限公司、江苏安防科技有限公司、中铁一局集团建筑安装工程有限公司、上海电科智能系统股份有限公司、陕西科润公路沿线设施工程有限公司、陕西大成电力科技工程有限公司、北京路安交通科技发展有限公司、陕西高速诚信交通工程有限公司、陕西高速交通工贸有限公司、浙江诸暨平安交通设施有限公司
白河至安康段	监理单位	北京兴通交通工程监理有限责任公司、重庆中宇工程咨询监理有限责任公司、陕西环宇建设工程项目管理有限公司、陕西省工程监理有限责任公司、陕西世纪星建设工程监理有限公司、陕西公路交通科技开发咨询公司、北京路桥通国际工程咨询有限公司、陕西顺通公路监理技术咨询有限责任公司、武汉市公路工程咨询监理公司、陕西海嵘工程项目管理有限公司、陕西兴通监理咨询有限公司、北京华宏工程监理咨询有限公司、上海建通工程建设有限公司、山东格瑞特监理咨询有限公司、铁科院(北京)工程咨询有限公司、陕西高速工程咨询有限公司、陕西公路交通工程监理咨询有限公司、潍坊市华潍公路工程监理处陕西高速公路工程咨询有限公司、陕西高速公路工程试验检测有限公司
安康至西乡段	设计单位	陕西省公路勘察设计院、陕西省水利电力勘测设计研究院、新时代(西安)设计研究院有限公司、陕西宇泰建筑设计有限公司、中冶地集团西北岩土工程有限公司、信息产业部电子综合勘查研究院、安康市水电建筑工程勘察院
安康至西乡段	施工单位	中铁五局集团有限公司、中铁十局集团第二工程有限公司、中铁一局集团有限公司、中铁十八局集团第二工程有限公司、中铁十二局集团第三工程有限公司、中铁十七局集团第二工程有限公司、中铁五局集团第一工程有限责任公司、新疆北新路桥建设股份有限公司、陕西路桥集团有限公司、中交二公局第三工程有限公司、中交第一公路工程局有限公司、中铁十二局集团有限公司、安通建设有限公司、中铁十一局集团有限公司、中铁十一局集团第四工程有限公司、中铁十七局集团第二工程有限公司、陕西世纪交通工程有限公司、陕西省渭南市桑桥绿化工程有限责任公司、中铁十八局集团有限公司、江苏火花钢结构集团有限公司、安徽建工集团有限公司、陕西崇立建设集团有限公司、西安市长安建筑开发集团公司、陕西方圆建工集团有限公司、陕西建工集团总公司、江苏火花钢结构集团公司、四川雷诺建设有限公司、陕西凯达源林绿化有限公司、陕西高速绿化有限公司、陕西绿业环境发展有限公司、陕西中海园林建设有限公司、陕西唐苑景观制作有限公司、陕西科润公路沿线设施工程有限公司。陕西高速交通工贸有限公司、陕西高速诚信交通工程有限公司、常州市交通设施有限公司、潍坊东方交通设施工程有限公司
安康至西乡段	监理单位	陕西高速公路工程咨询有限公司、重庆市交通工程监理有限公司、陕西公路交通工程监理咨询有限公司、陕西恒通监理咨询有限公司、河北冀民工程咨询有限公司、潍坊市华维公路工程监理处、山西交科公路工程咨询监理有限公司、北京华宏工程监理咨询有限公司、武汉市公路工程咨询监理公司、陕西公路交通科技开发咨询公司、北京兴通交通工程监理有限责任公司、陕西正林工程监理有限公司、陕西世纪星建设工程监理有限公司

续上表

项目名称	从业单位	单位名称
西乡至汉中段	设计单位	中交第二勘察设计研究院、西安公路研究院
	施工单位	中铁十五局集团第五工程有限公司、中铁十八局集团有限公司、中铁二十一局集团第三工程有限公司、中铁七局集团第三工程有限公司、中铁五局集团第三工程有限责任公司、东盟营造工程有限公司、中铁一局集团有限公司、中交二公局第一工程有限公司、中铁十二局集团第三工程有限公司、中铁五局集团机械化工程有限责任公司、中铁四局集团第四工程有限公司、中铁二十局集团第一工程有限公司、中交二公局第四工程有限公司、中铁十局集团有限公司、中交一公局第三工程有限公司、中铁十二局集团第四工程有限公司、中铁二十局集团第四工程有限公司、中交第一公路工程局有限公司、东盟营造工程有限公司、中铁十二局集团第一工程有限公司、中铁十局第二工程有限公司、陕西高速交通工贸有限公司、北京深华科交通工程有限公司、厦门市科发交通工程有限公司、陕西高速诚信交通工程有限公司、山西乾通公路工程机械有限公司、中国路桥工程有限责任公司、陕西科润公路沿线设施工程有限公司、广州海特天高信息系统工程有限公司、山东中创软件工程股份有限公司、浙江快达建设安装工程有限公司、浙江省建工集团有限责任公司、河南科兴建设有限公司、安徽建工集团有限公司、陕西方圆建工集团有限公司、陕西省第六建筑工程公司、陕西华油建筑工程有限公司、陕西丰汇建设工程投资有限公司、四川雷诺建设有限公司、安徽省工业设备安装公司、陕西元素景观园林工程有限公司、陕西德艺园林景观有限公司、陕西省肖柯园林工程有限责任公司、常州市华辰园林绿化工程有限公司、汉中市时美花卉科技园艺有限公司、咸阳大地绿化工程有限公司
	监理单位	陕西高速公路工程咨询有限公司、重庆交通监理公司、山东临沂交通工程咨询监理中心、武汉市公路工程咨询监理公司、山东德州市交通工程监理公司、北京华宏工程咨询有限公司、安徽省高等公路咨询工程监理有限公司、潍坊市华潍公路工程监理处、陕西高速公路工程试验检测有限公司、铁科院(北京)工程咨询有限公司、潍坊市华潍公路工程监理处、西安金路交通工程科技发展有限责任公司、北京兴通交通工程监理有限责任公司、铁科院(北京)工程咨询有限公司、陕西正林工程监理咨询有限公司
汉中至略阳段	设计单位	陕西省公路勘察设计院
	施工单位	中铁十七局集团第三工程有限公司、中交第二航务工程局有限公司、陕西路桥集团有限公司、中铁三局集团第二工程有限公司、中铁一局集团有限公司、中铁五局集团第四工程有限责任公司、中铁十一局集团第二工程有限公司、中铁十五局集团第五工程有限公司、中交二公局第三工程有限公司、中铁十七局集团第四工程有限公司、中铁一局集团第五工程有限公司、西安萌兴高等级公路工程股份有限公司、中铁隧道股份有限公司、中铁十八局集团第五工程有限公司、中交第一公路工程局有限公司、东盟营造工程有限公司、中铁二十局集团第二工程有限公司、中铁十八局集团第五工程有限公司、中铁一局集团桥梁工程有限公司、中铁十五局集团第七工程有限公司、中交第三航务工程局有限公司、中铁十一局集团第一工程有限公司、中铁二十局集团第一工程有限公司、中铁十七局集团第二工程有限公司、陕西路桥集团有限公司、中铁十八局集团有限公司、中国路桥集团西安实业发展有限公司
	监理单位	陕西高速公路工程咨询有限公司、山东格瑞特监理咨询有限公司、山东东泰工程咨询有限公司、陕西恒通工程咨询有限责任公司、陕西兴通监理咨询有限公司、北京华宏工程咨询有限公司、广东翔飞公路工程监理有限公司、湖南湖大建设监理有限公司、潍坊市华潍公路工程监理处、山东恒建工程监理咨询有限公司、铁科院(北京)工程咨询有限公司、武汉市公路工程咨询监理公司、潍坊市华潍公路工程监理处、济南北方交通工程咨询监理有限公司

一、白河至安康段

2012年12月25日,对于有着醇厚历史积淀的陕鄂两省来说,或许只是短暂的一瞬。这一天,十天线安康东段129.80km主线终于全线建成通车。它北屏秦岭,南依巴山,东临武当山,线路所经之处既有水波浩渺的汉江谷地,更有巍峨险峻的秦巴山脉,也因此成为当时陕西省施工任务最为艰巨的公路建设项目之一。它的建成通车,不仅是崇山峻岭中架起的一道壮美的彩虹,更是一条寄托着期盼和希望的康庄大道。

(一)项目概况

十堰至天水高速公路白河至安康段,又称安康东高速公路,或陕鄂界至安康高速公路。该项目是国家高速公路十(堰)至天(水)联络线(G7011)陕西境的重要一段,也是陕西省"2367"高速公路规划网中横向主轴线的重要组成部分。项目位于陕西境东端,西起安康市汉滨区建民镇,经旬阳东至白河县陕鄂界,通往湖北省十堰市。古时所称的"秦头楚尾",实现了高速公路的贯通和连接,极大改善了陕南地区的交通条件和经济发展环境,对于推动陕南汉江流域的经济发展,进而促进陕西省的经济全面、协调、健康发展都具有积极的作用。

a)

b)

白河至安康高速公路

2009年,国家发展与改革委员会批复《关于陕西省白河鄂陕界至安康公路可行性研究报告》;2009年,交通运输部批复《关于陕西省白河(鄂陕界)至安康公路初步设计》;2011年,陕西省交通运输厅批复《关于陕西省白河(鄂陕界)至安康公路施工图设计》。

项目由陕西省公路勘察设计院、中交公路规划设计院有限公司分段设计。路线起于全长5603m的陕、鄂界特长隧道(两省各一半),经白河县大坪、构扒、茅坪、西营,旬阳县张河、金寨、神河、吕河、关家,至安康市汉滨区建民镇接十天高速安康西段,全长129.80km。其中14.06km为双向六车道,其余段落为双向四车道。桥、隧长度占路线总长72.37%。沿线地质、地形条件复杂,工程技术要求高,是陕西省当时一次性开工投资最大、施工任务最艰巨的公路建设项目。

全线分两期工程实施。安康至白河段113km为一期工程,白河至陕鄂界段16.80km为二期工程。两期工程均于2009年3月20日开工。

一期工程安康至白河段，设计土石方工程2233万 m^3，防护排水工程129.8万 m^3。设桥梁235座、5.59万m，其中特大桥9168m/8座，大桥4.22万m/161座；隧道（单洞）6.58万m/86座，其中特长2.55万m/隧道6座，长隧道2.46万m/12座；互通式立交8座，跨线桥5座，天桥4座；通道37座，涵洞172道；服务区2处，停车区2处，收费站7处，管理所2处。

二期工程白河至陕鄂界段，双向四车道，路基宽度24.50m。设计土石方工程155.80万 m^3，防护排水工程7.20万 m^3。设桥梁3760m/19座，其中大桥3600m/14座；隧道（单洞）2.64万m/8座，其中特长隧道1.90万m/4座，长隧道7800m/4座；桥隧比例高达96%。主线收费站1处。

本项目共投资138.03亿元，其中，交通运输部批复的初步设计概算投资为133.33亿元，安平共线段批复4.70亿元。建设资金来源有国家专项基金、省内交通建设专项资金和利用国内银行贷款三种。

(二)建设情况

建设单位陕西省高速集团组建十天高速安康东管理处负责项目建设管理。工程分39个合同段。中铁十八局集团有限公司、中交第四公路工程局有限公司、新疆昆仑路港工程公司等单位中标参建。陕西高速公路工程咨询公司承担总监，陕西交通科技开发咨询公司、上海建通工程建设有限公司等单位承担监理。

经过两年多的紧张施工，安康至白河段一期工程于2011年12月12日建成通车，完成投资120.02亿元，安康与白河间实现高速公路连接。2012年12月25日，二期工程全部完工。

安康东高速公路项目有着诸多难点及特点：地形地质条件复杂、施工技术难度大，全线桥隧比例高达73%，特长隧道、高墩、深水基础等质量控制难度大。沿线千枚岩、膨胀土治理，路基填料改良，跨汉江特大刚构桥，三车道大断面隧道，高边坡防护等施工技术要求高、施工条件差。沿线山高坡陡，沟壑纵横，河道狭窄，每年5~10月主汛期降雨集中，汉江及支流河水骤涨骤落，滑坡、崩塌、泥石流等地质灾害频繁，工程损失惨重，有效施工时间短。项目位于国家南水北调中线工程汉江水源保护区，沿线植被良好，自然环境优美，环保要求高；但山体破碎，土质松散，汉江水系脆弱、水土易流失，对水土保持和污染防治及土地占用等提出了更高的要求。

针对以上特点及难点，项目在建设过程中主要通过以下四个方面加强建设过程管理，确保把该项目建成山区高速公路样板工程。

1.全面推行精细化施工

通过召开梁板预制、桥面系、边坡防护、路面施工、预制梁板蒸汽养生、钢筋加工、隧道初期支护、伸缩缝施工等20余次精细化施工观摩会,达到交流经验、提高质量的目的。围绕施工关键技术开展科研攻关,解决特长隧道施工、千枚岩路基填料改良、高边坡防护等技术难题。桥梁后张法箱梁预制采用真空压浆。边坡采用生物防护等技术和工艺。开展混凝土质量通病、隧道偏压排水系统、高边坡(滑坡)、改性沥青稳定性等专项治理活动,确保工程质量达标。为保护饮用水源地,马坡岭和下许家台子采用桥梁跨越汉江,采用隧道穿越许家河水库。加强路面精细化施工管理,针对项目地处多雨地区的气候特点,在保证路面工程各项指标达标的基础上,将重点放在路面封水效果上,并对中面层配合比再次进行合理优化。为了更好地起到封水效果,在沥青与混凝土结合部位使用热沥青进行灌缝处理。桥梁护栏与沥青路面结合部涂刷热沥青,防止混凝土护栏雨水下渗路面。施工现场两侧增加挡风墙,有效防止混合料温度散失。

2. 充分利用高新科技保障工程质量

与长安大学合作开展"基于行车安全的公路隧道进出口段路面关键技术研究",为安康东段隧道进出口路面施工质量和行车安全打下了坚实基础。充分利用网络信息化管理手段,各施工单位拌和楼、改性沥青生产设备安装监控设备,管理人员可随时监控拌和楼、改性沥青生产状况,检测混合料及改性沥青生产质量。在摊铺、碾压设备上加装限速报警装置,严格控制摊铺、碾压设备行进速度,确保了压实效果。下面层施工使用转运车,保证混合料的均匀性,有效解决了沥青混合料的离析问题,确保路面工程内实外美。

3. 以建设山区高速公路示范工程和生态环保样板工程为主旨

隧道工程坚持零开挖和零进洞,边坡施工开挖一级、防护一级、绿化一级。充分利用废弃渣,建造立交区绿化带,解决了弃渣污染环境的问题,并节约了成本。广泛栽植大叶女贞、棕榈、柳树、百日红、栾树、柑橘等易成活的树种,形成了一条生机盎然、绿色天然的山水画廊。建设过程中为保护好路线所经之处的生态环境,多次开展专题研究并变更设计方案。在金寨镇花房村有一颗花梨木,树龄超过几百年。原设计古树侵入匝道2.4m,但古树树形较大,移植难度大,成活率低。建设过程中,为保护这棵古树,高速公路变更了设计方案,从而合理避让了古树。

4. 解决好拆迁问题,为公路建设提供基础保障

安康东全线共15处安置点,截至2011年6月底,管理处补助了基础设施建设资金1219万元,投资2696.48万元帮助解决了老百姓出行、用水、用电、村级活动室、公共服务场所、敬老院建设、改善单位办公条件等公益事业难题。其中:投资860.19万元,补助了3个集中安置点和300余拆迁户的安置建房资金缺口;投资925.87万元,维修硬化了吕赤、大河南公路部分危险路段和金寨镇金铃子、郭家湾、寨河村、神河镇社区、黑沟村、王义沟、吕河镇西沟、东沟村等10余条村级道路;投资128.34万元,修建了金寨镇权口、谭家

院、小金河、郭家湾、寨河村、神河镇金河口、吕河镇何家沟、西沟村的 16 座便民桥;投资 129.95 万元,帮助解决了张河、神河两处敬老院装修,神河镇王义沟、吕河镇险滩村、梨河村三个村的村级活动室建设和吕河镇文化广场建设的基础处理;投资 120.89 万元,解决了沿线近万名群众的安全饮水、用电问题。截至 2011 年 6 月底,安康东项目全线共征地 9600 亩,拆迁 1784 户,迁移坟墓 6360 棺,拆迁面积达 13.1 万 m^2,在被称为"八山一水一分田",土地短缺寸土必争的安康,管理处做到了既要修好高速,又切实让沿线群众安居乐业。

(三)复杂技术工程——汉滨隧道群

汉滨隧道群位于安康市汉滨区香溪洞风景区内,地处城乡结合部,建设环境复杂,分别由香溪隧道左右线、任家沟 1、2、3 号隧道、张垭子 1、2 号隧道和汉滨隧道等 12 座隧道构成,总长 4936m。

汉滨隧道群的 12 座隧道都是三车道大断面隧道,围岩以 V 级围岩为主的泥质结构强风化千枚岩,遇水后软化为粉末状,泥化后则呈淤泥状。受断裂带构造影响,岩质较软,岩体极破碎,自稳能力差,开挖时拱部易坍塌,侧壁易失稳。隧道埋深较浅,洞口段地表附着物繁多,是省内当时地质条件最差、断面最大、施工难度最大、采用施工方法最多的高速公路隧道。面对复杂的地质围岩情况,管理处坚持"先预报、管超前、短进尺、早封闭、勤量测"的原则,采用侧壁导坑法施工,仰拱施做及时,以保证尽早成环,构成稳固的初期支护体系,以及时准确地监控量测,数据化指导施工,并根据监控量测数据及时调整隧道支护参数和混凝土衬砌施做时间。

隧道群在每个进洞施工时,由于隧道洞口段多为全、强风化千枚岩地层,洞口地质条件差、缺乏自稳能力,为了顺利进洞,均采用了大管棚作为超前支护措施,管棚钢管施做完成后,在其内部安设钢筋笼,然后注水泥浆。在洞口紧贴进洞掌子面设置套拱,套拱内设置型钢钢架和导向管。针对部分隧道洞口存在偏压的情况,管理处组织专家多次现场勘察后,分别采取了设置偏压套拱偏压挡墙的方法结合超前管棚进洞,保证了洞口安全。

针对不同病害,安康东管理处还多次请专家论证,最终以最佳的优化方案进行施工,香溪隧道左线出口右侧位于香溪旅游公路下方地表冲沟一侧,地表为香溪旅游公路修建时的坡积松散土,埋深较浅,左侧有一定埋深,形成严重偏压,地表冲沟在雨季水量较大,洞口段施工时已出现多次滑塌,给正常进洞带来极大困难。管理处先后组织专家多次勘察,召开 30 余次现场论证会后,最终确定了设置偏压套拱、增长管棚等一系列施工方案,保证了洞口安全,顺利掘进。夏季暴雨后,香溪隧道右线出口洞口山体出现滑坡,管理处又及时采用 82 根微型抗滑桩进行了加固处理,对隧道明洞段基础采用了支撑桩处理。进入暗洞开挖后,围岩变形严重,导致初期支护出现裂缝,拱顶下沉,严重侵限。又采取了增加注浆小导管预处理和拱架拆换的方法,及时根据监控量测数据修正了预留沉降量。在隧道施工过程中,共出现大小塌方数十次,部分浅埋隧道出现冒顶。塌方发生后在原导洞临时支撑位置增设了竖向支撑,以确保已施工段落初期支护稳定。同时加大了现场监控量测频率,严格履行质量监控,注重现场检查。喷射混凝土封闭了掌子面塌方涌出的松散体,在此基础上,用洞碴堆填反压形成了塌方处理施工平台,然后进行了塌方处理。

张哑子1号隧道由于围岩突然变化导致原设计支护参数不能满足要求,致使洞顶出现多次塌方,好在安全措施准备到位,塌方过程中无一起安全事故。塌方过程中对靠近掌子面未塌方段及时采用了双层拱架支护,以确保安全,避免了塌方再度扩大。张哑子1号左线的洞口方案,是参与人数最多、组织专家教授讨论次数最多的方案。洞口开挖后,出现大面积滑坡,山体出现急速位移,最后经专家现场勘察,才发现洞口位于古坡积层上。

汉滨隧道群在施工中也十分注重保护原有地貌和自然景观,在每一座隧道施工之前,都要经测量人员多次测量,讨论确定科学合理的进洞位置,然后采用零开挖进洞,避免大边坡大仰坡进洞,最大程度减少对洞口周边地表地貌和植被的破坏,保持原地貌自然景观。对出现塌方地段,尽量在进洞后尽快恢复原地貌,采用有机土绿化植被,不留施工痕迹。任家沟1号隧道与其他几个没有出现滑坡等地质灾害的洞口一样,采用标准的零开挖进洞,开挖面以外的地表植被、树木,都完整地保存了下来。为了把山体滑坡和漏水等情况治理好,保证在投入运营后工程质量稳定,减少运营成本,降低安全风险系数,在隧道开挖时运用新奥法等施工工艺,在不影响周围群众生产生活的情况下进行施工,保证了施工的稳定性。

(四)科技创新

1.半导体照明产品应用示范工程

磨河村隧道LED照明工程是交通运输部半导体隧道灯应用陕西省示范工程。隧道上行长4182m、下行长4217m,照明系统原有设计采用双侧高压钠灯布设,后改为LED灯照明,设计过程认真比对了隧道照明系统传统设计方案与优化后的设计方案。2011年8月开工建设,建设过程对进场半导体照明产品材料加强检测和留样,跟踪观测检查,加强了示范工程建设的过程管理及资金控制,确保了高质量地建成示范工程。工程于2011年12月底完工,截至目前,运行状况良好。该隧道照明系统原有设计采用双侧高压钠灯布设方式,其中,400W高压钠灯208盏,250W高压钠灯120盏,100W高压钠灯1712盏,预计年照明用电量约250万kW·h;采用LED灯后,使用100W LED灯84盏,55W LED灯1318盏,35W LED灯137盏,年用电量约75万kW·h。采用LED灯隧道照明的用电量仅为钠灯方案的30%,节能效果显著。本工程为半导体照明产品的广泛应用奠定了坚实的基础。

2. 强风化千枚岩及泥质板岩路基填筑技术

本项目地处秦巴腹地,遍野山石,却多为千枚岩和泥质板岩,遇水软化,碾压成泥,不宜直接作为路基填料;地形复杂,难以找到合适的弃渣场满足隧道弃方堆砌;便道崎岖,不利于填料运入;千枚岩改良路基、膨胀土置换填路基等质量控制难度大。全线高边坡防护237处,其中千枚岩、膨胀土边坡防护占边坡防护总量的45.5%。由于汛期降雨及地质变化,全线26处边坡大面积滑坡,甚至已施工完成的2、3、4级防护,5级锚索、锚杆框架梁防护全部折断开裂,沿线高边坡开挖和路基挖方施工过程中引发了多处滑塌和泥石流,治理难度较大。

针对以上问题,安康东管理处与高等科研院校联合,开展了"高速公路强风化千枚岩及泥质板岩路基填筑技术研究",研究强风化千枚岩的路用性能、湿化变形特性、改良措施,通过添加水泥改良、利用强风化千枚岩和泥质板岩作为填料填筑高速公路路基的办法,解决了弃渣难、填料缺乏的难题,节省了投资,维护了生态。

(五)运营管理

十天高速公路安康东段建成通车后,交由新组建的白泉分公司负责运营管理,主要负责项目范围内路段的收费、养护、路政、治超等管理工作,此路段设两个管理所、8个收费(治超)站;同时,负责白河、安康东服务区的管理工作。

1. 管理服务

管理所认真学习贯彻《陕西省公路收费服务标准》,大力推进"微笑在红亭,满意在高速"和"司乘满意在陕西"的文明服务活动。监督执法人员挂牌上岗,规范使用各类文明用语。完善收费站便民服务台服务设施,免费为驾乘人员提供服务。为使各项服务措施和制度有效落实,还专门聘请社会监督员,设立举报电话和服务热线,加强投诉管理,及时解决群众反映的服务热点、难点问题,在社会上树立了良好形象。同时针对该项目路段的特点,健全完善高速公路应急保障体系,在历次除雪保畅工作中,迅速启动了除雪保畅工作预案,统筹安排各项除雪工作,采取有力措施,确保了道路安全畅通。

2. 收费养护

各收费站通过"两个提升"积极营造安全、温馨的收费环境。

(1)提升行车安全系数。一是制作事故现场照片及禁止通行警示牌,警示行人禁止通行高速公路;二是在入口安排安全讲解员,做好劝返解释工作;三是强化收费现场管理力度,提高未开启车道防撞桶的密度,避免非机动车辆偷逃通行,切实提供安全有序的高速公路安全行车环境。

(2)提升文明服务质量。一是在收费亭门、收费亭窗、梳妆镜上张贴微笑表情图标,时刻提醒收费人员坚持微笑服务;二是制作微笑服务社会调查表,积极接受广大驾乘人员的打分,及时获取服务质量信息反馈,做好督促整改,促进文明服务质量不断提高。

以上两项举措,进一步提高了收费人员文明服务工作的自觉性与积极性,得到了社会司乘人员的肯定,树立了安康市东大门的良好形象。

3. 路政治超

为确保高速公路运行安全畅通,路政中队及时制订保畅方案,加强路政管理工作,积极为过往驾乘人员营造安全、便捷、畅通的通行氛围。

(1)开展优质道路服务。路政中队为巡查车配备了维修工具、油桶、水桶、灭火器;以及《陕西省高速公路行车指南》《安康美食图》《汉滨导游图》等便民服务设施。

(2)高效处置突发事件。路政中队积极发挥"122路警联勤联动"模式,确保接到交通事故和突发事件报警30min以内到现场。

(3)加强路面隐患排查。路政巡查人员实行不间断性路面巡查,及时发现及时治理问题,为驾乘人员营造安全、舒适的出行环境。

想当年,秦头楚尾,崇山峻岭,雄关漫道,困难重重;看今天,秦岭之巅,横穿通途,巴山汉水,飞架虹桥。372座桥梁、95座隧道,玉带般的安康东高速正在青山间穿行,与青山绿水相映衬,如同一条巨龙直通荆楚。

二、安康至西乡段

"汉中宝地,金瓯浴盆,栖卧龙兮拜上将,应天汉而兴汉邦。安康名城,福祉无疆,距秦地而襟楚风,聚瑞气而播吉祥。"十天高速公路安康西段,起于汉滨,终于西乡。这条坦荡穿行于秦巴腹地的逶迤通衢,结束了地处秦巴山区的安康、汉中两市几千年半封闭,几百年路难行,几十年没有高速公路的历史,从根本上改变了两地以往交通困顿的状况,将安康与汉中两市之间行车时间从以往的5个多小时缩短至2个半小时。

(一)项目概况

十堰至天水高速公路安康至西乡段,简称安康西段,又称安康西高速公路,是十天高速公路安康至汉中间安康境路段。它是国家高速公路十天线陕西境的重要路段,直接沟通了陕南地区汉中、安康两市,是陕西省南部地区里程最长、联系城镇最多的重要经济干线。安康至汉中高速公路的建成通车,将安康、汉中两市与西安的单边连通变成了三角互通,对提升陕南区位优势,实现突破发展,加快与关天经济区、成渝经济区和武汉经济区的融合对接和便捷出海,都起到了积极的推动作用。

2009年4月,国家发展和改革委员会批复《安康至汉中公路可行性研究报告》;2009年10月交通运输部批复《安康至汉中公路初步设计》;2010年4月陕西省交通运输厅批复十天线《安康至汉中公路施工图设计》。

a)

b)

c)

安康至西乡高速公路

安康西段高速公路于 2007 年 7 月 17 日开工试验段,2008 年 8 月 12 日全线开工建设。该项目路线起于安康市汉滨区建民镇,接十天高速陕鄂界至安康段,经汉滨、汉阴、石泉,止于西乡茶镇,全长 89.95km。其中与包茂高速共用路段,即五里镇至恒口镇 10.83km 为双向八车道,另五里镇立交至建民镇 5.17km 为双向六车道,此两段路于 2009 年 5 月 28 日随包茂小康高速建成通车。本项目实际项目里程为 73.95km,其中恒口至石泉段 58.56km、石泉至西乡茶镇段 15.39km,均为双向四车道,路基宽度分别为 26m 和 24.5m,设计速度分别为 100km 和 80km。全线土石方工程 1307.40 万 m^3,防护排水工程 43.44 万 m^3。设桥梁 3.82 万 m/176 座,其中特大桥 8716m/5 座,大桥 2.67 万 m/98 座;隧道(单洞)9.52 万 m/109 座,其中特长隧道 3.54 万 m/8 座,长隧道 4.04 万 m/20 座;互通式立交 12 座,分离式立交 1 座,跨线桥 21 座,天桥 1 座;通道 36 道,涵洞 227 道,渡槽 10 道;服务区 6 处,停车区 4 处,收费站 12 处,管理所 4 处。2010 年 12 月 26 日,安康西段 92.41km 全线建成通车。

本项目批复的概算总投资为 64.81 亿元,建设资金来源有国家安排中央专项基金、陕西省安排交通建设专项资本金和国内银行贷款三种。

(二)建设情况

项目业主省高速集团组建十天线安康西项目管理处负责项目实施。陕西省公路勘察设计院负责设计,安康市政府负责项目征地拆迁和建设环境保障工作。本项目实行二级监理,全线共设1个总监办、1个中心实验室、16个高级驻地监理办、17个路基桥隧施工标、3个路面标、4个交安标、5个绿化标、9个机电标、8个房建标。中铁五局集团有限公司、陕西路桥集团有限公司等单位中标参建。陕西高速公路工程咨询有限公司、河北冀民工程咨询有限公司等单位中标监理。

在项目建设管理过程中,安康西管理处坚持科技创新,勇于克难奋进,围绕质量抓管理,抓好管理保质量,高标准、严要求,确保将该项目建成一个集生态环保、安全舒适、自然和谐、人文景观为一体的高标准样板工程,通过精细化管理的手段,把这条穿越秦巴汉水的高速公路做精、做细,修筑成为交通运输部山区高速公路的示范工程。

1. "统一""集中",推进工地建设标准化

陕西高速集团将工地标准化建设纳入招标文件,按照"满足功能,符合要求,集约高效"的原则,统一规范建设标准化工地。临建设施从人本化出发,实行"四统一",即统一施工、监理单位驻地建设规模和标准,统一工地试验室建设标准,统一施工便道建设标准,统一各类标牌标识及参建单位人员着装,提升了文明工地水平。施工现场按照标准化,实行"三集中",即边沟盖板、锥坡六棱块等小型构件集中预制,水泥混凝土、沥青混合料等集中拌和,钢筋、钢绞线集中加工。同时,规范了工地临时站、场建设规模和标准,并将此项工作作为开工前的履约条件进行考核。

2. 抓好施工流程,探索科学施工工艺

针对秦巴山区地质结构复杂的特点,在路基施工中,挖方路堑采取开挖、防护、绿化"三同步"施工措施;小型预制构件采用聚丙烯塑钢模板工厂化集中预制、振动成型工艺生产。针对桥梁采取高墩大跨或连续刚构施工的特点,在桥梁施工中,通过采取自动高压喷淋装置、"蒸汽养生大棚法"等措施解决了梁板预制、大跨径连续刚构桥等养生不到位问题;推广钢筋滚焊机、数控机床、钢筋骨架定位架、"梳子板"等工艺,提高了钢筋间距和保护层厚度合格率。针对山区项目隧道比例高、生态环境脆弱的特点,在隧道施工中,坚持"零开挖"进洞理念,减少了对自然环境的破坏;对围岩较差的隧道推行"三台阶""七步流水法"开挖工艺,确保了安全质量;采用"锚杆综合检测仪"对锚杆施工质量专项检测,使用超前地质预报仪超前判定围岩;采用台架法自动控时高压喷淋装置进行养生,减少了二次衬砌的裂缝。针对不同地区气候特点并结合交通流情况,在路面施工中,通过沥青拌和楼安装"黑匣子"摊铺、碾压设备安装限速报警装置、ATB结构增设转运车、上面层摊铺

设置隔风墙、上面层路面结构广泛使用SMA等措施,解决了混合料的拌和、保温、离析等问题。

3. 注重现场管理,推进精细化施工

管理处紧密结合工程实际进展,分不同主题在多个施工点先后召开了桥面系施工、边坡防护、路基修整、箱梁预制、T形连续刚构部件蒸汽养生等工程质量现场会和观摩会,各标段施工单位通过现场观摩会,推进精细化施工。在施工过程中,严把原材料质量控制关,坚持材料准入制度、交通产品审批制度和盲样抽检制度,提高对水泥、钢材、砂石料、交通产品、外掺剂等原材料的抽检频率。在精细化管理中,对钢筋堆放、钢筋防锈、梁板预置、拌和站文明工地建设等加强现场管理,制定了统一的规范标准,并印制图册供施工单位按图施工。在实施精细化管理过程中,为控制好桥梁建设中的各项技术指标,监控沥青生产过程,进行"14个弱项指标"治理,整改存在的问题和差距。同时,强化了重点、控制性工程、重点工序及工艺的质量监控,加强质量巡查、监督和考核管理。

4. 推行全寿命周期成本,环保节约理念贯穿于项目全过程

排水工程方面,水沟盖板使用低成本塑料模具,全线统一设计为彩色碟形断面,既美观实用,又保障行车安全。路面工程方面,全线采用SMA-13沥青路面结构,大大延长路面寿命。桥梁工程方面,石泉汉江大桥采用"块段蒸汽养生大棚法",保证了大跨径连续刚构桥施工的高质量和快进度,并在陕西省刚构桥梁施工中推广。隧道洞口减少边、仰坡开挖,保护原有植被,力求洞门与周围环境和谐自然。在建设中,始终贯彻节能环保理念,在立交区和边坡整形中利用工程弃渣随坡就势,形成自然景观,沿线绿化因地制宜,恒口服务区栽竹,蒲溪立交植枇杷,汉阴立交种橘树,石泉立交种茶树,彰显地域特色。开展公路隧道照明太阳能供电系统、太阳能公路隧道照明专用控制系统、低照度下高显色性隧道照明灯具(LED灯)的具体应用研究。小草沟隧道和朱家沟隧道由原设计的高压钠灯调整成LED灯后,按照隧道照明功率计算,太阳能供电系统每年发电电量为9.78万kW·h(30kW×3260h),隧道用电量大幅度降低。

(三)复杂技术工程——明垭子隧道

在十天高速公路安康西段的建设中,全线最大的工程难点和重点就是明垭子隧道施工。

明垭子隧道位于石泉饶峰—城山推覆构造段中段,断裂构造和褶皱构造都极为发育,是全线施工建设中的难点,洞身穿越5条断层破碎带,地质条件复杂,地下水丰富,隧道施工难度大。如同当年西汉路的"郭家山"隧道、西康线的"包家山"隧道一样,明垭子隧道因其围岩变化频繁、穿越多道断层,卡住了工程进展的"脖子",成为十天线安康至汉中段

的控制性工程。

2008年9月,明垭子隧道顺利进洞施工。突破洞口支护加强段施工后,不良地质条件极大地阻碍了后续段落的施工,工程进度极为缓慢,按照现场地质状况及当前国内隧道施工技术水平测算,完成隧道掘进将延误至2015年。这将使整个项目推迟5年才能全线竣工。

安康至西乡高速公路石泉隧道(原明垭子隧道)

针对隧道施工中频繁出现的初期支护变形开裂,仰拱上浮破坏等地质病害,2009年5月10日,项目业主陕西省高速公路建设集团特别邀请国内知名隧道、地质方面专家中国工程院院士王梦恕、中铁三院隧道设计大师史玉新等专家深入施工一线现场踏勘,并在施工现场召开了明垭子隧道设计及施工技术专家咨询会议。专家组根据隧道的地质构造情况,结合病害产生的类型及原因,提出应加强施工控制,尤其是加强围岩的动态监控量测;不同围岩宜采用不同开挖方法和工艺,进尺长度随围岩而定;加强设备、人员的投入,提高工程进度,实现月进度指标;断层地段施工,先排水后开挖,局部采用上堵下排,周壁注浆加固;斜井适当减小断面,增设小断面分洞,加快工程进度。建设单位同时加强了项目管理,建立健全了建设、设计、施工、监理"四位一体"管理机制。

为保证隧道施工安全和质量,加快施工进度,确保通车目标顺利实现,2009年11月11日,陕西省高速公路建设集团在石泉县召开明垭子隧道加快施工专家咨询会。会议邀请了中国工程院院士梁文灏及相关专家一起研究如何改进施工工艺和工序,会诊施工和设计疑难杂症,以期提高施工管理水平。专家们提出了通过采用三台阶施工方案,仰拱成环、衬砌紧跟;初期支护闭合成环,在仰拱内增设型钢,使钢架全环受力;将隧道下部直边墙优化为曲墙等有效措施和在现场严格执行"管超前、严注浆、强支护、勤量测、早封闭、弱爆破"的十八字方针。一系列有效措施的推进,有效解决了困扰工程建设的诸多问题。

施工过程中,还进一步完善了安全生产的各项制度,制订了针对塌方、涌水等突发事件的应急预案,并定期进行了演练。为强化工序循环时间管理,各单位在洞口设置了工序循环时间表,严格执行并予以考核奖罚。陕西省公路勘察设计院成立了明垭子隧道现场动态设计小组,现场确定围岩级别和支护参数,出具变更图纸;对隧道穿越断层带施工补充了超前勘探和现场勘察,根据现场地质条件预判断层地质构造、岩性及涌水量,优化设计支护参数,并提出相应设计、施工要求。管理处对地质超前预报工作进行了专项管理,设计、施工、监理单位密切配合,建立了完善的审核机制,采用"物探"和"钻探"相结合的方法,切实加强预报的准确度;组织有关专家对斜井端正洞施工组织设计进行了评审,解决通风、排水、出渣运输方案;同时,进一步完善了明垭子隧道专项考核奖罚办法,有效调动了一线工人的生产积极性。

经过全体参建者的艰苦努力,克服了施工过程中多次发生的塌方、涌水,大段落初期支护变形侵限,仰拱上浮破坏,二衬开裂破损等罕见又层出不穷的地质病害,右洞于2010年12月26日率先建成,确保了安康至汉中高速公路2010年按期通车。左洞于2012年1月15日建成通车,保证了全线加快目标的如期实现。

(四)科技创新

穿行于陕南秦巴山区的十天高速安康西段,沿线水系发育,生物、矿产、水力资源丰富,形成了秦巴腹地的绿色自然风光走廊带,水土保持和生态保护工作显得至关重要。在建设过程中,道路沿线上,边坡大部分为石质结构,绿化施工难度较大。

"筑路重环保,创新保生态",是十天高速公路安康西段建设者秉承的理念。项目着力引进"土壤菌"永久绿化技术,采用边坡绿化喷播法进行施工,在岩石表面播撒有效土壤菌,使岩石的风化、土壤化过程加速并持续进展,将含草、灌、乔树种的营养层均匀地喷播到岩石边坡上,最终在岩盘上生长出植物,施工一个月后全面见绿,3年后成林。有效地改变了单纯地将树种喷洒至岩石表面,根系只悬在岩盘的上面,施工覆盖层将随着养分的消失而逐渐枯死、剥落的状况。应用土壤菌永久绿化技术,造价比常规方法更低,后期无需人工养护,真正实现了复绿"零养护"和永久性复绿。

"土壤菌"永久绿化技术的应用,解决了岩盘绿化问题,土壤化持续进展,根系扎入岩层,互相缠绕的根系成为一体,有土桩的作用,可以防止崩落,从根本上解决岩石土壤化问题。通过复绿,起到重新恢复自然生态的作用。经永久绿化法改造的边坡恢复了植被,有防冻融、防侵蚀、防风化、防滑坡、防崩塌作用,有自然边坡免维护、不施肥、不再追加投入的良好功效。同时,绿化施工中使用的网格、锚钉等也有护坡作用,实现了边坡防护和绿化两大功能的有机结合,可以完全或部分取代以往的浆砌块石、砂浆喷附等边坡工程,一次投资,永久受益。

陕西省高速公路建设中首次引用的这一绿化施工方法,经过在安康西项目中的使用后,目前已取得了明显的效果,从根本上改变了目前的岩质边坡绿化理念,对提升陕西省高速公路岩石边坡整体绿化水平,生态恢复,营造安全、舒适、环保的高速公路具有十分重要的意义。同时,对更新施工理念,加快路基边坡施工进度,减少工程防护,降低造价,起到了明显的促进作用。

(五)运营管理

本项目由安康、石泉二个管理所(隶属白泉分公司)负责运营管理,主要负责项目范围内路段的收费、养护、路政、治超等管理工作,共辖 6 个收费(治超)站,同时负责安康西、汉阴服务区的管理。截至 2015 年年底,通行费征收实征率达到 99.89%;管辖路段养护质量指数(MQI)保持在 95 以上;路产案件结案率达到 99.32%,货车超限超载率稳定控制在 0.6% 以内;服务区运营状况良好。

1. 科学养护

养护人员坚持巡查路况、修补坑槽、填充裂缝、维修护栏,清洗刷新沿线交通设施、拾拣垃圾障碍物、清沟通渠;坚持全面养护与重点养护相结合的方针,切实做好特殊时段、重点路段的养护工作。把全线 8 条特长隧道、5 座特大桥梁作为养护的重中之重,设置 45 个桥隧监控观测点对桥隧设施进行 24 小时动态监控。完善了公路养护应急预案,组织实战演练,及时排除突发洪水、突降冰雪险情。编制了桥梁、隧道、高边坡、沿线设施养护技术指南,指导日常养护作业。健全完善桥隧设施"健康"档案,并及时开展维修、加固等修复性养护,提升养管质量和效果。

2. 文明路政

秉承文明执法,热情服务,倾力打造"文明执法"品牌。以维护沿线路产路权为重点,加大道路巡查力度和频次,每日巡逻不少于 3 次,恶劣天气不少于 5 次,运营 7 年多,累计巡查时间超过 70 万小时。

3. 坚持规范服务

始终坚持以"微笑服务、科学养护、文明执法、温馨驿站"四大服务品牌作为行动指南、发展理念、服务追求和努力方向,全面提升行业文明水平。为给驾乘人员提供高效、快捷、文明、规范的服务,大力推进"微笑服务"品牌创建,不断深化"微笑在红亭,满意在高速"和"司乘满意在陕西"文明服务活动,进行"星级收费员"评定、流动红旗评比等活动,使文明服务逐步成为员工的自觉行为。

专家说:"陕西是我国的隧道大省之一,修了终南山隧道、郭家山隧道、包家山隧道,这次明垭子隧道可谓是隧道地质病害博览会,有了这次积累的经验,今后陕西修什么隧道都应该没问题了。"在陕西高速公路隧道建设史上,明垭子隧道以其独有的地质特性,竖起了一座崭新的丰碑,和秦岭终南山大隧道、郭家山隧道、包家山隧道齐名同辉,它将永远铭记建设者的默默奉献,丰功伟绩……

三、西乡至汉中段

牧马河边,水杉林立。当水杉这一汉中特有的树种见证着历史上著名的"三国演义"发轫之地贯通又一条高速公路时,十天高速公路汉中东段的建设完成不只是揭开了汉中美丽的面纱,更把一个向往富足的汉中和外部的世界联系了起来。杉水辉映,林木显秀,致富之路与滚滚车流一起,构成了一幅人与自然的和谐美景。

(一)项目概况

十堰至天水高速公路西乡至汉中段,又称汉中东高速公路,是十天高速安康至汉中段汉中境内路段,于2008年11月28日开工建设。路线走向与G316大致平行,穿越陕南秦巴山区,绕汉江之水而行,是陕南人民出行的又一不可或缺的致富快车道,有效改善了陕南地区的交通条件,是陕南汉江经济带的公路运输大动脉,对促进陕南汉江区域经济的发展具有积极的推进作用。

a)

b)

西乡至汉中高速公路

2009年4月,国家发展和改革委员会批复《安康至汉中公路可行性研究报告》;2009年10月交通运输部批复《安康至汉中公路初步设计》;2010年4月陕西省交通运输厅批复十天线《安康至汉中公路施工图设计》。

汉中东段路线起于西乡县茶镇,经古城、西乡县城、沙河、盐井,止于城固县上元观接京昆高速公路,长95.36km,双向四车道,茶镇至古城段30.887km,路基宽度24.5m,设计速度80km/h。古城至上元观段64.471km,路基宽度26.0m,设计速度100km/h。茶镇全线土石方工程2394万m^3,防护排水工程73.80万m^3。设桥梁(单幅)5.44万m/269座,其中特大桥1.14万m/18座,大桥3.92万m/133座;隧道(单洞)2.03万m/28座,其中长隧道1.08万m/7座;互通式立交6座,分离式立交14座,跨线桥49座,天桥19座;通道67道,涵洞136道;服务区1处,停车区2处,收费站5处,管理所1处。

本项目概算总投资为72.89亿元,其中:国家安排中央专项基金(车购税)和陕西省安排交通建设专项资本金共计20.02亿元,其余资金利用国内银行贷款解决。

(二)建设情况

项目业主省高速集团组建十天线汉中东项目管理处负责实施项目。中交第二公路勘察设计研究院有限公司、西安公路研究院分段设计。全线分26个合同段。中铁十八局集团有限公司、东盟营造工程有限公司等26家施工单位中标施工。陕西高速公路工程咨询有限公司负责总监,重庆市交通工程监理咨询有限责任公司、武汉市公路工程咨询监理公司等13家监理单位中标监理。西安公路研究院承担第三方检测。

汉中东高速建设伊始,项目管理单位以争创秦巴山区高速公路示范工程为目标,多管齐下,采取三项措施狠抓落实。

1. 推进施工精细化管理

汉中东管理处从细节入手,加强过程管理,严格工程开工关、材料关、工艺关、检查关的控制,督促施工单位严格执行精细化管理规范,按图施工,充分发挥监督作用,抓细节、抓环节,达到内实外美,不断加强巡查检测和观测,对不符合精细化规定的推倒重来。

路面施工中采用大棚分仓储料,沥青上面层石料二次水洗,确保原材料质量;沥青拌和楼安装动态质量监控器,对拌和用料和配比进行实时信息采集,有效控制沥青混合料质量。将改性剂计量装置改为自动称重装置,确保改性沥青质量;全线路面施工采用橡胶沥青同步碎石封层和SMA-13沥青玛蹄脂碎石上面层施工技术;立交区和边坡整形,利用工程弃渣随坡就势形成自然景观;取消沥青砂拦水带,边沟改为浅碟式排水沟;加大不良地质路段盲沟深度,降低地下水位,确保上边坡稳定。

路基施工中不断优化施工方案,优化全线边坡防护,采用拱形骨架、锚杆框架等形式,既确保了边坡防护安全稳定,又提升了绿化的美观效果;对9处高填方路段改为桥梁通过;对一处52m高边坡改为棚洞通过;加强路基填料比对选择、湿软地基加固、路基排水以及台背回填等施工环节的质量控制和检查监督,积极向全线推广路基边坡修整及路基分区施工经验。

桥梁工程施工中,通过召开文明施工和箱梁预制现场观摩会强化精细化管理意识。规范混凝土拌和站管理,要求"集料堆放厂棚化,钢筋存放规范化,工序工艺标准化"。严格把关桥梁施工,从钢筋及模板加工、预应力管道安装、混凝土浇注工艺、箱梁蒸汽养生以及张拉压浆、翻模施工接缝、墩身混凝土喷淋养生等各环节控制严格把关。

2. 强化施工标准化前期控制

管理处在设计、机具、材料、技术准备等方面落实标准化管理,严把四道关口:①设计关。全面推行设计外业验收、双院制审查和地勘监理制度,施工单位进场后,根据施工放样结果再组织专家进行一次现场核查。②进场关。在招标文件中注明对主要管理人员资质、业绩和设备的要求,严格履约考核,使人员、设备满足标准化施工需要。③准入关。对钢筋、水泥等重要原材料,从产品质量、生产工艺、企业信誉等方面综合考虑,确定准入名单,最后由施工单位择优选取。④交底关。分项工程开工前,对施工人员分级进行设计、施工和工艺工法技术交底,技术未交底的单向工程不得开工。

3. 突出生态环保理念

项目沿线人文旅游资源丰富,素有"秦巴聚宝盆,汉家发祥地"之美称,项目在设计之初就突出环保理念,考虑长远发展,路线方案尽量绕避受保护的森林、湿地、文物等景观地带。

汉中东项目挖方段落多,对山体、植被的破坏比较严重,生物防护工程在对框架梁以内进行绿化的同时,对挖方边坡顶部、两侧迎车面同期进行复绿。对框架梁、窗孔以内用网袋码砌、植灌种草,对边坡顶部、两侧迎车面用挂网喷播的方式,及时覆盖施工痕迹。保证在行车视线内看不到裸露的山体,将公路绿化和防止边坡水土流失相结合,恢复陕南地区山清水秀、植被丰富的自然生态环境。

最为典型的是牧马河的响滩河大桥。安康至汉中高速公路全段最具汉水风情的写照无疑是西乡县沙河镇陈家坝村东南角的牧马河岸上的一片生长茂密的水杉林。为突出生态环保理念,保护牧马河南侧优美的天然水杉林,最终方案将原设计的沿牧马河南岸山坡布线半幅路基改为46跨993m的响滩河大桥通过。在施工过程中,始终坚持"不破坏就是最大的保护"原则,从技术上最大程度对响滩大桥南侧水杉林进行保护。桥址区地貌单元属于牧马河道,桥梁沿牧马河右岸纵向布设,河床宽80~100m,河谷两侧地形起伏较大,相对高差超过100m,最终确定桥梁方案为3至47号桥墩采用双副双柱式桥墩,其余桥墩采用单幅双柱墩,钻孔灌注桩基。根据桥头填土高度,桥台分别采用肋板式桥台和重力式桥台,基础采用桩基础和扩大基础。同时,严格执行环境保护及水土保持各项措施,

西乡至汉中高速公路响滩河大桥

设专门排水沟和沉淀池,污水经过滤、沉淀处理达标后排入牧马河。对施工机械产生的废油、废水,采用隔油池等措施加以处理,做到不超标排放。桥涵基坑开挖时的弃土,不随意丢弃,尽量用作填料合理利用。响滩大桥工程施工的全过程,将生态环保的理念贯穿到每个工序,把工程建设同环境保护同步安排,同步落实,对于如何在高速公路建设中加强对山区自然环境的保护提供了很好的实践意义,并最终保护了天然水杉林,形成了一幅山水相连、自然和谐的绿色走廊。

（三）运营管理

十天高速公路汉中东段建成通车后,交由新组建的西略分公司运营管理,主要负责项目范围内路段的收费、养护、路政、治超等管理工作,此路段共设一个管理所（西乡）,辖5个收费(治超)站。同时,还负责茶镇、西乡服务区的管理。

分公司在运营管理中全面践行"三个服务"理念,以提高公路通行能力为目标,以塑造高速企业文化为引领,积极打造"人文西略、环保西略、生态西略、绿色西略"文化品牌。主要通过以下七个方面的工作保障服务优质、道路畅通。

一是做好三米微笑服务。各收费站文明服务台配专人值守,备足开水、修理工具、医药箱等物品,做好三米微笑服务延伸工作,树立西略高速良好对外窗口形象。

二是落实安全生产责任,做好道路隐患排查整治。明确道路保畅安全责任人,组织对沿线桥隧涵及交安设施进行排查,检查桥梁、隧道、涵洞、防眩板、轮廓标,修补铁丝网、清理排水系统、泄水孔、修补伸缩缝混凝土破损。

三是针对特殊天气,加大道路巡查力度。针对运营期间特殊恶劣天气,各路政中队进一步加大巡查力度,加强对桥梁、高边坡的日常排查,同时对急弯及易积水点位设置路面湿滑、减速慢行字样的标志牌提示过往车辆。

四是配合各种节日,做好文明服务工作。重点对西乡主会场附近的西乡、午子山两个收费站进行了人员调配,配足便携式收费机,保证节日期间重点收费站人员充足、设备到位。同时,安排专人值守服务台,提供道路指引、旅游线路咨询服务。

五是拓展服务广度,做好温馨驿站服务。西乡服务区结合车流量实际,加大了服务区保洁频次,在服务区多点设置垃圾箱,同时,文明服务台与热水供应点明确专人服务,保证正常服务使用。西乡服务区地方特产专柜提前备足了货品,方便旅客购买。

六是积极打造"绿色服务"理念。在服务区的运营管理中,严格按照星级化服务区建设要求,从运营每个环节、不同角度,始终贯穿人文、低碳、节能环保的运营管理理念,同时采用了中水回用、资源再生利用等多种环保理念和技术,其中西乡服务区荣获陕西省首家"绿色建筑"标识评定。

七是积极开展应急演练及消防安全教育,确保抢险队伍在恶劣天气应急处置过程中能够做到迅速反应、配合到位、处置有效,切实提高应急救援能力。

通过实现工程建设内在和谐、工程与自然和谐、道路建设与地方和谐的"三大和谐",实现"工程质量零缺陷,安全生产零事故,廉政建设零违纪,征地拆迁零上访"的"四个零"目标,2010年12月26日,汉中东段建成通车。安康与汉中间行车时间由原5个多小时缩短至2个半小时,并实现了安康、汉中与西安之间高速公路三角形互通,显著提升了陕南区位优势,对于促进陕南突破性发展,加速实现关天经济区与成渝经济区融合起到了积极的作用。

四、汉中至略阳段

1000多年前,在这里镌刻我国最早的交通法规《仪制令》的工匠们,绝对不会想到,1000多年后的今天,气势如虹的十天高速公路汉中西段,穿越了陈仓古道上的明关险隘,赋予嘉陵江畔《仪制令》全新的含义。一座座隧道和桥梁终结了山重水复的曲折与艰辛,是数万名建设者为陕南封闭交通打开的一扇窗;精致的曲线和直线是秦巴山间优美的五线谱,是气势磅礴的逶迤巨龙,更是人车路和谐发展的交通建设交响曲。

(一)项目概况

十堰至天水高速公路汉中至略阳段,又称汉中西高速公路,或十天高速陕西境汉中至陕甘界高速公路。项目处于十天高速公路陕西境西段,起于上元观,经汉台区铺镇、褒城、勉县茶店、略阳县五郎坪、白石沟、马蹄湾,终于大石碑(陕甘界),全长150.96km。该项目是国家高速公路十(堰)至天(水)联络线(G7011)陕西境的重要一段,也是陕西省"2367"高速公路规划网中最南端横向主轴线的重要组成部分。该项目的建成,对于加快汶川地震灾区重建进程,拉动陕南西部区域经济,优化区域交通环境,促进陕南旅游业快速发展和西部大开发战略具有重要作用。

汉中至略阳高速公路

2011年11月,国家发展和改革委员会批复《汉中至略阳(陕甘界)公路可行性研究报告》;2012年2月交通运输部批复《汉中至略阳(陕甘界)公路初步设计》。

本项目全长150.96km,建设标准为双向四车道高速公路,其中上元观镇谢家营至勉县周家山镇段(K330+890.908~K382+500)设计速度100km/h,路基宽度26.0m;勉县周家山镇至略阳县大石碑段(K382+500~K485+525)设计速度80km/h,路基宽度24.5m。全线分两期建设:一期工程汉中至略阳段117.61km,2009年7月23日开工,2011年12月25日建成通车;二期工程略阳至陕甘界路段33.35km,2009年8月15日开工建设,2013年底主体工程完工。

汉中至略阳高速公路通车仪式

全线设计土石方工程2986万 m^3,防护、排水工程236万 m^3;设桥梁9.46万m/198座,其中大桥、特大桥5.95万m/161座;隧道2.76万m/33座,其中特长隧道1.95万m/2座,长隧道1.31万m/5座;互通式立交9处,分离式立交20座;天桥43座;通道93道,涵洞315道;服务区3处,停车区3处,收费站8处,管理所2处。

项目初步设计批复概算金额151.04亿元,施工图设计批复预算金额150.85亿元。其中:国家安排中央专项基金(车购税)和陕西省安排交通建设专项资本金共计46.04亿元,其余资金利用国内银行贷款解决。

(二)建设情况

项目业主陕西省高速集团组建十天高速汉中西管理处负责项目实施。中交第二公路勘察设计研究院有限公司、中交第一公路勘察设计研究院有限公司和陕西省公路勘察设计院分段设计。工程分65个合同段。中交第二航务工程局有限公司、中交一公局、中咨泰克交通工程有限公司等65家施工单位中标参建。陕西高速公路工程咨询有限公司承担总监,山东格瑞特监理咨询公司、广东翔飞公路工程监理有限公司等18家监理单位中标监理,西安公路研究院、长安大学工程检测中心承担第三方检测。

十天高速公路陕西段沿线地形复杂,地质不良段多,断裂、破碎带大都平行于线路走向,严重威胁施工质量和安全;汉江平原段水网复杂,湿软地基多,路基填方量大;全线桥隧比例为57.6%,其中略阳段桥隧比例达到89.2%。针对复杂多变的地质情况,建设者们通过以下三个方面加强过程管理,确保把该项目建成山区高速公路示范工程。

1. 项目建设过程推进精细化管理

一是全线特长桥梁和长大纵坡路段沥青混凝土中面层添加聚酯纤维,提高路面抗车辙性能;隧道内路面铺筑,改SBS或橡胶沥青同步碎石封层为SBR改性乳化沥青黏层以节约成本;所有粒料均采用大棚储存。二是上面层石料进场后进行二次水洗和筛分,安排人工挑拣杂、软石,保证材料质量;沥青拌和楼安装动态质量监控器。三是路面工程率先在省内引进37t大吨位压路机,保证了结构层的密实,提升了路面质量;坚持水稳基层和沥青中、下面层平整度逐层修整,使用高精度铣刨设备精平,确保全线路面行车舒适;摊铺机和压路机安装速度显示和报警装置,规范作业,保证质量。四是根据陕南地区高温多雨特点,集中整治挖方段边沟、中分带、路肩排水,完善综合防排水系统。路基边沟盖板通过加强配筋减轻自重,使用低成本模具,配合小型振动台采用工厂化集中生产。

2. 项目建设过程推进施工作业标准化

项目建设过程中,在路基、桥梁、隧道等分项工程中总结提炼出一批标准施工方法。例如:针对秦巴山区地质结构复杂的特点,在路基施工中,挖方路堑采取开挖、防护、绿化三同步施工措施;小型预制构件采用聚丙烯塑钢模板工厂化集中预制、振动成型工艺生产;桥隧工程引进钢筋笼滚焊机,节约人力物力,提高加工速度,全面提升桥梁桩基施工质量。预制梁板全部采用自动喷淋技术,解决高温季节梁板洒水养生存在死角、干湿交替以及夜间不能正常养生等难题;桥面铺装采用冷轧焊接钢筋网片及钢筋网片定位、添加聚酯纤维工艺,有效保证钢筋网片的保护层厚度,减少桥面铺装层的开裂,全面提升桥面铺装质量;在隧道施工中,对围岩较差的隧道推行"三台阶""七步流水法"开挖工艺,确保安全质量;采用"锚杆综合检测仪"对锚杆施工质量专项检测,使用超前地质预报仪超前判定围岩;采用台架法自动控时高压喷淋装置进行养生,减少二次衬砌的裂缝。

3. 项目建设过程以低碳环保为基本要求

路基施工中,对路基工程坚持"开挖一级,防护一级"的原则,杜绝由于防护不及时而引发不良地质灾害。沿河浸水路段设置浸水挡土墙。深路堑边坡采用锚杆(索)框架梁护坡防护并施以植草防护。勉县境内岩体破碎较严重路段,采用放缓边坡坡率,设置抗滑桩或锚索框架梁防护,并施做坡面截水沟、平面排水沟、含水量大边坡设置仰斜排水孔。在后续路面施工中积极开展钢渣废物利用、粉煤灰基层和排水、橡胶沥青路面新技术等试验段施工。在桥梁桩基施工中设置防护和沉降池,避免对河道沟渠水源产生污染。隧道开挖坚持"零进洞"环保理念,不断优化设计,洞口施工采用机械配合人工开挖,严禁爆破开挖对原边仰坡挠动而产生滑塌,杜绝大刷大挖对洞口植被造成破坏。绿化工程坚持因地制宜、适地适树的原则,抓好上边坡、立交区、隧道广场及洞顶绿化等几个重点,做到工程结构的长久稳定与生态恢复相统一。

(三)复杂技术工程——复杂地质条件下的滑坡治理

十天高速公路汉中西项目是当时全国高速公路建设中最为艰巨的项目之一。由于项目地处南秦岭与大巴山交界,地质结构极为复杂,路线通过区构造带内岩体极其软弱。地层从第四系的膨胀土到古老的变质岩——片岩、千枚岩等,岩性软弱,属易滑地层。受构造影响,岩体破碎,山高坡陡,崩塌、滑坡等重力地质灾害极为发育,其地质条件的复杂性在陕西省高速公路建设中极具代表性。在建设过程中,对滑坡进行有效综合防治,确保了滑坡的稳定,保障了项目的安全畅通。

K403+310~430段滑坡位于汉中市勉县茶店镇分水岭,地貌形态属丘陵区沟谷地貌,沟道呈"蛇曲"状,两侧斜坡地形较平缓,309省道与沟谷相伴而行。坡面地形起伏较大,相对高差约140m。坡体前部坡度较陡,自然坡角一般约在26°~42°;坡体中部坡度较为平缓,自然坡角一般约在20°左右,坡面土体松散;坡体后部为正常山体,坡度较陡,坡度约为39°,坡面灌木丛较为发育。该边坡高差近80m,坡体较陡,滑坡悬于路线上方,该处边坡原设计为六级边坡,当边坡开挖至五级边坡坡脚时,坡口线外5~30m出现拉张裂缝。适逢当地降雨,四级边坡开挖未能开挖到位时,五、六级边坡发生了浅层滑坡。设计单位补充勘察后认为该滑坡为一老错落体转化的滑坡,具有三层剪出口,出现滑动的为浅层滑坡,开挖至路基位置后中层和深层有可能复活变形,由于浅层滑坡体后部为较厚的堆积层,如果不及时处理,存在继续向上牵引变形的可能,只能采取逐级开挖、逐级加固的措施。该滑坡发生后,管理处及时启动课题研究,采用数值分析方法,针对多排抗滑桩的推力分配机制进行了分析,同时对设计方案进行优化,最终采用了三排抗滑桩加固方案,工后又对该处滑坡的边坡位移和边坡应力进行了监测,监测结果表明该滑坡无明显变形迹象,处于稳定状态,验证了该滑坡治理措施的有效性,也为今后治理类似滑坡积累了经验。

K469+301~K470+481段滑坡位于汉中市略阳县黑河坝乡黄家坡组境内斜坡上,该段路基为深挖路堑,原设计左侧边坡设计开挖四级,每级边坡高为8m,坡率1:0.75,边坡最大挖方高度36m。2010年1月4日,当该段路基开挖至三级边坡时,形成滑坡,坡体上出现大量裂缝,坡体上民房也出现倾斜变形,严重威胁当地村民的生命财产安全和高速公路的施工安全。滑坡发生后,管理处及时组织设计单位及地质咨询单位对滑坡形成的自然因素和诱发因素进行了多角度分析,制订了分级支挡措施,支挡措施包括锚索抗滑桩、桩顶挡墙、锚杆框架、路堑挡墙等。滑坡治理初期,由于未认识到水是诱导该滑坡发生的重要因素,仅设置了简单的仰斜排水和地表排水设施。但该坡体内多处泉水入渗、冲沟常年渗水,且每年雨季有雨水入渗,导致大量的水不断入渗到坡体内,一方面增大了坡体的重度,另一方面大大降低了土体的抗剪强度。因此,支挡工程完工后,该滑坡仍不稳定,后设置泄水盲洞排除地下水后,该滑坡逐渐稳定。施工后又对该处滑坡的边坡位移和边坡应力进行了监测,监测结果表明该滑坡无明显变形迹象,处于稳定状态,验证了该滑坡治理措施的有效性,为今后治理类似滑坡积累了经验。

(四)科技创新

管理处在工程建设中重视科研工作,积极开展新技术、新工艺、新材料的研究与应用,努力通过科技创新来提高质量安全标准并节约投资,不断提高项目建设水平。

1. 课题研究

主要开展了六项课题研究工作:秦巴山区陡坡地段桥梁桩基关键技术研究、秦巴山区高速公路滑坡综合防治技术研究、梁式桥梁减隔震技术及设备应用专项研究、沥青路面层间处治技术及标准研究、高温多雨地区耐久性沥青路面结构与材料研究,隧道车辆感应式照明控制系统研究。这些课题研究分别对提高陡坡地段桩基设计与施工的可靠性和安全性、滑坡治理、优化桥梁减隔震效果、建立路面层间设计与施工技术指南、提高高温多雨地区路面耐久性、在降低隧道照明能耗的同时保障安全通车等方面起到了促进作用。

其中,沥青路面层间处治技术及标准研究课题,结合汉中西高速公路及2000年后修建及改建的24条高速公路层间处治技术应用情况展开重点调查,研究了半刚性基层沥青路面、复合式路面、桥面铺装和隧道路面层间工作状态,提出了不同路面层间工作状态的单项因素分级和多因素分级,通过大量室内渗透试验和层间黏结试验系统研究了10余种透层、封层及黏层的材料的路用性能,提出了不同处治措施的效果量化及分级方法,确定了不同工况下半刚性基层沥青路面、复合式路面、桥面和隧道路面最佳层间处治材料及相应技术指标,制定了具有良好路用性能的沥青路面层间处治技术设计、施工及检测标准。该课题获国家发明专利1项,国家实用新型专利1项,陕西省地方标准1项,获得陕西省科学技术三等奖。

2. 新技术、新工艺、新材料

(1)混凝土构造物快速修复LDM型无机胶体材料。

本项目高边坡较多,并多采用拱形骨架防护,陕南地区雨季长,年降雨大,土质多为膨胀土,边坡防护极易开裂,一般修复混凝土开裂多采用砂浆灌封。连续降雨促使砂浆灌封大面积二次开裂,反复修补开裂,使边坡防护存在很大的安全隐患。为解决裂缝反复开裂问题,西略分公司联合西安科技大学建工学院实验室及相关专业人员共同研发了一种具备高速公路混凝土构造物修复特性的材料。经过长期的实验室试验及数据分析,于2013年3月底研发成功了一种"混凝土构造物快速修复LDM型无机胶体材料"。该材料有效弥补了现有混凝土构造物修补材料的种种缺陷。通过在实验室对材料抗压强度、抗折强度、劈裂抗拉强度、抗渗性能、黏结强度、收缩性能的测定,表明其均能达到最初期望值。2013年4月15日,勉县管理所与西安科技大学进行了第一次现场试验运用,根据现场试验,能较好地达到初期设计的各项目标。为推广LDM型无机胶体材料,勉县管理所又针对新材料进行了操作法的编制,形成了"混凝土构造物裂缝快速修补操作法",明确了新型材料的施工工艺。

2013年10月,"LDM型无机胶体材料"获得陕西省职工科技创新成果发明创造银奖,"混凝土构造物裂缝快速修补操作法"获得陕西省职工先进操作法荣誉称号。9月,西略分公司参加全国优秀质量管理小组发布会,"提高边坡混凝土裂缝的灌封质量"课题荣获"全国优秀质量管理小组"荣誉称号。"提高边坡混凝土裂缝的灌封质量"课题在陕西省第33次质量管理小组成果发布会与西安市第35届优秀质量管理小组成果发布会上,均获得二等奖。目前,该材料已在西略分公司内部得到有效推广,效果良好。

(2)车辆感应式隧道照明智能控制系统。

新型高速公路隧道照明节能环保方案——车辆感应式隧道照明智能控制系统,由陕西高速电子工程有限公司研发成功并于2011年年底在十天高速公路汉中西段杨家湾隧道应用。该隧道长约250m,通透率30%,采用LED照明灯具,功率合计17kW。系统主要应用于交通量较小的隧道,基于车辆检测技术,针对是否有车辆通行隧道而控制灯具的开启与关闭。在无车辆通行的时间间隔内,照明灯具关闭。可大幅减少电能浪费,与高压钠灯回路控制系统相比,车辆感应式照明控制系统年节电69%,具有显著的节能效益。

(五)运营管理

十天高速公路汉中西段建成通车后,交由新组建的西略分公司运营管理,主要负责项目范围内路段的收费、养护、路政、治超等管理工作,此路段共设三个管理所(汉台、勉县、略阳),辖8个收费(治超)站。同时,还负责武侯、略阳服务区的管理。

西略分公司不仅以"三米微笑"服务为主线,借助集团"高速之星"文明服务技能竞赛活动,提升服务质量,打造出"业务精,服务好,能力强,效益高"的运营管理队伍,更是通过科学管养,保障了道路安全畅通。

1.探索桥隧养护管理新方法,提高道路保畅应急能力

略阳—五郎平段是桥隧群密集路段,在冬季,桥面、隧道口易出现结冰现象。为便于养护、路政人员随时掌握桥梁、隧道口天气状况,保障行车安全,略阳管理所为桥梁、隧道安装了"温度计"。根据温度计的变化,可有效判断略阳—五郎平段、略阳—白水江段所

出现结冰现象的严重程度,便于养护人员合理地安排机械、人员进行应急处置,保障行车安全,节约养护成本。

2. 探索完善特长隧道救援措施,提高道路保畅救援能力

十天高速公路西略段共有隧道64洞,总长41.92km(其中三花石隧道单洞长5436m,为十天线最长隧道),涵洞445道。隧道为行车带来便利的同时,也对道路保畅救援提出了高要求,尤其是特长隧道的应急救援。针对山区高速公路隧道多、跨度大的特点,西略分公司高度重视隧道救援工作,组织路政大队、工程养护科、略阳管理所三个单位(部门)共同编制了《特长隧道火灾应急救援操作法》。该操作法是结合山区特长隧道火灾事故抢险救援时间长、组织指挥难度大等特点,经多方调研和现场演练,形成的一套涉及应急预案启动、远程救助、现场救援和善后处理等内容的隧道应急救援操作工法,大大提高了山区高速道路保畅救援能力。"特长隧道应急救援先进工作法"获得了陕西省职工先进操作法荣誉称号。"提高隧道火灾应急反应效率"课题在陕西省第33次质量管理小组成果发布会与西安市第35届优秀质量管理小组成果发布会上,均获二等奖。

2013年12月31日,十天高速公路陕西略阳主线收费站正式投入使用,标志着十天高速公路汉中西段(略阳至陕甘界)全线贯通,不仅为略阳县20万群众出行提供了便利,更有利于促进陕甘川鄂经济互融发展。秦巴山间,嘉陵江畔,高速公路与青山绿水相映陪衬融为一体,似天道造化自然生成,让人赏心悦目,过往驾乘驰骋高速坦途,欣赏一路美景,皆有车在路上走,人在画中游的感慨和激动!

第十七节　G85银川至昆明高速公路(陕西境)

宁夏银川至云南昆明高速公路,简称银昆高速公路,国网编号G85,起于宁夏回族自治区银川市,止于云南省昆明市,全长2322km,双向四车道。银昆高速公路计划2030年全线贯通。

银昆高速公路陕西境为陕西省规划建设的"2367"高速公路网中三条南北纵线之一的宝汉高速公路。路线起于宝鸡市陇县陕甘交界的火烧寨镇大桥村,止于汉中市陕川交界的米仓山。境内规划里程约400km,自北向南连接了连霍、十天和京昆3条国家高速公路,并沟通了陇东、关中西部、陕南西部、川东等区域,对缓解区域南北向的交通运输压力,进一步密切陕西省关中、陕南地区间的经济联系,具有十分积极的作用。其中陇县火烧寨(陕甘界)至宝鸡市区段已于2011年11月8日建成通车,宝鸡市区至凤县坪坎镇段于2016年8月25日开工建设,建设工期6年,坪坎镇至汉中段2012年12月21日开工建设,预计2017年12月建成通车,汉中至喜神坝段(陕川界)段已于2015年9月2日通车运营。

第九章
高速公路建设项目

银川至昆明高速公路(陕西境)线位示意图

G85 银川至昆明高速公路(陕西境)的主要资料信息及主要从业单位信息汇总于表9-35、表9-36。

G85 银川至昆明高速公路(陕西境)主要信息资料表　　　表 9-35

项目名称	建设单位	建设里程（km）	技术标准	投资规模（亿元）	建设时间（开工~通车）
陇县至宝鸡段	陕西宝汉高速公路建设管理有限公司	105.01	双向四(六)车道,设计速度80(100)km/h	67.32	2009.04~2011.11
汉中至陕川界段	陕西宝汉高速公路建设管理有限公司	53.77	双向四(六)车道,设计速度100km/h	51.80	2009.11~2015.09

一、陇县(火烧寨)至宝鸡段

文明的发展离不开道路交通的改善。穿越一下,让历史回溯到公元前220年,也就是秦统一六国之后的第二年,秦始皇一声号令,修筑了九条贯通全国的驰道,可谓中国历史上最早的"高速公路"。令人拍案称奇的是,其中一条驰道出宝鸡陇县通宁夏、甘肃的西方道,与今天陇县至宝鸡高速公路途经的地理位置居然有着惊人的暗合。

G85 银川至昆明高速公路(陕西境)主要从业单位信息资料表　　　　表 9-36

项目名称	从业单位	单 位 名 称
陇县至宝鸡段	设计单位	西安公路研究院、陕西省交通规划设计研究院
	施工单位	中交第四公路工程局有限公司、中交第三航务工程局有限公司、中国路桥工程有限责任公司、中铁十八局集团有限公司、中交第二公路工程局有限公司、中铁一局集团有限公司、中铁十五局集团第七工程有限公司、中铁二局股份有限公司、中铁十八局集团第五工程有限公司、中交第一公路工程局有限公司、中铁二十局集团有限公司、中铁五局四公司、中建八局基础设施建设有限公司、中铁二十一局集团第三工程有限公司、中铁电气化西铁工程有限公司、辽宁省路桥建设有限公司、陕西路桥集团有限公司、中交二公局第三工程有限公司、中铁十二局集团有限公司、中铁十八局集团有限公司、西安金路交通工程科技发展有限责任公司、上海市安装工程有限公司、陕西汉唐计算机有限责任公司、中铁十三局集团电务工程有限公司、陕西关中建筑工程有限公司、陕西博瑞建筑安装有限公司、陕西恒基建筑工程有限公司、陕西秦地建设有限公司、陕西建工集团第七建筑工程有限公司、中铁五局集团建筑工程有限责任公司、陕西宝陵建设(集团)有限责任公司、北京城建建设工程有限公司、陕西方元建设工程有限公司、陕西建工集团总公司、咸阳古建集团有限公司、安徽鸿路钢结构(集团)股份有限公司、安徽省工业设备安装公司
	监理单位	陕西高速公路工程咨询有限公司、广东翔飞公路工程监理有限公司、陕西公路交通工程监理咨询有限公司、武汉大通公路桥梁监理咨询有限公司、西安华兴公路工程咨询监理有限公司、河南豫路工程技术开发有限公司、陕西三秦工程技术质量咨询有限公司、陕西航天建设监理公司、陕西高速公路试验检测有限公司
汉中至陕川界段	设计单位	中交第一公路勘察设计研究院有限公司
	施工单位	中铁十四局集团第三工程有限公司、中交一公局第一工程有限公司、中铁二十一局集团第三工程有限公司、中铁十八局集团有限公司、福建路桥建设有限公司、中铁十一局集团有限公司、中铁港航局集团第三工程有限公司、中铁十二局集团第三工程有限公司
	监理单位	陕西公路交通工程监理咨询有限公司、陕西公路交通科技开发咨询公司、陕西公路交通科技开发咨询公司、北京港通路桥工程监理有限责任公司、陕西高速公路工程咨询有限公司、陕西高速公路工程咨询有限公司、陕西公路交通科技开发咨询公司

(一)项目概况

陇县(火烧寨)至宝鸡高速公路,是陕西省规划建设的"2367"高速公路网中,三条南北纵线之西线的一段。它的建成通车对于畅通宝鸡南北交通,形成区域十字形高速公路网,提升和巩固宝鸡交通枢纽地位和区位优势,进一步完善全省高速公路网布局,加快沿线资源开发利用,促进关中—天水经济区规划的实施等具有重要作用。

宝鸡至陇县、陕甘界区间内的 212 省道为二级公路,平纵指标较低,过往村镇路段"街道化"严重。随着区域经济迅速发展,陕、甘间交通联系增强,过境车辆增长迅速,原有公路通行能力不足,交通拥堵日益严重。陕西省交通主管部门在组织可行性研究的基础上,将陇县(火烧寨)至宝鸡高速公路作为新一轮加快建设的高速公路项目组织建设。

陇县(火烧寨)至宝鸡高速公路起于陇县北部的火烧寨乡,经温水镇、陇县、东风镇、草碧镇、水沟镇、千阳县、南寨、五里坡、柳林、尹家务镇,止于陈仓区千河口,与连霍高速公路相接,全长105.01km。其中,柳林至终点段长21.30km,为双向六车道,其余路段为双向四车道。全线设计速度分别为80km/h、100km/h,路基宽度分段为24.5m、26m、33.5m。主要工程数量:路基土石方2032万m^3,防护、排水工程95.3万m^3;桥梁88座,其中大中桥以上19287m/82座(全幅);隧道3046m/2座(单洞)。全线设互通立交7处,匝道收费站6处,服务区2处,养护工区和管理所各1处。项目概算总投资67.32亿元。

陇县至宝鸡高速公路收费站

2009年3月18日,陕西省发改委下发《关于陇县(火烧寨)至宝鸡高速公路工程可行性研究报告的批复》批准立项;2010年4月19日,陕西省发改委批复该项目初步设计;2010年5月5日,陕西省交通运输厅下发《关于陇县(火烧寨)至宝鸡高速公路施工图设计的批复》。

(二)建设情况

陕西省交通运输厅确定陕西宝汉高速公路建设管理有限公司为项目法人,公司下设宝鸡建设管理处具体负责该项目管理工作。设计单位为陕西省公路勘察设计院和西安公路研究院。陕西省交通运输厅质监站实施政府质量监督职能。施工单位共有中交第四公路工程局有限公司、中交第三航务工程局有限公司、中国路桥工程有限责任公司等51家。监理单位共有陕西高速公路工程咨询有限公司等13家。

项目试验段于2008年12月开工建设,2009年4月全线开工。陇县(火烧寨)至千阳段于2010年10月26日建成通车,千阳至宝鸡段于2011年11月8日建成通车。

为规范项目管理行为,在借鉴其他高速公路项目管理经验的基础上,管理处在项目管理、设计变更、支付管理、目标责任考核奖惩、安全生产、质量管理、资金管理、征地拆迁等方面都制订了相应的管理办法,加强了项目管理的可控性,为项目的顺利实施提供了坚实的保障。

项目实施推行精细化管理,确保工程质量和进度。管理处细化工程管理目标任务,组织开展"赛进度、赛质量、赛安全、赛管理、赛创新、赛文明施工"的"百日大干""秋季大干"和"决战冬季"等劳动竞赛活动,加快推进项目建设。加强关键路段、控制性工程和薄弱环节专项考核,建立目标,强化过程控制。路基施工时,为解决好塌边、外形不好的问题,专门增加了小型压路机压实;施工中路面上面层粗集料采用石灰水洗,提高了碎石与沥青黏附性,增强路面耐久性;施工单位自行设计组装水泥浆洒布车,解决了水泥浆喷洒不均匀和大面积机械化施工难题;高墩大跨刚构桥施工采用视频监控技术,实时全程监控,并进行施工调度及视频数据实时采集、交互共享,使现场的安全质量得到了信息化管理;为提高沥青路面使用性能,管理处委托长安大学进行了改善沥青混合料技术性能的研究,有效延长了路面使用寿命,同时降低了养护维修费用,具有较高的经济和社会效益。

环保理念始终贯穿于项目的建设过程中。在路基施工中,所有弃土和取土场施工结束后都进行植被恢复。在大桥施工中,桥头两侧全部进行植被恢复,力争少留或不留下施工痕迹。五里坡特大桥的施工现场,濒临宝鸡市区重要的水源地——冯家山水库,对环境保护有着很高的要求。按照"施工时不污染、少破坏,施工后最大限度恢复"的理念,将环保作为施工过程中一项重要内容常抓不懈。施工废水经多级过滤沉淀达标排放、对所有施工区域的裸露土壤植树种草,便道洒水不扬尘,降低噪声不扰民等文明施工行为,处处体现了建设者们对沿线自然与社会环境的保护。

2010年7、8月份,全省连降暴雨,受强降雨的影响,项目多处施工中的高边坡垮塌,局部路基下沉,部分段落路基被洪水冲毁。陕西省交通运输厅领导、管理处、相关专家及设计单位及时奔赴现场进行详细勘察,确定了水毁工程的修复方案,并及时实施,保证了工程进度不受天气影响。

(三)复杂技术工程——五里坡特大桥

五里坡特大桥,当年被誉为"西北第一高桥",为高墩大跨连续刚构特大桥。该桥长达1238m,最大桥高172m,最大墩高153m,为陇县(火烧寨)至宝鸡高速公路项目的控制性工程。主桥上部结构为预应力混凝土连续刚构,全桥左右幅共10个T构;下部结构为双肢空心薄壁墩柱,群桩基础,左右幅为整体式承台。

五里坡特大桥地处渭河河谷冲积平原和黄土高原过渡地带,地形复杂,地貌落差大,同时存在着黄土陷穴、滑坡体等不良地质,桩基施工难度大。尤其是12号主墩,处于古滑坡体上,如果采用工程机械挖掘的方式,会出现卡钻、掉锤、塌孔、漏浆等问题。为保证进度和工程质量,采用人工挖掘办法进行深井作业。24根桩基同时开挖,200多名工人两班倒施工。工人们在挖掘的同时,还要及时修砌护壁,防止塌孔造成人员伤亡,最终克服了深井缺氧、地下渗水等重重困难,顺利完成了桩基开挖。

最大承台的浇筑正值-10℃的严寒冬日,低温天气给大方量混凝土浇筑施工增加了困难。为了避免低温对混凝土的影响,必须进行增温养护。墩身施工时,用帆布围住翻模平台,在平台上加盖子,使用5t的锅炉进行蒸汽养护。悬臂施工时,在挂篮周围用岩棉板封闭,挂篮顶用薄膜、电热毯、棉被3层保温,里面采用蒸汽暖气片、火炉升温。混凝土搅拌时加热水,对运输罐车进行包裹,使实际施工中混凝土温度达到了8℃,保证了冬季低温条件下墩身、悬臂施工的质量。

陇县至宝鸡高速公路五里坡特大桥施工现场

混凝土养生对高墩质量控制具有非常关键的作用,项目在施工过程中建立了自动喷淋养生系统,主要由供给水池、高扬程水泵、自动控制系统、输水管、喷淋管、吊挂系统组成。根据气象条件设定工作参数,开启电源后,喷淋系统进入工作状态,无须人工操作。实现了在混凝土养生期全天候、全湿润养护的质量标准,特别是悬浇段翼缘板与腹板交汇处"死角"部位的养护难题得到很好解决。

为有效解决刚构桥墩身和悬浇块段施工过程中的监管难题,严防安全生产事故发生,管理处严格实行精细化管理,结合五里坡特大桥现场实际,在各主墩塔吊顶安装了视频及音频监控系统,全天候不间断地对各墩身施工情况进行监控。通过远程视频监控系统,管理者可以了解到现场的施工进度,远程监控现场的生产操作过程,把安全生产事故和质量隐患杜绝和控制在萌芽状态,确保了施工安全和工程质量进度,节约了人力和物力资源。

(四)运营管理

陇县至宝鸡高速公路建成通车后,交由陕西省高速公路建设集团公司宝鸡分公司负责运营养护管理,宝鸡分公司下辖陇县、凤翔两个管理所和陇县、宝鸡北两个服务区,配备有完善的收费、通信、监控系统和设施。

五里坡特大桥安装了国内先进的桥梁健康监控系统,利用传感器来读取桥梁各部分结构的温度、应力、位移变化、风力、风向等参数,采用网络无线传输手段将这些数据传输到桥梁监控室的数据处理设备上,由专用的数据处理设备和处理方法来对信号进行处理和分析。当某个数据超过了相应的警戒值时,系统会自动报警,提醒管理人员及时做出应对措施。通过分布于全桥各个重点部位的监测设备,可以全天候不间断地监测整座大桥,使五里坡大桥在服役期限内得到最适当的养护和安全保障。

在日常养护中,分公司全面实行养护工程规范化管理。规范了养护合同授权、签署程序,补充完善了合同条款,并按照养护施工、养护采购、试验检测等类别编制了合同范本,有效地建立了养护合同管理体系。在工程现场管理、验收等环节,实行"分公司—管理所"二级体系,由各管理所对辖段内施工进行现场监管,分公司采取随机抽查的方式,对各施工现场进行督导,最终工程验收由分公司牵头,组织各管理所、施工单位进行现场交验。在工程支付环节,分公司推行了养护工程计量支付制度,严格按设计文件及合同规定计量、按计划投资及费用清单核算、按工程费用管理制度支付的总体管理模式,有效实现了养护工程质量、费用、进度控制目标。

坚持文明服务、热情服务、微笑服务,树立了优质服务的窗口形象。充分利用宝汉高速公路为旅游线路的特点,制作行车指南,对收费站和监控员进行培训,使员工对周边沿线景点路线达到熟记,并提供修车、医药等便民服务。注重强化社会监督机制,设立服务承诺栏、监督台、意见箱,定期发放社会调查问卷,公开征求过往驾乘人员的建议和意见,自觉接受社会各界的监督,为通行费征收工作营造了良好的社会氛围。

在抓好日常运营管理工作的同时,通过开展助学帮困等活动,让更多的贫困儿童感受到了交通人的关怀和温暖。为了提高沿线居民,特别是未成年人的爱路护路和安全自护意识,路政中队与高交大队联手开展了"保路产、保安全、保畅通"走村入校安全宣传活动。路政人员对沿线村镇群众发放、张贴宣传资料5000余份,深入村镇学校举办安全知识讲座3场次,向学生讲解在高速公路行走和破坏高速公路设施的严重性和危害性,逐步形成了"人人参与爱路护路"的良好氛围,有力保障了高速公路的行车安全与畅通。

《汉书·贾山传》曰:"秦为驰道於天下,东穷燕齐,南极吴楚,江湖之上,滨海之观毕至。道广五十步,三丈而树,厚筑其外,隐以金椎,树以青松。"在当时的技术条件下,这样庞大的工程毫无疑问称得上是中国古代道路建设史上的奇迹。如今,陇县至宝鸡高速公路的建成通车,使古驰道在千年的尘封中穿越而来,在当今"秦人"的手中展现出威武的新姿。

二、汉中至陕川界段

千百年来,陕川交流的一个重要途径即是翻越崇山峻岭横亘的米仓古道。"蚕丛及鱼凫,开国何茫然。"传说中"五丁开山"开凿古蜀道,难比登天,米仓古道便在其中。而今,随着汉中至陕川界高速公路的建成通车,千年羊肠道变身现代高速路,汉川高速与宁棋高速、安毛川高速一起"三箭齐发",构建起出陕入川的三条坦荡通途,区域经济发展和社会人文交流有了极为便捷的通道。

(一)项目概况

汉中至陕川界高速公路,简称汉川高速公路,是国家高速公路规划网银川至昆明线

（G85）陕西境最南边一段，也是陕西省"2367"高速公路网的组成部分。汉川高速公路的建成通车，对推进西部大开发和区域经济社会发展，缓解区域南北向的交通运输压力，连通关天经济区与川渝经济区，密切关中、陕南地区的经济联系具有积极作用。

a)

b)

汉中至陕川界高速公路

汉川项目起于汉中勉县褒城镇金寨村，与在建的坪坎至汉中高速相接，沿褒河西侧布线，上跨十天高速公路、阳安铁路、G108、汉江，经梁山，上跨京昆高速公路，经南郑县城西、青树、红庙，止于陕川界南郑县喜神坝乡小坝村，与四川省在建的巴陕高速米仓山隧道北口相接，全长53.77km，概算投资51.80亿元。其中，起点石门枢纽（十天高速）至梁山枢纽（京昆高速）18.511km的建设标准为双向六车道高速公路，设计速度100km/h，整体式路基宽33.5m，分离式路基宽16.75m；梁山枢纽至终点35.26km的建设标准为双向四车道高速公路，设计速度100km/h，整体式路基宽26m，分离式路基宽13m。全线设汉中西、南郑、南湖、喜神坝4处互通立交（含收费站）、主线收费站（与喜神坝立交合建）、服务区（天汉水城）、停车区（汉中西）、观景台（小坝）、监控分中心各1处。

2009年11月19日，汉川高速公路开工建设，2015年9月2日，起点石门枢纽至喜神坝段建成通车，喜神坝至终点段视对接的四川省巴陕高速公路米仓山隧道（13.8km）进展情况，计划于2018年建成通车，届时将开通省界主线收费站。

（二）建设情况

汉川高速公路项目法人为陕西省高速公路建设集团公司下属的陕西宝汉高速公路建设管理有限公司，项目执行机构为汉中建设管理处。本路段由中交第一公路勘察设计研究院有限公司设计，中铁十四局集团第三工程有限公司等30家施工单位中标参与施工，陕西公路交通工程监理咨询有限公司等5家中标监理，陕西公路交通工程监理咨询有限公司承担总监，陕西高速公路工程试验检测有限公司承担中心试验室，汉中市政府负责征地拆迁与建设环境保障。

建高速公路,科学管理至关重要。按照陕西省交通运输厅要求,一方面汉川高速公路建设必须抢抓时机,尽快建成通车;另一方面又要保证工程质量和进度,建设一条让群众满意的高速公路。

项目建设之初,公司抽调精兵强将,配备一批知识型、专业型年轻骨干力量组成管理团队,明确提出"高、严、实"的精细化管理思想,编制出切实可行的管理制度和方法。针对一线施工人员文化程度参差不齐的现状,将各种技术难点、要点以及一时难以掌握的技术要领编汇成通俗易懂、图文并茂的读本,下发到各班组。这本被施工人员形象地称作"口袋书"的小册子,成为日常工作当中必不可少的工具书。

管理处还编制了《精细化管理手册》,用于规范和指导施工管理,上到公司董事长、总经理,下到普通工人,都为此书提出过宝贵意见。经过不断实践、总结,该手册系列丛书在全线推广,取得了良好的效果。

安全生产是施工中的头等大事。为做好此项工作,管理处明确要求全线施工单位将工程造价的1%作为专项安全生产费用,并对各施工标段的安全生产情况进行"十天一检查,一月一评比"的考核。

全体参建单位刚一进场,管理处便展开履约和施工准备检查,召开技术交底会,督促各单位加大投入,配足力量,提前做好施工技术准备。先后举办了施工质量、安全管理、计量支付软件应用、财务管理知识和监理工作5个大型业务培训班,切实增强了全线职工的业务能力。

通车目标确定后,管理处及时调整工作思路,抓好关键路段,抓住要害问题,实行动态管理。并采取相应的防护措施,减少了雨季冬季施工及环境干扰等不确定因素对工程的影响。同时,依照劳动竞赛计划安排具体施工任务,关死后门、倒排工期、层层分解,以日保旬、以旬保月,严格按照施工及监理单位考核办法进行奖罚兑现,夯实了各级监理和施工单位的建设责任。

建设过程中管理处实现了以科技化、信息化手段确保工程质量。在桥梁建设中,率先启用了先进的电子监控系统,为大桥的高墩墩身混凝土养生工作创造性地推广使用了自动喷淋系统,为悬挂梁体安装引入了由自动喷淋系统升级而成的自动喷雾系统,该套养生系统可以覆盖悬挂梁最难养生的底板及翼板底面,使桥梁工程质量得到有力保障,现场的安全质量管理跃上了新台阶。

(三)科技创新——滑模技术激活老工艺

随着新技术的应用和传统工法的优化,环保、低碳、高效的工程施工理念深入项目建设一线。汉川十标项目部高效管理,锐意创新,优化滑模施工工艺,使得桥梁下部结构施工顺利进展,有效提升了墩柱施工工效,降低了安全风险。

内外模具提升工艺,是公路行业一个历史性问题。20世纪90年代,滑模施工曾广泛应用于工程一线,限于技术应用,单靠人力提升重达数吨的模具,不仅效率低下,还常常造成墩柱外表光洁度差,致使这种施工工艺逐渐被抛弃,爬模施工、翻模施工工艺开始取代滑模工艺被广泛应用。而墩柱卸模板是一项极为危险的工作,特别是内壁模具提升过程,常常靠人工高空作业,人身安全得不到保障,这已成为薄壁空心墩施工的难题。滑模施工,一模到顶,优势明显,工效高、模具少、风险低。一套模具可以完成一个甚至数个墩柱的施工,可大量减少模具数量,简化拆卸拼装的繁琐工序,保障施工安全,这些优势激励着汉川高速的建设者们重新考虑使滑模工艺"复活"。

技术攻关的难点在于优化工艺。如何把数吨重的钢模具平稳提升,保持姿态,完成浇筑过程,是滑模施工的难点,而只有模具提升时受力均匀才能达到这一要求。汉川建设者们想到了组合式液压千斤顶。墩柱内外壁四周均匀放置10个千斤顶,液压由一个总控制阀通过管路分别输送至每一个千斤顶。这个小小的总阀将控制液压同时输送,使内外钢模具同时上升。混凝土凝固,液压控制阀缓缓提升,一次新的浇筑重新开始。由于提升受力均匀,墩柱内外壁光滑整齐,完全符合工程建设要求。汉中建设管理处组织的专家团队从诸多方面评审认为,优化的滑模施工工艺从根本上解决了墩柱施工外壁光洁度、内壁安全控制差的行业困扰,且能保证施工质量,值得在一线推广学习。

创新激活传统工艺,已转变为强大的综合效益。滑模施工避免了大量钢模具的浪费,减少了模具运输加工导致的工期延误。更为可贵的是,由于工艺优化,参与墩柱施工的人工数量大为减少,安全风险切实可控,由此带来了墩柱施工效率的极大提高。

汉川高速公路滑模施工工艺的优化与应用,彰显了摸爬滚打的陕西公路建设者从倡导引领"五化"理念的工程实践中,深刻认识到了建设品质高速的内涵不仅止于工程建设质量的内实外美,同时也应兼顾质量前提和投入的性价比。

(四)运营管理

本项目建成通车后,交由陕西省高速集团汉川分公司负责运营养护管理,分公司于2015年9月2日正式成立。截至2016年年底,汉川分公司暂设汉中西、南郑、南湖、喜神坝等4个收费(治超)站、1个养护工区。

年轻的汉川分公司自成立以来,坚持"发展现代交通,奉献一流服务"的宗旨,大力弘扬"和谐、创新、高效、卓越"的企业精神,以"美丽汉川,和谐汉川,廉洁汉川,幸福汉川"的建设愿景为引领,努力打造"微笑服务,科学养护,文明执法,温馨驿站"的服务品牌。分公司以组织开展收费站规范化建设为抓手,高标准启动运营管理工作。对照省高速集团《收费运营管理手册》《微笑服务标准化手册》相关要求,组织开展了"汉川杯"规范化建设专项活动。

强化内部管理,统一思想认识。各站分别召开了规范化建设专题会议,组织收费及征管人员认真学习、深刻领会分公司动员会议精神。强化员工思想教育,向全体员工发出倡议,要求转变思想认识,树立服务意识,提高服务积极性,增强工作主动性,争做岗位先锋。

加强组织领导,抓好检查落实。各站分别成立了活动领导小组、信息宣传小组和稽查小组,负责本站规范化建设活动开展的监督检查、信息宣传和稽查考核工作。结合自身实际,分别制定了规范化建设活动实施细则,进一步细化目标任务及责任人,形成了齐抓共管的良好局面,确保专项活动落到实处、取得成效。

进行卫生整治,美化站区环境。清理车道边坡垃圾,冲洗站区院落,清洗收费岗亭,做好站区环境的日常保洁工作,展现汉川高速良好形象。

加大宣传力度,营造良好氛围。利用站内写黑板报、网站信息报道、发布倡议书等形式,加强对专项活动的宣传报道,为活动的开展营造良好的宣传氛围。

加强稽查监督,狠抓现场管理。各站要求车道出入口严格按照业务流程进行操作,杜绝违规操作,保证征费信息数据准确无误。员工当班期间坚持做到"仪容整洁,仪表端庄,唱收唱付,微笑服务",积极开展文明服务活动。利用现场稽查和图像稽查等方式,对收费人员的劳动纪律、微笑服务、迎送车手势等进行重点稽查,狠抓安全生产,及时发现问题,立即进行整改,促进运营工作规范开展。

为营造浓厚的活动氛围,分公司还组织开展了"我心中的汉川"主题征文和演讲比赛,并把征文获奖喜讯写信通报职工家人,收到良好反响。分公司主办的"见证成长、放飞梦想、走进汉川"新员工家属接待活动,受到了员工家属的普遍好评。各收费站先后组织了中秋晚会、员工生日联谊会、参观革命纪念馆、帮扶助学、敬老院慰问孤寡老人等志愿者服务活动30余次。这些活动的开展,不仅丰富了广大员工的文化生活,更传递了汉川人积极进取的正能量。

2016年以来,汉川分公司狠抓综合业务培训活动,打造员工业务技能竞赛平台和员工全面发展平台。全方位、多角度制订岗位练兵计划,丰富练兵形式和内容,力求做到"真训、实训、乐训"。在春训期间,分公司领导班子对春训工作全程督导、逐一点评,要求不足的进行"补课",不够的"加把火",走过场的返工重来,确保培训效果。

汉川分公司成立之初就确定了长远发展目标,并制订汉川高速公路旅游文明服务品牌创建规划,扎实推进旅游高速服务品牌创建活动。进入2016年以来,汉川分公司以"汉中油菜花海旅游文化节"为契机,启动旅游高速服务品牌创建活动。各收费窗口制作旅游二维码,为司乘人员提供综合信息服务。养护、路政、收费部门各负其责,形成道路保畅服务合力。分公司16名青年志愿者参加了当地文化节开幕仪式,现场开展志愿服务工作,推介汉川高速公路,受到了地方政府和广大群众的称赞和好评。

巍峨的巴山,是秦巴谷地崛起的象征,也是"两汉三国"的一道天然屏障,以其悠远的历史为她脚下的这片土地赋予了厚重的底蕴。汉川高速犹如一发利箭穿越屏障,古老的土地焕发神采,充满生机,陕川两省联系更加紧密,区域经济发展将驶入高速通道。

第十八节　S1 西安咸阳国际机场专用高速公路

修一条古都西安与大千世界零距离衔接的通天大道,建一条五千年文明史对外开放追赶世界潮流的腾飞之路,这是祖祖辈辈的陕西交通人"有那么一条大路,通向远方、通向富裕和文明"的夙愿,也是一条融科技、环保、景观和深厚人文内涵于一体的典范之作。这,就是被交通运输部确定为"科技创新示范路"、被喻为陕西"省门第一路"的西安咸阳国际机场专用高速公路。

(一)项目概况

西安咸阳国际机场专用高速公路是陕西省高速公路规划网中的18条联络线之一,也是交通部确定的科技示范路之一。作为陕西的"省门第一路",它是中西部建设标准最高、配套设施最完善、智能化服务水平最高的八车道高速公路。它的建成通车,对于构建机场快速便捷的交通运输通道,促进西安市整体规划布局、城市行政中心北移,加快"西咸经济一体化"建设,健全完善陕西省高速公路网,形成高速公路、铁路、航空为骨架的综合交通运输网络,扩大陕西对外开放和建设西部强省,均具有非常重要的意义。

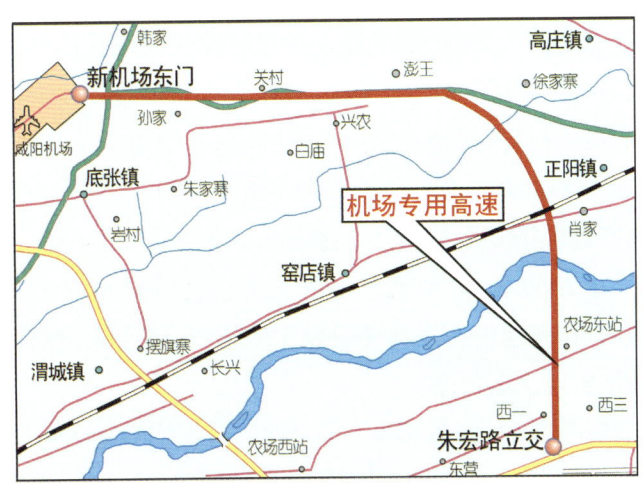

西安咸阳国际机场专用高速公路线位示意图

路线起自西安市朱宏路与绕城高速互通式立交,终点接机场新东门进场道路,全长20.58km。沿线经西安市经济开发区、未央区,咸阳市渭城区,跨漕运明渠、渭河,并跨西(安)宝(鸡)铁路客运专线和咸(阳)铜(川)铁路,部分线路与机场二级汽车专用公路平行。

项目 2006 年 11 月开工，2009 年 7 月建成。采用双向八车道高速公路标准建设，设计速度 120km/h，路基宽度 45.0m，中央分隔带宽 6.0m。主要工程量：路基土石方 400 万 m^3，防护、排水工程 5.5 万 m^3；特大桥 6911.4m/座（双幅），大中桥 8327.6m/35 座（单幅）；涵洞、通道 103 座；全线设互通式立交 4 处，收费站 4 处，养护工区 1 处。项目概算总投资 26.08 亿元，竣工决算 29.76 亿元。

项目由陕西省交通厅确定陕西省交通建设集团公司为项目法人，执行机构为陕西省交通建设集团公司西安咸阳国际机场专用高速公路建设管理处；设计单位为陕西省公路勘察设计院；陕西省交通厅质监站实施政府质量监督职能；征地拆迁由陕西省国土资源厅统征。施工单位有中铁七局集团有限公司、中交第一公路工程局有限公司、北京市海龙公路工程公司、中铁十二局集团有限公司等。项目共有监理单位 9 个，其中 1 个总监办，1 个中心试验室、7 个驻地监理办。

（二）建设情况

2005 年，福银高速公路陕西境咸阳至陕甘界段相继开工建设。根据预测，该线建成后，原与西安咸阳国际机场高速共用路段交通量将大幅增加，尤其过境大中型货运车辆增长更为迅速，势必对往返机场客运车辆通行带来一定影响；同时，不断壮大的经济实力和全方位的开放格局，有力地促进了陕西省航空运输的迅速发展。机场的跨越式发展，使得机场陆侧交通量呈现出快速增长的态势。福银线西安至咸阳段既要满足东西部之间物流货运需要，又要满足西安咸阳国际机场不断增加的客流需要，面临巨大的交通压力。建设西安咸阳国际机场专用高速公路，既是机场业务量持续快速增长的必然要求，也是扩大陕西省对外开放、建设西部强省的需要，对于机场、西安市城市总体规划协调发展，促进陕西省旅游事业、建设旅游强省具有战略意义。为此，陕西省交通运输厅将西安咸阳国际机场专用高速列为陕西省高速公路加快建设项目之一组织建设。

陕西省委、省政府对机场专用高速公路建设十分关注，作出了加快机场专用高速公路建设的重要决策。早在 2000 年，陕西省政府省长办公会议就确定，为了配合机场扩建工程，机场东门为主进出口，新建的专用高速公路引入该口，满足远期需求；机场西门为次进口，福银高速公路满足近期交通需求。

承载着太多的梦想与希冀，西安咸阳国际机场专用高速公路的建设备受各方关注。时任省长袁纯清、副省长洪峰，交通运输部部长李盛霖、副部长冯正霖等先后多次视察、调研。袁纯清要求将西安咸阳国际机场专用高速建成"眼前一亮、心头一震、国内一流、国际知名"的高速公路。项目在开工初期就确定了"建设体现现代气息和古城特色的国内一流、国际知名的现代化高速公路"为总体建设目标。

项目先后组织了 4 次国内公开招标，通过发布公告、资格预审、评标、澄清、定标、公示等一系列法定程序操作,择优选用,全线共有中交一公局、东盟营造工程有限公司等32家施工单位中标承建。陕西高速公路工程咨询有限公司等9家监理单位中标监理。西安、咸阳市政府承担征地拆迁与建设环境保障工作。

路线位于城乡结合部,征地拆迁涉及土地、林业、文物、海关、水利、电力、市政、石油、铁路、厂矿、军队、房地产等30多个部门和单位。拆迁量大,建设中需协调解决的问题非常多,工作难度非常大。管理处努力探索征地拆迁和环境保障的新模式。积极争取地方政府的支持帮助,解决征迁工作中出现的诸多问题。西安供电局的高压塔在朱宏路与路线多处交叉,特别是110kV、330kV迁改工作要考虑三环工程同步迁改以及避免长时间、大面积停电的负面影响。为尽快完成迁改工作,管理处派专人负责联系,同时通过省电力公司协调,特事特办,终于在较短的时间内解决了十分棘手的问题。为了能尽快解决渭河特大桥跨越咸铜铁路的施工问题,管理处积极与西安铁路局联系,在拿到铁路局对跨越方式的批复后,先后走访了西安工务段、电务段、铁通公司等10多个铁路部门办理相关手续。在得到架梁手续后,积极联系安排施工给点问题,在较短时间完成了跨越铁路施工的环境难题。为加快光缆的迁改,管理处向省政府汇报,通过省政府协调省电信公司,在确保光缆通信安全的情况下,将光缆支架移出了施工区域,保证了改线工程的顺利实施。

2006年11月4日西安咸阳国际机场专用高速公路开工建设。管理处制定下发了《质量管理办法》《质量工作要求》《精细化施工管理强制标准》《文明工地建设标准》《工程转包、分包管理办法》《目标责任考评管理办法》等一系列质量管理办法、制度,根据项目特点,编制下发了《路面施工细则》《橡胶沥青碎石封层施工技术指南》《排水性沥青路面(OGFC-13)施工细则》《排水性沥青路面(OGFC-13)配合比设计指南》《伸缩缝加工及安装质量要求》等专项质量控制文件。

实施施工过程控制。将"首件工程认可制"从第一根桩基、第一道盖梁,延伸至第一孔梁板架设、第一段路基填筑等。将灰土挤密桩,桥梁桩基、单片预制梁、后压浆施工等关键工程委托第三方检测。后压浆施工、房建、绿化等工程,由专业单位全程监理。应用桥梁桩基后压浆技术、抛丸处理桥面水泥混凝土浮浆技术、"两层洒布法"施工SBS改性乳化沥青封水黏结层、桥面沥青混凝土下面层、添加聚酯纤维材料等多项新技术、新工艺、新材料,提高桥梁、路基、路面及构造物施工质量。

强化施工细节管理。沥青拌和机冷料仓搭设防雨棚,路面基层、沥青面层采用三机或四机联铺,二灰碎石养生期由规定7天延至14天,确保结构层早期强度。路面两侧高程采用挂纲丝线控制,中间采用平移高程法。加工制作专用基准架,其上放置铝合金梁,摊铺机仪表通过此基准实现8车道路面铺设横坡、纵坡、高程控制目标。

加强技术合作交流。管理处与长安大学等院校、科研机构和专家合作,及时解决施工中遇到的技术难题,改进施工工艺,确保质量平稳、受控。对OGFC排水路面配合比设计,管理处组织中日6家试验、科研单位多方进行对比试验,并召开专家会议评审,确定最优方案。

落实安全生产责任。坚持以实现"全建设期无重大责任事故发生"为目标,强化现场安全管理,积极开展安全专项活动,保持了稳定的安全生产局面。全线安全机构、制度健全,安全生产责任制落实到位,安全生产作业规程执行严格,施工现场安全措施齐备,从业人员岗位责任落实到位,建设期间无一例安全责任事故发生。

倒排工期,确保进度。积极开展劳动竞赛,加大检查、考评力度,充分调动了参建单位的积极性。对于进度严重滞后的单位,采取指令增加投入、约见企业法人、更换项目经理等非常规措施,快速解决进度突出问题。加快变更处理和计量支付,切实解决施工单位的资金困难,确保材料供应充足。每周至少开一次设计、施工、监理人员现场办公会,专题研究施工中遇到的问题,及时决策,落实责任,限期办理。项目在实质性开工一年内就完成了路基、桥涵主体工程施工,尤其是大量现浇混凝土箱梁施工进度之快在省内高速公路建设中实属罕见。

管理处制定了《变更设计管理办法》《计量支付管理办法》等一系列规章制度,明确变更程序,实行业主、设计、施工、监理四方实地查看,现场审核制度,杜绝随意变更合同单价,随意增加工程规模的现象发生。严谨细化的审批,使工程投资得到有效控制。严格执行计量与支付审批程序,做到及时足额支付工程款。

(三)科技创新

(1)桥梁桩基采用后压浆技术,开启了国内桥梁建设的先河。随着桥梁跨度的不断增大,桩径和桩长也不断增大。为了解决这一难题,机场管理处在大跨度桥梁建设中通过试验后引入后压浆技术,增加桩基的摩擦力,增大了桩基的承重能力,大幅度优化缩短桥梁桩基长度,减少桩基施工的人为影响及施工质量的差异性,使桩基性能的可靠度得到提高。全线共实施后压浆桩基665根,共计14881m,节约工程造价约1700多万元。同时为该技术的规范形成和推广应用奠定基础。管理处联合陕西通宇公路研究所有限公司进行的公路桥梁灌注桩后压浆技术应用研究,获得2011年度陕西省科学技术三等奖。

(2)主线全部采用排水性路面技术在国内首次应用。降低行车噪声,提高雨天行车安全性,特别是在特大桥梁上大面积采用排水性路面,是西安咸阳国际机场专用高速公路的又一不同凡响之处。为了确定先进、合理的技术方案,管理处对两种日本排水路面技术进行了大量的调查研究和方案比选,先后对国内外的排水路面进行了调研和实体考察,完成配合比设计比对试验36份,召开专家技术研讨会10多次,为方案决策做了大量细致的工作。管理处联合长安大学进行的"长大桥梁OGFC桥面铺装技术应用研究",获得2012年度陕西省科学技术三等奖。为解决特大桥梁桥面铺装层的耐久性问题,渭河桥面铺装层下面层和上面层混合料中分别添加一定比例的聚酯纤维,提高混合料抗拉、抗弯能力。

(3)绿化工程引用喷灌滴灌技术,首次将节水灌溉系统与监控系统相结合。绿化工程改变传统设计思路,按城市景观道路理念,从安全、环保、美化的要求出发,对中央分隔带、路基边坡、立交区的绿化均提出了新的优化方案,增加了灌溉系统和景观设计,实现了自动控制。通过反复论证,首次引进了美国雷鸟轮灌控制系统,通过计算机操作软件控制轮灌系统中的电磁阀,实现定时、定量的节水灌溉,充分发挥监控摄像机的实时监控优势,及时掌握整个灌溉效果,实现了资源节约和智能化控制。

机场专用高速公路

(4)景观设计彰显历史文明,确立了"新汉风"的景观定位。沿线景观设计与施工,力求自然和谐,彰显地域文化特色。立交区采用乔灌木树群背景,种植雪松、国槐等树种及月季、蜡梅等花木,建成"桃园""杏园""柿园"特色田园风光小景。根据路线地域特色,结合西安历史文化,两处主线收费大棚分别采用具有现代气息的抽象飞机造型和汉代风格的城墙建筑造型,在挖方路段边坡雕刻了"丝绸之路""蔡伦造纸"两幅汉代文化大型景观浮雕,将现代交通文明与古代文明完美融合。

(5)通过模板设计革新,实现了特大现浇桥梁外观质量提升,桥梁容貌跨越新台阶。

(6)采用抛丸技术对桥面混凝土浮浆进行打毛,增强桥面沥青铺装层与混凝土的黏结力。

(7)为解决桥面防水和层间黏结问题,推广引进了橡胶沥青技术,采用橡胶沥青碎石封层替代桥面防水材料,并总结出了《橡胶沥青施工技术指南》。

(8)选用SBS改性乳化沥青作为封水黏结材料,并研究出"两层洒布法"施工工艺。

(9)为改善沥青对酸性石料的黏附性,采用消石灰粉替代抗剥落剂,在国内第一次对消石灰粉的技术指标、生产工艺、添加工艺进行了全面系统的优化和规定。

（10）互通式立交匝道上面层铺筑沥青玛蹄脂碎石（SMA-13），具有良好的抗剪防推移能力。

（11）收费广场不停车收费车道使用彩色防滑路面，提升建设品质。

（12）路面排水全部采用暗排水，正常路段的边部采用了PE管路侧暗埋式排水系统，暗排路面雨水；在超高段中央分隔带路缘石内侧设置排水槽，增加了路面有效使用宽度。

（13）桥梁伸缩缝采用了RB单元式多向变位梳形板桥梁伸缩装置。

（14）在陕西全省首次选用了轻型交通标志；按照新规范要求重新设计了桥梁外侧组合式护栏；全线安装雾灯，确保车辆全天候通行。主线收费站入口自动发卡，出口首次设置了不停车收费车道。智能化程度高，满足机场快捷便利的使用要求；增加监控设施，对全线路况进行随时监控，加强对突发事故的快速反应能力。

（四）运营管理

陕西省交通建设集团公司机场分公司成立于2009年6月，隶属于陕西省交通建设集团公司，主要担负西安咸阳国际机场专用高速公路运营管理工作。

西安咸阳国际机场专用高速公路是迎接省内外宾客的重要窗口，是陕西省高速公路的"第一形象"，机场分公司精心策划、稳扎稳打地举行了一系列的文明服务提升活动，大力打造"省门第一路"的品牌形象。

为此，机场分公司布置和安排了一系列文明服务专项活动。组织全体收费相关人员进行大型春训，突出了收费操作管理规范的学习贯通、异常事件的应急处置、收费服务基本工作礼仪的推广运用、新形势下的堵漏增收。多次开展"机场高速行 温馨传真情"文明服务月主题活动，开展最美微笑和最美瞬间评选活动，实行微笑总动员。开展仪容仪表及收费服务基本工作礼仪专项检查，对收费员的文明服务礼仪进行进一步的规范。开展收费服务工作社会评议调查，征集过往驾乘人员的意见和建议，积极进行对照改进。全体收费人员都以"我是活动主角"来要求自己，进一步增强了收费队伍的服务意识和敬业精神。

在收费站、分公司组织的各类活动中，收费站的姑娘们以优异的成绩展现了当代女性的风采，一句简单的问候，一个自然甜美的微笑，一个标准的迎送车手势，为驾乘人员送去欢快的祝福和愉悦的心情。一流的服务、一流的素质、一流的形象为省门之路的靓丽风景涂抹了浓重的一笔。

为积极响应陕西"十三五"发展智慧交通规划，机场分公司积极推广应用新技术，树立服务亮点品牌，极力打造"科技交通、智慧高速"。作为陕西省首家试点，分公司于2016年12月28日，正式面向社会投入运营手机智能支付工作，极大地提升了通行效率，推动了高速公路支付通行费多元化、智能化、高效化的发展。

西安咸阳国际机场专用高速公路建设项目凭借着优良的工程质量、优美的行车环境、先进的施工技术、一流的建设管理,在2015年荣获陕西省建设工程长安杯奖和国家优质工程奖两个奖项。敞开古城大门,笑迎四海宾客。这条路见证了一座城市在历史涤荡中的嬗变升华,这条路承载着三秦儿女敞开胸怀奔向世界的绚丽梦想。"十三五"期间,作为省门第一路的面向外界的主窗口,西安咸阳国际机场专用高速公路将继续践行一流服务,把文明服务作为交通工作永恒的主题,改善服务设施,扩展服务领域,提升服务品质,肩负起新的使命,书写新的篇章。S1西安咸阳国际机场专用高速公路主要信息资料、主要从业单位信息资料见表9-37、表9-38。

S1 西安咸阳国际机场专用高速公路主要信息资料表 表9-37

项目名称	建设单位	建设里程(km)	技术标准	投资规模(亿元)	建设时间(开工~通车)
西安咸阳国际机场专用高速公路	陕西省交通建设集团公司	20.58	双向八车道,设计速度120km/h	29.76	2006.11~2009.7

S1 西安咸阳国际机场专用高速公路主要从业单位信息资料表 表9-38

项目名称	从业单位	单位名称
西安咸阳国际机场专用高速公路	设计单位	陕西省公路勘察设计院
	施工单位	中铁七局集团有限公司、中交第一公路工程局有限公司、北京市海龙公路工程有限公司、中铁十二局集团有限公司、中铁二局股份有限公司、东盟营造工程有限公司、陕西高速交通工贸有限公司、江苏泓益交通工程有限公司、南京凌云科技发展有限公司、上海电器科学研究所(集团)有限公司、扬州苏发照明安装工程有限公司、西安经发基础设施建设工程有限公司、江苏中压电气工程有限公司、西安汉森电气工程有限公司、陕西省第四建筑工程公司、中十冶集团有限公司、陕西省第四建筑工程公司、大庆建筑安装有限责任公司、宁波宝科技实业集团有限公司、衡水冀通工程橡胶有限公司、衡水明光工程橡胶有限公司、徐州市现代钢结构有限公司、陕西建工集团设备安装工程有限公司
	监理单位	陕西高速公路工程咨询有限公司、西安公路研究所、陕西公路交通工程监理咨询有限公司、云南云路工程监理咨询有限公司、西安公路交大建设监理公司、陕西正林工程监理单位咨询有限公司、北京路桥通国际工程咨询有限公司、西安新业建设咨询有限公司、陕西建科建设监理有限责任公司

第十九节 S11 神木至米脂高速公路

一、神木至店塔段

神木至店塔高速公路起于神木县城西侧,与G1812沧州至榆林高速公路榆林至神木段终点相接,终点止于神木县店塔镇陈家沟岔。路线全长17.35km,与榆林至神木高速公路采用相同的建设标准。

2007年,榆林市人民政府通过招标方式确定中铁二局为榆林至神木高速公路建设的投资人,并签订BOT特许经营合同。中铁二局在榆林注册成立陕西榆林榆神高速公路有限公司,为榆神项目法人,负责榆林至神木段、神木至店塔段的投资、建设、运营和移交。神木至店塔段于 2009 年 3 月开工,2010 年 12 月建成通车。之后该段纳入省级高速公路网,与 2013 年 11 月开工建设的神木至米脂高速公路,共同构成 S11 神木至米脂高速公路。

项目具体建设情况详见本章第二节 G1812 沧州至榆林高速公路(陕西境)榆林至神木段。

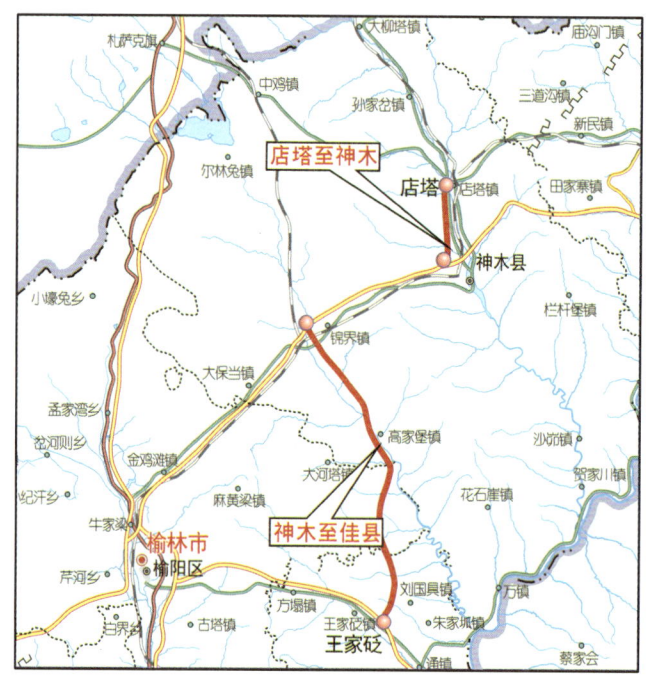

神木至米脂高速公路线位示意图

二、神木至佳县段

如果说,以"中国的科威特"著称的榆林,是共和国能源的福地,那么,一条又一条高速公路在这里建成通车,无疑是能源基地开发利用的福音。2003 年 8 月 22 日,榆林第一条高速公路——榆林至靖边高速公路建成通车。之后的 12 年,又有榆林至陕蒙界高速公路、靖边至安塞高速公路、榆林至神木高速公路、榆林至绥德高速公路等 10 条高速公路相继建成通车。其间,平均 4 天就有 1km 高速公路在榆林大地建成。目前,榆林市域东出山西,南下关中,北上内蒙古,西联宁夏的"三横两纵"高速公路运输通道已基本形成。2015 年,随着以 BOT 模式建设的神木至米脂高速公路神木至佳县段的建成通车,榆林市高速公路通车总里程突破 1000km,居陕西省十一市(区)第一。

(一)项目概况

神木至米脂高速公路,是陕西省"2367"高速公路网规划中的组成部分,是陕西省第三条 BOT 高速公路项目。它连接了榆林至神木、榆林至佳县高速公路,进一步完善了陕北地区高速公路网络,增强了榆林区域的辐射能力。沟通了神木锦界工业园区、佳县榆佳工业园区,在陕北中东部地区开辟了工业产品外运的又一条战略通道,为沿线经济发展提供了重要的交通支持,对于榆林市加快能源化工基地的建设和区域经济腾飞具有重要的促进作用。

为了确保交通运输发展目标任务顺利实现,有力促进区域经济快速协调发展,"十二五"期间,陕西省进一步加快了高速公路建设的步伐。面对高速公路建设时间紧,任务艰巨,建设资金匮乏,急需拓展融资渠道等诸多问题,陕西省委、省政府高度重视,加大引用民间和社会资金建设高速公路的工作力度,强力推进BT、BOT等合资建设方式。经陕西省人民政府批准,按照"建设主体多元化、建设形式多样化"的原则,陕西省交通运输厅全面开放高速公路建设市场,于2011年推出一批高速公路项目进行招商引资,神木至米脂高速公路建设项目被列入其中。

继榆林至神木、榆林至佳县两条BOT高速公路建设项目取得成功之后,作为第三条采用BOT模式建设的神木至米脂高速公路应运而生。在各级政府的通力合作和广大群众的大力支持下,2013年4月在陕西省第十七届西洽会上榆林市政府与由中铁二局集团有限公司签订了投资协议,10月31日注册成立了陕西榆林神佳米高速公路有限公司,具体实施神木至米脂高速公路的投资建设和运营。11月8日,经过多次谈判,榆林市政府与中铁二局集团有限公司签订了《BOT建设项目特许权协议书》和《征地拆迁和建设环境保障协议书》,正式拉开了项目建设的序幕。

为实现专业化管理,2014年9月中国中铁股份有限公司决定项目由中铁交通投资集团有限公司投资建设,于10月17日签订投资主题转让协议。自中铁交通接管以来,中国中铁股份公司与中铁交通投资集团有限公司在建设资金、政策方面给予了全力支持与倾斜,保障了建设资金需求。

神木至米脂高速公路全长142.8km(与榆林至佳县高速公路共线27km),总投资106亿元,其中,神木至佳县段68.84km,投资63.1亿元;佳县至米脂段47km,投资43亿元。整个项目分两期修建,目前已建成神木至佳县段。路线起于神木县锦界工业园区西侧,与榆林至神木高速公路相接,途经锦界工业园区、高家堡、安崖、榆佳工业园区,止于佳县王家砭乡,与榆林至佳县高速公路相接。

项目于2013年11月开工,2015年11月24日通车运营。采用四车道高速公路标准建设,设计速度100km/h,路基宽度26.0m。主要工程量:土石方工程2693万m^3;桥梁总长35872m/97座(单幅),其中特大桥5729m/2座,大桥26922m/65座,隧道9665m/3座(单洞);全线设互通式立交4处,匝道收费站3处,停车区1处,服务区1处,养护工区1处。

(二)建设情况

2013年11月25日,项目于店子梁隧道举行了试验段开工仪式,各参建单位陆续进场,积极调派人员与设备,安摊建点,抓好临时设施与便道施工,为正式开工建设创造有利条件。2014年4月,榆林市政府组织召开全市重点工程建设协调会,项目正式启动征地拆迁,5月初各单位陆续开工建设,打开了施工局面。

为全面部署高速公路征地拆迁和施工环境保障工作,确保按时开工建设,市政府组织召开了项目工程建设动员大会,并向有关县区、市直部门单位下发了《神佳米高速公路神木至佳县段项目工程建设目标任务及考核办法》《神佳米高速公路神木至佳县段项目征地拆迁补偿标准》等文件,明确要求各相关单位站在优化投资环境的高度,强化大局意识、责任意识和服务意识,通力配合,密切协作,及时有效解决征迁工作中存在的问题,为项目建设营造一个良好环境。

项目建设管理工作中,省市县各级领导曾多次前往现场指导检查工作,组织召开座谈会,协调解决施工进度、安全质量与征地拆迁等方面存在的问题,为项目快速建设提供了科学决策。

在资金保障方面,积极与贷款银行联系沟通,及时提供担保,做好项目融资工作,保证建设资金需求,搞好计量支付工资,及时支付工程款,满足现场资金需求,稳定了施工队伍,为现场大干提供了资金保障。

神木至佳县高速公路锦界互通立交

狠抓安全质量,实现"零事故"目标。加大安全质量教育培训,提升员工意识与水平;督促监理与检测单位把好原材料进场关口,保证材料质量合格,对不合格的材料,坚决要求清退出场;做好日常工程质量检测工作,对存在质量缺陷的,及时予以整改与修复;督促监理单位加强现场监督,履行监理职责,做好旁站和报检工作,对工程安全与质量隐患,及时予以制止,直至整改到位为止;实行精细化管理、标准化施工、规范化操作,严格按照施工组织设计实施,保证每道工序与工艺质量优异;加大考核力度,制定工程质量专项考核奖罚制度,定期组织专项大检查,及时对查处的问题进行通报,并要求限期整改到位,每次大干活动完成后进行安全质量管理考核,严格兑现。

加强现场监管,实行责任包保制度。安排领导与专业工程师对各标段进行包保,每周不定期到现场检查与督导工作,重点对比现场任务完成情况与节点工期,对进度落后的,加大资源投入,加快施工进度,保证节点工期按时实现。同时,对于工期紧、任务重的主要工程,成立两个靠前指挥小组,安排领导与相关专业人员进驻现场,与一线员工同吃同住同工作,每天掌握施工任务完成情况,对存在的问题,及时采取措施解决,保证计划任务按时完成。

为加快施工步伐,神佳米高速公路有限公司先后组织各参建单位开展了三次大干活动,明确了节点工期目标,制定了考核奖罚标准。活动期间,各参建单位按照节点工期,倒排工期至每月、每周与每日,加大人员与设备投入,加强现场组织,克服陕北寒冬,迅速掀起大干高潮,抓好了路基土石方、桥梁下部结构与预制梁、隧道衬砌开挖等施工。全线最高峰施工人员达两万人,创下了一个制梁场5天完成、一天完成预制梁45片、一天掘进隧道43m、一天最高产值2000万元的新速度。三次大干活动都超额完成了计划任务,实现了一条高速公路实际时间只用一年完成。

根据交通量特点进行特殊设计,节约造价。项目是神木化工基地通向山西的关键通道,交通组成有鲜明的特点:大型货车增长迅速,能源货运车辆中大型货车和拖挂车占46%;货运重载方向性具有较明显差异,神木至佳县方向以煤炭能源货车为主,实载率达98%,佳县至神木方向以一般货物为主,实载率仅为43%。针对这一特点,项目成立了课题组,对陕北其他高速公路进行实地调研,总结出运煤通道重载交通的特点及规律,提出路面和桥梁上下行分幅设计的思路。神木至佳县方向采用运煤通道特殊荷载,并进行了专题研究;佳县至神木方向采用常规设计标准。实践证明分幅设计方案合理可行,不仅提高了结构的耐久性,还降低了工程造价,同时减少了运营期的管养成本。

切实保障沿线群众利益。项目路基黄土边坡众多,挖方量大,弃方数量庞大,而沿线稍微平缓开阔的沟道里都有大量的农田,大量弃土和保护农田成为一个难以解决的矛盾。建设过程中借鉴陕北当地淤积土造田的成功经验,并积极与当地政府协商,选取了多个沟底平缓的黄土荒沟进行弃土,弃土顶面进行复耕。全线由弃土场恢复的农田共计2016亩,不仅大大减少了由于路基弃土引起的环境破坏,而且弥补了因高速公路修建而侵占的农田。

2015年11月,神木至米脂高速公路神木至佳县段顺利通车,证明了陕西省在高速公路建设融资模式探索的道路上更上了一个新的台阶,也标志着陕西省BOT高速公路建设项目在资金筹措、风险管理、建设运营等方面更加完善、更加成熟。这种建设新模式的成功运作打破了资金短缺制约交通发展的"瓶颈",既解决了政府交通建设投资的来源问题,减轻了政府财政负担,又加快了全市公路基础设施建设步伐,提高了资源外运能力,保障了地方经济的平稳增长和持续发展,实现了政府、社会公众和工程投资方"三赢"的局面。

(三)科技创新

大规模采用水泥对路床填料进行改良,在陕西省内高速公路建设中尚属首次。项目所在地区为黄土沟壑区,地层主要为粉土,颗粒较细,若用作路床填料时,性能不能满足规范要求,需对其进行石灰改良后才可用于路床填筑。但当时石灰货源严重不足,且运输距离较远,无法保证施工进度。因此,将原设计所采用的石灰改用水泥作为替代,同时进行了大量的相关试验,并将成果成功得运用于现场施工中。不仅克服了石灰货源缺乏的问题,还保证了路床的填筑质量,同时节约了投资,又避免了石灰在运输、施工中产生的污染。通过对建成后路基工程检测,各项指标均满足规范规定,效果良好。

首次在高速公路施工中大规模采用钢波纹管涵代替传统钢筋混凝土板涵。项目部分路段穿越沙漠低丘区,地表主要为现代风积沙,承载力较低,难以满足钢筋混凝土板涵的要求。由于钢波纹管涵对地基承载力要求较低,因此在设计中因地制宜,大规模采用钢波纹管涵新型材料来代替钢筋混凝土板涵,解决了这一难题。同时批量的管节安装和使用,不仅有效得节约了施工时间,保证了施工工期,还降低了工程造价。

(四)运营管理

通车后,陕西榆林神佳米高速公路有限公司秉承"专业高效,优质文明"的服务理念,以"践行优质文明服务,创造美丽和谐神佳"为核心,以实现"微笑服务真心、收费发卡用心、解释说明耐心、判断车型细心、便民服务热心"的"五心"服务为目标,全面提高全员素质,展现文明窗口形象。

神木至佳县高速公路

2016年6~7月,公司组织开展"优质文明服务月活动",以此促进、提高收费人员整体文明服务水平。优质文明服务月活动开展期间,公司收费管理部要求各收费站、监控中心成立培训活动小组,制定培训方案并组织员工进行文明服务培训。通过开展文明服务活动,转变员工服务观念,增强服务意识,全面提升收费站文明服务质量,提高驾乘人员服务满意度。

"羊肚子手巾三道道蓝,见面面容易拉话话难",一首悲情的陕北民歌诉说了20世纪陕北黄土地上的人们相见行路的艰难。如今,四通八达的高速公路网让"你在山上我在沟,拉不上话话招一招手"成为历史的尘烟,取而代之的是"三十里的明沙二十里的水,一天能跑十来回"。一条条路的"集合",以神木至米脂高速公路为节点,交响于榆林1000km高速公路壮丽的乐章。1000km的突破,成为陕西最北部高速公路发展里程碑。

S11神木至米脂高速公路神木至佳县段主要信息资料、主要从业单位信息资料见表9-39、表9-40。

S11神木至米脂高速公路神木至佳县段主要信息资料表　　表9-39

项目名称	建设单位	建设里程（km）	技术标准	投资规模（亿元）	建设时间（开工~通车）
神木至佳县段	陕西榆林神佳米高速公路有限公司	68.84	双向四车道,设计速度100km/h	63.09	2013.11~2015.11

S11神木至米脂高速公路神木至佳县段主要从业单位信息资料表　　表9-40

项目名称	从业单位	单位名称
神木至佳县段	设计单位	陕西省交通规划设计研究院
	施工单位	中国中铁股份有限公司
	监理单位	河北四方公路工程咨询有限公司、华铁工程咨询有限责任公司、四川铁科建设监理有限公司、榆林四通工程监理咨询有限公司

第二十节　S12榆林至佳县高速公路

榆林史称上郡。地处塞上,东依黄土沟壑,西偎大漠,史上和如今都是历史文化名城。然而,过去有的是沙土路、柴草路和几条很一般的公路,车辆拥堵,坎坷难行;没有的,是一条像样的路。佳县曾云葭州,广袤的芦苇摇曳在滚滚的黄河水之滨、神奇的白云山之畔,如画美景,也因没有好路"锁在深闺人未识"。坦荡穿行在黄土高原之中的榆林至佳县高速公路来到世间,呈现给世人的,是一幅"上郡春晓高速大道造访白云山,葭州秋华悦享之路连通红石峡"的瑰丽图景。区域经济、能源外运、两地省亲、故土新居,都因有了这条高速公路,变活了,变多了,变快了,变近了,变得更加美好、和谐、人文了。

(一)项目概况

2010年12月8日,陕西省采用BOT方式建设的第一个高速公路项目,榆林至神木高速公路建成通车,它标志着陕西省采用民间及社会资本参与交通设施建设已落地生根开花结果。

榆林至佳县高速公路是陕西省采用BOT模式建设的第二条高速公路。榆林市当时正处于向资源型城市发展升级的良好机遇期。陕西省委、省政府为了支持榆林市更好更快的发展,专门印发了《关于进一步促进榆林跨越发展若干意见》(陕发〔2008〕16号)文件,明确了榆林至佳县高速公路由榆林市按照市场化运作的方法组织实施。陕西省交通厅按照省委、省政府的要求,在总结完善第一条BOT项目成功经验的基础上,积极推进第二条BOT项目的实施步伐,并于2009年12月7日在榆林与市委、市政府就榆林至佳县高速公路建设项目进行座谈,原则上确定了项目按照BOT加施工总承包模式组织实施。

榆林至佳县高速公路线位示意图

榆林至佳县高速公路是陕西省交通路网和榆林市"两纵两横一环"高速公路网规划的组成部分,向东与山西省已开工建设的太原至佳县高速公路相接,是榆林与太原之间最便捷的高速通道,也是榆林市与中东部发达省市联系的又一条高速通道;向西连接了榆阳区、佳县、榆林经济开发区,穿越了绥米佳盐化工区、陕北红枣基地(佳县),对于榆林市加快能源化工基地的建设,带动榆林南部县区经济发展,实现南北互动、协调发展具有重要的作用。

榆林至佳县高速公路

路线起于榆林市榆阳区青云镇北侧,与榆林至绥德高速公路相接,途经乔界、谢界、王家砭、通镇、穿越佳县县城北区后,跨黄河与在建的太原至佳县高速公路相接,路线全长78.86km。

项目于2011年3月29日开工,2013年9月29日交工验收,2013年10月29日通车运营。采用四车道高速公路标准建设,设计行车速度100km/h,路基宽度26m。主要工程量:土石方工程3251万 m^3;全线桥梁总长17395m/89座,涵洞、通道182座;隧道620m/座;全线设互通式立交5处,主线收费站1处,匝道收费站5处,停车区2处,服务区1处,养护工区1处。

项目概算总投资59.17亿元,采用BOT建设管理模式,由中交投资有限公司、中交第一公路勘察设计研究院有限公司、中交第二公路工程局有限公司共同融资建设。三方协议共同联合出资注册陕西中交榆佳高速公路有限公司(以下简称"榆佳公司")为项目业主单位,负责项目的建设与运营管理;中交第一公路勘察设计研究院有限公司为项目的总承包方,以总承包经理部的形式全面负责项目的建设管理;中交第二公路工程局有限公司作为项目分包人以项目分部形式承担具体施工任务。

(二)建设情况

榆林至佳县原有旧路S302技术等级为二级,局部路段线形指标较差,存在多处小半径,且大部分桥梁建成时间较早,承载能力十分有限。随着山西太佳高速公路的建成,太原及东中部发达省市与陕西省北部地区的时空距离被进一步拉近,而与之相连接的榆佳公路成为榆林—佳县—太原通道的"瓶颈"路段,严重制约着区域能源资源的进一步开发和经济的持续快速发展。因此,尽快在现有公路通道内建设一条东出的高速公路通道显得非常必要和迫切。

根据《陕西省高速公路网规划》和陕西省委、省政府进一步加快高速公路建设的战略部署,为迅速改善陕北能源化工基地的运输紧张状况,实现"陕北跨越发展"经济发展战略,确保高速公路建设阶段性目标的顺利实现,2008年11月,陕西省交通厅委托陕西省公路勘察设计院对榆林至佳县高速公路进行了工程可行性研究。在确定路线走廊带的过程中,充分考虑了项目与山西省太原至佳县高速公路的衔接,并就路线走向与榆林市、榆阳区、佳县政府及交通部门进行了沟通与协商,在充分研究分析项目功能及作用、广泛征求地方政府意见的基础上,拟定了路线方案。

建设资金由企业自筹和银行贷款解决。由交通银行北京分行牵头,榆林交行、农行、中行参加组成银团向项目贷款,贷款额为项目总投资的75%,即44.38亿元;剩余25%,即14.79亿元由公司三股东分批次提供到位。施工准备阶段,榆佳项目注册公司时到位资本金2亿元,用于项目前期环评、土地预审、选址意见等各项评审、征地拆迁青苗补偿、设计费等支出。手续审批过程中,北京交行解决三亿元过渡性资金,基本满足前期项目建设资金需求。

在榆林市交通局等有关单位的组织和监督下,榆佳公司通过招投标分别确立了设计、监理及施工单位。其中设计单位为中交第一公路勘察设计研究院有限公司、中交第二公路勘察设计研究院有限公司。监理单位为陕西恒通工程咨询有限责任公司、河北省交通建设监理咨询有限公司、洛阳市路星公路工程监理有限责任公司。施工单位为中国交通建设股份有限公司。项目土建工程共设一个施工合同段,由总承包经理部统一进行管理。

2009年9月11日,陕西省国土资源厅下发了《关于省级高速公路榆林至佳县建设项目用地预审的复函》,批复了项目用地的请示;2010年7月15日,榆林市政府下发了《关于新建榆佳高速公路项目征占用林地核准的函》,同意使用项目范围内林地。项目途经榆阳、佳县两县区7个乡镇38个村。工程建设需征用永久性用地9755亩,拆迁建筑物2.9万m^2。项目开工3个月,佳县境内已移交施工用地2500亩,完成该范围工作量的64%;榆阳区征迁工作由于受国家土地监察局西安分局该段时间对榆阳区违规用地处罚的影响较大,只交付施工用地330余亩,造成大面积范围内的施工无法展开,严重影响了整个工程进度计划的实施。面对直接影响工程进展的征迁工作,榆佳公司领导班子迅速调整思路,加强与榆林市委、市政府的联系,及时汇报工作。同时,榆林市国土局、交通局等有关部门给予了大力的支持。经过多方积极协调,项目征迁工作得到了较大改善,为工程的有力推进奠定了坚实基础。

施工中的榆林至佳县高速公路

以"固定价格总包"为中心,以设计为龙头,通过"标准化设计",达到"标准化施工",是榆林至佳县高速公路项目BOT模式的一大特点。在榆佳公司的监督和领导下,总承包经理部积极协调各参建方,听取合理化的意见和建议,将施工单位的成熟施工工艺、成本控制、工期、质量等方面的优势发挥出来,效果显著。总承包经理部在前期设计阶段做了大量工作,如全线的桥梁跨径种类尽可能减少、下部结构只采用柱式或薄壁空心墩、基础均采用桩基础。结构简单、安全的"标准化"设计为施工期间的工厂化、机械化、模板类型的简单化创造了"标准化"施工条件,既节省了成本,又提高了施工效率。此外,设计方根据外部的征迁环境,对其中一段长 12.5km 的路线方案由山脚下调整至山坡上,节省占用了大片好地,大大减少了征迁难度。

在建设中推行动态设计,优化设计方案,鼓励合理变更,控制不合理变更,有效控制工程造价。总承包经理部开工伊始,组织设计技术交底和施工单位座谈,有序开展动态设计优化工作。通过现场查看,对多座桥梁进行优化设计,节约桥长 100 多米。根据现场部分路段开山石渣多的特点,将造价高的路基灰土填料优化为质量达到保证的、造价低的开山石渣填料。在项目即将完工、通车之际,全线的动态优化设计及设计变更正负费用合计基本持平,达到了成本控制的目的,确保不突破"总价合同"。

在质量管理方面,总承包经理部针对工程建设中勘察设计、施工管理、质量通病等薄弱环节,组织编写了《榆佳高速工程质量管理要点》,其后又相继出台了《榆佳高速公路施工标准工艺》等一系列制度和办法,在工程建设上积极推行"五化"管理。根据工程进展情况,先后开展了"灰土路基施工""箱梁预制""路面施工""佳县隧道施工"等多项专项检查,确保工程质量可控。厅质监站在工程的安全、质量、进度和文明施工等方面给予现场指导。尤其对部分湿陷性黄土路段填方区域容易出现的质量隐患,质监站给予了切实的例证和指导,推行 3% 灰土填筑路基的方案,消除了工程质量隐患。

榆佳公司对安全生产高度重视,并在施工阶段前后延伸介入,加强前期风险评估。佳县隧道洞身埋深较浅,出口端横穿佳县县城,洞顶建筑物密集。为保护居民建筑物的安全,榆佳公司在设计阶段委托陕西大地地震工程勘察中心等多家机构进行安全评估。隧道施工期间,采用减震预裂爆破技术,同时采取地质超前预报、监控量测等多项措施,确保了佳县隧道的安全施工。

2012 年 7 月 26—29 日,佳县境内遭遇了百年不遇的特大暴雨,数万群众受灾。面对灾情,项目全线积极组织抗洪抢险,并迅速恢复生产。同时积极支援地方抢修 S302 省道,受到当地政府和群众的赞誉。

(三)科技创新

榆林至佳县高速公路作为目前国内新兴的建设运营管理模式(BOT)的公路项目,其在管理方面与传统的项目有许多不同。为此,榆佳公司与长安大学、西安公路研究院进行联合科研攻关,对多项新工艺、新技术、管理模式进行探讨研究。在设计施工总承包项目的成本控制、质量安全、合同管理、进度控制等方面积累了丰富的经验。

项目是陕北能源区一条重要的运煤通道,运煤车辆多,煤炭运输具有明显的方向性。针对这一特点,项目成立了课题组,对陕北其他高速公路进行实地调研,总结出运煤通道重载交通的特点及规律,提出桥梁上下行分幅设计的思路。上行线采用运煤通道特殊荷载,并进行了专题研究。下行线采用部颁公路-Ⅰ级标准。实践证明方案合理可行,既满足了工程本身建设的需要,又大幅提高了结构的耐久性,减少了运营期的管养成本。

(四)运营管理

通车后,项目运营状况良好,促进了区域经济发展,沟通了晋陕便捷交通,为过往驾乘人员提供了"畅、洁、绿、美、安"的优良通行环境,充分满足了驾乘人员出行需要,营运期未发现工程存在明显质量缺陷。

在收费管理工作中,坚持"应收不漏,应免不收"收费原则,加大收费管理工作力度,努力提高通行费的实收率。一是提高收费管理工作水平,确保收费工作达到规范化、标准化、精细化的要求;二是大力推进文明服务,树立榆佳高速良好形象;三是规范绿色通道车辆收费管理工作,确保惠民政策落到实处;四是提高收费员堵漏增收业务技能,进一步提高堵漏增收工作业绩;五是持续提升收费车道保畅能力,确保收费道口的安全畅通;六是联合高速交警、路政大队开展涉路违法行为专项治理活动,严厉打击偷逃通行费等违法行为。

运营安全方面,强化隐患排查治理,深化开展"安全生产年""安全生产月"等活动,多次组织开展专项安全生产大检查,及时整改各类安全隐患;强化应急抢险救援,健全完善各类应急预案,开展除雪保通应急演练;提前做好抢险物资、机械、人员"三落实",积极应对雨雪雾等恶劣天气,提高应急抢险救援能力。

榆林至佳县高速公路开光川特大桥

在养护管理工作中,定期组织以路面破损、路基、桥涵构造物、交通设施、路面行车质量等为主要内容的路况调查工作,及时了解掌握高速公路及其设施使用情况;按照"预防为主,防治结合"的方针,坚持管养分离的原则,利用招投标方式择优选取具有沥青路面养护经验的施工单位,承担路面坑槽修补、附属设施的维修更新等任务,确保路面技术状况良好。配备专职桥梁工程师负责桥梁养护工作;备齐桥涵日常检测设备,加强桥涵经常性检查,及时掌握桥涵动态;委托专业检测单位进行桥梁定期检查,对存在病害的桥梁进行维修和加固。

在服务方面,公司多次举办"清凉伴您行,温情洒榆佳"阳光服务活动,为过往驾乘人员提供服务。每个收费站都设立便民服务台,免费提供清凉可口的降暑佳饮绿豆汤,并备有藿香正气水、风油精、创可贴、晕车药等常用药品。为了方便驾驶员清楚的了解行驶路线,还专门制作了行驶路线卡片,免费提供驾乘人员使用。

白云耸真武佑高速通衢报晓东方红,红石仞北台威榆佳坦途昭华太阳升。历时三载,今朝圆梦。从毛乌素沙漠到黄河之滨,建成通车的榆佳高速公路蜿蜒而行,自西向东,穿沙越岭,缩短了陕北通向东方的距离。"东方红,太阳升,中国出了个毛泽东……"这首发源于佳县城北,传唱于榆林、陕北,引领着无数革命人浴血奋战,新中国成立后红遍大江南北的歌曲,如今,依然激励着成千上万的交通人奋然前行。

S12 榆林至佳县高速公路主要信息资料、主要从业单位信息资料见表 9-41、表 9-42。

S12 榆林至佳县高速公路主要信息资料表 表 9-41

项目名称	建设单位	建设里程(km)	技术标准	投资规模(亿元)	建设时间(开工~通车)
榆林至佳县高速公路	陕西中交榆佳高速公路有限公司	78.86	双向四车道、设计速度100km/h	59.17	2011.3~2013.10

S12 榆林至佳县高速公路主要从业单位信息资料表 表 9-42

项目名称	从业单位	单位名称
榆林至佳县高速公路	设计单位	中交第二公路勘察设计研究院有限公司、中交第一公路勘察设计研究院有限公司
	施工单位	中国交通建设股份有限公司
	监理单位	陕西恒通工程咨询有限责任公司、河北省交通建设监理咨询有限公司、洛阳市路星公路工程监理有限责任公司

第二十一节 S13 黄龙至商州高速公路(洛南至岔口铺段)

有一条古老的神河叫洛河,孕育出了博大的河洛文化;有一个神秘的地方叫洛南,花石浪为我们展示了洛南猿人的智慧与勤劳。《水经注·洛水》中云:"黄帝东巡河过洛,修坛沉璧,受龙图于河、龟书于洛。"而今一条高速公路贯通秦岭腹地,将现代文明带到这里。"斜马古道"的蹄声悄然远去,洛南至岔口铺高速公路的车流滚滚不息。

(一)项目概况

洛南至岔口铺高速公路,简称洛岔高速公路。洛岔高速公路为榆商线南端起点段,和榆商线与沪陕线连接段,是 S13 陕西段的一段,也是陕西省"2367"高速公路网的组成部分。洛岔高速公路的通车使商洛市在陕西省率先实现了县县通高速的目标,对完善全省高速公路网,实施南华山旅游开发,促进商州区域资源开发和县域经济发展具有重要意义。

2010年6月11日,陕西省发改委以《关于榆商线洛南至岔口铺公路建设有关事项的批复》批复了工程可行性研究报告。2010年11月4日,陕西省发改委以《关于榆商线洛南至岔口铺公路初步设计的批复》批复了工程初步设计。2011年2月16日,陕西省交通运输厅以《陕西省交通运输厅关于榆商线洛南至岔口铺高速公路施工图设计的批复》批复了工程施工图设计。

黄龙至商州高速公路(洛南至岔口铺段)线位示意图

路线起于洛南县永丰镇李村,经四皓,商州区浦峪至板桥镇岔口铺村,设枢纽立交接沪陕高速西商二通道,路线全长12.625km。双向四车道,路基宽度24.50m,分离式路基宽度12.25m。设计速度80km/h。设桥梁9362m/18座(单幅),其中大桥9174m/16座;隧道1778m/3座(单洞);天桥3座,通道4处,涵洞30道,渡槽2处;收费站1处。

2010年11月4日,陕西省发改委批复洛南高速公路工程初步设计总概算8.966亿元,资金来源为陕西省交通建设集团公司自筹,具体为流动资金贷款。

(二)建设情况

项目建设单位为陕西省交通建设集团公司,项目执行单位为陕西省交通建设集团公司西商高速公路建设管理处。中交通力建设股份有限公司设计,中交公路规划设计院有限公司设计咨询。中铁十七局集团第二工程有限公司等9家施工单位中标施工;陕西省交通工程咨询公司总监,榆林四通工程监理咨询有限公司监理,陕西高速公路试验检测有限公司承担检测。

项目于2010年4月5日开工建设,2011年11月完工,2012年8月14日通车运营。建设工期19个月。

西商管理处实行"精、准、细、严"的管理,狠抓过程控制,全力提升工程品质:

洛南至岔口铺高速公路

一是发展理念人本化。始终注重以人为本,全线隧道洞门尽可能采用削竹式和直切式设计,做到与周围环境协调;尽可能减少大填大挖,充分保护沿线生态环境;利用工程弃方为百姓改造良田50余亩。

二是项目管理专业化。健全了内部管理、质量管理、进度控制、安全管理、合同管理等工作制度,建立了规范有序、科学高效的管理运行机制,形成了完善的质量保证体系。

三是工程施工标准化。不断优化施工工艺和方法,小型预制构件采用塑料模具和振动台集中预制,成品结构密实,表面光洁;箱梁施工采用标准化定位模具,确保了钢筋间距和波纹管位置准确无误;在桥梁预制场预埋管道,实行春夏季喷淋、秋冬季蒸汽养生;施工单位成立上边坡防护精测组,全程跟踪测量边坡坡率、纵向线型、平面高程,确保边坡线型流畅。

四是日常管理精细化。强化工程建设管理全过程控制,推进混凝土强度回弹交验制度,路床、桥面交验制度,隐蔽工程第三方检测制度等。多次举办路基填筑、箱梁冬季施工等工程现场观摩会,总结推广各类精细化施工经验,有效提升了工程质量。

管理处在建设过程中严把质量关,全面落实工程质量终身负责制,逐级逐标段竖立工程质量管理责任标牌,签订质量责任卡,加强过程控制,坚持材料"三不进场""三检查制",从源头确保工程质量。推行动态质量管理,将分项工程质量检测指标,随时间、进度记录在案,要求监理工程师在重点工程、工序施工时24h旁站,实现工程质量全过程监控。加强对钢筋、水泥、锚具、钢绞线等主要材料的检测,确保隐蔽工程、重点部位和关键环节质量过硬。建设期间,管理处要求拉到、砸掉不合格墩柱3根,报废梁板3片,同时,按照监理人员目标责任考核规定,加大对监理的考核、奖惩,对不称职的监理单位和个人予以重罚,并列入"黑名单"。在保证质量的情况下管理处狠抓工程进度。科学编制了年、季、月度进度计划,严格按照目标责任要求,每月与施工单位签订目标责任书,要求施工单位对照每月进度计划要求,按单位、分项工程和月、旬、周将各类计划分解细化到施工班组、每一个工程点。建设期间,管理处连续组织开展了春季大干、决战90天、冲刺120天、冬季大干、冲刺30天等多种形式大干活动,持续掀起全建设周期大干高潮。大干期间累计奖励113万元,处罚62万元。各参建单位紧紧围绕工作目标任务,努力克服时间紧、任务重的困难,为圆满实现建设目标做出了卓越的贡献。

洛岔高速公路的顺利建成通车,得到了沿线政府、群众的大力支持。洛岔高速公路仅用40余天即全面完成了征地拆迁工作,是我省第一条施工单位未进场就提前完成土地清表和房屋、杆线拆迁工作的高速公路项目,也是省内第一条同步拆迁、同步安置完成的高速公路项目。项目共征用土地1069亩,拆迁房屋96户、厂矿1家,迁移坟墓350座,改移S307线路1处。

2012年8月14日,洛岔高速公路与沪陕高速西商二通道同时建成通车,标志榆商高速南线起点段顺利贯通,便利了洛南与商州、西安间联系交流。

(三)复杂技术工程——膨胀土路堑边坡治理

月子岭高边坡位于洛商高速K11+940~K12+110处,地处洛南县城关镇许前村附近,挖方长度170m,最大高度32m,地形沿路线方向呈渐次升高之势,地面自然坡度约3~5°。

月子岭高边坡施工的难点在于该路段属于膨胀土路段,土体稳定性很差,遇水后土体易发生变形从而导致边坡局部出现裂缝、坡面整体外移并坍塌。建设者经充分论证,决定坡体采用抗滑桩+支撑渗沟,桩前土采用脚墙+锚杆框架梁或骨架护坡防护的综合治理措施,采取"以柔治胀"的方法,即采用柔性挡墙+盲沟的综治理措施。排水采用"截、排、堵"相结合的综合治理方案,堑顶及各级平台采用C20混凝土硬化处理,坡面加密设置仰斜式排水孔、急流槽,堑顶及各级平台设置截水沟,路侧设置边沟,路床底设置纵横向盲沟,各种排水设施相互连通,形成一套完整的排水系统。最终解决了膨胀土因外界气候变化可能产生的一定变形而不破坏整体防护的问题。

(四)运营管理

洛岔高速公路建成通车以后,交由陕西省交通建设集团公司西商分公司运营管理。西商分公司主要负责项目范围内路段的收费、养护、路政、治超等管理工作,共辖3个管理所、8个收费(治超)站、两个服务区,同时负责灞源及黄沙岭2个隧道管理站的管理。

西商分公司以管理创新、技术创新为动力,以提高路况质量、完善服务功能为目标,积极开展公路环境综合整治及绿化美化工作,深入推进养护管理规范化水平,努力创建一流的管理、一流的路况和一流的服务。

(1)收费管理。收费数据分析再升级。通过摸索征费季节性、周期性变化规律,根据车流量、通行费变化情况,认真做好通行费及车流量增减分析工作,了解收费动态,把握收费方向,确保通行费足额征收。针对以往票证工作中存在的问题,吸取经验,规范账本、票据内容填写,确保票证相关报表数据的有效性和准确性。在堵漏增收方面。严把特情车处理流程,认真分析、总结各类逃费车特征,不断提高堵漏增收工作的针对性,坚决打击逃费车辆。

(2)养护工作。洛岔高速公路地处秦岭腹地,冬季寒冷,冰雪覆盖,来年春季,冰雪融化,造成路面边坡防护诸多病害。为确保道路安全畅通,西商分公司多措并举,有针对性的加强春融期道路养护工作。对路面病害进行集中整治,对冬季临时修补的路面坑槽用沥青热拌料统一修补,对路面裂缝采用SBS改性沥青进行封闭;对全线高边坡、隧道边仰坡、临河段路基挡墙进行拉网式排查,对发现的春融期隐患查出一处,整治一处,尤其是针对春融期土体内含水量较高的情况,及时对防护薄弱环节进行加固,维护路基边坡稳定和汛期河道内墩柱安全;对全线排水沟、截水沟、涵洞等排水设施进行清理疏通,确保春融期排水畅通。

(3)安全排查。西商分公司经常开展安全隐患排查专项行动,切实做到不留死角、不留盲区。重点对隧道出入口、桥梁周边、临山路段路基上下边坡等位置山体逐点排查,发现地质灾害隐患立即采取有效措施,对无法及时处理的隐患,建立灾害隐患路段档案,完善沿线提醒警示标志;坚持雨天上路巡查,及时疏通导水孔、急流槽、涵洞等排水设施;加强及时性养护,对于影响行车安全的路面坑槽、沉陷、滑坡堆积物严格按照"先警示、后修复"的原则加强现场管理,做好各类安全防护工作。

(4)缓堵保畅。在路面修补施工期间,西商分公司多举措确保洛岔高速道路安全畅通。一是安排路政人员对施工处交通管制点进行24小时无间断巡查,保证管制现场的规范,确保过往车辆安全通行。二是增加标志标牌,确保现场安全。在管制路段内除了制式交通管制牌外,增加了"施工车辆出入""限速40"等临时警示标志标牌,提示过往驾乘人员遵守交通秩序。三是安排专人对分流点出入口车辆进行指挥引导,防止因现场管理不到位造成的交通中断等情况。四是落实联合巡查。进一步加强与高速交警、养护部门的紧密联系,及时沟通路况信息,实现资源共享,充分发挥联动机制作用。

驾车驶入洛岔高速公路,绿树成荫,槐花飘香,蜂飞燕舞,一派陕南山区高速公路的优美风光,思绪随着美景飘远,憧憬曹公与洛神之偶遇——"神女应无恙,当惊世界殊"。

S13 洛南至岔口铺高速公路主要信息资料、主要从业单位信息资料见表9-43、表9-44。

S13 洛南至岔口铺高速公路主要信息资料表 表9-43

项目名称	建设单位	建设里程（km）	技术标准	投资规模（亿元）	建设时间（开工~通车）
洛南至岔口铺高速公路	陕西省交通建设集团公司	12.63	双向四车道、设计速度80km/h	9.55	2010.4~2012.8

S13 洛南至岔口铺高速公路主要从业单位信息资料表 表9-44

项目名称	从业单位	单位名称
洛南至岔口铺高速公路	设计单位	中交通力建设股份有限公司
	施工单位	中铁十七局集团第二工程有限公司、中交第一公路工程局有限公司、中交二公局第三工程有限公司、山西交研科学实验工程有限公司、紫光捷通科技股份有限公司、衡水宏力工程橡胶有限公司、陕西红旗铝门窗装饰有限公司
	监理单位	榆林四通工程监理咨询有限公司

第二十二节　S16 延安经志丹至吴起高速公路

"70多年前,延安的老百姓在吴起镇迎来了中央红军;2009年12月29日,又迎来了延安至志丹至吴起高速公路的开工的大喜日子……"当年开工时,老区人民的期盼之切言犹在耳。

2013年12月19日,夙愿成真,全长109km的延安经志丹至吴起高速公路(简称延志吴高速)建成通车,延安市志丹、吴起两县结束了没有高速公路的历史,并被纳入以延安市为中心,连接西安、北京、石家庄、郑州、太原、呼和浩特、兰州、银川的"一日交通圈"和市县"一小时交通圈"中。

（一）项目概况

延安经志丹至吴起高速公路,简称延志吴高速公路,是陕西省高速公路"2637"路网规划七横中的第二横。路线起于G65包茂高速沿河湾立交,向西途经安塞县招安镇、王窑乡、志丹县侯市乡、保安镇、顺宁乡、纸坊乡、金丁乡,吴起县薛岔乡,止于吴起县走马台,全长109.85km。它横贯东西,是陕西境G20青银高速和G22青兰高速之间的又一条高速公路运输大通道。作为陕西省2013年建成通车中里程最长的一条高速公路,结束了志丹、吴起两个陕西省十强县不通高速的历史,促进了延安市能源化工基地的发展,完善了

第九章
高速公路建设项目

陕西省高速公路网络为延安市开辟了又一条红色旅游通途,增强了革命老区的自我发展能力,促进陕甘宁革命老区振兴从规划向现实迈进了一大步。

2008—2011年,项目工程可行性研究报告、初步设计及施工图设计先后获得批复。

延志吴高速全线按双向四车道高速公路技术标准,设计速度80km/h,路基宽度24.5m,全线路基土石方1790.80万m^3,防护、排水工程70.09万m^3。设桥梁4.36万m/212座,其中特大桥5801m/5座,大桥2.35万m/116座;隧道3.71万m/10座,其中特长隧道1.88万m/4座,长隧道1.04万m/6座;桥隧比例占建设里程的57.2%。互通式立交6处;服务区1处、停车区2处、收费站4处、管理所1处。

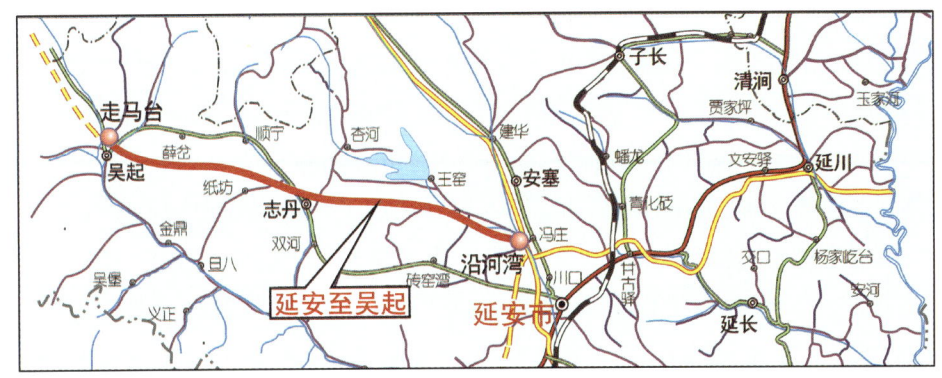

延安经志丹至吴起高速公路线位示意图

a)

b)

c)

延安经志丹至吴起高速公路

项目共投资 107.85 亿元,建设资金来源为企业自筹和利用银行贷款。

(二)建设情况

项目由延安市政府组织建设。市政府成立延志吴高速公路建设管理局,负责工程实施管理。2010 年 6 月,受国家宏观金融政策调整的影响,项目建设贷款资金无法落实到位,工程一度处于半停工、停工状态。2011 年 8 月,遵照陕西省政府关于"进一步理顺高速公路建设管理机制,加快延志吴高速公路建设"的指示精神,项目由延安市政府移交陕西省交通运输厅,项目法人变更为陕西省交通建设集团公司,建设执行机构为陕西省交通建设集团公司延志吴高速公路建设管理处(简称管理处);设计单位为西安公路研究院和陕西省交通规划设计研究院;施工单位为陕西省咸阳路桥工程公司,中铁十八局集团第五工程有限公司等单位;监理单位为陕西高速公路工程咨询有限公司,西安长大公路工程检测中心等;征地拆迁和环境保障由延安市人民政府负责实施。

针对项目桥隧众多,地质特殊等特点,管理处采取了一系列强力措施保证工程质量与进度。加强制度建设,规范管理行为。按照交通运输部工程建设"五化"要求,陕西省交通运输厅《陕西省公路建设工程质量要点》及陕西省交通集团质量管理要求,延志吴管理处结合项目实际,制定了《路面工程施工标准化实施细则》等一系列规章制度,要求各施工、监理单位制定相应的精细化施工落实措施,从而形成了完善的质量保证体系。尤其是实行的"改性沥青与混合料生产质量施工动态监控制度""大型关键施工设备审查制""施工配合比联合设计、联合评审制度"等制度,对重点工程及重要工序提出了明确的质量要求,确保了项目建设质量始终处于全天候、全过程、全方位的监控之中。

加大监督力度,层层落实责任。管理处、各级监理单位加大对施工现场的监管力度,在广度和深度上狠下功夫。通过召开质量要点宣传会、编制下发作业指导书和精细化施工质量控制要点,细则等,对各单位人员学习和培训,使参建单位员工明确质量标准和控制要求。通过落实"材料准入制",地材生产派驻监理制,从源头上控制工程原材料质量;推行"首件认可制""质量巡查制""第三方检测制"等质量控制措施,做到事前控制、主动控制,使全线施工质量稳步提高。

管理处和总监办领导对各参建单位实施分片包干,及时解决施工中存在的问题,优化施工组织,调整施工方案,合理安排工序,使总体目标与阶段目标相衔接,各环节与各层次的目标相协调,形成运转协调的目标责任体系,全面均衡推进项目建设。

实行工程质量责任卡制度。按照工程质量终身制的要求,管理处负责全线工程质量管理,各高驻办高级驻地监理工程师是本监理合同段施工质量管理第一责任人,各合同段项目经理是本合同段施工质量第一责任人。

管理处在工程开工前,要求各施工、监理单位相关管理人员按照各自专业分别填写工程质量责任卡,将施工、监理人员在同一工程项目中应承担的质量责任一一对应,便于质量责任追查和终身负责制的落实。

加强原材料质量管理。为了保证原材料质量不出问题,管理处对水泥、钢材、碎石、钢纹线、锚具、桥梁支座等重要原材料的使用厂家和产地进行了范围划定。对工地试验室无法完成的试验检测项目,要求必须到取得甲级检测资质的交通系统检测机构进行外委试验,并且从样品采集到送检,必须在监理旁站下进行。

落实施工工艺、强化规范施工。规范化施工是保证工程质量最为有效的方法,只有严格按照施工技术规定的程序、工艺和要求去施工、去检测,才能确保工程质量不出问题。管理处和总监办为了落实规范施工,由总监办下发了《关于下发施工质量控制要点及技术要求的通知》,要求各施工单位严格按照通知规定,实行工序逐级审查程序,控制好施工工艺,杜绝盲目施工和野蛮施工。

提高执行力,狠抓薄弱环节精细化。管理处同总监办对施工一线人员进行"精细化施工实施细则"现场宣传活动,使施工人员能够掌握精细化管理的具体要求、工作方法及步骤,同时管理处采取严格考核、重奖重罚、责任追究、专项整治等行之有效的手段,使精细化管理的各项要求从被动的接受逐步转变为员工的自觉行动,特别对薄弱环节要求监管到位,执行到位。为确保"开工必优、一次成优"的目标,在每一项工程开工前,管理处组织施工单位编制周密的施工组织计划,并对所有施工人员集中培训、组织分工、定人定岗,建立岗位责任制,进行详细技术交底,确保各项工序流水作业、紧密衔接。

建立质量巡查制度。为了加强工程质量的监督控制,管理处和总监办联合成众立了质量巡查小组。管理处成立以主管领导为组长,工程科、质安科相关人员为成员的质量巡查小组;高驻办以高驻为组长,各专业工程师为成员的质量巡查小组。两个巡查小组不但白天进行日常巡查,而且,晚上联合对施工进行夜间巡查及时填写巡查记录,对发现的问题以工作指令的形式要求各单位限期整改。

加强对监理单位及人员的管理。为了充分调动并发挥监理对工程质量的管理作用,做到人尽其才,才尽其用。管理处对进场的所有监理人员进行了上岗考试和履约检查,严把监理人员的进场关,对业务水平低、责任心不强的监理人员清除出场,对不符合合同要求的进场人员,管理处按照合同规定给予处罚。

充分发挥试验检测作用。在施工过程中,各级试验室严格按照规定的试验检测项目和频率对原材料和施工质量进行抽查,及时准确的反馈试验结果,发现问题及时整改处理;同时实行第三方检测制度,在施工过程中严格控制,使试验检测真正达到科学指导施工的目的。

加强内业资料管理工作。为了确保本项目档案工作的规范化、标准化,管理处在工程前,均及时编制和统一印发了各类内业检查表,首先从填写表格的规格、纸质、颜色等进行了统一;其次试验用表统一采用试验专用软件,并及时下发了试验软件填写说明;三是质量评定用表统一采用评定专用软件,确保了各施工、监理单位分项、分部、单位工程单元的划分以及评定计算的规范和统一。

信息管理覆盖各个领域。在沥青拌和楼安装"黑匣子",完整记录拌和参数;压路机上安装限速器控制碾压速度,对路面摊铺碾压进行全过程监控,建立质量动态波动图和进度横道图,便于宏观地发现问题及时调整;路面试验室安装监控系统、关键试验仪器安装数据控制系统,沥青改性设备安装监控设备,采用信息技术与监控分中心对接;在特长隧道施工现场安装安全视频监测系统。同时,采用电子档案管理系统,实现了档案管理信息化。充分利用信息技术手段,加强从业单位的信用考核工作,约束从业单位的建设行为,实现对公路建设从业单位的管理与服务。

(三)复杂技术工程——志丹东隧道

延志吴高速公路志丹东特长隧道位于志丹县侯市乡,是全线控制性工程,隧道为左右分离式黄土隧道,左洞全长4925m,右洞全长4924m,属我国当时最长的黄土公路隧道,设计标准为双向4车道。隧道穿越黄土层,围岩为Ⅳ级或Ⅴ级,自稳能力差,地下水丰富,滴渗水现象严重,围岩属于三趾马红土,具有膨胀性,坍塌掉块等地质灾害频发。针对隧道施工特点,采用"短进尺、强支护、快成环、勤测量"的施工方法,强化工序衔接,缩短循环时间,提高施工效率,及时破解技术难题,有效克制了黄土隧道复杂地质带来的安全威胁,克服了长大隧道通风不畅、地质不良等困难,先后攻克了多次坍塌,确保了隧道质量、施工安全和进度。

(四)运营管理

延志吴高速公路建成通车后,交由延志吴分公司负责运营管理,主要负责项目范围内路段的收费、养护、路政、治超等管理工作,此路段设4个收费站、2个停车区、同时负责志丹服务区的管理。

1.扎实开展汛期地质灾害隐患排查

为进一步加强地质灾害防治工作,准确掌握延志吴高速公路地质灾害隐患情况,延志吴分公司扎实开展高速公路汛期地质灾害隐患排查工作。

重点对高速公路两侧的山体、边坡、桥梁桩基、隧道渗漏水、机电、消防等易由汛情引发的新增地质灾害隐患区域进行排查。一是要求路政、养护、收费组成排查组联合对所辖路段两侧山体、边坡采用徒步和车辆巡查相结合的方式进行排查,加大公路沿线存在发生洪水、泥石流、崩塌落石等危险的重点地段和存在危险的桥梁、隧道、涵洞、边坡等重点部位的梳理排查,特别是对桥梁桩基外露、隧道渗漏水等情况进行全面检查;二是对存在地质安全隐患的重点区域进行统计,安排专人巡查、观测,对新发现的隐患及时进行登记,提出应急处置措施,并形成书面材料上报。这一次排查要与前期开展安全隐患排查相结合,并对前期治理工作展开回头望,确保道路安全畅通;三是进一步夯实责任,扎实工作,严格落实汛期24h值班制度,继续加大对地质灾害易发区和隐患点的巡查、排查、监测力度,路政、养护、收费要实行分级负责、层层落实、责任到人的工作体制,最大限度避免和减少灾害损失。

2. 四举措加强桥梁隐患治理

为进一步落实桥梁安全管理工作,延志吴分公司组织养护、路政联合开展桥梁安全隐患排查工作。

一是高度重视,认真排查。将桥梁分类汇总,按照大小和难易管理顺序逐个排查,排查一个,登记一个,并认真进行复核对照。按照排查、登记、核对、确认等步骤循环推进,保障排查的实际效果;二是发现问题,及时上报。对重点桥梁进行联合排查,对发现问题的部位,及时下发《路政巡查通知单》,保障排查的问题能够及时得到修复和解决,保障辖区桥梁始终处于良好使用状态;三是加大宣传力度,确保道路安全。将排查出的桥下的堆积物及居民生活垃圾,主动联系所属村委会、村民进行清理。积极宣传《中华人民共和国公路法》等,引导和提高高速公路附近企业、村民爱护公路意识,通过边排查、边宣传、边治理、边整改,及时把桥梁安全隐患消灭在萌芽状态,确保桥梁安全畅通;四是联合地方政府共同治理。加大路政、养护巡查频率和力度,实行常态化管理,及时发现并制止桥下乱堆乱放行为,并联合地方乡、镇政府建立"联勤联动"机制,及时消除各种安全隐患,为延志吴高速公路营造一个畅、安、舒、美的行车环境。

3. 开展"安全生产月"活动

延志吴分公司制订"安全生产月"活动实施方案,成立"安全生产月"活动领导小组,创新载体、活化形式,开展宣传教育、隐患排查、应急演练活动。一是认真组织学习中央、省(部)及厅领导关于安全生产的重要讲话精神,充分利用会议、文件、简报,借助网络、书籍加强学习,利用公路设施平台,站区宣传栏,悬挂横幅标语,开展宣传教育,营造学习贯彻讲话精神的浓厚氛围,强化安全科学发展的理念。二是结合实际情况,建立完善应急预案。组织开展防汛抢险、火灾事故、车道突发事件、隧道应急救援应急演练活动,全面提高道路保畅、水毁抢险、消防、信访、恐怖防范等突发事件应急处置能力,认真总结演练成果,不断改进问题和不足,努力完善应急体系建设,不断提升公路应急管理水平。三是强化安全生产宣传教育,提升员工安全技能和自我防范意识。广泛宣传动员,鼓励员工积极参与活动开展。开办安全生产知识宣讲课堂,每周举行2次安全生产宣传教育活动,深入学习安全知识、利用身边事例开展安全警示教育,举办安全主题展览、剖析典型事故案例、畅谈经验教训,观看警示教育片,对典型事故进行剖析,深刻吸取教训,切实落实安全责任、完善措施,防范事故发生。四是认真组织开展安全隐患排查治理行动。持续深入开展桥梁、隧道运营环境综合整治。加强路面执法力度,及时修复维护公路设施,联合开展行人上高速、路边停车上下人专项宣传教育和治理行动,发现安全隐患及时安排整改,消除不安全、不稳定因素,确保运营管理各项工作平稳有序健康发展。

4. 全力拓展信息管理应用领域

信息技术是规范管理流程、提高管理效率的有效手段。管理处始终坚持高点起步,下大力气完善现有信息管理手段,通过应用信息技术、网络技术和通信技术,搭建延志吴项目信息管理平台,实现管理过程的全控制,达到规范管理流程、提高管理效能、降低管理成本的目的。

延志吴高速公路的建成通车,标志着红军长征的落脚点吴起县和"红都"保安今志丹县正式通上了高速公路。该项目的建成,极地大促进了陕北地区油气资源开发进程和安塞工业园区的可持续发展,对区域经济发展具有重要意义。

S16 延安经志丹至吴起高速公路主要信息资料、主要从业单位信息资料见表9-45、表9-46。

S16 延安经志丹至吴起高速公路主要信息资料表　　　表9-45

项目名称	建设单位	建设里程（km）	技术标准	投资规模（亿元）	建设时间（开工~通车）	备注
延安安塞经志丹至吴起高速公路	延安市高速公路建设管理局、陕西省交通建设集团公司	109.85	双向四车道、设计速度80km/h	107.85	2009.12~2013.12	尚未进行竣工决算,投资规模为概算。

S16 延安经志丹至吴起高速公路主要从业单位信息资料表　　　表9-46

项目名称	从业单位	单位名称
延安安塞经志丹至吴起高速公路	设计单位	西安公路研究院、陕西省交通规划设计研究院
	施工单位	陕西省咸阳路桥工程公司、中铁十八局集团第五工程有限公司、中交二公局第四工程有限公司、中国对外建设总公司、中铁二十局集团有限公司、安徽省路港工程有限责任公司、大庆建筑安装集团有限责任公司、陕西省机械施工公司、中交一公局桥隧工程有限公司、中铁十四局集团有限公司、中铁十局集团第二工程有限公司、中交第四公路工程局有限公司、中铁十四局集团第四工程有限公司、河南高速发展路桥工程有限公司、湖南湘潭公路桥梁建设有限责任公司、中交二公局第四工程有限公司、中国建筑第五工程局有限公司、中铁十二局集团有限公司、核工业西北工程建设总公司、江西省路桥工程集团有限公司、中国水电建设集团路桥工程有限公司、安徽省公路桥梁工程公司、安阳市恒达公路发展有限责任公司、江西有色工程有限公司、中铁二十一局集团有限公司、榆林市天元路业有限公司、中交第四公路工程局有限公司、陕西路桥集团有限公司、中国水电建设集团桥梁工程有限公司、中交第四公路工程局有限公司、北京市公路桥梁建设集团有限公司
	监理单位	陕西高速公路工程咨询有限公司、西安长大公路工程检测中心、陕西公路交通工程监理咨询有限公司、山西国华通工程咨询有限公司、廊坊市交通技术咨询监理有限公司、山东恒建工程监理有限公司、山西振兴公路监理有限公司、北京正宏监理咨询有限公司、山东省滨州市公路工程监理有限公司、北京华路捷公路工程技术咨询有限公司、内蒙古交通建设监理咨询有限责任公司、聊城三山公路工程监理有限公司

第二十三节　S17 兴平至户县高速公路

兴平至户县高速公路起点接连霍高速公路西安至宝鸡段沣渭立交,终点止于户县谷子硙,与京昆高速公路西安至户县段相接。路线全长 14.73km,双向六车道,设计速度 120km/h,路基宽度 42m。

兴平至户县高速公路

兴平至户县高速公路,与临潼至兴平高速公路(西咸北环线)作为一个项目进行前期规划与设计,并统一由陕西省交通建设集团公司西咸北环线高速公路建设管理处负责建设管理。2013 年 7 月开工,2015 年 12 月 8 日建成通车。通车以后,交由陕西省交通建设集团公司西咸北环分公司负责运营管理。临潼至兴平段纳入国家高速公路网,编号 G30N,兴平至户县段纳入省级高速公路网,编号 S17。

具体建设情况等详见本章第八节 G30N 临潼至兴平高速公路(西咸北环线)。

第二十四节　S21 绛帐至法门寺高速公路

话说佛祖释迦牟尼涅槃后,骨灰化为万千舍利,分送世界各地供奉,流传至今可信者唯有留存在陕西省关中地区法门寺的一颗佛指舍利,历来受到皇家供奉,代表佛的真身,受到全球佛教徒的膜拜,影响之大跨越国界和时空,范围不分民族和种族。绛帐至法门寺这条极负盛名的文化旅游大道,必然得到各级人物的关注。

2014 年 9 月 28 日,省级高速公路绛帐至法门寺高速公路通车。世界各地来此顶礼膜拜的人们,终于有了畅达的高速公路。

(一)项目概况

绛帐至法门寺高速公路(简称绛法高速公路),是陕西省"2367"高速公路网规划中 18

条联络线之一,也是宝鸡市境内扩建增容的一条南北迂回线路。随着关中经济及区域旅游产业的快速发展,原绛帐至法门寺的二级公路技术等级不高,路段混合交通严重,极易引发交通事故。尤其在国家法定假日、佛法事活动及旅游旺季,路段交通量剧增,交通堵塞严重,不能满足区域经济社会发展需求。为进一步加快完善陕西省高速公路网络,提升公路的通行能力,满足旅游交通需求,加快关中西部经济发展,陕西省交通主管部门要求对绛法公路实施了扩容改建。

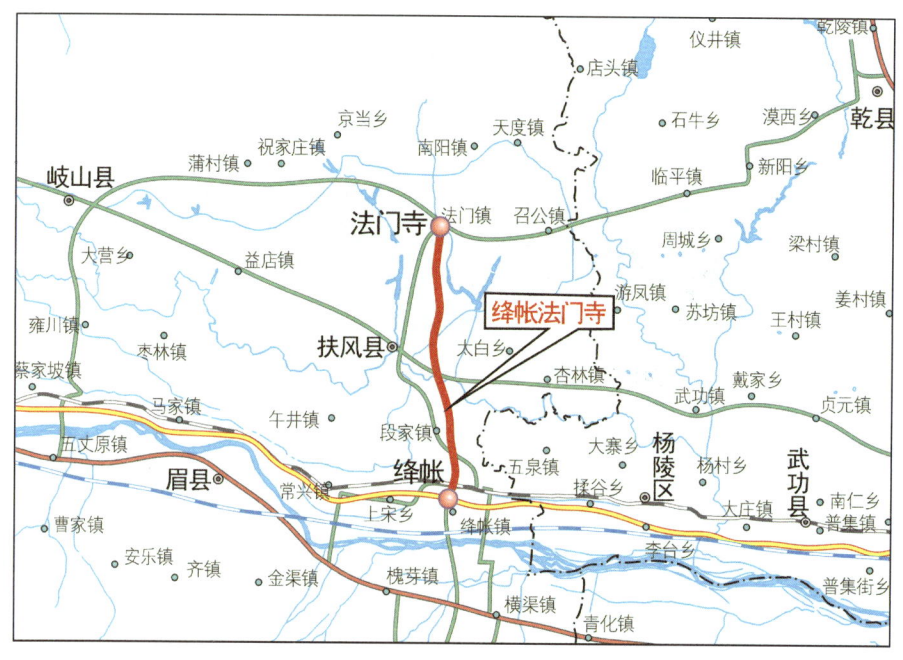

绛帐至法门寺高速公路线位示意图

2010年7月,《省级高速公路法门寺联络线绛帐至法门寺公路改扩建工程两阶段初步设计》获得批复;2010年8月,《省级高速法门寺联络线绛帐至法门寺公路改扩建工程两阶段初步设计审核意见》通过评审;2010年,批复《省级高速公路降帐至法门寺公路施工图设计审核意见》。

绛法高速公路起于西安至宝鸡高速公路兰家枢纽立交,向北沿原有绛法二级公路进行扩建,跨越陇海铁路、西宝中线和宝鸡峡灌溉渠,下穿省道104,终点与法门寺南环路相接。主线全长16.31km,其中双向四车道高速公路9.21km,一级公路7.10km,连接线0.87km,设计速度80km/h。路基标准宽度28.25m,其中新建路基宽度12.25m。全线设大桥1053.01m/2座;涵洞36道;互通式立交1处、分离式立交2处、天桥7座;通道30道;收费站1处;紧急停车带10处。

项目投资4.61亿元,建设资金来源为陕西省高速公路建设集团公司自筹和利用国内银行贷款。

(二)建设情况

绛法高速公路由陕西省高速公路建设集团公司负责实施;设计单位为陕西省交通规划设计研究;参建单位为中交第二公路工程局有限公司、中铁十七局集团公司第一工程有限公司等;武汉市公路工程咨询监理有限公司等单位承担驻地监理。工程于2012年11月开工。建设过程中,克服了交通保畅压力大、征地拆迁问题多等诸多困难,经过17个月的紧张施工,2014年9月28日,提前2个月建成通车,实现了绛法公路的华丽升级。

原绛法二级公路是陕西省重点旅游线路,为最大程度地减少施工对通行路段的影响,管理处积极配合路政、交警部门严格按照规范设置隔离防护设施,并对"五一""十一"等重要节日制定了节日期间交通保畅应急方案,确保通行正常无较大拥堵事件发生。由于绛法公路上跨桥拆除及旧路病害处理等工程的施工,对绛法公路正常通行造成较大干扰,陕西省交通运输厅、陕西省公安厅决定于2014年6月20日起对绛法公路进行全封闭施工。

绛帐至法门寺高速公路

建设过程中,全面贯彻"建设资源节约型、环境友好型社会"的精神,将老路大部分铣刨材料进行配合比设计,分别作为老路路床填筑材料和路面柔性基层结构,将废旧材料进行再生利用,不但节约建设投资,而且大大减少环境污染。在沥青拌和楼安装"黑匣子"实时监控系统,安排专人每天进行数据分析,全面监控沥青混合料配合比控制情况,确保混合料拌和质量。对摊铺及碾压设备安装限速仪,从而全面控制摊铺及碾压速度,确保路面施工质量。

项目采用"省市联建、企地共建"模式,由陕西省高速集团负责组织工程设计、工程招标、建设管理及交竣工验收等工作;扶风县人民政府在宝鸡市高等级公路建设领导小组办公室的指导下,具体负责项目征地拆迁和建设环境保障工作。提升了与被拆迁户的沟通效率,加快了拆迁工作进展速度,有效避免了阻挡施工事件的发生,保障了正常建设秩序。这一模式为新时期高速公路建设提供了可供借鉴的新思路。

(三)运营管理

项目建成通车后,交由西宝分公司运营管理,主要负责项目范围内路段的收费、养护、路政、治超等管理工作,此路段设1个收费站。

为充分展示陕西省良好的社会形象和高品质的建设成就,西宝分公司集中开展工程建设形象整治活动,加大环境治理力度,提高绿化美化标准,体现路容路貌整体良好效果,努力打造高标准的旅游景观路和生态示范路。

活动过程中,西宝分公司各领导和各科室及综合项目组负责人分别包干负责桥梁工程外13km路基和收费广场,现场蹲点指导,按照方案要求,全力以赴协助和督促施工单位加大施工人员、机械设备投入,加快工程进度,合理安排相关工序,防止二次污染。并及时做好边坡整形、分隔带覆土、污染治理和垃圾清理等工作。

绛法高速公路的建成通车,贯彻落实了陕西省委、省政府决策部署,加大了交通基础设施投入,加快了交通运输能力建设,不断满足了交通运输持续增长需求。从陕西省角度看,有利于进一步加密、补充、完善区域路网,促进关中西部城镇化建设;从区域角度看,成为扶风县南北高速运输的大动脉,并通过与其他高速公路的有机衔接,拓展了区域路网辐射范围,充分发挥了公路运输网络经济。

S21绛帐至法门寺高速公路主要信息资料、主要从业单位信息资料见表9-47、表9-48。

S21绛帐至法门寺高速公路主要信息资料表　　表9-47

项目名称	建设单位	建设里程(km)	技术标准	投资规模(亿元)	建设时间(开工~通车)	备注
绛帐至法门寺高速公路	陕西省高速公路建设集团公司	16.31	双向四车道、设计速度80km/h	4.61	2012.11~2014.9	尚未进行竣工决算,投资规模为概算

S21绛帐至法门寺高速公路主要从业单位信息资料表　　表9-48

项目名称	从业单位	单位名称
绛帐至法门寺高速公路	设计单位	陕西省交通规划设计研究院
	施工单位	中交第二公路工程局有限公司、中铁十七局集团第一工程有限公司、榆林四达建筑工程有限公司、常州市交通设施有限公司、陕西圣天园林建设工程有限公司、陕西高速交通工贸有限公司
	监理单位	武汉市公路工程咨询监理公司、陕西永明项目管理有限公司、陕西公路交通科技开发咨询公司

陕西高速公路建设大事记

1982 年

10月,省计划委员会批准陕西省交通局《关于修建西包公路西安至三原公路工程计划任务书的报告》。

1983 年

2月,省人民政府常务会议批复西安至三原一级公路路线方案。

5月,省交通局改为省交通厅。

6月,李文光任陕西省交通厅厅长。

6月~8月,陕西省开展公路建设"七五"实施规划调查工作。

1984 年

1月3日,省计划委员会批复《西安至三原一级公路初步设计》。

2月,省政府常务会议正式批准修建西安至三原一级公路。

5月,西三公路建设指挥部成立,并组建指挥部办公室。

6月,省公路勘察设计院完成《西安至三原一级公路施工图设计》。

12月19日,交通部王展意副部长来陕西检查交通工作。

12月19日,由陕西省公路局主持,西安公路研究所、西安公路学院协作研究的"水平滑模就地浇筑混凝土桥工艺"获陕西省交通厅1984年科技研究及成果推广一等奖。

12月29日,西安至三原一级公路草滩渭河大桥举行施工合同签字仪式,大桥由陕西省公路局第一工程处承建。

12月29日,西安至三原一级公路从德国、美国、英国、日本等国引进路基、路面、混凝土施工设备27台(件),共投资180万美元。

1985 年

5月,省计划委员会和省交通厅向国家计划委员会和交通部上报临潼至西安至兴平高速公路项目建议书。

5月22日,陕西省交通工作会议在临潼县召开。会议主要传达全国交通工作会议精神,讨论全省交通运输体制改革方案和"七五"计划纲要草案。

5月30日,省计划委员会和交通厅向国家计委和交通部上报临潼至西安至兴平高速公路项目建议书。

6月,省公路勘察设计院完成西安至临潼高速公路可行性研究报告。

6月28日,省交通厅厅长李文光代表陕西在我国第一批世界银行公路项目贷款执行协议上签字,签字地点为北京。此项贷款分配陕西省额度为1549.9万美元,用于修建西安至三原一级公路。

7月8日,交通部部长钱永昌在西安听取陕西省交通厅关于拟建西安至临潼、西安至兴平高速公路的汇报。

7月23日,西安至三原一级公路建设指挥部和西安未央区、高陵、泾阳、三原县政府在西安签订征地拆迁协议书。

10月7~13日,意大利、日本、英国、法国及我国参加西安至三原一级公路国际招投标的工程公司,到沿线进行现场考察。

10月16~18日,省交通厅约请省内大专院校、科研、设计单位79名专家,审议通过西安至临潼高速公路设计方案。

11月23日,副省长张斌、张勃兴听取省交通厅工作汇报时指出:在交通上要舍得花钱,交通搞好了,四化就有了后劲。当前要抓好西安至三原一级公路、西安至临潼高速公路建设。

12月16日,西安至三原一级公路国际招标仪式在北京中国技术进口总公司国际招标公司举行。

12月26日,交通部在西安召开重点公路项目片区工作会议,西安至临潼高速公路被列为"七五"计划建设项目。

1986 年

1月8日,省编制委员会批准成立"陕西省高速公路建设指挥部"。

1月14日,省计划委员会批复西安至临潼高速公路计划任务书。路线全长23.89km,批复概算23700万元。

2月3日,省交通厅党组召开扩大会议,传达省党代会和省委工作会议精神,部署1986年交通工作。

2月18日,省交通工作会议在西安召开,曾慎达副省长到会讲话。

2月21日,交通部英模报告团来西安宣讲,交通系统400多人聆听报告。

2月21日,陕西省公路勘察设计院完成西安至临潼高速公路施工图设计。

3月,交通部以〔1986〕交计字180号文把西安至临潼高速公路列入"1986年公路基本建设计划",并拨款2600万元。

5月2日,省计划委员会主持会议,研究西安至临潼高速公路通过临潼城区和姜寨遗迹问题。

6月21~23日,省交通厅在西安主持召开"西北公路微机应用交流会"。陕西省公路勘察设计院演示了工程概预算、西安至三原一级公路标书文件编制程序等。

7月16日,副省长张斌、张勃兴等领导听取交通厅关于西安至临潼高速公路有关问题的汇报。

8月1~2日,省计划委员会主持召开西安至临潼高速公路初步设计审查会。

11月,国家经济委员会批准陕西省三原至铜川一级公路列入第六批利用世界银行贷款建设项目,贷款额度为4000万美元。

11月10日,陕政办发〔1986〕17号文件下发《有关西安至临潼高速公路建设问题的会议纪要》。

11月19日,省政府办公厅发出通知,成立西安至临潼高速公路建设领导小组。小组由17人组成,张勃兴任组长,白毅、熊秋水、张富春任副组长,王真任顾问。

12月15日,西安至三原一级公路举行开工典礼。陕西省副省长曾慎达、省政府顾问王真等领导参加典礼。该项目路线全长34.46km,采用双向四车道设计标准,设计速度100km/h,路基宽度23m。总投资1.47亿元。

12月25日,西安至临潼高速公路在灞河大桥工地举行开工奠基典礼。省委副书记牟玲生,副省长张斌、曾慎达,顾问王真,西安市市长袁正中等领导参加典礼。

1987年

4月,省计划委员会、省交通厅联合向国家计划委员会和交通部上报三原至铜川一级公路工程设计计划任务书。

5月18日,副省长张斌和西安市副市长张富春、交通厅厅长李文光等,考察西安至三原一级公路施工现场。

5月21日~6月1日,省高速公路建设指挥部分别和灞桥区、临潼县政府签订了西安至临潼高速公路征地拆迁合同。

7月3~8日,世界银行官员肯尼迪和专家肯斯特来等对西安至三原一级公路进行现场视察。同时,对三原至铜川一级公路进行项目评估,并就有关问题达成意向性意见。

7月13~15日,省交通厅厅长李文光主持,在西安召开公路建设调度会。

8月6日,副省长张斌、曾慎达听取省交通厅工作汇报后指示:一、同意利用贷款修建西安至兴平高速公路;二、要做好宣传工作,使大家认识到修建高等级公路的必要性;三、同意成立一个公司把高等级公路统一管理起来;四、养路费要集中使用。

8月12日,西安至临潼高速公路工程在陕西省公路勘察设计院举行开标仪式。西安市政一公司和交通部第二公路工程局分别中标。

8月20~22日,省交通厅委托中国公路咨询公司陕西分公司,在西安召开西安至三原一级公路草滩渭河大桥评议会。

9月19日,西安至三原一级公路关键工程草滩渭河大桥建成。

10月31日西安至临潼高速公路开工建设,它是陕西省第一条高速公路,也是我国西部第一条高速公路。全长23.89km,按四车道标准建设,设计行车速度120km/h,路基宽度26m。投资概算2.37亿元。

1988年

1月,省政府针对西安至三原一级公路、西安至临潼高速公路施工中,沿线部分村镇居民随意设置障碍、阻碍施工的问题,专门发出不准任何人阻挠重点公路建设的通知,要求沿线各级政府对哄抢、偷窃国家财产、毁坏机械、测设标志、殴打施工人员的不法分子予以严肃处理。

1月5~7日,西安至临潼高速公路收费系统方案技术评审会议在西安召开,通过由西安公路研究所、西安公路学院和陕西省公路勘察设计院共同提出的技术方案。

1月21日,省高速公路建设指挥部向招商银行贷款5000万元修建西安至临潼高速公路合同签字仪式在西安举行。

1月29日~2月6日,世界银行公路代表团团长布伦南、肯尼迪等到陕西考察访问,对三原至铜川一级公路贷款项目进行正式评估。

5月31日,省交通厅举办1988年公路建设目标责任书签字仪式。

7月9日,省长侯宗宾在本届政府第一次会议上要求,狠抓交通基础设施建设,加快以西安为中心,陕北神府煤田和陕西秦巴山区为重点的公路建设,开工建设西安至兴平高速公路,临潼至渭南、渭南至潼关、西安至宝鸡高等级公路,联成省内东西公路运输大通道。

10月,萨音任陕西省交通厅厅长、党组书记。

11月29日,省高速公路建设指挥部召开会议,就西临高速公路工程进度、征地拆迁、设计变更、索赔以及原材料价格等问题进行座谈,省交通厅厅长萨音和副厅长胡希捷参加会议。

1989年

2月23日,省交通厅召开会议,研究重点公路项目建设问题,保证西安至三原一级公路年内建成,西安至临潼高速公路达到计划进度,三原至铜川一级公路年内开工。

3月18日,省交通厅在西安至三原一级公路工地召开会战动员大会。

3月18~22日,世界银行公路项目代表团布伦南等一行来陕西省访问。

3月21~24日,省交通工作会议召开会议提出:建设以高速公路、一级公路、二级汽车专用公路为骨架,以西安为中心,向八个方向辐射,连接全省10个地市、60个县和毗邻省区,贯通工农业、旅游业发达区域的全长2800km的"米"字形公路主骨架。

3月22日,副省长刘春茂会见参加全省交通工作会议的地、市交通局长,座谈在治理整顿中深化交通改革问题。

5月12日,省政府特邀顾问张斌、西安市市长袁正中、省交通厅厅长萨音等在西安至三原一级公路高陵梁村塬召开现场办公会,协调解决群众阻挡西三线施工问题。

5月13~14日,省人大常委会、省政协及有关部门负责人李溪溥、周雅光等到西安至三原一级公路工地视察。

7月21日,省长侯宗宾到西安至三原一级公路工地视察。

7月29日,省长侯宗宾在交通厅召开省长办公会议,研究加快高等级公路建设问题。

8月31日,西安至三原一级公路黑色路面全幅贯通。

9月7~8日,省政府在西安召开高等级公路建设座谈会,研究加快高等级公路建设问题,副省长刘春茂和省政府特邀顾问张斌等参加会议。

9月11日,陕西省高等级公路管理局成立,归属省交通厅管理,对全省高速公路、一级公路和二级汽车专用公路实行全面管理。

10月2日,《陕西日报》发表副省长刘春茂关于陕西高等级公路建设的谈话中指出:征地拆迁费用太高,群众阻挡施工较多,陕西和其他省相比,是较为严重的。沈阳对公路建设16个字"政治动员、行政干预、经济补偿、各方支持"值得我们学习。

10月2日,省交通厅厅长萨音在《陕西日报》发表《加速高等级公路建设步伐》的文章指出:在关中经济发达区域,重点建设高等级公路已属刻不容缓,势在必行。要建成以西安为中心,辐射全省,以高等级公路和二级公路为主的"米"字形干线公路系统。

11月11日,交通部工程管理司杨盛福司长由陕西省交通厅厅长萨音陪同,视察建设中的西安至临潼高速公路和即将通车的西安至三原一级公路。

11月14日,省交通厅召开会议,研究部署检查西安至临潼高速公路工程质量工作。

12月30日,西北地区第一条高等级公路——西安至三原一级公路建成通车,为陕西省的高速公路建设发展奠定了良好基础。

1990年

2月5~7日,世界银行公路项目筛选团来陕,对我国推荐给世界银行的"八五"公路建设贷款项目——西安至宝鸡高速公路进行实地考察。

2月13~17日,省交通厅召开全省交通工作会议,总结1989年工作,布置1990年任务。

4月29日,省政府特邀顾问张斌、西安市市长袁正中、副市长张寓寿等到西安至临潼高速公路工地调研建设情况。

7月30日,三原至铜川一级公路全面开工建设,全长66.42km。投资概算42592.61万元。

11月12~18日,世界银行公路代表团粤托·拉甘比等对陕西公路项目执行情况进行现场检查,并签发备忘录。

12月28日,西安至临潼高速公路建成并举行通车典礼,实现陕西省高速公路零的突破。

1991年

1月12日,省委书记张勃兴,省委副书记、省长白清才,副省长刘春茂等听取省交通厅厅长萨音关于全省交通发展工作汇报,指示要搞好"八五"交通建设。

2月26日~3月1日,全省交通工作会议在西安召开。副省长刘春茂、省政府特邀顾问张斌出席会议并讲话。萨音作《振奋精神 继往开来 努力实现我省"八五"交通事业发展目标》工作报告。

3月,省交通厅编就"八五"交通发展计划纲要和"九五"规划目标。

4月1日,以波特为团长的世界银行执行董事代表团一行8人来陕,考察利用世界银行贷款修建的西安至三原一级公路和在建的三原至铜川一级公路。

8月30日,西安咸阳国际机场二级汽车专用公路建成通车。

9月11~13日,省委常委会议和省政府常务会议分别听取省交通厅关于公路交通建设情况汇报,原则同意《陕西省"八五"交通建设计划》,确定交通发展政策。

9月29日,省长白清才检查三原至铜川一级公路建设项目,提出要建设陕西南北高等级公路通道,形成交通运输"脊梁骨"。

10月,国家质量审定委员会批准西安至三原一级公路工程获国家银质工程奖、优秀设计银质奖、优秀监理银质奖。

1992年

4月1日,西安至宝鸡一级汽车专用公路开工建设。路线全长145.88km,采用全立交、全封闭、双向四车道标准,设计速度100km/h,路基宽24.5m,批复投资概算14.19亿元。

5月27日,省交通厅研究全省交通发展上台阶方案,确定用15年或更短时间完成"米"字形公路主干线系统建设。

7月22~25日,省交通厅在西安召开全省交通建设工作会议,传达贯彻全国交通基本建设计划会议精神,研究加强和改进交通基本建设管理工作。

9月23日,省长白清才在铜川听取陕西省交通厅关于公路规划汇报时指出:"米"字形公路网符合陕西实际情况,要逐步用高等级公路贯通。

9月29日,省交通厅印发《关于以改革开放推动我省交通运输再上新台阶的意见》。

12月2日,省委书记张勃兴到三原至铜川一级公路建设工地调研。

12月21日,三原至铜川一级公路建成通车。

1993年

2月,交通部批复临潼至渭南高速公路可行性研究报告。

2月22~24日,省交通工作会议在西安召开,交通厅厅长萨音作《认真落实十四大精神推动全省交通工作攀登新台阶》工作报告。

4月8日,西安至宝鸡一级汽车专用公路西安至兴平段路面工程招标工作在咸阳市进行。省路桥工程公司和沈阳市公路工程公司中标。

4月26日,省政府和解放军驻陕某部在宝鸡市召开双拥共建表彰大会,表彰、奖励参加西安至宝鸡一级汽车专用公路建设的解放军某部官兵。

6月17日,省长白清才视察西安至宝鸡一级汽车专用公路施工进展情况,到咸阳渭河大桥建设工地慰问省路桥公司职工。

6月19日,胡希捷任省交通厅厅长、党组书记。

8月2日,西安至宝鸡一级汽车专用公路建设指挥部在咸阳召开"西兴段年底建成通车动员大会"。会议由省交通厅厅长胡希捷主持。

9月21日,省政府在西安召开全省公路建设工作会议,传达贯彻全国公路建设会议精神,研究、确定全省公路建设目标、任务与政策措施。

9月28日,省政协主席周雅光等一行在省交通厅厅长胡希捷等陪同下,视察西安至宝鸡一级汽车专用公路西安至兴平段建设工地。

10月15日,西安至宝鸡一级汽车专用公路项目利用科威特政府贷款协议签订仪式在西安举行。科威特政府为该项目提供910万科威特第纳尔(约合3000万美元,折合人民币2.70亿元)。副省长徐山林出席签字仪式。

11月,渭南至潼关79km高速公路,西安12.4km过境高速公路,铜川至黄陵一级公路等5个项目列为世界银行1996财年贷款备选项目,拟贷款2亿美元。

12月24日,省委书记张勃兴检查西安至宝鸡一级公路西安至兴平段建设情况时强调,交通是国民经济基础,一定要把交通搞上去。

12月25日,全国政协常委、原中共陕西省委书记白纪年一行,在省交通厅厅长胡希捷等领导陪同下,视察正在建设的西安至宝鸡一级汽车专用公路,并与施工人员进行了座谈。

12月30日,省长白清才检查西安至宝鸡一级汽车专用公路项目建设,听取省交通厅厅长胡希捷关于交通工作汇报。

1994 年

1月8日,西安至宝鸡一级汽车专用公路西安至兴平段建成通车。

2月22~24日,省交通工作会议在西安召开。副省长刘春茂出席会议并讲话。胡希捷作《加大改革力度 加快交通发展》工作报告。

3月23日,副省长姜信真在省高等级公路管理局局长张仲良等陪同下,视察西宝一级公路西兴段,了解渭河大桥通行情况。

4月13~14日,世界银行中蒙局交通处处长斯塔特和前任处长科菲尔德对陕西省利用世行贷款修建的三原至铜川一级公路和拟建的高等级公路及交通发展规划进行考察。

5月,省政府成立临潼至渭南高速公路建设指挥部。副省长刘春茂任总指挥,指挥部办公室设于省高等级公路管理局。

8月15日,省交通厅厅长胡希捷等调研西安至宝鸡一级汽车专用公路蔡家坡至宝鸡段建设工地。

10月18~22日,全国第三次高等级公路管理工作研讨会在西安召开,来自北京、天津、广东等24个省区市的113名代表参加了会议。

10月23~30日,世界银行公路代表团哈蒂姆?哈古一行5人来陕,考察世界银行贷款陕西公路项目Ⅱ——渭南至潼关高速公路等项目。

11月,交通部批复铜川至黄陵一级公路可行性研究报告,全线建设总规模为93.85km。

11月10日,临潼至渭南高速公路开工建设。全长40.77km,双向四车道标准建设,设计速度120km/h,路基宽度26m。批复概算投资为5.17亿元。

12月30日,省政府在宝鸡市举行西安至宝鸡一级汽车专用公路蔡家坡至宝鸡段通车典礼。省委副书记、代省长程安东、省委副书记刘荣惠等参加仪式。蔡家坡至宝鸡段全长31.54km。

1995 年

2月16~18日,省交通工作会议在西安召开。省长程安东、副省长刘春茂出席会议并讲话。胡希捷作《振奋精神 抓住机遇 深化改革 加快发展》工作报告。

3月28日,省政府在杨凌召开西安至宝鸡一级汽车专用公路建设动员大会。副省长巩德顺、西宝一级公路建设指挥部总指挥张斌出席会议并讲话。

4月,陕西省第一条高速公路——西安至临潼高速公路被省委、省政府授予"省级文明路"称号。

7月,西安至三原一级公路封闭工程开工。

7月1日,西安至宝鸡一级汽车专用公路兴平绛帐段实现沥青路面单幅贯通。

7月18日,省长程安东检查西安至宝鸡一级汽车专用公路项目建设。在听取交通厅厅长胡希捷有关交通工作汇报后,就高等级公路安全管理、贷款修路、西临高速公路收费经营权转让等做出指示。

9月15日,省交通厅印发《陕西省高等级公路旅客运输管理办法》。

9月18~21日,交通部部长黄镇东在陕检查交通工作。

11月3日省人大常委会主任张勃兴、副主任任国义等在省交通厅厅长胡希捷陪同下,视察即将竣工的西安至宝鸡一级汽车专用公路。

11月13日,省委书记安启元在西安至宝鸡一级汽车专用公路建设项目调研,听取交通厅厅长胡希捷关于交通工作情况汇报。

11月25日,副省长潘连生对西安至宝鸡一级汽车专用公路进行视察。

12月,国家计划委员会批复渭南至潼关高速公路可行性研究报告。

12月5日,科威特阿拉伯经济发展基金会副总裁巴德尔、基金会亚欧项目处处长巴哈尔等在陕西省副省长潘连生、外经贸部贷款司副司长陈孔明、陕西省交通厅厅长胡希捷等陪同下,考察西安至宝鸡一级汽车专用公路。

1996年

1月18日,西安至宝鸡一级公路兴平至蔡家坡段建成通车。西安至宝鸡一级公路全长145.88km,设计速度为100km/h,路基宽度24.5m,工程总投资14.19亿元,是当时陕西省建设里程最长、一次性投资最大的高等级公路。中共中央政治局委员、国务院副总理邹家华出席通车典礼。省长程安东讲话。

2月9~10日,省高等级公路建设工作会议在西安召开。

2月12~15日,省交通工作会议在西安召开。副省长潘连生、巩德顺出席会议。胡希捷作《抓住机遇 加快发展 为实现我省交通事业的新跨越而奋斗》工作报告。

3月28日,省政府在临潼召开临潼至渭南高速公路建设动员大会。

4月17日,世界银行陕西公路贷款项目Ⅱ签字仪式在美国华盛顿举行,协定贷款总额2.10亿美元(折合人民币14.74亿元)。

4月22日,省交通厅与香港越秀企业(集团)有限公司在香港签订西安至临潼高速公路收费经营权转让协议,省交通厅代表胡希捷、香港越秀企业(集团)有限公司代表过沛南在协议上签字。省长程安东等出席签字仪式。

5月,交通部批复铜川至黄陵一级公路建设初步设计方案。

5月30日,省委书记安启元一行视察临潼至渭南高速公路建设现场。

6月,省交通厅组织编写《陕西省干线公路网规划》(1991—2020年)。

6月30日,临潼至渭南高速公路控制工程——渭南城区高架桥合龙。

7月1~4日,世界银行项目启动代表团一行对陕西省世行贷款项目Ⅱ启动情况进行检查。

7月17日,省长程安东在省交通厅主持召开会议,听取省交通厅关于"九五"公路建设发展规划等工作汇报,研究西安过境公路、西安至阎良高速公路等建设方案。

8月5日,省交通厅、临潼至渭南高速公路建设指挥部在临潼召开百日大干动员大会。

8月28日,省政府批准成立世界银行贷款公路项目建设指挥部。副省长巩德顺任总指挥,省军区副司令员王克忠、省政府副秘书长张中鼎、省交通厅厅长胡希捷等任副总指挥。

9月28日,西安至临潼高速公路收费经营权转让移交仪式在西安举行。

9月30日,西安至临潼高速公路由香港越秀企业(集团)有限公司所属的陕西金秀交通有限公司正式开始经营。

10月29日,省政府发出《陕西省人民政府关于我省第二批公路项目建设有关问题的通知》,确定利用世界银行贷款建设陕西公路项目Ⅱ七条优惠政策。

12月31日,临潼至渭南高速公路建成通车。

12月31日,渭南至潼关高速公路开工建设。路线全长78.52km,设计速度120km/h,路基宽度26m,投资概算14.10亿元。

1997年

1月,交通部批准西安至宝鸡一级汽车专用公路改为西安至宝鸡高速公路,简称西宝高速。

1月19日,省世行贷款公路项目建设指挥部在省政府召开第一次工作会议。

2月27日,省政府召开全省重大建设项目前期工作会议,副省长潘连生代表省政府,与省交通厅签订渭南至潼关、铜川至黄陵高速公路等公路建设项目目标责任书。

2月28日,省高等级公路工作会议在西安召开,会议主要任务是贯彻落实全省交通工作会议精神。副省长巩德顺给会议发来贺信,交通厅厅长胡希捷作重要讲话。

4月5日,国务委员宋健出席中国东西部合作与投资贸易洽谈会,考察陕西高等级公路项目。

4月21日,省长程安东会见监察陕西公路项目Ⅱ执行情况的世界银行代表团。

6月10日,省交通厅与中国工商银行陕西省分行签订公路建设贷款协议,贷款15亿元人民币,用于"九五"陕西重点公路建设。副省长巩德顺出席签字仪式。

9月11~13日,交通部、陕西省交通厅和部分省市有关专家组成的验收委员会对西安至宝鸡高速公路进行竣工验收。

10月,交通部在建公路重点项目检查组对渭南至潼关高速公路建设工程进行全面检查。

10月10日,省政府在三原举行西安至三原一级公路封闭工程竣工典礼。

11月7日,招商银行向渭南至潼关高速公路提供3亿元贷款合同签字仪式在西安举行。副省长贾治邦出席。

12月,省计划委员会批复西安至蓝田高速公路项目,这是西安市自筹资金修建的第一条高速公路。

12月9日,铜川至黄陵高速公路举行开工仪式,该项目是关中连接陕北的第一条高速公路。路线全长93.85km,设计速度60km/h,路基宽度21.5m。批复投资概算19.34亿元。

1998年

2月11日,乌小健任中共陕西省交通厅党组书记,2月20日,乌小健任省交通厅厅长。

3月,西安至阎良高速公路开工建设。路线全长39.24km,按双向四车道高速公路标准建设,设计速度120km/h,路基宽度28m。批复投资概算9.0亿元。

3月18日,省交通厅厅长乌小健到建设中的渭南至潼关高速公路检查工作。

4月23~24日,省交通厅在西安召开全省加快公路基础设施建设座谈会,贯彻落实中共中央、国务院关于加快公路基础设施建设,扩大内需重大决定的精神,调整公路建设计划,提前开工一批关系全省经济社会发展全局重大项目。省长程安东出席会议并讲话。

5月28日,省政协副主席黄忠到铜川至黄陵高速建设工地视察。

6月15日,省委副书记艾丕善在渭南市委书记王志伟、市长马中平和省交通厅厅长乌小健陪同下,到渭南至潼关高速公路建设工地调研。

6月18日,西安至蓝田高速公路开工建设。路线全长24.05km,按双向四车道高速公路标准建设,设计速度120km/h,路基宽度26m。投资概算3.96亿元。

7月5日,副省长巩德顺在省交通厅厅长乌小健陪同下,视察重点公路项目铜川至黄陵高速公路建设情况。

7月15~22日,世界银行代表团对陕西公路项目Ⅱ进行了全面检查。

7月16日,渭南至潼关高速公路赤水河大桥合龙。

8月14日,交通部副部长胡希捷视察建设中的渭南至潼关高速公路。

8月15日,交通部评审通过西安绕城高速公路北段初步设计。

8月25日,省长程安东、副省长贾治邦在省交通厅厅长乌小健陪同下,视察建设中的渭南至潼关高速公路。

9月12日,省交通厅厅长乌小健检查西安至阎良高速公路建设情况。

9月14日,交通部副部长张春贤视察正在建设中的渭南至潼关高速公路。

9月17日,省政府发出《陕西省人民政府关于西安绕城高速公路工程建设有关问题的通知》,制定工程建设九条优惠政策。

10月10日,西安绕城高速北段开工建设。路线全长34.65km,按照六车道高速公路标准设计,设计速度120km/h,路基宽度35m,项目投资18.49亿元。

11月19日,省长程安东在省公路局主持召开现场办公会议,听取省交通厅汇报,研究确定西安至安康公路秦岭终南山特长隧道、西安绕城高速等公路项目设计、建设方案。

12月28~30日,省"十五"计划重点工程建设项目,西安绕城高速公路(南段)预可行性研究报告通过专家预评审。

12月29日,省交通厅组建的陕西省高速公路客运(集团)有限责任公司在西安正式成立。

12月30日,省长程安东到铜川至黄陵高速公路工地视察。

1999年

1月25日,省政府成立以省委副书记、常务副省长贾治邦为组长,副省长巩德顺等为副组长的西安绕城高速公路建设领导小组。

2月2日,省交通工作电视电话会议在西安召开。省交通厅厅长乌小健作《迎接新挑战 再创新业绩 为完成世纪之交的各项交通工作任务而奋斗》的工作报告。副省长巩德顺出席会议并讲话。

2月28日~3月4日,亚洲开发银行技术援助考察团对陕西拟建的亚行贷款项目——西安阎良至禹门口高速公路项目进行现场考察。

3月14~19日,世界银行官员一行检查渭南至潼关、铜川至黄陵等高等级公路建设工程。

3月16日,省委副书记、常务副省长贾治邦一行视察西安绕城高速公路建设工地。

5月12日,省政府召开西安绕城高速公路建设领导小组扩大会议,专题研究解决项目建设中的环境保障问题。

6月9日,省委副书记艾丕善视察临潼至渭南高速公路。

8月4日,省长程安东检查渭南至潼关高速项目建设,要求加快建设沿线群众穿行通道,减少给群众生产、生活带来的不便。

9月8日,省交通厅厅长乌小健到西安绕城高速公路检查指导工作,并提出该项目要树陕西第一工程形象。

9月15日,省长程安东视察西安绕城高速公路,要求该项目要高标准建成跨世纪精品工程。

9月30日,省计划委员会批复榆林至靖边高速公路工程可行性研究报告。

10月,西安至宝鸡高速公路荣获全国优秀工程、优秀设计铜奖、优秀监理铜奖。

10月1日,渭南至潼关高速公路建成通车。

10月20日,省政府批准,撤销原陕西省高等级公路管理局,成立陕西省高速公路建设集团公司。

12月1日,西安至蓝田高速公路建成试通车。

12月13日,中共中央政治局常委、中央书记处书记、中央纪律检查委员会书记、中华全国总工会主席尉健行,视察西安绕城高速公路。

12月15日,我国第一条沙漠高速公路榆林至靖边高速公路在榆林市举行开工奠基仪式,全长115.937km。

2000年

1月1日,西安至阎良高速公路开工建设。全长39.24km。设计速度120km/h,路基宽度28m,批复投资概算8.64亿元。

1月7日,省委2000年第一次常委会议通过省交通厅《关于加快陕西省公路发展的规划》。省委书记、省人大常委会主任李建国,要求"抓住机遇、超常建设、提高等级、增加密度、形成网络",确保十年、力争八年完成规划目标。

1月19～21日,省交通工作会议在西安召开。省交通厅厅长乌小健作《抓住历史机遇　加快交通大发展》工作报告。省长程安东、副省长巩德顺出席会议并分别讲话。程安东要求加快公路建设,建成陕西通江达海公路运输网。

1月21日,交通部批复西安绕城高速公路南段可行性研究报告。

2月16～20日,G5京昆线陕西境西安至户县、勉县至宁强段高速公路工可研通过交通部专家组评审。

3月27日,省政府颁发《陕西省人民政府关于对陕西省收费公路实行统一管理的通知》。

4月,交通部1999年度公路工程"三优"评选结果揭晓。陕西省公路勘察设计院"西安至宝鸡高速公路项目"获优秀工程设计二等奖。

4月3～8日,交通部副部长胡希捷一行对西安绕城高速公路北段、西安至汉中高速公路路线设计方案等进行调研、考察。

4月14日,省政府批复省交通厅《适应西部大开发,加快公路发展规划及实施意见》。

4月18日,交通部副部长张春贤一行视察建设中的西安绕城高速公路。

5月11日,省政府在铜川召开加快铜川至黄陵高速公路建设动员大会。

6月13日,省委书记李建国检查西安绕城高速公路北段工程建设。

7月13~15日,渭南至潼关高速公路通过交工验收。

7月20日,榆林至靖边高速公路全面开工建设。路线全长115.918km,采用双向四车道标准,设计速度100km/h,路基宽度26m。投资概算18.17亿元。

7月24~26日,交通部部长黄镇东、副部长张春贤来陕,调研二连浩特至河口线陕西境内路段建设方案,并视察西安绕城高速北段建设工程。

10月3日,榆林至陕蒙界高速公路一期工程半幅开工建设。路线全长88.10km,双向四车道标准,设计速度100km/h,路基宽度26~35m,项目概算投资11.9亿元。

10月19日,西安至汉中高速公路勉县至宁强段举行开工奠基仪式。

10月28日,西安绕城高速公路北段建成通车,全长34.65km,是西北地区设计标准最高、设施最齐全、通行能力最大的第一条六车道高速公路。

10月28日,西安绕城高速南段正式开工建设。路线全长44.91km,双向六车道高速公路标准,路基宽度35m,设计速度120km/h,概算投资29.05亿元。

11月14日,延安至安塞高速公路开工建设。路线全长31.71km,全线采用双向四车道高速公路设计标准,设计速度100km/h,路基宽度26m。投资概算11.56亿元。

11月16日,西安至蓝田高速公路正式通车,是西安市第一条自行筹资、自行建设、自行管理的高速公路,全长24.05km。

12月22日,西安至户县高速公路开工建设,路线全长33.25km,设计速度120km,双向四车道设计标准,路基宽度28m。投资概算为7.60亿元。

2001 年

1月4日,省长程安东视察铜川至黄陵高速公路。

2月,国家发展计划委员会批复二连浩特至河口国道主干线陕西禹门口至阎良公路工程可行性研究报告。

2月9~11日,省政府在西安召开全省交通工作会议。省交通厅厅长乌小健作《开拓创新 乘势奋进努力实现交通发展新目标》工作报告。省长程安东、副省长巩德顺出席会议并讲话。程安东要求实施超常规发展战略,加快公路基础设施建设;坚持体制创新,建立城乡一体化交通运输网络;坚持建管并重原则,提高公路管理及公路运输现代化水平。

3月1日,省政府颁布《关于加快全省公路建设的决定》。

3月8日,勉县至宁强高速公路开工建设,路线全长54.86km。设计速度80km,双向四车道,路基宽度整体式24.5m,批复概算24.05亿元。

4月29日,陕西省第一条山岭重丘区高速公路铜川至黄陵高速公路建成通车。

5月21~27日,国家发展计划委员会委托中国国际工程咨询公司对 G5 京昆线户县至洋县、洋县至勉县段高速公路进行现场评估。

5月22日,省交通厅在西安召开全省公路建设座谈会,交通厅厅长乌小健提出实现全省公路建设突破性进展的指导思想、主要目标和主要建设任务。

5月30日,交通部原副部长李居昌一行,视察在建的西安绕城高速公路南段。

6月16~20日,交通部副部长胡希捷在陕西调研重点公路建设工程。

7月2日,省委副书记袁纯清视察勉县至宁强高速公路。

8月15日,省政府成立陕西省整治超限运输领导小组,副省长洪峰任组长。

8月20日,省交通厅受交通部委托在西安召开"交通部西部交通建设科技项目秦岭终南山公路隧道关键技术研究可行性研究报告评审会"。

9月2日,福银高速公路西安咸阳国际机场段开工建设。路线全长18.24km,按双向六车道高速公路标准建设,设计速度120km/h,整体式路基宽度35m。

9月3日,省交通厅印发《陕西省公路工程投资控制责任制实施办法》。

9月13日,省人大常委会副主任唐绩初一行到西安绕城高速公路南段调研我省交通重点工程进展情况。

9月27日,中国建设银行与陕西省交通厅签署西禹高速公路禹门口至阎良段贷款15亿人民币合作协议。

9月29日,西安至阎良高速公路建成通车。

9月29日,禹门口至阎良高速公路开工建设。路线全长178.07km,设计速度120km/h,采用双向四车道设计标准,路基宽度28m,概算投资59.54亿元。

10月,国家发展计划委员会批复延安至黄陵公路项目。

10月11日,常务副省长贾治邦一行视察榆林至靖边高速公路。

10月16~17日,交通部全国高速公路养护管理工作检查组,对陕西省高速公路养护管理工作进行检查。

11月,国家发展计划委员会批准蓝田至商州高速公路立项建设。

11月6~8日,西安绕城高速公路北段通过交工验收。

11月11日,陕西省交通厅收费公路管理中心成立。

11月12~14日,省长程安东到榆林至靖边高速公路建设工地视察。

11月24日,陕西省第一条山区高速公路铜川至黄陵高速公路通过交工验收。

12月18日,国家开发银行和陕西省交通厅在西安举行公路项目贷款54.98亿元合同签字仪式,副省长巩德顺出席。

12月21日,交通部副部长胡希捷视察西安绕城高速公路建设。

2002 年

1月19日,交通部重点科技攻关项目"陕西省高等级公路半刚性基层沥青路面长期使用性能研究"专题技术成果鉴定会在西安召开。

1月23日,国家发展计划委员会批复秦岭终南山隧道项目建议书。

2月,省交通厅编就交通发展"十五"计划纲要及2010年规划目标。

2月4日,省委书记李建国检查榆林至靖边高速公路建设工程,要求把榆林至靖边高速公路建成名副其实的全国第一条沙漠高速公路。

3月,秦岭终南山公路隧道开工建设。项目路线全长21.21km,其中隧道主洞长18.02km,全线采用双向四车道高速公路技术标准设计,设计速度80km/h,路基宽度24.5m。概算投资40.273亿元。

3月21日,省政府召开全省加快公路建设电视电话会议,要求迅速掀起公路建设热潮,加快重点公路工程和通县公路项目建设。

3月24日,省长程安东听取省交通厅关于秦岭终南山公路隧道建设情况汇报后指出,要利用西康铁路已贯通隧道建设终南山公路隧道,运用科技创新,建设世界级公路特长隧道。

4月,国家发展计划委员会批复延安至黄陵公路可行性研究报告。

4月3日,省长程安东视察西安绕城高速公路南段。

4月5日,副省长巩德顺主持召开会议,决定黄陵至延安高速项目采用BOT方式,由中国铁路工程公司实行工程总承包。4月10日,该项目签署合同,4月26日开工建设。

4月20日,榆林至靖边高速公路利用科威特政府贷款1080万科威特第纳尔(约合3500万美元,折合人民币2.91亿元)贷款协议在西安签订。

4月28日,陕西穿越秦岭山区首条高速公路西安至汉中高速公路(户县至勉县段)开工建设。全长254.767km,设计速度60km/h、80km/h、100km/h,路基宽度分别采用20m、22.5m、24.5m、26m。批复概算为138.78亿元。

5月13~15日,西安至阎良高速公路通过交工验收。

6月8~10日,汉中暴雨洪水,在建的勉宁高速公路工程损毁严重,造成极大损失。

6月27日,青银高速公路靖边至王圈梁段高速公路东段52.29km开工建设。靖边至王圈梁段高速公路路线全长132.29km,双向四车道设计标准,设计速度为100/h,路基宽度26m。投资概算23.71亿元。

7月12日,省委副书记、代省长贾治邦检查西安绕城高速公路南段和西安至户县段高速公路项目建设情况,要求把公路建设作为强省的最关键工作来抓,真正为陕西发展奠定基础。

8月5~6日,代省长贾治邦视察正在建设的榆林至靖边、榆林至陕蒙界高速公路。

9月10日,交通部副部长张春贤视察榆林至靖边、靖边至王圈梁高速公路。

9月24日,榆林至陕蒙界高速公路一期工程(半幅)建成,路线全长76.80km。

10月10日,铜川至黄陵高速公路嵩庄梁隧道获中国建筑业协会颁发的中国建筑工程鲁班奖。

10月17日,南非共和国交通部长奥马尔一行23人,考察陕西高速公路。

12月,西安至户县高速公路建成通车。

12月6日,省政府在延安召开黄陵至延安高速公路开工动员大会,代省长贾治邦讲话要求各有关部门全力以赴支持项目建设。

2003年

1月20~22日,交通部在西安组织召开"秦岭终南山公路隧道工程可行性研究报告"评审会,审查通过秦岭终南山公路隧道工程可行性研究报告。

2月20~21日,省政府在西安召开全省交通工作会议。省长贾治邦,副省长洪峰出席会议并分别讲话。乌小健作《全面加快交通发展服务小康社会建设》工作报告。

3月5日,国家发展计划委员会批复西汉高速公路项目可行性研究报告。

3月15日,靖边至安塞高速公路开工建设,路线全长103.99km。

3月20日,靖边至王圈梁高速公路西段80km开工建设。

4月,黄陵至延安高速公路洛河特大桥开工建设。

5月7日,省委书记李建国在福银高速公路西安咸阳国际机场段建设项目调研时强调,一手全力以赴抓"非典"防治,一手毫不松懈抓工程建设。

5月16日,省交通厅与国家开发银行陕西分行在西安签订121.8亿元贷款合同及10亿元循环短期借贷合同,副省长洪峰出席签字仪式。

5月21日,副省长洪峰在检查秦岭终南山特长公路隧道时强调要加大公路建设投资力度,实现全省经济增长目标。

5月27日,常务副省长陈德铭检查建设中的西安绕城高速公路南段和福银高速公路西安咸阳国际机场段建设工地。

6月6日,省交通厅厅长乌小健在省公路勘察设计院召开的公路勘察设计与公路建设可持续发展座谈会上强调要提升设计理念,促进设计创新。

6月18日,省发展计划委员会批复西安至柞水高速公路可行性研究报告。

6月27日,建设银行陕西省分行与陕西高速集团西汉高速公路有限责任公司签订30亿元贷款合同。

8月13日,省长贾治邦视察西安绕城高速公路和福银高速公路西安咸阳国际机场段建设工地。

8月18日,西安绕城高速公路北段通过国家环保验收。

8月22日,中国第一条沙漠高速公路榆林至靖边高速公路建成通车,路线全长115.918km。

8月23日,省交通厅厅长乌小健检查靖边至王圈梁高速公路建设情况。

9月14日,交通部部长张春贤来陕考察西安绕城高速公路、福银高速公路西安咸阳国际机场段项目建设情况,与省委书记李建国、省长贾治邦等就陕西公路发展进行座谈。

9月18日,省委书记李建国视察即将通车的绕城高速公路南段和福银高速公路西安咸阳国际机场段公路。

9月25日,延安至安塞高速公路建成通车。

9月25日,省政府印发《陕西省整治超限运输实施方案》。

9月29日,西安绕城高速公路南段建成通车。

9月29日,福银高速公路西安咸阳国际机场段建成通车。

9月30日,交通部副部长胡希捷视察建设中的秦岭终南山特长公路隧道试验段。

10月18~19日,榆林至靖边高速公路通过交工验收。

10月21日,省政府研究决定统一全省收费公路车辆通行费车型分类及收费标准。

11月,交通部批复商州至蓝田公路可行性研究报告。

11月9日,靖边至王圈梁高速公路西段80km建成通车。

11月15日,西安至安康高速公路柞水段举行无标底招投标开标会,全省高速公路建设项目开始全面推行无标底招标。

11月18日,勉县至宁强高速公路建成通车,陕西省高速公路突破1000km。

12月26日,西安绕城高速公路帽耳刘互通式立交获中国建筑工程鲁班奖。

2004年

1月5日,陕西省高速公路首条计重收费车道在西安至铜川高速公路黄堡收费站建成使用。

2月6日,省政府就2003年全省公路总里程突破50000km,其中高速公路建成通车里程突破1000km发出通报,表彰省交通厅等单位。

2月10~11日,陕西省交通工作会议在西安召开。乌小健作《树立科学发展观 进一步推进全省交通事业高质量发展》工作报告。省委常委、常务副省长陈德铭出席会议并讲话。

3月1日,西安至柞水高速公路开工建设。路线全长43.5km(不包含秦岭终南山隧道),采用双向四车道高速公路技术标准设计,设计速度100(80)km/h,路基宽度26

(24.5)m,投资概算18.94亿元。

3月12日,国家发展和改革委员会批复靖边至安塞公路可行性研究报告。

3月15日,靖边至安塞高速公路开工建设。路线全长103.99km,采用双向四车道高速公路标准建设,路基宽度分别为24.5m、26m和35m,设计速度80km/h和100km/h。批复概算投资45.58亿元。

4月,渭南市与上海陆洲实业(集团)有限公司正式签订项目合作协议,确定由上海陆洲实业(集团)有限公司以BOT形式投资建设并经营渭南至蒲城高速公路。

4月4~9日,交通部副部长胡希捷视察建设中的西安至汉中高速公路。

4月17日,省交通厅印发《陕西省公路工程竣(交)工验收办法实施细则》。

5月8日,省委书记李建国视察黄陵至延安高速公路。

5月8日,西安绕城、西安至宝鸡、西安至户县、西安至阎良与福银线西安咸阳国际机场5条高速公路,实行联网收费。

6月23日,子洲至靖边高速公路开工建设。路线全长120.68km,双向四车道设计标准。设计速度分别采用80km和100km。路基宽度分段采用24.5m和30m。批复概算投资43.61亿元。

7月9~12日,交通部副部长胡希捷带领交通部治超检查组对陕西省车辆超限超载工作、重点公路项目进行检查。

9月,交通部批复凤翔路口(甘陕界)至永寿公路可行性研究报告。

9月1日,省政府发布通告,决定自当日起各级公路收费站"绿色通道"改为常年开启。

9月5日,国家环保总局环境影响评价管理司对西安绕城高速公路南段环境保护执行情况进行现场检查验收。

9月7日,交通部批复小河至安康高速公路项目工可研报告。

9月10日,省交通厅厅长乌小健一行检查省交通厅收费公路管理中心工作。

11月,青银高速吴堡至子州高速公路开工建设。全长68.07km,设计行车速度为80km/h,路基宽度24.5m,批复概算投资43.01亿元。

11月,西安绕城高速公路(北段)荣获2004第四届詹天佑土木工程大奖。

11月3日,包茂高速榆林至陕蒙界高速公路(二期)全线开工建设。

11月12~13日,勉县至宁强高速公路通过国家环保总局验收。

11月17日,省委副书记、代省长陈德铭视察正在建设中的西安至柞水高速公路。

11月19日,副省长洪峰听取交通工作汇报,并就全省今后交通工作思路进行了研究讨论。

12月13日,秦岭终南山公路隧道全线贯通,全长18.02km。

12月15日,省政协副主席石学友一行视察建设中的西安至柞水高速公路。

12月21日 根据陕西高速公路加快发展的需要,为强化公路建设质量监管职能。省交通厅决定将陕西省交通厅基本建设工程质量监督站由公路局管理划归交通厅管理。

2005年

1月,西安绕城南高速公路电子城互通式立交荣获2004年度国家优质工程银质奖。

1月12日,国家开发银行陕西省分行向省交通厅提供113.90亿元高速公路建设贷款合同签字仪式在西安举行,副省长洪峰出席。

1月18~19日,省交通工作会议在西安召开。乌小健作《全面贯彻落实科学发展观 努力提高交通运输服务保障水平》工作报告。省政协副主席陆栋出席会议并讲话。

3月1日,高速公路一环五线(西安绕城、西禹、西潼、西宝、西户与福银高速公路西安咸阳国际机场段)总里程476km高速公路全部实行封闭式联网IC卡收费管理,形成关中网联网收费。

3月19日,西安绕城高速公路北段工程,获中国土木工程詹天佑奖。

4月21日,省交通厅召开黄延高速公路质量整顿大会,处理一批失职监理人员和施工单位。

6月24日,国家发展和改革委员会批复青岛至银川国道主干线子洲至王圈梁公路可行性研究报告。

8月5日,省交通厅印发《突发重大公共事件应急救援预案》和《高速公路重大交通事故应急预案》,建立全省突发公共事件道路运输应急保障体系。

8月9日,曹森任中共陕西省交通厅党组书记。

9月29日 曹森任陕西省交通厅厅长。

10月1日,凤翔路口至永寿高速公路开工建设。路线全长98.73km,按双向四车道高速公路标准修建,设计速度为100km/h和80km/h,路基宽度分别为26m和24.5m,概算投资46.41亿元。

10月1日,青银高速公路靖边至王圈梁段东段建成通车。

10月10日,省交通厅在西安召开全省交通系统领导干部大会,厅长曹森作《认真贯彻省委、省政府领导重要指示 解放思想 加快发展 开创陕西交通新辉煌》讲话。

10月17日,陕西省第一条六车道山区高速公路商州至陕豫界高速公路开工建设。路线全长122.22km,路基宽度33.50m,设计速度100km/h。投资概算93.22亿元。

10月31日,柞水至小康高速公路开工建设。路线全长71.67km,设计速度80km/h,采用双向四车道设计标准,路基宽度24.5m。概算投资48.71亿元。

11月,咸阳至永寿高速公路开工建设。路线全长65.44km。设计速度为120km/h,路基宽29m,采用双向准六车道标准,概算投资23.8亿元。

11月14日,省政府2005年第二十七次常务会议研究,并报经中共陕西省委常委会议同意,决定调整重组高速公路建设管理体制,省高速集团由省交通厅实施管理,并组建省交通建设集团公司。

11月15日,省政府在西安召开全省加快高速公路建设工作会议。省长陈德铭、副省长洪峰出席会议并讲话。曹森作《解放思想 抢抓机遇 加快建设 努力开创高速公路发展新局面》工作报告。

11月27日,禹门口至阎良高速公路建成通车,路线全长178.07km。

12月,榆林至靖边高速公路荣获2005年度中国建筑工程鲁班(国家优质工程)奖。

12月24日,蓝田至商州高速公路开工,中国通达电子网络系统公司与陕西省交通投资公司合作采用BOT方式建设。路线全长92.31km,按四车道高速公路标准建设,设计速度分别采用80km/h和100km/h,路基宽度分别为24.5m和26m,概算投资52.01亿元。

12月30日,小河至安康高速公路开工建设。路线全长58.26km,设计速度80km/h,采用双向四车道设计标准,整体式路基宽度24.5m,概算投资51.82亿元。

2006年

1月6日,副省长洪峰在省高速集团领导班子会议上,宣布中共陕西省委、省政府关于调整重组高速公路建设管理体制决定,提出调整重组要求。

2月20~21日,省交通工作会议在西安召开。曹森作《把握机遇 真抓实干 努力实现交通又快又好发展》工作报告,副省长洪峰出席会议并讲话。

2月28日,省政府审议并原则通过《陕西省高速公路网规划》。

3月5日,省交通厅厅长曹森检查永寿至咸阳、凤翔至永寿高速公路建设进度和质量情况。

3月9日,宝鸡至牛背高速公路开工建设,副省长洪峰出席奠基仪式。路线全长40.21km,设计速度80km/h,路基宽度整体式24.50m。投资概算27.20亿元。

3月20日,省交通厅制定《陕西省公路交通突发事件应急预案》。

3月22日,省交通厅厅长曹森一行到建设中的黄陵至延安高速公路建设工地检查工作。

4月6~7日,省交通厅厅长曹森检查西安至汉中高速公路建设情况。

4月15日,陕西省交通建设集团公司成立。省人大常委会副主任刘遵义、副省长洪峰为公司成立揭牌。

4月30日,省交通厅对项目管理混乱、工期严重滞后并存在大量质量隐患的黄陵至延安高速公路有限责任公司问责,撤销公司董事会和监事会,公司党委和行政及项目主要负责人就地免职,新组建黄延高速公路项目管理班子,组织加快项目建设。

4月30日,小河至安康高速公路包家山隧道开工建设。

5月,国家发展和改革委员会批复《漫川关(鄂陕界)至商州(麻池河)公路可行性研究报告》。

5月5日,副省长洪峰到柞水至小河、小河至安康高速公路建设工地检查慰问。

5月7日,省交通厅厅长曹森检查黄陵至延安高速公路建设施工现场。

5月11日,副省长洪峰、省政府副秘书长李明远调研安康公路建设情况,重点检查小河至安康高速公路建设。

5月30日,省交通厅制定《陕西省交通建设安全专项整治工作实施方案》,全面开展建设项目安全整治工作。

5月31日,省委副书记董雷视察建设中的西安至柞水高速公路。

6月6日,省委副书记、代省长袁纯清检查西汉高速公路项目建设。在听取交通厅厅长曹森有关高速公路建设情况汇报后指出,各级党委、政府要充分认识加快公路建设的重要作用,持续掀起公路建设高潮。

6月19~24日,利用世界银行贷款陕西安康公路发展项目评估会在西安召开。

7月13~14日,省委副书记、代省长袁纯清视察黄延高速、延塞高速项目建设情况。

8月9日,商州至漫川关高速公路开工建设。路线全长94.50km,按四车道高速公路标准建设,设计速度为80km/h,路基宽度24.5m。概算投资65.39亿元。

8月9~11日,省交通厅厅长曹森检查黄陵至延安、靖边至安塞、榆林至陕蒙界高速公路。

8月21日,省交通厅对陕西高速集团和陕西交通建设集团派出监事会,实行全面管理、系统管理、直接管理。

8月23日,省交通厅与商洛市委、市政府联合现场办公,研究解决高速公路建设环境保障工作。

9月5日,靖边至安塞高速公路建成通车,路线全长103.99km。

9月5日,副省长洪峰检查黄陵至延安高速公路。

9月7日,省交通厅厅长曹森检查西禹高速公路运营管理和尾留工程建设情况。

9月28日,省交通厅做出重大决定,蓝田至商州高速公路收归交通厅建设管理。

9月30日,榆林至陕蒙界高速公路二期工程建成通车。至此,西安至延安至榆林至陕蒙界实现全线高速公路连通。中央电视台、陕西电视台直播了通车盛况。

9月30日,黄陵至延安高速公路建成通车,路线全长143.21km。

10月,省交通厅编写《陕西省交通发展"十一五"规划纲要》。

10月,连霍高速宝鸡至牛背高速公路开工建设。路线全长40.21km,设计速度80km/h,路基宽度24.50m。初步概算投资27.20亿元。

10月11日,省交通厅决定在省高速集团、省交通集团设立高速公路路政支队,承担高速公路路政管理职责。

10月13日,副省长洪峰在省治超领导小组工作会议上要求,进一步强化超限超载治理工作。

10月15日,陕西省对全省高速公路超限货车实行计重收费。

10月16日,省交通厅党组决定对在黄延、靖安、榆蒙高速公路宣传工作中做出突出成绩的单位予以表彰奖励。

10月18日,省交通厅印发《陕西省高速公路建设项目施工监理单位信用评价管理办法》。

10月24日,省政府在西安召开全省进一步强化车辆超限超载治理工作电视电话会议。副省长洪峰出席会议并讲话。会议发布《陕西省人民政府关于进一步强化车辆超载治理工作的通知》。

11月,省交通厅委托交通部科学研究院编写《陕西省高速公路网规划环境影响报告书》。

11月2日,西安绕城高速公路南段、福银高速公路西安咸阳国际机场段六村堡互通式立交桥分别获国家优质工程银质奖。

11月4日,西安咸阳国际机场专用高速公路开工建设。路线全长20.58km,采用双向八车道高速公路标准建设,设计速度120km/h,路基宽度45.0m,投资概算26.08亿元。

11月13日,国家发展和改革委员会批复陕西省利用世界银行贷款建设安康至毛坝高速公路及一批安康农村公路项目。

11月17日,代省长袁纯清、副省长洪峰听取省交通厅厅长曹森关于交通工作汇报。袁纯清强调指出,交通工作要以科学发展观为统领,率先走科学建设、规划、管理、发展的道路。

11月21日,西安至汉中高速公路洋县至汉中段建成通车。

11月24日,副省长洪峰在省高速集团调研时强调全面加快高速公路建设,继续推进企业改制工作。

11月30日~12月3日,部分在陕全国政协委员和省政协委员,检查西安至汉中高速公路项目建设与车辆超限超载治理工作。

12月,宁强至棋盘关高速公路开工建设。全长17.95km,设计速度为80km/h,双向四车道,投资概算13.73亿元。

12月8日,省交通厅召开"陕西省重点公路建设劳动竞赛动员大会"。

12月13日,省交通厅厅长曹森检查西安至柞水高速公路和秦岭终南山公路隧道。

2007年

1月6~7日,省交通工作会议在西安召开,曹森作《强力推进交通又好又快发展 为构建和谐陕西提供交通保障》工作报告,副省长洪峰出席会议并讲话。

1月18日,省交通厅印发《陕西省公路养护管理工作规程》。

1月20日,西安至柞水高速公路与秦岭终南山公路隧道同时建成通车。路线全长65km。秦岭终南山公路隧道单洞长18.02km,是世界最长的双洞高速公路隧道。

2月1日,省交通厅、省公安厅联合印发《关于加强秦岭终南山公路隧道安全管理的通告》。

2月8日,省政府第一百二十一号令发布《陕西省收费公路管理办法》自3月15日起施行。

3月19日,省委书记李建国考察小河至安康高速公路项目建设,强调要又好又快,好字当头,争取早日贯通西安至安康高速公路。

3月28日,四川省交通厅厅长吴果行,陕西省交通厅厅长曹森,在西安就国家高速公路网陕川界通道接线方案举行会谈,并签署协议。

4月7日,榆林市政府与中铁二局集团有限公司签订《陕西省榆林至神木高速公路建设—经营—转让(BOT)项目投资协议书》。

4月20日,国际隧道协会主席哈维·帕克一行考察秦岭终南山公路隧道。

4月27日,省交通厅印发《陕西省高速公路服务区管理办法》。

5月15日,西安至榆林、延安至榆林高速客运班线开通。

5月28日,世界银行贷款陕西省安康公路发展项目协议在美国华盛顿签署,协定利用世界银行贷款3亿美元,用于新建安康至毛坝高速公路和改善项目影响区内106条农村公路。

6月4日,省委书记赵乐际调研西安至汉中高速公路项目建设情况。

6月24日,省交通厅在西安召开重点公路建设项目加快工作会议,部署高速公路加快建设工作。

7月11日,省交通厅组织"陕西省高速公路突破2000km著名作家采风团"活动启动仪式。

7月17日,十堰至天水高速公路安康至西乡段开工建设。全长89.95km,采用双向四车道高速公路标准,路基宽度分别为26m和24.5m,设计速度分别为100km/h和80km/h。批复概算投资64.81亿元。

8月15日,省交通厅与重庆市交通委员会磋商开通省际"绿色通道"。至此,陕西与周边8省(自治区、直辖市)鲜活农产品"绿色通道"实现互通。

8月16日,交通厅发出《关于加强在建工程桥梁施工安全紧急通知》。

9月30日,西安至汉中高速公路建成通车,路线全长254.77km,为陕西穿越秦岭山区首条高速公路。

10月8日,冰岛共和国总统奥拉维尔·拉格纳·格里姆松一行参观秦岭终南山公路隧道。

10月12日,挪威王国运输与通信部大臣丽英·赛思·纳瓦塞特女士一行参观秦岭终南山公路隧道。

10月31日,子州至靖边高速公路建成通车。

10月31日,吴堡至子州高速公路建成通车,路线全长68.07km。至此,青岛至银川高速公路陕西境全线贯通。

11月9日,青兰高速公路陕西境开工建设。路线全长188.94km,采用双向四车道高速公路技术标准,路基宽度分别采用26m和24.50m,设计速度分别采用100km/h和80km/h。批复概算投资138.87亿元。

11月20日,省交通厅发出《关于在陕西省高速公路工程施工招标中,加强承包人转包分包和拖欠民工工资行为监督管理的通知》,推行承包人杜绝转包分包和拖欠民工工资行为承诺书制度。

12月4日,西安至禹门口高速公路金水沟特大桥、勉县至宁强高速公路分别获2007年度国家优质工程银质奖。

12月13日,咸阳至永寿高速公路建成通车,路线全长65.44km,为陕西高速公路建成通车里程突破2000km标志。

12月23日,安康至陕川界高速公路安康至毛坝段开工建设。路线全长104.61km,采用双向四车道设计标准,设计速度80km/h,路基宽24.5m。概算投资96.40亿元。

2008年

1月9日,省政府召开全省高速公路通车里程突破2000km表彰大会。中共陕西省委、交通部分别发来贺信,省长袁纯清出席会议并讲话,副省长洪峰宣读省政府表彰通报。

1月9日,全省交通工作会议在西安召开,省交通厅厅长曹森作《发展现代交通 奉献一流服务 为建设西部强省做出新贡献》工作报告,副省长洪峰出席会议并讲话。

2月23日,交通系统治理车辆超限、超载工作会议在西安召开,省交通厅厅长曹森讲话强调依法治超、科学治超、长效治超、文明治超。

2月29日,省交通厅获2007年度全省目标责任考评先进单位称号,并受到表彰。

3月20日,毛坝至陕川界高速公路开工建设。

4月16日 西安市中级人民法院对其受贿案做出一审判决。陈双全被以受贿罪,一审判处死刑,缓期二年执行。2006年8月,根据省委决定,省纪委对陈双全在担任陕西省高速公路集团公司党委书记、董事长期间涉嫌严重违纪问题立案调查。

5月12日,四川省汶川县发生特大地震。陕西省交通厅采取落实公路保畅责任、西汉高速公路等6条入川公路对抗震救灾车辆实行免费通行等措施,确保抢险救灾人员、车辆快速入川。曹森等6名厅领导带领6支抢险队,分赴宝鸡、汉中、安康组织抗震抢险救灾。

5月17日,省人大常委会主任、中共陕西省委书记赵乐际,赴西安至汉中高速公路检查指导抗震救灾保畅工作。

5月18日,省长袁纯清赴西汉高速公路秦岭段,检查指导救灾运输保畅工作。

5月21日,中共中央政治局常委、中央书记处书记,国家副主席习近平视察陕西省抗震救灾工作并强调,要做好基础设施的恢复,尽快实现灾区通路、通电、通水、通信息。要加强对已通道路和现有基础设施的管理和维护,特别是要尽可能确保通往四川灾区和本省灾区的道路,保证抗震救灾生命线畅通。

5月26日,省长袁纯清检查西安咸阳国际机场专用高速公路项目建设,要求努力实现"国内一流、国际知名"建设目标。

6月6日,省交通厅在西安召开全省重点公路建设项目加快会议。

6月10~11日,中纪委驻交通运输部纪检组组长杨利民一行来陕西进行抗震救灾与灾后重建调研。

6月12日,中华全国总工会授予陕西省交通支援灾区公路抢通保通突击队、陕西省交通赴川抢运抗震救灾物资车队、陕西省西汉高速公路有限责任公司抗震救灾"工人先锋号"称号。

7月9日,省交通厅与重庆市交通委员会在西安签订陕渝交通合作框架协议。

7月20日,交通运输部与陕西省政府在西安就"5·12"汶川特大地震后陕西交通重建规划项目进行座谈。交通运输部副部长翁孟勇、副省长洪峰等出席座谈会。

8月7日,高速公路路线命名编号调整及规范交通标志工作启动。

8月13日,省长袁纯清调研蓝田至商州高速公路项目建设,强调注意施工安全,保证工程质量,确保实现通车目标。

8月17日,榆林至神木高速公路小纪汉至半切墩段87.57km开工建设,设计速度100km/h,路基宽度26m。

9月8日,省政府常务会议听取省交通厅加快公路建设专题汇报,研究进一步加快公路建设问题。会议通过省交通厅《关于进一步加快我省高速公路建设的请示》。

9月25日,省政府与交通运输部在北京举行座谈会,共商陕西交通运输发展。交通运输部部长李盛霖、中共陕西省委书记赵乐际、省长袁纯清等出席座谈会。

9月28日,国家高速公路网福银线凤翔路口至永寿段建成通车,路线全长98.73km。

10月26日,蓝田至商州高速公路建成通车,路线全长92.31km。

10月26日,商州至陕豫界高速公路建成通车,路线全长122.22km,此为陕西第一条六车道山区高速公路,沪陕线陕西段高速公路至此全线贯通。

11月1日,陕西省收费公路271个收费站1373条车道启用车辆牌照信息自动识别及联网收费系统。

11月11日,省交通厅厅长曹森主持召开厅党组扩大会议,传达贯彻中央应对世界金融危机10条措施和中共陕西省委常委扩大会议精神,部署加快交通建设工作。

11月13日,省发展和改革委员会、省交通厅联合办公,共同审查确定全省新开一批高速公路建设项目,其中年底前新开工9个高速公路项目。

11月18~21日,省交通厅就全省高速公路网规划调整方案先后向省委、省政府主要领导汇报,形成《陕西省高速公路网规划》。新规划路网总规模8056km,其中国家高速公路约3800km,省级高速公路约4200km。

11月21日,西安至潼关高速公路扩容改造工程潼关至临潼段开工建设,它是陕西省第一个开工的扩容改造项目,也是我国西北地区第一条八车道改扩建高速公路项目。路线全线长130.8km,采用两侧直接拼接加宽至双向八车道高速公路标准,设计速度120(100)km/h,整体式路基宽度为42(41)m。

11月24日,陕西宝汉高速公路建设管理有限公司成立。

11月25日,省交通厅在西安召开全省交通系统领导干部大会,公布调整完善后的全省高速公路网规划,即"2367"网规划,部署、动员全省交通系统迅速掀起第二轮加快公路建设高潮。

11月28日,十堰至天水高速公路西乡至汉中段开工建设。长95.36km,采用双向四车道标准,设计速度采用100(80)km/h,路基宽度采用26(24.5)m。概算投资72.89亿元。

11月29日,宁强至棋盘关高速公路建成通车,路线全长17.95km。京昆线陕西段高速公路至此全线贯通。

12月1日,省交通厅与国家开发银行陕西省分行等5家银行签订战略合作协议。交通厅获5家银行5年内1700亿元贷款,用于潼关至临潼高速公路改扩建等12个高速公路项目建设。

12月16日,西安至宝鸡高速公路改扩建工程开工建设,路线全长157.89km。设计行车速度100~120km/h,分别按四车道、六车道、八车道标准建设。

12月24日,西安至商州高速公路二通道开工建设。路线全长118.86km,采用四(六、八)车道高速公路标准;路基宽度采用26(34.5、42)m。投资概算150.48亿元。

12月28日,咸阳至旬邑高速公路开工建设。路线全长93.55km,采用双向四车道高速公路技术标准,设计速度采用100(80)km/h,路基宽度采用26(24.5)m,概算投资62.18亿元。

12月29日,陕西高速公路"三秦通"缴费卡合作框架协议签字暨揭卡仪式在西安举行。从2009年1月1日起全省高速公路通行可非现金缴费。

12月30日,神木至府谷高速公路开工建设。全长56.91km,采用双向六车道高速公路标准,设计速度80km/h,路基宽度为32m,概算总投资74.57亿元。

12月31日,省发展和改革委员会批复延安安塞经志丹至吴起高速公路工程可行性研究报告。

2009年

1月,西安至铜川高速公路二通道开工建设,全长62.80km。分别采用双向八车道、六车道高速公路技术标准,设计速度分别为120km/h和100km/h,路基宽度分别采用41m、34.50m和33.50m。批复投资概算79.75亿元。

1月1日,省交通厅与中国建设银行陕西省分行签署《陕西省高速公路非现金收费业务合作框架协议》,实现银联卡或车载电子标签在特定车道刷卡收费通行。

1月4日,省交通工作会议在西安召开。曹森作《抢抓机遇 科学发展 掀起交通运输新一轮发展高潮》工作报告,副省长洪峰出席会议并讲话。

2月,国家发展和改革委员会批复西安咸阳国际机场专用高速公路项目可行性研究报告。

2月3日,省长袁纯清,省委副书记、西安市委书记孙清云,副省长洪峰,检查西铜高速二通道项目建设及未央收费站北迁工程。

2月9日,省发展和改革委员会批复神木至府谷高速公路工程可行性研究报告。

3月2日,省发展和改革委员会批复西安至铜川高速公路二通道工程可行性研究报告。

3月10日,根据《陕西省政府机构改革方案》,陕西省交通厅更名为陕西省交通运输厅。

3月12日,省委书记赵乐际、省长袁纯清在北京参加"两会"期间,与交通运输部部长李盛霖、副部长翁孟勇、冯正霖等举行座谈,共商加快陕西交通发展。

3月18日,省发改委批复陇县(火烧寨)至宝鸡高速公路工程可行性研究报告。

3月19日,省政府第一百三十八号令颁布《陕西省治理公路超限运输办法》,自2009

年5月1日起施行。

3月20日,十堰至天水高速公路白河至安康段开工建设。路线全长129.80km,采用双向六(四)车道高速公路标准,概算投资133.33亿元。

4月,国家发展和改革委员会批复安康至汉中公路可行性研究报告。

4月,省发展和改革委员会批复渭南至蒲城高速公路可行性研究报告。

4月1日,陇县(火烧寨)至宝鸡高速公路开工建设。路线全长105.01km,采用双向六车道和双向四车道高速公路标准,设计速度采用100(80)km/h,路基宽度采用33.5m、26m、24.5m,概算投资67.32亿元。

4月16日,交通运输部在西安召开全国农村公路建设现场会。会议期间,交通运输部部长李盛霖等考察西安绕城高速公路、秦岭终南山公路隧道和西安咸阳国际机场高速公路。

4月19日,渭南至蒲城高速公路开工建设,路线全长53.39km。全线按双向四车道高速公路标准建设,设计速度120km/h,路基宽度28m。概算投资35.99亿元。

4月22日,省发展和改革委员会批复榆林至绥德高速公路工程可行性研究报告。

4月28日,省交通运输厅获全国总工会授予"全国五一劳动奖状"。

5月8日,西北地区规模最大高速公路服务区——黄陵至西安高速公路黄陵服务区改扩建工程开工。

5月10日,全国人大常委会副委员长司马义·铁力瓦尔地视察秦岭终南山公路隧道。

5月28日,小河至安康高速公路建成通车,路线全长58.26km。

6月6日,西安公路研究所正式更名为西安公路研究院。

7月8日,西安咸阳国际机场专用高速建成通车,路线全长20.58km。时为西部地区第一条八车道高速公路。

7月8日,西安咸阳国际机场专用高速公路收费站六条车道,对省内车辆首次应用自动发卡和电子不停车收费系统(ETC)。

7月23日,十堰至天水高速公路汉中至略阳段开工建设。路线全长150.96km,采用双向四车道高速公路标准,设计速度采用80(100)km/h,路基宽度24.5(26)m。投资概算151.04亿元。

9月15日,省交通运输厅厅长曹森当选为交通运输部组织评选的全国60位"新中国成立以来感动交通人物"之一。

10月,国家发展和改革委员会批复白河(鄂陕界)至安康公路可行性研究报告。

10月16日,商州至漫川关高速公路建成通车,路线全长94.50km。福州至银川高速公路陕西段至此全线贯通。

10月19日,越南社会主义共和国交通部部长胡义勇一行参观秦岭终南山公路隧道。

10月29日,省发展和改革委员会批复汉中至陕川界高速公路工程可行性研究报告。

10月30日,省长袁纯清,副省长洪峰、景俊海,听取省交通运输厅工作汇报。袁纯清讲话时强调,不仅要埋头修路,还要抬头看路,围绕陕西经济主战场修路、用路。

11月,西安至宝鸡段改扩建西安至兴平段开工,新建整体式路基,长25.71km,双向八车道,设计速度120km/h,路基宽度42.0m。

11月2日,省交通运输厅印发《陕西省公路水路交通节能中长期规划纲要》。

11月19日,宝鸡至汉中高速公路汉中至陕川界段开工建设。路线全长53.77km,采用双向四(六)车道高速公路标准,设计速度100km/h,路基宽度26(33.5)m,概算投资51.80亿元。

11月26日,冯西宁任省交通运输厅厅长。

12月30日,冯西宁任省交通运输厅党组副书记。

12月8日,榆林至神木高速公路小纪汉至半切墩87.57km建成通车。

12月12日,陕西省公路局路政执法总队成立,原省交通征稽系统干部职工,完成整体转岗。

12月29日,延安经志丹至吴起高速公路开工建设。路线全长109.85km,采用双向四车道高速公路标准,设计速度80km/h,路基宽度24.5m。投资概算97亿元。

2010年

1月5日,省交通运输工作会议在西安召开。冯西宁作《解放思想 科学发展 全面超额完成"十一五"目标任务》工作报告。

1月7日,省委书记赵乐际听取曹森、冯西宁关于交通运输工作汇报,赵乐际要求继续保持加快交通发展势头。

1月14日,省交通运输厅获中共陕西省委、省政府授予的"省级文明单位"称号。

2月26日,省交通运输厅被中共陕西省委、省政府评为2009年度目标责任考评优秀单位。

3月3日,榆林至绥德高速公路开工建设。路线全长118.81km,按双向四车道高速公路标准建设,设计速度100(80)km/h,路基宽度26(24.5)m。投资概算93.71亿元。

3月4日,省政府与交通运输部在北京举行座谈会,商讨陕西交通发展。陕西省省长袁纯清、副省长洪峰,交通运输部部长李盛霖、副部长高宏峰等出席座谈。

3月15日,省交通运输厅在西安召开交通运输系统治超工作会议,部署开展"春雷行动"。冯西宁讲话要求把治超作为交通运输生命线工程切实抓好。

4月,铜川至黄陵高速公路二通道铜川至何家坊段开工建设,路线全长104.27km。

采用双向六车道高速公路标准,设计速度100km/h,路基宽度33.5m。投资概算118.9亿元。

4月5日,洛南至岔口铺高速公路开工建设。路线全长12.625km。采用双向四车道高速公路标准,设计行车速度80km/h,路基宽度24.50m。投资概算8.966亿元。

5月10日,陕西省高速公路实施货车计重收费。

6月11日,省发展和改革委员会批复榆商线洛南至岔口铺公路工程可行性研究报告。

6月27日,省交通运输厅与中国邮政储蓄银行陕西省分行在西安签署战略合作框架协议。省高速集团、省交通集团与中国邮政储蓄银行陕西省分行签订融资意向书,授信总金额60亿元。

7月,国家和发展改革委员会批复陕西省潼关(豫陕界)至临潼(靳家)公路项目改扩建工程可行性研究报告。

9月2日,省发展和改革委员会批复榆林至佳县高速公路项目建设。

9月27日,省政府常务会议听取曹森、冯西宁关于全省交通运输"十二五"发展规划思路汇报,代省长赵正永充分肯定"十一五"交通发展成绩,强调"十二五"要继续加快交通发展。

10月,省发展和改革委员会批复安康至平利高速公路工程可行性研究报告。

10月15日,省交通运输厅在省交通集团西康分公司召开全省高速公路"四个一"工程建设现场会。

10月26日 陇县(火烧寨)至宝鸡高速公路陇县至千阳段建成通车,路线全长64.9km。

10月27日,渭南至蒲城高速公路建成通车,路线全长53.39km。

11月10日,青兰高速陕西境宜川至富县高速公路建成通车,路线全长188.94km。国家高速公路青(岛)至兰(州)线陕西段全部建成,全省建成通车高速公路突破3000km,达到3403km。

11月25日,省政府召开专题会议,听取省交通运输厅2010年工作完成情况和2011年工作思路汇报。代省长赵正永、副省长洪峰及有关部门负责人出席,曹森、冯西宁参加汇报。

11月30日,西安至潼关高速公路四车道改八车道改扩建工程潼关至临潼段建成,路线全长116.26km。

12月,"秦岭终南山公路隧道建设与运营管理关键技术",获2010年度国家科学技术进步奖一等奖。

12月,国家发展和改革委员会批复商州至西安公路项目可行性研究报告。

12月3日,省交通运输厅在北京召开陕西省交通运输发展战略研讨会,厅长冯西宁汇报陕西交通运输发展情况。交通运输部原副部长胡希捷等有关领导、专家出席,并就陕西交通"十二五"发展建言献策。

12月8日,榆林至神木高速公路小纪汉至陈家沟岔段建成通车。

12月13日,为加强我省公路建设市场和施工企业诚信管理,规范从业单位和从业人员的诚实守信行为,根据交通运输部《公路建设市场信用信息管理办法》,结合本省实际,省交通运输厅颁发《陕西省公路建设市场信用信息管理实施细则》和《陕西省公路施工企业信用评价实施细则》。

12月20日,安康至陕川界高速公路建成通车,路线全长104.61km。至此,包茂线陕西段高速公路全线贯通。

12月26日,十堰至天水高速公路安康至西乡段建成通车,路线全长92.41km。

12月26日,十堰至天水高速公路西乡至汉中段建成通车。路线全长95.36km。

2011年

1月5日,省交通运输工作会议在西安隆重召开。

2月25日,国家高速连霍线西安至宝鸡公路改扩建工程获国家发展和改革委员会批准。

3月,水利部授予国道主干线(G5)北京—昆明高速公路陕西段户县经洋县至勉县公路工程"全国生产建设项目水土保持示范工程"荣誉称号。

3月18日,省委常委、副省长江泽林视察西汉高速公路秦岭服务区。

3月29日,全省第二条BOT高速公路建设项目——榆林至佳县高速公路开工建设。路线全长78.86km,采用四车道高速公路标准建设,设计速度100km/h,路基宽度26m,概算投资59.17亿元。

4月6日,省交通运输厅推出延安至延川、宝鸡至坪坎、平利至镇坪、吴起至定边、安康至岚皋等5条高速公路项目亮相西洽会,此次推出的高速公路项目建设总里程达438.32km,估算总投资452.38亿元,拟采用BOT等方式进行建设。

4月14日,全国交通运输行业精神文明建设座谈会在西安召开。交通运输部部长李盛霖在会上强调要求着力提升交通运输形象社会满意度。

4月15日,交通运输部副部长高宏峰一行,在省交通运输厅厅长冯西宁陪同下,到西宝高速公路改扩建项目考察调研。

4月23日,省交通运输厅厅长冯西宁对西安绕城及两条机场高速公路迎世园会工作进行检查。

4月29日,省政府召开庆祝"五一国际劳动节"表彰会,省交通集团获得"中华全国总工会五一劳动奖状"荣誉称号,省高速集团宁陕服务区获得"中华全国总工会工人先锋号"荣誉称号。

5月9~11日,省委常委、副省长江泽林带领省政府办公厅、省交通运输厅、省高速集团、省交通集团有关领导赴京,拜访交通运输部、中国农业银行、中国银行、中国工商银行领导,积极争取对我省公路建设的支持。

5月15日,全国人大常委、交通部原部长黄镇东来陕,在省交通运输厅厅长冯西宁等陪同下,到秦岭终南山公路隧道视察。

5月20日,省委常委、副省长江泽林召集省发改委、财政厅、国土资源厅、省金融办、陕西银监局、人民银行西安分行、建设银行省分行、交通银行省分行等有关部门和单位负责同志,在省交通运输厅召开专题会议,研究全省公路交通建设资金筹措、建设用地和高速公路建设有关事宜。

6月,西安咸阳国际机场专用高速公路荣获2010年度公路交通优秀设计二等奖。

7月11日,省交通运输厅召开加快公路建设项目前期工作座谈会,通报上半年前期工作情况,安排部署下一步前期工作重点任务。厅长冯西宁出席会议并讲话。

7月17日,省交通运输厅与部分金融机构座谈,共商交通发展。厅长冯西宁出席并讲话。

7月21日,省交通运输厅厅长冯西宁检查西商高速公路建设项目,要求把西商高速建成生态路、景观路、环保路。

7月22日,省政府与在陕主要金融单位召开座谈会,省委常委、副省长江泽林在会上强调希望各家银行对陕西交通给予更多的帮助,对陕西经济社会发展给予大力支持。

8月1~4日,省委常委、副省长江泽林到铜川、延安、榆林,对包茂线西安至铜川高速公路项目、黄陵至延安高速公路扩能改造项目、延安至延川高速公路文安驿立交规划方案等进行调研。

8月2日,省政府副秘书长李明远在延安主持召开延安安塞经志丹至吴起高速公路项目交接协调专题会议,省交通运输厅厅长冯西宁等参加会议。

8月11日,省委常委、副省长江泽林赴宝鸡调研西宝改扩建项目和宝汉高速公路宝鸡至陇县火烧寨项目建设时强调,要强力推进高速公路网建设,为全省和地方经济社会发展提供保障。

8月15~18日,国家高速公路包头至茂名线(G65)陕西段黄陵至延安公路扩容工程可行性研究报告现场咨询评估会召开,厅长冯西宁会见与会专家。

9月5日,陕西省公路勘察设计院更名为陕西省交通规划设计研究院。

9月14日,省政府在西安召开全省加快公路建设会议,省委常委、副省长江泽林出席会议,并就贯彻落实省政府加快决定提出要求。

9月23日,西安至汉中高速公路通过交通运输部组织的竣工验收,并正式投入运营。

9月25~26日,省交通运输厅与榆林市政府、延安市政府分别召开交通运输发展座谈会,就高速公路建设、征地拆迁环境保障等事宜进行研究。

9月29日,省交通运输厅召开全省推进高速公路建设"五化"管理活动现场会,厅长冯西宁出席会议并讲话。

9月30日,安康至平利高速公路项目开工建设。

10月31日,省委常委、副省长江泽林听取省交通运输厅工作汇报。

11月,国家发展和改革委员会批复汉中至略阳(陕甘界)公路可行性研究报告。

11月8日,陇县(火烧寨)至宝鸡高速公路千阳至宝鸡段建成通车,路线全长105.01km。

11月9日,省发展和改革委员会批复延安至延川高速公路工程可行性研究报告。

11月9日,省交通运输厅厅长冯西宁对延志吴高速公路项目建设情况进行了检查。

11月22日,西安至宝鸡高速公路改扩建工程兴平至宝鸡虢镇段建成通车。

11月24日,省交通运输厅与汉中市政府在汉中召开交通发展座谈会,就汉中境内高速公路建设等事宜进行研究。

11月24日,汉中至略阳(陕甘界)公路工程可行性研究报告获国家批复。

12月8日,西安至铜川高速公路二通道建成通车,该公路全长62.8km。

12月12日,十堰至天水高速公路白河至安康段一期工程建成通车。

12月16日,神木至府谷高速公路建成通车,路线全长56.91km。

12月25日,十堰至天水高速公路汉中西段汉中至略阳段建成通车。

2012年

1月4日,省长赵正永主持召开省政府常务会议,审议并原则通过陕西省高速公路广告设施管理规定。

1月5日,全省交通运输工作会议在西安召开。省委常委、副省长江泽林出席会议并讲话,省政府副秘书长李明远主持会议并通报了2011年金融机构支持我省交通运输发展情况,省交通运输厅厅长冯西宁作工作报告。

1月6日,省政府举办的陕西交通融资工作座谈会在西安召开。

2月20日,交通运输部副部长翁孟勇一行在省委常委、副省长江泽林,省交通运输厅厅长冯西宁等陪同下,在陕西了解西咸新区总体规划、高速公路规划及区域公路网规划。

2月23日,省交通运输厅与宝鸡市政府就加快宝鸡境内高速公路项目建设签署框架协议,厅党组书记、厅长冯西宁与宝鸡市代市长上官吉庆在框架协议上签字。

3月14日,重庆市交通委员会主任滕宏伟一行,参观考察已经通车的连霍线西宝高速公路"四改八"改扩建段工程。

3月29~31日,由交通运输部公路局主办的《公路网运行监测与服务暂行技术要求》《高速公路通信技术要求》《高速公路监控技术要求》宣贯会在西安举行。

4月18日,省交通运输厅召开重点项目前期工作会议,就进一步加快铜黄、黄延、西临改扩建、西咸北环线、宝汉、延延、合凤、渭玉等项目前期工作进行专题研究,并对近期工作进行安排部署。

4月27日,省交通运输厅厅长冯西宁率厅高管处、厅质监站负责人,对西商高速公路建设及通车运营筹备工作进行了全面检查。

4月27日,交通运输部在西安组织召开"陕西省公路交通信息资源整合与服务工程"验收会。

5月,省高速集团自主研发生产的SGC公里系列高速公路桥梁伸缩装置获"巴黎国际发明展览会"银奖。

5月,西安至铜川高速公路总监办荣获"全国公路水运工程优秀总监办"荣誉称号。

5月14日,国家发展和改革委员会批复黄陵至铜川公路工程可行性研究报告。

5月28日,中国公路学会第四届专家委员会成立暨2011年度科学技术奖颁奖大会在西安举办。交通运输部副部长高宏峰出席会议并讲话,中国公路学会理事长、交通运输部原副部长胡希捷主持会议,交通运输部总规划师戴东昌宣读获奖名单,陕西省交通运输厅厅长冯西宁出席会议并致辞。

6月15~16日,交通运输部西部科研项目管理中心在西安召开会议,对省交通集团承担的"多断层、富水岩溶地区特长公路隧道修建关键技术及防灾救援方案研究与应用"项目研究成果进行鉴定验收。

6月20日,省委常委、副省长江泽林专程赴西咸新区,调研西咸北环线高速公路建设项目和保障性住房建设。

6月28~29日,全国高速公路施工标准化活动现场会在陕西召开。陕西省委常委、副省长江泽林致辞,交通运输部副部长冯正霖、交通运输部公路局局长李华、陕西省政府副秘书长李明远、陕西省交通运输厅厅长冯西宁等领导出席。

7月10日,副省长李金柱一行到西宝高速沿线,检查道路交通安全工作。

7月11日,厅长冯西宁一行对西宝改扩建工程阿房宫立交和三星电子快速干道项目建设情况进行检查,并现场办公协调解决环境保障等相关问题。

7月25~30日,由交通运输部、国家发展和改革委员会、财政部、监察部、国务院纠风办一行8人组成的检查组,对陕西省收费公路专项清理工作进行督导检查。

8月14日,国家高速公路沪陕线西安至商州高速公路通车仪式在蓝田东服务区举行,路线全长118.86km。

8月14日,洛南至岔口铺高速公路建成通车,路线全长12.63km。

8月22日,由陕西省高速公路收费管理中心主办,山西省高速公路管理局、内蒙古高等级公路建设开发有限责任公司、河南省高速公路联网监控收费通信服务有限公司、湖北省高速公路管理局联网管理中心、重庆市交通信息中心、四川省交通运输厅高速公路监控结算中心、甘肃省高速公路管理局、宁夏回族自治区公路管理局等协办的"省际高速公路信息共享与合作协议签约仪式暨合作交流会"在西安召开。

8月26日,包茂高速K484+95处由北向南方向发生牌照为蒙AK1475卧铺客车与牌照为豫HD6962运送甲醇罐车追尾引发的特大交通事故,造成客车36人死亡。

8月26日,省交通运输厅启动安全生产大检查大整治活动,5个道路运输安全检查组和4个安全生产检查组奔赴全省各地,对道路运输及安全生产工作进行全面检查。

9月13~14日,交通运输部党组成员、副部长冯正霖率部安全生产督察组,赴榆林、延安、西安开展交通运输安全生产大检查,并听取陕西省交通运输安全生产工作专题汇报。

9月26日,中国公路学会主办的"2012年全国公路隧道建设技术研讨会"在西安召开。

9月29日,陕西高速公路突破4000km暨榆林至绥德高速公路通车仪式在榆林南服务区举行。省委副书记、省长赵正永等出席并剪彩,省委常委、常务副省长娄勤俭讲话,交通运输部致信祝贺,省交通运输厅厅长冯西宁介绍全省高速公路建设情况。

9月29日,榆林至绥德高速公路建成通车,路线全长118.81km。

10月,福银高速凤翔路口(甘陕界)至永寿段高速公路建设项目通过省交通运输厅组织的竣工验收,被评为"优良工程"。

10月25日,交通运输部部长杨传堂在西安主持召开西北部分省区交通运输厅长座谈会。

10月27日,由交通运输部公路局主持,河北、山西、内蒙古、陕西4省区交通运输主管部门参加的区域高速公路协调联动第一次联席会议在西安召开。

11月,绛帐至法门寺高速公路开工建设。路线全长16.30km,设计速度80km/h,路基标准宽度28.25m。投资概算4.61亿元。

11月,铜川至黄陵高速公路(二通道)何家坊至黄陵段开工建设。

11月5日,省发展和改革委员会批复西咸北环线高速公路工程可行性研究报告。

11月16日,延安至延川(陕晋界)高速公路全面开工建设。路线全长115.526km,采用双向四车道高速公路标准,设计速度分别采用80km/h和100km/h,路基宽度分别采用24.5m和26.0m标准。批复概算118.264亿元。

11月29~30日,交通运输部副部长冯正霖检查秦岭终南山公路隧道运营安全管理工作。

12月11日,省委常委、副省长江泽林主持会议,专门听取交通运输工作汇报。

12月21日,宝鸡至汉中高速公路坪坎至汉中段开工建设。

12月25日,国家高速公路连霍线西安至宝鸡高速公路改扩建工程西安至兴平段建成通车。

2013年

1月,省交通集团组织实施的子洲至靖边高速公路建设项目获"2011—2012年度国家优质工程银质奖"。

1月5日,全省交通运输工作会议在西安召开。

2月,省交通规划设计研究院负责设计的国家高速公路网包头至茂名线安康至陕川界高速公路获"2012年度公路交通优秀设计一等奖";十天线安康至汉中高速公路、国家高速公路网连霍高速G30潼关至临潼高速公路改扩建工程获"2012年度公路交通优秀设计二等奖"。

3月1日,省交通运输厅与咸阳市人民政府签署纪要,咸阳至旬邑高速公路项目由咸阳市人民政府管理移交省交通运输厅管理,由省交通集团负责建设。

3月6日,交通运输部部长杨传堂与陕西省省长娄勤俭签订了《陕西省人民政府、交通运输部贯彻落实陕甘宁革命老区振兴规划加快推进交通运输科学发展会谈纪要》,就加快陕甘宁革命老区交通运输发展达成协定。

3月26日,副省长庄长兴带领省级有关部门和单位负责人到三星快速干道项目建设现场调研。

4月,省发展和改革委员会批复蒲城至黄龙高速公路工程可行性研究报告。

4月2日,副省长庄长兴在加快全省高速公路建设推进会上强调,再掀高速公路建设新高潮,确保实现"十二五"全省高速公路建设目标。

4月9日,副省长庄长兴在省政府副秘书长胡保存,省交通运输厅厅长冯西宁等陪同下,调研铜川至黄陵高速二通道、咸阳至旬邑高速公路项目建设情况。

4月25～26日,副省长庄长兴到延安市调研延安至志丹至吴起、延安至延川两条高速公路建设情况,现场办公解决工程建设中遇到的难题。

4月30日,省发展和改革委员会批复《陕西省铜川至旬邑高速公路工程可行性研究报告》。

5月,由陕西高速公路电子收费有限公司承建的陕西省第一个基于高速公路"三秦通"ETC技术的ETC停车场项目完成,并投入使用。

5月8日,交通运输部部长杨传堂在北京会见陕西省副省长庄长兴,就陕西近年来的交通运输发展成果和未来交通运输发展的方向等进行会谈。

5月15日,省委、省政府与国家交通运输部进行座谈,贯彻落实国务院《陕甘宁革命老区振兴规划》和推进陕西交通运输发展。

6月26日,一辆长111m、车宽6.2m、车重556t大件运输车通行绕城高速公路香王收费站,这是当时在陕西省高速公路上通行的最大、最重单体运输车辆。

7月,省交通运输厅成立推进高速公路建设领导小组,以全面推进高速公路建设,确保"十二五"5000km通车目标的顺利实现和陕西省高速公路持续健康发展。

7月,黄陵至延安高速公路第二通道开工建设。路线全长153.91km,按照双向六车道高速公路标准建设,设计速度为100km/h,路基宽度33.5m。投资概算217.05亿元。

7月9日,小河至安康高速公路包家山隧道工程荣获中国土木工程詹天佑奖。

7月15日,省交通运输厅与咸阳市人民政府举行咸阳至旬邑、西咸北环线、铜川至旬邑、旬邑至凤翔高速公路省市共建框架协议签约仪式。

7月22日,包茂高速公路延安南至洛川段因强降雨造成多处泥石流阻断交通。厅长冯西宁等迅速赶赴现场,组织抢险保畅工作。

7月30日,临潼至兴平高速公路(西咸北环线)开工建设。路线全长113.61km,双向六车道高速公路标准建设,设计速度为120km,路基宽度为34.5m。投资概算132.56亿元。

7月30日,西安至潼关高速公路改扩建工程西安到临潼段开工建设,路线全长14.54km。全线采用两侧直接拼接加宽至双向八车道高速公路标准,设计速度120km/h,路基宽度为42m。

8月,渭南至蓝田玉山高速公路开工建设。路线全长39.39km。项目采用双向四车道高速公路技术标准,设计速度100km/h,整体式路基宽度26m,概算投资33.44亿元。

8月8日,省交通运输厅厅长冯西宁检查铜黄高速公路和咸旬高速公路项目。

8月12日,省交通集团组织创作,西安话剧团承演,以反映秦岭终南山公路隧道建设为背景的大型话剧《穿越》全省巡回演出在商洛首演。

9月2~4日,副省长庄长兴先后到汉中机场和南郑县、留坝县、略阳县陕南移民搬迁安置点及宝汉高速公路、十天高速公路建设工地调研。

9月3~4日,副省长庄长兴在省政府副秘书长胡保存、省交通运输厅厅长冯西宁等陪同下,调研宝汉高速公路汉中至陕川界、十天高速公路汉中至陕甘界项目建设。

9月8日,咸阳至旬邑高速公路具有亚洲第一高墩之称的三水河特大桥14号主墩实现顺利封顶。

9月13日,我国最长纯黄土公路隧道——延志吴高速公路东山特长隧道左线贯通。

10月18日,交通运输部副部长翁孟勇检查陕西交通运输工作。

10月21日,省交通运输厅与甘肃省交通运输厅在西安签订国高网银川至百色线旬邑至正宁、银川至昆明线陇县至华亭高速公路接线建设协议。

10月29日,陕西省第二条BOT高速公路项目榆林至佳县高速公路建成通车。

10月29~31日,省交通运输厅厅长冯西宁一行,对延安—志丹—吴起、延安至延川、黄陵至延安、铜川至黄陵等在建高速公路项目进行调研。

11月5日,副省长庄长兴到铜川至黄陵高速公路、西咸北环线项目调研,并召开专题会议研究项目征地拆迁及环境保障有关问题。

11月5日,三星电子快速干道建成通车。

11月15日,铜川至旬邑高速公路项目开工建设。建设里程50.06km,采用双向四车道高速公路技术标准,设计速度为80km,路基宽度24.5m,概算投资为49.51亿元。

11月25日,陕西省又一条BOT高速公路项目神木至佳县至米脂高速公路神木至佳县段开工建设。路线长68.84km,采用四车道高速公路标准建设,设计速度100km/小时,路基宽度26.0m,投资63.09亿元。

11月28日,2013年度公路交通联合应急演练在秦岭终南山公路隧道举行。

12月,省交通运输厅推荐的"复杂地质特长公路隧道建设与运营节能关键技术"等10项交通运输科研成果荣获2013年度省科学技术奖。

12月,西汉高速公路秦岭1号隧道获得2012—2013年度国家优质工程奖。

12月19日,延安安塞经志丹至吴起高速公路建成通车,路线全长109.85km。

12月23日,铜川至黄陵高速公路二通道铜川新区至何家坊段建成通车。

12月23日,十天高速公路陕西境汉中西段(略阳至陕甘界)建成通车,标志着国家高速公路网十天线(G7011)在陕西境内全部贯通。

12月25日,宝鸡市自主建设的宝鸡至牛背高速公路通过竣工验收,工程质量和建设项目综合评价均为优良等级。

2014年

1月,省交通运输厅推荐的省交通集团"复杂地质特长公路隧道建设与运营节能关键技术"和铜川公路管理局"嵌锁密实型水泥混凝土路面设计技术"入选交通运输部发布的2013年度交通运输建设科技成果推广目录。

1月,西咸北环线项目被正式列为交通运输部生态环保示范工程。

1月2日,省委常委、常务副省长江泽林带领相关部门负责人,到延安至延川高速公路建设项目进行调研。

1月2日,汉中市委书记魏增军一行,到汉中至陕川界高速公路建设项目调研,并慰问一线建设者。

陕 西

1月7日,副省长庄长兴听取交通运输工作汇报。省交通运输厅厅长冯西宁汇报2013年工作完成情况及2014年工作思路。

2月20日,国家发展和改革委员会批复延安至黄陵公路扩容工程可行性研究报告。

2月25日,省委、省政府与交通运输部在京举行会谈,共商陕西片区扶贫攻坚和交通运输发展大计。交通运输部部长杨传堂、副部长翁孟勇,省委副书记孙清云、副省长祝列克等出席会谈。

2月27日,省发展和改革委员会批复神木至米脂高速公路建设项目。

3月,交通运输部批准陕西省交通规划设计研究院为国家重点公路工程设计咨询单位。

3月19日,副省长庄长兴带领相关负责人一行,对连霍高速公路宝鸡过境段及绛法高速公路建设项目施工进展和征地拆迁环境保障情况进行调研。

3月21日,省委书记赵正永到延安至延川高速公路建设工地视察调研。

4月,我国当时最大断面的黄土隧道—西(安)宝(鸡)高速改扩建项目宝鸡过境段唐家塬隧道左幅顺利贯通。

4月4日,省长娄勤俭、常务副省长江泽林、副省长王莉霞一行到西咸北环线高速公路建设一线调研。

4月8日,省长娄勤俭主持召开会议,专题研究全省交通运输发展有关问题。

4月10日,西安市市长董军到西咸北环线高速公路项目建设一线调研。

4月29日,省交通运输厅召开加快全省高速公路建设推进会,要求全系统真抓实干,奋力拼搏,全面加快高速公路建设,确保完成目标任务,为建设"富裕陕西、和谐陕西、美丽陕西"提供强有力的交通运输保障。

6月17~18日,省交通运输厅厅长冯西宁到安康至平利高速公路、汉中至陕川界项目建设一线,实地调研工程进展情况。

7月4日,陕西与河北、山西、内蒙古4省(区)区域高速公路协调联动第二次联席会议在陕西省高速公路收费管理中心召开。

7月24日,交通运输部副部长王昌顺一行到秦岭终南山公路隧道检查运营管理工作。

7月24日,西安市市长董军、交通运输厅厅长冯西宁到西咸北环线项目调研,研究解决项目征地拆迁问题。

9月5日,最大墩高183m、具有"亚洲第一高墩"之称的咸阳至旬邑高速公路三水河特大桥提前实现顺利合龙。

9月16日,省委书记赵正永到安平高速公路施工现场调研。

9月16日,因持续暴雨山体岩石水分饱和,导致包茂高速公路西安至安康段安沟隧道北口突发山体滑坡,造成安沟隧道北口、罗羌湾大桥左幅 30m 断裂,右幅桥面部分受损,交通中断。灾情发生后,省交通运输厅立即组织成立应急抢险指挥部,厅长冯西宁等主要负责人第一时间赶赴现场指挥抢险排险工作。

9月16~17日,省委书记赵正永到安康市检查指导防汛救灾工作时,到包茂高速公路西康段安沟隧道山体滑坡现场指导抢险工作。

9月28日,绛帐至法门寺高速公路建成通车。

10月27日,"9·16"山体滑坡地质灾害受损的包茂高速公路小康段安沟隧道和罗羌湾大桥右幅抢修工作全面完成,小康高速公路双幅双向正常通车,比原计划 60 天抢通目标提前了 18 天。

11月14日,世界道路协会技术委员会主席雅克·埃利希带领来自中国、法国、德国、英国等 12 个国家的 29 名道路专家学者参观考察秦岭终南山公路隧道。

11月25日,云南省副省长丁绍祥一行,参观考察秦岭终南山公路隧道。

12月,秦岭终南山公路隧道获第 12 届中国土木工程詹天佑奖。

12月2日,东帝汶民主共和国国家招标委员会主席 Aniceto Do Rosario 一行,到渭玉高速公路建设工地交流考察,并全程查看 WY – C01 合同段路基作业情况。

12月3日,咸阳至旬邑高速公路建成通车。

2015 年

1月8日,副省长庄长兴到省交通运输厅调研,和厅领导班子共同分析交通发展面临形势。

1月20日,省交通运输工作会议召开,厅长冯西宁作题为《攻坚克难 提质增效 为全面完成"十二五"目标任务而努力奋斗》的工作报告。

2月,省交通运输厅推荐的"沥青路面施工过程质量监控成套技术"等 7 项科研成果获 2014 年度省科学技术奖。

2月11日,省委书记赵正永在赴旬邑县慰问困难群众途中,调研咸阳至旬邑高速公路。

3月24日,省政府召开全省高速公路桥梁隧道安全管理工作电视电话会议,副省长庄长兴出席会议并讲话,省政府副秘书长胡保存主持会议。

4月3日,省政府与交通运输部在京举行会谈,共商陕西交通发展和陕甘宁革命老区交通振兴大计。

4月10日,全省高速公路建设运营质量工作会召开。宣布《陕西省交通运输厅关于安康至毛坝高速公路高滩 2 号桥质量问题调查处理的通报》和《陕西省交通运输厅关于省交通集团安康至毛坝高速公路质量安全隐患排查工作表彰的通报》。

5月13日,省委书记赵正永主持会议专题听取"十三五"综合交通运输发展规划汇报。

5月20~21日,省长娄勤俭在调研延安重大项目建设和工业稳增长工作期间,检查延安至延川、铜川至黄陵高速公路项目建设情况。

5月21~22日,交通运输部组织对潼关(豫陕界)至临潼(靳家)高速公路改扩建工程进行竣工验收。交通运输部公路局局长李彦武等有关领导参加竣工验收会。

5月28日,省委副书记胡和平视察秦岭终南山公路隧道。

6月26日,省长娄勤俭主持召开交通项目建设推进会,他强调,要以更大的力度、更实的措施加快交通项目建设步伐。

7月2日,省交通运输厅召开加快全省公路建设会议。副省长庄长兴出席会议并讲话,省政府副秘书长胡保存出席会议,省交通运输厅厅长冯西宁部署加快公路建设相关工作。

7月21~23日,水利部长江水利委员会在汉中组织召开十天高速公路汉中至略阳(陕甘界)公路水土保持设施竣工验收会议。

8月6日,陕西省稳增长促发展、建功立业劳动竞赛暨高速公路通车里程突破5000km启动仪式举行,副省长姜锋发布启动令。

8月24日,副省长姜锋视察秦岭终南山公路隧道,对高速公路长大隧道危化品运输、安全管理等工作进行检查,并慰问一线员工。

8月27日,俄罗斯联邦运输部副部长阿萨乌尔在西安参加中俄总理定期会晤委员会运输合作分委会第19次会议期间,在中国交通运输部副部长翁孟勇,陕西省副省长庄长兴等陪同下,考察秦岭终南山公路隧道。

9月1~2日,副省长庄长兴调研坪坎至汉中、汉中至陕川界高速公路,在汉中主持召开交通工作座谈会。

9月2日,汉中至陕川界高速公路石门至喜神坝段建成通车。

9月16日,省长娄勤俭主持召开会议,专题研究陕甘宁革命老区综合交通运输发展规划和大西安立体综合交通发展战略规划。强调要以完善的交通设施保障革命老区发展,以适度超前的思路努力打造大西安立体综合性交通枢纽。

9月30日,副省长姜锋到省高速公路收费管理中心监控指挥调度大厅检查国庆期间高速公路免费通行准备及路网运行保障工作。

10月,安康至平利高速公路建成通车。

10月,铜川至黄陵高速公路二通道何家坊至黄陵段建成通车。

10月14日,国家高速公路长(治)延(安)线陕西段延安至延川高速公路建成通车。

11月,西安至潼关高速公路改扩建工程西安到临潼段建成通车。

11月19日,珠港澳大桥管理局局长朱永灵一行,参观考察秦岭终南山公路隧道。

11月24日,神佳米高速公路神木至佳县段建成通车。副省长庄长兴出席通车仪式并发布通车令。

12月,省委常委、西安市委书记魏民洲调研西安绕城高速公路曲江收费站改扩建项目建设情况。

12月,国家发展和改革委员会批复宝鸡至坪坎高速公路可行性研究报告。

12月,渭南至玉山高速公路建成通车。

12月5日,西宝改扩建高速公路宝鸡过境线虢镇东至潘家湾段建成通车。

12月7日,黄陵至延安高速公路扩容工程任家台至崖头庄段(南段)建成通车,通车里程64.08km。

12月8日,陕西省高速公路突破5000km暨国家高速公路西咸北环线通车仪式在西咸北环线沣京服务区举行。省委书记赵正永发布通车令,省长娄勤俭讲话,副省长庄长兴主持,西安市委书记魏民洲、省委秘书长刘小燕、西安市市长董军出席,省交通运输厅厅长冯西宁汇报我省高速公路突破5000km建设历程。

2016年

1月7日,副省长庄长兴专题听取我省综合交通运输"十三五"发展规划编制等工作汇报。

2月3日,铜川至旬邑高速公路建成通车。路线全长50.06km。

4月13~19日,中国公路建设行业协会《中国高速公路建设实录》编委会主任、原交通部部长黄镇东,原部公路局局长李彦武来陕调研《中国高速公路建设实录》(陕西册)编撰工作。

5月18日,省交通运输厅厅长冯西宁对在建的宝鸡至汉中高速公路汉坪项目建设情况进行检查。

5月18日,宝鸡市委书记钱引安一行检查连霍高速公路宝鸡过境线项目征地拆迁工作。

5月23日,省长胡和平到省交通运输厅听取交通运输工作汇报。省政府秘书长陈国强、省政府研究室主任杨三省出席,省交通运输厅厅长冯西宁汇报相关工作。

6月2日,全国智慧高速公路无线宽带平台西安咸阳机场高速段技术方案通过评审。

6月13日,中国公路学会理事长翁孟勇一行调研陕西交通运输工作。副省长庄长兴出席调研座谈会并致辞,省交通运输厅厅长冯西宁汇报相关工作。

6月15日,副省长庄长兴主持召开会议,专题研究加快高速公路建设工作。

6月16日,省交通运输厅召开高速公路建设管理体制改革试点工作推进会,厅长冯西宁出席会议并讲话。

6月22日,省长胡和平在调研汉中稳经济增长、促有效投资工作期间,检查西乡至镇巴高速公路规划情况。

7月7日,宝鸡市政府召开加快高速公路建设工作推进会,明确"十三五"期将投资500亿元,加快高速公路建设,力争到"十三五"末使全市高速公路总里程增加到550km,实现县县通高速。宝鸡市市长惠进才出席会议并讲话。

7月23日,省委书记娄勤俭,交通运输部党组副书记、副部长、国家民航局局长冯正霖到西咸北环高速公路调研建筑垃圾综合再利用筑路技术,并体验该路段通行情况。西安市市长上官吉庆、省交通运输厅厅长冯西宁一同调研。

7月28~29日,由中国公路学会主办,陕西省交通建设集团公司、中国公路学会服务区工作委员会承办的全国首次针对服务区设计的专题座谈会——全国高速公路服务区设计新理念专题座谈会在西安召开。

8月,省公路局、省高速公路收费管理中心首次联合发布《2015年度陕西省公路网运行白皮书》,对2015年度全省干线公路的建设发展、交通流量、路网运行、应急保障、出行服务等方面进行全面统计、汇总和分析。

8月3日,省交通运输厅厅长冯西宁调研黄陵至延安项目,要求全力做好通车前的各项准备工作。

8月5日,省交通运输厅与宝鸡市政府举行签约仪式,签署宝鸡至坪坎高速公路共建协议。省交通运输厅厅长冯西宁、宝鸡市市长惠进才出席并讲话。

8月25日,国家高速银(川)昆(明)线宝鸡至坪坎高速公路在宝坪项目宝鸡南服务区举行开工仪式。副省长庄长兴发布开工令,省政府副秘书长王晓驰、省交通运输厅厅长冯西宁出席。

9月5日,省长胡和平主持召开省政府第十四次常务会议,审议通过省交通运输厅起草的《关于加快构建全省综合交通运输体系的意见》,定位为省政府规范性、政策性重要文件,为"十三五"全省综合交通运输体系建设提供全面指导。

9月12日,国家高速包茂线黄陵至延安高速公路扩能工程北段建成通车,标志着西安至延安高速公路第二通道全线贯通,路线全长153.909km,全线按照双向六车道高速公路标准建设,设计速度为100km/h。

9月12日,绥德至延川、清涧至子长高速公路投资协议签订仪式在延安举行。副省长庄长兴、省政府副秘书长王晓驰、榆林市市长尉俊东、延安市市长梁宏贤出席,省交通运输厅厅长冯西宁、中铁股份公司总裁张宗言讲话。

9月27日,省交通运输厅与香港越秀集团在西安召开西临高速经营权移交工作座谈会,签订西临高速移交协议,从9月30日22时起,西临高速经营权正式移交省高速集团管理。

9月28日,国高网银川至昆明高速公路(G85)陕甘界至陇县(火烧寨)段开工建设。路线全长3.415km,按照双向四车道高速公路标准建设,设计速度80km/h,整体式路基宽度25.5m。

9月30日,省交通规划设计研究院与中铁第一勘察设计院集团有限公司在西安签署战略合作框架协议。

9月30日,国家高速公路安来线(G6911)平利至镇坪(陕渝界)公路工程可行性研究报告通过国家发改委批复。

10月,经省政府研究同意,《陕西省"十三五"综合交通运输发展规划》由省发改委联合省交通运输厅正式印发。

10月11日,国家高速公路网平利至镇坪、安康至岚皋高速公路项目及安康市中心城区北环线、长春路、兴安路3个重大市政建设工程项目举行集中开工动员会。省长胡和平宣布项目开工,副省长庄长兴讲话,省政府秘书长陈国强,省发改委主任方玮峰等出席,省交通运输厅厅长冯西宁介绍平利至镇坪、安康至岚皋两个高速公路项目工程情况,安康市委书记郭青主持,市长徐启方作市政项目介绍和表态发言。

10月26日,陕西省首个以PPP模式建设的高速公路绥德至延川、清涧至子长高速公路在绥德举行开工仪式。副省长庄长兴宣布项目开工,中国中铁股份有限公司总裁张宗言、省政府副秘书长王晓驰、省交通运输厅厅长冯西宁、榆林市市长尉俊东等出席。绥延高速公路线路起点与榆绥高速公路相接,终点与延延高速公路相接。项目全长119km,全线设计速度80km/h,采用四车道高速公路标准建设。

11月3日,西乡至镇巴高速公路在西乡县举行开工仪式,副省长庄长兴宣布开工,省交通运输厅厅长冯西宁、汉中市市长王建军致辞。路线全长50.05km,为双向四车道高速公路标准,设计速度80km/h,路基宽度24.5m。估算投资68.83亿元。

12月15日,省级高速公路太凤线太白至凤县(陕甘界)高速公路项目在太白县举行开工动员会。副省长庄长兴宣布项目开工,省政府副秘书长王晓驰、宝鸡市委书记钱引安、省交通运输厅厅长冯西宁、宝鸡市市长惠进才出席。路线全长85.07km,为双向四车道高速公路,设计速度80km/h。

后 记

《陕西高速公路建设实录》(简称《实录》)的编撰,按照交通运输部和省交通运输厅的要求和安排,经过两年多的努力,现已完成编撰工作。全书9章51节,插图350多幅,基本介绍了陕西省高速公路1984年起步到2016年底的发展历程、建设情况和主要成就。

2015年4月,省交通运输厅按照交通运输部的要求,启动了《实录》的编撰工作,成立了以冯西宁厅长为主任委员的编审委员会,以薛生高副厅长为主任委员的编纂委员会。确定了厅建设处为整个工作的领导、组织、协调负责部门;确定了陕西省交通规划设计研究院(以下简称"省交通设计院")为主编单位,负责编写大纲、资料收集、汇总整理、组织撰写、送审校核、编辑出版和向交通运输部编撰的总册报送相关信息资料;确定了西安市交通运输局、渭南市交通运输局、榆林市交通运输局、省高速集团、省交通集团、西安公路研究院、厅研究中心(史志办)、厅宣教中心、陕西交通咨询公司为参编单位,负责相关资料的收集报送;确定了编撰"大纲"。为了突出陕西省高速公路建设的重点、特点、亮点,编写组及省交通运输厅对"大纲"先后进行了11次的论证修改,2015年9月30日,省交通运输厅对"陕西省高速公路建设实录编撰大纲"进行了批复(陕交函〔2015〕880号)。

编撰过程中,副厅长薛生高,厅总工程师党延兵、建设处处长杨文奇以及原处长石飞荣、副处长侯波等领导先后多次对内容、进度、质量进行具体指导要求;厅退休老领导焦方群、白宗孝、姜志理等给了指导和咨询;厅宣教中心主任张力峰、史志办主任梁志琳、省高速集团副总经理马小伟、省交通集团党委副书记万义元等领导在资料收集中给予了大力帮助和支持;省交通设计院院长栾自胜、党委书记范国仓先后任编写组长,解决了人力、物力、财力问题,为编撰工作创造了良好的环境,确保了编撰工作的顺利进行。

承担主编任务的省交通设计院,采用五种形式进行编撰。一是聘请退休院领导侯军亭、王之安作为编撰的组织领导负责统筹协调工作;二是抽调高云生、袁素凤、侯凌、贺华、宋飞、张臻、杨红、陈艳茹8人集中编撰;三是将有关章节分给省交通设计院总工办和规划研究所组织撰写,李克、王永平、王圆圆等同志完成了撰写任务;四是在交通系统聘请了熟悉情况、文字功底好的白宗孝、董邦耀、张力峰、周迎春、郭少言、向晖、王仲卉、李华等同志参与编撰;五是收集了赵爱国、姜志理、张力峰、张路等同志的文章。

初稿完成后,《实录》采用了"六审六改"的办法:一是由撰写人员相互传阅修改;二是由编写组领导修改;三是由主编单位领导和聘请人修改;四是由厅组织安排相关单位和部门修改;五是由厅编审委员会审改;六是由厅编纂委员会最后审定。千方百计,力求《实录》的质量好一些。

后 记

  历时两年多的编撰,《实录》比原计划提前一年付梓。值此之际,向所有参与领导、组织、关心、支持这项工作的单位、集体和个人表示衷心的感谢!

  《实录》所需资料跨时长,涉及面宽广,时间紧,难度大,尽管编撰人员秉承"挥洒才智弘扬历程,严谨求实撰写实录"的理念,疏漏错误之处在所难免,敬请批评指导。

陕西省交通规划设计研究院实录编撰组